民國老作文

（上）

全國學校國文成績文庫甲編

盧壽籛 輯選

中國華僑出版社

图书在版编目（CIP）数据

民国老作文：全3册/卢寿籛选辑；蔡元培鉴定.--影印本.
--北京：中国华侨出版社，2013.2
ISBN 978-7-5113-3239-4

Ⅰ.①民… Ⅱ.①卢…②蔡… Ⅲ.①作文－中学－选集
Ⅳ.①H194.5

中国版本图书馆CIP数据核字(2013)第019327号

● 民国老作文：全3册

辑　　者/卢寿籛选辑　蔡元培鉴定
责任编辑/付改兰
责任校对/志　刚
经　　销/新华书店
开　　本/787毫米×1092毫米　16开　印张/82　字数/750千
印　　刷/三河市祥达印刷厂
版　　次/2013年5月1日第1版　2013年5月1日第1次印刷
书　　号/ISBN 978-7-5113-3239-4
定　　价/120.00元（全3册）

中国华侨出版社 北京市朝阳区静安里26号通成达大厦3层 邮 编：100028
法律顾问：陈鹰律师事务所
编辑部：（010）64443056　传真：（010）64439708
发行部：（010）64443051
网　址：www.oveaschin.com
E-mail：oveaschin@sina.com

出版説明

受白話文運動的影響，自一九二〇年起，白話文課本開始在初級小學使用，然後逐漸過渡進入高級小學。在這個過程中，語文教育的文白之争從未停歇，最終在二〇世紀三〇年代初，白話文課本取得了全勝。在小學白話文課本完全取代文言文課本的八〇餘年後，我們依舊能從文言文中吸取營養。

《民國老作文》是一套記録民國時期全國中學生優秀作文的書籍。民國的學生使用文言文寫作，作品的體制風格、文采情操，都極爲豐富美好，鮮有説教性，篇篇打動人心，是給孩子們慢慢看、慢慢學的作文典範。不僅能够讓孩子學習文言文，而且能够對其品格、德行、思想和想像達到啓發的目的。

全書共分上、中、下三册。上册影印自民國十五年二月上海中原書局的《全國學校國文成績文庫（甲編）》第十七版（二〇卷），中册影印自上海崇文書局版的《全國學校國文成績文庫（乙編）》（二〇卷），下册影印自民國十三年三月上海世界書局的《全國中學國文成績學生新文庫乙編》（三〇卷）。上、中二册由古邗盧壽箋選輯，下册由世界書局徵集文章、蔡元培先生鑒定，全書使用影印技術，最大限度地保留了原書和原作的整體風貌。

此次出版僅對原書的版頭、目録進行了修改，新增了頁碼。爲保持與原書一致，在編排目録時，我們對於原書中存在的古今字、異體字以及新舊字形寫法，基本予以保留。希望這些散發着純正漢語清香的老作文，能給讀者帶來閱讀的樂趣。

目錄

◎經義類

溫故而知新可以爲師矣義……1
時過然後學則勤苦而難成義……2
古之人得志澤加於民不得志修身見於世窮則獨善其身達則兼善天下義……2
加我數年五十以學易義……3
事父母能竭其力義……4
伊尹聖之任者也義……4
民惟恐王之不好勇也……5
則人之所以求富貴利達者其妻妾不羞也而不相泣者幾希矣……6
其二……7
齊人伐燕取之……7
君行仁政斯民親其上死其長矣……8
其二……9
滿招損謙受益……10
國家之敗由官邪也官之失德寵賂章也因左傳臧哀伯語而廣言之……10
曾子曰慎終追遠是言在上之自盡其道也繼之曰民德歸厚其故何歟……11
其二……12
孟武伯問孝孔子告以父母唯其疾之憂試即其義淺釋之……12
其二……13
性字向有兩界說一爲氣質之性一爲義理之性二者孰善孰惡試援孟子告子荀子之言性者分別證實而論別之……13
其二……14
孔子論君子不知不慍又謂疾沒世而名不稱持說兩歧試參論之……15

不賢者爲人所拒如之何其拒人……16
人不可以無恥……16
歲寒然後知松柏之後凋……17
國奢則示之以儉……17
聞甘誓湯誓俱有予則孥戮汝之文與罪人不孥之旨不合試言其義……18

◎原理類

原過……21
其二……21
原國……22
原志……23
續原鬼……23
原盜……24
原情……25
原教……25

◎經論類

尚書終秦誓說……27
士先志論……27
其二……28
鄢陵之戰欒武子范文子所見不同孰爲得之論……28
知罃對楚王可比公子重耳論……29
燭之武退秦師論……30
君子敬以直內義以方外論……31
孟子以仁義說梁惠王說……31
魯昭孫齊論……32
舜之大孝論……33
季康子患盜論……34
小人道長君子道消說……34
石碏討殺州吁厚論……35
其二……36
桀悔不殺湯于夏論……36
移民移粟說……37
虞公以貪失國論……37

民爲邦本論……37
四海皆兄弟說……38
夷齊不食周粟論……39
孔子汎愛論……39
制治於未亂保邦於未危論……39
論曲沃倂晉……40
宋宣公論……40
蒙以養正聖功也論……41
魏絳和戎論……41
殷三仁論……42
攘羊證父論……43
陳文子之淸視伯夷何如論……44
楚子文毀家紓難論……45
三不朽論……45
晏平仲善與人交論……47
仁義使我愛身而後名仁義使我殺身以成名仁義使我身名並全孰是孰非論……47
君子爲義小人爲利說……48
孟子言性善論……48
鄧祁侯若從三甥之言能否存國論……49

◎史論類

劉章請以軍法行酒論……51
東平王言爲善最樂論……52
盜牛守劍論……52
漢高帝十一年求賢詔論……53
諸葛公弟兄三人各輔一國論……54
始皇漢武晚好神仙宗旨安在試詳論之……54
趙鼎眞宰相論……55
說魏武相漢下教求才之弊……56
趙勝受韓上黨論……57
袁盎引却愼夫人坐論……57
論范增……58
范增勸立義帝論……59
魯仲連義不帝秦論……60

漢武帝以周公輔成王圖賜霍光論……60
門智不門力論……61
其二……61
田橫論……62
平王東遷論……63
越王句踐臥薪嘗膽論……63
漢高祖過魯以太牢祀孔子論……64
其二……65
鄧通錢遍天下卒以餓死其故安在論……65
田橫不肯北面事漢論……66
韓愈闢佛論……66
漂母飯信論……67
魏文帝以舟師擊吳臨江而退論……67
季札三以吳國讓論……68
其二……68
其三……68
趙武靈王胡服騎射論……69
秦以不蚤立扶蘇令趙高詐立胡亥自使滅祀論……69
鄧騅甥聃甥養甥請殺楚子論……70
張騫使西域論……71
漢遣劉敬使匈奴和親論……71
其二……72
王猛不從桓溫歸晉其意見若何論……73
燕丹易水送荊軻論……73
天下安注意相天下危注意將論……74
千金之子不坐垂堂論……74
張良從赤松子遊論……75
范蠡歸湖論……75
論戰國養士之得失……76
張良在博浪沙狙擊秦始皇論……77
范增勸項羽殺沛公論……78
西晉論……78

荊軻論……79
商鞅變法論……80
王猛仕秦論……80
孔子褒管仲孟子貶管仲論……81
劉先主三顧諸葛亮於草廬論……82
范少伯扁舟遊五湖論……83
賈捐之請棄珠崖論……84
論土木之變……85
漢文帝止輦受言論……86
漢唐宋明學術論……86
田叔燒梁獄辭論……87
王莽謙恭下士論……88
唐元宗焚珠玉錦繡論……88
行罰先貴近而後卑遠則令不犯行賞先卑遠而後貴近則功不遺論……89
卜式輸財助邊論……90
伯夷死名盜跖死利論……90
其二……91
朱子雲勿謂今日不學而可待來日勿謂今年不學而可待來年論……92
鼂錯上重農貴粟書論……93
宋向戌弭兵論……94
渾瑊與吐蕃盟於平涼爲吐蕃所劫論……95
蕭何論……95
文官不愛錢武臣不惜死而天下太平矣論……96
陳平反間范增論……97
秦始皇論……97
齊威王烹阿大夫封即墨大夫蘇子稱其用心約而成功博試辨其得失……98
韓昌黎謂孟子功不在禹下試申其義……99
張耳陳餘說諸縣豪傑論……99
樂毅捐燕奔趙論……100
太史公先黃老而後仁義論……101
張綱單車詣賊壘論……102

其二 103
淝水之戰 103
張子房使力士狙擊始皇論 104
五代時紛爭最烈宋祖紹周何以遂能統一 105
李密陳情論 105
緹縈上書請贖父刑論 106
許孝子伯泰論 106
任安遺書司馬遷教以推賢進士遷報書以著書垂後自任二者孰輕孰重論 107
虞不出則財匱少說 108
聖人之心公天下論 109
遺子籯金不如一經論 109
漢唐威震異域晉宋國土日削論 110
劉昆在江陵反風滅火守弘農虎北渡河其理由安在論 111
憂勞可以興國逸豫足以亡身論 111
論尊盧沙 112
項伯論 113
里翁黎達斯與其三百勇士論 113
廣廣絕交論 114
漢高善將將論 116
光武不以功臣任三公論 117
裴光庭始奏選司用循資格論 118
在德不在險論 118
韓信師事廣武君論 119
姜維論 120
宋高宗頒戒石銘於州縣論 121
五胡淪陷中原論 122
秦伯伐晉濟河焚舟論 123
高歡起兵討賊論 124
馮煖爲孟嘗君市義論 124
呂夷簡疏陳八事論 125
虞詡以三科募士論 126
夏禹治水論 127

劉逵請毀元祐黨人碑論……127
王荊公青苗募役市易法論……128
宋許蒙古攻金得失論……128
賈子謂自古自今與民爲仇者有遲有速而民必勝之試申其論……129
劉表立學校作雅樂論……130
申屠嘉檄鄧通論……130
項羽不殺沛公論……131
廉藺交歡論……132
狄仁傑論……132

◎合論類

漢晁錯勸削七國而吳王濞反明黃子澄齊泰議黜諸王而燕王棣篡然則削藩之議非歟試論其得失……135
論鴻門之沛公垓下之項羽……136
荊軻張良同一擊秦而紫陽書法襃貶不同厥故安在……136
晉武平吳獨斷而勝苻堅伐晉獨斷而敗何以事同而功異論……137
李泌陸贄論……139
蘇秦合從張儀連橫論……140
三楊相業論……141
漢部黨唐清流宋道學明東林論……141
遼人聞司馬光爲相而戒開邊釁金兵聞張浚視師而即自引還論……142
近時選舉與漢代選舉名同而實異論……143
始皇阬儒漢高祠孔子用心不同試論揭之……144
孟子言性善荀子言性惡論……144
呂后武后合論……145
鄧艾鍾會合論……146
宋襄公欲覇諸侯而傷於泓楚靈王思得天下而辱於乾谿論……147
唐憲宗以內庫錢爲魏徵孫稠贖徵故第

宋真宗亦以內庫錢贖呂端第賜其家論 …… 148
班馬異同論 …… 148
孟嘗平原信陵春申四公論 …… 149
舞陽侯排闥朱虛侯行酒合論 …… 150
楚王將重用屈平而有上官大夫令尹子蘭之譖漢文將重用賈誼而有周勃灌嬰馮敬之譖論 …… 151
伍員覆楚申包胥復楚論 …… 151
范少伯扁舟泛五湖張留侯從赤松子游果心甘隱逸歟抑意別有在歟試詳論之 …… 152
諸葛忠武范文正合論 …… 153
辛慶忌救朱雲張萬福拜陽城論 …… 154

◎廣論類

兵凶戰危歷史上多以黷武致敗亡者然德帝以戰勝失國其故安在試推論之 …… 157
論商會清理雙十銅圓事 …… 158
論戰爭之禍 …… 158
闢祀社之謬 …… 159
歐戰和平論者謂公理戰勝強權然歟否歟 …… 159
求學貴有立志 …… 160
尚志論 …… 161
鄉校之樂觀 …… 162
國際大同盟之預言 …… 162
論家庭教育與學校教育之關係 …… 163
康健之精神必寓於康健之身體論 …… 164
社會之生活觀 …… 164
論示範教育與口頭教育之作用 …… 165
論息爭 …… 166
論黨德 …… 167
百年之計莫如樹人論 …… 167
其二 …… 168
讀書如逆水行舟論 …… 169
端士習論 …… 169

學戰論 …… 170
羅蘭夫人謂天下許多罪惡皆假自由以行試申其義 …… 171
欲富國先富民論 …… 171
博奕論 …… 172
止謗在於修身論 …… 173
成敗不可以論英雄 …… 173
和戰之評判 …… 174
論戰爭與生計之關係 …… 174
民國七年之回顧 …… 175
歐戰結果協約國戰勝同盟國之原因論 …… 176
學業成熟之女師範 …… 177
阿克來妻毀器論 …… 178
學生愛國論 …… 179
鴉片之禍與兵禍孰烈論 …… 180

◎陳說類

教育家注重職業試言其用意之所在 …… 183
論吾吳急宜提倡軍國民教育 …… 184
雜說一 …… 184
雜說二 …… 185
余之研究國文談 …… 185
對於寒松社之貢辭 …… 186
國慶日之樂觀 …… 187
維持生計議 …… 187
講求公利說 …… 188
救濟武漢商業私議 …… 189
改良私塾芻議 …… 191
學校有規則而後可行賞罰說 …… 192
禁早婚議 …… 193
交友說 …… 194
說電 …… 194
機械功用說 …… 195
文學宜隨時代變遷說 …… 196

愛我畏我欲有求於我皆足以蔽我說 197
病說（贈同學孔繁傑） 198
說奢儉 199
高等游民說 199
尊孔說 200
語述鸚鵡 201
說我國今日教育之目的 201
知行合一說 202
畫地自限說 203
說謙 204
休假日之行樂說 204
說訥 205
說虎 205
說迷信之害 206
試述王羲之蘭亭集序時之心理 206
名節道之藩籬說 207
口孽說 208
說貧與富 209
學校提倡運動說 209
智勇多困於所溺說 210
推十合一爲士說 211
人貴自立說 211
貴而能貧說 212
中國少年說 212
商界宜遵用陽歷說 213
其二 214
毋攻人之惡說 214
君子之交淡如水小人之交甘如醴說 215
王承福棄官業圬說 215
論是非之界說 216
其二 217
和爲貴說 218
溫故知新說 218
說宴安之害 219

說蚊……220
童子不衣裘裳說……220
略述金曜日校長訊話之宗旨……220
試各述個人之小史……221
其二……221
試說上巳日爲修禊節之原因……222
闢中秋祀月之謬……222
學生宜遵守規則說……223
其二……224
述鄉里農商近事之見聞……224
試各述己身之經歷及其志願……225
其二……226
學以爲己說……226
其二……227
硯說……228
其二……228
孟子不尊周說……228
士尚志說……229
說風……229
說蛙鼓……230
兵所以禁暴除害說……231
浮躁不可讀書說……231
說蠍……231
論人之相似……232
儲金說……232
自述家況……233
立名說……233
人不可有依賴心說……234
時者金也說……234
學以廣才說……235
憎鼠說……235
用才說……235
築室說……236
國奢則示之以儉說……237

歲寒知松柏後彫說……238
閑邪則誠自存說……238
得一知己可以不恨說……239
雜說三……239
袁簡齋謂士少則天下治試言其故……240
蒙古入主中夏其防範漢人之法若何試論述之……240
教學相長說……241
吾國人多惰性其能免於滅亡之慘否……242
求人不如求己說……242
自述學業之進步……243
柳校說……243
稱驥以德不以力說……244
亭林先生天下興亡匹夫有責說……245
無恆解……245
試述暑假中修學及見聞之所得……246
人之患在好爲人師說……246
說蟹……247
智生於學說……247
說蚊……247
說悔過……248
說春……248
◎序跋類
汪梅村先生七十壽言……251
送田春士先生赴京序……252
同級齒錄序……252
其二……253
課餘吟集敍……253
送安禮遜先生之南洋序……253
贈余伯堂序……254
菊譜序……255
送本校同學入高等師範商科序……255
其二……256
擬送友人出洋遊學序……256

送四年級同學赴通州參觀序……257
播間乞食圖跋……257
節鈔曾文正公家書序……258
題伯姊油畫山溪圖……258
題臨風閣集……259
擬昌黎送廖道士序……259
擬送乙組講習科畢業序……260
寒假送同人歸里序……261
鄉土志自序……261
張母高太夫人七十壽序（并頌）……262
贈某君入學序……263
記心記序……263
保育法講義序……264
送同學華君礦堂赴粵序……264
送師校同學畢業旋里序……265
朱鼎卿師之父母六十壽序……266

◎書牘類

約友南遊書……267
諫友痛戒賭酒書……267
擬勸友勿吸紙烟書……268
答友問志……268
連日風雪讀資治通鑑唐李愬雪夜入蔡州事因致友人書……269
勸友人課餘靜坐書……269
促友南行書……271
與友人論作文書……271
擬與友人論改良風俗書……272
答友人問暑假狀況書……272
賀友人新婚書……273
暑假約友人書旅行……274
擬請寄寒衣書……274
擬王郡守覆文待詔書……275
賀運動優諸勝君小簡……275
邀友人賞菊啟……276

其二……276
擬朱竹石覆張季直書……277
約友步月啓……277
託友購書啓……278
餽菊小啓……278
勸某公出山書……278
凝賀徐大總統就職電文……279
其二……279
與友人書……279
約友探梅小啓……280
其二……280
致同學書……280
勸友人勤學書……281
家書……281
答友人責余荒學書……282
邀友重九登高……282
擬國會挽留總理書……282
述病況……283
誡自滿……283
擬國務總理辭職書……284
擬挽留政界要人書……284
慰思家……284
與國文研究社報名書……285
與友人論體育書……285
招友上巳踏青書……286
慰敗將……286
請友買衣服書……287
致友人書……287
致友人論畢業後之方針書……287
邀友登閱江樓……288
勸某友不可無故廢學書……289
邀會盟書……289
邀友同遊釣臺書……290
乞友人分菊啟……290

與友人論軍事書 …… 290
薦庖人 …… 291
囑迎賓 …… 291
索俸 …… 291
答 …… 291
祝周君蓋季結婚書 …… 291

◎通啟類

勸輸救國儲金文 …… 293
規勸同學敦厚校風啓 …… 294
江蘇阜寧學友會徵文啟 …… 295
勸同學注意自修啟 …… 295
蕭縣學友會啟 …… 296

◎辨釋類

釋讓 …… 297
兩宋辨亡 …… 297
本校校訓釋義 …… 298
體育智育德育解 …… 299
釋知己 …… 300
壽世榮世辨 …… 301
其二 …… 301
生利分利辨 …… 302
其二 …… 303
獨善兼善辨 …… 303
兵戰商戰政策不同孰得孰失試明辨之 …… 304
就本校校訓四字之義擇而釋之 …… 305
釋爭 …… 306
漢文帝賜吳王几杖辨 …… 307

◎問答類

淵明所記桃花源今在湖南桃源縣沅江南岸固實有其地也漁父再至何以迷津仙蹟歟寓言歟豈漁父之標幟未幾就湮抑先代之逸民或謀疽扃戶也試各抒所見平心論之 …… 309
佛氏耶回之教專以鬼神立說孔子獨言

敬鬼神而遠之試申其義……309
本級國文程度不齊其劣者恐有留級之患而每週教授時間祇有此數欲施補救其道何由試各抒所見以對……310
禮記經解司馬遷史記淮南子文心雕龍困學紀聞各家所說六經大旨其異同得失若何……311
累世同居有無弊害試述所見以對……312
吳三桂乞師滿洲多爾袞以申包胥比之然歟否歟……312
其二……313
改良社會當以何者爲先試各就見聞所及略抒己意以對……313
學生何以不宜早婚試言其故……314
本校於孔子誕日開國文大會試說明其用意之所在……315
其二……315
蘇明允論用兵謂凡士欲愚惟士愚然後可與之皆死其說然否……315
其二……316
其三……317
今地方競事修志矣諸生內而族黨外而知交凡夫見聞所及亦有可以裨益邑乘者否試陳述之……317
孟嘗君好客多得客之力乃史遷指爲招致任俠姦人荊公亦以爲不足以云得士然則孟嘗君之好客非與孟嘗君即能得士果能如所謂足以制秦與試平情論之……318
蘇子瞻有言智勇辯力皆天民之秀傑者也四者不失職則民靖其說然否……319
古人以商爲四民之末今人以商爲強國之本其理由何在……319

◎書後類

讀莊子馬蹏篇書後 321
其二 321
左氏鄭入許傳書後 321
唐順之竹溪記書後 322
讀韓退之柳子厚墓誌銘 323
韓愈祭田横文書後 324
讀寇準請帝幸澶州論書後 324
讀墨子兼愛篇書後 325
其二 326
讀侯方域馬伶傳書後 326
讀文忠公前赤壁賦書後 327
讀韓昌黎文 328
其二 328
書費宮人傳後 329
其二 330
讀武鄉侯出師表書後 330
桃花源記書後 331
書呂氏衛懿公好鶴論後 332
書謝濟世戇子記後 332
侯朝宗王猛論書後 333
讀閻典史傳 333
嗚機夜課圖記書後 334
讀漢高帝求賢詔 334
讀孟子 335
其二 335
讀顧亭林兩漢風俗 336
讀徐文長傳書後 336
讀李將軍傳 337
其二 337
讀隋書循吏傳 338
讀莊子 338
葛妙真書後 339
書韓退之原道後 339
程子四箴書後 340

◎傳狀類

卓君冠侯誄……343
卓君冠侯行述……344
哀錢君陞傑辭……345
祭外大母墓文……346
先府君行述……347
姚君墓誌……350
哭亡友張君勩卿文……351
哭同學任君詠周文……351
馮婦外傳……352
嚴洪甫君行狀……352
王元傳……353
族伯母黃氏傳……354
谷清玉傳……354
張樵夫傳……355
竇氏老傳……356
彭君作人行略……356

◎遊記類

來鄂日記……359
遊三顧堂遇雪記……369
春季旅行記……370
遊清涼山記……370
紅橋踏青記……371
遊南明山記……371
遊小西湖記……373
遊國士橋記……373
登塔遠眺記……374
其二……374
靈巖遊記……375
三月三日雨湖踏青記……377
記遊春之樂……378
記啟秀橋南風景……378
遊嶽麓山記……379

許昌訪碑記 380
九日紀遊 380
端陽遊記 381
踏雪尋梅記 382
遊狼山記 382
訪菊記 384
冬日觀打魚記 384
曲阜旅行記 385
◎雜記類
九陵記 389
記本校十三周紀念會 390
記高宗陵 391
散步田舍記 391
種荷記 392
記清明節 393
丐者辭金記 393
意園記 394
桃李園記 395
小西湖記 396
雪景記 397
述各省沿海形勢 397
戊午年端陽競渡記 399
醉鄉記 399
暑假修養記 400
本校球會記 400
鬬鷄記 401
重九登高記 401
書張太僕弼士經營張裕釀酒公司事 402
飼鷹記 403
秋日觀劇記 404
都門粥廠記 404
後睡鄉記 405
本校捕狐未獲記 406
觀捕鳥者記 407

中秋放假記事 407
秋夜讀書記 408
記孝子黃春事 408
秋夜玩月記 409
寒假二十餘日之回顧記 410
記重九登高事 411
記義丐 411
說明如城之古蹟 412
中秋節日記 412
重修秦淮海祠落成記 413
夢鳥述 414
謁孔子廟記 415
寒松社成立會記 416
記本校得黃魯直碑原由 416
福州西湖李忠定公祠記 417
記黎襄勤公逸事 418
記蟋蟀 418
國慶日記事 419
本校歡迎會記事 419
本校開慶祝歐戰和平會記事 420
其二 420
國慶日記事 421
記本校近事二則 421
寒假歸程記略 422
中秋賞月記 423
其二 423
書義犬事 423
里中新舊曆年節狀況異同記 424
記寒假期內之新見聞 424
其二 425
其三 426
記秋風破茅屋事 427
記我之家庭 427
雜事二則 428

◎箴銘類

關壯繆公畫像贊……431
毋自放箴……431
竹擱臂銘……432
棋奩銘……432
手工筆筒銘……432
手工照相架銘……432
諸葛武侯贊……432
岳武穆贊……432
其二……433
新校舍落成頌……433
百花生日頌……434
擬祝本校高一同學開學藝會祝辭……434

◎感言類

觀弈感言……437
其二……437
德皇退位感言……438
參觀李督軍閱兵感言……438
閱報載江灣演飛機事感言……439
觀提燈會感言……440
烟鬼之末日感言……441
對於本校所畜老鷹感言……441
國慶日感言……442
雙十節國慶紀念感言……442
哀德……443
時局感言……444
觀鬭蟋蟀感言……444
其二……445
祀孔之感言……445
感松柏……446
秋節賞月之感想……446

◎戲墨類

擬戰國藺相如漢司馬長卿東方朔霍去病

嘲揚雄詞……449
試以意匠構理想之花園……450
戲作東方朔偷桃圖贊……450
擬王煙客與芙蓉城主絕交書……451
戲擬晉嵇康嘲蔡邕詞……452
戲擬唁德皇書……452
其二……453
戲擬宋太祖與太宗書……453
黑甜鄉記……454
孔方兄傳……455
戲擬西楚霸王復狄仁傑書……456
戲書李先生事……458
戲擬楚側謝共王箋……458
梅華傳……458
其二……459
戲擬張許謝昌黎啟……460
檄鼠文……460
戲擬宋包拯劾秦檜議……460
驅蚊檄……463
戲擬勸民息訟示……463

◎詩詞類

遊迎江寺……465
新年竹枝詞……465
普覺庵題壁……465
夜宿沙溪……465
暑假歸里行江中風雨交作感而賦此……465
雪天早起……466
不倒翁勸酒歌……466
齊山湖……466
午睡……466
村外……466
夜入邑城……466
新月……466
閨中秋……467

睡餘即事……467
夏日……467
訪友不遇……467
荒村……467
秋夜……467
薄暮……467
即事……467
首夏遣懷……468
途中早發……468
西操場晚眺……468
雨後晚眺……468
葛衣曲……468
雨後晚遊……468
乞巧……468
桂花……469
提燈……469
題周烈婦殉夫事……469
雪夜思鄉……469
水村……469
冬夜睡覺……469
晨起……470
閑居……470
春日……470
秋日晚眺懷友……470
寄周俟松北京……470
尋梅……470
問梅……470
折梅……471
畫梅……471
秋夜感懷……471
望月懷友……471
登金山……471
對鏡……472
途中新月……472

謝客有感……472
冬夜客至……472
不出……472
飲多景樓……472
旱……472
偶成……473
秋夜獨酌……473
秋意四首……473
秋柳次漁洋韻……473
秋日偶成……474
秋日書懷……474
秋夜……474
雜詩……474
久旱……474
靈巖歌……474
春柳次漁洋山人秋柳韻……474
綠梅……475
小樓登眺……475
登雨花台作……475
夏日村居遠望……475
湖堤步月……476
秋月村居……476
春城閒遊即景……476
國慶歌……476
謁賈太傅祠……476
謁屈原祠……477
觀潮行……477
新華宮詞……477
夏日田園雜興……477
哭同學任君詠周……478
和宋淮西感懷原韻……478
丙辰中秋日來鄂鄉學邀飲黃鶴樓……478
送別陸軍第二預校諸同學赴保入伍……478
哭航空白故學員……479

寄北京參謀大學史鼎興……479
秋日即景……479
同學張鎮波與表妹楊氏聯姻臘殘歸娶……479
代友題贈旅京諸同學像片……479
又代友題贈族孫及留日學友像片……480
丙辰九日登蛇山……480
盼家書……480
含菊……480
慰友人……480
詠紙……480
登天馬山……481
春景……481
約登龍山……481
寄征衣……481
感慨歌……481
閒詠……481
五月九日有感……482
菊花前作……482
辜月十五爲余二十初度周潄瑜女師以梅花一枝詩二章見貺口占俚語酬謝之……482
寄懷蔣寶仁泰素姊妹……482
贈潘女士……483
夏日偶成……483
對月……483
七夕……483
秋夜有懷岳陽舊友……483
尋梅……483
問梅……484
折梅……484
畫梅……484
春雨……484
春日書懷……484
春郊散步……485
輓同學王君家綸七絕……485

輓彭君漢珍……485
自里中至校途中所見有感……485
遊皇藏峪雜詩……485
冬日遣興奉寄亞子……485
遊天門寺……486
冬日遣興續寄亞子……486
鴛鴦……486
舞衣……486
團扇……487
賞菊……487
悼王任甫兄……487
望月賦……487

文庫卷一（甲編）

古邗盧壽籛選輯

◉經義類

溫故而知新可以為師矣義

福建省立第一師範學生 林鳳岐

學然後知不足，教然後知非易。為師之難，一事而數人異疑，一理而數說異同，統於師決之。師之任固非易也。師之任既非易，則欲膺絳帳之尊，苟非平日時習舊聞，更有新得，可以泛應不窮，則通於學所及而不能通於學所不及，將何以膺師長之任，使後生小子共荷栽培，而師道可無愧耶。溫故知新可以為師，夫子言此，蓋為記問之學欲為人師者痛下鍼砭也。請試就其義而釋之。夫溫者何，尋釋也；故者何，舊所聞也；新者何，今所得也。師之必在溫故知新者，何言必泛應不窮，然後可為；不如是則不可有為也。吾嘗推其故而得之矣。學問之道甚深，今日之束髮潛修，即為他日之訓蒙啓迪計。雖然，為學之道，非必厭故而喜新也。新在於故之中，知即寓於溫之內。曩昔執經問難，我所得之舊聞，誠取而尋釋之，時習之，不等怠荒之士見異思遷，亦不等躐等之徒得半輒止，則舊聞既溫，新機日闢，由疑而悟，由淺而深，觸類旁通之餘，數十年之疑慮，可以析之崇朝；一理之貫通，可以洞悉萬事。日有所溫，月有所知，知既無限，則如晨鐘之撞，叩之以小者小鳴，叩之以大者大鳴，肆應不窮。一出而任函丈之尊，後生小子理之未知者，必能為闡其知；惑之未解者，必能為解其惑。勝任裕如，固不至如記問之學不足以為人師也。世有所學未深，遽欲為人師者，聞夫子之言，當知所勉也夫。

平情之論卽是至理

時過然後學則勤苦而難成義

福建省立第一師範學生 林清泉

學問之境無窮精力之期有限故古之聖賢勉人及時進德兢兢致意著於篇章垂爲訓典意甚切言甚警也蓋蜉蝣旦暮人生之歲月無多除童騃無知老耄無能其間不過數十寒暑耳苟及時不加切磋磨勵之功酣嬉因循絕無振作不轉瞬間少而壯壯而老居諸易逝學業難成寂然無聞徒抱遲暮美人之感亦奚益哉古學記有曰時過然後學則勤苦而難成可不深長思乎夫宇宙間載籍至博也名物至繁也苟不以精神相貫注則理之難析者無由辨別而精事之難知者終屬惝恍之境則是人必資夫學也明矣學之必賴乎時也審矣然有血氣方剛矜誇智力年華之富特以無虞而謂今日不學而有來日今年不學而有來年迨夫物換星移勢殊時異歲華已過而莫挽學業未就將何如欲發憤自強而衰耗精神已非一日欲專心研究而揣摩典籍尚在多年時乎時乎不再來徒有懸弔古人唏噓坐嘆而已顧我青年或則翫娛自喜或則玩愒自安其亦思夫學記之言翻然悔而憬然悟耶

潸言見骨娓娓動聽非學有心得者未能道及（翼亭評）

古之人得志澤加於民不得志修身見於世窮則獨善其身達則兼善天下義

福建省立第一師範學校三年乙級學生 田春霖

戰國去古遠矣而尙志之士孟子外誰其當之彼游說家日以功名奔走於天下當其鬱鬱不得志時埋頭刺股擊筑濫竽冀得當途顧盼一增聲價所謂修者安在所謂見者安在所謂善之於獨者又安在乃未幾而志得矣得卽達矣出身加民其在此矣又何以弓旌甫受覆餗遺譏凡天下之民之待澤於我者我反無以慰其望焉所失不亦多乎於乎是何漫言遊乎是何弗思德義在躬會亦有古人在乎古之人時而得志德義推之於人澤加是也時不得志德義守之於己修身是也夫身便是獨身有此德則吾獨尊身有此義則吾獨樂獨之云者窮可知矣雖然窮吾身不能窮

吾善也不能窮吾善而即不能窮吾德義也愈窮愈修愈修愈見見矣即窮我亦何損吾身獨善時蓋獨者兼之對也窮者達之反也身者天下之見端也幸而天子求賢事權我屬傅巖霖雨渭水恩波不崇朝而澤遍天下矣誰謂丈夫得志不當如是乎豈知古人之經濟古人之學問發之也古人之施爲古人之蘊蓄出之也守無往不善之心即達而見志善固可以兼即窮不得志善亦可以獨無所爲加也亦無所爲損也以爲吾修吾而已隨遇應之可也而豈以窮達改乎孔子曰隱居以求其志行義以達其道其求者求其所以達也其達者達其所以求也伊呂之經綸周孔之事業其載在簡策中者洵足耐人尋味耳若夫朝秦暮楚伺候侯門者何其戚戚窮途而一無自善地乎苟以好善易好遊則何遊而不可

磊落任氣慷慨使才其闡發題義亦復透徹警快耐人尋味殆得力於古深歟(田遯屋評)

加我數年五十以學易義

福建省立第一師範學校本科三年學生 游毓英

論語加我數年五十以學易集註據元城劉氏之說史記之文謂加正作假五十作卒揆之於理此說不爲不當而後儒按之說文五十與卒字不盡如亥豕魯魚形近致誤於是聚訟紛紛以河圖洛書釋五十之義者有之以大衍小衍釋五十之義者有之以終身釋五十之義引大舜五十而慕以證之者有之論說多端莫衷一是是則五十之辯終不明於世可乎曰不可蓋五十云者指五年十年而言也夫子早歲離鄉去國日勞勞於車塵馬足之間雖贊易功深韋編三絕而乾坤奧包括靡窮精益求精子蓋竊有斯意日者發歎曰加我數年五十以學易其心若曰予亦老於轍環矣年華遲暮日髮催人致君澤民而今無望但好古敏求此心未已時乎時乎不再來予亦悔前此周流之過計然夢帝錫齡古有其事天高聽卑若使加我數年少則五載多則十載使我得專心以求易道之底蘊餘義庶幾哉大易無不傳之秘而吾學有增高繼長之修乎不言五年十年而言五十者蓋與上文數年字相應此聖人省文之妙加字

又不必作假字解而詞義自明初何待支離附會妄加穿鑿說經反致荒經耶夫大易創於伏羲傳於周文至孔子而作彖象文言以爲十翼孔子固已集周易之大成無待復學乃晚年而又欲加年學易易之道不眞無窮盡無方體乎學易者可以恍然矣

羅羅清疏語有折衷(田遯屋評)

事父母能竭其力義

上海中醫專門學校預科第一年級學生 王元濟

溯自歐風東漸吾國學子辟以國家主義相號召是以吾國累代遞嬗之家族主義一落千丈而所謂事親之道竟置於無足重輕之列有志者已愁然憂之比者社會主義大昌皮毛之士從而和之以爲非破除家庭不足以言治妖言所至倫理全無於是家庭慘劇接踵而起此可爲中國前途長太息者也夫吾國社會之組織以家族爲單位而家族中則端賴爲父母者以維繫之故吾國之爲父母者實爲社會之中堅吾人應如何克盡其孝道不可不知是以家庭制度或有改革而事父母之道則不可破也更以吾人本身言之身體髮膚受之父母其恩我者誠如天高地厚雖毀此身亦不能圖報於萬一事親之道更何可一日缺哉不寧惟是社會主義乃博愛主義也世焉有不愛其親而能愛及他人者哉是世界之人不言社會主義則已如欲言之當以孝事父母始由狹而博由親及疏此天然之定例也雖然事親亦有一定之準衡乎曰有能竭其力而已矣蓋吾人之於父母不足以言圖報而爲人子者不能不盡其爲子之道吾人苟能事之以當然使其力竭盡無餘而盡吾心之所安已可謂能事父母原不必豐衣美食始可謂之事也故國事父母能竭其力質諸國人以爲如何

目擊時勢借題發揮力挽澆風是有功世道之文

伊尹聖之任者也義

湖南省立第一甲種工業學校 胡振寰

才不足治天下不可謂聖學不足轉乾坤不可謂聖識不足知興衰不可謂聖是以古之聖賢兼文武以呈材貫公忠以爲度、以之任事而事成以之任理而理治、即或任以艱鉅任以疑難無不毅然而屏其私渾然而造其極古今來所以名光於竹帛聲爛于鼎鐘者鮮不繇此孟子之論伊尹曰聖之任者也夫伊尹之所謂任者豈尋常一技一能藉以博利祿邀名譽哉蓋有遺棄一切之情囊括古今之量民胞物與以繫其懷山巔水涯以娛其志曠覩宇宙以濬其識甘心貧窶以練其操迫焉而後起不迫焉無由起也禮焉而後前不禮焉無由前也彼其自處之重且大如此一旦謝草野而列廟廊舉凡社稷蒼生之重籌之已深定危治亂之機審之已久公一身于天下引天下于一身君明則因而成之君昏則起而正之有欲寬假而無從假者民風敦樸則勸之民風澆漓則懲之有欲旁貸而不得貸者大公無私蓋以一身荷天下之重只知有國有民而不知有已也聖之任舍伊尹其孰與歸

民惟恐王之不好勇也

河南南陽中校
三年級甲班 趙士衡

詮釋精析（林燮宣評）

讀孟子七篇見有民惟恐王之不好勇也一語講解家以好作好之者解雖與上文無好小勇之辭不相悖而於義則有未盡也蓋好讀去聲則爲喜好之好好讀上聲則爲善好之好二者音相似而意實相反意相反而大義亦因以相背苟不詳爲審愼鮮有不致穿鑿也何言之仁不以勇勇而濟之以仁則好勇也即文王之勇也智不以勇勇而濟之以智則好勇也即武王之勇也所謂民惟恐王之不好勇也恐其不如文王之勇之好也恐其不如武王之勇之好也非謂恐王之不喜好勇也且不曰民恐而曰惟恐不曰乎而曰也則是決之之詞其意若曰王誠勇之不好民所恐者惟此而已矣非然者握鈎申鐵梁非不好勇也然而禹之宗祀自此灰矣挾梁撐柱紂非不好勇也而湯之命脈由此絕矣自春秋變爲戰國凡所謂爭地爭城殃民禍民之事無不由此勇之一字之所致且無不由於勇之不善之所致

孟子斥利言仁義所不道者而願勸齊宣好之耶審如此則是民亦恐桀紂之不好勇也則是民亦惟恐齊宣之不殃己禍己也詎有是理哉況所謂好者實齊之疾也孟子既針其疾而仍勉其好之則其疾不愈重乎故吾謂好字宜作言歸於好之好解好勇也即善勇也即文武一怒而安天下之民之勇也所謂民惟恐齊宣之不好勇者即民惟恐齊宣之不善勇也即民惟恐齊宣之善勇不如文武也

掃去人云亦云別具鑪錘獨標精蘊允推傑搆（黃銘勛評）

則人之所以求富貴利達者其妻妾不羞也而不相泣者幾希矣

河南南陽中校三年級甲班國文教員　黃銘勛擬作

世之自視爲榮而妻妾爲辱者豈獨一齊人哉故乞餘於墦間辱矣而奔走權勢乞哀於昏夜者其辱視齊人之墦間爲何如也施施其妻妾辱矣而伺候公卿傲人於白晝者其辱視齊人之施施爲何如也孟子於言齊人之後而曰人之所以求富貴利達者其妻妾不羞也而不相泣者幾希矣旨哉言乎夫不曰人之富貴利達而曰人之所以求富貴利達求者有求合求伸之義焉求合則必枉道求伸則必屈己求富貴利達而至於枉道屈己正有羞恥不知笑罵不顧處汚穢觸刑辟而不之恤者幸其妻妾未瞯其所之也設一瞯之有不抱痛於室中者亦斷斷乎無此人情蓋天下求富貴利達之人無一非妻妾訕泣之人也嘗見有日叩千金之賜獲九遷其官者矣當其身列卿相庸夫愚婦方相與瞻望而咨嗟之即其自詡何嘗不曰大丈夫得遇於時之所爲也而不知其皆由求而得之也故富可求也而膝不難爲之屈貴可求也而竇不難爲之由利達可求也而雞不難爲之鳴犬不難爲之吠其醜顏無恥夫固較齊人有過之無不及者是倘能令其妻妾瞯乎是故高牙大纛每爲世俗所驚駭也而亦每爲識者所譏刺桓圭袞裳每爲世俗所誇耀也而亦每爲識者所鄙陋非其富貴利達可譏刺而鄙陋也其所以求富貴利達則實堪譏刺實堪鄙陋也名

義不之恤禍福不之懼高爵厚祿則不能不之求以饜足其不知紀極之欲此妻妾所以往往有中庭之泣也嗚呼可不戒哉

見得極到說得極透於古今鑽營之態度寫得極肖允稱合作（張承宣評）

則人之所以求富貴利達者其妻妾不羞也而不相泣者幾希矣

河南南陽中校三年級甲班　楊豐壽

天下之可羞可泣者固不獨一齊人也齊人之墦間乞餘施施驕人誠可羞可泣矣乃游說之士窮則彈鋏吹竽乞哀侯門達則伏軾撙銜橫歷天下是亦齊人之乞餘齊人之施施也不亦可羞可泣之甚者乎孟子曰人之所以求富貴利達者其妻妾不羞也而不相泣者幾希矣誠哉是言商之於伊尹則嘗寵以三聘矣周之於太公則嘗隆以後車矣無求於富貴利達而富貴利達自歸之所謂邦家之光非閭里之榮也百世下猶景仰而稱道之妻若妾亦何所用其羞且泣哉然而妻妾之羞且泣也亦自有故列國之士朝秦廷而暮楚闕一旦得志侯封相印轉轂連騎驚駭道路亦自謂人生世上勢位富厚不可忽矣而勢位富厚之所由致則亦依然齊人也或書十上而說猶不行或適數國而志猶未伸其裘敝金盡狀有愧色眞有妻不下紝嫂不爲炊者安得而不羞且泣也乎是故白璧百雙黃金萬鎰而未足爲富也庭說諸侯立取卿相而未足爲貴也在齊則齊重在秦則秦重而未足爲利達也蓋其所以求之者無異於齊人則其人亦妻妾所必泣之人也世之薰心於富貴利達者亦省然悟哉

切定戰國遊說之徒立說若諷若刺詞氣橫溢（黃銘勛評）

齊人伐燕取之

河南南陽中校三年級甲班　王永孚

國家者人民之國家而非人君之國家也爲人民之國家取與之權均操之於民而非操之於君故人君取人之國家

則當以人民爲斷若不察民情而遽欲取人之國家據爲已有舉人之土地皆入版圖嗚呼其亦不思而已矣不觀夫齊人之於燕乎夫齊之勝燕也燕之宗社已無主矣齊即取之亦復何傷第燕雖無主而未嘗無民也燕未嘗無民即未嘗無主也民即主主即民齊雖能夷燕之宗社而終不能夷燕之民心民心一日不去燕即一日不亡奈何齊人不聽孟子之言遂取其子女以供驅使取其玉帛以供玩好取其都城以爲郡縣不揆燕民之意不諒燕民之情是逆取也是妄取也是取如無取也是取且不如不取也所以取燕未幾而諸侯即謀救之歟

着重上文民字見解獨高筆亦清矯異常（黃銘勛評）

君行仁政斯民親其上死其長矣

河南南陽中校
三年級甲班 楊世珩

夫樂民之樂者民亦樂其樂憂民之憂者民亦憂其憂此固不易之理也故所以出令者君也行君之令而致之民者有司也君既樂民之樂憂民之憂矣有司未有不能致之民而樂民之樂憂民之憂者也如是而謂民獨不能樂在上之樂憂在上之憂者無是理也故孟子對鄒君曰民行仁政斯民親其上死其長矣夫鄒之民疾視其長上之死而不救蓋惡有司也非惡穆公也有司虐民而不恤蓋曠官廢職罪在有司而不在穆公也乃孟子於擇有司之後更曰君行仁政蓋以君者一國之元首也萬幾之綱領也民之飢寒君固不能察也民之困苦君固不得知也輕役薄賦民惟望之於有司恤寡賑饑民亦望之於有司君似無關於民也然於平日則省刑薄斂於凶歲則散財發粟事雖職於有司而權固操之於君也故孟子嘗曰君仁莫不仁君義莫不義君正莫不正一正而國定矣然則鄒有司之慢上殘下致民疾視其死固罪之所在也穆公亦難辭其不行仁政之咎矣設使穆公恐民之困於賦斂也乃下半租之詔憂民之轉於溝壑也乃立賑饑之法且日詔有司察民間疾苦以補不足而助不給是君與有司惟恐民或死於凶年或死於饑歲而思有以救之也一旦強鄰壓境民亦惟恐長上或死於戰或死於守而力爲之捍衛有犧牲其性命而不悔

者矣鄒君而欲民救其長上之死亦急行仁政勿徒尤夫民焉而已矣

着重君行仁政立說藻不妄抒筆有餘妍（黃銘勛評）

君行仁致斯民親其上死其長矣

南南陽中學校學生 失名

天地一陰陽之所流行也國家一君民之所維繫也故雲行雨施品物咸亨陰陽和斯天地位矣漸仁摩義一視同仁若民和斯國家治矣然而世之人主往往施人者從其斬責人者從其奢持以難得之數而强以必得之勢國家無故則亦已矣猝然有變而望如盜馬者之衞秦穆靈輒之援趙盾不憂憂其難乎故孟子爲時君畫策曰君行仁政斯民親其上死其長矣仁政者何所謂制田里教樹畜也然而制田里教樹畜則是上親其民矣而云民親其上則曷以故蓋工以惠而盡力僕以恩而報主君能行仁於其下民即親愛於其上上下一體未有不休戚相關者也然而民親其上則可矣何以遂至於死其長不知死長即自親上中來也即親其上則必視上猶父兄也視上猶頭目也烏有父兄身臨不測而子弟不爲之捍衞頭目偶遇危險而手足不資爲保護也吾知詔不必罪已勇無須重賞民皆捐軀赴難死而無悔矣故太王積德行仁邠人從之者如歸市當其歸之也豈眞爲其殘慢而歸之乎抑以爲其仁人而歸之乎想其歸之之誠則親其上不待言矣使有一二與太王爲難者出而所謂林林總總者猶有執冰而戲使鶴而怨不出萬死一生之計以赴太王之難無是理亦無是情也鄒繆公何爲不行仁政乎將以爲國小乎然而湯以七十里文王以百里鄒之國不滅於湯文也將以爲王道無近功乎孔子爲魯相三月而國大治鄒之孟子猶魯之孔子也故不用孟子則可不用孟子之言則大不可也實其倉廩君食雖足而民有菜色矣以菜色之民而望其親上得乎充其府庫君財雖足而民必號寒矣以號寒之民而望其死長能乎詳味之斯字云者有即字之義焉虛其心以思其當時之言豈不以鄒公君也君行仁政即民親其上死其長矣君不行仁政即民疾視其長上之死而不救矣雖然豈特爲一鄒

君而發哉凡行政者庶其諒諸

刋落浮詞獨標精義足徵伏案功深(黃銘勛評)

滿招損謙受益

吳興留韻商校三年級生 王慕周

山嶽不擇土壤乃能成其高江海不擇細流乃能成其大人生天地間山鍾其靈川毓其秀而不能氣齊山嶽量等江海奚以成其至高之道德至大之事業哉故益之贊禹曰滿招損謙受益良有以也夫禹大聖人也敷承土奠山川功烈被夫九州聲教訖於四海其道德之高功業之大實爲萬世所崇仰舜稱之曰汝惟不矜天下莫與汝爭能汝惟不伐天下莫與汝爭功其不矜不伐卽謙虛不自滿假之說其莫與爭功能卽受益而不招損之說也舍己從人聞善則拜此其度量豈尋常人所可及哉乃今之人知識不廣學力不充斗筲之器所納無多管蠡之窺所見有限猶復師心自用予智自雄縱有益友良師忠告善導而彼之盛氣囂張局量褊淺訑訑之聲音顏色距人於千里之外直諒多聞之士遠斯便僻諂諛之人來益既日離而損乃日至矣比邪佞則損道德甘暴棄則損事業循至身名敗裂喪失人格有百損而無一益古今來不乏有爲之士其始也若有不可一世之概而卒之剛愎自用進境自封溯厥由來皆此自滿之一念誤之也語云滿而不溢謙尊彌光人欲去損而就益其可不知所擇哉

其言平易近人其理毫釐不爽

國家之敗由官邪也官之失德寵賂章也因左傳臧哀伯語而廣言之

武林之江大學預科一年級生 陸鐄

自古國家之治亂視乎風俗風俗之盛衰視乎吏治苞苴必絕舉錯必公則凡庶司百執事以逮羣縣小吏皆畢智竭力以盡其職而保國家而國治苞苴不絕舉錯不公則凡庶司百執事以逮羣縣小吏皆畢智竭力以廣其援而保身

家而國亂隨之盛也大臣法小臣廉及其衰也政以賄成而刑放於寵治亂之原未有不由於是者試觀今之人有界以要津任以要職者必其素有奧援者也不然則其財物珍寶之力也不然或置閒散或處磽瘠矣其人之賢不肖無論也其人而登白簡受屏斥必其不通聲氣者也不然則其不屑要結者也不然或勒致之或陰解之矣其人之賢不肖無論也嗚呼寵賂至于如是其極豈一朝一夕之故哉履霜堅冰由來者漸殆不自今日姑然伈伈俔俔而爲之喔咿嚅唲而出之猶以是爲可羞可恥之事必於暮夜以避人耳目故稍知自好者羞而不爲若章明較著熟視焉而不爲怪於此而有不受寵賂者不以爲無私也而以爲無情不以爲自愛而以爲自苦以至私受請托雖賢者亦不能免吏道雜而多端職是故也故俗皆曰何以學問爲畜緣而仕宦何以道義爲財多而尊榮撲拙不可爲也樸拙不爲窮餓死亦當以潦倒終廉吏不可爲也廉吏不爲危法中亦且以罷黜去父勉其子兄勸其弟俗之敗壞乃至於是繼胥天下之廉恥剷除淨盡矣廉恥之道喪則無所不取無所不爲夫至無所不取無所不爲而天下事尚可問乎嗚呼臧哀伯不敢顯言公過故指官之失德以諷諫而後世敗亡之禍恆不出此數言也噫、

以古例今說盡人情

曾子曰愼終追遠是言在上之自盡其道也繼之曰民德歸厚其故何歟

江蘇省立第八中學校一年級乙組 江人龍

民俗之厚薄奚自乎自乎一、二、人、之、心、之、所、嚮、而已一二人之心厚則天下與之俱厚一二人之心薄則天下與之俱薄明乎此可知曾子曰愼終追遠民德歸厚之義矣夫人孰無父母於其終也自當愼之於其遠也自當然之凡人皆然矧其爲在上者是不過自厚於親耳與民無與也而謂德及於民且能使民之德亦歸於厚何耶蓋者民見上之所行以行者也上有好者下必有甚果其本身作則反之於己而一心由是盡者推之於人而風俗卽由是敦也君子德風。小人。德。草。草上之風。未有不偃者。大學傳云。上老老而民興孝。上長長而民興弟。德盛化神。夫固有不期然而然者。曾子之言。誠不我欺也。

全從題之夾縫着想。自能不將上下文說成兩橛。用筆又異常修潔。更從何處着一點漲墨浮煙（戴子秋評）

曾子曰慎終追遠是言在上之自盡其道也繼之曰民德歸厚其故何歟

江蘇省立第八中學校一年級已組 居鴻

表端則影正。表欹則影斜。非影之或正或斜也。表爲之也。物且然。況上下之感應者乎。曾子曰。慎終追遠。民德歸厚矣。夫民自民。而上自上也。上之慎終追遠。是上之自盡其道。與民無與也。而謂民德歸厚。何哉。不知風俗敦龐。雖自古稱爲郅治。而原其所以致此者。莫非在上之本身作則也。孔子曰。上好禮。則民莫敢不敬。上好義。則民莫敢不服。上好信。則民莫敢不用情。君子德風。小人德草。草上之風。未有不偃者也。堯舜帥天下以仁。而民從。桀紂帥天下以暴。而民亦從。可見民之所爲。必視上之所爲也。上有好者。下必有甚焉者矣。由是以觀。上不能自處於厚。而欲民德之歸厚。庸可得乎。

將民德歸厚之故實能說係所以然。縛題極緊。用筆亦頗渾厚（戴子秋評）

孟武伯問孝孔子告以父母唯其疾之憂試即其義淺釋之

江蘇省立第八中學校第八屆一年級甲組生 劉承漢

人之厠身社會也。凡百事業。莫不由健康之身體而成。故父母對於其子。幼而襁抱。長而撫育。所以爲之調護其身體者。無微不至。昔孟武伯問孝。孔子告以父母唯其疾之憂。旨哉言乎。蓋父母之愛子也。日日以人子之身體爲念。卽日日以人子之疾病爲憂。設其子不幸而罹疾。卽不免憂思終日。耿耿不寐。然則爲人子者。當如何自衛其身以解父母之憂乎則守身之道不可不謹矣吾儕負笈遠方父母之憂我也更甚苟一不愼釀成疾病父母聞之必有難已於憂者嗚呼吾人以求學故不能承歡膝下晨昏定省曠職良多淸夜捫心彌滋內疚而更以采薪之痛重勞父母以焦思於心安乎觀孔子答孟武伯之言當知所注意矣

前中說理明晰詞意穩成入後本至性以發爲文章固自可貴筆亦搖曳生姿（朱獻之評）

孟武伯問孝孔子告以父母唯其疾之憂試卽其義淺釋之

江蘇省立第八中學校第八屆一年級生 周中

自來爲人子者遇父母有疾時率皆寢食難安憂不自勝甚至湯藥親嘗割肝療疾非借此以博孝子之名也蓋對於父母之疾不如是則其心不安耳嗚呼其亦知父母對於子之有疾其憂有更甚於此者乎人子當如何保養身軀體親心以爲心不貽父母憂乎昔孟武伯問孝孔子告以父母唯其疾之憂蓋以武伯爲世家子日沈酣於膏粱醉飽之中稍一不愼病魔卽得而祟之孔子言此正以使之講求衞生却病於無形也且疾之當謹亦不獨武伯宜然也凡爲人子者身體苟稍有不適其父母卽引以爲憂况疾之甚焉者乎疾之小者憂其大疾之輕者憂其重疾之未來者憂其將至疾之已去者憂其復來人子一日不能免於疾父母卽一日不能已於憂欲釋父母之憂須謹己身之疾况吾儕入校肄業朝出暮歸時貽父母以倚門倚閭之望撫躬自問負疚良多若更以毀傷身體之所爲背父母而行之不孝之罪百身莫贖矣以是知父母唯其疾之憂一語不獨爲武伯之龜鑑吾輩亦當引爲座右銘也

起處從對面說入天然陪襯入題後還淸題面語能扼要中路推開立論淸言霏玉遒勁異常入後就個人說情文相生詞亦腴潤收筆不拋荒本題尤合（朱獻之評）

性字向有兩界說一爲氣質之性一爲義理之性二者孰善孰惡試援孟

子告子荀子之言性者分別證實而論別之

江蘇省立第八中學校第五屆第四年級學生 包文郁

性字向有兩界說一爲義理之性善性也一爲氣質之性惡性也何以言之考諸孟荀告子之言可以知之矣孟子之言性曰惻隱之心仁也羞惡之心義也恭敬之心禮也是非之心智也仁義禮智非由外鑠我也我固有之也又曰口之於味也目之於色也耳之於聲也鼻之於臭也四肢之於安佚也性也有命焉君子不謂性也告子之言性曰性猶杞柳也義猶桮棬也以人性爲仁義猶以杞柳爲桮棬又曰生之謂性食色性也荀子之言曰人之性惡其善者僞也人之性生而好利有疾惡有耳目聲色之欲則人之性惡明矣合兩說而論之孟子之言性是主張義理之性而否認氣質之性也告子荀子之言性是主張氣質之性而否認義理之性也主張義理之性故曰性善主張氣質之性故曰性惡孟荀以後凡主張性善者皆宗孟子之說主張性惡者皆宗荀子之說此古今論性之大概也

先敍述後論斷極有章法一絲不亂佳作也（桂蔚丞評）

性字向有兩界說一爲氣質之性一爲義理之性二者孰善孰惡試援孟子告子荀子之言性者分別證實而論別之

江蘇省立第八中學校第五屆第四年級生 黃臨

性也者與生俱生也故發乎己者謂之性性之界說向有二種孟子主性善告子荀子主性惡各執一說斯數子者皆狃於一偏孟子所談是義理之性荀子告子所談是氣質之性蓋人之性實兼二者而有之也惻隱之心羞惡之心恭敬之心是非之心人皆有之此義理之性也生有而耳目口鼻之欲好利之心此氣質之性也擴充其義理之性則其行皆合於善縱任夫氣質之性則其行事皆蹈於惡人之性蓋善惡混也今有人焉見一童子將入井則必挽之回使不入井是其性善也俄而見道旁有遺金焉又必從而爭奪之是其性惡也二者之性同出於一人但一時從義理上發生一時從氣質上發生遂有善惡之別彼爲盜賊者有或訐之則怍於色怒於言其爲盜也性惡也不肯自認爲盜

是性善也由是觀之是人各具一義理之性及氣質之性隨時發見與吾前所述救孺子爭遺金同一例也故孟子公都章惻隱節祇言夫義理之性也荀子性惡篇告子杞柳章祇言夫氣質之性也人之性實如太極圖具黑白二種也人性兼善惡兩種雖堯舜亦不廢食色之性宋儒所謂氣質之性也雖盜跖亦具有仁義之性宋儒所謂義理之性也孟子不承認食色之性爲性故只言其善荀子不承認仁義之性爲性故只言其惡其實舉古今中外之人各人之性皆具善惡兩種如太極圖一般一半白一半黑也作者能見及此筆又達得出十分透闢是說理題上乘文字

（桂蔚丞評）

孔子論君子不知不慍又謂疾沒世而名不稱持說兩歧試參論之

廣東法政學會畢業生 朱澤溥

論者以孔子論君子不知不慍又謂疾沒世而名不稱持說兩歧余以爲不然何則聖人立言無適無莫隨時而發也其言不知不慍爲世之好名者發也其言疾沒世而名不稱爲世之不求名者發也究之說雖不同而其補偏救弊則一也何言乎爲好名者發也蓋春秋之時學者抵掌華屋之下奔走勢利之徒以求功耀于一時名垂于天下故子張有干祿之學子路以好勇自恃其明證也曾亦思人之於名猶火之潛於薪其初見薪不見火也然薪在則火自在也猶泉之伏于山其初見山不見泉也然山存則泉自存也所謂實至名歸者以此人即不知奚以慍爲何言乎爲不求名者發也當時高尚者多隱于岩石之中自暴者假託於無爲之說與世無涉與國無關故斥宰予爲晝寢之朽木樊遲爲稼圃之小人其顯然也抑知天生一人即有一人之事業况當今之時舍我其誰可不發憤自雄以英雄豪傑之名自命乎昔伊尹之抱負以天下爲己任諸葛之盡忠必至死而後已由此以觀孔子之前後二語固不兩歧皆因時而發也亦猶子路之問聞斯行諸告以有父兄在求也問之則示以聞斯行之豈有他哉因人而發也總之因人而發

因時而發皆孔子立言之本旨後之讀書者貴能會其通耳不然拘於一說則孔子前言不知不慍後謂疾沒世而名不稱兩相歧異亦何得爲孔子哉

理明詞達心細手和

不賢者爲人所拒如之何其拒人

安慶崇文學校三年級生 江效靈

孔子曰益者三友損者三友友直友諒友多聞益矣友便辟友善柔友便佞損矣是以有益於我者則應與之有損於我者則應拒之此固理之所當然亦情之所恆然也孰謂無益者不可拒哉雖然惟仁者能好人能惡人蓋仁者己有實善有美德以之拒人能令人不怨使人深服也若己之品格未立德行未修人將拒我之不暇何可反拒人哉由是觀之今之侈談交道者往往妄自稱奇不自知其頑鈍反拒賢明於千里之外豈非鷽鳩反拒大鵬歟故子張曰我之不賢與人將拒我如之何其拒人也豈非確論哉

理明詞達頗合題旨

人不可以無恥

安慶崇文學校二年級生 張齊盛

羞惡之心人皆有之有恥即羞惡心之作用也夫人必有所不爲而後可以有爲知恥者則事之當爲與不當爲皆能自辨而擇之世之愛名譽重氣節修道德勵學問者皆以知恥之故而然也若無恥則不惜壞名譽敗氣節喪道德鮮學問既不能高尚其志又自甘輕視其身一念之差遂甘居汚穢而不愧甚且受人嫚罵聽人指使恬然不以爲羞是所謂牛馬而襟裾者也噫吾人在世固皆神明之後裔安可不自尊重學此無恥之輩爲外人笑也我是以讀孟子人不可以無恥之言不禁撫時而寄慨矣

清言娓娓意自警策

歲寒然後知松柏之後凋

浙江省立第十一師校三年生 趙瑩珊

國亂而後有忠貞士窮而後有節義非無亂窮即無忠貞節義也因亂窮而忠貞節義始顯孔子曰歲寒然後知松柏之後凋爲松柏斯後凋矣後凋之質豈由歲寒而始定即未歲寒之時後凋之質已翹然於衆材中故松柏之後凋素所樹立者然也非一時所造成者也第於歲寒而愈昭著耳雖然松柏豈願以歲寒自顯耶大抵畏霜雪而喜雨露物性同然若沍寒之氣窮陰之慘即松柏亦不願自親如以勁骨貞心之不顯惜松柏不値歲寒抑以庸衆難能之故喜松柏値此歲寒皆非也第以衆卉隨時而變而松柏自率其性初曷常以後凋之質呈異于人世但旁觀者不禁爲松柏惜爲松柏幸爲松柏喜也蓋未遇歲寒松柏雖鬱鬱葱葱冲霄蔽地然歆賞者每貴蘭杜而賤松柏焉能爲之物色之若是爲松柏惜矣迨嚴霜彤雲至萬卉遜色羣樹枯零惟松柏挺秀于絕壁深澗間蒼其葉古其枝衝日干霄蔽日之故態未之或變環顧陵陸罕有匹倫者乃爲松柏幸矣且天心渺茫歲時變幻苟陽氣不藏長此春夏任衆芳馥郁其氣將凌慢乎松柏又陰氣頻添久此秋冬霜霰嚴酷其勢將摧折乎松柏是二者皆足爲松柏患乃一陰一陽時序無差雨露膏澤培衆卉而且潤松柏之色霜雪嚴寒殺衆芳而正顯松柏之貞是以爲之喜也雖然此特愛松柏者之心也若松柏獨立崖阿悠悠長年豈自爲惜自爲幸又且自爲喜耶今世人每以不己知爲惜知於人爲幸甚至遇顛沛之時自喜表特異之得聞者其果足膺松柏後凋之稱否耶

松柏其筆後凋其質少年得此勉旃（馬稽雲評）

國奢則示之以儉

揚州美漢中學三年級生 佘守德

欲望無窮而所以饜其欲望者有限苟奢靡無度則金錢有時而匱斯時也奢侈之習既成一旦陷于窘境勢必挺而走險以期非義之財致干罪戾否則窮餓以死甚可傷也夫防患於未成易禦患於已成難待奢侈既成之後始從而

補救之挽回之孰若先時感化之戒勉之之爲愈乎然見兎顧犬亡羊補牢猶愈於已故國既奢而匡之以儉雖未臻聖人無爲而治默移風化之至善尙不失爲以身作則也匡救之術多矣嚴禁之也懲罰之也曉諭之也獎勉之也而究未若以身爲法示之以儉之爲愈也蓋董之以威不若獎之以善獎之以善不若感之以心其理固易明也夫如是故在上者宮室之好有所不恤也妻妾之奉有所不爲也聲伎之佳有所不好也犬馬之玩有所不完也在在皆無事夫奢在在皆從乎儉爲上者既如是於是蚩蚩者氓轉相告語謂在上者其自奉尙如此之薄吾輩何人乃敢奢侈智識優者必且因服而羡因羡而悔因悔而悉惡夫奢而從乎儉於是由一人而一鄉由一鄉而一國一人崇儉國人皆從而效之當此時也微特爲上者以身作則之功不可泯卽其自拔于羣氓而爲國人之矜式其自爲計亦良得也迨國人皆儉於是練冠葛衫人不厭其菲茅舍土垣人不厭其陋無聲色犬馬之好以亂其性無宮室妻妾之美以侈其情相戒以奢相誇以儉於是用既不濫而家以豐費既不奢而生以裕既無戕賊身心之禍又無匱乏窮厄之虞而國人乃得于生計充裕之餘增其學識勵其品行室家之累既輕學識之功乃進衣食之資已足品行之勵益眞品學俱成可期于至善孰謂奢不足以亡國儉不足以興邦哉中國今日國弱民貧達于極點而吾民尙懵于自覺以生以嬉徒縱其欲在上者豈徒不知示之以儉而反從而倡之觀曾子之言自愧又當奚若嗟乎以儉示民吾固不敢望于今之在上者矣

風行水上氣足神完（戴祝堯評）

問甘誓湯誓俱有予則孥戮汝之文與罪人不孥之旨不合試言其義

福建國文講習所學生 王謙

嘗聞之大禹下車泣罪澤及罪人武湯解網三面仁及禽獸則夏商之刑罰可知矣夫有罪之人尙不忍見有生之物

倘不忍殺況無罪之人乎罪人有罪自犯之自受之於理宜然并無罪之妻子而俱戮之乃後世濫刑虐民者之所爲嗚呼孰謂夏商之治啓與湯之仁而爲之耶夏書甘誓商書湯誓俱有予則孥戮汝之文以孥爲妻子解者有之以孥爲奴隸解者有之蓋奴與孥古字通戮辱也不用命者則辱其身以爲奴隸是也罪人不孥之孥解爲妻子非奴隸也與斷孥戮之旨實相脗合而說者又謂孥戮之孥與不孥皆作妻子解以行軍之時不言刑罰之重無以見軍法之嚴萬一不用命者曳兵棄甲臨敵而逃聞風而北懲一可以警百矣故於誓師時先言之權以脅其行而儆其無勇之氣也不知王者之處心也仁故致罰必求其當慮患也深故用法必守其常若行軍誓師時而孥戮是以孥戮爲常法也以孥戮爲常法則罪人及其子孫矣王者忍之乎故啓於甘誓別其罰之重者戮于社輕者奴辱其身湯德過于啓故竟有奴辱其身而無戮於社者是孥戮不爲戮及妻子也明矣虞書有罪弗及嗣之文與甘誓湯誓之予則孥戮汝之意皆與孟子罪人不孥之旨文異而實同也吾願說經者勿以辭害意焉可

詞義精湛不涉浮泛（翼亭評）

古邗盧壽籛選輯

●原理類

原過

江蘇省立第七師範本科畢業生 劉世傑

人非至聖孰能無過過而能知可以為明知而能改可以跂聖小過不改大惡形焉小善能遷大德成焉夫過之來也非一端矣有有心之過焉有無心之過焉無心之過為君子有心之過為小人然總不外乎惰慢也嫉妬也邪僻也惰慢則驕奢敬衰焉嫉妬則刻災害興焉邪僻則佚節義頹焉是數者皆德之敝而身之殃也吁過也者其為亡國滅家最烈之原因乎始皇之暴足以亡國劉禪之懦足以亡國隋煬之侈足以亡國陳後主元順帝之淫蕩足以亡國漢呂后唐武氏以女主當權幾亡其國過之原因不一其為滅亡則一也或曰過既出於有有心無心何以有君子小人之分曰試徵於古而得之矣禹聞善言則拜子路聞過則喜顏子不貳過孔子言丘也幸苟有過人必知之古昔聖賢惟恐過之不知此過所以如日月之食也此君子之過也而小人則不然脂韋恧縮謬附乎中庸榮寵强梁自居乎剛毅青蠅貝錦變亂黑白如趙高秦檜之欺君晉元宋高之因循坐視敵寇之亂君父飄蕩神州陸沉徘徊不前逗留不進甚至視國破家亡若秦越之肥瘠而又多方推委百計彌縫嗚呼子夏所謂小人之過也必文蓋謂此也此余所謂過之來也非一端矣作原過

著眼題中一過字將小人一生作用盡情披露文亦超人一籌(張蘭郇評)

原過

江蘇省立第三師範本科二部生 李江淮

過也者由吾人之言語行爲錯誤而生者也有有心之過有無心之過有心之過者卽故意錯誤之謂也無心之過者卽無意錯誤之謂也天下豈有故意錯誤之人乎曰有弟之於兄長也當敬子之於父母也當孝此夫人而知之者也而世之爲弟者反侮辱其兄長爲子者反忤逆其父母非有心之過乎禮不可滅倫不可亂亦夫人而知之者也而世之人反行滅禮亂倫之事非有心之過乎人之權利各有界限此不待智者而後知也而世之握大權者反逞其野心妄爭權利甚或操同室之戈雖受輿論之攻擊而不顧是皆有心之過非無心之過也夫旣有心爲非則心所欲爲之事惟恐力不足苟力足矣則爲所欲爲無不如志誰有能禦之者乎由是過日積惡日深名譽亦以是敗於斯時也其卽有直諒之友從旁督讓而勸善規過之意終不敵其飾非文過之心此惡人之所以終爲惡人也若聖賢則不然其始也戰戰兢兢以求無過及有小過也則改之惟恐不速如成湯之改過弗吝子路人告之以有過則喜是也故卒爲聖爲賢名傳至今而不衰吾儕少年有心之過或能免矣無心之過必不能免願以成湯之心爲心改之弗吝尤願以子路之心爲心聞之而喜則德日新而道日進矣吾儕勉乎哉

氣揮灑倜儻不羣是能放筆爲直幹者（嚴毓芬評）

原國

江都公立商業中學本科學生 張國棟

國家者人民之結合體也人民者國家之一分子也國無民不立民無國不存非天演之公例乎國有君主民主之別視人民之程度而定人民之程度高則民主爲宜人民之程度低則君主爲宜然近世國家君主之存在亦僅矣夫立國於世界欲無弱於外先求無愧於己吾中華民國旣由君主改爲共和人民之程度不可謂不高何以吾國外交依然失敗人民道德未見增長推之海陸兩軍有無進步工商各業能否發達反己自問能無愧耶蓋僅知自私自保不問國家之存亡旣不能振於內又不能對乎外試問何以爲國乎要而言之國於天地必有與立所立者何國魂是也

精神是也無魂何以爲國無精神亦何以爲國余閔夫吾國之無以立也作原國

原志

簡明一掃蔓辭

江蘇省立第二農業學校農村職業教員養成科 吳弘德

士何事曰尙志志者何吾人腦中之潛勢力爲行爲之表率賴之以自高於羣類者也故有志之人好自立無志之人好阿諛有志之人好進取無志之人好苟安有志之人謀未來無志之人計現在有志之人尙競爭無志之人甘退讓有志之人如喬松無志之人如萍藻有志之人如行星無志之人如隕石有志之人如黃河水無志之人如大漠沙有志之人如生活體無志之人如石灰岩有志之人如新大陸之合衆國無志之人如歐羅巴之土耳基一人有一人之志斯一社會有一社會之志亦卽一民族有一民族之志夫孰使之由畋獵時代進而爲畜牧而耕植而工商時代乎夫孰使之由圖騰社會進而爲宗法而神權而軍國社會乎夫孰使之由專制政體進而爲立憲而共和政體乎則皆曰其一羣之志力爲之體合也又印度奚以滅於英乎波蘭奚以屬俄普澳乎猶太奚以無國乎埃及奚以垂亡乎德意志奚以戰敗於協約國乎則皆曰其一羣之志力薄弱不能自爲體合而邀天擇也羣猶如是況個人乎任重也道遠也世路崎嶇也抵力強大也心力進一層途逕險一層學問高一層魔害大一層包胥淚也張良椎也蘇武節也將軍頭也侍中血也睢陽齒也常山舌也膽力也熱力也浩氣也堅守也皆其腦之潛勢力自高於羣類者也士何事曰尙志

詞傾三峽水筆掃千人軍斯文洵不媿也（王企華評）

續原鬼

京師安徽私立中學校第三年級第二班 徐修五

客有自鬼國來者善說鬼其於鬼之聲鬼之形皆能曲盡其妙嗚呼是果有鬼耶然吾聞鬼之爲物非有所憑焉亦不

見其所爲聲與形者。鬼蓋生於心也。人病久。氣抑鬱而莫伸。神慌惚而靡定。故有鬼焉以爲之祟。至其敗亂天常。天罰之所必加。人禍之所必及。而鬼亦於是乎生。鬼固不能爲聲爲形也。有與之爲聲爲形者焉。非眞與之爲聲爲形也。其心已虛。已虧。欲不與之爲聲爲形不得也。故曰鬼實生於心也。然則將奈何。曰、是惟我能養其心焉。而不使或虛。治其心焉。而不使或虧。清明之神足乎內。斯邪僻之氣遠乎外。故雖有鬼焉。而莫能爲之祟。況其無鬼耶。而何聲與形之能禍福我哉。世之君子。得吾說而存之。鬼其可以不生矣。

意警切而詞亦透闢似能於昌黎後別樹一幟者（朱理臣評）

原盜

江蘇省立第八中學學生 華法曾

劫人之財竊人之物得謂之盜乎曰不能蓋所謂盜者必具有爲盜之資格爲盜之能力爲盜之學術爲盜之經驗斯可以謂之盜彼劫人之財竊人之物豈得謂爲盜歟論其種類因資格之深淺而有大小之別因能力之厚薄又有強弱之分至於眞僞則以學術之程度而異焉有形與無形則以經驗之多寡而不同焉夫世界一盜場也萬物一盜藪也人類一盜主也無時而非盜之時無事而非盜之事不過有大小之別強弱之分眞僞之異有形無形之不同而已矣雖然人人處於盜之中事事居於盜之內豈無法以挽救之乎是盜之不可以不追其源窮其本也明矣蓋盜也者非其人甘於爲盜也實其心之習於盜也是以去人之爲盜必先正人之盜心正人之盜心必也崇尚道德使其不入於邪途而納之於正軌其庶可乎況盜者不必具盜名若者盜權則美其名曰黨爭若者盜國則易其稱曰親善嗚呼今之所謂文化進步者不過造成一盜世界而已耳盜之爲義甚簡盜之爲害實無窮吾敢爲天下正告曰欲弭盜先正心

思清筆健感喟無窮（胡子笵評）

原情

廣西國文大會 龐咸榮

人生呱呱其所具者僅天賦之性而已然則提孩之愛其父母此天賦之性耶抑否耶此則情也天賦性而已何以有情蓋情者物與物觸接而生者也故觸景可以生情因情亦可以生景而天之所覆地之所載霜露所墜無處無生物也則無處不無觸接也故無物不具情也宇宙之內上至於天下至於澤人之所至物類所跡情之所至也喜怒哀樂忠信仁義禮樂無不由情而發也上則君臣下則父子兄弟朋友夫婦皆情以聯絡也屈原之於楚懷王雖放流而心尚戀戀於主舜之於瞽叟也瞽叟雖頑而舜卒克諧以孝周公之於王穆卜豫讓之於智伯聶政之於嚴仲子荊卿之於太子丹皆置身於不問此皆情之所以致之也至於鳥獸則胡馬鬪北風而鳴鴻雁燕雀則亦翔回焉鳴號焉此亦情之所致也故宇宙者一言可以蔽之情之宇宙也故無情則無所謂羣也人而無情則君臣父子兄弟朋友夫婦亦相隨而廢人類隨而滅也雖禽獸而無情亦未能存於今日也然人類何以發達鳥獸何以退化此則情之善惡大小所致也鳥獸且有情人而無情是甘居於鳥獸下也然今日之所謂情者吾恐其將復履鳥獸之情也由是言之情之義大矣苟能推之足以感發天地驚動鬼神否則自身不足以保嗚呼情之道不可一日廢也

理足氣充沛然莫禦少年得此可為欣喜

原教

福州國文講習所學員 王謙

昔者生民之初無尊卑無貴賤無長幼與鳥獸蟲魚無異也聖人以人類之心靈於鳥獸蟲魚其為形亦不相類遂憂而思之求所以為人之道於是為之名以定其位曰君臣父子夫婦長幼朋友而君臣父子夫婦長幼朋友間又為之道以維系之曰親義別序信聖人曰五者之人行此道則善不然則惡人之性好善而惡惡也故天下之為此五者皆力行其道而忠孝節義之行起矣然後知人之為人也尊自別於鳥獸蟲魚也遠矣此聖人教人之所由始也然天下

之人至衆聖人代不過一二人而已聖人不能以一二人之力聚天下之人而教之乃垂之典謨訓誡著爲法令文章使人覩聖人之所行者以爲行不行者以爲戒善者有勸而惡者有懲此詩書易禮春秋所以爲聖人敎人之具也由是觀之聖人之慮人也深其爲教也備蓋欲使天下之人入於善不流於惡學者爲聖人之學尤當以聖人之敎人者身體之力行之不至爲放僻奢侈之行是亦聖人之所心喜也

精闢之處的是正義

全國學生國文成績文庫卷二終

●經論類

尚書終秦誓說

福建國學講習所學生 王謙

秦穆公一五霸之流耳而秦誓一書詞嚴義正其與太甲之自怨自艾成王之悔過遷善者幾希矣聖人重改過故列秦誓於尚書之末聖人之心益見矣夫君子之過如日月之食也小人之過無論其知與不知也即知之不曰姑俟諸異日必曰此不足累我其或從而文之以爲他人之受吾欺也穆公一念之悔深咎前非毅然思而行之子路喜聞過顏子不貳過蘧伯玉善寡過衞武公作抑戒皆聖人之所取也而穆公之勇於改悔若是豈聖人之所遺乎此夫子刪書殿秦誓之微旨也迄今讀其文詞蓋未嘗不令人神往也曰人之有技若己有之其禹謨之汝惟不矜天下莫與汝爭能汝惟不伐天下莫與汝爭功之意邪曰邦之隉杌在予一人其湯誥萬方有罪罪在朕躬之旨邪曾子作大學亦引秦誓一章與夫子尚書終秦誓同一寓意且穆公作誓警衆在於敗殽之後悔違蹇叔以辱二三子深得夫子躬自厚薄責於人之道彼強悍樂戰之民當無不聞言感激而願爲其君死是故王官及郊之取未戰而先見其徵矣漢武帝輪臺之悔天下不以爲非唐德宗興元之詔諸州無不感激皆師秦穆作誓之意而行之以收其用耳此秦誓之所以貴也此聖人之所以取也此秦穆之悔過猶用孟明視楚敗城濮殺子玉敗鄢陵殺子反不可同日語也烏得以秦穆爲西戎之霸而無當於王者之德乎哉

至當之論

士先志論

浙江第十一師範學生 黃珽

人苟生而爲聖賢則氣稟獨高不待勉行固無事乎勵志也人非生而爲聖賢則物欲紛乘有待力制實不可以無志矣若曰彼聖人也我烏能企及彼賢人也我不敢希望是其志亦已卑下矣又何堪許其有成耶禮學記有云士先志誠有深意也夫人旣名爲士亦必有士之實而後始可無愧是必專心致志全力以求學業朝乾夕惕日征月邁學漸以深業漸以精希賢希聖希天端在是也此士之所以宜先志也乃今之爲士者不知先立其志而學業一途全不注意悠悠忽忽終日荒嬉迨至桑榆晚景而始悔立志之不早亦已晚矣夫悔之於後不若愼之於先蓋愼之於先則其學問事業未有不成者也嗟乎天生四民各有其職農登穀工製器商通有無固皆致力以養士而爲士者不能養三民兼不能自養若不圖先立其志以撫字三民則有忝於爲士也多矣其可以不審哉其可以不審哉

平正通達有精到語（昭德評）

士先志論

浙江第十一師範學生 王樹聲

從來天之生物惟人爲貴而人之中惟士爲貴然何以貴士曰貴其志也蓋士之志志在天下而天下之人行將蒙士之福利也凡士之初所以修其身所以養其氣皆非無意也出而爲天下用竭其智謀殫其才力吾可以卜天下之日進於文明矣嗚呼士之志大矣哉雖然此必由爲士者先有此志乃足與議耳人欲爲士可不三致意乎

著墨不多題蘊畢宣（昭德評）

鄢陵之戰欒武子范文子所見不同孰爲得之論

福建國學講習所學員 王謙

鄢陵之役欒武子欲戰范文子不欲戰論者多右文子而不知武子亦未可非也欲戰者爲周也不欲戰者爲晉也爲周者以鄭叛諸夏服夷狄凡中國之諸侯皆可伐之苟戰而不勝猶足伸大義於天下爲晉者以厲公無道三郤驕苟戰而勝是天奪之鑒而益其疾也初未嘗有軒輊之分焉夫尊周之功過於謀國外患之禍甚於內憂武子豈不知三

郤之必誅厲公之不免乎然使鄢陵不戰厲公能易其素性而使之不信讒言不起內亂能不能未可必也若不能則封豕長蛇薦食上國爲周患者豈有窮期乎此武子之欲戰蓋識大義也管仲相桓公救邢封衛攘楚尊周夫子稱之曰如其仁曰微管仲吾其被髮左衽矣况武子以尊周攘楚之心欲遏亂源於方興之始則鄭叛服楚而不伐中國之諸侯且相率而臣服夷狄矣此武子之心豈文子之所及歟今夫富民遺其子孫以室廬不肖者欲舉而鬻諸他人賢者不爲之制止則室廬之存者寡矣中國諸侯文武成康之室廬也而不爲制止其鬻者豈賢子孫哉武子權衡其間所以欲戰者乃出於不得已也說者謂鄢陵戰後不一年而三郤誅厲公弒胥童死欒胥中行偃幾不免於禍使其時從文子之言則其患固不至此不知厲公虐三郤驕未戰之時則其端已見若釋楚以爲外患厲公猶不懼而修德內憂仍不免則將何術以繼之乎文子憂晉內憂欲以外患警厲公是未雨綢繆爲社稷策久遠之計但恐禍不發於所憂而內外之患同時並起矣特晉國之憂實亦中國之憂也此武子欲戰所以謂其識大義者與范文子爲晉之心不同也論者愼毋以其跡而少之

確有見地異於妄作臆斷者（翼亭評）

知罃對楚王可比公子重耳論

福建省立第一師範學生 林清泉

知罃對楚王有率偏師修封疆雖遇執事弗敢違之語共王體而歸之重耳對楚子亦有晉楚治兵遇於中原以與君周旋等語成王亦禮而歸之問報之意同所對之意亦同論者遂謂知罃對楚王可比公子重耳不知其問同其所處之勢不同其對同其對之之心亦各不同也安可以罃比重耳哉夫罃之歸也已有成議矣共王之問不過欲試其才識之奚若非欲以問而決其歸與否也且晉既以公子穀臣及連尹襄老之尸以求罃楚已許之使罃之對更激於此楚必不以一言之故囚之戮之失信天下以啓爭端而置穀臣及襄老之尸於不顧罃思之熟矣况晉强國也荀首且

佐中軍矣楚卽不爲穀臣襄老計戮之囚之寧不畏首之憤其子之囚戮奉其國命奮勇來攻以圖洩憤耶是共王之心有所畏也知罃之對心有所恃也非若重耳孤身異域萍蹤靡定應對之間甚爲難處卑則貽羞激則召禍萬一以一言之故取楚子之忌不死則大幸矣安望歸期乎且惠懷之心惟恐重耳之不死安保成王不忌其言殺以媚晉去我國之忌結大國之歡重耳不亦危乎然則成王之問重耳之對彼果何所畏乎彼果何所恃乎曰無有也故重耳之對子玉則請殺之知罃之對楚之羣臣莫有異議當時之勢可見矣余故謂二人所處之勢不同對之之心亦各不同安可以罃比重耳哉

洞悉事機語多中肯文筆老當不支尤爲難得（翼亭評）

燭之武退秦師論

福建泉州培元中學校二年生 陳砥生

處天下無事之時則修內政際國家多事之日則重外交外交之得失視乎使才使才之優劣係乎言語春秋時使臣能掉三寸之舌以爲和平之武具者衆矣室如懸磬野無靑草展喜之犒齊師也方成爲城漢水爲池屈完之盟諸侯也此其得失勝敗之數專恃舌鋒之犀利耳否則城下請盟國且不國矣甚矣哉言語之關於使臣也昔秦伯隨晉侯圍鄭鄭使燭之武夜半見秦君卒退秦師安鄭國苟非之武指陳事勢利害分明豈能如是哉維時晉方强盛文公志大無厭侵曹伐衞誅無禮意其懷抱在於霸諸侯是以盟秦圍鄭而秦伯不悟竟與之偕殊不知鄭在東越國以鄙遠難亡鄭惟厚於晉無益於秦耳非惟無益於秦抑且有害於秦蓋亡鄭厚晉晉侯無厭必闕秦晉欲闕秦如走韓盧而搏蹇兔此與假道於虞以伐虢事雖不同而智則一也之武乃批郤導窾痛陳利弊始許之以利而結其心繼警之以害而分其勢由是而秦師退鄭國安矣子曰一言可以興邦燭之武有焉獨惜重圍既解老臣依舊投閒既不聞鄭伯頒爵錫勳隆以上位又不聞佚之狐成全終始效公叔文子之同升雖曰社稷安危之武亦與有責然建功受賞究屬

公論難淸乃事急則懇切以求入事過則反顏不相識君若臣遠圖無意致令烈士心灰此鄭所以積弱也此春秋所以變爲戰國也

通切之論意有餘慨

君子敬以直內義以方外論

吳江私立麗則女子中學三年級生 金蘅

物於天地之間其形形色色莫不有軌範焉以成一定之固體故君子之制行也其於視聽希夷之表朕兆未見之先亦莫不有一定之軌範以爲律性之具此尊德性而道問學所以爲進德修業之始基也易曰君子敬以直內義以方外律性之道盡於此矣夫敬以直內涵養未發之中戒愼恐懼之事也義以方外省察中節之和知言集義之事也內外夾持爲學致力之要尙有過於此者乎蓋直者自然之本體原無邪曲之心也方者自然之妙用原自合裁制之義也由勉強以期聖學工夫自有純亦不已之一日君子知敬爲心之主宰隨事隨處無不以敬範其心而放僻邪侈之萌無由起故終日乾乾而心常惕是非善惡不失其正主於內者自無不直之慮也知義爲事之裁制隨事隨處以義束其骸而蕩檢踰閑之事無由生故良士瞿瞿而神不越大中至正一秉當然見於外者自無不方之懼也敬立則內直義形則外方內直則著乎外而外益方外方則養乎內而內益直內外交養循環不已由是直之體足以助義之成方之守益以表敬之篤以至光輝盛大窮神知化而不自知所謂敬義立而德不孤也直方大不習无不利者此坤元之美蘊而君子進德修業之要圖也易之爲書所以有廣大悉備之稱兼三才而兩之道也夫吾人欲進德修業制行以律性者則於易求之於易之敬以直內義以方外之義求之其庶幾乎

說理精密用筆謹嚴（鄒家麟評）

孟子以仁義說梁惠王說

江蘇省立第一師範本科二年級 金兆麒

時至戰國。紛亂極矣。侵伐之事。無歲無之。於是貪祿好利殘酷不仁之輩。如吳起孫臏商鞅李悝蘇秦張儀之徒。遂相與起而揣摩時君之心。創為兵法刑名縱橫之說。以干當世而獵取卿相以為榮。至於民生之塗炭。則非所計也。嗚呼。此皆祇知有利。而不知有仁義之害也。故孟子之見梁惠王也。首即戒以勿言利。而獨與之言仁義者。蓋亦欲格君心之非。以救斯民於水火之中。而登諸衽席之上耳。惜乎惠王之不能用也。此固孟子之不幸。抑亦蒼生之不幸也。雖然。今日之天下。亦一戰國之天下也。有強權。無公理。尚何仁義之有哉。甚且有提倡民族主義者。慘無人理。莫此為尤。如今歐洲掀天動地空前未有之大戰爭。何莫非日耳曼民族主義之野心所致耶。然考其所以釀成此者。亦以日耳曼民族之祇知有利。而不知有仁義之害故也。甚矣。利之不可好。而仁義之不可以已也。如是夫。

局緊機圓無空泛之語無迂腐之氣洵稱合作

魯昭孫齊論

江蘇省立第一師範本科一年級　劉開先

或問曰。魯昭之孫齊。人輒謂昭伐季氏之過也。信乎。曰。然。曰季氏之擅權專政。極矣。上而弁髦魯君。下則虐待魯臣。不早圖之。幾何其不篡弒也。苟俟其既萌篡弒之謀。而後伐之。恐噬臍莫及矣。魯昭有見於此。乘其結怨羣臣之秋。從而伐之。宜也。伐而敗。則天也。敗而孫。則勢也。於昭乎何尤。曰。季氏誠可伐矣。惜乎昭未得其道耳。夫魯自文公薨而東門遂殺適立庶。於是祿去公室。政在季氏。至昭也。四世矣。民心之歸季氏也。久矣。就使魯君素有君人之度。猶恐非季氏之敵。矧其居喪不哀。而廢父子之恩。娶妻同姓。而乖夫婦之倫。齊家治國之本已失矣。所謂君人之度者。安在哉。而乃不度德。不量力。逞一朝之忿。欲殺季氏於一旦。謬矣。彼獨不觀鄭厲之事乎。祭仲之專。固未及季氏之久。鄭民之歸祭仲者。亦未及魯民之歸季氏者多。以厲而欲驟殺祭仲。猶且不可。而遭奔蔡之禍。況以昭而欲驟殺季氏乎。古語云。前車覆。後車戒。魯昭何夢夢然而蹈鄭厲之故轍耶。是則昭之敗。自取之也。非天也。曰。然則季氏卒不可伐歟。曰。患深難以遠除勢盛不可遽傾，非驟致而爲之莫能也爲魯昭計莫若修德親賢仁以結民心誠以感民心德以化民心義以動民心浸之以漸而入於民者深行之以久而被於民者洽舉魯之民曉然知一國政權如日月之不可掩非臣下所得專灼然知上下定分如天地之不可易非臣下所得亂則政之在季氏者必且復歸於昭民之歸季氏者亦且叛而歸昭然後率舉國之民共討其罪季氏之除也固若去草芥耳胡爲計不出此而誤用左右親暱之謀乎且夫事敗之後從子家羈之策固無不可也既不之從則改圖善計亦無不可也何必孫哉孫齊之又復之晉晉遣荀躒納之矣季氏亦伏其罪矣當此之時歸而再圖猶未爲晚而乃出如能晁夫人者有如何之言所謂小不忍而亂大謀者也卒之居外八年身死乾侯得非昭之過乎昭之孫季氏逐之不書季逐而書公孫病昭有以使之也聖人之意深矣

設爲問答歸咎魯昭意議既是而筆亦開展是有功夫文字

舜之大孝論

揚州美漢中學三年級生 楊昌文

人之大倫忠孝而已矣不孝而能忠者未之聞也不忠而能孝者亦未之聞也忠孝二字名雖異而實同克孝即能盡忠忠孝豈有二道哉然人之大本以孝爲先古人言之詳矣雖然蓋孝之道亦難矣哉爲人子者固當養親之口體尤宜悅親之心志養親於口體易悅親於心志難若徒養親之口體而不能養親之心志者非眞孝也然處美滿之家庭父母仁慈弟兄和洽盡孝尚易苟處於變亂之家庭父母不仁骨肉水火盡孝不綦難哉乃有人焉處此境遇不但能完成其孝且能感父母之心斯可人歟非大舜而誰夫舜不過一歷山之耕夫耳處倫常之變父頑母嚚骨肉乖離常人處此誠難堪矣乃舜居之以爲常雖歷經磨折而孝終不渝卒能感親之心化象之傲書曰祇載見瞽瞍夔夔齋立瞽瞍亦允若其孝足以泣天地感神明聲聞遐邇其孝之大也可知矣後以四岳之薦堯禪以位出身畎畝貴爲天子此舜之所以爲大歟舜推其孝親之心而以忠信待人故孟子曰大舜有大焉善與人同非舜之大孝曷克臻此總之

舜之大孝吾不得不歸功於其家庭之變苟其父仁母慈弟恭則舜之大孝無以顯四岳亦安得而聞其孝舜將終身爲畎畝中人矣夫君子遇困難險阻益顯遠猷苟遇困難而發怨尤之聲非惟所[illegible]者誤抑亦所植者弱也於以知天之降大任於斯人也必先苦其心志勞其筋骨餓其體膚空乏其身吾今觀大舜而益信

層次不紊書理貫通故爾頭頭是道勉之（戴祝堯評）

季康子患盜論

安慶崇文學校三年級生 潘瑞徵

人民有盜乎有之殺人越貨是也士大夫有盜乎有之盜名位盜利祿是也乃世之論者祇知人民有盜不知士大夫亦有盜殊不知士大夫之爲盜有甚於人民乎余讀論語季康子患盜一事有感焉夫季氏魯之大盜也觀夫泰山之旅非盜祭乎八佾之舞雍詩之歌非盜禮樂乎富過周公非盜利祿乎季氏不以己之盜爲患而患人民之爲盜豈非以盜患盜乎使季氏清廉素著而無貪黷之心又奚憂民之不化莠爲良乎故孔子對季氏曰苟子之不欲雖賞之不竊何盜之足患哉

良玉精金

小人道長言子道消說

浙江省立第三師範學校本科一年級生 朱乃基

薰蕕不同器冰炭不同功故君子不容小人小人亦不容君子君子道長道消因之以分泰否顧君子達小人窮道之消長宜也至君子窮小人達消長失宜正泰極而否之候佞臣作福作威生殺予奪皆主之太阿倒持附勢趨炎者迭進矣而賢人無尺寸柄無術挽回獨善不能兼善諸葛亮云親小人遠賢人此後漢所以傾頹也即消長失宜之謂也嗚呼用人可不慎哉以擢用姦邪之故致中傷善類之憂不至一網打盡不止譬諸長木之斃無不摽國狗之瘈無不噬君子抱道在躬爲明哲保身之計靡忠言逆耳之憂其退處於無用所謂儉德辟難不可榮以祿非自私其道而任凶燄

日。張也。蓋有天下有道則見。無道則隱也。昔宋王安石用事。司馬光蘇軾皆為所讒。正小人道長君子道消之時也。元祐初起用司馬光呂公著程頤輩。則否極而為泰矣。無何羣賢不和。各持意見。斷斷辯論。復為紹聖小人所讒。消長之機。互相倚伏。惟視進用者何如人耳。嗚呼。歷覽史書。最令人痛恨者。漢宦官。唐藩鎮。一時奸黨橫行。名士羅黨禍。清流投濁流。君子羅織一空。斯小人益逞其志。國不旋踵而亡。諸君子未聞否之匪人不利君子貞之義乎。欲勝之而終得禍。獨郭林宗申屠蟠輩。事外逍遙。此由不學處士橫議。合於儉德辟難。不為天子所臣。合於不可榮以祿。然則後之君子。遇小人道長之時。勿持之過激。必欲其道之伸。徐俟夫小往大來。斯可矣。

通體議論。闢引紹聖事尤為警策

石碏討殺州吁厚論

安慶崇文學校二年級生 毛開甲

智士之謀人也。謀於緩而不謀於急。謀於遠而不謀於近。緩則為人所不及防。遠則為人所不知避。故其謀有成功。石碏討州吁石厚而假手於陳。何謀之善乎。夫州吁弒桓公而立。吁固明知其篡弒之罪。為衛人之所不容。則其擁兵自衛。植黨相保。不言可知。當是時。石碏雖有討賊之心。而志無討賊之機。苟不量力而妄動之。幸而勝。未可必。不幸而敗。碏且為釜中魚。惟其不急而緩圖之。庶有可殺之機乎。果爾州吁未能和其民。厚問定君於石子。石碏得施其計以殺之矣。朝陳之說。孰知即為假手於陳之始乎。且夫陳與衛方睦耳。州吁求寵於諸侯也。與宋伐鄭。而陳蔡實從。是陳侯之於州吁。正相濟而不相害也。乃石碏遽請於陳曰。此二人者。實弒寡君。敢即圖之。碏甯不慮陳侯之買己乎。蓋碏之所以敢請者。自有可恃者在也。夫州吁弒桓公而立。天下之國。皆得而誅之矣。況桓公戴媯之子。陳侯之甥。桓公被弒而後。焉知戴媯於陳而無討賊之請。又焉知陳侯於衛而無討賊之心。二者有其一。石碏之請。所必行也。即或不然。陳侯為陳之君。焉保無篡弒之臣。此風不可長。討州吁。正可以警臣下。則石碏之請。固陳侯所樂從者。此石碏之所以敢請於陳而不疑能收討賊之功也今日者石碏往矣人徒見其討州吁殺石厚謂能爲君討賊大義滅親豈知其所以能討殺州吁石厚者實由其智謀之周密乎

從假手於陳推想立論見識過人（張紳評）

石碏討殺州吁石厚論

安慶崇文學校二年級生 汪鏡清

君臣之義父子之親君子所先講也以臣弑君以父殺子可乎乃石碏討殺州吁石厚君子稱之曰純臣何也蓋州吁弑其君而自立是州吁爲衞之賊石碏不得視爲君石厚與州吁遊是石厚爲助逆之徒石碏不得視爲子則石碏之討州吁討賊耳非弑君也其殺石厚殺逆黨耳非殺子也討賊忠也殺黨義也忠與義乃君子之所許者此石碏之所以得純臣之名也

簡潔老當（張紳評）

桀悔不殺湯于夏論

安慶崇文學校二年級生 張齊盛

昔湯伐桀桀悔不殺湯於夏臺是可謂不善用悔者矣夫桀之失天下過在己而不在人使當時無暴虐之政荒淫之行不爲瓊宮瑤臺肉山酒池不寵妹喜不殺龍逄而謙恭敬信節用愛人則湯何由伐之哉乃暴虐荒淫不悔爲瓊宮瑤臺肉山酒池不悔寵妹喜殺關龍逄不悔而獨悔不殺湯是悔爲善而不悔爲惡其失天下宜也向使其放居南巢之日亦如太甲居桐自怨自艾處仁遷義則湯固非貪取天下之人安知其不冕服奉歸以行復辟之事耶當斯時也湯欲殺一桀猶殺一螻蟻耳何難之有湯之不殺放居南巢其欲觀桀之改圖明矣乃桀不自悔而獨悔不殺湯於夏臺桀眞昏主哉矣

平妥順適（張紳評）

移民移粟說

安慶崇文學校二年級生　陳國英

天災流行。國家代有。轉移之術。當盡心籌備於未然之先。既荒而以分多潤寡之計救之。是不可恃矣。夫惠王撫有大梁。豈不知饑饉之歲。在所不免。乃於平日漫不設備。臨時以移民移粟之計。施之。在王之心。以為天降之災。民不得食。吾以移民移粟之計濟之。可謂善矣。吾以為若此之為方之。坐視民之飢餓而不救者。則為可嘉。若夫治荒之道。王未之知也。向使當堯九年之水患。或處湯七年之旱災。惠王之策。尚可用乎。即或不然。河內河東。幸皆梁地也。又幸兩河未並凶也。假令其一非梁土。或兩地皆凶。惠王將移民於何所。更從何地以移粟乎。孟子以王者備荒之政告之。惠王當自知其策之最下者也。昔子產治鄭。以乘輿濟人。孟子譏其惠而不知為政。彼惠王之所為。殆方惠而不知為政者。與。

說理透澈（張紳評）

虞公以貪失國論

安慶崇文學校二年級生　陶德禮

虞公既以貪劍之故。一失其國矣。而猶不知貪之為害。夫晉將伐虢。假道於虞。是欲一舉而滅二國也。贈以垂棘之璧。屈產之乘。而虞受之。假以道焉。嗚呼。孰知此璧也。馬也。即晉人誘虞之鉤餌乎。虞公既見其鉤餌。而吞之。其為晉所執。宜也。使當日者。虞公以貪劍失國。為後車之鑒。則晉之璧與馬。猶瓦與犬也。苟無貪璧馬之心。則無假道之舉。苟無假道之舉。則虞之社稷。何自而亡乎。惟虞公既不能去其貪心。舍璧馬而不受。又不能從宮之奇之諫。是已吞晉之鉤餌。安得不亡於晉人之手哉。嗚呼。是可鑒矣。

清潔

民為邦本論

安慶崇文學校二年級生　程鵬

包九州國萬區而其所以得國之名者奚由乎曰以有民族聚於此也族有多寡故國有大小族有强弱故國有盛衰族有智愚故國有安危要之國無民不立民爲國之本也書曰民爲邦本其弗信乎智聖人爲國疆域不廣不憂城郭不完不憂兵甲不利不憂所憂者民叛而不歸也民歸而不安也其所以然者何謂民爲國之本本不固則國不固矣故愛民而聚之保民而安之所以培本奠邦耳昏主當國不求其本驅民於水火納民於塗炭待民如犬馬視民如寇讎久之民生日蹙民心日去而猶益之以法驅之以刑迫之以勢而不知國本已弱國之所存者幸也由此觀之民之於國可聚而不可散可安而不可危有國者當知之

思清筆達氣盛言宜（張紳評）

四海皆兄弟說

安慶崇文學校二年級生 吳少伯

天下之人所親愛者父母之外莫如兄弟所依賴者父母之外亦莫如兄弟蓋兄弟之友愛鬩於牆而外禦其侮語云世間最難得者兄弟又曰兄弟如手足此細非他人所能比擬也乃子夏爲司馬牛解其憂而曰四海之內皆兄弟則非特同母之兄弟爲兄弟而同國者亦可爲同國之兄弟同種者亦可爲同種之兄弟兄弟豈如此之易得乎蓋論其變兄弟不可恃四海之人更不可恃論其常兄弟固可恃四海之人亦可恃然則子夏之言殆論其常耳世彼之以無兄弟爲憂者正不妨求兄弟於四海之內也夫曰四海之內統我國之人民言之也而欲皆引爲兄弟不亦難乎然我國之人民非他皆黃帝之苗裔也既皆黃帝之苗裔四海之內非皆同胞乎其所以不能結合團體者皆由於不能敬而無失恭而有禮耳使人人果能如君子之敬而無失恭而有禮則恭敬之所感孰不以同胞相待而如兄如弟哉噫子夏之言雖爲寬司馬牛之憂而發亦不僅爲寬司馬牛之憂而發也

秋水一泓可見底（紳張評）

夷齊不食周粟論

安慶崇文學校二年級生 程春先

夷齊不食周粟。人皆稱之。吾以爲夷齊有遺憾矣。當武王伐紂。夷齊叩馬而諫。是夷齊有身殉社稷之心也。及武王不聽。夷與齊明知商之社稷不可保。其在義則有國存則存。國亡則亡。爲夷齊者何弗於此時捐身殉國。刎首於武王之馬前。以明厥志。不能爲此。不爲周臣。隱居深山足矣。又何必不食周粟。臥於首陽之下。採薇而食乎。雖不失節。何若死於武王馬前之爲愈也。卽就其不食周粟之志而論。必鴻飛天外。然後可。西山之登。薇蕨之食。何解於不食周粟之謂耶。吾故曰。夷齊有遺憾矣。

議論透闢（張紳評）

孔子汎愛論

安慶崇文學校二年級生 余繩銀

同類相殘。於人爲甚。無他。無人愛人故也。亦非眞無人愛人。愛其所親。近不愛其所疏。遠愛非汎愛故也。不知汎愛何怪乎自殘其同類哉。孔子思去其害。故設教之日。以汎愛教弟子。蓋望諸弟子。嘗思天下一家。中國一人之義。民胞物與。養成和平之風俗也。不然。何以不言愛人而言汎愛。

詞筆簡鍊

制治於未亂保邦於未危論

福建省立第一師範學校本科三年甲級生 余長賚

自來國家之治安。固未可以長恃也。必能制禍亂於未萌之先。籌大局於未傾之頃。則凡思患預防者。已見其有備無患也。已夫天下之亂。常伏於已治之中。邦國之危。偏藏於已安之際。使由此優焉游焉。絕不爲之介意。吾恐世變日亟。國本已先搖也。貽禍豈淺鮮哉。然而究其將亂將危之局。而知咎在上下違心。盜賊蠭起。內則爲奸人所煽。外則爲强敵所侵。天下騷然。殆岌岌乎不可終日。至是而始謀所以制之保之。夫何異病入膏肓。不可救藥。雖有扁鵲良醫果足以收效乎獨是危亂何常之有今日之治安既出於意外則異日之危亂又何必不在意中未亂而忘亂何地非亂未危而忘危何時不危況事之危亂者雖無顯然之象猶伏有隱然之機胡爲而漠然不察乎蓋嘗考堯舜處中天之盛不忘吁咈之詞禹益際明良之時時存叢脞之戒周公承文武之德致太平之治不忘咨嗟勉勵之言古聖人兢兢業業就令躬逢安樂常懸一反正撥亂之心居安思危之象無一時之稍懈也而猶謂天下已治矣已安矣不必思所以彌縫之補救之則古來留心國計者如賈長沙之痛哭流涕忠武侯之鞠躬盡瘁魏文貞之面折廷諍鄭監門之袖繪民圖而皆無裨於人國也嗚呼此何足與言制治保邦之長策哉善治天下國家者果能事事圖維求所以制之保之之術將見四境之內相安無事潢池無盜弄之虞遠邦安有覬覦之志哉有國者其愼之

胸有書卷言皆有物望而知爲積學之士(翁福成評)

論曲沃併晉

武進監獄學校學生 趙元英

夫嫡庶長幼自古不易之常道歷久不敝之定分也以微子之仁而不廢商紂以目夷之賢而不代宋襄此皆知嫡庶長幼之不可犯矣然當春秋之際變亂紛紜斯道日失其序庶奪嫡而幼凌長者何其多也嘗試論之自晉穆侯忘大義而溺其所愛寓廢長立幼意於命名中卒致釀成曲沃之變覆亡宗族壞萬世不易之綱啓春秋特著之禍穆侯實名教罪魁也嗚呼有國家者苟能以穆侯爲戒力挽斯道於衰頹之世則蠻夷鴂舌之人安敢以其道亂中國耶

立意卓卓有功名教之文(史評)

宋宣公論

武進監獄學校學生 趙元英

有國家者傳於子常道也昔堯以丹朱不肖禪位於舜舜亦以商均不肖禪位於禹禹子啓賢則傳於啓後世遂相襲不改以是觀之堯舜之傳賢以其子之不肖耳非常道也宋宣公舍子而立其弟固可謂甚高之節而有堯舜之風焉

穆公不絕宣公之後卒立殤公亦能以德讓國無忘骨肉之親矣雖然宣公讓位於穆公設有不幸覆沒宗支祚歸異派如宋太宗對於太祖之所爲則將奈何詩曰貽厥孫謀以燕翼子宣公燕翼之謀安在世以宣公爲智吾不信也其後宋督弒君之謀肅非宣公啓之歟嗚呼殆哉

命意布局不落下乘（史評）

蒙以養正聖功也論

江蘇公立法政專門學校法律本科 劉鍾珣

嘗觀書重胄子之教禮傳少儀之篇詩刺佩觿之童春秋譏仍叔之子凡六經所載莫不以少成若天性習慣成自然父兄之教不先子弟之率不謹古聖賢於此往往三致意焉而其語之至精至粹者莫如大易蒙卦彖辭所謂蒙以養正聖功也請申論之蓋蒙之象在天爲混沌未鑿之初惟聖人有以開闢之而後文明之運啓蒙之象在人爲知識未漓之候惟聖人有以教育之而後虛靈之體充然則養正之功曷可少哉夫仁義禮智之根於性生者人人所固有也而非蒙養以存理則固有者可以絕靡麗紛華之引於外物者人人所本無也而非蒙養以遏欲則本無者轉爲累夫惟導之以孝弟申之以謹信動之以親愛使不失夫良知良能而漸至於成人成德正本清源之學卽希賢入聖之基故聖人之功造其極可以盡人物之性贊天地之化而其道必自蒙養始譬諸樹木養其根而竢其實其有參天之勢者皆自拱把培之焉試觀蒙之內卦爲兌兌之象曰朋友講習講習者所以資乎養也蒙之外卦爲艮艮之象曰思不出位不出者所以範乎正也至其內互爲震則恐懼修省聖功之所以始外互爲坤則厚德載物聖功之所以終皆可旁通而得其義矣

理論獨到通篇皆透闢語

魏絳和戎論

江蘇省立第一商學校本科一年級生 史緒生

禦戎之道。固不外乎戰和二策。然和之一字。最易誤人家國。論史者以爲大誡。每謂戎狄無親。和不如戰。而不知和非不可戰亦難言。要當視其時與勢耳。時而可戰。則不妨戰以絕後日之患。若武侯之征蠻。固可尙已。時而可和。則不妨和以爲懷柔遠人。若魏絳之和戎。亦奚可罪哉。竊嘗瀏覽周史。考諸左傳。見晉國當時。文公已遂霸業。難成厲公中衰。餘威欲絕。迨至悼公。而復克振興。諸侯再會。是晉方有事於諸夏之日也。有事於諸夏。則必當置戎於度外。戎而請和。何幸如之。奚羨於戎而必欲一征之乎。況乎楚峙於南。耽耽虎視。我若伐戎。則楚必爭夏。不如因戎請和。而慨然許之。則戎必不至遽叛。而楚亦無釁可乘。然後養晦待時。向機而動。則何有於楚。亦何有於戎哉。是以魏絳力主和議。而反覆辯論於其君之前也。智哉魏絳。洵可謂知禦戎之道矣。乃或者不察。謂晉之有事於諸夏。無異諸葛之有事於中原。何不先征異域。而後伐諸夏。不知當日之戎。尙未若南蠻之狡且狠也。且南蠻無畏威之意。而戎已有請和之心也。夫無畏威之意。而不先伐之。則不足以褫其魄也。已有請和之心。而猶欲征之。則適足以怒其衆也。是以諸葛於蠻則必先征之。而魏絳於戎則許之和也。所謂時有不一。而勢有不同者也。嗟乎。魏絳之謀。果何如耶。厥後悼公以鄭之樂半而賜之。曰子勸和戎。不勞師旅。八年之中。九合諸侯。皆子之力也。豈虛語哉。

精理名言指陳大勢有若指掌

殷三仁論

江蘇省立第一商學校本科一年級生 史緒生

國家當凋敝之秋。人民有偕亡之想。而君日荒淫。不思悛改。則爲之臣者。不得不開陳善道。一矢忠言。若果反覆諫諍。而君猶不聽。則君之志必不能回。而臣之心亦可告無罪於先王。由是而爲之臣者。或去或不去。或身殉社稷。皆不妨各行其志。若殷之三仁。尙已。乃世或不察。謂微子爲紂庶兄。箕子比干爲紂諸父。皆可謂貴戚之卿。夫三子既爲貴戚之卿。則嗣君不德。奚難擇賢而事。胡爲計不出此。而徒事諫諍。諫諍不聽。而各是其是。皆不得爲盡臣之職。又謂微子不憫宗社之覆亡日夜涕泣而反肉袒牽羊稽首於敵軍之門是爲不孝箕子見紂無道會已佯狂爲奴而周得天下卽受新朝之命是爲忘君比干不能於紂爲象箸之前豫籌匡正之策而乃於紂惡既盈之後徒爲一死報之是爲邀名不知之三子者皆有不得已之苦衷難爲俗人道者竊嘗一再思之蓋微子之稽首於敵軍之門而腆不知恥者欲以存宗祀也非不孝也正所以全其孝也箕子之受周訪問而欣然應命者欲行洪範之道也非忘君也有濟世憂民之心也比干之伏於象魏而至死不去者欲正君臣分也非邀名也有萬世名教之憂也皆所謂不得已之苦衷要之微子得聖人之權箕子得聖人之時比干得聖人之經迹雖不同而其道則一也是以孔子稱之曰三仁朱子謂三人之行不同而同出於至誠惻怛之意其知三子之苦心矣乎噫微夫子其孰能知之

有筆有書迴不猶人

攘羊證父論

北京安徽私立中學校第一年級第三班 徐鸝

天性之親莫過於父子故父之愛子義方有訓必不使其子受汚辱之名子之事父甘旨無缺必不使其父有竊盜之行父之所以爲慈子之所以爲孝此三代之直道而行也楚人有其父攘羊而子證之凡在國中雖愚夫愚婦莫不以爲直躬之士也嗚呼直則直矣惜乎處父子之間有未直者存焉方其父攘羊之時爲直躬者當陳其利害而諫止之父苟不從再諫之再諫不從三諫之三諫不從移其公庭怨懟之詞奔走號呼於四鄰其父雖頑畏人多言庶幾悔悟全父之名伸子之義豈不勝於證父攘羊乎計不出此先事而莫爲之救待其既攘而又證之則天下焉有證父攘羊而爲直哉舜爲天子皋陶爲士瞽瞍殺人父攘羊而子可證則舜亦將證其父之殺人乎今有人日攘其鄰之雞者或告之曰是非君子之道曰請損之月攘一雞向使其父日攘一羊月攘一羊則子將不勝其證矣爲直躬者不亦勞乎故攘羊證父楚人謂之直以余觀之何足道哉何足道哉

清辨滔滔而以瀟灑出之文之以韻勝者（朱理臣評）

陳文子之清視伯夷何如論

旅京安徽私立中學校第三年級第二班　高榕

間、嘗出盧龍之塞。過孤竹之墟。逶迤而北至河濟之間。芳蕨留人。青山傲我。悠然有草芥萬乘睥睨一世之思。客揖余而告曰。此古義士伯夷之歌所也。既而並海走瑯琊。觀齊景公之所爲。營營逐逐。一再與晏子感慨悲傷。眷戀富貴。直欲無死以長有之。及其卒也。寢廟頹墮。野塚荒涼。臨淄父老。莫有過而問之者。此尼父所爲往復流連於誠不以富。亦祇以異之詩。而使後人憑弔遺蹟。有願爲伯夷。羞爲齊景者也。行幾何里而人煙寥渺。雲樹迷離。蓋於陵子仲之居焉。彼其以世家之裔。介然特立於東方。一似聞伯夷之風而興起者。然究其所居之室。未必伯夷之所築。所食之粟。未必伯夷之所樹。則其廉亦不能無議耳。至上譜仲子之族。得文子須無。潔身去亂。不受崔慶之污。棄其錦馬珠玉。而甘傺傯於列國。大聖人上下千古。亦嘗慨然稱其清焉。意其爲人。林泉其志。冰玉其操。當亦伯夷之所與爲同調者也。獨惜其身爲正卿。不能正名討賊。而社稷粗安。又復還轅息轍。上邀印綬之榮。始以畏而遠遁。繼以悔而改圖。伯夷有知。豈不掩面而竊笑也耶。向使富貴忘情。慨濁世之無可語。思從首陽之下。追伯夷當日採薇之遺蹤。與片石以終古。詎不偉與。即不然。自以先世敬仲弛負担之勤。受榮封之寵。冀報先君之德於萬一。率其家衆。合高國鮑隰之師。以擒梟弑君之賊於虎門。然後與晏子迎立新君。殫其智力以輔之。他日因事道過伯夷墓下。亦可告衾影於古人矣。計不出此。而乃僅等於晉趙宣子之所爲。清耶。抑否耶。蓋嘗論之。伯夷之清。仁而清者也。文子之清。清而未仁者也。譬之水。有千丈之淵潭焉。本源澄澈。挹之不清。不自以爲清。而天下之言清者。莫能外。及退而遊一勺之溪。五尺之沼。觀其所爲水者。源淤流滯。忽而爲清。忽而爲濁。雖聖人亦不肯苟其辭。使與濁者混。吁。此伯夷文子之辨也已。

文子之清自不足與伯夷並論文特取徑自別一路嶔崎歷落迥不猶人（朱理臣評）

楚子文毀家紓難論

旅京安徽中學校第三年級第二班 高榕

世多以國而忘家稱忠臣。吾則謂惟忠臣能不忘其家。家依國而立。苟無國。何有家。其爲國中是卽所以爲家也。特有時爲國之心。適與爲家勢相左。故第急於爲國而不暇於爲家也。則雖謂之忘家也亦宜。昔子文之爲楚令尹。當國有鬪班之難。自毀其家以紓之。此眞忠於謀國者與。然亦思保家之策。孰有善於子文哉。鳥自固其巢。林盡則巢隕而鳥不知也。獸自完其穴。山隤則穴覆而獸不知也。鳥苟知巢之依於林。則巢不足固矣。獸苟知穴之依於山。則穴不足完矣。古今來懿親貴戚墨吏債帥豪族大家奸商鉅賈。厚自封殖。坐視君國之危。不一援手。是亦鳥之自固其巢。獸之自完其穴耳。而孰知林盡則巢隕。山隤則穴覆。舉昔日之貪囊私橐。一旦盡爲灰燼也哉。子文智足以知此。故當國步倉皇。勢將同於林之盡山之隤。安得不思所以紓之。思所以紓之。於是不得已而出於毀家之計。究之其毀家也。非毀家也。蓋全家也。其紓國難也。非紓國難也。蓋紓家難也。苟國難之不紓。而家亦隨之。幾何不等於巢之不固穴之不完也耶。抑吾嘗聞子文之家。無一日之積。甚至於朝不及夕。意者其毀之過與。是不然。楚子之於子文也。每朝設脯一束。糗一筐。以羞之矣。澧蘭沅芷之勝。三湘七澤之饒。實與子文共之耳。楚子固有國而無國。子文不亦無家而有家哉。且夫人情之所最難忘者家耳。驟而語諸人曰。盍舍爾家以全爾國乎。人必不聽。徐又爲解之曰。嫠婦憂宗周之隕。爲將及者。爲國與。抑爲家與。則其人必皇然請罄其家之所有以救之。子文之智。亦若是焉已耳。不然。聖人之稱子文。何以第謂之忠而不謂之仁哉。仁蓋無所爲而爲。忠猶或有所爲而爲也。然自子文而後。世鮮有能忘其家而憂國者。苟皆知家之與國。有相倚相依之勢。則忠憤之心。庶其油然生哉。如子文者。殆誠足風矣。

原情之論似創而實確推波助瀾文亦足以達之（朱理臣評）

三不朽論

浙省第十一師校四年級生 項長

以百歲衡人生極其衡者稀矣即或有之亦瞬息間耳苟一息不延則此幻形埋沒於蓬蒿間化爲烏有寧能亘千秋而長存耶且覆載生物一春一秋新陳代謝人亦物也即有百年之春秋乃不能易秋爲春焉得不朽吾形哉雖然其中自有不朽者在不依形以存而在乎形以外不恃氣以生而超於氣之上者伊何物耶德功言三者是何以言其然也蓋德者禮樂教化是已功則粒食導水攘夷狄拒揚墨是已若言則又在於簡册典籍之間斯三者浸潤於千萬人之心垂示於千萬世之後匪戈兵所得戕匪水火所可殘更非烈風雷雨所得而剝蝕也其於不朽爲何如哉或曰人亡政息世遠功泯時亂言火不朽究未易言也若然者德其所德非至德也功其所功非至功也言其所言非至言也苟超邁於庸衆上德不德流露於禮樂黎庶之被其澤者含哺鼓腹忘其德於何有若黃炎堯舜之德迄今豈朽耶至功無功功在千萬世彼粒食蒸民拯溺蒼生攘夷狄以淸華夏拒楊墨以羽翼聖教焦毛髮胼手足勞心窮思引爲分中事不矜不伐民生之賴其功者莫識其端倪若禹稷周孟其功未嘗朽也惟言也升沉顯晦似易朽但至言格天已造窮理盡性之功夫發諸口而鐫彝鐘鼎書於竹帛或以鳴盛世或以頌聖德或以誅奸諛於既死或以發潛德之幽光雖世否道喪擱棄吾言今固沉晦後又復顯若湯盤之盟石鼓之歌端理門之碑文以及聖哲賢彥之筆墨於今猶得誦讀者其不朽可斷言矣雖然德功言三者高深宏碩匪一人之身所得爲備今古四千年兼而有者其惟孔聖乎孔聖删詩訂禮德紹三代作春秋褒善貶惡挽東周弑逆頹風功不在禹周下至於言則易之文言大學之聖經致知格物即後此千百年難以秦火朽之也老氏有言曰太上立德其次立功其次立言彼以德功貴於言言下於德功信然否耶結繩之世位天地之德判鴻荒之功何以至今不傳耶蓋以濟世澤民論首德次功苟以不朽論則德功固倚乎言矣德功尙然而況於百年一朽之幻形也哉

發揮透徹言之有物（朱瀘衷評）

晏平仲善與人交論

江蘇省立第三師範本科二部生 李江淮

人生天地間不能離羣而索居故內則有家庭外則有朋友處家庭固有道交朋友亦有道也道也者善始善終之謂也世之交友者往往不明乎此其始也各出甘言以相誘以期友之信我迨彼此各露其詐遂至日益疏遠視之若路人此不知善始之道也即始能以禮相交而因日久怠生終至狎侮相尚凶終而隙末者亦比比皆是此知善始不知善終之道也如是者皆不得謂之善交然則如何而後可謂之善交乎曰能善始善終者交斯善矣此晏平仲善與人交所以宜聖樂於稱道之也晏平仲以善交稱者以其能久而敬之也於何徵之曰昔者齊莊景之時暴有崔慶強有陳鮑暴不可遇之以仁慈強不可待之以柔弱此夫人而知之者也使不善交者處其間鮮有不被其毒者而晏平仲與之周旋至於數十年之久履險如夷視強暴若無覩者謂非善交之功不及此由是觀之交友能狎而不能敬不足爲善交即敬矣能暫而不能久亦不足爲善交蓋暫敬祇可收效於一時久敬乃能收效於終身晏平仲能久而敬之此所以能屈服強暴至於數十年之久也噫晏平仲誠可謂善與人交者矣

洞中癥結皂所欲言（嚴毓芬評）

仁義使我愛身而後名仁義使我殺身以成名仁義使我身名並全孰是孰非論

浙江第十一師範本科四年級生 應明

事岐萬端道本一貫惟天下之賢者乃能貫通而用之身體髮膚不敢毀傷殺身成仁舍生取義既明且哲以保其身古人之言人人知之而人事之推移理勢之相因其疏闊而難知變化而不可測者孰與死生名節之關哉人每有謬用者其故何也執一不通分歧誤用未能一貫耳夫愛身而後名曾子嘗取是道矣其不悖於仁義也可知然處人道之經可也苟守此不反則覥顏偸生不以爲辱乖仁義之道矣殺身以成名孔孟亦嘗許之矣然亦處變之道也苟不

衡諸理勢則其死也又有泰山鴻毛之別焉至於身名並全雖兼二者之長而有之然而經權互用遭遇最難一或失當貽笑千秋所謂失之毫釐差以千里不至身名兩敗而不止故三者各有得失使執其一而忘其二則仍戾仁義之道又非善用貫通者矣夫仁人心也義人路也由是路而無媿於心則仁義之道得矣是故善貫通者當生則生當死則死一以仁義爲生死非以生死而求仁義也生死得所則名節自彰此所謂行善不爲名而名從之矣不然吾恐徒勞而無功也噫

君子爲義小人爲利說

有筆有書持平允當

安慶崇文學校二年級生 陶國粹

君子與小人何由而分別哉曰其心異其事殊也何謂心異君子之心公動則思義小人之心私動則思利何謂事殊君子思義則其所爲者無非義小人思利則其所爲者無非利君子小人之異若此故欲知孰爲君子孰爲小人觀其孰爲義孰爲利則可得而識之矣夫君子何以獨爲義小人何以獨爲利蓋君子循理小人狥欲循理則務盡其當然狥欲則務求其非分是故以身殉道惟君子能之小人弗爲也以身殉財惟小人能之君子弗爲也此君子之所以流芳小人之所以遺臭也

孟子言性善論

通體明順入後尤勝（張紳評）

安慶崇文學校二年級生 陳國英

孟子者戰國之大儒也攷其生平無往不以息邪說正人心爲己任故其於性善之說日與當時之士多所發明卽告子季子輩不足與論性亦必辨論反復不遺餘力蓋冀邪說之息人心之正也嗚呼卽此可見孟子一生之苦心矣吾嘗觀史而至戰國竊嘆世道之衰人心之壞至此極矣蓋由其在上者言功利其在下者言楊墨其爲士大夫者言縱

言横言陰陽言老莊言刑名法術卽所謂一代大儒如荀子者亦復妄騰口說以性惡爲言嗚呼當時之言功利言楊墨言縱横言陰陽言老莊言刑名法術皆不足患矣至於荀子以一代大儒而言性惡誰復知仁義道德之可行此邪說之所以遍天下人心之所以不正也猛獸洪水之禍豈過是哉孟子生於其間目覩斯世軫念民生欲挽狂瀾獨作砥柱於是以性善之旨遍告於滕梁齊宋振其聾而發其聵俾天下之爲邪說蠱惑者如夢初覺其有功於世道人心豈淺鮮哉向使天不生孟子於戰國則性善之說不聞誰復知修道德行仁義不爲邪說所蠱惑而離於害韓愈推尊孟子謂其功不在禹下信哉

精切障翳一空

鄧祁侯若從三甥之言能否存國論

福建國學講習所學生 王謙

鄧祁侯不從三甥之言鄧卽以亡世之論者皆以三甥爲愚而以鄧侯之不從其言爲是竊以爲三甥未可非也而鄧侯無知人之明自取其亡耳楚文與三甥皆鄧甥也楚文之心鄧侯不能知者而三甥必窺知之意者楚文滅鄧之謀早定或露於言語容貌間爲三甥所覺故決其必亡鄧也惜乎鄧侯不能從其言也然則鄧侯從其言鄧卽可免於亡乎曰從之亡不從亦亡不從則亡速從之或可幸於後亡何則楚自僭王以來東封西略無日不肆其狡焉思啓之心以滅人國爲利者彼爲楚所滅者豈皆嘗殺其君乎抑亦無因而至乎卽鄧以珠玉皮幣事之維謹彼見滅於楚者豈無有行之者乎而終不免於滅亡者何哉若鄧侯從其言而殺之尙冀楚國之有亂而無暇於滅鄧也不然無異乎彼不殺而亡之國也今鄧侯之心以爲楚文王吾甥也縱楚盡滅諸國豈不留一勇氏血食地哉若殺之有害於楚而無益於鄧孰若親之以爲援亦聊以固吾圉也不知楚戎狄國也楚之君則虎狼也觀後日之不殺而見滅則知卽當日殺之其禍亦必不出於滅有兩人同行遇虎其一俯首乞哀求免其一執梃擊之及其卒也乞哀者先死而執梃者或

免於禍鄧侯之智一乞哀求援而死於虎者也三甥之智計一執梃者擊虎而幸其可免者也此吾謂其不從則亡速從之或可幸於後亡也是故三甥之言蓋知楚文者然無補於鄧之終至於亡者則一也

批郤導窾不煩言而解自非鈍根人能辨（翼亭評）

全國學生
圖文成績

文庫卷三終

古邗盧壽籛選輯

●史論類

劉章請以軍法行酒論

奉天省立第二中學校五年級 吳秀山

古之成大事者必有深謀遠慮萬不敢輕舉而妄動一至時移勢去必能立奏奇功所謂大智若愚者也世有不然者徒有成大事之心而無其智僅有圖大事之志而寡其謀不能忍之於始愼之於先反因機事不密而受禍者豈少也哉劉章請以軍法行酒殺呂氏之醉亡張劉氏之聲威雖舒其不平之氣時人嘆其智勇然吾以爲章之爲此未之思耳夫勢有可伸而不可伸舒有可平而即宜平不宜伸而伸宜平而不平而猶不受其禍者吾未之見也況章居呂后勢力之下稍見其有恢復之心則必設謀圖之恐其成大事也章之殺呂氏雖明無恢復之心然亦藏有反對之意此意一見章能全其身者亦幸矣況醉亡者呂后之近族殺之必動呂后之怒不但呂后怒之呂氏之族亦必俱懷不平之心而章以一人之勇焉能敵諸呂之勢故知章之勢不宜伸而其氣未能平也章當此時正宜深謀遠慮不暴動於一時忍小忿以就大謀如此猶恐他人知其心遏其謀而大事難成況已先居可疑可慮之地而其事之不敗者難哉使呂后一怒而殺之則恢復漢室尚誰賴乎吾故曰有成大事之心而無其智有圖大事之志而寡其謀就此事而論章之殺呂氏與張良之椎秦無異也處虎口之下而自逞又焉得謂之智哉嗚呼成恢復之功者平勃之力也後世多謂劉章之力居半非吾所敢言也

意致淸緊語無泛設筆氣颯爽猶是餘事(馬傑良評)

東平王言爲善最樂論

奉天省立第二中學學生 李魁山

國之治亂基乎家庭家道之盛衰孕於各人之善惡是以身不修則家不齊家不齊而望國之治者未之有也然世人處家庭之中昆弟之間往往釀成骨肉之禍利則同趨患則同避富貴相擠困約相擯感情傷矣天性離矣遂致同氣相鬩而變爲陌路同根相生而化爲胡越求完天性之親骨之肉情者蓋寥寥焉吾不禁深慕於漢明帝之與東平王善處兄弟之間矣夫位居九五之尊天下之至貴也身爲萬民之主天下之至顯也動則爲民法言則爲民模上行下效上倡下隨明帝英主也顧不明此理乎彼東平王已還遣使手詔言以猶坐愛苦瞻望永懷者豈偶然哉東平王者賢王也承問何事最樂答以爲善最樂以爲善者身之本也善具則身可修兄弟之情骨肉之親可從而全矣兄友弟恭若二人者何愧焉夫富貴者人之所同欲也同有欲心其勢必爭有者惟恐失之無者惟恐其弗得也故同室操戈一氣相殘蕭牆之變喋血宮門又何有兄弟之情乎哉鄭伯之於叔段胡亥之於扶蘇獨非兄弟耶何其相殘之甚而相視之若仇耶惟其不能以善處家故國雖治而人倫不全甚則以之淪亡亦惟明帝能先齊家故能致天下於昇平彼處家者其亦效明帝之於東平王也夫

渾括簡當詞意不浮而筆氣之清緊遒鍊尤足動人（馬葆良評）

盜牛守劍論

奉天省立第二中學學生 張耀天

義者乃人所賦於天之本性而爲人心之固有利者爲人所接於物之世情由於物我之相形是故守義者非不知利能保其天性然也好利者不能守義非不知義乃蔽其本性然也漢之王烈器業過人衆所欽稱其時有盜牛者主得之曰刑戮是甘不願彥方知也烈聞之遺以布曰以此誘之爲善其後拾劍於路守之以待失者人皆謂烈有以感之不知盜者自返耳將謂盜賊之行本爲不義無如所行已非故當被得之時藉恐烈知之言以表自返之意不然不於

其未盜之前即知爲盜不義恐彥方之責而不爲而於既盜之後始知爲盜不義不亦晚乎不於其盜牛之先即知守劍之爲義希彥方之遺布而爲之而於盜牛得布之後始知守劍爲義不亦遲乎且如謂其先不能自返被得之後乃曰吾恐彥方知之如其幸免其亦能語人以恐彥方知之乎吾知其必不能也將必昧於爲盜矣民皆昧於爲盜尚可謂其能感之乎況爲盜者反有所遺則民不特不能感而爲義轉皆爲盜矣何也以爲盜幸免則可得財被得後反有所遺將必盜風日熾吾未見其爲誘人爲善之上策也盜者自返也

清剛雋上題無剩義妙在筆意迴不猶人（馬葆良評）

漢高帝十一年求賢詔論

奉天省立第二中學學生 姜昌吾

自來竊國者流必有權術以愚其民詔告喬皇有外若虔誠而內實狡獪者方其號召庶衆蜜口宣言一若有周公吐握之風求賢若渴爲國家策治安爲生民造幸福者而其韜晦之術實則不可窺測如漢高帝求賢詔是夫漢之時何時也宇內粗定羣雄漸平百務待興需才孔亟之時也高帝雄才大略詔令求賢安黎庶一中國使天下愛然固不可謂不仁也然而高帝者性行陰狡猜疑未泯而欲久竊帝位防賢禍己者也所謂以天下爲公器以賢才爲可貴者高帝豈其人歟假令高帝謙恭下士維重維尊則宜厚祿高爵以隆其享量能授職以見其才然而高帝溺儒冠慢賢士矣假令高帝求賢是急安樂與共若求賢詔所云云者則淮陰之流皆忠亮死節之臣也與高帝共定天下非若所求之賢未謀一面未樹一功者雖剖符析珪世世弗絕分也然而韓信誅矣張良去矣布越之徒葅醢殆盡矣且曰賢士大夫有肯從吾游者吾能尊顯之嗚呼是以利祿餌賢者也推其心也以爲吾以此而得之安知不以此而失之使長留此賢士於壠上田間安知無狡焉思啓者乎亂源不去則禍水必生非綿國祚之道也故以利祿導之而使咸就其範圍然後知高帝者私心未淨內實狡猾者也籠絡人才以防後患者也嗚呼求賢之詔意在斯乎意在斯乎

思沈力厚慘淡經營迴異率爾操觚者（馬葆良評）

諸葛公弟兄三人各輔一國論

京師安徽私立中學第三年級第二班 徐修五

天欲定三分之局必先爲定三分之君定三分之君必更爲定三分之臣當漢之季世曹橫於北孫踞於東公孫瓚袁紹袁術劉表劉焉之徒雖跨有州郡旋皆竄滅惟中山令裔杖鉞西南與北之魏東之吳鼎峙數十年而三分之局遂定於三分之君其時諸葛一門兄弟三人天亦若使之各輔一國以爲三分之臣焉夫當武侯臥龍南陽之日沈幾觀變屬心帝室之胄久矣張昭薦之孫權胡爲乎不就必有不足於孫者不足於孫應亦爲瑾陳江東割據事如不能強瑾之不輔吳何曹操使人招之胡爲乎不出必有不足於曹者不足於曹應亦爲誕道老瞞奸險事如不能強誕之不輔魏何向使草廬三顧瑾若誕亦偕從先主於荊州南控襄陽西吞巴蜀北窺許洛東瞰江淮以一此三分之局兄弟一堂宏我漢京固千古快事也然而不能弟爲良醫不能強兄以療病兄爲良巫亦不能強弟以治鬼豈其拙於謀兄若弟哉乃其拙於謀天也吁譚尚以兄弟相攻琦琮以兄弟交惡討虜以兄弟協謀而背漢司馬以兄弟共國而亡曹天生武侯其兄弟類皆忠賢卽不三國分任亦奚至於此所可慨者武侯以文武才兼將相任祁山六出未克掃清中原心思存漢而誕不能勸曹以勤王致挾天子以令諸侯志在結吳而瑾不能說孫權以仗義反致戰猇亭以瀆齊盟是亦兄弟之猶有遺憾哉雖然人臣事君各爲其主以權之待瑾操之待誕視先主之待武侯雖有性情權術意氣之不同而禮貌隆任使重亦無多讓萬一角其才力三國之君一有滅亡其何以處兄弟之間乃當日吳未吞曹未滅蜀亦僅僻處一隅天之所以全其兄弟者其惟此三分之局乎

文有奔騰澎湃之致三分天所定三人分事三國亦未必非天所定也論能持要中後兩段興致尤佳（朱理臣評）

始皇漢武晚好神仙宗旨安在試詳論之

江蘇省立第八中學校第五屆第四年級 焦席禖

人生所最不快意之事又爲盡人所不能免者其惟死乎生時之聰明才智足以建大功立大業其所享用者足以置廣廈衣文繡以及聲色狗馬之充其玩好姬妾奴婢之供其使令生人之樂盡於斯矣一旦奄化雖千百倍於此又何從而享受之哉嗚呼死之事亦大可痛矣苟遇一二神仙授人以長生之術則富貴可以久享何怪世人之羨慕也夫始皇漢武貴爲天子富有四海且値四夷內屬天下承平之際正大好消受世間幸福時也所惜春秋日高歲不我與坐視富貴不久將不屬乎我可不懼哉是故求仙之舉非得已也以海市蜃樓目爲蓬萊三島數遣方士入海求之甚或駕幸岱宗冀得仙人蹤跡耗無算之國帑作無益之干求要皆以得不死之方爲目的孰意仙人未至而鬼伯已來所謂廣廈也文繡也聲色狗馬姬妾奴婢也一旦皆歸於烏有矣詎非大愚乎然武帝征和四年下詔曰天下豈有神仙盡妖妄耳一切求仙之使皆罷之由是以觀漢武猶勝於始皇焉

推出兩雄心事說得眞切可以破歷來讀史之疑團（桂蔚丞評）

趙鼎眞宰相論

北京安徽私立中學第三年級第二班 徐修五

南宋和議之定自秦檜爲相之日始然君子不曰秦檜而曰高宗南宋恢復之圖自張浚、趙鼎爲相之日始然君子亦不曰張浚、趙鼎而曰高宗何則國以一人興以一人亡高宗旣洞燭秦檜之奸頓黜而頓用之又明識張浚、趙鼎之賢旋任而旋竄之利害之交戰乎中時勢之變迫於外一念欲定和議一念又欲圖恢復方其圖恢復也其意之所屬蓋不在張浚卽在趙鼎矣不然眞宰相一語胡爲而出高宗之口哉向使平江決戰以還舉中原之事一委之先見之鼎令世忠服其敢爲之志兀朮生擒張浚佩其合義之行江淮死守而車攻一詩慰勞重來雨驟風馳將士頓灑橫江之淚趙鼎眞宰相則誠眞宰相矣所惜者信任不專兩授宰輔之權卒納秦檜一譖貶死吉陽徒使倔強猶昔之老望闕廷而懷報國之思知爲眞宰相而不能用眞宰相千載下墨客騷人讀陸游李莊簡公家書一跋未嘗不於趙相過嶺流涕時三嘆息焉抑吾聞秦檜之奸鼎不能察故武穆之死蘄王之去均未嘗抗疏以力爭意者其有愧於眞宰相之稱與是殆不然以檜之奸張浚且猶助之何責乎趙鼎武穆之死蘄王之去距吉陽之貶未遠也鼎或者面陳其奸狀而不能回高宗嚮檜之心史故不傳亦未可知也至有以李綱爲相僅七十日而抗論不撓鼎也兩相而變建都之議謂之眞者亦高宗之見耳不知高宗之時屢爲金脅不常厥居鼎不過一時之失計詎可厚訾其大節耶嗚呼以鼎之才之望而高宗倚託不終眞宰相徒邀賞識況乎才望之遠不逮鼎者又何如也然則諸葛公之遇先主鄧高密之遇世宗誠哉其尙矣可勝慨與

歸獄于高宗之不能用則趙公之可爲宰相千古自有眞矣論允當而文氣亦復鬆颯（朱理臣評）

論魏武相漢下教求才之弊

上海南洋路礦學校中學二年級生　馬志超

嗚呼欲大廈之不傾者必須擇堅固之棟樑然後能千古不朽也欲國家之強盛者必須求有能之人才然後有利於國家也夫國家求才得失之職於何操之曰宰相把持之也嗚呼一國之興廢存亡視乎人才而人才之得失視乎宰相宰相求才宜何如愼重哉夫求才之道以忠孝爲本故求忠臣必於孝子之門誠以移孝作忠此其才乃眞才要非一切虛僞之才所能濫廁奈何魏武相漢其求才竟不然也何也不辨其心術凡負富國強兵之術者皆兼收並蓄無所遺棄嗟乎求才之濫一至此哉上以是取下以是應遂足使市井無賴之徒波馳蟻赴一國之人士皆鬱鬱於衡門之下役役於富貴之途人心益壞矣故是時節義之風掃地以盡而大漢數百年之基業綱絕紐解非以此哉嗟乎古代之求才往往得才以興利除弊而魏武求才竟有弊無利也豈非魏武之不善擇人哉誠如是不如不求之爲愈也苟不爾者眞心求才其行爲高尙者或忠孝者以任之則漢祚不至於亡魏武亦何至稱爲奸雄耶嗚呼此魏武之所以爲賊也後此之下教求才者其鑒之哉

兩漢醇美之風孟德壞之於一旦奸雄自遂私圖貽禍天下往往如是

趙勝受韓上黨論

浙江省立第二師範學校本科一年級生 丁鍾山

受人之恩者報人之德分人之利者共人之患社會自然何况國際讀史至秦白起伐韓拔野王上黨路絕上黨守馮亭以其地歸趙意謂趙獲韓利可共韓患韓趙爲一力足當秦不然秦有上黨則與趙鄰鄰趙則爲趙患不如受地援韓恢復野王保全上黨爲韓兼爲趙也且亭意恐趙不援韓故特加恩利於趙冀其受恩報德分利共患何勝之不達斯意也論情理已不恕論時勢又不明受地而不援韓不待王齕攻趙已知上黨必爲秦有况上黨爲韓趙咽喉韓守之則通趙之勢順趙得之則連韓之情固韓不與趙趙不受韓歸秦則韓趙隔絕不得相援坐視秦之蠶食韓趙也馮亭歸趙之策可謂通達時勢何平原君往受其地不復連韓援韓坐視秦得野王而不知王齕師至上黨終非趙有也取曰秦拔野王上黨路絕一旦秦攻上黨韓不能救不知韓與趙地時秦兵猶未攻上黨也趙得上黨以後即出師攻野王韓聞趙援出國都舉兵攻秦韓難其前趙禦其後如是則韓復野王而趙之上黨可永保豈非一舉兩得哉利令智昏如勝徒取其地不禦其患秦兵壓境地爲秦有失算之尤者也然則不受可免禍乎不知秦得上黨伐趙更便受禍更速故爲趙計惟有與韓合力拒秦斯爲上策徒曉曉於受不受末矣

六國大勢瞭然指掌筆亦利如分水犀

袁盎引却愼夫人坐論

安慶崇文學校三年級生 汪德

非忠智兼全之臣必不能諫人君之短蓋智而不忠者雖有忠言嘉猷必不肯進諫於人君忠而不智者雖欲進諫於君其言必不能動人君之聽是欲諫人君之短者必忠智兼全之臣而後可漢袁盎引却愼夫人坐非盎之忠且智乎夫愼夫人者文帝之幸姬也當其與后同席朝臣非不知已失尊卑之禮欲諫恐致帝怒故胥逡巡而不敢諫而盎乃

不畏此昂然引却之可見盎之忠矣追帝與夫人俱怒復爲言以解之曰臣聞尊卑有序則上下和今已立后夫人乃妾耳豈可同坐且陛下獨不見人彘乎夫帝既愛夫人必不忍夫人有患戚夫人見忌高后遭此慘刑盎借喻之卒感帝與夫人之心使之轉怒爲喜又何其智也呂祖謙曰進諫之道使人君畏吾之言不若使人君信吾之言使人君信吾之言不若使人君樂吾之言戒之以禍者所以使人君之畏也喻之以理者所以使人君之信也悟之以心者所以使人君之樂也袁盎乘而有之悚之以人彘是使文帝與夫人畏也喻之以尊卑有序是使文帝與夫人信也曉之以上下和睦是使帝與夫人之自悟也始終曲盡其妙眞可謂神於諫君者矣由是觀之吾以忠智二字嘉盎盎又何愧

以忠智作綫索意本老泉諫論後幅清言娓娓尤覺愛不忍釋

論范增

武進師範學校本科二年級學生 虞子林

秦皇暴虐無帝王之度項氏起於吳中增爲之主謀勸立楚後以孚人望後不五年遂得天下論者曰天下之服從項氏者以其能奉楚後也虞子曰項氏之失天下即兆於此矣夫秦滅六國而一天下不以生民爲重東祀西封遊畋無度而以公器爲輕窮極人慾草芥人命是之謂獨夫也士之抱瑰畸之才具干城之選生當斯時誰不當提三尺劍拯生民於水火登室家於袵席奪秦之皇帝而自爲之耶陳涉發難戍卒稱兵狐鳴篝火本不足道而項氏爲楚大將之後又雄武蓋世振臂一呼天下響從正可坐鎭中央將諸侯之兵奪秦之天下奈何范增勸立他人後而分其權耶既有所立則權有所屬己雖欲爲所欲爲而獨行其是也尙可得哉故立楚之後殺卿子冠軍則曰矯命遣沛公入關而不遣羽泊羽得關中請命楚心心曰如約凡此皆權歸他人而己不能爲所欲爲之證也及己不服而偏欲爲所欲爲於是不得不弒帝而自立弒帝而自立則權雖歸己而貽天下以口實欲其不羣起而爲己敵者有是理哉故項氏之得天下也不在於立楚之後項氏之失天下也實在於弒楚之後范增爲之畫策可謂不智甚矣吾故曰項氏之失天

下。卽兆於立楚後之時。然范增初未嘗有斯心也。其勸立楚後也。是忠於項氏也。史稱范增年七十而富奇計。此殆好奇之誤耳。嗚呼。增欲依羽一抒其抱負而成其非常之功。所謀不終。且不得其死。至爲天下笑。詎不大可惜哉。

通幅整潔（錢逸塵評）

范增勸立義帝論

浙江省立第二師範學校本科一年級生 丁鍾山

舜禹之得天下由禪讓。湯武之得天下由征誅。禪讓姑勿論。且論征誅。夫暴秦不亞桀紂。誅暴秦效湯武。名正言順。安有欲爲湯武之事。而奉人以湯武之名哉。奉人以湯武之名。則己必終守臣節而後可。梁且不能。羽能堪乎。吾觀秦楚之際。增勸項氏立義帝。何其謬哉。項梁起義江東。掃除暴秦。爲民共主。何嫌何疑。增說梁立楚後。意欲藉此號召諸侯收拾人心耶。然立楚後。僅足激楚民之憤。燕齊韓趙魏無與也。義帝既立。增與羽並爲其臣。增能臣事羽。必不能羽之篡逆惡名。增貽之也。高祖之聲罪致討。增啓之也。增爲項氏私人。欲效忠於項。而反誤項氏。且誤義帝。帝本牧羊奴。無智勇功名足稱。一旦令項羽沛公北面事之。帝爲項氏所立。獨遣沛公入關。而不遣項羽。是明明不欲羽成功。不思己爲誰立。力不能殺羽。而顯與爲難。不但不使羽入關救趙。僅使爲次將。而用不知軍事之宋義爲上將。迨羽殺宋義。西屠咸陽。義帝猶曰如約。欲令沛公王關中。自取殺身之禍。義帝被弒。增誤之也。故曰增誤項氏。並誤義帝也。不然。勝廣非秦敵。其敗固當。相下項氏豐沛劉邦共逐秦鹿。未知誰得。安見楚亡漢興哉。始立終弒。使沛公責以大義。爲義帝發喪。天下遂叛楚歸漢。況六國之亡久矣。不當立後。增所謂楚人憐懷王入秦而不返者。憤其不聽屈原忠言。而信子蘭邪說。非有故主之思也。六國不當立後。張良爲漢王籌之熟矣。立爲王且不可。烏可立爲帝哉。觀沛公項羽並有帝制自爲意。故其觀秦皇帝也。一則曰大丈夫當如此矣。一則曰彼可取而代也。沛公雖奉帝命入關。安肯終居其下。況羽乎。增臣項氏。始謀已誤。宜終敗亡。史稱其好奇計。不知何所見而云然。卽論勸立楚後。好奇計者斷不出此。

意本惲子居而加以發揮有縱橫決盪之勢

魯仲連義不帝秦論

湖北江陵荊南中學三年級生 胡虞鏡

貪小利而忽大患愚者謀之棄近而慮遠智者謀之處世當計其深而不倖于微也昔趙王與客將辛垣衍畏秦之強權欲帝秦以釋邯鄲之厄嗟夫哀莫哀于心死痛莫痛于國亡秦帝則趙亡秦不能帝趙未必亡彼趙之謀者何其利己之切而見之小也使斯策用吾恐六國之亡不必始皇之世也且秦擁天下而橫恣上不能正周主之名分下未能恤百姓之瘡痍帝無道秦而亡正統周趙不能辭其咎也一舉而開罪于天下況開罪于天下其爵祿未必久也倖免目前之厄妄冀永世之榮此愚儒之所為執事之心何其昧也夫邯鄲雖圍內有兵外有援尚可一戰偷安之計可笑也夫斯時也、幸有魯仲連曉之以大義卒破秦軍存周之正統延趙之國祚挫秦之野心仲連之功也使無仲連之說秦帝趙亡雖有楚魏之援無能為矣宜乎後世稱其義也

大意不錯

漢武帝以周公輔成王圖賜霍光論

武昌商業專門學校學生 張幟興

漢武帝以周公輔成王圖賜霍光一事論者非之予竊以為不然夫漢武末年天下疲甚財政淆然朝廷之上半皆聚斂之臣求一老成持重善理後事與民生休養如光者不可多得武帝之知人於此可見矣且霍光上下朝廷觀其所止之處數十年未嘗少移即此一端足以見古大臣之風擬以周公誰云不宜也嗚呼假使霍光與周公同時而生以道德貞其體以仁義固其藩夫安知不為三代人物哉惜乎負周公之望值秦後而不學無術此為後人之所以深惜也悲夫

以知人稱漢武確當不易文亦綮潔無瑕（慕少堂評）

鬥智不鬥力論

廣東法政學會畢業生 朱澤溥

今人徒知有形之鬥而不知無形之鬥有形之鬥者干戈戎馬決勝疆場此鬥以力也無形之鬥者出奇應變決勝帷幄此鬥以智也鬥以智者常勝鬥以力者常敗此漢高所以有鬥智不鬥力之說也夫項羽之英雄天下所知也有移山扛鼎之力百戰可勝之威宜其所向無敵已然卒致垓下之圍烏江之敗豈力不足歟智不足也漢高以一亭長無尺寸土地五載而成帝業由是以觀智與力之優劣判然矣推而言之防風氏身橫九畝不能免於會稽之誅巨無伯身大十圍不能免於昆陽之敗力不足恃也孫臏之擒龐涓也滅灶以行兵韓信之破陳餘也拔幟以疑敵智有可徵也故齊之技擊不可以當魏之武卒，魏之武卒不可以當秦之銳士秦之銳士不可以當桓文之節制桓文之節制不可以敵湯武之仁義蓋湯武以德服人非以力服人者也尚德不尚力聖有明訓暴虎馮河死而無悔子路之鬥在於力臨事而懼好謀而成夫子之鬥在於智嘗曰可與立未可與權發於事先之謂智應於事後之謂權觀其相魯君於夾谷挫齊銳於尊俎當是時齊侯強而不強魯國弱而不弱聖人之智不亦多乎三十輻之車制之考握萬乘之國鬥之者智老氏曰以智治國國之福由是觀之不以智鬥而以力鬥者國罔不敗嗚呼鬥智不鬥力誠千古之篇論也

徵引豐富

鬭智不鬭力論

奉天省立第二中學 趙崇宸

虎豹在山人人畏之及陷井當前則株守擒之矣蛟龍藏水網釣不及及萬而失水則螻蟻治焉故防風氏以九畝之軀不免會稽之誅長狄以力自恃卒為魯所殺甚矣力之不足恃也豈可倚之以爭天下乎昔趙文子能成霸晉之功者無所恃也襄晉公專擅伐蔡之勳者無所恃也況天下分崩之秋羣雄角逐之日而欲以力取天下更何可得乎觀漢高祖鬭智不鬭力之語洵不誣也溯自秦失其鹿草澤英雄並起高祖無前人之迹立錐之地卒能手定瘡痍身登

九五孰不歎高祖得天下之難也而不知高祖之得天下固自有本也東晉非能破秦秦自破也東吳非能敗曹曹自敗也使苻堅不恃投鞭斷流之衆必無淝水之危使曹操無橫槊賦詩之驕必無赤壁之敗使項羽不恃扛鼎之雄亦不能失天下也羽之起兵於吳也八千精兵及救趙一役爲諸侯上將兵皆屬焉於是所向無敵其兵勢之盛何如哉及與沛公戰也困之於鴻門危之於彭城厄之於滎陽成皋之間自是遂恃勇而驕以爲天下唾手可得然沛公既遭艱險而後其識定其志堅終以鬬智爲目的得陳平六出奇計之謀得子房運籌帷幄決勝千里宜乎不五載而大下定也嗚呼六國以萬乘之强不能支一秦師暴秦以天下之强竟亡於謫戍之卒蓋六國不智自用其强秦惟以其强而虐用之故也弱苟知乎此必不至阬秦降卒以失軍心去多計之范增以失右臂人謂楚人沐猴而冠其信然哉

典麗矞皇不涉浮泛詞氣酣暢洵具筆歌墨舞之勢（馬葆良評）

田橫論

直隸高等師範國文科第三學年生　高蘇垣

史稱橫能得士以吾觀之橫非眞能得士者也方酈生之說齊也齊之國政皆斷於橫雖云從漢而有備無虞橫之所當知也橫卽不知又其士之所當知也乃當日者橫聽酈生之說卽解歴下軍罷守備而縱酒會不聞有一人諫其所謂士者安在耶迨爲韓信所乘始咎酈生賣己然已晚矣昔晉楚之戰於邲也楚人求成而彘子不備遂以敗績此往事之可徵者今酈生之來雖非漢之用詐然信之所以得乘之者誰之過歟吾故曰橫非眞能得士者也不然秦失其鹿天下共逐之於其時而得一士焉宜可以南面稱帝豈有得士五百而不免滅亡者哉不寧惟是橫之聽酈生而從漢是能爲人臣也及其死也乃謂其客曰橫始與漢王俱南面稱孤今漢王爲天子而橫北面事之其恥固已甚矣何前後所爲如出兩人乎意者高帝猜忌田橫聞之熟矣目擊夫蕭何之忠而疑其他韓信之功而忌其能鳥盡弓藏兎走狗烹在所不免則無功於彼者更不可恃也此其所以毅然自殺而不悔耳豈眞以稱臣爲可恥乎惟其身死之後

而五百八者亦從之死其所以結其心者蓋有術矣烏乎橫亦人傑也哉

自出手眼絕異隨題敷衍（尙蔚南評）

平王東遷論

直隸高等師範國文第二學年學生 高蘇垣

蘇子曰周之失計未有如東遷之謬者也自平王至於亡非有大無道者然終以不振則東遷之過也烏乎是未審於當日之情勢矣夫平王豈欲東遷哉蓋周自幽厲而後豐鎬之地已爲犬羊窟宅堅固而不可拔故平王初立東徙以避之也考之秦紀平王東徙襄公送之遂封襄公爲諸侯賜之岐西之地後襄公伐戎至岐而卒文公十六年始敗戎而收周之餘民地至岐焉是襄公之時猶未足以敗戎也卽秦紀之言未可盡信襄公救周卽有其地如孔疏所云然要之東遷之日犬戎尙在也當其時諸侯之勤王者旣鮮其人而秦之能勝犬戎與否又未可卜故平王不得已而曰逐犬戎者卽有其地也然則所謂賜之岐西之地者不過使之與犬戎爭耳豈直畀其地而與之乎今夫富民之家所以遺其子孫者田連阡陌宅盈街衢不幸而盜至將他徙以安居乎抑與羣盜共處以俟其去耶當此之時雖三尺童子亦知徙之要矣必曰是不可徙當與羣盜同室而共處有是理乎蘇氏之說何以異此且周自東遷而後雖漸就衰微然使平王果修文武成康之業則自可有爲豈必以形勢臨東方諸侯哉蓋有德而無險則可有險而無德則不可也必以周之亡爲東遷之過噫亦惑矣蘇子生當宋代其時外患紛擾而在朝諸臣無一折衝禦侮者目擊心傷故每切時事以立言思有如王導其人者以定天下而不知其言之疏也

考據翔實議論亦層出不窮（尙蔚南評）

越王句踐臥薪嘗膽論

直隸高等師範國文專修科第一學年學生 高魁光

依古來英君烈辟其樹偉績而建鴻猷者豈俱無艱難險阻之逮其身哉往往有遭逢大難宗社莫支觀其屈己請和

甘心臣妾一以遜懦無志然當創巨痛深以後時存憂勤惕厲之心刻苦自立萬目畢張不數年間而壯志全伸仇讎一洒大光前史而垂後世良有以也如越王句踐歸國以後舊史稱其臥薪嘗膽請申論之方句踐之敢夫椒也甲楯五千暫棲會稽其勢則厝火積薪其情則灰心落膽危矣急矣困苦難支矣使其計不反顧縱不旋踵仍作枕戈待旦之謀猶存滅此朝食之想收合餘燼背城借一亦不過齒吳王之劍餧若敖之鬼已耳又使其委曲行成因循依舊如宋高宗之湖山歌舞蜀後主之安樂此間亦安望其重扶社稷再奠封疆哉而句踐固不爾也且夫有報人之志而不能下人者是匹夫之剛也當大挫之後而憚於服苦者是辱人之賤也乃句踐當賜歸後非惟臥不安席也又從而置薪其下焉非惟不嘗異味也又從而破膽於口焉勵精圖治奮發為雄此其所以十年生聚十年教訓而向之所以事吳者遂克以沼吳也烏乎共和告成七年於茲矣強敵迫約屈辱已極然而士夫之預聞國事者猶復高枕而臥艱苦不嘗用人則如積薪不為徒薪之計遇敵則先破膽不為練膽之謀震旦之禍將何日而已乎

文氣奔放論意豪健是燕趙之佳士(尚蔚南評)

漢高祖過魯以太牢祀孔子論

安慶崇文學校三年級生 江效靈

誠者祀之主祀者外之儀有誠心而不祀則無以隆儀表徒祀而無誠心則祀必歸虛僞是故古來帝王凡郊祀告廟必先誠其心一其志潔其俎豆整其衣冠然後行其禮主其祭焉將以昭鄭重也況孔子聰明神聖儀範百王師表萬世尤非他神可比安可不誠其心志列其鼎彝備其籩豆更其祭服而嚴然肅然以祀之哉乃漢高祖徒以擊布之後經過魯地觸目興懷始以太牢祀之當時帷裳未著甲冑未袪鹵莽拜跪豈所謂敬孔子者耶且夫詩書者孔子之道脈也儒士者孔子之弟子也棄其道則不信其教譴其徒則不敬其師此自然之理也高祖輕士嫚罵自矜馬下得功事詩書其輕視孔子之心已微露於言外矣吾故曰高祖之祀孔子非出於至誠不過因過洙泗之門見車服禮器

之盛恐貽過門不入之譏慮隆薦饗之文以祇加封孔制崇尙儒道之主不有天淵之別哉

層層佐證如剝蕉心如抽繭絲

高祖過魯以太牢祀孔子論

安徽崇文學校三年級生 程派昌

蓋聞先孔子而聖者非孔子無以明後孔子而聖者非孔子無以法由此觀之後世之主誰不當尊之祀之哉夫孔子之道無二而尊孔子之人則有二有有形之尊有無形之尊有形之尊奉以俎豆薦以馨香陳以犧牲無形之尊服孔服言孔言心孔心行孔行雖尊之名相同究之有形之尊不若無形之尊也彼高祖素不重孔而於破布後偶過其門牆以太牢祀之則非眞敬孔可知矣夫眞敬孔者必於每歲春夏秋冬歷行禘禴蒸嘗之典而不可失其時也漢高果能若此則尊於有形尤必尊於無形若徒隆一時之虛文無仰慕之實意雖欲藉此以掩其平日輕士嫚罵不事詩書之陋習豈能杜天下之多口哉

揭出題中過字而高帝不誠之意自見是謂驪龍得珠雖然今日能如高帝者誰耶亦未宜厚非之

鄧通錢遍天下卒以餓死其故安在論

安慶崇文學校三年級生 江效靈

孔子曰富與貴是人之所欲也不以其道得之不處也貧與賤是人之所惡也不以其道得之不去也又曰富而可求也雖執鞭之士吾亦爲之從可知富貴者乃天功所爲非人力所可強也縱使人欲博施其人以富其身而違逆天理未必能常保而永享也不觀漢文帝之寵幸鄧通乎欲其富過陶朱乃賜以蜀嚴道銅山使之鑄錢因而錢遍天下富敵王公雖石崇王愷亦不能出其右也孰知賢而多財則損其志愚而多財則益其過象以齒而焚身麝以臍而遭戮人以財而致禍迨文帝晏駕而籍沒隨之設令通不以錢布天下而兢兢業業守貧安分豈有此變出非常耶雖然富亦何害要在人之善處耳昔子貢問於夫子曰貧而無諂富而無驕何如子曰可也未若貧而樂富而好禮者也人果

富而好禮不惟可以保其富亦且可以得其名嘗見古之賢人智士不以富而淫其志不以貴而蕩其心所恥者仁義不修道德不講耳是以席愈豐防閑愈密雖富而人不怨其富雖貴而人不嫉其貴所由天祿永終也彼鄧通者以匹夫驟得巨富驕奢淫佚無所不至不知仁義爲何事道德爲何物而縱慾敗度安保不取喪身滅家之禍耶世之富而不仁者可以鑒矣

文筆清銳無匹

田橫不肯北面事漢論

安慶崇文學校三年級生 江效靈

富與貴人之所欲也殃與害人之所惡也安有見利而不爲見禍而不逃者哉其所以禍不免害不避者皆出於萬不得已耳觀夫田橫見楚項既滅心懷孤立難存之懼迺遠遁島嶼自以爲蠖屈甘心可以得全首領足矣孰意尙有漢帝之召茅土之封豈非喜出望外也吾意橫於此將必心悅情懌願得列鼎而食累茵而坐俯首領命而受其封也一兔在野百人逐之一金在野百人競之況爲王侯之榮乎橫至洛陽毅然自刎豈有傲睨軒冕意耶觀其足之所趨則知志之所向方應召之時何嘗不歆羨夫王侯所以自刎者蓋恐受高祖之誘一入牢籠卽不免刀鋸相加也與其死於他人之手何若死於己手之爲愈若謂眞不肯北面事漢則宜死於海島豈待死於洛陽哉

論田橫未是而文有筆妙如環之境

韓愈闢佛論

安慶崇文學校二年級生 吳少伯

楊墨之道不息孔子之道不著故孟子拒之佛氏之道無父無君更甚於楊墨非唐有韓愈出而闢之天下後世誰復知有先王之道乎偉哉韓愈其有功於世道可與孟子先後輝映矣向使一諫而憲宗嘉納舉天下之佛骨佛像盡投諸水火人其人火其書廬其居夫固大快人意矣惜乎愈之言不見用志不得行迄今讀佛骨表徒令人痛恨憲宗之

昏耄耳

漂母飯信論

簡潔（張紳評）

安慶崇文學校三年級生 汪德

自古有非常之才者必有非常之困有非常之困者必有非常之遇曷以知之管仲具霸齊之才而困乏其身卒得鮑叔之以金濟之此鬚眉中之識英雄者韓信秉興漢之才而困乏其身卒得漂母之以飯救之此亦巾幗中之識英雄者也嘗信未遇漢高之時辱之者有少年笑之者有市人知之者誰歟惟漂母識之於餓困之時滕公識之於刀鋸之下蕭何識之於談論之間而少年非英雄故辱之耳然滕公蕭何識之於漂母之後是漂母雖女流亦識英雄之尤者也漂母既為識英雄之尤亦即為漢高開基之功臣也何以言之蓋漢高之得天下雖有蕭何之謀張良之策非信南征北討東誅西伐無以至此而信之生命乃漂母一飯之所生也如母不飯信信或餓死漢高雖有張良蕭何之謀萬不及西楚亞父之策而漢高之勇亦萬不及霸王之勇又安能登大位哉吾故曰漂母為識英雄之尤亦漢高開基之功臣也

魏文帝以舟師擊吳臨江而退論

持論奇而實有至理文亦夭矯不羣

安慶崇文學校二年級生 陳國英

昔魏文帝以舟師擊吳臨江而退在文帝則歸咎於天險之不可渡也吾以為文帝不過藉以自解耳長江之險何足畏哉或者曰昔苻堅伐晉兵號百萬自謂投鞭可以斷流而終不能渡江而謀晉又如金人伐宋高宗偏安於南京金人屢舉入攻亦往往不敢引兵南渡此皆長江限南北之明證何怪文帝之不能越雷池一步哉不知長江雖險果素習水戰善用舟師如履平地耳不然長江如故也何以數十年後晉武以王濬平吳又若是其易耶由此言之文帝之

所以臨江而退者非眞長江限之也蓋北兵素不習水戰其舟師不可恃故不敢渡江而崗耳然則文帝天限之嘆殆恐爲天下笑故藉此以自解歟

人力原可勝天自巨砲飛機盛行而天下更無可恃之險矣科學進步可畏(張紳評)

季札三以吳國讓論

安慶崇文學校二年級生 陶國粹

季札三以吳國讓獨孤及多貶詞吾以爲季札之讓所謂明哲保身者也夫壽夢四子季札爲最賢豈其忘社稷而不能遵父之遺命其所以不承先父之命者蓋知王僚子光之爲人剛愎陰狠早已謀動干戈使承命不讓則篡殺之禍必不在王僚而在季札夫以季札之善觀變而肯遭此凶禍哉若曰季札出承絕統多難不作其誰信之其誰信之

駁倒獨孤具有卓識(張紳評)

季札三以吳國讓論

安慶崇文學校二年級生 汪鏡清

季札三以吳國讓世人嘉其節吾獨嘉其智何則札壽夢之幼子也於分不當繼大統而壽夢之所以欲立札與諸樊輩之所以推札皆以札少而賢故也既推重於父兄何嫌何疑而不承祀繼統蓋有王僚子光在其貪愎不仁之氣必不願以幼子奪嫡位而有篡弒之心此札所逆覩而預料者故寧棄王位而不蹶以求自免於禍也亦札之智也世人徒嘉其節而不知其智吾故表而出之

洗去常談頗有見地文亦雅潔(張紳評)

季札三以吳國讓論

安慶崇文學校二年級生 毛開甲

讓美德也伯夷太伯之事至今稱之然則季札之讓何如曰以其迹而論固可嘉矣以其所處而論札之讓不得以伯夷太伯比何則札之爲公子也以齒則少以德則賢有先君之遺命得諸兄之推舉非若伯夷太伯所處之勢也伯夷

太伯以當讓而讓故其讓有可稱札以不當讓而讓則其讓爲可罪使當日者諸樊有主器之德札讓其兄可也使王僚有聖德之瑞終於退讓可也乃諸樊無德王僚無瑞所賴以主國者惟札而札以三讓聞節雖奇而非正道蓋嘗論之吳之禍皆季子啓之也何則季札不讓王僚不立子光不爭專諸何得施其匕首夫差何由得覆吳國惟其不當讓而讓於是王僚得嗣餘昧子光以嫡孫爭之竊室之謀成子光得入承大統傳及二代而吳以滅向使爲季札者誠能念宗廟之重懼社稷之覆承乃父之眷命接乃兄之絕統以其德撫衆以其才圖治必能中興吳國稱伯荆蠻則基業鞏固禍難不生不亦垂榮千古哉乃慕義而不思忠全己而不顧國節則節矣若宗廟社稷何由是言之札之讓其去伯夷太伯遠矣

議論高超詞筆老鍊（張紳評）

趙武靈王胡服騎射論

安慶崇文學校二年級生 程鵬

以己之短攻人之長兵家之所忌也故善用兵者必以己之長攻人之短否則取其長而反制之則敵之術必窮昔趙武靈王以胡服騎射制胡得其道矣夫胡服騎射敵之長也趙之所以不敵者非胡人之畏胡服騎射之是畏耳彼以胡服騎射制勝我能胡服騎射彼焉能勝我此勢之所必然非善用兵者不知也武靈王知之故胡服騎射之習不納公子成之諫不惜聖賢之制但求可以制狄夷復吾業者則爲之此胡服騎射之所以興於武靈王而武靈王之所以能伯趙而滅中山也使其不知通變泥古守舊趙之爲趙未可知也安能救國於累卵之危破中山洗前辱名聞天下威震北方乎

文多警策識議俱佳

秦以不蚤立扶蘇令趙高詐立胡亥自使滅祀論

安慶崇文學校二年級生 潘瑞徵

嗚呼、國家之興亡雖曰天命豈非人事哉有令嗣則可以保天下無令嗣則不能保天下夏興於禹而亡於桀商興於湯而亡於紂其明證也秦始皇殘酷無道暴戾不仁雖如淵深嶽峙使有令嗣繼統力反其政豈不可以中興大秦之天下乎惜乎秦不蚤立太子扶蘇令趙高包藏禍心忌扶蘇而黨胡亥矯詔使賢者死不賢者立噫高是誠何心哉向使高佐扶蘇相營國政則扶蘇可爲商之太甲周之成康而高亦得中興賢相之令名也且始皇晏駕之後天下之人莫不謳歌扶蘇而惡胡亥則二子之賢不肖從可知矣乃高不此之察自逞奸情害賢良而事暴虐誤人家國自取千秋莫大之罪名彼趙高固不足惜獨怪爲始皇者奮六世之餘威創一代之大業自詡精明強幹不能辨子之肖與不肖以擇賢而蚤立卒使金甌破碎宗廟邱墟不免爲萬世笑豈不大可惜哉後之君人者可以鑑矣

通幅簡潔無疵起筆尤得遠勢

鄧騅甥聃甥養甥請殺楚子論

安慶崇文學校二年級生 張齊盛

嘗讀左傳見鄧三甥請殺楚子未嘗不廢書而嘆曰英雄之見忌於世也有如是夫夫三甥與楚子同是鄧之甥也楚子卽不利於鄧三甥者固可相率請殺乎甚矣三甥之不仁不義也然使殺楚子而有利於鄧猶可爲也若三甥之計固所謂有百害而無一利者安可有是請哉在三甥之意以爲吾食鄧祿當忠鄧事知而不言非忠也故其告鄧侯曰亡鄧國者必此人也若不早圖後將噬臍觀其所言忠且智矣獨是亡國之釁在己而不在人鄧苟無亡國之釁楚子雖欲滅鄧烏得而滅鄧鄧苟有亡國之釁雖無楚子鄧又安得久存耶三甥既知鄧之可危胡不告鄧侯曰君必修德而親諸侯庶免於難乃計不出此而必欲殺楚子殊不知天方授楚楚子固不可得而殺卽得而殺之楚國猶在也楚之子孫豈不能滅鄧哉況不殺楚子其禍緩殺楚子其禍速三甥胡未之思也鄧侯不用其言固楚子之幸亦鄧之幸也苟用其言楚人伐申之兵固已在鄧矣楚子見殺在鄧之兵不卽改爲問罪之兵乎則鄧以殺楚子求安者不且以

殺楚子自速其禍乎由是言之三甥之計誤國甚矣豈忠謀哉後世范增之勸殺沛公公瑾之勸殺豫州皆襲其故智噫英雄之見忌於世有如是夫

見識超卓議論風生（張紳評）

張騫使西域論

安慶崇文學校二年級生　程春先

人皆謂遠行冒險倡自今日孰知我中國數千年前已有張騫之使西域乎然則近日遠行之輩履險如夷殆繼張騫而起者若騫則可謂冒險家之倡矣夫遠適異國昔人所悲求其出使萬里外而無貪生畏死之心者數千年前曾無一人敢於出此惟張騫有此膽識以郎官而應武帝之募不畏艱難不避辛苦乃得熟知西域形勢以成開通異域之功何其志之雄也嘗攷騫之行時從者百餘人過匈奴逕月氏道適十餘國在外十餘年兩爲匈奴所得卒能偕一人還其屢冒險而屢出險更有不可及者非有特具之膽識烏能若是乎嗟乎武帝固漢之英主也向若無張騫在漢縱有伐匈奴之志其如西域諸國爲匈奴右臂何故吾以爲武帝之所以克遂其志者皆張騫開通西域之功也

以漢武之成功歸美於騫頗能自圓其說筆亦不俗（張紳評）

漢遣劉敬使匈奴和親論

安慶崇文學校三年級生　潘瑞徵

強國非難惟立威立德以自強實難齊桓恃力以霸周文行仁以王二者皆自強之術也吾讀史得漢與匈奴和親一舉未嘗不掩卷而三歎也夫沛公乃堂堂創業之主南面稱孤兼得超羣出世之將相以左右其間勢固足以自強也何區區匈奴獨不敢與之一戰沾沾焉納劉敬之語以和親爲得計詎非自安於弱乎彼匈奴者不過腥羶一部落耳昔桓文尊周攘夷稱雄一世四方賓服沛公豈未之前聞耶況沛公乃神明華胄之主白登之仇凡具血氣者莫不誓滅此虜以一洩舊忿豈可尚與和親乎乃不此之察竟以閨門窈窕之質甘爲犬羊之配以圖暫時之安何畏之甚而

怯之深也夫齊景以女女於吳也尙在九州之域且爲之涕泣況匈奴乎嗚呼、齊之和親迫於勢不得已而爲之彼沛公兵精於陣將利於戰不以武力威之而以和親媚之豈自强之道尊重中邦之義乎史稱其晚年委靡不振亦宜

目光如電言人所不敢言吾欲浮一大白

漢遣劉敬使匈奴和親論

安徽崇文學校三年級生 彭則愚

王者之行庭臣之議國體之所關係也所行所議苟內不失己外不失人何往而不利哉當秦政失鹿豪傑競逐而漢高以亭長微職憤然而起赤幟之師縱橫天下不逾五載殄强項滅燕齊盪清宇內統一天下其雄謀偉略不可謂不過人矣然匈奴北寇失志於代谷遭困於白登冒頓時以輕師擾亂北境而漢遭敗衂之後攪攘之中氣頓沮喪不求修德以化之講武以禦之徒用劉敬之謀以長公主爲和戰之媒妁嗟夫、漢高逐鹿之時大敗於睢水危困於滎陽不見有畏葸之心是時何遽畏匈奴而用劉敬之謀哉蓋漢高當久勞之後急思安居燕樂以樂天年不願於虎帳之中聽曉角清笳攪吾清夢亂我神思此漢高所急欲求和也雖然、和近乎義可也豈可以公主下嫁之乎昔齊景以女女吳尙知泣涕蘇護以女與紂猶且不爲況冒頓身生夷狄性如禽獸弒父妻母天倫喪盡較之吳王商紂不可同日語矣以女妻之奚異與禽獸配哉吾謂劉敬運此謀蓋見其妻親一事知爲奸色之徒故以長公主妻之使於繡枕錦衾之中以綢繆私情喁喁細語迷惑其心而欲以獲寵者寵及姻戚嗚呼、敬爲此謀效王嬙之出塞杳元之和番可也亦何必以公主下嫁哉若云甥舅不敢相抗則彼父可弒母可蒸而舅獨不能抗耶要之、漢高之用此謀爲急求安居燕樂劉敬之出此謀爲承順漢高之意豈所謂王者之行大臣之議哉宜乎呂后不從而后之結怨於帝自此肇端厥後戚姬趙王之死其所由來者漸矣

意義層出不窮首尾聯絡一氣慘淡經營足徵良工心苦

王猛不從桓溫歸晉其意見若何論

安慶崇文學校三年級生 陳九疇

士惟有英雄之才必有英雄之見英雄者不與富貴共功名亦不與常人共去就者也晉元帝時羣臣渡江而東此豪傑功名之會也惟猛豈不能隨之而獨流寓關中不圖仕宦迨桓溫入關猛謁之而不歸晉此豈尋常所可測哉夫猛英雄也當中原割據蹙蹙靡騁而自願此身不出又不屑與周顗王導羲之坦之陶侃祖逖卞壼輩共此功名故其始之居華陰也猶有故國之意也其後之不從溫也則有仕秦之見也其仕秦爲伸其才也其仕秦而不使秦加兵於晉又欲明其不忘晉之心也桓溫入關猛不從溫歸晉知溫有篡晉之心猛不從溫豈無猛之意見哉然溫欲篡晉與猛有何關係乎夫猛欲獨行其志耳設王猛仕於晉其功不過與王謝諸人伍仕於秦而以秦存晉其功不較勝於仕晉哉由此視之猛之去就過乎常人之上矣

扼一才字爲王猛仕秦心事曲曲揣出自異常解筆意亦能達所見

燕丹易水送荊軻論

安慶崇文學校三年級生 陳九疇

天下之事合有忍而不敢未有忍而不成者也是以豫讓吞炭卒致殺身之禍勾踐嘗膽終成霸主之强甚矣忍之不可遲忍之不可無也燕太子丹欲報秦怨使荊軻刺始皇卒以挑其速禍豈非不忍一朝之忿哉夫秦據崤函之險擁百萬雄兵蠶食六國如虎負嵎莫之敢攖爲丹者正宜忍以待勢養猛將禮謀臣摟與國以圖秦爲軻者正宜鞠躬盡瘁秣馬洗兵强燕謀秦以報丹果能如此則乘機觀變不數載而秦可圖矣仇可報矣乃不知出此徒逞一時之忿汲汲然以殺秦王爲快是誠何心哉且堂堂之秦較區區之燕其强弱爲何如耶持侍衛之衆較一身之微其勢力又何如耶試問軻果能入九重升王階刺主人於稠人之中乎吾有以知其必不能也即幸而刺之試問秦能閉關不出而不起滅燕之旅乎吾又知其必不能也蓋始皇縱爲所刺而一君亡復立一君爲秦王者未嘗有旣也爲燕禍者未嘗

有止也此又何害乎秦哉彼號俠義之士爲此盜賊之謀卒使秦兵困荊虜其君覆其社是誰激之歟然則興伐燕之師者非秦也丹也致丹之死者非始皇也軻也嗚呼丹之心欲以弱秦乃所以觸秦之怒軻之心欲以報丹乃所以速丹之死計無有失於此者矣忿不能忍丹與軻毋亦子房故智歟

意本長公亦能自圓其說

天下安注意相天下危注意將論

安陵崇文學校三年級生 江效靈

陸賈曰天下安注意相天下危注意將蓋以當時呂氏禍熾周勃陳平不能同心協力共逐呂黨而安劉氏賈見平私居頗有忸怩懼禍及己特進此語不過爲一時計耳若云爲後世訓則貽害非淺也夫釀酒醴者必以麴糵調和羹者必以鹽梅若廢麴糵而欲酒之成棄鹽梅而思味之美雖儀狄易牙猶知其不可也治國亦然是以聖王在上賴以股肱王室必文武並用孔子曰有文事者必有武備足徵文相武將無論安危皆當注意也蓋進賢退不肖者相也詰奸禁暴者將也各司其職各盡所能而後國事乃濟二者實如狼狽不可暫離也設人君於天下安時徒注意於相則爲屏藩者將誰任耶於危時徒注意於將則發縱指示者又誰賴耶吾故曰陸生之言爲一時計則可當時平勃既不相附雖平懷誅呂之心而勃不相爲助則一木難支大廈賈以一言使彼此縮合共誅諸呂卒得撥亂反正措漢家天下於磐石策誠善矣倘爲君者將相不並注意則於安時偏重相而將必不服於危時偏重將而相必不服此速禍之道也然則陸子之言豈可爲後世訓哉

掃盡偃武修文一切迂腐之談足令鄉學究咋舌

千金之子不坐垂堂論

安陵崇文學校 彭則愚

西漢總論云文帝秉美善天資若得道學之臣而輔翼之政治德化可與堯舜媲美惜未得其臣善哉斯言予觀袁盎

諫帝下峻阪而益信夫人君苟勤勞民事問俗採風即馳峻阪何傷乃挽輦切諫以爲千金之子不坐垂堂豈有貴爲天子而馳峻阪之中嗚呼、斯袁盎之說不欲帝之習勞也若盎謂馳峻之中難免犯蹕之險則前有清道之官後有扈從之臣左右有虎賁之士雖有豺狼當道亦何懼哉不然、若謂天子馳驅峻阪有褻鑾輿而古帝王春省耕秋省斂非從峻阪中行乎且大禹平水土泥乘橇山乘檋非從峻阪中遊乎古人不以爲褻而今反以爲褻此正盎獻脅肩之諂欲以取一時之寵幸耳豈社稷臣之論乎嗚呼、總論謂文帝無道學輔佐之臣信不誣矣

舉數千年帝王深居宮禁之謬說一掃而空可爲世之養尊處優者作一棒喝誠爲快人快語

張良從赤松子遊論

江蘇省立第一師範學校一年級生　龐仕

張良爲高祖謀臣佐之成帝業其功莫大也天下既定宜可以膺福祿享富貴尊爵厚祿而無退隱之志矣況得君如高祖言聽計從艱難與共更無不能自安之可慮矣乃爲子房者功名甫就即萌退志反從赤松子遊者其故何哉嗚呼吾知之矣夫高祖者猜忌陰鷙之君也可與共患難不可與共安樂天下一定有功之臣危矣故戰績如韓信尚被誅夷治國如蕭何猶遭縲獄高祖之心非盡殺功臣不快也子房明哲保身有不見機而作者乎不然以子房之才豈不知神仙之虛僞荒誕而必託言以從赤松子遊哉

言簡意明

范蠡歸湖論

安徽安慶中學第十級生　黃晉卿

自古爲人臣者必無貪功之念而後令名可保亦必無貪利之心則後履險如夷是故功高而禍興利厚而害來古今來歷歷不爽矣夫漢之韓信越之文種非功臣乎名位不可謂不高矣利祿不可謂不厚矣惟其貪戀祿位不甘韜晦又不審出處進退之幾此所以身死名裂而終不悟也若求其進足以成功名退足以全身家而其智遠駕於信種上

者得二人焉西漢則有張良春秋則有范蠡夫范蠡者越臣也觀句踐困吳之時蠡亦共受患難同含垢辱誠無愧於人臣之道矣迄乎吳已沼越已霸自謂功業已成富貴已極於願足矣尙復何求倘再戀棧不去後患將有不堪設想者焉因是辭表朝陳扁舟夕駕夫而後放浪江湖翛然獨遠矣由是觀之少伯之風洵高矣哉然或者曰范蠡者實崇尙功利之巨子也何則觀其歸湖以後人以爲眞隱矣而其實不然始而改名鴟夷子皮爲齊卿是貪功也繼而換名陶朱以貿易是貪利也不居功於越而反邀功於齊不爭利於朝而反奪利於市是其醉心富貴而功利之見猶未去諸懷者昭然若揭矣嗚呼君子觀其不罹信種之禍者未嘗不嘆其幸也又未嘗不服其智也雖然明哲保身之卓識尤爲庸衆人所不可及焉蠡亦春秋人傑矣哉

以智許范蠡所見甚是末段揭出其未能忘情功利之證尤屬讀書得間（汪鍊百許）

論戰國養士之得失

浙省十一師校四年級生 項長

嗟乎戰國百有餘年間紛紜擾攘一奸雄角逐之場賢士遯跡之秋也彼食祿權門輩乘時倖遇雖爲國上客烏足以士名之哉夫士蘊大器識大義既委身廊廟必致君唐虞匡若鷙駘服車黃雀啣環養之於前報之於後遂足以肖夫士之色相也東周而後王綱陵弛正學繁蕪遊說者踵起尙詐術重刑名日以約與國戰邊疆草菅人命以固結養士者之心舍仁義大道於荊棘上下相蒙莫之顧問故七國宗社或亡於七國未盡亡之前或亡於七國已盡亡之後終不能鞏其邦基延其國脈豈養士之報果如是耶雖曰齊田文賴鷄鳴狗盜之雄以脫於虎狼之秦趙勝藉脫穎之才以折衝於樽俎之間燕丹得荊軻壯雄風於易水無忌得侯嬴破強敵於邯鄲即上而君主下而卿大夫招致食客館以上宮享以鐘鼎一旦用之未有不奏厥功者豈得謂之盡失哉乃七國致亡之由實在乎是終不能爲七國恕也蓋縱橫之說與天下幾無寧歲彼君若相不知策仁義爲予盾徒鑿斯池築斯城以資守禦厚府庫利甲兵以爲攻取而

不知地利器械有不足恃所恃者人和致人和者仁政戰國食客舉以仁義爲不美無以仁義與若君若主言以強國富民由霸而王此吾不以士稱之也乃所養之客既非眞士而當時君相猶爭養恐後宣王荊公斥之爲鷄鳴狗盜之雄者矣吁戰國之士未嘗無也孟氏子魯仲連商山四皓等皆有王佐之才惜權門之不能用卽用之而不信不久終於布褐以老吾益知七國所養者之非士矣

尙論卓犖膽識兼優（唐愷園評）

力闢戰國游說之非士是能衛正道者橫流滿地吾敬斯人（輯者評）

張良在博浪沙狙擊秦始皇論

安慶中學第十級生　黃吾卿

論者以博浪一擊美良能爲韓復五世之仇且惜其未中吾獨怪子房何粗率若是竟效荊軻聶政之所爲冒萬死一生之險而妄邀天倖哉雖國家興亡匹夫有責然吾之所爲能否裨益國家不可不察當秦滅韓韓人固視爲不共戴天之仇咸欲圖而報之子房者亦韓之世族也寧忍坐視國亡而不救乎幸而斃之則大仇以復而韓以存非特韓之福且亦六國之福也雖然子房之志則可嘉矣子房之謀殊未可取也何則倘此一擊未中不幸爲祖龍所獲是一韓之仇未報而千金之身莫保豈不爲匹夫匹婦之量耶何以創震古鑠今之偉業哉卽一擊而中而嬴秦後嗣有人後事猶未可量也且扶蘇仁孝寧不知代父立國救人民於水火之內奠國家於磐石之安哉奚有於胡亥繼而亡之乎是欲其滅而反使之興也故曰子房之謀未可取也雖然此乃血氣未定學識未精時冒險之行也因其抱有報國之心迫於時而不能自已豈眞不明此理哉迨觀圯上受老人書後乃大易其志假手漢高秦滅而身退其智謀從可知矣嗚呼使子房早受老人之書則博浪一椎定無思逞之理也奚至後人議其粗率也哉

枝葉條鬯波瀾壯闊（汪鍊百評）

范增勸項羽殺沛公論

浙江省第十一師範學校學生 李培陰

沛公入關軍威頗盛有取天下之勢范增憂之勸項羽假鴻門之會因而殺之羽不聽是役也人未嘗不嘆范增爲謀之深而咎羽之不用也向使用其謀則無復與吾爭天下者功安有不成哉吾謂僅憂敵之強而不知求其在我者此鄙夫之謀而非豪傑之事也昔施伯請殺管仲三甥請殺楚子竊笑於天下久矣范增何人又復蹈其故轍耶沛公殺矣而天下如沛公者正不少也其能悉數而除之耶且沛公約法三章掃除苛政四海之內莫不引領而望其爲帝范增之謀豈不逆天下之心耶况沛公雖先入關尚未席捲宇內羽擁精銳四十萬軍於鴻門勢均力敵正如兩虎相搏雌雄不決以羽之勇輔以范增殺之於疆場亦何難之有而必殺之於宴會之時揖讓之地以冒不韙之名使天下得以藉口此其爲計豈不悖哉不特此也得天下在乎得民心羽之殘暴塗毒生靈是其大失而不能得天下之本也增不能救其失而固其本其虧臣職已甚而乃兢兢以謀殺爭天下者迨其謀不用居常鞅鞅以啓君臣疑忌之端而來陳平之間不能善其終羽亦失左右而亡胥此一謀爲之階也夫以私智殺天下之所共戴者不仁不能以兩軍相鬬殺之於疆場不勇不使能羽滅沛公而以殺爲務不智且增既不救羽之暴虐而又勸之以殘殺是長其主之惡也爲人臣而長其主之惡不忠不忠不智不勇不仁有一於此已有愧於人臣而况兼有之耶既知沛公之賢而不往歸又謀殺之增之自計尤疏豈獨爲羽謀未善哉嗚呼世謂增爲人傑吾不之信

議論開展落落大方(周昭德評)

鴻門一計本是下策項王軍事策劃種種失著增無一言補救竟不知奇計何在可發一笑

西晉論

浙江十一師範 第一年級生 周鳳岐

自古帝王當神器之重居域中之大將崇極天之峻永保無疆之休者何莫非其先人積仁修德有以致之哉若夫不

能以德自結乎天而僅以陰賊險狠取天下於婦人孺子之手可以長治久安者未之有也觀於西晉之衰亡可以證矣。夫晉武承三世之遺烈。加九錫之宏褒。人臣之分固已極矣。乃虺蜴爲心。豺狼成性。近狎邪僻。殘害忠良。迹其心存不軌。預謀篡弒者。仍效魏武之故智也。及握赤符乘六龍。復不知積仁修德。謀及子孫。而欲以智慮籠絡天下。於是懲曹魏之孤立無援。則建庶孽以屏王室。鑒東漢之州牧難制。則裁州兵以遏亂萌。是武帝可謂有過人之智過人之才而於治亂存亡之幾。固已思之詳而備之審矣。何期天不祚晉。嗣以愚暗之惠帝。加以橫暴之賈后。肇禍宮闈。操戈同室。而起八王之亂。五胡之禍。即由於此。君子觀於懷愍蒙塵之已事。至今猶有餘痛焉。論者每謂西晉之亡。亡於代無賢君。然吾謂武帝之不德。天實懲之也。試觀幽厲雖暴。而不斷周祚者。文王修德致之也。桓公雖霸。而終遭五公子之變者。齊襄不德致之也。由此推之。盛衰之理。雖曰人事。豈非天命哉。

持論平允文亦謹嚴有法

荊軻論

安徽安慶中學第十級生 黃晉卿

殺庸人易。殺奸雄難。殺奸雄於失勢之時易。殺奸雄於得勢之時難。祖龍自踐位以來。殘忍爲懷。暴虐無道。動天下之公忿也久矣。無如氣燄方張。肆行無忌。一時稱藩臣者。有之。相抗峙者。未有也。願歸附者。有之。敢攻殺者。未有也。即有一二口誅筆伐之士。不畏強梁。亦不過背議其非。空言無補。從未聞置其身以當此危疑震撼之衝者也。乃不意竟於荊軻見之。夫荊軻者。游俠之士也。痛六國之將亡。恨暴秦之肆虐。慨然舍身不顧。有剷除亂政之思。是以允燕丹之請。奉全燕輿圖。進樊將軍首。把袖揕之。此其膽略爲何如也。使揕之而中。則燕國之宿恥雪。諸侯之侵地反。而天下人民亦因之安堵矣。所謂救斯民出水火而登衽席者。非耶。奈何蒼蒼者天。無心悔禍。遂使一擊不中。壯士無顏。軻以此殺其身。而燕亦以此召亡國之慘矣。天道難知。誠有令人搔首欲問者。雖然。有志者。洊厲精神。安可鑒古事而灰心而不

盡其在我者哉

文其作於乙卯丙辰之變乎有抑塞不平之音有手揮目送之致令之祖龍躍然紙上矣

商鞅變法論

浙江第十一師範一年級生 周鳳岐

嘗讀秦紀每以商鞅變法爲非余未敢以爲信也蓋治世不一道湯武不循古而王夏殷不易禮而亡豈可固守百代之陳法哉夫秦僻處西隅據殽函之險擁蕭武之固且其地近西戎民皆慓勇敢死是進可戰退亦可守固有爲之國也乃自襄公奉命征戎之後曾未聞其有事於關東及孝公相商鞅始力圖富强知井田之不宜於時也開阡陌以濬其利恐舊法之不適於用也嚴刑罰以治其奸奬農勵戰以裕民而强國改賦更稅以充餉而足用在在均有利於民有益於國宜乎行之十年山無盜賊道不拾遺卽始皇之兼併六國未必非商鞅變法之效果也及其身死車裂爲天下笑世之論者遂以變法爲商鞅罪則執是說也有巢氏不改穴處燧人氏不改茹毛神農氏不改漁獵軒轅氏不改衣皮是仍爲混沌草昧之舊觀又何有今日禮樂雍容之世界哉獨惜其嚴刑峻罰刻薄寡恩當其下黥師之刑而不知有告密之禍立連坐之法而不知有止舍之辱天道好還報施不爽固若是哉由斯以觀天下之事非智慮之所能周法術之所能制而惟積至誠用大德庶可利家而利國夫苟不能自結乎天而欲以區區之智籠絡當世之務而必天之不我懲此理之必無者也世之執政者盍鑒諸

變法原未可非視其人與時耳後世膠守成法習於故常遂令有志之士舉足蒙詬此荆公之所以被惡聲於萬世也文以神農軒轅相駁足以關俗儒之口

王猛仕秦論

浙江省立第十一師校三年級 趙瑩珊

天陽而地陰者道之常也尊華而攘夷者人之志也行其道可以杜天地抱其志可以定華夷不然虎狼肆毒神州陸

沉日暮事耳吾覽古今人才凜凜乎知尊卑之分者諸葛一人而已若王猛之仕秦豈其匹歟猛生於東晉五胡亂華中原鼎沸正豪傑以身殉國之秋况猛既自負爲不世才首領猶存何挺身入秦令宗社坵墟而不顧哉猛之見溫也溫促之歸晉猛以溫不足與有爲相秦豈出於萬不得已耶或曰猛在秦心存於晉嗚呼豈其然耶昔蘇武持節匈奴十有九年心念漢室不離朝夕及皓首歸國何曾爲匈奴畫一策設一謀哉猛之相堅拓土開疆勳績照著迨瞑目之日言於堅曰晉正統相承願勿以晉爲念斯言豈得謂之有補哉茫茫禹域雖爲五胡所盤踞何一非晉之舊土猛爲堅多闢百里卽於晉多負一罪耳嗟乎猛之仕秦其素志也若將死數語乃叛臣欺世之術耳故猛逆天道昧大義死有餘殃後之目猛爲豪傑者得與武侯相提並論何其謬歟

筆誅心斥大義昭然猛如有知當亦俯首(樂清馮地造評)

孔子褒管仲孟子貶管仲論

福建省立第一師範學校本科三年甲級學生 余長賚

立意近於刻深文筆茂達

世之論管仲者讀山高乘馬諸篇則褒爲天下才觀宮山府海之富則貶爲霸者佐而不知皆非也惟以功德論管仲則褒之可也貶之亦可也不然管仲一耳何孔子褒之而孟子貶之哉究之聖人之定論則必因其時而垂訓於世春秋之時周室之卑甚矣中肩而天子無兵授甲而列侯擅討君弱臣強舉十五國皆不知宗周仲一出而聯衣裳申盟誓兩會幽兩會鄄封衞遷邢以及責包茅盟首止使列國諸侯泯僭亂而戴天王者仲之功也孔子當春秋之世恐復有跋扈之臣而啓戰爭之禍故以功褒管仲所以正春秋之名教也雖然寧母盟則假德禮以服諸侯矣葵邱盟則懔天威而文下拜矣迄於戰國霸習匯餘遂爲七雄兼併之所祖而仁義之道不明於天下豈非管仲之不德貽之咎哉孟子恐以力假仁者效管仲之詐謀以濟其爭城爭地之私故貶管仲卽以扶戰國仁義於既傾也要之孔子之褒孟

子之貶時有不得不然也孔子不褒管仲無以褫權奸之魄而立春秋名教之防孟子不貶管仲無以閑先聖之道而植戰國仁義之標故孔子之時及門子貢子路以不死子糾之難貶之孔子必褒其一匡九合之功孟子之時公孫丑之徒以管仲以其君霸褒之孟子必貶其德之不足爲然三歸反坫之爲孔子譏其不知禮則褒之中亦有貶也管夷吾舉於士之語孟子必與舜說連類而及者則貶之中寓乎褒也蓋孔子之褒以功孟子之貶以德卽此以觀何疑於孔子何疑於孟子亦何疑於管仲哉

論古有識如老吏斷獄（翁福成評）

劉先主三顧諸葛亮於草廬論

福建省立第一師範學校本科三年甲級學生 余長賚

夷吾一生功罪自宋以來爲人刻劃盡致文推孔孟之意以立論頗能自圓其說筆亦條鬯

自古有天下者無不得人以爲輔也故伊尹耕於莘湯則以幣聘之矣呂望釣於渭文則後車載之矣蓋抱道之士必待人君致敬盡禮然後始許以馳驅諸葛亮自比管樂其實伊呂之亞也劉先主以徐庶之薦司馬徽之言遂不惜屈己枉駕三顧於草廬之中其求賢自輔不且與湯文一轍哉當是時也曹操僭逆於北魏孫權擁號於東吳漢祚傾危有如朝露先主以帝室之胄扶正統於將絕然而徐州挫矣豫州失矣依劉表而屯新野又一敗塗地矣蓋無人焉爲之輔翼雖關張之勇不能擴尺寸土也遑問討賊哉今聞隆中之地有高人臥於岡上鬱雷雨之經綸爲識時之俊傑安敢以尋常才士相待而不修敬謁之儀乎廬中三顧宜亮鑒其誠而許之出也夫興漢室成霸業先主之本志而取荆州定益州非亮出則無以成厥功亮誠人傑矣哉而必勞先主三顧者殆孟子所謂不如是必不足與爲也覘彼魏之荀文若司馬懿吳之周瑜陸遜輩奴顏婢膝於僭廷者其相去何可以道里計耶雖然先主有湯文之德宜得伊呂之臣諸葛亮有伊呂之才宜佐湯文之君而乃西蜀偏安不能定中原而復高光之舊此則天爲之也於亮乎何譏

暢茂條達筆亦老當（翁福成評）

將孔明身分抬得高將昭烈心事原得出

范少伯扁舟遊五湖論

江蘇省立第二農校學生 李劍塵

豪傑有三悲功成而身戮一悲也功成而身廢一悲也功成而身退又一悲也夫挾功不賞而轉陷落無辜之罪網使之齎恨沒地誠可悲矣若夫樹非常之偉勳享無窮之令名復得放浪於形骸之外以終其天年此英雄第一快心事也而又何悲焉嗚呼、孰是說也何以解於范少伯之游五湖少伯者越之功臣也始則隨勾踐棲於會稽三年而復國繼則爲勾踐雪奇恥二十年而滅吳歷無限之辛酸苦痛而始償厥志亦宜優游暇豫以養其勞瘁之身矣而何必去少伯竟乘長風破巨浪揚帆遠隱掉頭不顧是何也少伯血性可共患難而不可共逸樂也彼蓋深知越王之攀留出於詐術而非出於血忱也不然、三尺屬鏤之劍何以賜同功之文種哉且少伯功名中人非隱逸中人也今彼果於忘世宜以浮家泛宅老矣而胡爲復去而相齊卽其後棄印旋逃宜以山中野服終矣而胡爲復出而經商蓋其抱瑰特不羈之才發揮未盡苟遇以藉手之處則如蒼鷹之聞秋風奮翮而飛矣廉頗馳馬伏波據鞍古今烈士類如此也夫使越王而非長頸烏喙也少伯豈惟不去且將運其謀吳之餘略爲越策萬年長久之安而煌煌霸圖亦何至不數傳而旋握於楚人之手哉然則少伯之去有餘痛矣嗟乎、大丈夫出萬死不顧生之計爲人籌家國事及其成也乃大招時主之猜忌以死追人入雖至愚亦誰甘以清白之軀而膏無情之斧鉞耶不然如少伯者豈嘗持厭世主義而徒以區區生死故至於背鄉井別妻子舉夫手定之山河多情之兒女一切拋棄之而不顧而且已成之功名既歸流水未了之事業復付太荒雲山蒼蒼煙波茫茫扁舟一去長離故鄉人生到此能勿傷乎觀其號鴟夷子遺文種書有知悲從中來不可斷絕者矣而世顧嘖嘖歎曰此奇人也此高士也此保身之明哲也嗚乎是豈知英雄末路之悲也乎是故張良之辟穀非求仙也李泌之歸山非學道也范蠡之游湖非棄官也畏禍迫切不得已有託而逃耳人主一念之忌刻能令千古之忠臣義士不能安其身不能保其家而惟有去之一途不然死則死耳夫復何言若胥種若韓彭吾又安能言其悲之所在也

詞意暢達語語警人反正說來淸顯異常足徵勝人之處後半痛切言之尤覺感慨深長（范鐵瑚評）

種死蠡去越終不承其祚人言句踐忍吾謂句踐愚作者淋漓痛快將陶朱公傷心處一一寫出直堪浮一大白

賈捐之請棄珠崖論

福建省立第一師範學校本科三年甲級學生　余長資

鄧隲議棄涼州欲并力於北邊虞詡力陳其不可而東漢之邊疆以固賈捐之請棄珠崖以專恤乎關東于定國力贊其爲是而西漢之民生以遂蓋涼州所以藩蔽羌胡若棄涼州則羌胡必長驅而入據三輔矣珠崖不過孤懸海中不棄珠崖則海中必蠢動而殺傷漢吏矣此在籌邊者審其時而度其勢焉何得以不棄爲是以棄之爲非哉夫珠崖之郡恃海隅爲淵藪數年一反習以爲常不伐固反伐之亦反非若樓蘭莎車郅支諸國一經傅介子馮奉世陳湯甘延壽之征誅卽流涕稽顙願得都護而臣服也況王莽篡逆莎車王延不肯附猶能奉漢威靈夷狄慕義歸誠足懼亂賊視珠崖之數討數叛者其相去何可以道里計耶夫孔明之征南蠻七禽孟獲猶足以服其心今珠崖叛亂發兵擊之連年而不定貢王化所不能及聲靈所不能加已且勞師頻歲器械餉儲浩費難言徒欲較勝負於犬羊豈計之得耶善乎捐之之言曰欲與聲教則治之不欲與者不強治也可謂得禦夷之善法矣夫孝武雖平兩越開西南夷然公主下嫁烏獸不別絕漢末窮閭門已瀆珠崖卽回面內向不勤干戈亦必蹈武帝之瀆禮辱國耳何足取哉況關中旱饑百姓流離道路朝廷不聞下一賑捐之令而乃與不知禮義之蠻夷傾中國之財百戰而不惜急其末而緩其本務於小而遺其大揆之古先王保民之道諒不若斯今捐之議棄珠崖卽郭欽徙戎之疏所以嚴夷夏之防也何可以虞詡

之不棄涼州而遂疑捐之並疑及定國哉

持論通達筆亦健旺非伏案功深者不辦（翁稿成評）

引證辨論均屬詳碻正大

論土木之變

江蘇宜興彭城中學二年級 任香初

自古宦官亂人之國其源深於女禍爲害不止一端甚且因以亡國焉東漢桓靈帝時宦者單超等盡封列侯勢力寖盛旋興黨錮之獄漢室從而傾頹唐之時宦者陳弘志弒憲宗遂操廢立之權唐代因之衰弱迨乎有明任用宦者復肇土木之變考太祖時曾鑄鐵牌於宮門禁宦官與政法至良也惜乎成祖篡位德宦官內應厚任之遂漸預政英宗時宦者王振用事日益橫時瓦剌連破韃靼勢日強盛也先嗣立遣使入貢朝廷賞賚無算也先啖其利歲增貢使冒領廩餼禮部驟實予之僅得五之一也先恚怒遂誘諸部入寇振乃勸帝親征羣臣力諫不聽帝令弟郕王居守親率大軍出居庸關至宣府邊報益急羣臣請留振不允聞前軍敗沒振始班師初擬道由蔚州邀帝幸其家既恐蹂其鄉禾復改道宣府尙書鄺埜請疾驅入關嚴兵爲殿不報也先追襲後軍多潰散成國公朱勇等敗沒次日至土木衆欲入保懷來振輜重未至留待之敵騎四圍蹂躪振及諸大臣皆死帝被擁北去京師大震推原禍始盡由王振勸帝親征之所致也雖然親征亦未可厚非也宋眞宗親征至澶淵而遼人奪氣勝負兵家之常固不能預定也至若改道宣府恐蹂其鄉禾因里閈之私置天子於不顧稽延時日使虜人得追襲而至又復留待輜重兵駐土木不卽入保懷來遂致軍潰將亡英宗被擄喪師辱國玷汚社稷振雖敗沒曷足以蔽其辜乎嗚呼宦官預政實亡國之原歷代如是豈特王振而已哉孔子曰惟女子與小人爲難養也斯言信然

歷敘事實不嫌繁瑣入後從事實處發議尤爲論古有識（葉涵如評）

敍事緊而不支論斷簡而能核

漢文帝止輦受言論

福建省立第一師範本科三年甲級學生 余長資

自古英主多自負。明主多自信。自負則自是。夫至於自以爲是。遂覺人之爲非是矣。自信則自蔽。夫左右者且以爲蔽。遂覺無人爲非蔽矣。英明者猶如是。彼昏庸之君更無論巳。此從諫如流之美德。人君所以不可無也。漢文帝一英明之主也。郎從官上奏疏。未嘗不止輦受其言。言可用則採之。言不可用則置之。此非力祛其自是之惑。力戒其自蔽之欺哉。夫天下之大。非一人所能獨理也。傳曰。兼視則明。兼聽則聰。此誹謗之木。敢諫之鼓。聖王所由設也。雖然。歷觀史册。朱雲諫而獲罪。梅福諫而遠謫。陳東諫而受刑。楊繼盛諫而殺身。黃道周諫而見責。吾不知爲之主者。其果何心耶。使文帝遇之。方將虛衷採納之不暇。抑何拒絕之深也。然則英主之拒諫者。或犯其意氣之豪也。明主之拒諫者。或觸其忌諱之私也。文帝有納諫之虛懷。故張釋之敢劾太子之不敬。即拜爲中大夫。緹縈爲父上書訟冤。而肉刑卽爲之除。文帝無自負自信之心。所以成爲三代下之令主也夫。

華實相宣情文並茂允推傑作(翁福成評)

漢唐宋明學術論

江蘇省立第三師範學生 張弘

學術之盛衰。繫乎國家之治亂。學術盛則國家由此而治。學術衰則國家由此而亂。自古及今。未有學術盛而國家不治者。亦未有學術衰而國家不亂者也。觀漢唐宋明之已事。可以鑒矣。漢高帝以馬上得天下。得位以后。力矯秦始皇焚書坑儒之習。尊崇孔氏。傳至武帝時。聞董仲舒正誼明道一言。尊六經而黜百家。人於是始知正學之歸矣。其后又得明帝之稽古右文。發皇幽渺。故終漢之世。前有伏孔。後有鄭馬。無非以收拾遺經爲任。漢祚之所以將亡而不至遽絕者。其殆由於是也乎。唐代好學之主。首推太宗。當戰爭甫息之時。開閣禮賢。招十八學士。以昌明文教。雖詩、賦、取士偏重詞章未能如漢之表彰經術而孔穎達諸人之作經疏明經義亦不得謂其無功於學術矣趙宋取士之制始亦襲唐之舊法其后胡瑗范仲淹諸大儒出創太學整學規士始去華而就實最后又得程朱之理晰天人義窮毫末無論唐之士所不逮即漢儒亦恐相去不止一間矣觀於理宗之朝國小地蹙獨兢兢於聖學之褒崇其時士之為學可知已明與宋相去未遠塞傍門之資奉孔孟為宗其時名臣傑士如方正學陳獻章薛方山王守仁輩或主行或主知雖人不一說不過狂狷之異趣要其不為利回不為邪惑發先聖之遺言為士風之提倡合數人如一心也明社將屋而士氣不衰不亦學術之効乎合而論之漢主樸實唐主宏通宋主精深明主激切其有功於一代之人心風俗則一也若欲就其得以究其失則漢唐之經術易流於穿鑿宋明之性理易入於空虛是在當事者之合而通之也

縱橫上下包舉古今使人目眩神奪

田叔燒梁獄辭論

福建省立第一師範學校本科三年甲級學生 余長賚

有善處母子兄弟之法則事不成有善處母子兄弟之法無善處母子兄弟之人則事仍不成

讀史見田叔燒梁獄辭竊歎為千古善處人母子兄弟之間之第一人也夫梁王以景帝之弟至親有功得賜天子旌旗出蹕入警議者且嫌其僭矣乃聽信羊勝公孫詭之邪言求為漢嗣袁盎以宋禍止之大義凜然梁王不自知其非反與勝詭謀殺之帝遣田叔往按其事當是時也叔若將梁獄奏上梁王之罪誠無所逃梁王為竇太后所溺愛梁王死則太后坐不安席食不甘味帝於母子兄弟之中孝友有虧不誅梁王則漢法不行勢在兩難何以處此田叔有濟變之才燒梁獄辭使梁王罪迹不彰則帝不誅梁王天下不得譏為失刑太后得見梁王亦可改憂而為喜是帝於母子兄弟之道處於兩難者又得兩全之美也然則田叔者謂為善處人母子兄弟焉可即謂為善決獄之老吏焉亦可嗟乎景帝無弟而有弟梁王無生而得生者皆叔燒獄辭之良法有以使之也魯相之擢不為過矣

當梁獄糾紛之際誠非叔莫能解然獄詞燒而景帝之猜心尚未解梁王亦幸其蚤死耳以叔之才而不過彌縫於一時父子昆弟之間外臣處之蓋有難言之者穎考叔格君心之非吾每疑左氏故弄狡獪非事實也

王莽謙恭下士論

浙江省立第三師範學校本科一年級生 朱乃基

自輕士之風熾貴爲卿貳者傲慢性成務使士奔走我門不肯屈我之尊而造廬請謁嗚呼吐握之風所以渺也間有拔出庸臣之外折節士林意其人必秉志忠貞欲儲人才於廊廟者乃竟出之巨奸大蠹此何心哉聞之冰炭不相投薰蕕不同器以其類異也今引異類者而禮貌有加非尊重其立品也小人工於作僞黍附道德之末光塗庸衆之耳目狡已漢成帝世王氏以外戚專權五侯侈靡子弟以輿馬聲色佚遊相競久爲衆毀所歸莽覬得人自輔然後天下事可以惟我欲爲環顧時流惟讀聖書者最人所信服羅而置諸左右陽以崇物望陰以收人心舉世英雄悉墮羈縻之彀中眉山蘇氏所謂以蓋世之名而濟其未形之患也吾歷觀奸人篡亂必借重於賢豪如崔杼容晏嬰董卓任蔡邕曹操用荀彧蔡京召楊時王安石結交歐陽修輩一朝得志反遭噬臍之凶莽之謙恭同此欺詐耳然而荊公始得名也蘇洵作辨奸論譏之王衍方少年也山濤以誤蒼生料之何以莽處舉隆洽無人察其色取行違白香山詩謂與周公眞僞必事後始見則莽而早年身故大逆不行後世將與元聖同視不幾魚目混珠耶王介甫詩云周公恐懼流言日王莽謙恭下士時假使當年身便死一生眞僞有誰知白王二詩可謂英雄所見略同甚矣外貌之不足憑也知其不足憑必察其果實而後引爲知己自不至若孔光揚雄輩當代通儒失足一朝貽譏千古焉嗟嗟漢高嫚罵無損英明王莽謙恭終譏粉飾人固可以僞爲哉

有議論有左證與泛論王莽者奚啻天淵

唐元宗焚珠玉錦繡論

福建省立第一師範本科三年甲級學生 余長資

物欲之爲害也無形甚於有形珠玉錦繡著於物有形之欲也珠玉錦繡生於心無形之欲也元宗不去無形之欲一旦於有形之欲捐棄之以爲快治物而不治心在外之欲可遏而在內之欲未盡絕也且必先珠玉錦繡之見豔其中而後以焚之之法制於外有形之欲既盤踞以入無形之內及夫輾轉滋甚未有不縱欲敗度而至於不可究詰者也元宗天寶之亂豈由此致哉雖然元宗特遏欲而不知類者耳若夫沉溺於物欲之中幷有形者亦不肯去則昏庸之出元宗下哉

一氣呵成筆情健舉（翁福成評）

焚珠玉猶是開元初政明皇尙未倦勤未可以後來荒耄概予抹煞文筆特勁拔可存

行罰先貴近而後卑遠則令不犯行賞先卑遠而後貴近則功不遺論

江都公立甲種商業學校一年級生 朱鍾璐

賞罰者天下之大命也民賴以生國賴以存國之所重者在賞罰而賞罰之所貴者在公平未有賞罰不當而足語三代之治者也讀史至唐德宗時見其以陸贄爲考功郎中贄辭曰行罰先貴近而後卑遠則令不犯行賞先卑遠而後貴近則功不遺可得而申論矣夫賞者非賞人也賞有功也罰者亦非罰人也罰有罪也不賞有功則無以勸天下之善不罰有罪則無以懲天下之惡惟貴近者有罪先罰有功後賞而卑遠者有功先賞有罪後罰何也不知貴近者爲吾之耳目所及卑遠者爲吾之耳目所不及耳目有及有不及故行賞必先卑遠而後貴近行罰必先貴近而後卑遠此所謂愈近愈嚴愈遠愈寬帝王御世之微權胥於是乎在非薄貴近而厚卑遠也正欲使貴近有所懲而卑遠有所勸信賞必罰故其臣下畏而愛之則而象之馴致天下和平百姓安樂壽考此固普天之下率土之濱凡爲臣民者皆歡欣鼓舞而頌禱不置者也有國家者可以取陸贄之言爲法矣

反覆推闡題無賸義行文亦茂暢

卜式輸財助邊論

福建省立第一師範學校本科三年甲級學生 余長賓

堂堂中國當外人屢侵之時稍有血性者莫不欲磨刃淬鋒而騁逐於疆場之外况值國家空虛之日有能輸獻貲財以供軍儲之費其急公効義何如也而論者猶以非人情責之豈華夏可任夷狄之憑陵而天下之人不必有愛國之心哉吾觀世之論卜式輸財事知其受抑者多也夫式鑒武帝之伐匈奴以爲高后文景間加幣和親率以仁柔慰匈奴之桀驁而邊患仍不稍息武帝伐之即齊襄復九世之仇宜亦聖人所亟予也然勞師絕域度支未免告匱使有財而不輸助以供衛霍之出兵恐匈奴寇邊不已即財亦任其暴掠已耳式之此舉亦迫於勢者然也而武帝因是奮其英特之氣命將出師而單于窮遁退走漠北之野所以至宣元成哀之世猶得稽顙稱臣而不叛者未始非式之功也論者以式之輸財啓武帝窮兵之漸然武帝當時苟以和戎爲務勢必歲幣日增恐成役轉餉而憂累吾民者必更甚於用兵也利害相形則理立見獨惜瀏溪宋公南湖丁公皆一代通儒乃以式爲懷奸慕寵夫式誠慕寵則身立朝端願已足矣何請誅不可必勝之南越哉且又諫鹽鐵事請烹弘羊明知爲武帝逆耳之言而式能言之慕寵者固如是乎然南湖獨取式以家財盡讓其弟謂有孝友之行夫人果性行淑均而謂有詭譎之術者吾未之信也君子平情論事不尙苛細觀式父子之願死邊知助邊非流於僞觀式以家財盡讓於其弟知輸財亦出於至誠何必人云亦云哉

侃侃而談有王景略旁若無人之概（翁福成評）

輸財助軍後儒勤以爲矯抑知三代以下患不好名乙卯倭警之際救國儲金應者寥寥能如卜公者誰耶此文蓋作於斯時有感而發倍爲痛切

伯夷死名盜跖死利論

上海滬江大學正科三年級生 夏燮颺

天地一逆旅也人生一過客也自少而壯而老或受困苦或享安樂或貴爲將相或下儕編氓雖其榮辱不同貧富各異然所求者不外名利而已上者求名下者求利所求不同有求則一孰能逍遙自得左右逢源超乎名利之外者乎信乎莊子有言曰伯夷死名盜跖死利其死均也烏乎世之求名利者多矣櫛風沐雨碌碌風塵得失關其慮悲喜攖其懷至於名韁利鎖老死不悟不亦大可哀耶夫伯夷與盜跖似不可相提而並論然二人之殘生傷性均也莊子身當衰世痛大道之淪亡人類之失性棄其天然自得之樂而惟名利是求故特揭伯夷盜跖之死以爲求名非而求利亦非均之死即均无所謂是也又安見伯夷之賢於盜跖者乎總之人生於世當求自得之樂勿汲汲於富貴勿營營於功名其在上也不足喜其在下也安足悲吾知樂吾道安吾心而已名利於我何有焉是以接輿行歌孔子歎其賢子陵垂釣仲淹贊其高人生行樂耳需富貴何爲吾故表而出之以爲務名利者戒

味蒙莊之旨而衍之恬澹之筆是讀南華而有得者（林朝翰評）

自非莊生孰能見伯夷求名之爲非是此世之自托於曠逸而陰肆行以便其私者所以紛紛也

伯夷死名盜跖死利論

滬江大學正科一年級生 夏長楨

嗟乎人生數十寒暑耳有能窅然无慮蕭然自適以善保其數十年之天祿者吾將謂之至人若夫挾好貨之思想挺身而逐利或厭世之混濁而故爲潔身以求名茶然慦然如盜跖伯夷之殘其生者不亦大可哀哉盜跖以綠林之豪殺人而越貨其卒死於利固宜雖三尺童子皆知嫉之莫不欲其速死者至若伯夷則不然以匹夫之身傲千乘之主懷義去利而餓死於首陽古今之士咸美而頌之曰伯夷大聖人也雖以子輿之才知猶謂爲聖之清夫伯夷清則清矣而惜乎其愚也觀其恥食周粟隱於首陽采薇以供食而知其愚矣首陽之山寧非周土乎且使伯夷爲商則叩馬之時儘可死於武王之前而顧爲此逃隱之計以自餓死則何爲哉噫伯夷之死殆好名之過也既好名矣則亦徒死

耳夫聖人者无入而不自得也天下有道則遯迹功名利祿之渦以樂其天性天下无道亦隱身俗塵囂埃之外以養其天年卽使世變滄桑江山已易而聖人高臥如初不必斆俗士溝壑之經何也萬物與我並生天地與我爲一此乃大聖人之道也若伯夷者適足以爲好名之累焉得謂之聖乎故莊叟有高人之識不淪於世俗之淺見以爲二人者所死不同其於殘生傷性均也奚必伯夷之是而盜跖之非有味乎其言之也夫人皆知利之爲害而未見名之害人尤甚也人皆知死利之可惜而未見死名爲尤可惜也知利爲毒故知者避之知名爲患而賢者趨之悲夫雖然求名如伯夷貪利如盜跖其害不過及於一人之身耳后世不肖之徒斗筲之子爭利於市爭名於朝明知名利足以害人而悍然不之顧卒至東爭西攘危及國家而天下因以杌隉此則憂患之大者也欲救其弊莫若使天下之人務於自得以保天年一人如此則足以樂其一生千萬人如此而天下國家於以安集焉故莊叟立言之本恉蓋亦謂如盜跖之豪猶且以好利死如伯夷之淸且不免至愚之誚曷若熙熙然皡皡然乘天地之大以遊乎无窮棄塵埃脫俗慮以造乎至人之域而何爲死於名利哉

本蒙莊立言之恉而推衍之文亦有棄塵脫俗之概（林朝翰評）

伯夷與盜跖並論本莊生憤世嫉俗之談文緣以推闡隱射時事慨乎言之筆亦縱肆可喜

朱子云勿謂今日不學而可待來日勿謂今年不學而可待來年論

揚州美漢中學三年級生 朱明

時風雨則風雨時晦明則晦明天未嘗有所待也山者爲山崩頹起陷變幻無時川者爲川溶流浸灌消長靡定忽而滄海忽而桑田地未嘗有所待也日出於晨日入於昏月盈於望月虧於晦日月未嘗有所待也春生夏長秋收冬藏四時未嘗有所待也舉凡宇宙間之萬事萬物舉無所待以成功我果可待乎夫我生有限天地無窮無窮者且不自

待而謂有限者能自待耶雞鳴而起孳孳爲善堯舜無所待也足胼手胝腹無胈脛無毛一沐三握吐哺歸心大禹周公無所待也一車兩馬周遊列國席不暇煖突不得黔孔子墨翟無所待也有所待者惟庸人今日一行不修曰吾來日修之今年姑爲一惡曰吾來年改之今日不學可也今年不學亦可也吾生數十寒暑豈一日一年不學之足爲害耶不知今日一行不修可以修吾行者即少一日今年一惡不去吾之爲惡即多一年吾一日一年不學吾之所學終少一日一年也甚於所習終至無成而已矣終爲庸人而已矣天地萬物成於不待聖人明道期於不待天地之道本無所待也聖人求道亦無所待故聖人之學如龍養珠如雞伏卵如引嬰兒入市一步一顧如貓捕鼠一息莫懈果有可待耶聖人之道高明博厚悠久者學天地之不待也庸人之與草木同腐與蟲沙一例者以有所待也朱子云勿謂今日不學而可待來日勿謂今年不學而可待來年誠體天地之大道以立言也學者可弗思哉

有精思有推引筆不庸俗乃作者本色（戴祝堯評）

闡紫陽之旨深切著明可使因循者猛省

鼂錯上重農貴粟書論

福建省立第一師範本科三年甲級學生 余長資

際四通之世第重商足以並峙夫鄰封居一統之朝非務農不足漸臻於富庶惟其時而已矣周禮大司徒有十二壤之辨遂人掌邦之野遂師巡其稼穡遂大夫簡稼器修稼政其視農也重故農之殖利也愈豐國家於是有儲蓄而無匱乏之虞鼂錯知其然也於漢文帝時上重農貴粟書蓋有見周末以迄嬴秦民生塗炭已深使非重本業而勸農功則元氣無以培天下安得治耶惟錯知而言之文帝即從而聽之休養生息不數年海內殷富減租除稅之文史不絕書則天下之樂其利蒙其庥者謂非錯之功乎雖然文帝處閉關之世惟重農足以富國若孝武通西域開西南夷勢不得不置均輸立平準殷殷於商務加之者則時有不同也然則錯之上書文帝可謂識時之俊傑者矣

暢茂條達文氣亦舒（翁福成評）

於商農更迭代興之理言之透澈今世界商戰劇矣而如英如德於此次大戰中均亟亟注重農業德之所以終於一蹶者原於糧食困乏潮流所趨又可知矣故治國尤貴能審時

宋向戍弭兵論

江蘇第一師範
一年級甲組生 胡卓

春秋之天下一兵戈之天下也強者以兵力勝人而滅人之國弱者以兵力不如人而爲人所滅一旦強者與尤強者遇己亦不能自保因果相生無可逃避其間寡人之妻孤人之子損失人之財產流離人之家室一歲之中不知凡幾春秋二百四十年之歷史實流血之歷史也嗚呼慘矣俾而勝焉雖拓地千里威震天下豈仁人所忍出此而況勝負又未可操劵者乎此向戍所由亟亟焉創弭兵之說也當此擾攘干戈兵連禍結獨能一介書生馳驅上國雍容玉帛談笑出之三寸舌賢於十萬師其識量爲何如微特陳蔡諸邦罔不俯首帖伏卽強大如晉楚亦迫於公義不得不勉從其請向戍亦人杰也哉然而兵可百年不用不可一日不備者也老子有言兵凶器也將謂其足以殘民命傷國脈而不可不弭之乎是在彼之凶人故倡弭兵之說者實非安天下適所以亂天下也僞也然凶器愈弛凶人愈縱縱天下之凶人則所以凶天下者不在吾之凶器而向戍者果爲中原大局計當興仁義之師出與天下戰發憤爲雄力圖振作由弱而強由霸而王服者懷德貳者畏刑將見放牛歸馬之盛復覩今日此不弭兵而兵無不弭者也乃計不出此徒知晉霸寖衰楚氛甚惡以區區之宋處兩大之間不獲伸大義於天下由是沽名釣譽不度德不量力紛此弭兵之說非不藉藉一時曾幾何時干戈復起强凌弱衆暴寡兵爭不已遂成戰國之局此向戍所念不到此者也噫嘻向戍弭兵之策誠善矣而所以弭兵之道尙昧昧焉雖然後世國力等於宋邊患急於宋猶復窮兵黷武以弭兵爲非計彼則曰維持威信此則曰保護約法雙方疲敝以致民不聊生若斯人者又向戍之罪人也

抉出弭兵非可徒託空言之理可以包掃萬世然則今之徒手空拳而談大同者亦可以猛省矣

渾瑊與吐蕃盟於平涼爲吐蕃所刼論

四川梁山中學二年級生 方心文

戎狄豺狼詭計莫測不可以仁義結不可恩德化故當其盛也則嚴兵以備之及其衰也則舉兵以滅之斷未有值夷狄困阨之際可圖之秋而反偃兵以縱敵者也偃兵以縱敵則不惟不能制夷而必至見侮於夷觀唐德宗之事可知已唐德宗時渾瑊與吐蕃盟於平涼爲吐蕃所刼死傷數百是以堂堂中國而墮於夷狄之計也然當時所以罹夷狄之計者由德宗不明時勢之故也何則吐蕃尚結贊大舉入寇涇隴邠寧爲之騷然其勢不可謂不盛然自汧城一戰其鋒已挫鹽夏雖得鳴沙久屯羊馬死而糧運絕此正天亡之時也使德宗能聽李晟之言使渾瑊馬燧引兵直進吾恐尚結贊無生還之日矣乃不知乘釁邀擊以除後患而反聽彼請盟不亦惑乎雖然既聽其請則當察其形度其勢而不可冒昧以從事也何德宗徒知推誠以相與而不知嚴兵以爲防刼盟之禍豈非德宗自貽之哉

清徹(邱禹聞評)

蕭何論

梁山中學第一班一年級學生 唐哲

國家之廢興因以人材爲轉移然人材之去就亦有所因也是故殷紂虐待人民而微子去之文王敬老慈幼而太公來歸善夫蕭何盡忠爲漢勸高帝養民以致賢人爲圖天下之計可謂知本矣書曰民爲邦本本固邦寧苟於本之所在不思早爲之所賢者亦且裹足不前何則蓋鳥卵不毀而後鳳凰來集馬骨不棄而後騏驥畢至視民如子而後龍蟠鳳逸之士乃不招而自致此物類相感之理不可易者蕭何知之深也見當時嬴秦蹶亡至於土崩瓦解皆虐待人民之故故勸高帝養民以立其基而後韓信黥布彭越之徒來輔各出其才能以相助高帝樹漢代二百四十年之大業微蕭何之計不至此

議論平實簡潔無疵

文官不愛錢武臣不惜死而天下太平矣論

江蘇省立第二農業學校附設農村職業教員養成科學生　潘澤

見利忘義樂生惡死常人之情也能不爲常情所局而超然於嗜欲範圍之外則斯人抱負之宏操守之堅爲何如乎使之肩重大之職務上之必能副總揆付托之初衷下之必能洽萬民顒治之希望惟其人腦力心理之作用一以滿其嗜欲爲主旨非特不異於常人或且有甚於常人而竟握大權肩重任則國家不敗壞於其手者蓋幾希矣試卽以文官不愛錢武臣不惜死而天下太平數語申論之文官佐理國家之政治者也通民隱達民情夙興夜寐克盡厥職乃文官之本分耳如其貪欲無藝忍心害理之事無一不爲汲汲焉惟恐其囊橐之不充而遑恤其他武臣統軍政以捍衞國家者也或有盜兵潢池烽烟起於不測又或邊疆多故追奔逐北掃穴犂庭舍武臣莫屬也一惜夫生命臨敵徬徨退避不暇尙能衝鋒陷陣乎大抵錢之爲物有之可以致富可以行樂可以役萬物而傳子孫凡百情緣之所維繫也有錢則甘味輕裘良田美產傾國之色珍奇之玩不難立致能勿愛乎且愛錢者未有不惜死者也故非深明乎大義者斷不能毅然以斥去決然以舍生也誠以一死之後妻子何如家產何如生平之樂事何如言念及之則考終而有所不願矣尙何論乎氣節哉文官之剝民膏吸民脂出則高車大馬入則鐘鳴鼎食其愛錢儼分內事也武臣行軍如同兒戲聞敵則怯遇敵則退其惜死亦儼分內事也幾不知國家設官何爲矣是文官武臣徒爲國家之蠹而已有此文武不亡國已爲萬幸猶望其平天下保萬民乎是故一代之興必有良臣良將以佐之一代之衰必有貪財惜死之徒以壞之苟文官而能淸白自持以廉恥勉一己武臣而能勇往直前以節操勵三軍國家可無內訌之患外侮之憂而天下未有不太平者也如必以爵位爲榮身之具以一身爲財賄之藪則凡爲文官者誰不有此愛錢之癖於

是相傾相軋迄無寧日至此而尙曰彼爲亂黨此爲國賊欲以武力相勝而不知武臣之惜死亦與愛錢相等吁非特天下不能平而彼之所謂榮其身樂其身者適足喪其身焚其身已耳吾願世之文武諸公其無逞嗜欲破除世俗之恆情以內憂外患相警而一思夫不愛錢不惜死之語也可

陳平反間范增論

浙江省立第五師範學校一年生乙組　楊燮廷

漢之滅楚也人皆謂陳平反間范增之功余未敢以爲信也夫項羽之暴未或不至於亡者也當羽破咸陽焚秦宮室殺王子嬰坑秦降卒增立義帝而弒之江中增日侍羽而任其肆虐者非不能諫也蓋諫亦無益耳不然則鴻門三玦何以置之不應耶是增在羽不能言聽計從則其不能終於羽也可知矣豈必待陳平哉設羽眞能任賢使能則張良黥布皆羽部下何以背楚而歸漢耶范增不察欲終事羽其亦未知羽之終不可事者乎幸而陳平反間堅其去志不然進退維谷增之爲增也危矣故蘇子瞻曰增之去晚矣以去爲晚則增之不能見重於羽也又可知矣何所用其反間哉而漢之滅楚歸功於陳平余故未敢以爲信也

議論宏通推闡盡致（張滿甫評）

鴻門之計不用增與羽之貌合神離久矣以間增爲曲逆奇功誠屬史家溢美作者獨具手眼可謂論古有識

秦始皇論

吳江私立麗則女子學校中學三年級生　沈蓮馥

中國之苦專制也二千年於茲矣試觀履至尊而臨天下者孰不鞭箠萬民棓克爲事子女玉帛之是好宮宇臺榭之是飾極四海之力以奉一人哉仁厚而愛民親賢而禮士者十不得一也溯作俑之罪始皇實擢髮難數矣始皇恃過人之才奮其武力東征諸侯卒幷六國統一天下乃變封建而爲郡縣集天下之權於一人自以功德之高大上古所未有五帝所不及乃自尊曰皇帝命爲制令爲詔後世遂沿爲成法而不變此始皇之罪一恐天下之圖己以天下之

兵聚之咸陽銷爲鐘鐻金人十二後世師其意民間不得藏兵革至今日而猶未改中國雄武之風因之不競此始皇之罪二廢先王之道燒詩書百家語以愚天下黔首後世之君或以經義或以帖括取士束縛天下人之思想以致文明不啓宗國淪胥此始皇之罪三至於殺豪傑築長城營阿房巡幸天下以快一人之欲以竭萬民之力者當時悶蒙其害又無一不爲後世君人者所效法也嗚呼始皇之肉其足食乎故我國自秦以後之歷史國民卽無日不困於專制之歷史也延至今日國體雖更而主國者尙務摧殘民意以快己志爲事專制之毒有如是夫然而以始皇之雄鷙刑嚴誅暴虐人民卒致天下叛離子孫屠戮亦可以廢然返矣。

嚴正之詞如漁陽三鼓愈擊愈高愈高愈痛快（鄒家麟評）

以千古暴君虐政一一歸獄祖龍巾幗中而有此老吏斷獄之卓識可佩可嘆

齊威王烹阿大夫封卽墨大夫蘇子稱其用心約而成功博試辨其得失

江都公立商業中學本一學生　張國棟

齊威王烹阿大夫封卽墨大夫。蘇子稱其用心約而成功博。由吾觀之。謂其用心約則可。若謂其成功也博則未盡是也。夫齊國之賢者。非獨一卽墨大夫。其不肖者。亦非僅一阿大夫已也。若謂一烹一封。而遂能使天下無亂。吾未敢信也。夫國君之治國也。宜公而待民也。宜愛。今齊威王烹阿大夫封卽墨大夫。則齊國之賢者。獨卽墨大夫乎。其不賢者。亦僅一阿大夫乎。今同功而異賞。同罪而異刑。則威王之用心不平。而人民亦安得平耶。且國家當謀長治久安之策。若謂無亂二十年。而謂其成功也博。則諸侯之不亂。亦懼威王之威而已。二十年之安。所謂成功者亦微矣。且王謂阿大夫因左右之譽。謂其私於左右。夫私於左右。其過可謂太乎。而以非刑烹之。是尙能有道乎。卽墨大夫誠賢矣。然能治卽墨。是其天職也。卽曰當賞奬之可矣。超遷之足矣。封之萬家。其賢於卽墨者。又何如乎。故吾謂其用心約則可謂

其成功也博則不可

世爲有一烹一賞而遂可以治國者其爲戰國說士夸詞無疑也老泉之盛稱威王亦是好奇之過作者獨出心裁

立論精當文亦足以抒其所見

韓昌黎謂孟子功不在禹下試申其義

江都公立甲種商業學校本科一年生 祝度

古今治亂視乎政教人心邪正亦視乎政教王者正人心以開道統儒者正人心以存道統正人心以存道統者孔子之後孟子一人而已孟子懼楊墨之害中於人心故起而正之韓昌黎所謂孟子功不在禹下者此也夫人心之德曰仁人心之制曰義楊子爲我爲我賊仁賊仁卽賊人心墨子兼愛兼愛賊義賊義卽賊人心人心不存則類乎禽獸矣苟正之以仁而人知有君正之以義而人知有父故經正則庶民興庶民興斯無邪慝矣天下之事有治其末塞其流而效不著治其本塞其源而害自除楊墨俱賊人心而孟子正人心以闢楊墨是不治其末而治其本不塞其流而塞其源也是故其閑之也密距之也堅放之也遠於此一挽其狂瀾則先聖之道得以布濩流衍於天下後世而不絕如綫故曰孟子功不在禹下也雖然禹功遠矣孟子空言救世豈得遂與禹同而韓子云然毋乃過歟曰不然楊墨之禍甚於洪水禹治洪水盡其疏瀹決排之力而已而孟子之於楊墨則非獨無可疏瀹無可決排且將胥天下而爲滄海之橫流使人不知伊胡底焉是故其爲道甚微而爲功甚著說者無謂治人心之洪水爲易易可矣

義正詞嚴

張耳陳餘說諸縣豪傑論

湖南湘潭第一女校師範四年級生 龔暉

嗚呼當秦亂政虐刑之際正豪傑不得志之秋也然而有志者不能無忿忿之心豈甘湮沒於草莽不顧共圖天下以亡秦族哉斯一夫發難天下響應也張耳陳餘之說諸縣豪傑也其有才識而文善於知天下之心者乎故其詞婉而

其情切。其謀果。而其憤也。公使諸縣豪傑。不得不奮然以起也。夫英雄豪傑之所以成名於天下後世者。勇而有智。威而有才。冒流矢觸白刃。一往直前。百折不顧。是以成其所欲成。報其所欲報。志之所在。謀而必果。未聞有登高臺而落千丈者也。余慨夫天下之自命爲英雄豪傑者。口是心非。往往臨事畏縮而不敢前進。甚至作壁上觀。一敗而不能再振。悲夫。矯惰畏怯。非所以爲豪傑也。向使張耳陳餘亦如是。不能銳其志。奮其力。具有百折不回之氣。又何敢說諸縣豪傑。以成此奇功。雪此讎恨哉。故人爲恐無智識耳。有智識則事事可成。且夫秦之威名。聞於宇宙。聲勢振於全球。東西各國猶懼也。張耳陳餘。向非智識之明。何能若是之不畏哉。蓋人之恆情。恃德者昌。恃力者亡。秦雖強盛。而以苛法峻刑。殘賊天下。使人民不安其生。百姓各抱其怨。專恃勢力。夫復何存。觀桀紂之亡。亦何嘗不以恃強哉。然則秦自亡耳。張耳陳餘。又何足以說諸縣豪傑亡之哉。嗚呼。當秦亂政虐刑之極。適豪傑不得志之秋。故一呼而四應。嗚呼。張耳陳餘。殆知機之士歟。

文如常山蛇陣躍躍紙上至寫豪傑之心慨自命爲豪傑者之僞如見肺肝其餘事也（恬園評）

樂毅捐燕奔趙論

湖南湘潭第一女校師範三年級生 龔英韞

嗚呼。士抱不世之才。具兵家之略。未有不思建莫大之奇功。立莫大之偉業。以成名於天下也。觀夫樂毅捐燕而奔趙。其事雖悖乎忠義之理。亦其勢實有不得不然者。夫英雄所爲。磊磊落落。必不干受不白之寃。死於無辜之戮。以至湮沒無聞也。是必擇國而投。擇君而仕。無疑矣。嗟乎。當樂毅爲燕昭王攻齊下七十餘城之際。其勢不爲不烈矣。其功亦不爲不大矣。況其志甚堅。而於君之情極篤。以之拒敵。斷未有攜貳而遭敗者也。惜哉。二城未下而昭王死。惠王聽信讒言。不明忠邪。不辨善惡。信齊人反間之言。而疑樂毅。使騎刦代之將。樂毅遂奔於趙。由是以觀。樂毅非但可稱足智多謀有勇之士。殆亦所謂識時務者歟。夫天下之禍。不避則至。苟樂毅不明惠王之意。必爲所害。若爲所害。則其死也乃輕如鴻毛不但無益於天下而於身亦大可惜矣故英雄之所見所爲勝於忠臣之守理守法非理法之不可守也乃事有不常而無一定之理故謀天下之大不必拘拘於小節也況臣之於君合則留不合則去用之則行舍之則藏此聖賢所言亦自然之至理也而況樂毅乃迫於不得已乎然世之淺見者輒謂其不忠於燕是自私自利不顧名節之流豈不大謬也乎殊不知當春秋戰國之際乃封建之世也孔孟聖賢猶且周游列國欲得賢明之君而事之以行吾之道樂毅雖非聖賢之流而亦雄豪之士也其仕燕也乃因昭王有求賢之心欲就而行其志也其捐燕也乃因惠王爲昏暗之主不足與有爲也然則其留其去豈不甚合於聖賢之道乎非之者何不思之甚耶噫嘻燕惠王之行事不問是非不辨黑白徒惑於敵國之詐言信乎佞臣之讒謗而棄國之干城以至全功盡棄一敗而不可復收誠可嘆息矣故國勢之强弱社稷之存亡皆係於賢材之用捨而已自古以來國家之盛衰成敗鮮有能越乎此者蓋不患不治惟患無賢不患無賢惟患不知賢耳嗚呼樂毅捐燕奔趙其亦可爲後之爲君者鑒矣

英雄不拘守理法持論極是寫樂毅心跡亦躍躍紙上後段責惠王尤爲有功世道之文字（唐沅評）

太史公先黃老而後仁義論

江蘇第三師範學校　張士毅

古來著書立說之人往往各執一說以肆其言語文章矯先人之是以爲非矯先人之白以爲黑以爲不如此不足以彰吾之學術動人之傳聞也班固作漢書譏太史公先黃老而後仁義可以鑒矣自孔子以一介布衣直紹堯舜禹湯之緒言仁言義上足以經國下足以安民前足以繼往哲後足以繼來者此固後人所尊之無可尊卑之無可卑閱萬古莫與頡頏者也彼黃老二氏棄仁排義倡同利害齊彼我一是非諸說爲天下法是以爝火之明爭日月之光適見其蠱惑人心耳太史公身爲執簡之臣先其所當後後其所當先不亦自招班氏之責乎然余則以爲太史公之所以先此後彼者班氏亦未識其故焉漢承秦後黃老之說浸淫於人心者已久其時君若文景二帝臣若曹參蓋公皆行

其說以著賢聲。雖武帝號爲罷黜百家。而行不副言。異說之傳受如故太史公倘昌言黃老之非屏之於不齒吾意當時忌之者不曰祖制之吏卽曰國法之背其得罪也必大矣況太史公之於孔子列爲世家名以爲聖其低徊向往之心至矣盡矣獨於此先後倒置背前說而自相矛盾安知非太史公深痛朝廷崇尚之非據事直書使後人觀之而知其失乎彼班固不揣當日之時勢專執一偏之私見以譏太史公豈太史公之知心哉

理勝於辭由讀書得間也

張綱單車詣賊壘論

奉天省立第二中學校第七級第三期學生　劉承芳

漢廣陵巨寇張嬰。積十餘年。官不能制。張綱爲廣陵太守。不勞一卒。不損一兵。頃刻而降之。其故何歟。蓋綱以爲賊者。非生而爲賊。初固猶是民也。初既爲民。乃冒法而爲賊。其必有迫不獲已之心焉。既有不獲已之心。而吾不曲諒其心挽回其心。遽用兵而殺之。是以民命爲草芥也。況嬰等叉衆至萬餘。非厚積兵力不能制。設制而勝焉。吾固可儌倖以邀功。若制而敗焉。賊必大肆兇焰而與太守爲難。是以力加之。反不若以誠感之之爲愈也。彼古人有化莠爲良者矣。吾獨何心甘蹈不教而殺之咎乎。此綱所以單車詣嬰壘而示其誠也。及夫曉以順逆陳以利害。賊卽輸誠而來歸。可知以誠感人。人無不化。猶之以鑪沃雪。雪無不溶。奈何後世之爲官吏者。不明是理。動謂賊匪皆狼子野心。難以誠感。非痛勦不足以示警也。殊不知兵可以平少數之賊。不足以平多數之賊。可以平有形之賊。不足以平無形之賊。試觀歷代愈以兵平賊者而賊愈熾。漢之黃巾。明之流寇。皆以賊而亡國。初非不以兵平也。特無如其不能也。以兵戰之。孰若以誠感之。如綱之所爲。既不失懷保小民之心。復可免蹂躪閭閻之禍。所謂折衝樽俎數語可當十萬師者非歟。世之官吏苟聞綱之所爲。其顙能無泚乎。

躁釋矜平志和音雅（郭式莊評）

張綱單車詣賊壘論

奉天省立第二中學校第七級第三學期學生 郭恆昌

潢池孺子每好盜兵而其驍健稱雄者類多慷慨俠義之士故治之者以威臨之不若以德化之以力制之不若以誠感之蓋其桀驁不馴之氣不爲力屈不爲威服而獨於推心置腹隱微相信之人俯首而聽命焉則寤寐之感通實愈於金鼓之攻擊也漢張綱爲廣陵太守賊首張嬰寇徐揚十餘年矣前守不能制綱以爲若再加以兵不惟事涉張皇有損威重且恐賊勢益熾轉而燎原世有不賢之官決無不化之民有不化者誠未至也豚魚可格況乃爲人天日昭明吾其往矣綱於是單車詣嬰壘曉以利害喩以順逆寥寥數語而賊衆俱降嗚呼一言可勝十萬師一行足爲天下法較之頓兵糜餉徒勞無功者賢愚之相去奚啻天壤哉彼世之治盜而盜愈不息豈皆民之無良哉亦其德有未孚誠有未至肝膽不足見肺腑不能語品汚行穢無以愧服其心耳苟服其心雖一身獨往獨來不難化匪類於樽酒談笑之間而聯賓主友朋之誼世固有賣刀賣劍轉而佩牛佩犢者矣豈無故乎蓋豺狼之輿不輿於山林草澤之中而輿於官府屋漏之地萑苻之靖不靖於三軍攻剿之力而靖於司徒清白之吏儻朝調夕徵左防右堵而官箴未謹貨賂猶行就令强報肅清吾恐功賞甫頒而匪焰又至矣試問今天下何地無張嬰乎又何人爲張綱乎得億萬張嬰易得一二張綱難欲世無張嬰非世有張綱不可也然而天壤遙遙吾其庶幾見之哉

通篇入情入理有關世道之文（郭式莊評）

淝水之戰

海鹽敬業學校學業生 富德壽

秦晉之戰於淝水也秦有百萬之衆而晉兵僅八千卒之秦敗於晉者其故何耶論者謂安深於兵法能以寡敵衆如韓世忠之敗兀朮高崇文之敗吐蕃是也或謂晉之敗秦天實爲之安亦僥倖成功耳由前之說固屬非是由後之說尤爲不然何則謝安文臣也非深於兵法如韓高也晉之偏安江左其國勢亦不可與唐宋並論也若夫以僥倖目謝

安則尤不明當日之時勢矣夫安於秦兵壓境之時坦然不懼一若預知晉之必勝而秦之必敗者非有所恃者安能若是按史秦苻堅代晉晉舉國震動安夷然不以爲意桓沖以三千兵助安安力卻之當戰秦遣朱序說謝石降序反說石急擊及戰秦兵少卻朱序在陣後大呼曰秦兵敗矣遂大犇不可止秦敗而朱序卽歸晉由此觀之晉之勝朱序爲之也朱序之降秦安知非安使之乎安知秦必優晉故預使序降秦以操縱之又知序在秦軍必不敗乃公事故有所恃而不恐耳君子之謀事也其旨遠其慮深往往非常人所能窺測世人不察而以僥倖目之者烏足以知謝傅哉

論古有識足爲謝傅知己（談夢石評）

張子房使力士狙擊始皇論

江蘇省立第一商業中學學生 田豫鈞

人臣事君能爲其君復仇此天下極難之事也而其中亦各有說包胥乞師此復仇之卓卓者也然其時昭王未死而不次之位旋卽應念而來包胥何憚而不爲田單破燕此亦復仇之最著者也然其時法章已立而通侯之印無不隨功而至單又何憚而不爲若夫國破君亡社稷邱墟高爵厚祿一無可冀而能於進退維谷中出萬死一生之計以求濟其天不共戴之心此眞天下之極難者如張子房使力士狙擊始皇一事是顧或謂始皇身爲天子平居未嘗輕出出則千乘萬騎以從擊之不易子房以蓋世之才反出此盜賊之計毋乃不能隱忍乎不知君子之爲人臣也知有國不知有家知有君不知有身子房自韓亡之後其不欲有身也久矣以爲一擊而中吾之心可安擊而不中或與力士同死吾之心亦無不慰又何必優游歲月常留此遺恨也哉或又曰聶政刺俠累書之爲盜荊軻刺秦王亦書爲盜子房使力士狙擊始皇何爲不以盜書也余曰是則不可並論蓋荊軻聶政刺客小人直穿窬之微者耳若子房五世相韓既與韓有休戚相關之情卽與秦有不可並立之勢狙擊一事正忠臣義士之所爲也使猶以盜書之吾知千載而下必無有聞風興起者矣然則子房之心無一事不忠於韓無一時不忠於韓者也博浪之擊祖龍未嘗授首彼因而

歸漢歸漢之後秦人業已不祀彼復去而歸韓迨至羽戮韓成彼復仇羽烏江亡羽彼遂辟穀層層相因皆爲韓也何嘗有須臾爲漢哉吾願後之論事者倘其三復思之

議論博大不同凡響

五代時紛爭最烈宋祖紹周何以遂能統一

浙江第九中學校二年甲級生 余秉春

聞讀五代史未嘗不掩卷而歎也何也五代之君有君人之德者惟唐明宗周世宗而已餘皆昏庸之流如梁太祖之荒淫唐莊宗之驕恣晉出帝之奢侈漢隱帝之信用宵小不公不明何以馭衆雖已有之土地已有之民心將皆不保安能統一天下乎唐明宗周世宗雖有君人之德而彼蒼皆不假以歲月以竟所施五代紛爭無能統一天所勿與民亦勿歸及至陳橋兵變有統一天下之人焉則宋祖是其爲宿衛將佐世宗也雖兵權在其掌握初無篡奪之心迨恭帝時受命拒契丹將兵至陳橋驛遂爲衆人擁戴夫爲衆人所擁戴者必其人爲衆望所歸其德能普濟民生而非飾詐怙力蓄謀攘竊而得之也彼以爲奪諸孤兒寡婦之手者豈知有宋三百年天下固以忠厚開基也哉夫天下最難得者衆望也宋祖既得衆望又值諸國之君暴虐其民以爲淵敺魚爲叢敺爵故遂能掃平僭逆奠大一統之丕基噫豈五代所能及哉

持論頗中窾要與汎濫者殊科（黃渭清評）

李密陳情論

浙江省立第九中學校四年甲級生 姜昌

世之論者僉曰求忠臣必於孝子之門予始聞而惑焉及觀李密不仕晉乃恍然曰忠孝之行本同流而共貫未有能爲孝子而不能爲忠臣者夫李密幼失怙恃非祖母無以成立而祖母非密則無以盡餘年祖孫二人相依爲命故密可近仕於蜀而不可遠仕於晉也其奉表辭謝哀婉動人蓋出於天理而無一毫沽名釣譽之私儻所謂至性者非耶

顧能孝於事親必能忠於事君密不忘故國之心又可得之於言外矣觀其少仕蜀漢歷職郎署晉旣假逃之力以滅蜀是斬蜀祀者晉也密何人斯能無負痛於心乎其所以隱忍而苟活者徒以有祖母在又安肯靦顏事仇以外干淸議而內背慈訓耶故密之陳情不僅得盡其孝且可以保其忠密殆爲完人矣於虖密不仕晉其孝彌篤其忠亦彌白人謂其盡烏烏之誠吾則並謂其有禾黍之悲也尙論古人者苟有以窺古人之心則如李密者非合忠臣孝子爲一人哉

密不忘漢之意本在言外文能從此立說足見別有會心（黃渭淸評）

緹縈上書請贖父刑論

浙江省立第九中學校二年甲級生 徐豐彥

嘗讀漢史至緹縈上書願爲奴以贖父刑不禁爲之廢書三歎自古以來冒天威進忠言者歷歷可數晚近人心日壞以堂堂七尺鬚眉即其親或非法而遭刑辟且趦趄囁嚅不敢達一紙於丹宸坐視其患而莫之救蓋忠孝之誠正大之氣固久矣鮮見於丈夫而豈所望於巾幗哉抑嘗見今之贖罪者矣或公行賄賂或暗進苞苴未聞有感以至誠者也乃不謂緹縈竟以弱女子赴闕陳情願沒身爲奴以乞父生至性至情流露於不自覺果也文帝特沛恩施覽孝女之書詞原廉吏之詿誤且除肉刑以免人民之慘死則是女子一言直勝大臣抗疏矣畏首畏尾之男子對之能無滋愧耶嗚呼世運愈降民性愈漓不顧父母之恩而視同秦越者夫豈少哉得緹縈以感悟之而天下之生女生男者緩急乃有所恃不益見忠孝之忱固無人不具耶夫君臣父子人之大倫也忠孝人之大德也片言感主人之大能也以女子而盡大倫守大德有大能以之救父即以之及民詩云孝子不匱永錫爾類豈不足爲緹縈詠哉

言近指遠自出機杼中間論感以至誠想見孝女心尤屬褒揚得體（黃渭淸評）

許孝子伯泰論

浙江省立第九中學校四年甲級生 方鳳巢

英雄不世出。孝子亦不世出。顧時勢可造英雄。而不能造孝子者。何哉。蓋英雄之名可強而立。孝子之眞不可假而求也。夫孝純本乎天性。貌似者實非孝。是以孝不求之於形迹。而求之於性情。吁若許伯泰者。可謂眞孝矣。聞父病於外。則馳侍湯藥。繼聞母病在家。又冒風渡湘。溺死洞庭。至於魂升魄降。茫渺無知之際。猶惟知報昊天罔極之恩。其孝何時而已。嗟乎蓼蓼者莪。誰無父母。誰非人子。而無孝思。獨許伯泰得爲孝子耶。特以常人之孝。晨省昏定。其處文也。服勞奉養。其末節也。甚至天性淪亡。外欲以全孝之名。內反以沒孝之實。執此以求孝子。則割股廬墓之行。不難爲也。若伯泰者。不惟其孝。惟其心。心無盡。則孝亦無盡。故身可死。而心終不可死。此無煩莊周之代哀。而直追大舜之孺慕矣。是之謂孝。是之謂眞孝。

許孝子天性也斯文亦天性也以纏綿悱惻之筆達固結不解之誠立言眞摯悃愊無華是從心坎中流出者（黃渭清評）

任安遺書司馬遷教以推賢進士遷報書以著書垂後自任二者孰輕孰重論

浙江省立第九中學校四年甲級生 鄭琮

吾嘗縱觀數千年之歷史。橫覽古聖昔賢畢生之事跡。大率得志則行其道。效忠納信。以推賢進士爲平治天下之急務。否則獨善其身。著書立說。成一家言。以垂教後世。不肯庸庸碌碌。隨世俗上下。至沒世而名不稱。傳曰。太上立德。其次立功。其次立言。此之謂三不朽。是故孔子周遊列國。思立其德。效其功。及至不遂其志。乃歸老尼山。刪詩定禮。以詔萬世。孟子遊說諸侯。亦欲立德立功。至不得其志。則與其徒著孟子七篇。夫孔孟其大焉者也。況非孔孟而欲勉爲其難耶。昔司馬遷名重當時。且爲中書令。尊寵任事。此可推賢進士。以立德立功矣。而不知遷未能爲此也。蓋其身罹變故。刑餘之人。無所比數。卽使仰首伸眉。綱羅英俊。亦不可以爲榮。適足見笑而自點耳。安必如公孫宏之開館延賓募虛名而無實效哉夫文章經國之大業不朽之盛事年壽有時而盡榮樂止乎其身要未若文章之垂於無窮況遷著史記一書上自軒轅下終漢武分門別類體例特詳爲後之治史學者所取法尤非其他著述可比持是以觀宜遷之舍彼而就此矣然豈任安之所知哉

辭裁以辨事通而贍文亦抑揚有節操縱自如（黃涓清評）

虞不出則財匱少說

武昌商業專門學校預科生　張幟輿

昔周公設六官天官太宰九職有園圃有虞衡地官大司徒以土會之法辨五地之物生皆重山澤大職也小職掌荼以及場圃溝樹委積皆與山虞澤虞林衡之職相維繫焉誠以國家之財田而外莫如山澤且又國本在民民本在財財饒則國富民強財匱則國民交困故凡山林財源之地必徧設虞官也夫山林川澤所出若材木魚鼈鳥獸之屬皆民養生送死之具也設法以闢之置官以衛之使之暢茂蕃殖而無竭涸是以古之時民富而禮義興焉洎乎秦漢以降山澤不闢田野不治農既失其時而虞更廢其官舉天下之民皆趨於雜技末業之途爲政者又從而聚斂削剝之

太史公曰虞不出則財匱少蓋憫民之困而憂國之貧也夫漢武傾天下之財以事四夷其空耗虛擲殆有不可以言喩者彼時聚斂之臣非言鬻爵卽策增賦最下若桑弘羊之徒更課鹽鐵而與民爭並不知虞政失修財源未闢征之愈多者卽困之益甚正如涸轍之水不可以供久掬也太史公感先王虞政之盛知財源之在地也設丱人以闢之知草木之宜育也設虞人以衛之知土壤之宜培植也設草人以辨之知鳥獸之爲民用也設春蒐夏苗秋獮冬狩以取之而又斧斤以時入山林數罟以時入汙池地盡其力物得其長而材木鳥獸魚鼈不可勝食用年和而民豐矣他如工之成商之通皆待虞而出其原料非有他道而取也故虞之一官其關財賦之所出固若是乎巨而偉也乃漢之廷臣不知設虞人而開財源而徒以剝民爲事終至財殫力痡國民交困史公此言非痛惜漢代虞人之政不古若耶

嗚呼。漢事往矣。後之世殆尤有不及漢者。虞旣設矣。而山澤仍未闢。土壤不講。求虛有其事。徒耗國帑。何貴乎名似虞而實耗財也。悲夫。

緊切題源立論。筆筆爲時事寫照。是漢代事。亦是今事。有匣劍帷燈之妙。此題得此文。可謂合作矣。（童育皋評）

聖人之心公天下論

京師安徽私立中學第一年級第三班 孫捷三

事至而隨施之。物來而順應之。淡泊寧靜。毫無留滯。聖人之心。一天地之心也。天無私覆。地無私載。聖人居於其中。裁成輔相。助天地之不及。卽以天地之心爲心。故聖人之心。公天下。孔子之作春秋也。立萬世之防。一字之褒。而榮於華袞。一字之貶。而嚴於斧鉞。假有意必固我。累其心。何能使人以一言而爲榮。以一言而爲辱哉。是故爲釣爲弋。公於物也。誰毀誰譽。公於人也。學詩學禮。公之施於敎也。無適無莫。公之見諸事也。心無往而不在。卽無往而不公。故曰聖人之心。一天地之心也。

辭旨潔淨。筆亦足以達其所見。（朱理臣評）

遺子籯金不如一經論

福建省立第一師範本科三年甲級學生 余長資

賢而多財。則損其志。愚而多財。則益其過。此疏廣不以賜金遺子孫也。今日所蒙稽古之力。此桓榮所以陳車馬印綬示諸生也。若鄒魯間諺語。所謂遺子籯金。不如一經。蓋疏桓之所嘗持以誨人者。然疏知不遺子以金。不知以經遺子。桓知通經足以致用。不言不當以金遺子也。是疏桓皆知其偏。不若斯諺獨知其全。然吾謂其言則是。而立言之意則非也。韋賢父子。以明經致顯位。此士之修家獻廷則然。非以經術獵富貴也。鄒魯之人。以爲人之遺子以金者。欲以富之耳。今韋氏以經術取卿相。位旣不失富。且以獲貴。是經之愈於金者以此。於是相與豔稱之。而遺子籯金二語。舉鄒魯之婦孺。類皆能道之。嗚呼。孰知猶有富貴之念。存於其間者耶。人之不遺子以金者。非恐其不能守金也。恐其以金粟耳遺子以金將使以經術濟時亦非爲守富計也如鄒魯之諺是視經術爲守財之具而望其子爲守財虜也吾意鄒魯此諺必其時愚夫愚婦目眩韋氏之顯耀因爲口說非當時君子者之所道也雖然謂經術非以致顯位則可謂顯位而不必通經術則大不可在賢之前者霍光斷黃犢車事謂公卿大臣當用有經術者在賢之後者趙普以半部論語佐宋太祖治天下可知通經致用古來實繁有徒果其經術湛深誠有如楊素所云只愁富貴來逼臣臣來無心求富貴者然則世之遺子可不知所取乎。

持論透當力量亦充（翁福成評）

漢唐威震異域晉宋國土日削論

江蘇省立第二農業學校
農村職業教員養成科　吳弘德

嘗思聖王之世耀德不觀兵又曰太上貴德其次莫如猛是以德爲威而不以力爲威者上也否則不能以德爲威而猶能以力爲威者次也至於不能以德爲威而又不能以力爲威者又其次也夫能以力爲威內可以治國外可以服人至力又不足爲威不獨外不能制人內亦難以全國吾嘗於讀史之餘觀漢唐晉宋之間而竊有所感焉夫漢唐晉宋其君臨天下者同也其專制獨行者同也其尊居九五者亦無不同也然而幅員之廣兵力之強此其中大有逕庭者漢唐土地不獨極中華之所有而有之而且一則封狼居須刻燕然山使胡人不敢南向而牧馬一則頡利成禽智藏納款使胡越合爲一家子孫相繼歷數百年之久不獨疆土完全而四夷從不敢生覬覦之心夫豈若晉宋受戎狄之侵凌哉懷愍困辱於匈奴徽欽拘遷於女眞厥後俱偏安江左一蹶不振雖中原固有之地尚不能保存勿削安望其能威震異域耶溯其源皆由開國之初武功之振興不振耳漢承秦後滅項羽破陳餘走田橫等唐繼隋起降李密斬建德誅世充等均身經百戰非兵力不能奠安非若晉代魏宋代周取天下於孤兒寡婦之手不動聲色而安據其位況晉武得位以來惟言平生細事而無遠大之規宋太祖雖奄有天下而燕雲十六州力不能復其武功已不及漢

唐而其建庶孽以衞本根作府兵以操權柄深謀遠慮又豈晉宋所能比乎或曰晉之弱誤於淸談宋之微咎在講學其然乎其不然乎

持論正確洵屬有功世道之文（張滿甫評）

劉昆在江陵反風滅火守弘農虎北渡河其理由安在論

奉天省立第二中學　周興武

聖王之治天下也行其德政不必嚴刑峻法上可以回天心下可使民悅服王迹既衰治道不古或臨以刑或施以法問能化之以誠感之以德者誰乎吾於漢得劉昆焉反風滅火虎北渡河江陵弘農一遠火災一去虎害人事乎抑天心乎理誠難測雖然善政能及境內德化能感民心自可挽乎天意火之所以滅虎之所以渡者又安知非人事耶然亦偶然耳不能信以爲據也昔光武謂爲長者之言羣臣莫釋其意甚且目笑之是則光武之智高人一籌矣觀於文公祭鱷鱷可他往則風又孰不可反虎又孰不可渡然文公道大德高或能如是昆何人斯克勤厥政竟與文公媲美乎火爲患滅之可矣滅不勝滅將奈何虎爲害捕之可矣捕不勝捕將奈何而昆自能滅之渡之非昆之智能過人力能兼人克滅此火而勝此虎也昆之德克挽夫天意耳或又謂劉昆非必存心於利物滅火渡虎之事適逢其會耳彼上而玄者世謂之天下而黃者世謂之地何識何知獨能奬善懲惡乎然則又何解乎文公之驅鱷乎吾故於劉昆不稱其忠不羨其才獨於滅火渡虎事歎其德之至云

心思活潑氣象雍容而筆舌互用處細閱一過深足令人眉飛色舞（馬葆良評）

憂勞可以興國逸豫足以亡身論

浙江第十一師範學校學生　林勝

嗚呼盛衰之勢存亡之理雖由天定抑有不盡然者誠以憂勞與逸豫有以使然也故嘗膽臥薪備歷憂勞句踐終以

與越沉湎酒色惟躭逸豫煬帝卒以亡隋夫殘敗之餘可以享憂勞之福以其不貪逸豫也統一之後不能逃逸豫之禍以其不習憂勞也是故憂勞者實興邦之漸逸豫者乃殺身之刃也嗚呼能憂勞則國尙可興又何論乎身貪逸豫則身且不保更何言乎國是憂勞與逸豫關於得失存亡判若天淵行乎憂患受益匪淺反是則禍害踵至矣可不愼乎哉噫世之好逸惡勞者奈之何勿思歐陽子之言乎

用意亦深（昭德評）

論尊盧沙

武進縣立師範學校本科一年級學生 朱士輝

吾嘗聞觀人之術在隱不在顯在晦不在明英傑常起於人所忽而賢者常出於人所不介意之中不考之精而察之深而臆斷曰某也無能某也賢可乎秦之鄧弼兩目如雷力劈兩牛人但識其武夫而不知其巍然文人觀宋濂大言一篇記秦有尊盧沙其人者謂其善大言無實學夫尊盧沙豈眞誇大而無實學者乎孔子謂聽其言觀其色可以知其賢不肖何則言爲心之聲苟其人之言軒昂誇大其氣必充而其志必大此實理也故孟子曰王天下猶反掌也又曰當今之世舍我其誰可見賢者懷其所蓄莫不皆然何尊盧沙大言而秦楚俱以爲不才嗚呼士之處世得一知己難矣懷英雄之具抱卿相之才毎受禍敗之辱尊盧沙亦其一歟不用於秦去而之楚至楚不三月而被囚則人莫不謂其大言無能之所致然余未敢以爲信也其論楚國一切侃侃然決非無識者所能爲其後諸侯圖楚不出所料吾謂非特沙不僞言且有先見之明焉豈可謂之不才也哉或曰尊盧沙若不爲大言何以爲卿三月而無異政哉曰三月而悉變舊政足以搖惑民心根本未固而急於一見功效可決其無成也尊盧沙故不爲也或曰晉率諸侯之師至爲尊盧沙者宜將三軍而當之何以手足無措及楚王問計而瞠目不能對迫之言而曰莫若割地以和此豈有匡國之才得不爲大言欺詐之徒乎曰是又不然其所以手足無措瞠目不答者乃驚其不出己料而國家之大事救危存

已處置之策不可輕出故三思而後出之愼重之意耳以區區楚國度德量力弱不敵強寡不敵衆爲卿相者處此地位誰不曰割地以和忍於一時尙可抑制其感情若竟獨然不顧欲嘗諸侯之兵是無異以卵擊石其不敗者幾希吾觀此益信尊盧沙決非大言無才之徒惜楚王漫不細察無用賢之才而加之以囚刖而彼亦因而妄以大言之名歸之不亦謬乎爲尊盧沙者果抱奇才受囚刖之辱並負後人大言欺詐以謀利祿之名亦可謂命也時也後之君子如尊盧沙大言欺詐之能尙不可得而亦處於高爵顯位果能久保不若尊盧沙之囚刖也乎

筆致矯健議論風生噓氣成雲恰得文字翻空訣竅正不嫌唐突古人（錢倬評）

項伯論

上海復旦大學學員　朱隱漁

虞卿知有布衣之交不知有趙王後世論者猶以爲非況項伯乎夫伯項羽季父也張良伯之友而沛公之賢臣也當入關以後項之與劉勢不並立爲項伯者能乘隙勸良去沛公比肩事楚斯爲善策不然則國事爲公友誼爲私先公後私理也亦情也大凡天下之事至於不能兩全則當權其輕重度其利害然後從而用之豈可知有友而不知有國乎且吾聞之鄰國之賢敵國之讎也權門之良公門之盜也良雖伯友而佐沛公以敵羽固羽之讎亦伯之盜也而伯乃以友誼之故脫良而並脫沛公使鴻門之會羽信其言雖有范增示玦而不應縱沛公而遺後患然則羽之亡雖亡於沛公實亡於項伯也爲項伯者高祖視之則爲忠項羽視之則爲賊然賣君之奸臣甯非治世之賊臣耶漢室既定坐受侯封而不辭是伯之助漢直求悅高祖招封侯之門耳與釣者爲餌餌以誘魚獵者爲陷阱以誘獸無以異矣伯之罪可勝誅哉正名定罪不當置項伯於丁公之下

筆意清健

里翁黎達斯與其三百勇士論

江蘇省立第一商業學校本科二年級學生　趙爾謙

君曾聞有國家名希臘者乎是國位於歐羅巴洲之南端時世陵夷此國無關重要然在兩千年前實爲世界高貴人種之發源也國人築城堡作詩文著歷史輯纂一切書籍至今猶爲世人所珍奇希臘人衛國愛國之心甚强文明燦爛之希臘昔曾爲波斯所攻擊波斯王挾重兵從亞洲來掀天動地似足以覆滅蕞爾可鄙之國若希臘者良易希臘人極愛自由戰爭以自衛其國家不爲暴君而戰也波斯王之遇軍士無殊奴僕鞭扑逼迫促令從軍波斯重兵從希臘北境蜿蜒南下途中須經極窄之山徑稱曰狩壘別里形勢險要有一夫當關萬夫莫開之槪果波斯軍不過此山徑或遲緩其行則希臘聯邦必乘時抵禦縱不大敗波斯亦可勸令退兵矣里翁黎達斯者斯巴達國王希臘聯邦之一也奉命來援部下有聯邦國師旅及斯巴達人三百知敵人兵力雄厚但山徑扼要有壯士數人亦可抵抗大軍波斯王行逼徑口祇見勇士數人竟敢與之爭此山險良驚駐師數日欲待其退然後率兵過徑知希臘人固守不退發令攻擊之軍圍節節前進皆爲斯巴達人所逐退斯巴達人矗立山巔酷似巖石波斯兵之總攻擊徒成夢想耳惜厥後奸人賣國謁波斯王獻王以他徑而指示之波斯兵從此徑可繞道而攻里翁黎達斯之背徑在羣山中山居狩壘別里山徑之右有建瓴之勢希臘軍士一人與此賣國之嚮導由此曉先往朝暾既出徑露未乾天氣晴和之際斯巴達人聞有跫然足音自山上來知大事已去當是時也斯巴達人雖萬事灰心然無人背棄其職守而逃者遂與波斯軍接戰於廣場里翁黎達斯旋陣亡部下戰益烈三百人皆殉難無一生還者此徑遂失然里翁黎達斯與其可敬之三百勇士之死爲不虛也蓋盡忠衛國爲公就義顯其希臘人之特質於波斯人眼簾之前矣當斯巴達人與波軍接戰之際希臘國內已有充分之抵禦卒之盡逐希臘人於波斯境內

廣廣絕交論

福建國學講習所學生 劉友正

客問於余曰朱公叔著絕交論劉孝標從而廣之二子所爲得無已甚乎余曰客之言何謂也客曰易稱同聲相應同

氣相求故朋友之交列於五倫之內古之篤交誼者其人不乏其事有徵子獨未之前聞乎夫獻紵贈策之情傾蓋班荊之雅雖嘖嘖人口然猶曰交際之常無足異者至於郈成之分宅魯肅之指囷則貧賤不忘之交也季札之掛劍虞卿之執紖則生死不變之交也鮑叔脫管仲於堂阜之囚伯桃拯角哀於楚都之殍則患難不棄之交也以是而觀交道顧可廢歟故公叔之絕交論固非而孝標之廣絕交論斯謬益甚矣客辭既畢余乃莞爾而笑曰客所謂知其一不知其二明於古不明於今也夫古人之納交也爾無我詐我無爾虞相見以誠相結以信惟其交之眞摯而後貧賤生死患難舉無以改其交情試觀灌夫不去竇嬰罷官之日任安不去衛青失職之時及狄仁傑欲代鄭宗質使絕域柳宗元欲代劉禹錫守播州者論其交情實爲近世所不及此無他重道義而不崇勢利耳時至今日勢利有交道義無交卽勢利之交又視時之盛衰以爲向背大抵勢盛則接踵而來勢衰則掉頭而去甚至耿弇之亦心變而爲阮籍之白眼陳蕃之下榻變而爲泄柳之閉門茲若人者雖效管寧之絕華歆猶惜其遠之不早雖學王賓之絕廣孝猶恨其拒之不深然則今日交態非特公叔絕交論所莫陳抑亦孝標廣絕交論所莫及也吾方欲更從而廣之而客乃以二子之持論爲非不亦異乎嗟嗟世道日衰人心日漓古之交也純本乎眞今之交也多出於僞眞交既盡僞交乃興溯源尋流其別有五引侶呼朋分門別戶搢紳之士專制朝廷韋布之夫武斷鄉曲攻擊猛於李牛議論紛於洛蜀是曰黨交其流一也廣結交遊互相標榜學術乖謬妄詡文豪政治怠荒漫誇能吏冀一鯉之成龍逐羣蠅之附驥是曰譽交其流二也車水馬龍酒漿肉藿呼盧喝雉藉以聯歡選色徵歌聊爲同樂歷九陌而翺翔向五陵而徵逐是曰遊交其流三也謬作謙恭強爲結納生平素昧遽許知音立談未終竟稱莫逆豈無因而獻諛殆有求而貢媚是曰諂交其流四也言巧如簧腹險似劍謹愿之輩供其揶揄樸誠之徒用爲傀儡惟利己之是圖於負人乎何計是曰譎交其流五也因是五交實生五釁黨交則勢位弗侔反而傾軋一釁也譽交則聲名稍減變爲詆譏二釁也遊交則貧富難均

遂相厭棄三釁也諂交則取求不遂必互瑕疵四釁也謠交則詐術莫行更招怨懟五釁也君子慨五交之難恃盧五釁之易生雖修廉藺刎頸之好將不免於凶終尋張李割臂之盟亦同歸於隙末此所以離羣索居欲追蹤乎西河息交絕遊欲嗣響乎彭澤歟余一介書生交遊不廣二三同志偶爾過從愛我譽我者固稀而憎我毀我者亦鮮然世路之險人情之澆漓之既深知之益審假令今日奮鵬程而後日鎩風翮今日展驥足而後日蹶霜蹄吾恐今日之愛我者卽其後日之憎我者也後日之毀我者卽其今日之譽我者也我不絕人人將絕我欲交之廣也得乎然則使我而有廣交之名必我之富貴而後可但我而富貴其交我者又非眞交我也彼自交富貴者耳目中有我心中無我我又何貴有此貌合神離之交乎故當今之世廣交不如寡交寡交不如絕交斯言非憤激也公叔孝標之論皆實獲我心者余將更廣其論用以警世並以自警不亦可乎客點首稱善長揖而退余乃拂硯磨墨而筆之於書

文字從閱歷中來自然語語沉痛讀竟爲之浮一大白（香雪評）

漢高善將將論

福建國學傳習所　高士湘

將兵難將將尤難將帥將難將才將尤難兵多不善將之則亂將才不善將之則叛夫將之有才者其心易驕而難馴其意易逞而難制使不善爲駕馭勢必觖望易生天下之患將自此始雖極威力以懾服之盡恩惠以要結之而卒不爲我用惟漢高之於諸將能得駕馭之術焉始則有恩以結其心繼則有威以懾其志故諸將心悅誠服畏威懼罪而不敢叛且不願叛設非漢高之權謀智術有以制之能俯首下心若是乎韓信曰陛下善將將此實語也非諛詞也觀淮陰侯謂高帝遇我厚不忍叛數語足以見其將將之大略矣是故韓信才將也漢高有以制其才而韓信之才始爲漢高用不爲漢患彭越勇將也漢高有以制其勇而彭越之勇始爲漢高用亦不爲漢高患使漢高無以制韓信之才則韓信必叛而漢高不能成滅楚之功矣使漢高無以制彭越之勇則彭越亦必叛而漢高亦不能成興漢之業矣譬

如馭馬然施其銜勒以範其馳驅則騏驥有以展其才而無蹄齧之患譬如養鷹然飢則為用飽則颺去善調鷹者不使之飽而使之飢則不患其不就飼也韓彭諸將馬也鷹也漢高則善馭馬者也善調鷹者也特是漢高雖善於將將而不善於待功臣卒致韓彭葅醢千古傷心使後之論者稱其機謀而不能不議其寡恩也惜哉

議論卓犖迥不猶人

光武不以功臣任三公論

福建師範本科二年級學生　王慶齡

論者謂光武不以功臣任三公乃鑒於高祖之猜忌而為是保全之善策竊以為此正光武之巧于猜忌特愈出於妙用耳高祖之術顯而易見光武之心深而難知兩帝先後如一轍也當中原割據之秋非英雄豪傑之才無所資以成事及天下既定非有以處置之恐其為吾敵患轉而患吾之子孫則吾之經營締造欲以貽子孫者歸於烏有矣此高祖欲為子孫計而出於殺戮光武欲為子孫計而出於制裁耳不然謂三公之任至重不當以功臣任之歟則燮理陰陽非深知其才不可也草茅崛起之徒不若諸功臣之朝夕從游素所信任也明甚謂諸功臣皆起自行間不足當三公之任歟則帝嘗令功臣習儒術矣而鄧禹寇恂恂恂儒者東都人才孰出其右然則帝不任功臣為三公又奚為者曰武王以周召為三公成王雖幼而天下賴以安然猶有不利孺子之流言使諸臣無周召之忠誠而嗣王或如成王之幼弱後世之患奚大於此且帝雖豁達大度而無知人之明謂龐萌可託六尺之孤其後萌反自謂過言蓋當其時則疑忌已生列侯就第之謀不待羣雄掃平之日而始定也是故百計圖維假保全之名為猜忌之用其與宋藝祖以杯酒釋兵權者等矣雖然鳥盡弓藏兔死狗烹韓彭之後宋則檀道濟隋則高熲唐則劉文靜明則李善長等比比皆求如帝之始終保全蓋寥寥罕覯原心論事於光武又奚事過求哉

上下千古史眼如炬視就事論事者有上下床之別（竹曾評）

裴光庭始奏選司用循資格論

福建第一師範學生 林鳳岐

古王者官人之法。量才器使。立賢無方。無非爲天下計也。蓋爲天下簡賢才。卽爲羣生操幸福。初未聞有所拘有所限也。然惟無所拘無所限。猶有君子在野。小人在位。如四凶以舜而去。元愷以舜而升。況後世率以資格。不問賢否。無怪乎治道之不古若也。如裴光庭始奏選司用循資格。乃嘆唐之選舉失人。自此始矣。夫循資格用人。自魏崔亮立停年格始。光庭此舉。欲踵其故智歟。抑以循資格可得人才歟。不知循資格。則必文移簿籍是稽。歲月後先是據。勢不得不以次升用也。如是有一賢可以安社稷者。而大臣疾之。小人忌之。謂非資格所宜也。則賢才終鬱而不得伸矣。有奸人足以危社稷者。而苞苴肆行。胥小擁護。謂率以資格而莫可越也。則權奸盤踞。終莫可去矣。有外吏足以禍蒼生者。合於資格。未便停留。則元元被虐。無所籲訴矣。推之百吏之廢弛。萬事之滋弊。士之寡廉鮮恥。而俗不長厚者。皆資格之失也。雖然資格一端。貽害甚鉅。後世猶沿用之何哉。蓋後世銓量人物者。藻鑑不明。無古人之識量。於是法立弊生。愈變愈失。勢不得不沿用資格。以嚴加甄擇。崇實黜華。故可以收用人之益而無其弊。若如光庭之議。無問賢否。選滿則注。非負譴者。有升無降。其法斷不可行。其弊有不可勝言者。用人者可不愼哉。

通達古今文以理勝

在德不在險論

福建省立第一師範學校二年乙級學生 田春霖

夫銳於不動之兵。而干鏌爲鈍。莫堅於無形之革。而犀象爲柔。德者。卽不動之兵。無形之甲。天下之大威也。自大威失。而地利之說起。地利之說起。而兵禍愈烈。民生愈困。天下幾無寧歲矣。戰國時羣雄角逐。紛紛擾擾。開疆拓土。高城深池。上至時君。下至策士。皆以此爲重。庸詎知德者本也。險者末也。舍本而逐末。奈之何其不相胥於亡也。獨吳起能以正德不在險之語告魏武。可不謂鐵中錚錚乎。夫君旣德民。民亦德君。一旦有故。如赤子之戀父母。手足之衞頭目。卽士兵盡糧絕有死守不去者非德澤入人之深其能然乎則是德者天下之大威亦天下之大險也雖然起之說亦矯枉過正也古之爲治者豈眞不設險哉特其餘事耳强寇跳梁邊陲未靖雖盛世亦難免無化外之頑民易云王公設險其以此乎夫果在德不在險耶漢高欲破楚項何必先據關中以爲根本光武欲滅羣雄何必先取河內以臨下游宋襄公不禽二毛何以卒敗於泓徐偃能行仁義何以不保其國其果在德不在險耶井陘之地非不險也韓信由此滅趙武都陰平非不扼也鄧艾由此入蜀關中古號要津乃厲王不能無驪山之禍子嬰不免有軹道之降斯時所謂維州之地殽函之固果安在乎郢都古稱形勝乃昭王時不能拒吳師之蹂躪負芻時不能免王翦之滅亡斯時所謂方城之固漢水之深果何在乎無他雖有地利非修德無以保也孟子所謂固國不以山谿之險也故吾曰在德不在險不可也在險不在德亦不可也有天下者能修德爲立國之本而又設險爲防亂之資庶可保其長治久安而延緜國祚於不墜也

鎔經鑄史非十年讀書者不辯

韓信師事廣武君論

福建省立第一師範學校本科三年乙級 陳省二

韓信師事廣武君而廣武君生韓信師事廣武君而韓信死何者信知廣武君多謀欲用以圖功故師事之求伐燕齊之策廣武君感信厚遇故爲之陳取燕齊之謀信用其策遂有燕齊既有燕齊心志乃侈思極其利名故請爲假王不知漢之忌信始於此矣鍾室之禍亦兆於此矣是漢之殺信者因忌信也漢之所以忌信者在請王齊也信請之所以爲王者因得燕齊也所以能得燕齊者廣武君之謀也廣武君所以爲信謀者因信師事之也信之所以師事之者欲爲圖功謀利也吾故曰廣武君生而信死也倘信求得廣武君而殺之信不能舉燕齊燕齊不得則功不高功不高則不敢請爲王不請王則漢不忌信可免於禍矣嗚呼權多主忌功大身危信欲用左車以成功不知因用左車以殺其

身也無他利令智昏信只知用奇謀詭計成大功不知謹愼謙誠弭凶禍故信殺身之禍於師事左車時已可見之矣或謂信師左車乃謙虛有禮也嗚呼誤矣觀一得燕齊則請爲王降於淮陰則羞與噲伍自誇將兵多多益善漢王不封溝東則擁兵不至凡此皆所以致殺身之禍也何謙誠之有師事左車只欲圖功謀利耳何足道哉且夫師者師道德爲上師經術次之顏曾之師仲尼師道德也子房之師黃石師經術也故顏曾可爲聖爲賢而子房亦可爲王者師且能保其身而獨信師事廣武君底於殺身吾故曰信師事廣武君廣武君生而信死

絕大筆力絕大識見

姜維論

福建省立第一師範學校本科三年學生　李實

春秋誅心後世讀史者多論迹則豪傑志士冤矣姜伯約仕不遇時作戰之罪亦非才疏識短冒昧從事也戰本危事一陷而身首殊矣非挾肝膽具血誠抱忠憤徑情一往則模稜處事伴食朝端國一日存竊祿肥身漫無皂白之事勢去草降表出禪詔立新主前揚揚得意此眞狗彘不食其餘矣烈士能然乎彼譙周者自以爲先朝老臣作論諷之嗚呼當時雖百如周何濟伯約學武侯學任武侯任武侯六出祁山街亭誤於馬謖幾喪氣而百折不回者斤斤焉報先帝而忠後主也如曰時勢殊益不可不自強以延命脈揖讓禦盜我失寸彼得寸皮膚已爛痛徹腹心肉盡身死何如日夜敷藥得愈天幸即無可救猶勝坐視以死伯約先後出師勝負相當語曰猛獸不如羣狐晉如鐘鄧之翹楚者數十載蜀先朝良相殆盡餘不足齒之傖一辟士居州如宋王何劉禪闇弱黃皓弄權武侯在日尚足禁之及逝益無忌憚未有權臣在內而大將立功於外者伯約之敗命也或以陷母罪之雖不能效元直獨得比王陵陵母告陵曰善事漢王毋以我故持二心伯約始就蜀者欲立功也及得救而降於鍾會者有爲也使天祚漢計獲遂漢室之興可指日待也得則爲王失則爲虜昔馮異破赤眉帝降璽書勞曰始雖垂翅回谿終能奮翼澠池所謂失之東隅收之桑榆古

今英豪舉事大抵有幸不幸存焉五季王彥章一勇夫耳與唐王戰敗請死作傳者以忠節嘉之誠見慷慨激烈之爲人所難也吾爲伯約白之以爲後世逗留觀望忘君事讐者鑒

粗頭散髮不作時妝承轉處不接而接是眞得力古文者

宋高宗頒戒石銘於州縣論

河南南陽中校三年級甲班 趙士衡

雜美玉於瓦礫之中而美玉自若也植良材於荊棘之叢而良材自若也立善政在不足有爲之主而善政自不可掩也故不足有爲如宋高宗而其措施合於先王之道亦有一焉如頒石戒銘於州縣是也高宗旣惑於汪伯彥黃潛善之避寇又制於秦檜之主和二帝蒙塵宜頒殊賞募豪俊以還之也而不能迎之使還神州陸沉宜頒罪己之詔以復之也而不能克之使復兩河三鎮數百萬生靈盡淪沒於夷狄宜頒明諭於朝野遠近以拯救之也而亦不能竄處江淮冀延殘喘亦安有頒發之善政然雖至不足有爲之主要未嘗無一善之可誌也我觀宋文帝明不能察其子而能詔民之遭寇者蠲其稅調魏獻文智不能保其身而能使其牧守以廉潔著聞高宗雖撥亂不足而固守文有餘也慨自君與民遠民爲州縣所倒懸而無告也久矣終歲勤苦所獲有幾而州縣之勤索實繁剜肉補瘡所輸已竭而州縣之敲吸無饜此漢高所以爲民除苛法唐太宗所以爲民擇守令也宋高播遷未定即頒戒石銘於州縣亦可謂知政之所當務矣其銘曰爾俸爾祿民膏民脂下民易虐上天難欺所以爲州縣箴也即所以爲民去暴征所以爲州縣勵也即所以爲民造福命夫州縣雖甚貪黷未有不覩此銘而知吾之飲食服御皆民脂膏之所成者吾之飲食服御侈則民之脂膏必竭民之脂膏竭則吾飲食服御之資亦絕州縣縱不爲民之脂膏惜亦當爲己之飲食服御惜則深發州縣之省悟者莫此銘若也謂足與洪範泰誓並垂不朽亦無不可矣故吾嘗謂螟螣水旱民害之有時者也苛刻貪汚則無時而不爲民害故民不患有螟螣水旱之災祲而患有苛刻貪汚之州縣有苛刻貪汚之州縣則民之死於螟

塍水旱者不過十之一二死於征斂者且十之五六矣高宗深知其如此而頒此銘以伸儆之可謂仁厚恭儉之主矣獨其偷安忍恥匿怨忘親有李綱宗澤之忠藎而不能挽回天日有岳韓劉吳之將略而不能再造中原未免為世所詬病耳

議論如風發泉湧筆意亦雅潔雄深（黃銘勳評）

五胡淪陷中原論

河南南陽中校
三年級甲班 趙士衡

百足蟲死而不僵九霄鳥停而不墜者何也蓋基廣則難傾根深則難搖維昔大同四夷來王非惟不敢生侵奪之心抑且梯航而慕義是豈窮兵黷武之所致哉良以君臣協於上政令施於下我無可乘之釁彼自不敢妄生覬覦也昔五胡之淪陷中原也或咎於晉武不徙戎或以為五胡多豪傑夫劉淵匈奴也而居晉陽石勒羯也而居上黨姚氏羌也而居扶風苻氏氐也而居臨渭慕容鮮卑也而居昌黎此五人者雄傑一世悉據要害之區乘釁四起雖有聖智不能與謀況以晉室之弱欲一朝而驟滅之不亦戛戛乎難哉吾獨以為不然國必自伐也而後人伐之當此之時八王自相魚肉喋血禁庭內訌外患日伺其隙加以朝無純德之人鄉乏不貳之老進仕以苟得為貴而鄙居正當官以清談為高而笑勤恪是以劉頌屢言治道傅咸每糾邪正皆目之為俗吏國無人焉其何能國故劉淵一倡而并雍之胡蠭起長淮以北無復晉土藉使君臣震動恪恭於上八王藩垣屏藩於外相助相援以鞏固其國家五胡雖強其如晉何觀於淝水一役不大彰明較著乎物必自腐也而後蟲生之晉惟其自相殘殺故卒招五胡蹂躪之禍偏安江左以迄於亡縱令當日聽郭欽江統之言而徙戎則戎可徙也亦可至也而豈能保其久安長治乎由是觀之晉之八王即晉之八胡也可五胡淪陷中原即八胡淪陷中原也亦無不可

以五胡之亂歸咎於八王斷制嚴正筆力亦極挺拔（黃銘勳評）

秦伯伐晉濟河焚舟論

河南南陽中校三年級甲班 楊世珩

秦師取王官及郊赫赫然觀兵於晉人臥榻之旁而晉人席三勝之餘威不敢擊秦人三敗之餘燼遂令濟茅津封殽尸往來出入如履無人之境說者謂其濟河焚舟人有必死之心故晉人避之也吾以為晉所以避秦者非避其能濟河焚舟也而避其能修政也何以言之秦強國晉亦強國也勢均力敵莫能相尙正如兩虎相捽其勢足以相攖而不足以相斃自殽函喪師以來晉每扼秦之吭掎秦之角折捶而走之秦之不能敵晉也久矣卽傾師渡河以壓晉晉人禦之綽有餘裕況其師之未濟也晉得半渡而擊之卽其師之已濟也晉得伺其未定列而鏖之以主制客勝劵在晉雖焚舟而前人誓必死晉亦何畏之有而晉人顧不出而避之者避其修政重施增德而來也軍志曰有德不可敵荀子曰桓文之節制不敵湯武之仁義秦既修政重施雖不足言湯武之仁義而固已增德矣有德不可敵晉諸大夫於其出師未濟以前固知秦之必勝非恃乎舟之焚恃乎政之修施之重也非恃乎舟已焚人無退志恃乎政已修施已重而有無敵之勢也不然晉之謀臣猶是殽函彭衙之謀臣也晉之將士猶是殽函彭衙之將士也何於前日屢讋其師今日而忽避其鋒耶項籍之大破章邯也嘗破釜沉舟矣王鎮惡之俘獲秦主也嘗解纜縱舟矣論者謂項籍鎮惡之決計在此故其決勝亦在此也吾以為項籍之大破章邯也在邯既擊殺項梁不復以楚為意籍得出其不意而破之不關舟之沉不沉也鎮惡之遂俘秦主也在秦主之內變方殷外患不暇為之備鎮惡得攻其不備而俘之不關纜之解不解也設令章邯以偏師困趙而嚴陣以禦楚籍雖沉舟其如章邯之難摵何秦主內難已靖而以全師東拒鎮惡雖解纜其如秦主之有備何此以知秦伯之焚舟不過痛自策勵而其所以勝晉者固不恃乎此也而世言者動曰秦伯焚舟有必死之心所以遂能勝晉嗚呼信如是言則凡以死自誓者宜皆可以致勝矣而衞懿公解繡衣以禦狄師亦以死自誓矣何以有滎陽之敗也齊高國含玉以逆吳子亦以死自誓矣何以有艾陵之覆沒也吾故曰王官一

役秦所以勝晉者在懼而增德有不可當之實不在濟河焚舟有必死之志也如謂戰勇氣也秦伯以焚舟作氣故勝是以撫劍疾視者目秦穆矣豈霸主之所爲乎

高歡起兵討賊論

切定秦能修政重施立論相題有識思沉力厚非徒事依傍者比（黃銘勳評）

河南南陽縣中校學生三年級甲班 孫林翰

以賊攻賊以賊殺賊如果兩敗俱傷同歸於盡豈不大可幸哉否則一賊誅而一賊旋與一賊滅而一賊更熾甚非國家之福也即如爾朱兆等弑君之賊也高歡與兆誓爲兄弟亦弑君之賊黨也反廚勢無久全歡與爾朱必內相攻擊非爾朱滅歡則歡滅爾朱因勢之所必至也第恐相滅之後爲害滋甚朝廷之憂方未艾耳觀高歡起兵之日自以爲決反爾朱其起兵也蓋欲剪滅爾朱而專制朝廷耳一旦得志豈能乃心王室務撥亂而反之正耶必將不利於魏一如爾朱專制之時夫爾朱不滅則魏之宗社靈長固爾朱掌中物也爾朱若滅則魏之宗社靈長又將爲高歡掌中物矣張讓未誅董卓已來豈朝廷之福哉晉王導曰逆臣賊子何代無之至魏而逆賊竟接踵而起劉守文曰吾家不幸生此梟獍至魏而梟獍竟相繼而興夫使爾朱弑逆借口起兵者非爾朱則猶魏之幸也爾朱弑逆借口起兵者又顯然一爾朱正猶狼未驅而虎又至矣魏室欲不傾覆豈可得乎故吾謂歡之視爾朱猶喉中骨也不急去之則咽難下歡之視魏猶几上肉也不忞其刀匕則欲不饜其思剪除爾朱而逞志於魏也固不自起兵時矣爾朱弑逆適予以用兵之名爾朱滅矣而魏節閔之見廢孝武之西奔曾不旋踵正王思政所謂高歡之心昭然可見也而綱目猶以討賊書者一以正爾朱之罪人人得而誅之一以慨魏之將亡討賊者亦賊又變本而加厲也

議論簡老筆意清高（黃銘勳評）

馮煖爲孟嘗君市義論

江蘇省立第二中學四年級生 章德濡

自來人之行事不外公與私而已事出於公雖不獲見稱於當世後之人猶足原其心事出於私雖得沽恩於一時尚論者必不寬其罪昔馮煖爲孟嘗君收責於薛而有焚券一事則其事之出於私而非出於公不待智者知之也何則以債賜民似有輕財好施之心不可謂非用情之厚若煖之焚券非由於田文之本意乃以矯命出之挾私心以好行其詐則擅權罔上之罪煖固不得而逃故責之當賜與否且不必論如曰命而可矯則天下事無一不可僞爲也且義亦何嘗可市哉嗚呼如馮煖者特一雞鳴狗盜中之尤爲詐僞者耳夫馮煖之焚券爲孟嘗君市義者非眞有愛民之心也不過欲掠美市恩私行小惠以要結人心爲田文先營一窟以作異日藏身之地耳不然使煖而固有愛民之心則知義能勝利以爲財貨特身外之物聚之於上不如散之於下宜進諫田文曰君爲天下之賢公子是乃衆人之毋也齊國之民皆當子愛發政施仁好行其德使齊人皆得沾其實惠如是誠不愧爲急公赴義之臣矣乃馮緩何不爲田文謀及一國而獨徇私於區區之薛民厚於此而薄於彼豈公道哉雖然時至戰國喻利者多喻義者少煖能爲孟嘗焚券煖固喻於利而尚能喻於義也較諸貪官墨吏但知益上損下不肯以公家之財散之於民者亦非可以同日語矣

見得到說得透斷得當自是傑作（程仰蘇評）

呂夷簡疏陳八事論

江蘇第二中學四年級學生　章德濡

嘗思人臣立朝爲一時所推重者蓋能正君心以正朝廷正朝廷以正天下使爲君者內無失德之事外無過舉之爲如范仲淹之上十事張方平之進條對其言可謂深切事宜足以感仁宗之心而挽當時之弊矣而不意呂夷簡亦以疏陳八事聞也噫如夷簡者眞可謂進思盡忠無愧宰臣之職者矣夫國家之患莫大於綱紀不修而百事俱廢奸邪當路而賢士無聞甚至賄賂公行作進身之計奸回莫識濫登進之途斯誠可爲深慮矣且也阿乳營私蠱惑君心內

侍居側操弄國柄宜其深戒而痛絕者固不在勞民靡費後也夷簡恐仁宗之未免乎此而一一陳之與仲淹之十事張方平之條對可一時並美矣而或者謂夷簡在仁宗朝行其巧詐之術施其奸險之謀郭后之廢也夷簡與聞其事仲淹之黜也夷簡獨擅其權觀其前後行事皆非引君於當道而能輔仁宗於為正之心者乃僅僅以八事晝陳得毋有負眞宗之知而有愧仁宗之大用乎而不知以生平論之其人固多抱愧以一時論之其言亦有可取曰正朝綱所以立家國之體也曰塞邪徑所以杜匪僻之原也於是而禁賄賂則苞苴不得行辨佞壬則宵小無從進而况絕女謁疏近習又為清心寡慾之要圖罷力役節冗費更為治國養民之急務而顧可以平日之非謂八事之無補於治道哉如曰夷簡不足法幷此八事之美而棄之則言之未免過甚矣尙論者其知之

詞旨整齊議論條暢(程仰蘇評)

虞詡以三科募士論

江都公立甲種商業學校本科二年級生 汪廷銓

盜賊之行人人之所惡也然叔季之世恆有所聞豈其本心所願爲實由於不得已也大抵爲盜賊者非貧困無聊飢寒交迫卽受貪官污吏之冤抑而無可解免乃相率而爲盜賊盜賊之中未嘗無有用之才惜乎無人用之耳宋岳飛招降羣盜而所部至爲精銳非其證耶東漢虞詡爲朝歌長賊寧季等數千人爲亂詡到官設令三科以募求壯士自掾史下各舉所知攻刼者爲上傷人偷盜者次之不事生業者爲下收得百餘人悉貰其罪使入賊中誘令刼掠乃伏兵以待之賊遂破滅所謂以毒攻毒之政策也用兵如此可謂敏且妙矣或疑之曰彼用盜賊爲先驅一旦有變則盜賊出其本來之性萬民受其屠戮用以保民反爲民害用以禦寇反使爲寇將奈何余曰不然顧在用之者如何耳才足以駕馭之智足以懾服之化其强暴之心滅其野蠻之性激發其天良範圍以紀律恩結於先刑威於後夫如是安見盜賊之不爲我用哉嗚呼我國近來盜賊鋒起而以山東爲最說者謂當命將出師大肆勦滅然誅之不可勝誅當

求所以綏服之道若能才智如虞翮卽募三科之策而大用之行見綠林之徒皆干城之選也中國又何患不强耶

不作書生迂腐語論古如此可謂有識(包羅評)

夏禹治水論

浙江第十一師範學校學生 陳肇初

今夫拔山通道淡萬姓之沈災平地成天與百年之美利者其惟夏禹乎蓋當堯之時水逆行汎濫於中國若不引而導之於海則人民不得平土而居而爲患不可勝言使鯀治之不幸而功不成及舜攝位知禹之能命繼父業經十有三年乃告成功然後大患除小民安乃父之蠱可得而幹禹之爲禹誠無間然矣吾嘗考其往治之初勞身焦思以相赴櫛風沐雨而不辭冒艱難趨危險而濬畎九川過家門聞呱呱泣不入一視嗚呼何其勤勞如此也對於君可謂忠矣對於民可謂仁矣對於父又可謂孝矣具此數德非至聖而能若是乎然其成功也舜亦有力也蓋使禹者舜由舜之知禹也若舜不知禹禹何能見用於世立功於後舜且以子不肖而禪位於禹嗟嗟禹之遇何其隆歟

詞意明晰(昭德評)

劉逵請毀元祐黨人碑論

浙江第十一師範學校預科生 王樹聲

治國家者君子也亂國家者小人也是故治國不難得人爲難得人不難用人爲難蓋用人者不可不先辨其爲君子爲小人宋徽宗時國威日損國勢日危者因小人在位專權用事造毀謗罷賢人且指元祐諸賢爲姦黨立碑朝堂以貶斥之及劉逵一出卽請毀此碑以明是非之道蔡京中謂石可毀名不可滅其意甚恨元祐諸賢也然徽宗之所以毀之者徒畏彗出竟天有干天怒耳豈能於君子小人之間而明辨之乎嗚呼必夜半而毀之抑亦畏京甚矣婦寺其夫則家道不可成臣制其君則國體不可立其後徽宗虜於金爲金役人何莫非蔡京之咎乎倘旣聽劉逵之言復能遠小人而近君子宋室又何患不振乎惜乎徽宗之不聽也

論古有識筆亦跌宕生姿（昭德評）

王荆公青苗募役市易法論

江部公立甲種商業學校本科一年級生 包藺

戶口之息耗與政之治亂相關藏富如民國不求富而自富乃有聚斂之臣出徒取於民以富國卒致國未富而民心離民心離而國不可支宋之王安石是矣夫神宗時圖利於國而不顧民之願否乃用王安石安石順適之以國庫充實爲主改舊法立新法新法者何青苗募役市易是也青苗法者自插苗之期國貸貧於民至秋熟償金而加息以還於國若此則安知歲歲豐熟耶以民爲債主而自爲債權者非人君愛民之道也募役法者國特設募無職之民以充其役富者納免役錢卽以免役貧者則終於勞役此用民力之不均也市易法者置市易省於京師使購市之所不賣之物於官或於官物交易又以資貸於商人使遵律納息金人民貿易者思以取其利而今又使人遵律納息金豈非與民爭利耶有若曰百姓足君孰與不足百姓不足君孰與足行青苗募役市易法是欲民之不足而欲國之足也又晏嬰對齊侯曰陳氏無大德而有施於民其取之公也薄而施民也厚今安石不厚施而反厚斂是盡反陳氏治法也又有若之不足於民陳氏之厚斂不足以富國安石之行青苗諸法詎足富宋乎故吾謂安石厚於君而薄於民此富國諸法之所以不行於宋也

引證確當意不猶人

宋許蒙古夾攻金得失論

江部公立商業學校本科一年級生 祝厰

强鄰逼處圖存實難必先有自守之方而後可籌進取之策不謀守而謀戰未有不敗亡隨之者己之力不足而欲因人以成事是危道也觀於南宋許蒙古夾攻金與宣和海上之盟如出一轍而知亡宋之機已伏於此矣夫宋至理宗之時豈猶是建炎紹興時哉當夫趙張爲相韓岳爲將亦嘗志取中原力圖恢復而自苻離潰敗朱仙召還和局既成

畫疆自保關陝以東荊襄以北曾不能取尺寸之土於金而何況於理宗理宗非能強於金也金之所以弱者蒙古爲之也蒙古以北方新起之衆破金入汴長驅南下其志不盡收中原不止而宋方欲乘此以復讎不思金亡之後何以禦蒙蒙古禍宋之心卽金人之心也今日之滅金他日得志安知不以其所以圖金者還而加諸我乎或謂理宗從蒙古之請一以擴太祖遠圖一以洒二聖之恥似未可非然去暮氣已深之寇而進新起雄銳之鄰固不待智者知其非計況宋未嘗通使於蒙古而蒙古先施其意固自有在王檝帀來而報使旋往蓋已墮蒙古之術中矣卽無恢復三京之舉蒙古亦豈能忘情於宋耶嗚呼助敵謀人卒爲敵攻此誠千秋之炯鑒矣

禍福之道警論昭然

賈子謂自古至今與民爲仇者有遲有速而民必勝之試申其論

滬江大學正科一年級生 夏長楨

君與民孰貴乎而子輿貴民君與民孰重乎而郝文重民君不能與民敵也明矣然而堯舜禹湯文武成康之主豈數數覯哉伊古以來君人者每以富貴自尊傲睨萬物彼山陬海澨閭閻市廛之氓特吾之廝役夫何所畏是以優游无度縱其汰侈擢民之怨己也爲虛言以誑之恐人之圖亂也設陷穽以防之自以爲掩人耳目繫人手足民末如之何矣不知天下紛紛萑苻盈野義旗一舉士卒倒戈反掌之間王祚已易疇謂至尊莫敵而小民不克勝之哉昔秦始統一四海帶甲百萬築阿房之宮高數十仞迺焚詩書坑儒生而偶道經傳者潤鑊伏質固以爲民可欺矣而二世甫傳分崩立見是非仇民之害乎先之若桀紂幽厲淫佚其心戕賊忠良而覆亡之禍旋踵后世如隋煬之荒淫窮征苛斂遂以滅宗近今若袁氏懷抱野心妄干九五之尊而孰知禍卽發於俄頃然則民其可仇乎抑不可仇乎彼數君者豈不欲長享福祿傳萬世而无窮而歲月之間已見勝於蒸民者此其中固有至理在也賈子有云民至愚而不可簡也

至賤而不可欺也自古及今與民爲仇者有遲有速而民必勝之噫斯言韙矣夫民猶水也君猶舟也善操舟則水載之行不善操舟則水使之覆是故人君牧民以仁德則民敬君如神明人君養民以恩愛則民事君如父母人君約民以政教則民畏之如雷霆非然者上遇下以苛暴而下嫉上如寇讎上陵下如昆蟲而下輕上如草芥上下交仇大禍將迫古今以之喪國者不可勝數也輓近君德日偷塗民耳目其仇滋甚民怨益深吾誠不知其所屆矣

縱筆所之言皆有物知非率爾操觚者（林朝翰評）

劉表立學校作雅樂論

四川梁山中學第十班一年級學生 唐哲

時勢不同文武異尙此萬世不易之規也故古人有言天下安注意相天下危注意將蓋相與將之得人實國家安危之機也昔劉表立學校作雅樂誠昧於時勢之所尙矣當時權臣擅命宗國傾危英雄豪傑角力鬬武非尙文之時也且荊州兵強地廣英雄必爭之地表不能乘時奮發而所爲乃爾豈詩書可以爲甲冑禮樂可以爲干櫓乎何其不達於事變乎爲表計者宜順時勢自然之理而立強國之法武備爲重學校次之雅樂又次之則兵強而精滅曹操服孫策使漢室泰然庶乎稱天下傑表乃不明安危之勢失其自然之理誠所謂不識勢之所尙也何足道哉

論極允當

申屠嘉檄鄧通論

四川梁山縣中學九班二年級學生 方心文

寬而不猛不足以威小人剛而不柔不足以服小人惟寬與猛幷剛與柔濟而又繩之以法然後刑措不用小人亦得以自安如申屠嘉之於鄧通是已夫鄧通見寵於漢文小人也及嘉爲相入朝通居上旁敢於怠慢皆由人主失法寬而不猛也嘉於朝罷爲檄召通議罪當斬是乃人臣執法剛而不柔也設使上失其法臣不守法吾恐寵幸讒諂效尤者多小人道長君子道消恭顯董賢之禍已早見於漢文之世嘉知其弊以爲法之寬者當猛法之柔者宜剛挫鄧通

以正朝禮防微杜漸大臣風規若嘉者懍然誠無愧也夫孔光通經爲帝者師見董賢猶極諂媚嘉檄召鄧通戮之孔光奚啻霄壤可知其時法尚遵守以天子富有天下至貴也而細柳一營按轡徐行將軍得以軍法而不拜太子君之儲貳帝之愛子也不下司馬門而公車令得以法劾奏而遮留中郎將小臣也得以妃妾之分而撤夫人之坐席先帝廟器重寶也得以廷尉之奏而免夷族之禍此數事者豈不能枉法而爲姑容特以聖人立法不敢冒天下之公理以狗私恩嘉於鄧通亦非不知帝欲免死議斷不行但以通既犯法設不正法以使畏奉法以示威將法不行於天下而天下無禮於君者將不止如通之一戲殿上也孟子云君子行法其斯之謂歟

有筆有書

項羽不殺沛公論

福建師範本科二年級學生 王慶齡

論者以項羽不殺沛公爲楚漢興亡之兆是不然屠咸陽殺子嬰棄關中弑義帝响响若婦人之仁無一非亡楚之階豈不殺沛公咎哉當秦之亡豪傑並起所在爲勍敵者天下皆是縱羽殺沛公則凡如沛公及後來未起之如沛公者羽豈能盡殺之乎桀囚湯於夏台紂囚文王於羑里使桀紂殺湯文則天下豈無放伐之人乎是故楚之亡非亡於沛公也項羽自亡之耳或者又曰鄧侯不聽三甥之言殺楚子而楚卒滅鄧魯君不用施伯之計殺管仲而齊卒伐魯魏惠王違公叔座殺商鞅而魏創於秦秦苻堅拒王猛殺慕容垂而垂復其國皆是當斷不斷反受其亂項羽不聽亞父殺沛公之計卒滅於漢皆此類也不知亡國之禍由已非由人也已苟無隙可乘雖昭烈之梟雄魏武從而縱之不爲失計否則李密殺翟讓陳友諒殺徐壽輝而均無救於敗惜乎范增之智不足以知此也彼事項羽未嘗以仁義之道道之羽之所爲皆大逆不道增無一言爲之諫止獨鴻門之會勸殺沛公而不聽則怒曰奪君王天下者必沛公也嗚呼增以殺惎羽而羽之亡亡於嗜殺是奪羽天下者增也沛公不奪乎此反曰項羽有一范增不能用不亦傎哉

取材宏富筆亦倜儻不羣（竹會評）

廉藺交歡論

浙江第十一師範學生 葉葆禔

為國家秉鈞衡主軍國其舉措得失輒關全局安危倘號召黨徒樹立門戶祇利私圖不復以國事為念又或矜功伐能任才使氣排斥異己不求集思廣益曠觀千古國家之敗未有不由此者讀史至廉藺交歡一事竊不禁有感焉戰國之季趙當秦衡秦欲吞幷六國必先加兵於趙趙之危殆幾如朝露連城易璧澠池鼓瑟尋釁已非一日折衝偶失立召兵戎此舉國人民臥薪嘗膽之秋也乃廉頗以相如位居上卿不肯相下武夫之見固無足怪偉哉相如休休有容引車避匿非所謂先國家而後私讎者乎卒能感回廉頗負荊請罪中孚之格及豚魚至誠之能開金石信哉然知過能改頗亦不失為君子人也迨至交稱刎頸歡若平生同心戮力宏濟時艱趙之聲威為之一震巖秦雖強亦來修好謂非二子之功哉竊嘗論之國家者人民集合而成非一二人之國家也為國任事當以國事為先斷不可營私植黨致蹈漢唐宋明之覆轍又不可剛愎自用以妨賢嫉能岳少保之飲恨黃龍袁督師之齎志遼瀋自壞長城同歸於盡此尙論之士所為同聲慨泣也若廉與藺一則感人以誠一則聞過即改苟利於國不知其他和衷共濟發憤為雄前乎此者師周召之共和後乎此者為平勃之交歡彼管鮑之斷金王貢之彈冠交誼之篤於今為烈而視廉藺二子以福國利民為主旨者迥不侔矣

語必中肯藻不妄抒（昭德評）

狄仁傑論

寶應尙聯學社 馮祖植

有匡國之功而其苦衷不能為後世所諒者唐狄仁傑是也唐開國六十年而武后之禍作以巾幗女子身被袞冕自稱天策金輪大聖皇帝幽中宗於房州牝雞司晨天地反覆改唐為周有周室竟無唐室矣夫主幽臣辱主辱臣死此

非忠臣義士泣血切齒之秋乎而仁傑以帷幄親臣委身事女主十五年之久其所爲誠不能令人無疑後之論史者聚訟紛紜莫衷一是咸以爲仁傑不能興兵討賊不能死節爲女主之貳臣雖五侯復立中宗然已在仁傑死後五年則再造唐室之功不得歸之仁傑斯言一出遂使仁傑蒙沒世之羞予獨悲之當武后聖曆初武承嗣三思求爲太子仁傑力諫不可后謝以家事卿勿預知仁傑曰王者以四海爲家何者非陛下家事臣備位宰相豈得不知因勸后召還廬陵王后感夢鸚鵡折兩翼仁傑以兩翼喩二子謂起二子則兩翼振后意稍寤卒召還廬陵王以片言而全中宗睿宗此安得謂非仁傑之功歟夫武后殺唐宗室殆盡所餘者祇中宗睿宗耳使非仁傑以術全之則五侯反正之時將立誰氏之子乎至其薦張柬之有宰相才卒成反正之功凡其所爲無不爲唐室計畫身死五年而唐始復此特天不假年豈仁傑無心唐室耶如謂仁傑不能興兵討賊歟則請以呂后之事例之呂后之篡漢與武后之篡唐同然呂后之才力不逮武后遠甚而灌嬰周勃之徒爲高祖開國功臣手握重兵猶含垢忍辱八年之久俟呂后死而復敢誅產祿況仁傑一介文臣又無兵柄而欲起義師以與武后抗豈非螳臂當車乎徐敬業赫赫大軍已破江陵而武后靜俟不動旬日之間敬業授首身死而已與唐室何補此其明證矣故以討賊責仁傑是不知當時之事勢者也如謂仁傑不能死節歟天下事不能兩全忠臣之謀國凡有二焉一則出於憤激但知盡力不顧事之成敗一則心存恢復委曲求全不達其志不止二者所爲各異其志則同太史公曰死有重於泰山死有輕於鴻毛正惟其能冒天下之大不韙乃其所以成不世之功彼自經溝瀆匹夫匹婦之所爲耳君子不取也責仁傑以死節則唐室誰與更興且夫以武后之暴虐淫佚仁傑獨不知名不正理不順乎然勢非其敵力不足以誅之然武后雖惡二子究已之所出且既爲李氏婦名分已定矣故惟有動以利害俾其悔悟至於失節豈得已哉予之所取於仁傑者以其處境至難而用心至苦也朱子綱目筆法最嚴獨於仁傑不加貶蓋有以也雖然天下事每易爲後世藉口者如周文王之於殷三分天下有

其二。而不肯取。曹操篡漢。亦曰吾其爲周文王乎。故孟子曰。有伊尹之志則可。無伊尹之志則篡也。仁傑之心。誠而可議。然屈事武后。未始非後世貳臣藉口之資也。嗚呼。難言之矣。

侃侃而談獨申正論足徵胸襟磊落斯爲傑作

全國學生國文成績文庫卷四終

全國學生國文成績文庫卷五

合論類

漢晁錯勸削七國而吳王濞反明黃子澄齊泰議黜諸王而燕王棣篡然則削藩之議非歟試論其得失

林清泉

封建之局一變而爲郡縣之局時勢使然也李斯李百藥柳宗元論之詳矣而王綰陸士衡曹元首爭之泥古也大抵世運無百年不變法制無百王不壞是在乎因時制宜補偏救弊易曰窮則變變則通通則能久此之謂也故三代而下謀削藩者非失其失始於行封建漢晁錯勸削七國而吳楚稱戈明黃子澄齊泰議黜諸王而燕王成篡論者徒咎晁錯無謀子澄寡識而不知禍機已發乃欲己居守而令天子自將錯固、無、謀、矣 沱之役炳文甫敗即薦景隆卒致壞事子澄、識、寡、識矣然而削亦反不削亦反釀成尾大不掉之勢者其失不在錯與子澄輩在夫漢高明祖分封太侈之咎也夫引盜入室而禁其攫竊養虎在山而禁其吞噬自古迄今未之或見三代而下世運日進於文明斯競爭之事日密諸王非木偶既錫之以茅土又授之以重兵匹夫隴上尚不能禁其生心而況權勢在握龍驤虎步之藩王能禁其不覬覦神器耶不能禁其覬覦斯削藩之議起削藩之議起斯諸王之變生變生幸而成如成祖冒萬世不韙之名不幸而敗若吳王啓魚肉宗枝之禍何莫非行封建者尸其咎耶吾故曰三代下議削藩非失其失始於行封建蓋削藩亦有所不得已者在也或謂七國之反靖難之師由錯與子澄輩亟欲削藩有以迫之向使効賈生衆建之謀倣主父推恩之策徐圖牽制必不至是不知三代而後行封建之制者如晉之八王樹兵元之諸汗搆禍及清初三藩肇亂豈皆由錯與子澄輩迫之使然耶抑亦封建郡縣之局變時勢使然耶是不可以不辨

議論明通詞情詔秀後段借引證以歸宿斷尤覺謹嚴（翼亭評）

論鴻門之沛公垓下之項羽

游毓英

無垓下之項羽即無鴻門之沛公鴻門之沛公亦一垓下之項羽也項羽不欲亡沛公故有垓下之悔沛公非能亡項羽獨幸得鴻門一脫是以鴻門之會劉項之成敗判焉論者謂鴻門之會縱羽即殺沛公恐沛公死天下之爲沛公者衆矣是不然英雄生當王霸使鴻門之會從百餘騎而來者不在沛公而在項羽能保沛公之不殺羽乎遣兵守函谷羽攻入之使攻而不入敗且死沛公將憐之乎攻而入之豈沛公所甘心哉故鴻門未會沛公必欲殺羽而甘心旣會鴻門項羽且生沛公以敵己沛公具范增之想項羽同項伯之心然沛公可以愚項羽難以欺范增舉玦示三豈偶然哉夫人方以我爲魚肉而不知悟乃曰無之爾司馬曹無傷所言也唉眞豎子或又曰羽之敗敗於暴厲屠咸陽殺子嬰其有辭於後世乎且沛公普用豪傑羽一范增不能用不知鴻門之會先於咸陽之屠咸陽之屠羽有所激而然也羽悔不聽范增之計愈出而愈拙於用增唉豎子不足與謀任其自爲而不之所使聽范增之謀增必有以善其後矣以十三年之外黃舍人尚足以諫羽而謂羽眞不可有爲耶且其時黥布韓彭未爲漢用關中百二足以有爲買救趙之餘勇掃臥榻之鼾睡天下事未始不可爲也乃竟歸彭城去亞父進破滎陽彭越燒其糧道南追漢王韓信收其河北左支右絀難免垓下之圍以垓下而易鴻門沛公其縱羽乎嗟嗟時難得而易失惜羽未之知赤帝子終有天下毋亦冥冥者所默許耶不然何使論世之士求其說而不得維天命之是歸太史公列項羽於本紀謂之何哉謂之何哉

論古有識後段意味超長（田無逸評）

荊軻張良同一擊秦而紫陽書法褒貶不同厥故安在

吳孝純

天下有行同事同而其心不同者荊軻張良是也夫同一擊秦也荊軻以之殺身張良以之成名而紫陽書法褒貶不

同。何哉。豈獨中七首。不如博浪巨錐乎。抑誤中杜上。有異誤中副車乎。巨錐也。七首也。於秦王。皆依然無恙也。何以誤中副車。則褒之。誤中柱上。則貶之。紫陽豈以成敗論人哉。蓋良忠臣也。孝子也。五世相韓。若祖若宗。受韓之厚恩者。不淺。豈忍祖國之滅亡。而聽始皇之安于其位哉。環顧四境。皆秦地也。張氏宗廟已覆。韓國社稷。爲墟。日夜以思。能無恨乎。況始皇無愛民之心。行暴戾之政。英雄豪傑。欲起而鹿逐者久矣。良之一擊。所以報秦國之恩。雪五世之憤。亦所以救生民於塗炭也。事雖不成。亦稍盡良之心耳。若乎荊卿負一時血氣之勇。與秦非仇。與燕非臣。徒爲一已之私交。据一人之私憤。函首以進。挾圖以行。自以祖宗百年之山河。不足惜。督亢數十萬之人民。不足重。而藉以濟其私也。就令生劫之計可售。約契之事獲就。然所以失固已多矣。而況適速燕之亡乎。總而論之。張良之擊秦。激於公義也。非私仇也。荊卿之擊秦。感於私恩也。非公義也。且張良不擊秦于韓社未屋之日。而擊於韓社已屋之時。是其心無所爲而爲之也。荊軻不擊秦於燕丹未使之前。而擊於燕丹既使之後。是其心有所爲而爲之也。無所爲而爲之者。非公而何。有所爲而爲之者。非私而何。春秋揭原心之義。嚴誅心之律。曾是紫陽書法。一本春秋。而於荊軻之七張良之錐。失其權衡哉。是故於荊卿則書盜者。春秋誅心之筆也。于張良則書韓人者。春秋原心之論也。其褒貶不同也。乃其爲紫陽書法也。今夫君子之論人也。論心術不論形迹。史臣之載筆也。不專以一人一事定是非。而并爲天下後世昭法戒。紫陽以爲如張良之所爲。雖未免于過激。而固發于忠孝之誠。如荊軻之所爲。縱未可以厚非。而何能褒其盜賊之行。故後儒尙論。且謂張良有儒者氣象。而馬遷作史。則列荊卿于刺客列傳。蓋一爲公。一爲私。心術不同。則書法自異。夫紫陽固不以成敗論人者也。

老吏斷獄

晉武平吳獨斷而勝苻堅伐晉獨斷而敗何以事同而功異論

游毓英

國家廢興之故。雖曰天命。豈非人事哉。人事者。天命所默寄者也。天命者。人事所依歸者也。是故。善為國者。知天命之在我而盡人事以應天。一舉可以平海宇。不善為國者。昧天命之在人而逞人事以逆天。一舉而遂致瓦裂。晉之武帝。秦之苻堅。獨行獨斷。以平吳伐晉。其事同而功異者。職是故也。夫天厭魏德。假手於司馬氏以承正統。輔之以羊杜諸賢。其勢足以混一區區江左。難與之爭。不待智而後知。況孫皓淫虐。嬖倖用事。長江天塹。鐵鎖空懸。吳祚將終。人所共覩。故張華一言。晉武慨然舉事。北軍飛渡。牛渚渾濬。折衝之力。杜武庫指揮之功也。而實羊太傅之沈機觀變為已久。此武帝所以決意蕩平。不以百年之寇為却顧。所謂盡人事以應天者此也。苻堅用王猛。獨不記其臨沒之言。大舉入寇。其意以為吾有天下十之九。江南一隅。正可唾手而得。樹德務滋。除惡務盡。何必貽此為子孫患乎。故雖愛子老臣。沙門走卒。環列苦諫。而謀晉之心終不可遏。其時虎旅雲集。具舟師於蜀漢。起良家為羽林。親統大軍。長驅而進。較晉之樓船蔽江。分道畢舉。以平吳。其勢似為更盛。乃謝安別　圍棋。不動聲色。小兒輩依然破敵。論者謂晉之勝秦。殆有天幸。不知晉雖積弱。其君非吳之孫皓比。其臣非吳之孫歆沈瑩比。是天命猶未去晉。秦雖有旅若林。何足與老謀深識之安石敵乎。故朱序一呼。師徒瓦解。八公山草木風聲。悉足褫其魄而寒其胆。秦之徒勞無功。非逆天何以致此。或謂苻堅之敗。實由昧於制勝。若使當日八千萬衆。數路並出。如晉平吳之舉。杜預向江陵。王渾攻橫江。王濬以舟師下西陵。水陸齊發。使彼疲於應敵。親以大軍乘其隙。晉亦何能為役乎。顧吾觀兵家勝敗。人謀可恃亦不可恃。如必以敗者為不知兵。則古之知兵如魏武者。何以敗於赤壁乎。蓋晉武獨斷以平吳。盡人事以應天。雖獨斷無非衆志。苻堅獨斷以伐晉。逞人事以逆天。獨斷適為孤立。豈專昧於制勝之咎哉。傳曰知己知彼百戰百勝。又曰師直為壯曲為老。誠哉是言也。用兵者可不師晉武而鑒苻堅。

布局開展造語清新而其運用典實非熟於史事者不辦（田無逸評）

李泌陸贄論

李實

相臣當中原板蕩乘輿播越之秋非大才不足以濟艱難非宿學不足以備顧問才有餘而學不逮以布衣挾策上干王公天子降心相從神京收復四方安謐君臣一德誠盛事也若才學兼優耿耿精忠不知無言言無不盡當時以內相目之天子以行輩呼之而阻於奸邪功業未竟而賫志終論古者所代爲傷心也唐李長源陸敬輿身際中葉國家多故二人先後贊襄之推挽之危而使之安亂而使之治言論沈摯剴切功業彪炳陸離房杜姚宋直與之頡頏而二公遭遇不無幸不幸焉李公少無宦情遨遊嵩華終南間一旦靈武遇肅宗置之帷幄日侍左右參軍機議國事黃衣白衣聖人山人大丈夫上遇知於天子亦榮矣歷相四君雖間爲權佞所嫉身出未幾而旋相之先後諫易儲溺泣間宸聰非具殊尤絕智而能然乎陸公以純儒爲純臣不顧利害不避險巇有萬年之君國無一日之身家經濟發爲文章作罪己詔能令中外諸藩鎮感泣勤王悔悟投戈雖或議其太過惟曰上不負天子下不負所學以畢吾事古大臣殺身成仁舍生取義公眞無愧焉乃長源身名俱泰敬輿貶謫遞加才相等而遇不同若論所學陸公爲正焉李公素尙黃老立朝秉正不阿及身退若置天下於度外陸公所蘊蓄亹亹可觀德宗尙猜忌好用兵而贄諫以忠厚任人蘇子謂德宗盡用其言貞觀可得而復諒哉嘗論李長源子房之流亞也抱王佐才不屑屑於功名而功名與郭汾陽李臨淮較無多讓焉敬輿在台諫樞軸時挹其風裁讀其奏議魏鄭公不能過不遇太宗之主使言聽計從命爲之也宋仁宗相富弼制下而士大夫相慶帝喜曰古之命相或得諸夢卜今朕用相不賢於夢卜哉懿哉李陸二公假以良相遇聖主其設施詎可量哉

詞氣雄厚筆力排奡銳不可當之勢論李陸才學中分出高下尤有分寸（張少淵評）

蘇秦合從張儀連橫論

戴夢祥

吾嘗盱衡六國之大勢而歎六國之見滅於秦非兵不利戰不善弊在合從以拒秦而不知合從之妙用致張儀得以逞其連衡之說而摧殘六國也夫醫有方也不知方不足為醫徒知方亦不足盡和緩之妙射有鵠也不知鵠不足為射得知鵠亦不足盡養由之能故欲拒秦必合從非合從不足以拒秦徒知合從而不知妙用亦不足為謀士欲固合從必固上黨野王之險要始夫韓無野王則上黨不守趙無上黨則野王不固春秋之季三晉扼河為界秦雖猖獗亦閉門天雄未能越殽澠一步耳自河西獻而魏之七字已拔心腹矣宜陽拔而韓之版章剪羽翼矣自函谷東出強秦掉臂無阻所獨畏忌者趙之倔強上游耳趙亦傑然孤處所獨招秦畏忌者以與韓之境界錯而道路通也秦始思以奇兵搗其西南故困趙閼與閼與不可破迺改而東使徑野王而中絕之使韓不敢抗趙不知援此擊蛇斷脊之法也夫盜入人家必先抉其關鍵而後啓其門戶上黨者全趙之門戶而野王者又趙之關鍵也關鍵既撤門戶自開荊州失而晉始得以滅吳虎牢成而楚乃不敢偪鄭不爭野王與上黨而謂秦旗不敢北指者豈理也哉為六國者當馮亭獻郡之際遣使如魯仲連輩說六國君臣以唇齒之誼恢復野王趙軍其北韓軍其南遣將如廉頗陳篋輩或麾兵而下或求救於外或攻絕其漕運或圍擾其戍兵以主逐客以逸待勞秦入鞭長不及馬腹糧盡援絕久必解而西歸野王已亡而復存上黨不降而自固韓趙得保全而六國得唇齒之固輔車之倚不此之審六國僅貪近利憚遠勞引虎入門始思祖纂揖盜入室禁無探囊北宋約金攻遼不取山前十六州而取山後六州卒乃并其城而失之南宋約元攻金未能肅清河北遂使收復三京元師南下逃竄無地敗亡之禍與趙等耳嗟夫秦滅六國大都用批亢擣虛之術形格勢禁則自為解六國見滅於秦大抵墜其術中而不囂往往舉衡要必爭之地拱手而授之於秦強國坐視而不救弱國欲救而不能俛首割讓臥席未暖而秦師至矣向微野王失守長平何自而敗上黨亦何至而入於秦則甚

矣。邯鄲之祿將盡。暴秦之運將興。天殆褫其魄而奪之鑒也。吾故曰。欲固合從。非固野王上黨不可。

綜觀六國形勢如數掌上螺紋知作者造詣深矣（張少淵評）

三楊相業論

河南南陽中校三年級甲班 任承先

伊尹相太甲。而放桐歸亳。備陳一德之箴。周公輔成王。而瘏口曉音。致啓君心之悟。惟其克修臣職。而後無愧臣心。亦惟無愧臣心。而後可弼主治。未聞畏難苟安。阿諛取容。而可謂克修臣職。無愧臣心者也。明有楊士奇楊榮楊溥者。共理國政。時論賢之。號爲三楊。然吾於三子。不能無咎焉。夫所謂相者。代天子以出治也。三楊同贊朝政。其責任不可爲不重矣。諫行言聽。其信用不可爲不專矣。歷事四朝。其執政不可爲不久矣。而卒不能格英宗之非心。如伊尹之於太甲。周公之於成王。輔導成德。上繼洪熙宣德之盛。賢者之輔幼主。顧如是乎哉。及太皇太后欲誅王振。刃已加頸。此千載一時。爲國除害。不能復得之際遇也。乃英宗冲幼。不知此豎自古誤人國家。而爲之跪請。猶可說也。三楊皆起家太祖。宮門鐵牌。不許內侍干預政事。諒皆聞之熟矣。而亦爲之跪請。果何心乎。論者謂其阿順幼主。爲身後計。故爾隱忍保全。致貽奸惡之禍。良有以也。雖然。三人皆救時之相也。其功業正如唐之姚崇。蓋亦未易得者也。

議論正大陪襯切當其筆力亦足辟易千人（黃銘勛評）

漢部黨唐清流宋道學明東林論

河南南陽中校三年級甲班國文教員 黃銘勛 擬作

易曰。見機而作。詩曰。遵養時晦。士君子生當晦暝之際。羣陰用事。潔身遠引。天子不得而臣。諸侯不得而友。此其上也。調停中立。僭移默奪。以保全善類。使天下隱受其福。此其次也。浮沉下僚。無所可否。又其次也。若時厄運殊。道既不行。猶不自斂鋒芒。致爲羣小所忌。巧借名目。爲一網打盡之計。此大可爲浩嘆者也。部黨之稱。諸常侍借以害漢季之君子。清流之號。燦振輩借以害唐季之君子也。至於道學之禁。陳賈請之。所以阻宋季君子之進用。東林之黨。魏閹指之。

所以傾明季君子之忠貞以其禍言之則烈以其獄言之則寃以其遺害國家言之則皆至於覆宗絕祀而後已漢常侍唐燦振宋陳賈明魏閹罪固上通於天矣然因流溯源何嘗非君子見機不早有以致之乎且夫天地閉則賢人隱者以時之不得不隱也天地不交君子以斂德避難者以時之不得不避也漢靈帝唐昭宗宋南渡明天啓此何如其時也以徐穉袁閎則屢徵不起矣以司空圖則故爲失儀放還矣以劉勉之劉子翬則棄官隱矣以孫愼行朱國祚則乞休去矣彼豈皆無忠君愛國之忱而甘隱情惜己自同寒蟬耶時不可爲大難將作雖抱大有爲之志挺然而起亦終爲羣小所魚肉耳使李膺范滂諸人早見及此而或如申屠蟠之絕迹於梁碭則不至有禁錮之禍使裴樞王溥諸人早見及此而或如鄭綮之累表避位則不至有濁流之禍考亭早見及此而堅守紹興被召不至之初志則不至有竄逐之禍楊左魏顧諸子早見及此而皆如林釬之掛冠徑去則不至有酷掠之禍如遇豺狼於當道然力足制其死命則制之否則隱身以待後圖計未有善於此者也若不度力之能勝與否而遽奮臂大呼以攖其方張之爪牙欲不即罹殺身之禍也豈可得乎顧乃見不及此節甫盤踞之勢已固猶欲戮其子弟而與之仇讎全忠篡逆之勢已成猶貪戀其權位而與之委蛇奸黨已爭以己爲奇貨猶不亟請罷祠而直待攻擊魏閹已誓必得而甘心猶不高蹈遠引而故令其逞毒此部黨清流東林之禍所以幾至孑遺不存道學之禁所以幾至首領不保也吾故曰皆見機不早有以致之也

源源本本引證宏富斷制精當筆亦酣鬯淋漓（張承宣評）

遼人聞司馬光爲相而戒開邊釁金兵聞張浚視師而即自引還論

河南南陽中校三年級甲班國文教員 黃銘勛 擬作

不煩兵力而遐邇震讋中外禔福者必其將相皆大有其人也否則以新進充位則有相而無人適以啓強鄰覬覦之

萌何能潛消敵患於未至以內豎專閫則有將而無人適長敵人蹂躪之燄何能不戰而屈人之兵是故有國家者需相有其人尤需將有其人也即如哲宗相司馬光而遼人戒生邊釁孝宗用張浚視師而金兵遂自引還是豈遼與金故示弱以驕宋哉畏宋也是豈畏宋幅幀之大兵力之强哉畏宋之將相有其人也夫章惇相矣遼且謂錯用此人梁方平視師矣金且笑南朝無人何獨於司馬光張浚而顧畏之若是耶且夫夷狄之憑陵中國固每視中國之有人無人爲進止也苟無其人雖歲幣日以加徽號日以增難望不陳師而壓境苟有其人雖議和親則卻議割地則拒彼日欲修好而息兵哲宗之時何時也使無司馬光其人則新疆之地昔日割關南之地今日求矣而何恤釁之開不開也孝宗之世何世也使無張浚其人則航海之策未及進渡浙之兵旋又來矣而何懼師之視不視也故吾謂有司馬光其人雖澶淵不再幸獻納不再爭而遼自帖然服有張浚其人雖唐鄧不議割榷場不議置而金自撤兵去何哉遼憚哲宗時之司馬光固不啻眞宗時之憚寇準仁宗時之憚富弼也金懼江淮之有張浚固不啻饒風之懼有吳玠柘皋之懼有劉錡也釁之既開兵之撤還正有不能不爾者矣甚矣哉將相之不可不有其人也開禧之時相南朝者非韓侂冑乎金且分道南侵而淮西相繼淪沒度宗之世視師者非賈似道乎元且渡江東下而平常相繼失守夫猶是相也猶是視師者也釁因之邊釁戒開者今竟狡焉思啓其封疆而虔劉我邊陲矣釁因之撤兵而還者今竟封豕長蛇之薦食而傾覆我社稷矣故曰有國家者需相有其人尤需將有其人也

論一事而全史在握故能將前後得失言之鑿鑿不徒以縱橫排奡見長也（張承宣評）

近時選舉與漢代選舉名同而實異論

安慶崇文學校三年級生 潘瑞徵

國家非得賢人不足以襄治賢人非被用於國不足以建功然則國家之於賢人其關係豈淺鮮乎此選舉之法不可不行也今之君人者果能愼重其事如西漢辦法務以得賢良方正爲宗旨上不開賣官鬻爵之門下無財賄通融之

習使庸夫俗子不得竊高位而攬大權有志之士皆得展經綸而抒抱負如此可造福於國家可有補於人民豈非選舉之實利乎昔孟子告齊宣王曰左右皆曰賢未可也諸大夫皆曰賢未可也國人皆曰賢然後察之見賢焉然後用之此旨惟漢得之矣近時矜言選舉試問被選者果孝悌力田乎辦選者果奉公守法乎第見某某買票若干即自詡其能被選某吏受賄若干即指某爲當選嗚呼、庸才在錄賢士無名國事尚可爲乎操選舉權者尚其務求實際勿鶩虛名可

前路把漢法提起褒獎盡善而今不逮古却在言下抑揚頓宕均擅其妙

始皇阬儒漢高祠孔子用心不同試論揭之

江蘇江都公立甲種商業學校預科生 胡煜

始皇阬儒其用心險矣而漢高祠孔子其用心更險一則險而毒一則險而詐言乎其迹若是乎同其事實大異而得失亦大異然其用心之險則一也當其秉併六國海內雖統一而六國遺民包藏禍心思復舊國者殆不爲少始皇之阬儒生以爲足以爲患者悉蕩除之則衅亂無自而起而匹夫之位可固子孫之業可保也其用心何其險且忍也漢高已入關中未改微時無賴之度方且溲溺儒冠好爲謾罵是豈眞能尊儒崇道者哉而一得天下之後欲固己位以遺子孫不得不藉孔子尊王之大義而爲己之保障也故其尊孔子卽不啻使天下人奉孔子尊王之教訓其用心何其險且詐也要之始皇未得所以防亂之術而漢高能知之能行之其用心之險固無不同惟始皇不善用之而失漢高能善用之而得吾竊笑始皇之大愚而不得不服漢高之詭智已

始皇險而毒漢高險而詐二語已破的末謂始皇大愚漢高詭智論斷頗能中肯(焦汝霖評)

孟子言性善荀子言性惡論

吳江私立麗則女子中學四年級生 陸振權

人之性果善乎吾未敢以爲信也人之性果惡乎吾亦未敢以爲信也孟子言性善曰人皆可以爲堯舜然千百年來

堯舜何不數數覯且以堯舜之善天下之被其化者盡爲善人何以丹朱商均之不肖生於其室親爲父子而不能化性善之說吾故不能無所疑也然則荀子性惡之說爲近歟荀子言人之性惡其善者僞也故枸木必待檃栝烝矯然後直鈍金必待礱厲然後利人之性惡必待師法然後正得禮義然後治然黃帝生而神靈文王在母不憂其說似亦偏而未得其全孟子之言性善雖勉人爲善未免偏於上智一面也荀子之言性惡固疾人爲惡又未免偏於下愚一面也孔子曰唯上知與下愚不移又曰性相近也習相遠也上知天縱之聖不世出者也下愚戾氣所鍾亦不世出者也泯泯衆生中材者多其性卽無善無不善教則惡者可進於善矣不教則善者亦將流於惡矣復何能強爲之善強爲之惡乎夫性猶水也水之始達無分乎東西決之東方則東流決之西方則西流人無分乎君子小人養性則爲君子任性則爲小人故水不善導奔潰千里人不誘掖獎勸則流爲盜賊而不齒於人類孟子之說順導之荀子之說逆遏之其說雖絕端不相容要皆異趨而同歸也所惜者未合乎孔子性相近之旨各有所偏而未合耳後世儒者乃必以荀子性惡謂背于孟子性善之旨詆斥不遺餘力不知荀子吐辭爲經優入聖域論治論學一以禮爲宗實爲千古脩道立教者所莫能外性惡之說亦有慨乎戰國時之競爲貪亂不修仁義憤激而出此奈何曲學之士右孟抑荀詆譏橫肆擯而黜之耶豈知性惡之說固失之偏性善之說亦未得其全而未可遽信耶

性惡之說固屬過激而亦具有至理揚子雲以與孟子同門異戶韓昌黎亦稱其守正論宏優入聖域足見荀子之未可厚非作者於荀孟說均爲偏而未全以尼父性近習遠之說折中出之論極平允（鄒家麟評）

呂后武后合論

浙江省立第三師範學校本科一年級生 朱乃基

穀梁傳齊桓公曰毋使婦人與國事此杜漸防微之至意後世有天下者所當三復斯言也蓋婦人狎愛恃恩善於牢籠人主一旦大權在握則生殺予奪隨其喜怒禍不至覆國不止千秋龜鑑具載史書夏之妹喜商之妲己周之褒姒

晉之驪姬西晉之賈后隋之獨孤后明之李選侍奉聖夫人皆能紊亂朝綱荼毒天下先後如出一轍顧咎在乾綱不振受制宮闈耳試觀漢呂后唐武后當高祖太宗時禍變未聞嗣主立而暴戾恣睢干預朝政與人彘之禍違白馬之盟幾移漢祚決百司奏事除李氏子孫卒覆唐宗先王百戰經營奄有四海敗壞於婦人之手此大可哀者嗚呼母后臨朝與國事本有損無益而爲禍之烈呂武其尤也彼有鑒於斯者如漢武殺鉤弋夫人而後立其子元魏有子貴母死之例此又失之殘忍不足取也蓋呂武之干政非高祖太宗不殺之由實繼世者不肖太阿倒持而不知挽回遂使牝雞司晨以召禍亂誦戚夫人歌駱賓王檄未嘗不歎息痛恨於逆后也然平心論之猶爲彼善於此呂后卽害戚夫人趙王如意趙王友戕及王諸呂尙未敢遽以呂代劉武后則誅長孫無忌褚遂良及兄惟良姊韓國夫人忠良抱痛朝野含寃較呂后所作更不近人情馴至改唐爲周李氏幾無遺類此史所以呂后書崩而武后書死耳以陳平之智日縱酒無一言狄仁傑之忠尙周旋其際桓公毋使婦人與國事一語有國家者顧可不銘諸肺腑哉

聚精會神一筆不苟從此努力定入上乘(梁仲凱評)

鄧艾鍾會合論

江蘇省立第三師範學校 張弘

爲將者徒智而無勇則遇勇而挫徒勇而無智則遇智而蹶必智足以役勇勇足以濟智然后可以戰必勝攻必取天下莫孰能當之然有智極其深勇極其大而卒不免兩敗俱傷身首並喪豈眞智勇之不若哉夫亦由于私見之太深耳昔魏之鄧艾鍾會可謂一時之名將矣觀其統十萬餘衆趨漢中發洛陽攻關口長驅直入至成都如入平地舉巴蜀之版圖盡爲魏有雖有北地王之痛哭流涕終不可保劉禪之不亡猶謂其智勇之不足焉可乎然而西蜀已平良將並喪艾死於前會死於後君子推原禍亂不得不歸咎於二人之自取焉師克在和不在衆古有明訓倘二人和衷同濟則欽至策勳同紀美於一時雖廉頗相如不得專美於前乃計不出此艾惟以陰平直入力爭首功而會又忌艾

□功誇己之能聽姜伯約之反間欲盡殺同行諸將據有天下當時亦幸而天絕劉氏伯約之言不行耳設果謀不外以吾知會先殺諸將伯約繼殺會非惟無以保身幷無以保國也然則統觀乎二人之始終艾不過功名之心太急不容于同儕會則乘危僥倖顯有畔上之節尤爲君子所不取也

循間精當無匹

宋襄公欲霸諸侯而傷於泓楚靈王思得天下而辱於乾谿論

國學講習所學生 王謙

天好生乎吾烏得而知之天好殺乎吾烏得而知之然則孰爲近曰好生爲近使天不好生古今來殺人以逞之君未有能享其國慈祥仁厚之君其子孫雖有至愚不肖足以亡國而天卒不忍遽亡之由是知不仁者之不足以得天下也宋襄公欲霸諸侯而傷於泓楚靈王思得天下而辱於乾谿無惑也襄公用鄫子於次睢之社靈王召蔡侯伏甲而殺之皆不仁之尤罪通於天也欲免於傷辱豈可得哉夫聖王之於物也體天心之好生而施之以爲仁故有下車泣罪者有解網三面者有澤及枯骨者而襄公靈王戕數國之君如割草菅乃欲執諸侯牛耳定天下於一是猶求健康者屏參朮而飲烏喙非死則病耳又安望其氣血之充哉吾以爲泓之傷乾谿之辱皆不二年而死者天將藉此以報二君且警彼爲君之不仁者也雖然宋襄五霸之流其假仁求霸猶有尊王攘夷之心楚靈則上陵天子而求鼎於周下虐鄰國而求田於鄭不臣之跡昭昭可見宋襄又過於楚靈遠矣總之以不仁之故卒自取敗亡者則一而宋襄悔前日之非乃有不重傷不禽二毛之語靈王聞子革之言而寢食俱廢因知人性皆善天理之在人心無時可泯則二君之悔亦皆無不一也彼不仁者不體天心之好生而肆其心之所欲爲其不蹈宋襄楚靈之覆轍者幾希

字法句法悉合古人而能不見摹擬之迹故佳(冕亭評)

唐憲宗以內庫錢爲魏徵孫稠贖徵故第宋眞宗亦以內庫錢贖呂端第賜其家論

福建省立第一師範學校本科二年學生　游毓英

嗚呼天之報施善人何其茫茫無據渺不可知徒令懷古者發一浩歎耶古大臣正色立朝事君以道生平之盛業鴻功藁人齒頰史不勝書一身以外別無長物不過僅立門戶貽厥孫謀此亦極人臣之亮節淸風質諸天地而無愧矣乃天之酬報斯人其刻如斯彼房杜遭逆子覆宗絕嗣者無論矣至於魏徵呂端而亦使其子孫弗克負荷落魄不堪質故廬於異姓當日微憲宗眞宗加惠舊臣以內庫錢贖第而賜其家則二公在天之靈豈不凄然泣下耶夫世有寒微下士積銖累寸手創門閭而子孫恪守先型累代相承於不替彼魏徵呂端輔國之際旣已曲盡其謀猷而治家之間亦莫不有法度乃徵則數傳而故宅不保端則一傳而舊第已非一代之相業如新而閥閱之衣冠掃地蓋世名臣曾不若寒微下士之克昌厥後爲可羨矣憲宗眞宗賜錢贖第此誠千古未有之曠典至於錄用其後則概未之聞意者其子孫皆不才歟不然王子明白香山諸公當日躬贊盛舉何至薦士之文靳於二公之後而廟廊亦不以爵祿畀故家耶此以見二公之後葉式微鼎鐘殘歇而明德以後必有達人之言殊不足據也嗟嗟王謝華堂樑燕重逢故主金張甲第貂蟬難覓遺踪盈虛消長之機千古同茲慨歎但賢良如文貞忠正如文惠身後之家門且不自保則天之報施善人殊不可解矣

修德不獲報天道信難知纏綿悱惻寄託遙深

班馬異同論

國立南京高等師範學校國文部預科生　葉溥

謂馬史而劣於班書乎吾見其考行事綜始終網羅散失舊聞稽成敗興亡之迹通古今之變成一家之言馬史固有於班書也謂班書而劣於馬史乎吾見其明足以周萬世之變道足以適天下之用智足以通難知之意義足以發

雜顯之情斟酌損益於成書獨標新裁於後世則班書且無殊於馬史也世之論班馬者不曰馬工於文則曰班密於體也不曰馬辨而不華則曰班贍而不穢也不曰馬質而不俚則曰班詳而能周也不曰馬事核而文徵則曰班詞文而旨富也乃至王允洪邁之徒優班而劣馬張輔鄭樵之輩甲馬而乙班聚訟紛呶人持異議嗚呼是殆未綜二家漓失之原異同之故而一深考之也夫司馬氏時丁盛漢去古匪遙魯地諸生猶能道其流風遺教民俗純樸未甚澆得故其爲文沉摯至於班氏値兩都之後文學昌明漸趨靡麗文氣薄弱有由來矣此二子文學之攸異也至於古代政治修明垂拱而治方策所載了了可稽後世人事紛紜萬幾叢脞累朝實錄史不勝書是以唐虞三代之降僅尙書六卷而一代史書汗牛充棟更僕難窮近詳古略理勢之所必然馬史年多而言少班史年短而言詳無足怪者此二氏紀載之不同也若夫辨李陵之誣盡忠直之諫遭時不遇卒與禍會家貧貨賂不足以自贖史蒙蠶室之羞斯其感時逾深忿世益甚故於巴嬬則贊嘆靡遺狗屠則稱道不置退處士而進權奸崇勢利而羞貧賤一洩其胸次之忿悶遭遇之不平固繼父彪著述諷時所如不合而自身誠無特遭之禍中無所激故持論尙屬持平此二氏有別也史遷囊括百世上自洪荒下迄漢武纂述成書作爲表記褒貶筆削獨具心裁上法麟經下垂史例班氏作史斷自漢初體例多依龍門縱多詳備之處靑勝於藍亦屬理所應爾此因創之不同也然而子長克承父業孟堅具有家傳淵源同也其所作書雖不無同異之點要其博覽宏通冠冕百代作史家之楷模爲千秋之寶鑑則一也

崇論宏議斷制老當

孟嘗平原信陵春申四公論

福建省立第一師範本科三年甲級學生 余長賚

太史公傳四公子於孟嘗則譏其藏奸於平原則譏其貪利於春申則譏其不斷而於信陵公獨有取焉曰不恥下交嗚呼遷固良史何見之陋耶夫君子之養士將以爲民也故易曰聖人養賢以及萬民彼信陵所得之士祇以便於營

私耳救趙之役用侯嬴而竊符之計成用朱亥而專殺之罪著得士如此亦何貴於下交乎夫以信陵之賢而猶不足以得士則彼三子者更不足言矣且夫秦之方强六國之君謀所以制秦者亦既財匱而力殫矣而四公者方招致賓客以相傾奪上自謀夫說客談天雕龍堅白異同之流下至博徒賣漿雞鳴狗盜之徒莫不賓禮於斯時也士之衣短褐者易以綺縠厭糟糠者易以粱肉蓋至珠履三千其盛極矣不知其取之家所贏餘以供揮霍乎抑將盜公家之祿以爲羈縻也嗚呼四君子者不特不能養士以及民且以耗公家之財自弱其國而拱手授之敵也正名定罪彼四公子耳乃奸民蠹國之尤耳得士云乎哉

論古有識筆亦挺拔非伏案功深者不辦（翁福成評）

舞陽侯排闥朱虛侯行酒合論

福建省立第一師範學校學生 鄭曾釗

人臣之事君也非有忠誠之概剛直之風而惟以阿諛取容爲事何能正君心而定國是哉閒嘗讀漢史至舞陽侯排闥朱虛侯行酒二事未嘗不壯其所爲也帝親與舞陽侯之徒崛起豐沛至發蹤指示之言出千古武臣爲之奪氣其後數誅功臣已釁於此矣噲何敢犯其所忌以冒不測之禍乎乃觀其排闥直入之時侃侃而談援趙高事爲戒卒使高帝爲之强起可謂忠足以犯人主矣未可以屠狗輕之也至朱虛侯忿諸呂擅權劉氏失職適因宿衛得侍燕飲乃以軍法行酒追諸呂之亡酒者斬之由是諸呂皆憚其人呂后亦不敢加其罪其氣足以蓋一世矣夫人臣之事君也乘其意之所欲而引以當道則易拂其心之所樂而爭以大義則難高帝之暱宦者呂后之封王諸呂皆其心之所甚欲者也一則英雄遲暮不免偷安一則婦人之情不可理解故雖絳灌之忠陳平之智俱莫敢正其失而觸其忌甚矣批鱗之難也彼二子者何竟能行其志哉乃知精誠之極可以回天戇直之情足以悟主世有保位固寵而置君國於不問者聞二公之風其亦可少愧也夫

氣盛言宜此不易才

楚王將重用屈平而有上官大夫令尹子蘭之譖漢文將重用賈誼而有周勃灌嬰馮敬之譖論

廣東法政學會畢業生 朱澤溥

治國有道明與信而已夫明則君子以進小人以退信則任賢勿貳去邪勿疑者是朝有得人之稱野無遺賢之誚國運日與治道日隆雖堯舜亦不過是非是則善惡之不辨用舍之不當因而讒諂以蔽明邪曲以害公黑白混淆是非顛倒其不致亡國敗家者幾希余於此而有慨於楚王漢文之不明且信並有感于屈平賈誼之被譖焉夫屈平楚之同姓也明于治亂嫻于辭令賈誼漢之儒生也禮樂具習法制具熟之二人者皆有治國之才彼楚王漢文本宜不知之知之而不用是謂不明用之而不專是謂不信不明不信則宵小得以進身宵小進則小人之道長而君子之道消矣此楚王所以內惑于鄭袖外欺于張儀疏屈平之讒言而聽子蘭之讒說漢文所以陽則從之陰則遠之貶誼於長沙惟聽勃等之入譖二君之不明不信固若是哉昔者春秋時之孔子道大莫容戰國時之孟子空譚不用若屈賈者何以異此故一則憂愁幽思作離騷以自怨其生一則痛哭流涕因上書以大申其志二人之心誠苦二人之遇如一何二人之皆不得其死哉蓋見夫當世苟且之流食君之祿惟逢君之惡爲事故屈平沉于汨羅所以爲忠臣垂模範也賈誼弔于湘水所以效忠臣之遺跡也抑余又有說焉濁亂之世賢者恆不遇不賢者比肩而立忠者反被謗不忠者與以高位豈造物之有意歟抑二人之無命歟皆非也蓋其主之不明不信有以致之也其果命也夫其果命也夫

吐屬高雅識度高明獨往獨來不離不即

伍員覆楚申包胥復楚論

奉天省立第二中學校四年級 周興武

國君無道殺戮無辜朝臣皆仗馬寒蟬及至國覆君奔始思整破碎之山河可謂忠乎父兄之仇不共戴天爲人子弟

者固不可不思報復而以異國之師蹂躪我鄉父老可謂孝乎然其居亦知有國知有父謂之非忠而知復國謂之非孝而知復仇若伍員申包胥者果何如人哉吾得而判之曰愚忠愚孝夫防患於未然弭禍於將萌斯乃國之賢臣若坐觀其變而不爲之所恐難發而不可救矣父仇可復而興師問罪使社會受其擾耆老遭其害矣員別包胥而曰吾必覆楚包胥曰吾必復之是直以楚國爲兒戲也嗚呼愚哉包胥闇哉伍員包胥此時當力勸員語以生於斯長於斯祖宗墳墓在於斯而員或稍改其初心即不然當員逃吳之後勵精圖治練兵講武戰必勝攻必取何至吳師直入而束手無策耶伍員思父兄之無辜被戮果誰咎乎由於費無極之進讒平王之肆戮彼二人者吾之仇讎二人既死吾仇釋矣何必導吳入郢掘墓鞭尸耶包胥哭秦庭七日不食復楚之心亦云切矣安得謂之非忠乎伍員吹簫乞食逃亡至吳事之惟謹復仇之志亦云堅矣安得謂之非孝乎然忠固忠矣獨不知防患未然使移秦庭之哭哭於無極進讒之時奢尙將戮之際平王雖昏能不爲之動心乎孝固孝矣獨不知旌揚父德妥祖宗之靈於地下請命嗣王立後存祀昭王能不允之乎而二子不此之爲一則國既覆而思恢復之一則蹂躪祖國而復父仇視二子之所爲平心而論申包胥非不爲國伍員非不爲親特出於下愚之所爲而爲忠孝之汚點也故吾謂之爲愚忠愚孝

理精法密局緊機圓斷制處頗具眼明手辣之致（馬葆良評）

范少伯扁舟泛五湖張留侯從赤松子游果心甘隱逸歟抑意別有在歟試詳論之

奉天省立第二中學四級 張耀天

士以不得仕而隱隱未嘗自甘也然所以隱者其求仕之道窮也或以人之不能用或以仕之不能終雖欲行其道而不能雖願終其仕而不能所謂不可者非用之者之不用也是其無以使用之者之用也所謂不能者非仕之者之不得也是其無以令仕之者之終也吾於范少伯之扁舟游五湖張留侯之從游赤松子不能無異議焉范蠡料文種之

將毅知句踐之不可久倚欲求一全仕之道而不得乃扁舟游湖以鳴高居積致富以眩世豈甘於隱逸哉不然入惟恐不深入林惟恐不密積產散金何爲乎張良見高祖之猜忌知其不可久共祿位是全仕之道已窮非託遊遠避不足以全其生故假從赤松子之名以逃其身夫赤松子果有其人乎吾未敢信也不過藉以安高祖之心不致更生猜疑而已或謂其以韓仇已報不欲終漢如不欲終之莫如初不相之爲愈也既相之而又去之果何心焉吾故謂范蠡非欲去越也越不能終也非越不終是范蠡不能使越終之也張良非背漢也漢示以不信也非漢將不信是張良使漢信之之術窮也所可惜者蠡與句踐臣妾於吳數年意志之切非他人所可比卒不能謀一安身之策漢高得天下多賴良功信任之至非信何所能及終不能計一全仕之道

不著一字盡得風流是善用白描筆者（

諸葛忠武范文正合論

天津官立第一中學學生 趙崇宸

鞠躬盡瘁臣子之節與民憂樂宰相之量苟當天下[illegible]一（少故則必國家有磐石之安廟堂無黨羽之患若夫偏安一隅時遭擾攘雖以宏毅忠壯之志忘身憂國之誠亦難有濟或外患迭興豺狼逞爪牙之毒或邊鄙不靖生人陷塗炭之艱雖以恢復爲志願以天下爲責任則亦兼顧不暇若諸葛之事漢文正之事宋可申論焉夫漢當後主之際三國鼎峙黄皓專權於內篡賊俯瞰於外雖有六出祁山之勤卒致星隕五丈大業未成論者謂諸葛之伐魏爲失計而不知諸葛之伐魏非庸人所能識也少康以一成一旅能復禹業句踐以會稽五千卒使吳沼況巴蜀陸有劍閣棧道之險水有瞿塘灩澦之虞卯金之業未必不可復振即或賊勢强盛亦當以盡吾力以敵之不濟則死而後已庶不負先帝託孤之重此諸葛之本心也若文正者當仁宗之時北遼西夏屢年來侵內致府庫空虛百姓窮匱文正雖有發天下之心如時機不至何況元昊乘亂竊發西鄙延安涇原麟府之間敗者三四所喪動以萬計微公誰使

西賊破膽然外患不靖內治何圖雖耿耿忠心天日可矢不幸呂公爲相竟坐謫貶雖上察其忠然一病不起矣嗚呼使諸葛生殷室之隆必成伊傅之業使文正生周宣之世必奏方召之勳惜乎二人生不逢時也噫

筆意沈實藻不妄抒非造心精力果之境斷難道出隻字(馬葆良評)

辛慶忌救朱雲張萬福拜陽城論

建國文講所學生 王謙

朱雲諫張禹爲佞臣論以尚方劍斬之成帝大怒欲罪之死辛慶忌叩頭力爭帝悟而釋雲陽城諫裴延齡奸邪陸贄無罪德宗怒亦欲斬之太子爲之力救以解張萬福聞之至延英門大言賀曰朝廷有直臣天下太平矣遂遍拜城等其事若同其勢則甚異未可以一概論也漢當成帝時外戚擅權羅列中外非其黨者必排斥之無遺類朱雲以槐里令上書指斥張禹藉非辛慶忌之叩頭力爭則雲不死於帝王氏必以他事誣陷之安能於頃刻之間開悟君心以容直臣乎是慶忌之所爲蓋出於不得已也張禹福之拜陽城出於得已而不已與慶忌所處之勢又不同也德宗厭諫多事故欲相延齡貶陸贄中外莫敢諫陽城伏闕極言其不可德宗怒而太子救之城可以無事矣德宗亦用其言矣而萬福之拜城又奚爲者萬一德宗起猜忌之心見萬福之拜城逆其所爲以朋黨之罪罪之城危而萬福亦不免矣抑延齡等聞之乘間以言於帝則在朝諸賢一網打盡矣異日陽城以坐黨亂人死安知非萬福之拜啓之耶萬福武人勇有餘而識不足者此也蓋嘗論之人君一時之怒其氣不可犯其良心猶未泯使有以開道曉諭之怒止而良心見矣故蕭何入獄王衛尉得以陳言雍齒見仇張留侯爲之陰釋下至壺關三老得明太子之寃魯國朱家能解遁臣之厄成帝之不改治檻曰以以旌直臣者豈非悔心萌而良心見乎當其時慶忌不爭漢臣皆寒蟬仗馬使成帝有殺諫臣之名朱雲抱莫白之憤則王氏更無所忌憚逆謀之發豈必待王莽哉慶忌此舉其裨益於漢社稷者非淺鮮也嗟乎乘驛見宣子延議是魏其往往多出於小臣何哉說者謂大臣重失富貴小臣以犢觸虎耳金注瓦注固不同

也不知以忠義性成者不暇計其身之得失萬福拜陽城似無庸其所爲較之大臣容默充位者有足多焉究與辛慶忌同出於忠義之心昭然若一也慶忌萬福皆武人不事詩書者也彼漢之杜欽谷永唐之董綰竇參其視慶忌萬福奚若然則慶忌萬福在漢唐亦曷可多得耶

太子既救宣公萬福似多此一氣謂萬福之事與慶忌異不爲無見末叚仍以兩人並論盛稱其美最爲特手中間推波助瀾亦非空泛者比（翼亭評）

全國學生國文成績 文庫卷六（甲編）

古邗盧壽籛選輯

廣論類

兵凶戰危歷史上多以黷武致敗亡者然德帝以戰勝失國其故安在試推論之

天津孔德中學學生 蔡超

東亞項羽歐洲拿破侖之歷史世人共知之矣古來窮兵黷武而致一敗失國者項拿二氏其著者也項氏起兵江左百戰百勝所向無敵第以窮兵黷武卒致一敗不振自刎於烏江拿氏一登帝位嚴修戰備存吞滅全歐之志一戰勝德再戰勝俄亦所向無敵祗以一念之私蔑視天下之公理進取而不知足卒致一敗於滑鐵盧而被流於荒島可見窮兵黷武蔑視公理終無完美之結果也今也德帝威廉第二以戰勝而失國為有史以來所未有其故果安在乎或曰公理畢竟勝強權也或曰國內之民食困難也余則以為公理去世久矣強權世界安有公理歐人所謂公理仍以強權奪得者也惟民食困難之說似覺有據蓋食為民之天不食則死乏食則飢德人困處中歐四載餘矣其民既苦戰役之勞復有餓殍之懼迫不得已而起革命德帝以四面楚歌遂不得不退位休戰是則德帝之失國由於內亂內亂之起又由於民食故曰德帝失國之故以民食困難為可據也嗚呼德帝對外戰爭而不顧人民至起內亂而失國今我國南北分裂一載有半矣萁豆相煎各求逞於兵力循是以往必至兩敗俱傷俾他國收漁人之利何國人猶各持意見覩國家危亡而不顧耶夫同胞政見之異融化何難今空前未有之世界血戰且已告終國內鬩牆細故獨不

可共天日耶以德帝之所憑藉且有今日抑可見武力之不足恃矣謀國諸公曷各犧牲所主張而圖和平以應世界之大勢乎

往古來今淋漓盡致（曾伯猷評）

論商會清理雙十銅圓事

江都公立甲種商業學校本科一年級生 楊錫齡

錢幣為交易之媒介物故錢幣亂則交易上必起恐慌如今日之雙銅圓流行於市場非惟交易不便且使錢價祗落商會有鑒於此因開會討論議決辦法五項以清理之並呈由官廳榜示通衢吾始讀之甚覺其善既而思之於情勢亦甚有所不能者原議謂本月十二日以後凡雙十銅圓概作九折行使吾觀其言恐難實行也蓋今之市面制錢無多單銅圓亦少雙銅圓既作九折行使則小販零商之交易不將生種種之困難耶又謂使錢莊輸出境外非於勢所難能亦於理有不合夫此雙銅圓之鑄造必為奸詐之人或為無賴之國造此以漁利者其數必夥吾江都為江蘇一隅之地尚如此之多則其他各埠亦可知矣吾江都欲使雙銅圓出境則他處亦欲使雙銅圓出境彼此輸出其誰受之即使輸出境外吾江都安矣其他各埠豈不益加擾亂乎已所不欲勿施於人凡事惟恕乃可以平商會諸君盍於此三思也乎

辨論頭頭是道與他作拮据者不同是苦心經營者也

論戰爭之禍

浙江第十一師範預科學生 湯希文

有人民而後有國家有國家則戰爭之事即於是起蓋自三皇五帝以來其可以垂拱而治者惟唐虞之際仁風善政深洽乎民故上可無咎下亦無怨其次卽未能去弓矢劍戟而不用也夏商之季征誅局開而戰爭亦烈民之被其禍如在水火塗炭之中至春秋戰國強陵弱衆暴寡爭城爭地日無寧宇人民困苦目不忍覩戰爭之禍為可慘已秦漢

而下或事邊疆或圖專據或數年一戰或連年數戰人心擾亂變故莫測迄於今日戰器精利競爭劇烈優勝劣敗成爲公例大陸風雲靡有終極而我國倏嬰外患倏興內亂民無休息禍尤蔓延秉國鈞者倘能思固本澄源之策速事和平則戰爭之禍或者可以稍休乎

入後目擊時艱語多感慨(昭德評)

闢祀社之謬

江都公立甲種商業學校學生 祝度

祀社云者每屆二月二日里中好事者咸斂錢購紙袍紙冠懸以彩燈焚以香燭化以紙錢又於數日前以五彩畫古人之事實於左右之壁上男女老幼咸往而拜禱之有祈福者有求子者試問社神有何利益之事實及於人乎且社神之有與否吾姑不論即使有神僅一耳而每家每村每里皆有社廟是何社神之多耶夫昔之所謂祀社者尊土地之謂也今祀之爲神豈不謬哉雖然吾猶有進其畫壁爲求福乎爲求子乎是何無意識之舉耶又或奪其彩燈送與某家而某家即可得子而送此燈時敲金鼓奏細樂甚致口角而爭鬬豈非擾亂治安之甚耶吁此皆人民之智識未開教育不發達之故也中原貧弱雖不盡因於此然舉此一端可概見矣

言明且清

歐戰和平論者謂公理戰勝強權然歟否歟

江都公立甲種商業中學本一 洪國棟

歐戰和平人咸曰公理戰勝強權以吾觀之則不謂然何也德之所以敗非敗於強權協約各國之所以勝非勝於公理也公理者即強權也強權者即公理也有強權則可以富強無強權即無公理之可言曩曰德之所以勝者即強權之功也設非強權而血戰數年將何恃乎各國未經協約其所以失敗者強權之力不能勝德也今德之敗也非敗於公理乃敗於內亂協約各國之勝非勝於公理乃勝於以衆敵寡此亦強權可恃之明證也不然我中國對外之公理

未聞有一次之勝利者有強權斯有公理僅有公理而置強權於不顧是豈可以自立哉

緊醒之至，

求學貴有立志

江蘇省立第二農業學校附設農村職業教員養成科學生 潘澤

蒼生四萬萬同生存於天演界中同具耳目手足同受蒼穹賦畀同具有爲聖爲賢爲明智之質何以程度不齊智愚賢不肖之不相及若是乎豈天厚於彼而薄於此以致斯歟抑學理至深非上質不能索其賾以致斯歟以余觀之蓋有志與無志之分耳苟胸抱卓識而堅忍不拔之志不爲物誘不爲利迷則無論爲智爲愚爲賢爲不肖亦終見其學之成而業之就也是故不必問人之能學不能學當先問人之能求不能求不必問人之能求不能求尤當問人志之立不立立志堅矣則一坏之土可以爲山一勺之水可以成渠而又何患乎不齊吾嘗見今之學者矣其程度之所以不齊智愚賢不肖之所以不相及者大抵皆好高自大借端委托轉致放蕩不羈耳試縷述之自科舉停而學校興千里負笈從師域外以此言學貧者固不能如願而富家子弟何如乃未幾而轉學他校矣又未幾而退學歸家矣彼其人或聰明之士問其學則瞠目而不能對詰其所以不學之故又復洋洋然曰無良學校也無良教師也噫心不專而好高自大何其不自諒耶現在求學非饒以金不能成就其學業則貧者終於採薪耶昔承宮嘗爲牧豕匡衡嘗爲傭僕二人皆極人世未有之苦何以至今嘖嘖人口誦之不衰立志堅耳猶有人焉有財相資有師以教可謂得求學之良機矣又往往以學業過深畏難而退因循怠廢甘爲下愚嗚呼姿質果足以限人乎果足以限人則非神靈天寶者不足與言學而姿質遲鈍者終成棄物矣彼懸樑刺股之人何太自苦也故藉口無良師無姿質者皆一般無學識之人以售其嬉遊放蕩之術耳苟志於學何地非我求學之所何人非我良師孔子謂三人行必有我師買臣荷擔而不忘讀春秋古今人非不相及夫亦曰抱志堅學不倦而已矣即謂姿質不無上下賦畀不無厚薄而進與不進者究在

於我天苟賦我凡庸之質天終不能限我精進之途人定可以勝天爲學者可奮然興矣

洋洋灑灑暢所欲言妙在筆筆爽快筆筆雄健氣充詞沛不愧文壇健將（張湛甫評）

尚志論

揚州美漢中學三年級生 佘守德

才之所造至歧而必視其所欲心之所之不同而必隨其所安心有所歉則才不能盡志有所遠則心不能壹故欲辨其才必先明其志夫梧檟貳棘惟良工乃能別其材稻粱麥菽惟老農乃能辨其性無他志而已矣獨是志有廣狹而行亦因之別賢愚行有愚賢而人亦因之分文野志苟不廣則何異舍珠玉而取沙塵行苟不賢則何異惡錦繡而愛藍縷人苟不文則何異鄙威儀而甘微賤昔孔子年十五而志於學伊尹在野而志安天下范仲淹之所謂先憂後樂顧炎武之所謂匹夫有責之數子者儻合於易所謂高尚其志者非歟必如是而可謂尚志今之人則不然在上者則修其人爵棄其天爵苞苴公行貪黷罔極在下者不務德行惟利是視語以尚志則瞠目張視罔識所云而一二學子所賴以聞聖賢惟精惟一之心傳俾戴髮含齒之屬藉以扶持匡翼垂於不朽者亦復蔑其廉恥卑其品行吾不知其所謂尚志者安在或者曰吾非不能高尚其志也社會果汚將不吾容嗟乎爲此言者是社會之蟊賊名教之罪人也夫世所貴乎士者以其能磨而不磷也若有道之士皆因時變而不能行其志乃至向所鄙之爲不足齒避之惟恐不及者今亦靦然爲之而不知怍然則居春秋亂臣賊子之世孔子當不能行其道而曾文正所謂天下風俗之所繫在乎一二人心之所向者不足據爲定論矣而何以孔子成爲至聖曾氏卒成大儒哉或又曰吾之志不能獨行於社會吾之力不能使社會皆吾從吾將獨尚其志閉門絕遊焉嗟乎爲此言者是不能立己而立人也夫孟子當戰國之世適梁而道不行適齊而志不遂然未嘗閉門獨善也使士皆以獨善其身爲已足則全國將永無澄淸之望矣天下安貴有此巢許之士哉故知尚志云者孟子蓋有深意存乎其中也

見理清澈文筆亦充暢可取（戴視堯評）

鄉校之樂觀

江蘇省立第一師範學校甲種講習科第三班畢業生　謝鳳章

何往而非快其中自得者也何適而非病其中不自得者也天下之可樂而寓於視聽之所能及者抑末也夫世間職任之重且大莫甚於教育國之强弱係焉存亡係焉而其效果之臧否端視小學蓋將來之深詣胥於小學造其因如水之源如木之本如草木之於春秋其未來鞏固之基於斯焉肇小學者爲學之基礎也然則小學之擔負爲何如耶城鎮文化早闢子弟多聰慧至於窮鄉僻壤風俗絃陋兒童鄙野者多故爲教之道城鎮較易鄉僻較難自常人視之縱使善誨者當此其能無怏怏於心乎然而善誨者不以爲病且欣然色喜若是者何也其心樂也曾文正公曰精神愈用而愈出以此存諸心則雖任重道遠而其心必欲造之奮發有爲益足增我愉快也且夫山中茅茨道旁桑麻情景出自天然與儒者本色有合完吾眞而全吾性莫善於是彼隨流揚波餔糟啜醨僥倖於萬一老死而後止不恥妾婦之道雞皮鶴髮作傀儡者與此相去何遠哉且偉大人物或起於草莽間古所謂巖穴之士是也得天下英才而教育之君子之樂也我曷爲而不樂哉嘗觀近世教育雖間有提倡農村之說卒以地之偏僻費之支絀多有不樂爲之訓迪者雖以在上者不能擴張之之故抑亦任之者之不能自樂其樂耳得吾說而存之教育其庶乎興歟

說樂觀不從外界得來自是高人一地（胡介生評）

國際大同盟之預言

滬江大學正一年級生　夏夔颺

凡物不得其平則鳴戰爭之起其起於不平等乎不平而求其平勢必至戰爭不已此昔日歐戰之所以發生也德以强大之武力駸駸有陵駕世界之志今幸理屈氣餒降志求和公理强權於焉以判美人素愛和平故威爾遜總統當此大戰之後有國際大同盟之提倡務使世界大同同歸於一無入主出奴之見無此疆彼域之分戰爭泯而和平見

攘奪滅而揖讓興文明之極於此卜之夫兵凶戰危古今一致當其戰也費无數之財傷无窮之命父子喪亡兄弟離散禍莫大於此者矣美總統之倡同盟殆有鑒於此者乎然天下事往往言之非難行之維艱世界大同豈易言哉卽以中國一國論尙有南北之不和意見之紛爭人心不同如有其面焉卽使世界大同成立中國以貧弱之國處其間國本飄搖共和未固各國以世界統一之言借口以管理中國則中國將來之利害吾未敢言也總之欲世界大同必先各強其國不可徒使各國平等而後大同乃見強權者公理之保障而共和之根本也中國之不能與列強競爭者非公理之不如人乃強權之不如人也今日歐洲之戰勝吾敢曰非公理之戰勝強權乃多數之強權勝少數之強權耳故強權不可不用而不可不備也當此國際大同盟之預備吾中國其速息內爭同心協力庶國本固而後患可弭也

強權爲公理保障自是確切不磨論文發攄此皆識精力卓夫何間然（林朝翰評）

論家庭教育與學校教育之關係

浙江第一師範本科第十一年級乙組學生 周鳳岐

家庭教育爲實踐之學學校教育爲理論之學固有時理論在實踐之先亦有時理論在實踐之後是可知家庭教育與學校教育相輔而行其關係甚爲密切者也乃今之爲人父兄者一遣其子弟入學則學習訓育等事舉而付諸學校而於子弟之能力如何性行如何學業如何皆不之省察不之督勵及其品性不良反歸咎於學校此一般社會之現象亦卽一般家庭之謬誤也試思子弟在校與教師會晤時間幾何而必以教育之責任悉委之學校何其希望之奢也夫子弟秉性之優良厥自家庭始爲父兄者苟能以身作則入孝出弟愛衆親仁則子弟所學早已施諸實踐雖曰未學吾必謂之學矣況觀古昔聖賢多成於家庭教育如孟子受斷機之箴得紹孔道歐公受畫荻之訓終成大名皆爲我國家庭教育歷史上之美談誠以家庭教育時間較長其感化力自厚也吁國運之興替係乎人才之消長人才之消長係乎培植之得失而要其培植之責則家庭學校共負之世之爲人父兄者可不改良家庭教育而爲學校

教育之基乎

名雋之言不在泛設

康健之精神必寓於康健之身體論

浙江第十一師範學生 林勝

人具昂藏七尺之軀天爲之覆地爲之載布爲之衣粟爲之食豈可庸庸碌碌虛生於世而爲天地之蠹社會之蝨哉然而欲成偉大之勳業必具蓬勃之精神有蓬勃之精神斯勇前趨百折不回以此圖名名無不遂以是謀業業無不就若其腦力衰頹委靡不振而能成赫奕之名巍峨之業者未之有也然則精神固不尙乎哉然而康建之精神必寓於康建之身體身體強則精神亦強身體弱則精神亦弱未有身體不強而精神獨能康建者亦未有精神不康建而身體有發達之象者何則蓋體以神副神以體障有體庶有神有神斯有體身體者精神歸宿之所也精神者身體靈活之機也而身體與精神有密切之關係焉故欲得康建之精神必先保養其身體身體既康建而精神自受用不盡矣此衛生所以爲大要也奈彼無知者不講衛生之道自戕其身體妄用其精神或則陷孽海而不悟或則貪樗蒲以取樂遂至顏色憔悴形容枯槁一切剛銳之氣象活潑之精神亦因之澌滅而無餘噫若此之爲身命且不保欲成勳業烏可得耶吾儕亦深體羅馬人之善言而以衛生爲急務焉可

筆亦輕鬆流利(昭德評)

社會之生活觀

江蘇省立第一工業學校二年級機械學科生 朱申

予嘗觀於市矣擾擾攘攘者衆生也有狐裘蒙茸高車駟馬疾馳而過者有碌碌終日役其心智勞其筋骨以博一已之溫飽者更有懸鶉百結嗷嗷待哺終日不得一餐者噫何其等級之懸殊若是其甚哉蓋其能力有不同而其生活之程度亦有別也彼困苦者豈不知裘服之輕煖車馬之安適哉徵而羽毛之不豐滿者不足以高飛才力之不充裕

者不能勝重任千鈞之鼎惟烏獲能扛之懦夫效之則殆矣千仞之淵惟汲人能游之稚子試之則溺矣是可孟子公才力之不如人者徒知見獵心喜強起效顰未有不至於失敗也今夫吾國之談大勢者莫不以取法歐美爲急務然而其所取者類皆他人之短而反遺其所長是以今之身履異邦者飽吸文明之空氣一旦身歸故國非洋裝不服非西餐不食奢侈性成日靡巨費而於人民之生計漠不關心遂致生活程度日以益高而社會效尤一般人民生活之艱苦恆十倍於閉關時代吁亦可慨矣殊不知歐美各國百事具興工廠林立蚩蚩者氓莫不有以自給故其能力既大雖生活程度較高尚無大害然我國人民能力薄弱一旦驟染奢風給求難遂豈非責懦夫使扛烏獲之鼎推稚子以入沒人之淵焉往而不殆哉

切中時弊語無泛設

論示範教育與口頭教育之作用

浙江省立第十一師範本科四年級生 廖焜

天何言哉四時行百物生教育之道示範可矣口頭何爲雖然孟子以答問爲君子五教之一豈不類於口頭教育乎吾以知教育之術多矣蓋天之生材不齊九土之民情各異又以時代不同趨向因之更改苟施以同一之教授豈無鑿枘之處是不得不因材施教矣故求也則進之由也則退之語司馬牛則曰不憂不懼告子貢則曰先行後言此夫子口頭教授之大過人也然夫子之心則不恃此不然數千年間爲師者衆矣何不能化三千之多士也夫人之學業被動者其效微自動者其效強爲師者能立定模範使弟子自化於無形此善之善也不然其身不正雖令不從口頭教育亦奚以爲經不云乎言思可道行思可樂德義可尊作事可法容止可觀進退可度以臨其民民乃畏而愛之則而象之況教者一言一動皆爲學者觀瞻所注乎苟妄自菲薄雖誨之殷殷而聽之藐藐矣如此欲造就人才豈不難乎故吾謂示範教育者教育之體也口頭教育者教育之用也體固宜注意用亦不可偏缺抑爲之不厭示範教育也

誨人不倦口頭教育也然教人者當以示範自勵口頭其次焉何則人雖爲理性動物同備五官百骸之體而具生知之質者百無一二餘皆待教而成天故必生一特出之人以爲萬人之表率大學謂上老老而民興孝上長長而民興悌上恤孤而民不悖此亦示範也聖人知之策勵一室之內化被九土之外文武興則民好善幽厲興則民好暴示範之效豈不深哉孟子謂聖人百世之師曰聞伯夷之風者頑夫廉懦夫有立志奮乎百世之上百世之下莫不聞風興起綜觀古聖師表後世何非篤行示範哉惟示範教育難口頭教育易常人恆忽於示範精於口頭聖人則能勉於其難而易者亦兼而有之此所以異於常人也夫子憂後世之爲人師者趨易避難而不知己達達人己立立人徒以三寸不爛之舌以爲教育惟一之圭臬故以不言自期非不言也實欲不待言而小子自化也其於示範教育口頭教育之作用誨人至切深矣

有筆有書根底豐富(朱增離評)

論息爭

福建省立第一師範學校本科二年甲級學生 王壽臧

今日之世界一競爭之世界也士與士爭農與農爭工與工爭商與商爭於朝則爭名於市則爭利國則爭強戰則爭勇學問則爭優而欲如老子所謂和其光同其塵剖斗折衡還太古之天匪特爲勢所不能即理亦有所不可何者競爭者文明之母也文明愈發達則競爭愈劇烈競爭愈劇烈即文明愈進步不爭鄭晉無以爲盟主不爭宋楚無以建霸功國不競亦陵鄭欲爭而無可爭之資也燕雲十六州甘讓他人宋有可爭之資而不爭也英苛待屬地而美人不爭今日豈有合衆國之國旗法破其國辱其人民而德人不爭則今日安有天富之驕子干涉內政而不能爭此朝鮮所以亡也庚子之役割地輸款無理要求而不能爭此清廷所以失敗也是故爭新奇則鑽木之後有電燈舟車之後有飛艇爭進步則茹毛之後有火化巢居之後有宮室如老子言則人類之滅久矣雖然不競爭固不可一出於爭亦

不可孔子曰君子無所爭必也射乎吾亦觀其所爭何如耳昆弟而以爭田相戕鄉黨而以小忿起訟則爭也吾惟恐其勇當仁不讓見義必爲則爭也吾惟恐其不力息爭者當息於不可爭不當幷其可爭者而息之若以不可爭而幷及於可爭則非吾之意也

立論雄富筆亦堅卓（陳翼勳評）

論黨德

江蘇省立第二農校　李劍塵

今日之世界一政黨之世界也國家有黨則興無黨則亂此立憲國人所當盡知非如數百年前君子不黨之說所可例也雖然國賴政黨以興而政黨亦賴黨德以立若國家徒有政黨而黨員不重道德徒以政黨爲勢力之集合爲謀個人權利之資如是則國家本賴政黨以統一政治而至是轉變爲亂國之源矣何則政黨爲國家之命脈而黨員又爲政黨之分子也若舉國數百萬人而皆爲雞鳴狗盜之徒甘求利祿之輩則分子既壞命脈斯衰而欲國之不亡得乎今者民國成立共和告成無政黨則政治必不能歸於統一國家必不能久享安甯國民亦必不能遽得幸福勢使然也然回顧我國之政黨若何其一般黨員止於樂利對於國家毫無思想對於政治毫不注意甚或藉黨羽而起風波恃黨力致生衝突吾恐將如宋之洛蜀唐之牛李明之東林之亡國殃民也嗚乎政黨黨員其當速除私見熱心公益使政治得以統一國家得以鞏固則不獨國家之幸亦黨員之幸也若仍以黨見爲前提不以國家爲前提吾恐吾國家不亡於瓜分將亡於政黨

理明詞達慨切言之足爲營營狗狗之黨員當頭一棒

百年之計莫如樹人論

奉天省立第二中學五級　蔣蔭喬

管子曰一年之計莫如樹穀十年之計莫如樹木百年之計莫如樹人吾讀其言而不禁深有慨也凡事物之理綏則

必美故國家之培養人才猶農之樹木也農之樹木必培植之灌漑之然後方可以爲棟樑之材否則欲圖目前之急不過薪柴之料耳而國之於士也亦然亦必培養之教育之訓誨之以老其材可期重用不然亦不過中才而已管子所謂百年之計莫如樹人良有以也觀夫周室人才之盛黨有庠家有塾國有學又有三物六行六藝之名又有移郊移遂東棘西寄之法此所以國基奠定人才日進非樹之有方也耶如其不然只圖目前號稱多士習一經者皆可曰士而又易於見用則將商者不爲賈農者不司農擧起而奔士途讀一經卽可獵取功名以彼之才取彼之類吾斷知其國之不可終日何能百年哉是故欲圖百年之計必施百年之方取之以難培之宜深使僥倖與逸游皆無有焉士旣少故教之易成祿之易厚而用之亦易當也然後方可爲百年之計管子曰百年之計莫如樹人諒哉斯言

筆情廉悍頗有鍛鍊工夫(馬葆良評)

百年之計莫如樹人論

奉天省立第二中學校五級生 趙振德

國家之治不治於治之日亦必有所由治國家之亂不亂於亂之日亦必有所由亂治者何夫亦曰閭里鄉黨學校林立所有子民悉教誨之培養之而已矣亂者何夫亦曰政治不理舍本逐末致令黎庶盡爲喪廉鮮恥之事入於行險徼倖之途而已矣是故有國者不欲爲百年之計也則已如欲爲百年之計舍樹人而外其道莫由也蓋樹人如樹木佳木不能自成爲佳木賢才亦不能自成爲賢才故必先爲栽培勤爲灌漑善爲誘導嚴其督責而後始能成其佳木成其賢才也不然祗知圖國治民安而不明於養賢納士是何異欲得佳木而不培其本根豈可得乎且賢才者又非佳木比佳木失之猶可得賢才失之則不易再獲嗚呼豈特不可獲也即國運驟移之他人種族見滅於異類生命卒無以保者古今何可勝數哉紂之亡也以箕子囚微子去比干死秦之亡也以焚詩書坑儒士而殺扶蘇齊之亂也以管仲死而無善承其志者非明證歟由是而知管仲所謂百年之計莫如樹人一語誠爲治國者所不可忽也雖然管

子自計亦殊相違矣仲死之後而遂有豎刁易牙開方三子之亂雖桓公用之未當而仲亦不得辭其咎惟樹人之說洵翻明乎菁莪造士棫樸作人之道者耳

筆意湛深中權獨擅勝場（馬葆良評）

讀書如逆水行舟論

安慶崇文學校二年級生 吳少伯

學問之道至廣至博從事於其間者即殫畢生之精力日進不已猶未易盡其津涯登其畔岸況乎畏難苟安進步自阻欲其有濟詎可得乎不徒無濟終必盡棄其前功古語云讀書如逆水行舟試申論其旨且夫為學之喻夥矣譬如為山未成一簣言學之自止者如是也譬如平地雖覆一簣言學之自進者如是也他若辟如行遠須自邇辟如登高必自卑言學之漸進又如是也而此則以逆水行舟喻讀書其旨果安在哉吾嘗論之逆水之舟進行之最難者也其所以克逆流而進者以舟師之能用其力耳否則非惟欲求其進而不得勢必見其退也速於前之進矣今夫讀書之難進而易退正如逆水行舟然故求讀書之有進境必如操舟者之克用其力然後可否則未有不如逆水之舟一退而不可止由是言之此一喻也殆所以勉讀書者之努力以進亦所以使不努力者借觀於是也夫

議論明通（張紳評）

端士習論

安慶崇文學校二年級生 汪德

士之在天下凡民所視為標準者也士習醇而風俗與之俱醇士習壞而風俗與之俱壞士之關係既如此其大則不得不端身肅己表率萬民使之向善去惡庶不負我為士之名耳然而今之側身於儒雅之林者不以君子為依歸而以小人為儕伍無論其學問何如而心術多乖形骸放蕩行為苟且廉恥無存孔子曰非禮勿視非禮勿聽非禮勿言非禮勿動彼固未之聞也誠意以正心修身以齊家彼亦未之聞也求所謂敬而無失溫恭之容必肅於燕閒之日對

賓之語必嚴於私昵之時者恆不數數覯且其私居所爲不善畏人知而掩蓋偏工豈知有諸內必形諸外肝受病則目不能視腎受病則耳不能聽脾受病則口不能食心受病則舌不能言受病於人之所不見必發於人之所見不端士習者亦猶是之類也則何如返邪歸正毋自流於匪僻哉

一種清氣醒人心目

學戰論

武林之江學校大學本科一年級生 陸鏌

地球上無一非戰事無一非戰器自人迄物無不有戰天演家所謂物競者戰之謂也兵與兵爭勝曰兵戰商與商爭勝曰商戰軍械利火具精兵戰之器也駛輪船廣鐵道考物產工製造商戰之器也卒之明兵法熟兵政則有兵學諳商情達商律則有商學兵與兵戰非兵戰也戰以學也商與商戰非商戰也戰以學也心思智慮皆優勝劣敗之質點強權幷吞之比例一人學不敵十人學十人學不敵百人學百人學又不敵千萬億兆人之學有學之國勝則無學之國敗多學之國勝則寡學之國敗鳥獸草木能自相戰而不能勝人鳥獸草木無學也人苟不學人即與鳥獸草木爲同類聚圓顱方趾而皆付之鳥獸草木之類安有不摧敗滅亡者耶如必拘拘然曰吾有吾學彼之學吾不必爲則吾之學止於是彼之學且方興未艾而日有進步是以多精一學是多一戰具也多設一學校是多一戰備也多一日學即長一分材力多一人學即添一分強權材力充強權伸則商務益盛兵勢益壯國乃立於不敗之地不然者勢若累卵稍不慎即下墜譬諸剛摧柔堅摧脆未有不轉瞬毀敗者也且夫戰危事也而戰於無形尤危於有形人但見其講學問也彼之學問何以害我而不知充其量必奪我土地而止人但見其廣學校也彼之學校何足以殺我而不知造其極必絕我種類而止彼其初心雖非預存一奪土地絕種類之思想而公理使之然事勢遂不得不然是故以學立國即以戰立國以戰立國實仍以學立國不以學相戰是徒手也是待斃也以徒手待斃之人遇競爭精銳之人輒自

諺曰吾不忍爲此强暴事吾將行吾仁以冀神靈之保護會亦思自有地球以來早開此大戰局以鼓勵人之才智耶中國四萬萬人學者百之一此百之一之學者能其務實者又百之一徒手待斃孰有甚於此哉以學校之數與各國較多寡又何如耶即使舍學而言戰勝負亦顯然矣今與人談立國之道幸勿諱言戰當以善戰爲目的何也善戰即善學也

氣勢充溢若決江河

羅蘭夫人謂天下許多罪惡皆假自由以行試申其義

江蘇省立第八中學校一年級乙組 滕兆雲

自由者極美之名詞罪惡者至劣之汚點兩者適相反而絕不可合也而羅蘭夫人獨謂天下許多罪惡皆假自由以行果何說哉豈自由亦有弊歟抑誤認自由者之弊耳蓋自由無明定範圍故人易流於不德豪而黠者往往盜爲口實用是踰閑蕩檢倒行逆施無不假自由以行之焉殊不知此之所謂自由非自由也實自肆也然則必如何而後始可自由乎曰我自由人亦自由我而侵犯人之自由是即我之罪惡也自由離無明定之範圍實則以道德爲主宰以法律爲前提己所不欲勿施於人其中有恕道存焉非然者人人誤認自由人人肆行無忌則罪惡叢生天下由斯多事矣此羅蘭夫人所以慨乎其言也世有好談自由者乎請先明自由之界限可耳

樸實說理不作浮光掠影之談此極有功候之文字也（戴子秋評）

欲富國先富民論

蘇省第一商業中學 朱秉誠

我國今日政局之最困難者非財政之不足乎而政府今日之所經營籌議汲汲皇皇不遺餘力者非欲富國乎然視其政策之現象外則專恃借債以貴流轉內則徒事搜括以資接濟綜此地者論之匪特不能富國也適足以自斃其

國而已國之富出於民民富則國富不求富民而務求富國國奚由富哉外債多則民之擔負益重賦稅苛則民之脂膏益窮民既窮矣而猶欲國之富焉是非所謂南轅而北轍耶古之論治者莫不以足民爲第一要義孔子之言足食孟子之制恆產皆斯意也而其言之深切著明者尤莫如以有子對魯哀公之百姓足君孰與不足百姓不足君孰與足數語然則今日不求富國則已欲求富國必先富民有斷斷然者富民之道奈何曰薄賦斂以寬民力興實業以闢利源教節儉以財節流戎游儉以厚生計循是以行休養生息至十年之久而民焉有不富者乎民富而國又奚患車哉

富本之論

博奕論

蘇省立第一商業中學學生 桂乃鈞

天命間一博奕場也東西兩半球中外數十國猶局戲之排列方罫之縱橫者然若中、若日、若英、若法、若美、若俄、諸大國列坐環觀面面相覷者皆入場博奕之人也若政界、若學界、若商界、若農界、若兵界礦路諸界猶夫長短之籌黑白之子皆入場博奕之具也所謂文明國者開拓其疆土移殖其人民增長其海陸軍之權利是博奕而勝者也反乎是者號稱保護國爲他人之奴隸於世界上無稍自由權是博奕而負者也今者二十世紀競爭之時代羣雄虎視例強鷹瞵五大洲激烈之潮流將全移於東亞相馳騁相轇轕命風狂雨驟電掣雷轟博奕戲場也且將易而爲大戰場矣若勝若敗勢未可知當局者處此其勞心苦思憤激焦灼爲何如哉乃觀我中國之所謂博弈者異矣喝雉呼盧斯所謂豈也闔奩方局斯所謂弈也聚國民四萬萬衆咸沉明顛倒於斯而爭所謂勝負也嗚呼是博弈之小者耳神州不競豈暇蒲樗大陸將沉遑言賭墅誠卽其博弈之精神移其博弈財力與列強爭勝負中國雖弱詎不可有爲乎昔孟子謂齊宣王曰王請無好小勇王請大之吾敢以謂今之博弈者曰君請無好爲小博奕君請大之

借題發揮藻不妄抒

止謗在於修身論

江蘇省立第一商業中學學生 沈乾森

語曰衆口鑠金積毀銷骨甚矣哉謗讟之害人也故謗者人所深惡而痛疾之也然徒惡他人之謗我而不能反求諸身則雖箝人之口禁人之言亦終不得而弭之也夫堤有穴則水決木有朽則蛀生身有過則謗集此必然之理也世有半生修養揚令名於社會播美譽於鄉閭特於幽獨隱微之地稍失檢點授人以指摘之端白璧有瑕胡可掩也於是引繩批根之交集以致數十年之名譽隕越無遺此不謹於修身終見謗之不能止也雖位居九五富有天下不修身而能弭謗者亦未之聞也卽如厲王監謗民不敢言終被竄逐可爲殷鑒也由此觀之人欲止謗非修身不可身既修矣則言寡尤行寡悔我身無可指之隙尙何慮衆議之沸騰也耶

識見議論迥不猶人

○成敗不可以論英雄

海鹽敬業學校高等畢業生 富德壽

自古至今凡人所爲之事有成者有敗者論者曰雖天命實人爲之於是指事之成者曰其人必英雄事之敗者曰其人必無能嗚呼是可爲定論乎議項籍之百戰百勝不可謂之非英雄也而卒敗於垓下文文山之提兵勤王百折不回不可謂之非英雄也而卒敗於元以武侯王佐之才而不能成統一之功以王猛霸王之佐而苻堅終敗則成敗豈可以論英雄耶蓋英雄之爲事惟求安吾心而已不計其事之成與敗也卽知其事之必不可成而亦竭吾之心力以赴之不以其事之不能成而易其初志此英雄之所以爲英雄也世之人不知英雄見其事之不成則羣然詆之而一二成名之豎子乃奉之以英雄之名嗚呼公論之不彰其由來久矣於是世之英雄或有名心未去見事之不可成乃亦幡然變計以自附於識時務者之流以英雄始而不以英雄終而世之爲英雄者愈少矣皆以成敗論英雄者階之

厲也故成敗不可以論英雄以成敗論英雄者灰英雄之志而敗天下之事者也

末段寄慨遙深（談夢石評）

和戰之評判

浙江第九中學校二年乙級生 王心藻

外交之策不外和戰兩端而其要在乎審勢而已勢宜和則和勢宜戰則戰無一定之局也漢高祖之於匈奴唐太宗之於突厥宋眞宗之於契丹勢宜於和也孫權之於赤壁謝安之於淝水岳飛之於郾城勢宜於戰也是皆善於審勢者也否則秦檜主和而汴京不復王振主戰而土木召禍曠觀古今中外國果自強可和可戰國不自強難和亦難戰蓋能戰然後能和知和不知戰鮮有不敗耳昔日俄之役日能戰俄亦能戰日不言和俄亦不請和相持年餘未聞有損失賠償之舉吾華以摶摶之大地林林之廣衆而有甲午庚子兩大變非不戰也而戰輒失敗至失敗而媾議和割地不足繼以償金意外要求無不允許以不能戰而不得不屈節求和也不能戰而求和恥孰甚焉若夫戰勝而和和而驕驕則敗矣如眞宗之戰勝契丹君臣相慶於朝卒不能奏全功此其證也戰敗而和和而能發奮發奮則終必不敗矣如唐太宗之盟突厥令諸將習練騎射終雪恥於崇朝此其證也嗚呼外交之策頃刻百變非審勢者其孰能與於斯

眼光四射暢所欲言中權自强數語尤覺入木三分（許長城評）

論戰爭與生計之關係

江蘇省立第一商業學校本科一年級 黃麗生

國家富人民之生計裕國家亂人民之生計艱何者國家無事人各安其居樂其業各勤其事各守其職無苛稅之擾無兵燹之虐其於生計自能日漸豐亨日漸豫大若至有事之秋兵戈遍野流血滿地軍需不足則徵苛稅以擾之兵卒不敷則募壯丁以補之設不幸一戰失敗逃兵流爲盜賊兵與匪合匪藉兵威所過刼掠廬舍爲空搜粟攫金無微不至人民之呼號轉徙飢渴顚躓死於非命蕩析離散者不知凡幾矣試觀歐戰諸國雖逞强於前而皆日費億萬金

人民所食之麵包。且爲國家所限。中國雖貧。且有協濟籌款之舉。更不知越幾何年。始克復其原狀。是知治國之道非在戰爭而在政教。故曰式於政不式於勇。式於廊廟之內。不式於四境之外也。昔者唐虞以文治。與項羽以好戰亡。秦始皇好大喜功。而伏亡機於胡亥。漢武帝窮兵黷武。終乃悔過於輪台。春秋據亂。而民困。成康措刑。而民安。豈戰爭之終不若文教哉。蓋戰爭耗費大。而生計艱。文治則事業舉。而生計裕。生計艱則國弱。生計裕則國強。貧與弱。緣富於強合。此一定之勢也。由此觀之。戰爭與生計之關係。豈不大哉。豈不大哉。今我國國勢如此衰弱。而國內之爭。竟如秋雨連綿。縷縷不斷。此起彼伏。一日不甯。直接受其害者。死亡遷徙。民不安居。間接受其害者。物價昂貴。百業不興。江河日下。幾有民不聊生之慨。人民生計之窮促。至今極矣。然則宜如何息事甯人。以紓此多難之邦。棄武就文。以奠此民國之基耶。

首段言戰爭之害淋漓盡致次引證中外故事說明戰爭之無益亦頗扼要末後言我國國勢衰弱不宜再戰洵爲有見之作

民國七年之回顧

江蘇省第一師範學校一年級生 龐仕

爆竹一聲。鴻鈞乍轉。桃符萬戶。氣象更新。轉瞬之間。又屆民國八年矣。試回顧七年之國事。有足令余喜者。惡者。痛恨者。慶賀者。茲略述之。去年十月間。徐大總統就任。新舊交替。肅穆一堂。鉅典煌煌。有光國史。不咎已往。而希望於將來。此吾之所以喜也。選舉運動。專恃金銀。敝端百出。何可勝言。此吾之所惡也。秋冬之間。少數偉人。大販米穀。運往外洋。雖獲利頗厚。然致富者。僅少數人。以致人民窮困。商業蕭條。古謂民富則國富。而今民貧國亦未必不貧也。國勢日蹙。誠有數端。而販米一事。亦未始非後日貧國之遠因也。且廣東亦遭凶年。雖未必如睢陽城中之羅雀掘鼠。然國中最親愛之同胞。反不加援手[illegible]此吾之所以痛恨者也。至十一月中。歐戰告終。和平成

立協約勝利德國乞和各省縣城鄉學校均歡忻鼓舞掛燈慶祝可謂盛矣此吾爲之慶賀者也計七年中國爭紛紜錯綜變遷有如此者曷堪回首哉

中段意精詞湛爲他人屐齒所未到（吳靖瀾評）

歐戰結果協約國戰勝同盟國之原因論

江蘇省立第四師範學校三年級生 鄭權

成敗烏足談兵哉驅羣獸而戰一虎虎靡不敗猛虎居深山百獸震恐者也而謂虎不敵羣獸吾不信也劉項之爭羽敗而天下歸漢八千子弟縱橫中原喑嗚則墮山岳叱咤則變風雲固全勝之項羽也而謂漢之軍果能殲楚哉拿破崙匹馬短刀揮兵血戰席捲天下馳騁歐洲攘臂一呼卻走萬國率長勝之軍敗創於滑鐵盧之役羈囚於厄奈涯之島後之論者將謂拿破崙之不善戰乎焉可哉焉可哉二雄以干戈爭兩負重傷有好事者出帥方張之軍乘疲斃之餘左乙則甲敗左甲則乙敗德意志立國不百年以鐵血主義倡以軍國民教育倡挾其萬能科學驕悍陸軍與夫武力政策聯族複雜之奧匈老大之土耳其蕞爾之布保與世仇之法蘭西爾與海王戰英吉利戰與龐大之戰羅斯戰其他小國不可計也猶且滅比亡塞敗俄巴黎兩瀕於危意大利幾不能軍當此之時論者爲協約危謂中歐列強有囊括歐陸之勢耳乃不轉瞬而美助協約於是分血戰之餘卒當新銳之美軍以民窮財盡之經濟與世界富豪一較其勢力數月之間士馬空壞地削威廉退位求和與國嗚呼固一世之雄也而今安在哉吾嘗攷協約之所以勝同盟之所以敗者矣德之敗敗於協約實敗於美使美不加入協約雖英法俄諸國數倍之衆以敵一德德國固未易取也以德之強敵相與終始之英法俄諸國則有餘敵新銳之美則不足何則以寡敵衆已非易言又何暇他及乎夫美者以逸待勞重以協約之助取德猶反掌也且德內顧多憂壯丁垂盡同盟與協約戰毋甯謂德與世界敵故德之敗非戰之罪力不逮也吾嘗謂今日之歐戰一戰國之局也約縱連衡鯨吞蠶食顧秦成而德敗德之強倘秦之強協約

才智不六國之患也六國者以忌秦而畏秦以畏秦而媚秦畏秦則氣餒媚秦則勢敗破滅之道也協約豈其比哉因忌德而怒德因怒德而攻德怒德則氣壯攻德則力合戰勝之道也使協約而如六國者成敗利鈍非可逆覩已使六國而如協約者吾恐秦人食且不下嚥也然而秦據崤函之固以高臨下進則開關東嚮六國莫能抗退則閉關自保六國莫能破德又豈其比哉居歐洲之中部進而取也四面楚歌退而守也不敗何待況交通斷絕民食已足致其死命由是觀之天時地利兩非秦之若矣嗟呼美豈好事哉蓋以德挾其大德志主義與英法抗使不幸而德竟逞志則其虎視眈眈暴慾無厭道路側目人各自危而世界無寧日矣美雖西偏能自安乎與其異日德之禍美曷若今日美先制德與其苟且貪一日之安曷若一勞永逸乎或謂美爲正義人道戰爲潛艇之暴虐政策戰吾恐其淺測也雖然美之用心苦矣使德不敗則洪水滔滔禍烈無旣桀傲不道過於暴秦天理無存人慾無厭執強權勝公理之說以衡天下是率天下而惡也闔顱方趾相將於禽獸之歸何有於人道之存豈天心厭亂假手於美伏此梟桀爲世界之蹂躪乎美之大功有足多矣故德之敗雖由人和地利要亦天時爲之也孟子曰我善爲陳我善爲戰大罪也吾於此益信

歐洲大勢綜覽無遺復運以堅挺之筆力縱橫兀臬兎起鶻落有不可一世之概（嚴聘卿評）

學業成熟之女師範

湖南湘潭第一女校師範四年級生 龔中邃

人之生也。墮地呱呱。若不勝其沉痛者蓋人窶於物出生即知人道之難也故父母生我而後尤須有教我之師師也者啓國民之智識增國民之思想授國民之職業而養成國民之資格者也自師道之衰也冬烘學究濫執教鞭道德卑汚見聞謭陋收威夏楚無循循善誘之功而體化之害無論已吞棗囫圇昧諄諄誨爾之旨而義理之學不明已教師如此生徒可知學風既壞國運因之揚雄氏云師者人之模範也顧名思義可忽乎哉觀於歐西各國之對於小學教師也尊重之厚禮之位置之尊無出其右畢士麥克之戰捷而歸功於小學生徒重生乎亦重師範焉耳民國成立之初各省女校紛紛設立而我湘潭之女師範亦於是時告成余也慨時局之艱難念光陰之不再感風雲兮變態愧學業兮未成懼無以挽風俗於純良而盡國民之責任也遂喜而肄業其中荏苒韶華忽數年矣茲當畢業有感於懷夫吾之求學也本之國文以磨練其知慧本之修身以涵養其品行本之理科以窮天地事物之變本之歷史以探古今治亂之原於數學則研究普通實物之計算以廣應用於地理則考察中華疆域之險要以重國土在堂戶之上而四海九洲之事萬世之策皆所得而知也然此亦銖積寸累日就月將而承教於師者夫豈一朝一夕之故耶蓋師範學校之設其目的在養成良善之教師俾能盡國民之義務也社會之文明國家之強盛在乎師範之優美其關係誠重大矣人無有不賴教育者蒙養學校幼稚園基本教育也初等小學義務教育也高等小學國民教育也中學以上則爲人才教育教育之效果即師範之效果也今吾不幸爲畢業之師範生則教育之責任不能不擔當而其對於社會應盡之義務亦不可推卸然志短如此奈學不足濟之心雖有餘而力不足以及之誠有忝師範之名稱愧爲國民之一分子負父母之希望與師長之熱誠即爲世界之罪人耳雖然余於畢業後尤當勵志於學養心探道稍盡責任於國家稍謀公益於社會以期無負父母與師長於他日也若其弄口舌以謀利達豈徒我女師範之羞亦非我邑諸父老設學之本旨此余之所不敢爲也諸君勉乎哉

於爲師之難與教育應盡之責言之鑿鑿其心志之超卓自可見矣惜此文不與村夫子一讀耳（袁樾棟評）

阿克來妻毀器論

如皋女子職業學校學生 儲馨山

千古豪傑之勳業多由巾幗中激厲而成如東方朔學富三餘名傳千古由妻斷機以激之也蘇季子印佩六國名重列邦由妻不下機以激之也不謂上下相去數千年中英相去數萬里又有阿克來之創成輪紡亦由其妻毀機激之

而成嗚呼阿克來傳矣阿克來之妻亦並傳矣五洲各國人民食輪紡之福者雖莫不追思阿克來而飲水思源安可不歸功於其妻哉夫阿克來英之修髮工也因思造輪紡不成妻毀其器遂造成論者不察反謂其妻不能助夫造器而反毀器以觸夫怒不賢莫甚噫是不知其妻之心也執是以論阿克來之妻豈任咎哉豈任咎哉吾以爲毀之正所以成之不得以世界愚婦之事蹟概論設使阿克來不毀其器即不足激其怒不激其怒即不肯離妻獨思欲其專志不分造成斯器不亦難乎然來因怒而遂成其器則謂其器成於其妻也可其名成於其妻也亦無不可彼英之萬里芬成夫探地之志普之索希亞成夫與學之名與阿克來之妻豈不可並傳千古哉

立論殊有至理足警愚懦

學生愛國論

江陰勵實中學校　金耀光

列國何以强强於教育之完全中國何以弱弱於教育之缺點教育者立國之要道亦即國民愛國之源也夫以四萬萬之所託庇擔負之重何如乃世往往有愛其身愛其家而不知愛其國者此我中國人民之通病良可慨矣一孔之儒類皆以樸陋爲美談恬退爲高尚聞人談國事則掩耳而走以爲此國家事何有於我執是說也何以解於學生愛國耶當夫歐戰甫啓徵特軍人慣激爭效命於疆場即各協約國之學生遇將士出征必列隊遠送或輸財以助軍費吁我國人民抱堂堂七尺之軀何自愛其國者之少耶蓋教育未盡發明智識未能全備宜乎身家計重軍國念輕不知以愛力相攝也曾亦思國之於我恩義兩全自我之鼻祖以迄我身皆生於斯食於斯老於斯乎際茲外患相乘義當效死其或徒知惜身軀保妻子聞難而奔逃之不遑臨戰而捍禦之不力者此爲我國民之大恥辱也是故弦高卻敵遂安新鄭之疆卜式輸財克弭匈奴之患稍有血氣明理義者必不忍外族之欺侮而發憤自强期可立於地球上而無愧蓋既爲國民即有保國之責既有保國之責又孰不宜有愛國之心如是乃可以固吾圉强吾國若所謂忘國

事仇甘爲異種之奴隸者必爲我國民口不忍言亦耳不忍聞矣吾黨少年宜戮力同心深謀遠慮以贊之筵之去其曩昔怯懦之心奮其慷慨之志庶幾損軀報國進一世於文明者胥在是也

文情茂美詞旨光暢（李栮林評）

鴉片之禍與兵禍孰烈論

上海中醫專門學校本科第一年級學生 王元濟

蓋聞求木之長者必固其根本欲流之遠者必浚其泉源策國之强者必造成多數健全之國民欲造成多數健全之國民必令其講求衛生鴉片一物絕勿沾染何則鴉片含有毒質大有害於衛生也青年學生腦筋不足肺陰未充吸之足以傷身以致不能爲學嗚呼鴉片之爲禍烈矣哉金錢之靡費光陰之虛擲職業之曠廢無論矣以個人吸之不數年足以喪身敗家以百萬人吸之即可以亡國可不懼乎富者吸之即貧貧者吸之即流爲匪强者吸之即弱肥者吸之即瘦其人壽命九秩者吸之促短壽期不滿六旬而終嗚呼鴉片之爲禍烈矣哉兵者國家之籓籬也爲兵者國民之義務也國民能盡其爲兵之義務則國家之籓籬固矣國家之籓籬固則根本强勢力張進可以戰退可以守內可以安外可以攘然今日之世界一兵連禍結之世界也以兵禍而耗無數財產不惜焉以兵禍而傷無數生命不恤焉經濟政策之謂何人道主義之謂何嗚呼兵之爲禍烈矣哉當兩兵激戰之時同類相殘血流標杵此情此景殆令人目不忍覩耳不忍聞兵士陣亡之慘狀固不忍言矣而家庭父哭其子兄哭其弟妻哭其夫子哭其父其慘狀更有不忍言者且也戰端一啓無論士農工賈莫不廢時失業紛紛避難詩云瑣兮尾兮流離之子以兵禍言也今世界交通之隔絕也以兵禍故各國商業之阻滯也以兵禍故民生之憔悴也亦莫不以兵禍故嗚呼兵之爲禍烈矣哉以表面觀之似鴉片之禍與兵之爲禍無異也然細察之則鴉片之禍較兵之爲禍尤烈何則以鴉片之禍吸之有癮即不能挽回吸者並不知其爲禍遂愈傳愈夥已吸者不戒不吸者不禁遐稽往古近驗來今學士文人之詰誡官廳政府

之法令莫不於禁鴉片一事三致意焉其所以辟不憚煩者豈無故哉亦謂此物之有害也然而我國無智識之人民每謂吸鴉片可以助精神因是一輩青年大率以吸鴉片爲消遙之事不知鴉片有興奮之性凡所謂助精神者僅一時耳實則揠彼注茲自促壽命彼吸之者執迷不悟誠可悲也要而言之鴉片之禍有害無利兵之禍有害有利也彼一吸鴉片無佳境之希望也而戰端一啓雖遭各種之苦境然有健全之兵士猶有戰勝之希望幸而得勝則國舉國勢日隆盛矣而鴉片吸之則肢體羸弱無健全國民即無壯兵而道德智能無所依附病夫之國弱不可支外人入寇我欲禦之其可得耶由是觀之鴉片之禍烈可累及兵禍則鴉片之禍烈於兵禍已彰彰矣

苦口良言

文庫卷七(甲編)

古邗盧壽籛選輯

●陳說類

教育家注重職業試言其用意之所在

蘇省第一師範本科一年級生 金祖謙

教育何爲乎設哉曰所以教養人民也蓋國之立賴乎人民人民之於國猶細胞之於身也細胞腐敗身未能康健人民貧弱國豈能富強乎是故欲國之強當自富民始富民之道舍教育其誰屬原夫教育之旨在發揮人之本能使有以自立也然而吟歌詠詩之士未始非受教育之人也往往以筆墨自遣衣取於人食取於人終身一無所爲生無益於世死無聞於後若斯類者豈教育者之所希望哉是故職業教育尙焉況當今生計競爭時代非有職業以自供而欲與搏戰則優勝劣敗自處於淘汰之列也可不危哉客有難余者曰子言則然矣然職業教育提倡以後不將古今之科學盡行拋棄而造成一般普通之人材耶余應之曰職業教育者非拋棄精神而專務實質之謂也非拋棄精神科學而專務職業技能之謂也不過硏究精神科學以外而特注重於職業之技能也若是則所學亦有所表見而庶幾無所用非所學所學非所用之弊也夫前之提倡教育也遣人留學外洋以求深奧之學識一旦學成回國而某也派某事某也派某差卒之無所表見不過弄其文墨而已此皆由於硏究精神教育外未嘗注重職業技能也又有競尙虛文不求實用者流非惟不能有爲且有損於社會國家然則職業教育之提倡豈可緩乎今職業教育凡傾心於新教育者亦既異口同聲矣而今而後吾知人民職業智識日漸增進皆得有職業以營其生而實業亦將有所藉以發達矣我國其庶幾乎教育家之注重職業教育意在斯乎意在斯乎

言明且清

論吾吳急宜提倡軍國民教育

蘇省第一師範一年級甲組生 昝元勳

我中國自黃帝誅蚩尤以武德貽我子孫掀空前絕後之大國爲大陸之主人翁者久矣秦漢而降武事廢弛詞章訓詁之習風靡一時咏杜少陵兵車之篇英雄爲之喪志讀李遐叔戰場之文壯士爲之寒心輕武重文之習尙濡染旣久深入人心茫茫神州於是有好鐵不打釘好漢不當兵之諺以偌大土地而受制於外人何足怪歟嗚呼當此武裝和平時代弱肉強食已成不易之公例苟長此不圖其何能生存於此競爭之場乎中國今日所以宜提倡軍國民教育也而於吾吳尤爲當務之急何則古稱燕趙多慷慨悲歌之士秦隴多強健勁悍之兒英雄名將多出於大河兩岸而綺靡之習婉孌之態獨盛於東南吳郡尤爲東南文弱之中心點文采風流萬言倚馬翩翩年少弱不勝衣求有軍國民之資格者千萬不得其一故軍國民教育倡之他省收效易見功速倡之吾吳收效難見功遲速者但須因勢而利導遲者不可不急起以直追或謂濱海之民其性懦山居之民其性剛吳人之弱有所自來雖有提倡之者其如限於地勢何殊不知人定可以勝天日本島國也何以威振東亞英吉利亦島國也何以稱雄世界可知地之不足以限人也所患者提倡不力耳吾吳而不欲圖存也則已如曰欲之是宜認定宗旨編入課本先之學校使後生輸入軍國民之知識鍊成軍國民之體魄如此而不變文弱爲武健者未之有也不然以地勢之故而不急思補救吳爲東南重鎮而東鄰之所覬覦者也影響全國正未有極是所望於熱心之諸君子

逸情雲上藻采烟高軒爽處如西山朝暾撲人眉宇

雜說一

蘇省第一師範學生 吳彭年

昔讀蘇子瞻武王論謂武王爲非聖人嘗疑蘇子之創是論或故意以駭人聽聞然意謂蘇子是說必有所本斷非臆

說也。及讀江陰沙定峯讀史大略。始知蘇子之言。誠非臆說。卽本於孔子論語韶武並論。而稱武曰未盡善。中庸舜武並引而稱舜曰德爲聖人。尊爲天子。富有四海。宗廟饗之。子孫保之。稱武則但曰尊富饗保。而獨無德爲聖人之句。於此可以知孔子在當日亦有不滿於武王之意雖未經顯言然武王非聖人之意已可於言外得之此殆卽蘇子之所本歟噫沙子誠可謂讀書得間者矣夫自沙子之論出而世之妄論蘇子者夫亦可以知尙論古人之不容輕忽矣

雜說二

蘇省第一師範學生 吳彭年

丁巳初夏。予宿於前之紫陽學舍。忽有蚊自帳隙入。嗡嗡之聲。振繊於枕畔。驅之不去。卽去卽又復來。無何。乃冒被而寢。然以空氣鮮通不能久耐於是左手以拊吾身之痛癢。右手握扇以驅蚊。終夜擾擾。迄無甯靜之時。及清晨。則蚊集於帳隅而思遁焉。予乃起而捕之斬其首斷其足用以洩吾之憤焉吁彼入吾帳吮吾血以飽其腹其亦知今晨之卽爲吾所擒殺乎於戲是眞無智者也然則入之無智者可以知所處矣

多讀書得間語文亦明順

余之研究國文談

蘇省第一師範學生 陳育才

民國改元之二年夏。余始就學於本校。申江姚師孟塤掌教於此。先生道德學問。洋溢海內。其課弟子也。必使窮流溯源。崇本抑末。蓋有深慨於今日之道喪文敝也。嘗曰。諸生欲爲人師。當思若何而不愧爲人師。欲爲人範。當思若何而不愧爲人範。是豈徒襲科學之皮毛而可畢乃事哉在今日固不可屛科學於不習亦不可視國文如敝屣二者兼顧而斯得之矣。然國文爲我國精髓之所寄命脈之所託。尤當博學審問愼思明辨而篤行之。則將來應用。庶不致有折鼎覆餗之譏。又曰。治國文者。不可專特師傅之講解。必能躬自致力。蓋聞而得不如求而得之深。固也。閱而得有限。求而得無窮也。余謹識之。迄未敢忘。嘗分看讀之書。可讀者必讀而成誦。可看者但求其速。不求能記。若四書若春秋史記

嘗全讀或選讀者若綱鑑易知錄若名人遺文先正格言近代雜誌亦嘗涉獵者偶有所得即另册錄之以備參證亦張橫渠所謂心有所得即便劄記之義也去年夏鄉居無俚取曾文正家書閱之有曰看書如在外貿易獲利三倍讀書如在家慎守不輕花費者也看書如攻城略地開拓土宇讀書如深溝堅壘得地能守者也旨哉斯言有志國文者不可奉為圭臬耶曠觀古人文章炳炳琅琅耐人百讀而不厭者要由讀書多而積理富故也吾人作文常覺下筆窒滯而於記事言事之文尤感困難蓋由言事之文必先洞先事之條理原委扶明正義然後可條晝其補救之方記事之文必先表明緣起深究其得失之故然後述其本末則是非乃明然吾人涉世未久讀書未多人情世故得失之原未能曉然故作此類文字常感困難萬分也然其應用甚廣吾將於此加之意焉民國六年六月識

閱歷有得之言

對於寒松社之貢辭

蘇省第一師範學生 吳彭年

吾師範學校創立以來距今已十二載矣校長王先生為修養智德鍛鍊身體聯絡感情發揚校風計召集校友會者一堂邀請名人演說敦聘專家彈琴而郁郁彬彬之寒松社乃成立於中華民國六年四月二十二日懿歟盛哉夫人處於宇宙之間自立固為要事然尤不可不合羣一木之力難支大廈千狐之腋足以成裘推蟻有羣故能同營巢而處食惟蜂有羣故能同採花而釀蜜詎可以人而不如蟲乎縱觀吾校相繼畢業者有七百餘人同日同堂者至有二百餘人亦可謂多矣而來日之緜緜延延至賡續無窮而不可計由今度後洵幸事也但畢業同學星散各地以任教育事業其間無通聲氣之機關猶烟之與水離而難合也然則如何而可則必曰校友會夫寒松社者沿舊有之名即校友會之別稱也社中研究文學者則有文藝部鍛鍊身體者則有體育部修練辯論者則有講演部講求圖畫書法手工者則有美術部練習唱歌奏樂者則有音樂部吾校校風吾校前途皆兆於斯則得松社之關係於吾

哉然吾人對於寒松社宜懷如何之志義乎曰誠公勇而已自今而後願與諸同學協力和衷以進取之目光而進行以世界之目光而競爭則寒松社非特可堪爲法於中國且可以爲法於世界矣茲者寒松社開成立大會年彭躬逢斯盛謹致頌曰吾校與日月並壽吾社與松柏常新吾校萬歲吾社萬歲吾社友萬歲

不蔓不支

國慶日之樂觀

蘇省第二師範一年級第一期學生　孫齊康

凡人必有樂觀或因時而異或因地而異惟此十月十日之國慶則普天之下無地無人不抱樂觀者也自民國成立歷此國慶日者凡四而以今歲之樂觀爲前此所未有蓋前此國慶或因干戈遍地或因外患紛紜未遑舉行盛典而今則河山再造日月重光當此共和恢復之餘我民之樂觀爲何如今夫置酒設筵觥籌交錯則政界之樂觀也犒賞餉銀停止操練則軍界之樂觀也懸旗結綵興高彩烈則商界之樂觀也搭臺演劇舉會提燈則學界之樂觀也日中則街頭巷口國旗飄揚夜間則不夜城中燈光五色以蘇城言之國民之樂觀已如是推至全國可知我故曰國慶之日無地無人不抱樂觀而今歲又爲前此所未有也吁亦盛矣雖然國慶固屬樂觀而際茲外交危急內亂未艾瞻顧前途尚有未盡可樂者我願朝野上下共謀所以振興國勢鞏固國基使我十月十日之國慶垂之永久則誠億萬年無疆之樂觀也矣

墨舞筆歌異樣光彩問有片語隻字不臻妥適否斯之謂工力悉敵（原評）

維持生計議

蘇省第一師範學生　沈炳魁

治天下以得民爲急得民之方莫善於養民夏殷周之世民有恆產仰足以事父母俯足以畜妻子故國祚綿長及秦之時井田之制不行養民之具不備而二世亡矣故天下之亂治可候於民之聚散而得民之聚散可候於其生計觀

易而得。是以天下之治亂可勿計也。民人之聚散可勿慮也。惟其生計則必爲之維持。維持之道。如何。復井田之制而興民以恆產乎。此行之於古則治。非今日所宜也。然則處今日之時而欲維持生計。則何如宜廣設工場。使煢獨之民有所托命。而無業游民亦可因之自食其力。不至流於邪僻。是平民之生計賴之而維持。社會之秩序以之而安寧。一舉兩得。莫善於此矣。然維持之道不止於此也。考之泰西從事職業者。女子有半焉。及觀我國則女子無自食之能。衣食咸仰給於人。嗚呼。以國人之半而盡屬分利。不亦危乎。語曰一女不織或受之寒。今若此。無怪乎生計之難也。爲今之計。莫若提倡女子職業。庶生之者衆而食之者寡。雖凶年饑歲亦可免於死亡矣。嗟乎。人口愈增。生活愈難。苟不及今卽以維持之方。吾恐民之不聚國之不治可計日而待也。然則維持生計之議。余豈徒然哉。

亦猶人筆較老當

講求公利說

蘇省第一師範
本科一年級生 王志

天下有不求利者乎。舉凡農之耕耘。工之製造。商之貿遷。以及夫士也。爲政者也。無一非求利者也。雖然自營[illegible][illegible]私爲公。利有公私之分焉。利於己者私利耳。所謂公利者利於天下國家也。利於公則其利永。曷言之。民之初。此行之蠢蠢。日搏殺爭奪以爲生。人類之不滅也幾希。聖人憂之。爲之農以出粟米麻絲。爲之工商以贍其器用。敎之業游民。別之以五常。使各安其生而毋相爭殺。蓋聖人爲天下國家求利也。所謂公利者是也。唯其所利者公。斯民賴之。能[illegible]保而不滅。非然者人類之爭殺也不已。其必不能久存以至於今可知也。吾故曰利於公者其利永也。夫今之知公利者鮮矣。士之求學。非欲以其學敎育國人也。徒藉以博身名之顯耳。不特士也。爲政者莫非博高官厚祿。民生國計不知也。農工商無論已。嗚呼。其亦私利之甚矣。彼一旦而富矣貴矣。則居必廣廈。食必珍饈。以求肥於一身。夫天下之財物有限也。一二人盡取以利己。則窮苦者日衆。盜賊滋熾矣。幾何其不大亂之日作。天下事甯復可爲耶。然則如之何其可也。曰利非不可求。當推利己之心。以利人。人之飢寒猶我之飢寒也。人之困苦猶我之困苦也。分一己之利以利天下。無斂天下之利以利一己。斯得矣。

轉折明晳語能切實收處尤見懇摯

救濟武漢商業私議

武昌商業專門學校本科一年級生 謝國澤

武漢商業之盛衰。中國國命之存亡也。蓋以立國今日。無時不與戰爭爲緣。戰之者或以兵。或以學。或以工商。不一其道。而制人命根。竭人精髓。談笑於堂室。獲勝於無形。施之漸而禍之深者。莫商戰若。武漢居全國之中。樞稱世界之名埠。鐵軌汽輪。無遠弗屆。貿易年額。關係全國經濟。殊非淺鮮。誠腹地重要之商場。國家圖強之基礎也。乃通商以來。國中百工窳敗。商政廢弛。每歲輸入恆逾於輸出。凡百富源。悉讓人經營。而當局者漠無所知。嗟乎。楚歌四面。危險萬狀。如今日之武漢商業。當如何急起直追。竭力補救哉。乃又操戈同室。窒礙交通。盜賊蠭起。商旅於以不行。戎馬擾攘。貨物因而停滯。金融奇窘。歇業者項背相望。供給遲緩。生計界大起恐慌。武漢商業。寧能有幸耶。雖然。往者不可諫。來者或可追。願竊就愚見所及。瀝陳救濟之法。以貢當道者考鏡。臚舉如左。

一曰、臨時之救濟也。 武漢貿易品。集各省之物產。供給輸出與交換。遠者來自數千里。需時月餘。黔滇蜀藏之油漆、藥材、竹木。蜀秦之麝香、人參、棉花。隴之皮革、煙草。兩粵浙閩之海產、砂糖是也。近者亦且千里。需時旬餘。湘鄂豫贛之木材、米炭、桐油、麻布、棉布、麥豆、銅鐵、磁器。蘇浙閩皖之茶絲紙料是也。道途既長。危險多有。鐵道輪船之運輸。僅便幹路。而不及支道。無事之秋。萬貨絡繹。一旦戎馬倉皇。即深藏而不出。雖好事走險之徒。且覲望不前。尚能望於平民乎。辛亥以來。迭經兵燹。商人營業於亂時者。大遭折閱。傷弓之鳥。敢復冒險乎。更可痛者。一二狡黠之流。且利用時機。居彼奇貨。市面因以大窘。凡此種種。皆所以致商業陡然衰落之原因也。欲救其弊。必塞其源。塞源之道奈何。曰必使各

地秩序安復則貨物流通人心靜謐而百廢畢舉矣而安秩序靜人心之道尤莫先於息戰修政此則在我當道諸公以國家爲前提耳

二曰根本之救濟也

夫各地秩序安復而貨物流通人心靜謐而百廢畢舉則救濟之能事畢矣乎曰未也臨時之救濟只在目前後此則當爲永久遠大之救濟也商戰原則以出口貨多而進口貨寡者其國爲得勝利而以原料品輸出與製造品輸出比較上亦有優劣之分試觀武漢貿易狀況出口貨物能抵進口之數乎有識之流類知其不能而更有倍也然使此倍入之數而純爲外人之天產物則是吾國天然缺陷尚可以自慰也乃一語其究竟則率皆吾之故物人不過改頭換面而還我從中權母而得子耳可不痛心而警省也哉且如國人自豪之茶差堪勝人者今亦束手讓俄人經營製造而內江數千里爲武漢重要航運地者又爲英日列强把持他更可知也然問其所以致此之故僉知爲工商之不振也不振之責一方由無善良政治之督責提倡一方由乏優學人才之從事經營商業政策也商務會議也皆爲敷衍之文公司經理也商號店友也半是不學之蜚夫安能與人勵精殫思蒸蒸日上之商政富學多能明體達用之商人競爭馳驅於優勝劣敗之天演下耶故今日而欲爲根本之救濟亦必從根本入手察病原所在厲行改革實事求是日就月將獎勵國外貿易提倡內地工業庶幾輸出有物漏卮日塞推廣商業教育培養商事專才俾從事商業者具有商業之知識技能夫然後世界之情勢可明市場之趨向可知會計之整理有方營業之規畫有準夫然後可趨於殖產之商業而不以推銷外貨爲得利之門矣

夫事之複雜者莫商業若況在武漢內而對己外而對人其關係尤非常比豈此區區所能有濟耶雖然法不在繁要以實行爲得雖此區區苟能持之以貞則數十年之後必有以食其報矣非然者聞人說食己終不飽雖日言法復何益者而歲月易逝精血日竭利權外溢民生無聊破產瓜分將見實施語云天下興亡匹夫有責國人當知責任之所

在矣

（王猛捫蝨而談旁若無人由其心中儲蓄者無不通也作者來自西陲竟如此了澈可敬也（童若皐評）

改良私塾芻議

滬江大學正科一年級生 夏長楨

自新知識輸入求學者惟學校是趨無論其爲專門爲高等爲中學爲小學率皆科類繁雜不能專注於國文國文者吾先聖昔賢教人之本而國之所以立也學者當童稚之年不固植其國學之基礎雖新學日進而植本不固至它日而求之晚矣余幼時曾受教於私塾者也故深知其不可以廢且今者方昌言普及教育矣公私之力不充安在有普及之望改良私塾其庶幾言教育者所樂聞而亦主保存國粹者所樂尙乎聊貢數言幸垂詧焉

一、宜除科舉惡習　塾師概自科舉中來故其教人也不免束縛人之心思夫世界之進化全賴有思想文字之遞進事事奴隸於古人則何進化之可言稚年學子正值思想初發之機束之縛之以致個性壓抑文明中止積久而習慣成非徒於個人之幸福有礙社會國家亦受其影響焉此科舉習染所當必除也

二、宜授眞實學問　塾師通犯之病厥爲拋棄眞實之學惟教弟子以無用之詞章六經諸子束諸高閣不爲之詳晰講解文章則授以近世所習誦者而咬文嚼字无裨實用噫就其輕而舍所重取其末而遺其本不足以言國學也改良讀本務取有用之學問而不尙無謂之詞章此亦其一也

三、宜更教授方法　私塾教授每以背誦爲第一義此外則習字講書而已故天資穎敏之生徒常居先其鈍者遂落後於是或誦或書或講一堂棼然各事其事無一致其求之益焉欲糾其失莫若廢背誦定時刻何時當讀何時當書何時當講三者既完則相率而作種種簡易之游戲以強體力而怡性情庶幾合於身心發達之道矣塾師遇有生徒不能熟誦或書字脫誤或默講不明者往往嚴辭厲色以呵叱之甚或假夏楚以示威夫兒童伏處師威之下則生懼

畏之心而無活潑之精神致失其見義勇爲之能力然則爲師者曷若和其顏悅其色愛惜生徒如慈母之育其子有犯規者始加勸導不從輕則罰之重則斥退如是使生徒懷德畏威不敢有越矩之行則其成績自斐然可觀矣

四、宜更管理方法　私塾中往往隨意吐唾最有害於衛生故必置一二痰盂以供生徒之用塾師宜率諸生躬行清潔以爲之表出入有方起坐有則應對進退循循有矩皆管理法中所宜實習者也且塾師往往擅離教室出外治其私事以致生徒喧鬧秩序紊亂必時時宜導學生以自治而躬親監督則人知自愛何紛擾之足虞塾中有作而無息亦非所以爲教也夫人之精力有限豈可以無一時息游而況於童子乎欲救其弊必闢一小操場教授競走拔河跳索諸游戲以和血脈而增健康夫然後可以蠲去昔日委靡之形而顯新國民活潑之精神矣

以上四端不過個人一得之所見蓋私塾既不能廢且恐廢私塾後而鄉僻無力之子弟轉無自以就學也故敢爲改良私塾之議而一方面又以私塾所教者全爲國文藉以厚新學生徒之根柢而爲保存國粹之一助其庶爲有志之士之所許乎

意議周匝文筆能達所見（林鶚翰評）

學校有規則而後可行賞罰說

協州美漢中學三年級生　余守德

順其心之所欲而爲者人情也逆其心之所欲而爲者非人情也好榮名之加於身者本心也喜汚名之辱夫己者非本心也情發於心心範以禮則禮爲心閑心爲情閑自無乖錯之虞偶失其閑而以好榮惡辱之故情隨欲動不能以強赴於禮謂如是或亦可暫收美名久之甘棄其榮而永墮於劣此賞罰所以爲救正人心之具也人知行美譽之事可以邀賞行惡名之事必至受罰故相率而修美譽避惡名學校之重規則其以是乎苟無規則則善者無由自勉惡者焉知自新規則既立而若者爲善若者爲惡若者爲應行若者爲當戒洞然易曉於是從其善去其惡人無良否同

趨於善矣。雖然，此以待庸人固已足矣。若夫待中人以上者則不然。必也以品行相期，以道德相感，斯無賞而善自修，無罰而惡自化矣。學者曰：行一善，我之身心受其益，於人無與也，邀賞奚為乎。墮一惡，我之良知喪其眞，於人亦無與也，受罰奚為乎。教者曰：彼也能善，從其良心也，我賞之以勉勵其良心而已。彼之為惡，蔑其良心也，罰之以愧恧其良心而已。善所當善，不待用賞；惡所當惡，不恃有罰。此上理也。以視斤斤賞罰者，相去為何若乎。雖然，吾人今日為學生，他日不終為學生也。一旦脫離學校生活而從事於社會生活，則今日保守學校規則之良心，即他日保守社會秩序之先備。未有在學校不能遵守規則，而可為社會國家之良國民者。苟其擴為善無賞之良心，明為惡無罰之可畏，以遵守社會之秩序，國家之法律，循其良心，我行我素，吾安吾業，熙熙皞皞，臻於至善，國焉有爭，世焉有亂。嗟乎，上古純美之風，而乃於叔季之世求之，欲免南轅北轍之誚，果可得耶。

見理明透，大言炎炎，不為題縛。（戴祝堯評）

禁早婚議

江蘇省立第十中學校二年級生　郭士品

余嘗見農家之選種也，必擇穀之碩大成熟者而用之，猶恐有穅秕菌類雜其間也，又必浸之以溫湯，淘之以鹽水，而後播之於地。如是其苗必豐肥光艶，且耐寒暑。否則不生，生亦憔悴可憐。人類何獨不然。吾國舊習未除，為人父母者多為子姪早婚，欲效綠竹之抱孫，殊不知年歲幼稚，身體諸器官尚未充分發育，一經早婚，體力漸弱，子女亦必因之而弱。一家如是已不可，一國如是尤不可。且人當幼年時代，必研究技藝學術等，為一生立身之本，或士或農或工或商。若一經早婚，心必為之分，體必為之弱，腦力必為之減，而所學之技藝學術等亦必為之退化，其禍豈淺鮮哉。方今生活程度漸高，每見因結婚而衣食不給者，所在多有，何若待年成業就後而有家室之為愈也。三十而娶，二十而嫁，古無明訓，今雖不能如是，男子廿五以上，女子十八以上，尚不為晚。或人處家庭之變，有不得不早婚者，是又在所例

外矣因目覩吾國早婚之多也乃譏議其利害如是而望人知所禁焉

入手罕譬而喻中後詮發題義層層俱到合作也（周德周評）

交友說

江蘇省立第十中學校二年級生 楊化吉

嗚呼交道之不明於天下也久矣孔子曰交友有三益交友有三損蓋以擇交不愼而利害卽介然於其間此君子之愼於處人不敢輕於交友者也雖然天地之大見聞之廣吾人苟居於鄉黨之中孑然獨處自相切磋不輕與人相砥礪則其所得不過鄙陋之學識個人之見聞而已烏足以成爲鴻博之材並曉然於聖賢之大道哉故善於擇交者不必以交友爲畏途亦不必濫於交友處善惡而不疑要皆在乎人之善於察人否耳嗟乎世風日下人心不古降及近世爲極甚富貴之時則人羣相與爲友平居里巷相慕悅酒食游戲相徵逐詡詡強笑語以相取下如柳子厚所云者及其貧賤則反眼若不相識不恤憫其苦反恥笑之怒罵之以爲斯人應得所受者而昔日富貴時之握手出肝膽相示指天誓日結把臂盟者今則已置於不相識矣嗚呼人情冷暖世態炎涼富貴則慕之貧賤則笑之交道如此尙堪言哉

說電

江蘇省立第一工業學校電機科二年級學生 徐衍澤

議論縱橫氣息近古（周德周評）

四人謂二十世紀世界中一電氣世界也電學愈進步世界物質愈文明此電氣萬能之說所以喧傳於世也故時至今日凡昔爲吾人夢思不到者今皆一一發現愈演愈幻愈出愈奇皆電爲之也然則電之一物果何物耶證諸種種學說世界物質均帶有電氣其分量隨各物質而異發見電氣之現象不外藉化學作用及機械作用二者而已且電爲無形之物質吾人非能直接認識者不過見發現特別之現象卽稱之爲電耳至空中放電吾人日常所慣見不以

爲異。然而電燈也。電信也。亦空中放電之變相也。歐西自弗蘭克林發現電氣後。經數百年學者之研究。發明種種物質。凡工業上之器械。無一非利用電氣之能力。他如農業軍事醫業等。亦無一不藉電氣以爲之應用。於是蒸氣能力一變而爲電氣能力。宜乎彼電氣發達之國。所出之品價廉而器精。物美而工省。如是而欲與之匹敵。是猶驅懦夫與烏獲角也。能有濟乎。雖然。電之爲用。固大矣。然而西人稱今世紀電氣之發達。尙在幼稚時代。其理無窮。其用無限。大用之則大效。小用之則小效。電學前途。茫茫無際。研究電學諸君。其責任。豈不大哉。

機械功用說

江蘇省立第一工業學校機械科二年生 周迺晉

清機徐引妙緒紛披

地球之上。萬國並立。而貧富迥然不同。雖其原因甚雜。然究以機械之發達與否。實爲至要。蓋有機械則人力不能造之物。而機械能造之。十人百人所僅能造者。有機械則一人能造之。夫以一人可兼十人百人之工。則所成之物。必夥。物品之值。亦必廉。然則論所成之物。一人可兼十百。論所獲之利。亦一人可得十百。豈非兩利之道乎。故泰西各國商業之發達。以此。民生之充裕。以此。國家之富強。亦以此也。我國自前清咸同以後。海禁既開。萬國交通。歐美列強。雲集各埠。咸以其貨物之精。價值之廉。奪我利權。致令我國軍用器械服飾布疋以及一切日用所需。無不捨國貨而取給於外邦。於是漏巵日甚。金錢之輸出。歲以數千萬計。此非吾國工業之不振與機械之不發達故乎。雖然。機械之功用。又非僅局於一隅已也。大用之則大效。小用之則小效。隨人之所欲爲而各適其宜。若用之於工具則爲工作之妙品。用之於戰備則爲殺人之利器。用之於舟車則爲交通之要具。是則機械者實當今競爭世界國家命脈之所繫。富強之大本也。不觀夫德意志乎。當十九世紀之中葉。日耳曼民族。分處散立。萎靡不振。受拿破崙之蹂躪。莫敢誰何。而今以一國抗衡列強。轉戰數載。未嘗敗北。雖因其人民之勇於愛國。而槍械之精良。艨艟之堅利。飛機之奇巧。爲他國所莫及且無缺乏之患其不得不歸功於工業之振興機械之發達也可斷言矣乃反觀吾國遠居亞東有廣大之土地豐富之礦產而昧於利用不知振興工業昌明機械馴至民貧國以貧民弱國以弱言念及此竊不禁凜然以懼悚然以悲也故吾謂中國自願淪亡不欲民生之充裕國計之富饒則亦已矣如其否也非振興工業昌明機械不爲功

能將機械關係國家富強根本說得透闢無遺功用自然可見至於運筆措詞亦頗井井有法

文學宜隨時代變遷說

浙江省立第十一師範四年級生 陳廷璠

一國之文學常因國運而消長隨時代而變遷將興之國其聲和將亡之國其聲淫極盛之世其聲大而遠衰亂之世其聲煩而瑣强國之聲宏亡國之聲哀此季札之觀樂所以能察其國之民情風俗也吾嘗讀尚書竊歎唐虞三代之盛而知堯舜禹湯文武之德讀詩而知周之盛衰與列國之強弱讀孔孟之書而知春秋戰國之時勢及觀兩漢唐宋元明清之文學而知運會之遞嬗蓋文學之消長根於時勢之盛衰而時勢之治亂又足以覘文學之興替也當三代盛時庠序學校徧於全國五倫六藝之教施於四民教者以此爲教學者以此爲學全國之人如桃李之被春風黍稷之沾時雨雖隸卒厮養之賤亦能雍容於辭令一時文教於焉大盛至春秋戰國之時名士輩出孔孟而外老莊荀楊等各樹一幟以鳴於世蓋有周一代於斯時而人才出也洎乎炎漢周人遺學老師宿儒之所傳猶有存者故賈誼司馬遷班固等奇辭奧旨絡繹奔赴風骨凜然非後世所能幾也東漢衰學校廢至於六朝紛紛擾擾又有佛老之說雜乎其間幾無文學之可言間有傑出之才競以辭句相尙爲聲律排偶之文唐虞三代之學至此消滅盡矣唐興高祖太宗竭力興學文人學士極一時之盛然尚不能與三代兩漢比隆者蓋經六朝之衰替一時不能見效也其後韓柳輩出銳意復古易偶爲奇其文深雄雅健足與兩漢抗衡國威揚於域外而文教炳於一時豈不信然唐末五代干戈擾攘文學概無足稱宋興歐蘇王曾等出怵於文章之萎苶苦心經營舉以古作者爲依歸而文學於是乎復興元明

瀰漫相推衍其變雖不可窮詰然常視世運爲轉移蓋世盛則學者多所謂植人百年植之而後材生材生而世乃益盛此文學消長之大要也究其概要周以前之文以神勝者也戰國以後之文以骨勝者也唐宋以後之文以氣勝者也其特長之處則遷固之史學韓柳歐蘇之文章程朱陸王之理學皆卓絕千古而不可磨滅夫百家之述作豈無因哉衰周之世君臣父子之道不明而孔子於以作春秋誅奸諛於已死發潛德之幽光百世而下猶凜凜焉孟子因楊墨之害天下辨而斥之以明孔子之道韓歐以佛老之害天下拒之以明仁義之要彼皆有所爲而然豈與夫雕章琢句者流較得失於分寸間乎自宋以後科舉之制興學者專習一經騖於利祿累於帖括而文學晞其衰矣故吾人觀文學之更變而知夫時代之更變觀時代之改革而知夫文學之變遷歲序代更質文遞變人羣理想每囿乎時況文者出乎中而肆乎外遇其所感寫其所志能合於道義有補於世教者皆可取也斷不能執成法以限之設條教以律之也時至今日全球交通西洋各國之文化紛紛輸入與前之閉關自守時代迥乎不同文學之方針亦爲之大變蓋昔者所謂道德主義而今則有所謂軍國民主義者焉昔之所謂刻苦而今則崇物質之文明矣而曰文學能不受其影響者能乎否耶豪傑之士欲有所樹立當乘此萬國交通之機孜孜焉專心於學取先聖昔賢諸子百家之書涉其流探其源采剟其華實而噍咀其齊咏參之以東西先哲之雅言取其菁英而去其糟粕振起我數千年文學之精神其在斯乎

洋洋千言說雖相因理則確是

愛我畏我欲有求於我皆足以蔽我說

浙江第十一師範本科四年級生 應明

嗟乎我之於我其難見也出於我者皆善耶我所聞者亦有逆焉出於我者皆不善耶我所見者又有奉我焉舉逆我者果我不善歟何逆我者皆出於惡我怨我欲有損於我者也舉奉我者皆我善歟何奉我者皆出於愛我畏我欲有

求於我者也凡若此者將永墜五里霧中終其身而莫自見也夫人之欲自見其善惡也若自見其面然人欲自見其面必取於鑑然當晨晞而窺之則赭然而赤吾面也對暮氣而窺之則黧然而黑者亦吾面也同是鑑同是面也而朝夕之相距邈赤黑之異形耶蓋朝夕之境遇之不同以爲之蔽也人之欲自見善惡也奚獨不然夫人不能自見善惡必取鑑於人然愛我畏我有求於我者必以我爲善而惡我怨我欲有損於我者必以我爲惡同是我同是事我也彼此易人而善惡易聲又曷故哉蓋愛我者不忍言我惡畏我者不敢言我惡欲有求於我者媚我也惡我者不樂言我善怨我者不肯言我善欲有損於我者妬我也故事無善惡騰於愛我畏我欲有求於我者之口則爲善理無是非播於惡我怨我欲有損於我者之言則爲非蓋其心有所偏言不由中故皆足以蔽我者也然則將曷從乎夫千人之諾諾不如一士之諤諤與其日聞善以肆其心曷若日聞惡以束其心寧舍甘餌之足以致病而從橫逆拂戾爲我之嚴厲教科庶免於所蔽而有以自見也

言之確由於理境明

病說（贈同學孔君繁傑）

江蘇省立第三師範本科二部生　李江淮

孔君繁傑於本年秋與李子同學於無錫江蘇省立第三師範相見之始各恨相見之晚乃入校未幾孔君以咯血病發歸家歸之日李子送之且致珍重之意孔君感甚致莊重之詞曰余之病去而復來不知何日能痊可慮孰甚君等有以教我乎李子曰何君之斤斤於是也蓋君之病一時之病也一時之病病之小者也且易療者也若生而無能死而無名千載之病也千載之病病之大者也且難療者也以大病與小病較君可以無憂矣以難療之病與易療之病較君可以更無憂矣君無以小而易療之病爲憂宜以大而難療之病爲憂調養不失其道小而易療之病自退避三舍矣小而易療之病既去則大而難療之病亦可去矣何則小而易療之病去則立德立功立言三者自可修獨以底

於成而名亦隨之歸矣實至名歸流芳百世不難也又何病之有焉所謂大而難療之病亦可去者此也今之人術以身體之安否為病與不病而不知以歿後之有名無名為病與不病此所以歿世有無名之病当而若豈其人哉所君喜曰吾今乃知病之所以為病也乃次其語以贈之

一縷清思直闢題扃用筆亦雋傑廉悍不落平庸（嚴毓芬評）

說奢儉

江蘇省立第一師範學校一年級生 龐仕

石崇豪侈有四十里錦帳之奢晏子清貧有三十年狐裘之儉若夫駟馬高車之適崇臺廣廈之安衣必錦繡綺羅而專以趣時食必奇饈珍味而務求悅口心勞於華飾力疲於肆應此則奢者之所為也衣敝衣居陋室勤求樸素猶有古風篤實溫厚不失真我視繁華如夢目豪侈為妖日出而作日入而息女勤織紝男務耕耘然後布帛足溫稻粱可飽家有殷富之實身無凍餒之虞此乃勤儉之所致也要之奢者絕豪侈之風儉者敦古處之誼則禮讓興行生計日裕矣

詞氣安雅

高等游民說

江蘇省立第一師範學校一年級生 龐仕

夫一國之中苟人人有業則皆非游民也人人無業無不可稱為游民也凡有血氣之倫常惡卑而就高惡貧而覬富惡寂寂而慕赫赫之名其倖致顯達者乃能樹旗旄繼弓矢食前方丈侍者數百極人世之榮一旦失所憑依則萬念俱灰瞀亂荒惑而淪為游民矣其游蕩無業則下等之游民耳今所謂高等者更可異焉此豈有驅迫限制致然哉時勢為之耳其人非盡無職業亦稍有智識技能飽食暖衣為世大蠹希名位而不得懷溫飽以自矜詩書用為竿牘道義假為清談於國無絲毫之利於民有邱山之害惟玩日愒歲隨波逐流沒身而已下等社會之游民大約為飢寒所

迫耳既有高超之智矣而陷溺於是嗟乎此吾國之所以不振也

詞意精碻入後寄慨尤深

尊孔說

浙江第十一師範本科四年級生 廖焜

嗚呼今之最可駭怪者明明受孔教之賜而不知尊我素王也夫一國無一國之華則其國枯一民無一民之靈則其民窳若孔子者非我國之華而我萬民所由受其灌輸而出者乎昔王通有云天地生我而不能鞠我父母鞠我而不能成我成我者夫子也若是乎孔教之大道參天地恩並父母斯民之生使非身受其教則不足以成人而天地父母亦將有遺憾而莫從補救我中國自魏文侯受經於子夏之後傳至漢武帝又罷黜百家表章六經自茲以降上自帝王下逮庶民靡不尊奉孔子為師表號曰聖人經傳立於學官祭典隆於學校黌序偏於全國廟祀萃於有司一切典章制度政治法律皆以孔子之經義為根據一切義禮學術風俗習慣皆以孔子之教化為依歸所謂聲明文物最盛之邦歷代祖宗所至尊崇以為國粹者也祖宗存之子孫廢之我儕將何以對於先人乎況今孔教發展漸被全球日俄建設文廟尤以購買聖經為急務海島華僑又復爭解義囊廣樹孔幟以保祖國精華而我神州乃禮教發源之地轉使置孔教於度外將欲以佛回諸外教代之乎抑將以各土木偶像代之乎嗚呼東泛溟渤西陟崐崙礪山帶河孰非孔教之國土安老懷少孰非孔教之流風深衣方履孰非孔教之服制由古文而篆隸孰非孔教之文字維食兵信曰庶富教孰非孔教之政策仁義禮智孝弟忠信孰非孔教之德音文事武備耕稼貿遷孰非孔教之職業嘉言懿行文章典則孰非孔教之貽留乎國家奠安安於政事政事齊飭飭於人才人才蔚起起於風俗風俗龐厚厚於道德道德隆盛盛於教化教化浹洽洽於便安若至聖先師孔子之教豈非我族所最便安之久且遠而為吾民族所率土同以語所交戴且為世界偉人覘國本者所萬眸同的而齊觀者乎願我愛國諸君子思之思之思之所以維持之光大之以

增盛我禹甸之聲明文物爲熙熙攘攘造永久安全之福焉。

語述鸚鵲

浙江第十一師範學生　李培陰

余與友偕遊林下。見二鸚鵲棲於樹上。余曰。聞鸚鵲能言。其靜聽之。寂然者久。既而一鸚鵲曰。人常笑我無禮故雖能言不離飛鳥以吾觀之人亦未必有禮也父不父子不子長幼之序亂孝弟之道亡社會之間競以詭詐相尚偷薄成風見利則趨見害則避禮有者固如是乎不特此也。齷齪卑汚所所不爲觀其衣服之華麗冠履之新奇固巍巍乎可畏也而不知冠冕其身穿綵其行飾其外而遺其內吾雖不及人之智巧然樸質自守不慕外物之繁華覓食以飽其腹不求異味之養入則母子相依出則同伴相樂朝作夕息悠悠林間豈若人之營營逐逐日勞神於勢利之場乎彼人尚詡詡然以有禮自居以無禮目吾吾固無損恐人之自傷其德也一鸚鵲曰。止下有人焉恐聞之而害我也。遂不復言。余與友聞之相顧慘沮口不能言足不能行久之乃回。余謂友曰。此言豈欺我哉吾人日處無禮之中而不自知而鸚鵲言之切中如此此鸚鵲者非禽中之翹楚耶自今以後。吾再不敢言鸚鵲之無禮人之有禮矣乃述語以其自警并告世人以爲何如

借物起興於文字中隱寓諷世之意而筆情曲折亦能達其所見（華郁文評）

說我國今日教育之目的

浙江第十一師範本科第一年級乙組學生　周鳳岐

國運之興替不在兵力之強弱恆視教育爲轉移昔衞文之中興也。則曰敬敎勸學。句踐之沼吳也。則曰生聚敎訓。而德之勝法日之勝俄均歸功於小學誠以教育之影響於國家甚大也。溯我國自興學以來。已歷有年矣。戊戌維新際見阻於嚚母庚子悔禍已露其新機屈指至今得二十稔而國家之貧弱如故民生之彫敝如故豈以堂堂華夏竟不足以言教育耶況居今日而言教育尤難焉者世界之戰爭告終而共和之政體方始故近日歐美各國對於戰後教

育之進行多所贊述如英有伯特來氏之戰後教育美有地恩氏之戰時及戰後之學校法有彼高氏戰後之學校日有同文館之戰後日本之教育是可知教育者固因世界之潮流應時勢之要求而定其目的者也乃我國對於此大問題尚未宣言而一般之教育家不可不假定目的以促教育之進行然而今之論教育者多矣有以實利爲目的者有以軍國民爲目的者有以國家爲目的者竊我國今日教育之目的舍此三者不爲功蓋二十世紀一經濟之社會也試觀美國加入戰團而雌雄即決以美之經濟率高故也況我以債如山積之窮國不以實利爲目的則經濟恐慌勢必陷全國於破產之地位此實利主義之說也慨自我國重文輕武相沿成習政府無干城之具人民無應募之責舉國上下皆儒冠儒服於尚武方面置之不講以致黃帝神明之胄奄奄無生氣而一聞邊釁未見賊已先遁矣此庚子甲午之所以戰敗者也今日我國爲東亞文爭之點苟不急修武備何以爲抵禦之方乎此軍國民主義之說也然武備既修使處不進化之國家亦無以發展其精神近閱外國要聞知美之克告大功者以美有進化之國家也方美之與德宣戰也全國實業機關均自聽政府調度以助戰事之進行非美之國家進化而能若是乎此國家主義之說也得數語以蔽之曰有雄偉之經濟健全之人民進化之國家則戰時可操勝券而平時亦可利國福民也我國今日教育之目的其在此乎願司教育者有以教之

語語透闢不同浮泛

知行合一說

江蘇省立第二農業學校 李劍塵

書云知之非艱行之惟艱語云學而時習之此二語者一則言知行難於合一所以勉人者至深一則言知行不可不合一所以警人者至切昔子路有聞未之能行唯恐聞蓋恐行之不及也今人則不然今人能知此道而不能行此道者多矣蓋知此道者不過知其事實與原理耳至於行此道則非猛着祖鞭實力進行不可而今人當未行此道時

卽存畏難苟安之心宜乎事之不行也譬之仁義忠信人所當知然人日誦聖經而不能入于聖賢之域何哉豈非能知而不能行之故耶豈非能知之而不能盡力以行之故耶苟盡力以行聖賢之道則人人而不能爲聖賢哉雖然天下事物行之同艱然亦不可因其艱而不盡力以行也古聖賢豪傑何一非人之所爲吾人軀體骨格既無異於聖賢而聖賢之道德學術吾人何以能知而不能盡力以行耶皆由古之人切於爲己故能盡力而成聖賢今之人務於人知故不能盡力而爲聖賢苟今人能勉力以行其所知之事則何患不能爲聖賢哉此余所以讀王陽明先生知行合一說不禁重有感也

議論詳明見解亦透（張鉢渠評）

畫地自限說

江蘇省立第二農校 李劍塵

天能限我以境遇天不能限我之精神地能限我以山河地不能限我之進取我有精神我自用之我能進取我自奮之西域之地雖山林險阻不能限張騫之尋河源大西洋雖浩渺無垠不能限哥侖布之覓新大陸古今中外之聖賢豪傑猶勇猛進之精神成雄奇俊偉之事業初何嘗爲天地所限哉然則士之不能進取者非天地之限人人自限之也自限之者何非無精神之可用有精神而不用耳爲山九仞而一簣功虧蹊間路成而須臾茅塞孔子曰止吾止孟子云進銳退速凡此皆言人之行道不可苟安不可畏難循序漸進一往無前之爲得也蓋宇宙間之道路無窮畢生由之不能盡道之難者固宜加篳路藍縷之功徑之熟者尤宜循就熟駕輕之軌卽急起直追無一息之停而歷一程又有一程以相引闋一境又有一境以待躋尙恐其不能遍歷苟見正路而不由預爲畫一界線以爲吾之精力止能行至此而不能越雷池一步鴻溝之界限何其嚴文明之進步不亦滯耶誠如是阿爾魄士之高峯拿破崙不能踰之以破奥普大浪山之奇險葡萄牙人不能越之以至亞洲嗚呼難之一字惟愚人字典有之耳吾儕於求學一途苟不

畫地自限猶自強不息之精神天地豈有限我之境哉

見得到說得到氣勢雄健出語敏快洵傑作也（孫漢三評）

說謙

江蘇省立第一師範本科三年級學生 余長資

說文謙敬也朱子本義有而不居之謂謙釋文謙卑退爲義屈己下物史記樂書君子以謙退爲禮此外散見各書者不一而足要皆言有自小之意而不妄自尊大誠持躬之要務也夫古今來之稱爲謙者衆矣求其出於中而有終者殆寥寥無幾耳彼夫遇權貴則甘居卑賤而不辭者是謂之諂不得爲謙遇要津則尊貶其能而譽人者是謂之佞不得爲謙卽不然若曹丕之迫受漢禪至於讓再讓三以眩天下之耳目者僞也非謙也又不然若王莽之折節禮賢以收天下之譽望者術也非謙也且不然若介之推口不言祿終老緜山似乎孟子反之不伐己功謙則謙矣意則近矯夫謙者有若無實若虛其道德文章功業非人所能掩終不敢自居非沽名也處世之道有必然也然人情莫不好大稍有所得則驕心橫生謂人莫己若此傲慢鮮腆之習亙古今不少殺世亦莫之怪也謙誠難能也哉書曰滿招損謙受益時乃天道易曰人道惡盈而好謙是謙者天人之所同容盈者天人之所共嫉也不然項羽起兵八歲身七十餘戰未嘗敗北宜可以不屈羣策羣力而除秦滅項也而天亡之於烏江苻堅拒權翼苻融之諫大舉寇晉旗鼓相望前後千里宜其取晉如疾風之掃秋葉也而朱序一呼秦軍潰覆國喪師非盈而不謙有以致之耶然則吾人知盈之爲禍宜勉而爲謙知謙之實難宜益勉而爲謙

明辨而晰屈曲而達（翁福成評）

休假日之行樂說

江蘇宜興彭城中學二年級生 任香初

光陰如逝歲月如流際此青年豈行樂之時乎然而人之腦力過用則疲必休習並行方可故學校之中六日有星期

半載有寒暑假皆所以資休養也於此休假之日宜可以及時行樂矣然茶樓漫飲酒肆狂醉非宜也至於博奕摴蒱則更無論矣然則何如則可曰溫習舊課也研究學問也瀏覽報章藉悉世界之大事縱論古今暢談興廢之理由或靜坐養神或閒步郊野或撫琴自娛或怡情花鳥或遊玩山水或訪尋古跡餘如飯罷無事手執一卷坐而讀臥而覽興味濃郁此皆足以陶冶性情之行樂也至若蹴鞠競賽鼓棹游行鐵槓徐盤鞦韆輕蕩以及跳高競走等此又有益體魄之行樂也青年求學時代休假日之行樂如斯而已矣

鋪敘最易平沓此作頗能不犯此病由其筆性之良也(葉涵如評)

說訥

福建省立第一師範本科三年級學生 余長賚

孔子曰君子欲訥於言又曰惡利口之覆邦家也所好夫訥者非徒取其言必顧行也謂其知一言之微足以興喪邦家故不敢輕發諸口非若利口喋喋之徒肆其口辯而人之國家不顧也歷觀史册蘇張之縱橫趙高之說二世以淫樂李勣之和高宗納武昭儀一以亡六國一以滅秦又一則兆女戎之禍覆國喪邦利口實爲之訥者不與也漢文帝拜嗇夫張釋之力持不可而亟稱東陽侯爲長者東方朔枚皋持論不根漢武以俳優畜之而獨於汲黯敬禮有加其惡利口而好夫訥也如此小人之居位也掉三寸之舌以傾人主雖明知吾言一發則邦家隨之以亡終不肯少默其口訥者則不然其言必本於義合於禮盡乎人情不得其時不敢言也不得其位亦不敢言也得其時與位矣無益於世不足法於後又所弗言也故其訥也君子猶難之夫惟君子之所難能則其可貴也益見矣

重視訥者妙能自圓其說又有許多徵引以證明之文氣流轉自如一結尤勝(翁福成評)

說虎

福建省立第一師範學校本科二年甲級學生 王壽臧

余觀傳記中往往載虎不食人事相傳以爲異雖然獸與人一也獸之爪牙足以毒人人之智術亦足以制獸人不能

禁其不害獸豈能禁獸之不我害乎然猶有虎之不食人者非虎之不能食人也蓋人有良善虎亦有之乳子文者虎之良善者也渡河而去虎之知恥者也他若慈烏返哺雞有五德羊喜合羣犬能守夜凡百庶類莫不皆然寧獨虎乎吾獨怪乎世之居心叵測者假虎之威為虎作倀擇肥而噬不顧廉恥所害有甚於虎什百倍者而人未之異之此則真可異也

文筆橫肆後路尤老當(陳翼勳評)

說迷信之害

武進縣立師範學校本科二年級生 虞子林

釋迦牟尼者印度人也李子老聃者周末人也其著梵經與道德經一自西藏而入華夏一由豐岐而徧神州狂飆一播靡然從風於是有識者遂以迷信二字之害諄諄告誡形諸簡冊韓公原道劉基行孝傳後諸作大都指此而余獨以為不然夫佛老果足為害耶迷信果足為世人罪耶則周易何以有聖人以神道設教之語且佛老以孝慈為主以廉潔為心而繼之以清淨寂滅世人果能迷信佛老則入而家庭之中必能孝以事親慈以待子出而仕於國家必能保其固有之性全其天然之真大逆不道惟利是視之徒尚何有哉試觀世人果何如乎然則世人果可迷信佛老而頂禮膜拜乎曰是又不然余所詠者世人之心也世人之朝談釋而暮言老固有害矣然迷信佛老而未得佛老之真諦祇信其浮言畀欲為人之資而設為罪福報應諸邪說以為事佛老可以消除惡跡增長壽算雖極困苦之人民亦罄其金錢付諸一擲譬諸毒霧滿天白日為晦大浪翻騰巨舟為覆此則世人之罪迷信之害耳韓公劉基諸人目睹世人如此遂大聲疾呼力詆迷信之害立聖教之大防為吾儒之城郭孰意世人竟未得迷信之真諦耶

卓犖瑋麗岸然大文分段命筆亦臻老到獨出心裁洵推傑作(錢逸塵評)

試述王羲之蘭亭集序時之心理

武進師範學校本科二年級學生 虞子林

氣運有窮。豪傑之心無窮。是以國家當多事之秋。與俗浮沈者。不可。爲豪傑。而値神州陸沈之際。飄然作鴻飛冥冥者。亦不可謂爲豪傑也。晉室不振。綱紀日頹。強鄰窺伺於外。亂豎煽惑於內。正所謂千鈞一髮之秋也。而士大夫專尙淸談。不事經濟。猶且意存山水。不計蒼生。王右軍生當其際。蒿目時艱。能不爲之慷慨太息。作賈長沙之陳辭。而三復流涕哉。且王敦跋扈而擢之以高位。桓溫奸邪而用之以執兵柄。右軍懷濟變匡時之略。而位在下僚。不能舒其抱負而淸王室。致令河山殘缺。長城日壞。向非天祐晉室。使八公山之草木有靈。則晉之偏安。已湮沒於洪濤巨浪中矣。此右軍所以値上巳良辰。修禊佳節。與謝安等會於會稽山陰之蘭亭。而作蘭亭集序。將胸中鬱悶不平之氣。一寫諸跌宕奔放之文章者耶。嗚呼。桃花水漲。楊柳旗開。修禊乃賞心之舉也。而右軍竟低徊感慨。戚戚于生死得失之際。而不能喩之于懷。一腔熱血。不能發諸金戈鐵馬之間。而竟欷歔淋漓於一紙之中。豪傑之心。已可見矣。然王導爲國之大臣。謝安爲當朝宰輔。猶且與俗浮沈。右軍以一下大夫之職。而獨悲歌興歎。慨然有澄淸天下之志。豪傑之心。豈有窮哉。

「好語如珠穿一一（錢卓評）」

名節道之藩籬說

福建省立第一師範學生　林鳳岐

士之抱道者曰懷寶。曰席珍。一若天下之寶。天下之珍。舉不足以加矣。嗟乎。何其重也。然惟其操者重。故所守則嚴。所志者淸。故自持則潔。不使稍疏。防檢玷一微瑕。其出處進退之際。兢兢焉不敢或苟。誠以藩籬一撤。其中之不至隳喪者。幾何矣。白沙先生曰。名節。道之藩籬。味乎其言。誠篤論也。夫道德存乎中。而名節立於外。古聖賢操持不苟。是制於外所以養其中也。根抵之培植者謹。而藩籬之屛蔽者嚴。所以防護傾頹。不至培養有年。致來牛羊之牧也。然利祿之際。多沉溺於不自知。禍福之來。或游移而多所遷就。世有名山養晦。老宿窮經。彼其人誠以道自重矣。然卒有北山移文之譏。新朝屈膝之誚。一若不知其氣節爲何如。嗟夫。此何足以知道哉。夫道者仁也。所被者廣。所施者遠。固非愼一己之操持而獨善其身也顧匹夫倡道雷厲風行能使一世之士崇尚氣節身膏斧鑕而不悔何也彼其人惟求仁之所在故也仁所在卽道所在守其名節卽固其藩籬千載下之綱常名教賴以維持賴爲砥柱其功顧不偉哉彼不矜細行高談曠達者其得罪名教多矣

名言絡繹

口孽說

福建省立第一師範三年乙級學生 田春霖

口舌造孽比身造若何或曰身造者孽口造何孽或曰口造雖孽不若身造者孽或曰身造爲孽以身造之孽較口造之孽則口造雖孽不孽或曰口造未必孽口造若孽則人孰無口其所造之孽不勝數我不爲身造之孽卽口造之孽不足孽於乎此皆不通之論也口造之孽與身造同况有更甚於身造乎每見文人學士騁其材智摹形寫影譜爲歌詞握管抽思訂成傳說繪出無言之意錦帳魂銷描成不解之緣芳卿我愛春情午夢凡口所不能盡達者一經涉筆便覺相思苦調百結情腸宛然若繪也迨流傳既遠少年子弟展閱之下寢食俱廢天翻地覆之事遂不顧廉恥而爲之矣噫一人唱首流毒何窮此口造甚於身造之說也至若聚談之際宴會之閒每借卜花解佩之詞恣爲快意談者入妙滿座葫蘆謂某也女慣偸香謂某也妻工竊玉得諸傳聞留爲笑柄甚有憑空造謗誣貞爲淫使彼刺骨含羞椎胸飲恨寃無所白而性命有因是而隨之卽不至是翁棄其婦夫出其妻種種毒人何堪盡述此因博一時之談笑而釀出鉅殃者則口造之同於身造又何辭也所願天下負才之士切莫搆造淫書自鳴得意須擇其有關風化者編而成之刋以布之傳之久遠感化多人不誠善乎若聚二三知己時尤當舉古人之嘉言善行細細稱述互相勸規自然德業日進而福澤亦隱蓄諸無窮矣

作者能爲此等近理文字造福無窮

說貧與富

江蘇省立第二中學校四年級生 章德濡

我國古時何用井田之制一夫百畝多寡均也無所謂貧無所謂富迨後生齒漸繁井田制廢而貧富遂胚胎於此矣相沿而下貧富之階愈形愈甚家資餘裕累千萬畝者有之室如懸磬無立錐之地者亦有之於是貧者不安於貧必求所以富之之術臨財則苟得見利則忘義鼠竊狗偷之行日出而彌窮矣富者必自恃其富以爲我不事事亦可衣豐食足出入狎邪之巷往來賭博之場驕奢淫佚大興人欲之波瀾而不務正業不再傳而變爲赤貧矣若此者不乏人也嗚呼貧富豈有定哉故境遇之貧富不必計也惟泰然安之而已夫子之曲肱飲水顏子之簞食瓢飲匡衡之鑿壁偷光司馬之家徒四壁其境遇之貧爲何如哉他人處此必有不堪其憂者矣而此數人者安之若素道修德凝才宏學博名傳後世足見貧之無累於德也此乃聖賢安貧樂道之行非可責諸凡人也即不能安之如聖賢斷不可求之以非義且富亦何嘗可求哉夫子不云乎富而可求雖執鞭之士吾亦爲之如不可求從吾所好又曰不義之富於我如浮雲蓋言富之不可求與不義之富之不足貴也今夫公卿大夫高車駟馬百璧白雙黃金萬鎰以隨其後非不富也何以當時則榮歿則無聞非其淺見小聞德卑材薄無善可傳乎是以境遇而貧不足爲憂道德而貧斯足爲憂境遇而富不足爲貴道德而富斯足爲貴境遇貧而道德富雖貧猶富境遇富而道德貧雖富猶貧且境遇之富在一時道德之富在萬世知此道者可與言貧與富矣

前路就高一層說起言古時無貧富之分取徑已別入後又以道德陪境遇識見議論迥不猶人眞戛戛獨造之作

（程仰蘇評）

學校提倡運動說

江都甲種商業學校本科二年級生 楊銘綬

國何以弱弱於文與武分國何以强强於文與武合文與武合者何即銘武功文化於一爐而皆注重之也不觀夫今

日學校之提倡運動乎其提倡運動者亦即崇尚武功希望中國轉弱爲强之意也行之得其道則運動一事不獨可以强身體且可以强國家或曰運動之利益雖大然亦有害焉當學校開運動會時先從事於預備後從事於休息而預備休息之期率一月有餘此一月之光陰幾同荒廢昔日之所探索者舉於此期間內遺忘之昔日之所修養者舉於此期間內損傷之昔日之所成就者舉於此期間內敗壞之不獨此也凡爲運動員者於運動之時因而折足者有之因而吐血者有之是欲其强壯身體反因之傷害身體矣其害固甚大也予曰不然因運動會而荒廢學業者乃學生怠惰之所致因運動而損身體者乃運動員粗浮或不量力之所致而皆非運動使之然也若以此而罪及運動是直因噎廢食耳奚可哉吾願今之爲運動員者其各舉怠惰粗浮不量力等弊而屏除之庶幾身體日强而弊害日以減少也

局勢展舒筆氣暢達（包鼐評）

智勇多困於所溺說

江蘇省立第二中學學生 章德濡

天下之人萬有不齊有智者有愚者有勇者有弱者愚者弱者有時而困宜也而智者勇者亦若愚者弱者之受困何也蓋其人多困於所溺耳東萊傳言曰地之於車莫仁於羊腸而莫不仁於康衢水之於舟莫仁於瞿塘而莫不仁於溪澗蓋戒險則全翫平則覆矣唐莊宗溺於伶人卒困於伶人之手以致身死國亡秦始皇溺於宦官而沙丘崩後宦官趙高等矯詔以立二世國祚不旋踵而廢桀紂溺於女色卒至淫佚無度召南巢牧野之師武帝溺於方士以求長生之術卒兆巫蠱之禍此數君者皆智且勇者也既智且勇而猶有所溺者何哉夫禍患多伏於隱微非有大智與大勇者不能知也彼數人之智勇非所謂大智大勇也直小智小勇耳故其視伶人宦官女色方士等皆卑賤之人但供驅策之用無能爲力也遂狎而翫之耳猶車之行於康衢舟之行於溪澗可以洋洋自得無傾覆之虞矣而不知其禍

即在其中故大智與大勇者能知其幣斷不爲所溺與困也乃歐陽子曰智勇多困於所溺何歟曰歐陽子之所謂智勇者非指大智大勇而言殆指小智小勇而言耳不然豈歐陽子之賢而未之思耶

發揮題蘊透澈無遺（程仰蘇評）

推十合一爲士說

江蘇省立第二中學校四年級生　吳俠廬

許書部九士下云推十合一爲士此引孔子說也可即引孔子說字之言以證之部五王下云以一貫三爲王夫以一貫三者謂治天下之道千條萬緒宰之以一德則居敬行簡以臨民而民無不化此即孟子守約施博之謂也惟天下所歸往者能之故於以一貫三見誼明此可以論士矣士之爲文上从十下从一數終於十而始於一十謂道之無不包一謂道之無或二也不曰推一合十而曰推十合一者謂一物不知儒者之恥學固貴求其博而萬殊必原於一本不能於異者而見其同亦非探原之學也孟子所謂由博反約者蓋謂此聖人之說字其精於剖別蓋如此

說暢明暢文亦清澈

人貴自立說

浙江第十一師範本科生　黃珽

恃人之權力爲護符者其權力不確藉人之聲勢爲保險者其聲勢不張蓋恃人之權力爲已之權力猶藤附桂而高本非藤之高也藉人之聲勢爲已之聲勢猶狐假虎而威本非狐之威也庸詎知君子自強之道由已而不由人乎哉然則人果操何術以自強曰貴乎自立而已矣苟智不足以效一官而諂事權要以得祿位能不足以營一業而依附親戚以謀衣食一旦權要失職親戚死亡則吾之祿位衣食將何所恃乎不甯惟是有國家者亦然昔魏孝武脅於高歡所依者宇文泰耳一旦脫身虎口杖策入關捨所畏而得所依自謂天下之樂無逾於是也然移魏祚者不在於所脅之高歡乃在於所依之宇文泰漢獻帝迫於董卓所賴者曹操耳一旦元凶受誅社稷有福去所忌而得所賴自謂

國家之幸無過於此也然爭漢鼎者不在於所迫之董卓乃在於所賴之曹操世之依賴他人往往變生肘腋禍起蕭牆遂至亡國敗家其可悲爲何如乎吾儕少年當去依賴之劣性務存獨立不撓之氣概耐勞受苦蒙難艱貞不求他人爲我助然後業無不立事無不成焉

通體明暢中引史事尤有佐證（昭德評）

貴而能貧說

江蘇省立第二中學校四年級生 吳俠盧

天下有可貴之道二曰賤而安貧貴而能貧是也脅肩諂笑狗苟蠅營賤而不安貧者也驕傲奢侈不畏四知貴而不能貧者也賤而不安貧者辱貴而不能貧者戮何以知其然耶昔蘇秦之羨富貴也昌昧陳辭卒至金盡裘敝愧色滿面豈非不安貧者之辱乎伯有奢侈不保其身欒黶惡德范宗亦亡則不能貧者亦可知矣難者曰昔管仲分金每多自與豈非不安貧乎及其爲相也富擬王室三歸反坫豈非不能貧乎顧其不辱不戮富貴永終名聞天下傳於後世豈有時而不信邪曰非也當管仲之世天下承平諸侯共服雖少侈無害也左氏不云乎生於亂世貴而能貧可以後亡不云生於治世也仲也非其倫不見夫韓宣子之貧乎叔向反以爲可賀亦以能貧則怨遠於其身也且所謂能貧者非必敝裘羸馬儉不中禮而後謂之能貧也富而不驕貴而不侈適得其平即爲能貧矣齊景富有千駟而名不如顏回原憲者何也一得其平一不得其平耳今也時已亂矣士或貴矣未知能得其平乎能貴而能貧乎噫

言大聲宏氣盛之徵（程鑣行）

中國少年說

浙江第十一師範本科生 黃珽

中國貧弱極矣紛亂極矣有志振興中國之士輒囂然曰挽回中國之大局者斷在中國之少年然吾以爲中國之少年夥矣中國人口之多生齒之繁爲五洲冠彼童而角者紛紛皆是果皆爲中國之英雄豪傑乎況少年有少年之精

神少年有少年之作為彼少年者悠忽自安吾寧謂之少年乎彼非少年者發皇有為吾寧謂之非少年乎故所謂少年者不當以年之長幼為定當以氣之壯餒為衡雖然思想活潑者少年也氣概英雋者少年也倘具少年之資格而無少年之歲月以寬假之將奈何是則雖有少年之精神之作為亦齎志以終而已若夫真正之少年腦力充足學力堅銳而歲月又延長此真正之少年日努力日進步其所至真無可限量也然則挽回中國之大局又安得不馨香祝禱而希望此少年耶而吾尤有慮者彼少年之士每甘自暴自棄虛擲少年之光陰則此少年之地位恐又不容久佔矣吾慕少年吾羨少年吾勉少年吾深望少年。

筆機動宕詞意親切少年讀此當悚悚其驚（昭德周紘評）

商界宜遵用陽歷說

江部公立甲種商業學校本科一年級生 芮昌言

民國告成。改用陽歷。所以應世界之潮流也。七年以來。能實行者。僅學校及行政各機關而已。一般商民。仍從舊例。每遇陽歷新年。漠然無為。亦無所謂慶祝也。間有一二商店。懸旗慶賀。於實際上並未更改。不過有名無實耳。或曰。陰歷為數千百年之俗例。今日改用陽歷。無必要之理由也。抑知歐美各國。皆係陽歷。我國既有志刷新。即不能仍從舊俗。且改用陽歷於國家之預算足以節省經濟消除惡習安可忽哉況陰歷新年。正當春回之際。百草萌動之時。各界人民。當順時作事。而俗例反以此大好時光。作為休息之日。且休息大率達二十日之久。閒居為不善。古有明訓。今之以舊歷為便者。日事賭博。作種種不正當之行為。費時耗財孰甚於此然則改用陽歷。當以何者為先。曰、當自商界始蓋商界實有操縱社會之能力學校更從而輔助之則易成矣噫、改革國體僅數月之間改革習慣竟至七年之久而不能去何以若是之難耶吾敢為商界告曰結算帳目當遵用陽歷欲社會改革必始于商界

羅維清疏不支不蔓

商界宜遵用陽歷說

江都公立甲種商業學校本科一年級生 楊錫齡

民國建立七載於茲而改用陽歷者亦七年矣。各界機關概皆遵用。而商界獨違之。不知一歲之終之有年始於商界。商界不遵。其他各界雖遵何濟。蓋商界之結算於年終。商界之輟業亦於年終。欠者索之。欠於人者付之。擾擾攘攘。而所謂年事起矣。年事既起。種種習慣遂緣是以生。所謂種種習慣者。大抵皆消費之習慣也。耗有用之金錢。而費於無益之事業。至於甘食美衣。嬉遊賭博。其爲弊害更不待言。設商界遵用陽歷。則此等習慣必當改革。習慣去則金錢蓄。一地如此。一省一國均如此。則國民生計。豈不益形寛裕乎。國民生計之寛裕。卽一國金融之寛裕。況我國當此民窮國弱之時。豈可不改舊歷而實行陽歷也乎。

毋攻人之惡說

語意警醒迥不猶人

江都公立甲種商業學校本科一年級生 劉崇儒

孔子曰。攻其惡毋攻人之惡。又曰躬自厚而薄責於人斯遠怨矣。吾嘗反復攷其言。蓋欲人厚於責己。不可彰人之惡而抑其向善之心也。夫人之欲善。誰不如我。其偶一爲惡者。乃一時虛靈既昧。一旦猛省。未有不愧悔者。當養其廉恥。使之改過以自新。語不云乎。言人之惡。痛於矛戟。其警人也切矣。蓋羞惡之心。人皆有之。以朱桓之賢。而性護前恥爲人下。是故天下未嘗有極惡之人。要無不自諱惡之人。一旦暴而出之。使其人無容身之地。則強者必怒於言。懦者必怒於色。未有不伺隙以圖我者。語云困獸猶鬬。況人也乎。古之君子責己周而責人約。故人易爲善。而己亦遠辱。孟子曰言人之不善。當如後患何。韓退之曰其責己也重以周。其待人也輕以約。謂此類也。今之人每樂言人之惡。若非是不足快其意者。其故何也。知責人而不知咎己也。故每有因言語以賈禍者。此理也。或曰矛戟之刺人。裂肝洞胸。死不旋踵。言惡之爲禍。豈遽至如是之烈哉。不知以矛戟刺人。人可見而避之。若夫言人之不善。在己以爲無傷。而在人則以爲奇恥大辱莫此爲甚應知聞過之人非盡子路嫉之既甚則言語之辯息而戕賊之心生吾又何由得而知之何由得而避之乎嗚呼人世險巇之禍多伏於言語之中惟能遇事慎言乃可脫然而不爲物累若揚人之惡以顯己之長非特爲惡人所嫉又何爲以是區區者憧擾於吾心而不自覺也

詳切之言足當棒喝

君子之交淡如水小人之交甘如醴說

浙江第十一師範學生　王啓瓛

天下之情固有外薄而中厚者亦有外厚而中薄者固不可以不察也嚴師之箠楚慈母之呵叱吾見其恩而不見其仇鴻門之獻璧假道之遺乘吾見其毒而不見其惠情之厚薄安可以外觀而不內審耶記曰君子之交淡如水小人之交甘如醴自外以觀之豈非君子薄而小人厚哉蓋君子之與人交也不亢不卑把臂言歡非所樂貨利相投非所好何其淡也小人之與人交也乘一事之相契則促膝談心情同膠漆不惜出肺肝以相示拋金錢以爲樂何其甘也不知君子之所守者道義所行者忠信所惜者名節以之修身則同道而相益以之禦患則同心以共濟萬劫不移始終如一小人所好者聲色所貪者貨利當其同利之時暫引爲朋及情過境遷遂反顏若不相識落陷穽不肯一引手救反擠之又下石焉然則君子之交雖淡實則厚也小人之交雖甘實則薄也君子淡以成小人甘以壞交友者其可以不審哉其可以不審哉

語有敷佐詞無枝蔓(昭德評)

王承福棄官業圬說

江都公立甲種商業學校　包蕳

王承福世爲京兆農夫因安祿之亂發人爲兵持弓矢十三年有官勳棄之而以圬爲業有疑其嬌情者有謂其學楊朱之道者亦有謂其獨善其身者吾則曰不然天下之可作威福者莫若官身居高位峨大冠拖長紳進退百官飫肥

鮮而酹醇醴。此在內之尊榮也。至於在外。則樹旌旗。武夫前呵。從者塞途。供給之人。各執其物。可謂極人生之至榮矣。一旦叩其政績。則盜起而不知禦。民困而不知救。吏奸而不知禁。法斁而不知理。嗚乎。此尙得謂之長官耶。善哉王承福。既有官勳。乃棄之而業圬。若謂其矯情。則官位既貴且逸。而所得之俸甚厚。圬則既賤且勞。所得之資。僅能餬口而已。今王承福舍貴趨賤。舍逸就勞。承福其愚乎。謂之矯情。吾不信也。若謂之學楊朱之道。獨善其身。夫承福亦行乎心之所安而已。楊朱之道。未聞有棄官而不爲者。至於獨善其身。承福非抱有此旨者也。量力之所能。以爲立身之計。承福之心。不且爲天下人所共諒乎。噫。韓愈爲之立傳。其所以垂鑒者深矣。

文以正寫慨乎其言

論是非之界說

吳江私立麗則女子中學四年級生 殷同薇

天下之大患。果安在哉。在乎知強弱而不知審是非也。夫是非本有定論。而不能混淆。自強弱之勢分。是非遂因而倒置。強者是之。弱者非之。強者所是。弱者孰敢不是。強者所非。弱者孰敢不非。非其所是。是其所非。是非乎強弱耳。強弱無定時。是非亦無定時。今日強而明日弱。即今日是而明日非。嗚呼。是非者國家賞罰之所由判也。人心從違之所由定也。今是非之不足憑也如此。能不爲天下之大患哉。雖然。是非者相對待。而不相容者也。非者不必是。是者不必非。未有忽非忽是。忽是忽非。是不知其所以是。非不知其所以非。如今日者也。吾嘗觀之於史矣。有君子是君子。小人是小人者矣。有小人非君子。君子非小人者矣。小人之非君子。有以直爲枉。以正爲邪。性與己異。務鋤而去之。強以是爲非者矣。君子之非小人。有嫉邪如仇。除惡務盡。不畏強禦。而力去之。以明定其是者矣。而今之是非何如耶。若是焉若非焉。若非而又是焉。若是而又非焉。非惟觀之者不能明其是非之眞相。即自爲是非者。亦不能辨其眞確之是非。而其患較以強弱之力強定是非以相混淆者。尤什佰倍蓰焉。蓋以強弱爲是非。猶有是非也。今則我一是非焉。彼一是非焉我強也而人亦未弱人弱也而我亦未強我不能以我之是非強爲天下人之是非我之不甘屈我之是非以服從人之是非於是人各是其是人各非其非千萬人焉卽千萬其是非是非之途愈雜是非之理愈淆是非之界說愈不易定矣雖然天下果有是非乎天下何嘗有是非也天下果無是非乎天下何嘗無是非也天下似無是非者以一人之是非爲是非以一時之是非爲是非也天下終不能無是非者是非當以天下人之是非爲是非且當以千萬世之是非爲是非也然則天下人之是非千萬世之是非將於何定之乎曰公者是之私者非之而已

滿腕感憤盡力揮揮如重山萬壑層層疊疊有目不暇接之致（鄒家麟評）

論是非之界說

吳江私立麗則女子中學四年級生 趙仁鏡

天下非一人之天下也心亦非一人之心也天下既非一人人既非一心則我以外皆人也我心以外皆心也人我相形心心相較於是是非出焉是非者由相形相較而肇者也既相形相較而爲是與非則又烏可驟定爲斯是而彼非乎是非者相對待之名詞也是無一定非亦無一定有非卽有是有是卽有非於是以是爲是以非爲非者不得不發其是之所以爲是非之所以爲非也非然者不能定其是焉能明其非不能定其非何足證其是將不心是者非之非者是之矣是非不明必致我是我之是人是人之是我非我之非人非人之非各執其是各執其非眞是眞非反因之而不能定也其害且不止此也初則各持其是非者繼且明知人之是而非之明知己之非而是之是非將因之而顚倒終且是不知其所以是非不知其所以非是非將因之而莫定事至無是無非似是似非其事何可問乎今日我國國事日非時局益危者無他卽各是其是各非其非也卽明知人之是而非之明知己之非而是之也且卽明知是不知其所以是非不知其所以非而故是之非之也嗚呼天下豈一人乎人豈同一心乎非者豈眞非而竟無一是乎是者豈眞是而竟非乎何不由非己之非而一知人之是由人之是而一知我之非也若自知其非而不鬪其是且妄言

人非以飾己是是是非非非是是廿使之混濁不明者不將爲人之公敵乎不將爲天下之罪人乎我敢正告天下
之混淆是非者其無謂天下人可欺須知公是公非之究不能逃也愼勿謂我之外無人也
以緊快之筆寫感慨之詞長沙痛哭恐不過是(鄒家麟評)

和爲貴說

吳江私立麗則女子中學三年級生 薛元鴻

人自有生以來所最難者惟處世耳何則人既不能獨處而無偶與人交接則一言一動安保無失當之虞稍一不愼
即被人指摘交加於己雖出之無心在人則已視若故意小則非笑隨之大則詬誶以起矣於是知處接接物不可不
深明其方也其方維何曰和而已中庸曰和也者天下之大本也孔子曰禮之用和爲貴說文曰和順也諧也不剛不
柔之謂也蓋能和者溫乎其容藹乎其度不恃才以傲物不盛氣以凌人如春陽之普徧萬物使令遂其生生之樂故
不必阿比取容其德自足以動人其才更足以率物此和之所以可貴處世之道所以不能外者雖然和之意乃示人
以可親而非示人以可玩也必君子愛而親之小人畏而敬之而後可以言和若非禮相加怡然順受橫逆相投泰然
處之一若天下無不可交之人人亦能樂爲之交則是鄉原之行爲而非吾之所謂和也蓋和者氣以養而常舒神以
安而彌暇擴其大公之量無刻薄而寡恩無乖張以待物綽綽然如有餘裕蕩蕩乎莫可涯涘小則以之涵養身心大
即以之協和萬邦也和乎和乎今之處世者盍以此行之乎
澄心觀理靜氣迎人用筆復款款深深不使人一覽而盡非有修養功夫不易驟臻此境(鄒家麟評)

溫故知新說

同里私立麗則女子中學二年級生 倪代軍

新者故之反也有昔日之故者必有今日之新有他日之新者必有今日之故昔日之故在昔日固不知其故而且以
爲新也迨知其故而故於是乎新矣今日之故在今日固不知其故而且以爲新也迨知其故而故於是乎又新矣新

者故故者新新故循環而未嘗或已也夫新之於人關係至切世界非一國求學非一人我新人亦新也日新不已猶懼新之不及人安可一日不新以落人後哉至於故者已得之謂也故若以一得而自封不復反顧則亦安能一知而永無忘乎是以新者不可不求故者又不可不溫矣故孔子曰溫故而知新蓋故者雖已知而能深明其義然亦恃一時之記憶力耳豈足以永久哉故欲其純熟非溫理不爲功況乎事理之未盡達其底藴者則藉溫理之力使渺渺者爲之恍然茫茫者爲之豁然此非由溫故而得新知乎知新固不可不勉也故新當知故亦不可不溫新固有得而溫故亦何嘗不可得夫新與故之反固天定之其能循環則人造之也蓋原其本在乎人之勤溫與否耳孔子溫故知新之言願吾人其三復諸。

說宴安之害

江蘇省立第二中學 章德濡

天下有有形之害有無形之害有形之害人知其害而避之故受其害者少無形之害人不知其害而避之故受其害者多非無形之害烈於有形之害也特人安之而不察耳昔管仲言於齊侯曰宴安酖毒不可懷也仲之心固欲使桓公知所戒懼耳夫桓公之所以九合諸侯一匡天下造赫赫之偉業霾風雲於大地者未始非管仲有以怵其心作其氣也孟子曰生於憂患死於安樂故自古英雄崛起天必使之困窮拂鬱徐以養其遠到之材而彼亦抱負不凡朝夕磨礪不敢偷片刻之安焉若夫庸俗之子一旦得志惟耳目之是娛而昏迷於聲色口體之是奉而酣豢於膏粱志氣則隨之衰惰矣功業則隨之隤廢矣歲月則隨之虛棄矣以昂昂七尺之軀他日與草木鳥獸同一泯沒而無聞非淫心舍力有以致之耶端居之暇嘗試思之夏桀何爲而失國商紂何爲而喪邦曰惟宴安故懿公何爲而亡衛夫差何爲而亡吳曰惟宴安故可知宴安者大之足以亡國小之足以亡身何以後之人君當河山破碎之時猶復刻樹雞以爲棊子思梨園之佳人甚或強鄰初滅時傳粉墨甘自附於優伶國勢既衰好彈琵琶致稱無愁天子行淫縱樂能無

發有識者所笑耶

筆情雅潔斐然成章（程仰蘇評）

說蚊

江都公立甲種商業學校本科一年級生 蔣元祿

蚊小蟲也。幼時潛身藪澤。嘗負不潔之形。洎乎羽翼已成。騷擾人間。晝則藏身溝中。銷聲匿跡。夜則飛揚跋扈。聚而成羣。而且呼朋引類。雖將去而仍還。逐隊成羣。竟晝伏而夜動。越席登牀。吮人膏血。雖飽不去。終夜擾人清夢。誠可惡矣。夫蛇蝎雖頑。不能高飛。蜂蠆雖毒。難以肖行。彼則飛鳴得意。來去無常。若不撲滅。人何以堪。既而思之。蚊異類也。防之苟至。烏能為人害。且蚊猶畏懼恐懼。白晝不敢露其形。瞰人之不見。乘人之困怠而後有求焉。今有同類者。白晝儼然乘其同類之間而陵之。吮其脊而臨其腦。豈非事之至不平者耶。噫。

正喻夾寫婉而多諷

童子不衣裘裳說

江都公立甲種商業學校本科一年級生 胡慶保

禮有之曰。童子不衣裘裳。竊嘗讀而疑之。夫成人人也。童子亦人也。童子不可衣裘裳何哉。繼而思之。非不愛童子。正所以厚童子也。天下聖賢豪傑。無一不自童子時代養成。童子之重如是。何可養其奢侈之習乎。夫今日童子。其流於奢華者多矣。每遇天寒。輒索裘裳於父母。而父母之愛子者。又喜以裘裳衣之。孰知有莫大之弊乎。夫童子未能自食其力。而衣裘裳。貧者不具論。即富者亦難久恃也。蓋偶衣裘裳。其不肖之童子。即染於惡習。日事奢華。無所不至。馴至身體因之而推宰無所用於世。聖賢豪傑之期望不已廢乎。衣裘之害有如此。

理明辭達

略述金曜日校長訓話之宗旨

江蘇省立第八中學校一年級生 孫履三

十月四日金曜日也上午七時諸生集於禮堂聽校長訓話其宗旨在於赴京會議時提議中學分文實二科以為諸生前程計赴京之後尤望諸生在校謹守規則不可有無意識之舉動發生竊謂斯言也固吾儕學生所當遵守者也夫吾儕學生必先能遵守規則而學業方可望成就猶之方圓由規矩而成五音由六律而正也無如今之學生侮慢師長者有之敗壞學風者有之以一時之忿而傷同學之感情者更有之校長深知其弊故特召諸生而訓之試問吾校學生果皆能遵守規則乎我不敢知曰吾校學生不能遵守也亦不敢知曰吾校學生必能遵守也但學生須謹守規則一語實為吾儕求學之前提非然者就令勤於求學吾恐不以規矩不能成方圓不以六律不能正五音也此次訓話吾等學生謹識諸心而永矢弗諠也吾不識吾同學中亦有贊同吾言者乎

後幅發揮透切不作浮光掠影之談餘亦明適

試各述個人之小史

江蘇省立第八中學校一年級生 江人龍

人龍年十九矣髫齡善病五歲尚食乳家人憫其弱也年九歲始命入塾師授以詩經論語諸書而又不加講解對之茫然惟事嬉遊而已與某某相友善至塾必過其家其父走卒也習染不良於是人龍之操行一蹶不如一蹶矣翌年父命轉學於陳師師嚴甚凡背誦講解苟不熟即重責坐是學業固漸進而操行亦漸良十三歲負笈至沙溝小學校入高等科卒業升學某校因國學之程度幼稚弗人若也往往黎明即起夜半不寐殫精力於國學用是罹咳疾歸休戢餘病始瘳今應本校入學試驗猥蒙錄取將來當如何端品力學方可副家庭之期望耶略述小史猶不勝[illegible]焉

簡當不支用筆亦屢屢入古（戴子秋評）

試各述個人之小史

江蘇省立第八中學校一年級生 沈錫

小史者即有生以來所更歷之事也錫在襁褓時之無不識菽麥不辨即有小史亦無從述之及長稍具知識入[illegible]

書亦不過昂首高歌。毫無心得。塾師既不督責而已。亦不研求。數載光陰。等於虛擲。然有一細事。不妨爲吾師道之。一日錫方自塾歸。有饋蒸豚者。家君詔之曰。錫汝今日書熟乎。熟則以啖汝。回顧吾妹牽衣立母旁。大母年七十扶杖相視而笑。融融洩洩。一室生春。誠家庭之樂事也。嗣是五六年來。而小學而中學。大率負笈遠遊。未親色笑。雖白雲親舍。時切馳思。然自問此十七年中。學業知識。毫無寸進。而馬齒徒增。言之顏汗。遑有小史之可言哉。今既辱承訊問。故約以答之。

綽有文情中幅尤饒逸趣(戴子秋評)

試說上巳日爲修禊節之原因

武進縣立師範學校本科二年級生 周渭泉

希冀者事實之母。此言徧播於天下久矣。孫思邈元日飲人以屠蘇酒。李泌請以二月朔爲中和節。令民以綵囊盛百穀果瓜相遺問。曰獻生子。閭里釀宜春酒。以祭勾芒。希冀甚矣。是以唐人於三月上巳。踏青禊飲於水濱。鄭國俗是日溱洧之濱。人皆執蘭招魂續魄。王羲之邀同志三十餘人。並其弟九人。宴集蘭亭。以祓除不祥。兼名是日曰修禊節。夫天下之事。莫祥者生也。莫不祥者死也。顧人之於世。所謂修短隨化。終期於盡。豈有與日月爭光。與天地比壽之理哉。雖然。死生之際。不可同一而論。有輕重在焉。或重於泰山。或輕於鴻毛。如古昔聖賢。一旦激於義理。不念父母。不顧妻子。以一身保全忠臣義士之名節。拯水火。救饑溺。雖蹈鼎鑊而不辭者。此死則重。雖死猶生。如不知義理。徒念保全身家。不能自決於死生之歸。所得不死者。間於毫髮。而復隱忍苟活。不免有沒世而不稱之歎者。此死則輕。雖生猶死。是以聖君賢相。所希冀者。不在死生。而在立功立德立言。以垂不朽之名也。有何宴祝修禊之有哉。

清新俊逸進步可喜(錢逸塵評)

闢中秋祀月之謬

江蘇省立第八中學校一年級生 陶官雲

吾揚風俗。每至中秋。有祀月之舉。噫。愚矣。夫月非神也。何必祀。今乃從而祀之。意者因古說流傳。有后羿妻竊得不死之藥。奔月而爲嫦娥。吳剛斫月中桂樹。唐玄宗遊月宮。聞霓裳羽衣曲等事。遂以爲月有神而附會之歟。殊不知月爲地球之衛星。並無靈爽之式憑也。且近日飛行機發明。於大空界無所不睹。固無所見其爲神者。而人祀之何也。乃中秋之夕。家家陳列瓜果。焚香拜祝。其無知之婦孺無論矣。間有一二明達之士。亦多隨俗而浮沈。僕僕亟拜。甚矣哉其愚也。孔子曰。非其鬼而祭之。諂也。左氏春秋曰。神聰明正直而壹者也。微論月無神。祀之爲不當。卽有神。祀之亦爲愚。故吾得從而斷之曰迷信。

持議明通後幅尤有斷制(戴子秋評)

學生宜遵守規則說

江蘇省立第八中學校一年級生 孫光成

今之學生。莫不謂規則之宜遵守。而卒之違背規則者。所在多有。此何故耶。豈其於規則。或未盡知而出於偶然耶。抑知之而故犯耶。殆非也。蓋彼之所謂規則。有形之規則也。有形之規則。祇可範人之身。而不足化人之心。所恃以維持不敝者。其爲無形之規則乎。無形之規則維何。道德是也。欲遵守有形之規則。當先遵守無形之規則。若僅遵守有形之規則。而不遵守無形之規則。則陽奉陰違。惡見其能遵守也。然則如之何而後可。曰擴充其道德之心而已矣。凡一舉一動。先自問其能否無愧於良心。無妨於公衆。然後斟酌而出之。乃爲遵守無形之規則。無形之規則能遵守。有形之規則自能遵守矣。又何待以有形之規則縛之乎。吾儕方當學生時代。持身之基礎未立。尚無判別是非之定識。豈易默守無形之規則。故學校不得不以有形之規則裁制之。今日在校能遵守有形之規則。將來置身社會。卽可遵守國家之法律。久之無形之規則自能持之勿失。雖從心所欲。亦不踰乎有形之規則矣。以是知範人以有形之規則。其效淺。束己以無形之規則。其效深。吾同學諸君。寧願受制於有形之規則。而貌爲謹飭乎。抑願率循於無形之規則而

不假強爲乎

以有形之規則與無形之規則伴說識見高人一層行文則起筆不平中幅朗暢後幅愈逼愈緊筆力遒勁異常

（朱獻之評）

學生宜遵守規則說

江蘇省立第八中學校一年級生 劉恩霈

學生者他日之國民也將來國家之治否全視今日之學生以爲斷學生之價値可謂重矣乃今日之學生失其價値雖校則尚不能守將來出而任國家之事吾知其亦不能遵守法律也故欲人能守國家之法律必先爲學生時能守校中之規則欲遵守校中規則非具有定識定力不爲功若隨波逐流爲一二人所愚弄明知規則之不可不遵守而故違犯之皆定識定力不足之故也竊思彼爲害羣之馬者今日敗壞學校者小他日敗壞國家者大今日爲學校之巨蠹他日即國家之奸雄嗚呼中國至今日衰弱極矣轉弱爲強全在今日之學生以負有責任之學生而不相遵守規則若此中國之前途其不至於愈貧愈弱也幾希可不懼哉

理明詞達中幅語尤精警（朱獻之評）

述鄉里農商近事之見聞

江蘇省立第八中學校第六屆第三年級 陳福乾

自黃河徙而吾鄉農利失海運開而吾鄉商戰敗及於今輒謂淮南瘠土無農利之可興江北僻壤無商戰之可討其知當年魚米之產額冠東南鹽運之殷富甲天下耶某不敏負笈異方久違桑梓然遇關於我父老兄弟生息之瑣事細聞未敢或漠然置之爰集見聞以志吾鄉農商之一斑淮陰之細川無多田皆穀麥直至淮安以南始有產稻者每歲由清鎭小輪運出之產物以豆麥爲大宗其代價之收入固可供我江北人民生息而有餘獨連年或旱或水遂并此而坐失老弱轉於溝壑少壯流於盜賊居不安枕行難由道在執政者視之已同化外任遣三數庸官疲吏坐敲吾

民之脂膏在吾江北人民視之其何能一日安於心乎振農之遠謀非俟導淮以後不可灌溉固不能持久遠也然提此芻議已十餘年久不解決恃以濟今日燃眉之急恐猶三年之病求七年之艾地利雖不便人工固在苟從學識上培養則將來農事或可更徹而易新現除淮陰省立第三農校外漣水尚有乙種農校一然終不能普及吾鄉人君子之列身教育界者盍急圖之果使天產豐富則不僅農業振而商事亦將由此以興生物多則財源暢矣所仍困難者轉輸與交通耳運河原有航商數家駛以小輪往來便之然偶遇水漲則不敢駛行以妨堤工水涸又難啓輪近來冬間河凍更有歷兩三月而不能通消息者若此往來之便尚不可恃遑云乎商業之交通頃聞寶應盧紹劉先生擬集資築路行駛托車於瓜清之間果使鉅創有成實爲通商之大利又聞淮陰與淮安行有電氣公司之創設此則僅爲繁華之趨步非興商治本之策也他若揚州有江北商務日報之刊使果通行亦未嘗非江北商務發達之機奈未知其內部何如未敢有以斷定其利弊淮安西鄉有荒地數千萬頃直沿洪澤之濱延袤於皖北有曹廣權先生者已集資設公司着手墾植粗有成效矣舊友曾有練習其中者爲言大概例皆取法於東西洋之有成效者深願長持不懈俾他日中國農業之革新還自吾江北始也課業苦繁難遍歷鄉里撰爲實地考察之記述此傳聞知不免於訛謬矣

記事淸疏

試各述己身之經歷及其志願

江蘇省立第八中學校二年級生　厲鼎頤

鼎頤家居儀徵今已十五矣回憶六歲時始稍有記憶之能力在家識字未出外求學至七歲乃入初等小學校肄業四年卒業十一歲升入本城第一高等小學校肄業校址距家不遠每日往返幷不覺有所苦痛在校課程尙能領略但性情乖僻與人落落不相合稍不適意輒與之爭師長率以是責余處之期年稍知交友之道不若前之孤峭矣同學始與余爲友暇時或互相研究學術或互相遊戲性情乃因之一變而學業亦受益非淺三載卒業因年齡尙幼故

在家補習一年前半年尚自補習後以無約束故遂怠惰矣乃於去歲一月間隨同二兄在上海中華小學校補習晚間二兄乃督率補習中英算各科及暑假期近乃返揚州第八中學校應試倖錄取於茲二年矣至若余之志願惟思本校卒業後升入大學以圖將來生活之能力造家庭之幸福耳蓋處今日之國家能求己身目前之生存則爲幸矣或曰國家前途之幸福繫乎吾儕青年吾以爲不然何則國者人之積也人不能自立卽無以立國欲救其危亡之國當自人民能各自立始故鼎頤之志願如此然能否達此目的是又未可逆覩矣

前幅自述頗有情趣餘亦可存（胡子笣評）

試各述己身之經歷及其志願

江蘇第八中學學校二年生 趙思忠

思忠來廣陵時年甚幼父早歿家道中落無力延師從兄讀天資愚鈍日事嬉游年餘僅讀畢論語兄以思忠之愚也乃送入初等小學教師管理甚嚴動輒得咎不敢嬉戲操行學業亦因之而有進益焉卒業後入高等同學甚多約二百餘人其中品學優良者固多而道德卑劣者亦復不少思忠以所交非人學業無進步心竊憂之後得益友之勸戒乃知前非稍除舊日之惡習畢業以後因家中叔祖病故與家人回湖南因之得見長江之浩渺天塹之險要與夫洞庭之浩大衡嶽之雄偉實思忠平生所未得見者亦思忠平生最樂之事也去歲入中學今年升入二年級而思忠之品行學業果能有二年級之程度耶恐名實不能符也自此而後誓當努力發奮圖強俾畢業以後得升入大學不爲無業之民此則思忠之志願也嗚呼吾儕今日履安順之境當求學之時家庭無故習無塵俗之累以牽之乃吾人之大幸若猶暴棄自甘不知奮勉不亦負教師之訓誨及家庭之希望也耶

中幅修潔可誦餘亦明晰（胡子笣評）

學以爲己說

江蘇省立第八中學校二年生 王睿

人不可以不學而學尤不可以不知為己蓋為己然後可以謂之學然後可以謂為有用之學今之學者摘句尋章得謂之非學也然止於記問之末而已箋經釋傳不得謂之非學也然囿於考據之微而已非吾所謂為己之學也吾之所謂為己之學者德之未修也學焉以益之識之未裕也學焉以進之去惡德捐細行博文而約禮增聞而廣識經術政事之大典章制度之繁與夫鳥獸蟲魚草木之名靡所不通夫然後德益而學進窮則可以獨善其身達則可以兼善天下此所謂身心性命之學而古先聖哲所以期之於後者也嗟乎世之求學真能為己者蓋寡矣非為名而學即為利而學雖以子張之賢尚有干祿之問公孫宏之博洽猶存阿世之見賢達且猶不免而況下此者歟至如後世含英咀華揚芬摛藻雖文辭贍麗博洽可風然或毗於靡或傷於薄或並其放浪形骸與褊狹不純之弊而亦著之言乎為己殆未能焉而晚近以來學子又遠不古若率皆盜名欺世務虛而忘實是以學術思想尠有進步而民族文化亦遂不能日新然則求學而不為己固不僅關係於一人也可不慎乎

真體內充言皆有物此境良不易到可喜之至（胡子笛評）

學以為己說

揚州第八中學學生 程賡祚

孔子曰古之學者為己朱注為己欲得之於己也今人未有不知學為應用計者然因應用計遂不欲得之於己而競為尋章摘句以求有合於人識者有盜名欺世之憂焉蓋名利之心人皆有之惟其有名利之心遂視學之應用為他日求名求利之用試觀今之學者動曰吾人之學當為社會計為國家計而試叩其所學果為國家計乎果為社會計乎非自欺即媚世於實際毫無裨益第為阿世苟容獵取浮名之準備耳此足與言學耶如知其為國家計為社會計當為學之時正宜祛此浮而無實之學致力於有用之學以求有得於己況為己者非必不為人也惟其能為己始能為人不然則空疎無具而任職於社會必不能處置裕如既不能處置裕如即不能收美滿之效果又安能造福於社

會國家雖一己之名利亦且無從得矣爲人爲己兩者俱失曷足貴乎古人以幼學壯行爲貴。今人則不然。嗚呼。此今人所以不古若歟。

圓轉自如語意亦緊（胡子笵評）

硯說

揚州第八中學校四年級學生 [illegible]詒

或有短硯者曰。位爲通侯。爵不可謂不尊。邑封即墨。地不可謂不廣。生於山谷間。一旦遭際時會。鮮克有終。任挫折之頻加信邪讒而汚白夫白圭有玷難掩其瑕斯其節不[illegible]矣惡得與吾徒游乎子盍逐之。余乃喟然嘆曰。文王羑里之日。勾踐石室之時。其所忍者小。而其所全者大。硯亦如是而已。何病焉。夫白羽雖白。質殊輕兮。白玉雖白。空守貞兮。未若茲硯。賦性方正砥礪廉隅有心文化之精進不惜勞苦其體軀漆身而黥面藏垢而納汚任衆謗之叢集猶獨行而特立況夫磨而不磷涅而不緇非有大過人者曷克致之子不喻此遑逐之爲

饒有意境似唐人咏物小品（桂蔚丞評）

硯說

揚州第八中學校四年級生 房兆騤

風雲得手。花草傳神。世人皆謂三寸管之力。而陶泓先生亦與有功焉。使無先生之雕琢砥礪。涵養游泳。磨人磨墨。正己正心。奚能置身於六藝之府。徘徊於辭林之間哉。與先生處愈久。則道愈深。交愈切。則學愈廣。故舉世之人。雖交有厚薄。無一不樂與先生俱也。其最親之友。毛穎即墨侯是也。先生家端溪。廣交遊。今端溪之上。其子姓尚蕃衍焉。

有昌黎毛穎傳筆意（桂蔚丞評）

孟子不尊周說

江蘇省立第八中學校四年級生 焦席禩

孔子作春秋而亂臣賊子懼蓋尊王者褒之無王者貶之一字之褒貶皆視尊王與否而定不稍苟也。春秋

曰元年春王正月。其稱周室。輒曰天王。仲尼之尊周。蓋如此也。我國素重君臣之倫。仲尼欲挽世道而正人心。尊周之義。可不加意乎。迨由春秋而戰國。諸侯吞併。大國僅七。孟子出而以王道說人君。其對梁惠王。則曰王如行仁政。則可王天下矣。對梁襄王。則曰天下定於一。齊宣王問毀明堂。則曰王如行王政。則勿毀之。夫天無二日。民無二王。設齊梁各國。皆南面稱帝。其將如周天子何。此豈孟子之宗旨悖於仲尼乎。是又不然。蓋孟子之不尊周。其時勢有不得不然者也。春秋之時。王綱雖墜。一息尚存。猶可藉尊周以號召諸侯。此仲尼所以許齊桓晉文也。戰國之時。諸侯地方千里。周室曾不及其什一。周德既衰。虛名徒擁。且民為貴。君為輕。周既無力以控御諸侯。安可以保宇內之萬民哉。非孟子之不尊周。實欲尊之而不得耳。天下既析為七國。勢均力敵。日尋干戈。其勢必合而為一。天下乃能底定。孟子以王道說諸侯。藉盡保民之心耳。其不尊周。豈得已哉。如執是以咎之。苛矣。

通達時事。將孟子所以不尊周之故。發揮得十分透闢。句句光明俊偉。洵切理饜心之作(桂蔚丞評)

士尚志說

國立武昌商業專門學校預科生 張幟興

士不可不立志。尤不可不尚志。昔王沂公云。志不在溫飽。蓋深知乎士之關於國家至大且偉。平日之所志。即見於異日之所行。所為一或不慎。其害非僅一己也。故漢之興。非興於高惠文景之賢。而興於士大夫之志實學黜浮譽也。晉之亡。非亡於懷愍之愚。而亡於士大夫之尚清談忘實踐也。非然者。何孔子哂由而許點耶。是蓋有深意於其間。故孔子志學。而盜跖則志利。堯舜志德。而桀紂則志淫。同一志也。而去向則迥然不同。為士者。豈可不慎其志。而無忽所尚哉。

端莊流利兼而有之(黃白艾評)

說風

廣西國文大會 楊文炤

沉冥子年少失學。不習世事。然好誦古人之言。存舜我之志。客有疑之。思以奇物相難者。曰。草木無聲。有時能鳴。蓬苗。

無足旋空而飛遊塵撲面飛絮沾衣物固無知引之者天地之力也譬之庶民甚愚治之者志士之術也而吾子云云夫時勢變易治權必更摧堅莫若用斧止沸若如取冰吾子獨拘拘於所守豈不大相逕庭哉應曰唯唯否否夫大道行則萬物安非盡在術也大氣流則萬物動非盡在力也且子所謂力者得無與吾所見有異乎余嘗神遊乎廣漠之虛見大塊之竅有物出焉其形鬱鬱其氣勃勃求之若有若無視之若隱若沒大彌乎太虛小入於毛末怒而張其威也驅陰霾而橫飛展光華於既滅雖兇惡如狼虎與蛟龍咸形潛而跡絕和而斂其氣也接之溫溫卽之穆穆鳴禽得其聲而愈諧草木拂其色而愈綠陶蒸羣形無偏育也並扇萬物無私淑也至奇而極庸至大而至公本浩然之氣以斡運乎環中是之謂風夫風之行也能使萬物變動陰陽開合豈假乎吹噓扇搖哉今君子之於治也亦有物焉爽狄聞其言而可化也庶民聞其言而可治也君子守其德小人畏其威德之所被天下輯然從之殆孔子所謂君子之德風小人之德草草上之風必偃者歟吾子所謂旋蓬飛絮得毋謂是耶客退余不禁有道衰之憂

以莊列之才氣運詞賦之韻詞本孔孟之心情抒自家之懷抱吾於斯文爲之欣賞

說蛙鼓

安慶崇文學校三年級生 陳九疇

天之生物各有其性各有其能斷未有生無性生無能者也夫譙鳴夜更譙之性也能也蜃噓成市蜃之性也能也鳩能喚雨鳩之性也能也鸚鵡能言鸚鵡之性也能也蟬能吟夏蟬之性也能也鷄能鳴晨犬能鳴夜鷄犬之性也能也而蛙之鳴聲如鼓吹洋洋可聽豈非蛙之性與能乎晉惠帝方夜聞蛙鳴問於羣臣曰彼爲公乎爲私乎豈知蛙本無心唱歎不過以咄咄者自適天機何嘗縈心於公亦何嘗縈心於私耶然而世間之爲公而鳴者勞爲私而鳴者亦勞奚若蛙之優游自得哉

一氣盤旋輕快無匹

兵所以禁暴除害說

安慶崇文學校二年級生 余繩銀

夫國家之所以用兵。豈有他哉。無非弔民伐罪。禁暴除害耳。是故蚩尤作亂。黃帝誅之。夏桀不仁。成湯征之。商紂無道。武王伐之。秦行苛法。漢高滅之。此數君者。皆深知兵之所以爲用者也。後世之用兵者則不然。或爭地以戰。殺人盈野。爭城以戰。殺人盈城。是以其所以禁暴者爲暴也。是以其所以除害者爲害也。豈用兵之道哉。

簡鍊老當（張紳評）

浮躁不可讀書說

安慶崇文學校三年級生 陳九疇

天之生人。有智愚賢否之別。而皆不可無變化氣質之功。如欲變其氣。化其質。而不從事乎讀。奚可哉。奚可哉。故謂浮躁不可讀書者。蓋亦謬矣。且夫書也者。古帝王之大經大法。先聖之嘉言嘉行。勒之金石。垂之簡編。固所以嘉惠士林者也。苟能讀之。誠有益於身心性命。書豈必擇人而讀哉。是故讀詩可化性情。讀書可知政事。讀禮可學節文。讀易可識精微。讀春秋可知王道霸功。紛紜征伐之變態。以學喻愚。讀書則氣質變化矣。如必謂浮躁不可讀書。彼浮躁者將盡爲愚瞽乎。不知變化氣質。惟浮躁者愈不能不讀書耳。

玉潤珠圓

說蠍

安慶崇文學校三年級生 汪德

嘗聞蟲類之有毒者甚多。然亦不知何者爲最也。一日見老者坐階下。貌若甚戚。余問之曰。翁坐斯何爲。乃示之以指。余見其指有如股之大。復問曰。翁指何爲腫若斯也。翁出涕曰。吾來階下見一蟲焉。長三寸許。其色黑。體有環節。八足。前有二螯。其利如鋸。尾細長。末有鉤刺。吾不知其毒。用手觸之。已中毒而腫矣。但不知爲何蟲。忽有一人自旁答曰。斯爲蠍所刺。余聞之曰。蠍乎。何毒如斯之甚也。想天下之爲毒者。無復有過於斯矣。翁曰。子言左矣。夫蠍害人不過能腫。

人痛入其爲毒也小今之當道者苛政爲害侵牟萬民以貨賂爲市漁奪百姓取之無已吏來則叫囂乎東西隳突乎南北雖雞犬不得甯焉其爲毒也豈不甚於斯蠍之毒歟余聞夢言始知孔子所謂苛政猛於虎者良有以也孰知苛政之毒有甚於是蠍者乎故爲之說以候夫觀人風者得焉

從毒蠍中說出毒吏有感慨語有譏刺語一聲棒喝足令殘賊寒心

論人之相似

安慶崇文學校三年級生 陳九疇

氣類之相感也曠今古而同符才志之相生也合彼此如一轍擬人必於倫此尙論者所由得其彷彿也雖古之爲父者不過堯而丹朱傲子賢不過舜而瞽瞍頑周公爲兄而管蔡二叔異趣是父子兄弟間且不相似矣況他人乎然而忠奸相擬可並論焉三代而下諸葛亮爲劉備之謀臣王猛爲苻堅之謀臣亮心乎漢者也猛心乎晉者也心迹之間不爽毫釐猛隱於華陰苻堅使呂婆樓一呼而來諸葛亮高臥隆中孫曹屢聘而不出雖出處之致不無稍異而其志未嘗不相似也獻公聽讒言逐生申始皇聽李斯逐扶蘇范蠡以計然之術教勾踐滅吳始皇用尉繚之計以亡大國是陰謀詭計之相似者亦其人品之愈降耳若君子與君子相似小人與小人相似蓋其氣類之感才志之苻耳

一往無滯

儲金說

安慶崇文學校二年級生 張齊盛

今夫夏葛而冬裘飲甘而食美列屋以居累裀以坐者何由而得如是哉非特有金錢之使用而後能然乎雖然吾悲其有此一時之樂而不可終耳何則人之所恃以日用者金然用無窮也金有盡也以有盡之金應無窮之用雖有郭家金穴鄧氏銅山亦不免致嘆牀頭之盡矣則今日之夏葛冬裘飲甘食美列屋以居累裀以坐者安能久處此哉然則如之何曰儲金而已矣儲金之法維何其上者莫如廣購儲畜票次則莫如存放莊號他如置匯設簿逐日推積皆

所以積其有餘防其不足苟人能取法乎此則可以零星之餘資而得厚積豈非美事哉嗟乎緩急恒有耳以國家財政之豐大尙有時而困難況尋常小康之家乎苟非及時儲蓄一旦或遭人禍或遇天災而囊空如洗有不鬻田園質衣飾以償其負者乎言念及此則儲金尤爲汲汲矣雖然儲金亦未易言也是必能節儉而後可

詞達理舉入後尤見圓足

自述家況

安慶崇文學校二年級生 陳國英

予濳山人也明季始祖以木客起家旋遭火患於是攜眷來桐始爲桐人傳至今日子孫繁衍散處者多惟予家一支世處樅陽之後部名曰梅莊家本貧無多產財產之不動者與流動者不過五六百許吾父爲桐堂司事歲入祇數十金母多疾不治事內外皆兄嫂是賴焉所可慶者上下和睦內外勤勞用能一門之內雍雍穆穆一家之中皞皞熙熙毫無怨言欣然相得誠家庭中之樂境也予之家況蓋如此故述之以爲世告

層次井然(張紳評)

立名說

江蘇南通第七中學學生 章尙志

嘗謂人無不朽之身而無不朽之名名可以不朽則當求所以致之此則在於立名矣名之顯也或以學術或以道德或以功業皆有其實乃有其名此非可倖致也吾見世之爲名者矣上焉者廣交遊通聲氣以期得有力者爲之延譽而曾不計及己之修爲下焉者自知實際不足得名而多方僞飾以愚天下之耳目此二者一爲求名一爲盜名求名者人知其無實而姑以名予之盜名者人初不知其無實而遽以名歸之顧是二者雖嘗有名而其名終不可恃是何也求名者憑乎交誼而交誼有盡時盜名者恃乎心計而心計有窮時夫惟以立名者得名不借於人而人自樂於稱道不期於人而人自爲之揄揚蓋立名非求名也亦非敢盜名也砥節礪行以俟名之自至夫是謂之立昔叔孫氏云

太上有立德。其次有立功。其次有立言。謂之三不朽。夫能立德功與言。此非卽所以立名乎。有志之士。宜知所以自奮矣。

人不可有依賴心說

安慶崇文學校二年級生 毛開甲

羅羅清疏。思路緊醒

凡物之所以生存於世界者。皆各有其能以自養也。凡爲獸。皆自攫。凡爲鳥。皆自啄。獸不自攫。鳥不自啄。未有不飢且死者。草托於樹。樹伐則草不生。毛傅於皮。皮去則毛亦失。未有樹旣伐而所托之草尚存。皮旣去而所傅之毛尚在者。然則人之依賴乎人而欲其長久可恃得乎。乃吾國人民。有本能而不自盡。處有餘則存苟安心。處不足則存希望心。處窮蹙則存需索心。如此者。皆由其平日有依賴心使然也。奚能生存於世界哉。雖然。此亦爲家長者姑息其子弟之過也。使各使其子弟皆盡其自立之本能。則凡爲子弟者。皆有自養之一業。不至有依賴父母兄弟之存心終身不能自作自給也。然晚近之人。惰克自成立者實鮮。卽上無姑息之弊。有業可以營生。而其振作之心。不勝其坐享之心。所以終身依賴人之人。遂遍天下也。不然。世之爲乞丐。爲奴婢者。何多也。彼其人。豈眞無自養之本能哉。亦依賴之心誤之也。然則是心也。豈吾人所可有乎。

比喩得宜發揮盡致(張紳評)

時者金也說

安慶崇文學校二年級生 程春先

金者。人之所最重也。惟其重也。是以有愛惜之心。有愛惜之心。是以不敢輕擲而懼其盡。夫金固可貴。不可不愛惜也。然有可貴於金者曰時。豈非人人所當愛惜者乎。語曰時者金也。卽古人所謂一寸光陰一寸金之意也。然則寸金宜惜。寸陰亦宜惜矣。知惜寸金而不知惜寸陰。則是以寸金視金。而不寸陰視金。豈知金去猶可復得。時去則不復來乎。

彼徒知惜金而不知惜時者何明於彼而昧於此也夫吾人在世由少而壯由壯而老由老而死有幾時哉歷一時卽少一時此古人所以有百年易盡之慨也故大禹聖人也嘗惜寸陰陶侃賢士也嘗惜分陰非好爲勤勞也以歲不我與而事業無窮耳彼世之時光坐誤不知及時加勉者曾亦思光陰易過時不再來乎少壯不努力老大徒傷悲三復斯言庶幾知時之貴矣

有精警語（張紳評）

憎鼠說

安慶崇文學校二年級生　吳少伯

鼠本無靈物也觀其竊物則靈甚若有人之知識然何則竊人之物乃盜賊之所爲也而鼠優爲之是鼠與穿窬之人同智耳則謂鼠與穿窬者同類誰曰不宜雖然此非鼠之幸也今天下穿窬之小人天下之人莫不憎之而鼠非其類反自附於其列則天下之人有不以憎盜賊者憎鼠乎何鼠之不知耶

局機緊圓而詞筆尤爲精銳（張紳評）

學以廣才說

安慶崇文學校三年級生　陶德禮

今有璞玉於此必彫琢之然後燦爛光明以成圭璋之器不然且爲楚人之所棄而以燕石目之矣人之有才如璞玉也玉不琢無以成器人不學無以成才何以見之古之人有霍光者身爲宰輔而有無術之譏非其才之本不足重蓋不學則無以盡其才耳朱子爲張仲隆作記曰非才無以見其志非學無以盡其才可知吾人之才有限者也必學焉然後其才乃大昔武侯以書誡子曰才欲學也非學無以廣才信哉

能闡其理

用才說

安慶崇文學校二年級生　陶國粹

天之生才所以贊興運也才之大者固不甚多既得其力宜善馭而保全之不可用其力而忘其功忌其能而殺其身也漢以用韓彭而有天下而韓彭不免於死明以用徐傅而成帝業而徐傅終罹於戮自古用才不終令有才之士抱無窮之恨者無過高祖與太祖已是豈善用才之人哉必若宋太祖之保全功臣庶幾得用才之道

簡當

築室說

浙江第十一師範學校學生 李培陰

余友周黃二君各築一室周依山爲牆蓋茅爲瓦衡門甕牖風雨不蔽黃則闢地數畝兀數山之木聚遠近之工雕其棟堊其牆雄壯宏敞二人室既成余往賀焉至周君見其粗陋意甚不適謂曰君不知衛生乎何其率也夫衣食之外首推居住今君此室難免湫隘之病而見笑於西人矣周君曰子殆未知吾意也夫舜尙茅茨禹卑宮室孔明居草廬劉禹錫崇陋室古之聖賢躬抱道德處之泰然室之美陋何暇計及且天下猶一家萬民猶一身設吾能措天下於泰山登萬民於衽席蚩蚩者流咸處大廈之下吾雖衡門棲遲何病乎彼汲汲善一己之室廬不顧世人風雨霜露之侵暴此豈仁人用心哉余聞其言稱道不已及詣黃君則以爲太華曰吾向聞周君之言室不宜美君務求其美耶黃君曰欲成其大必先爲其小欲治其國必先治其家而家莫先於居室始吾作室也欲粗具樑棟繼念一室之不善何以天下國家爲於是大鳩工匠分司其職猶國家非一人能治必藉衆官以分其任也廣蒐奇材以資構造猶國家采世界之精華取百家之宏論以修理其政治而發達其文明也吾將推其築室者而治國其不可哉余聞二君之言乃感而嘆曰周君仁人也舍己利人以天下爲己任黃君志士也砥礪事功不安於小成苟能力持斯志奮發有爲作國家之棟樑豈不懿歟乃知周君之陋非吝也黃君之華非奢也昔杜子美之歌茅屋也曰安得廣廈千萬間大庇天下寒士俱歡顏今二君之志皆遠余將以斯言持贈焉作築室說

構局措辭均有可觀且能將志士仁人心事寫得有聲有色再加涵養定成遠到之材（周昭德評）

國奢則示之以儉說

揚州美漢中學校三年級生 楊昺文

甚矣奢之爲害大矣。一人奢則身亡。一家奢則家敗。一國奢則國以衰。一人之奢其害小。一國之奢其害大。夫衣則錦繡。出則車馬。食則珍饈。居則廣廈。一食百金。一衣千金。窮極奢侈。視金錢如糞土。馴至財散身亡。不可救藥。其至一人奢而他人效之。富者奢而貧亦效之。人人如斯。全國如斯。爲上者如斯。在下者亦如斯。奢風大熾。家衰而國亦亡矣。推夫奢風之所以生。由在上者作之俑也。蓋在上者之一舉一動。民之視聽係焉。奢風扇於上。民氣動於下。迨人人皆奢。而後欲使之歸於儉途。則難矣。非有人以身作則不可。一家儉則家可興。一國儉則國可富。不然。則家破國亡必矣。石氏之衰。由石崇之奢也。隋代之亡。由煬帝之奢也。漢祚之能綿延數百載。吾不得不歸功於文帝之儉。區區露臺。不過百金。尚不欲建。夫費百金於國。何所損。省百金於國。何所補。而其儉德如此。民可知矣。蓋君子之德風。小人之德草。草上之風必偃。治國者苟以身作則。民自不難則傚。文帝之時。民未必奢也。而文帝乃以儉示之。况當全國皆奢之時乎。此檀弓篇曾子之所以有國奢示儉之言也。至夫全國皆奢。國民已受大損。斯時始示民以儉。奢風入人既深。不易革除。是故治國者必當防患未然。始得免於將來一發不可收拾之禍。今者國是日非。人心大壞。皆以奢華相尚。而以執政者爲尤甚。取之於民不足。又益以外款。私囊既充。揮霍如土。雖悖出悖入。亦天道之報施。然一日不以儉德相提倡。則人民之奢華一日不止。[illegible]已。人必自侮。然後人侮。國必自伐。然後人伐。我國人民。其各速自猛省。尤望我元首示吾國人以儉德。庶幾奢華之風可革。而儉德印諸吾人腦中。則中華之富可計日待也。

風檣陣馬一片神行進步抑何銳速（戴祝堯評）

歲寒知松柏後彫說

揚州美漢中學校二年級生 馮奐

孔子曰歲寒然後知松柏之後彫也吾讀之竊有感焉當春風和煦萬卉爭榮嫣紅姹紫芬菲可愛而松柏則蔥蔥鬱鬱自保其眞不與世爭不與俗逆而衆卉方且炫其顏色逞其精神鄙松柏而不屑與耦吾人當此固未嘗重視夫松柏也迨夫朔風起寒霜侵曾幾何時羣卉就枯萬卉凋零其能戰封姨而逞傲骨藐衆卉而表淸操者不在艷麗之羣芳而在蒼翠之松柏誠足異哉吾人於此可觀君子小人之分矣當國家無事之時內外安謐居廟堂擁節鉞者固不乏尸位素餐之流雜於其中一旦國事蜩螗兵戈紛沓向之僥倖一時竊位干祿者今乃束手無策不得不受天演之淘汰以去而斡旋世道挽回刼運卒惟君子是賴語所謂疾風知勁草板蕩識忠臣者豈虛論哉今之世果何如乎外而敵氛日惡內而同室操戈世道人心一墮千丈果有具歲寒松柏之操者乎可以出而拯救吾民矣

閑邪則誠自存說

福建國學講習所學生 林淸泉

正喻寫得透切（李契芝評）

誠也者與生俱來也性也邪也者習於外而來也欲也誠與邪不兩存性與欲不並立保其性而不爲欲所誘者聖人也溺於欲而失其性者庸人也世人不察聖之所以爲聖庸之所以爲庸者反以得天有厚薄之異聖人爲不可及自安於庸者衆矣不知性善習惡之說聖人言之詳矣夫性果善矣苟不習於惡則善者固自存而不失習果惡矣苟善爲之閑使莫之入則善者固亦存而不失誠如是善者存而惡者遠邪者去而誠者存其幾於聖人乎譬防盜然不患盜之我盜視我防之之道奚若我善於防也雖有盜亦無隙可乘我不善於防也雖無盜亦有以招之不咎我之防不善而謂盜尊我盜此與大惑者何異今之學者則有類於此者多矣不曰防邪之末力而曰誠之難存汲汲營求道在諸遠殊不知誠者非他不邪卽誠矣邪者非他不誠卽邪矣苟善閑邪烏見誠之難求伊川先生謂閑邪則誠

目存學者可不深思乎

語語精切（翼亭評）

得一知己可以不恨說

潮盟敬業學校高等畢業生 富德壽

嗚呼余讀廣翺之言而悲生矣其言曰得一知己可以不恨知己固若是難得哉然翺之言非嚮言也人心不同各如其面炎涼異態世俗悔情滔滔天壤間大都翻手為雲覆手兩者耳求其白首如故生死不渝者固千萬中難一二遇也其有終年相聚貌親情疏者朋儕而已不可謂之知己也推而言之兄弟者父母之外為最親者也而有志趣不同嫡庶爭愛忘手足之義為鬩牆之爭者矣若是者則雖兄弟而亦不得謂之知己也兄弟之外最親者莫夫婦若也然而互相交譎竟成怨耦者時有所聞則亦不得謂之知己也若夫言其最親愛者惟父母而已然而以大舜之孝不得於其父母而號泣於旻天則父母且不得謂之知己矣知己之難得有如是哉雖然同聲相應同氣相求固有不可得於彼而或得之於此者一旦得之則沆瀣一氣莫逆於心盟肝膽示肺腑誼堅金石生死以之有過則相規有善則相勸有患難則相援救求助於他山而磨礪我之智識不亦樂乎尚可憾之有哉惜乎其不易得耳

論古而參以閱歷之言

雜說三

安慶崇文學校三年級生 彭則愚

嵇生飲於酒舍以指拊案浩然大歌曰歎伯亡盧可以解愁人酷愛汝劉李之流其興怡怡然其樂陶陶然少焉乃愴然大呼曰吾深痛天下之亂也嘗提三尺劍如漢祖之奠天下矣對座之客訝之曰先生醉矣何出言之狂浪而不思也生哂而應之曰夫人有抑於懷則宣於口予豈能效哫訾栗斯喔咿嚅唲之聲以趨迎其上乎雖然予醉矣天下之人孰非醉者舉世皆醉余豈忍獨為醒乎然余之醉上與儀狄杜康同列下與劉伶陶潛同流醉於一時而不醉於終日醉

於面而不醉於心非若當時之醉者醉於聲色貨利醉於趨勢炎尊爵經營圖謀之勞櫛風沐雨之苦身如樊籠之鳥不能振翮翱翔於九霄之外嘗甘飲啄於籠中不得爲賢士君子笑可若今之逍遙物外終日枕糟藉麴醉則得失俱忘哉坐客應之曰聞先生之言卽知先生之行先生可謂陸地神仙矣生揖而辭歌詠而去

畫龍點睛筆妙如神

袁簡齋謂士少則天下治試言其故

浙江第九中學校二年甲級生 徐豐彥

古之所謂士者言仁義尚節氣安國家治萬民其爲仕至重而其爲功至大也是故文王得呂尚而王桓公得管仲而霸孔子述先王之道而稱素王蓋若斯之可貴也以是觀之則士愈多天下愈治矣然袁簡齋先生作原士謂士少則天下治何哉豈以士爲不足貴耶曰先生之爲是言也蓋爲今之似士非士者發也夫古人之爲士也經庠序之教守先王之道進可以左右天子退可以模範一世所謂尚志者也天下之人知士之不易爲而不敢輕爲故士少而可貴後世之所謂士者則不然習一藝學一術通一名一物卽自命曰士於是惰其四肢高其位置棄禮義廉恥游手傳食爲民生蠹叩之以職則曰士叩之以學則不知天下之人知士之易爲也於是羣棄其業而爲士士愈多習愈陋是故漢末士多而頌王莽功德者四十二萬人宋末士多賈似道飢之以餐錢而上書者遂稱爲周召氣節如此學問可知矣此所謂士以之維持世道則不足以之敗壞風俗則有餘士多之弊可勝言哉若乃士之途既峻則士之品自高士之學自眞國與民賴之而天下有不治乎先生之言誠知治本矣

明於治亂嫻於詞令足以鍼砭士習（黃渭清評）

蒙古入主中夏其防範漢人之法若何試論述之

浙江第九中學校二年甲級生 鄭 藥

於虜我中國爲數千年文明之邦一旦懸手於他族則凡他族之遇我民如牛馬如奴隸而我一時無力以抗誠有如紛日寄身於犴狴中者其[illegible]之時乎吾今特稽其入主我中夏防範我漢人之法有以論述之焉考元時各官署其長官皆用蒙人是欲我漢人無能也其在國學者蒙人均有廩給漢人則不得與是欲我漢人失學也科舉則右蒙人而左漢人是欲我漢人不得進取也蒙人准帶刀劍而漢人不准是欲我漢人日即柔弱也凡此數端皆其大者其他一切防範我漢人之法不勝枚舉總之元代立法無論何事漢蒙罔不異制焉吁亦不平等之極矣蒙人乎蒙人乎國爲我漢人之國既奪我國復虐我民致使我民呼籲無門俛首帖耳以受爾之束縛其居心誠不知奚若也吾聞夫蠻夷猾夏自古皆然特蒙人既率土一家猶復顯分畛域以欺我軒皇苗裔是眞可痛恨者然爾蒙人雖奪我國虐我民終必有豪上英雄起而撻伐大張奪回我的淨土安容爾久踞於此哉

識見卓犖議論縱橫其大聲疾呼處讀之令人起舞（黃渭濤評）

教學相長說

江蘇省立第七中學校一年級生 嚴貴成

義理每循生而迭起學業貴溫故而知新觀於學記教學相長之言而益信矣蓋人不能生而有所知不必生而有所能則必資乎學學焉而仍有所未知仍有所未能則必賴乎教教學之事相因教學之效亦互進也何也教者就其所知以爲教就其所能以爲教而學者得會心之趣矣學者由已知益求所未知由已能益求所未能教者有息肩之日矣斯二者或先時而迎其機或後時而解其惑或領悟於坐讀之際應對如流或啓發於請業之餘隱微畢闡師弟授受之間所謂教學相長者此也夫以孔子之聖諸弟子之賢往往一堂問答於以啓發其精微其於無所不說之顏子則曰回非助我其於可與言詩之子夏則曰起予者商蓋學者有疑必有問因其疑而起教者之所未發教者有問必有答因其答而釋學者之所未明比比然也孔子曰三人行必有我師焉是故弟子不必不如師師不必賢於弟子生

今之時處今之世教學之道求諸口耳之間不體諸身心之地弟子每有剽竊新異薄其師者而無聽受之誠焉師亦有墨守故常薄其弟者而未得教授之方焉以此言學以此言教而欲求道義相切磋古今相發明以得之於心傳之於世何可得哉何可得哉

筆意圓融辭無支蔓

吾國人多惰性其能免於滅亡之慘否

蘇省第一商業中校學生 謝灝

夫燕集於梁呢喃往返築巢哺子愛其種也蜂集於花摘採殷勤產蜜儲糧爲後計也微蟲且然而況人乎人爲萬物之靈豈不若細微之蟲哉古人云業精於勤荒於嬉又云勤爲成事之本惰爲敗事之階是不特人生事業之成敗由此卽國家之興亡亦莫不由於此也夫吾國以開化最早之邦有四百兆之羣黎千萬里之江山土壤膏腴物產豐富歐美各國望而生羨而今則銅山將傾國疲民困外債累累幾如山積實業猶未興也教育猶未普也政治猶未改善也其故何耶非吾國人多惰性而使之然乎在上怡怡自樂惟各吞公款以飽私囊而爲民者亦自便私圖逍遙好逸雖家徒四壁第知依人以求苟活噫達而在上者如彼窮而在下者如此上下一轍而欲鐘簴之不屬他人其可得乎印度波蘭卽吾人前車明鑑也故曰勤則百事興惰則萬事廢若不剷除惰性革面洗心痛爲牛爲馬可指日待也

言之痛切恰中時弊

求人不如求己說

蘇省立第一商業中學學生 孫紹安

人可以無所恃乎曰不可無恃則傾矣人可以有所恃乎曰不可有恃則殆矣鳥之恃其能飛也而不免爲射者中虎之恃其猛也而不免爲獵者陷然使鳥不飛虎不猛其尙能生存於宇宙之間哉夫人也亦然人所恃者自立耳己不能自立而依人以爲重未有不窮者也所依者不能常盛有時而衰不能常存有時而亡一旦驟失所依將何所恃乎

春秋晉勢盛強。宋謹事之。想其心自以謂得所依矣。及阨於楚師。晉迫於狄。坐視而莫能救也。魏孝武脅於高歡。所恃者宇文泰耳。然孝武之禍。不在於所畏之高歡。乃在於所依之宇文泰。以是論之。非惟人之不可依。而禍實生於所依也。外物之變。不可深窮。恃人以安者。其患豈一端耶。詩云。自求多福。在我而已。我國人民。多依賴性。每興一業。輒藉外人之力而成。礦山不能自開也。鐵道不能自設也。政治不能整理也。以致聘請外人助我不逮。遂使其權一一操諸外人之手。嗚呼。路鑛政權我國自有之權也。而顧可操之外人乎。太阿倒持國已不能自主。利源外溢國且因之益貧。求人之害如此。尚何得失之足言哉。然則吾人爲事。與其求人。孰若求己。彼外人之所以把持我主權窘迫我而覆亡我者。皆由我有求於彼也。果有自主之權而絕無依賴之念。他人之所能爲者。吾亦能之。勢均力敵。則人又孰敢侮予哉。故求我即以自保。求人適以自弱耳。孟子曰。行有不得者。皆反求諸己。吾願三復斯言。

就題發揮盡致識見高人一等

自述學業之進步

蘇省立第一商業中學學生　王澄

吾聞之。日知其所亡。月無忘其所能者。好學之士也。學固貴乎時習者也。故曰。學而不思則罔。學業之進步與否。宜自省也。余來校逾半年矣。親炙者明師。切磋者益友。種種科學。增我知識。雖不能盡其蘊。亦稍有所得。較之離羣索居孤陋寡聞之時。固有別矣。然學問之道。廣博無涯。以聞一知十之資。猶有鑽之彌堅之患。況在庸愚乎。若余質鈍不逮中人。欲無忘其能已難。況日知其所無哉。此吾所深自慼也。然而聖人詔我矣。學而時習之可耳。故苟得門而入。必也孜孜以求之。寸金寸陰之喻。吾滋懍焉。

筆意渾含尚能得體

柳校說

奉天省立第二中學校第七級第三學期學生　張寶三

村野之樹甚繁中惟柳居多焉然村野樹柳人特利其用而不寄其情製器代薪止于此矣而吾校之樹柳則不然校室校園皆吾人藏修之地苟非有吸炭吐養者種植其前則可以澄鮮空氣乎種而殖之灌而溉之諸學子又周護而愛惜之而後蟻不生疫癘不至遇春而含青煙至夏而佈濃蔭蔽垣拂檻舞月搖風暢遂之情形一若得乎時乘乎勢安乎此土而不欲遷移者詩云樂土樂土爰得我所可爲斯柳詠矣雖然柳則如是矣而吾人亦學校所樹也有教科以灌溉之教育以培養之風琴雅管叩宮引商以涵濡之凡所陶鑄吾人愛護吾人俾吾人之材智日長日滋于膋凌雲以成棟梁之器者無不至矣而吾人苟優游玩愒櫸櫟自安而不奮修乂之力是棄材也將斯柳之不若矣其有負吾校樹人之意爲何如乎嗚呼草木無情儼有氣體日移之[illegible]而吾人有知詎無學修精進之心儻不努力以求而自甘暴棄能毋對斯柳而滋愧歟

郎景生情有低徊不盡之致(郭式莊評)

稱驥以德不以力說

奉天省立第二中學校
第七級第三學期學生 張鳴沼

自周穆八駿著稱以來世之供鞭策效馳驅者皆駑駘之輩耳豈復有良驥之可稱哉即或有軼衆絕羣得邀伯樂之一顧者亦不免奔僨踶齧時作其桀驁不馴之氣動以違人縱逐日驤雲而不安教訓亦王良造父所不取也此孔子所以曰驥不稱其力稱其德也蓋德者體也力者用也有其用而無其體即得其偏而非其全也偏而不全安得稱爲驥乎其稱爲驥者以其能效用於人也儻肆其力而泛駕僨轅微特無益於人反有害於人豈能副驥之名哉雖然驥固如是矣而人則何如乎人非萬物之靈乎物既以德稱而人不以德著是人不物若矣士君子懷才待用志無時不奮乎青雲一旦登庸則蕩檢踰閑動枉戾乎軌轍而才之所用適以濟乎其奸曠觀古今閱肆之士非不迥異常人惟其悖戾之行爲每遺天下後世以唾罵者皆有才無德之過也然則人之才猶夫驥之力也苟無德才力均無足尚已

理明詞達簡淨不支（郭式班評）

亭林先生天下興亡匹夫有責說

江蘇省立第一師範本科三年級　宋楨

甚矣哉。立言之難也。夫天下興亡。匹夫有責。亭林先生有為之言也。當明季之衰。教化凌夷。廉恥道喪。士大夫惟富貴是圖。惟貪生是務。搖尾乞憐。叩馬匍匐。一切名節道義。在所不顧。視天下之興亡。無異秦越之肥瘠。先生痛人心之敗壞。學術之頹喪。飽食終日。無所用心。故為此言。以警世人。其意蓋欲正人心。端學術。使天下之人。人人負此責。以興復我邦家而已。並非望天下之人。人人持刀戟。以敢死輕生。人人逞舌鋒。以辯言亂政。而後為有責也。不謂道咸以後。歐風美雨。鼓盪而來。一敗於英。再敗於法。日俄德美諸國相繼而侵我地奪我權。近今一二維新之士。知大局危乎其殆。乃假先生之言。以聳衆聽。誤解有責之責。為殺敵之責。為干預朝政之責。差以毫釐。謬以千里。而先生之語。遂為犯上作亂者所利用。嗟嗟。先生之言。至言也。世人不察。昧然以先生之言。為口頭禪。爭權奪利。以至釀成今日之天下。是豈先生之罪人也。先生有知。豈不抱恨終古乎。某不敏。特辨而正之。以揭我先生之志。

闡發精蘊毫無遺憾（錢晃評）

無恆解

江蘇澄衷中學校一年生　吳孝純

天有恆。星地有恆。山水有恆。流至於人。則歲月移我光景。貴賤易我境遇。生死迫我歸依。人生世上。有何恆之可言。亦惟特我所有之恆心耳。古人雖往。而古人之種種作為。種種事業。尚留於後世。後世猶或慕之。且舉其姓氏而傳之。究何所修而得哉。蓋其人而為聖賢也者。則必終身寖淫於德業。其人而為政治家。為法律家也者。必畢世窮究於治國治民之道。其人而為哲學。為化學。為工作。為教育。則必竭其精神。紓其時日。專心致志於一業。而無或有惝怳游移之見參於其間。故其學業之成。聲名之著。為當世所仰慕。此則有恆之效也。若無恆心。今日為之。明日棄之。明日為之。後

日又將厭之泯泯然以生終亦泯泯然以死其弊有如是者可不勉爲有恆哉

警策

試述暑假中修學及見聞之所得

南京高等師範附中學商科二年級生 孫振鉞

天氣酷暑蚊蠅交迫學子在校求學羣聚一堂頗礙衛生故余校於舊歷五月晦日放假焉余回家之初以父病未痊嘗藥視膳故讀書之時甚少越半月而余之足部濕氣驟發痛不可行溫習舊課之事亦全荒廢如是者二十餘日始告痊而天氣炎熱不能溫習轉瞬間而開學之期屆矣思念及此不勝浩嘆然悔亦莫及也余家鄉間河塘縱橫舍之東有一河柳陰四圍蟬鳴蛙唱若相酬答村童數輩時相與游泳其間隨波上下出沒水面各誇其技之純熟余朝暮見之不以爲異自念必能勝之一日解衣下水試之幾至沒頂蓋力不能敵本也披衣而歸不覺自慚世之輕視他人而實不逮人者可以鑒矣

後幅有意境

人之患在好爲人師說

湖南湘潭第一女校師範三年級生 龔英韞

嗟乎自古迄今聖賢豪傑之所以成名於天下者豈其生而能如是耶抑教育之功之所出耶吾知其必自教育之善之功始然也苟非教育曷克臻此孟子曰人之患在好爲人師此特爲好者言之耳儻人人以此言爲信則國家焉得而文明教育焉得而普及哉夫人之生於天地間固爲萬物之靈然非以教育養其本性則不但失其靈心且將反人類於禽獸矣夫復何望於一生成名立業之大用哉嘗竊窺乎無教之徒爲逆子者有之爲盜賊者有之生斯世也父不以爲子子不以爲父夫不以爲妻妻不以爲夫不容於家不容於國不容於社會學不成名不立放浪一生幾無立足地嗚呼亦可悲矣其與禽獸有以異乎哉無教育之弊必至於此明矣其具有宏才博學可爲人師者亦安得拘守

孟子之言。而不出而教之乎。且夫國無教育。則不能久存。何也。人民乃國之本。其責任重而莫能釋也。苟無教育以輔之。雖有智慧。何能爲乎。是則教育者。非爲人生。成立之本也歟。教育既爲人之本。然則有學而不施教。可乎。苟以孟子之言爲心。則人必不敢爲人師。普天之下。何人才之有。更何問於國家之興。世教之昌哉。雖然。世亂之極。由於正學之不昌。正學之不昌。由於師資之不善。師資之不善。由於好爲人師者之多。孟子之言。所以戒人師。正所以端世教也。

發揮盡致。於用筆行氣深有所得。結論尤切中時弊(李顯光評)

說蟹

江蘇南通第七中學學生 吳其芸

蟹生於江河湖澤間。二螯八足。處蛇蟺之穴。旁行斜上。以噓以噏。倘能斂迹巢居。未嘗不可永安水國也。乃一念之躁。趨炎喜火。一燈水濟。無不郭索而來。捕蟹者悉可俯拾無遺。供人刀鋸鼎鑊矣。嗚呼。蟹爲微物。其殞也固宜。吾不解世之橫行天下者。不能養晦韜光。惟知趨炎附勢。一朝衰落。不免敗亡。何以不取鑒乎蟹也。

的是小品文字

智生於學說

安慶崇文學校二年級生 陳國英

玉不琢。則無色。鏡不拂。則無光。人不學。則無智。故無論何人。欲開其智。皆不可以無學。學也者。可以長閱歷。增智識。化愚爲明。靡不由此。苟能立志於學。雖在庸愚。可以爲聖賢豪傑。欲益其智。又何難乎。昔孔子嘗曰。我非生而知之者。好古敏以求之者也。魏主嘗問博士李先曰。天下何物可以益人神智。對曰。莫如書籍。以此觀之。可知古人之所謂智謀之士者。皆由學中來也。彼霍光不學無術。後世譏之。吾儕少年。苟不願受愚昧之名。何不力求夫學耶。

清通(張紳評)

說蚊

安慶崇文學校二年級生 吳少伯

物類之中有所謂蚊者小虫也因濕而生者也故乾燥之地少潮濕之地多或謂爲孑孓所化說亦足信蚊之爲物雖小爲患大夏秋之月旁暮卽出千百成羣飛鳴堂室往來上下騰聲如雷較之飛蠅尤爲可厭不但此也嘬人膚吸人血擅蚤蝨之所長觀其所嘬墳起而奇癢則其毒又不在臭虫下以故人皆惡之恨不能盡去蚊乎蚊乎亦自知其種毒已多無人不欲殺汝乎

妥貼如題（張紳評）

說悔過

安慶崇文學校二年級生 陳國英

過者無人不有悔者亦人所不能無何謂過凡一言一行之失卽過也何謂悔凡一言一行之失而心有不安必欲蓋之而後快是則謂之悔悔因過而生過卽因悔而改世未有不悔過而能改過者也雖然桀紂之暴盜跖之惡彼其初亦何嘗不悔惟其悔於一時不能持諸久遠是以雖悔而過如故及其習而安之則並悔無有也此其所以終於惡也必也如太甲桐宮之怨衞武飲酒之箴秦穆對衆之誓漢武輪台之詔然後可以無過乎若夫鬻拳之以兵臨君因悔而自刖先軫之得罪於晉因悔而死師雖悔而不善用其悔過反因悔而生矣又何貴有此一悔哉

清暢（張紳評）

說春

江蘇省立第二農業學校附設農村職業教員養成科學生 潘澤

一歲之間有四時焉而春獨居首宜哉夏則過熱冬則過寒唯春獨得溫和之氣夏熱則物槁冬寒則物敗唯春獨抱生發之功春何其可愛歟夫春之來也不知其何從其去也亦不知其何去但覺春之來遂已別有天地美矣哉春時之景物也仰而觀之天朗氣清風和而日麗俯而察之山明水秀草長而波生紅葩綠葉芳豔可人紛敷於四野者春之花木也紫燕黃鸝穿林嘯樹飛鳴於上下者春之禽鳥也蜂蝶得春而翔舞游魚得春而泳躍吾人遇春氣以之而

暢體以之而舒衣春服以適志飲春酒以介壽蘭亭有觴詠之遊曾點有風浴之樂噫、何其可愛也然吾願爲學者當此春而學禮以竟春誦之功爲國者、當此春而布德以行春和之政

五花八門如火如荼

全國學生國文成績文庫卷八（甲編）

古邗盧壽籛選輯

序跋類（贈序附）

汪梅村先生七十壽言

國立武昌商業專門學校本科一年級生　謝國澤

澤之從君牧師來學於鄂也一見而知爲愛心羣倫仁慈愷弟之君子間嘗與同人竊議其治事之周計慮之遠接人之誠感人之深則相與感歎景慕不能自已意者天性使然淵源有自歟既來鄂之翌年恭逢其尊人梅村先生七秩大慶同人感吾師道義之隆乃相與爲文稱壽澤固知先生有素也可得而言之先生孝友性成好義無窮蚤歲服膺濂洛關閩諸儒之學以曲成人才爲己志故不希宦達而甘就邑中教育之任嘗被舉爲勸學員長整頓教育不遺餘力旋以弊深阻重辭去而自督諸姪建設日新小學視察者稱全邑冠學界咸服焉其訓吾師則曰士當以利物濟人爲志不徒爲温飽計也大哉先生之言矣夫士生今日正值學絕道喪人欲橫流所謂權利思想盛行於學人社會求其僅圖温飽不思縱無等之欲者已如寥寥晨星況捐其身心之力以利物濟人乎先生之以此訓吾師其在今日殆似曾文正昔公原才篇有曰民之生庸弱者戢戢皆是也有好義之士其智足以移十人者必能拔十人中之尤者而材之其智足以移百人者必能拔百人中之尤者而材之然則先生自少爲塾師迄於今數十年以正道振拔後生例之曾氏之言其效爲何如耶且以一言之力俾吾師訓誨吾儕而成教於國以濟國用則其功德之所及又出乎曾氏之言萬萬矣是則先生之壽世者無有涯涘宜其老壽康強爲古人所欣羨也澤謭陋無文而又迫於心之不自已故爲言之如此至如周濟鄉黨資助寒士提攜族屬排難解紛諸事雖先生平昔之所重而以稱其大且遠者不詳及之

惟以先生之壽世者壽先生倘亦先生所樂聞而爲進一觴乎

文氣充沛布局亦至圓洽

送田春士先生赴京序

福建省立第一師範學校本科三年學生 游毓英

天下事有不期而至亦有期之而不能至夫不期而至其爲至也固樂矣若期之而不能至而卒然至之其爲至也其樂當何如耶春士先生嘗與余等言曰制藝之世吾以文字與天下相周旋至京師者屢與彼都人士遊煦煦然如在春風中而今老矣猶油然慕也不識繼此可再得見否乎小子聞先生言吁焉久之今年夏六月先生遂北上余喜先生可謂得償所期矣而又不知先生至京師時胸懷當若何也夫此數年中物換星移世局幾經改變而往日所與從游故老亦將或存或沒余知先生至時必指某壇某社而嘆曰此吾前日與某君慷慨悲歌之所也某水某邱吾往日與某君暇時釣遊之所也風景不殊而河山已易第宅猶在而王侯已非撫今追昔必有無窮之感矣然同一境也始也不可以必至而卒然至之同一遇也始也遇之以爲樂今也遇之以爲悲殆造化小兒之愚人耶而人又不自知悲夫此數者先生皆身遭之目擊之他日南下發爲文詞用以餉生等則當頭棒喝喚醒世間其益豈尠哉

純乎化境不食人間煙火(張少淵評)

同級齒錄序

福建省立第一師範學校本科三年學生 游毓英

余游學福州三易寒暑矣學問有得與否則不敢知而日與同級諸君揣摩之功交感之情實不能一日忘也今年春級長金君鏡澄爲同級倡刻齒錄金君此舉可謂當矣嘗謂學校之設將以矯科舉之弊而今世學校師友之情反不若科舉之時之親非人之無情至於此蓋緣習於脫略不圖流弊之至於斯也金君既知補救力爲提倡而同級諸君子亦皆踴躍感激力董其成詩不云乎相彼鳥矣猶求友聲吾閱茲錄吾滋有感矣吾一級計三十有二人此三十二

人。不盡一方人也以不盡一方之人而羣於一方藏焉修焉息焉游焉是眞所謂異姓而骨肉者乎他日畢業歸披閱齒錄中顯然有同學在將必列指而歎曰某也何若某也何若可不念哉戊午秋日莆陽游毓英

筆墨暢潔不作客氣語以之序錄可用也(田春士評)

同級齒錄序

福建省立第一師範學校本科三年甲級學生 余長資

余幼學時平居交遊多卓然有志之士其後數年或物化或遠遊雲散風流不知歸著何許每追憶姓字輒茫然不可得未嘗不感慨係之乙卯秋就學斯校竊喜諸君之志遠過疇昔之友也然追隨三年矣於兄事肩隨之道未盡講一旦話別安知不如疇昔之友乎又安知不更甚於疇昔之友乎夫人生聚首非無握手言笑表親摯之情及天各一方則彼此相忘若路人然豈友誼不篤抑亦少長之辨不嚴於先無以起其敬愛之心有以致之也則同級齒錄之作豈徒然哉嗟乎友道之衰至今日而甚矣不有以作之究將何極挽頹風敦雅誼吾與諸君子皆有責焉觀斯錄也敬愛之念可油然而生矣

語多切摯文氣亦疏

課餘吟集敍

福建省立第一師範學校二年乙級生 田春霖

余同級友三十餘人嗜詩者大半時各有吟三年於玆矣而未之集也戊午春始有吟集每於課餘或十人或五七人小技雕蟲彌覺有味吟益力集亦益病集之無名也名曰課餘吟不害正業而足以發性情世之學者知不吾詬也

小品斐然

送安禮遜先生之南洋序

福建泉州培元中學校二年生 陳砥生

環亞洲而南者多羣島氣候酷熱居民繁盛其地富林鑛多天然之生產物交通便利生計饒裕內地鮮與爲比我閩

人多經營是地焉余師安禮遜倫敦人也貴族之家膺牧師碩士之位以興學育材爲己任痛吾華教育之不進步十六年前航海來泉創辦養正小學越七年又建培元中學櫛風沐雨竭力經營早作晏休不少惰耳聰目明智長力給去年南渡募捐得華僑之贊助既回校復築校舍數椽此次復有南洋之行余觀先生志大而言謹與人交握手出肺肝相示今者適茲土吾知其必有合也夫以先生之熱心毅力足以感發人之心志矧華僑之惓懷祖國出乎其性者哉吾嘗聞華僑之徒以南洋爲樂土蓄妻妾長子孫每有國家興亡之觀念今者先生此行必得華僑之解囊相助無俟灼照龜卜而數計也吾因之有所感矣異日先生募款而回校舍講堂大加建築復有師範之設舉而上之由師範而大學無難也先生此行亦壯矣哉

規仿韓文意境適合

贈余伯堂序

南京省立第一中學校學生 宋良洪

異哉京師人海中之有伯堂也夫直木不可曲之以爲器方柄不可強之以納鑿蓋非今日始矣伯堂以磊落不羈之才邁往不屑之韻而又負奇好氣不少貶屈是以所爲不合而卒至於窮也余識伯堂且十稔今又遇於京師驚喜傾懷各相慰藉伯堂已在北京法政國文兩學校畢業其程度最美爲校長所賞故舉爲博士宦教育部主事久矣同僚同學皆駕輕車於市上趨津要之門絕塵而奔以自鳴得意伯堂甘窮終不一望貴人顏色作翕翕之熱其節誠高而志亦足悲矣魯人有得赤水之珠者其寶氣異於常珠問其値曰千金居十年無售之者有貴人至聞其異使人謂之曰持珠來吾且與爾千金魯人拂然曰吾珠可就觀不可持視也貴人以爲迂怪而置之夫伯堂之高操安知世人不以爲迂怪歟

寄慨遙深

菊譜序

吳江私立麗則女子中學三年級生　金蘅

歲在丁巳。九秋之末。校長咪知任先生歌東籬之采采。萃老圃之秋容。凡黃英粉瓣紫蔕槃莖玉笥仙葩鄺水遺植女凡。繁英石崖新種柴桑之所未見花史之所不詳。莫不標新領異搜秘揚芬供之烏皮之几。別以牙牌之字鱗次櫛比別類分門。聳錫嘉名。彙爲一譜。夥頤沉沈。百十餘品。偉矣哉。前此未之覩也。然蒙竊疑焉。百卉衆矣。先生不擷春華之敷芬而錄秋英之冷逸。不登倚雲之仙栽。而采拒霜之傲骨。發凡起例。意果何取乎。抑我聞之。菊有五美。圓花高懸準天極也。純黃不雜后土色也。早植晚登君子德也。冒霜吐穎象勁直也。流中輕體神仙食也。是以徵君相對而忘言。賢相寄情於晚節。先生義心雲上。逸躅秋高。媲栗里而人淡。紹天隨而情豪。固宜金精玉質寫此孤芳。一片心香。人花同氣。蘅等被命擒辭。一讀三歎。媿無左芬之才。爲節花作頌。唐突騷雅。始不免落英笑人矣。學生金蘅謹序

有典有則亦雅亦風（鄒家麟評）

送本校同學入高等師範商科序

江都公立甲種商業學校本科一年級生　周廷棟

民國七年秋八月。本校舉行第一次畢業式。畢業者計二十六人。入高等師範商科者三人。今且負笈行矣。余敢贈以言曰。商業者國家貧富之命脈也。我國商業衰敗極矣。商業人才需之甚急。今諸君爲甲種商校卒業生。當應用於商業。而諸君乃棄其職務入高等師範商科。其意豈非以商業之發達。非個人所能。故入高等師範商科。冀後日教育青年學子。而使多數人知商業之知識耶。抑以爲幼稚之學術。不足以自固。乃進求高深之程度。以培植商業之基礎耶。嗚呼。諸君之志偉矣。吾知吾國商業之前途。必有發達之期矣。余來此校時未久。與諸君交亦淺。顧聞諸君之行不自覺其情之快也。因序以贈之。

中幅筆力堅拔迥不猶人

送本校同學入高等師範商科序

江都公立甲種商業中學本科 洪國棟

本校爲江都甲種公立商業學校其設立之宗旨在矯正商界之弊害增進商界之利益以造就商界中之人材提創國內商業之進步挽回金錢外溢之患害是故教授者商科也注重者商學也蓋國家之興興於商業商業之興興於敎育敎育之興興於學校學校之興興於人村人材衆多商業未有不殷盛者今夏本校第一屆畢業從事商業者固不乏人而陳翁程三君獨升入高等師範商科以求增進其學術其志亦可謂偉矣君等在校爲高材生同學咸敬之愛之今入高等師範本其人才之觀念以爲他日造就人才之計匪特江都之商業係乎諸君卽吾省之商業推之吾國之商業亦咸係乎君矣余於諸君之行抱無窮之欲望因序以贈之諸君勉乎哉

詞氣充暢

擬送友人出洋遊學序

江蘇省立第二農業學校附設農村職業養成科 潘馨

吾友某君幼與吾同學夙負奇氣有大志吾師嘗曰此子才氣不凡非常人也去年畢業某專門學校今歲復思出洋游學以竟其志倘所謂飛必戾天鳴必驚人者非耶昔汪奇馳敵寧爲國殤木蘭從征載在國史傳介子張騫立功異域卒取封侯彼數人之功業豈無學識而能有此建樹哉當今國家多難有志之士正當慕班超之投筆效終軍之請纓而吾友必橐筆萬里遨遊四海者蓋以論時局則機會未至論個人則才學不足臨淵羨魚不如退而結網此所以有出洋游學之舉乎易曰君子藏器於身待時而動何不可之有況吾友行年正富有志竟成他日學成歸來輸入歐化餉我邦人本非常之志以求非常之學即本非常之學以立非常之功其造就有未可限量者此吾友之自期而亦吾之所以望吾友也雖然今之出洋游學者豈可一概論哉往往有名無實徒耗鉅貲若吾友之勵志好學固不必以此爲慮然吾聞孔子有言曰三人行必有我師焉擇其善者而從之其不善者而改之今吾友整裝有日同行者豈必

有無名無實之人吾友宜知所師擇而改之也吾友勉乎哉

剴切敷陳於褒揚之中寓砥礪之意此片文章可謂全班之冠（張湛甫評）

送四年級同學赴通州參觀序

江蘇省立第一師範三年級生 徐驥

四年級同學將畢業矣某月某日赴通州參觀學務以廣見聞吾三年級以下諸生敬握手送別贈之以言曰余聞通州者張季直先生之故里吾江東文明之發展地也機廠林立商賈輻輳而教育一途尤獨樹一幟若代用師範也模範小學也盲啞校也幼稚院也莫不嘖嘖人口爲四方教育之嚆矢君等此行當可采實擷華一一銘之於心筆之於書以作他日設施之準備其若是則季直先生之十年提倡不遺餘力之精神行見渡江而南俾吾黨共食其賜矣抑吾更有進焉參觀之餘爲吾登狼山之高峯望長江之奔波觀鹽場百里而知海濱之特產察沿江險要而知防守之嚴重考各機關各公司之組織而知利權之恢復歸來之後促膝告我則茅塞未開之小子雖不能附驥以行而聞所未聞當亦略知其萬一耳諸君勉之哉

靠定通州落筆不泛作尋常參觀等話斯謂精切不浮入後豪情勝概尤足開拓心胸

墦間乞食圖跋

浙江省立第三師範學校本校一年級生 朱乃基

東郭靈邱灰飛仙蝶北門窮士聲碎春鵑覽千秋之古塚興廢靡常歎萬石之傳家悲歡都假彼既可操豚蹄而攜麥飯此何妨向坏土而乞杯羹是以搖尾乞憐脅肩諂笑分其餘潤快我朵頤大言不慚矜張於昨日小人無恥敗露於崇朝漫言兒女情長已覺英雄氣短志士不在溫飽何爲竟至於斯乎丈夫不受人憐況更有甚焉者也雖然富貴功名皆由乞丐嬉笑怒駡盡是文章謀食謀衣既屬本來面目繪聲繪影儘可依樣葫蘆妙筆傳神圖豈同於鄭俠狂歌斫地劍欲仗夫朱雲

語氣豪邁情景如繪（梁仲凱評）

節鈔曾文正公家書序

江蘇省立第一師範畢業生 謝鳳章

僕幼聞鄉先輩嘗言有曾文正者昆仲相承督蘇其爲人也勤儉謙恭務求實學頗具古風洵近世之賢者也時雖未盡了而已私識之矣齠年入學嘗見先生手一卷正襟危坐而讀之或嗒焉如喪其耦或欣然若色喜者意甚得也閱既周視而後善藏之余等終不知其所讀何書也於是心中不能自釋歸而稟諸父父曰爾師長者勤而能敬慕曾文正公之爲人所讀者其公之家書乎於是嚮往之心益切旋於友人處見曾文正公家書全部乃大喜假歸披讀惟覺沈浸濃郁意味深長太史公所謂舉類邇而見義遠此殆近之則此書人人所當知人人所當讀不可須臾離者也欲併錄之軫念校中功課甚多不及備錄不得已甄其有關學識者擷其零雜瑣碎不載是爲序

學蘇長公范文正公集序意亦曲折（胡介生評）

題伯姊油畫山溪圖

湖南湘潭第一女校師範三年級生 龔 遠

丁巳仲夏余母自滬歸備述旅況乃得知上海繁富之地文盛之區且其教育發達有美術專科者頗稱完備余甚悔不從母遊得追隨於美術之林也母曰毋悔果願焉即足不出戶庭亦可致也蓋近日各校有種種函授之教育云於是出圖畫美術館函授部招生簡章一紙示吾且願吾與吾姊同習焉其章程有水彩鉛筆木炭油畫數科油畫之精美無比余母云曾於袁君之室觀之故知其妙也聽聞之餘歡忻鼓舞而吾姊適宿抱美術之志尤爲踴躍蓋吾姊自師範畢業後數年如茲常自愧恨每曰人生於世即不言傳教立功亦當有一技之長方不負造化之功於是請於父報名學習焉今僅旬日所畫已得四帖用筆調色雖未盡善然已燦然可觀矣余於課暇之時偶步姊室但見拔地奇峯青林翠草照耀眼前樹欹山而葉欲動雲掩天而光若回異哉何爲其然也閨闥秋窗何爲其春山笑人也木立者

久之乃悟吾姊油畫山溪誠神乎其技矣畫中山光萬仞溪水一泓其地人煙稀少風雅宜人時爲正午故其雲影爛然輝映峯樹余初覩此幾疑置身其中飄飄乎如遺世獨立羽化而登仙矣此雖畫境之妙然以我國土地之大氣候之和如此幽秀山川不知凡幾惜無雅人爲之點綴故山河無色而一般庸夫俗士不知挹林泉之雅趣徒鑽營富貴伺候於公卿之門奔走於勢利之場作種種卑汚無恥之行負此一幅天然畫圖致令天然之山川亦將爲若輩所汚染故雅人君子多所不取而亦非余所賞鑒也今觀姊畫見其一片清光與天然之染塵俗者異遂喜而笑謂姊曰姊盍留遺我乎姊亦笑曰可余遂藏之時出而觀賞此畫卽爲吾之臥遊地可矣遂援筆題於畫之後面以頌姊畫之妙而寄吾之慨云

筆法靈活饒有風韻頗得歐公陰柔之美（龔悟園評）

題臨風閣集

直隸高等師範國文科第二年學生　高魁光

女士康湘雲邢台之南郭人也著有臨風閣集郡乘遺其姓名而邢台人士亦無知者何湘雲之不幸耶夫襄城公主唐太宗女也以孝親故王景深書之公主以傳大同邢氏民間女也以有賢行吳幼清書之邢氏以顯今讀二君之文雖千百年矣而星芒劍花千載不可磨滅蓋其人至今存也然則公主與邢氏可爲幸矣乃湘雲以詞壇盟主名滅不稱悲夫悲夫豈當今之世果無景深幼清其人耶抑有之而不得見耶或曰邢台多山其人質勝於文文學之事非所尙也故湘雲埋沒而無聞也其然乎其不然乎

康女史得此可以無憾矣吾邑乾隆時有和女史者著有猗翠軒詩稿稿已散佚亦一不幸也（尙蔚南評）

擬昌黎送廖道士序

江蘇省立第八中學校第五屆第四年級　焦席禩

鄒魯之地泰岱峙焉清河注焉名山大川鍾靈毓秀於此是故有孔子孟子出承先聖之道統作萬世之師表雖曰人

傑實由地靈也郴之州衡嶽聳於西湘江流其北山川雄秀爲南服冠礦物具水銀丹砂鍾乳之富植物擅松柏橘柚竹箭之奇雖鄙僻猶遜之意必有魁梧奇偉之士生於其間才足以濟世功足以庇民乃能爲山川生色然今卒不一見豈山川之靈秀特及於物而不及於人耶抑其人雖得山川之間氣而孔孟之教不及被乎其邦耶郴人廖師學道衡山求服氣鍊形之術所謂魁梧奇偉者非斯人歟乃用之不得其當吾深爲廖師惜也爰序以告之

眼光如炬尋出孔孟爲主腦議論絕大足以牢籠萬有涵蓋一切具此手眼足以方駕古人不必句規而字仿之也

（桂蔚丞評）

擬送乙組講習科畢業序

江蘇省第七師範學生 劉世傑

某年月日吾校將行第三次講習科畢業式同學等相與臨岐話別竊效古者贈人以言之義於是拜手告曰自吾同學肄業於斯校也覿面談笑握手言歡是天假之緣也而其中之年長學優者瞻其丰采以滌我襟懷聆其言論以廣我識見尤於身心多所裨益今則歲月難留轉瞬二稔別離之緒卽在目前矣然余以爲旋聚而旋散者吾人之形骸雖散而仍聚者吾人之心意也顧形骸不過爲吾人所寄托之廬舍而心意實爲吾人所契合之眞宰自其形骸視之則離羣而索居自其心意視之則千里如一室也茲余竊有一言以貢獻於諸君之前諸君今日畢業回里正擔任小學教育之時將來盡力於國家者在此行造福於桑梓者亦在此行也顧或者曰際此內憂外患紛至沓來救亡圖存之不遑而乃嘵嘵焉以教育爲務無乃欲彈琴以退敵乎曰此一孔之儒不足以語教育之道者也昔越之敗吳也教訓十年德之制法也學校林立誠以易貧爲富莫急於教育轉弱爲強亦莫要於教育學校者人材之製造場而諸君則其工程師也異日滿園桃李絳帳談經養成完全人材以爲我國光不得不厚望於諸君也諸君行矣因爲此說以贈

寒假送同人歸里序

奉天省立第二中學校五級生 趙守和

時逢臘月。朔風砭骨。以苦寒不適於學。所以有寒假之舉。而吾儕迺得歸而省覲。固可樂也。然同儕相處。歡逾弟昆。居無別離之感。噫。吾儕聚首以來。聯袂接席。感情相通。言笑共之。憂樂分之。善相勸而過相規。其樂也雖骨肉何以過之。此固承父兄求學之命。不期而來會。然吾竊謂人未期而天早期矣。吾儕之樂。惟吾儕共有之。此所謂難能而可貴也。一旦小別。難於爲懷。此固人情。然而天道無常。不能有聚而無散。遑遑無已。亦殊過矣。特吾之所愁然不安者。但恐心與身俱別耳。身別而心不別。雖自此一別而遠別。而永別。而其情終歸於不別。心別而身不別。雖永不別。爾自爾。我自我。同室操戈。而其情終歸於別。反不如身心同別之爲愈也。斯爲可悲。如吾儕之別。僅四十日。是身別而心仍不別。子我同情。所以知之確矣。雖不如同堂之樂。亦無所多用其悲。斯爲序。

就事發揮筆力清勁（章蘭郁評）

語意老到鍾鍊功深（馬葆良評）

鄉土志自序

江蘇第一師範本科一年級生 沈達時

余嘗聞德意志小學有鄉土科。日本小學有鄉土史談。就童子平日釣遊之地。隨指一山一水一邱一壑。以爲地理敎科之起點。其不易切實不爲汎論以炫人者。謂敎授兒童之法。悉宜先其小後其大。先其近後其遠。地理其尤著者也。推之敎歷史則從其地之先哲名流始。敎理科則從其地之動植礦物始。敎社會學則從其地之風俗習慣始。要以地理爲各科之中心點。而尤以本鄉土爲地理之中心點。童子習此。不惟易領悟易觀察易記憶而已。維桑與梓之情。食德服疇之感。油然而生。雖至白首不渝。負笈數千里外而念之不置。所爲養成愛鄉土之心在此。即所爲養成愛國之心者。亦靡不在此。此余所以岌岌焉有鄉土志之作也。顧以校課事冗。卒鮮暇晷。遂亦恝然置之。今歲夏將假劉師計我儕曰。良夏多暇。盍各著鄉土志一册。言其淺者近者。不務翔博。必求精核。爾曹未經著作。試向筆墨中求興趣。亦足多也。他日應世。須適於小學教授之用。使兒童由鄉土觀念而進於國家觀念。而進於世界觀念。所以培養之者淺。而所以造就之者實深。余退而不敢忘。爰就昔日釣遊之地。留心考察。從事編纂。輯爲一書。中間舛誤錯漏之處。在所不免。他日有暇。容再詳察而訂正之也。

言之有物深合原理

張母高太夫人七十壽序 并頌

江蘇第四師範三年級 鄭權

蓋聞詩賦淑女。史傳賢婦。良以家政之重。內助需才。宜其室家。始備多福。自古已然。於今爲烈。江蘇實業廳長張軼歐先生之母高太夫人。鉅鹿望族。清河名門。毓珪璋之英。挺蘭蕙之質。慧聲早著。爰在妙齡。遇寇出奔。不攜財物。佐理家政。年才及笄。家道復興。此太夫人之淑德也。年三十。于陽張氏。爲少邃先生之德配。張氏清貧。時嗟仰屋。太夫人去琮璜之飾。任盤匜之勞。益十指之勤。藥闈中之逸。室有良人。婉約歌雞鳴之義。上有白髮。曲意承菽水之歡。因甘貧如飴。故治家以肅。其督課張君也。悉心教養。慈母而嚴。義方之訓。不受人助。高行而恥因人之熱。恭儉慈孝。婦德樹立。閫范懿行。鄉里著聞。族黨遠行者珍寶玩好之富。箱櫳鎖鑰之秘。舉託掌握。親疏有爭議者。重如廬舍田產。細如豆區釜鍾。夫人一言盡息。嘗喻每曰。仁義遜讓。奈何棄之。性尤惡博奕。戒子曰。能節財用。斯爲循吏。能守母教。斯爲孝子。蓋其明婦人之道。作忠孝之原。辨義利之防。勵廉恥之節。求之淑女賢婦。未嘗多覯。紀實作頌。用光里乘。詞曰。

瞻彼松柏。春孔長只。緬維張母。天將相只。乖陰孔嘉。協珩璜只。修德成化。咸里光只。有訓在堂。子知方只。匪今匪昔。余佩芳只。酌彼大斗。祝高堂只。載進琡玉。佐瑤觴只。

古質淵雅卓然大家（嚴聘卿評）

首尾一氣夾盤夾散頭頭是道（寄漏評）

贈某君入學序

略京高師附中商科二年級生 孫振鉞

同學某君今歲將入某校肄業。臨別之前夕。相與剪燭談心。且告之曰。今日之學生。後日國家之主人翁也。爲父母者。出其血汗之金錢。以培養子女。所以冀其有所成而效用於將來也。今之爲學生者。見危難之事則亟亟焉去之。遇嬉戲之事則汲汲焉爲之。不知光陰易過。怠惰誤事。甚或浪費金錢。專謀口體之奉。置學問於不顧。視道德如弁髦。不但有負父母之期望。國家正多事之秋。國民而盡如是。安有富強之望耶。某君品性温和。平居相勗。多所契合。今歲遽別。不禁愴然。繼思君苟堅持素志。無惑於歧趨。無誘於邪曲。竭其力求藝之成。養其性求道之是。以爲將來振興我國教育實業之預備。則又何所戀於斯別乎。故於其行序而慰之。亦君子贈言之義也。

簡切

記心記序

湖南湘潭第一女校師範四年級生 龔中邃

日記者。所以記每日之言行而爲反省地也。吾之所記。則不然。記心不記言。記思不記行耳。蓋行者。衆人之所覩也。言者。衆人之所聞也。惟心思。蓄於內而不發於外。屬於我而他人不得而測也。動則形於外而不蓄於內。雖在我而爲人所共覩共聞。以人所共覩共聞者。記之雖足反省已成陳跡。又烏足惕吾念而日新吾心哉。吾今欲令人之不我覩者而自覩之。人之不我聞者而自聞之。則惟有記心一法。夫如是。天地不滅。我心不滅。千秋萬世。讀吾記者。見吾心知吾心。又何在不可求知心耶。且夫記心記之法。豈特求人知而已哉。亦將以自明吾心。自規吾心。而使不自欺吾心耳。吾今行年十有九矣。居家碌碌。在校庸庸。淺見寡聞。心常耿耿。况良朋遠隔。規勸者少。每思挾策遠遊。以擴吾學。又阻於勢莫遂。吾志乃退而與二三知己。共聚一隅。窮探乎古今興敗之蹟。細究乎東西學說之精。種春之華。結秋之實。樂此天年此心未嘗一日或忘也嗚呼世事日遷人心日變吾之心恐日以汩沒故作記心記以自持焉夫天無私覆地無私載日月無私照吾心無私蓄讀吾記而知吾心者可共白吾心庶幾不欺吾心不欺知心云爾

說理清醒行文慷慨吐詞悽婉是得意疾書之作（李紹蓀評）

保育法講義序

湖南湘潭第一女校師範三年級生 龔心俠

古今治亂之原國家盛衰之理未有不視乎人民而異故國之弱民弱也國之強民強也我中華當此民弱國危之際一旦而欲恢張民權享共和之幸福揆諸程度豈不甚難非陶鑄國民悉汰其頑劣根性不足以興嗟乎今吾中國女學不可謂不盛教育不可謂不良試問其中有國民資格者百人中能得一人否耶以故日事虛浮不求實學徒以文字相矜名譽之不立德行之無存比比皆是下焉者更不可問矣雖曰共和建立民國告成而頑風惡習之事仍不絕於耳拜佛求神之婦日不止於途此何故耶是在習慣成性安得謂非自幼失其教養之道有以壞其天賦之美德哉此不研究保育學之一大憾事耳夫人之始生也與花之萌芽無異如欲得花之美者必賴園丁培養之得宜然則欲得人格之善良者亦必賴保姆教育之有方斯保育學之於人生實有密切之關係烏可輕視乎且夫古聖賢帝王英雄俠義之成非異人任其必成於賢母保之教之之善明矣故人之性本一也其有不善者是在保護之有缺嗟乎欲救濟生民之美質以陶鑄國民者舍保育學何從哉吾邑保姆校成立同學周君擔任保育法教授以日本東基吉原本刪繁就簡編成講義將來幼兒不失良教育卽基於此但願學校教師家庭父母守是編而實行之則青年國民受惠不淺亦且造福無量矣

慷慨低昂切中時弊（恬園評）

送同學華君礪堂赴粵序

奉縣國文英算專修館校第三級生 朱浮生

人生交友益者少而損者多誠得一知己之友萍水遭逢恨相見之晚漆膠固結欣意氣之投苟或勢迫時驅契合方深忽作天涯之別抱憾之端莫此爲甚然亦有難言者讀別賦於江淹所以不堪回首也余昔獨處家中孤陋寡聞苦無良友互相研究自入國文英算專修學校肄業同學懽處他山攻玉獲益良多同學中最與余契者華君礪堂其人焉君之爲人品行端正學問優美居恆抵掌清談嘗曰我國窮困若此蓋由於礦產不開軍學不究實業不振警政不興苟中國欲圖富强必先開礦產以充國用究軍學以强國威振實業以生民財與警政以圖治安秉此數策而行誰謂富强莫致耶寥寥數語識見通明余聆而味之早奉爲南針之導君家與余比鄰相處旣洽時相過從把酒論心聯袂出遊儼然手足蓋一日不見卽慮鄙吝之復生顧華君品格極高而家計清貧鬱鬱居此能無變計去歲之冬君表兄王某知廣東增城縣事函召君往擔任警務以君懷抱利器振策長驅蓋必有合也於是束裝就道赴粵有期臨別慨然謂余曰今雖分飛兩地勿悲會面無期山河相隨魚雁可通天下之益友多矣如余碌碌更多也願子擇其善於我者而交之余聞而惻然默無他語惟囑其珍重加餐前途努力有志者事竟成思想爲事實之母君去粵東行其素志余知彼都警政從此日與人民獲福無涯矣華君勉乎哉廣東爲吾國最勝之區地靈人傑增江水上韓昌黎之遺風越王臺旁楊萬里之餘韻庶幾憑弔而徜徉矣而余此後事無所諮道無所謀且課餘休暇之時更復誰與嬉遊也余序此爲華君賀亦所以爲己悲耳

文氣流暢

送師校同學畢業旋里序

浙江第五師範生 楊燮廷

民生於三師居其一師者負敎導之責任者也師範生者爲師之模範者也其責任不尤重哉吾友某君畢業母校悉心研究敎育竊其與吾甚重之在校諸同學亦莫不重之然某竊君素性似甚高傲不屑爲蒙學師以人將輕之也果

爾則君之爲教育也病矣君既以人類進化之責爲己任其心宜公其量宜宏其任事也宜勤奮倍常豈以人將輕我而自餒耶且蒙養爲聖功之基苟能植其基則國家根本堅固雖列强環伺亦焉能亡我哉今君將實行教育矣當以振興中國爲前提以培養童蒙爲基礎此則某所頌禱於君亦即同人所盼望於君者也恭述數言聊效古人臨別贈言之

寸心千里

朱鼎卿師之父母六十壽序

福建第一師範本科二年級生 王慶齡

嶺南其吾國人材之淵藪乎曩者東沙一島爲人盜佔粤中志士憑其義憤之氣猶能爭之於既失之後西北喪地幾數萬里界碑潛徙而當局者不知豈國之無人歟抑有人而不用邪花縣朱楚白封公吾師鼎卿父也方在壯歲即以輿地之學名京師公卿百僚交相延譽星使楊公以參贊薦尼於權貴不果行自是政體國體屢經更變民國初元曾出任司法行政官吏顧未能盡其才比來蒙藏風雲日益險惡封公平時所精研熟究之西北輿圖無復一片乾淨土誰秉國鈞階之爲厲今封公年逾六十矣杖履康健不減昔時太夫人麥氏有懿德主持家政垂數十年封公雖老爲國故奔走南北無內顧憂太夫人之力也邇者吾師以滬上外交著有政績爲極峯所器重特聘爲公府秘書他日稟承庭訓任艱鉅膺折衝天下方仰望於封公則封公之克享遐齡豈僅交遊宗鄉之幸已乎古者因事致敬爲辭以示不忘某辱在門牆何敢以不文辭抑何敢以溢量之詞進至於海內名宿傑作如林珠玉在前自忘形穢所不暇計也謹序

有與有則不溢美而美在其中

全國學生國文成績 文庫卷八終

全國學生國文成績文庫卷九（甲編）

古邗盧壽籛選輯

書牘類

約友南遊書

武昌國立商業專門學校本科一年級一班生 謝國澤

風雪載途百卉委地舉目山川萬感塡膺京門話別忽爾歲序將殘爆竹聲裏行見人家團圓燕坐敍天倫之樂事吾儕萬里負笈惟此時最爲難堪昔人詩云獨在異鄉爲異客每逢佳節倍思親正爲吾儕今日詠也弟鄂渚伏處知音寥寥強顏歡笑終鮮眞趣追憶燕山聯榻風雨一燈名園攜手勝地登臨伸眉高談脫屣世事慷慨激昂上下千古曾幾何時南北各天言之徒增惆悵然而流光如駛轉盼之頃暑假且至擬攜書簏東泛長江詳識盧山眞面漫領西湖風月復至錢塘觀潮而歸足跡所至便於湖山佳處賃茅屋兩楹遊觀之餘卽展書誦覽其中旣却炎威且償夙願念此清興非吾兄莫發亦惟此壯遊非吾兄莫偕計三月之間旅中資斧百圓爲多想京門閒居費亦如此倘能惠然而來庶値得萬里作旅慈親懸念也況太史公周遊名山大川筆下遂有奇氣則是遊也殊有裨於吾儕遠望暮雲佇候芳訊

諫友痛戒賭酒書

吳興留韻商校三年級生 王慕周

別來數月思念爲勞聞兄入校後於各種科學刻苦研求夕惕朝乾進步甚速甚慰甚慰惟聞兄於講學之餘輒喜賭酒抑何豪也夫以貲財爲孤注謂之賭博此牧奴之戲也以勇力爲鬭很謂之賭氣此匹夫之勇也至於賭酒則知己相逢飛觴醉月坐皆佳士逸興遄飛猶不失雅人深致然春秋有責備賢者之義朋友以忠告善導爲懷竊有所陳幸

垂清聽夫酒以合歡若比較勝負則反以失歡酒以成禮若互相爭競則轉爲非禮搏戰則隳突乎東西罰爵則叫囂乎左右語言越度舉止失常搆怨招尤爲害匪尠況酒之爲物亂性傷生以此賭賽不殊飲鴆毒以止渴嗜雅片以療癮一入膏肓卽成痼疾於人於我兩敗俱傷倘希珍重有用之身勿爲過量之飲詩有賓筵之什書有酒誥之篇願兄三復而深思之幸甚盼甚

擬勸友勿吸紙烟書

江蘇省立第二農業學校附設農村職業教員養成科學生 潘馨

雅片之害人盡知之然今之爲禍最酷流毒最深其害與雅片相等而人多漠不注意者何物乎紙烟是也吸紙烟之人其害有二口銜紙烟以爲文明眼高於頂傍若無人舉趾高心不固手舞足蹈言語狂放爲人所厭其害一此猶小焉者也害之大莫大於傷身病腦阻礙發育以致身體衰弱精神漸凋面黃身瘦每至短折由此觀之其害與雅片豈有異乎嗚呼今者雅片之毒未除而紙烟之害復盛後患何堪設想敢勸同胞咸視紙烟爲毒蛇猛獸相戒勿吸則個人幸甚國家幸甚

語短心長情文兼摯吾國人誠如是前途之幸也（張湛甫評）

答友問志

武昌國立商業專門學校學生 謝國澤

前奉手教知吾兄故里歸來道途平安深用欣慰而感時悲世隱然以救飢援溺爲志復不以弟爲不肖辱詢以準備之方弟不敏敢不竭其所知以就正於有道吾儕立身今日欲爲社會盡義務斯民謀幸福不必其居高明之地當權勢之衝苟具遠大之目的堅決之毅力不爲俗牽不爲世累獨往獨來自行其是則無論從事何業必有美滿之效果如南通張季直先生是也先生從政有年迭居權要雖經營擘畫爲國心忠而獨以南通之自治教育實業爲全國冠則事功之不需權勢昭然若揭矣況中國今日之所以貧弱者正爲居勢要者之多生之者寡食之者衆時賢早已言

之則何必懷濟人之美志而重人之負擔也哉此吾儕將來擇業之準備應先覺悟者也既具此種覺悟而後益以實用之學則施之實際必有可觀非然者歲月如流壯志莫酬滔滔者天下皆是豈其準備不如吾儕乎誠乏此覺悟故耳質之高明以爲何如風雪載途歲律將闌爆竹聲裏想同興遊子之嗟也諸惟珍重不一

連日風雪讀資治通鑑唐李愬雪夜入蔡州事因致友人書

京師公立第一中學第二年級學生 孫昌鐸

朔風凜冽滕六施威寒氣逼人重裘不暖晚間鐸自校歸途中冰滑雪深尺餘玉屑瓊花迷漫天半點綴林木樓臺間一白無際光芒燦爛奪人眼簾乍睹斯景心爲一爽無異置身水晶世界洵奇觀哉惜當其時風怒雪飛使人瑟縮令此天然佳景不得忍凍一爲寫眞以傲同人既至家手通鑑一卷把酒圍爐竟此寒夜危坐多時冷氣始殺及讀至唐李愬雪夜下蔡州事心有所觸覺孤燈就滅窗紙簌簌作聲一若當日旌旗摧折人馬殭凍之狀恍在目前噫亦奇矣因復掩卷而思思夫愬以孤軍三千深入敵地不辭危險不畏艱辛行人所不敢行之事卒建奇勳擒強寇何其壯哉今之雪夜非同於昔之雪夜乎而鐸以七尺之軀竟不能請纓自奮一雪國恥深處密室猶云挾纊無溫寧不太過思至此不覺汗流浹背自踵至頂怦怦然動乃披衣起拔關出與雪花共舞庭中不使突風冒雪之苦愬獨飽嘗之已而更漏三下遠鐘催眠歸室抽紙奮筆疾書以告足下所以期共勉爲今世之李愬雪乎雪乎至他日其再助予帮樹奇勳乎專此飛陳敬頌年祉

勸友人課餘靜坐書

揚州美漢中學第三年級生 朱明

某兄道鑒不親芝顏瞬又旬日弟懷鉛提槧厠身學校幾經歲月道德文章均無進益自慚不免見笑於大雅也然求學治心之道近亦略有所得敢一陳於知己之前竊聞之儒者之學非僅學詞華富麗艷比春葩以博時譽貴在能求

身心性命之學也。今有人焉。好讀書。遍撫詞華。發爲詠賦。莫不駢四儷六。錦心繡口。其身也不修。心也不定。性命之道。淡然置之。終日憧憧。其心營營。其生於其身且無益也。況家國乎。此吾所以謂身心性命之學爲必要也。但無論何學。求之必有門徑。身心性命之學。究以何者爲門徑乎。斯學之門徑。靜而已矣。古人嘗以之爲修學入道之基焉。然靜亦非易爲也。必當有節。吾儕當讀書之際。豈能棄去各類課業。默坐以養靜乎。終日靜坐。不事身之工作。心之營謀。與參禪何以異。故靜不可不養。亦不宜太過。太過則近於謬。莫善於吾人課餘之時。身心倦乏之際。從事數十分鐘之靜坐。以修養之也。今不揣冒昧。謹述課餘靜坐之益於有道之前。夫吾人身中之最好動者氣也。凡一動作。一思慮。皆氣之用也。氣弱則力衰。力衰則病魔乘間入矣。且氣所以鼓動血輪。若氣之運行速。血之流布必易常度。血踰常度而行。病症遂生。生理學家已言之矣。吾人宜有以養之。使不妄動。而其所以養之者。必惟靜是賴。所謂常靜養其有餘不盡之氣也。孟子曰。吾善養吾浩然之氣。其養之之旨。卽所以保身體之健康也。而其所以養之者。亦不能越乎靜。吾人於受課之時。必恃智能爲唯一之接受。及課餘之際。吾人腦筋必覺困倦。卽腦筋充足者。亦未有不微覺其倦也。斯時能默坐以靜養之。則身之動作既息。心之營謀亦止。耳目諸官休息不用。則吾人智能之中樞。以神經細胞之得休息。而再造其已失之智能。故吾人於靜坐後。常覺腦筋倍爽。惟靜生智。非妄語也。吾人之心。躁若猿馬。無一時止息。百憂以感之。衆慮以擾之。若風之吹水。使之時起波瀾。設能於課餘之暇。從事默坐。制之以靜。必能使如水之不起波瀾。玉壺冰心之概。不難想像也。且寂定之餘。眞陽自生。眞陽既生。必覺有無窮恬淡之意味。惟若是之人。能享高壽焉。古人云。萬物靜觀皆自得。吾人欲有自得之樂。盍從事靜坐乎。且古人以靜制外物之迕。不事滯慮。置而遣之。終履夷途者。歷歷可數也。理不必多。知不必博。得此淺近之理。於身心性命之學。已不難窺得門徑矣。絮絮之言。上瀆聰聽。尙祈恕而納之。將拭目以俟足下靜坐之良效果焉。抑尤有進者。卽靜坐之際。務使雜念盡捐。但初學每於靜坐之時。妄念橫生。常

苦制之之不易初可不必欲妄念盡捐宜注一念由一念至於無念則漸達心田恬潤之境獲益寧有涯耶朱明謹白

於身心性命之學乎昔賢有所得故能言無不當行文如行雲流水毫無滯機將來成就詎可限量耶（戴祝堯評）

促友南行書

武昌商業專門學校學生 謝國澤

判袂以來俄驚歲除北望燕雲時深惆悵獨是寤夢爲勞而音書梗滯既以疎略成性亦苦宂忙萬狀雖吾輩意氣不在翰墨然靜言思之實滋內愧頃晤芸生敬悉起居佳勝且將有漢皋之行逖聽之下不禁距躍三百隔年舊雨行見剪燭西窗重話京門往事欣喜所至理宜然也況以一紙而證萬里知音何若聯床而訴三秋離愁乎則弟之所爲抱愧者亦可藉此自恕矣鄂垣抱冰堂之梅每於是時著花而今歲尚含苞未放想有待也其速趣行裝毋負此君

尺牘三通情文斐然於以見酬答之正軌（輯者評）

與友人論作文書

揚州美漢中學三年級生 程超

超白某某君左右辱翰不以超爲不學而懃懃以作文之道下詢超自審鄙陋惡足言文哉然學雖不工而意則嗜之幸苟不棄敢陳一二就正於有道之前竊以爲作文者非徒就題鋪敍人云亦云已也必先具有高尙之見不苟之志然後濟之以詞足之以理充之以氣三者備矣而所作之文不爲人所傳誦者吾不信也夫詞何能達理何能圓氣何能暢非多讀多作不可語云讀書所以明理理明則詞自達惟氣也不然氣之爲物小之無微不入大之充乎宇宙非讀書可以驟至非揣摩可以遽充必躬行實踐以養之迨其既裕然後執筆爲文自如行雲流水一發而不可遏嘗讀岳武穆文文山之文忠義之氣躍然紙上然後知其爲文不徒以說理遣詞爭勝所勝者氣耳故人品格之優劣與作文文不相謀而息息相通不可強也古人爲文初非有特殊之意寄慨之懷而眞氣貫注足示後人今人反是所作之文專務塗飾不求實理而又無浩然之氣以爲之貫令人讀之索然寡趣乃復覥不知恥自命文家嗟夫斯文頹喪何怪

其然耶故欲獨樹一幟與古之人相抗衡着手之法氣也理也詞也缺一不可苟僅得其一輒沾沾自喜此小丈夫之志也吾嘗見今人爲文華詞麗藻滿幅琳琅理既不圓氣亦不暢猶之散珠滿盤無綫以貫之此學六朝文而未成致來畫虎類犬之誚也是以欲求其進當讀經以明理讀史以增識然後加以詞藻佐以精義則所作之文自斐然可觀矣挽救斯文靑年之責也吾輩對於作文一途能不加之意哉謬論如斯未知當否尙乞賜以教言以開茅塞至幸至幸程超白

能知作文門徑故語無泛設文亦竟體淸圓可稱合作(戴筱瑶評)

擬與友人論改良風俗書

揚州美漢中學 許國瑩

睽違雅教馳念良深昨奉手書欣悉起居安適快慰奚如足下慨時世之衰微人心之險詐欲以改良風俗爲己任而以其道商之於僕僕不敏愧無才能以助足下之一臂然亦有不能已於言者敢爲足下論及之夫風俗之善惡奚自乎自乎一二人心之所趨向而已人心趨於道德則風俗必善人心趨於奸僞則風俗必惡是人心之於風俗其關係實大故欲改良風俗者不可不先正人心以爲主要也蓋人之生也其心初未嘗有所變易迨其後立身社會耳濡目染遂爲外物所移是其從之也猶水之就濕火之就燥焉故僕以爲處今日之世而欲挽回人心不可不先振興教育以感化之引誘之使其去奸僞而歸於正庶幾有望焉然振興教育首宜注重學校學校者培植人才之所也學校與而後使人人皆能造完全之人格有完全之人格而置身社會則風俗亦必因之而改易風俗善則人皆無奸僞之念險詐之心卽國家安得不由此而強乎一得之愚供諸足下尙希有以教我

語頗中肯筆亦暢達(汪子厚評)

答友人問暑假狀況書

江蘇省立第一師範畢業生 謝鳳章

仲夏之杪。學校例假。余既賦歸去之辭。于涂中暑。呻吟牀笫。病累旬始愈。於是校內宿題。始克畢事。時讀詩。時學書。或採集標本於郊外。或揣摩科學於幽齋。倦則高歌數闋。以袪睡魔。寧非消夏之樂事耶。然余以為不若在校之尤為可樂也。夫科學之幽渺。難免無模糊之處。在校可與同學數輩。質疑問難。若猶未明。則又能證諸師長。家中則不能。一也。行有過。同學相規。而德業則日進。家中雖有父母之親。然終蔽於愛。每有姑息之意。而己心亦於焉縱。悠不若在校之自勵。二也。由是觀之。在學校之進德修業。遠勝於在家也。明矣。今開學期迫。行將赴校矣。故筆此以復。不識吾兄以為何如也。

用意別致（胡介生評）

賀友人新婚書

江蘇省立第一師範學校一年級生　龐仕

雪泥鴻爪。遊轍無常。春樹暮雲。徒增悵惘。頃悉足下於葭灰時節。詠桃夭詩章。芝蘭並秀。結天上之良緣。鸞鳳和諧。締人間之嘉耦。宋廣平豔賦梅花。雙修豔福。謝道韞清才柳絮。終日清吟。以足下磊落奇才。某女士文明淑媛。珠聯璧合。我我卿卿。錦瑟瑤琴。朝朝暮暮。花容妍媚。月影團欒。試萊子之衣。堂前舞綵。為洗儷人之手。廚下調羹。玉臺伉儷。何郎之傳紛頻加。金屋嬋娟。張敞之畫眉猶在。蓮開並蒂。帶結同心。此可賀之在今日者也。況女士本大家之才女。嫻內則之令儀。機杼一家。獨擅鍼神之譽。鹽梅五味。能繙食譜之精。勸學抽簪。投釵沽酒。韻語與機聲相續。燈花共夜課齊清。行見秋後蒓鱸。奉盤匜至養志。夢中蘭玉。牽襁褓以承歡。合飴於大父之庭。奪棗於家公之席。鹿車共挽。相夫子以宜家。熊夢忻占。導里人而式穀。百年好合。五世其昌。此可賀之在將來者也。某求學是邦。離鄉已久。幸聯杵臼之交。未預婚姻之禮。文難貴紙。敬抒張老頌辭。筆不生花。愧乏催粧佳句。敢佈區區。無任耿耿。

鋪陳工麗。設色鮮妍。（吳靖瀾評）

暑假約友人書旅行

福建省立第一師範學校本科三年甲級學生 余長資

長資髫齡時嘗欲周遊名山大川壯麗奇偉之處盡宇宙之大觀以徵吾聚辨無何兵革沮之疾病淹之奄奄數年卒不能少伸吾志殊可憾也今夏將遊粵楚歷吳越望錢塘之潮流湘江之澎湃則思伍胥屈原之孤忠而弔其不終南過黃花岡北臨漢皋名士塵埃佳人泡影美猶有憾焉登滕王之閣而觀江流之東去復有騷人墨士吟咏如昔者乎其他風土民情吾將博考焉深山大澤吾將窺探焉忠孝節義之祠塚長坡廣谷之戰場吾且謁之弔之殘碑斷碣嘉花美木吾且讀之紀之凡一切可驚可愕可喜可敬可助吾氣而長吾識者吾皆書之圖之歸而考之庶可無負此行也吾子其亦樂此乎然天下大矣名山大川壯麗奇偉之處非可一覽而盡也長資有遠行之志不出粵楚吳越一步是足跡不能徧天下而見閩一隅得毋見譏於善遊者乎然長資之游非他人之遊若也無得於心吾行其止於粵楚吳越矣如有得也則且馳驅齊魯燕趙以收其偉觀走川蜀以攬其奇變然後鼓棹西行歷歐西諸強國而縱達南北美之境而歸亦意中事也吾子行乎哉假期難再駒景不留夏蟬鳴時待君於閩江之上矣

有疏宕氣可以唯於古矣(翁福成評)

擬請寄寒衣書

江蘇省立第二農校 李劍塵

雙親膝下敬稟者男自暑假叩別後赴城進校時則天氣猶熱堂中諸教習以有礙衛生且四鄉同學均未到齊故雖於某日開學暫未上課越數日小雨一次炎威漸退同學友亦陸續來到因全班上堂受課聽課之餘男謹遵二老在家慈訓佩服未忘不敢紛心於外務一切飲食起居愼之又愼身體如恆堪告慈慰但秋風颯爽紅葉滿山校中上課時雖濟濟一堂而四周牆壁半係窗槅不無涼氣逼人且體操時外衣驟脫單袷無絮究不足以保存體溫寢室夜間寒氣益甚男明知二老在家家政煩心或未遑催及刀尺然男恐風霜驟難抵抗不獨致疾廢學且始高堂之憂不得

已因茲鴻便祈老母檢點舊時衣服或洗滌或補綴速卽整理賜寄以爲禦寒之計古人云慈母手中線遊子身上衣男讀至此未嘗不三復流涕也深秋天氣不日將屆隆冬男遠道從師有疎定省捫心五夜愧赧奚如惟祈二老諸惟珍攝俾男得專心向學聊慰遠懷於萬一耳專此上達餘容年假歸來再爲面稟虔請金安男男某某謹叩

情眞語摯娓娓動人（孫漢三評）

擬王郡守覆文待詔書（爲建立坊表事）

江蘇省立第三師範本科二部生 李江淮

僕聞惡者宜懲賢者宜勸賞古今中外治國不易之道也使惡而不懲則惡者益衆矣賢而不勸則賢者益寡矣惡之衆賢之寡大亂之道也天下甯有明知大亂之至而不防之於未然者乎欲防亂於未亂之先非從懲惡勸賢始不可賢能勸則賢者益勉爲賢矣惡能懲則惡者不敢爲惡矣賢而益勉爲賢惡而不敢爲惡國猶不治者未之前聞此賞罰之典所以不可廢也曩者接讀手示知我公以建立坊表爲有損無益之事謙退之情溢於言表僕竊疑我公不深明乎懲惡勸賢之道也夫賢者不必辭其勸猶惡者不能免其懲也設懲而可免勸而可辭則惡者氣張而賢者意沮矣我公道德文章爲士大夫所宗仰建立坊表固其宜也當道用以勸賢我公獨以爲恥而辭之豈賢者不肯自居於賢並不肯勸人以爲賢耶則鄉里亦安貴有此賢者也豈以坊表爲小人而設耶何言之過當也公又勞民費財有損無益夫建一坊表足以勸賢雖小有勞費所得足以償所失而有餘也況民聞公之名而趨事恐後乎行見坊表一建人之過此者指而相謂曰此表文公之坊也文公品學卓著且惠愛吾儕以此表之固應爾也幸吾儕各自勉之以免自絕於君子果人人作如是想雖不能盡變爲賢者亦未必甘於不賢也惟我公察焉

一氣呵成清矯拔俗題之層折都到（嚴毓芬評）

賀運動優諸勝君小簡

江蘇省立第一師範學生 周鑑頤

啓者本屆運動會諸君訓練有素登場呈技奪得錦標凱旋而還余覩此盛況且忻且羨夫運動爲強壯個人之體魄活潑個人之精神計且以表示一種尚武之氣概者也庸俗者流專爲眩人耳目沽名釣譽計嗚呼誤矣況優勝劣敗理有固然優勝者固不容自滿常保其令名劣敗者亦無庸自餒徐圖其憤發勝固欣然敗亦可喜又何必以勝敗耿耿於胸哉今之運動員則反是優勝者意氣揚揚目空一世劣敗者垂頭喪氣深自怨艾果若是則與運動之本旨不大相逕庭乎我校運動諸君優勝者不伐不矜劣敗者亦無尤無怨俱以鍛鍊身心強壯體魄爲惟一之宗旨不以目前之勝敗爲勝敗亦不以外來之毀譽爲毀譽諸君之謙德固可敬校風之優美尤可喜也語云謙受益驕必敗率直之言是否有當還以質之諸君

於道賀之中寓規勸之意良友多情文人妙筆兼而有之

邀友人賞菊啟

江蘇省立第八中學第八屆一年級 黃克新

某某仁兄賜鑒金桂已殘秋容黯淡不羞老圃幸有黃花卓卓然抱貞秀之姿不與百花競艷於春日東籬嘯傲晚節留香無如世少淵明知音難遇雖三徑陰中不乏雅人之迹然人淡如菊者不數數見彼卽愛菊菊未必引之爲同調足下務爲秋實不尚春華高曠之懷與菊同之菊遇足下固相得而益彰諒足下亦樂與菊聯邂逅之緣也用特奉邀希卽不吝玉趾聯袂偕往一覘壽客之丰采幸毋交臂失之此頌時祉

將菊之身分抬高方可顯出喻意確有見地至其造句工整滅盡雕琢之迹猶其餘事（朱獻之評）

邀友人賞菊啟

江蘇省立第八中學校一年級生 孫光成

啓者木葉微脫寒氣襲人又屆吾人賞菊時矣夫菊花之隱逸者也昔人有云懷此貞秀姿卓爲霜下傑誠不誣矣僕愧無靖節之才亦有東籬之好屋後小圃種植殆遍暇輒飲酒其間孤芳自賞然以僕之未能免俗對之適以增愧殊

覺有負於菊足下胸懷淡泊高潔之風不讓黃花獨步菊遇足下亦必欣得知己用特折簡奉邀倘荷辱臨與壽客結同心之契僕願爲介紹謹當掃徑以待不勝翹企之至

前半朗潤後半語有注射筆亦遒勁（朱獻之評）

擬朱竹石覆張季直書（爲辦盲啞學校事）

江蘇省立第三師範本科二部生 李江淮

前日接讀雲章蒙以辦盲啞學校事反覆相勸好善之心溢於言表甚佩甚佩過蒙奬許內不自安然亦有說焉願爲先生陳之弟自盲目以來無日不在愁苦中常以爲人得是疾對於社會國家何能有補而犬子不肖復乘間縱慫回翔於蘇滬徵逐之場揮霍錢財敗壞家風使弟憂憤交集每欲捐貲若干以辦慈善事業或使犬子稍有覺悟以改從前之非而先生適以創辦盲啞學校之事相勸殊獲我心矣蓋盲啞爲天下極苦之人若不以人事補天憾則盲啞之苦靡所底止矣先生此舉誠可謂洞悉盲啞之苦衷而爲盲啞之知己也弟現擬將某錢號存款若干移作盲啞學校之開辦費及經常費本年秋季着手進行惟開辦伊始事務蝟集非具毅力難底於成祈先生早賜教言以匡不逮是幸肅此謹覆敬請道安

清通簡要（嚴毓芬評）

約友步月啓

吳江私立麗則女子中學四年級生 趙仁鏡

桂子香飄雁影南飛錦瑟年華瞬息間又值團圞光照皎潔無邊矣當此長天一色萬籟無聲徘徊其間眞不啻置身廣寒宮裏飄飄乎其欲仙也況皎魄高懸絕無塵垢彌有以作姊清高之德願姊毋負良宵踏遍此長隄短隄一步東溪望月之韻事豪舉流傳妹或追隨芳名而不朽若使有約不來恐令嫦娥笑人也

辭致典雅妙能將步字刻畫出來絕非望月玩月等題所能移易（鄒家麟評）

託友購書啓

吳江私立麗則女子中學二年級生 沈淑芳

往者愛德聚讀深承子之惠我而提撕之矣僕自就學麗則雖亦嘗聞其業而習其事然未能有心得如昔日蓋乏吾子之愛我而般般教誨之也然竊思之不能獲益于友者正不妨取法於古吾國之文周秦二代著作之富文體之高道義之昌明爲後世所不及而唐韓愈氏尤以古文鳴於世及宋三蘇歐曾王介甫輩出文乃益盛有清姚姬傳先生樹桐城之幟學者遂奉爲不遷之祖僕既不獲聞教於吾子矣聞之師言古文辭類纂乃姚姬傳先生所手編類別門分取裁允當謹託吾子代購一部作自修之助妹某謹啓

論情深厚論學詳明揮灑自如絕不支蔓

餽菊小啟

吳江私立麗則女子中學四年級生 趙仁鏡

某姊無恙睽違闊度正值丹桂飄香曾幾何時而霜肅秋高忽又黃華瀉豔矣妹徜徉東籬間落英紛然輒覺低徊不忍去蓋菊之爲花也不與群芳鬬豔經霜不凋有隱逸之風故晉陶淵明獨愛之敬遺數盆庶幾有以副姊清高之德況吾姊之躬自振拔必勿使淵明獨擅千古也昔屈原悲冉冉之易老思飡秋菊之落英是以輔體延年莫斯之貴望姊不我遐棄惠然哂納爲幸草草不畢意即頌日祉妹某某敬上

筆有古致故能雅而不靡書牘上品也(鄧家麟評)

勸某公出山書

武林之江大學高等科一年級生 陸鍈

弟一介寒儒昔者足下不以愚昧見棄降格下就相識於學校之間訂交數月寵渥有加高情盛誼實踰骨肉雖管鮑廉藺之交不過是也當是之時弟忻忻私喜以爲他山之助正自無量孰意天奪人願驟移文旆於某地雲山迢隔不得時聆雅教每當月白風清追念舊雨未嘗不神往魂馳也筮仕以後聲望日隆有口皆碑故人聞之輒爲欣幸何以

近數年中。忽萌退志。匿跡山林。惟恐人知。高軒屢過。柴門永閉。當道徵辟之使。幾有烟霞蒼茫之感。何其忍耶。足下既多才藝。又富經驗。寄身斯世。自當有所作為。孔席不暇煖。墨突不待黔。聖賢用心。可以見矣。千祈為國効力。救此陸沉。則薄海生靈。或有生望耳。肅此敬請道安。

擬賀徐大總統就職電文 代

江蘇省立第八中學校二年生　王睿

北京徐大總統鈞鑒。頃讀內務部公電。知我大總統於灰日就職。某等逖聽之餘。曷勝雀躍。竊謂國體改革。七載於茲。而變亂相尋。擾攘無極。袁氏不德。帝制自為。張勳逞兵。謬謀復辟。近又南北失和。鋒刃相見。操同室之戈。起蕭牆之甲。迭經兵禍。我民之力殫矣。我民之生蹙矣。天祐中國。恭戴我公。就總統之職。公之聲望。早已洋溢海隅。而此次出山。尤抱弭兵之旨。將來調和南北。去爾詐我虞之見。為國利民福之謀。則公之有造於中華者。其有極乎。敢貢蕪詞。敬祝民國萬歲。我大總統萬歲。

意愜詞圓。不支不蔓。(胡子笵評)

擬賀徐大總統就職電文 代

江蘇省立第八中學校第七屆二年級生　許鴻遠

北京徐大總統鈞鑑。粵自武昌起義。全國同風。慶山河之復舊。看玉步之更新。壹是人民。百端欣頌。孰意元年以后。樂少憂多。帝制之害既起於前。復辟之說更踵於後。吾民之痛苦。殆已無可訴矣。前奉內務部通電。欣悉我大總統依法當選。並擇吉於雙十節就職。某等竊謂是即我大總統瞻前顧後。隱寓與民永享共和之心也。從此日月光華。風雲愛護。雖復國家大事。猶春秋非蟪蛄所應知。然而時局太平。同韶光却嶺梅之先覺。敬勗光采。曷任瞻依。

日光玉潔。一片晶瑩。佳搆也。(胡子笵評)

與友人書

江蘇省立第八中學校一年乙組生　江人龍

羽仙仁兄足下。秋風瑟瑟。觸處生愁。我輩旅人。若閉門枯坐。豈不悶煞。月前泮卿來。與作蜀岡遊。樂甚。惜不能多流連。離悰未罄。殊悵憒也。龍自失敗後。一篇痛心史。揮之不去。剷之又生。每獨坐。神情輒怳怳。未審愛我者有以教之否也。不日回里。擬作平原十日飲。藉以澆傀儡。吾兄能與之偕乎。征雁南飛。先乞以好音示我。肅請著安。立盼回玉。

蒼涼沈鬱。古色古香。雅近有正味齋手筆。（戴子秋評）

約友探梅小啓

江蘇省立第八中學校一年級乙組生　居鴻

北風烈。白雪飛。手酒一卮。誦疏影橫斜水清淺。暗香浮動月黃昏句。似此清絕之境。髣髴遇之。然徒寄之想像。間究不若親歷之愈也。足下亦素抱愛梅癖者。盍偕往史閣部祠。爲問梅花嶺中春光。曾否到枝頭也。風雪灞橋。愼毋令古人獨占焉。

清新俊逸。綽有風神。絕妙之小品也。（戴子秋評）

約友探梅小啓

江蘇省立第八中學校一年級乙組生　江人龍

吾揚北郭史閣部祠。素以梅花聲於時者。快雪時晴。春光暗逗。未審南枝曾否着兩三花也。願與足下尋我梅友。傾杯大嚼。問天生傲骨。特立冰雪中。較彼趨炎附勢者何如。世不乏賞心人。倘其惠然肯來。毋令林和靖笑其後也。

筆情雅鍊。寄托遙深。不圖於小品中得之。（戴子秋評）

致同學書

江蘇省立第八中學校第八屆一年級生　劉承漢

某某學兄偉鑒。猶記初秋分袂時。辱荷設筵見招。曾幾何時。而已颯颯西風。黃花零落矣。回憶曩日同硯母校。聚首終朝。此樂何極。吾兄乃先我升學師校。雲天暌隔。今雖畢業歸里。任職母校。弟又遠來邗江。不克時親謦欬。恨何如之。所幸吾兄歸掌教鞭。出其緒餘。以嘉惠後學。足慰故人之念。茲聞校內校友會童子軍組織均已完備。必由大力所主持。

前曾函詢方君。未邀答覆。心頗悵悵。蓋弟雖負笈在外。無日不念及母校也。母校近狀若何。風便尙希告我。此請文安。

前敍思友之情纏綿悱惻。後述及己之不忘母校。意自可嘉。行文亦極爽朗(朱獻之評)

勸友人勤學書

江蘇省立第八學校一年級生　江乾灌

錫琳學兄惠鑒。握別以來。已將半稔。昨友人來。述及足下近況頗詳。惟言外有不滿於足下之意。以爲足下近稍怠忽於學問。僕竊以聰敏如足下。應勉爲好學深思之君子。僕素與足下交稱莫逆。不妨切直言之。姑無論是否屬實。但良材須準繩墨。美玉必加琢磨。學問之成。非特恃乎天資。尤有賴於人力。古人所以稱爲絕學者。皆由勤勉而來。足下誠能矢以勤勞。雖求勝古人不難。苟自矜太過。恐不免流於怠惰之弊。此則非僕所望於足下者也。肅此敬請文安

能勉人盡力於學。自是諍友之道。非好學者不能爲此言。行文亦情詞懇切。筆力圓足(朱獻之評)

家書　報告到校以來之概況

江蘇省立第八中學二年級生　王睿

父親大人膝下。敬稟者。九月一日。校中開學。男負笈入校。編入二年級肄業。於茲已兩週矣。本學年所著重之學科。爲國文英文代數。國文係胡先生教授。代數係董先生教授。英文則仍爲徐先生。代數課本爲英人海爾氏及拉愛特氏所編者。篇中文字悉爲英文。然文法平易。男雖鈍魯。尙能領悟焉。至於英文。昔者用中文詮註。刻下則改用英語解釋。且練習造句會話等事。較之一年級時之課程。蓋加深矣。然現時雖覺困難。苟能率循不懈。孜孜求之。他日必可獲左右逢源之樂。區區之勞瘁。亦何能辭。矧勤苦乃學生之天職耶。運動一事。校中現頗注重。賽跑跳高蹴踘擊技。無日無之。尤以田徑賽爲最盛焉。上學年國文教員駱先生。於六月間病逝。男頗痛悼。駱師勤於教職。教育學生。誘掖後進。惟恐不至。雖以男之不肖不才。尙不儕諸不可教之列。而時加靑睞。惜天不假之以年。頓失良師。天實爲之。謂之何哉。時屆仲秋。寒熱無常。望大人珍重。男在校一切自當謹愼。請放心勿念。肅此敬請福安。男睿謹稟

饒有精警之色是善於敍述者也（胡子笵評）

答友人責余荒學書

江蘇省立第八中學校第六屆第三年級生　王維嶽

辱賜書規以所不及謂學子宜以勤業爲心不當以荒嬉爲事愛我深情躍然紙上嶽雖不敏能不愧感竊恐過聽敢略陳焉夫分陰是惜歲不我與之語經傳言之詳矣及時修礪免爲良材之言足下勉之勤矣且此待治河山非青年不足以救之而救之之道又非學不足以爲之足下視嶽豈違聖訓背忠告坐視神州阽危而不思盡匹夫之責者歟足下與嶽處有年矣凡我所爲必能洞照而離羣索居纔歲餘耳足下思之嶽卽流於惡能如此之速乎噫我知之矣他人之言此者短我也足下之責我者愛我也短我者而我之爲我自若也愛我者我能不自陳其實以安君之心乎特函左右以表銘感而自戒愼幸足下察焉

情眞意切精警非常（高　廩評）

邀友重九登高

安慶崇文學校三年級生　江效靈

重陽近矣佳節寧可空過桓景登高傳爲故事是以落帽秋風孟參軍之高懷可慕題糕載酒宋子京之雅範堪師爰趁此三徑黃花擬攜一樽紅友同兄腰佩茱萸足踏高峯把子美之濁酒賦陶令之新詩世俗塵氛無端傀儡一概避却豈不美歟

良玉精金

擬國會挽留總理書

安慶崇文學校三年級生　江效靈

嘗聞國家設官置祿必求其人而授之者非徒私其人而富貴其身也要將用其能理不能用其明理不明者耳士之修己立誠必求其位而居之者非苟圖於利而沽於名也要將出己之所長以拯濟世運耳是則上之求人下之求稱

其位均有深意寓乎其間今總理獨以恬退爲懷睥睨軒冕芥千金而不盼棄萬乘其如屣用舍行藏不攖胸臆掛冠遠遯五湖優游自此得賦遂初長作瀟灑出塵之士固足樂焉然而善與人同君子當然愛國保民丈夫應爾故望諸君去不忘燕廉將軍老猶思趙愛國之心千古堪誇范仲淹先天下憂而憂後天下樂而樂保民丹忱百世猶稱茲總理以一時之不洽推千鈞之重權惟圖獨善之心而無兼善之念豈所謂愛國愛民之君子耶是故我諸同僚攀轅臥轍赤心挽留倘能從吾言足慰光民之望矣。

四面晴窗玲瓏透澈非得力於古文未易辨此

述病況

安慶崇文學校三年級生 彭則愚

庾嶺梅開。湖風勁甚。命途多舛。竟爲二豎所纏。呻吟枕畔。輾轉衾中。聽噪暮之孤鴉。聲聲淚滴。聞驚寒之鳴雁。嘈嘈愁添。抱病他鄉。親鄰莫覓。藥爐旁設。誰爲撥火之人。茶灶虛懸。孰是分甘之侶。寥寂一身。形影相弔。惟緊閉雙扉。作入定老衲耳。困阨若此。想聞之者。當亦黯然矣。

天矯

誡自滿

安慶崇文學校三年級生 彭則愚

昔大禹有言曰。滿招損。謙受益。孔子曰。器滿則傾。曲禮曰。志不滿。斯言可謂殷鑑矣。君乃繡虎奇才。雕龍名手。搜二酉之精英。窮八索之玄妙。筆參造化。學究天人。早已譽隆洛下。而志追陶令。氣洽李公。卓犖飄然。尤非他人所及。奈俗喜逢迎。磊落之才。多所不合。至稱諂諛者爲謙遜。誇阿比者爲溫良。而以聳然自持之人爲傲物。正如宋玉所言。客有歌於郢中者。始爲下里巴人。屬而和之者數千人。其爲陽阿薤露。屬而和之者數百人。其爲陽春白雪。屬而和之者數十人。其曲彌高。其和彌寡。當此末世。君亦不得不稍自貶損。以順流俗之情。非敢故爲嘵嘵也。

擬國務總理辭職書

安慶崇文學校三年級生 潘瑞徵

某稟性庸庸。賦才碌碌。承兩院諸君。謬爲拔擢。以內閣總理之重任。付之鄙人。豈敢違民意而矜名節。然當職數載。自愧德薄才疎。既不能載清獻之鶴。又不能鳴宓子之琴。恐誤蒼生而殃社稷。尙希兩院諸君。簡選國士。以當此職。使某得賦遂初。幸甚幸甚。

朗朗如玉山上行

擬挽留政界要人書

安慶崇文學校三年級生 程派昌

夫人之譽人者。非眞愛其人。乃私其黨也。人之謗人者。非眞惡其人。乃道不同耳。是以君子與小人同處。終不免於譖怨之來。昔公伯寮愬子路於季孫。非子路眞有可愬。蓋惡其不同志。是以愬之於季孫也。今足下被譖。豈眞足下之罪乎。何視萬鈞之重。不啻羽毛之輕耶。足下乃國之樑棟也。棟折榱崩。民將壓焉。今國家存亡。懸於足下一身。足下豈忍坐視危亡而不救耶。今南北相爭。而民未受其殃者。乃足下庇之也。外人窺我權利。伺我土地。而不敢持干戈越我境一步者。亦因足下在耳。足下不當斯任。誰能當之。轅駒將駕。願加三思。

說情說理委婉動人

慰思家

安慶崇文學校三年級生 汪德

足下以衣奔食走。遠客他鄉。値此佳節。得毋有思歸意乎。然月糶風飱無以資齎秣。何如稍積金錢。再作歸計。況異鄉風景。亦足怡情。何必詠淸明無客不思家句耶。

宛肖題神

與國文研究社報名書

江蘇省立第二農校　李劍塵

前上一函辱荷不棄未遭擯斥承惠詳章展閱之餘欣感無旣溯自歐風美雨播及東亞而我國醉心新學之士莫不糟粕國學於是吾國數千年來相傳之國粹幾於淪亡若不急起直追設法挽回將不知伊於胡底也觀夫今日文學衰微詩書禮易幾欲當薪不謂茫茫人海尙有先生願爲倡導也不學如僕倘能忝列門牆得與同道之士切磋觀摩勉求進境非皆先生之賜乎塵早失怙恃幼又失學近雖略窺門徑而指點無人終難成就先生若不以爲不可教而置諸弟子之列則他日執贄進謁請業請益不至倒持卷册貽玷師門已爲大幸非敢奢望也

文氣充暢卓然不凡書翰文具此手筆允推佳作是非平日研究此道者曷克臻此（張鉢渠評）

與友人論體育書

江蘇省立第一師範學校三年級生　錢雲慶

僕聞之精神者事業之母也體魄者運動之主也不有母何有子不有主何有輔世固無不可成之事業特患無沈毅果敢之力以濟之當其銳敏於始早決其怠廢於終此無他由其精神委頓而體魄弱也體育者所以勵精神而強體魄者也嘗見富貴子弟早眠晏起出必輿馬坐必旃茵養其身者可謂至矣然究不免於羸弱此不明體育之效也故古者男子始生桑弧蓬矢六以射天地四方爲其相期於強立也而況孔門六藝不廢射御成童之子亦舞象勺蓋體育之由來遠矣雖然竊有進於是者體育、非僅體操之謂也凡一切養生之道皆屬焉一切明倫盡性之事皆屬焉凡人逸則易飽勞則易饑易渴逸則近陰而多寒勞則近陽而多熱今以體操之故使飲食衣服無節是不能借物以養身且將引外以攻內也吾不省其所以爲體育者安在也抑孟子有言人之所以異於禽獸者幾希庶民去之君子存之又曰惟聖人可以踐形夫旣抱此乾父坤母之躬卽當念其所以異於禽獸者如親親敬長之屬皆是也惟其然然後其所育者乃灼然爲人之體耳否則負其牛羊之力凶其水草之性將養成叫囂鹵莽好勇鬭很之人其所以異於

禽獸者安在哉管豹之窺未敢云是質之大雅以爲何如

準情酌理之談

招友上巳踏青書

蘇州第七中學學生 王善昌

嗟嗟光陰似箭日月如梭曾日月之幾何已青春之不再奈何費可寶之光陰而作無益之游戲哉蓮池禊飲才人蘸筆而爭題沂水春風狂士臨流而一浴遊春古豈無人踏青今宜有侶況乎時當三月春去二分廿四番風信頻催九十日韶華易過落花無語楊柳垂青嚦嚦之歌鸝好音上下翩翩之戲蝶纖影東西嘆好日之無多惜良晨之有限爰擬上巳之晨共訂踏青之約伏希同學諸君聯袂而至攜手偕行林泉花鳥隨意遊觀酒賦琴歌更迭倡和陽春招我賞大好之風光山水宜人得無窮之佳趣然則一觴一詠今人豈讓古人以遨以遊獨樂何如衆樂爰修寸楮敢屈高賢諒有同心幸勿吝玉此啓

簡潔

慰敗將

安慶崇文學校三年級生 汪德

吾聞之屢戰屢北者終勝之兆也屢戰屢勝者終北之兆也是以漢高數挫於項羽終有垓下之利項羽屢勝於漢高難免烏江之刎今足下以一戰之北即挫生平銳氣逡巡而不敢前向使敵人得以長驅入境輕視秦國無人毫不憚畏而不思再接再厲抵制仇寇徒欲棄印擲麾甚非計也昔曹子不恥三戰之北卒以壇坫一劍使齊人畏服天下震動足下豈未之前聞乎請毋以一戰之敗遂灰乃心致墮百世之勳名而不恤倘能速振軍威力圖恢復非惟可與曹子比烈而民亦無鶴唳之驚可得安居樂業矣草野之言尚希採納

機暢神流

請友買衣服書

如皋女子職業學校學生　儲馨山

君子正其衣冠尊其瞻視亦以衣服不可文繡不可藍縷失其常態也近來天氣甚涼余衣單薄既無賜襖之人又鮮贈袍之友不幾抱無衣之憾耶聞貴地衣莊頗多價廉物美茲特奉上英洋若干元祈代買寒衣數領由局寄下以便呼童熨貼而免范叔之寒特此奉懇容當面謝敬請文安

致友人書

湖南湘潭第一女校師範四年級生　龔遠

遠白芝子雅鑒悲哉秋氣黯然銷魂東閣芳輝從風且歇北窗細語設想猶存雖魚雁之頻通奈勞燕之背道葭思徒切覓望何窮不奉朵雲又經半月我也研究學科暇無寸晷妹亦勤勞功課惜重分陰以此音問久疏非是故人情薄我能見諒於君君亦能見諒於我乎於時秋風落葉秋月橫波旅舍芙蓉應添嬌色故園松菊依樣清香然碌碌居人夢勞周蝶行行客子鮮聽琨雞君苦奔波學問與道途而並進我甘勞碌精神共歲月以俱馳兩相比較優劣何如我固長羨君矣君將何以慰我耶因念芳容聊伸短翰書寄魚腸意纏鴻爪藉問旅安並頌侍福

文情相生

致友人論畢業後之方針書

湖南湘潭第一女校師範四年級生　龔暉

某再拜某某足下竊聞國家之強盛在乎社會之文明社會之文明在乎女學之發達何則女為民之母家為國之本其責任至重且大也傳曰家齊然後國治不信然歟良以天下之本在國國之本在家苟家不齊國何由而強盛社會何由而文明乎此女子不可不講求學問者也我國在昔文化甲於全球制度為他國所莫及人才為他國所莫逮男子無論矣若女子立功於世垂名千載或以德彰或以文傳或以智著或以孝顯或以勇稱三代上尚矣三代下如無鹽馮嫽班昭緹縈木蘭荀灌洗夫人秦良玉之倫夫人城娘子軍之號不勝指數乃以今之女子較之其相去何啻天

淵。嗟乎國家之所以不強民心之所以不合社會之所以不振者豈非我女子不負責任之一原因哉然則女子責任之重且大有斷斷不容輕視者故有志之士。創設女校。意在成就女子以為家庭教育之基礎於國家社會大有關係焉。我校自開創之初慘淡經營。科學頗稱完備。而般般向學來校者。以吾湘女數計之。猶不及萬分之一。蓋風氣未開無足怪也。繼而漸次發達。多至數十餘人。然亦來去無常。未能始終如一。迄今四載。且將卒業。而學問尚淺。何足為人師表。然我女子責任既重且大。又安可不努力前進耶。所幸校中諸姊妹。漸知時局所關。女學當振。皆能專心致志。孜孜不倦。程度雖不甚高。而見解頗能脫俗。且有資性明敏者。卒業之後。或能仔肩教授。為童蒙之楷模。或能開導鄉里。為社會之先聲。雖不必有馮嫽班昭緹縈木蘭等之文之智之孝之勇。庶幾可以盡責任於萬一。此某所日夜禱祝於足下及諸姊妹者也。然而風氣尚未大開。提倡者少。阻礙者多。甚恐卒業以後。所志莫行。我輩終在天然淘汰之列。則又某所日夜嘆息。為足下及諸姊妹慮者也。嗟夫中國人心之死久矣。學堂雖多。猶是利祿之場也。學生以卒業請奬為榮。教員以圖謀衣食為事。故近年卒業者千萬。而真國民真豪傑無有也。學費年以萬計。通人十不得一。豈不大可哀哉。我校人數雖少。然自校長及各教師。並我姊妹。幸皆無身存心死之虞。某等卒業以後。當各努力分擔責任。毋以阻礙多而灰心也。可某雖不才。忝列師範。此後當亦盡某之力。行某之志而已。來日茫茫。希各自愛。此布即問學安。某再拜。

詞源倒流三峽水筆陣橫掃千人軍斯文不愧(唐沅評)

邀友登閱江樓

安慶崇文學校三年級生　汪德

與足下別久矣。咫尺天涯。悵結奚似。每憶曩昔。攜手同行。遊山玩水。樂何如之。豈昔之樂。獨不能為今有耶。刻下春水漲發。江景可望。擬登閱江樓一覽。使胸中惆悵。渙然冰釋。足下其肯從我登臨乎。倘不以此不急之務相推。我且載酒

以待

機神流利

勸某友不可無故廢學書

浙江第九中學校二年乙級生 丁成勛

某某仁兄足下憶自握別以來瞬經兩月比維起居增勝定慰鄙懷茲者本校上課已閱數週矣弟翹足而望足下至者非一日矣聞足下有輟學之意其然乎其不然乎抑傳之非其眞乎弟竊有說焉夫學者百行之基也畢生之本也曠觀古來聖賢豪傑其所以照乎史册而垂於無窮者彼豈異於人哉亦學而已矣彼夫困於境遇厄於天災阻於疾病者固無論也足下共亦有此累乎吾知其無也既無之而又廢之無乃不可乎君子疾沒世而名不稱丈夫恥當年而功不立衆庶憑生而凡庸無所建立足下樂爲君子耶樂爲凡庸耶驅駿馬而就峻阪非進則退耳進退之幾危乎乎足下如以余言爲善則於是焉必能擇而取之謂爲不善則是持斧斤而自毀其根也曜陽急節白髮易滋足下勉乎哉餘容再佈即請文安

足幅中寸心若揭古味盎然(許長城評)

邀會盟書

安慶崇文學校三年級生 汪德

天地至寬方以類聚形色至雜物以羣分龍乘雲而升天虎因風而走曠魚遇水而奮鬣人得友而會文此情此理亘古如斯是以刎頸廉藺千古傳爲高風總角孫周於今猶稱雅誼僕雖下愚豈敢忘陳雷之義君乃高士應亦知杜左之風然金蘭不訂貢禹之冠何彈玉筍班聯須賈之袍乃得故烏牛白馬曾拜兄弟之盟素犬丹雞亦定同庚之約古人既開先路吾輩當步後塵伏乞詰朝來皖同效桃園之拜切勿曰不須奉行故事也

堂皇冠冕有目共賞之作

邀友同游釣臺書

浙江第九中學校二年甲級生 周鴻友

釣臺爲嚴陵名勝地山水相連隱者之所遊也昔嚴子陵先生以不仕漢泥塗軒冕不遠千里而來垂釣於此於是地以人傳遂名其所釣之處爲釣臺後之人尋古遺事春秋佳日接踵而至遠方之人恆有以途阻不得親臨遊覽爲憾者吾輩求學於此離臺僅數十里而遙乘一葉舟懸半席帆浮江而下亦易至焉其或大雨初晴西風猛起則船駛如飛灘穿烏石浪逐長淇不數時一幅畫圖巍然在望下窺遊魚上見飛鳥煙波蒼靄翠岫迴環吾輩見此佳景嘆未曾有因而考前世之遺跡不負古人並不負山水是何如興味哉今特具函相邀定當如約明日晨待兄於建江之濱矣

意味雋永耐人尋繹（黃渭清評）

乞友人分菊啟

江蘇省立第四師範三年級生 鄭權

荒齋甞靜經史爲緣老圃秋殘軒窗易晚風蕭蕭以有聲日黯黯而無色東籬空過辜負陶令之樽南菊重逢當寄杜陵之恨歎無花之晚節秋隖空新嗟老圃之淡容傲霜無物衆以左思賦詩卻爲餱糧之助屈平興感思餐秋菊之英黃花苦憶我勞何如比聞足下詩境日增酒德日進當此瘦影當階晚香盈室意必歆來鳥帽索句花間送到白衣澆愁月下而如僕者賞花有願覓醉無從惜九日之風光負三秋之景色所望慨分佳種助我詩情莫使美人信杳空吟招隱之篇願將秋色平分好續重陽之酒

俊逸清新雅人深致（嚴聘卿評）

與友人論軍事書

江蘇省立第一商業學校一年級生 黃麗生

啓者弟等碌碌株守故園愧無善狀堪告知己足下置身軍界效班定遠之投筆從戎毅力深宏素所欽佩夫共和國家以人民爲主體使人人有軍國民之資格則其國强昔俾斯麥下全國皆兵之令實行鐵血政略而德國驟興是明

證也況際此列強並峙競爭劇烈恃公理者少恃強權者多我國軍備廢弛國際交涉動至失敗患在財政困難不能養兵又患將才缺乏不能練兵足下向與弟輩縱談時局輒爲拔劍起舞慷慨激昂今也身列行伍惟祈潛心軍事學努力前途一雪儒生紙上談兵之積習養成國家干城之選此則弟等深爲欣羨深爲頌祈者也

爽直之談勝於緣飾

薦庖人

安慶崇文學校三年級生 汪德

足下既有北海之交時開東閣之宴而郇氏廚中不可無齊侯佳味有某者素善烹調足下若錄而用之越數日必曰此眞易牙手段也

詞簡理詳

囑迎賓

安慶崇文學校三年級生 陳九疇

某君雖武人亦嘗敬慕足下主公今方傳聚文武以定大事足下素高志節詰朝若蹔賓臨亦宜少自降意出而迎迓可也

筆峭

索俸

安慶崇文學校三年級生 陳九疇

作賣書傭自憐亦堪自笑區區五斗米豈猶待陶令折腰耶

答

閣下索銀可耳言歸一說何遽匆匆僕雖非孟嘗豈能聽馮生之彈鋏歸去乎

祝周君蓋季結婚書

湖南湘潭第一女校師範四年級生 龔暉

月之六日接奉瑤函敬悉前上一箋已登霽覽哂知遲遲不報寔因搭搭含羞遙憶出言吶吶之情下筆兢兢之狀令
人咕咕欲笑咄咄稱怪今也胆敢洋洋灑灑遙寄遠音不逮唖唖哈哈親聆笑語才咏關關雎不忘嚶嚶鳥般般之誼
彌覺親親而甕甕廱騁又言寂寂如是云云不宜爾爾夫渺渺長途途途是道棲棲何處處處可安況鐵軌雙雙共載
見綿綿之迹玉階疊疊同升偕踏踏之聲永結良朋胡云不樂且也委委佗佗雍雍肅肅歡歡喜喜我我卿卿朝朝暮
暮歲歲年年將見夢夢熊羆采采芣苢振振麟趾詵詵螽斯看看奶奶拘抱娃娃那時我再叫叫姐姐恭恭喜喜今見
你言言語語愁慾悶悶權把我字字雙慰你聲聲慢付與那嗈嗈雁雙雙燕條條鯉哇哇鴿聊將疊字寓意雙安

含意綿渺確是大方

全國學生國文成績

文庫卷九終

全國學生國文成績文庫卷十（甲編）

古邗盧壽籛選輯

通啟類

勸輸救國儲金文

江蘇省立第二農業學校 李劍塵

嗚呼神州之土地淪胥矣黃帝之子孫安在哉海上三山屢予我切膚剝牀之痛中原五族頻受其吸髓敲骨之殘始雖鷹瞵虎視猶懷顧忌而稍緩進行今竟蠶食鯨吞徒恃聲威而公然兼併脅索滿蒙闖魯奚問英法德俄匪倡紅鬍咄咄之羽書日至波翻黃海嗚嗚之鐵艦風馳似此禍臨眉睫將迫余城下而請盟竟使害及腹心先辱我榻前之會議實偪處此無可如何其惟訴諸友邦聽其公決抑或借以武力禦此強梁乎當此歐風蕭殺掠地爭城鐵血飄流此傷彼仆我躬不閱他恤未遑雖欲外借聲援誠恐終無補救不若內謀抵制猶可幸獲保全厲兵秣馬鞠旅陳師與之一決雌雄或能折其蠻野然而噍類絕無朝野皆取鑑甲午餉糈告竭軍中又頻呼癸庚斯時也割地求和固不可與兵以抗又不能於焉言痛痛何如乎以此思哀哀可知矣不得已設集腋成裘之法謀死中求活之機疇昔醫瘡剜肉國用借助於他山今後亡羊補牢聚財惟賫夫民力財足則軍勇軍勇則國強放眼古今大率類此曠觀中外無不如斯故吾民救國之方即首倡儲金之策無論為農為工或商或賈上自官府紳耆下及輿台皂隸苟能稱其有無輸以多寡計四百兆之人民合廿餘省之財產村村卜式處處子文聚米為山積水成海日復一日年更一年以之造艦而有餘用於練軍而恆足財雄力厚國大兵強民生安如磐石國基固若金湯夫而後一洒前恥九服來歸尚何致搖尾乞憐靦顏忍辱哉或者曰軍興數載民命久疲廛市蕩於烽烟脂膏竭於鋒鏑加之三年兩歉餓殍載途十室九空甕

殆不繼雖救國之謀視爲重要而儲金之說尚非其時也不知災僅一隅未必萬方一槪釁開三楚今已更易三秋元氣雖未盡昭蘇閭閻已漸稱安堵故走卒販夫近且探囊解槖游氓乞丐曾省半菽一餐苟非行尸走肉孰不以國爲家倘甘低首下心必至破家亡國鄰封反汗大厦將崩吾輩卽有資財將成碎瓦人心如非木石豈得無情獨不解今世陶朱之富紈袴者流呼盧喝雉一擲萬金引類聚朋每揮千貫有勸其以救國爲前提儲金爲己任者彼雖有九牛而一毛不拔縱乘駟馬而五斗吝輸嗟嗟如此守財財於何有如此保家家於何存象有齒以焚身麝因香而殞命前明末造惟富先傾往例堪憂後車宜戒未聞印度滅亡擁貲獲免波蘭分割巨室不收也廬舍邱墟妻孥戮辱子孫牛馬種族誅除至此欲再謀救國而國已鳩居雖願儲金而金歸烏有及今早圖尚免噬臍之悔長此坐視能無扼腕之嗟凡我父老兄弟伯叔諸姑如懷嘗膽臥薪之志宜節十金一飯之資果存枕戈泣血之心毋忘五月七日之恥

慷慨激昂娓娓動人醒世文當以此爲傑作

規勸同學敦厚校風啓

江蘇省第一商校學生 朱秉誠

國家之風俗係乎民情民情之良窳視學者之趨向以爲準故曰士之心向義則衆與之赴義士之心向利則衆與之赴利易曰水流溼火就燥無感不應其信然矣由此觀之學者足以左右民情維持風俗固毫釐不爽且有史以來學風淳薄國家興亡罔不系焉我國爲文明先進之邦爲中外人士所共認迺者人心不古道德日衰以嬌詐欺誣爲能事目道義誠樸爲迂腐上行下效如草從風長此以往何堪設想無怪東西人士目我爲老大病夫奄奄不振不死胡待管子曰四維不張國乃滅亡至精神與實質俱死殆終無挽救之日矣我國不乏慷慨激昂之士尚能洞見癥結羣起而維持國俗釐理人心誠如子輿氏所謂舍我其誰也然欲維持風俗必自學校始吾人在校必先敦厚校風對人以誠接物以實行之遠久不難潛移默化宋儒有言曰士有廉恥人民有風俗信乎其然也諸君在學校有年操行有

素固不待某之諄諄規覩敢援惟善人能受盡言之義冒昧瀆聽勿以余言爲河漢實有厚幸焉

言之諄諄用意深厚

江蘇皐寧學友會徵文啓

皐寧縣學友會 何冰生

竊以斯文失墜士氣銷沉至今日而極矣古倉造字鞏小不平祖龍焚書俗子稱快晦盲塞空咄咄逼人丁玆時艱猶謀補救是談刼井之灰飛辨長星之夜落也況乎文字無靈墨痕空現徒成笑柄增觸諱耳雖然長夜漫漫能不思旦言論自由不敢不勉爰集同志共宏斯願用抒勞者之歌冀爲芻言之貢學友會雜誌之刊是亦不可以已乎惟玆事體大獨任者難廣爲徵文事半功倍矧乃大樂渾淪宮商合奏洪流壯放江海同歸諸大文家其有以鴻篇巨製相餽遺乎是所跂足以竢之者已江蘇皐寧學友會啓

古致歷落

勸同學注意自修啓

上海江蘇省立第一商業學校本科一年級生 劉珙

夫學者朝斯夕斯猶兢兢常恐不及故大禹之聖而寸陰是惜以姬公之多才多藝猶有夜以繼日之勞況才僅及中庸者而可以荒惰乎生焉有涯學焉無涯以有涯求無涯而益以荒惰其惑之不解道之難明寧有窮耶僕與諸君子才智之不古若也遠矣而不自奮勉因循玩忽不亦過乎安冀其能學成致用使此身不爲庸衆流俗之身而爲聖賢豪傑之身耶父兄使子弟入學其責望之心甚篤且摯苟不刻苦以自振拔其何以副父兄之望乎梁灝奮跡於耄年黃霸受道於囹圄彼頭童齒豁窮蹙飢寒尚知自勉況僕與諸君厭粱肉處華屋又當少壯之時而可以逸豫自娛乎比觀諸君子上課之時咸知競勉獨至自修之際則遊談放軼若有不足措意然者不知盛年難再科學難精凡我少年允宜奮志競進勿謂試驗可以僥倖勿謂畢業可以濫竽須知學以務實非以弋名縱倖免於一時而終身學業由

是不明負父兄責望之心失師長成全之意而此身遂爲庸衆流俗之歸皆坐自修不力之咎耳可不懼哉業精於勤而荒於嬉願我少年共誌之書此以告同人亦所以自警也

亦整潔亦警動

蕭縣學友會啓

江蘇省立第七師範本科畢業生 劉世傑

學奚貴乎有友曰懼孤陋寡聞學友又奚貴乎有會曰謀羣策羣力也蓋以爲學之道莫善於羣莫不善於獨獨則塞塞則愚愚則弱羣則通通則智智則強大易曰君子以朋友講習論語曰君子以文會友以友輔仁非漫然也矧今海邦交通羣智宏闢倘非合羣奚貧省勵設斟研究胡以參懷此同人等所以汲汲欲發起學友會者歟嗚呼此日何日大雅淪亡士風凋敝值此棘地荊天之世而猶欲求同調和么絃繼續風騷商量學問亦戛戛乎其難矣抑知士之所重者學術也而士之所以可重者不尤在轉移風化乎慨自籌安發生衣冠塗炭所在文人學子低徊於雞鳴風雨之篇莫不欲負聲振采張皇補救然而集會招疑結社有禁用致士氣益靡學焉不講凡有心者惄焉憂之近幸日月重光共和再造四方愛國之士始漸漸提倡羣學嚶鳴求友繄茲學殖以萃厥人文龍吟鸞噦奮起於衰靡之中以醞釀風俗轉移世運同人等深維其義斯會之發起亦此物此志也雖然學友會者始於學而非終於學也由學而推之凡我學友今日坐而言者異日將必起而行入軍界者有焉入政界者有焉入實業界者有焉入教育界者有焉推之工界商界農界以及言論界亦必大有人焉傳曰同聲相應同氣相求又曰同心之言其臭如蘭四方君子倘有與此同情者盍共勉旃

侃侃而論眼高於頂

全國學生國文成績文庫卷十終

古邗盧壽籛選輯

●辨釋類

釋讓

王謙

天下事有當讓者而爭者非有當爭者而讓者非景延廣之於遼韓侂胄之於金不當爭而爭爭者非秦檜汪黃主和誤國不當讓而讓讓者非廉藺讓強秦不敢鬭趙平勃讓諸呂不敢禍劉寇賈讓佐光武之中興嶠導讓平晉室之內亂當讓而讓惟見其是不見其非富鄭公使契丹爭獻納二字不肯讓存中國大體不當讓而爭天下後世是之讓也者顧用之爲何如耳後世之人不審勢不度德兄弟之間乾餱起釁同室操戈自相魚肉而不肯讓而他人橫逆之施臥榻之側讓以鼾睡唾面之恥讓以自乾反伈伈俔俔不爲羞謂之當讓得乎孔子曰當仁不讓於師蓋以仁之所在不得不爭又曰能以禮讓爲國乎何有以禮爲本而行以讓則讓足以治國若以不仁之心行無禮之行爭與讓皆不得爲是也蓋辭讓之心人所固有讓他人之所爭則怨我者反以德我苟我不讓人所爭人亦不讓我所爭兩相爭而不至兩傷俱敗者未之有也奈何見害居後見利爭先者昧於當讓當爭之大義毋怪乎天下之亂方興而未已也噫

疎剔分明不落詞障（翼亭評）

兩宋辨亡

河南南陽中學三年級甲班生 失名

眞小人易知而僞君子難知眞小人易知而爲禍淺僞君子難知而爲禍深古今來以僞君子而亡人國家者比比然尙皆有小人分其責獨至於宋而南北之所由亡者皆出於僞君子而並不得諉罪於眞小人何則宋之目爲小人

者自丁謂王欽若始而欽若則請獨負釋繫丁謂則請罷兵撫蠻夷究其所爲殆與君子無異嗣是而假君子之稱以干進者不可勝數至王安石而望益重名益高一時賢者爭爲之延譽神宗詔越次入對歎其能責難於君雖古學道君子何以尚之乃行其新法而祖宗法度壞用其新字說而世道人心壞惑其天變不畏人言不恤之說天怒民怒而政事愈壞雖無章蔡之紹述宋亦無一再世而不卽亡之理傾覆之禍已於安石一人稔之也靖康之間金人逼割三鎮以和秦檜獨上兵機四事力闢議和之非張邦昌僭逆檜首倡義進狀乞存趙氏當是時有不以賢人君子目檜者有幾紹興二年胡安國罷檜三上章留之不報於是臺省正士坐檜黨落職者二十餘人有不以賢人君子目檜者又有幾何怪高宗一見卽謂其忠樸過人而喜得一佳士也及至爲相假和議以刼制君父矯詔旨以賊害忠良興大獄以屠戮元老舊臣奸殘之態畢露而中興元氣盡削鑿於一人之手矣自是而史彌遠陳宜中又以僞君子依違於韓賈二賊之側南渡百五十年之氣運何恃而不盡哉由是觀之則北宋之亡僞君子亡之也南宋之亡僞君子亡之也然吾謂知南宋之僞君子猶易而知北宋之僞君子更難南宋之僞君子易知故檜未死而惡已彰死後不聞有述之者北宋之僞君子難知故安石雖死而其奸未辨死後猶多有述之者無述之者故檜死而禍亦止南宋猶支撑六七世而亡多述之者故安石死而禍益熾北宋一再世卽亡嗚呼世之負盛名以當國挾經術以自是者亦謹其所發哉

議論不矜奇而考據則極其精詳章法則極完密（黃銘勳評）

本校校訓釋義

吳江私立麗則女子中學四年級生 殷同薇

吾麗則女校自成立以來已十有三載於茲矣辨法之精密學生之勤奮均昭昭在人耳目顧所以能有精密勤奮之效果使一校之學生均能盡其當然之職者校訓爲之揭櫫也校訓云何曰誠勤樸愛誠爲立身之本大學曰所爲誠其意者毋自欺也本校以誠爲校訓之首卽所以養成學生無自欺之德也勤爲至良之習慣一切學問事業無一不

自勤勉中來。昌黎言業精於勤荒於嬉者。蓋以此也。樸居其實不居其華。示淸潔儉素之風。愛則己欲立而立人。己欲達而達人。養胞與爲懷之量。故樸愛繼乎誠勤之後也。眞直無妄爲誠。非誠無以表愛之摯。一息不懈爲勤。非勤無以見樸之眞。誠也。勤也。樸也。愛也。分之爲四德。合之則無異一貫也。然必先言誠而後言勤樸與愛者。蓋以誠爲本。存於中者無不誠。而後見諸事則爲勤。見諸外則爲樸。見諸人則爲愛也。然愛尤後乎誠勤樸者。蓋誠勤樸修己之功。愛則涉於處世之方也。有體而後有用。由己而後及人。用意精。用法密矣。故稱道女學者。咸嘖嘖於吾麗則也。惟校中旣本此義以訓練吾儕。吾儕宜如何躬行實踐。顧名而思義耶。我同學其勉之哉。

詮解精當分詮總詮互詮側詮串詮無不畢備理達詞舉氣足神完（鄒家麟評）

體育智育德育解

武林之江學校大學本科一年級生　陸鏌

育其體。毋使弱。育其智。毋使陋。育其德。毋使入於奇邪。此列國設教之宗旨也。以體育強其質幹。以智育擴其才能。以德育養其性情而飭其倫紀。此列國設教之等級也。體何以育。曰講衛生。勞筋骸。節飮食。時寒煖。務使疾疢不作。不致疲苶。以任艱巨也。智何以育。曰先之以普通科。繼之以專門業。舉凡政治工藝文學武備。研求精當。務使坐言起行。國家有以收得人之效也。德何以育。曰屛邪說。重天倫。端本原。立綱紀。務使孝弟忠信禮義廉恥。有以深入夫人心。而尊尊親親之忱。油然以起也。然則是道也。西國行之。中國亦有則而效之者乎。曰豈獨則而效之。是道實自中國始。夫不觀古者成童而舞象勺乎。游藝而及射御乎。藏修之暇。繼以息遊。此卽體育之遺意也。夫不觀古者因革損益。通其理而百世可知乎。君臣父子。正其經而三綱不斁乎。兵刑禮樂。考其制。士農工商。專其業。而畢生專務於學。卽萬變不離其宗乎。其卽智育之成規也。若以德言。則由志道據德而依仁。由修身齊家而治國平天下。由志學而不惑而知命而耳順而從心所欲。何在非學之漸進而已。立立人。己達達人。凡此德意之布濩。實有終身行之而不能盡者。夫豈第入孝出弟愛衆親仁爲足立弟子之規範哉雖然處今日而求教育正非易言也以言夫體而溺於嗜好惰其官骸有漸即於衰頹委靡者矣育於何有以言夫智則舊學株守略不變通叩以天文而不知問以地輿而罔悉詢以國家大事更茫然不能置一詞遑論大者遠者如富國之經濟強兵之效驗乎育於何有至於德則今之少年喜事淫邪不遵檢束德於何有更育於何有嗟乎教育爲全國人民精神之所寄誰料迄於今日竟若斯之敗壞試問東西洋各邦其教育有如是之情景乎誠可爲痛哭流涕長太息矣雖然教育之壞壞於學生而我正不能不爲司教者責何則凡事基必立於始而法必嚴於初當其興學之時未嘗不以培植人才爲宗旨而起居不嚴其監察則體育之基失課程既任其紛更則智育之基失敦倫飭紀既不深爲啓發則德育之基亦失迨至泯棼日甚而始籌所以鼓民力開民智新民德亦何怪積習難挽而性情好尚無術以相強耶故予於學者之教本植基不禁企望深之矣

按時勢以立言包羅無遺

釋知己

浙江省立第十一師範學校第四年級生 陳廷璠

己也者對人而言也孔子曰克己復禮爲仁西哲蘇格拉底則創識己之說以教人夫一曰克己一曰識己其意果相反歟不知夫子所謂克己者見世人爲私欲所蔽不克保其天眞故教人克己之私欲而存眞理蘇氏所謂識己則以世人爲外物所誘而不克見其眞我故教人認識其眞我而去其非我二說雖若相反實則相符一則去僞以存眞一則識眞而排僞古聖先哲所以必求諸己者以己有燭照之明去其私欲則不爲自欺以己有自立之節見其眞我則不爲人屈是可謂己能知己矣天下惟己能知己然後人能知己夫己既能知苟一旦受人之知必不至因勢利而變其節操必不因私欲而變其故我嚴子陵鄉以道自高己能知己矣光武亦知之而不敢屈武鄉侯知以義自任己能知己矣昭烈亦知之而三顧草廬士之自知也愈明則其自待也亦愈重人豈有不能知己而能知人者乎不知人即

無以知己不知己卽無以知人由己知己而人亦知己人之知己由於已之知己也天下有己不知己猶翾翾然自矜曰某吾知己某吾知己噫是皆非眞知己也

無際礙談由識理明澈也

壽世榮世辨

奉天省立第二中學五級生 吳秀山

功德者千古之聲價也富貴者一時之尊榮也榮於身後不顯於當時此壽世之謂也顯於生前而沒後無聞者此榮世之謂也聖賢之功德在民與天地參而其聲名之壽能與世界相終始彼徒榮於當時而不顧身後者所受之榮不過轉瞬之間與草木同朽耳然世人多以榮世爲可慕而以壽世爲難成故世之欲榮身者衆而能壽世者寡矣蓋天下之理功因亂而立名因功而生有是功而得是名功名既立而榮亦隨之矣所以世之能享厥榮者則必有功可目有得可顯方能享天下之榮至聖賢所享之榮天下之人莫不尊之如日月是則榮於生而生無愧名於世而德不斷噫斯榮也可謂眞榮矣世之僥倖而得富貴者祇圖己身之榮至於人民之利害毫不計及如是之榮不過得之於僥倖不特不足以爲榮且足取禍不特後世不知其榮卽當時之人亦不羨其榮是榮也非眞榮也烏足以言榮哉是故壽世之榮至大至尊垂萬古而不朽以比一瞬之榮相去何如嗚呼世之欲榮其身者何其多乎語云人亦孰不欲富貴可知人心皆樂榮世而不以壽世爲心吾之爲榮則非壽世不足爲榮也

天矯不羣筆鋒犀利良由見理眞確一題到手故有振筆疾書之樂(馬葆良評)

壽世榮世辨

奉天省立第二中學五級 武金城

人生濃於世味者謂宜享生前之榮華無須求身後之名譽因榮世勝於壽世也吾意不然壽世果不如榮世耶伊尹起於田野之間爲輔弼大臣廢太甲而理國政不以天下之富貴動念太公拜周之宰臣武王師以尙父垂老猶享勳

名是榮於生前並永於百世則知榮世亦可壽世焉可知古之偉人得壽世之大名猶有光榮於生前者其結果亦無以異也然其優劣果無分耶亦有以苟且之爲而求無量之福以不恥之行而取最高之位以至爲公而不能忠於國爲世而不能死其身止知及身利己不思後來名譽雖光於生前未幾化爲輕烟必且遺臭千古所以古之君子雖簞食豆羹而不安取以全其聲譽安於田野修眞養道此貧賤之君子遠過於勢力之小人豪傑庸衆之分正在是也君子雖貧而壽世之聲名不朽小人雖榮而過時直與草木同腐而已此壽世之所以勝於榮世也

崇論閎議氣勢蓬勃言中有物非同浮光掠影（馬蓀良評）

生利分利辨

奉天省立第二中學四級 周興武

有巢氏構木爲巢神農氏教民稼穡黃帝教民蠶桑衣、食、住、三者、備矣日中爲市以貨易貨交易之道尚焉降及今日衣、則錦縠食則珍饈遠勝古昔雖然文化日進生計日窘天演公例也我國慣例不論何時何地生計之易否婦女皆仰賴男子婦女居其半分利者即居其半男子中老弱幼稚者半之分利者又半之無自爲生活力者不可勝數以有數之生利而供無數之分利能不有匱乏之虞乎總全國論若軍人若政客若法官若教員粗視之似爲生利者細思之實分利之大者也生利愈見其少分利愈見其多民安得不貧國安得不窮環視英德法美諸强國分利者固有生利者居多此其所以富也其土地之沃饒未必我若物產之富庶亦不我若獨工商發達較勝於我我國物產雖多不知講求人民雖衆不知實業我國不富此其因也文明程度愈高品物耗費愈夥而吾膏脂爲人所吸菁華爲人所奪將何以戰勝於此經濟競爭之舞臺當道果知力挽時弊奬實業興商務則立一工廠可容數萬人開一鑛產亦可容數萬人何至游民若是之多紛紛羣聚而爲盜哉

意致踏實詞氣遒緊（馬蓀良評）

生利分利辨

奉天省立第二中學四級 姜興吾

利之爲物忽有忽無忽聚忽散其有也不知其何來其無也不知其何往其聚也孰聯合之其散也孰解縱之夫利固無知覺也在乎人之能生不能生而已故三代之世立學校與井田之法使各有其業無依賴偷惰之習民富國强職斯故耳然今日土地猶昔也人民猶昔也而竟不能富强者何也蓋生利少而分利多也夫工商業非不講求也農林非不提倡也似可謂之生利矣然不知生利者十有三四分利者十且八九商雖興農雖講如分利何自上而觀之學者不知實行講求學理而徒知爲敎師律師以取利餬口分利一也若富家子弟不務正業日居賭博之場驕侈淫佚耗費有用之資分利二也若婦女不能講求生利之源而徒坐食分其三他若僧道乞丐盜賊之類更分利之尤者耳中國豈有不日貧弱者哉故歐西各國人之養子也育之使成敎之以業令其足以自營父母責任如是而已及其旣能自營矣則析而居之他日父母遺產之能屬於己與否非所知也故其家子弟皆絕依賴根性無敢託庇前人之餘蔭以自暇逸中國則不然家有薄田其子弟輒驕奢淫佚一無生業而名宦豪商之裔更不待論又以同居不析產爲盛德驕僞相效往往有一家丁口至百數十人者假使其家有萬金之產則其百數十人之婦女子弟皆囂囂然曰吾之家乃萬金之素封家也曾不思此萬金者析之爲百數十焉各人所占能有幾何而此百數十人皆以萬金之資自奉而於家中生計絲毫不負其責任所謂故家名門若此者比比然也不知力祛斯弊而徒云興工經商以致富是以明珠彈雀守株待兎也

痛快淋漓語無泛設說法剴切更覺確不可移（馬葆良評）

獨善兼善辨

奉天省立第二中學四級 張耀天

孟子曰窮則獨善其身達則兼善天下獨善兼善之旨似有顯別然細審其所以能稱爲獨善兼善者實有不盡然者

夫獨善不雜以兼善之懷不能謂之獨善兼善不具以獨善之資亦不能稱爲兼善蓋善者正也僅以己正爲正而不圖人之正不得謂之正也又未有己不正而能正人亦未有徒以善身爲善而不顧天下之善行固善矣則心未盡善所以獨善不輔以兼善則不能全獨善之美兼善不資以獨善則不能完兼善之行也故獨善兼善按其原旨本相與爲依互全其德也不然二者如不相維繫而自成其美將見爲士者高隱巖穴祇期獨善其身而不問天下之治亂爲賢者遠避海濱但求自高其品而不計人民之疾苦賢人智士各以獨善爲懷則莽莽大地穰穰生民更賴何人而福耶且獨善易於兼善兼善勞於獨善苟兼善卽能全譽則人孰肯遠易近難就勞避逸然則所以謂獨善兼善者乃就其所遇而言非依其所懷而定也當用世之時如以兼善爲心則必先獨善其身若困而不遇身雖獨善而心未嘗獨善特以兼善之行不得施無以表其心也此所以謂獨善其身不得謂獨善其心也故獨善兼善其名雖別而審其所以爲獨善兼善者則不能特立也

眼明手辣蹊徑獨闢（馬葆良評）

兵戰商戰政策不同孰得孰失試明辨之

江蘇省立第一商校 朱秉誠

天之生物豎其骨角利其爪牙所以圖存所以自衛也國家立於列强虎視之下恃以圖存恃以自衛者誰乎吾敢斷言之曰兵與商而已矣蓋弱肉强食天演公理我苟不競敵且乘之古今中外同此理也然而兩軍相攻優勝劣敗此兵戰也吾習聞之矣何謂商戰耶不知商戰者亡人國滅人種於無形者也不觀夫英之滅印度乎僅一東印度公司耳而卒奴其人縣其地矣此商戰之明證也夫以兵戰亡人國者爭城以戰殺人盈城爭地以戰殺人盈野雖屬攫利何嘗不財殫力疲耶且兵凶器也戰危機也不戰則自焚彼窮兵黷武者往往不得其終也若夫商戰則決勝於無形吮其脂膏吸其精液而被害者冥冥中已損失迨盡矣卒至一蹶不振河山任人宰剖土地任人瓜分亡國滅種之禍

隨之矣更有進者商旣發達國力益富練兵籌餉在在皆易何患乎國之不強也由此觀之商戰實較兵戰爲勝多多矣返觀吾國心竊憂之今夫吾人日用之需在在皆舶來品也民因之而貧國因之而弱不爲印度之續者幾希挽此狂瀾責在吾商苟能力自爲之則中華商業安有不媲美東西耶

其言明且淸其氣疏以達

就本校校訓四字之義擇而釋之

江蘇省立第八中學校一年級乙組 陶官雲

凡學校無不有校訓余在小學校校訓曰誠毅勤勞余固樂而奉之也及負笈本校校訓爲誠毅勤樸與母校甚相符焉不禁念及母校而益思有以守之謹分釋之以示不忘

誠　誠者入德之門也大學曰欲修其身者先正其心欲正其心者先誠其意子思子曰誠則明矣司馬光曰吾終身奉之而無怠者厥惟夫誠由是以觀誠之一字小之可以修身齊家大之可以治國平天下心有所未盡非誠也行有所不慊非誠也必言忠信行篤敬始不失爲誠焉吾人所宜注意者也

毅　曾子曰士不可以不弘毅任重而道遠孔子曰剛毅木訥近仁可見毅也者有堅忍不拔之義存焉顏子之拳拳服膺子路之勇於改過毅也卽蘇武之不降匈奴張騫之得通西域亦毅也吾人苟富有毅力日求進步不稍退却庶不爲艱難困苦所阻焉

勤　勤者亦人生之最要也昔大禹惜寸陰陶侃惜分陰皆足爲吾人之模範況流水不腐戶樞不蠹故周公稱文王永年而歸美於無逸吾人於青年時代若優遊歲月一旦光陰已去老大徒悲悔之晚矣左氏春秋曰民生在勤勤則不匱至哉言乎

樸　樸者尤持身涉世之本也嘗見夫青年子弟好事奢華其浪費之金錢無論矣而靡麗紛華之境最足以沈溺其

心大禹之非飲食惡衣服衞文公之大布之衣大帛之冠非嗇也恐流於奢侈而喪志也雖然世之以吝爲樸者更誤矣

陶官雲曰本校校訓可謂盡美盡善矣誠以立身仁之端也毅以應事勇之端也勤以求學智之端也而樸之一字於學生尤有關係焉謹誌之爲一己勉並爲吾同學勉焉

前不突後不竭中間分疏謀篇極爲完善而分疏四字處各能引經據史不作浮光掠影之談尤徵功候（戴子秋評）

釋爭

江蘇省立第八中學校二年級 王兆俊

天地一爭場也古今一爭局也世事一爭端也爲士者爭名在官者爭位立國者爭雄人爭財鳥爭食皆因其可貴而起貪心其理一也是故賞罰明而爭功者生貴賤分而爭位者熾賢愚判而爭名者起爲之斗斛以量之則幷斗斛而爭之焉爲之權衡以稱之則幷權衡而爭之焉即爲之禮讓以矯之爲之廉恥以正之則幷廉恥與禮讓而亦爭之焉世之杜爭者曰尚仁義曰崇道德自以爲善矣而不知爭者且泯泯紛紛惟所欲爲又曰行忠厚曰言和平自以爲能矣而不知爭者益擾擾攘攘肆無忌憚蓋不反本而欲求其息事寧人也難矣上古之世百姓熙熙不知物之可貴也今則人非懷葛世異羲農欲防爭之作必先齊物之等今試以功名爲可恥則世無爭名之士矣以爵祿爲可羞則世無爭位之官矣以強霸爲可惡則世無爭雄之國矣夫買珠者不貴珠而貴櫝櫝豈有美於珠哉貴之斯美矣人人各足而覬覦不生人人不美而攘奪自免人類之繁衍無已時則爭之囂陵亦無已時謂爭爲惡德者非謂爭爲美德者亦誤余故爲釋之以明其義之實無界說云

陳義甚高筆亦足以副之佳構也（胡子笵評）

漢文帝賜吳王几杖辨

河南南陽縣中校三年級甲班國文教員 黃銘勳(擬作)

事有出於史家附會而不足信者如稱文帝賜吳王几杖是也文帝守文之聖主也即商之太甲周之成王無以過之豈能顚倒刑賞一至於此即令果有此賜亦吳王實病不能朝而以親親之仁賜之也若謂吳王詐病有謀反之意帝赦弗治故以几杖賜之則非所以爲文帝矣何以言之太子與梁王共車入朝以不下司馬門爲張釋之所劾帝免冠見太后謝其教子不謹然後后使太使承詔赦之固非帝赦之也濞之尊也不若太子親不及梁王而所犯又視太子梁王爲尤重帝於太子梁王尚不遽赦其罪而獨赦濞之罪固已失尊卑親疏輕重之序矣况又從而賜之乎此其不足信者一淮南王長數上書不遜帝切責之旣而謀反召至長安使丞相御史雜治之徙蜀道死夫長謀反固當死矣濞詐病亦謀反也獨不當死乎即令待濞以不死用刑已偏甚矣况以几杖賜之乎何薄於長何厚於濞此其不足信者二薄昭帝之元舅也而殺漢使罪固可誅矣然誅之無以慰太后不誅則漢爲無法帝乃使羣臣往哭之而令其自殺濞之不朝與昭殺漢使同一無君之心也帝即不忍加誅亦必以處昭者處濞也史稱其用察見淵魚不祥之說遂賜以几杖而與之更始是何明於處昭而闇於處濞耶此其不足信者三帝出中渭橋有行橋下驚乘輿者帝怒欲誅之釋之以爲當罰金又有盜高廟玉環者帝怒欲族之釋之以爲當棄市法固不得因喜怒以爲增減也濞即至親當從末減不忍從棄市之例而誅之亦當從罰金之例而削其分土也乃竟從而赦之又從而賜之是漢法止可行於百姓而不可行於公族也是百姓犯法帝且欲誅之族之以垂戒公族犯法帝且欲賞之勸之使日甚也此其不足信者四帝登虎圈悅嗇夫應對敏捷詔拜爲上林尉釋之爭之以爲嗇夫以口辯而超遷恐天下隨風而靡帝善其言而止夫以口辯超遷帝猶恐天下乘風而靡以謀反受賞帝獨不恐天下隨風而靡乎且几杖之賜亦不聞釋之輩出一言以阻之此其不足信者五又稱張武受人金錢事覺帝更賞賜以愧之此亦不經之說也夫受賂而更加賞賜是有罪

者賞也將有功者亦罰乎有罪者賞則天下皆亂人有功者罰則何以言政治几杖之賜尤賞有罪者之甚者也自非病狂喪心何至迂疏如此其甚乎此其不足信者六以是推之謂爲賜吳王几杖者必無之事也不然亦吳王實病不能朝故賜之以明天子親親之仁耳如云吳王詐病謀叛故賜几杖冀以止其欲叛之萌是懼瘈狗之噬而故豢之使噬畏蝮蛇之螫而故馴之使螫也雖愚如宋襄憨如晉惠不惰如齊高洋周天元輩且不爲此而文帝爲之乎故曰出於史家附會不足信也

據史翻駁層層剔明足徵讀書得間最堪發展初學文思（學監張承宣評）

文庫卷十一終

古邗盧壽籛選輯

●問答類

淵明所記桃花源今在湖南桃源縣沅江南岸固實有其地也漁父再至何以迷津仙蹟歟寓言歟豈漁父之標幟未幾就湮抑先代之逸民或謀扃戶也試各抒所見平心論之

江蘇省立第八中學校第五屆第四年級 萬府祥

余讀淵明桃花源記觀其所謂漁父再至迷不得路之語初思之以爲必無此地此事也特淵明以晉時天下大亂思得一絕境如桃花源者居之故作此寓言耳既而思之此地此事固實有之而漁父再至所以迷津者其故蓋有二焉漁父一常人耳其所謂處處誌之者諒不過以木頭竹竿爲標幟無測量計算之法也夫無測量計算之法而徒以木頭竹竿爲標幟烏得不失蹤乎既曰失蹤自不復得路矣此其所以迷津者一也抑洞中之人皆秦代遺民居此絕境無兵革之擾賦稅之事與世人久斷往還今一旦爲外人所知竊得門戶雖告以不足爲外人道然不能使漁父不言也漁人言之則世人知之官吏亦知之兵革賦稅之事從此發生吾彼遺民欲自樂於其中不可得矣故其俟漁人之出也旋扃其戶則世人不得再至而彼等乃得優遊自樂於其中此其所以迷津者二也余故謂漁人所至之地淵明所記之事均實有之非仙蹟亦非淵明寓言也

說理透闢使筆如舌是絕妙文（桂蔚丞評）

佛氏耶回之教專以鬼神立說孔子獨言敬鬼神而遠之試申其義

江蘇省立第八中學四年級生　劉鴻勛

世有鬼神耶。吾不得而知之也。世無鬼神耶。吾不得而知之也。鬼神之說。庸人惑之。然而主張斯說者不在庸人。如佛也耶穌也謨罕穆德也。皆世之所謂曠代豪傑也。而彼皆極主張之。然則鬼神者。誠不敢信其無。然而無形可見。無聲可聞。以無形無聲之物。而斷以爲必有。則又愚者之所不出也。然則孰爲近。曰孔子之言爲近。孔子曰。務民之義。敬鬼神而遠之。孔子之意。謂鬼也神也有耶無耶。固不必加以探索。敬之所以從衆從俗而已。聖人之所知。非神道。蓋人事也。人之生也。上壽不過百年。其中壽或不及百年者不計焉。經天緯地之事業。生人之所需。小之在一身一家。大之在一國一天下。此百年數十年中。其足以供切究貿實行者。其事固已日不暇給。此之不求。而從事於荒渺無稽之鬼神。夫鬼神無也。於我奚損。鬼神有也。於我亦奚益。使舉世之人不務人事。相聚而談鬼神。其於一人之身心性命。及天下之大。蒼生之衆。究何補也。擲光陰於虛牝。而所治之學問。有無效果。尚在或然或不然之天。吁亦愚矣。鄭子產有言曰。天道遠。人道邇。人生日用之事。人道也。鬼神之有無。天道也。邇且弗明。於遠者奚論焉。昔季路請禱。子曰。丘之禱久矣。他日問事鬼神。子曰。未能事人。焉能事鬼。敢問死。曰。未知生。焉知死。誠以人壽有限。人道難盡。彼佛氏耶回。天資卓絕。畢生研究鬼神之學。終不能洩天地之秘。其治人事。抑已疎矣。此所以佛氏耶回之敎。不如孔敎。孔子之以人道立敎。蓋不欲驅天下人耗心血於無用之地也。

文氣汪洋浩瀚。筆如牛弩。能挽千鈞之重。雖造句不盡完美。而筆姿盤囷兀律。樹義正大。其意境頗近昌黎柳州傑作也（桂邦傑評）

本級國文程度不齊其劣者恐有留級之患而每週教授時間祇有此數欲施補救其道何由試各抒所見以對

江蘇省立第八中學校第八屆一年級生　劉承漢

中國當閉關時代無所謂科學也僅國文而已故士專於一而國文可底於大成自歐風東漸科學之勢力日益澎漲國文遂有愈趨愈下之勢非漠視國文也時間爲他科學所占耳今之掌學務者深知其弊以國文爲主要科可謂得其本矣予自慚國文之程度甚劣既未深窺唐宋諸家之奧亦難與同學相頡頏長此以往後悔莫追不得不籌補救之方而作亡羊補牢之計焉夫國文非旦夕所可奏功心志不專固難獲益即心志專矣而眼界不廣資料不富作文時仍不免於枯澀吾儕在校既無博覽經史之暇教授國文之時間又有限不施補救恐終無進步之可言惟有於課餘之暇熟讀平時選授之文冀收萬一之效耳管見如此不知有當於萬一否

起數行氣勢雄厚說理亦極明通後幅詞意深穩筆尤搖曳生姿（朱獻之評）

禮記經解司馬遷史記淮南子文心雕龍困學紀聞各家所說六經大旨其異同得失若何

廣東中華法政學會甲等畢業 朱洋溥

秦燔詩書經籍道息留傳醫卜學者抱恨漢初除挾書之禁博士抉六經之名於是易詩書禮樂春秋諸經復見於世其時尊經大儒如孔氏安國董氏仲舒相繼講論微義益著然其學尚未甚盛也迨河間獻王德入朝獻雅樂策三雍其道乃躋諸昌明而宣帝石渠論藝章帝白虎通講朝夕不違聖言斯釋斯時也雖云講經然所講惟有五經蓋樂經至孝武立博士時即佚後儒云魏時尚有四曲亦推其極而言耳讓案經解史記而外多不言樂學說紛紜或具解說或標旨趣淮南諸家所述雖合經解師法各異語雜陰陽鬼神殊傷風俗世風日薄義理日漓爭研鬬靡逞雕蟲小技繁文曲論章句藻飾鋪張揚厲踵事增華劉勰所云更異經解原旨矣困學記聞亦偏詞章所引王景文謂文章根本在六經柳子厚答韋中立論師道書謂取道之原亦本六經似與劉勰相近夫六經之義立法教人諸儒講經希聖傳道廣世猶去古未遠而劉勰承晉人華妙說經尚何怪陳東塾譏皇疏引李克說耶王應麟陳陳相因故不俟言雖然

經解大道之原史記近古之作樂經因佚於孝武王柳之稱六經大都統而言耳論語四科德行言語政事文學新唐書六藝傳序云夫子以文學爲下科夫非與劉王之說六經同例也哉

源源本本殫見洽聞

累世同居有無弊害試述所見以對

江都公立甲種商業學校本科一年級 包菡

累世同居古人以爲美談別籍異財古人多謂不義是同居之制爲當世之所重矣然吾有識焉竊嘗推而論之禁爭財可也禁分居未可也唐張公藝九世同居唐帝問曰汝家何以致此張公藝書百忍以進由此觀之人果親睦方可累世同居既能親睦則無爭鬬事又何忍爲張公藝既九世同居宜其能親睦矣又何書百忍以進嗚呼既有所忍其中必有至不可忍者矣爲問家庭是何狀況今請卽其弊害繹之財產相競而家庭必不能親睦其弊一事相諉而家庭必不能勤愼其弊二儉不復儉家庭必奢其弊三勤不復勤家庭必日流於惰其弊四由此觀之美同居之美風愈起家庭之惡感證之於古固不合施之於今則又不能世之侈談合居者可以鑒矣

此亦眞情實理之談

吳三桂乞師滿洲多爾袞以包胥比之然歟否歟

江都公立甲種商業學校本科一年級生 田詩

天下之事有名同而實不同者湯伐桀武王伐紂王莽篡漢曹操亡漢世人多稱湯武爲聖賢莽操爲逆賊彼等之事實均同也而或成聖賢之名或蒙逆賊之名何也名同而實不同也吳三桂之乞師於滿洲申包胥之乞師於秦國名等報國固無可異者而其實之不同則不可以道里計矣而多爾袞以申包胥比之嗚呼以申包胥比三桂在多爾袞誠不足怪何則三桂固多爾袞之功臣也而自天下後世觀之則三桂又申包胥之罪人也夫申包胥滿腔熱血乞師

於秦爲國報讎初無他意吳三桂乞師於滿洲爲國滅賊余未嘗謂其不可試問三桂之乞師爲國耶抑爲愛妾耳多爾袞何人也有能爲明滅賊耶自余觀之三桂不獨有愧於包胥而亦有罪於明朝矣何則彼不乞師於滿洲以報私讎明之天下何至遽失明之亡吳三桂有以致之固不能徒爲清罪也但多爾袞言三桂乞師可比申包胥亦有深意在焉彼以爲無吳三桂則明之江山無自而得也愛三桂深故尊之至三桂之乞師純以私多爾袞之喻亦以私何足道哉

語多中肯

吳三桂乞師滿洲多爾袞以申包胥比之然歟否歟

江都公立甲種商業學校本科一年級生 胡慶保

昔者伍員道吳以伐楚楚將亡申包胥乞師秦廷痛哭七日勺飲不入口與明之吳三桂乞師滿洲其名可謂同矣而其心則不同也蓋申包胥之乞師爲國家也吳三桂之乞師爲愛妾也以愛妾故而乞師異族忠臣固如是乎明既亡吳三桂復臣事於清又豈可謂之忠臣乎當吳三桂之乞師滿洲也多爾袞以申包胥比之夫吳三桂之乞師於滿洲與申包胥之乞師於秦其不同也明矣滿洲無吳三桂之乞師則不得入主中夏滿洲之主中夏實吳三桂一念之私有以致之竟比之以申包胥所謂知其善而不知其惡耳又何責乎

竟體簡當

改良社會當以何者爲先試各就見聞所及略抒己意以對

江蘇省立第八中學校一年級生 周文傑

嗚呼社會之卑窳至於今極矣而最大之惡習則首在奢華朝入茶社夕飲酒肆揮霍不遺餘力者飲食之奢華也夏

則絲羅冬則狐貉講求必期盡善者衣服之奢華也他如婚喪之事交際之間亦無不窮奢極侈縱其意之所之推之牧圉厮養之賤負販僕隸之徒亦幾相染成習不務節儉曾亦思節儉可以興家奢華足以蕩產乎試觀於宋仁宗之撤蟹晉武帝之焚裘為人君者尚以節儉為當務之急彼富貴不如宋仁宗晉武帝者其宜知節儉更可想見矣嗟夫吾人置身社會中當為社會生利之人不當為社會分利之人即不然學術淺陋無生利之能力不得不為分利之人亦宜力戒奢華崇尚節儉守先人固有之業免異日貧窶之憂如是則有用之金錢不致消耗於無形而社會奢華之惡習可以立除不言改良而改良之效即寓於其中矣有維持社會之責者曷不於此加之意乎。

奢侈為近今社會之惡習作者能見及此而痛切言之具有卓識行文亦詞句圓愜有意到筆隨之妙（朱獻之評）

學生何以不宜早婚試言其故

江蘇省立第八中學校一年級生 王德同

昔晉文公安於齊姜而不思圖伯樂羊子思其家室而怠於向學此二人實有過人之才智且不免於懷安況學生之才智不及晉文公樂羊子萬萬納婦而後吾知其必戀戀於閨房之愛而忘遠大之圖也嗚呼學生者將自任以天下之重者也留此身以有待即當勵所學而無荒及時以勤業猶虞不足而顧可使之失時乎專心以求道尚難深造而顧可使之紛心乎古者男子三十而娶固為體育之關係起見亦慮其以早婚阻學業之進步故為此定制以限之也今之學生縱不必拘守此說亦宜授室於學成以後若年未及冠遽諧伉儷恐將移其愛慕學校之念轉而繾綣於琴瑟之和易其借助他山之心轉而綢繆於璋瓦之弄讀書寡益學道無成匪特無可為一己自立之具抑亦無以副國家育才之心則早婚實為學生之陷阱也奈何為學生者明知其為陷阱而故蹈之耶吾願持此義為普天下青年學生正告之

說理透闢詞句亦極烹鍊（朱獻之評）

本校於孔子誕日開國文大會試說明其用意之所在

江蘇省立第八中學校一年級生 孫光存

自歐學東漸。人皆專攻英算各科。而不暇孜孜於國文。長此以往。國文恐有江河日下之勢。本校於孔子誕日開國文大會。乘良好之時機。以引起人之競爭心。用意亦云善矣。夫天下事莫不成於競爭心。競爭心重。則事半功倍。無須多費時日。同學相聚一堂。則個人之競爭心重。各級同題試驗。則每級之競爭心重。懸有獎品。分別等差以給之。則各人之得獎心與名譽心。又重。持此競爭心以研究國文。何患國文之不精耶。而此會必於孔子誕日行之者。蓋因四教以文居首。孔門之所重在文。開此會即以表尊孔之意。使學者知國文之不可忽也。

前路明暢。中後詞意透闢。筆亦警快。（朱獻之評）

本校於孔子誕日開國文大會試說明其用意之所在

江蘇省立第八中學校第八屆一年級甲組生 劉承漢

國文為吾國之國粹。人人所應注意者也。近今各學校雖列國文於主要科。然每週教授不過五六小時。故國文之進步甚少。且學者偏重科學。往往漠視國文。長此以往。國粹將不可保存。本校深恐其蹈此弊。特於孔子誕日開國文大會。優者給獎有差。是亦古者以文會友之遺意。其激發吾人進取之志為何如也。吾同學得此一番之憤勵。國文庶幾有進步矣。且孔門四教。文居其首。今值聖誕日。復會文於一室。是亦紀念之一法乎。吾願諸同學各抒偉見。為吾校光焉。

詞意明暢。入後語尤警策。用筆亦圓轉自如。（朱獻之評）

蘇明允論用兵謂凡士欲愚惟士愚然後可與之皆死其說然否

江都公立甲種商業學校一年級生 朱遺

昔蘇明允論用兵謂凡士欲愚惟愚然後可與之皆死論者咸謂爲能洞悉用兵之要予則以爲不盡然也明允生當宋代鑒於當時兵士跋扈秩序擾亂不受主帥節制不若謹守紀律之愚者申之以親愛訓之以大義尚可與之赴湯蹈火効命疆埸收百戰百勝之效也今者門戶洞開西學東漸欲稱雄於優勝劣敗弱肉强食之世界則士非智不可欲智則非敎育普及不可彼東西各國之强也因士皆受完全敎育休戚榮辱知與國有密切關係故能犧牲生命出人於鎗林彈雨之中爲國家謀幸福宜其國勢蒸蒸日上也我國羸弱已達極點究其因則由兵士之愚所致此無可諱者況又訓練無方不諳軍事不識敵情一旦有事則如徒手遇猛虎宜乎未見敵人而已變色却步也設皆受敎育知同仇敵愾之義盡力國事之死靡他未嘗不可與他族相抗又何有甲午庚子之役割地賠欵諸恥乎更何有東瀛之苛約乎生爲天地中人卽宜受完全敎育況於兵士而以蠢蠢者當之民愚且不可以立國矧所恃以備干城資保障捍國家禦外侮者乎孔子有云以不敎民戰是謂棄之又曰善人敎民七年然後可以卽戎循是以觀古之用兵未嘗不以敎育爲重也以敎育爲重則士貴愚乎抑貴智乎不待煩言而解矣然則蘇氏之說雖曰有感而發安可遽謂爲洞悉用兵之要道哉

心精力果推闡無遺神不外散之作

蘇明允論用兵謂凡士欲愚惟士愚然後可與之皆死其說然否

江都公立甲種商業中學校學生 洪國棟

蘇明允論用兵謂士不患愚。而患乎智。能愚而後可與之皆死。是說善矣。然吾思之尚有未盡善者。何則兵爲國之障。國之强弱以兵之智愚爲斷兵之智愚以有無軍事敎育爲斷軍事敎育由於在上者之提倡或謂軍士智則易生不法之行爲。甚至逞其意志。糾集同黨。違抗中央。似軍士固有以愚爲貴者。不知軍士之所以有此發生者。豈智之弊耶。豈士之罪耶。士果加以教育。則衝鋒冒險。莫不引爲天職。彼愚者雖能與之皆死。然不知衞國之原理。即能與之皆死。亦迫於威勢之不得已耳。豈眞能知國家之爲重乎。蓋兵士而智。固不可謂無患。兵士而愚。則其害亦有不可勝窮者。以吾觀之。兵貴乎智而能教。不貴乎愚而能死。蘇子之論。殆猶一孔之見也。

持議甚正行文亦適

蘇明允論用兵謂凡士欲愚惟士愚然後可與之皆死其說然否

江都公立甲種商業本科一年級生　楊錫齡

蘇明允謂凡士欲愚。惟士愚然後可與之皆死。吾讀之。始以爲是。終覺其未盡然也。蓋士固當愚。愚然後能服從主令。能服從主令。雖死亡亦有所不顧。戰陣如此。何憂不勝。此其所以是之也。然自今日觀之。則有不盡然者。蓋士爲國家之保障。人民之治安繫焉。豈能愚乎。常見今之兵士有流爲盜匪者。有臨陣脫逃者。豈其中誠如是乎。愚致之也。否則。審其地位。必不甘流爲盜匪。察其事實。必不忍臨陣脫逃。且今日文明各國。對於兵士。授之以軍學。使愚者智。使智者益智。以蘇明允之言觀之。則將有所不可用矣。由是以思。蘇明允之欲士愚。特以威迫之使之愚耳。豈眞愚哉。故吾始以爲是。而終覺其未盡然也。

條理頗清中幅尤爽

今地方競事修志矣諸生內而族黨外而知交凡夫見聞所及亦有可以裨益邑乘者否試陳述之

江都公立甲種商校本科二年生　沈紹言

紹言。泰興縣銀杏樹人也。自吾高曾至祖若父。相承數世矣。村旁有一樹。高可三丈許。因以爲名焉。吾祖字定川。性溫和凡事未嘗矜誇於人而對於恤窮振乏尤所樂爲以是鄉黨之間無不頌揚嘗謂吾父曰吾年老矣鄉中鰥寡孤獨困苦而無告者吾皆量力濟之願汝承吾志焉吾父敬遵所誡繼續祖父之所爲凡鄰里鄉黨有爭執者排解之有不守業者規勸之有不能自立者扶助之此吾父之志也然其中最著者莫如修橋一事吾村東臨巨港自古爲南北通江孔道上架石橋又爲東西往來大路不幸於光緒四年石橋陷落東西往來行人多覺不便卽泰興與泰州間之商業亦大受影響吾父以爲事關重要豈能置之度外於是自抽囊金約千餘元苦心經營不遺餘力適是歲爲光緒八年寒冽異常內地各河皆冰凍矣吾村所臨之河其冰之堅能駕數百斤之車而石橋之周圍竟不凍石橋乃克於十二月間落成當時全邑莫不驚駭以爲天爲之感矣至今鄉人言之無不嘖嘖歎異云

孝義之行通於神明足使頑廉懦立（包璽評）

孟嘗君好客多得客之力乃史遷指爲招致任俠姦人荊公亦以爲不足以云得士然則孟嘗君之好客非與孟嘗君卽能得士果能如所謂足以制秦與試平情論之

江都公立甲種商業學校學生 胡煜

孟嘗君能好客爲世所重而內不能見信於齊王外亦不能有所爲以制秦國吾竊爲孟嘗君惜也天下之大何謂無人其所得客皆雞鳴狗盜之徒相與定大策成大功者竟無其人然則孟嘗君雖名爲好士而非眞能好士者也吾觀夫秦之能用客卿以強大其國士之能爲秦用而不爲齊用其不足以云得士也審矣如太史公指爲招致任俠姦人嘗非過也蓋徒藉雞鳴狗盜之力以脫於難僅得一馮煖知代爲市義而又不能廣之孟嘗之不得於齊馮煖幷不能調和於其君臣之間僅以鑿竅自効幾何不爲天下士所笑也荊公謂孟嘗不能得士正謂士當見其大朝鑿一竅莫鑿一竅狠狽周章祇圖自保世稱孟嘗得其力無纖介之禍是殆小有才而未聞君子之大道者吾所不取也有客若

此而孟嘗顧以好客名對於秦之能用客卿爲何如哉若荆公謂其能得一士即足以制秦秦非小弱豈易與者抑亦甚言之耳

馮煖解爲孟嘗市義爲食客中稍稍有表見者然僅謀鑿窟說梁王炫齊王不過說士一派篇中責其不能調和君臣之間爲天下士所笑自是正論結末數語議荆公偏激過甚亦復有識（焦汝霖評）

蘇子瞻有言智勇辯力皆天民之秀傑者也四者不失職則民靖其說然否

江都公立甲種商校本科二年生 沈紹言

國家之治亂視乎游民之多寡而游民之多寡視乎在上者之善教與否善教則國治反是則國亂此必然之理也當戰國時七雄分爭無日或息若再加以游民之騷擾必不能自保而各國反相持數十年者以國內游民各有所歸及至始皇游民無所歸故不再傳而國亂矣昔蘇子瞻有言智勇辯力皆天民之秀傑者也四者不失職則民靖誠知治道者也雖然所謂不失職者必使之各安其業非若四公子之養客使之飽食終日無所用心而四公子所以行之者亦迫於時勢而爲此苟且之計耳設百世以下皆則效四公子所行其有智勇辯力者固善無智勇辯力者必轉死於溝壑而後止然則何爲而可曰察其性之所近教以技能使各自謀生以發展其能力如是則國家非特不受其害富強之效指顧可期是在居高位者爲之而已

持論平允行文亦首尾完善合作也（包蘋評）

古人以商爲四民之末今人以商爲強國之本其理由何在

江蘇省立第一商業學校一年級生 黃麗生

士農工商古號四民四民之中以商爲末今人乃以商爲強國之本於是有商學有商團有商會一若非商無與立國

者。豈今昔之見不同歟。時勢爲之也。在昔閉關時代。所謂商者。不過運本國之貨供本國之用。不能直接生產而坐得厚利。彼農工勤勞終日而所獲轉不能及。是以人民皆喜爲商而不願爲農爲工。若一國之中人盡爲商。生產無人。國且空虛矣。古人思弭其弊。乃賤其名。鄙之曰市儈。斥之曰逐末。甚至國家設商律。禁衣錦帛。入仕途不得與齊民伍。非故輕商也。勢不得已也。今日五洲交通。四海一室。所謂商者。必與各國通貿易。範圍既廣。成效乃著。較之農工固不居後。何者。農所獲之穀。工所成之器。必有商爲之消售。消售既廣。物價自昂。物價昂則獲利豐。獲利豐則農工樂於從事。由此可以鼓勵其國之農工業。是商與農工固交相爲用也。以己國之生產。消售於他國。吸其金錢以歸。可增本國之財源。運他國之所有。供己國之不足。可以應人民之需求。此數者皆致富之源而強國之本也。

探源立論不同泛說

全國學生國文成績 文庫卷十二終

全國學生國文成績文庫卷十二（甲編）

古邗盧壽籛選輯

●書後類

讀莊子馬蹄篇書後

河南南陽中校三年級甲班　王彬章

仁義道德之本也。禮樂性情之文也。否。仁義何有道德。無禮樂安見性情。莊子、馬蹄篇若深惡夫仁義禮樂者。吾甚訝焉。既而思之。知莊子之小仁義禮樂。初非有心毀之也。其所見者小也。以蠡而測海。曰海小者。非海小也。彼以蹩躠為仁。踶跂為義。摘僻為禮。澶漫為樂。其小之也則宜。彼又謂道德不廢。安取仁義。性情不離。安用禮樂。不知道德成於仁義。禮樂發於性情。周以此為聖人之過。不惟不知仁義禮樂。並不知道德性情也。哀哉。

讀莊子馬蹄篇書後

見道之言不爲翳障

河南南陽中校三年級甲班　王永孚

昔莊子之著馬蹄篇曰。伯樂善治馬而馬失其性。聖人善治民。而民失其性。若深惡仁義禮樂。然是惟不知仁義禮樂。亦並不知性也。性者與有生具者也。仁義禮樂何一不出於性。告子言性猶杞柳。是誤性也。荀子謂惡。是害性也。莊子謂性情不離。安用禮樂。是不知性也。性之不知。安知仁義。仁義不知。何有道德。蓋道德猶室也。仁義猶磚瓦材木也。舍仁義而言道德。是不庀材而作室也。豈不謬哉。

左氏鄭入許傳書後

理明辭達

福建省立第一師範學校本科二年級生　游毓英

春秋一攘竊之天下也吞滅人國成爲家法而每以紓民爲辭所謂無義戰良有以也而左氏于鄭入許謂之有禮豈鄭莊有過人之行足以動左氏之景仰歟君子觀其致許叔之辭有以知其然也夫興廢靡常惟天所授今日鄭赫赫以入許安知他日許不冥冥以入鄭雖屬造化之愚言抑亦興亡之定理也吾既不能直視百世後吾國存焉否耶而吾又何苦厚用吾力使百世後之人之恨痛此鄭伯所以復奉許叔於東而仍以如舊昏媾告也左氏於齊魯讓許書之惟簡于鄭伯受許言之獨詳豈不以當時諸侯但知爭城爭地無一知厚植陰德爲子孫計者歟此所以重許鄭伯歟

意境獨到辭足以完之（田無逸評）

唐順之竹溪記書後

福建泉州培元中學校二年生 陳砥生

人之於物莫不貴遠而賤近寶所稀有而棄所常見此皆無特立之操而不免有徇人之意也惟君子獨抱眞賞不隨世俗以轉移淵明愛菊濂溪愛蓮亦取其適吾意而已夫豈必在於遠者稀者乎余讀唐順之竹溪記而有感焉夫竹之爲物其色不足以取媚其味不足以動人祗此錯節盤根霜雪凌之而不萎嚴寒厄之而愈盛其勁節堅操固不求人知而人卒亦無有知之者信乎其爲偃蹇孤特之士也天下佳山水多矣人不能盡涉也奇花石衆矣人不能備致也惟隨寓而安會心不遠雖不必佳山水奇花石亦無在不可作佳山水奇花石觀也而況其實有可貴者在乎任翁長閥閱之家膺光祿之榮凡錦繡歌臺舞伎足以快其耳目者悉屏除不進獨不可一日無竹豈其嗜好故與人殊哉吾以謂與陶公之愛菊周子之愛蓮當無以異也噫竹生於江南者江南人視竹賤且鄙園中有竹多芟而去之夫竹非果賤且鄙也特以厄於南耳俗目故熟視之若無覩耳其見棄也固宜獨怪賢士大夫治園亭植花木不以竹之生於江南者爲可寶反馳志江南以外而竹於是無知己矣噫嘻少見多怪貴遠賤近不獨常人有然蓋習俗移人賢者

不免余不得不爲江南之竹悲尤爲江南賢士大夫惜也

婉而多諷意尤遒勁

讀韓退之柳子厚墓誌銘

國立南京高等師範學校國文部預科 葉滸

退之柳子厚墓誌銘或曰文字抑揚句法跌宕可謂盡文家之美矣或曰退之借子厚以鳴其不平者也二者皆非吾觀退之之文可謂直道而行矣文字其小者也安有所謂借人以鳴其不平耶按退之情意厚一揚一抑不少掩諱揚者贊其學問道德政教施於一時抑者惜其躁進孤行不諧於衆不見用於世蓋退之與子厚同朝知之最深交誼又最切見其懷席上之珍貶謫不用有意深惜之夫銘誌之體不同於史其義實近於史者史之爲體本乎其事以記之因乎其人而筆之於書而銘者則記其生平事跡有功德材行志義之美者苟其不善者則爲之諱焉此體之異於史者後世銘誌體格愈趨愈卑退之矯後世銘誌之卑也以直求其古而合乎史者也善不失其實惡不爲之諱材識志義足以爲法招貶召詬足以爲戒而人情僞詐又足爲交際之龜鑑焉嗚呼此退之之所以直道而行也其於鳴不平何有古之惡訐而好直其於文也亦有之直道而行事其事順而辭訐則違矣直道以處世其人愛而親訐則逆矣直道以交友其友和而平訐則忤矣夫直道而爲文其文亦公而正矣故材識之偉惟直道者足以傳之志義之美惟直道者足以興之詈詬之瑕惟直道者足以言之吾觀子厚爲人而三復退之之銘誌益信退之之言公且是矣子厚少有才性剛直不合時宜比任事一貶而爲邵州刺史再貶而爲永州司馬及刺柳州設政令施教育事得其情人樂其業一歲而大治夫小知不可大受而大受未嘗不可小知也嗚呼此其所爲揚者也以子厚之才之儁傑廉悍踔厲風發固天下之大器也而乃不能持其志無暴其氣剛峻取詬流離他所卒死窮鄉材不爲世用道不行於時此其所爲抑也亦所以深惜者也彼親如子厚有善不失其實有不善不爲之諱非直道而何自世之衰人心變詐僞以傳之

假以銘之虛妄以識之夫傳之道材與識而已材也而非其材識也而非其識此所以傳之僞也銘之道志與義而已志也而非其眞志義也而非其果義此所以銘之僞也言之道善與惡而已善也而過其實惡也而隱其眞此所以識之虛且妄也嗚呼文失其理言失其實後之人將於何觀感耶

用意精覈（許子毅評）

韓愈祭田橫文書後

江都公立甲種商業學校本科一年級生 蕭漢

古今來偉人正士有功可紀有德可歌一朝終古而後人爲文祭之所以示表彰而寓悲哀也否則死者在千載以上生者在千載以下所爲之事不同所抱之志各異僕僕風塵纍纍荒塚白楊惹恨黃土無情不將祭不勝祭乎韓愈之祭田橫果何意哉曰感橫高義能得士而悲其不得志也以五百人之同心協力不能滅萬衆叛離之秦政不能勝匹夫剛勇之項羽不能如三傑輔佐之漢高而終畢命於一劍之下人耶天耶百思而莫解矣然闕里多士孔子且不得有爲於當時以此例之橫當瞑目矣噫愈之事唐亦不得志者也其惜田橫也正所以自惜歟

語意警醒是經心之作也

讀寇準請帝幸澶州論書後

江都公立甲種商業學校 包藺

人君治國遇有難以解決之政策有關於國之安危者貴於臣能直言敢諫而尤在元首之識廣力從忠言不爲權勢所奪不爲邪說所撓而後救國之政見始得實行吾嘗聞論者曰宋眞宗時契丹入寇寇準諫眞宗幸澶州眞宗聽之卒以戰勝謂寇準有先見之明抑不知眞宗若不善聽斷若不聽準言將一信王欽若之諫幸金陵一信陳堯叟之諫幸成都恐天下不待徽欽二帝卽分南北眞宗毅然從之眞宗之識可謂廣矣吾觀後世人主處眞宗時代自無所主議論紛紜莫衷一是或卽知爲應行而爲勢所逼以致誤聽妄言而國際外交受莫大之影響大局爲之震動迨勢成

騎虎始悔聽堯叟欽若之言而未力從寇準之直諫亟亟焉謀所以補救雖欲挽回大局而不可得若與眞宗相較豈不相差天壤耶

洞中窺要

讀墨子兼愛篇書後

吳江私立麗則女子中學四年級生 殷同薇

余嘗觀孟氏書見其於墨氏之說斥之曰無父斥斥焉距之惟恐不及一若墨氏之說行大足以傷敗風俗充塞仁義也者及讀墨子兼愛篇乃知墨氏之所爲愛者卽孔孟兩氏之所爲仁也孔子曰己欲立而立人己欲達而達人又曰己所不欲勿施於人孟子亦曰君子以仁存心又曰仁者愛人又曰愛人者人恆愛之又曰仁者無不愛也墨氏之說亦何背乎孔孟之旨也乎墨氏之言曰天下兼相愛則治交相惡則亂苟天下之民皆能兼相愛強弱不相爭衆寡不相刼貴不侮貧智不欺愚君義臣忠父慈子孝兄友弟愛如是其國烏有不治者然則墨氏之兼愛未嘗惑世而誣民也韓非以儒墨並爲世之顯學漢世猶以孔墨並稱其以此乎其以此乎漢淮南王要略訓曰墨子學儒者之業受孔子之術以爲其禮煩擾而不說厚葬靡財而貧民故背周道而用夏政可知墨學實出於夏后氏爲儒家之一其節用也卽大禹菲飲食惡衣服卑宮室之意也其摩頂放踵利天下爲之也卽大禹三過其門而不入思天下有饑者猶己饑之天下有溺者猶己溺之之謂也孔子則曰吾說夏禮杞不足徵吾學周禮今用之吾從周周尚文與夏之尚質者不同孔子尊周孟子宗孔故言能距楊墨者爲聖人之徒歟且墨死而墨分爲三有相里氏之墨有相夫氏之墨有鄧陵氏之墨各宗師傳立說或失墨之眞此孟子所以尤斥斥焉斥之而曰楊墨之道不息孔子之道不著歟否則愛者仁之發也兼愛無私仁之至也兼愛之說亦何可厚非哉

持論平允證佐宏博是非枵腹者所能道隻字（鄒家麟評）

讀墨子兼愛篇書後

吳江私立麗則女子中學四年級生 陸振權

孟子有言曰聖王不作諸侯放恣處士橫議楊朱墨翟之言盈天下天下之言不歸楊則歸墨楊氏爲我是無君也墨氏兼愛是無父也無父無君是禽獸也嗚呼楊墨之惑世誣民充塞仁義竟至於此乎夫楊子損一毛以利天下而不爲自私其身固不足言治墨子之苟可以利天下雖摩頂放踵爲之其說似未可厚非也余讀兼愛篇覺其禁惡勸愛使國與國不相攻家與家不相亂君臣父子皆能孝慈則天下治其說似與孔子之君君臣臣父父子子及孟子之愛人者人恆愛之之義不相背馳也而孟子必曰楊墨之道不息聖人之道不著者其故何歟余思之余重思之乃知所貴乎愛者貴乎有等差也故老吾老以及人之老幼吾幼以及人之幼治天下可運於掌若墨子之視人室若己室視人身若己身視人家若己家視人國若己國昧親疏之義滅倫紀之道是胥天下而入於禽獸之途矣孔子曰惡紫之奪朱也惡鄭聲之亂雅樂也今墨子貿貿然曰愛愛而曰兼說近於孔子之仁愛而究其極將見從井救人舍己田而芸人田自忘其身則豈可謂治乎哉所謂失之毫釐謬以千里者此也孟子所以不憚煩而斤斤斥之歟然今之執政者置身富貴不顧國事任意殘殺自快其私淪人道於禽獸欲冀如墨子之熱心世務以國事爲己任濟時安危如赴私親之難視羣事如己事使人人羣相愛而不可得能無使余感慨係之乎

宗亞聖說力闢墨學有功儒道妙在說得入情入理絕不牽強（鄒家麟評）

讀侯方域馬伶傳書後

浙江省立第五師範學校一年生 楊燮廷

嘗讀侯朝宗馬伶傳不禁有所感也當其時與西肆李伶奏兩相國論河套時馬伶之爲嚴相國未嘗不似也特以李伶較之則不如矣馬伶恥其不如易衣而遁遂走京師求爲相國顧秉謙門卒三年始得其舉止言語與嚴相國毫無差異故其技卒駕李伶而上之其立志之堅有足多焉然馬伶不及李伶則師李伶可也若李伶不肯授則相國顧秉

謙亦未嘗授之也蓋其所以走京師而師崑山相國者欲得嚴相之眞狀而掩李佮之上也若師李佮則但與李佮相等而已豈能駕而上之哉然則馬佮恥爲人下乃得爲人上馬佮無師乃能自得師而勝於有師嗚呼今之學者甘爲人下者有之不甘爲人下而不能爲人上者亦有之無師者有之有師而等於無師者亦有之此馬佮之不若也朝宗爲之傳其亦藉此以警學者歟

言明且淸而筆力特矯

讀文忠公前赤壁賦書後

江蘇省立第二農業學校附設農村職業科學生　潘澤

人不能與天地相終始何爲戚戚於富貴汲汲於貧賤哉蓋其心囿於物不能超乎物之外也囿於物雖極人之富極人之貴心終有所不安志終有所不足所謂得隴望蜀爲帝求仙無止境也自人視之形式固樂而其精神實未嘗樂也修短隨化終期於盡豈無知乎知之而不能安大抵未能了悟於情理耳文忠公超於物外而了悟於情理者也故當其初遊赤壁也一觴一咏弄月吟風不羨乎英雄豪傑富貴利達而取擇於天地自然之樂縱一葦之所如眞有遺世獨立羽化登仙之概矣讀其文想見其爲人嗚呼吾因之有感矣時丁叔季人心澆薄出入往來惟勢利是視求所謂大公無私以道德爲依歸者百不得一吾知有心人必撫躬悼嘆以藏其用也陶元亮之歸去來辭豈徒然乎士君子生當斯世既無撥亂反正之權皇皇何之曷若潛身山谷與木石居與鹿豕遊以追跡於古之隱君子也又況天道循環盈虛有數逌夫鐘殘漏盡華屋邱墟樂有盡而悲無窮矣就令富貴長存無憂乎零落而心爲物陷終覺煩擾不堪若能置身於天地之外鼎鐺玉石金塊珠礫傲遊山水以樂餘年傲夫風與月而不吾欺行吾心與志而不吾違則處亨固樂處屯亦樂處順固樂處逆亦樂處盈豐樂處困阨亦樂所以然者蓋遊於物之外也余讀其賦而樂其志之與吾有合也於是乎書

心花怒發浩氣流行非見理眞切者不辦（張湛甫評）

讀韓昌黎文

江蘇第一師範二年級第一學期 張杰

古今文章以唐宋八家爲盛八家文章尤以昌黎氏爲最昌黎有倚天拔地之才瀉水湧泉之勢當時文陣之雄師後世文章之司命篆刻雕蟲聲律對偶之文碎金積玉辭華綺麗之章吐棄而不顧屏絕而莫爲挽狂瀾於旣倒障百川而東之力追往古非三代秦漢之書不讀根本六經非三王五帝之道不言上規姚姒下逮百家沉浸醲郁含英咀華是故發爲文章閎中肆外浩然之氣溢於辭間風湧潮起奔騰砰湃駭蹄超鴻反覆馳騁或一瀉以千里或懸崖而勒馬是眞文章之大觀也矣彼六朝之文駢四儷六錦心繡口吟風弄月麗文高論無關乎人心無補於世教萬言不直杯水安可與韓文同日而語哉且夫文以載道古有明訓昌黎之文道足則意境自寬抑揚曲折味餘於意樸實堅固不可移易道之所在可與天地同壽可與日月爭光開衡山之雲精誠達于神昊馴鱷魚之暴忠信感及豚魚非蓄道而能文者曷克臻此至其闢佛之功傳萬世而不朽尤無俟余之贅論也詩云高山仰止景行行止雖不能至然心向往之余讀昌黎文每歎想其爲人恨不得親見之也嗚呼至矣

喜作排偶易於傷氣斯文則囿規矩之中仍有陣馬風檣之勢固是可觀

讀韓昌黎文

江蘇第一師範二年級第一學期 楊介汀

余自出就外傅以來卽篤嗜韓文口誦心維無或稍懈然而仰之彌高鑽之彌堅讀也未能窺其途徑學焉未能得其鱗爪則是於韓文無所有也抑嘗聞諸夫子曰韓氏之所以獨稱文宗者其故在原本經術力追往古得力孟子胎息深厚諸子百家無不供其獵取如蜂採蜜如蠶食桑有造化自然之妙故其發之於文也閎中肆外意到筆隨而雄奇變化氣勢浩瀚驚濤駭浪不可方物俄而風起焉波息焉則一片空明汪洋無際人以韓潮擬之洵不虛也嗚呼文章

之弊至六朝而極矣有唐承六朝之餘習尚聲律工對偶公生於其間以旋乾轉坤之力起八代之衰毅然以師道自任不顧世非俾後之學者尚克知世有古文實公一人啓之也余小子讀其文未嘗不想見其人竊以爲非公之魄力障百川而東之迴狂瀾於既倒恐古文自此絕響矣若其原道佛骨表與孟尚書書送文暢師序諸篇排斥佛老不遺餘力斯文在茲守先待後其功尤豈在孟子下哉

魄力渾厚議論精純非積饋功深不能造斯境界可喜也

書費宮人傳後

揚州奐溪中學高小三年級生　尹昱武

吾聞之忠義之士輕生以殉節者易以身殉而不徒死者難輕生以殉節者此婦人之所易也以身殉而不徒死者此丈夫之所難也然而吾閱書傳獨多王承恩費宮人蓋有爲人所難能者雖然王承恩之殉節煤山固無益於事然而求之宦者亦鳳毛麟角矣不過遜於費宮人耳費宮人者一忠、義、智、勇、節、烈、之奇、女、子、也觀其救公主忠且義也立策以困羅某智也待其大醉袖匕首而力刺之勇也大事已成大仇已報自剄於華燭之下節且烈也當此之時衆人皆知其事已成仇已報甘心就死無餘憾矣而吾意不然宮人雖死宮人之遺憾猶未絕也宮人之仇在闖賊不在羅某宮人不欲刺羅某而欲刺闖賊也夫以闖賊之貪客凶忍豈不知愛女色者哉獨以賜羅某蓋亦以其爲奇女子而不敢自納耳料其有後變也後果不出其所料羅某被刺闖賊驚愕驚者驚其有先見之明愕者愕宮人之爲奇女子也羅某納之而被刺固羅某之不幸然亦宮人之不幸也以闖賊未死故也宮人當闖賊不納己時已知闖賊有戒心不得而刺之矣故刺羅某後遂即自刎亦知其不得逃耳不得逃必死於賊與其死於賊不若自刎之爲善也嗚呼宮人大志未遂大仇未報而身先死然猶謂其仇已報事已成是不知宮人之心者也宮人之憾何時絕宮人之氣何時伸也噫宮人亦一忠義之奇女子哉十一月十日泗陽孤鴻讀費宮人傳既書其後復誌數語以贊之曰蒼靈毓秀鍾於

婦人何爾男子乃自沉淪其身雖死其志猶存照耀史册千載光明

筆意精鍊可造之材(汪子厚評)

書費宮人傳後

揚州美漢中學高小三年級生 許國瑩

嗚呼世有貪生畏死者矣未聞有為國殉難者也世有為國殉難者矣未聞有能不徒死者也余讀此篇未嘗不歎費宮人具知人之明懷報國之誠從容爇禮祭祀先王而能以智殺賊為國殉難徵之巾幗中固不可得即鬚眉七尺之丈夫亦所難能者也噫余嘗見夫世之據高位享厚祿者挾數州之富驅百萬之人以給其所欲又嘗參議政事津津焉有為國為民之心而人視之亦莫不曰此眞愛國之徒也然當夫事變之來非惟不能杖一戈畫一策以救國家之急甚或降志辱身為敵奴而不知恥或脫身以逃不能容於遠近而又有佯狂不知所之者其辱人賤行視宮人之死賢不肖固何如耶夫世之能為國而死者亦未嘗無也所貴者能不徒死耳宮人知此故先殺賊而後盡忠其智識殆有大過人者所惜者其所殺惟羅某而已設自成據為己有而不以賜羅某則安知不為宮人之所殺而賊遂於以滅乎乃自成不納宮人而羅某納之固羅某之不幸亦宮人之不幸也伊古以來往往多遺憾事是誠人之所同悲而亦古今之所同恨也余有感於此於是乎書

通體氣足神充中段包羅世事末段指出宮人遺憾閱此文者能不掩卷三歎(汪子厚評)

讀武鄉侯出師表書後

浙江省立第三師範學校本科一年級生 朱乃基

諸葛亮隆中之對謂曹魏不可爭孫吳不可圖識者以為未出草廬三分鼎足已早決於未肇之先矣余竊疑焉夫偷安半壁金甌不完此東晉南宋委靡之習也曾是亮之忠心戴漢所志僅限於一隅乎及讀後出師表有曰王業不可偏安於蜀都則武侯志在一統之本懷昭然共白若泥三分定數則偏安蜀都聊圖吾閑可矣何勞五伐中原哉蓋亮

輔昭烈固冀其爲光武而不冀其爲宋之益王福王建號於福州𥐻州而已然則前議吳魏不可幷吞何歟曰、是時昭烈尙無託足地劉表劉璋皆闇弱所以有進取荆益之謀而吳魏則不然權操皆英雄睥睨一世取之非易不得不置爲緩圖非容其並存而狃於偏安也觀西出秦川北向宛洛云云早爲後日出師地步嗟乎魏可滅操可誅則孫吳勢孤天下事未可量也大丈夫將撥亂反正以旋轉乾坤安肯竊據數州與人角逐未知鹿死誰手哉無何漢祚不長雖得王佐不能爭尺寸於中原人爲之乎天爲之乎岳武穆之圖恢復也亦以河山殘局不能支撑其有進無退之心未嘗少沮卒爲秦檜所讒從此偏安臨安是則奸雄專權忠良遺恨異世有同情也故推武侯扶漢之初志必使曹氏伏辜孫權臣服普天率土共戴炎劉然後生平之大業畢矣彼以預識三分相稱述者轉淺視乎武侯盍讀後出師表王業不可偏安於蜀都一語乎

能將武侯心事曲曲傳出（梁仲凱評）

桃花源記書後

安徽安慶中學第十級生 黃晉卿

予非奇人也然每好窮奇事及讀桃花源記不禁奇其奇矣夫陶潛者奇人也桃源者奇境也以奇人之筆而記奇境之事則其文之奇也必矣是故漁人緣溪行忘路之遠近奇忽逢桃花林奇林盡水源便得一山山有小口髣髴若有光奇從口而入豁然開朗土地屋舍田池桑竹往來動作悉如外人奇以不相識之人便要之還家設酒殺雞作食奇由避秦亂入遂與外間隔乃不知今世何世奇及漁人言之餘人復邀至其家皆出酒食奇停數日辭去此中人語云不足爲外人道也奇既出得其船便扶向路處處誌之及詣郡下太守遣人隨其往遂迷不復得路更奇而高士聞之欲往未果卽病終是誠奇之又奇矣世有奇人讀此奇文而發奇想乃欲一往窮其奇乎予欲執筆記其探奇歸後之奇聞也

書呂氏衞懿公好鶴論後

江蘇省立第一師範學校一年級生 龐仕

嗜好之爲害夫人而知之矣予讀衞懿公好鶴一篇而又有所深感焉夫鶴之丹頂素羽飛翔雲表古今無以異也乃懿公乘之以軒卒致亡國宋處士林和靖隱居孤山以鶴爲子而留芳至今鶴同也而愛之者不同其故何哉蓋有幸有不幸耳予觀世之處有其表而中無一物者大抵皆鶴類也卽以禽鳥論如田饒之鷄王羲之之鵝陸龜蒙之鴨皆類於懿公也當其性情所託樂此不疲或流連歌詠或借端諷諫後世誦其遺文傳爲佳話未嘗深惡而痛斥之也是豈獨懿公之不幸哉蓋爲人君者以保民爲重非騷人墨客比也不然陳後主隋煬帝風流文采輝映一時使不爲天子何嘗非千古逸才耶

讀桃花源記得其神髓乃能有此奇評（金爾音評）

筆無滯機詞多中肯

書謝濟世戇子記後

江蘇省立第三師範本科二部生 李江淮

天下之最可用者莫如戇天下之最有用者亦莫如戇何也蓋戇者居心忠直遇事不阿事之當於理者則贊助之違於理者則反對之以期不越於理之外而後其心始快此戇者所以最可用而最有用也謝濟世所記之戇子卽其人矣戇子爲梅莊主人之僕獨以戇直取重於主人而得久用其遂妓諫酒止杖諸事雖拂逆主人之意其有益於主人之德行實非淺鮮也雖然戇子一僕役耳對於主人尚効忠如是若推而至於學識超羣之戇者其有益於人與國不當更大耶漢之汲長孺吳之張子布俱能正色立朝以諫君之非小人之訾視其進退以爲恭肆與戇子所處之境適相類而戇子能如是則尤爲難能而可貴者也有難能可貴之事必待文人之筆以記之方可傳於後世戇子之事記於謝先生之筆吾知戇子之名與日月長存矣

言簡意賅筆力挺拔（嚴毓芬評）

侯朝宗王猛論書後

福建省立第一師範學校本科二年甲級學生 王壽臧

王猛始終心乎秦也侯氏以猛垂沒勸堅勿圖晉遂斷猛爲不忘晉能識大義噫誤矣猛知爲秦患者在鮮卑西羌而不在晉猛之言爲秦計非爲晉計也苻堅欲大舉伐晉左僕射權翼曰晉雖微弱然謝安桓沖諸人皆江表偉人君臣輯睦未可圖也其言與猛若合符節侯氏以猛爲有心於晉將無以翼亦効忠於晉乎然則猛何如人也曰猛急於自見特功名之人耳彼見晉偏安江左不足有爲故願爲秦用而不願爲晉用使秦弱而晉強猛又將不仕秦而仕晉矣侯氏亦知其然也故曰猛之才高於諸葛亮而澹泊寧靜不及然又以識大義許之何哉且猛之不從溫亦非逆料其其有篡晉之心特以從溫而還不過如髯參軍短主簿爲溫之屬吏而已卽使幸而用於朝而權臣掣肘不得伸其志猛且如殷深源咄咄書空安得如秦堅之傾國以聽也故猛之不從溫者猛自知不得大用於晉也嗚呼中原板蕩王室如燬有志之士且思乘時而起相與戮力挽既倒之狂瀾支將傾之大廈焉有以有爲之才甘心爲胡虜之用吾非惡猛也懼後世之託身於夷狄舉藉口於猛也侯氏予之何哉

前路清暢中後議論警闢識高於頂是能以才氣勝者（陳翼勳評）

讀閻典史傳

江蘇省立第三師範本科二部生 李江淮

余讀閻典史傳因有感而歎曰閻典史者非惟足智多謀且忠勇具備者也餽糈火藥等物全賴其部署矣少復設法取之於敵其智謀固不可及其忠勇尤爲人所難能也以江陰彈丸小邑而能殺賊禦敵守之至於八十餘日之久其勇爲何如哉城失而求速死其忠爲何如哉擬之張睢陽殆無愧色噫可敬也矣

結處比擬恰當解亦穩妥（嚴毓芬評）

鳴機夜課圖記書後

江蘇省立第三師範二部 錢鍾亮

水因器而方圓人因習而善惡是以水固無定形也人固無定品也惟視教者之如何耳教之善斯善矣教之惡斯惡矣善惡之判在乎教者之一人今有人焉指其子而詈之曰汝不肖不足教汝異哉既肖矣何用教玉已成器矣何用琢人已知道矣何用學不足教云者豈通論乎己不能教而責其子之不肖天下寧有是理耶夫孟子之賢人稱其母非幸也宜也州吁不肖人責其父非不幸也亦宜也余讀蔣士銓鳴機夜課圖記篇而知士銓之賢蓋出於鍾母之教焉四歲授子書六歲習字手任操作口授句讀折篾以寄其怒書荻以致其慈愛之深故望之遠望之遠故教之切而督之嚴士銓之賢固非無因也雖然天下無不愛子之父母飢也爲之食渴也爲之飲寒也爲之衣遊或念之居或安之惟恐其子之病也是則論天下之愛者固無出於父母矣然其子或不能盡賢何哉愛固異乎鍾母也蓋鍾母之愛子以道人之愛子以姑息愛之不同是以善惡之不同耳

氣機流利清而不滑

讀漢高帝求賢詔

直隸高等師範國文科生 高蘇垣

漢高帝十一年下求賢詔曰欲其長久世世奉宗廟無絕也曰有能從吾遊者吾能尊顯之豈誠慕賢耶曷不曰欲其長久世世澤生靈無絕也求賢而爲宗廟治天下而爲宗廟直欲固其萬世之家業耳夫賢王治世勞身焦思未嘗自私禮讓謙恭無非爲民乃高帝私天下之心形之於詔明主求賢果如是乎且三聘然後有伊尹三顧然後有孔明果誠求賢則已得之才當有以尊顯之未拔之才宜有以禮聘之不至於輕士戮忠之後傳一紙空文以紿天下也其曰有能從吾遊者吾能尊顯之已具輕士之心烏能致王佐之才哉高帝之詔迨關播所謂唯得文詞干進之士未必有道賢人肯隨牒舉選者也

讀孟子

河南第一師範本科三年級生 羅守智

莊子肆荀子駁孟子嚴而急皆具尼山之一體者也論過高則難行法時王乃不足行孟子法先聖明事理而亦不能行於當時何哉竊嘗參荀莊而談其義孟子亦有不能自行之道也學說貴自由故持極端而無害政治宜統一故當法中庸且學說愈極端政治愈有所採擇而精詳政治固資於學說者也天放之論性惡之說雖持極端皆自爲一家之言孟子敝屣周王思藉強大諸侯行其道其爲政治家明矣而痛詆楊墨者何哉楊子爲我墨子兼愛說雖偏頗亦固荀莊之流儒墨齊立持說固各有所當也孟子之皇皇胡爲乎一夫不被堯舜之澤若己推而納之溝中其自任也至矣列國爭衡民生塗炭處士橫議固各噓其說以挽狂流者也孟子以政治之抱負應如何採擇以資其用奈何天下之大抹殺一切欲爲一己之所欲爲豈政治家之器量也哉嗟夫百家之說黜而世道日益微孟子不能盡得尼山之意融百氏以達其政治之的讀其書原其心而惜其人且爲後之政治家下針砭焉

此文似從讀荀子脫胎而筆致與衍曲折鉤勒穿插妙無痕跡責備處雖爲今之政客下鍼砭而孟子拒楊墨極而推言至於無父無君與孔子器量亦微有不同處(郭鏤冰評)

讀孟子

河南第一師範本科三年生 葛垚堃

余讀孔氏書知孔子大同之道不行於春秋者也及讀孟氏書又知孟子者願學孔子於戰國者也故道性善稱堯舜此孟子之初旨也而時際干戈之會民胞物與之懷抱反爲世病故變而爲民貴君輕之說樹大同初基以期漸合於初旨此孟子後來之苦心也初志未遂後志又乖此孟子七篇之所由作守先以待後者也今者後志已行初旨漸達孟子之道不行於當時者乃行之於後世孟子道行而孔子之道亦不沒矣

氣疏宕法嚴密此由絢爛漸歸於平淡者(郭鏤冰評)

讀顧亭林兩漢風俗

河南第一師範本科一年生 梁維藩

讀顧亭林兩漢風俗其推崇東漢痛惡魏武皆反覆引伸而於西漢則簡而不詳吁、先生之痛惡孝武甚於魏武而詳東漢者正所以詳西漢也夫操刃行刼之盜與持符禳禍以歛人財者何異乎而一則人望而畏之避且防一則有求之惟恐不應甚至貪婪如盜賊亦思有以禳其咎無形盜盜盜者也然則其反始皇之焚燒爲表章之伎倆非沒黠孰知其內多欲而施仁義也孟德雖奸雄其巧拙視漢武何如哉光武鑒之崇節義勵名實力行至明帝而不衰然食其報者僅黨錮之流獨行之儔卽極端破敗之孟德至正始間亦不過一二浮誕之徒馳騁其智識而已一視頌德獻符於新莽者之徧於天下又何如哉向使孝武之表章六經而復用經明行修之士不用術於其間益以光武明帝數世之力則篡奪之謀不作跅弛之士何有謂流風至今可也魏武何能爲此先生言外之旨人不及窺者也不然、胡於西漢簡而不詳也且其意不在漢有淸之初卽以詩書倡不鑒履霜且至堅冰先生之用心苦矣

亭林先生不言之意筆能由爲傳出足徵讀書得間內心獨具者至於行文錯綜變化無不訢合於法律尤爲功力精到之作(郭鏤冰評)

讀徐文長傳書後

直隸高等師範國文科第二學年生 高蘇垣

文長以一諸生窮覽朔漠走齊魯燕趙之地見一切可驚可愕之狀一一皆達之於詩其胸中有勃然不可磨滅之氣有英雄失路託足無門之悲焉烏乎文長之量何其淺乎夫士君子讀書談道足自樂也何必躋顯秩爲大官而後快哉天下有道則見無道則隱何可以遭時不遇遂至憂憤果能仰不愧天俯不作人雖貧賤終身於我乎無損也紆靑拖紫聲震天下於我無加也昔季次原憲坐守陋室蓬蒿沒戶而志意充然有若囊括於天地之外者視文長之抱憤而卒其氣象爲何如哉吾故曰文長之量淺也雖然吾尤有說焉自天地剖判以來不知其幾千萬歲天亦不能不衰

且老也惟其衰且老故特不免朦瞶昏亂凡所措置往往不合於理故英奇磊落之人率多抱志無從沈淪草野而無恥之徒反驟而上騰焉此誠可恨之事也然則文長之於明代又曷可深求也哉

後段借題發揮詼諧的好（俞蔚南評）

讀李將軍傳

河南第一師範本科四年級生 周毅

史公著李將軍傳讀者謂廣將才不封侯史公惜之故次其傳謂史公與陵厚陵廣孫傳廣即惋陵謂廣陵不過等記陵亦寫廣謂李氏世世受射累朝宿將位在狡童下史公心憤故次其傳觀此諸說無論當否皆認史公只爲一人一姓立傳可知若然則史記非續春秋筆然史公以繼春秋自任世亦以比於春秋吾竊謂史記一書所以明西漢刑賞之亂如春秋一書所以表亂賊之簒非僅爲一人一姓而作蓋借一人一姓以爲證耳細觀其寫廣不過皆含刑賞不軌之隱意是以賞罰明唐虞治隆尙書可徵刑賞亂後代治暗春秋顯載而史公處淫威之世既莫覩唐虞之盛復不能如孔子之於春秋顯爲褒貶故隱其意於字裏行間俾後之讀者得其意於墨楮外讀李將軍傳益信

史公作史記本以接續孔子春秋自任十二諸侯年表序已著明此意作者拈來便覺蹊徑獨闢倍加精采妙在筆筆曲筆醒（郭鏤冰評）

讀李將軍傳

河南第一師範本科四年級生 任裕

史公傳李將軍可謂盡心盡力者矣千載下伏案讀之不覺有生氣焉惜乎將軍未識其道史公未能抉其故耳將軍苟審其時事降其志趨世家侯王豈難致哉羣盧爭食狡獰者飽衆盜劫貨多獲者死吾所謂將軍未識其道者以此高帝以詭武興輕視儒學假庇黃老已成家風故屢朝有崇文之舉實爲飾天下目謀全吾家耳而究聖道治法毫末之識故其君臣際遇率以名勢功利不然何以功臣盡危賢能見黜靑豎奴子耳而以親貴侯史公鴻儒以直言辱公

孫宏以附和幸主父張湯以不曲戮哉吁廣者親無姻婭之寵材乏抑合之捷乃徒以才略希侯愍矣哉惜乎史公爲傳徒惋惜之未能利天下後世功名輩以道也

骨力堅凝而以蟠屈遏抑之筆出之讀史公文字而有心得者（郭鏤冰評）

讀隋書循吏傳

直隸高等師範國文科第二學年生 高蘇垣

辛公義爲岷州刺史岷俗一人病疫舉家避逃病者多死公義欲革其俗命凡有疾者悉輿至廳事躬自撫摩病者愈召其家人諭之曰疫設相染吾殆矣病者子孫感泣而去弊風遂除梁彥光爲相州刺史其地俗尙詐僞彥光廣設學校嚴其課程敦本崇實頹風以除君子曰公義之事論者韙之然未若彥光之知本也化民成俗必本於學學之不立徒恃區區之恩豈不謬哉岷之病疫者亦多矣公義能盡人而養之乎經曰知所先後則近道矣彥光有焉惜乎公義之不足以及此也

結結實實快論通理卽此已足何必多爲（尙蔚南評）

讀莊子

河南第一師範本科四年生 吳秉鈞

莊子著書立義甚高而辭甚隱又出之以詭激蕩樣後人多非之以爲其說不可行詎知莊子立說抉理之所以然顧非以供世之所行也如欲供世之所行則說亦不如是而出也如是而出之卽不以世之不行爲懼也且莊子固知其說之不能行於後世也後世不行莊子亦固不以爲怒也不特莊子爲然也各國之哲學家其說能爲世之所行者有幾人耶其立說以供世之所行者有幾人耶吾知卽後人無一知莊子之說者則莊子之說亦必如是而出也以不行非莊子抑何能稍減莊子之高也適見其識之淺而已

用筆一氣旋轉往復百折淸空宕漾如山澗縈洄此作亦似得莊一體者（郭鏤冰評）

葛妙眞書後

湖南湘潭第一女校師範四年級生 龔暉

行天下之事惟守禮守法則可保其完全無缺不然事雖出乎至情而必有損乎大道天下之篤於情者往往乖於禮法古今來執一己之成見而死於非命者如孝子忠臣不可勝數繩之以禮法大率不能完全無缺故聖人立禮以制之立法以範之俾率由而罔越夫易動者情難守者禮以臣殉君以子殉親於情無憾或於禮有乖故聖人以愚忠愚孝目之不忍非之亦不欲許之也惟以妻殉夫者則美之曰節烈是蓋以夫婦爲人倫之始關係重大也葛妙眞篤母子之情廢夫婦之道實因日者一言而動遂至昧乎聖人制禮立法之大道謂之愚孝可也責之以大義豈能辭其咎然而以九齡之女子尚能立志堅定終身不改向使長成而于歸亦必成爲節烈之婦已嗚呼日者一言以身從母至乖聖人之大道妙眞實爲日者所惑也甚矣天下之蠱惑人情者又豈獨日者已哉

持論甚高筆亦淋漓盡致無格格不吐之談可稱揣摹有得之佳搆（李顯光評）

書韓退之原道後

朱隱漁

吾讀韓子原道誠正之心不禁油然而生靜而慮之默而思之嗒然若喪感然欲泣者久之悲先王之道不泯滅於佛老之盛行不毀棄於佛老之昌熾而毀敗於辯道德以禍國假仁義以殃民之儒冠士服者流也不亦痛乎佛者老者或虛寂主清淨貴民而輕君約已而愛人其教雖異而其道又何乖乎聖人神道設教之旨哉今也士風不振人心不古埶趨日下民德日隳痛詆六經毀斥聖賢其於佛也曰是夷狄之道印度已亡矣佛固安在哉其於老也曰是黃巾之遺孽拳匪已滅矣教從何傳哉不知有神不知有聖棄大道而趨歧途背正路而由僻徑廣羅天下之貨財殘戮四海之良民彼之所謂仁也屈直而伸枉倒是而顛非赧顏事敵讓權以諂之獻地以媚之彼之所謂義也其爲道也背天理攘神權天下唯吾獨尊吾以爲是則是矣吾以爲非則非矣善則善矣惡則惡矣神聖其奈我何哉其爲德也喝

雉呼盧吮癰舐痔奔於市趨於朝以利爲義以財爲命相競相爭惟民脂民膏是吸嗚呼傷哉盜跖則盜跖小人則小人而猶竊君子之美名聖賢之雅號投民於水火速國以陸沈苟此爲以道德仁義則聖賢爲盜跖盜跖爲聖賢矣陰陽顚倒黑白混淆欲求小仁義道德之佛也老也豈可得哉佛老固無益於天下國家然其義玄奧其理深遠而其道廣大慈悲度衆生於迷津拔俗士於慾海補人力之所不及輔吾道以大成也胥是道也庸何害乎獨是韓子迂闊而淸閟痛斥佛老之虛寂無爲欲人其人火其書廬其居何度量之褊狹乎夫聖道之不明儒生之過也聖德之不彰士子之咎也三代以後國君能行先王之仁政者未見其人也儒生能行先王之言行者亦罕有其人雖有廉潔之士闡彰聖道然各樹一幟分門別戶同爲儒生互相謗毀務理論之空談而不求實用後之人是非不能明白羣以爲先王之道奧衍宏深非可學而成也絕仁棄義失道非德又何責乎佛老哉天竺雖亡民德猶存佛道猶在吾國雖存民德淪沒孔道棄絕壯夫勇士流爲盜賊鰥寡孤獨廢疾者轉於溝壑生民之亂亟矣豈佛老之害至於是哉雖然異端不息聖道不著韓子以繼道統自任故爾出此且自韓子之後闡明先王之道畜道德而能文章者能有幾人哉此固不得爲韓子書也

借題發揮慨乎言之

程子四箴書後

福建國文講習所學生 王謙

耳目口鼻四肢爲吾身之用者足爲吾心之賊也聖人不因此數者之足以賊吾心而禁其爲用於是爲之範圍以防閑之俾同歸於正而不惑於他歧此夫子對顏淵之問所以有非禮勿視非禮勿聽非禮勿言非禮勿動之言也夫人之不力於道者役於物也物之充吾前者在目爲色在耳爲聲音在口爲言語在四肢爲舉動老子曰五色令人目盲五音令人耳聾五味令人口爽馳騁田獵令人心發狂可知動容周旋視聽嚬笑一不自謹肆其所爲則其所以自異

於禽獸蟲魚者亡幾矣程子發之上體孔子之意爲視聽言動四箴以自警其與湯之盤銘武王之鼎銘足以並傳於不朽也蓋聖賢之於人耳目四肢同耳而用之不同目不視惡色耳不聽惡聲時然後言人不厭其言而動容周旋中禮者此聖人之視聽言動學者之所當取法也程子之作四箴其欲人勉爲聖人學者服膺勿失焉可也

爲古人解嘲却能自圓其說次評當無泛語（翼亭評）

古邗盧壽籛選輯

傳狀類 碑誌哀祭附

卓君冠侯誄

福建國文講習所學生 陳擘天

彊圉紀年太簇旅月亡友卓君冠侯以疾卒春秋一十有九嗚呼哀哉君慧由天悟秀徹風神馬客卿六歲酬賓黃子炎七齡對日固已稱人驥而號神駒矣至其學文史於三冬識之無於七月李定臣大寒炙火草代脊糞范純仁盛暑篝燈帳如墨色讀經則研精漢宋學律則上下申韓既志勵緯蕭亦藝勤緝柳歲丙辰入經學會余忝與焉君甫屆子奇治阿之歲余已履耿弇上策之年三齒已長愛若弟兄兩載同窗追陪晨夕方當養成碩學作異時砥柱之才鑄彼良工備他日廟堂之器何期時當大瘠景值凋年攬轡欲馳忽徂驥騄之步含香甫越蛩落蘭茝之華隙駟不留濛陰邅戢終童齋志請纓之願難酬長吉多才作記之召竟速鬱青霞於修夜埋玉樹於重泉嗚呼哀哉若夫堂茂椿萱雙親白髮樓榮棣萼兩季穉年一旦霜冷萊階腸斷西河之痛風摧荊樹心傷聽雨之時因愛憒不覺瘦形觀飛雁而悲隻影嗚呼哀哉至若鏡鸞孤掩釵鳳分飛淚染湘妃城崩杞婦渤海守督井之貞共姜有柏舟之誓畫眉窗下孤燈穗淚影之光歸骨塚中同穴矢冰清之志雖遺孤在腹難卜爲熊而早寡驚心已傷歌鵠嗚呼哀哉然而鄧伯道豈容無後南孺子究竟誕男當戶生陵庶將軍之有後小同紹祖將家業之克承其或者玉刻雙璲錦挑對襪未可知也異日者生長慈母之懷未見嚴君之面將對杯棬而飲泣撫手澤而生哀母訓長聆淚和熊丸而教父書能讀聲吞馬史之文以君聰明成性到此何言殘喘尙存此心若擣所以眠繭啟足之際屬纊聽息之辰情瀾不竭遺恨終多溫序死而

魂欲歸苟假亡而目猶視嗚呼哀哉於是設幕禪林爲位以哭禮也白馬素車幕巨卿之高義隻雞斗酒歌楚些以招魂悲風吹萬里之音落月冷屋梁之色魂兮歸來躬自悼矣禮諡以易名誄以表行名非有諡誄何作焉然袁柄異才文通作傳孝若素交潘岳著誄敢援斯義而爲之詞曰

以君之聰穎特達兮而學胡爲不底於成以君之孝恭溫良兮而行胡爲不獲其亨老天何忌才之甚兮而速奪其生君睽隔兮曾幾時豈謂朋友之分兮竟盡於斯其不隔於吾目兮其君英爽之不澌其不絕於吾心兮其君氣誼之不衰致同志之閔涕兮與師長之嗟咨而況白頭之老扶杖而慟兮紅顏之婦搶地而悲君靈歸於何處兮其亦知與不知冷疏櫺兮風蕭瑟灑空階兮雨寂寞代人嗚咽兮悽絕思不見兮徒離索嗚呼哀哉

歎逝感存不忍卒讀巨卿高誼子山蕭瑟有心人所當一掬同情之淚

卓君冠侯行述

福建國文講習所學生　陳曰元

君諱高峯字冠侯閩侯洲尾人也美丰儀有玉樹臨風之概穎悟而又敦厚畢業小學及中學輒冠軍或賀之君愀然曰吾豈欲多上人者顧不敢廢所學耳識者於是益以爲異卒業中學後遂修法律之學曰法治國之人不可不知法律非以爲終南也其於人也無所不容然所引爲知己者率皆謹摯之流也客春本會成立君奮然曰國粹將淪胥以亡矣吾寧忍見斯文之墜遂入會既入於經史極力攻研尤精治性理之學以爲今之少年率浮誕妄誇將以身作則矯時下之弊也好聞諍言人告之以有過則喜事父母至孝每夜必歸溫凊妻方少艾顧君殊不戀戀嘗與人云昔人有以國爲妻者矣我詎不若人耶體素弱過勤所事每中夜不寐又惆國步之多艱嘗鬱鬱不樂於心去冬某國侵厦門警權時君尤痛憤同人等慮君之或以是成疾也欲以杜康解君憂遂有南公園之遊酒行君擊案曰此豈吾稱快意時哉着鞭起舞者何人吾今日豈能下咽言時聲淚俱下同人咸以共相努力爲慰君乃下匕然君之心終不釋也

歸後逾數日沾疾疾既革無一語及於私但曰吾有父母而不終事有國家而愛莫能助吾已矣夫又曰吾所許爲同志者頗非凡庸後死者若不乖我志吾憾或當稍釋歟言既遂歿而目不瞑及同人往唁之時乃瞑嗚呼君所自期與期同人者若是其遠且大而君竟不永年同人等爲君悲抑不僅爲君悲矣雖然以君英靈死猶不忘國事同人等敢不相勗以償君志耶同人等縱蕪陋不文不敢泯君之志謹敍君生平大節如此有心人爲天下國家計能不同聲痛哭於人之云亡耶君歿於陽歷二月十五日年僅十九嗚呼傷哉

悲壯蒼涼斯境似之

哀錢君陞傑辭 有序

江蘇省立第二中學校四年級 吳俠盧

余友錢君陞傑名本青邑之周浦人也生有宿慧長而好學舞勺之年卽肄業於鄉小學卒業後入縣立第一高等小學與余同級爲莫逆交故得悉其爲人君性和藹孝父母敬師長與朋友有信道德固不可及又好文章雖在小學已斐然可觀於數理尤以精嫻冠全校諸師長咸以爲非池中物也民國四年秋余等畢業相別戀戀互以珍重前途爲囑豈知一別不可再見乎嗚呼哀哉君嘗曰師道微矣扶之植之正在吾儕故卒業後投考省立第三及第四師範學校不得志且爲家事迫不得已執教鞭於本鄉敦仁校教法精良秩序井然於生徒循循善誘可謂勤矣別後魚雁常通故不以久別爲苦今春正月以來未得郵筒一二心竊異之而張君學詩謂余曰若知錢君本青已於正月某日長逝矣余戚然曰眞耶僞耶其傳聞之誤耶眞也君新婚不二載父母耄矣其何以堪僞也傳聞之誤也而張君之言猶在耳誰謂爲僞也回憶促膝西窗之下尋章摘句賞奇析疑恍在目前而朝露未晞風流頓盡庾信傷心賦所謂一朝風燭萬古塵埃者非邪余以論交之久而篤能不慟哉故作辭以哀之辭曰

生爲英兮死爲靈散爲魂兮聚爲形顏雖天兮陟帝庭乘箕尾兮爲列星來日短兮恨綿長邅邅一夢兮醒黃粱撫遺

蜺兮去何方窮泉黯黯兮天無光君自思兮當自悲悲親老兮雙淚垂問結褵兮曾幾時忍拋撇兮長別離天胡不仁兮忌君之才青春一瞬兮黃土一坏魂兮魂兮呼之不回安得他年化鶴歸來

滿紙蒼涼情詞切摯歌辭尤見工夫（程鑣評）

祭外大母墓文

直隸高等師範國文科第二學年學生　高魁光

維年月日光既哭吾父復持文來外大母之墓前曰。烏乎。我外大母乃居是耶。光奔走於外不來數年矣今光來其知耶。其不知耶。知耶。當使光聞大人之聲音笑貌猶如往日。不知耶。光雖肝腸寸裂又安能見大人耶。烏乎痛哉憶光二歲。受大人撫育四五寒暑未嘗離也光七歲父使讀書時逃學以依大人雖受夏楚不辭光緒二十九年吾父與吾從兄同居六月十二日我母以疾卒時光從父讀書西平每自西平歸家徒四壁伶仃孤苦時淚下吾父亦甚悽然是年冬光衣棉猶覺寒大人謂衣厚何寒破衣視之敗絮滿中大人抱光泣易以新絮光得不寒後將吾父衣與吾弟衣一一易之蓋自吾母卒後舉家不免於寒矣明年十月繼母宋氏來大人憐光衣服諸物時時賜我至今思之猶覺淚下也方光依大人時時有疾大人百方醫治手爲按摩愈則喜不則憂必使光忘其苦而後已舊事歷歷言之悲梗烏乎今而後光再病再寒誰復憐我也光讀書威邑不得常侍左右辛亥秋考試卒業又患腦症在城內調治姪開珍來城中謂光曰叔速歸外大母亡矣光時慟絕昏不知人猶望吾姪之爲狂爲癲言之非其眞也乃病愈歸家大人已殯十餘日矣田舍如故林木依然顧獨不見大人痛哉痛哉烏乎光受大人之恩未報萬一乃遽棄光而逝耶果能再見大人則雖身赴九泉光亦甘心能乎否乎光十一歲我母棄我而逝又數年繼母宋亦逝光雖幼有吾父在尙能支持自民國三年我父棄養家中多故分崩離析魁藻能獨立今已自謀生計矣光與弱弟株守涸轍魁選十七魁梧十歲佩蘭十四繼母劉六十八歲以數畝之田養數口之家光不知耕婦不知織樂歲雖免凍餒凶年不無飢寒然光力圖進行者以父易簀時遺命所囑父言不可違而老者幼者不可使其依人也今進退維谷萬事棘手舉目斯世誰復我憐墨淚陳詞大人聞之九京之下能無悲乎烏乎如光者又何戀乎斯世耶大人有靈當佑吾弟妹等使其成立光得告無罪於我父願已足矣烏乎哀哉烏乎哀哉

先府君行述

字字從眞性情中鼓盪而出正不必論其文之工拙（尚蔚南評）

直隸高等師範國文科第二學年學生 高魁光

先府君既歿之三年不肖魁光欲有以永其傳既以請於吾邑尙先生蔚南而許爲之文矣謹具列里居世次先人之性行事迹大略如狀先君諱中杰字子木亦字士元直隸威縣魏疃村人曾祖諱如桐妣氏母祖諱拱爵鄉飲耆賓妣氏王考諱義直性開敏苦於學主講鄰近各村數人以立品爲大端嚴毅慷慨樂善不倦耳其名者無不尊崇之也前妣曰李曰王生母氏郭先君生而穎悟幼從先大父讀遠過同儕後從先大父於七級會廣宗李蔭柏先生主講八士堂先君師焉是後雖仍從先大父而文學一科則就正於李先生矣八士堂者七級李氏學塾也以有八人故名先君既師李先生每進一藝先生輒稱之謂非八人所可及嘗私語諸弟子曰使高君生吾家前途未可量也惜其寒素耳後臨清任西坪先生主講洛陽書院先君復委贄受學西坪先生與先大父爲故交同受業於廣宗鄭松峯先生之門見先君文極力推許同治壬申補博士弟子歷主講七級趙家莊里村等處其教人也亦如先大父時以人之讀書原以立品品不立何以書爲以小學正其始繼以史鑑歷代沿革圖授之後則以四子書五經史子等書授之每嘆曰今日士風頹敗已極讀書者徒事虛名不知立品爲何事吾儕當正人心移風俗若同流合汚則其害甚於洪水猛獸也方清之未變法也先君與同邑王先生洪北宋先生麟閣識法必變提倡新學人多非之及果變學者始服先君之識焉故從先君游者無不各有所得以去南宮趙金堂者布商也耳先君名願執弟子禮先君使商諸其父其父弗許金

堂翦髮自誓必欲求學其父恐生變故先君亦嘉其至誠遂錄爲弟子從先君於西平數月入南宮高小學校卓爾不羣有志竟成民國元年爲衆議員矣先君事親孝聽於無聲視於無形光緒九年先大父病便結先君日夜奉侍衣不解帶每溲先君輒指入䏶門按四圍以下之或言便之閉結宜以細鑰挖之先君則惟恐親之苦也如是者日數次習以爲常無怠容先大父卒事先祖母尤篤先祖母鍾愛先君衣服食品必豐而先君則力求其儉曰吾攻書兄力田苦百倍我豈忍錦衣玉食耶先君姊一妹一姊適魚台安氏貧甚先君時周給之敬之如母妹適趙村張氏友愛甚篤尤愛姪魁英先祖母卒後與魁英同居主講於外不以一文私家乃魁英以婦言故欲求析居使人以意告先君召而謂之曰汝叔母病篤若亡吾不復娶何析居爲蓋先妣田氏是時病嘔血也魁英數請不得已許之田宅什物聽其自取族黨咸不平先君則曰事至此寧貧我勿貧若也居亡何先妣田氏卒於是先君煢煢孑立形影相弔矣時先君課徒四方絕意進取見祖塋祀典闕如施田四畝爲祭祀費後復典質其地權子錢以爲立碑立倉立學之費所積既多凡族中貧困衰老者皆有贍一如范氏義田焉每當掃墓少長咸集醉酒飽德族衆大悅族孫朋風賈於臨清有年矣慕先君行事亦施田四畝令高氏之族田連阡陌豐碑隆碣松柏森然過者無不敬先君之所爲光緒甲午先君主講陳賢塔村暇則編訂家譜其有嘉言懿行者作傳以揚其善不才則痛下針砭使人知戒編畢復繪各家塋域圖其言曰昔秦人之伐齊不使近柳下季壟夫賢者之壟人且愛之祖宗之墓子孫弗知則人亦何貴乎有子孫哉更定族規力正孤墳不入塋之說如夫亡於外婦女守節者不得妄生他議先君自析居後家稍裕魁英以食指繁日益窮先君時周之後大窘先君罄所有以與之遂同居焉既而魁英以先君財償債畢復求析居先君無慍色時光緒二十九年也先君居鄉以濟貧爲己任嘗曰吾雖不豐非奇窮也見貧困者當量力周之富而後仁終身無可爲之事矣然先君雖好仁而自持甚儉每歲除平居未嘗食肉糟糠不厭時魚台有安含馥者與先君厚晚年棄儒學辟穀術陰約先君先

君許之遂茹素不復食肉淸之季世士君子衣服麗都金玉其外敗絮其中者比比皆是先君力矯時弊終身衣布衣
或勸從俗先君曰吳綾雖薄不聞却暑羔裘雖輕衣之亦寒其安於淡泊如此先君性剛直惡少毀服前村姚文莊者
鄉人憚之而獨敬禮先君光緒丙午先君主講大張山村文莊私蓄娼妓聚博徒先君怒擿責之而卸其家文莊愧服
此後不復有非禮之舉吾鄉習俗每過元旦率皆肆行賭博先君嚴禁之故先君在日吾鄉無博徒不知者以先君爲
可畏就而與語則藹然可親與人談竟日不倦大率則勉人以孝弟云宣統庚戌城內女學成立邑侯邱公聘先君爲
教授楊先生繼海爲校長且使其女孫入校讀書蓋深知先君之學行矣民國二年先君主講陳賢塔女學明年主講
小辛高小學校在校數月諸後生文學大進莫不懽忭先君亦甚以平生之學傳之後生乃麥秋以後有隔食病醫治
罔效元氣日虧竟於九月十六日丑時棄養矣距生於咸豐二年壬子十二月十二日享年六十三歲修身潔行貧困
終身不獲登上壽烏乎痛哉不肖謹於二十日葬先君於村西北祖塋先君好爲古文辭通經史於經尤精於詩其文
多不自收拾今所存者不過數十百篇而已所著有輿地歌略國朝紀略詩經讀本等書烏乎自先君之歿鄉人多有
感泣者以爲非先生之教我我幾入於迷塗矣或曰非先生之周我我久爲溝中瘠矣鄉黨父老則曰先生歿惡少肆
無忌憚矣何天不仁而不假先生以年也先君初攻文學後見王陽明知行合一之說李恕谷躬行實踐之說自此崇
尙實行終日與諸弟子論道寢食不輟每謂光曰人徒攻文章不務實行直朝露耳涿州劉佩五先生麟閣先生師而
瓊州太守也聞先君名恨不得一晤撰聯以贈先君曰君得燕趙間之奇氣我羨伊呂外惟斯人又曰作本色人說根
心話幹近情事讀養性書其慕先君也誠其知先君也深矣先君持己以愼與人以誠最惡色莊嘗曰士夫徒事文學
已爲可鄙若更蕭疎慵懶自號風流乃德之賊名教之罪人也說者謂晚近士夫徒事色莊惟我先君敦本崇實殆漢
儒所謂磏仁者也先君兄弟三人先君其季也先伯父長諱中澤一子魁英次諱中興一子魁士早亡二伯父皆已早

逝先君初配田氏生吾姊三人皆適士族繼配趙氏卽不肖與魁藻魁選及胞妹佩蘭生母也繼配宋氏生魁梧繼配劉氏不肖之生也晚又侍從日少於先君之事難以盡述謹將聞於父老及十數年來所知者略陳梗概伏乞達人賢士稍加采擇賜文表揚則不肖之感恩戴德靡有涯涘矣不肖魁光謹述

昔之行狀爲請謚而作故特就與謚法有關者述之今之行狀爲求文而作故敍次不厭其詳以待作家之採擇原文頗覺合體(尙蔚南評)

姚君墓誌

直隸高等師範國文科第二學年學生　高魁光

君諱文輝字炳煥姓姚氏江西南昌縣姚灣村人家世業醫淸道光間以貧故與長兄文光仲兄文燏從兄文美各挾其術以餬口四方君初至山左處高唐縣數年旣而流落直隸威邑城北之趙村居焉時年三十有一矣仍操韓康術有延之者輒立愈由是名大譟尤長於診疫時有贈匾額頌功德者鄉里榮之而君視之淡如也君性樂易樸誠急人之急聞有疾病若痾癢之在己雖家人父子之趨救無以過也不擇車馬不煩酒漿舉市醫惡習一掃而空之遇貧家延請輒使其入坐肆以待策蹇而往按脈立方策蹇而歸付藥使去日或閱數十家皆然故遠近邨落盡感頌之光緒三十三年君年九十有四寢疾數月鄉里聞之咸惕然默祝曰天苟活我幸無奪我良醫至十月初七日而君竟不起凡聞其歿者皆噓唏流涕若失左右手烏乎觀於此則君之德澤及人爲何如哉元配周氏君離鄉後獨居五十餘年君每歲寄金以贍之又娶白氏隨君流寓終無子邑人劉生長濟從君學醫者也於君之卒爲購地以葬之後九年並求文光文燏之骨爲序一阡俾他鄉之魂得以完聚又恐塋域之久而澌滅也將立石以誌其處復介友人以乞文於余余固不文然而姚君之德劉生之義何可歿也爰敍其顚末如此

敍事簡潔頗有法度(尙蔚南評)

哭亡友張君勸卿文

湖南長沙甲種工業學生　曾厚

嗚呼。勸卿。止於斯耶。吾與君交。未久而遽。永訣。人孰。無情。能不。悲哉。君在鄉里。固可以求升斗之祿。奉父母。贍妻子。而有餘。而君有大志。負笈來省。肄業工校。以符君之素懷。而孰知。天不。假年。學未成。而身先死耶。嗚呼勸卿。吾知君有餘恨矣。余猶憶風雨之夕。翦燭西窗。語及中國工業之萎靡。君則痛心疾首。毅然以整頓發揚之責自負。且互相勸勉。則他日有。對於社會。無愧於國家。不料言猶在耳。人已隔世。嗚呼哀哉。君之病也。因以勤憤過勞。致殞其身。而亦天之阨吾工界。遽奪君以去也。吾烏能無傷乎。數年以來。吾遭家不造。逆境頻仍。君猶勉吾以抱樂觀。勿常愴惻。更囑注意。天下事。勿津津於個人境遇。曾幾何時。君遽償志以歿耶。嗚呼悲哉。良友無多。知已難逢。君已矣。後此相勉以爲學立志者誰屬哉。吾惟有振勵發憤。成君未成之志。慰君不懟之心。以報知己而已。君在九泉。或亦妥其英靈也。悲哉。

哭同學任君詠周文

生死交情發揮盡致

蘇省第一師範本科一年級生　劉開先

月之二十五日。任君詠周偕同學遠足天平。既至而飲。飲而醉。醉而歸。歸而疾。翌日遂以死。先開而哭之曰。嗚呼。君遊天平。君飲天平。君病於飲。君死於飲。爲時僅一日耳。一日之前。猶在人世。一日之後。已入鬼錄。傷哉。天之。夭君何其速耶。天之待君何其酷耶。豈君行有負於天。而天有不足於君耶。然吾聞君之在家庭也。對於親則孝。於兄則恭。於弟則友。吾見君之在校內也。對於師長則尊。於同學則信。才藝則多且宏。學識則博而精。君不負天也。而奈何至此。嗚呼痛哉。且天生德行才學之士。不數。胡爲乎生之維艱。而死之則遽耶。豈天將胥天下爲失德敗行不學無術之人耶。不然君不當夭也。嗚呼痛哉。雖然。德行如顏子。而早逝。才學如賈子。而亦短折。善之不必福。自古已然。嗟乎任君。夫復何言哉。吾聞君已失恃。死而有知。是雖騤遠。父猶復見。母或可以少慰矣。悲夫。

馮婦外傳

章法既合筆亦悱惻動人

蘇省第一師範本科一年級生 王志瑞

馮姓婦者巴黎斯某村人也老屋數楹室無僮婢炊薪之事皆躬任之某日薄暮夫他適未返婦治膳待之俄聞叩門聲急意謂良人返矣出視之則一不速之客方排闥入焉婦愕然覩其人裳衣襤褸面目塵垢神色倉皇口目蠕動舉止不似常人婦始駭為盜及察其形鑑其色知為病狂未可與辯執之不足與敵乃婉其辭曰君何許人也胡為乎來哉狂者踞室椅坐胸際藏利刃張目視婦氣蒸蒸然甚急曰予名醫也聞若患頭風是予最善治者特來一試其技耳目注婦首挺刃而起婦默思荒郊鄰遠呼誰應者且利刃嚮邇脫聲張者危頃刻矣但苦無逸身策徐曰願聞術焉曰刃而颺淨以水還合而頸可矣舉刃傴婦首當此之時常人驚且無措矣婦殊不然悅其色曰唯願待須臾為治盆水狂者首肯婦詭內取具自後戶出告於人持械執之有識之者曰自顛狂院逸也客為予述如此予聞而作曰有是哉馮婦也審愼於內從容於外其識慮過人可謂難矣

嚴洪甫君行狀

敍述得法情景逼眞辭句尤見雅馴

福建第一師範學生 王慶齡

嚴君洪甫諱有寬仙游永與里人父大亨生四子君其季也君少即岐嶷八歲入私塾塾師授以孝經論語每朝背誦他兒或枝梧君輒應口出不遺一言甫半載大亨至塾問師以諸兒學師曰他兒才雖不庸如令郎乃穎悟可喜兒也回顧君侍立於旁則曰他日為邑中名士必此子也年十三入邑之官立小學校長余功甫先生深器之以其誠資不華勤學不輟蔚然一淳厚學者每試必列前茅四年業卒後就學於邑先輩洪先生人誠專習經史以保存國粹守先待後為任人有笑其迂者君曰斯文將喪大道陵夷聖賢道統其千鈞一髮之時乎學者學有裨於世道人心期無愧

於國無愧於心已耳笑者聞而慙自是學益進志益篤勉力刻苦每黎明起朗誦古文辭數十遍畢然後食夜則籌一鐙揣摩復習直至夜分乃寢如是者四年忽悟治生爲學之言因决意肄習實業民國五年春來省擇農林學校學焉所學各科無不殫精竭慮推闡盡致於國文尤加意奮厲蓋君所素好然也君與人交際純以道義氣節相磨礱去冬期考畢省中瘟疫大作同鄉有促君歸者君婉謝之君之所以不去者以國學講習所聽講科招生未試也君對於經史本所深好雖疾病何足移其志哉及試名署第十二遂喜不歸以待再試然不二日而病作矣學校櫃傳染賃民房移君住並電知其家大亨立遣其次子秉程至而瘟瘡徧體纍纍矣於七年一月十二日卒於寓次年二十三即以次日葬於旗下山之原嗚呼可哀也已同人等與君同學有年知君者祗此而已至什伯於此不能知者則非所敢贊也

謹狀

悽惻動人至情之文

王元傳

京師公立第一中學第六級第二學年第一學期學生 孫昌鐸

王元者隗囂屬將也建武五年囂納來歙之說遣子入侍當是時漢勢方張劉彭新破齊地悉平天下豪傑靡不向風來歸馬援自天水竇融自河西亦皆後先降附惟囂鑑於更始之敗外示順漢意終不決元乃說囂曰昔更始西都四方響應天下喁喁皆謂太平一旦敗壞大王幾無所厝今南有子陽北有文伯江湖海岱王公十數而欲牽儒生之說棄千乘之基羈旅危國以求萬全此循覆車之軌計之不可者也今天水完富士馬最強元請以一丸泥爲大王東封函谷關圖王不成其弊猶足以霸要之魚不可脫於淵神龍失勢與蚯蚓同囂心然其計故雖遣子入侍猶據險阨欲專制方面然囂終以是敗囂既敗元往依公孫述十一年吳漢及將軍臧宮伐蜀大破之元以其衆降

論曰天下紛紜羣雄角逐非但君擇臣臣亦當擇君光武恢廓大度人所歸天所與也是而不可事孰可事哉乃元斤

斤以更始爲前車鑑阻囂勿專東方是知其一不知其二耳且當時漢勢方張天下歸漢者如織元獨勸囂自立一不念囂起兵時誓扶漢室今背漢自立不惟失人望且逆天心矣元後依公孫述元蓋亦井底蛙去光武之神明就公孫之昏昧卒無所成就是眞所謂魚脫於淵而入處涸轍者也惜哉

章法謹飭筆亦緊醒

族伯母黃氏傳

直隸高等師範國文科第二學年學生 高魁光

族伯母黃氏余族伯高才之繼室也才兄弟四人長曰興無子兩弟一曰富生二子一曰貴無子氏以十七歲歸於才時析居已有年矣生子女各一皆早卒數年後才有痿痺之疾飲食便溺皆需人氏事之十五年未嘗有倦色孀居後人以爲如釋重負矣氏顧勤操作晨夕不稍休故自給頗有餘適弟富夫婦並卒無升斗儲且債負累累子魁楨長而啞魁祥及養媳馬氏僅十餘歲失怙恃貧不能自存氏憐而撫之視若己出所親或力阻之氏惻然曰吾無子此吾骨肉也將焉置之卒撫以成立四十年無間言享年八十五歲而卒先君子在日往往稱其德不絕於口

贊曰庸婦俗女惟計己身視諸子姪或遜路人惟我伯母力挽狂瀾待姪若子恩德綿延信女中之巨擘亦何愧乎昔賢謹誌數語或以永其傳乎

文格較諸篇爲高少年能此不難入古(尙蔚南評)

谷清玉傳

直隸高等師範國文科第二學年學生 高魁光

谷清玉者吾戚之鄰家林人也有肝膽家貧喜友意豁如也年三十許傭作邴家莊于茂才家茂才邱邑之富紳也庚戌六月某日亭午突有羣盜持鎗械擁入茂才家執主計者索財且脅以白刃主計者倉皇無措罄所有以獻盜猶強索不已以械擊其背數十知終無所得也乃牽主計者使送己鳴鎗揚刃而出村民莫敢近作壁上觀而已適清玉自

田歸聞盜瞋目曰若不知世間有不畏死男子谷清玉耶持鏢奮追之逝斫三人餘盜亦負傷狼狽遁竟擒主計者以歸是役也盜九人亡去者六人及歸而死者又三人清玉力也或問之曰若儀力耳胡蹈危如此清玉曰方今刼盜疊起白晝入人家豈果奇技異能不可抵禦患在平時貧富不相恤臨時急難不相顧而胥小怯賴馴至無所忌憚耳使里黨之間守望相助則盜且立盡鼠輩何能爲哉況客作於主自當相救急人之急而不急人之難豈丈夫乎問者愧服事聞於邱縣尹縣尹嘉其忠義賞以金而清玉之名亦藉甚鄉黨間初清玉家居值鄰牛觸人不可近清玉奔赴之拏其背弗敢動牛故猛竟爲之馴清玉所以勇力過人者蓋常與鄰里健兒學矯越勾卒擲塗賭跳諸法故也光曰今日者世風日下品格日卑尚忍言哉谷君生編伍間素不聞詩書之訓履險蹈危絕無顧惜烏乎壯矣

敘此等事魏叔子侯朝宗袁簡齋最爲擅長文亦彷彿一二（尚蔚南評）

張樵夫傳

河南第一師範本科四年級生 靳鴻駿

張樵夫諱長春宛郡北鄙人也爲人至孝當民國五年白匪猖獗禍及數省宛郡鄉民多逃亂城堡中惟張以母病將危不能遷移獨留鄉民咸代爲懼而張殊不介意奉湯藥不少變數日後母病漸愈杖而起欲爲遷移計白匪陡至其母受驚而死張草率成禮後卽投匪夥自揚熟於鄉導白匪信其誠樸用之所嚮輒有成且能迎合匪意故白匪依爲心腹時人咸疑其前後如兩人後屢以匪機密事報知官軍由此白匪勢衰官軍乘瑕投隙所戰有功終刃白匪不居功而逃自刃於母墓側人哀其心之孝行之苦且有功於治安也共爲營葬擬立廟以祠之余憶白匪死後有以手刃白匪而加官者蓋假樵夫之功以爲己有也余恐樵夫之名不彰故爲之傳

今人作傳誌體文字每如市儈流水賬簿散漫而無記律余輒苦之故每授課時卽以語學者學者亦漸得其意此作拈孝字作骨以白匪事緯於其間先言其心之孝次言其行之苦終言其有功於治安入後一氣卷束絲毫不漏

足徵文律之嚴白匪之死傳聞異辭而孰知死於樵夫也作者爲豫南人或足爲信史云(郭鏤冰評)

竇氏老傳

河南第一師範本科二年生 杜茂桐

柘城竇氏老年近九十性謹慤事事自爲不覥求人子一孫一皆如竇老子孫識字自教之耕織身先爲之婚姻取戶嘗不許城市居子雖幼輒使治家袖手旁觀則證以誤謬納於善軌常教其子曰我治百畝與汝不知汝能自治一畝也汝之教子亦願如吾之教汝如是者數十年而子孫悉踵一轍巷里化之竇氏所居在城南地名曰良灣凡識者皆稱爲良灣竇氏老至今猶矍鑠云

論曰竇氏老雖未合中道可謂能自立矣今之蠹身社會分人之利肥己以貽子孫者皆是也安得如老者矯而正之庶滅殺亂源乎

傳文前記事後記言絲絲入扣由骨力堅也論寥寥數語備具抑揚開合之致至點出主旨直抉癥結尤爲力厚思沈凡作文字須有益於社會風習此作爲無功而食者痛下鍼砭不徒傳竇氏老也竇氏老不過爲抒論楔子古人云文外大有事在者以此(郭鏤冰評)

彭君作人行略

江蘇省立第七師範本科生 劉世傑

君諱夢春字寅生一字作人蕭邑彭新莊人生於清光緒八年卒於民國七年年三十六歲天資英邁早歲即以文章鳴尤嗜讀新書晝日所閱夜寐輒能成誦年十四五痛清政之黑暗慨然有救國之志中日戰後益勵志負笈求學卒以家貧親老未果童時讀書鄉里與三五同學抵掌談天下事有旁若無人之概然其豪邁之氣往往爲時流忤初以先人重農遂輟操苦工暇則讀史漢莊騷以窮其奧而練其才旋應童子試年二十入縣學然非所志也弱冠後舌耕自給交游皆宿儒耆德與之聯吟結社由此文名大噪後入銅山自治會及師範講習所君雄談快論恢奇倜詭不可

端倪每以辨難爲樂其裁量人物討論經史或俚言鄙褻澤以文雅或微辭隱約譬以謠諺辭鋒雋妙旨趣深遠衆莫與抗至屬文援筆立就沛然有餘頃刻數藝率常冠軍而彭城聲望最著之楊靖兩先生尤加欽賞君事親能先意承志會清末革命軍起嘗上書當道言時事家居讀書日夜不輟甚至咯血亂定創閭里小學除臥病外無不到校總角時即任重事凡經營地方善舉惟力是視不以毀譽爲進退而以興學校振實業爲地方最急之務倡之不遺餘力惟任事之心常失之急切卒至困頓以死噫其可哀也矣曾祖思敬祖毓璞父其釗妻王氏女一民國七年三月劉世傑述

辭哀而切

古邗盧壽籛選輯

遊記類 旅行記附

來鄂日記

國立武昌商業專門學校學生 謝國澤

吾廿僻處西陲道途邈遠山嶺重疊鐵軌汽輪便利弗及旅行之難倍於他省益以民智未開教育不與中人之家衣食有資率不輕去其鄉以故遠方求學之士作旅之客寥寥無幾而他省之視吾廿亦幾儕於蒙藏之列澤負笈鄂渚於茲三載課餘之暇同人每以吾廿道途山川風習飲食等爲問澤淺學陋質未能從事著述以益我同人地理學識良深愧恧然澤初以丙辰之春因故入都是歲秋遂來學於鄂既復以殘冬旋里而於丁巳仲秋返校數年之間于征三度隴秦豫鄂歷省凡四而每征各異其季候山川景物之變更道途險夷之改易載途風雪沒輪泥濘河流泛漲嚴冰堅滑則三征者各有其不同焉而三征者皆有日記以記其狀雖間有個人身世之不同記載之各異而於途次概況類有所述欲以持示同人而慮其繁複因循吾友鏡湖之言以丁巳秋所記者爲主以丙辰春冬所記之不同者及其他特別情形附焉復仿李習之來南錄命名之義名之曰來鄂日記或可資同人旅行之一助乎至若感交通之不便文化之遲滯而謀所以改良發達之者則是記也或不止於旅行之一助談論之資料已

丁巳八月三十日星期四　天微熱　前與留南通師範同邑王君季笙武山李君子傑約定今日啓程昨晚董彤庭同往東關天泰店雇定河南轎車二乘每乘由蘭至觀音堂價五十二圓余與季笙同乘子傑獨乘其一今晨店中送來車票取去定銀三十圓遂收拾行裝爲任之先生及楊雨民辭行先生囑余至鄂後報告同學二人年齡姓名入學

時日日常經費等並余同呈教育科顯師亦有所誨未贅午後三句鐘餘省長公署發下護照適車亦來裝行李旋往袖川門搬取衣箱由城外歸店顯師及子傑同鄉來餞者已先至陽關三唱一聲珍重余等遂由蘭垣循隴秦孔道出發矣二十里至東崗鎮時白日西沉暮色蒼然以地非驛站未止而前既上東崗坡時已昏黑復二十里至消水子遂宿焉茆店岑寂萬籟都滅惟聞蟲聲唧唧頓觸遊子愁懷一時國憂家難萬感叢集兼之蚊蚤擾人睡思全消輾轉反側不覺東方已白矣

旅行秦隴豫西之間所當先知者即雇車之手續及其選定是也雇車必往信用昭著之店議定價格掣給車票書明先付銀若干至某地付銀若干達目的地後始爲付清防其中途生心也選車必擇其構造堅固帳幕完密駕馬壯健者次應注意者則御者性情之良惡關係甚大苟待遇失當必受其害故對此輩必察其心性而爲適當之對待焉

八月三十一日星期五　天微熱　早行二十里至金家崖車行河洲小石密布動盪震搖坐甚不適已而土藥罰款局來檢行李衣篋書箭翻閱殆遍蓋吾甘特見者也後行六十里至甘草店御者飼馬憩於逆旅時日已沉西前途有大山恐未能畢登遂止焉夜間與季笙子傑剪燭對話言及土藥局檢察行李狀不禁嘆爲虐政然而奸民藉此漁利累及行旅則受檢者復何言哉旋爲和澤修函令其轉達嚴父又爲子章修函請其料理一切既竣而寢

吾甘土藥罰款局之設凡城市驛站鄉鎮村落人煙稍密之處均有分局凡行旅之向東者無論其貧富貴賤車馬徒步必受其手持刀錐如狼如虎之局差翻箱倒篋鑽轅穴木以檢察私帶尤以金家崖分局爲最烈距省稍遠之區余等學生攜有省長護照間可免一二分局之檢察至金家崖則欲免此度檢察舍返轅西向其道莫由也然今歲之事例之客歲實爲便宜蓋客歲二十里一局日受三次檢察即無前進之望而今日者行八十里僅受一次檢

非幸歟。然而苦矣。

九月一日星期六 天微雨。 早行、上車道嶺二十里、乃下。至秤勾驛。往郵務支局寄去兩函。又二十里、至峨口驛。避雨逆旅。早餐後、復行三十餘里、至定西縣。止於東門喬姓旅舍。蓋曩識於蘭垣者也。夜間補寫日記。即就寢。

九月二日星期日。 天微雨。 早行十餘里、至青嵐山。天始曙。雖經雨浸。幸不甚滑。得安抵山梁。既而遇夏全喜。云往平涼視兄。將午、下山至西鞏驛。暫憩。蓋已行六十里矣。復行二十里。經櫻桃河灣。隴道自定西縣至靜寧縣以西之數百里。水味皆劣。尤以青嵐山櫻桃河灣等處爲最。丙辰之春。余曾宿於此。水苦且鹹。飲食不能入口。和之以糖。有如涇渭同渠。曾不少變其性。時天適雨。御者有止宿意。余心惴惴焉懼。既而不果。又四十里。抵會寧縣。天大雨。遂止焉。

隴東自皋蘭至靜寧之間。旅人所必經之大山凡三。曰車道嶺。曰青嵐山。曰祁家大山。每山上下皆二三十里。純爲土質。無崖石之觀。草木稀生。鳥獸莫藏。夏秋之際。陰雨連連。則土崩路斷。行旅裹足。即幸無此虞。而山路崎嶇。益之泥濘。滑不可上。及至冬季。塵埃飛揚。散落人身。恍如土偶。設南人見之。未有不駭而走者。而或朔風怒號。嚴雪偶降。天霽雪溶。氣寒冰凝。則行旅之苦。登陟之難。又非言語可形容矣。普通運貨之車。每逾是山。必以數車之馬。共牽一車。漸次遞登。其困難較轎車又甚焉。而山高泉少。土厚水深。鑿井爲難。每當天雨。居民以窖儲水。以爲飲料。故其味劣。然而家之貧富。則以儲水之多寡爲判。是以大旱之年。居民多徙他處就飲焉。

九月三日星期一 天雨。 早起、呼御者命駕。以天雨未果。早餐後、爲周祥初修函。既竣。赴郵局投寄。時雨已止。復促御者命駕。而推延再三。莫可奈何。午後自調蔬羹。味甚甘美。飯罷。與季笙子傑論偵探小說之優劣。以爲其優在啓人智慧。增人見解。不若言情小說之隳人志氣。動人傷感。其劣在導人作奸。使人機詐。反不若言情小說之可厚人性情。增人美感也。然以今日人心之詭詐。則吾毋寧左袒言情小說也。既而閱曾文正示弟書中誡其『荒蕪已久。甚無紀律』二語憶及近年對於此節所犯大惡實已擢髮難數而前此並未之知因飲泣者久之愈覺不讀書之害甚大也國澤乎國澤乎當如何刻勵哉今日因雨未行住會寧縣一日中心焦灼夜半始寢

九月四日星期二　天陰　早起將行御者要求付錢以未至約定地點不許而彼以無錢購飼料爲辭卒允其請可見此輩之狡猾也夫啓程時既已付二分之一何至數日用盡乎甚哉待小人之難也既行溯小溪而上積潦遍地泥濘載道日巳午始抵距縣城四十里之翟家嘴乃息駕早餐既復行道途坎坷益甚二十里至太平店遂止焉旅舍無門乃與季笙子傑輪流憩睡看守行裝余應值三時至五時乃先就寢

九月五日星期三　天終日雨　三時起聞雨聲大作心甚憂至八時猶未止於是今日行程無望矣早餐後與子傑季笙論及詩之功用余無識竊以爲詩者所以陶淑性情而作詩者慘淡經營枯腸搜盡廢寢忘食非惟無陶淑性情之可言而適以鬱結其心思防害其健康不知所謂樂者果於何有不過文人賣弄筆墨以爲風雅韻事而流俗不察乃至蔚爲風尚遂使青年學子耗其精力於無用之地良可歎哉然使其所慘淡經營者果新奇優美道人之所未道發人之所未發則可於此道獨樹一幟孤芳自賞也而按其實則半不出前人窠臼復不自量自刻詩集使人感書多之不快誠何必多此一舉耶故與其慘淡經營而不得樂趣何若熟讀古人之佳篇美什如太白之將進酒行路難等於良辰美景賞心樂事之時高聲朗誦以味其眞趣既可省勞復可藏拙而尤有古味乎時人有謂詩爲學生之妝飾品者余甚以爲然蓋無文不可以爲學無詩則將何如乎然余何人斯乃敢冒天下之大不韙乎則惟有自行其志而已二君無言既而天漸暮晚遊旅主婦作菜飯相與飽啖味不在膏粱下也入夜仍如昨宵輪流看守余乃讓二君先睡三時後始就寢

九月六日星期四　天陰　八時起行二里餘上坡路爲水沖崎嶇坎坷困難之極既至坦道泥濘積潦較昨更深時

或沒輪，偶陷深泥中，盡五馬之力，始得出。四十里至高家堡，暫憩早餐。既前行，道途尤惡，車行甚緩。三十餘里至孫家溝，乃止。晚餐後閱梁任公文鈔，既而就寢。

九月七日星期五　天晴　早起，步上祁家大山，山陰路斷不能行，乃由別徑而下。以路險未乘車，約步行三十里，又十餘里至靜寧縣，遂早餐焉。既出郊，則路爲水淹，無轍可遵，繞道行十餘里後達大路，左右擇轍，需時甚久。四十餘里至沙糖舖，時已傍晚，遂止宿焉。

靜寧食物爲隴東冠，價尤廉，饅首雖不及涇縣，而在隴東則無出其右者。商務建築雖不及平涼，而街衢宏廣，市廛整齊則過之。而由靜寧至隆德之間，道途平坦，田疇縱橫，物產甚富，穀蔬之屬尤爲豐饒。左文襄督師甘新，植楊柳數千里，隴東之完全者，惟靜寧至隆德間耳。夾道植立，森森參天，每當春夏之交，清風徐來，柳絲飄拂，烈日當頭，餘蔭蔽人，過之者無不生羨也。

九月八日星期六　天雨　早行約十餘里，天微雨，近隆德縣，下如注，乃暫憩早餐。此地飲食亦佳，價亦廉，余前經兩度，曾未之知。既而雨益大，遂止焉。風雨淒淒，愁緒萬千，一枕黃粱，不知日之西墜也。晚餐後閱古今名人尺牘，後與季笙子傑談隴東風習軼聞以消遣，而氣候淒涼，頗似深秋，乃易棉衣，旋就寢。

九月九日星期日　天陰　早起天猶雨，早餐後旋止，遂行，而道途乃較靜寧爲佳。至六盤山，余等徒步上山，大霧瀰漫，不辨東西，而所謂隴干鎖鑰（山梁駐兵所之題字也）者亦漫不可視。追憶丙辰之歲，余以孟春過此，維時天朗氣清，春意滿山，迴顧蘭山白雲，親舍之思，其何能已。是冬返自鄂渚，雖冰雪塞途，跋陟維艱，而登此西望，心則大樂。此情此景，恍在目前，而余復作二度之迴顧矣，身世滄桑，良可慨哉。既下山，天漸晴明，經和尚舖，土藥局欲檢行李，示之護送旗幟，猶不肯，繼以護照始去，蓋出省後第二度之檢察矣。至瓦亭峽，山水暴漲，遍地橫流，勢甚洶湧，余等驅車避水喑爲心驚峽口名山關口山勢嵯峨水流益激怒面前峭壁矗立上有題字一行書曰峭壁奔流一隸書曰山水清音筆力均勁健矯夭而描寫物情尤爲妙絕題名字小遠視不辨何人既出峽天已昏黑適抵高店遂止焉

九月十日星期一　天晴　早行數里微雨旋止日來陰雨連綿山水大漲橫流道途行車維艱約六十里至平涼縣郊其流益奔放肆大汪洋洶湧使人心驚幸附近居民有以牽車引渡爲利者因得安出重險西南有山奇峙峯巒峭樹木蒼然高出衆山蓋即所謂崆峒山黃帝問道於廣成子之所而太史公筆下奇氣之所由出也惜期迫不能一仰山靈爲恨耳他日痛定學成或可償此夙願乎至縣城御者欲止宿而爲時尚早未許復行十里至十里舖遂止焉晚餐後修家書報告行程旅況既竣而寢

平涼爲隴東最適中之地涇原道道尹及隴東護軍使駐焉物產豐饒居民富庶商務通於兩省交通便乎四方秦隴旅客多於是息足易車故有犒御者之例也

九月十一日星期二　天晴　早行六十里至白水鎮已下午二時矣息駕早餐復行二十餘里至華家莊遂止焉由平涼至此積潦遍地泥濘擁輪道傍田畝多爲水湮滿目沙土荒涼蕭條禾稼之在地者混雜泥中言念民食不禁太息聞之鄉人十餘年來無此大雨云

九月十二日星期三　天晴　早行大霧迷濛不辨方向惟見目前之路白水明而已八時後漸次清明道途坎坷尤甚於昨約五十餘里抵涇縣西郊涇水泛漲數倍於前水勢益復浩蕩渡者兩岸觀望趦趄不前既而一車衝波而過余等遂爲之後約至東岸水浮車上御者急請余等收拾重要什物余以其不顧馭馬也正色斥之而心實懸懸焉既而安登彼岸檢視行裝盡爲水濕入城憩於旅舍曬裝早餐復行上涇州坡至太平關（鄉人呼爲咯達關在坡盡處）止焉

涇水在此其流尙小故雖泛漲猶可涉渡

九月十三日星期四　天晴　四時起呼御者命駕五時許始行晨星猶寥寥可數道途較前日稍可午後至窰店蓋已出甘境矣息偈早餐復行數十里日將晡抵陝西省屬之長武縣遂止焉由涇州坡至此約百餘里自此而前又數十里爲長武原一望坦坦禾稼如林居民多就平地掘穴而處其中則堂室庭院一如地上建築旅人每遠見人行道上倏忽已杳卽此種穴屋之居人也詩所謂古公亶父陶復陶穴殆其遺風歟又曰周原膴膴想此原其一部也

九月十四日星期五　天晴　早行大霧濛濛數十里經冉店橋辛亥革命時秦隴劇戰殺人最多之地也又十餘里下原至停口鎭有河未知何名較小於涇而又有渡船得安渡天亦淸明至大佛寺蓋已行六十里矣遂息偈早餐有湘人市米飯甚美既而往寺觀石佛佛身就巖石鑿成高三丈餘據樓兩重唐貞觀時所建也屢經繕修至今日而猶廟貌巍峨亦可見中國人之佞佛矣此地巖石堅美唐代所雕人物字畫猶顯然可考亦古蹟也復行二十里抵邠州遂止焉

九月十五日星期六　早雨午晴　早行數里天大雨適上邠州坡峻坂滑泥相輔爲難鄉人以耕牛助馬牽車而上用得微利而惠及旅人不尠矣既而下坡抵大峪鎭日已停午行僅四十里也遂止早餐既復行過地角溝小石散布車震欲壞乃下車步行又上永壽梁日已將暮十餘里始可抵永壽縣此處久爲盜匪淵藪心恆惴惴及安抵逆旅燈火已萬家矣晚餐後以徒步多時疲倦而寢

九月十六日星期日　天陰　早行大霧迷漫雨絲紛紛深泥積水更相爲難四十餘里至監軍鎭暫憩早餐復行三十餘里時已薄暮驟然大雨遂止宿道傍村落曰田家凹（距六陌鎭六里）住窰中（卽所謂陶穴也）甚悶晚餐後閱曾文正家書又與子傑季笙談片刻旋就寢

九月十七日。星期一。天雨。早行數里。卽微雨三十里。至醴泉縣。漸大。以爲尙不至劇也。前行數里。傾盆而下。泥水橫流。御者驅車趣村落。更樓下暫避。約二時。尙無止意。乃迴車至西關旅舍憩焉。少刻雨微。小余等往市上早餐。既歸雨復大下如前。旅舍岑寂。鬱鬱無聊。賴益以風雨淒淒。苦況更不可言。既而閱小倉山房尺牘。簡翁才思殊堪欽羨。惟風流過當。於世道人心。不無障礙。然觀其推崇陳榕門先生一書。較他書之強辭文過。尙爲不昧天良耳。晚餐後。續閱數時。卽就寢。

九月十八日。星期二。天雨。早起雨猶未止。早餐後與子傑季笙略談片時。復閱小倉山房尺牘。而愁緒紛紛。旅懷種種。未幾棄去。蒙頭而睡。比醒則一日光陰。悠然又去。晚餐後坐聽雨聲。相對唏噓。既而就寢。

九月十九日。星期三。天陰。昨夜雨止。今晨御者來呼。遂起行。八十里至咸陽縣。日方西斜。自出蘭垣以來。午前行程。未有若今日之多且速也。然尙未止也。由城外趣渡。而渭水日來泛漲數倍。水勢漫衍。一望無涯。渡舟又爲水飄去。不得已乃入城憩於西關書舍。早餐後與子傑往視河。未得佳息。及歸時已黃昏。略進晚膳。卽就寢。

九月二十日。星期四。先晴後雨。昨宵聞人云。今日午前縣署覓舟。且至當可渡渭。早餐後呼御者命駕。至渡口。則小船僅渡行人。車馬不能載渡。不得已。復歸旅舍。余擬見縣知事。請其設法送渡。未果。而御者得確息歸。遂復往。幸得先登淺水沙洲。需時甚久。約黃昏始達彼岸。大雨又至。遂止河濱村舍。曰霸五城。晚餐後。以得渡爲幸。劇談甚樂。旋就寢。

九月二十一日。星期五。早雨午晴。早行。大道竟成河流。田疇半爲池沼。時而大雨傾注。行裝盡濕。旅行之苦。至此極矣。而田中棉穀。水損殆盡。不知爲之主者。更何以堪也。雨之爲害一至此哉。五十里。抵西安。天亦晴明。日方亭午。寓北橋梓口五洲旅館。早餐後欲出遊。以道惡不果。爲顯師修函。報告旅況。又爲和澤文淳諸君修函。既竣而晚餐備矣。

主人劉姓曾至吾甘謂東關官房傾頹壓斃多人未知確否然而淫雨爲害實已不小矣既而爲子傑季笙談此間易俗社新劇甚久旋就寢

西安爲陝西省會又爲古帝者建都之所城垣敵樓備極壯麗衢道市廛頗爲宏廣商務繁盛居民富庶天然形勝燕京不遠也改革以來迭經兵燹斷垣殘壁瓦礫邱墟滿目蕭條而軍人橫行匪徒雜迹荊天棘地繁華頓減撫今追昔感慨曷極

九月二十二日星期六　天晴　六時起收拾行裝促御者命駕九時始啓行至東城郵局寄去各信出郊道途坎坷車行甚緩二十里至灞橋便購餅餌充餐復三十里至臨潼遂止焉城外有溫泉相傳卽爲華清池客歲曾浴於此聞之逆旅主人頃爲軍士所蟠踞欲往而止晚餐後旋就寢

九月二十三日星期日　天晴　早行道途尤惡於昨繞道行數十里至零口鎮息駕早餐後行四十餘里至渭南縣時尚早道亦漸平乃放膽前行十餘里道復坎坷時陷深泥中僕馬俱疲乏不堪冥行約七八里將抵赤水鎮御者竊竊私語意惴惴若有所懼比年秦省戎馬蒼皇盜匪蠭起搶刼之事日必數起尤以赤水鎮左右爲最盛余客歲鄠渚旋歸抵赤水鎮時遇被刼之車十二乘行裝一空衣服無存狼狽之狀不忍目覩其被刼時間與余抵此時相錯一間耳則今茲危境重經余之恐怖可想而知也既而市聲雜作燈火紛然安抵逆旅心乃大慰晚餐後爲子傑季笙說此間危狀二君轉相爲幸旋卽就寢

九月二十四日星期一　天晴　早行華嶽在望涼風習習道傍禾黍油油殘荷覆水小溪三五時出柳陰石橋通處竹樹交加如此河山竟致荊棘遍地良可歎已三十餘里至華縣少華矗峙城外俯瞰全境日將午抵柳子莊息駕早餐又行十餘里道傍樹上懸有木籠中盛一物血痕尚新聞之鄉人數日前所殺巨盜懸以示儆也又數十里抵華陰

縣。止於縣東五里之華陰廟。解裝後。與子傑往遊西嶽廟。廟之建築。堂皇巍峨。紅牆碧瓦。有類帝居。萬壽閣高聳雲表。與太華第一峯對峙。登閣而望。華嶽全景。悉收眼底。維時夕陽斜照。暮雲繚繞。峭拔崢嶸。壁立千仞。羣巒環拱。威嚴可尊之山靈。愈現其不可一世之概。而余山水緣慳。三過其下。未能一造其峯。抱憾曷極。廟中碑碣甚多。住持道士拓而求售。因購數種以歸。晚餐後。略談即寢。

九月二十五日星期二。天陰。早行。陰雲密布。迎面東風。暗送秋涼。旅人當此。頓觸家思。三十餘里。抵潼關。百貨徵收等局。均來查究。御者亦於此換軸。遂止早餐。既而出關。則見黃河泛漲。水勢浩蕩。北岸官道。為河流侵蝕。數里繞道行。數里出金陡關。四十餘里。抵河南省閿鄉縣屬之盤豆鎮。時已黃昏。乃止宿焉。晚餐後。有觀音堂鴻運棧招客夥友曹姓來談。請住其棧。余等諾之。旋去。而余等亦就寢。

由潼關至觀音堂數百里間。萬山重疊。道途狹隘。古所稱殽函是也。普通之車。其軸甚長。不能行於此道。故東向行車。必於潼關易短軸而行。時必以一人為先驅。通達消息。以防來車之衝突。蓋此道僅一短軸車之寬。間數里有一避車之所。苟不能預知來車之有無。而早為之地。則峻坂隘道。兩車相逢。無法退避矣。

九月二十六日星期三。天陰。起行時。晨星猶寥寥可數。而風吹甚急。使人有挾纊意。四十餘里。至大字營。息駕。早餐時方亭午。又遇觀音堂五洲旅館招客夥友鄭某。請余等移住彼棧。招待殷勤。周旋甚至。余以誼不可却。許以不見曹某則住彼棧。否則當仍守前約。復行。遇陝西督軍署轉運軍械之騾數百頭。避時甚久。四十里。出函谷關。又五里。抵靈寶縣。遂止焉。晚餐後。與子傑季笙談函谷關之歷史。未幾。旋就寢。

九月二十七日星期四。天晴。早行。風甚大。五十餘里。至橋頭滿息駕。早餐。復行十餘里。過陝縣。車行河灘。頗感不快。又四十里餘。抵磁鐘鎮。遂止宿。晚餐後。玩趙子昂鄭板橋諸家法書。而旅行日久。困憊已極。不覺入睡鄉矣。

九月二十八日星期五。早雨午晴。由赤水至磁鐘道途較好今晨起行泥濘滅輪積潦阻路頓感困難四十餘里。至廟溝息駕早餐既而以前途不能行車遂付清車資傭騾而行迂道至觀音堂日已晡矣住五洲旅館長途旅行崎嶇道路將於是告終心滋愉樂晚餐後預備十日上火車之一切事件後與季笙子傑路談火車行程旋卽就寢

由隴來鄂之地上行程於此告終道途之險惡山嶺之修阻以及深泥積水暴流大雨之爲害行旅略見於斯尚有困苦於此者卽嚴冬之堅冰而風雪之凜冽不與焉由觀音堂至蘭州凡道之經水者無論其爲大爲小一至冬季莫不凝冰塞道滑不可行尤以據不平之地者爲害最大如六盤山永壽梁等處行旅之車遭顚踣騰藉之禍者不可勝數貨物糗糧塡谷委山駕馬傷肢血流棧道其在坦道者偶陷冰窟拔不可出在坎坷之處者驅車而上若蹈利刃而御者駕馭之苦更不可言矣

九月二十九日星期六。天晴。八時至車站棧中人代購由洛潼線直達汴洛線至鄭縣車票旋卽上車下午抵鄭縣夜十二時復由此上京漢車明午遂抵漢皋。

遊三顧堂遇雪記

河南南陽中校三年級甲班 楊世珩

白水如帶獨山若礪此宛南之大觀也然不過行潦坵垤之屬耳惟城之西南有臥龍崗崗之上有三顧堂乃諸葛武侯隱居之所先主禮賢下士三顧武侯之故址也後世慕其君臣乃建祠而祀焉故名之曰三顧堂余少時聞鄉先生盛道其美輒私心羨慕之戊午遊學南陽邀二三契友於冬月日往遊其地覽松柏觀碑碣踞怪石撥陣圖讀出師先後兩表慨然想見其爲人誠非宗資之讋平子之臺一覽無餘者比也既而瞻拜昭烈與武侯之肖像而當日殷殷前席諮訪大計侃侃而談指揮若定之風度千載下猶彷彿遇之也方想像間而朔風凜凜大雪霏霏山如玉簇林似銀妝景物爲之一新余與諸友皆心曠神怡因相謂曰一夜北風寒萬里彤雲厚長空雪亂飄改盡江山舊此非劉先主

乘風雪訪武侯之景象乎夫先主以帝室之胄欲伸大義於天下而運籌無人故一聞司馬德操之言卽不避風雪致敬盡禮三來就見武侯而三分大局遂定於談笑之頃迄今讀隆中之對猶可得而見之也吾輩來遊而遇此風雪天豈無意於其間哉蓋欲使吾輩知魚水君臣之不可及也吾輩各自勉力志昭烈之所志學武侯之所學庶於此遊爲無負也已遂歸而爲之記

敍事寫景與會淋漓結筆尤有含蓄（黃銘勛評）

春季旅行記

江都公立商業學校 祝度

近來各國學校多注重校外教授吾國學子於春秋佳日亦常有旅行之舉所以增進智識擴充閱歷意至善也陰歷三月有八日吾校諸師率諸生旅行平山茲山也雖無奇偉絕特之觀而風景幽靜空氣新鮮吾儕久居城市忽入此境亦足遊目騁懷況當此春華草木萌蘗蟄蟲孵化足以供科學上之實驗者尤非淺鮮非若踏青撲蝶之僅爲娛樂計也余等於九句鐘時整隊而行既出郭見農夫荷鋤於隴上漁翁垂釣於水濱是誠天然圖畫未幾經長春橋趙師乘舟而至同人立而候之既抵陸復前行移時至平山下長隄之上密蒔楊柳隨風飄曳似向吾儕示歡迎者既至平山入僧寮小憩山僧餉以清茶同學者曰此乃泉水所烹味甚佳休息片刻至第五泉仙人洞四松草堂歐陽修讀書之所探幽選勝頗愜襟抱俄聞鳴笛整隊遂至小金山午膳小金山之風亭釣魚亭湖上草堂其風景不亞平山蓋平山以雄渾勝小金山則以幽潔勝攝影後日已西下緩步而歸略記於此

不溢辭斯爲得之

遊清涼山記

江蘇省立第五師範學校學生 武福恭

余至金陵之後六日既遊莫愁湖便道之清涼山昔南唐後主避暑處也沿途崎嶇凡數折抵山麓有三道可上右爲

掃葉樓余拾級上登樓環眺叢竹蒼翠烟嵐縈拂西南眺莫愁湖如大鏡置地上鳥聲鉤輈時入耳際清風徐來煩襟頓滌同人戲欲賦詩余謂好景不可多得宜各飽眼福倘有暇作草間蟲吟耶衆笑而止折入道左不數武至九華庵佛殿數楹有旃檀氣僧人接客頗殷勤並詳語余等山上諸勝謂一拂祠在山東麓因病上下之勞無往者俄頃軍笛高鳴整隊歸回顧斯山似黯然銷魂送余等遠去者既歸記之聊誌雪泥鴻爪云耳

起筆摹柳州濃神采奕然餘清晰（李涵秋評）

紅橋踏青記

江蘇省立第五師範學校本科三年級生 姚之璧

碧草如茵繁花織綉流鶯送媚舞蝶眩姿斯時也攜良友載芳醪行歌相偕窮覽幽勝洵足以滌塵襟而遺世慮矣揚州古號名區北郭外尤勝迴繞抱秀流波漾光市囂之聲所不能到置身此地無殊仙境以故騷人墨客每歲春日咸以此爲騁懷遊目之所七年四月四日值舊歷清明節曹君后仁約余爲踏青之遊因步出北門郊原極目視線頓爲之展絲絲柳綠點點桃紅露凝草而成珠風吹麥以生浪行行重行行越綠楊村約里許而紅橋至矣是橋昔爲板橋四周皆紅闌故名今改建石闌修虹臥波涼磋濯日西北平山法海諸勝宛然在目時有鐘唄聲落天際然試思昔所謂朱欄跨岸綠楊盈堤酒帘掩映爲勝遊之地者今則瓦礫縱橫徒使人追弔而已嗟夫滄海桑田世事多變名園勝地不過一時之樂耳惟超舉物外牢籠百態者斯爲眞樂士生今日若不自得於中將何往而非病若坦然不以物傷情又將何往而非快苟能樂己之樂順吾天而怡吾神何必濯長江之清流挹西山之白雲窮世間之勝而求一時之樂哉未幾暮色蒼蒼歸鴉繞樹似促余以歸者遂與曹君攜手聯襟別此橋而歸既歸感而書此

前幅研詞選句極意刻劃後幅感喟今昔思想超妙有莊生濠上之趣（葉貽穀評）

遊南明山記

浙江省立第十一師範三年級生 趙瑩珊

麗邑勝境首推南明山山在江右山腰有寺而山爲之環繞恍似燕巢形離城約五里許余學於浙江第十一師校校在東城圍山之巔遙對南明甚近煙霞濛籠余朝夕常寓目焉有同學某某曾一登臨余雖有勝境然終未嘗足跡之也心如缺焉今值休假暇日與應君納履外出遊萬象山登煙雨樓極目眺望俄而右顧南明遊興遄發乃與應君下樓出大水門渡舟過片時傍彼岸舍舟踏草徑迤邐望南明行過一小橋隰地種有枇杷岡隴多栽松柏或黃或蒼若各自耀其彩色者然纔陟磴道多溪石間鋪以板石紆上數百步見有南明山字樣鐫石壁上高數丈面削立上有亭余與應君登亭駐足少許復上百餘步見有空曠地約二畝有奇闊其外口池其中央池上跨一石橋池後有古木二三幹如銅焉根如石焉有石碑五六爲陳璚趙亮熙諸公之題筆上有石梁周數十圍長五六丈鐫字其上楷隸不等應君曰此木石最可駭目者也余曰何駭之有此正可爲吾輩立身之榜樣能是雖窮通不易其所守久之余踵應君後進石梁右側有小廟內有石佛笑容可掬由廟左旋有一門洞開榜曰天然勝境南明之仁壽禪院在其內入寺佛像巍巍坐定旋有一僧自右廡出告余二人曰名勝之區君等遙臨似有良緣余曰然淸茶一甌自幸前修有緣也於是緩步寺中看階下池中細鱗游泳殆與求學潛修之士有同然者此時鐘逾四句將返僧挽余二人曰盡歷覽勝蹟遐去何也應君曰然蓋南明最高處猶有一閣若非僧言幾忘之矣二人乃攝衣而上忽見一石穴中有滴漏聲追入穴但有蘚苔斑潤滴瀝之聲蓋自石罅出也穴之左側鐫刻甚多穿穴登閣憩憑欄干應君曰今日晴明春風宜人樂何如也余曰異鄉遊子得游斯地身斯閣憑虛寓目樂亦誠然然瞻望京華風雲慘淡不免忉怛亦奚能盡如君所云云應君曰登高弔古亦吾輩分中事盍賦詩乎余沉思久之胸無一字愧色赧然惟有嘐嘐鳥音出自古木間若代余之吟咏而已余欲覓斯鳥有所問而日將沉西遂偕應君循舊路歸燈下記之以供同學未至其地者一覽云

活潑有致使人如遊其境

遊小西湖記

福建省第一師範　王壽臧

勝友忽來雲集小屋遊興溢檻將謀水嬉爰乃束急裝具蔬品緩步城西漫遊湖曲斯時也荔子未嘗代以鮮紅之查新荷初開浮以濃綠之茗奸月既望遲明不升薄冷中於柔肌輕煙墜於愁鬢遠有一火電光亂之近維數舟菱香泛之繞岸數折環湖一周放鴨之水未盈乎兩篙撈蝦之人常露其半肘既而圓魄漸滿逸情遄飛酒不滿飲微醒蕩懷詩讌放吟涼籟促和客或並據一席或分拏小舟因涼思眠合枕爲一恃水不尺與波爲嬉曉星兩三漸大於磬石村舍八九半開其離門遂復披竹上岸采蓮就船雞聲鬧明一呼百唱魚影匿暗十網凡虛相與謔浪以供酣嬉風聲振篷河影滅燭啾唧宿鳥喧騰傍人茗壺不溫冷酒破燥肴核既盡清談轉幽樂極不悲興盡而返笑謝山靈予將歸去此遊之樂不可不志因援筆記之。

筆情幽峭逸趣橫生此筆與六朝最近細玩篇中所云菱香放鴨撈蝦等語皆未有公園以前之小西湖至荔子無實新荷不華卽夏間事也眞景眞事非身所親歷不能道出（陳翼勳評）

遊國士橋記

客歲南歸曾經順郡遂遊國士橋

直隸高等師範國文科第二學年學生　高蘇垣

順郡師範學校之北臨響水河河北百餘步有橋焉曰國士橋相傳爲豫讓刺趙襄子處殘碑不完巍然獨立古橋圮毀塊石猶存緬此橋昔日之宏壯渺焉不可復睹其壞而復修者不知其凡幾矣余遊至此坐於橋上與友人談豫讓事不覺悲從中來泣數行下而河水亦復嗚咽而鳴若助余者幾不能自持蓋英雄之感人也深矣友人顧余而言曰吾子何爲其然乎夫襄子諸侯也豫讓匹夫也以匹夫而仇諸侯初則候之於廁中繼則待之於橋下雖未斬襄子之首以報故主然而斬衣三躍早已破襄子之膽奪襄子之魄矣故讓死未幾而襄子亦死焉然則襄子之死謂死於豫讓之斬衣可也智伯之仇謂豫讓已報可也此讓得意時也吾子何爲如是之悲乎不然令豫讓者保其首領以老死

於牖下失其爲國士矣又安能震古耀今令千載後聞之猶肅然起敬哉余善其言遂歸而記之

作意筆情兩方俱足的是作手(尙蔚南評)

登塔遠眺記

安慶崇文學校三年級生 程派昌

皖城東隅有塔焉爲吾國壯麗之浮圖余於本年冬解館經此與同學二三遊於其上西望長江東流滾滾如帶北望龍山蜿蜒疊疊若礪然江山依舊物已咸非第見城廂內外半是揭竿之兵人人爭前疾走一聲號令但聞人馬行聲農夫不安於畝居民半遷其宅昔日之街市繁華屋宇稠密鷄鳴犬吠相聞而達乎四境者已大爲改變也至於北門一帶滿目蕭然商旅不行車馬不至但聞陰風怒號虎嘯猿啼城郭毀壞樓閣傾頹銅駝石馬盡在荊棘之中嗚呼時亂已極矣余與二三友相感而言曰夫物有消長運有盛衰有昔者必有今日是故碎瓦頹垣昔日之歌樓舞館也鬼燐螢火昔日之金缸華燭也世事如夢山河局棋前淸疆土而今安在未幾日影已斜與友攜手而歸故援筆記之

觸景生情無限感慨

登塔遠眺記

安慶崇文學校三年級生 汪德

皖城之東有鎭風古塔焉昂昂七層高數十丈雖不能與天然之崇山比勝而登之遠眺覺四面風光無一不入人眼簾者此亦皖國之特出也余負笈來皖將三年矣因聞其名屢擬登臨然苦其朽壞故每欲往而又止茲聞修葺之工業經告竣星期放假因與友某君欣然偕往歷級而升甫及三層見其中有騷人之賦墨客之詩更與友握手而升直抵七層放眼天空氣象萬千東見士卒演武於操場鎗砲如林鼓角之聲朗朗可聞南望煙波渺茫水天一色商輪往返不絕者揚子江也西視廬舍稠密高樓疊疊士民來往絡繹不絕者商埠市面也北眺層巒疊嶂雲霧迷離者大龍山也顧盼已畢胸中鬱氣不覺一掃而空矣於是與友席塔而坐酌酒互飲縱談吟詩歡笑樂甚風拂面而忘寒月當

頭而不覺友謂余曰日沒月升可以歸矣乃與友徐徐而下遵路而返覺此日之遊覽非平常可比余恐其久而忘之也故誌之

文如水月鏡花均擅其妙

靈巖遊記

江蘇省立第二農業學校本科生 項城基

吳門山水冠江南而獨以靈巖爲尤著若吳宮之故址西子之遺蹟今尙歷歷可指蔚巖聳秀拔立諸峯之上朝暉夕陰氣象萬千此景此情登樓可望蓋距吾校僅四十里耳上巳之夕散步農場覩天青如洗星斗密布周子承澍語余曰宿雨初霽萬象改觀去去韶華春將暮矣吾儕靈巖之約以風以雨或以事不果者巳三四焉明日日曜曷往遊乎余聞而喜諾之次日昧爽卽振衣起身遊興勃勃約王郁諸君皆以事不果往同行者僅周子一人耳早餐旣竟遂易春服著芒履裹餱糧出校而西時則晨曦初射煙霧蒼茫西南諸峯渺不可辨曉風吹面爽氣撲人久陰之後得此晴朗其欣快爲何如耶行二里過鳳凰橋抵獅子山之北麓水自巔崖流下日耀如瀑布洵奇觀也四顧麥波千頃黃花一色桃柳叢中鶯聲嚦嚦似告人以春光無限好者遠望十里橫塘樹木蓊鬱帆檣往來絡繹不絕蓋吳鄉之交通係焉再折西行路漸廣闊行四五里已抵天平之麓拾級前進右爲支硎山山下有古剎卽以支硎名之前有小澗源自石罅自巔而下蜿蜒若龍蛇其聲淙淙如瀉玉鳴珂可聽也沿麓而行級皆鑿石而成兩旁壁石矻立多刻佛家語苔蘚交侵摩挲可讀更過童子門得天平之正面山下亭臺錯落樓閣參差卽范文正公祠也祠前有塘面積可畝許上有石橋凡九折公墓在祠西繚以短垣松柏千章高聳雲表淸風徐來蕭蕭有聲氣象森嚴一若公之爲人正直追憶公之一生道德文章益令人欣拜不置塘左有登天平路盤旋而上怪石夾道遊客多鐫名其上若鷓鴣玉筍玄峯皆奇觀也至下白雲有寺依巖築中有泉淸澈無匹水自石罅出以竹管通之注泉中終年不絕題曰吳中第一泉北有

客、堂四面、環、窗筒書几案鏤鍥極精誠幽人逸士之所屋後、老、松、二、株幹可、數、抱修柯、蓋、張、屋上綠葉蒙蒙夏日不畏也出寺、北、折得一、線、天兩巖對峙間級而上凡數十武僅容一人行出此、再、行、半、里得懸、橋、石當山、途、之、半在此、少、憩遂下、山轉南、行三里、而、達、靈、巖、之、麓循級、以、登道皆、磚、砌數息遂陟乎巔其西多巨石迤邐約百步石忽隆起是爲琴臺相傳爲西子鳴琴處亦斯山之極峯也遂與、周、子、躡、衣、而、上食所、攜、物、竟枕石、以、臥飄飄然若寄身五香席中南望太湖茫茫一色東西七十二峯隨雲隱現晴帆點點出沒其間下視萬山如走馬如驅羊如滾波濤如千萬人軍旗鼓戈數十山咸在肘下而吳城則在煙雲瀰漫中不可得而見矣憩息、久、之山風刺骨浮雲忽蔽萬山改色若狂風驟雨之將至者如此妙景往往於圖畫中見之豈料吾儕今日得而遊耶蘇子云隱居之樂雖南面之君未可與易信哉斯言不然彼方山子何棄其崇臺廣廈而獨戀戀此窮山一塊土以終其身豈其無得而然者乎由臺西、下奇石、峋、嶙折而、東則見、危、巖、突、起、於、前、者佛日巖也其前、古、柏、數、株盤根錯節鬱鬱森森一若白雲深護絕隔人間者自此、南、行小徑、紆、曲綠樹陰翳山鳥亂鳴嚶嚶成韻爽心悅目莫此爲最再去、數、武乃入、石、城石城、亦、古、蹟、之、一迤邐、上、下、凡、數、里、傾圯、不、相、續當日吳宮以之爲界壽其中瓦礫狼籍蓬蒿齊人今日之寂寞靑山卽疇昔之樓臺舞榭山河不改景物都非麥漸禾油不勝感慨復循、北、行得吳、王、井一圓、一、方碧水純淸遊魚可數南爲、玩、花、池可方、丈葦蘆叢生斯時、周、子、斬、棘、披、荊遍尋、遺、跡、纖、於、池、畔、得、瓦、一前緣凹入再檢之亦有否者殆白居易長恨歌中所謂鴛鴦瓦者是耶非耶周子好古遂攜之歸報恩、寺、在、其、東爲乾、隆、南、巡、所、建大殿、一供佛、三、尊庭中、野、花、齊、芳正對、南、山雲樹蓊鬱中隔太湖風帆可數何物頭陀享此淸福竟不知幾生修到也寺中、僅、一、廚、僧打、瞌、窗、下少、息、卽出遂東、行道皆、石、砌是曰、御、道兩傍怪石羅列一若天平而北面則深塹千丈使人不寒而慄瀏覽、許、久訪石、鼓、畫、船、塿、諸、蹟、不、可、得轉東、行抵山、腹及西、施、洞洞深、可、丈、許洞外、瀦、水、盈、寸未能、入遂舍、此、而、訪、採、香、逕去洞、百、步、卽、至其形、與、玩、花、池、略、異但已、涸、矣。兩傍、若假山、石橋。尚髣髴可考。西有臺基二。皆塊壘成形。若碎冰。猶未稍損。當日建築之堅。亦可想見。太伯墓在山之東麓。樹木重重遮。已可望。彳亍及彼。則見斷欄石柱。狼籍草中。碑凡二。皆沒土中。石馬四。已壞其三。未壞者因風雨剝蝕。已失其眞相。嗚呼。前朝景物。今成坵墟。不知其間幾經滄桑之變矣。再後數千百載。雖欲求如今日之髣髴。豈可得乎。徘徊其間者不禁悽愴。欲涕。已而日漸西沈。遊人亦倦。遂趨木瀆市。一飽。就道而返。回顧幾疊青山。含笑送人。漸行漸遠。至入於蒼靄間。及抵楓江。已滿天星斗矣。斯遊也。行八十里。瀏覽九小時。所見皆莽蕓怪石古木飛泉。並無車馬喧囂之聲。以擾我靈府也。

曲曲寫出有聲有色憑吊今古無限淒涼可謂不負此遊

三月三日雨湖踏青記

湖南湘潭第一女校師範四年級生 龔遠

湘城之郊。有雨湖焉。湖長里許。東流達於湘水。北岸輝映。荒坵坵上。野草叢生。幽香四溢。湖中漁舟來往。欸乃齊鳴。波光與山色同青。漁父共樵夫和唱。疎林日落。古寺煙橫。上聽哀鳴之禽。下覩低垂之柳。尤足以爽心悅目。極視聽之娛。天然點綴。誠湘城遊觀勝地也。三月三日。祓禊良辰。是日也。天氣晴和。輕風飄拂。乃與二三友人。逍遙乎雨湖之岸。散步乎煙柳之堤。花粉沾襟。幽香襲袖。草黃芽而花艷吐。水綠波而山翠橫。枝頭好鳥競伐木以求朋。水底游魚時吹波而助趣。偶然遊玩。招集良朋。盡是同門之友。共尋芳徑。宛臨曲水之濱。良辰美景。遊目賞心。孰有過於斯乎。嗟夫。時事日非。世途多舛。摩肩旋踵。競奔利祿之途。縱目開懷。誰識山川之景。痛萑苻之徧地。絕少芳蹤。挹蘭芷於中湘。不逢雅客。桃花人面。到處傷神。湖水波心。居然減色。所賴蘭閨姊妹。絳帳生徒。洒脫俗塵。追尋芳躅。良辰難再。願勝跡以長留。好景不常。撫餘春以自惜。我等今日之遊。當盡挹雨湖之勝概也。把酒賦詩。追蘭亭之往事。鳴謳擊棹。效漁父之新歌。紫燕黃鸝。如聞和曲。陽春白雪。別有賞音。舞雩歸詠。豈獨讓乎昔賢。曲水高蹤。竟再見乎今日。因疏短引。以寄雅跡。雨

湖不改韻事長存

儘有佳句（恬園評）

記游春之樂

蘇省第三中學學生 呂發政

春日之樂何如乎曰淺草如茵平沙無垠鶯歌燕語宛轉可人楊柳依依桃李繽紛此皆春日之所可樂而常人之所同知也而余之所樂者則異是蓋草木榮華好鳥時鳴倏焉即去不足樂也余之樂在春日讀書耳夫人生於世爲日幾何今者春假旋里風光明媚正大好讀書時也乃游浪之子三五成羣競相徵逐彼其心固以爲樂甚而不知其馬齒之日增也良可慨矣余家有小園徧植花木旋里後日與弟妹持書游其中紅日一輪冉冉將自雲際推出則余等已在園中矣余則坐圓椅中手書一閱之不已時或閱而倦矣則急凝神合目以思目既開滿園之風景又在目前蒼翠可愛令人有世外桃源之想間或散步其中容與徘徊芬香撲鼻中人欲醉弟妹則跳擲園中笑聲大作而樹上小鳥啾啾唧唧一若與人同情歡樂者如是讀而游游而讀豈不樂哉然則世人之游雖極風景之美聲色之艷安及余之游家園持小簡之爲樂哉

楚楚有致

記啓秀橋南風景

南通師範學生 陳穎

環校風景皆佳而西南尤美校西百步爲平湖東西隄貫湖爲二斷隄連以橋而名之曰啓秀啓秀之南爲養魚池池廣約百畝清深多大魚時羣浮水面投以石子皆遠逝周砌以石楊柳環焉高皆四五丈隄上樹益壯有楊有柳有楓有梧桐種類繁多交柯蔭翳中有小渚小草叢生夏秋蔚然又有異卉其葉芮芮紅花小如錢蔓生水邊登橋東望農校家畜試驗場牆映水中若匹練南望近湖居民西南望老人院皆隔湖湖光湛湛然每大風一作波濤洶湧黑白遞

進草木披拂紛紅駭綠令人目不暇接而點點沙鷗復逐波汜汜交交黃鳥迎風鳴啾若故意助人興趣者昔有來校參觀者登橋南望而樂之歎此景不減西湖之蘇隄白隄云顧也受時雨之化復得斯景以陶情涵性幸也何如樂也何如畢業有期聊書此以記鴻爪云爾民國七年五月二十日

歷歷如繪言念舊游殊為慨然是亦吾之母校也(存悔評)

遊嶽麓山記

湖南湘潭第一女子師範三年級生 龔中遼

甲寅季夏遊學於長沙體育講習所暇時無事亟思出遊未得其處或告余曰君不聞湘省有著名之嶽麓山乎山在湘江左岸與省垣對峙上有遺跡甚多且茂林芳草叢生其間雖不及九疑五嶽之盛然清泉怪石古樹蒼蒼亦足以舒暢胸懷於是約友同往遊焉是日也天朗氣清涼風輕拂步行抵湘水之濱買舟而行計兩渡湘江中經水陸洲朱張渡而抵嶽山之麓仰見層巒聳翠上出重霄步行而上旁有小亭即所謂愛晚亭也亭下清溪潺潺瀉出水清如鏡蝦蟹游泳其中遊人至是或搜蟹蚌或憩亭中或步林間各極一時之樂誠遊觀之佳地矣稍折而西有石階小徑崎嶇難上遊人至此皆有倦色行稍久忽見萬壽寺巍立於前不禁興然以喜乃相與入寺而休息焉少頃仍從石階而上有寺鎮於山巔粉牆斑剝芳草披離即所謂雲麓宮也入少憩徧觀各處名蹟若飛來鐘嚮鼓嶺白鶴泉禹王碑皆數百至數千年前古跡遊觀至此能無撫今追昔之感乎徘徊久之乃下一路凝眸四顧遙見對岸城垣屋宇羅列如棋湘水滔滔蜿蜒如帶窮湘省之繁華極遨遊於今日所以爽心悅目足以極視聽之娛信可樂也已而忽有所觸喟然歎曰猗歟悲哉此瑩城也非革命元勳蕉督之墓乎其西非劉烈士夫婦合葬之塚乎乃作歌曰麓山之上維石嵯峨兮蕉劉之魄與石不磨兮麓山之下湘水悠悠兮蕉劉之名與水皆流兮歌闋而去相與鼓棹而歸舟方半渡有黑雲從西來俄而風伯揚塵雨師灑道河神怒作白浪滔天如山如峯如萬馬奔騰如數萬勇士一湧而至吾舟一葉飄

飄乎怒濤之中左欹右傾突起鶻落舟中之人恍乎若漢皐之女惚乎若洛浦之仙顛之倒之若作臨波之舞其怯者縮若病鶴泣若哀鴻其時風聲雨聲濤聲人聲一時並作而吾獨精神爲之振勇氣爲之伸乃顧而樂曰快哉今日之遊也而同行之人或以風雨驟至致殺興趣鬱鬱不樂殊不知人生處世當不以外物之感觸而生樂亦不以外物之感觸而興悲我心自在外物安能動我哉而世之人每以得而喜以失而憂宜吾今日之樂無或知者矣悲夫遂援筆記之留以待後之覽者抑或有表同情者歟

敘事詳明筆氣雄健吐詞遒逸不同凡響（恬園評）

許昌訪碑記

河南第一師範本科三年級生 萬垚堃

稽古學者多稱三代前事考人羣進化狀尙矣然史書弗載載率荒渺欲稽古之殘碑斷碣考證書史者舍訪求外無他法丁巳暑月余歸自豫校家居悶甚乃出遊許屬之破寺荒冢觀其殘碑斷碣記而誦之雖至棘荊蓬蒿飛沙阻目之地在所不辭以爲茍有一得隻字半句其精采必勝於讀十卷書也至許東二里許有一冢冢前有石仆地一端有一鼂字略大一側有一漢字略小知爲鼂錯墓一側有小字數行殘缺多不成句惟有死之日愚夫愚婦夾道泣忠厚仁愛之丞相受人愚而死矣數語尙可辨史記鼂錯傳所載多言其刻薄與此大相矛盾或者史記失其實歟未可知其撰文者乃漢時不知名之鄉儒也余曰此碑所記若眞則訪古碑而讀之勝於讀古書多矣茲後吾當溯前代之古碑而盡觀之以考人羣進化之狀故作訪碑記以誌不忘云

不用一直筆不下一死句吞言咽理措注有節得力於古者深矣（鏤冰評）

九日紀遊

南京高師附中商科二年級生 孫振鉞

重九日例有登高之舉是日也天高氣爽余與同學數人作北極閣之遊出校門向北行橫跨江寧鐵路羊腸小徑繞

可容足。纔而拾級。登山。造其巔。巔有古廟。一廟後高聳雲際者。北極閣也。登閣四望。煙雲相連。滿城風景。歷歷在目。東望。鍾山之蒼翠。北路後湖之飄渺。俯瞰校中。如視諸掌。不覺心曠神怡。幾疑置身風塵外矣。旋至雞鳴寺。啜茗。迨夫耀靈西匿。皓魄東升。始興盡而歸。回憶春間。亦嘗遊此。當其時也。柳綠含煙。桃紅欲語。碧草成茵。儼然一片春景。而今安在哉。書此不禁愴然

簡潔老當。末數語尤有悠然不盡之意

端陽遊記

湖南湘潭第一女校師範三年級生　龔遠

入夏以來。連日淫雨。至端節日。始見旭日東升。陽光射目而暗淡。烏雲渺不知其何往。久雨乍晴。人之爽快。顧何如乎。湘俗每於端節日。江中龍舟競渡。都人士女。遊乎水濱者。以千計。余因久為雨困。亟思出遊。以吐納新鮮之氣。乃請命於親。雇小舟。遊乎湘江之洛。以觀競渡之樂事。而飽餐江上之風景。親許之。遂於午後。父與母率余並姊妹嫂姪共八九人。泛舟江上。清風徐來。水波不興。上下天光。一碧萬頃。俄而龍舟雲集。打槳鳴鑼。兩岸遊人。喧嘩雜沓。江上游船。往來如織。士女交錯。執扇輕搖。汗洗臙脂之面。風揚羅綺之衣。桂舟容與。破倒影於水中。羅扇飄颻。送衣香於天外。車如流水。舟若游龍。誠極一時之樂也。然而韶光易老。歲月催人。今雖行樂。而不知來歲何如。寒暑時易。制度屢更。世溷溷而不清。氓蚩蚩而圖利。異日江上之清風。與山間之明月。又不知吹向何人。照盡誰家矣。嗟夫。人生無百歲。行樂亦無常。盈盈湘浦。渺渺余懷。哀吾生之須臾。羨江水之無窮。悲祖國之危險。慕皎月而長明。然則蜉蝣斯世。有何希望乎。父曰。是不然也。人壽不能與物競。物能與名競。在人之自為耳。苟能為社會。揪事業。為國家。振威權。壽期雖促。而國已與其名。亦因之而傳。可與清風同古。與江水同流矣。不亦快乎。余喜而笑。洗盞更酌。回顧天色。不知日已云暮。而明月出矣。乃相與鼓棹而歸。

人影衣香躍乎紙上哀音絕響溢乎行間中段猶多雋句（恬園評）

踏雪尋梅記

江蘇法政學校 劉鍾珣

出郭門數里而遙平原一帶瑞雪霏霏玉簇銀妝四顧均作白色而梅樹數株衝寒開放尋賞最宜有青松綠竹蒼翠宜人園繞離遝於其際益覺可觀惟時寒風徹骨積雪沒脛散漫紛飛氤氳交錯千岩俱白風景絕佳爰偕友人披氅貰酒聯翩同行跋涉乎泥濘之上冒突乎白戰之中而雪跡模糊園林修阻翹首一望疏影迎眸暗香撲鼻宛如山陰道上應接不暇一時尋幽探勝登高賦詩頗足以滌塵懷而遣俗慮誠天然之圖畫也詎非吾人賞心樂事哉嗟乎春光明媚萬卉爭妍曾幾何時榮枯異致是以秋風告至蒲柳先零霜雪交加花魁獨占孤芳自賞更無結伴之朋晚節彌高誰是耐寒之品此林和靖所由畜鶴而泛湖孟浩然因之策蹇而吟詩撫今追昔不禁感慨係之未幾山鳥不鳴人蹤俱滅天花亂墜掬已盈寸歸路幾不可復得因采折數枝冒雪而返呵凍濡毫作為斯記聊以誌當時之勝概云爾

文字擺脫俗氣與題相稱

遊狼山記

江蘇代用師範學校本科二年級 朱文鏡

狼山者江淮間之勝景也山距吾校南不二十里步行約二小時可造其巔焉心慕已久往遊未果戊午春三月初四日值日曜學友二三招予偕遊欣然諾之晨七點出校門沿溪南行放目四顧視線忽然一展空氣煥然一新茅屋燊燊綠竹猗猗桃花與人面一色蛺蝶共柳絮齊飛麥隴一碧乘風鼓盪如波菜香撲鼻晴日照耀若金形形色色目不暇接誠三春佳景也並肩而行緩步當車載談載笑幾忘路之遠近不覺狼山聳峙於前矣佇立良久仰視山態儼然石削天成依傍尚無所者山之骨幹也雲霧繚繞蒸騰而四出者山之精神也樹木蔚然葱蘢而可悅者山之形狀也

泉水涓滴聲、靜而可耳者、山之佳趣也。山之北麓、壁立百仞、無道可登、乃轉入南麓、出五山（即狼山軍山劍山黃泥山馬鞍山）拱北、門額曰入山之門、為校長張季直先生之手筆、既出山門、折而西、行有香市數十家、均業香、香者店肆、相距人竟不遠百里而來、以求神佑、甚矣其迷信也。更出香市、不數十武、見山之腰、建立石碑、刊以紅字曰施小姑墳、其下有隱處士劉南廬宋金將軍唐駱賓王等墓、排列於前、慨慕文人身隕名存、骨朽聲烈、使人低徊流連、不忍去、自此西行、拾級登山、路多卵石、迷步不易、雖氣喘汗流、透濕襯衫、亦不之顧、足力疲甚、欲罷不能、蘇子瞻詩云、腳力盡時山更佳、今日於此驗之矣。乃入梵行庵、稍憩、有僧七八、環坐佛前、口誦佛經、手敲木魚、誦聲愈快、敲聲益響、復上登枕山樓、內多字畫、間有名人手筆、靜寂非常、心曠神怡、推窗一望、目窮百里、福山對峙、長江東流、白帆隱約、鳧鳥出沒、一洲若浴、知為沙灘所積成之新陸也、地理學所謂沖積平原者、此可為佐證矣。再登光教寺、內多碑帖、筆法夭矯、神采煥發、返上登、歷五座、而至大聖殿、狼山正佛、即居於此、金光燦爛、香煙塞屋、紙灰飛揚、目為之眵、香客擠擁、人聲嘈雜、幾忘身在山林間也。殿前有池、曰太平、形長方、欄以石、人可坐、水頗澄清、風吹成紋、青草叢生、游魚可數、投以麵餅、魚皆齊集、張吻爭吞、擠擁傾軋、莊子濠上之觀魚、魯平公棠阜之樂、不是過也。更登支雲塔、塔凡七級、高出雲表、可亂浮雲、所謂人豆馬寸、誠非虛語。噫、狼山之在吾國、不過蕞爾一拳石耳、其高峯之足以壯我膽、空氣之足以沁我胸、清氣之足以抒我氣、景物之足以擴我目、誠非意料所及、下塔後、欲往遊觀音巖、無道可尋、未果、繞山腰、官閣有楹聯曰、行來山半還平地、未到峯頭已半天、見一老者、年近古稀、手卷而讀、兩鬢白髮垂垂、音宏而壯、見予等至、一揖、邀坐與談、片晌、時夕陽一輪、已斜掛峯角、遂作歸計、沿途拾得二三粒石、粗劣無澤、可留紀念耳。斯遊也、為陳君仲儒、田君珉、陳君酹、凡四人。

言念昔游為之神往（存悔評）

訪菊記

泰縣國文英算專修學校第二級生 朱傑臣

時維九月序屬季秋四壁寒蛩三霄鳴雁家居寂寞每思賞花飲酒藉遣悶懷家有一園其中花草雖多奈池荷枯槁柳葉飄零桂叢之金粟凋殘石砌之玉簪萎謝徘徊游覽轉益悲涼此景此情其何能慰因念東籬之下菊花當已盛開昔者陶潛之日坐菊叢對花小酌至今傳爲韻事曷不仿而行之乎乃邀友二三相與訪於城南之菊圃迤邐徐行未幾至結茅作屋編樹爲門頗有隱逸風乃入焉圃地廣可數畝遍植菊花中無雜草花之開者殆居大半其餘亦皆含苞待放秀色宜人紅黃滿地種類繁多五光十色燦爛悅目欣賞片時入室休息室中陳列清幽淨無塵垢園主招待殷勤奉香茗與余談蒔植法余詢以菊花之種類幾何彼云菊花種類指不勝屈若白鵝若青鸞若粉蝶若朱荷不下百數惟紫袍玉帶綠衣紅裳數種爲花中最高之品售價特豐因指以示余於是樂而忘歸乃命侍者沽酒市蟹陳列案前於是把酒持螯賦詩見志覺古人所謂採菊東籬下不能專美於前是亦人生之樂事也夕陽欲下禽鳥競啼酒酣興闌友促余返余猶依依不忍去迴顧而言曰人寄生於天地之中猶禽鳥之飛翔於空際萍葉無蹤隨風飄逐今日欣遊於此明年今日余將再飲於斯園未識能如願否也時光易去好景難留是不可以不記

有層次有詞藻有議論合作也

冬日觀打魚記

泰縣國文英算專修學校第三級生 李偉民

時維十月氣屬小春天朗氣清和風披拂家居無事心殊損悶邀友二人作郊外遊風景天然與城中迴別空氣新鮮清風徐來精神爲之一爽任步行至一村落四面環水宛在中央有小橋以通之度橋有茅舍數椽空無人居乃稍憩焉坐片時復起徘徊舍前遙視隔岸煙雲竹樹禽鳥紛飛俯視方塘碧水清可見底游魚三五泳躍其中有紅者有白者有長其體者有扁其身者鯉類鯽類不可勝舉然皆游泳自如深得天趣余曰樂哉魚也得其所矣友曰子非魚安

知魚之樂余曰子非我安知我之不知魚之樂方爭論間忽聞板聲橐橐自遠而近旋見小船一從蘆葦叢中出焉一漁人立船頭手持罾一杖一向水中取魚艄後一漁婦手執篙脚踏板蓋驅魚入於罾中也未幾前此游泳之魚盡投罾中漁人得魚大喜搖舟前進過橋而西余觀此情不覺長吁太息而感慨系之矣乃謂友曰魚區區小物也苦樂不自知方其游泳自得時其樂也何如乃爲漁人所驅捕一罟而擒旋售諸市瞬息間且就五鼎之烹今之官吏日吸取民之脂膏方其肆意魚肉斯民也必先驅而納諸網罟之中然後爲所欲爲曾不稍加憐惜在上者苟從而獎勵之魚肉益甚是以一入仕途莫不勞神僥倖之門忍苦風塵之路終身無滿志時老死而不知休止也噫斯術也何異於漁人取魚而用之以罾耶友唯唯促余歸時夕陽西下禽鳥呼鳴乃尋舊徑返途中意興索然歸而爲之記

摹寫盡致後路即小見大寄慨遙深

曲阜旅行記

江蘇省立第七師範本科畢業生 劉世傑

秋高氣爽露白菊黃鴻雁南來木葉未脫正我學子旅行時也本年九月二十二日問師漸達辭師夢遠牽我校三年級生爲曲阜之遊曲阜爲二千年來文化發源地固我全國人民所景仰而欲一造其境焉者也遊斯地也固不徒瞻是邦之風景以快遊行而關於精神上之休養及諸科學之印證無不可藉此以策勵也故於將行之先與既行之後凡有可記者皆備錄之以誌不忘是日七時出發天陰欲雨雲密煙濃校旗飄拂軍樂悠揚至徐州車站乘八時十分車赴姚村寒風凜烈咄咄逼人經茅村柳泉而至利國驛遠望微湖帆牆如織日光始露北有運河上通微湖移時至韓莊爲蘇魯交界地站房自此皆係德國式工程頗鉅憶昔癸丑之役爲南北用兵之地今猶瘡痍滿目不禁感慨係之矣逾沙溝而至臨城臨藻鐵路交軌於此藻莊炭由此運行鎮在車站東北千山排列勢甚突兀行二里餘沙河穿其下十一時至官橋田禾均極肥美較之韓莊以南地瘠水淤者大不侔矣車至滕縣城在鐵路東西門外商業頗盛

居民敦樸地為邱陵原隰之分界越界河至兩下店其東嶧山黑石粼粼千狀萬態極峯有玉皇頂頗為險峻又行過鄒縣城西北有孟子廟紅牆繚繞復片時抵兗州泗水流其南長橋橫亘恍若遊龍兗濟鐵路交軌於此城東北隅有古塔一座高十數層下午五時至姚村下車徒行十八里入曲阜城寓復聖廟西之順興旅館先是本校曾致書山東第二師範預定該校為旅行寄宿地少憩與諸同學至陋巷街首謁復聖廟由博文門入見向東而立之碑上鐫陋巷故址四字北有亭下有陋巷井深不見底並有御碑林立皆明正統正德年所建者時已暮煙四起宿鳥歸林斜陽一抹蕭寺鐘聲四出矣二十三日仍謁復聖廟由克己門至退省堂內有清高宗御筆後有虎皮松高逾十丈大可數圍語所謂虎皮萬年松者即此也西行即正殿復聖像在焉前有樂亭其南有唐柏旁有圖贊（約為維嶧之桐維岱之松誰則材之處受其封於皇時柏雪霜振）前即復禮門中為崇仁門余等閱未畢適有日人自外入考察甚詳購孔林廟圖而無知愚民方待價以沽自鳴得意噫自歐戰以來日本對於魯省權利力謀擴張浸假而礦山採掘權被奪矣浸假而領事裁判權侵入矣喧賓奪主鵲巢鳩居將奈之何我國人之於土地權何其忽也並參觀第二師範及附屬小學其管理設備大可供吾人之研究下午赴至聖林出北郭古柏夾道枝節遒勁其葉青葱一種幽爽氣撲人眉宇時則夕陽西下涼颸微生遲遲其行別有樂趣逾文津橋旁有神路碑樹行盡處至聖林坊牆內樹不下數千百株皆數百年前物為生平所罕見草長尺餘似曾以機剪齊經秋欲老半著黃色且若毫無塵垢者徑漸曲漸高惟見夾徑松枝於萬綠叢中別開一路復前行至洙水橋洙水亦名御帶河土人言秦始皇掘此河所以斷孔林之脈同學在此全體攝影幾經曲折而達享殿前有華表柱石獅石馬石人土人所名皆妄誕不經（獅為單所開報馬為角端人即翁仲）殿後有子貢手植楷北即沂國述聖公墓又有清高宗及宋真宗駐蹕亭泗水侯墓至聖墓在其西北旁有子貢廬墓處瞻室興懷不禁扼腕夫論木本水源之義對宮牆而切瞻依觸霜露而興感慕誠有流露於不自覺者矣

覽既竟號笛一聲即整隊往周公廟昔人曾有詩云篤棐孤忠貫古今監殷二叔自商參流言西土闕王室問罪東山豈聖心顯赫風雷昭帝寤恢弘禮樂破人深古城東北祠前路白日青天世所欽此遊周公廟者之所題詠也無何進成德門前有欞星東爲經天緯地西爲制禮作樂後即達孝門廟中有周公像余嚮慕公之爲人今睹芳徽因之有感左傳勞趙孟於雒曰美哉禹功明德遠矣太史公觀魯孔子之堂曰高山仰止景行行止吾於周公亦云況竟故魯地而斯址又太廟之故蹟尤令人欣羨不置云夫功莫大於致治保邦業莫隆於制禮作樂公身兼數器開物成務孝友篤仁左右寧王厥功偉矣至於繫爻辭定官禮撰爾雅出言爲經其學問之宏又何博與難窮也二十四日聖誕行跪拜禮因制服不便皆更長衫以往衍聖公主祭康南海陪祭竊思孔子爲生民所未有繼堯舜禹湯文武周公之道統與天地鬼神日月合其德漢唐以來追崇有典祀以太牢歌九功舞八佾穆穆皇皇濟濟蹌蹌不誠禮文之壯觀而祀典之巨麗也哉且孔子之道固無古今無中外所莫能外者也在後世牲牢有數不過一時報享之隆在至聖德澤及人洵爲千秋不祧之祖其爲至重之祀確不可易彼廢祀之說其辱我國也孰甚焉二十五日詣少昊陵道經顏氏林皆復聖之七十裔代孫俄頃至陵廟爲道光七年重修今已八十餘載宣統二年又重修雲甍畫棟煥然聿新正殿有金天氏之神位後即少昊墓及雲陽山語云少昊葬於雲陽之前瞻斯陵益信然遂與同學登巔而覲焉時維九月序屬季秋老樹秀而黃葉落朔風起而白雲飛西望闕里若隱若顯北顧馬山慨然長息憶其民俗強悍盜賊恣擾居其間者其苦爲何如乎是役也行程經數百里往返歷四五日茲特記其犖犖大者以見同學之不虛此行而沐聖人之教澤者尤宜加敬仰而不容或忘者焉

條分縷晰羅羅清疏多發人所未發是有功世道之文（章順湘評）

全國學生國文成績

文庫卷十六(甲編)

古邗盧壽籛選輯

雜記類

九陵記

河南第一師範本科一年級乙學生 翟承烈

修武、北負太行、南臨黃河。形勢險固。景物清華。大儒韓退之生長之鄉也。而百家岩尤推奧區。竹林七賢之遺跡及歷代文人墨士之遊踪。攷之邑乘、驗於其地。皆足動人考古之思。邑西南隅之九陵。爲余所最狎。陵居吾邨之西。就九邨言之、則在其中。蓋余邨名延陵、共有九、也。九陵南北、畧成一線、最北者阿而廣。升而南望。其八則起伏若牛羊之來朝。而其第四者爲特高。隆𨺗若倒筆插雲。又若牧人之策。前而引後也。徇而下、不二十步、便得其二。就中推此爲下。如入兩山之隩。南北莫測其尋丈。而東西頗有廣漠無垠之概。邨落屯聚。歷落星宿焉。其三之麓、有廟一。南向、東塑女像九。西三像、似儒釋道三教主、旁無碑碣可攷。風雨剝蝕。像之斷頭缺額者、已多矣。他數陵、類無大異。距離之遐邇、各有度、也。攷是陵之原、據漢書則爲明帝九妃之墓。顧零落如此。餘無可徵。亦足異矣。嗟夫、當九妃之同車承愛椒房沾恩。豈不思如山河之永固哉。而明帝者賢君也。推勵精之心。方謂漢業可底萬世。而孰知千百年後。萬有俱化。卽其惓愛之九妃。亦且荒墳累然。衰草迷離。牛羊所踐踏。收豎所蹂躪。而莫之或恤哉。由是推之、則古之慷慨奇偉之士。竭智力以殉天下。自今日視之。尙未知能如九妃之陵陀嶙峋。有此一坏遺踪否也。然則熙熙人寰。何莫非螳臂當車之徒自苦哉。

敍九陵有總有分有暗有明頗極錯綜之妙(董紫泙評)

記本校十三周紀念會

河南第一師範本科一年級生 夏繼盛

丁巳春後二月初七日。爲河南省立第一師範十三周紀念。開會展覽學生成績。先期印入場券若干張。以便來賓入場參觀。余亦索得數枚。分送於諸鄉友焉。會場設在附屬小學前院。東偏爲男賓席。西偏爲女賓席。居中結彩懸旗。聳然而高者。爲講演台。前爲奏技場。後爲預備處。再後則爲成績展覽室。是日男女來賓。紛至沓來。場周幾無隙地。眞豫校未有之盛舉也。時屆九鐘。振鈴開會。全體職員學生。向國旗行禮畢。遂由師範及小學班。參互演奏唱歌。雄辯。風琴。新劇。以及學術講演。競爭遊戲諸技。約三十餘幕。張韓互見。層層翻新。莫不足饜來賓之觀聽。當上午十一點鐘。爲小學選手排演法人侵佔老西開新劇。惜余因准備體操。未得備覽。但聞來賓席中鼓掌之聲。及退出法國官吏巡警之武悍情形而已。至下午二句鐘。師範選手排演教育淚。時余適在東偏。見夫劇內所形容中國教育之腐敗。社會之惡劣。官吏之黑暗。及辛君之志欲改良教育。雖千折萬挫。而不改其初心。不禁悲讙交集於中。久之適聞鄉友王君問李君曰。師範校所開者。非紀念會耶。紀念會展覽各生成績可矣。胡爲令學生演劇耶。李君曰。展覽成績者。表示教育之形式也。排演新劇者。表示教育之精神也。關於教授之良否。學生之勤惰。成績固足以表示之。而十餘年來承辦斯校者。如無堅忍不拔之毅力。則雖有良好之教師。勤敏之學生。吾恐不獨無優美之成績。而斯校亦已早被外界摧殘殆盡矣。況乎以師範生而演教育淚。亦即明詔諸生以今日爲師範生。異日必有教育淚也。亦即勉勵諸生以今日既爲師範生。異日必須有堅忍不拔之毅力。以戰勝此教育淚。始不愧爲師範生也。然則斯劇也。既足以表示教育之精神。又足以鼓學生之志氣。現身說法。引起同情。又烏可無之哉。王君唯唯。及劇畢時已三鐘。遂由小學班唱送賓歌。歌畢振鈴散會。全校攝影而歸。余因斯會爲本校之盛事。且又有感於吾心者。因記之。

初學作此種記事文體每覺繁難作者先將會場劃淸又將所奏諸技彙敍又由諸技中抽出老西開敎育淚兩劇

已見制題有法而無緊難之病妙在老西開用虛敘教育淚用實敘既不單又不複且假旁面評論陡生出一段議論淋漓痛快眞能道出眞精神來語語有根語語貼切的是師範學校十三週紀念文字前敘後議切當乃爾（郭鏤冰評）

記高宗陵

河南第一師範學生 張冠斌

余始從家嚴祭商王高宗陵。踰日始歸。其後往來外父家。經過者屢。皆未獲、復謁、是陵、前年、秋。在高小學旅行。乃始一訪、舊跡。既至。門牆庭院盡爲邱墟。古碑橫臥。邈不復識。蓋去是已七八年矣。久之、由雨道穿栢林、始得寢殿。殿三楹。以甘、盤、傅說、配享、兩廡、係客、歲重修者。又久之。始得陵、寢。荊棘蓬蒿之叢。兔鼠狐狸之窟。觸處皆是。訪舊時栢名鐵樹。留春者。則已剝蝕至數尺矣。擊之尙錚然有聲。噫、亦奇矣哉。始我、在是陵。年已、九齡。見夫松、栢、參天。碑碣林立。寢殿兩廊。薪義交錯。彝器陳列。疊疊累累。祭時既至。犧牲陳列於上。官司齊立於下。管籥慶祝於其側。校官唱禮於其中。燭光輝煌。樂音嘹喨。儀節本極嚴肅。倏有落帽起跪不一者。禮畢輒譁笑。是時諸傍觀者。我年最少。益復笑不可仰。今之來也。雖偕同學百餘人。而四顧寥寥。無復盛況之遺留。前後幾年。盛衰如此。始知時代變遷。千載輒如瞬息。吾年雖少。不禁懼老大之悲。泚筆記此。用以、及時、自勉、云。

此文學吳摯甫題玉露禪院痕跡未能盡化童齡學古便能趨節合奏神韻不失亦非易事（郭鏤冰評）

散步田舍記

江蘇代用師範學校本科三年級 朱文鏡

子規喚起。布穀催耕。友人謂余曰。農民之苦樂至矣。余曰。君非農民。安知農民之苦樂也哉。友曰。我雖不業農。農民之苦樂。略知一二。今日農民治諸田。烈日晒於上。燻氣蒸於下。汗如雨注。在所弗顧。此非農民最苦之時乎。異日。享諸室。歲時伏臘。烹羊炰羔。家人團坐。斗酒隻雞。共相啖飲。此非農民最樂之時乎。諺云。出汗則得甘。信然。友領之。遂相與攜手散步校外沿溪行瞥見垂柳數株纏綿陌上東岸蒼葭影倒河中游魚逐水作戲落英隨風飛舞足破自修室中之苦悶而田家風景郊野狀況可得其概南阡北陌一片黃雲時則農民有鋤田以耕怨下雨之太遲田乾如石者則種蔬圃也有操鐮以割嘆禾稈之微小收獲欠豐者則刈元麥也有戴笠以行悲蒼天之無情降此鞠凶客歲苦澇今歲苦旱旱澇相尋饑饉薦臻耕耨之功無矣老弱之命絕矣車聲轔轔田歌洋洋桔槔傍岸秧馬盈田又有手挈簞食以饁彼南畝者老弱傴僂也提筐採桑以飼育蠶事者青春女子也故李紳憫農詩云二月賣新絲五月糶新穀補得眼前瘡剜卻心頭肉又云鋤禾日當午汗滴禾下土誰知盤中餐粒粒皆辛苦此可謂善寫農民之苦況矣予乃由隴上至村墟過田家則見家家門首麥稭四布婦人從事簸揚孺子爲拾餘粒女童團坐籬邊新剝蠶豆半筐佐晚餐品他如擔者捆者堆者掃者往來不絕一似機工之弄梭已而金烏西沉玉兔東昇友人促歸遂取故道放足而返途見隴畝間彼有遺秉此有遺穗牧童坐牛背信口吹笛田叟扶柳就溪邊濯足俯瞰岸下有白羊三五小者跪足飲乳大者低首嚙草仰視天空則暮雲萬變各有所肖尤足奇者吾心中以爲獸即似爲獸吾心中以爲禽即類爲禽如在圖畫且行且談程數幾忘一轉瞬間而校舍當前矣朱子云一飯一粥當思來處不易予亦曰粒米粒粟均從農民汗血中來也稼穡之艱難予於今日見之矣時在民國六年五月二十七日即丁巳陰歷四月初七日記

描寫透闢敍事淸楚（顧時甫評）

種荷記

奉天省立第二中學四級　姜昌吾

凡物各有其性即各有其長其長而可以感我悟我即可以進我之德修我之業豈徒聖經賢傳而已哉孔聖道尊萬世而有手檜之植益都位至學士而樹萬柳之堂他如陶淵明之愛菊唐順之之惜竹傳之口筆之書播爲美談千百年於此者豈以其足供遊覽嬉戲躭觸目動心有以寄其意舒其懷也予家居荒村鄰居落落不相銜宅旁隙地可十

畝小溪繞之凹凸不植者久矣當此明媚春光種荷者接踵相續予雖未探其趣庸可已乎於是掘闢之封植之地之凸者低之凹者廣之地本沃野不必施以肥料引溪其中不必專用灌溉不數日而塘成予思夫種荷勝景在暑夏末期花蕊濃豔傘蓋承珠萋萋然蓊蓊然泛筏池塘斯時游泳其間欣然自適怡然自喜有不耀目動心流連忘返乎若夫漁舟唱晚涼風徐來淒淒然孑孑然飄舞塘上斯時也坐臥其間而見其偃蹇孤特不爲俗污有不寂然惴慄欲效不得者乎嗚呼荷花一植物耳而能獨善其身先哲愛護豈無以耶吾預記此且拭目以待怡情之日

藻彩紛披風華掩映合作也(馬葆良評)

記清明節

江蘇省立第七中學一年級生 常遺生

天朗氣清花明柳暗杏村沽酒洗耳聽鶯是何時非清明節乎予於是日早晨掃墓僕人挑祭筵擕冥錠焚香燭余既奉觴拜跪如禮因思我生不辰未獲接見先君之聲音笑貌徒愴然於荒烟蔓草中向高塚而再拜痛何如之猶幸祖母母親康健衣食教誨督予入學已八九年於茲矣非特祖母與母氏望予之成即親戚與教師亦屬望甚殷焉予小子宜何如報稱乎是故夙夜憂思涕泣而不能自已也嗟乎光陰似箭韶華不再今惟努力前進庶無負堂上之希望慰先君子之幽靈而已

篇幅不長而有至情視徒然寫景者有間

丐者辭金記

泰縣國文英算專修學校第三級生 朱峻臣

東海之濱羣山之麓瓦窑之中有丐者一人居焉丐生而慷慨舉止不凡具有奇俠性質家貧流而爲丐然不屑與常丐伍獨處山中日與禽鳥花木相往來每怡然自樂時或入市行乞人與之錢則受不與亦不強索或哀懇稍有餘資則沽酒市肴暢飲而醉三日之糧不預儲也人問其故則曰人生於世猶蜉蝣之於朝暮浮生如夢爲歡幾何天乎阨

我使我生於貧家學伍子胥之吹簫乞食我雖終日愁苦安能與命爭乎得樂且樂不知其他況我孑然一身無仰事俯畜之累日得數十錢便不死有憐而與以一飯者更喜出望外余固不覺窮困之爲苦也一日乞食途中見有金遺於路側初夷然弗顧旋轉念曰人皆以黃金爲貴余今見之不欲損吾淸槩之弗視然往來於道路間者熙熙攘攘他人之心未必如我我不取之則此金終爲人取連城之璧永無歸趙之時姑拾之以待失主至而還之乃納之懷中默坐路側未幾一人倉皇至張目四覓良久不得惶急之色形諸眉目丐知其爲失主也乃舉金而還之失主既驚且喜遂分原金之半酬丐盛意丐慨然固辭終不肯受竟揚長高唱而去歌曰窮之中維余之宮山之左誰爭余所官吏不驚兮人不來擾盜賊遠遁兮猛獸逃亡與禽鳥爲友伴兮憂苦頓忘對花月而暢飲兮樂且無疆短褐縕袍兮何異狐黃簞食瓢飲兮不啻瓊漿不取非義之財兮知富貴之不可長吹吾簫而乞食兮終吾身以徜徉余適有事行經道中見其事而聞其歌不覺心逸神馳爲之歎羨噫彼豈眞丐者耶其或亂世不居灰心名利托於丐以隱其身者耶夫世人之不愛財者鮮矣至於乞丐之不愛財尤難得也今世士大夫衣冠其面禽獸其心一旦得志施其盜賊之術忍爲盜賊之事不勞而取視爲儻來其品性視丐爲何如聞丐者之風其亦知有所愧悔乎

摹擬古文亦有合處進境可喜

意園記

桑縣國文英算專修學校第二級生 吳鼎

意園者余意中所有之園謂之無有則竟無有謂之有則又無不可有何也意爲之也余嘗曠覽天地之間有者可變而無無者可變而有洛陽名園勝甲一時迄於今則池塘竹樹廢爲邱墟高亭大榭化爲灰燼雖欲求其片瓦頹垣之髣髴亦不可得矣即使吾有園若此數百年後安知不歸於烏有耶夫桑田滄海顚倒何常金谷玉津盛衰歷見意之所至以文傳之園則虛而文若實所在皆吾園也夫既曰意園園之成不知幾何年園之廣不知幾何里其中景象萬

千峯巒螺迴疊嶂黛秀烟嵐出沒朝夕千變山泉衆注疏爲河渠曲水流觴映帶左右此吾園山水之勝也園開三徑植以名花穠桃疎柳以粧春研碧梧青槐以垂夏蔭黃橙綠橘以點秋澄翠柏蒼松以華冬枯此吾園花木之勝也猿啼清夜鶴唳芳晨文魚跳波閒鷗浴浪山鳥水禽鳴蛙躁蟬時來時去可聞可見此吾園動物之勝也園中有亭顏曰多景登亭以望則縈青繚白外際於天風帆沙鳥隱約可見亭前孤嶼漁磯烟村酒舍平臺待月廣岫當風此吾園綿造之勝也園中四時之風景各有不同而余之樂亦無窮矣於是時集良朋賞花飲酒作畫賭棋銜觴賦詩以樂其志傲睨放歌頓忘人世終日游心息慮於園中而不知身外之榮辱焉余嘗思當今之世麥粟在倉鼠爲之耗金錫在庫賊爲之盜寶玉在櫝有時而毀犬馬在廄有時而亡甚或水火之堪虞干戈之不測子孫破敗之可待而終不若吾園之長存也吾之園不以形而以意水火所不能壞干戈所不能擾卽不肖子孫亦不能以一草一木與人也吾園庶幾千古矣憑空結構聊適性情作意園記

文有意境詞筆近雅

桃李園記

泰縣國文英算專修學校第三級生 夏惟一

暮春三月天氣晴和江南草長蝴蝶亂飛拂面和風吹人欲醉余家居城北半村半郭風景極佳及時行樂融融如也室後有小園一面積廣可數畝遍植桃李中無雜樹每當月白風清之際散步園中藉可呼吸空氣值此暮春天氣園中桃李灼灼舒華落英繽紛如展一幅武陵源畫景於是裁箋招友煮茗呼僮竹林之七逸偕來蘭亭之羣賢畢至鄰下會流泉之宴勝紀華林山陰浮曲水之杯樂追逸少一觴一詠無主無賓欣賞未已高談轉清盡終日之歡娛敍人生之樂事酒興既闌乃偕友閒遊樹下芬芳撲鼻燦爛宜人無何興盡悲來不覺喟然歎曰風月者高士之精神花鳥者美人之魂魄語云一刻千金良有以也昔太白春夜宴桃李園中開月下之筵酌花間之酒固怡然一桃李園中之

主人也曾幾何時已成陳迹吾儕今日仿高賢之雅事喜勝地之優遊亦不愧爲桃李園之主人矣然人生朝露百年易盡風月花鳥萬古常存昔爲之主者得見桃李園之佳景今之桃李園其景豈果不如昔耶而太白主人已渺不可覩然則桃李園乃眞主人遊者皆過客也後之視今亦猶今之視昔悲夫客聞余言相顧而笑已而夕陽在山人影散亂客去余亦返諸室中濡筆爲記

文筆能秀敷詞亦圓

小西湖記

奉賢縣國文英算專修學校第二級生 岑俊

西湖爲杭州勝蹟岳王墓在焉其地風景之美甲於全國泰邑城西有土墩一巍然聳峙上有武穆王遺像相傳爲武穆屯兵處故名曰岳墩或呼爲泰山昔人因岳墓在西湖有山水爲之生色而泰邑無之乃於岳墩下掘溝爲湖闊三四丈許水不過深淸可見底環繞縈迴勢頗幽曲名曰小西湖蓋仿乎杭州西湖而名也今歲之春天氣晴和余於課餘之暇邀二三知己往西湖踏青進北門里許見西南一山巍然峙立者岳墩也越墩而西漸聞水聲潺潺而流出於山之右者小西湖也小橋橫其上折橋而南有亭翼然鼎足而立者則憩亭暖春待月諸亭也余與友人入憩亭休息憑欄俯視但見新荷出水綠柳盈堤游魚三五往來其中曠覽之餘心懷頓暢幾疑身在杭州西湖畔也有頃友曰亭後有園可往游焉余從之於是入園小坐啜香茗敍幽情友或圍棋賭勝或賦詩見懷獨余枯坐凝思喟然歎曰杭州與吾邑同一地也西湖與斯湖同一湖也西湖之名聞天下而斯湖名獨不著者何耶豈以吾邑僻處鄉隅知之者罕非若西湖當通都大邑之地東南省會之區而名特顯著耶然余往年過杭州訪西湖其中如蘇堤春曉雷峯夕照斷橋雪霽三潭印月覽其所謂勝景者亦無大異反不如今日徜徉斯湖之爲樂也豈吾人之樂不在於地而在於心耶使移西湖於吾鄉而移斯湖於杭州引人游覽之勝能若西湖否耶友聞余言相視而笑已而詩就棋終偕行出外遙

見西北隅陳烈士之墓在焉黃土常埋青松環列烈骨一坏若與湖山並峙者然時夕陽西下日光返射水上渲以餘霞光彩爛然沙鳧迴翔時上時下足以極游目騁懷之樂也友曰日云暮矣盍歸乎休於是攜手同行行行且止至岳墩前以時晏不果登迴顧西湖暮煙繚繞景物模糊余與友興盡歸來遂握管而爲之記

作游記願能生發毫無枯澀之病大有進步前中敍次不平用筆不俗尤爲奪目

雪景記

泰縣國文英算專修學校第三級生 朱蕙青

時逢冬日天氣嚴寒彤雲密布北風凜冽朔雪霏霏侵晨未已登樓一望河山臺閣悉變爲玉琢銀裝疎林特兀梅蕚爭妍柳岸蕭條絮飛天上誠一幅天然雪景圖也余枯坐斗室岑寂已甚當此苦寒又不能閒步郊外踏雪尋梅效孟浩然之逸事然如斯美景何堪辜負籌思輾轉雅興漸消適余友某君冒雪而來謂余曰天寒雪冷盍飲酒以回溫余曰善於是呼小僮沽佳釀市羊脯置酒樓中與友對酌酒方半酣冷氣漸減余曰今日之飲樂乎友曰樂哉斯飲此天所賜也夫雪也嚴寒凝結而然當茲冬令誠不足奇而騷人雅士往往因而有所感觸或扶杖逍遙賦詩見志或騎驢遠踏爲訪梅花或垂釣扁舟自標冷骨至於茅檐蔀屋之中則瑟縮可憐饑寒交困此景則一而苦樂則大不同也客語畢隱几而睡余亦和衣就寢翌晨早起紅日當窗簷前聲韻叮噹蓋屋上積雪經日之熱度而溶解也但見道旁兒童戲作之雪人雪獅等尙端然而坐巍然而立若不知紅日已升將加諸己而立卽消滅也余不覺爲之感慨欷歔而不能置云

寫景既工末段亦有感慨

述各省沿海形勢

江蘇省立第二中學四年級 吳俠盧

交通之開展殖民之擴張國勢之強盛凡此三者皆爲吾民所渴望而究厥由來無非瀕海有以資其利蓋蹯居大陸

之國四阻高山無瀕海以興水運則交通不便無海濱之鼓盪則人民無冒險堅忍之性殖民事業遂付闕如如是而欲求國勢之強盛其可得乎是以東西列強咸出其攻略政策以攘他國之海岸線亦此意也我國東南瀕大海海岸線之長迤邐至數千萬里其間港汊交錯島嶼列立軍港良佳交通利便魚鹽之利猶其次也今將其形勢略陳如下

蓋沿海凡七省即奉天直隸山東江蘇浙江福建廣東是也奉天省伸入海內爲遼東半島隔海與山東半島作半環形合抱而爲渤海千山脈蜿蜒而南爲老鐵山高角旅順口在焉老虎尾扼港之西口黃金山扼其東口二山之間僅通帶水山築砲臺港容巨艦東亞第一之良軍港也西有大連灣三面環山貔子窩障其後形勢天塹良港也大沽口爲黃河入海處京津之屏藩直隸之鎖鑰也築有礮臺與北塘互爲犄角與新城互爲表裏古人云一夫當關萬夫莫開者大沽有焉北有秦皇島海環三面風景絕佳冬日不冰北洋良港也膠州灣由勞山角與靈山衛角相抱而成島嶼星羅於口外勞山屏蔽於後方天然要隘能戰能守膠濟鐵道由此發軔運輸便利商業蒸蒸日上矣北有威海衛良軍港也劉公島橫其前懸崖峭壁攀躋爲難吳淞口當長江入海處左有川沙右有寶山崇明東沙諸島亙其前形勢天塹築有礮臺長江之鎖鑰東南之門戶也舟山島浙東海內之一島也左有普陀册子右有金塘大謝長塗峙於前桃花蔽於後島嶼環圍形勢扼要三浙咽喉此實扼之舟山南翼象山灣灣由象山半島劃海而成之一灣逾半島而南曰寧海灣六橫南田二島峙二灣口之外屯煤避風之佳港也厦門爲閩中商埠之巨擘由鎮海石井二角合抱而成之海灣金門島峙其前鼓浪嶼障其後良軍港也兼以商務發達爲八閩最九龍位在南海之中與香港對峙其港山環四面左右兩門避風之港莫善於此香港在其南亙廣東灣之東口南洋航路之要衝也雷州半島伸入南海而成廣州灣海南島橫其前水石環列良好軍港莫能與京據此則東陵香港北扼西江兩粵之門戶也他如奉天之青泥窪山東之榮城灣福建之三都澳馬尾港浙江之溫州灣臺州灣廣東之澳門榆林港直隸奉天交界之山海關

皆爲交通便利形勢險要之良港也嗚呼我中國之得地勢不爲不利奈何任人割棄撤我藩籬欲求完備之軍港遂如秋葉辭枝不復我屬嗟乎門戶洞闢堂奧日殆臥榻之旁聽人鼾睡登堂入室囊括神州錦繡山河蛇豕薦食軒皇之裔其亦動心否耶哀哉

戊午年端陽競渡記

吳興留穎商 校三年級生 王慕周

敍述處如瞭指掌如數家珍非精於輿地學者不能下筆筆亦靈活自是竿頭之作勉之望之（程鑣評）

昔屈原遭讒被謫感傷身世行吟澤畔沉於汨羅楚人傷之乃於端陽日造龍舟競渡以弔之今則各處皆有競渡之戲其爲弔屈子與否則不可得而知也吾因之有感矣夫兵連禍結歐戰方酣此地球之競渡也至若東鄰逼處虎視鷹瞵此同洲之競渡也又若南北搆兵相持不下粵閩被毒湘岳爲墟此蕭牆之競渡也不獨此也一國會也中央則舉行新選西南則倡言召集中流擊檝旗鼓相當是議院亦在競渡中矣一黨派也分門別戶各樹屏藩伐異黨同互相傾軋是政府亦在競渡中矣其餘城狐社鼠之流附翼攀鱗之輩或攘權而越貨或推波而助瀾塡然鼓之烝徒楫之邪許聲聲一唱百和尤無日不在競渡中矣有此種種之競渡而神州莽莽遂成競渡之舟而人民之寄身家託性命於此舟中者亦相率浮沉於驚濤駭浪之中羽譙譙而尾翛翛風雨飄搖莫知所屆此則不可以歲月計者矣吾於今日之端陽而追溯夫既往之端陽而揣測夫未來之端陽深爲此競渡之龍舟危也屈子以忠憤自沈而後人弔之後之人非激於忠憤者而亦效之不亦大可哀也乎

借題發揮亦是一格

醉鄉記

吳興留穎商 校三年級生 王慕周

將至醉鄉絕無平地其境迷離變幻髣髴有池有石有水有山有風濤之洶湧有岡嶺之巍峨金谷窈其變色玉山傒

其將頹與世之所謂安樂鄉相隔絕相去不知其幾千萬里也是鄉也非盡人所能遊亦非遊者所必至惟醉翁酒徒之流往往呼朋挈侶沈湎其中流連忘返暇則必遊遊則必至如李白之自稱酒仙顛鳴得意劉伶之荷鍤以隨號稱曠達又若吏部之甕邊高臥季眞之井底獨眠均不以爲苦而以爲樂亦自樂其樂而已今吾見人之遊鄉者不見其樂但見其苦廢時失業損傷身體敗壞道德其害甚大故余以爲是鄉也苦海也迷途也非樂土也相戒裹足而勿遊也醉鄉之人亦嘗告余曰不足爲外人道也

暑假修養記

江蘇省立商業校　祝　歐

我國舊習儒人士子不論寒暑終歲苦讀於衛生一道不甚注重近世學校定章曰春假曰暑假曰寒假假期爲最長者莫暑假若蓋值此夏令暑氣尤甚勢必分散以衛生也故其無論大小皆給假焉諸少年於此將何以修養之耶余宅之西隅爲昔日讀書之所室雖小而雅狹而明天晴則草色入簾天陰則苔痕上階有垂楊爲之遮日叢蕉爲之招風玉荷爲之助色幽蘭爲之添香余坐其閒如登蓬萊不覺炎熱眞可謂避暑之佳地當夫日出則臨鍾王碑帖以練筆力日中則溫英文算術以補不足日暮則誦韓蘇文詩以暢心志俄而池塘之蛙鳴聲如鼓遙相應和似合音節則亦兩部鼓吹也間或仰首思之則覺白雲出沒淸風往來蟬聲高低螢火明滅益足怡情嗚呼世之消夏者往往出外游覽朝夕跋涉以求山水之樂徒費光陰耗精神無益而有害也余之所樂樂於能修吾之身養吾之心心身既有所脩養庶不負暑假黃金之光陰矣夫學子所最重者光陰也光陰一去不可復返是假也天最熱期最長吾人善爲脩養始終如一庶不負學校給假之盛意矣

本校球會記

浙江第十一師範本科生　黃　珽

余僻處窮鄉孤陋寡聞素不知體育中有蹋球之舉今年入師校始知有網球足球諸會於是余入此會旦夕與同學

諸君齊集操場相與競踢若赴戰然人皆有向前之心而無退卻之意既足以活潑精神又足以強健身體語曰鐵不磨則生銹鏡不拭則生塵人不勞則易病善哉言乎夫球內實以氣無氣則失其為球而球之功用球之能力皆無有矣大地亦一球也地之上彌綸磅礴無非氣也有是氣而後能生物有是球而後能載物有球以呼吸乎氣有氣以充滿乎球然後能生萬物能長萬物能養萬物世界因之而成設使自古無空氣無地球而欲成此莊嚴爛燦之世界毋亦等於皮之不存毛將安附乎由是觀之皮球雖小一大地之模型也大地雖宏一皮球之具體也第不知運用皮球者亦有縱大地之手段否予因有感故作斯記

即小見大別有會心

鬭鷄記

吳興留讀商校三年級生 王慕周

庖人某蓄鷄成羣中有雄者色白而形小精悍而好鬭羣禽遇之輒北久之莫敢與鬭者而是鷄遂長其羣方且啄太倉之粒飲靈沼之泉戛然長鳴羣禽俯首固一時之雄也一日某又購一雄雞高冠而金距身巨而音長望而知為健物余私計是雞當不敵矣既而羣雞莫敢鬭而白雞獨與之鬭兩翼生風塵飛草偃屢躍屢仆再接再厲久之氣餒力竭披靡而逃平日之自鳴得意者不幾為羣禽所竊笑乎余曰有是哉此白雞也稱雄於平日取敗於一朝蓋力不足恃也夫力有所長亦或有所短今白雞不見己之所短自負己之所長故致失敗伸於羣雄之上而不能不屈於一雄之下力固可恃哉然則天下之恃力者亦白雞類耳金樓子曰自伐者掩人自矜者陵人掩人者人掩之陵人者人亦陵之可不懼哉

夾敍夾議思致不平

重九登高記

浙江第十一師範學校生 宋家猷

九月九日相傳爲重陽佳節是日適星期學校例假余早膳畢忽念古人有以登高避災者夫此事本屬迷信余果何取然而秋水盈盈秋風蕭蕭秋容淡淡秋葉飄飄誠美景也余效其行而不效其意顧不可哉以是邀同學二三登括都之萬象山至其麓仰視之不甚高乃徐步至巔舉目四顧環山盡蒼松參天矗立新鮮之空氣塡塞其間而全城屋宇都在望中且隱隱見我師校焉余是時興㳟勃發胸襟開朗眼界爲之一擴精神爲之一爽左行數武見寺一亭一形式壯偉有閣有樓緣梯上中設椅几任人憩息友告余曰此邦人士常宴飲於斯以取樂者也四面俱窗乃倚而俯視所見較前尤勝未幾日薄西山炊煙上升偕友返校濡筆記之庶不忘今日登高之樂云

頗能自抒所見（昭德評）

書張太僕弼士經營張裕釀酒公司事

吳江私立麗則女子中學四年級生 陸振權

大河以南泰山之陽蔚然爲實業鉅子獨倡風氣於舉世不爲之秋者曰魯國張太僕弼士先生也遜清同治辛未太僕爲海外游至暹羅吧唔法領某某飲以佳釀色白而甘貨詢之知爲葡萄酒未幾主人酒酣耳熱掀髯笑謂太僕曰曩遊津沽悉烟台富產葡萄可釀美酒貴國人置不一顧忽坐視大利之廢棄乎吾將設公司於貴國而經營之願太僕其助我言已復笑太僕默識而心恥之既歸國躬赴烟台見綠葉蓊鬱明璫碌碌者皆葡萄樹眞不啻滿縣熟也乃悉心研究歲辛卯設廠始釀之越二歲得酒師俄隣以厚幣聘之來不謂以疾卒于途復聘荷師雷弗得弗得技絀勿克有所展布辭之去更聘得世業釀葡萄酒師奥國男爵拔保拔保以化學試驗之乃知烟產葡萄果力不足而栽培邪未嘗不足以爲釀也太僕乃不恤重資購奥種都六十四萬本種之活者不過十一二且孱弱無生氣旁觀者咸笑太僕愚太僕不之顧與拔保旦視而暮撫研究木之天性乃知病在蟲蝕遂更購接根者五萬本種之而厚沃其根本於是活十之八九方謂可以有成矣孰意洪水爲災凡茲巨金佳本悉付漂沒盡歸烏有豈天之有以相阨而不欲大

張其業歟然太僕百折不回與天競勝賡續其志不稍餒也乃更出重金購接根山葡萄佳種植之山谷所植無不活且碩茂豐實以蕃他植者雖窺伺傚慕莫能及也成績大著逐年接種規模宏具然已竭數十載之苦心百餘萬之資金矣於是太僕莞爾笑曰吾今其可稍雪中國人坐廢大利之恥乎然吾不敢自懈必更有以求進也銳意經營盡力改良營業遂日益發達今則工廠林立建總發行所於海上日本南洋羣島等無不暢銷其品云噫盛矣嗟自互市以來外人以物攫我金錢去者歲不知其幾千萬從未有一人思起而挽回之太僕乃心以爲恥慘淡經營從事組織備經困難不稍退縮今則非惟抵制輸入且能行銷國外以贏外人之利其毅力亦不可及矣雖然葡萄酒一消耗品耳而其成也艱難困苦且如此况大於此者乎故樂爲之書其事以告世之立業者

夾敘夾議操縱自如一結尤有深致（鄒家麟評）

飼鷹記

吳江私立麗則女子中學四年級生　趙仁鏡

有園林花木之勝尤不可不有禽鳥爲之點綴吾校山石玲瓏荷池屈曲亭榭三五圍環其間結構頗精校長任先生但植花卉而未蓄禽鳥有芬芳之娛目無宛轉之和鳴未免猶有遺憾也昔日雖曾蓄鴛鴦三四特作亭池中爲之棲息翠毛紅羽肅肅雝雝憑欄玩之頗堪娛樂孰意時未數月驟然烏有吾校園亭乃復歸於幽寂今夏得一鷹乃顧師啓仁捕之於其園攜以贈於任師者其初來也誘之莫鳴飼之不食獨立於假山之頂足不離石首不俯仰者累日方疑其不甘羈縛將鬱鬱而終也乃習之既久投以魚肉即嚶然長鳴欣欣接食近持餌過其側竟趨躍鼓翼以迎即不持餌而行經其下且深目左右瞬不稍息似殷殷索食者蓄雖未久已馴若家禽余等課餘逗而戲之至足樂也越數日有村人亦捕獲一鷹狀大小無亞於我校之蓄者費值不百任師復欣然購得之與舊者並蓄於一假山之上使之爲伴侶其不食不鳴也與舊者之初時無以異方謂不久亦必馴若舊者也昔一鷹獨處不久即馴况有舊者爲之道

乎一日不食至二日二日不食至三日強飼之哇然吐至四日竟絕繫而遁高飛而遠舉矣二者同是鷹也一何其馴一何其野乎蓋鷹者猛鷙之鳥也常飛跱於林野徊翔於天庭擒狡兔截鴻雁以搏擊爲能者也夫泛泛水渚之鶩鵞尙不受牢籠而遠飛况疾翅利爪之鷹乎故存者之馴非馴於馴之日蓋其自雛迄今習飼於鮮食故飽食無慮而遂忘其雄飛之志以供吾人之娛樂也然余喜存者之玉爪金眸獨立不移爲我校園林生色而更羨逸者之翺翔天空凌雲自得也

精心結撰妙造自然（鄒家麟評）

秋日觀劇記

江蘇省立第二農業學校附設農村職業教員養成科學生 潘馨

日淡風淸天高氣爽書齋靜坐沈默無聊適友人來告曰今日某村演劇盍往觀乎余曰善遂攜手出門緩步當車途中柳葉轉黃稻花吐白秋光明淨景色宜人但見男女絡繹不絕於道俱欣然有喜色復行數百步忽聞金鼓喧天人聲鼎沸而劇場已在目矣余與友興高采烈入場覓坐所演者雖非改良新劇然大致不外忠臣孝子俠士姦雄之事演之者旣唯妙唯肖而觀之者亦忽喜忽怒類皆本其良心上之主張以爲臨時之裁判信哉戲曲洵足爲社會教育之補助品也古人謂雖小道必有可觀非虛語矣然吾因之有感焉古今來聖賢豪傑勳名事業赫奕一時不轉瞬間音容俱杳何一非今之優者類乎是故堯舜禹湯卽優之淨也五霸七雄優之丑也秦皇漢武卽優者之末也無論稱王稱帝拜將封侯要不過顯榮一時與劇場中人物相等徒足供後世之描演評論而已可歎也夫未幾油然作雲沛然下雨觀劇之人散而歸者數百人余與友亦冒雨而返八月念二日思前觀劇之事乃濡筆記之

氣沖詞沛暢所欲言（張湛甫評）

都門粥廠記

京師公立第一中學第六級第二年第一學期學生 孫昌鐸

丁巳年冬余客都門以事赴地壇道出北郭第覺寒風刺骨飛沙驚人凜冽之氣幾令人身作戰而膚起粟行不數武見一蘭若門前貧民麕集老者傴僂男婦雜沓喧鬧於塵埃風霾中似不勝擁擠者而人各一筐筐中置碗及瓦缶鐵罐等不一時人語嘈雜援人聽聞呱呱者兒啼也嚶嚶者婦泣也咤叱若狼噭者則男子爭攘鬬毆也蓋此蘭若爲官粥廠而此援攘者皆無告貧民嗷嗷待哺者也環視貧民面皆菜色余惻然久之又見一少婦抱兒坐地哭其聲嗚咽慘不忍聞兒嘔啞學語撫母面摑母項似慰母使勿哭也者或問之則曰妾居保定城東三十里遭水刼夫溺死田廬皆淹沒本邑雖有一二粥廠以救災民柰杯水車薪無濟於事不得已隨翁姑攜此子乞食來京至半途姑老病不能行憊死今來此行將旬餘日惟一餐然較坐困故鄉不獲粒粟者所差不知幾何矣前日翁又死苦無斂具幸天寒得不腐今妾零丁孤苦所以不即死者以翁未葬又有此一塊肉耳不然未亡人早從夫地下矣言已復大哭聲愈哀余聞是言悲從中來不忍卒睹乃急趨而過之嗚呼京兆一帶洪水爲災其慘如是婦者亦多多矣當局者祇知役志功名蒙情富貴而於一切民事掉頭不顧徒設此寥寥粥廠以掩人耳目吾民何辜一任其輾轉溝壑之內呻吟風雪之中死無以葬身生無以立足果誰之罪耶蒼蒼在上吾竊欲搔首而問矣噫嘻

鄭俠之圖殆無以過之

後睡鄉記

浙江省立第三師範學校本科一年級生　朱乃基

人生不過數十寒暑耳強半處睡鄉而人顧夢夢焉習聞習見而習忘者非忘鄉也直忘睡耳請試言睡不睹不聞如菩薩低眉而出神入定者睡態也惝兮怳兮如海外神山可望而不可即者睡境也五步一樓十步一閣如山陰道上而應接不暇者睡趣也茶溫酒熟之餘如嗽橄欖而甜回齒頰者睡味也或水火或爭鬬如墮九仞井而呼號無靈者睡魔也此皆盡人所閱歷夫豈托諸寓言而僅等於無何有之鄉耶鄉先生名最著則有若風后力牧有若傳說太公

望豐功偉烈勒名宰相碑未識宗少文臥游時一謁鄉賢祠否惟希夷先生於此間得少佳趣積日累年低徊留之不能去其餘則或與蘭或染柳或拾筆一枝或索錦一段均不克作平原十日留他如鳳吐犬嘷蛇鬬忽喜忽怒悉聽氤氳使者所主持雖與地不少概見而其軼事乃時見於他說顧欲竟其說而世又以癡人笑之謂其陰盛陽衰每爲偸懶者所規避有木難雕無牆非糞廢專曠功莫此爲甚爰下令、閉關、謝使、不得私、自外、交違禁、者罸、無赦或燒燭以照膽或投籤以怵心或懸梁以刺股未始非醒世之婆心也然而墮聰黜明者四體不我仁可奈何乃進小龍團一劑病雖略愈而思鄉之病原如故惟訪懷夢艸於種火山加以瑪瑙宛轉環搗屑爲丸任意呑之而病始安寢嗟乎今之居人上而自命獨醒者不思所以振國勢揚國威登諸列强之右第自謀權利甘心負國者其與譫言囈語相去幾何哉然則以身外身說夢中夢出作入息以睡鄉爲故鄉也可官止神行以睡鄉爲他鄉也可過而不留睡鄉乃一傳舍也生勞形役睡鄉乃一休亭也屋不必十萬買地不易八百主事無事爲無爲睡鄉乃一極樂世界也因作、後、睡、鄉、記而繫、以、歌曰

視混沌爲興廢兮合華夷爲封疆既無饑寒之迫兮又乏兵燹之時傷而天荆地棘兮吾將終老於是鄉

筆意新穎頗饒興味（梁仲凱評）

本校捕狐未獲記

江蘇第三中學學生 呂發政

余少時嘗聞人言以狐能祟人其性狡及觀動物學始知屬於脊椎動物哺乳類之食肉獸然以不得一見爲恨國恥後之十六日晨有狐出自學監室適爲校役所見告諸監學沈先生時余洗面初畢急出視之則沈先生已設法捕之矣狐本多疑見人卽逸竄入地板下學生等塞其四周之隙孔餘二孔一則以竹驅之一則以網圍之使狐投入於網中以供博物之研究乃百計誘之而不出早膳後吳先生適來於是共謀捕狐之法然仍不獲時或探首而出或全身

俱現其色斑形似貓而大。未幾上課。因有孔隙。遂得逃去。嗚呼。狐固能爲妖耶。俗謂狐壽千年能祟人致也。狐能祟則吾校於福耶。抑致吾校於禍耶。不得而知。夫狐喜居濕地。本校校址十年前爲義塚。其爲狐窟固宜。則斯狐之出何奇之有。因作此記。

爽當

觀捕鳥者記

江蘇第三中學學生 呂發政

一日余遇捕鳥者於疏林之下。見其手一籠。籠畜一鳥。繫於樹枝之下。捕鳥者乃自瓶中取膠汁塗於枝上。余見而問之曰。將何爲乎。捕鳥者曰。將以捕鳥也。頃之。果有三四小鳥盤旋於空碧之中。作覓食狀。見籠中鳥以爲同類也。遂飛下而集於有膠汁之樹枝。噫。是鳥也。豈知甫息其足。而翼尾俱黏。力振而不能脫矣。捕鳥者樂而謂余曰。何如。遂向前捉而入之於他籠中。如是者數次。無一不獲者。余觀畢。不禁有感矣。夫弋鳥之舉。自古有之。然未嘗乘物之不備。詐以得之也。昔孔子弋不射宿。即此義也。今捕鳥者則異。是非特乘物之不備。且設計以誘之。去古人愛物之心遠矣。雖然。捕鳥者固狡矣。而鳥之所以被捕者。惟其貪耳。貪足以亡身。則茲鳥之爲捕。亦自招其禍也。

其言靄如人宜時存此念

中秋放假記事

揚州美漢中學高小三年級生 許國瑩

中秋佳節。學校例有假。戊午之秋。余肄業於揚州美漢。亦於是日停課。乃偕二三知己閒步市中。見寶馬香車。塡街塞道。紅男綠女。絡繹不絕。而他校有排隊旅行者。音樂之聲。洋洋盈耳。幾有山陰道上應接不暇之勢。友謂余曰。塵市喧囂。足以擾人雅興。吾儕曷至郊外作秋遊。以遣懷乎。余聞其言。欣然從之。爰聯袂而行。出天寧門。折而西。則畫舫、滿布河中。乃買舟解纜。向小金山而駛。一路綠波蕩漾。風景宜人。兩岸蟲聲。賡續而起。如天然之音樂。而尤以蟋蟀爲最洵秋日一快事也未幾已抵山麓於是舍舟登岸拾級而上至其巔則風亭在焉昂首四顧見松柏交翠禽鳥亂飛五亭橋與法海寺歷歷在目而隔江諸山亦隱現於蒼茫雲水之間至此心曠神怡不覺此身之置於何所也夫人以憂心感者則其境可憂以樂心感者則其境可樂方今歐戰風雲瀰漫大陸加入戰事者舉目有山河之異而吾人猶得以事外閒身自適心志謂爲無上之幸福可也復何憂之有哉少頃夕陽西墜皓月已升仰視天空如懸晶球其皓皓之白與此明淨之心相對照其樂又何如乎乃乘輿而返濡筆爲之記

機圓局緊不蔓不支（汪子厚評）

秋夜讀書記

揚州美漢中學三年級生　程超

蓐收司令白帝乘權金氣肅森炎威斂退歲云秋矣一味涼生人意爽然厥宜夜讀晚課甫罷危坐室中乃展書編琅琅而誦是時也四壁寂然萬籟無聲靜中眞趣頗耐尋思繁言與旨不難領悟少焉蟲聲唧唧破空而起蛙唱鼓吹蚓奏笛音與野寺疎鐘鏘然相答慨然釋卷開窗遠望窗臨北郭一覽靡極天雲高潔星月皎然燐火星星與漁鐙相間小溪一帶緣郭湍流明星倒映幾疑其爭浴潭中也流連半晌寒氣襲衣袂於是閤窗靜坐盡蠲塵念書中有不了解者置之不苦索也坐久神倦息燭而寐坦然入夢日間所作毫不縈懷余夜讀屢矣覺其可樂爰作是記

頗有意境句法亦能峭鍊（戴筑瑤評）

記孝子黃春事

江蘇第三中學學生　呂發政

孝子黃春田家子也家甚貧父名恭頗仁慈其母謝氏曾借米於隣居老嫗及期未還老嫗索之急至年終復索之仍不還遂扑謝謝受傷臥牀不能起竟殞命焉時黃春僅十二齡也黃春哭之哀淚痕徧面以爲母非命一日不能報讎即吾一日未盡子職屢求其父鳴於官而父故仁慈畏訟其事遂寢春一慟幾絕一日復告父曰吾母之死實爲隣嫗

所害兒中心悲痛不願與仇家朝夕見也遂行不知所往後其父漸悔約一年而黃春至黃春服素服袋藏金其父見而喜曰不見一年長大多矣春曰兒囊中現有金在母死期年盍延僧禮懺因而撤靈乎父聞而諾詢在何處則默然不答惟眼淚自面頰曲曲流下而已其父見而憐之乃笑謂之曰余老矣含飴弄孫未知當在何日汝年事漸長當亦知之彼隣嫗之女貌尙楚楚差可爲我兒婦汝其有意乎春曰兒無長兄又無弱弟淸夜以思未嘗不引爲長恨然仇家之女兒寧鰥不娶也蓋兒生死久置度外不遽求死亦不求生遇可以生卽佯狂以生決不使膝下空虛有伯道無兒之痛遇可以死卽坦然就死吾父亦毋須愁憤自苦但視兒幼年夭折可矣誠以此仇未報之時舉世界之事物物皆無一足移其心所謂厭世主義者非耶父知其中心之痛返身入內室臨行長吁曰吾兒其終有自悟之日乎嗟乎父言誠甘父心太苦其爲此言余知其心之千迴百轉也及撤靈之日正熱鬧間鄰人皆集而扑謝之老嫗亦在焉春痛哭不已觀客皆爲之泣下忽焉春出刀刺嫗嫗遂仆衆大驚共欲拘春春復哭曰殺吾母者卽此嫗也嫗不死母心不安今嫗既死吾願已畢吾欲就吾母矣遂自殺衆聞之皆歎息不已其父見春死撫屍號啕淚血幷揮旁人或勸其稍避謂自宜珍重而黃翁不顧也逝者有靈其能瞑目乎春既葬鄉里慕其人銘其墓曰孝子黃春之墓春死後家益貧其父念子不已一夜夢春春曰冥帝念吾孝憐汝鰥且獨將付汝富貴命兒仍爲汝子覺而異之一日屋後舊牆忽傾得藏金數千復娶妻生子子貌似春子生而父年五十餘矣弄以璋珍如瓊璧七歲入學十三能詩漱潤藝於瓜年剡芳名於茗玉淸文滿篋非唯芍藥之花新製聯篇寧止葡萄之樹其父喜出望外稍長博覽古籍兼善駢言其後舉於鄉以教官終其身而恭亦享高榮云余曰爲善無不報惟遲速有時若孝子黃春者可以風世矣

此爲有關人心世道之作

秋夜玩月記

吳江私立麗則女子中學三年級生 丁美均

歲在丁巳將屆中秋余與二三同學攝衣登露臺遠眺露臺者吾校中新校舍之屋頂也時則遠樹迷離遠山重疊殘陽匿影夜色蒼茫遙見皓月一輪漸升於東山之上徘徊於斗牛之間纖潔無塵夜涼似水清風徐來萬籟俱寂余樂甚與同學鼓掌歌水調歌頭之曲眞有瓊樓玉宇高處不勝寒者而玉笛一聲來自隔院悠揚婉轉若故與吾輩歌聲相應和一時氣象萬千俗氛盡滌不禁神怡心曠有不知手之舞之足之蹈之者矣雖然明月則千古而常新人衆則飄忽若朝露數十寒暑無異一瞬今與同學對此皓魄吭聲高歌不知明年今日集此露臺者復有幾人耶歎聚散之無常感浮生之若夢不覺悲動於中而不能已也乃與同學攜手返返而就寢時床前月光皎皎如白晝烏鵲飛噪樹間一若惋惜吾輩之玩賞未得盡其豪興也

寫情寫景如讀輞川畫(鄒家麟評)

寒假二十餘日之回顧記

江蘇省立第一師範 謝鳳章

去冬嘗豫計返家後之自習時間列爲一表當時以爲餘晷尚多當能不負而不知既至家有友朋之酬酢塵俗之糾纏又苦天寒水凝不堪書坐是所計之事祗行其半故天下之事計之有餘爲之往往不足況乎不計而自放者則其謬又當何如也鳳章之在家也獨處東軒焚香默坐其志淵然其氣藹然其意淡然不知有所謂空空玄玄微渺深邃之事者蓋窮探力索雖未能造其藩籬亦當知其義理之所在然而未學之科學縱求之亦不可必得今之居校也質問於師長者有普通之科學藝術然非好學深思徒貌襲之而已登其堂入其室豈可得哉而同學衆多喧囂聲雜紛難一致其遐思耳故居校則賴師長教之以方居家則藉深思以造其孤詣學校家中互相爲用不可偏廢也余獨惜在家時除友朋酬酢塵俗糾纏而外不得從事於學問者至三日之久蓋抱採薪之憂也迄今却顧深自扼腕安得復返此已去之光陰也耶丙辰歲之春社日因回顧而記之以見凡事不可不計於先及歲月之不待人也可不勉歟

是能用心者觀其下筆可知也（胡介生評）

記重九登高事

江蘇宜興彭城中學二年級 任香初

龍山落帽傳韻事於參軍鳳嶺飛觴溯風流於山簡節屆重陽古人例有登高之舉適逢日曜吾儕豈無遺興之方是日也清晨卽起爰約良朋閒步出校登蚆山之巔南望銅峯迴環似抱北瞻鵝嶺明淨如妝俯瞰太湖水天一色仰觀紅日照耀萬方飲茱萸之酒餐桂蕊之糕詩聯排律令約傳花忽聞鐘聲繞出林表偕我友人拾級而造參禮佛像非效俗子之祈求訪丈方晤暢談禪宗之奧妙烹茗清飲歷時始別更見山麓田澤縱橫廬舍棋布荷鋤農夫小於十齡之幼孩騎牛牧童長若數寸之傀儡相與樂甚徐步下山旣念椿萱年高定省久疏棠棣青春言歡何日不禁悲從中來陡起還鄉之念則惟有致身於學問尊重夫道德他日成就博雙親之笑顏效力國家盡國民之責任抱此希望冀達目的復覺樂趣橫生與步歸校濡筆爲記

簡潔之筆亦風亦雅

記義丐

江蘇宜興彭城中學二年級 任香初

白下某丐佚其姓名跛二足棲古廟中日乞於市某晨自廟出得一包廟側廁所提之甚重啓之有白金三百不知何人所遺丐思命蹇行乞自問無福消受彼失者或因之誤事而有性命之憂亦未可知因坐以待之良久一人氣喘奔至探首廁所若有所覓者丐問之曰子殆尋物者乎曰誠然汝見之否丐曰予適得一包未知是否子試言其顏色並內貯何物言之悉符知非冒認遂還之其人卽平分白金以半相酬丐曰吾不取其全數豈望報乎且子去其半恐於事有礙卒不受乃以十金相贈而去他日丐者乞於市見人羣聚喧嘩視之圍一女子席地而哭年可十五六姿色絕麗一好女子也旁立一中年男子愁眉苦臉狀至堪憐二人蓋父女也聞之旁人知爲負曹某之債無力償還迫令以

女作抵也丐者爲之不平曰私人放債盤剝貧民又復若此苟負公款更何如耶曹怒曰何物乞丐乃敢猖狂作此仁義之談汝旣護彼可代償我丐問所負幾何曹曰十金丐卽探囊與之索回借劵當衆毀之彼負債父女欣謝而歸曹本艶女色欲得爲妾行此毒策無意中爲丐者所破怏怏而去後丐者遇一道人謂之曰子足不仁猶可以醫余有藥子歸濯而敷之當有效丐者如其言試之未幾果步履如常人斯時也雖仍行乞已變方針日事儲蓄爲謀生計初作小本經濟獲利頗厚未及十年築舍購田居然履厚席豐娶婦育子昔爲跛足之行乞兒今則闤闠作富家翁矣見利思義君子所難以貧濟貧士夫所鮮義丐秉之可以風矣還人財帛已終得富完人骨肉殘疾以愈孰謂蒼蒼者天無報施哉

敍事簡當斷制謹嚴（葉涵如評）

說明如城之古蹟

如臯女子職業學校學生 儲馨山

嘗考如城縣志地濱江海縱橫二萬六千四百方里始屬廣陵繼隸崇川其中古蹟若人若物若山若川豈勝舉哉試述一二以概其餘若蟠山毓秀雉水鍾靈故地稱美善人多俊傑胡安定之高風雖渺故里猶存王殿撰之功烈已遙建坊尙在賈大夫射雉於斯父老猶傳爲美談龍遊河遺跡昭然行人尙停舟相訪嗟乎年湮代遠物換星移徐氏之八鐘樓半屬官府今之積穀倉是也冒氏之水繪園全歸浮屠今之雨香菴是也類如是者不勝枚舉吊古者不禁黯然神傷也

感喟無盡

中秋節日記

蘇州晏成中學校學生 汪克祜

戊午中秋學校放假常例也是日晨余約同學作觀前遊緩步出校遊人絡繹不絕闤街塞道熱鬧若是非所謂中秋

節乎。且言且步。不覺轉瞬。已至觀前矣。乃偕往吳苑啜茗休息片刻。及鐘鳴十二。遂怱怱歸。歸後與表弟等。談明皇遊月古事。手舞足蹈。不覺甚樂。未幾金烏西墜。玉兔東升。一輪明月高懸。天空散步庭前。胸襟爲之頓開。俗情因而盡滌。樂之甚。幾不知憂之來也。夫月一地球之衞星耳。與木石等。崇果栗祀之。無謂極矣。况中國處極貧極弱之地位。各國覬覦。百端。猶迷信於中秋之焚香。膜拜。民智之未牖。抑習俗使然歟。意有所觸。握筆記之。

重修秦淮海祠落成記

浙江第十一師範學校本科四年級生 應明 安治

自古遐荒僻壤。每爲文人貶謫之所。故滇黔之崖。瀟湘之浦。名儒大賢。廟祠遺迹。隨在皆有。其明徵也。吾栝地處萬山。之中。雖不及滇黔瀟湘然。亦浙之南鄙。貶謫者雖不若滇黔瀟湘之衆。然豈遂無其人。甲寅秋。余就學郡城。暇輒借友搜尋古迹。顧時越二年。未得一文人之遺址。及讀朱先生復戡詩。方知宋秦淮海先生有祠於萬象山之巔。及往謁則見雞塒豚柵。陳設其中。牛溲馬勃。堆積幾徧。石像苔侵。簷牙露碧。乃深慨先生之阨。不在紹聖黨籍之貶謫。而在後世祠堂之湮沒焉。今年春三月。余再至萬象山。適過其祠。見上書秦淮海祠四字。門牆一新。以人事牽率。一覽而返。意甚恨之。後知此祠爲知事陳君贊唐所重修者。夫先生之來。吾栝也。坐黨籍而左遷者也。吾栝人愍先生之不效於世。慨慕流連。無所旌表。爲築斯祠。以報馨香。先生之神。天下所祝。先生之德行文章。天下所慕。而祠以祀之。宜也。故宮禾黍每足生悲。我栝之得如先生者。千載僅遇一人。又安可使斯祠埋沒於荒烟蔓草間哉。今試思彼章蔡輩。妬賢惡能。雖極一時榮顯。而蓋棺定論。終爲遺臭萬年。以較先生。豈不遠甚。此小人之謀。無往而不禍。君子小人之智。適足自形其醜也。吾願遊茲山入斯祠者。無徒戀戀於烟雨鶯花。以爲嬉遊眺覽之勝。祇在於此。蓋先生之流風餘韻。有足以動人感慨者。正無窮也。陳君閩人。吾於其重修斯祠落成之後。追爲之記。

撫今追昔感慨無限

夢鳥述

浙省十一師校四年級生　項長

近今歐戰已弭協約國各享其利我國前曾與協約國攻德以未籌一策未濟一師故對於德之輸償不得染指且舉國人民歡呼若狂絕不念及將來危機予竊憂之緣作寓言一則名曰夢鳥述

某日午膳畢。精神頹然無聊甚。盥手漱面。旋就榻。垂目斂身。忽步出城闕。逍遙郊原。經大木下。聞鳥聲嘈雜亂耳。仰望。有數百頭黃雀。踴躍呼舞。似極樂然。羣中有一長喙豐羽高足者曰。此翻合衆力以推倒老鷹。固隼鴉鵲梟鷦鶵之力為多。然若輩與鷹開釁後。全賴吾儕有逆料之明。不然中立局外。隼勢猛。吾儕能免其毒耶。抑不絜得失度利害茫然從事。伍於鷹之列。吾儕之力甚微。如埃塵然。不足以塡太山之高。如螢火然。不足以增日月之光。鷹既不利。吾儕之力且隼鵲等尤我謂我藐彼。既不為彼畫策。且引以為勁敵。懷憤積怨。攘鷹後移其力於我。寧不傾吾巢赤吾族以償彼饜饑之願乎。今鷹勢式微。吾未嘗損一臂力捐六翮勞。鷹之利雖為隼鵲共享。吾不得指鼎一嘗。乃鷹之飛揚乎吾上。叱咤乎吾側。令吾不遑寢處者。今可少憩矣。况隼鵲等必相謂曰。雀吾同志也。嗣今擴其大同主義。修鄰盟約。雀有危亡之機。應協力扶救。此為吾輩應盡義務。若然。鷹雖死灰復然。狂焰再烈。焉能制吾之肘。是故吾儕言念及此。向之不與鷹敵隼鵲。免於敗亡之慘。可幸也。與隼鵲以抗鷹推翻勁敵。且得隼鵲等之盟好。又可喜也。彼等爭競有年。得不償失。吾則毫不動搖。元氣未傷。族類夫殄。此則又喜中之可喜也。言及此。黃雀有高唱以鳴盛者。然低聲以自慰者。然或躍或舞。或伸頸。或振羽。南枝北幹。如千梭相擲。如萬柝共鳴。聽者疑而且駭。曰雀非鸚鵡。曷故能言。且其言驕矜盡露。彼自號為雀中之雄耶。何其侃侃而談。旁若無禽也。予緩步前行。超田巛陟小阜。則見羽蟲藉地。卓然立者。為隼。凝而視者。為梟。鳴而笑者。為鵲。為鷦鶵。鳴如詈者。為鴉。隼與梟挺而言曰。攘鷹為吾輩近今最烈之爭戰。竭吾力窮吾計。拋頭毛瀝肝腸始得挫鷹之鋒奠我生靈乃黃雀吞天之功以爲己力藐孰甚焉梟曰雀無能爲吾輩且了解目前事再作後圖雀類雖繁多巢於大廈榱桷自計安穩終是机上肉豆剖瓜分亦正易易言頃余怪鳥類中多鶻鵃抱疑而去然中心擾擾爲鷹悲淺而爲黃雀慮者深也穿城而入見古刹右側有豫樟大可數十圍上有鷹巢焉巢之近枝集數十鷹焉仰而視其羽毛雖焦瘁亘巢雖顛覆其精神則仍雄視太空鳴聲則仍震驚大地似有言曰嗣今以後隼梟輩必將吞噬黃雀爲謀生計若然吾亦將舍蜀鷄魯鷄而食黃雀之毛與血以報其向日下井投石之恨而後已聽者至此向之爲黃雀慮者今則更爲之懼且哭矣黃雀黃雀知之未也噬臍然眉禍將及矣歡呼鼓舞毋自貽後悔嘆畢舉目一視乃南柯一夢訝詫不已泚筆述其顛末以俟世之知者共評議之

筆老氣蒼無異國策手筆（臨海朱虛衷評）

謁孔子廟記

福建省立第一師範學校二年甲級學生王壽臧

余曩歸自省垣友人邀余作踏青之遊至鷲嶺見野廟荒涼久不血食爲之憮然太息復行數百武外有廟貌巍峩大書萬世師表者則我夫子之廟也遂逡巡入謁盡禮而出因念聖人百世之師也當日書社不封尼谿見阻畏於匡伐檀於宋絕糧於陳蔡之間一車兩馬落落半生坎坷白首幾若天地亦形其跼蹐豈料千百世之下猶有人欽之敬之而崇拜之耶然後知聖人不以一時之困而易其素志故雖困於一時終必伸於後世耳有若曰自生民以來未有盛於孔子也孟子曰乃所願則學孔子也小子何人能不神往獨是我夫子生於衰周祖述堯舜憲章文武講五帝三王之學以植紀綱續道統爲已任今日人心敗壞極矣苟得我夫子起而治之則扶顛持危亦如指諸掌耳余願與二三子共相勉勵毋墮我夫子之志不然徒以拜跪鞠躬爲禮文而不知其求之愈遠矣既歸因援筆記之

氣息渾厚

寒松社成立會記

蘇省第一師範學生 陸漱芳

去年秋校長王先生欽鶴既蒞本校力行改革校政一新乃更有校友會之倡於是集職員開會議手草規程數十條仍舊文社名曰寒松以從事進行然以限於貲限於時未克成焉今年來並手偕作百爾齊舉未云盡善基礎略備爰擇春假之期將開成立大會以任君詠周之變而又阻焉乃延之四月二十二日始開成立會是日暮春花殘天氣晴朗羣賢畢集有絲有竹先之以偉論繼之以琴音豪情韻事其在斯乎余則肅然敬怡然樂退而思焉夫道德淪喪彝倫攸斁民風之頹孰有甚於斯時者乎不學之徒剽竊西洋之唾餘以逞其私欲稍以廉恥之道責之反曰頭腦冬烘於是雖居一國之最高長官而魑魅魍魎奸淫納賄之行竟迭出而無已至省議員之選舉更高標票價恬不爲怪風俗墮敗至此可慨已而二三教育者雖日常孜孜求所以振興國家之道然不曰實用主義則曰職業教育軍國民教育至所以挽回頹風之策則未嘗聞焉吾非謂新教育主義之不善也蓋水有源木有本苟不先正其本清其源人知其難也凡吾師範生皆有救國之責而寒松社又遠紹紫陽遺制是以今日之會雖略具雛形而必也遙師朱子近繼明季顧高二公之志以脩品節厲廉恥挽頹風振澆俗正國家之基庶不負寒松社之初旨若徒以通聲氣樹門戶同乎政黨之擾擾則非余之願也崑山陸漱芳謹記

能見其大收處如畫龍點睛破壁而飛

記本校得黃魯直碑原由

蘇省第一師範本科一年級 劉開先

本校西南隅有隙地焉廣可數丈去年冬劉刈穢草伐去惡木闢爲植園有地隆然而高以其有妨於種植也工人掘而平之得碑三污土遍其上工人曰石也同學有過焉者曰碑也去其污土而字見矣然不知爲何人所書也同學遂麕集而觀之或曰類山谷筆法是其黃魯直所書者乎俄有茶司來言曰此何足異也茶竈下亦有一在焉同學往視

之。果與三者同。上署、元祐六年、黃庭堅、魯直、書。於是知其爲魯直碑也。合置室中。余曰、是碑也。其昔晦而今顯歟。其顯也。亦其幸也歟。夫玉在山中。樵者見之。固不知其爲玉也。幸有良玉工者過焉。則取而韞之矣。珠在海濱。漁者見之。固不知其爲珠也。幸有善識珠者過焉。則取而藏之矣。方是碑之埋沒土中也。何以異於玉之在山。珠之在海耶。及其出土也。工人茶司見而陋之。何以異於樵者之見玉。漁者之見珠耶。而吾人得之。愛之如珍寶。向使不見知於吾人。將終晦而不顯矣。吾故曰。斯碑之顯也。亦其幸也歟。噫。物之類此者多矣。豈特茲碑爲然哉。

前半簡賅後半罕譬而喻耐人尋味

福州西湖李忠定公祠記

福建省立第一師範學生 王壽臧

生不能爲國家建勳業。救生民於塗炭。身沒之後。僅以孤忠。遺直見稱於千百世之下。來報功之饗。此予過西湖。李忠定公祠。所以有感也。溯公任事之年。卽宋室阽危之日。胡馬南來。腥風北至。浪子宰相專主和議。斡离不之軍抵汴而三鎭兩河之地入金。以祖宗締造之艱難。棄以與人。而不甚惜。此公之所痛心也。故一再力爭。一再請戰。痛陳割地之失。然昏庸如欽宗。亦末如之何也。已迨夫二帝北狩。康王嗣統。秦檜未用。邦彥已竄。此公有爲之時也。然天生汪伯彥。黃潛善爲公敵。自古未有宵小當國而正人君子能相安於朝者。於是十事施行。徒見空言。而公亦不能久於其位而去矣。嗚呼。公才器似管樂。言論似宣公。忠誠似武侯。使建炎之間。得竟其用。則直擣黃龍。迎還梓宮。在指顧間耳。夫何去而復用。用而復去。致公不遂其志。論古者猶爲之藎然神傷。況在公乎。惟公之名。彪炳宇宙。震耀環區。普天之下。莫不同申其景慕之誠。而俎豆之奉。廟祀之饗。寧獨吾邦人哉。然公之功德。令人有不能忘者。范汝爲之亂。韓世忠欲盡誅建州民。賴公力爭。建民得免於難。公之有功於吾閩也甚大。如之何其勿祠之哉。予聞浙江西湖。有岳武穆墓。而吾之西湖。亦有公之祠在焉。武穆精忠報國。與公略同。武穆賫恨而歿。公以貶竄而去。一祠一墓。遙遙相對。湖山淸景得此益增佳勝、令人緬想遺徽、追懷先哲、有流連而不忍去也。

筆力雄大、才氣磅礴、後路神韻悠然、尤足耐人尋味（陳翼勤評）

記黎襄勤公逸事

江蘇省立第一師範學校一年級生　龐仕

黎公、世序、河南羅山人、襄勤其謚也、道光中爲總督、有同里某明經者、世序幼時從之受業、既貴、請假旋里、至師家、師年七十矣、長身鶴立、巨顙白鬚、其村落之旁、有一棗林焉、自西而東、長數里、某明經曰、我有一技、他人所未知者、今以示汝可乎、公曰善、師命小童牽駿馬、取八尺大刀、公立棗林之西以待之、其師上騎、自東而入、但聞風雨波濤之聲、一時許、林木皆仆、其中初本狹險、祇容一人、今則可旋馬矣、師出林、下馬、顏色如平時、公大驚歎、問之曰、是技家傳耶、抑有所授耶、師曰、此名萬人敵、余游秦晉時、有一人能爲此技、余學而得之、自項羽以後、如關壯繆、張桓侯、岳忠武、尉遲恭、常遇春等、無不能之、故出入萬衆之中、不損毫髮、余遭世承平、無用武之地、少時雖有白蓮之亂、但不久卽滅、未足發抒壯志也、今年七十矣、老死牖下、行與草木同腐耳、汝他日爲我傳之、亦可不朽、此事見高繼珩蜨階外史中。

敍次明順

記蟋蟀

江蘇省立第一師範學校一年級生　龐仕

時至秋日、凡土中石罅、道旁牆角、皆爲昆蟲棲息之所、其中有最勇猛者、則蟋蟀也、其聲喞喞、亦名促織、促人織布之意也、身長六七分、全體褐色、其雄者之前翅、皆有發音器、於是振翅以作聲、其性善鬬、故俗常以之爲戲、每至秋季、游人三五成羣、提箱攜盆、爭博金錢、勝則揚揚得意、敗則垂頭喪氣、是亦陋俗之一種也、然余獨有所感焉、夫爭鬬危事也、而蟋蟀獨能不顧生命、以善鬬鳴、謂之曰蟲中之最勇、誰曰不宜、而我中國以四百兆人之衆、爲日本所侵略、絕無一計以雪奇恥、是眞蟲之不若矣、噫、吾民亦一觀蟋蟀之鬬、以奮其敵愾之心乎。

詞旨清腴結處尤靈警

國慶日記事

江蘇省立第八中學校一年級甲組 梅允武

十月十日國慶日也本校遵章慶祝且執旗旅行所以紀念也余於是日晨詣校行慶祝禮甫入校門見諸同學已先至咸欣欣然有喜色俄而齊集禮堂行慶祝式秩序井然禮畢整隊出履聲橐橐旗影翩翩軍樂悠揚步伐有序道旁觀者如堵莫不交相譽曰此第八中學校之學生也非經平時之訓練曷克臻此少焉至轅門橋見商店之懸旗誌慶者寥若晨星嗚呼彼蠢蠢惟利是圖之巨腹賈亦豈知今日爲吾國至可慶幸之紀念日乎是可慨矣雖然吾人藉執旗旅行以伸慶祝之意較之巨腹賈誠知大體矣一回顧宇內大勢險象環生能毋憂從中來吾人具世界眼光不於根本上解決求共和基礎之鞏固徒斤斤爲形式上之慶祝將天下興亡匹夫有責之謂何轉不免爲巨腹賈所竊笑矣

前中敍筆簡鍊後幅因商家之不知慶祝引出學人感想頗有卓見詞句亦極圓愜(朱獻之評)

本校歡迎會記事

江蘇省立第八中學校一年級乙組 張鳳城

十一月二十四日全省師範附屬小學主事會議於揚州本校即於下午八時開會以歡迎焉及時教職員學生羣集禮堂與來賓互行敬禮首由校長致歡迎詞繼由來賓演說演說之旨各不相同有贊美者有謙謝者有討論社會之情形者有陳說辦學之困難者演說畢校長致謝詞因開會之時間甚長恐蒞會者困倦於是作種種之餘興以娛樂佳賓來者莫不歡欣而愉快未幾遂茶會而散余退而思之本校今日之開會歡迎非獨爲聯絡感情已也亦以今日蒞會之來賓皆全省師範附屬小學之主事即全省小學之精神所寄也昔德意智戰勝法蘭西俾斯麥歸功於全國之小學生可見小學生之關係於國家爲甚大也今本校開會歡迎各主事即歡迎小學生亦即歡迎中國之蒸蒸日

上也爰記之以示弗諼

後路就小學主事着想說得關係非常重要是能以一莖草化丈六金身者前中敘事亦明爽（戴子秋評）

本校開慶祝歐戰和平會記事

江蘇省立第八中學校一年級生 孫光成

歐戰遷延四載迄今日而始敗素蓄野心之德意志以歸於和平之局此非協約國所當慶祝者乎我國亦協約國之一故捷訊傳來政府卽通令全國慶祝本校於十一月十四日下午休課一時許開會全體齊集禮堂行慶祝式奏樂唱歌氣象融融職教員生徒相繼演講意深詞澈娓娓動人既畢董師復實驗理化藉壓力不足久恃之理以與德皇失敗之事相附會頗饒興趣余因之有感焉拿破崙雄視全歐終致失敗今又有德皇威廉第二蹈其覆轍則信乎公理之必勝強權強權之不敵公理也夫戰事之起協約國之軍士非勇於德也協約國之器械非利於德也協約國之君主非若德皇之威震全球也協約國之軍勢非若德之屢獲戰勝也然而血戰數年德卒以來因河左岸之敗遂致一挫而不可收拾何哉非協約國之能勝德實公理之能勝強權也噫德之強盛稱雄歐西德皇之威力震駭全球乃一違公理危亡之禍立至則凡強盛不如德威力不如德皇者更不可窮兵黷武以百姓爲芻狗而思逞其雄心矣余故於開會後濡筆記之

起筆不平敘開會事頗簡潔中後意固精當筆亦快利其說到國事處毫不粘滯寓實於虛有神妙欲到秋毫巔之勢（朱獻之評）

本校開慶祝歐戰和平會記事

江蘇省立第八中學校第八屆一年生 周文傑

自奧塞之釁開而歐戰起歐戰起而各國胥受其影響來因河左岸一役德軍大敗因之休戰搆和而今而後將見世界大同不復有戰爭矣凡協約諸國莫不慶祝和平中國爲協約國之一故亦表同情吾校校長因於十一月十四日

下午開慶祝歐戰和平會。開會時職員與生徒所演講者。率皆謂強權不敵公理。德國之敗。無非因其窮兵黷武。不顧人道。難逃公理之誅也。其後董先生演講理化。以物理之實驗。比附歐戰之必和。及吾國南北將來之結果。誠足以開人智慧。已而唱校歌。奏軍樂。遂閉會。余於此時。不禁有所感矣。南北諸公。各恃兵力。爭持不已。曾亦思強權武力之不足恃。在德固已然乎。設不早定和平之局。吾恐抱德皇吞併之志者。終必蹈德國之覆轍。而受他國之干涉矣。吾極望和議早成。以安生靈。以培元氣。則吾他日之慶祝南北和平。必較今日之慶祝歐戰和平。尤為踴躍也。

起筆氣勢雄厚中幅詞意圓適後路題面固不拋荒寄慨遙深亦可於言外見之收筆尤警醒(朱獻之評)

國慶日記事

江蘇省立第八中學校一年級生　姚公書

雙十節。為吾國之國慶日。本校循例放假。晨八時行慶祝式。後即集合全校生徒。執旗旅行。隊長為黃君修仁。顧君鉅仁等。諸教師殿之。蓋寓有督隊之意焉。出校門。巡行街市。整齊嚴肅。無異軍行。而軍樂之鏘鳴。旌旗之飄拂。尤足令旁觀者嘖嘖稱羨。行可數里。至萬壽寺。則見禪堂寂靜。佛像巍峩。花木幽深。碑碣斑駁。別饒佳趣。就坐啜茗。休息移時。乃整隊歸。一路炊煙縷縷。絡繹不絕。蓋已近午餐時矣。嗚呼。今何日耶。非剷除專制。肇造共和之日耶。吾儕何幸。生當學生時代。得隨諸師長後。聊申其鼓舞之忱也。彼困於西南烽火。末由負笈就學者。聞吾人優游於化日光天之下。當亦代為欣慰矣。

前路敘事簡明中幅琢句工整秀色可餐入後語有寄慨用筆亦不粘不脫(朱獻之評)

記本校近事二則

江蘇省立第八中學第八屆一年級生　蕭承慈

本週火曜日午後四時。開講演會。由講演組主任指定五人講演。餘皆旁聽。余亦入座聽講。講演者首為楊君豫立。次為潘君德欽。孫君多頎。張君同慶。又次之周君玉坤。其最後者也。講演時義理正確。議論崇閎。至於口齒之清爽。姿態之合宜。猶其餘事。講演畢。遂閉會。

本校有外操場。縱廣約十餘畝。特闢以練習運動者也。暑假以來。未事練習。荊棘叢生。若令一二人除之。恐非月餘不能竣工。校長以其爲時過久。而本校又亟於練習運動也。因率全校學生前往芟刈之。分學生爲四隊。以除草之多寡比較其成績。蓋寓遊戲競爭之意焉。於是鋤者刈者坐而拔者負而行者。絡繹相屬。不逾時草已盡去。並拾其瓦礫而投之場外。其成績最優者爲第一隊。教員傳令整隊。校長作而言曰。是場之草甚多。今以全校之人從事刪除。頃刻畢事。生等於此可知合羣之益矣。因歡呼再四而歸。

第一則層次分明。敍筆簡潔。第二則前路朗暢。中後詞意警闢。（朱獻之評）

寒假歸程記略

上海南洋路礦學校中學二年級生　**馬志超**

去冬十二月。學校依例放假。余亦歸省。是時雨雪載途。且嚴寒。同學諸友。皆堅留。爲余誦如此風波不可行之句。以諷之。余固感故人般拳之意。而心戀庭闈。歸志甚決。更歌工部兵戈不見老萊衣歎息人間萬事非之句以相答。聞者凄然。而余遂行矣。行里許。出郭舍陸登舟。時方夜半。憑窗遠眺。星河慘淡。月色朦朧。放歌蒹葭之詩。歌已。船啓行。余亦就寢。天明。則風景頓異。兩旁高峯巍峩。川岸壁削。嘉木異石。錯置皆山水之奇者也。又舍舟而陸。經行一日。豁然開朗。土地平曠。茫渺無際。途次行人絡繹不絕。竹木成林。煙火四起。行十里許。至一市。焉爲行客停宿之區。余時歸心似箭。不欲再留。然日暮而途遠。亦不能不止於此也。翌晨。復行又十里許。崇山峻嶺。人煙絕稀。地居高原。川流亦少。空穴來風。聲樹有聲。捲沙飛舞。草皆枯萎。舉目一視。不禁萬感滄涼。放歌北風之詩。如是。行經半日。至平地。山青水媚。令人樂而不能去。同行者問余曰。經行二日。已疲殆乎。余曰。天下事。視乎吾心而已。心之所向。豈有苦哉。今余方欲省親。何倦之有。久之。而山川草木。歷歷皆舊識。而吾親已倚閭而望矣。嗟夫。數日歸程。而悲喜之情。已如此。過此以往。更何如哉。又

安得而不記

中秋賞月記

江蘇省立第八中學第五屆第　年級生 黃修仁

戊午歲負笈邗江就學於省立第八中學校食宿於校中時維仲秋三五月圓千里離鄉誦佳節思親之句抑鬱無聊迴修廊以小步見初月之已明於是出北郭攬勝景扁舟盪漾聊慰愁思綠楊城邊簫管似沸瘦西湖畔畫舫如梭遠樹濛溟山煙似霧廢塔傾仄欲動欲搖玉兎高懸寒露濯而愈瑩銀蟾反照餘波浴而益清吁嗟乎春華去駸駸榮枯只在轉瞬塵緣皆夢夢得失何足介心問念四橋頭佳人何在弔紫泉宮裏帝業奚存邱隴穹隆是昔日之歌臺舞館也人有古今而月圓如故豈不慟哉俄而良夜已深掉舟以返微聞寺鐘動孤雁鳴眉爲之悽然欲絕也

先說賞月隨後拓開去說憑弔古今時有佳語如敲鐵板撥銅琶唱東坡大江東去句也（桂蔚臣評）

中秋賞月記

福建省立第一師範學校二年乙級學生 田春霖

中秋之夜西公園車馬如霧士女如雲余亦未能免俗隨隊逐波見夫皓月當空白雲爲斂星河一道燈火萬家山林微風而多態湖水不波而漫流共清光兮千里顧形影兮三人素魄如圭會稽愛庭中之景圓光似扇陸機攬堂上之輝況值仲秋明增分外當茲良夜買不論錢乎因之泛舟賞玩仰之在天俯之在水徧湖而游洵可樂也既憩於樓偶成一絕詠而歸曰一灣湖水一樓秋樓外扁舟追月流最是此中風景好何勞絮絮說杭州

細膩熨貼文有賦心詩佳

書義犬事

直隸高等師範國文科第二學年學生 高魁光

宋某之犬甚馴宋貧貨其居而他徙犬弗去也飼之則食不則終日臥飼之者異焉厲聲謂犬曰汝主已去汝何留此而賴人豢養耶犬臥如故是後雖飼之亦不食矣卒餓死夫不食嗟來之食在人類中猶爲有操況其爲犬耶犬而

世不多有人而犬者何比比皆是也彼貨其田產終身流落者犬且哀之犬且恥之矣乃不自哀何哉雖然此其小焉者也

筆意自是不俗（尙蔚南評）

里中新舊曆年狀況之異同記

蘇省第七中學學生　劉世楳

西窗話別、南浦情長、聊裁五色之箋、爰述新舊曆年之狀況、當夫新曆年假負笈來歸、城市懸旗結彩、政界停止辦公、猶有新年之景象、而鄉曲間仍行其所無事、並不知有新年、亦奚論夫慶賀哉、迨屆舊曆數週以前、街市即駢肩累迹或購食物、或請門神、所謂庸夫愚婦者、奔走駭汗、嘈雜之聲、有如鼎沸、除夕臨邇、爆竹聲聲、祀竈祭祖、元旦既至、男女老幼、華服艷裝、登堂行禮、聯舊雨於春風、情傾酒榼、愬長懷於除夕、語寄鐙花、間有不拜者、咸指以爲非禮、蓋鄉里間新舊曆年狀況之異同、有如此噫、可慨也矣、夫值此風雲變幻、一髮千鈞、稍有心肝、咸抱悲觀、尙何樂之可言、且新年也舊年也、名爲昇平、無事實則舉國有累卵之危、西蜀烽煙連番告警、南天謠諑、接日紛乘、我瞻四方、蹙蹙靡騁、吾四萬萬同胞、亦將飄泊奚歸耶、戰爭雖起乎一隅、影響幾及於全國、人民不幸、一至於此、循是以往、其何能堪、興念及此、愀然大懼、竊不敢爲新年賀、而不禁爲新年悲矣、噫、

繪景繪情有聲有色（章蘭邨評）

記寒假期內之新見聞

蘇省第一師範學生　宗鏡

寒假跨年關鎖事繁冗可記者甚鮮余又家居村野日所感觸景色而外無非社會舊習而已猶記言歸時玉霙鋪地堅冰在河輪舟擊冰以行聲琅琅然如碎琉璃濺舷四眺一色如銀幾疑置身水晶宮也既歸村人告余曰某處因貧寒凍斃者若干人某地因履冰溺斃者若干人蘇地亦聞之乎嚴寒若此二十年來未嘗有也余之歸猶跋涉客途者

二日想見北方行旅之苦矣鄉村見聞多鄙陋不足道而度歲舊習解人難索者得二事焉除夕之夜鄉人有因借貸爭鬩者嘵嘵達雞鳴然後散迨天明相見則謙和見面禮容有加昨日所爲一若隔世也者余嘆曰昨今同一日耳前倨後恭孰使之然歟豈年誠關耶客曰否舊習也余曰正唯舊習之不解耳上元節後村人常有祀門神者就戶樞前下拜致祝有頃以爲神卽附機矣禮至案問人年齡及瑣事在能據實以對余耳之熟矣固笑而不信也今歲鄰人復有祀神之舉好事者從慂余往既至則見二人以手指扶箕是卽所謂機也箕有針能繪物形有所問則針觸案成聲隨問者計數而對所對皆當余疑扶者之爲祟也則親扶之而箕動如故手指竟不能爲力然後知嚮所聞者非盡妄也乃相與驚嘆者久之夫鬼神之道玄妙難明今余之所見固莫辨其爲鬼爲神然其能致靈也若此此孔子所由敬鬼神而遠之者歟

記事翔實筆亦簡潔可喜

記寒假期內之新見聞

蘇省第一師範學生 丁冠倫

余家居近南園業賣漿與農人頗多往還我糴其穀彼賒我酒其初不相負也迨近歲水旱不時而質貸於余家者漸衆故余每寒假歸必以家君命入鄉索逋夫歲之除夕天寒風雪家君仍令就道出簿籍付我并略授措辭法而行至一村羣犬迎吠觸滅余燈乃大恐呼村人村人辨余聲急出叱其犬肅入坐斯時余卽以家君之言一一告之村人且曰余雖年來索逋然不嫺肆中事不善作迫責語若毋相欺也村人曰我且詳實以告今歲之窘迫有甚於往昔所貸未能淸償移時我必有以報命決不以相累也嗟嗟今後農民之生活將不能堪矣夫政所以均民也今也不均其將變乎彼業田家多乘凶年以賤價得田而重征之征之不足又設追租局相迫脅官利其賦更遣胥吏以作假計每畝中稔可得一石六七斗完租去一石許所剩五六斗耳以之雇人收割以之取贖寒衣適相抵耳春耕以春熟爲工本

夏耘以典寒衣且秋收之粟以急用故不得不任市價之降落以出售而一年間所食俱以貴價雺糴其損失何如若有自種田三四畝介其間勤作僱用固足贍養至遭災荒悉入富戶矣曩者聞諸長老多以勤田起家彼當勤田之初種自業田必少若以處今世不綦難乎況彼業田之家子孫尙習奢侈坐分勞傭之資供其揮霍之需飽食煖衣無所事事不圖所以便民我等衣服襤褸入其家完租不特看主人之白眼閽人亦且見而生厭也我不識其何時惡盈而天厭之也余因嘆曰縱子之苦若此柰何人亦有索逋於我家者村人以所負之半爲償余因難以爲報促其同行焉出村時風雪未已岸圩上滑不受屐余幸村人之扶持不致傾倒既抵家家君役與之喋喋者久卒不得其全數因笑語村人曰今日除夕誰曰不貧翌晨銀幣且滿囊矣呼盧喝雉場中悉除夕之負責人也村人去余以其所言告家君家君曰言雖良是然兒已受其欺矣余因村人之言有至理念其事之可書故記之如此

記寒假內之新見聞

實情實理筆亦足以達之

蘇省第一師範學生 曹源浚

客有告曹子者曰子自吳門歸來日坐斗室雖曰天寒豈不畏寂寞乎我知語君以年終經濟之狀況社會新年之習俗爲君所素聞者皆不足述茲所述者乃鄰村一孝婦事想亦我子所樂聞乎婦錢氏少爲富家女及長嫁於鄰村李某家李本義俠者善揮霍未數載家中落李母雖時有煩言而婦則安之焉去年春夫以獲罪被逮繫獄不出而母亦以憂鬱成疾臥床不起婦乃日簞食壺漿赴監探望歸則侍奉老姑善言解悶雖終夜不臥無倦焉如是者凡數月然終無可如何其後夫以八月在監死姑以十月在床死而婦亦以心力交瘁哀慟成疾死距今尙甚暫焉哀哉稍間客又言曰嗟乎以氏之孝於其姑忠於其夫天下之大有幾人歟然終以姑死夫亡而身遂俱歿所謂天道者豈眞不可憑耶嗚呼哀矣曹子曰可無哀也如錢婦者身不死不足以完其孝我甚哀夫非錢婦而不爲錢婦者

簡潔

記秋風破茅屋事（以杜部秋風破茅屋歌爲事實）

江蘇省立第一師範學校一年級生 龐仕

天高氣爽驚落葉於庭梧冷霜寒舞輕花於渚荻當此涼秋八月風聲怒號余家江邊三間茅屋已層層爲大風捲去茅飛徧乎江郊高者扶搖而掛於長林之梢下者飄轉而沉於塘坳之下爾時南村羣童欺我耄老無力公然抱茅入竹林去一若俯拾即是也者口燥唇焦呼之不應一轉瞬間已鴻飛冥冥矣倚杖歸來徒歎息呼負負而已俄頃之、間大風、漸定、濃雲如墨天容漠漠昏黑異常多年之布被其冷如鐵幾不可耐嬌兒臥態又甚惡劣竟踏衾裏而致裂也牀頭屋漏地無乾處細雨霏霏如麻未斷自經、安、史、亂、後常少、睡、眠今甫、得、安居而風雨無情瀟瀟瑟瑟連綿不已長夜漫漫枕衾沾濕天又不明甚無聊也假令得千萬間之廣廈則天下寒士可託庇無餘使之俱能歡顏雖風雨亦安之也然此願終莫能償耳若果有之此屋突兀眼前雖吾廬獨破受凍以死亦所甚願但求天下無寒士不求吾身溫且暖於願足矣

記我之家庭

湖南長沙甲種工業學校學生 曾原

余世籍潭州擇居仁里幼失怙幸萱蔭庭前弟妹二三人繞膝承歡固未失怡怡之樂也余甫及學齡即促余就傅及其長也督之益嚴蓋余由都學而楚山由楚山而本校荏苒光陰九更寒暑於茲矣熟察此九年間家庭對余之殷勤教誨親愛之情有不可言喻者父兄好讀書視兒如千里駒天下固無勝我者憶前歲來學斯校臨行余母囑余曰兒年已長世事當知實業乃強國之基亦即我兒生活計也吾兒行矣其勉之時余弟妹等相率在側呼曰阿兄城中多玩具可於歸時購贈我等也時從兄亦來相送其措辭曰睡獅已醒來日方長吾弟破浪乘風當有造就惟城市囂塵易染惡習尚望吾弟好自爲之努力前途余遂唯唯而行秋涼九月雁字橫斜每當佳節益倍思親之感考試後即束

裝首途期早日到家暢敍天倫之樂詎料抵家後寒熱交作吾母愛吾心切時撫牀頭慰余曰吾兒毋慮吾卽爲兒延良醫夜深人盡尙坐榻前予睹此情形心神爲之不安

明日強起趨母牀前告曰兒病已愈母其毋憂時母睡未久猶輾轉反側似有無限傷心者聞余語乃執余手而言曰吾兒已無恙乎果爾則善甚但曉風逼人兒仍當小睡免受寒也自此強振精神日夕與弟妹圍坐吾母房中聽吾母談故事神氣旣寧疾病若失無復從前之強作歡顏矣將赴校之前數日吾弟妹爲治裝吾母則手不停針爲吾縫皺服予不安乃趨前致詞曰家中賃雇有人母何苦自爲者吾母作笑謂余曰慈母手中線游子身上衣汝其喻吾意勿放浪形骸自汚汝躬以貽吾戚吾感至涕下越數日首途至校東西離雁我勞如何萱影庭前尤悲遠出雖路隔匪遙直縈心曲蓋感吾家庭之親愛有不期然而然者此後三學期中之悲歡離合更非筆所能述抑余何敢盡宣以自深我辜負之咎錄此一則聊以不負我家庭之意耳光陰虛擲難追夢裏之春一事無成徒負縛雞之力余自有生以來屈指年華已臻十八家庭之教育如是學校之教育又如是而猶知識淺陋難以對家庭與學校尤無以對所親愛之慈親故作此以自鞭策力也

雜事二則

福建省立第一師範學校本科三年級學生 李實

一片至情

有某明術數欲自投年大將軍幕下憩逆旅主人示以靠床一牆懼不敢臥頃之有人來竟臥之某促之醒嗔曰吾故知牆壞然外傾無害也已而果然某異之曰以子之才何不詣年大將軍曰適從將軍來愧不足用也某廢然而返

林生在鄉教讀鄉人失雞疑生生不服共質於武聖果然生無以自明憤惋而去十餘年舉進士後官山西巡撫太原之東二十里有關聖廟焉一日先生從數騎微行入廟內見村人扶乩叩之則關公也笑而問曰吾二十年前受人辱

逐皆公之賜也曰、然吾故爲是言也不若是君安有今日巡撫默然而退。

饒有筆態

古邗盧壽籛輯選

箴銘類 贊頌附

關壯繆公畫像贊 幷序

河南第一師範本科一年生 徐言信

余初觀公像而非之謂爲畫者之誤想其時功略蓋天地智勇冠羣雄入總皇威出制專閫其威望幾莫與比倫旣沒之後俎豆馨香至今廟祀不絕雖愚婦孺子莫不津津而樂道之畫其像者似無可辱不豫之色奈何抑塞沈鬱若是大丈夫志有所注得則喜不得則憂其所以抑塞沈鬱者蓋未達所願也以四百年之統一漢業而鼎之豈其心哉玄德智而不勇翼德勇而無謀我公實當大任大漢一日不統一壯繆一日心不安雖榮時耀後其憂固未嘗解也余旣悲其志復歎畫者之得其意肅容仰拜乃爲之贊曰

氣象蒼蒼威儀儐儐氣吞吳魏漢室是勛身殲形滅哭慟八方維公孤志日月同行

拈一志字作骨浮煙漲墨一掃而空妙在開端卽從畫像上著筆曲將壯繆心志傳出神光倍覺奕奕至提頓結束動中文律猶其餘事(郭鍈冰評)

毋自放箴

湖南湘潭第一女校師範四年級生 龔中遂

少不努力老大傷悲賢哉先哲自克自規藐焉小子何可嬉爲幼訓於庭長學於校親之愛我者厚矣旣得嚴師復交益友入之益我者久矣倘棄時而自放將後悔其何極往者勿追來者勉力君子九思宗聖三省刻刻而行以固其本恐汝逸豫銘以自警

既潔且當

竹擱臂銘

浙江省立第三師範學校本科一年級生 朱乃基

玉帶生是良友管城子乃世守曲肱而枕左宜右有有筋皆顏無骨非柳我將策汗簡之勳而倚之爲左右手

棋奩銘

前人

無白不知惟黑是守取之不盡用不竭壺中日月自長久木野狐君知否杜武庫其參透機（棋譜有名先武庫者）

浸浸入古

手工筆筒銘

浙江十一師校四年級 項長

爾心虛直無黨無偏爾貌莊嚴匪便匪嬛壯立不撓何恤孤騫腹儲毫鋒褒貶忠奸

手工照相架銘

前人

勁節標儀像丹心照汗青乾乾終日惕肯共俗伶傳

簡古

諸葛武侯贊（用韓魏公孟子贊原韻）

河南南陽中校三年級甲班 夏景和

桓靈而降節義已矣惟我武侯抱道自喜懷寶彌堅待價而起鳳兮鳳兮寧棲荊枳昭烈三顧始相劉氏曹魏仇讎江南孱齒鞠躬盡瘁中流之砥興師北伐期世同軌天不眷命弗濟其美出師未捷中道而止惟其一心與身終始功雖未就志則莫比嗚呼賢哉夫孰可擬伊尹之後一人而已

層次井井句法老當（黃銘勛評）

岳武穆贊（並序贊用韓魏公裴晉公贊原韻）

河南南陽中校三年級甲班 孫林翰

予放懷遠遊北蠹蒙古南歷百越旋至臨安葛嶺之下見丘壠巍峩古柏數株英風浩然令人不可偪視訪問故老則曰此宋岳武穆之墓也不禁潸然泣下思其含冤而死中原遂淪於異族良可慨已爰爲詞以之贊曰

悲哉武穆君不象賢長城自壞悠悠昊天秦檜主和言從計然知順逆者尙有施全中原已矣誰淸幅員英雄抱恨憶萬斯年徽欽沙漠尤堪痛旃一旅叱與井可拜泉稱臣稱姪秦檜之愆安得子胥暴尸以鞭

序穆贊爲武穆不平有太息痛憾神味（黃銘勛評）

岳武穆贊（並序贊用韓魏公裴晉公贊原韻）

河南南縣中校三年級甲班 尹家鼎

當靖康之際金人猖獗徽欽蒙塵虜之所懼者武穆一人而已秦檜忌其功力主和議高宗闇弱一惟秦檜之言是聽寢閣所命中興之事以委之武穆者竟忘之矣朱仙之捷兀朮欲棄汴而遁方期指日渡河直搗黃龍而詔班師之金牌日旦十二至矣莫須有三字之獄且興矣吾讀史至此不禁爲之痛哭流涕乃爲武穆贊曰

卓哉武穆天生英賢才堪中興不弔於天虜呼爺爺軍威赫然朱仙再捷大局可全兩河三鎭宋之幅員經營恢復幾十餘年金牌詔歸何可痛旃祖逖擊楫耿恭拜泉相提並論公無少愆奈何秦檜不令着鞭

序贊皆扼腕太息具無限感慨允推合作（黃銘勛評）

新校舍落成頌

江蘇省立第二中學校四年級 吳俠廬

古之敎士也立庠序學校於州遂鄉國之間萃秀者而敎之以進於道而收養士之功然不過數十人耳今之學校亦是也而各學校咸以擴充校舍聞余嘗原其故矣夫科學日進則民智日啓民智日啓則求學者日益衆求學者日益衆則非狹小校舍所能容勢必擴充之以免擁擠我校亦以此而謀建新舍焉庀工興築不日落成舍凡十有二棲如之明窗四闢宏敞逾舊舍前有廊以通別舍余覩此有所感矣夫學校爲培植人才之地故校舍必求寬敞完善在國

家則費無數之金錢而主任者亦殫盡心血竭力經營以求償其素志爲學生者朝夕吟唔於明窗淨几之中不思勉力以副國家之希望不滋愧乎今程師命余曰新舍落成當爲之頌余不才謹誌數言聊以塞責詞曰

萃爾國賦俾鑄才府舊之不充乃作新宇奐哉輪哉英才胚胎爾念爾國勉爲奇材思之思之不厭百回

探原之論有經籍光（程鑣評）

百花生日頌

江都公立甲種商業學校本科一年級 包蕳

相傳二月十二日爲百花生日是時風光最好景色俱新雖同心之默默實生意之欣欣不無香國亦有芳鄰開壽域則花皆似錦敞華筵則草已如茵蘂糕悅色栢酒延齡桂子桐孫大都解語梅妻菊婢亦頗羞人至若園裏公孫閨中姊妹寫艷吟香偎紅倚翠竹母虛心松公早貴不惟君子之風也似夫人之惠是以香名早顯茂德常存既蜂歌而蝶舞亦鶴語而鳥言已覺鶯簧之弄猶聞羯鼓之喧如斯樂土不減仙源爰爲之頌曰

西池之桃南山之柏瑞草長生胡麻辟穀藜杖還攜匏樽相屬益壽延年却邪衛福與大椿以八千歲爲春秋兮願長好而是祝

擬祝本校高一同學開學藝會祝辭

吳江私立麗則女子中學二年級生 薛元雁

維民國六年十一月二十五日本校高一同學開學藝會濟濟蹌蹌眞盛舉也回憶上學期之開運動會學藝會縣長及視學員奬譽有加至今人猶稱道不衰惟前萃全校之力而今祗一級耳况吾同學纔離初小卽能以其所學開會表演其學業之孟晉精神之宏毅誠令不才之欽佩無已矣且吾聞高一同學之言曰開會之主旨非所以炫其長也蓋一材一藝無非至理所寓不經比賽安有進境此學藝會之所以不得不開者且人各有能有不能一經開會優絀立見欲使絀者競勝優者愈優者見他人之絀而益求其優愈比較愈多競爭愈競爭愈促進步其或有造於學業乎况

全校同學程度之高出於吾儕成績之超越於吾儕者未可一一數今茲開會同學或能不吝教誨就吾儕之短而指正之此開會之所以更不容或緩也不才聞之不禁蹶然起敬曰以高一諸同學之奮勉不遑而又虛懷若谷至於如此將來造詣之未可限量即當於此會卜之謹爲之祝曰平地一簣爲山之基知無忘能考鏡之資高一同學其共勉之丕顯大業允莫於斯同學妹薛元雁謹祝

緊切高一立說文不腐泛故覺精采（鄒家麟評）

全國學生國文成績文庫卷十八（甲編）

古邗盧壽籛選輯

●感言類

觀奕感言

揚州美漢中學高小三年級生 許國瑩

奕小技也暇時不過以之作消遣計耳余素不喜奕然常作局外觀當其兩相角逐時而進攻時而退守時而橫擊時而合圍占偏隅不得則思據邊地據邊地不得則又思扼中權馳驟縱橫變化莫測要之其局之結果必精於其技者勝不精於其技者敗僅一玩具而優勝劣敗若亦有天演之公理存焉子貢曰雖小道必有可觀者焉余觀於奕而不免有感矣夫我國今日之時局爲何如之時局乎強鄰橫逼外患日興無論爲偏隅爲邊地爲中權皆盡入於外人之手當是時也宜內修政治爲固守之計然後徐圖良謀作挽回之策乃內亂迭起盜賊滋熾同一國人而互相殘殺不稍顧恤而外人亦虎視眈眈將乘此爲長驅直入之計是猶奕者之借人以先手也苟吾國人同心協力捍禦外侮布置得宜動無失着尚可挽回危局否則偶一失算破敗崩裂事所不免尚望有恢復之一日耶

感慨時事寓言於奕非精於奕者不能有此（汪子厚評）

觀奕感言

揚州美漢中學高小三年級生 金森

余嘗觀友人奕見其有守有攻黑白參差以爭先手不幸一失着則滿盤皆輸勝者喜形於色負者垂頭喪氣而侍者則收拾殘局前之紛紛皆歸於盡但存一空枰而已自旁觀之不禁有所感焉莽莽乾坤誰開殺伐之機芸芸衆生盡是競名之輩世界猶奕局耳試觀往古來今英雄豪傑爭名競利者亦不過如是考其終也必有一人出而收拾殘局

創是奕者不過以此諷世耳而奕者不能作如是觀而反爲其所惑然奕者雖迷而旁觀者猶淸古今不少旁觀者特旁觀而當局則亦將如前者之迷故濁世昏沉殆無一淸者可悲也已

筆意淸新（汪子厚評）

德皇退位感言

滬江大學學生 夏夔颺

人道與武力孰勝乎曰人道勝武力必敗何以見之見之於德皇退位試觀德皇之初戰也破比軍墟比社深入法境所向披靡威足以震四海力足以破全歐意氣壯哉一旦勢窮力竭俛首求和兵敗於外民亂於內致令身敗名裂蒙塵他邦何其衰也豈前勇而後餒耶武力之終不能勝人道也夫德皇有攘奪四海之志席捲天下之心執全歐之牛耳爲世界之主翁養精蓄銳待時而動迨歐戰發生乃大逞其鐵血政略殘暴不仁日事誅戮雖兵力之盛稱雄一時然有前日之盛卽有今日之衰天道循環此无足怪獨惜德皇之昧此旨也夫武之義非殘殺之謂而保持人道之謂也於文止戈爲武禁暴戢兵是爲武德後人濫用武力以能殺人爲武而武字之眞義遂不明於天下矣夫以德皇之威尙不免於敗衄然則武力可恃乎故曰天道好仁順天者昌孟子曰威天下不以兵革之利得道者多助失道者寡助寡助之至親戚叛之多助之至天下順之故敗德者德也非聯軍也烏乎德人不暇自哀而吾人哀之吾人哀之而不鑑之亦使他人而復哀吾人也

氣充詞沛發揮武力必敗之義至爲透澈（林朝翰評）

參觀李督軍閱兵感言

江蘇省立第一工業附設木工教員養成科 王朝舉

金陵踞長江之右當南北之衝自古兵家必爭之地也鎭守其地非深明韜略熟悉形勢者不足以勝任督軍李公自涖蘇以來四境之內安堵狀況一如前代總統馮公督蘇之時初不知其何以致此也豈李公抱定蕭規曹隨之旨乎

抑別有善良之政策乎及本年國慶紀念日余與同學等隨諸師參觀閱兵儀式始恍然於武裝和平之說焉是日也晨鐘報六下學生等即整隊出發蜿蜒北行所過之處則見夫商舖居民莫不高懸國旗以表慶祝既抵小營又見夫牌樓巍立額題萬象更新前數武另一牌樓又觸余之視綫額題國慶紀念斯時也余之腦海不禁有所異焉何言之衆志成城爲古來先哲之至言國家共和是爲合衆志以謀國利民福者也試觀南北爭持各不相下攻城奪地歲無寧日居其地者流離失所國利乎民福乎余不敢贊同其說也復前行則見軍隊整齊嚴陣以待政警紳學各界之人亦皆鵠立靜候蓋其時李公尚未至也學生等亦擇地少息俄聞軍樂齊奏汽車之聲隆隆不絕剎那間而李公已至禮堂遂舉行國慶典禮並賀徐大總統就任禮畢行閱兵式余參觀其際見若兵若將均係久經訓練者竊謂非李公深明韜略不足致此使李公堅持素志以武力爲後盾調停南北之爭則所謂國利者誠哉其國利也所謂民福者誠哉其民福也豈第蘇省之人蒙其福利而已哉是所翹望於李公也與念及此遂於返校之後泚筆誌之

機局安詳吐屬蘊藉知本雛養到久矣

閱報載江灣演飛機事感言

蘇省第一師範本科一年級 沈達時

日前報載美國女士史天遜演飛機於江灣舉國人士遐邇畢集以一擴其眼界及其終也果獲美之結果衆皆嘖嘖咸稱其技之奇余心焉慕之然有感於是焉史女士一弱女子也遠渡重洋身涉異地吾人見之歎爲得未曾有趨之若鶩及見飛機盤旋上下翱翔空中則又咋舌而驚鼓掌而讙一若是物之專供觀樂者余竊歎之故有感焉近今文明日進智識愈高競爭愈烈歐戰風雲相持未息正以智識學術列邦皆駸駸日進方興未艾權其力乃適相等其他中立國亦隨其潮流力圖自強之策夫今之言戰者城郭不足恃也軍港不足恃也是以歐戰各邦不惜殫精竭慮惟求日精月進者航空事業耳智識既高學術又富日夕研究而謂不精進者吾不信也惟智識學術見絀者國勢乃相

形見弱。且不能自存。史女士之飛行亦藉表彼邦之智識學術耳。迺吾國人徒知觀樂不自奮勉。余悲之余不忍言也。今者政府設有國立航空學校。以造就飛行人才。庶異日者航空事業媲美歐美。且駕而上之。則或亦能博他國人之歡迎若此也。其在吾國民之黽勉自奮耳。

充暢而有歸宿近日進境於此可見

觀提燈會感言

蘇省第一師範一年級甲組 楊兆淮

歐戰平。協約勝。和議成。德皇遁。戰事告終。和平恢復。協約諸國。無不歡欣鼓舞。開會慶祝。吾國以加入參戰團。亦居協約國之一。故日來學校放假。工商休業。官吏相與慶於庭。學子相與忭於校。商賈相與歌於市。懸旗結綵者有之。提燈遊行者有之。吾蘇亦於昨日舉行。萬人空巷。舉國若狂。燭龍萬道。燈光眩目。猗歟盛哉。誠空前絕後之盛舉也。雖然吾因之有感焉。夫德國懷統一全球之野心。故協約國與之抗。其戰也為公理也。為人道也。為保障全世界人之自由也。開戰來。天空則飛機。海底則潛艇。陸地戰線之延長者二三千。擲無數之頭顱。耗無數之財產。舉國優秀份子。勇敢健兒。盡葬諸無情炮火。嗚虖慘矣。然終能戰勝強權。剗除專制。鞭敲金鐙人唱凱歌。吾知協約國軍人其心中愉快有非筆墨所能形容者。返觀吾國內南北用兵。相持不下。果為維持統一。保護約法乎。抑為私利不能平等。互相劫持乎。一邱之貉。相去幾何。彼歐人則勇於公戰。而怯於私鬬。吾國則怯於公戰。而勇於私鬬。性質不同。結果亦異。今歐戰既終。萬國媾和會議成立。協約國將於此博最後之勝利。歐人謂我既加入協約。未煩一兵。未折一矢。毫未盡參戰義務。故雖特遣專使而列席會議。……屆安知不中變。卽列席矣。權利之能爭回與否。損失之能承認與否。尚在不可知之數。諸公聞之能不惕然驚。幡然醒耶。設當日有用之兵。不操戈於同室。而効力於歐洲戰場。鉅萬之餉。不用之於鬩牆。而用之於協約國內。如是而謂我不盡義務。不能與會。可乎哉。可乎哉。則歷年所受之痛苦。不難訴之以公理。宣布於各國利權可復條約可改國際地位可增高乃計不出此衰衰諸公其能辭咎耶或曰運華工十五萬至歐洲此亦義務也然以區區之義務而欲博鉅大之權利是不啻操豚蹄而祝篝車況一國立國之資格而欲借重於苦力恥乎不恥故余因觀今日之提燈會而不禁重有所感也

筆無滯機詞多中肯不事鋪張揚厲自然切理饜心

烟鬼之末日感言

江都公立商業學校 祝度

不理事務不恤錢財朝朝暮暮手持短竿仰臥於牀如在雲霧中而優遊自得以爲樂者是何人耶曰烟鬼也政府與外人所定烟約期限已滿焚燬存土實行禁絕即在目前嗟乎烟鬼絕命之期至矣若不立即掃除必至續命無方雖然癮小者戒之尚易特受苦而已癮大者戒之不慎則至亡身如果因循畏難無志剗除又從何求一撮之土一勺之漿得以延年益壽耶苟有私藏法律難逃與其如此不若速戒之爲愈也吁烟鬼至此日暮途窮始知悔悟噬臍頓足亦無及矣古人有言曰自作孽不可活此之謂歟

慨乎言之

對於本校所畜老鷹感言

浙江第十一師範學校四年級生 項長

鷹振翼神霄揚聲紫微無塵世累得遊寰樂予嘗語人曰人之生也倘罹百憂不如鷹遠甚故心常慕之不置今本校畜一鷹形容憔悴盤桓階除之側咿唔僕夫之面有若不豫色然噫胡爲乎來哉優勝劣敗之時代紛紜擾攘惟名利是視爾亦欲入世而與斯人伍耶抑爾侶爾儔戕賊成性爾則察察衆則汶汶抱嫉邪離羣之主義以遯跡於此耶由前之說舍神霄樂蒙塵世苦下喬入谷之愚爾既具英雄獨立之資決不爲此由後之說鷹雄羽虫即爾羽虫界縱有不類非黨之橫逆未嘗不能制服之曷爲離羣而獨惺獨淸耶噫我知矣離人曰禽禽無綱常無禮義爾舍瀟灑樂趣

甘居斯校者豈以校中教授善良或立於榱桷或立於戶牖時聆吾師弟間之講論乎鷹乎鷹乎始則離人爲禽今乃反禽爲人亦足自慰生平世之人其形而禽其心者將何以對乎鷹

激昂慷慨有感而言造字鍊句亦見俊逸（朱虛吏評）

國慶日感言

浙江第十一師範預科一 李式元

我國數千年來皆爲君主專制政體及淸之季世朝政不綱外交輒敗憂國者要求立憲接踵而至淸廷沿期不行以致民心離散宣統末年黎公起義武昌宣告獨立公舉袁世凱爲大總統卽位於北京遂以十月十日起義之日爲國慶日蓋以是日爲共和發軔之始全國國民不可不紀念之也庸詎知袁氏就職爲時未久卽解散國會覬覦帝業其阻礙共和也多矣繼以張康復辟中央非法南北之爭至今未已嗚呼我國當局者對於是日其將何以慶乎抑將不之慶乎此誠吾所百思而不能解也夫以我國土地膏腴氣候溫和久爲列強所垂涎若際此不圖歐戰一停乘機相逼滅亡之慘近在眉睫尚何共和之有吾願袞袞諸公急起深思焉可

頗知留心時事（昭德評）

雙十節國慶紀念感言

浙江第十一師範本科一年級生 周鳳岐

民國七年古曆重九前二日卽國慶紀念日也回溯民國肇造僅越七稔其中更帝制者再遘革命者三風雨飄搖迄無寧歲全國人民均被壓於武力冢虓之下而黯無生理數年來之南北交爭無不由於武人之專橫始演此無謂之慘劇故徐州會議而政局一變天津會議而政局一變幾陷全國於恐慌之境觀於此次之國慶其足以點綴此紀念者惟此西南興護法之師北方下討伐之令而已然而同室操戈自相魚肉兵戎相見流血成渠吾民何辜遭此慘毒長此紛擾吾恐歐戰一息其波將及東亞矣噫民國之成立實賴此萬劫不死之人心奈一般國民無自治力無固結

心以相與維持共和之國體亦何怪武士恣肆執國家神聖之說以貫徹其主張也則自今而後有破壞國體者當合羣力以攻之有蹂躪約法者當合全力以逐之庶吾國其有豸乎

有聲有色

哀德

吳江私立麗則女子中學四年級生 陸振權

噫塞拉熱窩霹靂一聲不僅世界文明極軌之歐洲礮火橫飛全陷於愁雲慘霧之境風波所及亞非兩洲亦演戰禍洎激烈潛艇戰發生風雲變幻更波及北美合衆國之美利堅而吾弱不禁風之中華民國爲潮流所迫飄搖無定竟亦入於旋渦全世界悉陷爲爭鬭之場矣噫是眞亘古以來所未有之大戰也溯戰端初起德之志願在稱霸於全球而海上霸王之英吉利實爲唯一之競敵祇以法旣世仇和解不易對俄雖出意聯歡而利害衝突又難倖免遂不得不藉奧太子被炸之機爲先發制人之計故此一發而禍難免矣然當此之時德以疾風暴雨之勢席捲比法礮壘三週而幾達巴利數百萬之聯軍潰敗決裂如雪赴湯其行軍之神速器械之精利令人咋舌世方目眩神移相率驚歎而不知其戰略已根本失敗也蓋德皇積年之計畫預料一週以破巴利而不知比軍之意外抗拒英法軍乘機大集防守巴利聯軍勢力漸強於是如火如荼之德軍遂不能不掘壕自守矣良機易失時不再來數十載雄圖一旦付諸泡影威廉第二之撫髀悼歎爲何如耶嗚呼當美總統威爾遜出任調停之時若乘此媾和棄仇尋好亦何至宸極失御利械貲敵乎而乃雄心不死孤注妄擲遂至潛踪荷蘭全國陵夷非惟囊括全球蹂躪世界之志未能達即卑士麥克毛奇輩五十年來辛苦經營締造之世界一等強國德意志今聯邦瓦解徒爲歷史上之名詞能不傷哉能不傷哉嗚呼曩以威赫服人今以強力授人不亦大可哀耶寡不敵衆自古皆然縱使財足械精焉能以一敵八然而苦戰四載奇功屢奏全比摧殘強俄降服潛艇開海戰先聲飛機創航空奇局炸彈橫飛強鄰膽碎巨礮轟擊山岳崩頹今雖

力窮筋疲交械休戰然而如虎如貔如熊如羆之英法聯軍竟未能入其國寸土亦不可謂非一世之雄也故今舉國若狂。爲協約之勝利慶。余則慷然興歎。爲德之失敗哀。

筆致警快有峽水倒流之概（鄒家麟評）

時局感言

蘇州晏成中學校學生 汪克祜

嗚呼。昔之時局何其盛。今之時局何其衰乎。外借累累。賠款重重。一年所入。不能償其所出。今日之中國。誠一極貧極弱之中國也。歐洲各國之垂涎。不必言也。而日本乘歐戰未息。各國不暇兼顧之時。百出其技。任意要求。我國低首承認。不敢稍與之抗。恥孰甚矣。民國四年之二十一條約。其明證也。當局諸公。惟利權之是爭。而不知其所以補救之。致今日又啓日本外交財政共同管理之要挾。嗚呼。吾恐將步朝鮮印度之後塵。不亦哀哉。雖然。見兔顧犬。亡羊補牢。未爲晚也。倘能振興實業。發達商務。捐成見。却公敵。何患貧弱。況吾國鑛產甲天下。設法開採。其利無窮。而棄貨於地。一切器用。反仰給外人。國烏得而不貧。余之感觸有日矣。暇遂記之如此。

亦足警世

觀鬬蟋蟀感言

江蘇省立第八中學校乙組一年級 吳湘山

某日。余與二三同學。作郊外遊。見二童子席地坐。旁置瓦盆一。知其爲鬬蟋蟀也。近而觀之。奮力相持。有誓不並立之勢。久之。負者遁。勝者則鼓翅長鳴。若報主人知者。友曰。蟋蟀一小蟲。其勇敢若是。誠有足多者。余曰。不然。彼蟋蟀者。僅欲博主人之歡。遂致自戕同類。尙小勇而忘大義。是不仁之甚者也。度其意。蓋欲阿附主人。可以得其飼養。不致求生活於荒田草露間矣。殊不知人之所以飼養之者。不過玩之於股掌之上。藉以逞一時之欲耳。奈何甘受其愚。而竟殘害同種耶。嗚呼。吾願今之言黨派者。爲之一深思。

前路敍事簡潔中後語語雙關極目送手揮之妙收筆點明正意尤見老氣橫秋（戴子秋評）

觀鬭蟋蟀感言

江蘇省立第八中學校乙組一年級 張孝威

今之人莫不以同類相殘爲蟋蟀病竊以爲不然也何哉觀夫釣者之於魚獵者之於獸餌以誘之阱以陷之罪在魚歟獸歟抑在人歟今蟋蟀相鬭亦由於人使之然也以區區之小蟲豈能不爲人所役乎其鬭也雖奮力直前不稍退却然無以使之弗鬭也既不相鬭胡自相殘嗚呼以無智而爲有智役遂至於同類相殘而弗顧故識者多歎之也人與人智相若也斷非蟋蟀之能及也吾以爲既爲役物之人必不復爲人役矣奈何竟受人之役而弗知也不然豈不知同室操戈大背公理而竟甘爲之者則役於人而不悟也役於人而不悟是其智直等於蟋蟀矣觀於蟋蟀不禁感不絕於余心焉

謂蟋蟀之鬭爲人所役用意緊人一着通篇不鋪排鬭時狀況而鍊字鍊句又復骨節靈通起筆破空而來包掃一切是謂戛戛獨造之作（戴子秋評）

祀孔之感言

浙江第九中學校二年乙級生 陳建子

粵稽唐虞三代之聖賢如堯舜禹湯文武周公何一非道積厥躬化行天下爲古今不可少之人哉而皆不祀孔子一布衣祀典獨至今不絕何也曰孔子集大成者也堯舜禹湯文武周公之道非孔子莫傳其德配天地其道冠古今其功效不在一時而在萬世至今春秋奉祀不亦宜乎溯自漢帝崇儒太牢用享厥後尊崇之典代有增加而祀孔之禮遂垂爲典制非由我夫子道德高深沒世不能忘歟吾因之有感矣當春秋時異端起大義乖我夫子仔肩道統祖述憲章繼往開來使天下後世有所宗仰較之唐虞三代之聖賢行道於一時者其功效不可同年而語矣雖列國周遊斧柯莫假東周之志徒託空言而贊修删訂師表羣倫衍馨香於勿替可見士君子流芳後世固在德不在位也要之

孔子以實事求是爲宗旨沿襲其文非所樂受必也誦其言行其行使其道廣乃爲尊孔之實而謂區區藉上丁釋菜之禮遂足以盡推崇之意不亦淺乎詩曰高山仰止景行行之雖不能至然心嚮往之願與同人共勉焉

以傳道二字作骨曲曲傳出題情允推合作(許長城評)

感松柏

浙江第九中學校二年乙級生 沈瑞祥

植物中有類於賢士者惟松柏乎其本固固以樹德君子見其本則思善建不拔者其品高高以託身君子見其品則思中立不倚者其質堅堅以立志君子見其質則思砥礪名行夷險一致者讀魯論至歲寒然後知松柏之後凋章竊嘆世之役役於富貴功名而無特立之性者有愧於松柏多矣當夫春光和煦百卉爭榮松柏卓然獨立無色無香寂處於森林中而人不知也迨歲値嚴寒衆芳搖落而松柏獨葱葱鬱鬱經霜雪而不凋此何如風概乎嗟嗟松柏植物也其特性有類於賢士猶足動有心人之賞識況眞賢士乎夫賢士爲人中之松柏抱道在躬不屑浮沉流俗及時窮勢迫始出而挽既倒之狂瀾使亂者復治危者復安此豈小丈夫見知於一時者所能及哉要之不經歲寒不知松柏之後凋不經亂世不知賢士之本眞觀乎松柏則賢士之特性可見矣

借松柏爲賢士寫照別有會心(許長城評)

秋節賞月之感想

江蘇省立第一工業學校附設木工教員養成科 張國棟

金風拂拂丹桂飄香此何時乎非三秋之八月乎士農工商輟業以嬉此何日乎此非八月十五日俗所謂中秋節乎是日也本校亦給例假一日學生擬乘筆墨之暇與契友二三效庾亮登樓之樂尋袁宏泛渚之遊特因時晚未能出校以盡賞月之勝時玉盤已出於東山之上徘徊於銀河之際蟾丸圓而耀彩好風吹而神清萬念俱消幽情益勝古人所謂月到中秋分外明一年明月今宵多者眞不誣也爲之低徊者久之俄而天光驟暗翹首觀之有烏雲自東南

來。而一般皎潔如鏡之明月。爲之蔽焉。恨不起而除之以爲快。相謂賞月之樂。又須遙隔一載矣。方欲還而黑雲忽逝。則又陡放光明。輝煌天空。普照大千世界。於是徜徉如初。睡鐘既鳴。卽退而寢。偶見明月。又透入窗櫺照我睡夢。直至天明。嗚呼。吾是夜之賞月。有所喜而又有所感。設是夜之黑雲不去則月終不可得而見未免負此良夜矣。因思我民國革新以來七年於玆。試思革新之初。以數百健兒而推翻二百餘年之帝制。不月餘而克竣全局。大功告成。何等光明。何等偉大。孰謂非如是夜之月初出時之光明而獨照乎。降至三年。國家不幸。禍亂多作。民生塗炭。元氣大喪。孰謂非如是夜之月之受浮雲障礙乎。由是而四年五年六年。及今七年。兵禍相繼。歲無寧日。竟不能如是夜黑雲之忽來而忽逝焉。是則可慨也已。嗚呼。時至今日。總統新舉。但願內息鬩牆之爭。外禦強鄰之侮。使上下朝野一廊而清。果如是夜之黑雲去而不返永放光明則尤低首百拜而與四萬萬同胞共慶者也謹誌之以爲後日之驗云

清光大來感言亦合

全國學生國文成績

文庫卷十九(甲編)

古邗盧壽籛選輯

●戲墨類

擬戰國藺相如漢司馬長卿東方朔霍去病嘲楊雄詞

福建省立第一師範學校三年乙級學生 田春霖

司馬長卿攜琴過東方朔曰。楊雄。昔以。我爲。解。嘲。今。也。將。死。我將。弔。之。東方朔曰。唯唯。微君。請。吾志。也。吾請藺大夫偕將軍同行。過藺相如霍去病。如所請。霍去病曰。不有。四。皓。與。公。孫。乎。藺相如曰。無溷。彼。爲。采榮。實。識。也。創業。過。譽。也。四人相視而笑。行至天祿閣。時王莽怒。楊雄驚。驚投閣下。東方朔伏而哭曰。大夫何跌也。嗚呼。哀哉。大夫之肉。碎爲微塵。大夫之血。赤流。數步。烏鳶。螻蟻。拜大夫賜。嗚乎。大夫非默。守夫。玄乎。又哭曰。大夫在漢。位不過。侍郎。擢給事黃門。仕新。爲大夫。朱丹。其轂。拖紫。紆。青。大夫。榮。也。劇秦。美新。信其。舌。嚌其。筆。如施。咸。池。而。莫。有。和。焉。大夫。才。也。朔飢。欲。死。割炙。於細。君。大夫。食。新。之。祿。腹裹。褒。然。大夫。飽。也。不受。綵。緌。之。羈。自納。於。溝。中。大夫。壯。也。嗚呼。大夫。之。死。死何。憾。哉。又起而哭曰。位極。者。宗。危。自守。者。身。全。大夫。言。之。大夫。蹈。之。豈鳳。凰。有。忘。棲。而黿。龍。亦。失。算。乎。嗚呼。哀。哉。大夫。仕。新。方將。比功。於。蕭。曹。校。史。於。柱。下。成佐。命。之。勳。潤太。平。之。色。時之。不。利。奈大。夫。何。故爲。於。可。爲。之。時。則。從。爲。於。不。可。爲。之。時。則。凶。嗚呼。哀。哉。奈大。夫。何。哭聲未絕。楊雄內慚於心。匍匐而走。霍去病叱曰。止。賊臣。安。之。聽東方先生哭。藺相如怒目進曰。先生。休。矣。相。如。請。直。折。之。當逆。莽。之。亂。逢萌。掛。冠。梅福。浮。海。彼二。子。豈。畸。情。哉。誠傷。綱。紀。之。淪。而。不。忍。復。見。也。爾。乃。赧。食。其。祿。尸居。其。位。故宮。黍。離。爾家。無。恙。宗室。魚。肉。爾身。溫。飽。篡位。爾。與。其。謀。獻頌。爾。爲。之。首。爾思。一。民。一。士。皆能。慷。慨。就義不忘君親況爾官漢爲給事黃門乎爾實小人所重者功名所輕者廉恥固當好爵爾縻怒罵任之爾又高談玄墨妄言輕世視爾之書將駕羲文而軼老莊是熸火爭日月之光寸木屈太山之勢不亦病乎嗟爾之生辱漢家之朝嗟爾之死汚漢家之士嗟爾之姓氏汚漢家之編吾悲夫後之人或不爾悟而受爾欺也東方朔笑曰藺大夫何其甚也顧司馬長卿曰請君鼓琴長卿援琴而起扣絃而笑曰彼爲誰或怒於斯或笑於斯一怒一笑兮吾復何辭歸與歸與吾將當罏以飲君夫焉費此唇舌爲

寫東方朔是滑稽本色寫霍去病是粗豪本色寫藺相如是激烈本色寫司馬長卿是儒雅本色字裏聞聲行間表影筆墨之妙可與史記爭驅

試以意匠構理想之花園

福建泉州培元中學校二年生 陳砥生

家君築樓於鄉村其西北多隙地余恆念土壤腴膏不施耕種因擬闢茲地爲花園園方四丈披榛除莽編竹爲籬亭於其左曰悠然池於其右曰混泉引混泉之水以灌園中諸花園分爲三區或植奇花或植香草凡諸異種必竭吾力以致之使之蔚然而茂幽然而靑衣襲之而自香目遇之而成色時或優遊其中舉酒屬客於亭上東望郭山北眺倉嶺烟雲出沒氣象萬千俯視花木欣欣向榮而混泉池則若圓鏡平置林中也挹百卉之芳芬聞鳥聲之上下悠哉悠哉可以卒歲南面王無與易也夫人生若夢爲懽幾何竭余之意匠經營而人工花園尚在虛無縹緲間異時勉吾志庶幾有達吾目的之日乎

意匠獨造

戲作東方朔偸桃圖贊

浙江省立第三師範學校一年級 朱乃基

瑤池蟠桃千年一熟不問而取同乎流俗一之爲甚二猶不足乃至於三添籌海屋海上三山青鳥啣飛偸桃則是偸

香則非歲星不見誰識少微探花手段豈爲騙儀有賁其實猶是依依持以介壽胡不遄歸歸遺細君一見心顏戲呼花賊相與目成此老猶昔積頑成精花賊曰然蝴蝶三生武陵渡口漁舟夜橫謹防水淺暗渡蓬瀛拈花一笑銜意旨嗚東方曼倩吾聞其名

筆意迴不猶人

擬王煙客與芙蓉城主絕交書

江蘇省立第三師範本科二部生 李江淮

芙蓉城主足下竊聞君子處世友有益不友無益夫無益之友且不取況有害之友而可友之乎僕雖淺陋然尙知取法於君子憶僕與足下締交之始朝夕過從親密異常客之來也非足下不歡夜之長也非足下不快大有寢食與共之概試思足下何以能使人樂使人喜使人不忍須臾離非足下有以自效俾人人樂就乎然樂就足下者鮮不被足下之害是足下非惟不可久交且不可暫交也僕不幸因一時之不明遂至與足下纏綿十有餘載此十餘載中患苦之紛至沓來者悉足下之所賜也僕已覺悟不能復受足下之欺故述絕交之理由以明非僕之絕足下實足下之絕僕故僕不得不絕足下也僕與足下相交以來面黃齒黑四肢無力萎靡其精神消磨其志氣瀕於死者數矣此應與足下絕交者一也中央政府疾足下甚如有與足下通聲氣者重則處以死刑輕則處以徒刑或罰金僕即無狀何敢輕蹈刑章自貽伊戚此應與足下絕交者二也金錢一物爲衣食住之交換品僕自與足下交金錢悉爲足下所吸收今則寒無衣飢無食住無室行且爲溝中瘠矣此應與足下絕交者三也四民各有職業以爲生僕與足下相處致失恆業無以自存此應與足下絕交者四也世之交足下者咸減少生殖力所生子女復多疾病人種之弱此亦一因此應與足下絕交者五也以上五端僅就其犖犖大者言之耳若精密言之足下之罪更僕難數矣人孰無趨利避害之心而謂僕能久受足下之害乎足下休矣王煙客啓

振筆直書見得到說得出何等識力（嚴毓芬評）

戲擬晉嵇康嘲蔡邕詞

福建省立第一師範學校三年乙級學生 田春霖

嵇公子抱琴遊乎蒼茫之野。過蔡中郎行歌過曰。漢兮晳兮傷心哉予兮汝兮人兮琴兮廣陵久絕響遇太虛兮盍唱和乎發清音公子聞歌而進曰。爾何人爾何人爾非侍董氏哭董氏而死之蔡中郎乎。爾烏知琴乎琴宮君也商臣也大絃泠泠小絃切切爾彈於董氏之側君誰耶臣誰耶誰辨其太誰辨其小兮且吾聞之。心懽者音以促心樂者音以舒心戚者音以哀彈爾之促音其我能殺人兮彈爾之舒音其我能富貴人兮彈爾之哀音其悼卓之死兮伏屍而哭兮吁嗟乎孰爲爾唱而爾和兮行矣乃歌曰。松林之箕兮東門之跪兮晉兮漢兮不同死天地亦大兮余何爲而遇彼琴乎琴乎琴乎余與汝游乎天之池洗汝琴兮洗余耳

中郎以琴合公子以琴分一琴一歌若對答若自語不衫不履或即或離松林箕踞之容行間跳躍廣陵清散之曲字裏鏗鏘（田春士評）

戲擬唁德皇書

江蘇省立第八中學校二年生 孫多頎

大中華民國國民某。謹致書於德皇陛下。昨閱敝國政府公電。驚悉陛下徇國民之要求。於十一月九日遜位。某聞之。不勝悲傷之至第不卜陛下何以爲情也伏維陛下天縱英明素懷拿破侖之志即位以來相機而動天又假以奧塞之變以爲陛下發展武力之機當時雖楚歌四起協約國成羣起反抗陛下猶能以獨力與之相抗且歷四五年而不稍退以言功業可謂偉矣以言聲威可謂遠矣乃昊天不弔既脅於外復制於內陛下胸懷素達值此慘變當不致爲窮途之哭顧某之爲陛下痛者特以造化弄人既與以才又假以時而獨不克始終成全其志遂使九仞之山虧於一簣能毋呼負負乎雖然此亦天之厚於陛下也何也專制政體本不適於今日使無國民之抗與協約國之牽制則後

此之結果恐尤有甚於今日者陛下達人必能解此往事已矣夫復何言且國家雖失天倫之樂猶存荷蘭風景絕佳鄰誼亦復不惡息影其中頗堪自適若雄心未泯故志猶存則來日方長亦可乘時以出一雪昔日之恥幸毋自餒惟陛下實圖利之書不宣意諸維珍重

戲擬唁德皇書

蘇省第八中學校學生 張榕

筆鋒銳利（胡子笣評）

某月某日大中華民國某某謹再拜致書德皇陛下。頃接敝國內務部通電驚悉陛下以戰爭失利於某月日下詔遜位寄居荷蘭與貴國脫離關係某始聞而疑繼而惜終乃大喜蓋陛下志雖未達自此可享和平之幸福矣道遠言略不知詳情若果如斯某又將爲陛下賀焉陛下天縱英明矢志遠大兵強國富甲於全球幾有統一天下之勢今竟爲他國所制爲城下之盟甚且偸生異域陛下豈肯如斯也哉某是以始聞而疑也陛下竭力經營血戰四載人財損失不知凡幾設無今日之變統全球各國而一之其樂何如乃蒼天不祐致使九仞之山虧於一簣他族聞之猶爲懊喪況於當局能無惜乎然陛下失計於今凡世界各國皆不敢復行專制之政策懷統一世界之野心而共和之聲亦得以彌漫於世是皆陛下之賜而陛下之名可不朽矣某是以又爲陛下慶也荷蘭風景宜人陛下與皇子等旅居其間亦頗可以自適昔拿破崙失敗之後流竄荒島陛下較之其幸何若端居之暇望勿抑鬱專此佈達伏惟垂察某某謹啓

仿柳子厚賀王參元失火文體說來却唯所納之無不如志合作也（胡子笣評）

戲擬宋太祖與太宗書

福建省立第一師範學校三年乙級學生 田春霖

初朕代周天下母氏憑玉几命朕曰匡胤兒爾知周所以失天下乎主少故也自今汝百歲後傳光義光義傳廷美廷

美復傳爾子德昭嗟乎孰謂德昭竟殺其身乎殺德昭者誰朕不忍言彼趙普實與謀云嗟乎金匱之盟普其聞之普也忍出此乎方普出爲節度時固已包藏禍心朕不逆詐也某年月日朕不豫召弟于後宮囑大事遵母命也議者謂朕不傳子而傳弟用生禍釁朕思古人如吳之樊札宋之桓穆皆兄弟相及耳未聞餘祭嗣位而遽殺公子光穆公嗣位而遽殺與夷也且其時弟久利朕之天下矣朕如不讓則宮門之射蚤繼玄武而起寧復有雨雪霏霏更闌秉燭夜乎德昭之不有天下朕固知之然不虞其至死也朕昔讀前史至司馬之殘李氏之搆未嘗不爲之撫膺也何意骨肉之變今出朕家嗟乎使朕以殿前檢點終當不至此朕悔朕之有天下也

不責其利天下但責其死德昭詞冷而意毒

黑甜鄉記

江蘇省立第一師範學校本科畢業生　吳年彭

黑甜鄉一名睡鄉天下之安樂窩也黑之云者蓋因其境幽然凡一切有生之物皆無有焉甜之云者蓋因其境淸寂而人咸樂往遊焉自皇古迄今人之遊是鄉也卜其夜不卜其晝惟攤飯者間於晝亦一遊其間昔宰予晝遊是鄉孔子譏之以朽木不可雕糞土之牆不可圬顯示鳴鼓而攻之義遊是鄉者相戒以日入虞淵爲度予嘗往遊其地覘其風俗倚枕而行少頃即至黑暗如無天日無山無水草木不生禽獸不殖士不知讀農不知耕工不知製造商不知貿易饑不思食渴不思飲不知不識無思無慮其去無何有之鄉眞一呼吸之間耳是鄉人民專以保守爲主義不知進取之目舉天下之英雄豪傑慷慨風流之士無一不遊其地以其安樂而能休養精神也往者唐盧生遊是鄉而夢爲相十年淳于棼遊是鄉而夢入槐安國莊周遊是鄉而夢爲蝴蝶則是鄉之有知名士由來久矣孔子於此見周公慨然於大道之行三代之英惜乎其有志而未逮焉於戲吾國外患頻仍內訌屢起舉世無淸淨地予將至廣漠之野拾娜負箴之草循途以至是鄉於夢寐中作羲皇上人而覩春臺之景象其可得耶其不可必得耶謹記此以驗異時之

息壞

意匠經營語有遠致（梁競滋評）

孔方兄傳

湖南湘潭第一女校師範三年級生 龔心俠

孔方兄銅山人也姓錢氏種族甚繁散居於各國其爲人也性外圓而內方不言而善交無論何人見之未嘗不親愛如兄此孔方兄之所由稱也凡與交遊者皆曰兄、天下之能人也生民之至貴也孔方兄喜往來於富貴家貧困者或不至則所念者朝夕之餐而所患者衣住之事甚有凍於冬而餒於途比比皆是然則孔方兄豈神物耶抑有術能使人不食而飽不衣而煖耶蓋其權力之大不欲人求而人自求之衣食住三者皆非孔方兄之力無由得也試觀天子之貴百官之尊凡建一宮造一宇以至細微之事猶不能不求於孔方兄而況庶民百姓之無尊無貴者歟嗚呼孔方兄之於天下不可不求亦不能不求之也其握天下之大權任國家之大專者又誰不賴之哉故其於人也得之則危可使安死可使活失之則貴可使賤生可使殺且忿爭辯訟非兄不勝孤弱幽滯非兄不拔怨仇嫌恨非兄不解冤所謂無位而尊無勢而熱無人不重無事不求天下之所可恃者舍孔方何有哉此孔方兄之有益於天下國家固大彰明較著者也雖然亦不能效聖人之無過孔方兄既懷奇才異能而天下之人爭慕之於是有因謀之而斃命者有因奪之而獲罪者且孔方兄性情隨和不擇交遊日與天下之人成羣而不務正業凡少年子弟自與孔方兄交遂志力日衰惰性日長孔方兄既無規勸之言更善引誘靑年宴安遊蕩至令傾國傾家是則孔方兄豈能辭其咎哉然則孔方兄誠令人欽羨亦令人聳懼者矣余甚怪之以爲斯人也天下之神人也求之史記未嘗傳焉考於報章未嘗載也豈與仁人義士處於草野之間而不見者歟抑有故焉耳吾居湘南一日有來告者曰孔方種族將滅雖其子孫甚多然能繼父祖志者頗少而錢氏子孫稟質大異有金銀兩貴族其不肖者曰鐵山錢氏曰鉛山錢氏自金銀兩族顯貴於世而鐵鉛兩族又冒其姓氏以欺愚民於是銅山錢氏日以銷滅而世之人日與金銀兩族交好孔方兄之愛情遂日見疏遠矣嗚呼物極必反器滿則傾孔方兄之權力不爲不大矣而其於人情亦不爲不篤矣以情以理固可保其永遠而不墜今之遭滅也亦人心之少恩哉且世人皆不以爲憂因滅以見疎遂不復求於彼眞可嘆也夫

光怪陸離筆如飛龍（恬園評）

戲擬西楚霸王復狄仁傑書

福建省立第一師範學校三年乙級學生 田春霖

西楚霸王項復周湖州安撫大使狄生講嗚呼狄生吾生秦時胡亥亂紀興江東勇冠天下天下服吾勇咸懾吾時劉季亦聚沛數百人依吾少資吾力懷二心叛吾吾召之鴻門范增勸吾殺之吾不忍舍之後吾滅秦尊懷王爲義帝吾自立爲西楚霸王分王天下有功諸侯念劉季依吾久有微功亦王於蜀不思吾恩復叛吾吾縶其父母置俎上將烹之念其老不忍舍之且不忍劉季負不孝名歸之又忘吾大德陰圖吾離吾布越取吾成皋圍吾垓下楚歌唱士卒潰起視從騎獨愛將周蘭一人圍深吾保愛姬奮勇當先衝圍而出周蘭死於兵圍益深吾與愛姬永訣掩袖斬之單騎走烏江憤天亡吾拔劍自刎浩氣歸於太虛愛姬愛將精神咸聚湖人思吾勇立廟祀吾嗟乎吾生不能撫有天下享王食死不能爲不祧祖配享上帝宗祀太廟天實爲之亦已焉哉安能神依土木俯棲一室歲時伏臘受村姑野老一祭哉然曩湖人誠時命周蘭受其祭今爾受周后命來守茲土趣燬之吾時方與愛姬談當年戰勝事周蘭忿忿來告吾袖中出一紙視之則爾檄文也語讀首云鴻名不可以謬假嗚呼狄生斯爲何言而爾敢出諸口形諸筆乎溯自爾太祖太宗滅隋高宗繼統廬陵承業天下唐之天下也爾則太祖朝俊民太宗朝入彀高宗廬陵朝筮仕又唐之臣子也今武氏以才人易昭儀以昭儀易后以后易君以周易唐爾乃以唐侍御史易周安撫大使援厥稱名何其假也何其謬也爾檄中盛稱劉季之興譏吾之亡嗚呼爾書生何知英雄行事原不可以成敗定也方秦失其鹿天下逐之大

者據州小者據縣稱王稱侯稱君然而陳涉首禍先亡鉅鹿之戰天下諸侯合四十萬餘兵救援畏秦之強莫敢開壁出戰又何知有沛縣亭長數百人耶吾賦同仇佩上將軍印鼓行而西一日一夜九戰九敗秦師諸侯壁上觀者疑吾爲天神開壁迎接咸膝伏匍行獻酒上壽鉅鹿既勝秦人望風披靡劉季狐假虎威潛趨入關見秦寶賄收而藏之見秦宮室樂而居之嗟乎吾聞其居山東時縱觀嬴政喟然太息曰大丈夫當如是吾知其志矣吾入關焚其宮室棄其寶賄掘嬴政塚爲暴君戒此不亦一勇一怯一貪一廉之各致乎吾生不惑於色愛姬賢而智劉季彭城之會聚美女二千八旦夕酣歌吾死後聞其旬月不親朝政宮闈中昵一官人噫甚矣叔父歿吾一慟幾絕吾設俎烹劉季父母劉季曰分我一杯羹嗚呼劉季獨無孩提之愛毛裏之思乎以親之肉爲羹而求分於人每念及此未嘗不恨天道無知寬厥辟於不孝且令處天位也吾滅秦盡分天下之地王天下有功之人示無私也劉季則制爲令曰非劉氏不王其當時運籌帷幄之臣斬將搴旗之士功業最著者於蕭何則繫因之於彭越則族醢之王者寬洪之量固如是乎夫勇者戡亂之資也廉者澄清之原也色者荒淫之戒也孝者百行之本也量者帝王之度也而劉季皆不如吾乃季以與吾以亡豈非天哉爾則謂實由人事非關天亡吾試與爾顯言天當彭城時季挾美女置酒高會吾率精兵擊之濟二十萬軍盡塞沮流不甚於吾垓下耶忽陰風四起飛沙走石兩軍不相崇劉季以身遁吾叛臣丁公追季及弗殺而私釋之夫季之走也追季者四匝乃不遄吾周蘭而遇丁公天使之也嗟乎天道變態無常吾生時爲秦爲楚死時爲漢倏而爲魏爲蜀爲晉爲宋爲齊爲梁爲陳爲隋今且爲唐爲周矣其興也孛其亡也忽後更不知爲何使吾當時有天下以今睹之大抵若斯矣吾豈能長爲不祧祖受子孫享祀而況於天下中一湖州於湖州中一廟數椽片瓦巵酒肩豚何有何無安足計哉今爾檄云君宜速避勿爲人患若視吾戀戀此地爲寄食之所不忍捨去何見之鄙也嗚呼狄生當武氏反唐時敬業倡兵賓王草檄爾於此時袖手旁觀默默無言是何畏彼婦而藐英雄耶想爾必以吾死而無

知乃肆其脣口弄其筆墨乎吾今以長空爲尺幅集玉門關歸雁列行而書使周蘭下雲端大呼爾名爾仰而觀之以爲吾果死耶爲無知耶嗚呼狄生勿譏古人恐後人譏爾

其敍戰鬭處則如萬馬奔嘶風雲怒激其觚立廟處又如九年面壁色相俱捐其入劉季處則如鍾離拏鬼飲血摘心其劈狄生處又如聶政殺人抉目刺面愛將周蘭威風如蕭美人虞氏秀色可餐有此一篇勝讀重瞳本紀

戲書李先生事

河南第一師範本科一年生　翟承烈

李先生紅學大師也從學者以百數高冠博帶慷慨談古義輒歎井田不能行今世爲陸沉所居庭院頗廣前臨沼院旁有水道後隣積水所經一日天方暑冠帶行於牆陰忽失色瞠目視牆下水洞良久不去已環行於庭若有深思至洞輒停足搔首踟躕自午至日暮不食不休乃招高足生數人指洞中一馬矢示之曰馬臞然矣安能入而遺矢於此數生皆愕然莫對旣而曰物之難格有如此者適一幼生初入校在側曰得勿水浮至此乎先生蹙額久之擊其手撫幼生頂歎然曰是生知者返顧諸生曰退吾黨中人嘗如是先生有重名一時稱醇儒云

寫腐儒拘迂令人捧腹以蘊藉出之甚妙（董紫漢評）

戲擬楚側謝共王箋

福建省立第一師範學校本科二年學生　游毓英

頃聞使命止臣以一死臣死且不朽王何止之哉世有殺一人而千萬人勸者臣固死矣死足以戒不忠王其毋念也死若有知則微臣未報恩留作忠魂補身後妻子惟王是憐臣不復言矣臣側謹上

不作臨終狡辯語亦自合法而筆墨簡潔猶爲難得

梅華傳

吳江私立麗則女子中學三年級生　丁美均

梅華貌清癯性瀟灑孤芳自賞不慕繁華蓋高士也或曰其先出於太昊氏後有封於梅者遂以國爲氏焉或曰木氏

之苗裔也今江寧之龍蟠蘇州之鄧尉杭州之孤山皆有梅氏之族江西之大庾嶺爲尤繁華幼時即好修丰姿幽雅絕俗常與竹居士松大夫爲耐久朋故世以歲寒三友稱之高士雖於嚴寒之際孤立獨行素顏不凋玉骨獨秀抗風敵雪而曾不稍屈故君子多敬而愛之好事者且圖其像於屏朝夕與之相對焉蓋其操堅性潔足使頑廉懦立消其鄙吝之懷驅其紛華之念也華尤有先知之能當天寒地凍萬物潛藏之時而獨先以消息報告人間使天下盡知春意故常以魁芳稱譽於天下及桃李爭妍萬卉紛呈而華又深居簡出不屑與之爭媚其高潔爲何如哉而華更具特才調和鼎鼐立著奇功惜其性介不爲世用也此其所以爲高千古稱之不置歟

梅華傳

筆致高逸揮灑自然

吳江私立麗則女子中學二年級生 倪代軍

梅華高士也其先出太昊氏食采於梅因以國爲氏焉殷高宗時其祖有善調鼎羹者與傅說同爲相著大勳勞於天下天下始知其名其後種族繁殖遍處於江寧之龍蟠蘇州之鄧尉杭州之孤山而江西之大庾嶺爲尤盛數百里內皆其族姓也華性高尚不喜浮華勵百年不死之操羞與草木同腐朽居恆孤芳自賞獨標勁節與竹處士松大夫爲耐久朋蓋處士與大夫亦皆有嚴操不慕繁華者也華常與之同寄身於泉石之間優遊於冰雪之地抗風傲寒而曾不稍屈故世皆以三友稱之梅華且愈冷而愈芳其堅勁不撓之節更甚於處士大夫焉彼桃李之華蒲柳之姿當春而榮未秋而凋者曾不值高士之一哂嗚呼高矣宋處士林和靖以其耿介不阿瀟洒絕塵深企敬之嘗爲詩以美其行故聞其名者往往踏雪造訪流連不忍返華亦不以爲忤也然終深居簡出謝絕紛華日以甘酸修勵其德俾弘大其先人調鼎之業嗚呼高士道足以安邦知足以擇友先知先覺隱遯自高足以風世之毫無操守而第爭榮華於一時者矣故最其生平而爲之傳

筆致充暢用典自然妙在筆筆傳梅華筆筆如傳人物

戲擬張許謝昌黎啟

福建第一師範學生 游毓英

巡遠載拜昌黎先生閣下睢陽失守世論紛起先生獨排羣義若有私然然天理自在人心不可磨滅躬軀報國僕之志也維持公論先生之道也僕不能必先生之必將吾傳而先生不能不爲吾傳先生非爲吾傳也爲天下後世勗耳僕不爲先生謝也知僕者先生知先生者豈乏人哉路隔幽明閒言不具謹此載拜

措辭大方恰合二公身分勿以游戲文字等也

檄鼠文 幷引

江蘇第一師範本科三年級 王偉生

余校宿舍比連古屋中夜喧逐恆有鼠擾啾啾戚戚大損余眠校規十鐘滅火六鐘起身偃息無幾其何堪長此擾擾哉或曰是宜蓄猫以絕後患余謂鼠具黠性然罪致討或斂迹也爰作檄鼠文以示警焉

維爾無知之輩性本畏人行偏喜竊既晝伏而夜動爰壁藏以穴居每値主人之鼾睡輒爲宵小之橫行逐臭而來既欵至如慕羶之蟻聞聲不見復飛行如絕跡之狐汙我冠裳竄予房闥啾嗽嘯侶時作靈談鬼笑以欺人累累宵行慣爲發篋探囊而作賊加以破壞爲心貪饕成性門之重閉履舄則爲汝而鳧飛閣之中藏杯盤則爲汝而狼籍跨穿墉而齧索慣傾瓶而覆瓿中宵聞綷縩之聲塵案般駢闐之迹上樑緣索嘲履嚙衣爾之自爲計則善矣其如人之不堪汝擾何夫既不能圓我終宵之好夢復時有警報之傳來爾固無知余焉能已用是南自窗櫺北盡戶樞餅餌偏設橫伏危機且令家豹將軍時勤厥職苟噤聲不出舉族偕隱則余亦決不發汝之壁藏灌汝之穴處也檄到如律令

寫生妙手趣味盎然

戲擬宋包拯劾秦檜議

福建省立第一師範學校三年乙級學生 田春霖

右年月日太祖太宗皇帝陛下發奸臣秦檜下臣所司勅臣勘問臣按秦檜之罪擢髮莫數上而君父下而臣子莫不欲斬其魂而褫其魄無俟臣臚列而明也然臣揆勢度情竊議秦檜之罪紹興迫之耳臣聞犬之獵獄鷹之逐禽有縱於其後者紹興實秦檜之縱也議者以秦檜爲縱以勾知龍淵等爲鷹犬不亦末乎故臣議秦檜之罪首問與紹臣思人君之敗國實患於昧而紹興則昧之人臣之賣國實蔽於私而秦檜則公之昧與私猶或有撥而睹之指而摘之之日若君既明臣臣亦公君雖百喙無補矣嗟乎此二帝所以蒙塵於五國而莫之返金人橫肆乎中原而莫之禁忠臣義士碎首殺身而莫之惜也故臣議秦檜之罪於紹興有專詞紹興之遣使如金也曰朕對九庭無淚可揮此語欲敵人歸之耶欲留之耶以歸之之詞爲留之之術紹興實欺鬼神於秦檜何責焉聞有題於壁曰夫差爾忘越人而殺爾父乎則固捨秦檜而獨刺紹興非臣今日乃議也議者以秦檜逃於金突如其來疑兀朮縱之嗟乎人知其一莫知其他夫秦檜昔在宋一小臣耳彼兀朮者烏知縱之之後而必果得國柄乎且即得國柄能保其同心於金又烏知不悉金之情形反之戰金乎而兀朮無慮斯謂何哉臣蓋揆勢度情知紹興之棄父兄者雖兀朮知之而本朝諸臣礪兵秣馬必欲滅此而朝食兀朮恐紹興而難遣衆也故於四人中選才足拒諫智可飾非者縱秦檜而爲之輔彼蓋知戰之說難投而和之說易入也臣思應天之立猶靈武也肅宗之背玄宗猶紹興之背二聖也幸玄宗不執於祿山李泌不同於秦檜故郭子儀得以光復使父子再見今若此是秦檜之罪也臣聞秦檜歸日紹興引於密閣與之私語明日揚於衆曰秦檜樸忠過人一佳士也又得二帝母后消息喜而不寐臣不知檜所私何語所忠何事隱而不言但曰樸忠豈滿朝皆奸佞耶且既得帝后消息紹興固當涕泣沾衣轉輾反側而又何喜乎曩者趙子砥自燕山遁歸命輔臣問北事甚悉遂出知台州何問子砥則命輔臣問秦檜則引密閣子砥則出知台州秦檜則入參政事嗟乎紹興之情大略可想見矣是以宗澤之知襄陽也以奏興復張所之貶江州也以陳五利胡寅之謫於外也以疏七策張浚之出成

都也以大復仇李綱之竄鄂州也以爭和議韓世忠張浚之罷爲樞密也岳飛之能爲副使也以不肯息兵而車駕還東京宗澤請之不報及時還京迎復淵聖使天下知孝悌澤固請之降詔已數日不果平江決戰親總六師沈與求方贊之趙鼎成之又不果乘勝復中原誅劉豫岳飛上之又抑不行其間情節或黃潛善汪伯彥亂於前或秦檜亂於後皆紹興主之也議者或曰紹興實怯甚臣聞勇怯視乎勢夫以李綱之策岳飛之謀宗澤之練張浚趙鼎之賢劉錡韓世忠吳璘吳玠劉子羽之勇合力而戰之天下大勢可知矣捨戰就和紹興意何爲耶臣揣紹興之意蓋知和則偷安戰則必勝勝則帝后歸而兩上皇逼處於宮或生肘腋故外以兀朮爲之織內以秦檜爲之排不然夫豈不知戰之爲利乎臣思継臣中旨欲與金戰者文臣惟李綱而張浚等次之武臣惟岳飛而劉錡等次之故夫綱一竄而不回岳飛下大理而莫問其氣最烈其禍最速議者傷岳飛之忠秦檜殺之非秦檜殺之紹興殺之也安有殺少保大臣而天子不知乎嗟哉紹興臣可殺而仇可親地可歸而膝可拜觀夫袞冕冊封此不猶於劉豫耶而紹興無動容則紹興忍矣紹興必曰屈志事金以梓宮太后故也試問梓宮既歸太后既還何欽聖尚留北地豈愛與不如愛父死者哀而生者忘耶嗟乎紹興之情又可想見矣故又曰秦檜籍和議而要富貴臣獨曰紹興以富貴而賂和議也臣請更以所聞議之臣聞秦檜初歸曰南自南北自北紹興喜甚後改計曰南人歸劉北人歸金紹興怒甚曰朕北人將安歸此語不直燃以犀而照以鏡乎秦檜安得而迷之但臣未悉紹興之喜喜爲何心故臣有餘議且臣聞之張浚秦檜同一相臣也不識浚何奸猾奪至復國而不用之檜何朴忠已榜朝堂而復相之夫非憤浚之言戰樂檜之言和乎又非始而榜檜以悟檜之奸繼而相檜以無檜之奸不足以力和乎是則紹興之養奸也養奸之科徵臣不敢後議則有祖宗之法在

窮源勘訊究所由來情眞罪當發前人所未發此眞善於讀史者也

驅蚊檄并引

江蘇第一師範本科三年級 陶鴻怡

邇來天旱水涸。疫癘流行。蚊蚋餘孽。亦乘機孳生。每當清夢正酣。輒羣來耳畔。咿唔嗡𠻿。擾人生厭。揮之驅之。其頑如故。至其吮我血液。飽彼慾壑。遂致體感疾癘。身鮮完膚。神奸巨蠹。不是過也。爰草此檄以示驅除

惟爾蚊類。身出污瀦。體同豕蟻。迨蛻態而成形。乃振羽而用武。白晝潛踪。深宵猖獗。藉兩翅以肆威。憑一喙以嗜利。飛揚成性。勢旣盛乎狂蜂。跋扈爲懷。心又過於毒螫。每當臨風揮扇。膝畔游行。時或握管撰文。面前麕集。成羣結隊。擾人於臥榻之旁。吮血嗜膏。致我有切膚之痛。跳梁小醜。竟效貪狼猖獗。么麼儗同怒虎。棲身草澤之中。欲效夜郎之自大。稱雄蟲蟲之族。妄思南面而爲尊。設苟不興問罪之師。必致釀成噬臍之悔。惟某本慈善之懷。何忍不教而誅。先草討逆之文。用以伸其不臣之罪。儻能改過自新。抒誠待罪。尚可網開一面。赦彼前非。如仍螳臂當車。負隅自固。則必大張撻伐。剋日興師。行見持橫磨之劍。戮茲姤謬。揮魯揚之戈。誅爾醜類。蕩平巢穴。九族不分。勿謂言之不預也。檄到如律令。

戲擬勸民息訟示

寄託遙深文亦紆徐有致

廣東法政大學會畢業生 朱澤溥

蓋聞鵰鵝訓雛。烏鴉返哺。仁也。鹿得草而呼伴。蝶遇花而聚羣。義也。星魚拜斗。羔羊跪乳。禮也。鵲始巢而知風。蟻閉戶而知雨。智也。雁未秋而不至。雞未時而不鳴。信也。彼畜尚知五常。爲人豈昧三綱。同遊光化之天日。何須意氣之參商。各安厥職。幸毋我詐爾虞。共敦人倫。烏可口蜜腹劍。是以唐虞之時。歌帝力於何有。周召之相。贊國政以共和。所謂化行俗美。政適人和。夫何訟之有哉。況現世科學發明。提倡大同主義。四海皆兄弟。舉國吾胞與。同室操戈。自好者不爲。鷸蚌相爭。與漁人以利。雖曰人品不齊。強者每有以凌弱。然而犯而不校。聖人嘗言。夫吾友每慨夫興訟之輩。多至敗、

家健訟者流甚或喪身迂愚若是後悔何及本署長忝膺民社特般勸誡勿以小忿而廢懿親毋因細故而遂滋訟庶乃花落訟庭草生囹圄本署長有厚望焉

文章一格

全國學生國文成績文庫卷十九終

文庫卷二十（甲編）

古邗盧壽籛選輯

◉詩詞類（賦附）

游迎江寺

安徽安慶中學第十級生 黃晉卿

數年未到迎江寺。此日登臨萬慮空。東望六朝天地外。南瞻三楚有無中。落霞孤鶩雙飛急。碧水靑天一色同。試問大川流不息。古今淘盡幾英雄。

新年竹枝詞

前人

松柏參差燈燭煌。高懸萬國彩旗揚。裝璜固屬文明派。迷信依然未改良。

莫怪兒童喜過年。過年之樂詎言宣。親朋餽贈多恩物。更有爺娘壓歲錢。

接竈回來便出行。出行最忌笑言聲。東南西北深深揖。此刻人心都至誠。

拜年風俗始何朝。相見還須一折腰。請坐吃茶用元寶。拉拉扯扯實喧囂。

普覺庵題壁

前人

普覺庵何處。森森翠竹中。腰橫溪水碧。面拂野花紅。富貴驚春夢。淸閒悟色空。忘歸因坐久。盡日興無窮。

夜宿沙溪

前人

茅舍倚山隈。參天夾道槐。故人歡具黍。田父笑銜杯。古樹號如鬼。狂飆勢若雷。明朝分別去。不復久徘徊。

暑假歸里舟行江中風雨交作感而賦此

前人

雨師風伯兩猖狂。放棹中流氣倍昂。半壁河山誰砥柱。一肩星月我行裝。請纓路近心原赤。報國衷深鬢未蒼。破浪今朝聊快意。志堅宿願自能償。

雪天早起

江蘇宜興彭城中學二年級 任香初

朔風吹夜半。早起不禁涼。積樹雪已厚。開牕梅忽香。鬪棋差凍手。飲酒苦無腸。何限吟詩興。依然放霽光。

不倒翁勸酒歌

浙江省立第三師範學校本科一年級生 朱乃基

不倒翁。紙糊鬧。老胸乃空。墜之以泥污其中。四面旋轉何玲瓏。眞倜儻哉是翁。翁不倒。倔強猶昔。如此老。老有童心。弗煩惱。面面相覷。式相好。銜盃不禁笑絕倒。翁面東。東君斟酌三四鍾。翁面西。西席能令醉如泥。南面而立北面朝。自北自南毋乃勞。我不信強項令發憤止義。酒中聖。指揮如意主人命。座上客滿毋不敬。

齊山湖

安慶聖保羅學校一年生 黃世英

莫愁艇子白蘋汀。疎柳平堤一帶青。十里湖山都入畫。晚霞紅上翠微亭。

午睡

前人

新陰冉冉綠橫天。一榻維摩穩晝眠。睡起蜚背無覓處。亂蟬聲裏夕陽天。

村外

直隸高等師範國文科第二學年學生 高魁光

寒樹落荒坡。葉深不可掃。樵童立斜陽。一把梳秋草。

夜入邑城

前人

策馬入重闉。街衢認未眞。更深鷄犬靜。睡倒滿城人。

新月

前人

新月如鈎光力微。纖前隱隱怕人窺。是誰舉起淩雲筆。畫出嫦娥一道眉。

閏中秋　前人

一年只得一中秋。八月如何又一周。知與姮娥緣未了。重來玩月上高樓。

紗窗做盡篆烟消。舉酒重將好月邀。怪得清光前度少。曾留一半在今宵。

睡餘卽事　前人

竹牀高臥讀南華。睡起晴窗日欲斜。一把生柴半瓢水。綠槐陰裏自烹茶。

夏日　前人

驕陽當午困人天。偶汲清泉到井邊。有個野翁堪入畫。槐陰濃處枕磚眠。

訪友不遇　前人

閒來訪友出柴門。一路新留屐齒痕。行過小橋人不見。四圍黃葉抱孤村。

荒村　前人

荒村駐馬小句留。數縷晚烟村際浮。兩岸蘆花三尺水。西風殘照野塘秋。

秋夜　前人

獨坐空齋裏。悠然俗慮忘。拾花香在手。捲幔月登牀。苦茗半樽淡。清風一袖涼。短籬抽豆莢。小院占秋光。

薄暮　前人

飯後縱閒眺。村邊立片時。野風涼似水。新月細於絲。雁影有聲字。蟲吟無韻詩。秋寒一如此。歸去莫遲遲。

卽事　前人

生畏晨風冷。垂簾深閉藏。鈔書寒觸手。熾炭煖烘床。老屋著烟黑。殘茶潑雪黃。早行客來訪。猶帶一鬢霜。

首夏遣懷　前人

空庭一雨壓塵埃。點點牆陰長綠苔。酒爲價昂妨縱飲。花因院小未多栽。身常無事如高隱。口不能言乃大才。寄語梁間雙燕子。無容相忌莫相猜。

途中早發　前人

野店荒涼夜不眠。行裝包裹沓寒氈。游人走馬悲今日。壯士聞雞憶往年。一窖昏燈村績絮。五更殘月客揚鞭。鄉關不見渺何處。山下愁聽叫杜鵑。

西操場晚眺　江蘇省立第一師範學校一年級生　龐仕

傍晚偏多興。閒來到碧溪。林端棲鳥集。屋角夕陽低。高樹憐蟬唱。長途急馬蹄。晚鐘蕭寺動。歸路草萋萋。

雨後晚眺　前人

暮色蒼茫裏。登臨亦快哉。溪光搖綠鏡。簾影罩青苔。樹色含殘雨。雲陰送晚雷。閒來無所事。吟侶共徘徊。

葛衣曲　前人

當頭懸火傘。天意豈人知。榜釀新蒲嫩。衣尋故葛宜。

雨後晚遊　前人

危冠時獨坐。開戶到溪邊。下上蟲吟樹。淪漣魚躍淵。風來雲似墨。月出水如烟。天氣晚來好。村墟人未眠。

乞巧　前人

人間令節過瓜期。天上良宵此最宜。下界紛紛爭乞巧。鵲橋渡後有誰知。

桂花

上海南洋路礦學校中二年級　馬志超

亭亭直幹勢參天。獨惜蓬蒿覓體穠。尉是司香勤愛護。來秋花放定妍鮮。

提燈

前人

風清月朗露無聲。燦爛旌旗萬里橫。跨馬當前兼奏曲。銀燈照耀勝天明。

題周烈婦殉夫事

直隸高等師範國文科第二學年學生　高蘇垣

烈婦王氏蒲其名。父曰守恆任邱生。家貧少小依外祖。通書明義性幽貞。名敎節義所樂言。十九于歸周崇垣。事姑持家饒有法。宗族鄉黨各稱賢。夫病不痊寢食廢。衣不解帶夜禱天。夫命難回鬼伯手。我天已失我何留。婉辭父母與姑舅。兒生徒增大人憂。水漿七日不入口。貞魂含笑九京游。求仁得仁又何怨。行看姓名傳千秋。太息末世名教亡。一般女士勢猖狂。醉心歐風與美雨。東食西宿等平常。百川東流狂瀾作。砥柱無人良堪傷。烈婦壯志挽頹風。耿耿精金百鍊成。視死如歸甘如飴。山川改色日月明。裴氏殉夫難獨美。女界從此礪冰清。吁嗟乎。城可傾。山可平。總此區區一點誠。君不見歐風變盡千秋局。吾國人士盡昏瞢。莫辨東西與南北。惟義之從烈婦能。烏乎惟義之從烈婦能。

雪夜思鄉

前人

茫茫大地盡成銀。舉目無親獨自親。一點關心故園事。門前掃雪尚無人。

水村

前人

漠漠清煙外。水村三五家。片雲蓬戶起。落日短牆斜。燈影漁舟近。波聲客枕賒。眼邊無俗物。垂釣是生涯。

冬夜睡覺

前人

惟戀重衾暖。新詩枕上題。夢驚深巷柝。月落滿城鷄。老屋雕檐黑。鄰窗笑語低。憐他早行者。走馬印霜蹄。

晨起　前人

寒松黏萬樹。朔氣逼清晨。倒撥爐中火。輕吹案上塵。袖長妨寫字。窗破恰窺人。自愛家居好。綿袍最可身。

閑居　前人

一半間茅屋。塗泥四壁新。多書亦云富。無債不嫌貧。窗矮欹明鏡。庭荒雜積薪。地爐初發火。室小煖如春。

春日　前人

悄坐常無事。抛書取晝眠。草繁能綠地。風怒欲黃天。垂幔茶煙細。穿窗日影圓。偶然佳句得。搦管拂雲箋。

秋日晚眺懷友

湖南湘潭第一女校師範四年級生　龔遠

秋來乍雨乍新晴。雨後山光分外明。虹照落霞添暮錦。蟬懸垂柳發悲鳴。簷前溜滴珠千顆。天際雲開月一泓。對此淒清好風景。聯牀長憶故人情。

寄周侯松北京　前人

與子三年別。相思日幾迴。時時憂世亂。歲歲怯兵災。道梗書難寄。烟迷雁不來。幽燕湘水隔。無奈獨徘徊。

佇立紗窗外。徘徊意若何。涼風飄木葉。寒月上庭柯。舉眼知音少。回頭感慨多。燕京秋候早。時序莫蹉跎。

日日苦離居。愁懷寄素書。馬嘶邊塞草。人臥故鄉廬。錦字遲鴻雁。新詩附鯉魚。孤吟成短句。聊慰女相如

尋梅　前人

朔風蕭瑟作寒威。閒趁新晴出綺扉。聞道墓門開素蕚。試從庾嶺訪清暉。落花霜襯仙人屐。帶雪香粘越女衣。乘興而來情得得。不逢高士不言歸。

問梅　前人

屢因花事訊春期。消息江南到底遲。領頷風姿誰慰藉。清寒月影惹相思。背教玉笛成三弄。知是瑤臺第幾枝。何必孤高傲。凡卉不妨降格入時宜。

折梅　　前人

欲將春信寄江南。林下逡巡試一探。玉手捲開蝴蝶袖。冰肌摘向竹絲籃。輕攀短幹香含剪。薄採斜枝雪滿簪。驛使不逢倍惆悵。空持綠蕚意潭潭。

畫梅　　前人

作賦才慚宋廣平。權持粉筆繪瓊英。仙姿見賞丹青客。高格還憑子墨卿。乍覺毫端疎影出。如聞腕底暗香生。徬添病鶴雙栖宿。穩睡林間夢不驚。

秋夜感懷　　湖南湘潭第一女校師範四年級生　龔中遂

逝水流光夢裏過。廿年風景嘆蹉跎。身多傲骨難諧俗。腹滿牢騷且聽他。濃興易消如夜露。壯懷長耿似天河。愁來儘付樓頭笛。吹入雲間第一歌。

望月懷友　　前人

彎彎月出掛城頭。城頭月出照我樓。我樓靜坐望明月。明月今宵照顏色。顏色如花易零亂。零亂秋容腸欲斷。腸斷多因念故人。故人待我最多情。多情不斷如藕絲。藕絲縷縷不可持。持絲待理蓮心苦。心苦思君知不知。

登金山　　江蘇法政學校學生　劉鍾珣

江心突兀一卷石。躡磴攀蘿到上頭。面面風帆銜日度。層層煙樹倚雲浮。僧炊香積迎來客。鳥浴晴波逐去漚。聞道九關飛羽檄。憑闌直北望皇州。

對鏡　前人

爲子休言老無如白髮新素心忘故我青眼更誰人閒試盃中物遙思堂上親何時歸負米菽水樂天眞

途中新月　前人

他鄉看新月猶是故鄉明對影渾忘寐隨人似伴行客愁淸夜劇親舍白雲生此際淮南夜高堂念遠征

謝客有感　前人

老骨支離劇可憐雀羅門外客車旋月來雲去渾閒事鳥語花開任自然午睡不驚黃犬吠晨興秖覓綠芻鮮蕭蕭對景慵拈筆仍覓牀頭舊酒錢

冬夜客至　前人

荊扉白日惟常掩病骨支離見客難二妙忽過聲剝啄一燈相對影嬋娟衰年白酒聊供飮儉歲黃粱各勸餐夜半紫微光燦爛仰看台座倚雕闌

不出　前人

芳辰頻不出佳興渺難償病裏春多少愁中夢短長泥人花窺戶嘲我燕窺梁安得臨風醉翩然問葛彊

飮多景樓　前人

北固山開多景樓芙蓉江上點新秋參差萬木憑欄近迢遞千帆薄岸收遠岫雲停連白下澄波月印照揚州披襟何限臨風興笑答吳歌醉復留

旱　前人

苦旱人思雨陰雲轉易晴雷聲纔地轉霞彩徹天明中使方籌稅圍營更點兵九閽呼不應何以救羣生

偶成　前人

日月催人去。龍鍾祇自知。開看秋水論。倦和樂天詩。有酒能忘俗。逢人愧問奇。白頭容健在。猶復戀明時。

秋夜獨酌　前人

關東方苦戰。對酒且高歌。萬里雲無影。重湖水不波。花憐陶令菊。樹愛謝庭柯。坐對晴空月。清光滿薜蘿。

秋意四首　吳年彭

江蘇省立第一師範學校本科畢業生

深夜秋風起。天地正清肅。促織鳴階下。青蟲拂燈燭。佳木色葱蘢。庭草縟以綠。覩此感世變。何不事耕讀。

雲開天似洗。涼月掛喬木。新霜棲落葉。殘露滴叢菊。感物多所懷。沉憂夢境蹙。人生天地間。眞如鳥過目。

深宵不能寐。攬衣下階墀。缺月窺桐陰。涼風吹薄帷。哀猿啼中野。梟鳥鳴松枝。徘徊以佇立。輾轉發幽思。

籬外栽楊柳。園中植桃李。商飈吹木葉。零落從今始。初榮而終悴。各寓循環理。嗟彼嶺上松。青青常如此。

秋柳次漁洋韻　前人

淒涼風色黯消魂。草蔓煙荒葉打門。萬里秋光催到眼。一場春夢墮無痕。寒鴉點點依荒樹。旅燕迢迢過遠村。自別東皇多少恨。上林萑谷總難論。

古道纔飛九月霜。絲絲裊裊拂橫塘。萍飄流水空浮梗。衣擣寒碪又啟箱。衙感偏增京兆市。傳神難得輞川王。早年杜宇歸何處。瑟瑟西風碎錦坊。

秋容慘澹淚沾衣。雲斂煙銷景物非。舊院纖腰愁物換。長亭冷眼看人稀。淒涼老樹枯蟬抱。狼藉輕陰化蝶飛。一霎婆娑生意盡。蘭成心事已多違。

唱罷楊枝儘可憐。近來消息渺於煙。秋娘別緒紛如線。游子離愁結似綿。官道姑留後日念。灞橋爭鎖太平年。寒蟲和

露聲聲急唔祝春回驛樹邊

秋日偶成　前人

蕭蕭霜葉滿庭紅陳迹於今付太空自有後彫松柏在不教憔悴怨西風

秋日書懷　前人

日暮溪風滿薄帷挑燈與客著殘棋分明海甸紛爭局除卻旁觀總不知

秋夜　前人

夜來秋色滿虛庭雲散遙空現小星數點流螢棲不穩因風飛過樹梢青

雜詩　前人

秋夜何長飄風始涼霜露交下木葉彫亡草蟲鳴野孤雁南翔秋士多感言念故鄉奮飛無翼欲濟無梁竚望寒雲淚下霑裳

冥冥雙雁嗷嗷逐北我欲隨之奈無羽翼望斷家書淚霑臆

久旱　前人

物價年增難治生更悲久旱損秋成人間不少石壕吏一片持籌握算聲

靈巖歌　前人

靈巖之下野草肥靈巖之上黃鶯飛青春一去將安歸

春柳次漁洋山人秋柳韻

江蘇省立第一師範學校三年級　錢雲慶

枝條常絓美人魂無限離愁黯玉門乍擺纖腰憐瘦影初舒媚眼露啼痕微風搖碎波心月莫雨淒迷郭外村就裏有

人閒弄笛分明幽怨曲中論

昨夜東風尚有霜最憐長袖舞橫塘攀條客路違妝鏡拾翠游蹤逐屧箱京兆修眉屬夫壻靈和姿態動君王漫言春色藏蘇小芳草淒迷舊教坊

漫歌金縷惜春衣誰信青青轉眼非翦斷春風歸燕晚望穿秋水故人稀一腔愁緒惟花解千里相思抱絮飛底事東皇容易老腰支瘦怯寸心違

弱不禁風秖自憐怕人攀折故籠煙長繩不縮西飛景摻手難裝北道緜薄命小家餘碧玉過江名士少青年東風第一傷心樹別夢依稀何處邊

綠梅

前人

結習銷脂粉淩寒花始胎青娥曾未老碧玉有良媒疎影低迷竹橫枝淺映苔主人休弄笛爲恐墜樓來

小樓登眺

前人

遙望長空雁影還當頭新月似眉彎詩情正在無聲處一片白雲穿亂山

倦倚闌干望遠天離家王粲自年年眼前觸起懷人意鴻雁聲中獨自眠

登雨花台作

江蘇省立第二農業學校農村職業教員養成科

吳弘慮

破帽疲驢白下來揮鞭直上雨花臺烟巒繞郭雲爭出鐵鎖橫江浪打開萬木蕭條宮闕冷六朝興廢塔鈴哀而今說法僧何在石子山頭滿草萊

夏日村居遠望

前人

北窗高臥夢初醒袖掩蒲葵出小庭紅藕香中雲槳亂綠槐陰下釣舟停隔山雨氣連天白近水秧痕匝地青蝴蝶也

知涼處好一齊飛上水心亭

湖堤步月　前人

濯纓濯足晚風前隔岸漁歌唱采蓮數點秋山横老氣六朝畫本掛長天輕帆移景驚龙吠出岫閒雲挾鳥眠躑履緩歸明月下雁聲飛渡萬峯巔

秋月村居　前人

此鄉清景勝他鄉葉底蟬聲帶晚涼樹遠疑雲迷古渡月明似水浸空廊催詩客至新醪熟放犢人歸午飯香已過中秋好時節莫教風雨鬧重陽

春城閒遊即景　前人

柳弄朝烟花弄晴樓臺掩映畫圖呈城西芳草凝春綠不假春風也自生

國慶歌

蘇省第一師範二年級第一學期　金兆麒

武昌鼙鼓聲促清皇遜位專制覆政體高標共和旨紅光湧現類朝旭旗飄五色絢且爛世界萬國爭瞻矚一年三百六十有五日斷推十月十號國慶紀念最驩樂猶憶去年帝制萌人民嗟怨道路目愁雲黯淡萬里凝民國幾如風中燭幸賴滇黔首義師登高疾呼連湘蜀遂令一般勸進心消聲斂跡身瑟縮天誘其衷項城死吾民重享自由福君不見政界歡然宴僚屬筵上陳列紛珍錯學校休業士輟讀懸旗提燈表慶祝商賈結彩門紅綠玲瓏燦爛花團簇更有一般粉黛姝姗姗仙骨麗其服致使青年袴紈兒香車寶馬相馳逐吁嗟此輩本無心年年惟知國慶樂國慶樂那識有國恥五月九日之奇辱

謁賈太傅祠

湖南省立第一甲種工業學校化學科一年級學生　曾厚

城角斜陽太傅祠。我來謁拜重歔欷。少年才氣眞王佐。經國文章盡哭辭。天地生才多不用。達人知命復何疑。長沙卑溼難爲客。禍福惟教鵩鳥知。

謁屈原祠

前人

抱得孤忠赴汨羅。千秋猶作不平波。伍胥怒逐江濤湧。精衛冤隨海水多。詞賦有靈光日月。祠堂無恙壽山河。可憐讒妒緣何事。宗國淪亡竟若何。

觀潮行

蘇省第一中學學生 宋良洪

乾坤浩蕩日月白。銀河倒挽浮虛碧。偉哉江流此巨觀。混茫一氣天無隙。客從八月渡錢江。江帆乍卸雲蒼蒼。市人喧傳海潮至。眼昏不辨天水光。初見濤頭一綫來。驚飈莽莽流雲隤。海門一束出噴湧。吞天沃日如奔雷。越山吳山撼不止。直疑大地浮空起。強弩三千不可張。西追日輪去天咫。是時羣動皆屏息。玉城雪嶺橫江塞。種後胥前誰見來。吳兒戲綵泅眞得。從來文章參造化。萬頃波濤九天下。奇外生奇更出奇。正須如此靈潮駕。潮生潮落自年年。隨月虧圓語未然。賦罷觀潮天已暮。西興雲樹正飛烟。

新華宮詞

江都公立商業學校學生 祝歐

新華宮中多變幻。新華宮外來憂患。爪牙密佈踞要津。金錢運動尤通神。箝制輿論施詭計。包藏禍心圖稱帝。邊徼揭竿舉義旗。羣策羣力競乘時。四面楚歌稍悔悟。多方掩飾終暴露。下詔罪己亦虛名。欲憑武力猶乘兵。數月烽火肆荼毒。神州陸沉那可復。吁嗟乎。意在子孫一綫傳。堅持國柄不讓賢。其如有生不有命。財殫力窮算亦盡。

夏日田園雜興

江都商業學校學生 祝度

江鄉可避世。塵俗無我汙。有地闢荒蕪。亦足資展布。晨起向南山。及時服農務。晚趁牛羊歸。夕陽隱村隖。臨流濯吾足。

憩息得眞趣。松風吹我衣。明月上高樹。把酒話桑麻。此外亦何慕。

哭同學任君詠周

蘇省第一師範本科一年級 白國屏

吾惜君之才。吾傷君之死。君才固莫及。君死苦誰似。聞君去天平。戎衣快登程。抵時復慷慨。賦詩寄平生。乃覺澆愁酒。邊爲銷魂羹。輿歸一夜疾。大命竟以傾。嗚呼任君者。年少好學人。師門夙所許。吾輩歎望塵。胡天兮不弔。胡死兮不辰。世局正須才。奈何竟沈淪。吾聞仁惟天。吾聞智惟神。如此神何智。如此天何仁。哭君欲有辭。未辭淚先垂。自來明哲者。多半彼天欺。賈生早不祿。顏子未期頤。如君僅一醉。非天寧至斯。嗚呼君已矣。往事何堪追。志壯空懷憾。才多徒遺詩。九原君可作。君寧不自悲。風雨如晦候。鷄鳴不已時。思君誠有日。見君永無期。

和宋淮西感懷原韻

武昌商業專門學校學生 張幟興

拂面金風起。吹來萬感生。半窗旅邸月。千里故鄉情。久客床頭蟋。懷歸馬足輕。凄涼誰識得。深悔覓雲程。

回憶雙親語。千般阻壯遊。人情多不古。大地盡成秋。亂世浮塵險。殘年遺我憂。桃源鷄犬吠。勝似帝王州。

自是前生孽。蹉跎可奈何。埋頭遭地網。展翅罹天羅。壯氣消磨盡。窮愁日益多。金剛何處有。願拜逐斯魔。

丙辰中秋日來鄂鄉人邀飲黃鶴樓

前人

春風化雨滿瀟湘。遨我團圓傾客觴。箸下鹹酸同氣味。杯中甘苦共斟嘗。秋心何用思閭里。醉眼相看盡梓桑。鴻雁南來勿過唳。吾家不獨在秦疆。

送別陸軍第二預校諸同學赴保入伍

前人

黃花初瘦晤羣仙。綠柳未肥作別筵。何事怱怱促短會。浮名策策競先鞭。悔從禹穴探鯤化。願負青箱立馬前。十載風塵良不忍。故人客裏送年年。

一曲驪歌無限愁江干攜手恨悠悠離情試問孰長短別意寧惟繫去留感慨光陰眞過客迢遙後會未知[illegible]叮嚀此去書頻寄勿戀燕雲忘楚鷗

哭航空白故學員　前人

靈耗驚傳薊北鴻秋高風急促英雄黃花憔悴霜雞白楓葉飄零血淚紅壯士騎鯨歸華表國人遺蛻視航空飛機前路何堪想地老天荒一刹中

多事無端失健兒茫茫天道竟何知飛行未遂身先死商戰如斯孰護持縱說有尸裹馬革何年伏翼起羊皮遺言熱血尤深慟待續英魂未了詞

寄北京參謀大學史鼎興　前人

鎮日悠悠醉竹城江亭未遂餞君行寥寥鄂渚人三五寂寂臨風曲數聲畢竟勞人終草草何嫌祖帳設輕輕心餘力怯諒應解勿望南中怨鯫生

秋日即景　前人

桂花皎潔晚來香露滴金梧夜漸長四壁寒蟲啼宿雨千頭螢火籠新囊羅衣不耐三更冷蒲葉輕揖一扇涼雁去衡陽聲唧瀝旅愁無限斷人腸

同學張鎮波與表妹楊氏聯姻臘殘歸娶　前人

布裾椎髻見梁鴻舉案齊眉主饋中論佐雖非力挽鹿叻吟雅可夜丸熊歡娛白髮雙衣彩遙頌朱顏百歲紅惟是淩雲志益壯莫教兒女短英雄

代友題贈旅京諸同學像片　前人

想到極時夢亦無空依南斗望京都說來不盡瀟湘意一片相思入畫圖
江雲燕樹兩茫茫望裏風煙話裏長萬斛相思裝一鏡願從此影見瀟湘

又代友題贈族孫及留日學友像片

前人

春到蓬萊入望中海天無際色濛濛江南雖有梅千丈一片愁思獨向東

丙辰九日登蛇山

前人

偏插茱萸過酒家題糕客裏興偏賒傾心落帽龍山事飲後登臨醉眼花
平原一望思悠悠滾滾長江天際流多少英雄逐浪逝斜陽古渡自千秋

盼家書

前人

秋高征雁向南飛陣字參差轉入徽信識故園消息好白雲動處總依依

含菊

前人

枝幹亭亭傍畫欄嶙峋瘦骨戰風寒淵明去後無眞賞半吐淸香供俗餐

慰友人

前人

北風吹盡江南春萬里風雲化作塵舉國同胞齊墮淚難將後果證前因
金城關外夕陽斜驀地風波起浪沙踏徧河干無伴侶枯楊惟有亂啼鴉
暫將歲月空消磨日事琴書夜枕戈飲盡千杯君莫醉英雄自古多蹉跎

詠紙

浙江省立第二師範學校本科一年級生 黃遵漢

行篋提攜勝竹書蔡侯造紙便何如自此不煩蟲篆刻塗鴉寫鳳任憑余

登天馬山

江蘇第一師範本科一年級生　沈達時

雲間山嶺此尊崇天馬行空自不同古塔巍峨芳草碧荒祠寂寞野花紅鶯風瑟縮林中雀飲露喧闐草際蟲劍試干將存片石歸來奚慮暮途窮

春景

澄衷中學校一年生　吳孝純

燕語鶯啼拾翠時山淸水潔動幽思千條柳綠描眉黛萬里桃紅亂眼絲蝶舞花間芳氣鬱鳩鳴樹上惠風吹豔陽明媚堪吟詠春色發來俗慮辭

約登龍山

安慶崇文學校二年級生　彭則愚

欲繼謝公名勝蹟須偕良侶共登臨疎狂天賦君休笑務取烟霞當灸鍼

寄征衣

安慶崇文學校三年級生　江效靈

天假強胡威嚴寒遠帝畿郎經千百戰友結二三稀絕域徙愁冷軍中應不饑晴暉達湖北聊寄禦冬衣

感慨歌

福建省立第一師範學校三年乙級學生　田春霖

擊長劍兮發狂歌感時事傷如何得醉且便醉人情世態付流波松爲友雲爲窩朝餐煙霞兮夜對嫦娥心淸無物着開襟具太和撫吾胸其了了笑塵事兮人蕭着魔劍氣仰冲兮直逼星斗俯萬事其欲鳴兮聊試我太阿

閑詠

前人

噓長風兮吹風塵遊天地子一身縱一覽兮浩無垠俯有生兮面目誰眞歎浮生其若夢兮胡茫茫乎迷津笑爭名與爭利兮人自人朝發風而夜臥月兮我亦何貪揮吾扇脫吾巾忽山之巔兮忽水之濱瀟瀟洒洒兮造化爲鄰優哉游哉兮放曠無倫任我所之兮暢吾志之常伸脫然無所拘束兮吾自不知爲無懷之民葛天之民

五月九日有感　前人

光陰荏苒復經年日日憂愁祗自煎四海風雲誰念及羣公臺閣亦徒然危樓昨夜心千里亂世微生手一編擊楫枕戈成底事碧山坐盡夕陽天

菊花前作

福建第一師範學生　游毓英

瘦日斜風黯布袍花前無酒不成豪千秋高節思陶令一點秋心讀楚騷天下幾人能晚節世間澹泊屬吾曹兵塵滿目詩懷惡小立籬東首自搔

辛月十五爲余二十初度周漱瑜女師以梅花一枝詩二章見貺口占俚語酬謝之

湖南湘潭第一女校師範三年級生　龔英韞

辛月十五日廿年初度辰讀書微有識克己未成仁疇昔感庭訓而今師友親巾幗有奇傑學識異等倫丹青與劍術誨我恆諄諄茲復遺佳貺非玉亦非珍寒梅表傲骨明月是前身雅意超流俗佳章妙入神供之銀瓶裏不使染纖塵讀詩如共話對梅如見人是豈桃李投暗香自清新愧無瓊瑤報俚語意聊申我生雖年少覩此驚早春但願花長好歲歲占芳晨

寄懷蔣寶仁泰素姊妹　前人

傾佩仙才絕俗姿乍相識面怕相離品評月旦超男子儒雅風流亦我師姊妹雙雙勤教育家庭個個仰威儀深情高誼令人慕夜夜牀頭夢見之

晚風吹柳綠絲絲不繫征鴻繫別思竹徑重遊蔣詡宅琴歌時撓社壇祠瓊林豈是風塵物玉樹偏生連理枝最怕懷人值秋節蒹葭白露寸心馳

贈潘女士

前人

長沙女校有賢師。邂逅相逢忍別離。講席濫膺慚我陋。文才叉手羨君奇。俄驚此日探潘錦。應是當年下董帷。修史怪推湘綺叟。庸知巾幗有班姬。

天高雲淡氣澄清。月映簾前花影横。猶憶坐談忘夜露。怎當離思聽秋聲。梧桐庭院蟲吟急。楊柳池塘鶴夢驚。自笑塗鴉慚詠絮。聊拋瓴瓦引瓊瑛。

夏日偶成

前人

雨洗炎威淨芸窗。白晝長。柳陰籠畫閣。花氣度書堂。坐讀董幃靜。閒遊蔣徑芳。蟬聲遲送響。駒影緩留光。室有名賢對心無俗氣藏。薰風動簾幕。冰簟自然涼。

對月

前人

畫閣簾初捲。天階月一輪。苔痕疑集雪。花影拂清塵。把酒難消遣。吟詩敢絕倫。嬋娟憐我意。知否是前身。

七夕

前人

天上雙星會。人間萬古愁。涼風蕭颯颯。白露降悠悠。織罷纔停杼。橋成不用舟。多情渡銀漢。乞巧上鍼樓。對月穿絨綫。寒簾掛玉鈎。年年今夜永。個個此中求。離合剛旋踵。悲歡一弔頭。明朝休待曉。且坐看牽牛。

秋夜有懷岳陽舊友

前人

憐鴻一去不還湘。錦字何由寄岳陽。想見君山秋草寂。那堪衡嶽戰雲狂。飄零身世頻揮淚。阻隔音容幾斷腸。多少離愁多少恨。伯牙琴操倩誰償。

尋梅

湖南湘潭第一女校師範四年級生 龔暉

歲暮寒風百卉摧竟從何處覓花魁隴頭曲徑通香國屐齒微痕印錦苔怪底雪深高士臥俄驚影動美人來芳心若肯交詞客月下林間去幾回

問梅

前人

何事孤標敢叩卿豈因衆濁獨爲清欺霜傲雪誰堪侶帶月招風別有情若是巡簷來索笑不妨共席坐調羹莫愁舉世無知者獻賦還須宋廣平

折梅

前人

欣逢驛使擷芳心爲擷芳心雪裏尋素萼含霜粘領袖暗香和影上衣襟攀枝輕下金刀剪插鬢斜欹玳瑁簪休待無花空自摘勸君速採莫斟惜

畫梅

前人

不夢羅浮夢筆花好憑粉筆繪寒葩夫人字格毫端出公主時妝額上誇描寫傳神圈半作文章得意點頻加畫圖省識唐妃面色相雖空影自斜

春雨

蘇省第七師範學生 劉世楪

東風吹柳雨絲絲草木無言意可知一水盈盈紅粉墮千林黯黯綠雲疑舟橫野渡添春漲燕拾新泥過小池萬斛俗塵全洗滌我來濡墨自題詩

春日書懷

前人

風清月白淨無煙洗足關門且就眠細數年來得失事捫心惟有欲參禪歲歲當春感慨深百般紅紫鬥芳林野花到底無情思誰識劉郎一片心

春郊散步

前人

獨步春郊有所思。曉風殘月柳絲絲。青山到處供吟詠。此景遊人却未知。

羞將名利說天天。洗滌塵襟意適然。但得此間終日住。仰觀雲樹俯聽泉。

輓同學王君家綸七絕

前人

哀耗傳來夜不眠。幾回搔首問蒼天。去秋送子客千里。此日他鄉憶惠連。

抛却儒冠便即戎。短衣匹馬氣何雄。貧原非病竟長逝。滿眼榮枯盡一空。

壯懷未展遽銷沉。辜負高堂望子心。聞譽千秋成幻夢。焚香我欲哭知音。

憔悴青衫日暮雲。彭城芳草霸王墳。那堪風雨雞鳴夜。如此江山又哭君。

輓彭君漢珍

前人

甄君去世潘君死。獨向平湖哭此人。一傳遲迴猶待草。三年交誼奈成塵。彭籛方喜術堪繼。賈傅終傷命不辰。悽絕雲龍埋骨地。招魂幾度涕霑巾。

自里中至校途中所見有感

前人

滿目蕭條故國驚。更悲淫雨損秋成。千家禾稼多遭水。腸斷哀鴻遍地聲。

老農失望共欷歔。造物如何禍我徐。種麥期愆春乏食。導河工畢室仍虛。

遊皇藏峪雜詩

前人

我愛皇藏好。清娛事事幽。靈泉傳大地。古洞播中州。水樹菊花晚。山齋荔子秋。紅塵飛不到。倚樹聽溪流。

冬日遣興奉寄亞子

前人

茫茫今古等撈𧅡廿載韶華過眼無慣事雕蟲終小技未能射虎愧眞儒寒林蕭瑟山容瘦冷月淒淸雁影孤閒坐小窗讀經史嗣宗何必哭窮途

遊天門寺　　前人

疊嶂嶙峋古磴存層崖迴合到天門最高尙有虎龍氣半嶺全無鳥雀喧芳草靑蕪迷遠近夕陽金碧變乾坤禪堂自是無烽火莫問西南萬馬屯

冬日遣興續寄亞子　　前人

揮毫敢謂語驚人十載狂吟自笑頻滿目荆榛時憶舊極天兵甲倍傷神聊將詩賦效唐宋懶把文章學漢秦一字未安心未慊滿懷俗慮盡沉淪

梅花萬點正盈枝靜坐蕭齋動客思人事魚龍寧一軌天時朝暮變紛奇知心竊喜添新契得句翻疑是舊詞借問阿誰堪共語神馳梨里仰英姿

先生夙昔擅吟哦都是陽春白雪歌奇變應能懼神鬼飛騰直欲倒江河行文盡掃八家語立論持平萬象羅極目天涯正擾攘尙期旋轉此風波

鴛鴦　　江蘇宜興彭城中學二年級 任香初

生小天然愛並頭荷沼儘勾留綠萍漾處比翼沉浮　而今只向花間宿免却惹閒愁雙雙交頸若耶淺渚杜若芳洲

舞衣（調寄眼兒媚）　　前人

喜翩躚別有溫柔本是少年游歌舞場中綺羅隊裏出落得風流　阿誰新把輕紗製雅趁柳腰不紅圍翠繞花團錦

簇好贈與俳優

團扇

前人

（調寄美人影）

喜團團別樣風流合歡詩誰人寫就冰紈上都現着温柔 早難道已是新秋漫起閒愁圓如月果然閨中佳兆寄語紅樓

賞菊

黃晉卿 安慶中學第十級生

（調寄賞秋時）

園內叢叢紫艷雜邊淡淡黃花清香古色月光斜晚節經霜更雅 最愛三秋壽客誰憐老圃寒葩羨他粧飾不繁華載酒吟詩籬下

悼王任甫兄

前人

（調寄西江月）

秋光暗暗荒亭寂亭內淒涼亭外淒涼招魂此日倍心傷 匆匆君赴龍宮詔汨水滄滄皖水滄滄我來憑弔斷愁腸

望月賦

吳俠盧 江蘇省立第二中學校四年級

（調寄采桑子）

三月既望吳子與友閒步花園之中清風滿袖花影霧籠歎春光之已老動春思於無窮少焉月上天空星辰無色解花間之白霧驅黑魔於舍側覩似鏡之明月照萬物如素飾於是樂甚對花三息友有擊節悲歌疾首眉皺顧吳子曰子不知皜皜者之易污盈盈者之易殘明日黃昏之皓魄豈能如今夜之團團逾月以後之花影何能若斯時之姍姍慨人生猶蜉蝣之旦暮眺明鏡而心酸愧余之無文傳後安能不對此而淚彈吳子曰子不見皓月雖殘不三旬而如舊花光蕉萃未逾年兮再茂夫盈虛者天時榮枯者氣候是以達者不戚戚於死生奚欣欣於彭壽且也人生百年白駒過隙思行樂之無多毋以形而役役況吾與子耕十畝之田居蓬茅之宅游江兮賈棹登山兮蠟屐對清風以披襟

賞明月之瑩白騷興發而狂吟賦酒量宏兮飲玉液盡性怡情謂之仙客悲死哀生謂之笨伯吾子達者何若是之量窄客喜而笑仰天而呼第見月上東牆風動碧梧相將返舍一枕橫鋪須臾入夢情景模糊忽聽簷前之鐵馬遽然似蝶以蘇

筆意清新文采自見與赤壁賦有神似處（程鑣評）

全國學生國文成績文庫卷二十終

民國老作文

（中）

全國學校國文成績文庫乙編

盧壽籛 輯選

中國華僑出版社

目錄

◎原理類

原名……1
原人……2
原樂……2
原富……2
中國文字源流略考……3

◎經論類

學而不厭論……5
學然後知不足說……5
學然後知知然後行說……6
過則勿憚改論……6
過則勿憚改說……7
有過勿憚改說……7
知恥近乎勇說……8
時過然後學則勤苦難成論……8
人不可以無恒說……9
士貴有恆說……9
人不知而不慍說……10

◎經類論說義

無欲則剛說……11
說見利宜思義……11
君子矜而不爭羣而不黨……12
宴安酖毒不可懷也義……12
居無求安說……13
師克在和不在眾論……14
履霜堅冰至論……14
衣食足而知榮辱論……15
業精於勤荒於嬉論……16

業精於勤論 16
國奢示之以儉說 16
民無恒產因無恒心論 17
以直報怨義 17
以文會友說 18
兵猶火也不戰將自焚說 19
趙孟之所貴趙孟能賤之說 19
師直爲壯曲爲老 20
鄭商人弦高論 21
宋穆公立殤公論 21
屈瑕敗絞論 22
楚屈瑕以自用致敗論 23
齊姜醉遣晉公子論 24
其二 24
季文子逐莒僕論 25
衛文公通商惠工論 25
生於憂患論 26
季康子以止盜之方問孔子論 27
後生可畏論 27
論穎考叔爲鄭莊設闕地之策 28
論臧武仲 29
華元刼子反論 29

◎史類論

林肯之母不願子得千頃沃壤而願子得高遠志氣論 31
俾斯麥論 31
俾斯麥號稱鐵血宰相論 32
俾斯麥以鐵血政略興國論 33
拿破崙論 33
拿破崙盛時以一人宰制大陸卒乃一敗墜地流死荒島厥故何在試略論之 34
訥耳遜百戰成名論 35
岳飛論 36

其二 …… 36
岳少保奉詔班師論 …… 36
論關羽 …… 37
鄭成功論 …… 37
顧炎武謂保天下者匹夫雖賤與有責焉論 …… 38
范文正以天下爲己任論 …… 39
張巡守睢陽論 …… 39
張巡論 …… 40
隨煬帝開運河論 …… 40
鄭和論 …… 41
明成祖命鄭和使西洋論 …… 42
明成祖命鄭和通使西洋論 …… 43
越王勾踐臥薪嘗膽論 …… 43
韓信乞食漂母論 …… 44
卜式上書請父子往死南越論 …… 44
陶朱公三致千金而三散之論 …… 45
廉藺結好論 …… 45
其二 …… 46
廉藺交驩以固趙論 …… 46
馮煖爲孟嘗君市義論 …… 47
范睢辱須賈論 …… 47
漢高祖慢而侮人論 …… 48
馬上治天下論 …… 49
試言東晉不能恢復中原之故 …… 50
馬援論 …… 51
蘇武留匈奴十九年不改節論 …… 51
屬吳聯和以拒魏論 …… 52
齊高帝自言不逾十年當致黃金與土同價論 …… 53
唐代藩鎮之禍論 …… 53
申包胥復楚論 …… 54
論北宋邊禍之造因 …… 54
其二 …… 55

蕭何謂劉季多大言少成事論 …… 55
孔子誅少正卯論 …… 56
扶蘇諫坑儒論 …… 57
清孝欽后論 …… 57
蘇代以鷸蚌相持說趙惠王論 …… 58
鄧禹有子十三人使各習一藝論 …… 59
秦皇燔書論 …… 60
清聖祖論 …… 60
祖逖擊楫渡江誓清中原論 …… 61
論清代文字之獄 …… 62
秦檜主和不主戰論 …… 62
匡衡願爲富人傭論 …… 63
李侃妻勗夫卻敵論 …… 63
費宮人殺賊論 …… 64
歐母畫荻論 …… 64
六國擯秦終爲秦滅其故安在試申論之 …… 65
論賈人渡河事 …… 66
虞孚丐死於吳論 …… 66

◎合論類

秦皇焚書坑儒漢武表章六經論 …… 69
堯舜揖讓湯武征誅論 …… 69
陸賈使南粵富弼使契丹論 …… 70
拿破崙之專制華盛頓之共和均奏統一之功試言其得失 …… 71
平王東遷而周衰光武都洛而漢興其故安在試申論之 …… 71
其二 …… 72
子產治鄭諸葛孔明治屬皆以嚴論 …… 73
國慶紀念與國恥紀念 …… 74
史每合言秦隋其相同之處何在試說明之 …… 74
王莽董卓曹操秦檜合論 …… 75
王猛桑維翰合論 …… 75
趙括馬謖合論 …… 76

孔教與佛耶回三教之異同說……77

◎廣論類

困難爲人生至佳之境遇論……79
商戰之爲禍烈於兵戰之爲禍論……79
印度支那各國興亡與中國之關係論……70
文字與人類文明之關係論……81
論義田之利弊……81
其二……82
論有限公司與無限公司之利弊……83
銷燬存土重申煙禁論……83
勤儉論……84
論黨爭……84
主持借債是否有害於國試詳言之……85
論米穀出口之得失……86
論巴黎油畫院法人自繪敗狀之用意……87
論誠……87
對於德意志實業誠之感觸……88
革心談……89
述德意志及日本之特色……89
治法治人優劣論……90
論象媒之媒誘他象……90
論檀香山與帕米爾之價值……91
論中國宜急設公園……91
與女學爲改良家庭教育之基礎論……92
弱肉強食優勝劣敗爲天演之公例弱劣者當順天更當回天論……92
違抗義務教育公令者罰金論……93
論中國南區五省之形勢……94
論賭博之害……95
論中國教育之弊……95
教育以德育爲最先論……96
論國家基礎在少年教育……97
大國民論……97

小學教師對於國家之關係論 …… 98
競爭力由比較法而生論 …… 99
提倡職業教育論 …… 99
游俠論 …… 100
論商戰 …… 100
論職業 …… 101
說儲蓄之益 …… 101
交通 …… 102
古今戰術之變遷 …… 102
經營蒙古芻議 …… 103
託拉斯 …… 105
物質進化論 …… 105
厚葬薄葬得失論 …… 106
論宴安之害 …… 107
克虜伯論 …… 108
論耕織 …… 108
佛說婦人育子必入地獄論 …… 109
論鄒瑛之家庭 …… 109
論女學之前途 …… 109
除暴安良論 …… 110
論女學宜注重道德教育 …… 111
論沿海七省海防 …… 111
論塞木披來之戰 …… 112
春秋貴世卿至戰國時則任用客卿以致富強近世舉行新政借才他國以備顧問與之
近似說 …… 113
論古今取士不同之因果 …… 113

◎陳說類上

凡物能自衛乃能自存說 …… 115
說今日之我與將來之我 …… 115
說我國之教育 …… 116
城市與鄉閭比較 …… 116
說學校宜趨重實業 …… 117

學術之進化與社會有無關係……117
愛人即所以自愛說……118
金錢之魔力……119
孔道非宗教說……119
說閱報之益……120
名與實……120
說錢楮……121
及時爲學說……122
惟恕可以成德說……122
電燈之利益……123
多難可以興邦說……123
信教自由爲文明國法律所共許說……124
改良工藝推廣國貨說……124
逸豫可以亡身說……125
烏鳴何關凶吉說……125
守規則……126
遵守校規說……126
學生在校宜謹守規則說……126
說學生當忍苦耐勞……127
勤儉……127
是非說……128
說各科之心得……129
言志……129
說賭博之害……129
物無棄材說……130
其二……131
張騫長於外交說……131
上之人必躬節儉說……132
人人宜愛用國貨說……133
說託拉斯之將來……133
良心說……134
人宜知所忍耐說……134
馮大總統親祀孔子說……135
讀書聲最可聽……135

述本鄉風土情形……135
說學生之本分……136
士說……136
論動物之保護色……137
說文字之功用……137
說國民當有愛國心……138
說己心之所樂……138
說我國礦產之富……139
風潮之害說……139
說南召物產……140
中國應行徵兵之制說……141
闢不自由毋寧死說……141
其二……142
教育宜注重國粹說……143
男兒以馬革裹尸爲榮說……144
說睡獅與餓鷹……144
我最愛之友……145
其二……145
其三……146
工商與國家之關係說……147
音樂與吾人之關係說……147
說鳥之反哺……148
述吾人衛生之方法……148
學以療愚說……148
其二……149
其三……149
說少年之光陰……150
其二……150
我理想之公園……151
述待遇婢僕之道……151
設我遊山遇雨則何如……152
勤學說……152
紙鳶……152
哀鴿……153

築隄……153
優勝劣敗說……153
蝶……154
橐駝……154
書後……155
說菊……155
愛菊說……155
說殘菊……156
雁與鴨……156
鼠與狼……157
鞦韆……157
蟻虜螳螂……158
說盜……158
徵兵……159
盆松……159
說孝……159
慎言說……160
愛國說……160
蟋蟀……161
其二……161
梅……161
愛梅說……162
松柏後凋說……162
清響說……163
說冬寒……163
說冬景……163
說冬之風景……164
衛生免疫說……164
說自立……165
言我之志……165
圍爐談……165
說佛教……166
說竹……167
其二……167
其三……167

說秋景……168
其二……168
◎陳說類下
智識由博覽而來說……169
士先志說……169
物質進化說……170
勸訓……170
說雁……171
說某小學生堆雪成山……171
說山居之樂……172
說鼠……173
說婦容……173
說慈善事業……174
說製花……174
時雨時晴說……175
春假爲一年最好光景諸生回家作何樂事試筆述之……175
專制政治將見絕於二十世紀中說……176
記凍蠅之狀態……177
開礦采珠孰爲急務……177
蟹……177
說蟹……178
說染絲……178
梯說……179
夫婦和而後家道成說……179
火爐說……180
永某氏之鼠……180
公德私德相關係說……181
木偶……181
尊孔說……182
其二……182
學貴有恒說……183
愛校說……183

說蠶……184
春之郊野……184
秋之原野……185
諸生盍各言其所好……185
好讀書不求甚解說……185
論歲寒三友之優絀……186
心正則筆正說……186
雜說一首……187
愛惜光陰說……187
擬勸止迎神賽會通告……188
譯述巡迴演演員陳君說國……189
陶淵明愛菊旨……189
競爭說……189
說改過……190
冬日可愛說……190
說蠅……191
說名譽……191
愛人說……191
說慎言……192
擇交說……92
眾心成城說……193
理想學校說……193
說平……194
說義大利某壑盲魚……195
說鷸……195
記本校禮堂之燕巢……196
學宜注重實用說……196
說雪……196
其二……197
說兵……197
說學生之樂……197
其二……198
其三……198
凡事不可畏難說……198

說山東提倡蠶業之優點 199
試述過清明節之情形 200
夏日可畏說 200
破除迷信說 201
其二 201
說難 201
說遊 202
說勞逸 202
說鄉村之婦女 203
其二 204
說婦女之職業 204
女子須自立說 204
勸女子勿穿耳說 205
農工商當與官吏並重試申其義 205
去害馬說 206
說作文摹倣之病 206
我愛我之學校 207
筆筒製作順序 208
雜說一 208
雜說二 209
雜說三 209
說秋月之明 209
說唱歌 210
試言報紙盛行之原因 210

◎辨釋類

釋天演 213
解釋學問二字 213
辨勇 214
光陰與金錢輕重辨 214
其二 215
自箴 216
其二 216
好惡箴 217

釋校訓……217
其二……217

◎問答類

振興靖邑蠶桑策……219
問閉戶讀書與遨遊山水孰爲快樂……220
某兒飛車問答……220
創辦貧民工藝廠策……221
試言世界人種分合之原因……221
老農問答……222
其二……222
記老農問答……223
學校中以修身一科列爲第一其意何在試詳論之……224
救亡策……224
中國工商生計多爲洋人所奪果何以收回利權策……225
試各述平日最景慕之人物……225
其二……227

◎感言類

聞協約國勝利感言……229
繪南洋現勢圖有感……229
其二……230
上巳修禊感言……231
述昨宵暴風雷雨之感想……231
中國礦業感言……232
讀韓愈馬說感言……232
讀木蘭詩感言……233
讀弔古戰場文感言……233
科侖布探險感言……234
讀國文慈善事業感言……234
盂蘭盆會感言……235
陽曆除夕感言……236

登魁星樓感言 …… 236
其二 …… 237
讀圬者王承福傳感言 …… 238
歲暮感言 …… 238
觀龍舟競渡感言 …… 239
過田橫墓感言 …… 239
孔誕日之感想 …… 240
其二 …… 240
其三 …… 241
歐戰平和感言 …… 241
春雨有感 …… 241
對於民國七年國慶紀念之感言 …… 242
讀費宮人感言 …… 243
讀德意志實業誠感言 …… 243
亡清感言 …… 244

◎序跋類

送同學李時動代父從軍序 …… 245
送同學之揚州參觀運動會序 …… 246
贈陸大使赴歐參與議和序 …… 246
登香光樓祝荷花生日序 …… 247
擬同學錄序 …… 248
其二 …… 248
本校同學錄序 …… 249
其二 …… 249
送同學欒寶倫赴蘇習商序 …… 250
送同學欒寶倫習商序 …… 250
送甲組畢業諸同學序 …… 251
送余先生序 …… 251
送葉箴心遊學美洲序 …… 252
送友人留學東洋序 …… 252

◎書後類

書借書說後 …… 253

讀停戰命令……253
廣錢大昕奕喻……254
讀鮑氏子篇書後……254
讀武訓傳書後……255
其二……255
讀尤悔庵西湖泣柳記書後……256
讀文忠烈公傳……256
讀唐杜牧阿房宮賦書後……257
讀五代史伶官傳書後……257
讀晏子使楚篇書後……258
讀薛河東貓說有感……258
讀劉大紳啞孝子記……259
讀劉大紳記瞽者渡篇書後……259
孟子許行章書後……259
讀方山子傳書後……260
畫巴黎油畫記後……261
其二……261
讀赤壁賦書後……262
讀後赤壁賦書後……262
讀漆賈書後……262
其二……263
讀王安石傷仲永……263
其二……263
書柳宗元鶻說後……264
讀卡南琦傳……264
書袁枚郭巨論後……265
讀華盛頓誓師文……265
書蘇子由快哉亭記後……266
書薛瑄貓說後……266
書薛叔耘巴黎油畫記後……267
書魏學洢核舟後……267
乞者說書後……268

◎書牘類

約友中秋觀公園開幕書……269
約友人踏青啟……269
其二……269
約同學觀潮書……270
邀同學賞梅……270
與友人書（論讀書之樂）……270
致南北軍士書……271
致胞兄書（仿造韓退之答李翺書）……271
招友人賞梅簡……282
與友人論歐洲戰事書……282
唁顧君在祥喪父書……273
與友人論求學書……273
與友人論文書……274
其二……274
請求南北停戰書……275
勸友人節飲書……275
勸友人戒吸紙烟書……276
友人重九日登高飲酒書……277
約友人清明踏青小啟……277
擬約友人遊春書……277
與友人論學詩……278
其二……279
其三……279
約友人重陽賞菊啟……280
勸友人植樹書……280
勸友人購輪船公司股票書……281
招同學就校書……281
答友人書……282
邀友人賞菊書……282
答書……282
致友……282
答書……283
致友……283
答書……283

勸友人以公司股份委託於託拉斯書 …… 284
其二 …… 284
致友人報告校內規模書 …… 285
與某友書（論讀書之樂） …… 285
答友人書 …… 286
其二 …… 286
南運後與友人書 …… 287
致友（論風水） …… 287
軍中與季弟書 …… 288
述東三省情形書 …… 288
其二 …… 289
新秋箋懷故舊 …… 289
入校後與友人書 …… 290
謝友惠菊花啟 …… 290
約友赴紅梅閣觀梅啟 …… 291
西遊後與友人書 …… 291
擬致同學某君息爭書 …… 292
擬馬嚴復叔父書 …… 292
與同學一首 …… 293
勸友勤學 …… 293
約友重九登吳山 …… 293

◎通啟類

擬興邑掩埋會募捐小啟 …… 295
徵集國慶日提燈會啟 …… 295
擬勸戒學生怠荒文 …… 296
募捐助賑順直災黎啟 …… 297
發起學藝會啟 …… 297
勸助賑啟 …… 297
祝友母壽啟 …… 298

◎傳狀類

來廷革兒之仁慈 …… 299
夏粹芳君傳略 …… 299

追敍席裕順君之學行……300
先大父芙雙太府君行述……300
譯木蘭詩爲木蘭傳……301
沈僕葬誌……302
虞孚傳……302
某士錄……302
其二……303
異丐……304
南郭先生……304
終南禪師……305
記蔣孝子爲父殞命事……305

◎雜記類

觀賣技記……307
太子河觀漲……307
記初秋郊外之景色……308
其二……308
偶登本校樓記……309
記湯河沿之二泉……309
其二……309
折桂記……310
春夜讀書記……310
記夢……311
其二……311
其三……312
其四……312
記六月六日地震……312
野叟農業談……313
記紙鳶……314
歐美歸客談……314
觀潮……315
參觀滿鐵會社教育成績品展覽會記……316
記觀泗水……316
記觀冰戲……317

歲寒記……317
雨中耕田記……317
興化第一高等小學校演說會成立記……318
記昨日比賽足球事……318
文正學校增築菜圃記……319
記觀獅搏兔……319
雨雪記……320
學生圖書館記……320
學生國書館成立記……321
記卜天生跳坑……321
大成節與祭紀盛……322
述本年校中之新建設……322
冬夜讀書記……323
本校農圃記……323
謁顧孝子祠記……324
其二……324
寒齋記……325
記秋雨……326
記本學期所受之益……326
日記……327
寒假返校紀事……327
國慶日記事……327
盜者言……328
其二……328
記同學拾金不昧事……329
華氏園記……329
求己齋記……330
記任末之好學……330
記葡萄……331
秋夜泛舟賞月記……331
記新年畫……331
記校自治團……332
夢遊中西兩嶽記……332
本校添設講堂記……333

中秋賞月記……334
其二……334
記吾校之販賣部……334
其二……335
記校園中新建之花房……335
瞑雲亭記……336
凌晨賞雪記……336
上星期日記事……337
課餘散步花房記……337
誌白宕里神會之盛……337
柳下垂釣記……338
記國慶及徐大總統受任之期……338
記秋景……339
家庭屋宇記……339
其二……340
記新年畫片……340
學校園記……340
記菊……341
記暑假中之經過……341
記和橋九齡童……342
記義丐……342
記戇兒……343
記撲滿……343

◎遊記類

重陽日遊周氏五畝園記……345
夏曆新年遊覽記……346
遊百丈巖記……346
遊青龍記……347
遊南嶽記……348
遊勺湖記……349
登蜀山有感……349
游安樂山記……350
月夜泛舟東湖記……351

遊放生池記 …… 351
遊轉水墩記 …… 352
遊聖泉山記 …… 352
其二 …… 353
遊武隆山記 …… 353
遊雙清亭記 …… 354
第五次觀摩會會考記 …… 355
其二 …… 355
觀摩會記 …… 356
其二 …… 356
秋郊記事 …… 357
秋日登觀音寺記 …… 357
遊白塔公園記 …… 358
其二 …… 358
雪後郊遊記 …… 359
其二 …… 359
遊某氏園記 …… 360
登魁星樓記 …… 360
五鬚松 …… 361
其二 …… 362
春遊記 …… 362
其二 …… 362
遊公園內假山記 …… 363
其二 …… 364
中秋夜遊記 …… 365
遊半淞園記 …… 365

◎旅行記類

旅行道峯記 …… 367
香山旅行記 …… 365
秋日遠足郊野記 …… 369
黃河流域遊記（一） …… 370
黃河流域遊記（二） …… 370
遠足洞霄宮記 …… 371

上巳旅行記 …… 373
孤山旅行記 …… 375
第一次五站旅行記 …… 378
第二次五站旅行記 …… 376
遊青原山記 …… 377
秋日旅行首山記 …… 378
其二 …… 379
其三 …… 380
旅行河南記 …… 380

◎戲墨類

鼠與貓書 …… 383
貓覆鼠書 …… 383
不倒翁傳 …… 384
戲擬爲王留行者告孟子書 …… 384
清淡先生傳 …… 385
責雛燕文 …… 386
雪僧傳 …… 386
雪人傳 …… 386
驅蚊檄 …… 387

◎哀祭類

弔光復諸烈士文 …… 389
祭江先生文 …… 389
祭岳王墓文 …… 390
其二 …… 390
祭甘君俊升文 …… 391
祈雨文 …… 391

◎詩詞類

學藝會雜誌發刊祝辭 …… 393
本校開學祝辭 …… 394
頌三年級畢業詞 …… 394
勝利會祝辭 …… 394

泰興聯合運動會祝辭……395
詠竹（七絕）……395
其二……395
春風詞（古詩）……395
春日晨起口（七絕）……396
秋景（七律）……396
初冬即景（七律）……396
冬夜憶祖母（七律）……396
松柏（七古）……396
柳外桃花（七律）……396
半開牡丹（七絕）……397
春夜（七絕）……397
感賦（七絕）……397
春遊（五律）……397
秋景（調寄醉太平）……397
傷春（七絕）……397
秋夜（調寄菩薩蠻）……397
春夜（五律）……398
傷春（七絕）……398
日曜與胡君心如同遊城北（五律）……398
寄友人（五律）……398
重九與友登高（五律）……398
即景（調寄醜奴兒）……398
春風（七絕）……398
送別（七絕）……399
秋日感懷（七絕）……399
秋情（調寄長相思）……399
寄友人（七絕）……399
思故鄉（七絕）……399
秋感（調寄點絳唇）……399
元旦試筆（七絕）……399
新柳（七絕）……399
諷友讀書（五律）……399
重九登高（五律）……400

朔風怒號天將作雪偶成（五律）……400
哭季弟福麟（七律）……400
寫冬夜周子邑山陸子竹樓醉後狀況（七律）……400
感時局（七律）……400
哀遜清（七絕）……400
和袁君鐵生贈別詩原韻（七絕）……401
乘涼（七絕）……401
秋夜（五律）……401
同鄉友病故（七絕）……401
接友人書作一絕以答之（七絕）……401
雪（七絕）……401

全國學生國文成績文庫卷一（乙編）

邢盧壽籛選輯

◉原理類

原名

南通城北高等小學校三年生 曹澐

名可爭乎曰爭名者未必能得名也齊景公有馬千駟死之日民無得而稱焉何也爭名故耳然而好名之人不此之察惟虛名是爭甚至妬人之名千方百計以傾陷之阻遏之使其身敗名裂而後吾之名乃著噫陰險若此果可得名乎卽幸而名可盜祗能掩飾一時而不能垂久遠祗能欺愚民而不能掩識者此桓溫所謂遺臭之名也誠若無名之爲愈孔子修春秋一字之褒榮於華袞一字之貶嚴於斧鉞蓋甚惡夫爭名者矣故人不可無名無名則死與草木同朽君子所疾也然無名而至於爭名亦奚以爲夫我之學識我之德行果修之在己信之於人自能馳名當時垂名來日俾天下後世之人想望風采步趨其迹所謂實至名歸也爭云乎哉孔子稱虞舜曰必得其名積德之人不至終於無名有如是也不然大奸極惡其始未嘗不假言仁義而卒至亂亡者何哉故曰爭名者未必能得名也

辭明意達（錢嘯秋評）

原人

江蘇青浦縣立高小二年級生 王志高

夫圓頂方踵同一耳目手足口鼻者皆人也然若者流芳百世俎豆馨香以其能盡人之道也若者與禽獸同盡與草木同腐以其不能盡人之道也不能盡人之道雖具人之名實不足爲人也昔子輿氏有言曰無羞惡之心非人也無惻隱之心非人也無辭讓之心非人也無恭敬之心非人也無是非之心非人也又曰人皆可以爲堯舜然則人之所

以爲人於此可見矣人果不欲不與禽獸同盡草木同腐而欲其傳名後世也可知所法矣

着墨無多題蘊畢宣(夏本立評)

原樂

青浦縣立高小三年級生 姚煥儀

夫齊之以政威之以刑得治天下之道而未得其本也定饗食宴飲之禮制五聲六律之樂於是民親而知禮國治而天下平矣無他禮樂者刑政之本也夫樂者又音之所由和而其本在人心之藏於物也君子以其哀樂喜怒之情而定五音六律之樂且以宮爲君商爲臣角爲民徵爲事羽爲物失其平則互相奪倫而聲不得其正聲不正則樂不和樂不和每流爲靡曼之音故絲竹管絃苟無君臣以領袖之皆桑間濮上之音也蓋君子之定樂非供耳目之觀欲正人心而不慢於禮也故君子先定禮而後定樂樂之與禮不相離也記曰大樂與天地同和大禮與天地同節禮樂之關係德化豈不大哉三代而降典禮喪敗世化日微縱耳目之慾好鄭衛之音不知君子正五聲卽所以正人心也良可慨矣

學有根底語中肯綮求之小學學生不易多得(夏本立評)

原富

泰興縣立第一高等小學校三年級生 余寅生

人無貧富以有職業爲歸一國之中無業者多則國必不富有職業而奢侈者多則國亦不富故致富之道必自開源節流始曠觀宇宙山林原隰川澤湖海天然所產何一不足供人取求若吾國能振興農礦水產使種種天然生物盡爲吾用其利至溥更能持之以儉卽富國之基也不然雖有銅山金穴果能不竭乎人人知懲奢華黜浮澆量入以爲出而國家猶不富者吾不信也

語意清析(李燕詒評)

中國文字源流略考

遼陽縣立高等小學校第一學年生 馮日昌

太古之世。結繩記事。無所謂文字也。及庖犧畫卦。乃爲中國文字創造之源。然其字尚尠。不利於用。黃帝時。倉頡始創古文。中析爲指事。象形。諧聲。會意。轉注。假借等。謂之六書。自是文字始漸利用。迨周宣王時。史籀復作大篆。亦曰籀文。與古文或異。秦併天下。李斯造小篆。與程邈之隸書。接踵而出。其後若劉德昇之行書。史游之草書。文次仲之眞書等。蓋皆由繁而就簡也。今日文字流行。事事利便。皆由遞變以致之也。究其遞變之功。一皆原於創始之人。然則雖謂庖犧畫卦。創造文字之鼻祖。非萬世之功哉。

考覈精結搆合推論亦舒卷自如(佟有爲評)

全國學生國文成績 文庫卷二（乙編）

古邪盧壽籛選輯

●經論類

學而不厭論

直隸青縣第一高等小學二年生 李煥周

人之爲學所以能通玄賾之理識古今之事者果何以致之哉曰由於學而不厭故耳不然或朝慕而夕棄或始奮而終懈心中自以爲已足自以爲瞭然及問其所以茫然莫對是其所謂已足者實未足所謂瞭然者尚黯然也如此而欲學之精博不甚難乎故不厭者求學之基礎也惟然則智足以致其遠理足以探其幽如操舟然不以波濤之惡里程之遠而阻其前進之志必能達彼岸矣故學者苟不以理之難深事之繁雜而生厭惡之心安見其知能學問不隨吾之年齒而增進乎孔子曰學而不厭誠爲學者矜式之名言也

議論平正詞句明晰（馬孝寬評）

學然后知不足說

餘杭縣立高等小學校二年級生 羅錦綸

人之爲學譬如行路愈行愈遠譬如掘井漸掘漸深學固無止境也然學無止境而不知者以其所至爲止境每嚣然自以爲足其實則不足也特未嘗深求遠索耳記曰學然后知不足斯言也爲好學者揭其心理矣蓋人有奮往之氣者必有深遠之謀有深遠之謀則終日孜孜窮年兀兀無時或已其學愈求而愈深愈索而愈遠一如行路者之愈行愈遠掘井者之漸掘漸深有進無已回視所至之地位抑然不足矣非然者有自滿之心則其學且有退而無進而彼不知也古來聖賢終身於學而無自滿之心如仲尼天縱而韋編三絕周公上聖而日讀百篇其明證也吾儕學生其

各勉旃。

氣機充暢（黃雲麟評）

學然後知知然後行說

揚中縣立高等小學三年級生　陳世俊

玉不琢不成器人不學不知道誠以學也者感發人之性情激厲人之志氣牖啟人之才識而日進於高明者也以之行事於社會必爲社會之中堅人物以之行事於國家必爲國家旋轉之英雄昔者子房運籌幃幄漢高用之以定中原武鄉侯獻隆中之謨先祖師之而安巴蜀其勳名昭垂於宇宙其知識之能出於庸常者究竟皆原於學先民有言學然後知知然後行斯言也無古無今無中無外一也今之人自高自大鹵莽滅裂而輕於一試謂銳進爲經世之偉人談道實拘墟之俗士詎知不學無術霍光貽譏不識一丁武人何用不學終無所知不知終無所行行不由知等飄萍之無根知不由學類無油之燈火如此謬妄是誠磨瓦作鏡蒸沙求飯終無效果之可見也從可知古今天下之克成大業能建大勳者莫不由於聰明特達之儒聰明特達之儒莫不由於山中求志林下潛修之士誰謂用不本於體體不本於學哉

妥適

過則勿憚改論

黑龍江省木蘭縣高等第二年級生　王文斌

天有陵歷門蝕之過地有崩弛竭塞之過人介乎天地之間豈能無過乎顧人不患乎有過患有過而自文其過且患有過始雖不文其過而繼仍自文其過蓋人之性本善而爲過所集也則惡是烏乎可孔子曰過則勿憚改請申論之春秋之世强兼弱衆暴寡爭城奪地攻伐無寧甚且問鼎中肩滅親周室一人幾同守府此非諸侯之過乎大寶之弓可竊世祿之家鮮由八佾舞於庭三歸有於室驕奢淫逸禮法蕩然此非士大夫之過乎孔子生當其時目擊心傷故

以悲天憫人之懷發而爲深切著明之論曰過曰改望之殷也曰則曰勿惕之至也當此泯泯棼棼人心胥溺之際使非有孔子爲之大聲疾呼以覺其聾而警其聵世道陵夷寧有底止吾知天下之人無日不在過中求一改過不吝者恐終不可得也是故顏子有過不貳子路聞過則喜之二子者皆爲孔門高弟蘧伯玉欲寡過而未能孔子於其使亟稱之可知過之一字改固難改而勿憚則尤難孔子此言其救世之心爲何如耶

切定當時世道人心立論語非泛設筆亦條鬯（隋則民評）

過則勿憚改說

黑龍江省木蘭縣高等第二年級生　王文斌

人之所貴者無過耳而至不易無者亦爲過非過果不易無也有過而不知其爲過則過不能無知其爲過而不力加改悔則過仍不能無故欲期無過則其事爲至難孔子知其然日以無過望天下而又恐天下之人多畏難苟安之心因大聲疾呼曰過則勿憚改是凡有過不改者非寡過之道有過欲改而或憚其難改者亦不得爲寡過之人也故一事之來也稍不自慎過卽從而集之過既集矣烏得謂爲無過乎一言之出也稍不知檢過卽起而乘之過既乘矣猶得謂爲無過乎以不能無過之人而猶懵然不知悛改則過以積而愈多累而愈大遂日卽於賊仁賊義之途而終無寡悔寡尤之日元惡鉅憝由此而成世道人心因之敗壞孔子本悲天憫人之懷發而爲警世覺物之論蓋不患天下多有過之人而患在有過而多不改之人尤患在有過卽或能改而改而不力仍多改如未改之人曰過曰改曰勿憚改曰則勿憚改其意甚殷其言甚切蓋有不容已者在也世猶有怙過不悛者乎吾願持此說以貽之

筆致清順於題義亦頗不負（隋則民評）

有過勿憚改說

奉天遼陽高等第十四級第三學期學生　王冠甲

嗚呼今之學者畏難苟安有過不能速改亦何怪其身不修學不成哉魯論曰過則勿憚改此實自治修己之要道也

夫過者出於無心改者由於勉强知過能改卽可以爲善人如知而不改吾恐過日熾學日退月積歲累聚少成多有根深不拔之勢尾大不掉之憂終身之品行名譽敗壞於旦夕之間入則父母怒之兄弟怨之出則宗族斥之鄉黨憎之惡名著於當時此際吾人雖欲拔其根株臻於善人之域奚可得耶故子路有過七日不食孔子聞之曰由知改過矣後之學者其所以身不修品不端受憎惡於當時遺羞名於後世者皆由憚於改過致之也嗚呼前車者後車之鑒往事者未事之師吾儕之爲學豈可怙過不悛有過憚改哉

掃盡浮詞獨標眞諦而筆致尤復簡潔亦童子文中不可多得者(李沛春評)

知恥近乎勇說

福建侯縣第二高等小學三年級生 林大樑

君子有恥小人亦有恥其所以別者得其道與不得其道耳學問之不如人道德之不如人君子恥之故砥礪黽勉雖聖且賢弗敢止也衣食之不如人居處之不如人小人恥之故經營奔走不老且死弗肯休也然則其恥雖一而其志之大小品之高下相去殆若天淵孔子曰知恥近乎勇蓋言知恥之道非第知恥已也夫傲者自大儒者自小皆視外物爲輕重而不取裁於義所謂以人從物者也無自大亦不自小守義力行而不爲物所移是爲勇自大者不知恥自小者不敢恥惟勇者有恥而知恥之道也既知恥矣則不能無奮孳孳然汲汲然不敢稍怠其志甚遠其期甚大毫無自下之意知恥雖未必卽勇亦庶幾能起懦乎故曰知恥近乎勇也若夫小人之恥惡衣惡食而脅肩諂笑求富貴者是近乎懦矣胡謂勇

堅樸沈着此題正宗(林警評)

時過然後學則勤苦難成論

江蘇省立二師附屬高小二年生 張仁裕

流而不再者光陰也去而不反者年華也夫人之年華有限而學問無窮以有限之年華求無窮之學問卽不怠惰苟

安猶恐不能與時俱進若時過而後學年衰力弱雖欲黽勉求之亦勤苦而難成由此觀之勤學宜在少年蓋人自少而壯自壯而老自老而衰不過數十寒暑耳人之求學皆在少年少年一過則壯矣壯年一過則老矣孔子曰後生可畏可畏者何以賢聖豪傑之事業皆端本於後生時也後生果能志趣堅定全力赴之其所造就豈可量乎孔子又曰四十五十而無聞焉斯亦不足畏也矣甚言時過後學之不可也我輩青年之求學者其慎之

明順（周十義評）

人不可以無恒說

餘杭縣立高等小學二年級生 沈奏廷

人居天地之中而能卓然自立者惟恃此有恒而已矣蓋有恒者成事之母也無恒者敗事之媒也故無論舉一事學一術皆當持以恒心倘或作或輟旋進旋退則一暴十寒物難生長為學亦莫不然乃世之人非因循坐誤即作輟相參求其孜孜不息始終如一者什無二三焉嗚呼人而無恒學所以多不成也嘗觀古之聖賢豪傑建大業立大名者亦自有恒得之耳凡我青年當知滴水可以穿石鐵杵可以成鍼毋一得而自封毋半途而自廢則庶乎其可矣

爽快絕倫（路文敏評）

士貴有恒說

泰縣第三高等小學三年生 包彬

人生宇宙間無論何事皆當有恒不能有恒則不能成其事故農無恒則不能深耕而易耨工無恒則不能計日而效能商無恒則不能乘時而趨利農也工也商也苟無恒心其害若此況吾輩讀書乎不能有恒而欲其成功吾恐戛戛乎其難矣南人有言曰人而無恒不可以作巫醫夫巫醫易為事也而無恒不可以作於此更足見士之不可以無恒也今之學者其讀書也始甚踴躍讀不終卷怠心漸生從而厭惡之矣其寫字也始若專精寫不數頁從而拋棄之矣是所謂淺嘗輒止百無一成者也有恒者則不然讀一書必尋其旨趣玩其意味至於有必得而後已寫一字必摹其

結構仿其鈎畫至於能神化而後已此猶其小焉者也其作事也持忍耐心抱堅苦志雖經艱難困苦而其心不稍動其志不稍挫古今來聖賢豪傑其功名事業載之史乘如日月經天江河行地雖千載下猶凜凜有生氣非有恒之效乎巴律西一工人也改良陶器經歷年餘受屢次之失敗卒底於成科侖布販夫之子也探尋新地雖歷受挫折而卒能航數萬里之重洋達其目的皆此道也故人而不事事也斯已耳苟置身社會擔任職業則必貴乎有恒也灼灼明矣噫何人不貴有恒何事不貴有恒況吾輩青年學子自命爲士者哉

精理名言絡繹不絕

人不知而不慍說

海鹽城立第二女校高小三年級生 朱念蔭

世有人不知而不慍者乎忠臣之於國也赤膽忠肝以事其事而君或不之知也則焉得而不慍忠而見廢靈均之所以沉汨羅也孝子之於親也盡心竭力以孝父母而親或不之諒也則焉得而不慍孝而見嫉大舜之所以號泣於旻天也聖如大舜賢如靈均且猶如是況恒常之人乎然則孔子以人不知而不慍美君子何哉蓋聖賢君子之所爲求安其心而已心苟安焉雖蒙天下後世之訾毀且不之懼況不我知乎心苟未安雖舉天下後世而讚美之且不之悅況僅知之者乎故君子之爲事也爲所當爲非求人之知而爲之也不爲所不爲非畏人之訾議而不爲也靈均之沉汨羅痛宗國之見侮於秦非慍楚王之不知其忠也大舜之泣旻天蓋傷不得於其父母非悲父母之不知其孝也世俗之人以耳爲目安足以知君子苟不求諸己而求諸人則喪失其故我而不爲小人者幾希吾儕求學爲事當求無媿於心不可求人之知好人之譽喜慍由人皇然而不能自主也嗚呼君子者蓋人不知而不慍者也

立意頗佳筆氣亦矯健不凡巾幗中殊不多覯（談夢石評）

無慾則剛說

隨縣模範高等小學校第三級學生 周少溪

古今之士能挺然特立毅然不撓見利不虧其義見死不更其守其惟剛乎雖然剛豈易言哉剛之爲德猶金玉然金鍛鍊則堅玉琢磨則粹人亦淡泊其志寧靜其神毋使有慾之累則剛焉夫慾之爲累也不必沈於聲色溺於貨利脂韋於功名仕宦之途足以失其剛之德也蓋剛者孟子所謂浩然之氣直養無害配義與道而弗餒也有所恐懼而不得其正有所憂患而不得其正斯慾入之慾入之無論其憂患也恐懼也卽不憂不患亦祇悻悻然小丈夫之所爲烏足以剛名哉必爲聖賢之剛無爲匹夫之剛而後可謂之剛也匹夫之剛以慾濟僅足以作威福聖賢之剛以無慾成乃足以塞天地此剛之所以難也不然觀歷史上之士大夫初矯矯若有不淫不屈之概倔強於一時及臨利害生死之交而色沮志變奪其節者又何可勝數甚矣慾之累人也求其仁至義盡正氣凜然而百折不回者古今曾有幾耶未見之嘆夫子嘗慨乎其言之非刻論也

精闢之論無以易之(孫顯時評)

說見利宜思義

睢寧縣立第二高等小學校二年級生 王恒寶

紛華靡麗皆爲身外之物所固有者義而已矣人苟以義存心義所當取者取之義所不當取者雖置諸目前爲我所極欣羨不容苟取也無如世風日下貪鄙日多見利忘義者有之矣果孰是見利思義者哉昔孔子與子路論成人而曰見利思義蓋利爲人之所欲而制乎其宜者義也嘗見好利之徒貪得無厭往往一見可欲不問義之當取與否而冒然取之此無他不思故也苟其思之以爲利吾所欲也義亦吾所欲也與其得一利而失一義不若全我固有之義所得爲尤多也況意外之利以非義而得之亦以非義而失之卽苟且據爲已有不過取快於一時已耳悖而入者悖而出是又理之所必然而思之宜反復者已

詞意警醒筆端犀利（吳逢之評）

君子矜而不爭羣而不黨

福建永安縣立第一高等小學生 陳地孫

天下善於持己者未必皆善於處人而善於處人者未必不失其持己若矜而不爭羣而不黨之君子則有善於處人己間者夫矜者何持己端方是也持己端方則丰裁嚴峻意氣近於淩人故矜多至於爭羣者何處衆和平是也處衆和平則善惡雜處迹象近於合汚故羣多流爲黨是矜羣非難君子之矜羣難君子矜羣能以不爭不黨者見誠難非有大學問以養之不能非有眞性情以鎮之不能君子涵養有素學問深而意氣胥平性情正而私心悉泯故人以矜爲誇張之具彼以矜爲重道之閑人以羣爲聲援之資彼以羣爲相輔之籍嚴毅中寓以和平愈嚴毅者亦愈和平樂易中準以正直愈樂易者亦愈正直夫而後其矜也如崖岸之高立鎮定各守一方其羣也如天地之包涵雨露不私萬物非但施其矜於君子不爭即施其矜於非君子亦不爭不惟合其羣於非君子不黨即合其羣於君子亦不黨此即泰而不驕周而不比之意也何有過於矜激爲紛爭過於羣流爲朋黨哉且意有相通義有互見矜與羣分言之不爭適以成其矜之大不黨適以成其羣之正矜與羣合言之有是矜復有是羣矜以化羣則其不爭也可知有是羣濟以是矜羣以矜持則其不黨也益信況爭欲成黨不黨又何爭黨由於爭無爭故無黨此君子所以異於人也雖然猶有辨或上書力言得失或據理力辨是非其迹似隣於爭其實則愈爭而愈見不爭或立朝和衷共濟或講學集首同堂其象似近於黨其實則愈黨而愈見不黨苟於此而言爭黨爭有惟恐其不力黨有惟恐其不大者而安足爲君子累且足爲君子之矜羣害

語語切當筆筆飛舞愈接愈緊愈說愈妙可爲今日黨人痛下針砭不圖歐陽公朋黨論外得見此作

宴安酖毒不可懷也義

吉安縣立高等小學三年級生 王善繼

吾嘗讀左氏傳。而至宴安酖毒不可懷之一語。未嘗不掩卷而嘆曰。誠哉是言也。蓋古之成鉅事立鉅業光耀史冊而與天地同流。與日月爭光者。未有不由其勤勉自勵。而無宴安之懷所致耳。是故重耳聽子犯之言。舍齊國妻妾車乘之寵而弗安。而卒因以返晉。沛公從樊噲之諫。棄咸陽宮室婦女之樂而弗留。而終賴以興漢。之二君者。非皆以宴安爲戒。而自憂勤惕厲中來哉。藉非然者。如桀紂溺於酒色。幽厲樂於遨遊。降而唐玄宗變於太眞。驟起宦官之大權。高宗惑於武后。漸興亡國之先兆。凡此者。悉皆身敗國亡。何莫非由宴安之毒。有以釀成其禍胎也。歐陽氏曰。憂勞足以興國。逸豫足以亡身。孟子曰。生於憂患。死於安樂。二子之言。殆皆謂宴安同於酖毒。而斷斷乎不可懷耳。無如降至今日。世俗愈趨於華靡。人心愈薰於宴安。至若富家子弟。衣食豐足。宮室雕峻。前人數十年創造而不足。後人一旦灰燼而有餘。此其故。皆由其習於宴安。驕惰成性。不但無事功之可言。甚至衣食不給。而終流爲乞丐盜賊者。亦比比也。噫。是豈其聰明才力。生而不如人乎。毋亦溺情宴安。失其本能之故耳。後之學者。其戒之。

發揮透徹題蘊畢宣（毛漸逵評）

居無求安說

臨縣模範高等小學三年級生　徐紹勉

論語篇君子居無求安。朱子謂志有在而不暇及是。吾以爲義有未盡。說文居、止也。廣韻居、安也。夫止則息。息則怠。怠則人事廢。安則逸。逸則淫。淫則惡心生。宴安酖毒。甚可畏耳。君子知其然也。其於居也。不以爲止也。雖止勿止。形止神則未止焉。不以爲安也。雖安勿安。形安神則未安焉。此無他。自强不息。以寸陰爲寶貴。以幽獨爲大廷。卽謂君子順乎明動晦休之理。適其所止而止也可。謂君子卽其所止而止。一止無不止。形止而神亦止焉。則不可。謂君子循乎素位之常。適其所安而安也可。謂君子卽其所安以爲安。若求安者然。則尤不可。此君子居無求安之說也。卽環堵蕭條。不蔽風雨。處之晏如。亦游心物外者之所優爲。豈闒儒者修業事哉。君子居無求安。卽君子之敏也。愼也。此其所以爲好學也。

能見其大（孫顯時評）

師克在和不在衆論

隨縣模範高等小學校第三級學生 何桂馨

傳曰師克在和不在衆和之一言其專爲師言乎抑不專爲師言乎夫婦和而家道成朝廷和而庶事理陰陽和而雨暘時和之爲用大矣詎獨師爲然而惟用之於師則尤有效夫師猶人身將帥其頭目也部曲其軀幹也士卒其手足也衆其形也和其神也神散則昏頭目爲之不靈軀幹爲之不安手足爲之不舉即負七尺之軀龐然大物亦塊然冥然其形而已安能與人爭勝負乎神聚則凝凝則手足趫捷可以捍目頭可以衛軀幹動則從心鬪則從力指揮之操縱之惟視其神之所在殆有無往不克者是知師以衆成衆合則師強衆離則師敗形以神立神合則形存神離則形亡理固然也苟士不用將命將不知士心上下攜貳形神相離雖善兵如孫吳亦莫如之何耳不然橫槊賦詩魏武已氣吞吳會矣何以孫劉協力竟爾狼狽北還投鞭斷流秦巳目無江左矣何以玄石同心遂令貔貅西走耶師貞吉否則凶成敗之數信未可以衆寡定也嗚呼蒲騷之役楚人先期決勝左券獨操鬭廉之說固非幸中亦兵法所宜然也彼昏昏者侈口談兵寧非妄哉

層出不窮（孫顯時評）

履霜堅冰至論

青浦縣立高等小學校 徐銘竹

嗚呼天下事莫不始於微而終於顯始於小而終於大萌芽不伐將折斧柯是故紂爲象箸而箕子晞魯以偶人葬而孔子歎古聖賢謹小愼微能慮人之所不及慮其殆有履霜堅冰至之意乎夫履霜堅冰至坤初六爻辭也坤六爻皆陰是爻一陰初生其端甚微其勢必盛故其象如履霜而知堅冰之將至也或者疑之謂季秋之月霜始降其時水猶

未結爲冰何論其堅不堅哉知冰益壯地始坼則在仲冬之月冰方盛水澤腹堅則在季冬之月相去甚遠似非旦夕之事而不知光陰如箭自季秋至仲冬季冬在轉瞬之間與其慮之於終曷若謹之於始此古之君子所以不戒於羣陰盛長之際而戒於一陰方生之時也吾嘗筮是爻而有感焉今夫陽主生而陰主殺陰之爲象其在國則厲夷狄其在人則屬奸邪綱目書劉淵爲左部帥安祿山爲營州都督李繼遷叛走地斤澤金張瑴以平州來歸至子才會兵趙汴記夷狄所以亂華之始也書董卓將兵詣京師黃皓爲中常侍王安石越次入對召鄧潤甫爲翰林學士金人縱秦檜還宋記奸邪所以誤國之始也有識者有鑒於此事事能防其漸則制治於未亂保邦於未危何至蹈其覆轍乎嗟嗟蟻穴之潰堅隄爲傾燎原之餤起於星星豈獨霜與冰爲然哉虞書危微之訓大學慎獨之事春秋名分之防皆可作如是觀也然後知聖人之慮遠矣

衣食足而知榮辱論

金陵大學高等科四年級生 夏榮桂

手法高議論偉(徐申伯評)

蓋有超於恆人之外能不恥惡衣惡食者君子也惟君子憂道不憂貧故富貴不處貧賤不去求合乎道而已矣故論語曰食無求飽居無求安斯言也君子可以當之而不可責諸恆人也然則恆人衣食之累其何能免哉吾讀管子至衣食足而知榮辱未嘗不廢卷而嘆曰嗟乎衣食之累人也深矣夫人寄於大塊之間出諸襁褓脫諸提攜熙熙然擾擾然莫不爲衣食相馳逐也得勢者有所憑附失勢者無所依歸壯者飄零於道塗老者輾轉於溝壑上不能事父母下不能畜妻子顛沛流離往往遷徙死亡朝暮幾不自保奚暇計及榮辱哉諺曰飢寒至身不顧廉恥非虛語也美哉聖王治民之道民食爲首政而衣者次之故五畝之宅樹之以桑百畝之田植之以穀樹桑者可以衣帛植穀者可以防飢煖衣飽食可以教矣設庠序之學誨孝悌之道父子有親長幼有序斑白者不負戴矣有道之世飽煖之人而不

知榮辱者未之聞也嗟嗟世之啼飢號寒不知榮辱所繫猶可恕也若富厚之子衣錦繡食膏粱好聲色而圖逸樂竟不知榮辱之旨不更可羞乎哉

至理名言絡繹奔赴運筆亦復清醒刻摯絕無浮煙漲墨繞其毫端（徐翰臣評）

業精於勤荒於嬉論

江西萍鄉私立文氏學校十二齡附學生 程洛生

天下之事豈有不勞而獲者哉顧人情每喜逸而惡勞者由其無建樹功業之思故或作或輟耳庸詎知古來聖賢豪傑造成學問事業皆由精勤粹勵中來昔韓昌黎曰業精於勤荒於嬉即此意也昌黎爲求學者言又豈獨學者爲然凡百職業亦莫不然蓋業必求精精必由勤若一日暴之十日寒之學問荒廢業何由精嗚呼怠惰者自誤之煬毒也勤勞者成功之秘鑰也傳曰民生在勤勤則不匱有味乎其言之也

言明且清

業精於勤論

南匯縣立第三高等小學二年級生 趙錦才

余讀韓昌黎先生進學解曰業精於勤奈何今人之反其言也夫百工技藝莫不由勤而精進吾輩求學何獨不然蓋勤則有功戲則無益此不易之定理也予未聞有勤而學不成者亦未有不勤而學能成者學者苟欲深入聖賢之域可不於斯兢兢乎所謂勤者豈易言哉我見有半途自畫者矣必也師惜陰之大禹效下帷之董生由暫而常由淺而深庶乎可也昔者顏子服膺弗失夫子好古敏求無他勤苦不辭耳非然者淺嘗輒止一得自封則夫子安得爲儒家之祖顏子烏足冠德行之科哉業精於勤我儕勉之

通明圓淨（徐勤侯評）

國奢示之以儉說

遼陽高等小學二年級生 白奎琳

儉美德也而流俗顧薄之非流俗薄之實官薄之非官薄之握行政之總樞者薄之也蓋上有好者下必有甚焉者矣余觀曾子國奢示之以儉之言不禁般然有感矣夫示之云者非徒示民也必其爲民上者躬持儉道而爲民之則也乃今之爲民上者既不能守儉且挾萬民之脂膏任意揮霍居非大廈不安衣非錦繡不暖食非珍味不甘驕妻美妾娛其前俊僕孌僮役其下加之日醉醇醴夜嗜賭博不以國事爲事無怪民之不聽且隨之而益奢也貧者稍積錙銖不禁一擲富者爲所欲爲競效愷崇之闘似此上下交爭國又安能富且強哉古之爲民上者如晏子之狐裘三十年趙簡子之瘦馬羊裘是皆力矯奢侈之俗使民仿效之者國又安得而不富且強哉使在上者導民奢侈則國必貧弱國既貧弱他國能不加之兵乎二子深鑒乎此所以躬持儉道爲民作則也今之執政者盍不三思

文能由示之二字反覆推勘頗得題竅佐證亦有關切(佟有爲評)

民無恒產因無恒心論

興化縣立第一高等小學二年級生 陸秉猶

嗟乎我國民道德之墮落人格之卑汚至今日極矣溯其原大半爲生計問題之關係而已孟子謂無恒產因無恒心蓋以人生以衣食爲大宗恒產者衣食之所從出也衣食足而知禮義人性皆善誰甘自外生成饑寒迫之而室家累之於是有種種非法之行爲而道德與人格乃至不可問此其情亦大可悲矣雖然孟子所謂恒產者不過度地授田就不動產言之耳吾謂古時利保守今時利進取上之爲英雄豪傑建偉大之事業以垂聲當時次則習一藝居一職亦不失終身噉飯之資若僅席先人之餘蔭固不產以爲生活適足以養成倚賴之劣性而卒無良好之結果何道德與人格之足言乎甚矣人不可不自立也

竟體清適(解評)

以直報怨義

玉色 羅星聚

小人見異己者必排擠之傾陷之以爲修怨之舉恒致人於死地以爲快君子則不然交絕不出惡聲是不以其怨者而怨之也內舉不避親外舉不避讐又不以其怨者而遂棄之抑獨何歟聞嘗推夫子之意似謂修怨固不可忘怨亦不能人之有怨於我者如此人之有德於我者如彼人而忘怨其如人之有德於我者何蓋君子之於怨不以怨者而憎之亦不以怨者而排之愛憎取捨一歸於至公而已矣不然怨毒之於人大矣哉楚伍員導吳入郢將覆楚國甚至修怨於其君宋光宗制於悍后不朝重華甚至修怨於其父誠所謂狗彘不食其餘矣雖然廉頗相如因同公忿而棄私怨蕭何曹參爲國愛賢而化私怨此爲爲大臣者所當取法越王句踐臥薪嘗膽爲修怨而存其國漢後主樂不思蜀因不知修怨而墮其宗此爲有國者所當取鑑宋章惇惡范純仁而竄徙遠州純仁戒諸子不可稍有不平聞諸子有怨章惇者及在道舟覆於江衣盡濕顧諸子曰而豈章惇爲之哉此爲君子之處小人者所當取戒然而天方助桀吾何必與之爭犬自吠堯吾何必與之較其修怨也在我妄費博浪之椎其不修怨也在渠自有烏江之劍彼之叫囂有識者已鄙其狂我之安閒旁觀者已服其量我不修怨固已勝人多矣昔桓魋欲害夫子夫子不云乎天生德於予桓魋其如予何當是之時未聞夫子稍有不平亦未聞夫子有所遺憾是則夫子之道德馨香百世夫豈無故也哉

至理名言絡繹奔赴

以文會友說

湖南常德第一高等小學三年級生 陳德潤

今日之世界一文明之世界也英法德美羅馬拉丁以風俗言語之歧異文字遂亦各不相同雖其功用爲發達文明之基礎研究學問之根本增進知識之起源然文字浩繁豈能一一識之於是乎友尚焉友者所以助我者也一人之知識有限羣則無窮同時各出其所長互相切磋其受益決非淺鮮乃古人以文會友今人以博奕燕飲會友欺詐成習至流爲盜賊而不自知其害豈不惑哉是故會友必有所以若農與農會以研究農務爲事工與工會以研究製造

為事商與商會以硏究商品為事庶不負此會並不負此友矣

淋漓暢沛題蘊畢宣有目無全牛之概(陳鳴盛評)

兵猶火也不戢將自焚說

交通部上海高等工業專門學校附屬高等小學校三年級生 陳琦

今夫火烈烈轟轟飛騰煇煌苟不息之則必自焚此火之性也兵亦然苟不戢之亦將自亂蓋常勝之軍以殺人為能事屢戰之士習殘忍為天性苟不戢之禍可勝言乎且夫兩軍相戰求殺敵也飲刃嚙矢斷股折肱死傷徧野流血盈池嗟乎誰無父母誰無兄弟幸而戰勝已捐數千萬無辜之生靈不幸戰不勝小則償兵費割疆土大則國亡種滅何可深思衆仲曰兵猶火也不戢將自焚誠哉是言或曰古之立國家成霸業朝諸侯有天下者豈非得自戰歟而子獨以戰兵為言何也曰戰本危事卽富强之國用之過久亦將不支若國小民寡則保守之不暇何可妄動干戈古人所以用之者不得已耳平內亂拒外患皆所以自救非侮人陵人比也傳曰止戈為武其此之謂乎且王者之興貴以心服人兵而不戢雖善用於一時其後必亡昔始皇連年征伐二世卽亡煬帝窮兵黷武以致滅國項羽有百戰百勝之才而江東子弟無一生還終亦必亡而已矣惜乎春秋之際僅知以戰為能而已

簡淨不支(湯貽孫評)

趙孟之所貴趙孟能賤之說

南匯縣立第六高等小學校三年級生 印廷華

天爵莫貴於仁義人爵莫貴於趙孟彼以其富我以吾仁彼以其爵我以吾義是我天而彼人也是我貴而彼賤也彼先不能自貴烏能貴人彼既不能自貴則又烏能賤人然人往往貴趙孟者何哉以知有人爵不知有天爵耳天與人較則趙孟賤人與人較則趙孟貴趙孟既貴並能出其貴之餘以貴他人使天下貴者共集於趙孟之門而趙孟益貴雖然趙孟之所以能貴人者豈徒以其能貴人而已哉使趙孟而僅能貴人也則人之未受其貴者固有所望於趙孟

而人之既受其貴者將無所畏於趙孟趙孟曷貴哉乃趙孟正恐其不我畏也於是先挾其賤人之權於貴人之始然後擇其所喜者而姑貴之擇其所怒者而卒賤之貴賤之權操縱如意必使欲貴者皆聽命於趙孟一任其顚之倒之而後快而趙孟於是大可畏矣故曰趙孟之所貴趙孟能賤之惟其能賤之也而趙孟可貴益見亦惟其賤之也而趙孟所貴益輕與其爭至輕之貴使趙孟依勢以陵人孰若完固有之良使趙孟無權而退聽是故世人依趙孟如泰山我直以爲冰山耳無情之勢利最易誤人僥倖之榮華豈能久享既能招之使來豈不能麾之使去鐘鳴甫罷與盡悲來於是始歎從前忘己之貴而依人以爲貴亦已晚矣夫趙孟豈眞能貴賤人哉特人皆自失其天故趙孟能以人撼之耳不然趙孟焉得而貴賤之嗚呼權勢逼人之地後之人可以鑒矣

師直爲壯曲爲老

福建侯官縣第二高等小學三年級生 林大樑

揮灑自如一氣而下

曲直者至有定而亦至無定者也有一人之曲直有一時之曲直曲其所曲直其所直世固有我本曲而以曲諉人者未見我本直而以直讓人者也國際交涉之問題至不能以和平解決而資於武力則其曲直亦淆矣土耳其既列公法會侵削如故而莫得與爭普魯士困於法蘭西任其欺凌而謊爲詰責至若列強之於我也美則厲禁華工日則併呑韓國進口稅則未能平等租借地則久假不歸有強權無公理所謂曲直者安在哉然而地醜德齊兩強相遇則有曲直在城濮之役晉楚爭雄子犯之論師也獨曰直爲壯曲爲老蓋兵以氣爲主氣以理爲歸理直則氣作而壯理曲則氣餒而老此正論也而事實上則有大不然者夫兵役乃絕對服從之義務也故闔閭習武試其人於五湖劍刃加肩流血不止勾踐戰習試其民於寢處民入水火死者千餘遽擊金而退之死者人之所惡而赴之如歸者威尊命賤也不然兩軍相對存亡呼吸之間尚嘵嘵然與將士論曲直也豈不殆哉

議論警闢題蘊畢宣（林警評）

鄭商人弦高論

福建永安縣立第一高等學生　陳地孫

吾讀左氏傳至鄭商人弦高以乘韋先牛十二犒師一事未嘗不嘆其能愛國也夫國有外寇之來敵兵之至思所以禦之者君與國政之所圖也非商人事也今秦來襲鄭鄭之君臣猶如醉如夢不知設備而弦高以一商人無國政之責甲兵之衞恃三寸之舌以退强秦之師其才略爲何如乎出私蓄以紓國難其愛國爲何如乎秦當斯時以杞子逢孫楊孫爲內應以孟明西乞白乙爲外合鄭當是時國勢危如累卵苟無弦高惟有坐而待亡耳今則江山無恙七鬯不驚鄭之爲鄭自若也弦高之功顧不大哉彼鄭之君臣應亦對此商人滋愧矣嗚呼以一國之大廟堂之上竟無一人焉爲國家策安全而策安全者反出於一布衣之手此固鄭國之羞也然廟堂之上雖無人而布衣之中則大有人在亦未始非鄭國之幸也今日吾國之危無異鄭國日割朝鮮英佔印度法據安南俄取海參威豆剖瓜分之禍急如燃眉而吾國人民每聞人談及國事則掩耳而走曰此國事何與於我吾不知其愛國心何若也吾不知其對弦高救鄭之事生何感想也噫鄭有弦高竟能使國家危而復安吾四萬萬同胞苟能同心愛國我國之前途其庶有豸乎

圓轉自如抑揚盡致

宋穆公立殤公論

福建永安縣立第一高等小學生　陳地孫

古來善讓國者必選擇賢能之人委以重任而後能利社稷而安人民否則不惟社稷不能利人民不能安而且肇亂國殃民之禍焉可不愼哉昔宋穆公立殤公卒釀成逐子殺姪之禍呂東萊以宣公爲禍始謂其未至堯舜而竊效焉宜其致敗也予謂宋之禍非宣公爲之實穆公肇之何則夫宣公之舍與夷而立穆公蓋明知與夷之才不足以主社稷故也豈有他焉哉若嘗其未至堯舜而竊效則是聖賢不敢法矣其如孔子見賢思齊之義何若謂其因讓國以釀

成逐姪殺子之禍則是以子孫之失而並斥祖宗之得然則桀之無道湯之征誅亦皆堯舜讓位有以肇之耶以堯舜之聖尚不能保無暴虐之桀而况宣公乎而東萊論堯舜則謂其得人論宣公則謂爲禍始何厚於堯舜而薄於宣公乎以是爲宣公罪宣公不受也此吾所以謂宋之禍非宣公爲之也若穆公之立殤公則不然宣公之棄與夷也以其不肖也今穆公之立殤公果何說耶且穆公與殤公相處幾年矣會不知殤公之爲人矣乎先君棄之而已立之先君以爲不肖而已立之以爲君則所謂光昭先君之令德者其說殆不能成立矣故爲穆公者欲昭先君之令德宜體先君傳賢之意而不可徒感先君讓國之德以國家之大事爲報恩之具則庶幾能繼宣公之志矣計不出此卒成逐子殺姪之禍豈非穆公之罪乎此吾所以謂宋之禍穆公肇之也東萊不此之責而反以罪宣公亦誤矣吾故表而出之而益明宣公之知人

駁倒東萊禍始之說語有見地

屈瑕敗絞論

福建永安縣立第一 一高等小學生 賴美銘

韓信之勝趙田單之破燕武侯之擒孟獲與屈瑕之敗絞事雖不同其爲計則一君子何以稱韓信田單武侯而獨非屈瑕也屈瑕以無扞採樵者以誘絞絞空壁而逐利乃坐其北門俾得大勝豈非善用計者乎或曰屈瑕此擧詐而成功也然兵法不云兵不厭詐乎若此之謂則兵法爲無用宋襄不聽子魚之言致有泓之敗陳餘不用左車之計致趙國之亡傳曰三軍以利用也金鼓以聲氣也利而用之阻隘可也聲盛致志鼓儳可也孰謂行軍之不可用詐乎或曰屈瑕此擧僥倖而成功也使絞人獲三十人深溝高壘以老其軍則將何術而繼之乎予又曰不然爲將之才千謀百計通權達變人莫可測屈瑕能用誘敵之奇何患其無後計或曰屈瑕信能謀矣厥後伐羅何以取敗噫是又以成敗論人者也夫武侯雖神亦有祁山之挫漢高將將亦有彭城之圍蓋勝敗乃兵家之常烏得厚非屈瑕哉向使屈瑕能

忍一時之忿捲甲歸國力圖報復則取敗於一時者未必不可取勝於將來奈何身輕自縊與先彰子玉之流同爲世笑予讀史至此未嘗不羨其善用謀而哀其死之不能忍也

斷制謹嚴讀書得間

楚屈瑕以自用致敗論

江蘇青浦縣立高小三年級生 王慕楷

春秋之世楚據漢水之險負方城之固有鯨吞弱國蠶食鄰封之勢自武王以來無日不討軍實而申儆之數年之間伐隨敗鄖敗鄧絞漢濱諸侯莫敢攖其鋒噫雄矣哉宜若無往而不勝矣何期伐羅之役竟致失敗夫羅小國也其兵力非及隨鄧絞鄖之雄厚也以楚之強加兵於羅如以牛僨豚無不立斃然而成敗異勢功業相反何哉曰以屈瑕自用之故也夫兵無常勝好謀則成將有驕心傾覆立見以武侯之明猶納馬謖攻心之論以趙奢之智尙從許歷爭山之謀蓋兼視則明兼聽則聰凡事且然況在用兵必合羣衆之耳目以助一己之聰明方克有濟否則如袁本初之於田豐梁王肜之於周處諫不行言不聽自用自專未有不敗者也吾嘗反覆考之蒲騷之役屈瑕既欲請師又欲問卜狐疑莫決幾授人以隙猶幸臨事而懼能用鬭廉之謀克奏膚功然其驕氣已胚胎於此矣迨伐絞以後鬻然軒然頓改舊時之態度故一旦奉命伐羅以爲朝右諸臣若鬭伯比鬭廉等均以善謀稱王不之使而獨使我者豈非以我之將略勝於彼乎以善謀之將率累勝之師轉而伐羅如秋風之掃殘葉不難滅此而朝食於是徇於師曰諫者有刑及鄢亂次以濟卒爲羅與盧戎所敗此與漢帝不聽劉敬之諫厄於平城唐帝不從遂良之言困於安市同一自用之結果也雖然瑕之敗也以自用而其伐絞之謀設伏誘敵尙不失爲智噫今之手握虎符身臨前敵者何更愚而好自用乎其不蹈瑕之覆轍者蓋亦鮮矣

氣勢英偉詞意周詳是有目共賞之作(徐公理評)

齊姜醉遣晉公子論

河陽縣高等小學校第二年生 鄭紱翰

賢哉齊姜既不以亡人非偶稍形不平之氣復不以夫家未靖聊爲倚託之謀而於晉公子妾齊之日始恐桑下事洩勸其遠行終與從臣定謀因醉而遣此其智殆不出大丈夫下矣夫豈尋常婦人之所能及哉婦人性情每不喜良人久別而在流離失所之際鮮有不以寄託母家爲一身安全計者又安能以閨房弱女念切功名必欲激勵其良人之自立以圖久大之業乎晉之公子重耳至齊之後既有室家其心安之幾不欲有反國之日矣而齊姜知之不以私情爲念而以懷安敗名爲戒及公子不聽而又醉以遣之俾公子得返晉國振興家邦爲中夏之盟主齊姜之爲人如此不可謂巾幗中之丈夫也哉假令當日不知出此竟以夫婦之私情不忍偶離於一朝則重耳安得返國乎今不惟不依戀阻抑而反醉以遣之此晉國之家邦所由興霸業所由創中夏之盟主所由繼齊桓而起也揣齊姜之心必以公子久亡在外亦英雄也且見其父創霸業於當時爲中夏之盟主故欲其夫亦猶是耳孰意重耳倦遊在齊兒女情長英雄志短方幸憑藉得所齊姜以一女子而有大丈夫之志酒醉而後遣之堅決之力爲何如哉及其返國一戰而霸天下執牛耳於中夏主盟於蠻夷無往非齊姜醉遣之功也噫晉公子重耳之就功名也何幸而得此內助之賢哉

文成法立意到筆隨如此青年自不得以庸才視之

齊姜醉遣晉公子論

河陽縣高等小學校第二年生 楊石臣

自來丈夫之志氣類多消磨於婦人女子之手蓋婦人倚賴性成每不欲丈夫時適異方貽閨房之冷落而稍有志氣者亦復多爲情牽謂溫柔鄉可以終老矣然丈夫之志氣其爲婦人女子所消磨者固多而由婦人之激勵以成之者未嘗無之若齊姜之醉遣重耳可得而論焉夫齊姜以強國之女妻一亡人即無驕矜之態亦未必果知懷與安之敗名也乃因公子安齊謀以醉遣之則是晉公子之志氣即齊姜之激勵以成也其得國也非齊姜爲之也哉假使晉公

子在齊之時。諸大夫使行。未可。姜氏以言告之。不可。則晉公子之志氣。將於此消磨矣。又何能反國而成霸業乎。是晉公子之得國自爲之。仍非齊姜之醉遣不能致此。吾是以考晉公子之得國而歎齊姜之智也。或謂婦人以從夫爲天性。齊姜醉遣公子。是不知爲婦之道也。不知時有治亂。事有經權。婦之於夫。宜從與不宜從。視乎經權。齊姜之於晉公子。殆不徒不消磨其志氣。且能激勵以成其志氣者也。不可謂奇婦也哉。

有書有筆不蔓不支青年得此自非易事

季文子逐莒僕論

江西新建縣立高等小學二年級生 傅濟

昔宋莊公以郜鼎賂桓公。公欲納於太廟。臧孫達諫以寵賂章。而卒不聽。以視季文子之先逐莒僕。而後申其說於宣公。其事孰爲允當。曰郜鼎固至寶。特宋莊公之於殤公。要未若莒僕之弒逆耳。故莒僕之寶至。必不可受。而郜鼎之納廟。臧孫達猶可以從容致詞焉。臧孫達諫郜鼎一。季文子之逐莒僕也。文子毅然決然。似勇於臧孫達。亦以其寶玉來奔。納諸宣公。公命與之邑。其事有重於郜鼎也。夫宣公之昏。不但不逐之。且獎弒逆之元凶而封殖之。文子之憤激而必先出諸境也。亦理之不容已者。故臧孫達可以一諫盡其責。而文子則必逐之。乃有以自盡其責焉。

衛文公通商惠工論

昌化縣立第一高等小學校補習生 潘潛

天下之撫邦而圖治者。第知財爲當務之急。而不知其財之所由出也。說者謂財生於天。天生之。天不能自成之。而所以成其財爲天下用者。商爲最。工次之。是商與工。固有裨於家國。而切於日用者。非若等閒之人。可置之勿念也。衛自康叔受封而後。士馬日強。鄰邦不敢擾亂其邊境。迨至懿公好鶴而亡。文公徙居楚邱。營立宮室。當此灰燼之餘。而能復其舊業以中興者。非無道以濟之也。可述者蓋有二焉。一曰通商。夫使商之雲集也亦難云矣。梯山航海。往來者每畏其阻。而況征途之經費殷繁。雖欲爲之通其財。必先有以耗其財。文公知商之難通。而爲之經營焉。謀畫焉。必使周流無滯而後金錫竹箭來於揚林漆絲枲來於豫丹銀齒革來於荊則四方販負皆踵迹而至矣一曰惠工夫工者各有專門也宋斤魯削非韓魏之所能粵鎛秦盧非齊梁之可及分門別類規矩皆授受於高曾而欲越地以適我用非來之必不能即來之而不奬勵之亦必不能文公知此而佳惠焉則百工畢集爲之攻玉者有人爲之攻金者有人爲之攻木攻石者又有人而制作從心無一不適於用將見取諸宮府而無支絀之形通其邇遐各有技能之獻藏於市出於塗前者唱予後焉和女而摩肩並足不啻數十國之人民而會萃於斯也於是衞之財豐矣於是衞庶而强矣治衞如此而後此之治天下者宜知所法矣

思致綿密詞亦條達(方壯評)

生於憂患論

隨縣模範高等小學三年級生 劉載中

境遇無定者也人心亦無定者也非無定也在庸衆則無定在聖賢則有定耳惟其無定也故怨天尤人窮愁潦倒不可終日一旦得志則溺於聲色淫於富貴晏安酖毒以戕其生惟其有定也故志以挫折而益堅才以磨礪而益顯氣以抑塞拂鬱而益伸德慧術智鑪錘於疢疾而益不可及而生道乃無窮孟子言生於憂患殆謂是歟夫憂患亦何常之有必謂聖賢皆以憂患生是艱難險阻中有聖賢安富尊榮中無聖賢矣豈其然哉蓋常人之視憂患在有形以憂患爲憂患聖賢之視憂患在無形憂患爲憂患非憂患亦憂患隄防未然綢繆未雨則先期之憂患也戒愼不覩恐懼不聞則獨有之憂患也彼殷憂啟聖之說猶其顯焉者聖賢不必有憂患之境聖賢固日有憂患之心耳境之憂患有盡心之憂患無盡憂患不必與聖賢爲敵聖賢適與憂患爲緣即生即憂患即憂患即生縱或時窮數厄人力不可以勝天而仁至義盡無愧乃心以身殉道雖死猶榮千載後且凜凜有生氣矣是則億萬人之生其爲限也促聖賢之生其立命也遠謂畎畝之舜版築之說魚鹽之膠鬲或士或海之管夷吾百里奚孫叔敖諸人至今存可也舜說諸人往

矣凡孤臣義士照耀簡冊都際憂患而不疑經憂患而不懼與舜說諸人類耳然則憂患者天之所以玉成君子非不幸也後之君子一遇憂患當如何毅其力忍其性而奮然興起耶奈何豈豈者流居安樂而忘憂患不轉瞬而憂患乘之處憂患而貪安樂不旋踵而憂患斃之巢幕游釜其命如寄奄奄無生理悲夫

慷慨陳辭足警頑懦（孫顯時評）

季康子以止盜之方問孔子論

五台庵高等小學生 李世豪

世界之人不能有正而無邪有善而無惡有忠而無奸是在上有以致之耳苟爲上者能清心而寡欲砥節而勵名則邪者可變而爲正惡者可感而爲善奸者可化而爲忠又何患天下之不治哉是故孔子之攝魯相而路不拾遺獻子之執魯政而聚斂不有於家所以去邪除惡之道由此可知矣竊嘗考季康子之爲臣於魯自挾公族之親怙世卿之貴專其政奪其事是自爲盜也竟以止盜之方問於孔子故孔子云苟子之不欲雖賞之不竊是深戒康子不可有利欲之心也夫季氏者魯之權臣方其舞八佾歌雍詩旅泰山伐顓臾種種僭妄冒上無等有不可救止者矣若康子而欲止盜猶季武子之賞盜而詰盜也考魯國所以多盜之原則在賞盜之過其多盜也不亦宜乎且吾所謂盜者盜人之財盜人之家以至盜人之國者是也今康子之治魯不以廉潔爲事徒貪其利盜財也奪嫡之寵以據其位盜家也竊魯國之柄以專其政盜國也若是而欲問其方以止天下之盜雖董之以嚴刑擊之以威怒吾知其必有不能假使康子而無利欲之心則民可治國可安又何憂盜之不能止哉

有書有筆意義確切不浮髫年竟有大手筆墨誠傑作也

後生可畏論

玉田女子高等小學二年級生 李芳魁

天下人有不藉夫權不恃夫勢而自他人視之轉覺其權爲至重其勢爲獨尊而不敢輕爲測量者此在人爲何時乎

曰其惟後生孔子曰後生可畏非徒畏其生於後也乃畏其年力富强足以積學而有待其前途爲甚遠也腐儒不察自以爲己之學問遠出乎後生之上而不以爲可畏噫何輕視後生之甚也夫以後生精神之足前程之遠果力求學問而不曠廢時間則將來學問之成就又安知不能出己之上乎嗚呼眞可畏也設當年少之時不惜光陰曠廢學業至老而始悔時機之失也則可畏者不足畏矣吾是以思天下之可畏有如後生者乎所願爲後生者宜及時奮勉也

作是題不可僅敷衍題面斯作既藉後生以勉人又從不爲人畏以策勵後生是謂雙方兼到

論穎考叔爲鄭莊設闕地之策

海門縣民新高等小學學生 沈友三

鄭莊公忍人也因武姜鍾愛於段託以圖危社稷而寘其母於穎至爲不及黃泉無相見之誓其與梟獍相去者復有幾何及聞舍肉之對則若嬰兒之失母而啼自陳悔心而不以向者之所爲爲諱繼聞闕地之策更如成湯之改過不吝入隧出隧融融泄泄譬之疾風驟雨過之者皆失色而不知何自而來及夫天清氣明則人盡欣然而不以曩之天怒爲意君子與人爲善即錫類之語歸美考叔而莊公之實能悔過誰復不以爲然況前之屈於封人者後之顯榮考叔不亞祭仲此其君臣相得更誰得而間之哉而吾獨謂莊公聞闕地之策必有深惡考叔而不能一日忘者非刻責莊公也合而觀之而知其必出於此也黃泉之誓所以拒廷臣之諫也既誓而悔謂雖悔不可追也有尠母之實而又不居尠母之名莊公自以爲得計矣考叔於此苟太息於無可補救即不遷其秩而亦不開招忌之端惟迫之以不得不從則向之欲甘心於姜氏者勢必移之於考叔而殺機之伏早在定策之時由今觀之軒冕之華則獵者之阱也膏粱之奉則釣者之餌也考叔猶欲不避權貴以行其一往無前之概於是啟爭車之釁而所謂逐而弗及弗及而怒者皆子都之機心而即莊公之機心也其機心奈何曰殺考叔於大逵人所共覩也以一矢相遺而殺之許城之上則不知發矢者誰矣以莊公之明察豈不知與考叔有隙者廷臣中固有子都其人而以一詛畢事者則仍設誓之故智也

嗟乎鼂錯欲削弱七國以安劉氏其父曰劉氏安鼂氏危矣而錯果被殺考叔能全莊公母子而已轉不能終養其母然則爲考叔者如何而可曰策之既行引身遠避如季桓子之臣正常可也甚矣骨肉之間進言非易易也

文如老吏斷獄發前人所未發

論臧武仲

海門縣立民新高等小學校國文專修科　沈榮

造物至巧而造物尤忌巧魯之臧武仲豈有過人之才哉亦恃其巧耳既以巧得位復以巧得名大盜之來而誣之以召林鍾之作而惕之以亡侃侃而談積忤於季孫人且謂理直者氣自壯不知武仲之名愈著武子之忌愈深及武子以立子之私訪於申豐而申豐不應素知武子之位得之非正而平時積忤又覺不無懷懼而使之不得不從於是以不能得之家臣者移而商之僚友設武仲於此正言以告曰紇無夷齊之操而久居於位無日不懷慚也奈何不順天經而以效尤爲得計哉若是則大巧若拙悼子必難致怨孟氏無自進讒犯門斬關不貽後人口實而令名克保世卿之臧氏不至降爲大夫矣武仲惟以巧居心以可與武子交懽其他皆可不計豈知公鉏不廢則豐點不敢生心可見武仲之出犇其禍皆以巧招之而於人心實無與也由今思之始焉爲穆姜所愛繼焉得罪於武子而復爲武子所愛此人之巧也武仲之所能爲也其後御騶用武仲之策以立羯而郎因之以陷武仲此天之巧也武仲所不及料也故曰造物至巧而造物尤忌巧也

立論深穩不同人云

華元切子反論

福建永安縣縣立第一高等小學補習生　賴美銘

人苟能具冒險之精神奮愛國之志氣毅然獨往勇敢而爲無論何事皆可成功當宣公十五年楚師伐宋圍而不克築室反耕吾讀史至此不能不爲宋危也夫楚大宋小楚衆宋寡楚强宋弱所恃者惟人心矣然易子而食析骸而爨

再旬以後吾知糧絕則人心必變人心變亡無日矣是則斯時之宋有如燃眉之急累卵之危也華元爲一國計不惜犧牲生命毅然應使不畏艱危中夜入其壘登其床使之起刼其身以口舌勝大敵退强師於三舍寘國家於磐石轉危爲安轉亡爲存華元之功實在社稷豈惟人民是幸宋之先王先公是嘉賴焉且尤有足多者華元昔見敗於楚師今日之役稍或有所退避人亦從而諒之而華元不顧也蓋兩軍相見惟哀者勝城下之盟有以國斃華元此語已見宋國人心之堅固楚師雖强其如宋何哉夫人心者無形之樓櫓也人心固則樓櫓不足恃人心者又無形之甲兵也人心固則甲兵無所用孟子曰天時不如地利地利不如人和是故張巡守睢陽至殺妾掘鼠而民不變智伯抉水灌晉陽至沉竈生蛙而民志益堅無他人和故也子反斯時見宋國人心之固而華元又不計利害不顧生死突如其來推子反之意得不曰國有人焉吾其能與宋爭乎且楚素以軍法嚴密聞傾舉國之師以伐人國其營壘固防守嚴適不待言今忽而爲敵人所刼則平日所謂若敖蚡冒之兵法者殆亦有名無實矣此子反所以不得不與宋盟而退也然則華元此舉所恃者爲人心又知楚師之無紀律而早識謀之必能有濟豈可以齊沫之刼齊桓唐雎之刼秦政同作一例觀哉

扼要而談此不易才

古邗盧壽籛選輯

●史論類

林肯之母不願子得千頃沃壤而願子得高遠志氣論

遼陽縣中區高等小學二年級生 宋玉嘉

今人論博愛者每於美總統林肯氏贊嘆不置而不知林肯氏之所以能至此者其來有自夫名之成也不成於名之日蓋必有所由起故林肯之能身榮當時而名垂後世者吾不曰林肯之必能至此而曰其母能教之也顧其言曰林肯吾不願汝得千頃之沃壤而願汝得高遠之志氣可知偉人之所以能成為偉人者非偶然也設為庸愚之母復加以貧寒之境則謀生之不暇遑云勵子嗚呼林母誠賢矣哉雖然林肯之能恪遵母訓而時時迴旋於胸中雖一八九齡之孺子已高出尋常萬萬矣否則其母賢矣而林肯不能恪守必至終身無聞與草木同朽豈不有負於其母之訓哉惟其母能教之而彼又能守之故卒能為世界偉大之人物追觀厥後之釋放黑奴其博愛之心早樹基於恪遵母訓之日矣是知林氏之能成偉人者乃母之功也賢母之功不綦大哉

前幅饒有古文氣息中後議論精闢筆亦不平(佟有為評)

俾斯麥論

奉天遼陽縣高等小學三年級生 楊德厚

讀西洋遺史各國宰相類以武功相尚而不戢其雄心居嘗心焉慕之獨其時最難志最堅功最鉅者得勿謂普魯士之鐵血宰相俾斯麥哉當俾氏任事之年日耳曼骫髊甚矣大厦將傾竟以一木支焉其時受奧之摧殘法之蹂躪列

强伸首蟠結境內而俾不以爲患以統一日耳曼聯邦爲己任乃下通國皆兵之令實行鐵血政略已而兵力漸足器械漸備財政漸增猶不自以爲信又聯意親俄以爲應援故一戰而勝奥再戰而勝法卒合南北二十五邦建一大國曰德意志一蹴而執歐洲之牛耳嗚呼俾斯麥眞人傑哉自勝奥法以來獨立世界其心中有無限自由自在之樂其身外有無限光明俊偉之榮胚胎孕育以蓄實力遂有今日混一世界之雄心皆俾之賜也今之人皆欲頂禮維廉第一吾願膜拜俾斯麥

六轡在手一塵不驚有熱極而流之概（張震評）

俾斯麥號稱鐵血宰相論

桓台縣縣立高等小學三年級生 侯若聖

世之抱大同主義者必酌古準今揆己度人審乎事勢之當然順乎人情之宜然其所立之功所得之名仰不愧於天俯不怍於人始可謂之眞豪傑苟犧牲萬人之生命而易一己之功名稍有仁心者決不忍出此也吾觀普人俾斯麥之主持鐵血政略可申論矣夫鐵者何嗜殺之義也血者何敢死之義也俾既抱此主義人道之不講從可知矣斯即無與爲敵而彼將亦率其醜類鷹瞵虎視蠶食鯨吞勢將不併天下不止寡人之妻孤人之子擲博愛自由於不顧但知拓土闢疆稱雄於一時其爲日耳曼計則得矣其如他國何操此術以往人服之也則爲其奴隸牛馬人抗之也則將尸塡巨港之岸血滿長城之窟即如此次歐戰遷延數年始克媾和若再延長全球十六億萬之人民將無噍類矣噫是誰之過歟何莫非俾斯麥鐵血主義之惡果哉曰然則鐵血政略不可行乎曰非也夫鐵血用以繼仁義之餘則可用以爭城奪地則不可如成湯之於葛君奪餉而後伐之林肯之於南黨違令而後討之除殘去暴鐵血又何可少哉所可恨者特用之不得其當耳

氣如長虹筆若游龍有此不難上進（張緒增評）

俾斯麥以鐵血政略與國論

吉安縣立高等小學三年級生 歐陽模

當國家衰弱之秋強敵方張之會決非公法公理所能維持者也夫豈可以柔弱自處哉故凡以退讓爲美德以安靜爲幸福者皆非識時度勢者也夫具識時度勢之才者睹其時局觀其大勢必以武裝進行乃能易弱爲強移柔爲剛也吾嘗聞俾斯麥有言曰世界無可恃之物所恃者惟鐵與血耳斯言殆足傾動一世矣致普魯士爲日耳曼列邦之一地當歐洲之中部方日耳曼勢力渙散時久爲強國所役屬國體全失貽羞甚矣幸有俾斯麥出身爲普相實行其鐵血政略卒以取威定霸奠國基而立遠圖斯時也非得俾斯麥之政略烏能復仇雪恥建立德意志大帝國而稱霸至今哉我國無識之人反謂鐵血政略徒使民肝腦塗中原膏液潤野草未免有傷天地之和不知鐵血主義足以屈服列強張大國威平亂正所以已亂耳嗚呼俾斯麥因時制宜謂爲歐洲一大偉人也可謂爲歐洲第一造時勢之英雄亦無不可

見解高超詞筆警動（毛漸逵評）

拿破崙論

南通代用師範附屬小學高等三年級生 徐民武

有愚民之術有虐民之行幸得尸位而終餘年者秦始皇是也藉愚民之術行縱欲之舉不幸以至挫敗而身死名裂者拿破崙是也夫拿破崙以梟雄之資出身犯難席捲歐洲一掃路易之政儼然莅位國中而小國鄰邦俯首聽命雖明治之於日威廉之於德弗可及焉又何致使敵將如惠林吞者得敗之放之而遂一蹶不振哉說者謂用兵之道拿破崙不及惠林吞遠甚況拿破崙銳氣已挫而復率殘士羸卒以當英奧各國之師乃自取禍然自余觀之其取敗之因不在是拿破崙不能保民而王惟愚其民以縱其欲與始皇之驕蹇何異禍敗之兆即基於此矣夫始皇焚書坑儒以愚黔首拿破崙則維持民主政體以圖民心迹異而心則同蓋始皇之愚民也顯拿破崙之愚民也隱始皇之愚民

也以威而拿破崙之愚民也以利故始皇當時雖禁偶語天下未嘗無腹誹之者而拿破崙既得位勤修政事蒐討軍實故其民莫不歸之彼愚民之術何其工耶宜其窮兵黷武逞一己之所欲雖糜爛其民而不顧也及夫強鄰屈伏乃以帝位自私於以知修內政而御外侮者蓋欲愚民而竊國柄耳既得國柄則肆行無忌而向之驕詐之心盡破露矣宜乎民之痛心切齒而欲與之偕亡當聯軍進攻之時誰肯爲之死耶然則彼之被放於聖海崙島與周厲之遂於彘夏桀之流於南臺均貽笑於天下後世亦無足怪矣抑余猶有譏焉方其困於英普之師也勢窮力竭不能效田橫項羽之自剄而乃投英軍以降與蜀後主之面縛晉愍帝之行酒幾同出一轍矣此君子所不齒抑亦非梟雄之本色也故縱論及之

議論精實筆機流暢文思尤穎挺（易劍樓評）

拿破崙盛時以一人宰制大陸卒乃一敗墜地流死荒島厥故何在試略論之

江蘇青浦縣立高小三年級生 王志高

自古英雄豪傑之成敗雖曰天命然皆人事也苟有震古鑠今之智勇取威定霸之才猷則其國雖弱亦可圖存其兵雖單亦可制勝況舉萬里之士集百戰之功威望素著憑藉有資如法之拿破崙者奈何強於前而蹶於後盛於始而敗於終耶噫吾知其有以取此矣蓋恃強者易敗忍辱者必伸是故楚項之興拔山舉鼎卒死烏江句踐之敗生聚教訓終以沼吳拿承法國大革命後克埃及取荷蘭舉意大利併西班牙據葡萄牙脅德意志兵威所至惟所欲爲歐洲諸國雖親如普奧強如英俄五合六聚而不能救其用兵之神成功之速不亞於楚項迨夫雷普雪之役被流厄爾巴島而得潛返巴黎實無異乎句踐當斯時也苟其忍辱含垢爲生聚教訓之謀不出十年餘威復大功成矣乃計不出此逞一朝忿忿之氣舉五十萬凋敝之衆一鼓而東何怪其前功盡棄而身死荒島哉況民無信不立古訓也拿破崙

初爲總統政屬共和繼即帝位遂成專制民信失矣輕徭薄賦休養民力王者之常經也拿破崙則連年用兵賦稅時增民力疲矣無遏糴無有封而不告者霸者之遠圖也拿破崙則封鎖大陸禁人通商宰制歐地分王所親去霸遠矣是故以余觀於拿破崙得保首領以終亦已幸矣功名不終幽囚荒島彼自爲之謂之何哉雖然時無拿氏法之亂恐靡有已也彼畏首畏尾瑟縮不敢爲而坐待成敗者又拿氏之罪人也噫

將拿破崙一生誤處逐層翻駁義正詞嚴無懈可擊(夏本之評)

訥耳遜百戰成名論

青浦縣立高等小學生 徐銘竹

英吉利踞三島之地名將如林故能闢土殖民雄視全球有韜略熟於平日而陳師列陣能以不戰屈人之兵者莫如瑪波羅有武勇聞於當時而奮力効忠能以善戰破人之國者莫如訥耳遜夫訥耳遜之爲將雖不及瑪波羅然世稱其百戰成名固亦一時之人傑也吾聞全軍之性命繫於將帥將帥之存亡關乎國家苟其有勇而無謀僅知浪戰吾恐其流禍無窮也若訥耳遜則幼承庭訓發憤勵學爲將之才裕於平時凡所謂陣隊之變化兵家之虛實山川之險易器械之精粗無不講求有素一旦爲水師提督統馭萬夫必其謀勇雙全能得人能知人能愛人能制人故大敵在前有猛進而無倒退雖強悍如拿破崙卒爲其所敗焉嗚呼法有摩力斯美有格蘭脫英有訥耳遜繪其形容可愈病夫之瘧舉其姓字可怖小兒之啼若人之在西國其猶中國之有石虔與郝玭也所以當日者奴里司勃來西以傳兵法而著名士達漢路臂士以製兵械而馳名而訥耳遜獨負其將才破強寇如反掌百戰百捷能使遐邇怖其威名況乎有貝利撒留之忠貞何勒非德之智慧瓦連士典之嚴毅務奥爾夫之勇銳綜數子之長於一己其名之傳於後世也亦固其所雖然訥氏之名成矣而天下之民亦苦矣何也天下之禍莫烈於兵兩國戰爭生靈塗炭此也喋血彼也輿尸迨一將功成萬骨已枯故訥耳遜之以百戰成名要不如瑪波羅之不戰而能服人也

詞意堅卓發揮允當結尾迴應起段感慨無窮而章法尤見完密（徐申伯評）

岳飛論

遼陽縣高等小學商業科二年級生 白世英

嗚呼江山如故城郭已非低徊往哲功敗垂成身膏黃土曷勝告歎岳飛驅金人如犬羊原不難直搗黃龍迎還二聖恢復宋室江山奈天禍趙氏俾搆一檜金牌十二促其速旋終致風波亭上大獄彌天以莫須有三字殺精忠報國之忠武公而此半壁河山苟延殘喘凌夷至於厓山君臣生入貝宮皆殺飛之一誤也嗚呼以一人而關大局如是飛誠人傑也哉

樹意深沉詞亦簡老可謂鐵騎三千足當羸卒十萬（韓光甸評）

岳飛論

上海澄衷學校高等三年級生 蔣炳勳

國之強弱在乎兵兵之勝敗在乎將是將實國之屏藩也當南宋之世高宗避金兵而南遷是時也非有勇將岳飛平飛屢戰皆捷金兵畏之甚至見岳字旗即奔潰無鬬志爲高宗者正宜倚若長城任其恢復中原胡爲連下金牌召之班師推原禍首檜實爲之雖然高宗亦有罪焉蓋高宗本不欲戰故召之歸以阻其前進而飛不悟其意禍機因此伏矣人謂岳飛之死秦檜爲之實則高宗爲之不得獨歸咎於檜也嗟乎以飛之忠而令死於奸相之手高宗其能辭其咎乎然而飛固千古矣

讀書得間立論不凡（趙仲琴評）

岳少保奉詔班師論

昌化縣立第一高等小學校三年級生 方基庭

讀宋史至岳少保奉詔班師一事未嘗不咎秦檜之奸惡與高宗之昏庸也然少保不能見機應變亦遭厄之一關鍵當奉詔班師之時金人業已數敗直抵黃龍與諸將痛飲飛之志願正可由此償矣詎知奸惡之秦檜既忌之於後昏

庸之高宗又信之不疑致使十年之力一旦廢除固甚可惜少保已勝於前既不能隨機應變以竟其功又不能潔身引退以全其軀或謂其忠勇有餘知謀不足故雖忠貫日月要終不免地下含冤有以哉有以哉

此題作者無不歸罪檜與高宗此作獨惜飛之不能見機是謂獨闢一解(王乃文評)

論關羽

昌化縣立第一高等小學校三年級生 王道明

讀史知勇義忠烈禀乾坤之正氣垂萬世而不朽者漢關羽一人而已當是時漢室孱弱久矣操賊盜權已成篡弑之勢孫吳竊據復蓄不臣之心羽起自布衣識先主於草莽之中遂授之以肝膽死生之信雖至崎嶇顛沛不改其節不易其操非感先主私恩也蓋欲以扶先主者扶劉存西蜀者存漢也故獨膺荆州之重不懈討伐之師樊城一戰操賊寒心威聲震乎華夏忠義著於兩間胡氏僅稱其爲萬人敵何足以知羽哉奈何天不祚漢糜傅爲祟致令滅魏殲吳竟成遺恨嗚呼此漢之不幸亦羽之不遇也雖然漢室未復素志未伸而羽之忠義已與日月爭光山河並壽得以馨香俎豆廟食千秋彼席捲三世之業橫槊賦詩之雄而今安在哉

筆老氣蒼無懈可擊(王祖周評)

鄭成功論

閩侯縣第二高等小學二年級生 林大經

知有國不知有家知天下之安危而不知其身之禍福雖以讒間竄斥屢瀕於危而其愛君忠國之志終不可得而移奪者斯謂之忠故論人臣者不當觀其一時慷慨之小諒而當究其終身自處之大節嚴尤效節於新莽君子不以爲正而以爲邪敬翔盡節於朱梁君子不以爲忠而以爲賊何也因其所處不正也昔夷齊甯爲周頑民不爲商叛國天祥甯爲宋孤臣不爲元宰相甯全節而死不失節而生也余讀明史至滿清入關明臣或降或隱而成功獨能立明後圖恢復其忠國愛君之心遠而彌篤有大丈夫之概有古烈士之風焉或謂成功不奉父書反與清抗不知抗清即抗

父也忠則忠矣而孝則未必忠孝不能兩全適爲成功之憾余謂不然夫忠臣不事二主烈女不事二夫終身大節斷不因强迫詐欺而移奪成功於此盧之審而守之堅矣芝龍之降清也迫於威勢不得不降其作召子書也亦迫於威勢不敢不作是降清與作書皆非芝龍之本意非其父之本意則爲其子者可不奉行所謂視於無形聽於無聲孝之大者也芝龍已降清猶殺之設成功亦降安知清不將其父子而並殺之乎伍奢伍尙均殺於楚可爲前車之鑒成功之英傑豈受强迫詐欺以自喪其大節乎成功之忠卽所以全其孝也胡復何疑

造句奇峭用筆精悍純此加功後日定能出人頭地（林佩實評）

顧炎武謂保天下者匹夫雖賤與有責焉論

揚中縣高等小學三年級生 黃克烈

明之亡也非亡於流寇實亡於滿清耳非亡於滿清實亡於人民耳人民無國家思想卽治亂非人民所係治亂非人民所係卽國家離人民而孤立夫至孤立無援則家焉得而不破國焉得而不亡此其故固非吳三桂輩所得知也顧先生炎武當滿人入關之際不過明之一匹夫耳以一匹夫欲挽已亡之天下則其責甚難先生知其難故以與有責焉之言鼓吹人民保種之思掀動天下愛國之熱意謂國家者由一分子而集成之也以一分子而具保種愛國之能力推而至於人人如是合四萬萬人而結一大團體以與他族抗雖兵滿天下無敵之滿酋亦難南下而爭中原第事莫痛於亡國人莫哀於心死有明人民奄奄心死而無生機先生雖奔走南北備嘗艱苦卒無救亡之效勞而無功能不爲先生悲哉雖然勢窮力盡先生之志固可悲而匹夫有責之言實足爲千秋萬世法天下者人人共有之天下也非在位食祿之少數人獨可保者必彙集天下人之同心同力公共保之而後天下可以亡而復興也今者滿清已倒矣先生之仇報矣先生之願償矣而先生匹夫有責之言則又驗矣胡爲其然也曰改專制爲民主是匹夫雖賤莫不有應享之權利應盡之義務者也謂爲與有責焉前民之遺言實卽當代之政體先生之言雖不見功於有明猶能收

效於今日先生乎先生乎不獨褒揚於明史且留紀念於今日矣

范文正以天下爲己任論

閩侯縣第七區高等小學三年級生 林叔光

天下至大也一人至簡也乃以至簡之身而欲任至重至大之事其志不已高出尋常萬萬乎故其人與事足傳於後世史稱范文正做秀才時便以天下爲己任嗚呼偉矣以視居高位而曠厥職食重祿而怠其事奚啻判若天淵吾於是歎文正洵爲趙宋時代第一流人物宜令後人之欽仰也其生平言志謂士當先天下之憂而憂後天下之樂而樂是士民之休戚國勢之安危未嘗不日縈諸懷抱以視禹思天下有溺者猶己溺之稷思天下有飢者猶己飢之伊尹思天下之民有不被堯舜之澤若己推而納諸溝中皆不失聖賢憫世之苦衷濟時之素志其自待也不薄其自任也甚重所以能勳業彪炳於當時姓氏光輝於史冊夫王衍以清談悞國安石以新法病民使王衍能體文正謀國之忠不敢盜虛聲而招實禍何至日後有排墻之辱使安石能如文正憂民之切不敢剝民財以充國用何至當時有執拗之譏然二子固不足道卽忠貞如文山志大才踈終無救於宋之亡而文正才足以制西夏譽望若伯仁量廣識闊卒不免殺身之禍而文正識足以保其身可不謂賢乎然則文正之爲人匪特庸庸者固難望其項背卽佼佼者亦自失其步趨也

胸有書卷所引用自能源源而來至其文筆超潔尤其餘事（林警評）

張巡守睢陽論

遂陽縣立高等小學二年級生 劉宗文

唐室再造之功固郭李之力然賊衆未獲南下僅有三晉燕豫之地勢力不張故易於恢復而江淮獨完果孰能遏强賊之勢哉蓋張巡之守睢陽致之也唐玄肅閒安史相繼爲亂尹子奇寇睢陽睢陽太守許遠知己之智力不足乃邀張巡以代之嗚呼許遠誠智士矣張巡處東南賊下之衝孤守無援以千百就盡之卒戰百萬日滋之寇能使士卒捐

軀奮戰子奇不敢輕犯奈矢盡食窮救兵不至雖有英雄無用武之地城陷身死賊無南下之餘力中原漸次恢復故旬日而亡蓋睢陽乃江淮之保障也江淮乃財賦所從出也苟巡不守睢陽則江淮之地皆賊地也人民皆其戰士也倉廩府庫皆其積也非特二京不能恢復吾恐卽偏居一隅亦難矣然則張巡之功又烏可沒顧或者曰昔句踐不殉會稽之敗卒以存越南霽雲欲不死以嗣後事而巡不可是亦有剛毅之氣而無善後之謀者也徒死何益是不然巡不守睢陽無以捍天下城破不死無以全完節而慰死士之心善後之事當亦料郭李之能分任也吾故曰非郭李之能再造唐室張巡守睢陽之功也

張巡固有功唐室至謂能與郭李抗行實未經人道破妙能於睢陽與江淮之關係說得透末幅意亦周市（佟有爲評）

張巡論

江蘇泰興縣立第一高等小校二年級生 顧寶廉

爲人臣者本一心爲國之熱忱抱百折不回之意氣往往爲人所不能爲爲人所不敢爲且爲人之所不忍爲實皆忠義之心所貫澈也唐張巡守睢陽尹子奇圍之月餘孤城久困內無糧外無援軍士或有去志而巡不可乃與士卒同甘苦咽茶紙以充飢羅雀掘鼠以爲食及計窮力盡之時至殺妾饗士以勵軍心爲背城借一之計意者巡有盡忠報國之心而昧於時勢致爲此矯情之事以僥倖於萬一無乃愚乎其實非也蓋睢陽之不能守夫人知之巡意特欲羈縻而牽制之使賊不得徑行東下耳然處此困苦之境不有驚人之舉無以勵將士之心則睢陽之失也久矣殺一妾以全一城計所不惜況所保全者不獨一睢陽乎當是時大河以北已無完土河南之所恃爲屏蔽者實睢陽也睢陽之於江淮猶藩籬也藩籬不固則無以防堂奧睢陽不守則賊必直趨河南江淮膏腴之地悉遭蹂躪雖有郭子儀李光弼之能餉需無出何以行軍則安史之亂未有底止而兩京又焉能收復乎然則江淮各地不受兵禍李郭之師無

後顧之憂得以一心進擊而唐室之山河亡而復存皆張巡保障之功也其後卒以外援不至軍士病不能戰城破而身亦殉之不克親觀其成亦可憫矣後世以成敗論人或嘉其節而沒其功且以殺妾一事謂爲失德婦人豎子之見烏足與論古人哉

論有見地而詞筆亦足以達之(于文材評)

隋煬帝開運河論

遼陽中區高等小學二年級生　白奎琳

河之利用非爲利交通輸文明便灌溉乎今日蘇伊士巴拿馬運河耗費無數之經營無數之財產竭其全力以開之何也曰彼以航海之便而開經商之利而開爲公也非爲私也爲世界也非爲一國也爲萬世也非爲一時也若爲己計而開鉅河者稽諸中外罕覯其人有之其惟我國之隋煬帝乎煬帝承文帝之恭儉國以富庶乃欲游幸江都而南北不通於是驅天下之民竭府庫之財開通運河而便游幸斯時也饑饉薦臻天下擾亂民力疲敝甚矣煬帝不加保護反設種種苛稅以病之實速亡之道也雖然煬帝之開運河其功於後世亦非淺鮮中國既有長江黃河以貫通東西之文化如無運河以縱流則南北之文化何以疏通以氣候論則南北實有寒熱不均之患無運河則南北之氣候何以調和以物產論則南北實有有餘不足之虞無運河則南北之商業何以發展故煬帝爲害一時實有功後世雖其自謀不臧而於吾民之功實不可沒也

運河之便南北不能不歸功於煬帝但在當時實出於一時虐政故不得而崇拜之文能於公私之間求其功罪自得平允末語歷舉運河之利以見煬帝之功實不可沒特爲之原第歸之於自謀不臧造語極有分寸(佟有爲評)

鄭和論

遼陽縣立高等小學三年級生　閻鎭東

自古英雄豪傑隨處有之材既可用安擇其所處之地位爲余讀明史至鄭和之往事不禁有所慨焉明成祖欲耀兵

異域不使大臣而使和非以和之材可用乎今之人不惟不稱其功猶以爲太監專權皆藐視之是眞用人不量材而以所處之地位爲去取也夫鄭和之功不在耀兵異域而在能征服南洋羣島之土人惟當時中國平藩以服從入貢則已不能直治其民而利用其土地且無繼和之志者故和之功不顯今且爲歐洲各國所分據也否則我國得其土地即以之殖我人民鄭和之功能不顯耀於天下乎且成祖祗爲耀兵異域示中國之富强而已非爲後世造福也和以所攜將士居留其地是導我僑民以先路也今閩粵人之握生計權於南洋羣島者非蒙和之功歟惟時人身受其賜而不知其功致令英豪埋沒豈不甚惜且和志宏遠以通歐爲志無如當時航海之術未精志未能達非然者不惟可通歐洲即新大陸亦未必不可得也誠如是則世界之開疆闢土者不惟中華之漢武帝不足稱即歐洲之哥倫布亦不能望其肩背矣惜乎未精航海未造汽船使和不能立勳萬里之外而猶以太監被時人之藐視良可慨也

識解卓邁筆氣圓融後幅襯托洽當慷慨合宜(佟有爲評)

明成祖命鄭和使西洋論

江蘇泰興縣立第一高等小學二年級生 汪鍾瑞

一代之興亡於人君之行政定之尤於人君之用人判之用人必相其才又必擇其流品若內政若外交均國之大事當委之朝廷大臣非宮中宦官之職也余讀明史至明成祖命鄭和使西洋一事不禁爲成祖慶而又不禁爲成祖歎也夫和通西洋之後舉印度琉球暹羅等三十餘國皆遣使入貢而歐亞之交通遂以此爲之兆誠近世文明輸換之導線也偉哉鄭和之功眞可與漢武帝時通西域之張騫明帝時服鄯善之班超並稱矣此可爲成祖慶者也然鄭和何如人使命至尊也兵權至重也乃成祖不委之文武大臣而反委之宦者鄭和不亦奇耶明代亡國之因在宦官擅政宦官所以得擅政者實成祖有以啟之嗚呼亡明者非宦官也自亡之也爲成祖計苟遵太祖之訓嚴禁宦官干政通使西洋之事不委之鄭和而擇朝廷之能臣以任其事未必遜於和也既有遠夷畏威之功而又免於宦官擅政之

禍一舉而二善備計孰有逾於此者乃計不出此遂致貽無窮之禍可勝嘆哉語云禍福無門惟人自招觀於成祖之事而益信

論斷有識筆亦軒軒霞舉（于次材評）

明成祖命鄭和通使西洋論

江蘇泰興縣立第一高等小學二年級生 蔡邦雯

我國傑士能乘長風破萬里浪為祖國開疆域為後世啟文明者伊何人非堂堂漢使奉命至西洋之鄭和乎和遠其志慮堅其毅力率三萬舟師徧歷南洋諸島及紅海沿岸以宣揚中國之威德七次奉使三擒酋長印度暹羅琉球等三十餘國皆遣使入貢雖未達歐洲大陸然已抵蘇彝士之土腰亞歐文明之輸換實自此始鄭和之功偉矣哉雖然明之亡亦基於此鄭和宦官也成祖之時豈朝廷之上更無富於學識優於才略者乎而以此至重之兵權至尊之使命委於一宦者之手既損中國之體猶背太祖之訓以至明之中葉宦官之權日盛宦官之禍日熾傳至英宗而王振遂召土木之變自後汪直劉瑾魏忠賢蔽君之聽擅作威福專戮正士善類一空而明社以墟推原禍始宦官之得志實自成祖縱容之也故通使西洋一役余不謂鄭和之無功深嘆成祖以英明之主祇以偏信宦官竟以貽後世無窮之患私心一起聰明累人讀史者不能不為成祖惜焉

議論明通識見遠大（張靜夫評）

越王句踐臥薪嘗膽論

江西廬陵道萍鄉縣私立文氏學校學生 蔣用宏

國無大小民無衆寡全恃乎人之熱心實力若何耳人果有熱心實力而能盡其忠勇之氣不折不撓雖百里之地亦足以強當越之敗於吳也失地傷民僅有會稽其勢已殆尚能振興國家乎然句踐恥其戰敗之餘傷其亡國之痛有愚公移山之偉志誓必復仇於是臥薪嘗膽十年生聚十年教訓故不二十年而吳反為越所滅仇報恥雪矣嗚乎越

本蕞爾之國而有此堅忍不拔之志百挫不撓地雖百里之小竟能彊國雪恥其魄力之偉大實足令人崇拜者也然而其所以能若是者唯立志之堅而已今中華泱泱大國强鄰逼迫幾無完土國之恥辱曷甚於此夫國家多難之秋正壯士臥薪嘗膽之時愛國之士可以興矣句踐以百里之地尚能復仇雪恥矧我有四萬萬之衆乎

足以警衆

韓信乞食漂母論

江西廬陵道萍鄉縣私立文氏學校學生 蔣用宏

以淮陰乞食之少年竟能奮身一躍建不世之勛偉大之業爲上古轟轟烈烈之名將者其故果安在耶蓋其所以成名者實由婦人女子激以成之信家貧無行無以自食寄食於亭長家未幾令下逐客信遂絕去釣魚城下以待斃耳夫以昂藏七尺之軀求一餐而不可得英雄短氣情甘餓死矣乃幸有漂母見其飢而進食始覺天壤間尚有知我之人若不立志上進何以對之於是感激奮發壯志勃興功名自勵遂仗劍從漢仆秦撻楚威震一時使當日無漂母之飯以拯之而信已委身溝壑世人又烏知有韓信之英雄哉是故英雄豪傑之成功也必有一種激刺以啓發之然後得以成就其事業故孟子曰天將降大任於是人也必先苦其心志勞其筋骨餓其體膚空乏其身行拂亂其所爲所以痛心忍性增益其所不能不信然耶

所見甚是

卜式上書請父子往死南越論

閩侯縣第二高等小學一年級生 林炳光

元鼎五年南越相呂嘉反武帝遣路博德擊之卜式上書請父子往死南越嗚呼式欲沽一己之名至禍流天下而不顧其希旨與否姑勿論而其長武帝黷武之心罪已大矣夫以趙佗之强橫文帝一書可使卑辭稱臣武帝兵威遠震而嘉殺漢使肆無忌憚何也武威之不及文教也式不勸帝以雄武之貪擴文景之治反爲是希旨之言以長其心式

之自謀則善矣奈蒼生何或曰式之欲死南越式之心也其害流天下禍遺後世非式之所及料也觀其輸財助邊可知已則視今世士大夫之漠然國家貪生苟免者亦遠矣是不然式之沽名非第上書死南越已也其輸財助邊亦沽名也推而極之卽其讓產之初亦無非沽名而已使爲是而無褒美則式必不出此雖然三代下患在不好名式能好名亦人傑矣哉

論卜式頗有見地筆亦暢達（林佩實評）

陶朱公三致千金而三散之論

遼陽中區高等小學二年級生　耿家桂

天下當多事之秋則挺身爲世用及佐成霸業知安樂之不可與共卽隱居致富以濟貧而行其仁慈之心若爾人者非世所稱之陶朱公乎夫陶朱遇烹狗藏弓之主可與共患難不可與共安樂卽委而去之棄富貴如敝屣宜乎安享高節之名矣扁舟泛湖三致千金而三散之非仁慈之心不容已乎陶朱之心其卽伊尹之心乎特以句踐量止於霸不能輔之以安天下之民雖弓待藏走狗將烹故退而力田服賈以稍盡其施澤於民之心此其所以不憚三致三散之勞者也見稱於後世不亦宜乎世之祗知以金錢爲目的甚至寡廉鮮恥以營金錢而以遺其子孫爲得計者觀陶朱公之三致三散當亦退然知反矣

謂陶朱之仁慈卽伊尹之心所見獨大筆亦矯健絕倫（佟有爲評）

廉藺結好論

遼陽縣立中區高等小學二年級生　陳鳳岐

自來將相多不相容何也蓋爲將者以爲身經百戰捨死忘生而彼坐享太平徒以文章勝人而位居吾右遂成輕視之心爲相者以爲智若管葛才及伊呂彼武夫耳竟輕我若此遂起猜忌之心於是各不相容從古及今求能相容而結好者其惟廉藺乎廉藺固人傑也當廉之欲辱藺也而藺稱病不與會既遇廉於途中而又避之舍人羞而諫之藺

示以先國家之急而後私仇則其容寬量闊忠勇之氣實古今所罕有謂之人傑不亦可乎廉不顧國家之急固非君子然聞藺言卽能肉袒負荊登門謝過立改前非而勇於改過亦非常人矣設使二子者各不相容互爭不已秦乘是機率兵伐趙則趙必亡趙魏之障也趙亡則魏隨之趙魏又齊楚諸國之障也趙魏亡則齊楚諸國亦隨之然則以二子之結好而保障六國之不卽滅亡豈不大哉

文如蛛絲筆具鑪錘且理路樸厚意思誠實洵不可多見之作（谷正昀評）

廉藺結好論

遼陽縣乙種商業一年級生 張萬斌

國家非一人之國家既爲國家任事卽當思爲國家謀公益顧可爭攬權勢而敗壞之耶吾讀史至廉藺結好不禁歎相如之勇且頌廉頗之能改過也趙弱秦強秦趙不相容微廉藺誰與存乎相如以三寸舌得功而廉不服羞爲之下欲尋而辱之武夫以殺賊爲雄尚力不尚智視文人如敝屣固無足怪夫藺爲上卿位出百僚其度量宜超越於尋常設以武夫之藐視心存芥蒂陰爲擠排鷸蚌相持適貽漁人之利兩虎相鬬必有一傷自古未有權臣在內而大將能立功於外者此岳少保所以飲恨黃龍也相如奉璧入秦之時願頭與璧俱碎於澠池之會則欲五步之內以頸血濺人其氣之盛可以叱秦王而靡其左右何獨不可以折廉將軍吾以是益知相如之勇而智也且稱病引車避匿先國家而後私仇以將相調和爲極務休休有容得古大臣風然廉頗亦有足多者彼戰陣疆場屢勝強敵搴旗斬將生死不避而視世之勇於私鬬而怯於公戰者不相侔矣蘇子云天下有大勇者猝然臨之而不驚無故加之而不怒孔子曰過則勿憚改其亦廉藺之謂乎

筆氣軒昂議論精當（韓光甸評）

廉藺交驩以固趙論

昌化縣立第一高等小學三年級生 鄭鷹恭

吾讀史至廉藺交驩未嘗不歎藺之公而忘私廉之勇於改過也當廉與藺交惡之時廉之視藺意謂有廉則無藺有藺則無廉勢已不兩立不知藺已處之審籌之熟以爲彊秦之所以不敢加兵於趙者徒以吾兩人在也今吾兩人相惡秦將乘隙而入矣故廉頗雖甚辱詈而藺弗顧焉卒使廉肉袒負荊造門謝罪且相與爲驩交誓刎頸藺之度量不誠大哉雖然廉亦不得謂爲量狹也人非聖賢孰能無過過而能改斯不謂過廉之與藺相惡其過在一時聞相如之言而遂自怨自艾與訂同心視彼剛愎自是置國事於不問而惟意見是爭者其相去不可以道里計吾故曰藺則公而忘私廉亦勇於改過也向使二人卒不交驩彊秦得以乘隙而入趙國之亡可立而待而二人之功名事業又何以垂光百世照耀簡冊哉嗚呼陰陽和而後萬物生將相和而後國本固秉國柄者聞廉藺之風亦可取以爲法矣

持論明晰筆亦簡拔(王祖周評)

馮煖爲孟嘗君市義論

青浦縣立高小三年級生 姚煥儀

馮煖爲孟嘗市義竊陳氏厚施於民以盜齊國之術也蓋孟嘗以利借薛民收什一之利無異王安石之青苗錢不義之甚也故馮煖以爲君之有餘者利而民之共向者義因盡燒其券以債賜民是以利市義也故謂之市以馮煖之智而不懼孟嘗之怒何哉曰孟嘗之家宮中積珍寶狗馬實外廐而不愛薛邑之人民因收什一之利此馮煖所痛心也及盡燒其券而民稱萬歲則孟嘗雖驅而逐之煖亦甘心而不顧也無如孟嘗庸碌無能固無陳氏篡齊之術幷不知馮煖市恩之術以爲義可市耶此眞知有利不知有義者吾於是爲馮煖惜幷爲孟嘗惜因論之

文如老吏斷獄推勘入微(夏本立評)

范雎辱須賈論

閩侯縣第二高等小學三年級生 林建翎

昔范雎之辱須賈論者咸謂賈嘗陷雎欲死則其受辱也尙幸也噫賈不能明察而疑雎受辱固宜而雎之量亦何嘗

洪哉夫雎使於齊而受私賜之金將以爲有功於齊而受其賜乎抑感齊王之相知而受其賜乎若通兩國之好爲有功則賈雎並使斷無獨賜之理若感齊王之相知而受其賜則徒受之爲違於施報之義將爲之用以圖報則不忠孰甚二者不知雎將何以自處噫、折脅拉齒置廁散溺皆雎一得之苟有以致之而翩然以人之疑已陷己爲怨何其昧於責己而苛於責人也卒乃以佞口阿諛暴秦之主遂教之絕親母誅大臣滅王室屠母國鞭笞天下芻狗萬民罪難髮數顧詡詡然自以爲榮乘賈到秦大宴諸侯賓客以辱之嗚呼使賈苟有怨於雎則既往不咎亦當恝置如陳駢子之思唐子乃合於君子以直報怨之義況雎私受齊金自招謗讟其辱賈以報怨者亦井市睚眦之流耳尚足以言量哉至其辱賈時語之曰爾得不死者以綈袍戀戀有故人意夫以雎之佞口便便其才固非工人工人則謀食孜孜安能見侯王而陳利害而賈則問雎曰范叔有說於秦乎是雎之圭角已露綈袍之贈賈實雎耳何嘗有故人之誼哉而雎之愚亦可知矣

眼光如炬筆大如椽勿以孩提小之(林警評)

漢高祖慢而侮人論

隨縣模範高等小學三年級生 劉克林

史言漢高祖慢而侮人後世遂謂高祖無禮臣下吾謂不然高祖知人善任未可以碔砆冒玉而欺之人之不可任者特爲慢侮使其遠去不令濫竽充數而誤乃公事豈眞輕士慢罵哉夫高祖當日之所慢易特冠儒冠者耳楚漢之際去戰國時未遠戰國之世士風潦倒人格墮落暮楚朝秦形勢奔走百變而不窮儒之爲儒早予人以可輕可狎之隙矣即李斯韓非等輩以智術言固儒中之佼佼者而李斯獨倡焚坑之禍韓非發策亦首覆其宗國其人多反覆不可信儒術之壞莫此爲甚繼之起者胥是類焉烏足貴乎況嬴秦暴虐愚民政策已行所謂眞儒悉隱巖阿匿跡韜光豈有天下紛爭大局未定儒者輒挾策干時貪慕富貴者耶其冠儒冠來者大都襲取戰國遊士之風寡廉鮮恥不足計

事徒滋擾亂而已慢而侮之固宜苟其智若良平策若蕭曹方與士大夫共此功名謂豁達大度之高祖安有溲溺其冠蹈牧豎童稚無禮之所爲以對此天下士而自失其帝王之尊也特惡之甚乃不覺其慢之極也且酈生有言沛公慢而易人多大略此眞吾所願從遊酈生誠非知其慢而甘受之以爲利也知慢其所可慢必不慢其所不可慢故其入見也直責以不宜踞見長者高祖亦不怒而反禮之酈生蓋有以深窺其隱而決其能相天下士以故歸之彼更始之愚也羣小膳夫濫授官爵寵下中郎羊胃都尉初不輕棄一人其與高祖慢侮其不可任之人而獨重其可任卒成此大業者殆不啻霄壤也而或者曰踞床洗足召布入見退則飲食供帳悉如王者辱之於其先厚之於其繼非有意相戲乎不知辱之者所以除其敵厚之者所以取其力皆謀天下之大道豈戲之耶然則高祖特具知人之明爲取舍部署其人之用慢其所可慢不慢其所不可慢非眞慢而侮人也嗚呼四皓甘亡匿兩生不肯行亦猶巢由之於堯舜隨光之於殷湯子陵之於光武而已謂爲高祖慢而侮人之所致豈盡然哉

獨標眞諦風塵超超（孫顯時評）

馬上治天下論

閩侯縣第七區高等小學三年級生 林國麟

陸賈時稱詩書高帝罵之曰乃公於馬上得之安事詩書賈曰馬上得之寧復能於馬上治之乎余以爲豈特馬上不能治天下馬上亦烏能得天下哉秦失其鹿豪傑紛起泗上一亭長不十年間剪滅羣雄而有天下高帝之言信矣然而入關告諭仁也發喪討楚義也其仁義之果出眞心與否姑置勿論要能貌合於古而爲秦民所樂聞且項籍以拔山之雄不得與入關之舉入關而秦民失望馬上之果可得天下否耶雖然賈之言誠善其以湯武爲逆取順守則謬之大者也夫賊仁者賊賊義者殘殘賊之人謂之一夫以湯武之至聖應天順人取天下於一夫而謂之逆取然則古今來順取者誰歟以湯武爲逆取順守宜乎後世逆取者靦然不羞而以順守自解也雖然新語未奏之前高帝不知

尊太公新語既奏之後高帝竟知尊孔子漢之崇文賈實啟之厥後和平勃誅呂氏迎立文帝非皆賈之功哉

試言東晉不能恢復中原之故

精心結撰名論不刊末段數語尤勝（林警評）

沔陽縣高等小學校第二年生 郭梅村

語曰雖有智慧不如乘勢雖有鎡基不如待時是措世者欲建功立業不可不明時勢可知況王者膺神器之重思有以光復舊物克修前業而可坐失時勢致令終不可爲乎惟然吾於東晉之世不能無議焉蓋晉雖東渡而盈廷諸臣尚有運甓之士行擊楫之士雅寄命之茂宏枕戈之越石絕裾之太眞高仁之若伯仁是有可乘之勢也且劉石互相吞噬羣雄爭據惴惴焉自保之不暇故不敢以片甲窺江南是有可乘之時也晉之君臣正宜乘此時勢發奮有爲以鼓勵勤王之士區區醜虜如劉聰石勒輩不難一平尚敢野心勃勃以佔據我神臯大陸哉不知因而用之而沒齒不能歸其尺寸之地固所宜也庾亮殷浩之敗衂桓溫劉裕之不能成功皆有可乘之時而不乘有可用之勢而不用之咎也豈非智不足哉雖然自古爭天下者常易收天下者常難漢高五載定基天下稱其雄蓋以土地米粟兵甲皆秦所遺雖失之不足惜是以肆志爲之而靡忌焉彼晉室之南渡也尚有吳會之饒亦足以奮矣而卒不能滌碧嵩淸洛之垢者非他其心愛夫一隅之地恐用而並失之也豈眞不足有爲耶是亦其時勢然也然時勢之失固東晉諸帝之咎而追原禍始則武帝爲之也兵可百年不用而備實難弛於傾俄使平吳之後武備不撤五胡雖有野心當亦懾而不敢逞匪直此也非我族類其心必異郭欽疏請徙戎潛削外患之碩畫如武帝納而徙之則邊陲永靖何至有五胡陸梁之禍君子觀於晉之終始正不徒謂西晉之亡武帝致之而且歎東晉之不能恢復者亦武帝爲之也謀之不臧貽禍遂烈近者列强之憑陵中國不殊五胡之擾晉我國人尚其速籌馭夷之策勿蹈晉人之覆轍也夫

平正通達不愧少年文字

馬援論

興化縣立第一高等小學校三年生 楊春旭

自來建高牙豎大纛立功萬里外而卒不免以震主之威擁兵之衆爲世所僇辱者固比比矣若夫君臣相得如鴻毛之遇順兵將一心如桴鼓之應聲表裏一致如吉金良王之爲世珍重而且勞苦功高勳在社稷卽稍有失檢猶當十死宥之而奈何以偶爾失機遂爾璽書責問哉馬援事光武征隗囂破羌兵擊交阯平駱越戰勝攻取雖孫吳廉趙者流用兵不過若此及返而觀其操行敬事寡嫂施賑弟昆遺書兒子其立身謙約雖古來聖賢又何讓焉不謂壺頭一役炎暑鬱蒸水勢陡峻糧盡援絕觸疫致死而讒佞之浮言從此浸入帝王之恩眷自是無聞而平日之勳名德望幾幾乎盡付東流一無足重嗟乎曾經滄海之人而竟陷身於溝瀆能遏燎原之火而反同阨於池魚英雄末路竟如是乎雖然男兒當死邊野以馬革裹尸還葬援之言也援能實踐其言不臥牀上死兒女之手中援目瞑矣土芥之功名蜉蝣之年壽區區之得失何足計哉何足計哉

局勢開展持論通達(劉評)

蘇武留匈奴十九年不改節論

五台庵高等小學生 李世豪

自來立志堅定者萬死不顧至危不懼雖迫之以饑寒加之以刀誅受盡困苦而視死如歸始終一心此所以作忠臣義士之氣而非尋常之輩所可同也觀夫漢武帝使蘇武出使匈奴單于欲降之而武終不改其節乃幽武於大窖之中茹毛飲雪以飽其身掘鼠取草以止其饑數日不死匈奴以爲神於是又置武於北海無人之地使之牧羊十九年嗟乎武出文明之世而入夷狄之域棄大臣之貴而爲牧奴之事豈不悲哉當是時李陵謂武曰人生若朝露何自苦如是耶吾試思之李陵之言蓋欲使武歸於單于而武終不肯降其節操之堅有不可稍奪者矣較之李陵之降於匈奴固足可愧卽班超之平定西域亦不是過也當夫身居窮困獨坐愁苦舉目無親誰與爲歡獨蘇武以節操爲心抵

死不改致使匈奴嘉其志氣放之歸家然後嘆志如松栢立千古而不朽心如鐵石存萬世而不滅誠漢廷所絕無古今所罕見者也假使蘇武而降於匈奴終亦死於沙漠之中不能以守節稱也亦何足見重於名教中哉且爲人臣者虛死不如立節滅名不如報德武留匈奴十九年不改其節殆欲報漢德以揚名於後世耶然能人所不可能爲人所不敢爲亦人傑也哉

筆勢卓拔擧趾大方且觀其品志應爲當世名儒吾深望之

蜀吳聯和以拒魏論

沔陽縣高等小學校第二年生　鄒紱翰

師之出也必得天時地利人和然後可以有勝而無敗今觀魏曹操之興師也則反是何則當曹之出也師八十萬衆以下江南孫吳權與蜀聯和以拒之大敗曹師於赤壁之下是曹師之敗者操之不知天時地利人和有以致之也蓋曹與蜀吳戰於赤壁之時曹居西北蜀吳居東南故周瑜得使黃蓋帥鬬艦十艘載燥荻枯柴灌油其中斯時也東南之風大作鬬艦之行似箭方至曹營以火焚之於是曹操之水軍盡遭祝融之刼陸上步卒亦無不然由此觀之蜀吳之取勝於曹也是得天時且西北之士卒素不習水東南之兵丁以水爲險故周瑜特使鄱陽之水軍最精强者數萬禦之以精强之兵攻不服水土之士勢在必勝是蜀吳之取勝於曹也又得地勢若夫人和在操則更有未及料者曹兵雖有八十餘萬固多袁氏之舊部劉琮之降將其所親訓大約十餘萬而已以十餘萬之舊兵合六七十萬之新附新舊猜忌焉能同仇敵愾視蜀之劉備吳之孫權恃謀臣之衆戰將之廣同心協力以拒曹何可道里計是蜀吳之得人和而曹又不如有此三者宜其敗曹於赤壁下也惜乎蜀吳君臣竟以荊州之地二三其德和於始不能和於終終以此而失其國耳

頭頭是道面面皆圓

齊高帝自言不逾十年當致黃金與土同價論

張雪籬

或曰齊高帝賢主也當創業之始而欲不逾十年當致黃金與土同價夫以方畝之土不能易方寸之金其貴賤之差奚啻霄壤而彼欲使之同價非有愛於民者不能言也而齊處士不賀得賢君反泣而不悅者何故則以民所貴者莫如土溺於玩好者則金貴今齊主但知黃金貴於土不知土貴於黃金豈賢君耶夫土者萬物之所從生也材木礦質非土不產稻粱麥菽非土不生故君主民民主土土所以養羣生也今於本則賤於末則貴此豈能使金土同價耶夫物之生本無貴賤人愛之則貴惡之則賤齊主視黃金如珠玉視土如草芥本欲賤其金而己身已貴之雖欲與之同價豈可得耶且人雖賢不能為無土之王則土有而能王有金不過富家翁耳推齊主之言實為亡國敗家之本古人所謂一言可以喪邦者是也桀紂重金玉而亡湯武貴土地而興秦皇有黃金似山而亡漢高開疆土而興隋煬之弑也實金玉唐太之興也喜開地下至陳後主東昏侯輩何非重金玉而亡哉是則齊主之言安得不力詆之石晉之亡趙宋之弱在於割地又其明證也使地盡黃金飢者不能以為食寒者不能以為衣又安所賚以生活乎高帝有知當亦知所愧矣

鑄詞造句石破天驚雋材也(陳少珍評)

唐代藩鎮之禍論

南召縣立高等小學三年級生 張懷遠

自古為將帥者率數萬衆出入疆場之間其威勢甚大其武力甚盛幸而遇聰明之主駕馭有方牢籠有術不至於背叛不幸遇闇弱之君則跋扈跳梁漸成尾大不掉之勢者如唐代之藩鎮是也夫唐代藩鎮之禍自安祿山始其後擁兵據地目無唐室多稱王號各置百官其禍蔓延迄五代而未熄嗚呼藩鎮之禍烈矣哉然吾不責藩鎮之禍唐特責唐代君主之為禍始何則功之成非成於成之日必有所由起禍之作不作於作之日亦必有所由兆藩鎮豈能亂人

國者特玄肅代三宗優柔寡斷昏弱不明故其禍遂釀成耳向使三宗剛决明斷遠見於未萌避危於無形逆知藩鎮有背叛之心設法以制之則其禍必不烈然則將削其權歟曰否唐代藩鎮之禍雖烈而夷狄不至爲患一旦其權削則夷狄必乘隙而入其禍可勝言哉亦曰駕馭有術而已

窮原竟委反覆推勘結處識解尤見超脫（李廷楨評）

申包胥復楚論

江蘇泰興縣立第一高等小學三年級乙組生 廖祖蔭

當國家危急存亡之秋而能轉危爲安保全廟社是社稷之功臣也反之而坐視成敗危而不持顛而不扶是社稷之罪人也春秋之時伍員以吳師覆楚申包胥乞師以復之可謂忠矣使無包胥楚王由鄖奔隨吳師以班處宮楚之社稷其不爲吳有者幾何哉幸也包胥乞師於秦勺飲不入口哭於秦庭七日夜卒以秦師敗吳使楚之社稷絕而復續亡而復存包胥之功大矣雖然伍員奔吳之時包胥已知其有覆楚之志矣胡不於此時言之於平王而爲之備包胥蓋深惡平王之所爲特假手於員以懲之而又自信必能復楚故既不阻其友亦不以告平王此正包胥之忠於國事不私人主也所惜者人民被禍不免殃及無辜厥後元氣大傷楚國亦不復稱强此則包胥之不及料也然包胥能乞師復國能不令人肅然起敬耶

論意平允（余采之評）

論北宋邊禍之造因

江蘇泰興縣立第一高等小學校二年生 顧寶廉

有宋一代邊禍最烈而邊禍之發現最早者則遼與西夏是也邊禍之日急雖在仁宗以後而其造因則在太祖太宗眞宗之世太祖開國重於防內而不知防外故邊帥權輕不足以禦外患其守備固已疏矣至太宗又輕用其兵伐敵致敗轉爲遼人所輕是遼之侵宋實太宗自召之也眞宗時澶淵一役是爲遼人侵宋之始寇準勸帝親征士氣大奮

惜眞宗志在苟安厭於用兵竟以歲幣三十萬許遼與之議和自是北宋之邊禍乃日以滋大噫太祖疏防太宗輕敵眞宗厭兵當宋室鼎盛之時已伏衰亡之兆君子蓋於宋之列宗不能無遺憾焉

論筆簡勁（于次材評）

論北宋邊禍之造因

江蘇泰興縣立第一高等小學校二年生　戴文淵

予讀史至北宋竊謂北宋之亡由於邊禍邊禍之作由於疏防論者以爲北宋造成邊禍之因當分爲三一由於太祖之疏防二由於太宗之輕敵三由於眞宗之厭兵故外患日急而未有已然造成外患之源吾不責太宗眞宗而獨責太祖何也太祖時天下雖平而幽燕未復夏餤方張正宜乘此兵威遣將征討效漢武帝伐匈奴平南越征朝鮮故事使國威遠播尤當遣將固守邊陲使契丹不敢南下而牧馬庶後世子孫得安枕而臥也詎太祖計不出此但顧目前之安不圖久遠之策且鑒前代內亂之爲害竟於杯酒釋諸將兵權而外患幾憂曾不之顧遂使數傳而後子孫困於夷狄國亦因之而亡嗚呼是誰之咎歟夫太祖以英傑之姿而有石守信王審琦等爲之將君臣際會可謂隆矣觀其東平西討北伐南征幾無有當其鋒者遼夏二敵豈其時兵力不足以平歟有可用之才而不用有可乘之時而不乘貽患後世千古同慨矧又邊備不脩自撤藩籬哉然則北宋造成邊禍之始謂非太祖之疏防也可

論筆頗有廉悍之概（于次材評）

蕭何謂劉季多大言少成事論

江蘇武進西郊高小三年級生　蘇曜埜

吾讀史至蕭何謂劉季多大言少成事而竊有疑焉夫高祖以一亭長起而滅暴秦除項氏創劉氏數百年之社稷其成事爲何如乎何之言固未免以常情測豪傑而輕視高祖也者及讀夫蕭何傳高祖爲布衣時何數以吏事護高祖高祖爲亭長常左右之高祖以吏繇咸陽吏皆送奉錢三何獨以五然後知何正惟能識天子於風塵之中乃不得不

有以保全之既欲保全之則不得不爲輕之之辭何之言其所以輕高祖者乃所以愛高祖也夫古之成大事者必深曰諱匿不示異於人而人亦視若庸衆而無所疑忌蕭何誠知高祖非碌碌者所可比然而高祖之爲人見人慢侮出語不遜以若所爲成事不足速禍有餘此固何之所爲深惜者也故抑之於稠人廣衆之間而布其多大言少成事使人知高祖之無能而不復忌乎高祖其用心亦深矣若謂其不識高祖則固未足以知何也夫何之智足以知韓信彼有不知高祖者乎不過以秦法重妬賢嫉能殺人如麻而固爲高祖諱匿以免高祖於禍而已其後秦始皇帝謂東南有天子氣東游以厭之高祖卽自疑亡匿隱於芒碭山澤之間何其前日之疎縱而今日之自愛也父老殺沛令迎高祖高祖曰天下方擾諸侯並起今置將不善一敗塗地吾非敢自愛恐能薄不能完父兄子弟何前日之不遜而今日之自抑也此皆蕭何有以敎之而豈高祖之所能及哉嗟夫以高祖之豪傑而蕭何爲之諱匿以克成其業此其所以爲漢之功首也乎

文思周密入後尤勝（錢名山評）

孔子誅少正卯論

江西廬陵道萍鄉縣私立文氏國文專科學生 蔣用宏

自古帝王之立國也必舉忠直而去奸佞舉忠直者能振國家撫百姓天下安而萬民樂然後國能立而基礎固不然者舉奸佞之士去忠直之臣則肆行凶暴魚肉黔首生靈塗炭人心瓦解國勢危若朝露不久卽滅噫人主之舉賢用佞之間可不愼哉當孔子之相魯也爲政方七日首誅少正卯三月而魯大治道不拾遺男女別途以是知國家興於禮義而敗於奸邪之人也夫孔子素重人道主義之聖人爲政七日遂以殺僇爲心無乃非愛民之旨歟不知孔子眞能愛民者也少正卯者奸佞之臣若不誅之則禍害天下如火之燎於原不可嚮邇其猶可撲滅也哉故孔子誅之其與舜之去四凶何異然則國之有奸佞固不可不誅也如宋之不能去秦檜而彼卒謀害忠臣禍亂天下縱敵入寇不

久而國遂以滅亡其關係顧不重且大耶此孔子之所以誅少正卯而不疑也夫范仲淹去監司之不才者亦與孔子之誅相似是不使寬宥一人之罪而害及萬民之衆也此正仲淹所謂一家哭何如一路哭也孔子之誅少正卯使一人感其德不如使衆人感其德使少數人懷其恩不如使多數人懷其恩故寧使一人哭不使一路哭寧使一少正卯之受誅不使多數人受其害也孔子可謂眞能愛民者歟

扶蘇諫坑儒論

江西廬陵道萍鄉縣私立文氏學校學生 蔣用宏

物不腐則蟲不生火不鬱則烟不出爲國者亦然如國之將亡也必有不仁之政暴虐之事爲之導綫當始皇之立國也欲箝制人民之思想以爲可保萬世之業於是興大獄以坑儒生太子扶蘇以諸生皆誦法孔子坑之恐天下不安遂以此諫始皇始皇不特不聽反以扶蘇北監蒙恬軍於上郡此秦之所以亡者實自坑儒始然扶蘇之所以不得立者亦由諫坑儒故也且夫儒者箸書立說以傳前代之絕學啟東西之文明者也如天地之有日月人之有牕牖若書坑之則前代之絕學不得傳東西之文明不能啟如日月之失明牕牖之閉塞若入黑暗之世界與未開化之民何異哉由是觀之儒又何可得而坑耶蓋始皇之意以爲有爲者儒生也坑之則可以二世三世至於萬世傳之無窮不料二世而亡然秦之所以速亡者未必不由坑儒之所致也使始皇當日從扶蘇之諫施行仁政棄戈息民扶蘇不死嗣位有人則李斯趙高矯詔之謀不逞胡亥不立呂秦之亡必不若是之速而劉項亦無崛興之機矣秦皇計不及此肆行其凶暴之政焚書坑儒忠諫不從爲惡已極不俄頃而楚歌四起共起而攻轉瞬卽滅不亦宜乎

思想切實且有警策處（劉拱北評）

信筆寫來頭頭是道

清孝欽后論

玉田女高小二年級學生 陳光世

史稱淸自同光之後國勢侵衰外侮日逼其爲孝欽后之過明矣何則時至淸末非變法不能圖自存非去弊不能禦外患遐想當日變法之議乃德宗之英斷雖內至親貴外至督撫皆欲抗之然勢已勃發莫遏矣孰知政未行而竟出阻撓有力者之孝欽乎夫變法之臣禁之可也乃竟戮之抑已過矣德宗倡議訓之可也乃竟囚之抑尤過矣縱團匪之邪術而招外患之來聽宗親之狂談而遺後世之禍迷妄謬誤莫此爲甚或謂孝欽專政四十年身歷兩朝其聽政之精神可謂至矣設穆德初立無孝欽以撫之則其亂將益甚也雖然美則美矣所可痛者則其獎用團匪擾亂各省以致八國聯軍齊來問罪吾燦爛之中華幾成瓦解之世界於以歎武曌專權而唐之天下幾亡呂雉臨朝而漢之山河幾覆孝欽亂國亦類此耳雖然多難興邦殷憂啟聖念自團匪亂後國家始知變法爲強國之要圖如倡立學校改革政體吾人之所能廣智求學未始非斯時反動力所致故人以孝欽爲亂國之尤吾獨以孝欽爲開啟文明促進智識之有大功者亦非好異而云然也

斷制緊嚴議論英偉（鳳檮評）

蘇代以鷸蚌相持說趙惠王論

青縣第一高等小學校第三學年學生 戴祖弼

從來善於辭令之士必能洞明機變多方譬喻而後始能使聽者甘心樂從以口舌戰勝於樽俎之間也昔蘇代以鷸蚌相持之說爲燕說趙惠王以寥寥數語而能息趙之兵非善於辭令之士能之乎夫趙燕二國勢均力敵者也以勢均力敵之國互相攘伐則非兩虎相鬭必有一傷之專可比者也而蘇代以鷸蚌相持喻之夫秦人自春秋以來虎視山東待隙而動其爲漁人也非一日矣而蘇代以恐秦人之爲漁父喻之眞可謂洞機變善譬喻者矣故能使惠王無置辯之辭甘心聽命於我以止其北伐之師且能爲燕遊說不致見疑於人又得不撓不屈之義豈若後世奉命出使之以妄對爲應變以唯諾爲謹愼以卑諂屈辱爲恭敬者之可同日而語哉向使趙燕二國永守此義以共防強秦六

國共守此義以協攻強秦吾知秦人席捲六國之計終成畫餅而已乃漁人得利之說僅能行於趙伐燕之時不能行之於永久僅能行於趙與燕之際不能行之於遠方卒無以救六國不爲鷸蚌之禍徒使後人以鷸蚌相持之言傳爲美談可歎也矣嗚呼歐亞風雲天地變色有能排難解紛片言奏功如蘇代者乎有能折衝壇坫勝於甲兵如蘇代乎吾將拭目視之矣

慷慨悲歌聲動古今（吳馥評）

鄧禹有子十三人使各習一藝論

江蘇青浦縣立高小三年生 董純銘

嗚呼富貴不足恃也苟其人無薄技片長足以自立則簪纓閥閱之家不再傳而降爲輿臺者多矣貧窶不足憂也苟其人有薄技片長足以自立則篳門圭竇之家不數世而躋於縉紳者亦衆矣誠以境遇無常而職業至足恃耳世人以金錢爵祿遺子孫者不亦傎乎讀史至漢書鄧禹傳曰鄧禹有子十三人使各習一藝何其識見之遠耶鄧禹爲雲臺二十八將之魁輔佐光武殄滅羣寇光復舊物功莫與京其子欲取靑紫易如拾芥乃不此之圖而獨令十三子各習一藝豈不異哉噫吾知其故矣天生萬民必授之職乃可無懼蓋貴者有時而失其位富者有時而喪其資惟薄技在身可以餬口於四方而無虞不給也然人稟性之不同直如其面爲子擇術苟以其所不能者強之使習其能免於刻鵠類鶩畫虎類犬之譏乎夫天下固有善於爲農而不善於營商者有善於營商而不善於作工者必因勢利導就其性之所近而令習一藝彼此不必相同然後可以各盡其力各致其能以精一藝也不然必如枘鑿之不相入焉且也以舜爲兄而有象以展禽爲弟而有盜跖則此十三子中必有賢有不肖焉苟不審其才之稱否而強之于祿或尸位貽譏或殘民以逞譬諸割物而令不能操刀者所傷實多此鄧禹所以使十三子各習一藝也嗟嗟父兄佩金印子弟乘高車舍力淫心轉瞬而狼狽困窮已同孫叔敖之子者比比然也生人富貴如朝露然秦欲爲子孫帝王萬世之

業至二世而亡世天下且不足恃遑論世其家哉鄧禹此舉殆與觸讋之使舒祺補黑衣同一遠慮也今世之提倡職業教育者其亦師鄧禹之故智也乎

詞意堅卓發揮允當（徐公理評）

秦皇燔書論

江蘇靖江縣立第一高等小學二年級生 鄭鏡清

嬴秦暴戾苛政實多其最得罪於萬世名教者則莫如燔書蓋始皇之焚書以愚人民而不知適以自愚也夫書爲智識之庫聖賢垂訓以敎後世於是維風俗正人心扶世教胥本詩書而發明之人君當奉爲圭臬豈可因一己之私而以立國之根本竟付之一炬哉且國家之興由於敎化之文明愈文明愈進化國家亦愈鞏固而國家之所以能文明能進化者悉得力於書編始皇不察非特不重視之且從而燔之何其愚哉何其愚哉迨秦滅漢興除挾書之禁開獻書之路表章六經推爲國粹俾作立國之根本此所以漢多清節之士而秦獨不然是皆由於煌煌之經藉一掃而空以絕讀書之種元氣大傷故不旋踵間而國祚已移嗟呼秦人不暇自哀而後人哀之後人哀之而不鑒之亦使後人復哀後人也

簡潔少許勝多許

清聖祖論

玉田女子高等小學生 高金芳

古之所謂神武之君必有過人之治君而無雄才大略不足爲神武也昔湯武誅桀紂人皆服其武功孔孟之學傳於後世人皆稱其文德若有文武兩全之能亦可爲聰明天亶天下之聖主也觀於吾國清時之聖祖自幼聰明有大略擴其父業即能內修朝政外振兵威首除鼇拜次平三藩旋定台灣服外蒙古復能威懾强俄與之定尼布楚約嗚呼聖祖之武功誠超軼前後也當此之時臣受其厚祿民受其厚恩由此觀之可稱神武之君也吾聞人言明宣宗能以

教養保民人之生活臣之有功者賞之有罪者刑之惟不能擴張武功安南復失似乎有始而無終觀聖祖則不然自始至終均無慢怠國事之時國乃大興自非無故嗚呼今果有聖祖之神武者能爲外人所輕視耶

平允之論

祖逖擊楫渡江誓淸中原論

揚中等立第一高等小學三年級生　陸健

華夏受夷狄之害者晉以前周是也晉以後宋與明是也然玁狁也蒙古也靼韃也侵邊疆佔中土者祇一姓也終未若鼎沸中原如胡羯氐羌鮮卑五胡亂晉室之甚者也雖然中原之疆土非小於夷狄也中原之人物非劣於夷狄也偉人如傑出之祖逖輩以驅除異族爲己任而終未償渡江擊楫誓淸中原之始願者何哉豈胡羯氐羌鮮卑强於玁狁蒙古靼韃歟曰非也天下莫大之功成於全權而敗於牽制昔者尹氏之得周宣徐氏之得明祖皆得攬莫大之權左宜右有驅非種於塞外復漢族之河山祖逖之於愍元非獨無便宜之權且限之制之斬之以鐙仗統之以若思此所謂籠鳥無展翼之秋英雄無用武之地也怏怏病卒抑何足怪後世論者謂夫擊楫誓江忠義慷慨尙已惜其未聞大道徒事喪軀沾沾焉爲士雅病嗚呼此烏足以知士雅之心哉晉當惠懷之世胡虜擾亂於外奸人構釁於中時勢日非已達極點兼之愍元過渡時代乘隙發難尤覺熾張逖於斯時北望中原涕泣長流惟冀在朝諸將戮力同心予以大權俾得內靖小醜外掃强胡亦足以光漢族而遂志願矣然而王導戴淵不足與圖大事劉琨王浚又復日尋競爭加以君相不諒進無以撻伐貪夷退無以削平亂賊與其偷生而覩神州之沉沒何如一死以報國家之深思鬱鬱壯懷侘傺莫展以致於死此亦古今豪傑無可如何之時而亦古今豪傑代爲惋惜痛哭者也如徒嘉其志之可尙而病其識之不足謂夫心願未了身雖云亡無裨於社稷無補於民生誠吉甫中山之不如蓋亦不知吉甫之於周中山之於明得大展其志爲所欲爲終未若士雅之動輙束縛者也吁可悲矣

剔盡陳腐獨標新義中段推闡士雅心胸語語中肯地下有知應呼爲知己（朱元塑評）

論清代文字之獄

江蘇青浦縣立高小三年級生 王慕楷

世之論者謂清代因文字而興大獄固由當時儒者喜於託物諷世欺罔朝廷以觸人主之怒故其爲戮也乃自取之耳多言必敗夫豈未之知耶雖然吾竊思之夫天下有道則庶人不議無道而責人議已難矣如維止試題及堅磨生詩鈔等案毛舉瘢求察人隱曲羅織株連死者不可勝數噫儒者三寸之舌雖銛於劍而人主一激之怒實炎於火也然以天下人民之衆則議我者惡得悉數而誅之清代之君淫刑是逞何其計之左耶斯乃暴君獨夫之淫虐使言論不得自由宜與嘉定三屠揚州十日同貽後人之口實也然戴名世呂留良陸生楠諸人亦不得謂無罪焉何也居下流而訕上孔子惡之況遇雄猜之君正宜韜筆而處拙乃學養未深不克稍忍須臾徒以種族之關係積不能平不惜以口舌賈禍可謂不自愛矣且也殺身無益反足以長其猜忌之心深防吾漢族之反側則毀之適以成之我又不能爲當時儒者恕也

用意清眞措詞明潔（徐公理評）

秦檜主和不主戰論

黑龍江省木蘭縣高等第二級學生 丁起鳳

世以秦檜主和不主戰謂爲誤國殆僅執其情未審其勢也夫金爲宋禍烈矣脫不力戰其何能支然史稱金之部族上馬則備爭鬭下馬則先聚牧寓兵於民更進迭退深得晉人三駕敝楚之意而宋則兵由招募且多老弱勢之不敵庸待蓍蔡故卒至徽欽蒙塵北狩不返雖宗澤有東京之捷王德有宿州之捷韓世忠有江中大儀之捷吳玠有仙人關和尚原之捷而大勢已去終於無補以致高宗幸鎮江幸揚州幸溫台都臨安未幾又委臨安至越至明策行航海分地與盜神州飄搖不可復定倘於此時猶復膠執成見不知變計則將見趙氏一塊肉不待帝昺早葬於魚腹中矣

或曰當岳武穆破金兀朮拐子馬時連戰皆捷使秦檜一力主戰而不主和則岳家軍已直搗黃龍滅此朝食河山再奠直指顧間事乃金牌十二勢如風火遂使不世之功敗於垂成因以是爲檜罪以恒情論未嘗非是抑知其勢固大謬不然者耶夫醫者之於病也必審其病之所自來而後權其輕重緩急治本治標不致淆亂乃能起沈痾而免危殆倘或元氣已虧而猶祇知攻伐不加培養庸有當乎檜之主和亦猶是耳烏得以是爲其罪耶迨後金主立馬吳山第一峯以看花洛陽而江左一隅得以偏安宋祚猶未遽屋者焉知非秦檜主和之力有以致之事後論人貴持其平讀史者幸勿爲成見所拘

持論頗當（隋則民評）

匡衡願爲富人傭論

黑龍江省木蘭縣高等第二級學生　郭自新

古今來不乏讀書之人然有成有不成者何也蓋志有堅有不堅耳志堅者有成不堅者不成觀於匡衡可益恍然矣匡衡以一貧家子志切求學而家徒四壁衣食且虞不給安有餘財購書而讀然不學則無術貽譏舉凡兩間之萬事萬物與夫古往今來之嘉言懿行何者而知識可增何者而道德能備茫然昧然莫知其嚮上不能躋於聖賢下卽不免儕於流俗天之待我者匪薄焉能薄以自待而不求有以振拔之此衡求學之志所以堅定不搖不以貧而自餒也求學之志既堅則雖身處困窮不能左琴書而右圖史便我取攜然彼富人者藏書具在又焉能禁我探索願爲人傭但假讀而不取値其身雖苦其心實甘勤學不輟遂爲名儒夫豈偶然者耶雖然彼富人者亦不可多得

尚知用意筆亦能達（隋則民評）

李侃妻勗夫卻敵論

玉田女子高等小學生　陳光世

吾嘗謂人遇時亂欲免於難而脫於危必有英勇之氣概權變之才能方可立大功而成大名曠觀歷史丈夫出奇計

建殊勳垂名千古者已不可多得其有以素弱之女子衛人民於危難之中護孤城於累卵之際是又何人英勇若此其爲李侃之妻乎觀夫唐之時事藩鎭擾亂以希烈之跋扈兵權之重大於此區區之項城何難立陷哉然斯時項城糧非不厚也人非不衆也城非不固也祇以畏敵心虛震於勢而短於才以李侃之賢猶不知所爲何況餘人哉而侃妻楊氏乃能聚父老於一堂宣大義於廣衆躬爲執爨督兵卒而守禦終見項城克保賊兵以退奇哉其智勇洵非常人所能及矣向使當日苟不加意防守則賊兵將潮湧而進財庫兵糧爲其所奪官吏人民爲其所戮夫與其爲强寇之俘虜毋寧盡我忠義雖死不悔此李侃妻之心思所以能高出人上者也故吾不奇其卻敵而奇其男子猶驚惶無策乃能勉之以忠義助之以善策使危險之區轉而爲完善之地節操堅固謀慮周詳雖古志士無以過之噫方今之世不異唐之藩鎭今之患不亞於希烈望我中華女子其愛國皆以李侃妻爲法安見今不古若耶

有此筆力辟易千人

費宮人殺賊論

江西模範小學高等二年級生 曹國權

余每讀明史至費宮人殺賊之事未嘗不歎其節烈仁智乃巾幗之豪傑而足爲歷史增光也當明亡之時闖賊既擒之而又賜其愛將羅某宮人竟能以柔弱女子挾匕首而刺彼七尺之軀然後自刎此其節烈爲何如哉闖未入宮之時宮人不遁能捨身以代公主而就死此其仁也及賜羅某爲妻而不慕虛榮竟能紿而刺之此其智也嗟呼以一女子尙能見危授命彼吳三桂者流能不愧死於九泉乎

先稱其節烈仁智以後分說三段章法甚好

歐母晝荻論

玉田女高等小學二年級生 谷文瑛

韓范富歐宋臣中之卓卓者也而歐陽修尤能以文章與唐之韓柳宋之三蘇並聞於世向以其品高才卓由於家學

淵源秉以父教之嚴師教之切所致實不知其母有以成之考修之家世其父觀曾爲泗州司理修四歲而觀卒母鄭氏守節教育之家貧以荻畫地學書夫畫荻不過歐母教子之一端耳想其時驚聽鳴雞朝爲講貫辛勤篝火夜使習復其恩勤倍至訓誨多方不知費幾許勤劬矣迨修以經濟著可稱名臣以學問顯可稱名儒雖由其敏悟過人身能自立而其母教育之良實不可及吾於畫荻一事愈以知母教之講不可不先而女學之興尤不容稍後也何則母教者教育之母也而女學者又母教之母也蓋子女當學齡之先依母之時多於依父之時若其母爲學校畢業中人斯其子女之涵育薰陶較之室入芝蘭久不聞香更當親切矣向使歐母於書瞪目不能讀於筆觸手不能執縱能如柳母丸熊教其子以苦志而欲如孟母斷機教其子以成學得乎況身守孀幃家徒四壁有李二曲之母之貧受賈明叔之母之苦在他婦女處之必將怨天尤人意氣沮喪方奔走衣食之不暇安望教子成名哉而歐母乃能睠睠如是彼境遇勝於歐母者可以油然興矣彼境遇勝於歐陽修之子女尤宜奮然起矣

議論透到詞筆堅卓至論母教之興關於女學尤能借題發揮以砭錮俗

六國擯秦終爲秦滅其故安在試申論之

昌化縣立第一高小學校三年級生 帥超

欲水之不潰也必先固其隄欲齒之不寒也必先保其唇彼夫韓魏非明明爲齊楚燕趙之隄與唇耶韓魏存則四國之屏蔽固韓魏亡則四國之藩籬撤是故六國者有輔車相依之勢不能須臾離也而齊楚燕趙可不亟籌所以固韓保魏之方以擯秦哉乃六國諸侯不知此理各逞私意自相魚肉致使秦兵東下相繼吞併可慨也夫且蘇秦說六國合從以擯強秦意美法良莫過於此當時諸侯倘不背盟敗約則韓魏拒之於前齊楚燕趙應之於後秦雖虎狼將奈六國何由是觀之六國之被滅於秦也由六國不和之所致也而昧者不察以爲秦占形勝之地利守則六國不能攻戰則六國不能敵故六國終於滅亡嗚呼此腐儒之見不足與論孟子不云乎天時不如地利地利不如人和人既和

焉則雖城池高深關阨嚴固吾知攻必克戰必勝豈特不至滅亡而已哉惜乎六國不知隄潰水至脣亡齒寒之道也

深明戰國大勢筆亦灑脫不凡可造才也(王祖周評)

論賈人渡河事

上海澄衷學校高等三年級生 蔣炳勛

劉基賈人渡河篇其意謂賈人以輕命重財致罹殞身之禍吾竊以爲不然黃河之水甚急也往來舟楫皆冒險而行何爲他舟不覆而獨覆賈人之舟乎賈人之覆舟或以其命使然歟然幸而不沒於水棲浮苴以待救未幾漁者果至不得不以重財啗之巳而登岸轉念百金得之非易一旦失之不無可惜而況隻身貿易所攜非多如返濟陰取以償之則又往返不便夫以一漁人一日所獲幾何與之十金亦不爲少由此一念而失信之心決矣豈預知後日重有此遇哉使預知之不惟百金不吝卽盡囊與之亦所不惜也蓋賈人所爲失信之心敗之也而孰料漁者黠然而退含有報復之心故賈人他日呂梁一役重蹈覆轍適漁人復在而其報覆之心遂酬倘賈人不至呂梁漁人又何能報覆哉卽使賈人至呂梁而不遇漁人或可再遇救也乃不先不後而漁人又在致他人均聽漁者之言相與袖手旁觀而賈人遂死於非命豈非天乎

文有抑揚頓挫之筆而氣勢亦沈雄洵佳構也(趙仲琴評)

虞孚丐死於吳論

遼陽縣高等小學第二年級生 段寶榮

天下之人見利不見害以致自取其敗者多矣吾聞越商虞孚者得種漆之術三年而割之得漆數百斛果如數售之所獲之利不爲不多乃貪心不足信其妻兄之言見利而不見害遂以爲人盡可欺而不知欺人適自欺也夫商人以正爲主不宜欺詐且欺詐雖可恃於一時而不可恃於永久如孚之僞漆爲吳儈所知此吳儈之狡也否則吳儈受欺不第吳儈不能甘心於孚卽路人亦豈能齒孚哉或曰微其妻兄之言不能致死不知胸有成竹者必不能爲外物所

誘吾故謂虞亭之死乃其自取耳

敍議簡當翻駁處尤爲醒豁結筆能與起筆呼應亦見章法完密（佟有爲評）

全國學生國文成績

文庫卷四(乙編)

古邦盧壽籛選輯

●合論類

秦皇焚書坑儒漢武表章六經論

河南西華南流渡公立柳幀學校四年生 張傳忍

秦皇政行專制。欲延祚於萬世。實行愚民之政策。故銷鋒鑄鏑之後。即焚書坑儒。噫、何其甚也。漢武帝表章六經。罷黜百家。似可無異議矣。詎知其尊經之弊。不亞於燔經。而重儒之極。幾等於無儒。蓋焚書坑儒而後。猶有博士三千。諸生習禮之餘響。何漢武尊經而後。略無眞儒。俱抱殘守闕之輩。尋章摘句而已耶。嗚呼。書不讀秦漢以下。爲人恒言。斯知當時訓詁之徒。皆得於殘編續餘。六經糟粕。而私家箋釋雜出。致使數千年希古者。無由從徑。吾不禁歎漢武秦皇。同以愚民政策。以致文化之錮塞也。悲夫。

精擘之至

堯舜揖讓湯武征誅論

昌化縣立第一高等小學校三年級生 方基庭

堯舜大聖也。湯武亦大聖也。大聖之御天下也。以天下之治亂爲任。以人民之憂樂爲心。志同道一。本無軒輊可分。乃一則揖讓。一則征誅。其事跡截然兩途者何歟。蓋亦以時勢之不同。與其所處之地位各異耳。夫使丹朱商均。非不肖。則堯舜傳之子可也。何至有揖讓哉。桀紂果不殘暴。則湯武終身爲臣可也。又何至有征誅哉。若不肖而傳之。是殃民也。殘暴而不知討伐。是亦殃民也。聖人本以愛民爲心。安忍坐視生民墜於塗炭哉。是以堯舜揖讓。湯武征誅也。或曰。堯舜揖讓。固爲天下計。爲愛民計。若夫湯武征誅。乃臣伐君也。以臣伐君。得不爲天下之罪人乎。曰不然。湯武之伐桀紂非伐桀紂也伐民賊也亦非討桀紂也討獨夫也蓋當是時桀紂之暴虐久爲天所不容人所共嫉得湯武以討伐之眞天下之大幸也烏得目爲天下之罪人耶且天下者非一人之天下乃天下人之天下也夫既爲天下人之天下人人與有責焉者況堯舜乎況湯武乎堯舜也湯武也既有任天下之責懷救民之心是必力行其事不負天人之歸與揖讓征誅不計也故使堯舜處湯武之地勢不能不行征誅使湯武處堯舜之地亦未必不爲揖讓也以時勢之不同而又有地位之各異豈可以堯舜之揖讓爲是而以湯武之征誅爲非耶彼淺見者輒是堯舜而非湯武謬矣

文從大處落筆說來頭頭是道可嘉可嘉（王乃文評）

陸賈使南粵富弼使契丹論

遼陽縣立高小第二年生 白世昌

古今來恃一介之使賢於十萬雄兵掉三寸之舌定百年安邊大計者吾於歷史罕覩其人有之其惟陸賈之使南粵富弼之使契丹乎漢高滅楚而一天下元氣未復南粵不庭微陸賈其誰撫之宋仁雖承祖業而海內翕然然西夏未平北遼搆難微富弼其孰安之陸賈之使南粵也告之以親戚墳墓以動其祖國之思惕之以叛服禍福以抑其屈彊之心示之以漢大定粵新造以堅其臣服之念故卒能利蠻越爲屏藩富弼之使契丹也諭之以主利臣利而南侵之志已曉之同榮同辱而求地之志消爭之以獻不可納亦不可而虜氣折卒致化夷狄爲兄弟是皆具相之識與度將之膽與智故能身入虜廷言悉扼要事皆中情蠻夷君長安能不屈服壇坫間耶孔子曰使於四方不辱君命二公有焉夫惟陸公得漢高之知入善任無所掣肘故能從容就道使南粵臣服富公得仁宗之相知而不和於相故僅能與契丹言好萬不能臣服契丹脫易地而處其收功亦必有互同者也惜乎以二公之才與識功績止於安邊耳君子觀其和平勃智安劉氏奏新語力闢儒風陸公之才豈可量耶然自高祖迄惠文雖時用之而位遠不如平勃至於鄭公容夷簡量包萬有十三策計安北邊富公之識安可限耶然自仁宗迄哲神雖相之而寵亦不如夷簡安石嗚呼鴻圖

未展壯志未酬千古英雄多此遭際然龍遇未隆而遺策昭垂不能謂二公之不幸實漢宋之不幸也

洞悉漢宋時局尤洞悉陸富史事故能言之確切乃爾推勘處爲二公惋惜見解獨超且妙有天然佐證非阿好也

末路轉爲漢宋之不幸筆意尤爲深透（佟有爲評）

拿破崙之專制華盛頓之共和均奏統一之功試言其得失

南匯縣立第六高小校三年級生 印廷華

瀏覽西史至拿破崙華盛頓兩傳未嘗不嘆專制與共和之相去遠也拿破崙勇悍剛毅因專制而卒至殺其身方其雄踞歐洲惟我所謀有囊括四海之意併吞萬國之心興師四出席捲意奧諸部蹂躪俄德諸邦蠶食鯨吞掠地班師建凱旋門於巴黎嗚呼何其盛也迨其統一之後專制愈甚天怒於上民怨於下以至兵敗國亡餓死荒島嗚呼惜哉夫專制集權雖易而蓄怨既久瓦解土崩所得能償所失乎華盛頓當北美困於英專制之軛合衆一呼起與英抗血戰八年建立共和奏統一之功其行政皆順民意民之所好因而與之民之所惡因而去之即一匹夫亦有與聞政事之權故一夫唱百夫和一夫起百夫走一夫死百夫繼視國之盛衰逾於生命非若專制之君視人民若奴隸牛馬而人民視國家之興亡亦如秦人之視越人焉是故共和政體能得民心而其國因以永固也夫立國之道須得民心得民心而能保其國者華盛頓是也失民心而卒不保其國者拿破崙是也拿破崙一世之雄豈才不若華盛頓哉專制失而共和得也嗟乎立國者豈可專制而不共和乎

以民心得失爲杜義融貫華拿事實於一綫之中筆意排奡文氣豪宕吳蒙刮目允宜冠我全軍（馬文堯評）

平王東遷而周衰光武都洛而漢興其故安在試申論之

昌化縣立第一高小學校三年級生 鄭應恭

同一地也平王都之而周衰光武都之而漢興是何故哉然考周之衰非衰自東遷亦非衰自平王其衰也天數也夫周自成康而後內則諸侯漸强外則戎狄漸熾平王正位於大難之餘戎患甚盛之候進退維谷遷都天下之中實爲權變之計抑知避敵卽爲延敵之媒遷都卽爲亡國之兆夫豈平王所及料乎漢之興雖曰人事亦天授耳當時漢祚傾覆新莽秉政赤眉綠林之徒相繼蠭起天下鼎沸民不聊生久亂思治自然之理而況光武有絕大雄才起而中興漢室鏖戰昆陽虎豹犀象且助威於昏天黑地之中是豈光武之能恩及禽獸也哉其所以如此者乃天授之耳嗚呼平王東遷而周衰光武都洛而漢興論者皆歸於人事而抑知皆天定也不然平王之時洛邑猶是洛邑也光武之時洛邑亦猶是洛邑也同一洛邑何平王衰而光武興耶蓋慮之所能及者人事之宜然而出於智力之所不及者天道也茫茫然冥冥然又孰從而知其所以然哉

頗有見地筆亦能達(王祖周評)

平王東遷而周衰光武都洛而漢興其故安在試申論之

昌化縣立第一高小學校三年級生 帥超

自來國家盛衰興替之理以人君之賢否爲衡得賢者而君之則疆土日闢莫敢不王否則紀綱廢弛亡可立而待衰弱云乎哉由此論之國家之興衰非係乎建都之得所與否明甚不然平王東遷而周衰光武都洛而漢興是豈洛邑居天下之中關係國家之興衰治亂哉亦因平王與光武兩不相若耳平王爲柔弱之主光武乃大有爲之君平王東遷徙避犬戎之患而忘君父之仇沓沓泄泄偷安旦夕以致紀綱墮而不振世道每下愈況外啟異族之乘內養尾大之患無惑乎當時上下祗知有諸侯不知有王周之聲靈因以漸衰也光武之都洛誅新莽而繼祖業平羣雄與民更始禮賢下士勵精圖治對於敎育尤知注重故其興盛爲三代下所罕見嗚呼周之衰非衰於東遷而衰於平王之柔

弱也漢之興非興於都洛而興於光武之有爲也向使東周之時得如光武者亦能興周室而復成康之盛東漢之時得如平王者尤恐大局未安羣雄紛起而割據之矣吾故曰國家之興亡非關乎建都之得所與否以人君之賢否爲衡

子產治鄭諸葛孔明治蜀皆以嚴論

南召縣立高等小學校
二年級生年十四歲
鄭作印

見地眞切無膚淺語（王祖周評）

國家之治亂在乎政權之得失政權之得失在乎時勢之明昧是故古之善治國家者必先審天下之時揣天下之勢時勢既明然後行一政而人不疑立一法而人不議蓋其知之深信之篤故所施者皆侔乎神明中乎民情雖峻厲猛悍而百姓不以爲病無他在明乎時與勢耳昔子產治鄭孔明治蜀非所謂善治國家者乎嘗考二子之事功同出嚴肅今得略而述之都鄙有章上下有服是定制之嚴田有封洫廬井有伍是務農之嚴不毀鄉校培育人才是設學之嚴以德服民以猛畏民是教化之嚴故子產治鄭而國祚康於綴旒於戲不意千載而下孔明之治蜀何以適與之相類也觀其開誠心布公道嚴於行政集衆思廣忠益嚴於用人修練甲兵六出祁山嚴於整軍南聯孫吳北拒曹魏嚴於外交然則孔明者實子產而後一大政治家也嗚呼二子之刻似申韓而實非申韓所能及二子之猛似商鞅而實非商鞅所能行其治國以嚴豈妄嚴乎蓋深明天下之時勢有不得不然者也考諸歷史證諸地理春秋之時强凌弱衆暴寡以鄭蕞爾彈丸之國界於晉楚兩大之間其勢甚危而其時又承子皮廢弛之後人士頹廢絕無振刷之勢至於孔明僅巴蜀一隅地耳語其士卒則不敵曹操孫權之多語其土地則不及東吳北魏之大四川之人民又爲劉璋所寬縱故橫恣異常當此之時處此之勢豈寬厚仁愛施以恩乎抑嚴刑峻法驅以威乎固不待知者而始決矣吾故曰二子之嚴非妄嚴也時勢迫之耳一不然時宜寬而治以嚴此始皇所以亡秦也勢宜嚴而治以寬此玄宗所以

亂唐也於戲時至今日勢更難矣若以寬治之則跋扈跳梁而不可制以嚴治之則聯結黨會以反抗安得有子產孔明者出寬嚴交濟以治我中國之民族也嗚呼噫嘻

按時勢以立言藻不妄抒而筆氣條暢卓然可觀（李廷楨評）

國慶紀念與國恥紀念

泰興縣立第一高等小學三年級生 譚自强

國於地球之上不能無國內之改進化與國外之交涉改進而善事之足欣慶者也於其日發端或成立則留爲紀念是爲國慶交涉失敗事之蒙羞恥者也於其日發端或成立則亦留爲紀念是爲國恥此本於人情哀樂之故歟乎自然而不容相假其可樂可哀之實榮辱由人自取欲求有慶而永以爲榮知恥而必去其辱亦在人民自爲之乃吾國人之心理則有大謬不然者哀樂失其眞强笑佯啼而相市以僞政治依然如故也一至國慶此則曰共和萬歲彼則曰民國無疆人心依然渙散也一値國恥此則曰同仇敵愾彼則曰衆志成城於是開紀念會進演說詞時而鼙鼓軒舞時而痛哭流涕如優孟之衣冠如村嫗之詛呪而此開會演說者非政界之偉人卽學界之名士固四萬萬民族中所謂優秀分子也噫豈其別有腦筋耶抑或別具心肝耶倘不幸而國恥纍纍適於國慶日發生其爲哀樂又將若何也然則國慶國恥皆不足紀念乎曰否否紀念云者言夫慶當思先烈之功後人何以繼其美言夫恥當思外患之亟對內何以訓其民繼其美而慶無窮訓其民則恥以雪純爲感情作用而不在形式蓋哀樂之至情固不容雜一念之僞也

語頗沈痛（李燕詒評）

史每合言秦隋其相同之處何在試說明之

玉田女高等小學一年級生 蘇守玉

嘗謂讀史宜有比較之觀念卽如秦隋兩朝問秦皇之功業何在則必曰在統一六國威振殊俗而隋文之統一南北

威服遠方亦與之同問秦皇之罪惡何在則必曰在勵行專制務張君權而隋文之性多猜忌每好專制復與之同尤可怪者二世煬帝席其父之威烈而益之以荒暴淫酗均不再傳而爲臣民所棄絕何其前後一轍不一或爽如此乎惟秦築長城隋開河渠可固邊防可通漕運後世猶利賴之至一則改封建爲郡縣一則異召募爲府兵與夫其他禮制官制刑制尙多可爲後世法此則秦隋之差强人意者也

合言兩朝功罪妙在筆意錘銖銖兩悉稱看似尋常眞奇特成如容易卻艱辛（高伯仁評）

王莽董卓曹操秦檜合論

青浦縣立高等小學校學生　徐正堅

王莽董卓曹操秦檜之徒據歷史所載鮮不指爲元惡大憝巨蠹神奸者噫何太甚也夫四人者卽蕭何韓信之流趙普曹彬之輩不是過也苟遇漢高宋藝之主焉知歷史上不與彼爭烈者哉要以或遇哀帝而窺竊神器或遇少帝而鴆弑君王或遇獻帝而托名漢相或遇宋高而殘害忠良是皆以四主者徒得將相之才而無控御之略而爲四人者亦徒以才勝德不能以德勝才是亦四人之不幸也雖然四人不足責也彼四主者得非常之才而不能駕馭之其昏庸可知矣蓋賢才之於世獨患其不生生之猶患其未得未有得之而不能駕馭之不能使成治世之能臣而使爲亂世之奸雄抑亦可悲也已雖然兩漢亡國之主固不足責也彼宋高宗者世所號爲中興之主者也而亦昏庸闇弱等於亡國之主則是天下無漢高宋藝之主終不可有蕭韓曹趙諸臣矣悲哉何四人之不幸也

議論精當筆情婉曲步驟亦極井井（徐申伯評）

王猛桑維翰合論

吳江縣黎里區高等女學校補習生　柳均權

自古英雄豪傑崛起草茅必有一代才智之士爲之經營謀畫以成不世出之功吾讀前後五代之史於苻秦得一人焉曰王猛於石晉得一人焉曰桑維翰猛之佐苻堅也舉異才修廢職課農桑恤困乏禮百神立學校旌節義繼絕世

史美之曰、秦民大悅維翰、之勸、敬瑭、也推誠棄怨以撫藩鎮卑辭厚禮以奉契丹訓卒繕兵以修武備務農桑以實倉廩通商賈以豐貨財史美之曰數年之後中國稍安跡其智謀才略遙遙數百載何其情事之相同哉然吾以爲其間有大不同者秦地僻居西偏東晉扼其前北燕瞰其後肘腋皆虎狼一或不慎兵禍立至王猛任兼將相卒能蹴晉滅燕使秦地安如磐石其遺大投艱視武侯之奠蜀殆有過之石晉之興值後唐孱弱之時民心已去天命將移維翰爲之借兵異域一戰而成此眞古人所謂事半功倍是猛爲其難而維翰爲其易其不可同者一王猛之治秦與蕭何之治關中武侯之治成都並稱其爲政也寬猛相濟剛柔互用故堅得以東征西伐而國本不搖維翰之於晉也其所經畫皆苟免旦夕之計初無經國遠謨足爲後世法者是猛之才大而維翰之才小其不可同者二猛之告堅也曰晉雖僻處江南然正朔相承上下安和願勿以爲圖鮮卑西羌我之仇敵宜漸除之非明大義而識順逆者安能出此維翰佐晉雖若有功而力勸晉主父事契丹稱臣稱兒所謂引狼入室較漢之和親唐之歲幣爲尤甚矣亂華之罪豈得而辭是猛之識高而維翰之識淺其不可同者三苻堅始得王猛比之昭烈之得孔明雖有樊世之讒而卒不見信其所建白莫不聽從縱堅之任賢勿貳必猛先有以得乎堅也維翰則一爲馮玉張彥澤所間卽屛不見用至於身受誅戮而後已是猛之智有餘而維翰之智不足其不可同者四有此四端而二人之優劣卽於此而分雖然二人之一心國事始終不渝具將相之才而無一毫窺伺之心則略同以視桓溫蘇峻慕容垂劉知遠輩其相去遠矣此所以功名炤燿於前後五代之中爲鐵中錚錚庸中佼佼者乎嗟乎王猛一漢武侯也桑維翰一楚范增也惜皆格於勢限於時未能混一區宇削平大難輔其主爲漢高爲光武而僅僅偏安一隅不數年而秦與晉俱遭敗滅是又二人之不幸也

以才識智判二人之優劣議論風生言皆有物足見熟於史事（張農原評）

趙括馬謖合論

海門縣民新高等小學國文專修生 黃麗譙

讀兵書者。不足與語兵書。泥兵法者。不可與論兵法。非兵書兵法之無用也。蓋所謂兵書兵法者。在乎運用之善。不知險要。未善也。不能持重。未善也。敵有反間。而我不能察。未善也。敵有詭謀。而我不能備。未善也。善爲將者。其用兵也。犄角互應。奇正相生。或出其不意。或攻其無備。或誘以羸師。或震以多鼓。或設伏以待其殫。或深壘以老其師。或攻其偏以擣乃心。或伐其表以孤厥勢。要之無非變化因心。出奇無窮者也。使徒知兵書之迹。而不知兵書之變。徒知兵法之體。而不知兵法之用。其禍不至於趙括之僨軍長平。馬謖之隕師街亭者。幾希矣。夫括之追造秦壁。而受困於白起。謖之屯師山上。而見圍於司馬者。皆不知兵而輕進故也。然而括自少讀兵書。學兵法。雖其父奢猶不能難。則當臨敵之際。固已動用兵法矣。謖因王平之諫而告之曰。兵法云。憑高視下。勢如破竹。孫子云。置之死地而復生。則兵法之成語固已熟記胸中矣。乃一則輕而寡謀。竟同殽陵之殲師。一則剛而愎諫。無異城濮之喪氣者。何也。蓋括之所知者。兵書之迹耳。謖之所知者。兵法之體耳。知其迹而不知其變。知其體而不知其用。此皆藺相如所謂不知合變者也。烏足爲知兵哉。既失律而寡謀。又無備而少算。夫先自敗。何以敗人。宜乎彼己之不知。而終至於匹馬隻輪之不返也。竊嘗反覆考之。而知謖之智。能實過於括。故其自用。亦過於括。使趙王因括母之言。而預戒之。則四十萬之衆。猶可生全。若夫謖之意。則以獻計平蠻。反間司馬。自謂算無遺策。故雖有孔明之諄諄告戒。又遣謹慎之王平爲輔。又遣高翔魏延等爲應。而終不能救其失也。是則括遇孔明。或未至於遽敗。謖遇趙王。則其禍將更烈矣。故善用兵者。不以書。善用人者。不以智。

議論通達。沛然若決江河。莫之能禦。

孔教與佛耶回三教之異同說

遼陽縣高小第二年級生 白世昌

曩遊山左。過曲阜。覩夫子之遺風。鄉射鄒嶧。徬徨乎汶陽洙泗之間。因念其仁義道德。溥博如天。淵泉如淵。浩浩乎洋海之深烏足喻其淵巍巍乎泰嶽之聳莫可比其高大用之則可治國平天下小用之則可修身齊家此所謂放之則彌六合卷之則退藏於密者也故其道非特儒者崇之卽至鄕僻之愚夫愚婦盲雅無知之孺子亦無有不知孔子者無有不敬孔子者蓋孔敎化人於無形不期然而化之也非若今世之三敎藉未來之禍福以惑人心故有輪廻天堂地獄之說信者非分禱祈以啟貪心故孔子之敎實超乎三敎之上孔子之設敎也來者不拒往者不追非若三敎來而歡迎之去則唾罵之故耶言一神佛言不二法門回敎且以武力誅異己而孔子問禮老聃問官郯子蓋以大同爲依歸不欲拒彼異端夷狄以自狹其範圍此其敎之範圍廣狹異也且孔敎不語怪神三敎則力言禍福此又其敎之心術邪正異也至孔子仁義道德之體萬古莫易其用則因時制宜無可無不可脫用之於小康則能以天下爲家可臻三王之治用之於大同則能以天下爲公上規五帝之治彼三敎有體無用雖亦足以修身齊家必不足以治國平天下三王五帝之治尤非彼之思想所能及者嗚呼孔子往矣其道昭垂至今將來歐戰告終人民厭亂思治偃武修文則孔道大行其大同之主義卽合全球爲一治亦意中事耳是時之三敎當亦自悔其迷信心深逃楊而歸儒矣

起段冠冕堂皇氣勢浩瀚饒有大家風味非若一筆抑三敎而揚孔敎亦頗見手法後幅極力發揮異同之眞象議論正大不同阿好歸結處直謂三敎悔心能歸化於孔敎可謂眼如箕筆如椽矣（佟有爲評）

全國學生國文成績文庫卷四終

古邦盧壽籛選輯

●廣論類

困難為人生至佳之境遇論

青縣第一高等小學校第三學年學生 袁桂斌

人生事業之成敗與所得效果之大小在能受困難與不能受困難耳困難者吾人最好之教師也故無論何人苟非奮其勇力以與困難相搏戰兢兢業業以求必勝決不能有所成就此困難二字所以為古今賢傑成功必經之階級也如農夫日困於田畝之內始有菽粟之穫工徒日困於斧斤之間始得良美之品學者日困於文字之中雖仰之彌高鑽之彌堅瞻之在前忽焉在後而終必有貫通之日推之人世一切事業有一不經一番困難而能得之者乎故困難為人得獲良果之佳境也西人之言曰人在困難之境如香草之受壓搾芬香益烈故困難非困我者實助我者耳然則古今成大事立大業之人其先所歷之境必有非常人之所能受者一旦越出困難之境而大功以立大名以成使舉世慕其名被其澤者豈偶然哉此吾人所當以困難為至佳之境遇者也

談理如舞輕刀用力若運闊斧文之極有機神者也（吳闓評）

商戰之為禍烈於兵戰之為禍論

青縣第一高等小學校第三年學生 姚有才

立國所最不可缺者兵也然烈於兵戰之為禍者尤莫大於商戰商也者流通貨物以通有無者也兵也者保護人民以杜覬覦者也然有兵而無商則貨物遲滯日用困乏外人遂得於無形之中奪我利權吸我膏血夫如是民以之困國以之貧而兵亦無以養國亦無以立矣商戰之為禍豈不烈於兵戰哉乃論時之士每曰通商者交換利益者也一

若互有利益。各無損害者。然不知商業在能互相抗衡之國。其通商也。出入可以相抵。利害可以相補。誠有益而無害。若我之不知商業爲何物者。其通商也。人以些許之精品。易我無數之生貨。人以微小之資本。攘我極大之利益。夫以我有限之財物。而供各國無量數人之攫取。况彼更扼我之吭。使之不知痛癢。不知防範乎。是故商船之來。無異戰艦之調集。而洋貨之至。更甚於砲彈之爆發也。然則籌備商戰。不誠爲國家之急務哉。苟我同胞皆講求商業。急起直追。以發達其商戰之能力。一面振興工藝。使土貨變而爲工精價廉之熟貨。以抵制舶來品。一面聯合羣力。以與之馳驅於東亞大陸。轉弱爲强。反危爲安。以我地大物博之國。而不能執中外商場之牛耳者。未之有也。不然。印度之前車不遠。幸勿謂商戰之爲禍。必不烈於兵戰之爲禍也。

論列時弊切中要害（吳馥評）

印度支那各國興亡與中國之關繫論

青縣縣立第一高等小學校第三學年學生 姚曾偉

吾嘗讀世界地理。見有所謂印度支那者。乃中國歷代之屬地。亞洲東南之半島也。其地分爲三國。越南居於左。緬甸居於右。而暹羅處於其南。如鼎足然。東臨太平洋。西臨印度洋。南控馬來羣島。北依中華大陸。氣候溫和。雨量充足。物產又極豐富。人口更稱繁盛。據地理言之。宜其可以屏蔽中夏。稱雄南洋矣。然除暹羅僅能獨立外。而安南奪於法。我之桂滇二省。遂無安枕之日。緬甸淪於英。我之野人山脈。已與之俱去。近且思攘我片馬焉。况復各以其鐵路政策。經營我之西南半壁。不遺餘力。法人築滇越路。達雲南之昆明。築桂越路。通廣西之龍州。以爲其進取之資。英人築滇緬鐵路。既達八莫。復思貫川滇。西連印藏。東下大江。而爲長江流域之主人。嗚呼。虎得深山。莫不眈眈。視吾讀地理者。觀變色之圖。見屏障之盡撤。門戶之洞開。既非木石。孰不驚心動魄。於瓜分豆剖之禍也。而我國人猶不自悟。日事鷸蚌之爭。甘爲漁人之利。豈非自取滅亡之兆乎。蓋安南緬甸者。中國南部之籓籬也。其與存也。則爲保障中國西南半壁之屏垣其亡也則爲英法兩强經中國之根據所謂輔車相依脣亡齒寒卽彼與中國之關繫也故吾人如不欲守其國則已果欲守其國焉則助暹羅之發達援甸越之獨立爲地勢上刻不容緩之圖然迴視吾國徵兵不能實行教育不能普及委靡之惡習未去尙武之精神未振自保之不暇何恃而能援人亦僅可作爲口頭禪而已噫

無閒句無泛義有氣機有條理後生能此詢可畏已（吳臒評）

文字與人類文明之關係論

青縣第一高等小學第三年級學生 李寶和

人徒恃言語以達情意雖脣敝舌焦亦僅能使數人知之或數十人數百千人知之而已仍不能行之遠方傳之後世人徒恃心力以求記憶雖志勞慮竭不過一日記之或數十日數百千日記之而已亦難免經年不忘歷久仍存然有能濟吾人言語之窮補心力之疲者其惟文字乎文字者傳達情意之留聲機也描繪事理之寫眞器也舉凡遠方後世爲聲音之所不及者文字可以及之古今中外爲思慮之所不能紀者文字可以紀之故吾人所以能吸收古人之文明貽傳後人之文明啓發個人之文明交換他人之文明有一能離文字者乎則文字之與人類有促進文明之關繫矣雖其派別有中文西文之分其變遷有篆隸楷草希臘拉丁之異其書法有直行橫行繁難簡易之不同然考其關於文明之功用則一而已矣夫吾人兀坐室中其可以上觀千古遠覽全球以啓其靈明增其智慧用力少而成功多詳載隱微宣示後世以通其心志事其提命爲勢難而收效易孰非文字爲其普渡之寶筏乎然則吾人之與文字不可不珍視之矣

氣脈雄駿詞意新穎目光如炬口快如劍（吳臒評）

論義田之利弊

吉安縣立高等小學第三年級生 劉巖邦

人徒知愛我者之必衣食我也而不知衣我食我而不以時則愛我者反爲害我耳何則蓋衣食而不以時歲歉而衣

食之歲豐亦衣食之如是者驕惰之所從生亦即飢寒之所由致也非害而何如欲其驕惰不生則莫如俾以飢寒雖欲不勤動而不可如天之愛人也以困阨親之愛子也以怒撻任無知者方以為不愛之甚不知天之困阨我者即所以玉成我也親之怒撻我者即所以琢磨我也今人之吝於施與而欲我之勤動能終身自食其力者亦眞所謂不愛之愛愛未有過於此者矣昔范文正公置負郭常稔田千畝以濟族人誠可謂善矣特歲無論豐歉悉計口以給糧則不肖者反將恃其給而惰其四肢飢寒終恐不免雖然天下之事有一利必有一弊利之所在弊即隨之此豈但義田而已哉凡事莫不皆然是在謀善舉者審乎其時耳蓋時而處常則人可安業而善舉非必要時而處變禍生不測則善舉不可無倘或縮手旁觀但知己之私囊當飽而不知人之困難當拯是又殘忍之極也昔范純仁之麥舟與人孔子以粟與憲皆所謂周急而不繼富者也是可知義田之舉祇可藉以濟時之變至處常時則仍可聽其自為謀耳後之欲行慈善事者豈可不加審哉

陳說利弊動中肯要（毛漸逵評）

論義田之利弊

吉安縣立高等小學第三年級生 王善繼

惰由於逸逸由於驕是故驕心既起未有不逸亦未有不惰者也吾嘗考范文正公之義田未嘗不三嘆文正之樂善好施而貧者有以利其衣食也及考所立義田之法又未嘗不三嘆文正之計口給糧將長不肖者之游惰而助其殃禍也何則蓋義田之設處變時不可無處平時不必有變者起於天災為吾人防患所不及故不得不有此義田以備歉若處平時而亦計口給糧則推好逸惡勞之常情而不肖驕惰之風有不從此日長乎噫文正此舉豈非利弊相因而為一時所不及料者哉雖然文正以義田濟人不過使愚不肖受其影響而賢智則不慮此較之世祿之家一毫不拔坐視貧民之困餓而弗救者相去奚啻霄壤哉然則文正亦高人一等矣

思清筆爽言簡意賅(毛漸逵評)

論有限公司與無限公司之利弊

吉安縣立高等小學第三年級生 羅文幹

處今日商戰劇烈之時而欲經營商業非開辦公司不為功夫所謂公司者集衆資以經營合羣力以贊助故資本既雄則貨物廣殖智力既厚則億事多中彼德日各國因商以致富因富以致強豈非利用公司之所致哉雖然公司固不可少苟組織不善亦不能有利而無弊今試以有限公司與無限公司之利弊言之有限公司云者組織之人與各股東俱以所出資本為限倘公司遇有損失或負債過於資產時股東不負補償之責此其股東易招資本易集之利也然其資本有限則責任不嚴於是彼此交易恒視其資本為出入不能以信義為終始若偶或搖動則一蹶難以復振此其弊也至於無限公司俱負無限之責任苟公司有損失時盡其資產補償遺負而不足股東應任其補償即股東與股東間亦負連帶之責任責任既嚴則其執事必謹而信義必孚是又為無限公司之利也然出資無限使非巨商大賈安能勝此重任則其招股難而集資不易非又為其弊乎然則如之何而後可曰惟股分兩合公司由兩合公司與股分有限公司混合而成有無限責任之股東則專權既有專歸辦理必益加慎有有限責任之股東則財力可歸分任集資亦覺無難因其利而革其弊以有餘而補不足其責任無限者則執行業務其責任有限者則任議事及監督權權利義務配置適均如是自覺有利而無弊矣豈非為公司最善之組織也哉

說利弊處瞭若指掌非少具閱歷者不辨(毛漸逵評)

銷燬存土重申煙禁論

江蘇青浦縣立高小學校三年生 周元昌

天之生物也有益亦有害有益者當使之蕃有增殖有害者當除之不留纖屑海禁既開英人以鴉片輸入中國初以為療病之藥似有用者也而人吸之成癮精神以之疲乏百業以之怠廢金錢以之消耗千頃之富可致貧無立錐其

爲害顧不大哉此有清以來所以迭次嚴禁而今徐大總統亦有銷燬存土之令也現雖禁滿已告曠清竊不能無慮蓋總統施令者也奉令而承教者則長官與吾民也假使銷燬雖銷燬而吸者仍吸種者仍種運者仍運售者仍售總統不得而親問之也故總統雖嚴禁若此特不知督察之官稽察所及其能有法懲之乎辦理不力者其能依法懲戒乎若是、肅清官方其尤要也

禁除烟毒以肅清官方爲尤要一語破的文亦清正可喜（彥本立評）

勤儉論

昌化縣立第一高等小學三年級生 童浴

勤儉者致富之母也人不勤儉不惟難富即原有貲財亦易告罄故無論爲士、爲農、爲工商皆宜於勤儉二字矢守不渝以爲致富之本蓋勤則財源開儉則財流節致富之道盡在是矣聞之朱柏廬曰勤儉者治生之道也吾以爲非特治生之道即致富之本亦不外此以中國地大物博富本可期而患貧日甚何以故不能勤儉也不勤不儉富乎何有蓋所謂富者非果由於天定也縱云大富由天而小富究在人爲耳我國人性甘怠惰俗尚奢華既寡入又妄費鼠竊狗盜之爲安之若素而政府不一爲厝意至民匱財盡而猶加捐加賦藉充富國之源無惑乎國未富而民愈窮也嗟乎窮者亂之端也彼各國之以勤儉自勵者誠謂致富之基礎端在於斯耳我國果能急起直追地大物博之中華而謂不能致富寧有是理乎

通體明順（王祖同評）

論黨爭

蕭縣第一高等小學校一年級生 王樸林

嗚乎我最可親最可愛之政黨諸君乎斯何時乎豈猶可同室操戈兄弟鬩牆以爭乎近視內地遠察友邦禍機潛伏不可預測已成亂無倫紀之象不可收拾之局矣乃政黨諸君不思爲集思廣益之舉反欲持排斥傾軋之術嗚乎皮

之不存毛將安傅言念及此眞有不能不舌敝脣焦爲我政黨諸君一告者政黨雖爲共和國家所恆有而將來社會之進化富强之基礎多賴政黨之維持然亦宜有眞確之主見公明之眼光立定黨綱發爲政論足以增進人民政治上之智識引起人民政治上之興味也能如是民國前途將不可限量且可以稱雄乎東亞主盟乎全球烏有列强環伺小醜跳梁之足憂哉嗚呼近方舉踵引領以觀各政之措置而今紛亂如故傾軋如故爭私利怙權寵又如故也豈不大可哀乎夫漢之亡何亡乎非以黨錮紛紜朝局水火草竊奸宄因得以乘其隙乎唐之亡何亡乎非以牛李互競清流既沉唐宗因以覆滅乎若宋若明新黨與舊黨相爭東林黨與閹豎相持皆其致亡之導綫也今政黨諸君祇爲身計不爲國計祇爲私計不爲公計試捫心自問政黨之組織能完善乎分子之吸收能完善乎政見之主張洞見本源乎時局之立言能無私意乎苟其能之則吾言爲過使其不能則吾想漢唐宋明之黨人方不屑與今日之政黨爲伍固不必輕量古人也嗚乎政黨諸君其務懲前毖後推誠布公勿爭意氣勿便私圖勿以一隅之利害而牽動大局勿以個人之得失而貽禍全國庶幾同心共濟衆志成城當前之現象雖險國家終必蒙其福利焉是在今日之倡言政黨者

持論正當局勢亦尙開展(劉宗英評)

主持借債是否有害於國試詳言之

泰興縣立第一高等小學校三年級乙組生 王家楨

利風既開而以財取財之策出焉如田文收債於薛馮驩謂之市利是也而世之豪奸富戶利用是策剝蝕貧民因以傾人之家蕩人之產所在多有何可僂計不謂豪奸富戶用以戕吾民者外人又用以戕吾國也人以貧而借債因借債而愈貧國以病而借債因借債而愈病國用不足國病矣輸入外債是不能藥其病又從而益其疾也何者不足而借債負重息則愈不足愈不足則愈借而債終無還期不還則人有辭欲還則無財不還則理屈無財則氣餒理屈則

辭窮夫至辭窮氣餒則必任人要求迫之以租借則租借迫之以割讓則割讓以有窮之土地供無窮之要求必至傾資蕩產而後已前此喪失國權正坐此耳爾時君主當陽國事問題唯一二家奴決之雖二三志士持議其後彼固獨斷獨行而不顧者也不謂民國成立伊始而借債之舉愈甚不知主斯說者究何心肝豈慮中國之不亡從而迫之耶抑逆知中國之將亡從而促之耶余謂我國非無財也有私財而無公財耳今私財積於下致公財不足借外債以舉事恐至外人責還之時私財亦不能享有矣與其他日不保何如出而供今日之用此指捐當代軍政諸富家及前清諸名宦之富者實今日救國之無上上策也

指陳利害明辨以晳（余采之評）

論米穀出口之得失

泰興縣立第一高等小學三年級生 張元偉

米穀者人生命脈之所寄也古之人曰一夫不耕或受之饑此理所必然也幸我國地處溫帶物產富饒素稱農國故遇豐稔之年米穀尚無不給之虞惟農人舊法相沿全恃天時不能改良變通利用機械以代人工則農產物之豐歉自難預操左券若不儲其有餘以待不時之需恐一遇水旱勢必仰屋興嗟此米穀出口之失也然我國既得氣候土壤之宜加以改良進步使農產物供給本國而有餘然後出其餘以接濟友邦在我則開樂利之源在彼自感救恤之惠未始非一舉而兩善備也且使彼所食之米穀皆仰給於我一朝釁起則我不必興師動衆與之戰勝於疆場僅此閉關遏糴已足制其死命而有餘此又米穀出口之得也獨是米穀出口與否主權在我餘則出不餘則禁於外人無關也設中國米穀有餘而竟不出亦於外人無關今一二強國要求我國米穀出口而我竟從之則中國之主權爲外人所攫中國之死命爲外人所制豈僅出口之米穀哉

平正通達之作（季遐齡評）

論巴黎油畫院法人自繪敗狀之用意

泰興縣高等小學生 張錫康

人有恥必思洗雪之國有仇必思報復之理固然也然欲收洗恥之功必先勵報仇之志志不振而能成功者此必無之事也昔日本受俄國之恥日人乃以其事編入教科書中使小學生讀之人人腦海中有國恥觀念故甲辰一戰日本卒能報復俄國此日本之善於勵民志也知此可與言法人之油畫院普法之戰法人敗衂拿破崙第三降於普法不得已賠款割地與普議和其後法人乃用油和彩色繪戰敗於普之狀懸於巴黎城之油畫院中法人素好勝其自繪敗狀者豈無故乎余反覆思之其用意有二法自拿破崙橫行歐洲羣知橫行無敵而驕心生焉繪此敗狀使人人見而自儆莫不戒懼此其自繪敗狀之用意一也腦經所受激刺以親目所見爲最切彼無國恥觀念者因未嘗目擊也使以敗亡之慘象一一演於目前稍有血氣未有不勃然謀報復者此其自繪敗狀之用意二也此後法人舉國振厲含苦咀辛不數年巍然復爲歐洲强國豈非油畫院之功乎吾謂法人力圖報復之方且勝乎日人蓋熟之於耳又不若見之於目而刺之於腦也我國國恥亦多矣能取則於法以儆我國民中國前途其庶幾乎

詞意條暢尤喜其文氣澄靜迥異甚囂塵上（于次材評）

論誠

泰興縣立第一高等小學三年級生 何同文

風俗之美惡視乎人心之誠否人心誠則風俗必善人心不誠則風俗必惡欲爲改良風俗計非使人人存誠不爲功甚矣哉吾國今日人心不誠之弊不堪言也學者儀表溫文詩書其貌學術不知道德不講此非學界之不誠乎耕者舍其耒耜惰其手足不務耕耘此非農界之不誠乎推而至於工商界爾詐我狡聖賢其口盜賊其心此非工商界之不誠乎更進而言夫國家項城贊助革命初未有爲帝之心也無何而帝制自爲矣張康望重一時初未有復辟之意也無何而推翻共和矣他如各督軍忽而獨立忽而取消各政黨忽而進步忽而國民在上者如此無惑乎下焉者之

狡詐相尙欺僞成風廉恥喪失道德墮落也使長此不已人心愈趨於險詐世道愈趨於浮薄流風所及江河日下其害不知伊於胡底雖然欲已此風非易事也必於各省各縣廣設宣講所使宣講者掉三寸之舌費千萬存誠之言謂夫言忠信行篤敬雖蠻貊之邦行矣言不忠信行不篤敬雖州里不行令人覺悟存誠之善不誠之弊則人自日進於善改絃易轍矣而在上者又端其德以爲民範上風下從國家焉有不治者乎風俗焉有不美者乎

對於德意志實業誠之感觸

江蘇泰興縣立第一高小二年級生 朱之華

我國物產之富甲於全球宜乎經濟流通實業發達爲世界第一今欲練兵則財政支絀欲改革則經濟困難何哉皆由於實業不振興耳余讀國文教科書至國貨一篇內載德意志實業誠數語反覆思之不禁有所感觸蓋德意志實業之發達在於國人之信用國貨而國人信用國貨得力於德皇實業誠之激勵居多我國政府非但無提倡實業之思想且彼等一切需用品無不崇西而抑中無怪在下者之厭故喜新相率購洋貨也以致我國雖有一二工廠所出之貨無人顧問實業又安得不墮落哉然則中國實業遂無振興之望矣雖然以今日觀之補牢未晚取德意志之十誠爲師可也夫彼行之數十年而爲歐西𢧐國我國苟切實行之未始不可國富民足收效於桑榆與德意志實業相頡頏況吾國處天產富饒之區果因其舊觀而改良之則器械愈製而愈精物品愈出而愈美我國金錢又何致外溢而充他人之府庫耶惜我人心不齊近雖有熱心提倡實業之士暗寓抵制洋貨之意而好奇之徒仍舍此就彼其意若曰本國之貨粗而不雅不若外貨精而華美也噫人民如是國家焉得不呈貧弱象耶願我同胞力改前非悉購國貨以禦外侮即此省貨有不全應乞諸鄰省或求之於滿蒙回藏亦無不可楚人失之楚人得之利權既能自保國家不難振興也

氣清詞爽(季遐齡評)

詞筆條達文氣冲和（于次材評）

革心談

江蘇泰興縣立第一高等小學二年生 戴文淵

昔堯舜禹湯文武成康之際君明臣良天下隆盛是何故歟由於人心之渾厚耳故人心善則國家興不善則國家亡此定理也夫人心之善否何由而判亦以習俗之沿教育之不興有以造成之也然則反其道而用之改良風俗振興教育滌其舊染之汚使復其本善之性即今返古亦何難耶昔孟子以正人心爲己任即革心之謂也當今之時人心不古爲尤甚我詐爾虞朝三暮四奸狡百出反覆無常爭權攘利同室操戈國之云亡曾不少恤則根本救正之道尤非革心不爲功辛亥革命以來民國成立業已數年人心之壞視前益厲蓋革命而不革心終不能開一新紀元也人不欲革心則已既欲革心請自執政諸君始次爲各地官吏再次爲各地方團體是數者皆人民之領袖全國之表率也不禁拭目望之

感時立說詞旨頗深切著明（于次材評）

述德意志及日本之特色

江蘇泰興縣立第一高等小學二年生 周俊豪

國之尸稱强於世界者必有超出各國之特色德意志與日本在昔皆弱小之國德自威廉第一改革政體專任俾斯麥一戰勝奧再戰勝法遂爲歐洲强國日本自明治維新任用西鄉隆盛等一戰勝我再戰勝俄亦爲東亞强國二國自變法迄今不過數十年耳日不過三島其土地僅比我一大省德之土地約當我國廿分之一進步乃如是之速其何故哉德之國中人人嗜學風俗樸素爲他國冠又多工廠如克虜伯等役匠至若萬焉陸軍最强其編製亦足爲各國法嗚呼此德意志所以爲世界欽畏之邦也日本在數十年前歐美各國有領事裁判權與中國同今則皆服其法權無租界無會審而海軍稱强於東亞有五艦隊尤難者以武士道爲其國魂國民皆勇於公戰富於愛國此日本

所以雄視於太平洋之西岸也嗚呼吾國地大物博觀此二國亦知愧否

敍筆明淨(于次材評)

治法治人優劣論

昌化縣立第一高等小學校二年級生 魯宗聖

今夫欲使我國威揚於地球將以何道爲要點乎曰自在圖強欲國之強將以何法爲基礎乎曰始乎維新維新之道尤在乎法故民國肇興開國會定約法國家之基於以定人民之心於以治然昧者不察謂中國五千年來治國之道在人不在法輒曰徒法不能以自行又曰人存則政舉斯言亦固其宜然而適於古而不適於今宜於聖賢而不宜於豪傑宜行於君主專制不宜行於立憲共和今日非往古可比也古昔之治國者聖賢也今日之治國者豪傑也昔日之國制君主專制之國也今日之國制立憲共和之國也故人治宜於聖賢不宜於豪傑行於君主專制不行於立憲共和此適於古而不適於今者也以法治者宜於豪傑不宜於聖賢行於立憲共和不行於君主專制此適於今而不適於古者也由此觀之今日之治國者當取新舍舊在治法而不在治人矣且亟亟不容稍緩也蓋世界各國無一非立憲之國觀其政治亦無一非法治之國歐美各國雖間有內政不良人民擾亂者然其急急求治之心維新之志無一稍懈者此誠吾國不可不法治者之確證也况我國處今之勢危急存亡間不容髮內亂未已外患侵逼猶欲以人爲治戞戞乎其難之卽施之古之專制恐亦不逮况今之共和乎吾於今日論之當然以法治爲優也何云可疑

按時勢以立言文筆尤清爽絕倫(章心齋評)

論象媒之媒誘他象

興化縣第一高等小學校二年級生 劉熊祥

人之能自立者必其不受人之束縛者也其有能力有智識而甘爲他人鷹犬以貽害同胞者必其毫無人格殘害同胞以獻媚於異種者也試以象媒證之始則爲象人之俘虜繼則受象人之豢養終則任象人之指揮致之羈絆野象

也則羈絆之教之撫慰野象也則撫慰之教之誘惑野象令其受擒也則誘惑之同胞乎仇敵矣異種乎君父矣同類相殘至於此極得不謂禽獸中之禽獸奴隸中之奴隸哉雖然象獸類也其性情之卑劣思慮之單簡本不足異所異者以靦然之人類而亦人面獸心甘心賣國是可忍孰不可忍吾將覗此人爲豺狼爲梟獍而以白鐵鑄其面目使千秋萬世唾而罵之

結筆鐵面冰心頗似劉四罵人餘亦暢達(解評)

論檀香山與帕米爾之價値

興化縣立第一高等小學校三年級 楊禹年

昔日之形勢在大陸今日之形勢在海洋欲得陸地之穩固必先得有海洋權帕米爾居亞洲之中心其關係僅爲中俄英形勢之地而檀香山則爲太平洋之中心關係亞美澳三洲交通之樞紐乃太平洋最形勢之地亦即東西兩半球之形勢更不啻全球之形勢故我國欲張大國勢佔帕米爾則爲緊要佔檀香山則尤爲緊要何則我國欲雄踞東亞東亞之門戶乃太平洋太平洋之樞紐乃檀香山故得檀香山如得鎖鑰而太平洋之門戶乃得自由啟閉東亞之保障亦因以穩固無事之時享有太平洋之航權有事之時則太平洋爲我所用進可以攻退可以守足以制澳美之死命其價値顧不重哉至若帕米爾不過陸路之後戶雖曰重要較諸檀香山則稍遜矣然亦不可漠視也

全局在握按時勢以立言發揮精當可云傑搆(孔評)

論中國宜急設公園

江蘇靖江縣立第一高等小學一年級生 鄭頌平

山水秀麗花木芬芳樓臺環繞木石縱橫烟雲無限蟲鳥爭鳴四時美景萬國奇珍搜羅一室橫絕古今擴充國民之眼界開拓國民之胸襟增進國民之智識活潑國民之精神非公園乎公園者國民之公園非個人之私園也上品世族下品寒民公園同樂貴賤無分其樂何如男知道德女受教育公園同樂以遨以遊其樂如何父子熙熙兄弟怡怡

公園同樂天倫攸宜其樂何如東西各國之國民男子之磊落雄偉女子之健爽秀麗非公園之樂趣隱有以薰陶之者吾不信也嗟我國民豈遜於彼邦人士耶我見夫我國民矣舉杯邀月對影飛觴大聲呼酒高朋滿座以酒樓之樂爲樂無公園之樂也陽春白雲高唱入雲叫奇拍案喝彩同聲以戲館之樂爲樂無公園之樂也六博定點百葉多情朋比消閑角勝爭贏以賭場之樂爲樂無公園之樂也短笛輕吹高枕橫陳鬼火暗暗暮氣沈沈以烟室之樂爲樂無公園之樂也羅帳爭艷菱鏡波香瑯環福地風月醉鄉以妓館之樂爲樂無公園之樂也故其樂也不敗壞其品格即剝喪其元氣不戕賊其肢體即汨沒其性靈較之文明各國之男子享公園之樂趣其相去爲何如也不更觀夫我國女子乎龍舟競渡天符出行奔走爭觀歡聲如鼓非不樂也會賽龍燈故乃翻新坐觀市場目注心凝非不樂也盂蘭勝會大放光明同觀醮場談道說神非不樂也中秋佳節送瓜鳴盛迎麒麟子人人稱艷非不樂也然彼所謂樂者不迷於神權即因於風俗不流於淫佚即蹈於愚昧較之文明各國之女子享受公園之樂其相去又爲何如也噫

言之成理不同泛常

興女學爲改良家庭教育之基礎論

玉田縣立女高小一年級生 胡育英

我國數千年來女學不興因之不能造家庭教育之基礎使之教育子女何能良乎諺云女子無才便是德此誤女子實誤家庭更誤國家也夫國家之文明與否在女子教育之興與不興尤在女學之興與不興也興女學者造家庭之賢母也故求後日之賢母宜先求今日之賢女女之賢由於興女學也古有賢母者孟母陶母歐母是也何一非由學校中來乎願策國者求家庭教育之改良先興女學爲基礎

家庭教育根於女學說得煞有關係文筆亦靈活無匹足藥平庸之弊（伯仁評）

弱肉强食優勝劣敗爲天演之公例弱劣者當順天更當回天論

戰立寰

黑龍江省木蘭縣高等第二年級生

孟子曰以大事小者樂天者也以小事大者畏天者也樂與畏雖異而其恭順事人上承天心則一也故子產相鄭介秦晉兩大之間時被侵陵而內修守備外睦諸侯秦晉不敢逼者數十年夫差之報父讐也敗越於夫椒勾踐屈身請和卒以生聚教訓之力沼吳而稱霸此於順天之中寓回天之志也倘使既弱既劣而不審所處則十萬橫磨適以自斬其祚耳近者大陸雲擾競爭日烈印度亡於英矣安南領於法矣朝鮮併於日矣環視亞東其一息尚存未爲白人割讓者惟中華一片土人操刀俎我爲魚肉咸以染指爲快豈天之故阸我國耶於此而只言順天則懸肉如林不足饜其欲反而逆之則優勝劣敗適以速其亡然則何爲而可耶曰勢不均力不敵則子產勾踐其前師也吾有國吾知愛天不能使吾不愛吾有種吾知保天不能使吾不保盡人事以順天心即盡人事以回天意則是環吾側者雖皆天之驕子而人與天既相應正不必慮其驕也且安知今日之驕彼者異日不轉而驕我乎所謂人定勝天而回天之力足以轉弱爲強轉劣爲優也倘泥於天演之說知順而不知回終亦必亡而已矣天何言哉天何言哉

平順中間有警策語(隋則民評)

違抗義務教育公令者罰金論

黑龍江省木蘭縣高等第二級學生 韓登峻

一國之強弱視乎人民之智愚未有人民愚昧而其國能強者然則欲使愚昧之民而有智識將奈何曰厥維教育嘗聞英美兩國識字人民十得八九故智而強也中國識字人民不過百分之二三故愚而弱也今日之世界一學戰之世界也中國教育不明學術不振而無智之人民復拘於舊習以事反抗政府有鑒於此定初等四年爲義務教育無論男女貧富之子弟均令入校輸以普通知識蓋中國之弱實由於閉塞所希望者惟此頭角崢嶸之少年使再爲其所誤茫茫前路何堪設想令曰已屆學齡違抗而不使入校者罰金法至良意至美也況神州雲擾二十二省之土地

財產已爲人懷中之物四百兆之人民已爲人注籍之奴新亭之淚徒灑無益老大巳矣無復厚望惟注重於義務敎育使一般少年讀書識字而後有愛國之思想儲獨立之能力皇皇禹甸或不至流爲異族夫國家如大厦人民猶基礎未有基礎鞏固而大厦傾仆者中國此時已如將傾之厦非重新建築不足以持永久而建築之資料惟此義務敎育造成後起之國民違抗而必有罰金迫其受敎育也爲强國計也非籌款也嗚呼往不可諫來猶可追中國而爲牛爲馬則烹臠箠鞭之慘酷惟少年當之中國而爭盟世界與英美昇齊驅之尊榮亦爲少年致之爲父兄者其恪遵公令勉盡義務而善爲子弟謀耶吾甚樂夫義務敎育故舉罰金之令爲違抗者正告焉

條暢(隋則民評)

論中國南區五省之形勢

直隸靑縣第一高等小學第二學年生　李鴻年

國家之强固在人民之精神然必有可據之形勢以爲憑藉而後乃可以發展其能力觀吾中國南區五省南襟珠江北枕五嶺東環滄海形勢雄固福建之海岸有三都福州興化厦門各灣有海壇厦門金門各島廣東之海岸有廣州灣九龍香港澳門諸險要可謂天府之堅金城之固矣雖然自中日新協約成福建沿海各地不得有軍事之設施廣東之廣州九龍爲租借地矣香港澳門已割讓矣其形勢失而險要去矣內地如福建有杉關大嶺隘仙霞關爲通內地之要區閩侯爲全省門戶長汀南平建甌爲本省重地廣東北負五嶺南襟三江高要欽縣俱占重要位置廣西句漏山障於南境桂江盤江鬱江貫於全省蒼梧邕寧爲守江者所必注意龍州爲防邊之要雲南西有怒山高黎貢山雲嶺怒江瀾滄江雜流其間金沙江經流北境騰衝爲省西門戶大理片馬地亦扼要貴州婁山列於北苗嶺蔽其南省居二大山之間可稱險要也此五省之形勢也吾觀南區之形勢以海岸爲重要惜其險已多失之矣若內地各要區能固其守雖沿海失其險又何慮哉故國家欲使他國不得而侵略者必成其險要之地後之用兵者可不深察其

地理之形勢而爲行軍之備乎哉

局勢開展段落分明（馬孝寬評）

論賭博之害

江西萍鄉私立文氏學校二年級學生　程洛生

天下戲玩之事足以破人家業壞人心術者莫賭博若矣嗜利之性恆人所不免然非勞心勞力決不能無故而得之賭博之事謂可以至少之財俄頃間攫數倍之利故人爭趨之不知賭博不能有勝而無負負則破家蕩產流爲乞丐盜賊勝則損人利己非勞心勢所得則爲不義之財由是觀之是勝負兩害矣且以有用之光陰而糜費於無用之事不但敗壞名譽貪欲一啓而心術亦不堪問奈何溺愛其中者至廢寢食其害豈不大哉噫嘻博戲之人何不悔心改過以效江蘇乎江蘇年十一數爲博戲其祖母憂之因言賭博之害常至破業廢身蘇聞言即日棄博具終身不以爲戲勇於改過如此此其所以不受賭博之害也

順理成章

論中國教育之弊

金陵大學高等科三年級學生　熊春煦

中國開東亞文明之先地土非不廣也人民非不衆也天產非不富也民智非不足也然自國體改革以來富強未著一如曩昔內亂迭興外患交迫其故何哉教育之道未盡耳論今日中國教育其弊有三曰教育之偏重也曰教育之不普及也曰教育之略於實行也夫教育豈可託之空言若與實業並興若農若工商皆有專業使研究有人實驗有人百廢既舉國自富強今也不然學校之士第知吟誦不重實業其於國事何濟乎此教育之偏重也一中國人民至多而向學者少蓋歐美諸國全國幾無不識字之人教育完美濟濟多才故國本安如泰山而中國教育不興人才罕出加之內亂外患國民之責任匪輕千鈞一髮勢如纍卵此教育之不普及也一中國人士不以實行爲主學非所

用非所學。此學者之病也。而流俗之見。多徘徊於榮辱之境。奔競於得失之途。所謂教育。誰知擴充。所謂實業。誰知振興。國之不強。抑何足怪。此教育之略於實行也。一觀今日中國教育如此。良深浩歎。欲圖富強。莫若振興教育。振興中國教育。莫若與實業並進。廣設學校。使各獲普通之益。且愛國之誠。學有專業。實行為先。求精進之效。成遠大之學。則中國教育前途。庶有豸乎

抱定當盡教育之道立論。探驪得珠。且中分三層。指明中國教育之弊。堪稱對病發藥。而文心靜細。詞旨修潔。尤有闢徑自行不落恆蹊之勝（徐翰臣評）

教育以德育為最先論

金陵大學高等科四年級生　林剛

德育智育體育。教育之三要素也。體育所以健身體。振精神。智育所以增智識。長學問。德育所以存心養性。維持風俗人心。三者雖不可廢一。而注重當分先後焉。近世談教育者。莫不主三育並重之意。余謂以德育為尤重。何則。道德者人生之命脈。國家之元氣也。人無道德。固不得為人。一國之中有多數人無道德。則國亦不國矣。雖有高深之智識。英偉之體魄。不過如假寇兵而資盜糧。智凌愚。強侮弱。而不為怪。道至互相詐虞。互相爭奪。祇論強權。不講公理。不特一身之敗檢。而社會國家之紛亂。將不堪設想矣。夫人所以與禽獸判者。為其知禮義廉恥也。雞鳴而起。孳孳為善。不以私害公。不因利失義。見善則樂從。見惡則退避。如薰蕕之異臭。由是身修而家齊國治。能拯斯民於水火之中。置國家於磐石之上。為人不可辭其責爾。此教育所以先德育也。蓋德育猶樹之本根也。智育體育。其枝葉耳。根本既固。則枝葉自茂。使無本根。其枝葉烏得而附麗之哉。故孔門通六藝。以德行為先。大學論治國。以修身為本。非首重德育歟。晚來道德日壞。廉恥道喪。圖功利。甯犧牲其性命。搆私怨。甯敗壞其公德。紛紛擾擾。莫斯為甚。願主持教育者。尤宜急起直追。雖體育智育不可偏廢。而德育究為先務。能知所先後。庶可挽頹風於萬一矣。

論國家基礎在少年教育

措詞透快說理明達無模糊影響之譚繞其筆端傑攙也（徐翰臣評）

淳安縣高等小學生 徐立

國家所以成立者以其有土地也人民也主權也三者缺一不可何言之土地者國家之基也人民者國家之本也主權者國家之所恃以有爲也有人民而無土地不可有土地而無人民不可有人民土地而無主權更不可惟有主權而後人民土地可以保亦惟有人民土地而後主權可以存是則國家者全賴此三者交相維繫者也是以言乎主權主權則尊重矣言乎人民則結合矣言乎土地則完全無缺矣然而大與志尼有言國家基礎在少年教育是何也豈土地人民主權皆不足爲國家之根本耶抑知不然少年教育者即所謂國民教育也國民教育所以使國民受普通之教育而以德育智育體育爲要項蓋受之以德育則足以陶冶國民之道德品性受之以智育則足以養成國民日用生活必需之知能受之以體育則足以鍛鍊國民之身體使之日就於發達人人咸受此三者則人人咸爲普通完全之國民而文明程度自然日有進步社會組織自然日有進化一切農工商業所用之機械器具以及軍爭上堅實之戰艦精速之槍礮猛烈之藥彈自然日見精巧如此則兵備完武力足權利即由此而生而主權由此而固矣主權既固何患乎人民土地之不能保乎然則少年教育者乃土地人民主權之本也是國家賴乎土地人民主權而實全賴乎少年教育國家基礎在土地人民主權而實在少年教育故欲視國家之強盛與否即視乎少年教育之發達與否以爲判少年教育發達則其國力必強而國家必盛少年教育不發達則其國力必弱而國家必衰由此以觀少年教育之對於國家其關係固甚偉也是可知基礎之所在非苟焉已也

大國民論

大力包舉氣象萬千非流俗可能幾及

潁上縣立高等小學三年級生 許文浦

無合羣之思想不得謂之國民無保種之主義不得謂之國民無尙武之精神不得謂之國民蓋國特民而富國特民而强國特民而文明進化國特民而敎育恢宏然所以富所以强所以文明進化所以敎育恢宏者仍關乎有合羣思想有保種主義有尙武精神之大國民吾欲論大國民請先論大國民之義務人生世界上卽造物之一分子也茫茫大陸孰非己之土地摶摶衆生孰非己之同胞而顧任他人之侵削任他人之殘殺略不顧問若越人視秦人之肥瘠可乎哉雖然此乃無知無識下流社會之所爲而非大國民之所屑取夫所謂大國民者負合羣之思想抱保種之主義具尙武之精神富貴不能淫貧賤不能移威武不能屈値可爲之際則展其經綸氣節以濟世而爲世界之英雄豪傑値不可爲之際則著書立說以警世而爲世界上之大儒賢俊磊磊落落夫豈無血性[illegible]理想之輩所可同日語哉間嘗縱覽歷史見宋范文正爲秀才時以天下爲己任顧亭林謂天下興亡匹夫有責庶可稱有國民之思想者也其他若貝根笛卡兒皆立說以勸世可謂敎育界之大國民盧騷倡起民權可謂政治界之大國民奈利遜訓練海軍振興英國可謂軍事界之大國民然以數萬里之地球數千年之歷史而所謂大國民者僅寥寥數人亦云罕矣

有理想有議論傑搆也

小學敎師對於國家之關係論

松溪朱彬彩

國家之强弱係乎人才人才之盛衰恃乎敎師是敎師者人才賴之以陶冶國家倚之以盛强者也敎育善然後人才出人才出然後國家興如人身然國家其全體也敎育其主腦也知地球然國家其實質也敎育吸力也人無主腦則百體無所從令地無吸力則萬物無所附麗國家無敎師則億兆人之知識莫由啓道德無由明於以知億兆人之知識道德文章言行俱賴敎師彫琢之砥厲之陶冶之而成者也夫人之始生也愚昧無知蠢而動啞而啼飢寒行動悉恃乎人追及學齡之際送入學校爲敎師者當養護之管理之敎授之斯時也腦力未充知識未定敎以爲善則日

趨於善教以爲不善則亦入於不善是則教師對於兒童有重大之關係而兒童對於國家又有密切之關係何則兒童者他日之公民國家之根本也根本固而後枝葉盛理勢使然由此言之小學教師對於國家之關係豈不重而且大哉

簡而且切

競爭力由比較法而生論

南匯第三高等小學生 顧金銓

天下一優勝劣敗之局也古今一競爭比較之世也世界以比較而進化人事由競爭而文明獎勵其優勝者勸導其劣敗者使之同造乎文明之域即所謂智識平等也智識如何而平等比較尚已人情莫不喜優勝而惡劣敗當夫比較之秋必評其所以優與劣所以勝與敗然後能激勵其志氣鼓舞其精神俾勝者更勝優者更優敗者求勝劣者求優然後競爭之效乃大著然則果何自而比較乎或曰一人與一人較可競其學問之深淺一家與一家較可競其家政之興替社會與社會較可競其人民之文野一國與一國較可競其國勢之强弱於是不顧自暴自棄者不得不生一種競爭心以追逐之而競爭心之所以生莫不由比較來如是則淺者可深替者可興野者可文弱者可强此眞所謂智識平等人類平等世界大同之先聲也故凡事凡物非比較不能進化非競爭不能平等耳

有振筆直書之樂無格格不吐之情昔人謂少年文字貴有一種蓬勃氣象此類是也(徐之高評)

提倡職業教育論

浙江吳興縣留讀乙種商業學校二年級生 錢紹廉

處物質文明世界而欲求國之富强舍提倡職業教育末由提倡職業教育之道若何惟多設實業學校造就有用人才使人人具有職業上之智識技能以自謀生活致國家於富强耳我國地大物博人民衆多實業果能發達何至舉農界所産物皆爲外人所取資以購諸我者從而製造之轉售於我以獲其利乎斯則人民泛言教育不重職業而致

府不爲提倡之弊也居今日而言職業教育應先於淺近處着手市場之旁多設商業學校工場之旁多設工業學校鄉村之旁多設農業學校而尤於小學校中注重實業一科另闢場所實地練習使學生卒業之後或入市肆爲店夥或入工場爲廠工或入田野爲耕作針芥相投無隔膜之弊且普通智識既備而於所操之本業又歷練純熟將見農工商界之人才輩出實業振興一日千里可無疑也誠能循此進行則我國之富强當可指日而待矣

切實指陳頗中時弊

游俠論

遼陽縣高等小學一年生 于永泰

世不患有不平之事而患無平之之人自古寃枉抑屈鬱結不伸至正氣凝爲戾氣者比比皆是果孰是平之之人耶若夫見義勇爲毅然直前奮衆之所未奮鳴衆之所未鳴無希冀亦無顧慮犧牲身命置之度外利祿名譽附之浮雲艱險閱歷奔走倉皇爲國家計爲民族計實不欲有遭無辜之慘禍者繄何人蓋游俠也否則利祿爲心名譽縈懷遇艱險而不赴見義憤而不爲盜名沽譽眩世眩俗是爲俠中之大蠹而衆所不容也彼專諸之刺王僚要離之刺慶忌荆軻之刺秦王不過受主人之屬託報知己之私恩豈可謂之游俠游俠者官吏貪汚有以警之人民饑苦有以周之霸佔强横有以抑之肆行不軌有以怖之夫而後民安國泰天下承平矣古有湯武大俠也當桀之暴紂之虐百姓倒懸民不聊生之日急起而解之天下乂然以安迄秦迄漢若張良之椎秦以報韓朱家郭解之刺暴以快衆皆游俠之卓卓而榮名於後世者也嗚呼戰國之際民權不伸官吏視民直牛馬之不若民族之喪殘幾無遺類不有游俠之維持調護吾恐黃帝之子孫不復起於今日矣吾民知之其亦馨香尸祝之乎

氣魄沉雄筆鋒犀利末幅以如許大功歸之游俠尤徵卓識(佟有爲評)

論商戰

遼陽縣立中區高等小學一年級生 栗德澂

立國於世不可無兵然須金融以輔之故必講求商學以闢利源昔閉關之世我國之以商雄一時者特國人與國人戰耳今則內戰既疲外戰正劇人之臨我也如槍礮我之遇人也如弓矢夫弓矢之不敵槍礮也審矣且商原於學彼之學新而富我之學陳而腐欲以取勝是猶雀與鷹角能有倖乎故夫商者物與物相生者也戰者物與物相殺者也昔周白圭曰吾治生產猶孫吳之用兵果使吾國商人能各各如孫吳用兵豈特不敗其勝可操劵也雖然狃於勝焉亦即敗之機也安得如白圭者與彼族相見於市場乎

曲折變化筆意層出論精而確氣疏而達本課之上選也(谷正昀評)

論職業

遼陽縣立中區高等小學二年級生 丁寶忍

人生於世莫不當有職業以自養職業之大別有四曰士曰農曰工曰商所以為養生之計則一也為士者當勉力勤學為農者當深耕易耨為工者當計日效功為商者當乘時趨利均不可苟且偷安也予嘗見不士不農不工不商之人方其家富財盛時衣食裕如固不須求職業也及遭逢不幸貧窮立至雖欲求職任勞而已弗及甚且流而為丐嗚呼守夜司晨雞犬尚有專職高出萬物之人類乎倘雞犬之不若能無愧死

詞筆警策足為澆俗鍼砭(谷正昀評)

說儲蓄之益

吳興留韶商校三年級生 王慕周

理財之道不外開源節流開源莫如勤節流莫如儉蓋不勤則寡入不儉則妄費勤儉固治生之道也然而含辛茹苦勤則勤矣開源者不必能節流惡衣菲食儉則儉矣節流者不必能開源兼斯二者其為儲蓄乎儲蓄之法以勤儉所餘之資無論多寡陸續儲蓄於銀行或錢莊為長期有息之存款此其為益厥有數端貲財無耗散之虞一也息率有增加之額二也移緩濟急可以應不時之需三也積少成多可以營大宗之業四也世有終歲勤動仍苦積累之無資

半生儉約不見資財之餘裕括囊雖稱无咎終窶付之天爲者未得儲蓄之益者也善夫朱子之言曰宜未雨而綢繆毋臨渴而掘井此言儲蓄之切於身家者也匪獨此也貴郎多金坐擁懷璧不可越鄉富家庋閣既豐慢藏必致誨盜非徒無益爲害滋多且死守其資財而不流通於社會則公益之事業不舉地方之生氣毫無然直接流通既苦繁勞又虞耗散若儲蓄於銀行俾得吸集多數之存款成一大宗之資本爲間接之流通則資財不致置於無用地位化板爲活衆擎易舉百廢具興其有益於社會又豈可以數量計哉而況以裕身家者裕社會即以保社會者保身家相繫相維尤有密切之關係也

發揮透闢絕無浮墨

交通

遂陽縣高等小學第十級生 耿家桂

吾人生於宇宙之間日用之物甚繁非人羣互資無以爲生而交通之事尤不能缺若郵政、電報、鐵路、河渠、橋梁、輪船、其著焉者也近今之世科學日新製造日精心思日巧即日用之物亦必心裁別出互相爭勝亦何莫非交進便利之所致又不第爲商業所利用即於軍事亦甚利焉試觀交戰之時用以窺探敵情傳遞消息轉運餉糈者孰不恃交通之迅速乎故國愈富饒交通之法愈備而社會之文化傳播亦愈捷況乎航空事業日益進步漠漠高山茫茫大海向之所謂天然障礙者今已舉不足恃矣異日航術益精吾恐巴黎倫敦南美東亞亦當與比鄰耳交通之神妙豈不大可驚耶今我華僑之以航空著者時有所聞我國人民果能窮其心思耳目之力時時研究不交通於海陸而交通於天空未始不可戰勝歐美也

說交通有如許之進步如許之利益末幅欲重人以航空制勝頗見精思(修有爲評)

古今戰術之變遷

遂陽縣高等小學第十級生 白世昌

戰爭之事繁而後利器日益進步戰爭之事烈而後戰術日益變遷原夫上古之時無所謂兵器也其爭無非個人之爭也其器近則木梃遠則土石黃帝崛起沿河東下蚩尤抗命戰於涿鹿蚩尤造刀戟以利近攻黃帝乃造弓矢以利遠射此吾國戰爭史上之新紀元也於是個人之爭一變而爲種族之爭厥後夏商專尚車戰乃進而爲國與國爭及春秋之世管子軌里連鄉之制出兵車之制乃大備馴至趙武靈王胡服騎射爭相仿效遂漸廢兵車而爲步騎平原廣野縱橫馳騁而當時之爲將者悉精孫吳頗牧之兵法故其爭城爭地殺人雖未至盈野盈城而起翦輩之殺人亦必動以數十萬計此戰術變遷至速之時也雖鉅鹿垓下之戰盛稱於史冊然戰具相因戰術亦不脫孫吳頗牧之範圍漢魏而後礮石制出戰術乃稍爲變遷歷晉唐以迄南宋戰端屢啟虞允文之霹靂礮金人之震天雷相繼而出遂爲今日槍礮之濫觴迨元代盛時兵力遠及地中海歐人得我成法日夕研究十九世紀中葉槍礮日精於是陸有礮臺海有鐵艦是時也一將成名殺人以百萬計焉而其血流殷地骨肉橫飛實令人慘不忍覩變遷之速不尤爲可驚乎近數年來不第陸戰易爲海戰且易而爲海底戰天空戰武裝和平卒不能保致演成歐戰之烈今者劇烈之槍礮固已便於陸戰矣而且魚雷潛艇馳乎洋海之間雖鐵艦無所恃飛艇飛機凌乎太空之上雖礮臺無以守故其軍事家作戰計畫亦非具孫吳頗牧之謀勇者可擬變遷之速更有令人不可思議耶故當是時而欲取威定霸殺人必且以千百萬計嗚呼人道不講利器日烈何不仁之甚也吾想夫兩軍之相搏也愁雲慘淡殺氣飛騰怯者固驚魂而動魄勇者亦慘目而傷心其戰術較鉅鹿垓下之烈不啻萬倍涿鹿更無論矣嗚呼戰事愈烈戰術愈奇此後之變遷如此更不知伊於胡底也

熟悉中西戰史故能抵掌而譚如數家珍筆氣亦軒昂磊落卓爾不羣結局尤悠然不盡耐人尋味（佟有爲評）

經營蒙古芻議

遼陽縣高等小學第十二級生 袁寶章

我國處此危急存亡之秋謀國者每諉罪於將不勇卒不精甲不堅兵不銳嗚呼何其誤耶今旣創設共和合五族爲一國卽宜人人固結團體豈可自斲元氣貽漁翁以利而自甘鷸蚌耶譬如兩舟遭險協力扶助庶克有濟若復自危其舟而不與他舟固結欲己舟之獨不傾覆難矣迨將傾覆雖欲救之悔何可及今漢之與蒙亦猶是也吾國儻不竭力經營蒙古不久必處於日人專制之下東望朝鮮前鑒不遠想謀國者亦必不能無動於心況蒙民業已歸誠果竭力經營日人亦無從肆其簧鼓數百年之藩屬不將一變而爲兄弟手足乎爰作議蒙古篇

一開闢蒙古宜殖漢人　蒙人逐水草遷徙祇以牧畜爲業而不知有水草之處悉可種植我苟得其利彼亦必起而效之惟是移民易籌款難然能利用旗丁游勇亦尙兩有裨益能如是則國內可無曠士游民矣

二交接蒙古宜聯情感　蒙古人原無定識吾能聯以情感俾知同種可親異種自無從煽惑然必開誠布公謀己之利且代爲彼謀而後親乃可久如是則共和之宗旨可貫澈矣

三開通蒙古宜興教化　蒙人野蠻成性不守藩圍吾能與其教育使智識日開理想日富自能與吾漢族同化特教材難得國家必切實獎勵而後能逐漸振興如是則共和之幸福可共享矣

四對待蒙古宜戒欺詐　蒙人未脫初民氣象性雖蠻悍心確樸實待之果不欺詐必能以彼之資投入吾之實業則共和之利益可共獲矣

五固結蒙古宜練蒙軍　蒙人騎乘爲世界雄如能練爲勁旅則俄人旣不敢南下日人亦不能西窺特非土地闢文化開不足以語此如是則共和國之疆土可保守矣

六便捷漢蒙宜築鐵路　蒙地廣漠無垠沙漠中時有勁風旅行其間者極爲困難脫能繼張綏路而延至外蒙則軍事商務兩得其益然此非十年後農業興工業講商業盛不能動此巨工十年而後交通必便利矣

嗚呼五族共和原爲莫大之利特愚蠢之民族未知其利而知其利者且未盡其先進之責任以致良田視等曠土健兒視若夷人誰之咎也茲獻芻議以警醒當局俾能修飾潤色極力經營已耳適否不計也

就目前時勢言經營之必要頗爲中肯所議各項局勢整鍊見解周詳結論亦矯健絕倫（修有爲評）

託拉斯

遼陽縣立中區高等小學第十三級生 陳鳳岐

世界上有旋乾轉坤之能力移山塡海之手段者莫託拉斯若故國多託拉斯其國鮮有不富者若美之富其前事也所謂託拉斯者何卽併數公司或十數公司而成一大公司之謂也溯厥權輿美商洛克菲勒之石油託拉斯其首倡也集衆公司之財以爲財聚衆公司之智以爲智萃衆公司之能以爲能故舉無敗事於是美之實業家羣起而效之若鐵路託拉斯併十一大公司全國幹線悉被網羅鋼鐵託拉斯併八大公司全國業鐵者悉歸之汽船託拉斯亦併八大公司計船八十艘大西洋航權一網而盡綜斯三託拉斯雖所併之公司多寡不一然其有益於國計民生則一也今日美國之所以富甲寰球而工商發達無出其右者蓋託拉斯爲之也嗚呼我國土地廣人民衆不惟無託拉斯卽求一較大公司而不多亦可見工商之不振也雖然有志者事竟成吾黨青年苟能以洛克菲勒自期研究實業焉知不駕洛克菲勒之上有倡之於前者自有效之於後誠能若是又何不富之足患哉吾青年其勉乎

詞氣充沛有如水就下之勢

物質進化論

遼陽縣立高等小學第十二級生 袁殿屏

美矣哉宇宙間物質之進化也何者太古之際茹毛飲血穴居野處日用器具取給於石所謂養生之具捍患之方茫乎其未有也其後學理日精世事日繁物質之進化遂蒸蒸日上今則食用精奇樓閣華麗槍礮猛烈車馬制備舟楫用宏交通已甚便利而人類之願望猶以爲未足於是闢危鑿險鐵道蜿蜒於千里乘風破浪輪船往來於五洲陸路

航路之經營不遺餘力雖水有波濤之洶湧陸有山川之險要毫無遏阻於是車馬舟楫之制陋矣而人類之願望猶以爲未足於是歐西學者仿紙鳶氣球之制殫心竭力爭新鬬巧而製出飛機飛艇之利憑空陵虛卽可直達雖漠漠高山茫茫大海舉不足以爲天然之障礙午巴黎而未倫敦昨南美而今東亞意計間事耳嗚呼人羣之進化無止境也事理之發明無窮期也今之世界其物質之文明較之古昔奚翅天淵然此爲歐洲物質之進化而吾國乃不彼若此吾之所爲長太息也吾輩少年宜如何極起直追以期與歐西並駕勿謂瑰偉絕特之士出於異域而不出於中國也

大氣盤旋無囁嚅不吐態傑作也（佟有爲評）

厚葬薄葬得失論

睢寧縣立第一高等小學校第二年級生 王化之

人不能有生而無死卽不能有養而無葬顧世人於喪葬一端或厚或薄二者逈乎不同果孰得而孰失歟夫厚葬之意主於愛親愛親孝也薄葬之意主於愛財愛財吝也執此以相衡似宜取其厚不取其薄不知葬者藏也人旣死須埋藏之虆葬與裸葬原有所不忍然以一人之死竭一家之所有與之俱埋於死者亦屬無益非惟無益於死者已也且有害於生者譬如有一家於此今歲葬其王父耗財若干明歲葬其王母耗財若干不幸數年間又葬其父與母仍循例耗財若干長此以往不至於蕩產破家不止人之常情未有不爲子孫久遠計者今以厚葬故數傳而後爲乞丐焉爲餓殍焉祖若父死而有知能無痛乎無益於死者之身適以傷死者之心世俗以爲孝君子以爲大不孝也或者曰如子之說不幾背聖賢之道而入於墨乎曰否否伯魚死有棺而無槨顏淵死顏路請子之車以爲之槨而不許是孔子不專主厚葬也孟子前喪不如後喪是亦不專主厚葬也墨子言葬埋之法棺三寸足以朽骨衣三領足以朽肉掘地之深下毋及泉上毋通臭止矣至於棺槨必厚衣衾必多文繡必繁邱隴必巨均有所不取節焉已耳薄云乎哉

況厚與薄本無定也惟因其家之貧富以爲準厚者不失於奢薄者不失於儉斯兩得之矣此之謂中道

持論正大說理圓通末以葬之厚薄準乎家之貧富尤屬孔厚墨薄折衷之論（吳逢之評）

論宴安之害

江蘇青浦縣立高小三年級生 王慕楷

今試執途人而詢之曰汝欲求逸樂乎抑勞苦乎必對曰逸樂固所願耳勞苦所最疾首者也然則惡勞而喜逸固人情之常苟或有反乎此者得毋疑其不近人情乎曰是不然勞則思善逸則忘善古有明訓篤志力行學者事也曠宴安者則不能深耕易耨農家事也貪宴安者則不能計日效功工人事也圖宴安者則不能乘時趨利商賈事也思宴安者則不能故宴安者足以使我志氣衰頹使我功業隳廢使我歲月虛糜使我與草木同朽甚矣哉宴安之爲害大也嗟嗟桀不爲象廊瓊室何至有南巢之放紂不爲酒池肉林何至招牧野之羞古之人深知其然故枕鈴自警者有之運甓習勞者又有之吾人立志遠不逮古人其可偷旦夕之安而敗檢踰閑耶夫陳後主縱酒賦詩卒爲隋虜越勾踐臥薪嘗膽終沼勁吳故知勞苦者成功之母宴安者亡國之媒此周公所以作無逸之篇豳風之什以戒成王也然世人多不之畏竟有明知之而故蹈之者何耶以其害在無形故耳其始也則必自解曰浮生若夢爲懽幾何我片時之懷安諒無有議我之縱欲者其繼也又必自解曰吾聞聖人不凝滯於物而能與世推移衆人皆醉似不妨餔其糟而啜其醨也其終也更必自解曰吾亦知所爲之非不欲流連忘返但習之已久勢難驟改以待來年然後已宴安愈甚自責愈寬終亦忘其爲宴安而已矣管子曰宴安酖毒不可懷也旨哉斯言然吾以爲宴安之害浮於酖毒三尺童子至無知也明言酖毒而强令之飲則必畏懼而逃蓋亦知酖毒之足以戕身也成人無不知也若語以宴安之害等諸酖毒則必掉頭不信反笑其言之過甚蓋不知宴安之足以喪志也童子與成人其智識之高下不可同日而語乃童子知酖毒之害成人不知宴安之害此眞令人不解者也莊周曰哀莫大於心死而身死次之酖毒死身宴安死心

可不懼哉

層層暢發思如泉湧筆亦矯健(徐公理評)

克虜伯論

隨縣模範高等小學校第三級學生 謝樹藩

師丹之役普人復仇雪恥更號改制日耳曼列邦皆聽命焉世莫不曰此俾斯麥籌畫之力也尤莫不曰此克虜伯武器之功也雖然克虜伯信有功矣而要不能無罪焉夫槍礮殺人者也六國之爭雄秦漢之鏖戰下至五季之紛裂其間鬬智鬬力固多死亡之苦痛然寬則車轂相擊迫則杖戟相撞殺人猶有限耳卽宋人之霹靂礮金人之震天雷皆以火藥爲轟發之具亦不過擊人自衞攻守兼資豈專取致生之死之術工於殺人以爲快耶自克虜伯出別出新意慘淡經營成斯利器其奮迅猛烈小則連珠疊發大則裂石撼山殆有避之無可避防之無可防者故一鬨之際碧血橫飛刈人如麻較諸昔時奮勇鬬死之數洵不可以億萬計則謂今日之沙場白骨陰雨鬼聲皆克虜伯貽之毒可也我生人之命于天地之和造物有知應亦太息痛恨於克虜伯也且克虜伯因攫取普君之勳章與其子爵者事屠戮而邀賞仁者不爲也吾固謂克虜伯有志者也有功者也而實不仁者也殘民以逞春秋病之克虜伯之殘民直及於天下後世則又有甚焉者矣嗟乎此孔子所以惡作俑孟子所以貴擇術也

今之世雖曰武裝和平然立國要有其本結論有見地(孫顯時評)

論耕織

南匯縣立第三高等小學一年級生 徐之祥

古者耕織有圖所以敎民勤也蓋勤於耕能足食勤於織能足衣不耕不織必至無食無衣彼無食者麥飯誰供無衣者綈袍孰贈飢寒之苦亦人生所最難堪者也天下有不勤於耕織者曷不鑒諸無食無衣輩耶

語語率眞(孫聽濤評)

佛說婦人育子必入地獄論

江西模範小學生 程國昌

無天地不能成世界無人民不能成國家陽陰不調天地毀男女不婚人種絕是故婦人多育子女而後人民多人民多則國强國家欲人民日衆必須獎勵婦女生子古之人有行之者越王勾踐是也今之人有行之者德皇維廉是也而佛則謂婦人育子歿後必入地獄由此推之是不育子者則歿後不入地獄為婦人計欲求不入地獄則當禁絕生育矣然而婦人不生育國家人民必日見其少卽世界人種亦將殄滅矣烏可哉夫婦人育子本受命於天天旣命之生人又復加之以罪上帝有靈不當如是之昏憒也考佛之生不過在二千年前而中國則有四千餘年之歷史何以二千年前無地獄之說卽有地獄何以他人皆不知惟佛能知之他人不知佛獨知之然則佛必躬遊地獄矣不然果何所據乎是故荒謬無稽之說在質學昌明時代不值識者一笑也

前半整鍊後段用意亦佳

論鄒瑛之家庭

上海務本女學高等小學一年級生 劉芸

世之為人女者每於兄弟婚娶後乘其嬌養之餘妄出誹言於父母之前以播弄其是非家庭之間因以失和已數見不鮮然非所論於鄒瑛瑛宋人女也未嫁時與嫂同居嫂前母兄之妻也母因是惡之食以粗糲衣以凋敝稍有愆尤卽鞭撻相向嫂之事姑亦難矣哉瑛獨周旋其間為之調護方母大怒時瑛必婉言勸之母卒感悟視婦猶女瑛後為士人妻舅姑妯娌知其賢也咸敬重焉此亦為善之報耳不其偉哉

持論正確足以針砭社會(冷評)

論女學之前途

江蘇吳縣女學高級生 蘇蘇 五七號

今日之論教育者每謂廣設女校以為振興女學之預備固也然事之振興必觀前效今日之教育良則他日之教育

亦良今日之教育劣則他日之教育亦劣故女學萌芽時代能以完美之教育教育之即為他日之預備其尤要者則在整頓學風今日女校之成立者亦不少矣求其實心辦學者百不獲一或藉興學以邀名或藉興學以斂錢彼日以禱神誦約為事者更足增女子之迷信消滅其愛國心語曰種瓜得瓜以此而言女學前途誠大可憂者也此猶言辦事人耳若在吾儕學生則奢侈之風不可長而卑賤之習不可有吾見某女校卒業時及會集時常有艷裝盛服以相炫者同學餽贈尤以金多為貴又聞有某校學生排隊上督轅者夫餽遺虛禮浮華頃刻女子豈可復染此風迎送惡習在男學猶當禁之乃清淨高貴之女學而亦為此誠怪現象也夫學風不良則全國之盛衰繫焉始也作俑於一二人繼也流毒於數十載雖有聖智莫可挽回吾故曰女學前途之尤要者莫如整頓學風有識者當不河漢斯言

除暴安良論

江蘇吳縣蘇蘇女學高級 一〇九號

運意措辭一律清穩(彭彪評)

嘗觀農人之耕稼矣善稼者其田沃而苗美不善稼者其田瘠而苗惡此何故哉蓋善稼者勤於去莠故苗不為莠害也不善稼者惰於去莠故其苗為莠害也由此言之求苗之美者必勤於去莠求民之良者必勤於去暴國猶田也君子猶苗也小人猶莠也人之不能無小人猶田之不能無莠莠不去則苗不能長故田有去莠之方而國有除暴之法然去莠以耰鋤除暴則奈何曰刑罰尚已吾國歷代刑罰酷劇傷心有不忍言之者吾不知先聖王何為而設為國耶抑為民耶使國而無刑則可乎否耶曰不可國而無刑則殺人者可不死而暴者益衆吾民將無寧日矣所以有刑罰者除暴也所以除暴者安良也或曰刑罰者乃殘酷之事上天好生而人獨不能相愛乎使施以恩德之感化則小人變為君子刑罰可措之不用且可合天地好生之德豈不善哉不知此輩小人罪大惡極非恩德之所能化是以堯舜三王之治不能免於刑戮也

入手得法故能文從理順一氣盤旋如駕輕車就熟路無滯筆（徐梓裕評）

論女學宜注重道德教育

江蘇吳縣蘇蘇女學高級 一七〇號

人生於世無論何人必受教育而教育又有智育體育之分皆人所不可少者借使無才無智而欲自立於世庸可得耶又若不知體育而全國皆爲懦弱無用之人則其國又安能存立乎由是言之智體二育不可不重可知然智體二育誠要矣而道德教育尤不可不重人雖有過人之才智苟不知道德則其所言所行必不能合於道非但不能合於道而反爲小人之尤何也蓋有才而有德則其才爲良才有才而無德則所謂才者實足以濟其惡耳以是才雖有應世之妙用要不可不先以道德爲本也故道德教育爲普通教育人人所宜注重而女子尤不可少何言乎蓋女子者國民之母也母教爲女子之天職如我國古時之孟子固人人知之矣其所以能成爲聖賢者皆孟母之教也子之賢否關係於母教如此是所任之責詎不重且大乎彼無道德教育之女子又烏能勝此抑尤有進者我國女學初興守舊之人或肆口詆譏誣衊吾人之名節或揑造蜚言阻撓女學之前途使猶不知注重道德我恐且資人以口實也

筆既條達理亦明澈

論沿海七省海防

湖北麻城縣高等小學校三年級生 張恆鼎

慨自中日之役海軍盡熸沿海良港多被外人租借其餘已設防者惟福建之馬尾廣東之虎門尙稱完固雖今政府屢議重整海軍然以財政困難未能實行將來闢港修塢必有完全之建設姑就天然形勢論之沿海七省可分北中南三路北洋合直隸山東東三省爲一路就中宜以北塘萊州爲根據地而大孤山連山灣錦縣復縣芝罘登州榮成靖海諸要口屬之北塘近蔽津沽遠控遼左雖淺沙橫亘不便船泊駛行然京師門戶舍此莫由固籌防之最急者萊州灣地稍平衍賴有芙容島以爲外蔽便於停泊巨艦扼威旅之交衝壯沽塘之聲勢萊州不守則南洋之脈絡中絕

矣中權合江浙長江爲一路就中宜以舟山三門灣爲根據地而東海吳淞象山樂清諸要口屬之舟山孤懸海面形勢散漫其間島嶼林立港汊紛歧若於四周列島築堅壘屯重兵以爲城郭而於道頭澳置船塢駐水師以爲中堅則內外相聯海陸一氣舟山之守固矣奠中央之重鎭利南北之機關外海內江斯其總匯未可以海外孤島視之也三門灣水深地闊羣島擁護停泊最佳石浦北環南田外蔽故意人覬覦而要索之設備尤不可緩南洋合閩粵爲一路就中宜以海檀榆林爲根據地而沙埕三沙馬尾金廈汕頭瓊州諸要口屬之海檀上翼福州下接漳厦扼全省之要害踞臺澎之上游形勢最佳蓋卽今日之臺灣矣榆林港灣極良水深岸峭爲停泊佳地近制廣州遠控九龍南洋軍港此爲第一誠能統籌全局步步爲營內力既充外患斯弭中國庶有豸乎

沿海形勢瞭如指掌(彭宗藩評)

論塞木披來之戰

南匯縣立第六高等三年級生 宋望庠

西洋史上以勇敢善鬥稱者比比然也然國家當危急之際能以收拾餘燼背城一戰使敵兵爲之寒心國祚稍延旦夕雖其事未成而其志足悲者若斯巴達君留尼達是也當波斯之伐希臘也希人以留尼達禦之波軍勢如破竹而留尼達固守塞木披來之要隘相持數日波軍困矣會希人有賣國者告以間道潛師以入留尼達歿於陳而零落不完之三百健兒趨前殺敵復取勝者四雖糧盡援絕無一降者嗚呼烈矣吾讀史至此未嘗不爲之三歎夫以留尼達之智謀三百健兒之勇以及塞木披來之地利而卒至身死國滅賣國賊之陰謀詭計何若是之甚耶李陵之擊匈奴管敢爲之敎敵岳飛之破金衆秦檜適以成謀無論中外如出一轍忠臣義士所以負戟而長歎也雖然强胡就義尙留立節之文志士雖亡猶見精忠之柏而塞木披來之鐵獅蟠踞所以仰其勇紀其功而流芳百世者中外亦如出一轍是賣國賊之陰謀毒計未始非玉成忠臣義士也故我始爲留尼達悲繼爲留尼達喜

有筆有書卓爾不羣

春秋貴世卿至戰國時則任用客卿以致富強近世舉行新政借才他國以備顧問與之近似說

儀徵縣立第一高小學校三年級生 李丙炎

國家之政權不可移而耳目不能無分寄閉關之政策不可採而異族不免有異心居今日而盱衡時局人才之難古今一轍借才他國得失昭彰守舊者以世家巨族相高維新者持中外一家之說此皆狃一偏之論非政治之公理也夫自古立法利與弊互相乘何地無才亦何才之不足應變用人行政旣爲元首之特權則審其重輕而轉移之自可收身臂指使之效寧拘於一格哉蓋春秋世卿執政始收羣臣夾輔之益繼即有尾大不掉之憂至戰國時策士橫行客卿用事朝秦暮楚之輩日挾富強之策遊於諸侯王之庭而六國卒至蹙削惟秦藉客卿之力用能雄長中原日益彊大卒之利未見而弊已叢生其失也仍與世卿等後世賢否混淆是非倒置進人若加諸膝退人若墜諸淵而夤緣干進之風權貴攀援之習遂中於一般官吏之心甚至依附客卿固結聲勢遂使外人干涉太阿倒持近數十年財政理自客卿兵法採自客卿教育實業無一不取法於客卿而亞東四萬萬之人遂爲所約束而不能馳驟矣夫我國何嘗無足備顧問之才而不能盡其才之用徒抱一借才外地之思想轉致列強窺伺變故叢生此豈我民所忍言哉今者共和建設民權日張宜若可矯正其弊然而懷才抱器於山林者如故坐視國家之黑暗而不知爲可憂故居今日而言富强不在異域而在民族我國民其猛省

獨抒偉論寄託遙深（柳紹宗評）

論古今取士不同之因果

蕭縣第一高等小學一年級生 劉先知

國家之盛衰在乎政治政治之得失在乎人才而人才之良否尤在於上之人提倡之如何知乎此可與論古今取士

不同之因果矣蓋國家取士所以拔眞才而收實用也古者家有塾黨有庠術有序國有學王之適子卿大夫之冢子與士庶人之秀者皆入焉此學校之制也降至於漢高祖下求賢之詔武帝徵吏民有明當世之務者縣次續食令與計偕此選舉之制也其取士之法不同而其能得士則一也自古雄才大略之君奮然欲有爲於天下罔不首重夫得人誠以車無輔不行國無人不治人之云亡邦國殄瘁詩言之矣是以聖王在上必宏其仕路廣其蒐羅推其意不竭天下之賢才入其彀中其心必不快嗚呼此郅治之隆所以稱倘一時也自隋唐以至近世士皆出於科舉取士之道類試之於詩賦制藝試帖摺卷所學非所用所用非所學其人之科第等次愈高者其詩賦制藝試帖摺卷愈工其詩賦制藝試帖摺卷愈工者其聰明才力之錮蔽銷磨者愈甚甚至八星不知五州不辨掌故不通民情不曉一行作吏乃思讀律故名爲官而問以祖宗之制官司之守則或有不知名爲士而問以當時之務軍國之圖亦容有不悉至刑名法律錢穀簿書官不能自治且需人佐理郡國利病生民疾苦士不能明曉亦置諸不聞卒致天下成爲胥吏之官府士林咸習空疏之學罔求有如范希文之以天下爲己任者幾如鳳毛麟角之不數數覯也間有一二傑出之士具經天緯地之略如曾胡左李諸人要皆不溺於科舉者也嗚呼此科舉之不能得士也歟顧或謂古今取士之法其因果之不同吾知之矣目今科舉停學校興而數十年來未見收效者果何故歟余應之曰中國雖號維新以設學校爲要務然一由於不知時局之變遷固守數千年道德文章之舊無當於日進文明之世一由於稍涉新學藩籬揚外抑中醉心歐化投身社會輒生阻力今欲挽其積弊示其指歸非合古今中外以會其通斷不能收良美之效果余願有取士之責者而無再蹈前代之覆轍也可

頭頭是道語多中肯（章蘭邸評）

文庫卷五終

文庫卷六上(乙編)

古邦盧壽籛選輯

◉陳說類上

凡物能自衛乃能自存說

江蘇青浦縣立學校高三年生 戴思恭

凡物之所以能生存於世者。以其有自衛之能力耳。無自衛之能力而能生存於世者。未之有也。然自衛有有形與無形之分。禽獸之自衛。有形之自衛也。人之自衛。無形之自衛也。何謂有形之自衛。如牛羊之有角。用以攻敵。龜鼈之有甲。用以防敵。他如熱帶鳥類多綠色。寒帶動物多白色之用以避敵。蓋皆實有其具也。至於人類之所用以自衛者。曰惟智識學術而已。智識學術無形者也。惟自無形而推諸有形。在在足爲自衛之助。慮風雨之侵尋也。則知造房屋。慮寒暑之不時也。則知夏葛而冬裘。慮毒蛇猛獸之爲害也。則知設計以殲之。慮敵國外患之靡已也。則知固城池製鎗礮以防之。慮獨力之不足以勝衆力也。則知合羣策羣力以禦之。自衛之方愈周。則其自存之道乃愈全。是以人雖搏噬不及獅虎。飛翔不及鵰鷲。奔馳不及驢馬。卒能制勝萬物而爲萬物之長也。

以無形有形分詮題旨言簡意賅後路筆勢之奔放尤若長江大河一瀉千里(夏本立評)

說今日之我與將來之我

江會縣立第三高等小學校學生 趙寶明

天與我以圓頂方趾五官百骸。世卽有我之一人。世既有我。則必有昔日之我。今日之我。將來之我之三時期。昔日之我。已往之我也。今日之我。現在之我也。將來之我。理想之我也。飢思食。寒思衣。無智無識。終日嬉戲。無所事者。此非所謂已往之我乎。朝而切磋。夕而琢磨。日復一日。年復一年。厠身於學校之中。此非所謂今日之我乎。在家庭爲克家之令子在國家爲完全之國民此將來之我也雖然過去也現在也將來也皆時之變遷也而我之爲我則仍是我矣若今日之我在校求學而不能孜孜終日以研究擇業治生之術則將來之我可知矣使時至將來而我仍今日則我之爲我徒然矣噫年華逝水歲不我與思及將來則今日之我容稍懈乎

整飭有當於理

說我國之教育

江蘇青浦縣立學校高三年生 周元昌

教育者文明之利器人生所必需之要品也我國古時教育創始於有虞而大備於成周當斯時也灑掃應對進退之法禮樂射御書數之文無不具備隋唐以後行科舉之制致一般人民皆埋頭伏案但有智育德育無所謂體育也自清以下科舉廢學校設教育之制智德體並重一去從前之積弊以普通教育養成國民健全之人格以專門教育養成國民必需之技能固法至良意至美也惜乎通國學校止十萬餘所人民入校者止十之二三不入校者十之七八普及之效終莫由覩也夫泰西各國其國勢莫不蒸蒸日上推其原非專恃兵力之强也戰艦之堅也實教育發達之故耳竊嘗考之大而巨邑通都小而窮鄉僻壤無處不設學校上自富貴子弟下自田野小民無人不入學校今吾國之學校與入學之人寥若晨星既如此而欲其日進於文明也難矣世有慷慨解囊之士乎倘其振興學校開通民智以助國力之不及則中國教育前途庶有豸乎

窮源竟委井然有條（夏本立評）

城市與鄉閭比較

江蘇青浦縣立第一高小三年級生 黃純銘

世之鄉居者無不羨夫城市而吾獨以爲鄉閭較諸城市實勝萬萬也蓋城市中人五方雜處良莠不齊凡百黑幕無不雜出於其間非若鄉閭之閭樸者力田秀者力學各安其業無相犯也且也良田美池桑竹之屬足以供人食息而

城市無有也青山綠水芳草之秀足以供人遊眺而城市無有也故夫鄉閭之於人生大有裨益理科家得此可藉以考察天然界之形形色色而益以增進其學術吟詠家得此可藉以得山水鳥獸草木之勝而益以發舒其幽情丹青家得此可藉以靜觀風雲之變幻四季情狀之不同朝晚景色之異致以及動物界之飛翔疾走潛伏泳躍而益以妙其傳神古之名士多好山涯水涘今之學校亦有郊外旅行良有以也不特此也吾嘗觀鄉閭之間其父兄古樸質直足以自給而其子弟徒居城市後衣則錦繡食則珍錯居則大廈出則車馬或入胥吏之羣或列紳衿之末或附商旅之隊不數年後世代所藏因以告罄者所在而是城市之爲害不已甚乎嗚呼擇居者得吾說而存之其亦庶乎其可也

貶城褒鄉摛藻揚華奔赴而下可令不安於鄉居者爲之一慰

說學校宜趨重實業

玉田高等女校三年生 江韻清

我國以農立國垂數千年農業之精宜居世界之首乃至今日反不若他國之發達此由人民不加研究耳夫實業之精否視操業者程度之高低欲其智識明達非受學校教育如何可精近今無論男女入校者高自位置輕視實業幾爲國之遊民矣或謂求實業每多艱難困苦不得自由然國家所依賴者需在乎此舍此不圖富於何有果也男生留意於農商女子勤學於紡織國家何患不富哉況近世學校大備智識日增化學工藝等校亦所在而有世人顧可輕視之乎

卓然成理

學術之進化與社會有無關係

湖北麻城縣高等小學校三年級生 李桂芬

學術爲造社會之精神社會爲寄存學術之府庫對學術而造社會斯爲眞社會以社會而輔學術斯爲眞學術學術

者非呫呫於耳口間之具文乃培植社會之滋養品也故有宣父於杏壇而四科之目以張有子夏於西河而一時之人材輩出有馬融於扶風而女樂生徒英俊畢集有周程朱張之迭起而關閩河洛開後世道學之源雖時殊勢異有造於社會則一也或曰學術既關係如斯之重矣何以吾華開國數千年神聖迭生金匱石室之藏汗牛充棟至今風俗之澆漓如故人心之偷薄如故道路溝洫城郭宮室之窳敗如故學術之力其不足以轉移社會彰彰明矣噫誤矣夫聖人經世之術如雨露之於草木其入人也甚漸其養物也無形豈若小丈夫缺缺者之事簞食豆羹見於色乎試思皇古以至三代由渾渾噩噩狉狉榛榛遞變而爲含哺鼓腹擊壤咏歌由茅茨土堦土簋瓦缶遞變而爲峻宇彫牆鼎彝圭瓚人類日進於開明器物日臻於美備疇爲使之則歷代聖賢敎育之功不可沒矣是故有一代之學術即有一代之事功有一代之人材即有一代之風化蘇張以締交爲己任天下競事縱橫魏晉崇尚清談天下競趨莊老學術而精則國家亦因而興盛學術而陋則國家亦因而衰靡方今東西各國競長爭雄製作通乎神明闡發幽深探索賾隱汽機電氣之類雖變化絲棼而追其原本亦惟於學術之進化得之我中國誠能闡明聖學立志先賢適時會之所趨精研新學何難與列強抗衡無如口誦道德而不志乎道德口倡新學而不志乎新學有學術之形式而無學術之精神徒擁虛名殊可惜也吾願有心人改良社會自改良學術始

看題極眞命意亦老益以筆力雄健深入亦能顯出（汪龍蟠評）

愛人即所以自愛說

淮安高等小學生 毛嗣曾

天地之大事物之繁不外施報兩途人以橫逆加於我我即當以怨報之人以仁厚待夫我我亦當以德報之昔顏回述夫子之言曰身不用禮而望禮於人身不用德而望德於人亂也孟子曰愛人者人恆愛之敬人者人恆敬之非其明徵乎故吾苟不愛人而望人之愛我此必無之事也苟吾能愛人矣則人之愛我之心亦油然而生焉是故守望扶

持者非好勞也怵惕惻隱者非行善也必如是吾有緩急人乃助我吾有患難人乃恤我昔者翳桑施食卒免伏甲之誅岐山賜酒終卻蒙塵之辱明哲之士有見於此是以涵濡煦咻厚施而不倦也吾見今之人矣祇圖私利不顧公益朘人肥己無慈惠篤實之心彼固以爲能自愛矣不知侮人者人亦侮之我待彼如是彼待我亦必如是還而報之則我之所受爲何如善自愛者果如是耶世有眞欲自愛者乎請自愛人始

言之成理

金錢之魔力

泰興縣立第一高等小學三年級乙組生　王家楨

金錢者社會所藉以流通也交易非金錢不便生活非金錢不利社會不可一時無金錢即人不可一時無金錢也然錢死而人活也錢爲人用宜也而人反爲錢所制可乎今之人日夕孳孳於金錢動輒竭畢生之力以求之一若金錢爲第二生命也者夫社會交通金錢誠不可少至使我爲財奴則我之思想爲此迷惑我之意志爲此顛倒我之才力聰明沉溺焉消磨焉而不自知是金錢乃魔我之具矣故世界自有此物上而王侯將相下而匹夫匹婦無不受其牢籠貧者以富賤者以貴庭可張羅者得之而其門如市鄉里不齒者得之而聲聞天下甚至國家選舉有金錢則占優勝國家路礦有金錢則可拍賣數萬萬生靈之生命財產因金錢之故不惜蹂躪而犧牲之金錢之魔力大矣哉雖然金錢者身外物也富貴浮雲從吾所好傷廉不取萬鍾何加自孔孟視之金錢猶草芥耳金錢豈眞魔人哉人自魔耳

語意痛切（余采之評）

孔道非宗教說

遼陽高等小學第十一級生　周知喆

佛耶回三教我國人雜奉之然迷信鬼神祈禱福利或設天堂地獄之說或倡因果輪迴之報不以光明正大服人而以神道設教此聰明特達者所不取也且竭力排斥異己如耶言一神佛言不二法門是也回教甚且以兵力誅鋤異

己尤足見其量之不廣從之則喜反之則怒入主出奴黨同伐異而不思人之所以不樂從者必有所疑者在若果德可感人則不期從而自從又何必來喜去慍以強壓爲哉孔道則不然不拘拘於一宗博採他人之長以匡己之不逮如問禮老聃問官郯子不以異端夷狄而拒絕之此其所以非宗敎而遠勝於宗敎也其宗旨以仁義道德爲本治國平天下爲用大則兼善天下小則獨善其身隨事變化而愈見其無窮其誨人也論才施敎且從遠取舍任其自便始終以禮接之此又勝於宗敎者也孔子之道德巍巍乎如泰嶽之高聳浩浩乎若江海之淵深宜其與天地同流日月爭光照耀簡策垂榮萬古爲人民之木鐸作萬世之楷模吾人日處其中而莫得其涯道之高美可謂至矣彼宗敎家何敢望其背項耶遍國設廟以尊崇之不亦宜乎

章妥句適條理井然（張震評）

說閱報之益

遼陽縣立中區高等小學校第十三級生 張慶志

士生今日席前人之烈自當繼前人之志或取前人之所有而改造之或就前人所未知而發明之始有進步而改造與發明尤賴見聞而見聞之最廣者莫如閱報報者記中外之新聞人事之變遷及各種工商業者也溯厥權輿英國實爲先導各國相繼仿行雖種類不同然其裨益於學識則一也蓋人之智識以交換而完全學術以切磋而進步若僻居鄉里無所接觸欲擴張智識而洞明乎學術非閱報不可無論農商工礦以及醫學均可增進其識見其他種種利用不可勝舉人竭一身之力能知一鄉之事足矣而是報乃使人備知全球之事如在目前功亦偉矣徒據古籍安可恃哉

筆能推勘入細詞亦無堅不破（谷立昀評）

名與實

遼陽縣立中區高等小學第十三級生 馬集德

己不如人力求學問是謂之實學既有成人皆贊服是謂之名求名必不可有求實必不可無無如人之常情惡實而好名故作一事每無成效此世道之所以日壞也夫古人分位之高豈貴其虛名乎彼事業興盛名望昭著皆由實際來也或具學問或具才略或具新知固非可以虛名致也乃常人不問己之實際徒豔他人之所處羨之不得則怨恨之心生焉務名無實宜其成效不易期也然則求實宜如何曰惡名如惡惡臭除之必決好實如好好色求之必得如此而已

篇法完整詞意切貼（谷正昫評）

說錢楮

遼陽縣立中區高等小學第十三級生 栗德澂

通商之道必賴貨幣以交易然貨幣之用尚不能無礙又必賴錢楮以輔助之故各國錢楮雖殊而所以濟交易之不逮輔貨幣之無缺則一也我國之有幣不自今始伏羲製棘幣實爲創幣之權輿其後黃帝製金刀立五幣虞夏商之際分幣爲三品曰黃曰白曰赤曰布曰刀曰龜貝至周公立九府圜法制錢始定漢高祖鑄榆莢武帝易爲五銖以至蜀之直百吳之當十宋之元通寶皆錢也於是燦然大備至於楮則起於漢武帝武帝晚年窮兵黷武國勢空虛乃造白鹿皮爲幣楮之興遂於此起矣以後唐憲宗有飛錢宋太祖有便錢元明之際又有鈔皆楮也明萬歷限制鈔法詔令天下開局鑄作必輪廓周正文字明潔不惜銅本與工欲使私鑄者不禁自止惜乎無效也蓋楮之爲用有其物而無其實錢者不獨有其物且有其實楮不敵錢職是故也邇來外人之取我錢不可數計而中國所著之楮外人不取即偶有取者亦不過借爲換兌銀貨之用以遼陽區區小縣言之外人來此交易每歲輸出銀貨八百五十萬元何況吾全國二十二省乎今日我國錢之缺乏也以此楮幣之不見信於人也以此假使我國民對外貿易皆能使外人之錢輸入我土何至如此之困由此觀之我國之弱也固宜

段落清楚詞筆明達心思開朗意理環生後部又能迴應前文無大疵可指矣（谷正昀評）

及時爲學說

遼陽縣立中區高等小學第十三級生　陳鳳岐

吾人有形之財產金錢也無形之財產學問也顧吾謂富有金錢或有水火盜賊之虞惟有學問則隨時可以謀生故人欲謀生必自求學始然學不及時奮勉其學必不能成人之壽命長者不逾百年而百年之中可以治學之時不過十餘年一年之中天氣溫和宜於求學者惟春秋二季一日之中精神充足宜於爲學者惟晨而已然則十餘年中豈盡爲春秋乎又豈盡爲晨乎以有限時刻求無限學問雖及時奮勉專心致志猶恐不逮若玩愒歲月今日不學以爲猶有明日今月不學以爲猶有明月積日而成月積月而成年倏忽之間已幼而壯壯而老矣及其既老始悔前之不及時求學不亦晚乎語云幼而爲學如日方升壯而爲學如日正中老而爲學如日將落吾等値紅日方升之時愼勿玩愒歲月爲有形財產所誤而拋擲其可貴可寶之無形財產也

章法清醒詞筆雋妙逐層推勘無微不入中段氣機蕩洋尤爲咄咄逼人（谷正昀評）

惟恕可以成德說

遼陽縣立高等小學第五級生　宋玉嘉

自生人以來未有不以修德爲難者故有大德者出人莫不振而驚之而不知德非難修也特人有可修之基而不能力行故去德愈遠遂益以爲修德之不易耳夫德之始基維何曰恕而已矣何者孔子至聖也其生平之行事不外乎恕道是故此心可以施諸人卽可以行諸己能盡此心於己而無憾卽能推其心於人而曲當聖人之所以能成其德者皆出於此也乃世之欲修德者不惟不能求之於恕而反忽之於恕故不能成其德業而反敗其德業是祇慕成德之名而頓忘修德之實祇知成德者之高遠而不知修德者之淺近無怪其終不能成德也夫德之易成非就聖賢言乃就途人言何以知之聖賢不過推斯道以及於人而流俗人聞人言己過則知不悅苟能推其不悅之心以及於人

則亦可爲聖賢矣此塗人可以成德之驗也是故人人能恕則人人可以成德即人人可以爲聖賢故曰惟恕可以成德

純以精義詮發題旨至於章法完密筆氣矯健猶其餘事後生文字不讓宿儒眞可畏也(佟有爲評)

電燈之利益

遼陽縣立高等第十級生 徐及楨

目之所以見物者必恃光晝則明夜則暗故夜間作事必燃燈燭然燈藉膏而燃膏盡則滅燭藉脂而明脂消則燼欲於黑暗世界放大光明豈一燈一燭所能勝哉自後電學發明利用電流所生之熱以白金絲納於玻璃球中絲端聯以炭精絲以抗電流之熱所發之光有十倍於燈燭者有百倍於燈燭者昔之所謂火樹銀花城開不夜庶幾近之且能省人功免火險儉費用噫嘻天之有月所以照夜然雲雨障之弦朔闕之而此電燈無障無闕直使世界爲不夜之城豈淺學者所可思議者哉

摹寫襯托形容盡致(佟有爲評)

多難可以興邦說

遼陽高等第七級第三學期生 曾維周

國家當外患薦臻危象環迫之時莫不謂勢將亡矣不知此正將興之機也蓋人心憤激上下一致夙夜淬厲以期於強偶一爆發則不可禦故普辱於法普民一躍而執歐洲之牛耳美虐於英美民一奮而爲美洲之獨立否則地爲樂土人思晏安上不知慮下不思強則國未有不亡者此印度波蘭之所以永淪於奴隸之列也然則多難可以興邦之語誠至言哉或曰多難興邦亦視其國人心之公私而已人心爲公其國有難則思起而雪之人心爲私雖國將瓜分不之顧也予曰不然夫人同此心心同此理土地無故而被據孰不思反物產無故而被奪孰不思復彼人心之私而不公者特未知公與私之關係耳使其知國亡身奴亦必能以國難爲己難出全力以謀對待則衆志成城其邦有不

興者乎若夫今日之中國法院南俄哮北英伺西日窺東社稷有纍卵之危生靈有倒懸之急難不可謂少矣而吾民仍偃息沈臥而不知興者無他無人警覺之導引之故耳設有人焉起而蹙之使知國家與身家之關係及存亡之利害未有不奮然起者此其故在反掌耳

說理精引據切（佟有為評）

信教自由為文明國法律所共許說

淳安縣雉山高等小學生 鄭國蘭

嘗聞世界文明各國其法律皆許人民以信教之自由夫教者宗教也宗教本屬迷信而文明國特許以自由者何也以宗教能範圍人心納之道德故也夫世界之人貧富強弱不一非以宗教範圍之則富者欺貧強者陵弱將肆無忌憚喪心滅理無所不為矣今欲禁人民之橫暴使相安於不爭意者其惟恃法律治之乎然法律僅能治之於已然不能治之於未然欲治之於未然非宗教不可宗教家之言曰凡人存心作事苟有一毫之善則神必賜之以福苟有一毫之惡則神必降之以禍夫人孰不喜福而畏禍知禍之因惡積也遂凛然而不敢為惡知福之緣善慶也遂毅然而益勉為善由是惡者改惡而從善善者益進而修德雖人民之貧富強弱不一必無喪心滅理之行矣然則信教自由為文明國法律所共許者豈不以此也哉

局度安詳筆致靈活

改良工藝推廣國貨說

淳安縣雉山高等小學生 胡金盛

凡百事業以能競爭為上以工藝言競爭則製造優而外貨輸入者少利權不至外溢而國以富矣以國貨言競爭則所造多而國貨輸出者增可以攘取利權而國以強矣然則國於大地改良工藝推廣國貨豈可一日緩哉然欲改良工藝非精求學術不可欲推廣國貨非發達工藝不可設學校以研究科學設工廠以增廣製造劣者改而為優惡者

改而爲善或仿造洋貨精益求精或創製國貨美益求美如此則工藝乃能發達國貨乃能推廣也工藝發達國貨暢銷則財源富裕矣財源富裕則國家自强矣是故改良工藝推廣國貨實今日國家之要務也我國工藝素不研究故所出國貨劣而且少一切利權多爲外國所攫取貧弱之源蓋以此耳不然以我國地大物博安有不如他國者哉近年來雖能提倡改良力行推廣而方之歐美瞠乎其後此國人所宜猛省者也

雙排齊下不事鋪張入後渾合作收具見用意

逸豫可以亡身說

淳安縣雉山高等小學生 王德中

孟子曰生於憂患死於安樂斯言也蓋爲世人之好逸豫者警也夫惡勞喜逸人之常情然未有好逸豫而不至亡身者試觀家禽中之雞鴨棄其翼而不用遂至於荒廢設一旦放之山谷中鮮有不飽鷹鷂之腹者雞鴨且然人亦何獨不然嘗見富家子弟怠惰性成荒淫無度徒恃祖父之遺產以自鳴得意及乎祖父之產業已盡遂困窮無告而束手待斃矣富家子弟皆然凡百職業不謹亦何往而不然夫四民之中士而逸豫則不能篤志而力行農而逸豫則不能深耕而易耨工而逸豫則不能計日而獲技商而逸豫則不能乘時而趨利若此者業有不荒行有不毀者乎業荒行毀斯其身不免於亡矣士農工商然爲民上者更莫不然商太甲之先廢而後興唐莊宗之始成而終敗可以鑒矣經云晏安鴆毒不可懷也人其知所警惕哉

筆致清爽

鳥鳴何關吉凶說

淳安縣雉山高等小學生 王作聖

鳥鳴而果吉耶吾不得而信也鳥鳴而果凶耶吾亦不得而信也夫有口則鳴物之常也鳥之鳴猶人之語言耳何吉凶之足占耶彼草木無聲風撓之鳴水之無聲風蕩之鳴金石之無聲或擊之鳴草木金石之類非鳥可比也而皆可

以鳴則鳥安能無以鳴耶其鳴也又豈必關於吉凶耶夫鳥之智不逮於人遠甚鳥能知人之吉凶預爲之鳴而人反不能知之何歟人靈於鳥者也人不能預知吉凶而謂鳥能知之乎書曰惟吉凶不僭在人惟天降災祥在德然則人欲趨吉避凶亦務修德而已鳥鳴何關於吉凶也哉

筆曲而達

守規則

無錫私立華氏鴻模高等小學校一年級生 許志明

規則者猶法律也吾人初入學校有規則而不知守則受先生之罰及他人之嘲笑愧身無地矣如能謹守規則必受教師之贊美及衆人之欽仰要而言之規則者法律之基礎也吾人於校中能守規則今日爲良學生他日能守法律卽爲良國民故吾等學生不可不於規則加之意也

用法律拌說本題詞簡意賅（曹大文評）

遵守校規說

常德縣立高等小學二年級生 張理新

學生者將自任以天下之重者也國家之治否人民之安危悉視現在之學生如何爲斷故社會上對於學生尊之敬之愛之而不敢輕褻之也然學生既負重望則必有以應之倘不守校規卽失學生之價値爲學生者宜勉副乎學生之價値必先遵守校規校規者所以勉人致力於勤勇樸誠也勤者成就事業之根本無論士農工商皆當以勤勞爲先勇者有一往直前之氣百折不回之志也世之英雄豪傑必有大勇勇非徒尙武力之謂也樸與誠者自立之基礎也此四者生活上不可缺一學生所宜遵守也

意思正大筆致淋漓（鄧元濟評）

學生在校宜謹守規則說

睢寧縣立高等小學校一年級生 王貽斌

八星角立無力以攝之則隕墜矣環球亙空無力以引之則墮落矣規則者學校之攝引力也今者校內諸生往往失其秩序時而嘈雜則私議也時而詬詈則失竊也時而喧譁則爭食也醜態百出諸惡畢備學校之弊於斯極矣探厥本原皆由不守規則之故夫學校者國家之縮影也國家之法律人民遵循之服從之弗敢冒不韙以自取罪戾學生於學校之規則亦何獨不然謹守之道雖非一端要以肅靜讓爲主蓋肅則不亂靜則不譁讓則不爭以此三者攝引學生使之優遊乎規則之內而不放浪於形骸之外然後始能納之轂中不致於爲惡此辦學校者所以必立規則而學生在校所當謹守之也不然驕矜恣肆放僻邪侈無所不至視規則如具文非特爲學校之所不許亦非自處之道也願吾儕勉之

語有規諷筆亦順適(沈運矩評)

說學生當忍苦耐勞

睢寧縣立第一高等小學校第一年級生　周聿修

天下事不能安坐而成即學問功名何獨不然故學生成就之大小視乎能忍勞耐苦否耳蓋事愈大者愈難爲愈難爲者愈勞苦能忍常人之所不能忍耐常人之所不能耐者然後能成大事故當困阨患難之際非一意孤行百折而不回者未能成爲豪傑也孟子曰天將降大任於是人也必先苦其心志勞其筋骨蓋天之窮困斯人即天之磨礪斯人也所以渭濱釣叟終成亮伐之功莘野耕夫卒勝阿衡之任學生在校爲將來建樹之基礎苟不忍苦耐勞其將奚恃乎昔蘇秦刺股能忍苦也陶侃運甓能耐勞也爲學生時視苦若甘視勞如逸振刷其精神凡力所能爲者皆竭力爲之則精神不散智慧自生矣不然避苦畏勞立志不堅安能達上進之目的哉爲學生者其勉諸

無膚廓語有瀏亮氣(沈運矩評)

勤儉

淳安縣雉山高等小學生　夏建寅

富爲人情所同欲貧爲人情所同惡然貧不終貧富亦非終富也有由貧而富者有由富而貧者要之無論貧富要以戒奢從儉爲貴衣也食也居處也費用也皆人生所需要者也若食以珍饈衣以文繡高堂大厦揮霍無度雖晉楚之富其貧可立待也若食之以時用之有節一年耕而有三年之食三年耕而有九年之食雖貧如槁項可日臻於富也是故人不患貧而患不儉儉則貧可爲富不儉雖富必貧也孔子曰禮與其奢也寧儉又曰麻冕禮也今也純儉吾從衆聖人之戒奢從儉也如是人顧可不勉哉雖然不當用而用固失之奢當用而不用亦失之吝失之奢不可失之吝亦不可必也用其所當用儉其所當儉若禹之菲飲食而致孝乎鬼神惡衣服而致美乎黻冕卑宮室而盡力乎溝洫或豐或儉各適其宜而後爲不失節儉之道也古人云口腹之欲何窮之有每加節儉亦是惜福延年之道嗚呼人能由貧而富復存惜福延年之想可不以崇儉爲務也哉

是非說

淳安縣雉山高等小學生 胡鼎文

沙明水淨

天下之事各有所是各有所非即各是其是各非其非夫非者理之所不當爲者也不當爲而不爲斯謂之是是者理之所當爲者也當爲而不爲斯謂之非至若人之所是者未必即我之所是也人之所非者未必即我之所非也我之所是必是我之所以是者是之不以人之是而亦是之也我之所非必非我之所以非者非之不以人之非而亦非之也是我之是非我之非乃我之眞是我之眞非也非人之所謂是人之所謂非也然而人是人之是無異我是我之是人非人之非無異我非我之非我見其是者而是之猶人之見其非而非之也我見其非者而非之猶人之見其是而是之也是故但見己之非不見人之非但見人之是不見己有一毫之是者此上流也見己之非亦見人之非見己之是亦見人之是因之取是舍非其次焉者也世人但見人之非不見己之非但見己之是不見人之是者此下流也雖

然歐公有言是是近乎諂非非近乎訕不幸而過寧訕無諂是者君子之常是之何加一以觀之未若非非之為正也吾人於是非之間不可不深長思矣

一氣到底旋轉自如

記各科之心得

直隸青縣第一高等小學第二學年生 李鴻年

古之聖賢豪傑而能垂名於後世者以其於所操之業各有心得也子曰回也其心三月不違仁此顏淵之心得也其餘則日月至焉諸弟子之心得也吾觀今人之為學其精力多有不充學問亦遂扞格此皆各科之心得未實也余入校時初頗茫然今稍悟矣昔者為文必窘苦萬狀有意而筆不能達有辭而說理不切於是於師長講文之際與自讀之時未敢一時有放心焉觀其布局與命意若何又察此文之層次與轉折若何練之以辭句達之以筆法至今作文已無格格不吐之病矣此外若歷史理科地理算術諸科於吾之心中亦微有領會焉

切己立論浮泛盡滌(馬孝寬評)

言志

直隸青縣第一高等小學第二學年生 蔣茂森

士農工商各有其志不相同也若吾之志則異乎此四者而欲為軍人夫軍人於國家至有關係者也有外患至軍人禦之有內亂起軍人平之勇敢直進不計生死保民而不害民利國而不病國至有榮譽者也故吾將來必為軍人而且必為盡職之軍人

清順可觀(馬孝寬評)

說賭博之害

睢寧縣立第一高等小學二年級生 王誠彩

書言玩物喪志蓋謂戲弄之事無益而不可為也夫無益且不可況有害乎吾甚不解夫世之好賭博者博始於何人

無可考然史言武乙使人與天神博莊子言博有瓦注金注之分論孟二書兩言博或與弈並稱或類及於酒是此事之流傳由來者久且有損無益初與他藝不同也今夫密室之中羣聚爲歡相與喝雉呼盧共爭勝負亦事之至快者矣若有人從而謂之曰此其中有大害凡在局中不以爲迂論即以爲妄談不觀夫市井之地有操瓢而行乞者乎問其先則素封家也以賭博故乃至此又不觀囹圄之中有係徽纆而幽囚者乎問其始則良子弟也以賭博故乃至此其他敗名譽喪品行壞心術者更比比然也賭博之害可勝言哉吾因之有感矣麴蘗之中鴆毒藏焉則酒足以爲害枕席之上戈矛伏焉則色足以爲害乃酒色以外更有賭博一事貽害於無窮吾人置身社會間處處皆危機矣然則如何而後可曰惟讀書談道寡欲清心乃能不以有用之精神消磨於無益之嗜好

推闡透闢局勢整飭(吳逢之評)

物無棄材說

吉安縣立高等小學校第一年級學生 劉鍾靈

世界之物莫不各有其用也既有其用則天下必無棄材矣故木屑竹頭古人惜之要皆化無用爲有用也時至今日人心不古華麗是尙以爲天下之物合吾意者謂之有用不合吾意者非廢物而何吁何其愚之甚也不知天之生物爲有用而生未聞天生無用之物也譬諸骨之極微可以製器灰之最細可以取鹼以及衣服之敝者可以製紙羊毛可以織布非有用之明驗歟其他一切廢物無不類是在人善用不善用而已試觀泰西各國技藝日新而中國獨無所聞同一天之生物彼則無棄材而可以利用我則多廢物而無所取材豈天之厚於彼而薄於我無他外人講求工藝善用廢物故廢物甚少我國率循古法不求精進故棄材甚多無怪乎中土之金銀多流入於外洋也世之欲挽回利權者當振興工藝以善用物始

前路妙有證佐題蘊畢宣入後感慨言之慾然有神(謝邦選評)

物無棄材說

吉安縣立高等小學校第一年級學生　郭名魁

楨幹聳於山而大匠縱斧飛走遊於野而弋人張羅鱗介潛於淵而漁者投餌世未有一物不爲人用亦未有物盡爲人用而人能坐致者此物之生也在乎天而物之用也在乎人又何棄之有哉故曰天之生物必無棄材諒哉言乎夫地大物博可採者多四海九州窮搜者少大抵古今棄物之故厥惟窮於人力也夫天之生物所以濟世用也雞犬之胎卵也人知飼之畜之矣而家不補牢戶不設塒則并胎卵而無之草木之萌芽也人知栽之植之矣而田聽爲石鄉聽爲水則并萌芽而無之桑麻五穀之滋生也人知灌之溉之耕之耨之矣而赤地千里荒郊萬戶則并桑麻五穀而亦無之嗚呼天下有能人則天下無棄物彼牛溲馬勃良醫得之而可以備藥資木屑竹頭豪傑得之而可以濟時需然則天下之物皆爲有用之材也何棄之有

張騫長於外交說

吉安縣立高等小學校・第三年級學生　羅文幹

義塋詞卓體大思深（謝邦選評）

有侵略之政策必富有外交之使才然後乃能化干戈爲玉帛折衝衡於樽俎讀史者至漢張騫使西域未嘗不欽其有冒險之精神外交之偉才也夫匈奴爲患於北邊也久矣秦築長城以禦而禍終不可息漢興以來愈肆猖獗以高帝之英明而困焉以呂后之尊榮而辱焉卽文景之仁德屢與和親而欲相安於無事猶不免寇邊殺將此其狡焉思逞者何耶蓋有西域諸國爲其役屬貢稅納斂而餉糈於以豐足兵馬因之強盛故也張騫鑒於邊疆之多事痛匈奴之屢寇毅然不畏險阻不避艱辛出百死而深入於絕域通九國而先斷其右臂於是匈奴之勢失而漢賴以稍安非張騫有過人之才烏能奏此偉績哉或謂張騫以宛馬竹布之計而啟武帝好大喜功之心以至府庫空乏百姓疲罷是誠漢之罪魁不知欲制匈奴西域在所必通使不通西域則匈奴之勢不孤其蹂躪之禍將不知何所底止故自騫

通西域以後而匈奴北遁匪惟幕南無王庭足爲漢威臣服諸國足爲漢用受朝納貢於萬國足爲漢尊而且使我中國文物聲明昭於異域禮樂教化漸於蠻夷雖有武帝之英明非得張騫之使才不能也是故春秋有子產外交之才而後鄭可安於兩大國之間有國佐君命之不辱而後可化仇怨爲姻戚矣嗟夫今中國之外交危險極矣强鄰四逼兵禍迭至安得有使才如張騫者爲我中國一洗其恥耶

發揮透切讀史得間(毛漸逵評)

上之人必躬節儉說

吉安縣立高等小學校第三年級學生 劉巖邦

風俗之頹靡由於民而實由於上也風俗之善良在乎民而亦實在乎上也是故上欲民儉己先躬行民因之而轉移矣夫節儉者致富之源也一家節儉則一家富一國節儉則一國富此爲民上者所以必躬行節儉而後有家富國富之一日也國家既富而風俗自厚否則爲民上者自習於奢而偏以儉責諸下民不將曰上之人猶若是況我下民乎不僅令之諄諄聽之藐藐且恐此以奢倡彼以奢隨上有好者下必尤甚無怪乎民間之風俗之不古若也此豈下民之咎乎必也本身作則導民以儉不欲以萬民利一身而欲以一身利萬民能如是則亦上風而下從矣奈何世之爲民上者窮奢極侈以求一己之快厚歛繁征以縱一己之慾如商辛之瓊台瑤室秦政之阿房長城類皆竭民間之脂膏使民不堪聊生若此者眞不可爲訓也嘗亦思在上者猶民之父母也民有饑色野有餓莩上拯救之且不暇何況奢侈過甚厚歛自奉乎是雖未能以兵刃殺人亦不啻以奢侈殺人也惡足以云父母惡足以轉移風俗要之躬節儉者又非謂事事可從乎儉也特不過省末作節糜費而已豈於國家設官養民興學育才及一切宗廟祭祀諸費而亦可槪從儉嗇乎是又在乎爲上者權衡之節其所當節儉其所當儉焉

無一俗意無一直筆妙緒環生有轉無竭是爲愜心貴當之作(毛漸逵評)

人人宜愛用國貨說

吉安縣立高等小學校第三年級學生 胡啟

今夫一家之中家有長物而他求焉則其家必敗惟國亦然國有出品而外取焉則其國必窮噫此人人所以宜愛用國貨也無知世之好奇者流不知用國貨之利與用洋貨之害而徒曰外人之貨推陳出新價極廉而物極美我國工藝率其舊法不能變通其見拙也固宜嗚呼亦思國貨之不良果誰之咎歟既知其不良求改其不良可也驟難改良即暫從其陋劣可也若豔羨外貨而棄其所固有焉則斷斷乎不可炫一時之奇而利已奪於人安一時之拙而利仍流於國爲國民者可不知所擇乎嗟夫我國貧弱皆由國貨滯消利權外溢故也居今日而冥然不知中國之貧弱者可謂無腦筋居今日而漠然不顧中國之貧弱者更可謂無血性然則處今之時度今之時慮中國之貧弱救中國之貧弱者非人人愛用國貨不可故德意志之實業誠有曰寫德意志之筆用德意志之墨水與汲水紙蓋亦示人宜愛用國貨耳我國民其效之哉

痛陳時弊言之慷慨但不知睡獅果有醒時否也(毛漸逵評)

說託拉斯之將來

吉安縣立高等小學第二年級學生 曾傳詰

文明愈進產業愈多商界之競爭亦愈烈故凡欲謀大利者非有雄厚之資本不可也集雄厚之資本及多數之股東而共相經營是之謂公司合數公司或數十公司擴充其資本而成一大公司是名曰託拉斯其首倡者實維美商洛克菲勒初營石油業設一石油公司至後獲利益厚即世所稱爲石油大王是也託拉斯既創舉國之實業家皆起而傚之不啻爲經濟上闢一新世界蓋其利用最新最大之機器產物多而勢力少又能拾取棄物造出種種副產勢力發展人莫與爭投資者多利源廣闢今各國皆知託拉斯之爲利相與仿行將來各小店經營商業所有利益勢必被其所奪終至小店歇業而託拉斯日盛焉瞻望前途杞憂方深矣

胸無俗韻文有清光（薦學咸評）

良心說

浙淳安縣雉由高等小學生 邵輔周

孟子曰。惻隱之心。人皆有之。羞惡之心。人皆有之。夫惻隱之心。仁也。羞惡之心。義也。仁義之心。即人生本然之善。心所謂良心是也。世之人有放僻邪侈。無所不爲。對於父母則不孝。對於師長則不敬。即不仁不義之事。亦爲之而毫無忌憚。是謂之自昧其良心。良心既無。何可爲人。是故良心之於人。不可以須臾離。存之則能日進於聖賢。失之則終至不離乎禽獸。故孟子曰。無惻隱之心。非人也。無羞惡之心。非人也。然則人必如何而後可曰。一言一動一知一能。皆反求於良心。良心安則爲。不安即不爲。庶乎可矣。

說得透徹不必求高遠也

人宜知所忍耐說

浙江餘杭縣立高等小學校二年生 宋蔭銘

古今來能建大功業者。多由於有忍耐心。故雖處至艱險之地。而不避艱險。歷至困辱之境。而不畏困辱。常人之所不能忍者。而能忍。常人之所不能耐者。而能耐。鬱之久。則發之光。抑之深。則揚之力。宜乎其耀偉業於斯世也。人之於世也。其志堅則貧賤不能移。其力定則威武不能屈。不但此也。即非常之事。猝然至前。有足以動其心者。無不怡然受之。若昔韓信之俯出少年袴下也。張良之進履圯上老人也。皆非常人所能忍耐者。而彼能忍耐之。卒任將相之職。敗項羽之兵。佐漢之天下。靡不由此。又若司馬懿、陸伯言輩。所以能勝蜀者。亦不出乎忍耐之力。更徵之西史。若哥侖布之航海。巴律西之燒瓷。設令中道而止。新大陸能得乎。新瓷器能就乎。則忍耐之力。爲人所必需也明矣。雖然。此皆忍其所當忍者。若夫臨機決事。見義當爲。稍事忍耐。則事去而義亡。身敗名裂矣。吾人所當分別觀之也。

發揮透到（黃雲麟評）

馮大總統親祀孔子說

江蘇武進西郊高小三年級生 金逢辰

秋八月上丁。馮大總統親祀孔子。禮也。夫孔子。我國之大聖人也。自尼山設教。爲萬世師表。光日月。參天地。歷代君王。躬親釋菜者。史不絕書。迨辛亥政變。大祀幾廢。宮牆頹圮。過其地者傷心。經籍飄零。讀其書者下淚。陳蔡之阨。桓魋之害。無是過也。然至堅者磨而不磷。至白者涅而不緇。尺霧障天。不蔽其大。寸雲點日。無損於明。誠以我孔子聲名洋溢。施及蠻貊。凡有血氣。莫不尊親。彼攻乎異端者。詆訕我孔子。是猶叔孫武叔之不知量。我孔子固無絲毫貶損也。今者西京鍾鼓重新。東洛衣冠復覩。馮總統且躬蒞殿庭。拜跪致敬。較之往時天子派員恭代。尤爲誠恪。上以是感。下以是應。將見孔子之道。剝而仍復。從此必日益昌明也。

細膩熨貼。中有慨乎其言之概。（宋雲漢評）

讀書聲最可聽

餘杭縣立高小校三年級生 姚潛

凡人讀書。辨字音而發爲聲。疾徐高下。皆得其宜。使善讀者聽之。可以怡情悅性。不似他聲之惱人也。或謂聲之可聽者。亦多矣。春之鳥聲。夏之雷聲。秋之蟲聲。冬之風聲。皆聲也。皆聲之可聽者也。夜靜時簷漏丁冬。此雨聲也。善彈者。其聲錚錚然。此琴聲也。他如蛙聲蟬聲簫聲棋聲風吹鐵馬聲雨滴芭蕉聲松聲潮聲。亦皆聲之可聽者也。然吾以爲不若善讀書者。分段落與句讀。節奏自然。抑揚盡致。所謂疾徐高下。皆得其宜也。此則聲之最可聽者也。

頗得畫家烘雲托月法。（姚評）

述本鄉風土情形

南匯縣立第六高小三年級生 宋望庠

吾邑之風土情形。大率區爲二。東鄉地瀕海。民多粗陋。不知三年餘一。九年餘三之計。八口之家。恃藝棉爲養命之源。當其大有之年。民多奢侈。衣必錦繡。食必珍饈。醉飽歌呼。如王愷以飴沃釜。石崇以蠟代薪。豪邁特甚。一遇天災流行。

十室九空家徒壁立難免庚癸之呼盜賊滋熾而鵠面菜色之民相聚而擾害地方中上之家多受其累此東鄉之風俗人情也西鄉則不然男耕女織尙有勤儉之風平時一銖半縷積累而上雖遭意外或不至困阨風俗較東鄉爲優然耳不聞政事目不覩詩書愚弱者尙迷信强暴者好鬬很比比而然此無教育之害也故我國之風俗有隨時而異者有隨地而異者北轍南轅自成習慣不可概論惟物產以棉花爲大宗西鄉有稻居棉花十分之三東鄉則不及十之一也而魚鹽則東勝於西職業大半爲農其他工商百業皆有之近來彫敝情形則東西鄉大略相等謹述之如右

持論平允不同乏作

說學生之本分

南匯縣立第六高等小學三年級生 印廷華

學校者開通風化造就人格之地也故爲學生者自有其本分在求學之時必以勤學業守規則爲主今之學生則否不知勤爲己勤守爲己守皆我之分內事不能責諸他人也間有一二善良者在校則孜孜求學無時荒廢出校則循循禮法靡有放越雖遇放假之日心常思學即在遊息飲食之間亦不至越規緬矩師長無夏楚之勞而自能勤學父兄無諄諄之訓而自能約束不特學校家庭視爲佳子弟將來爲社會作事必能爲社會中優秀之份子爲學生者可知所勉矣

明白了當（馬文堯評）

士說

南匯縣立第六高小三年級生 姜文源

世所謂士者豈徒讀書能文已哉必能明體達用乃無愧乎士何也蓋士之所守者道義所行者忠信所惜者名節此士之體也以之持身而身修以之治家而家齊以之治國而國治以之治天下而天下平此士之用也惟先講德育以明其體而又研究學術擴而充之以達其用始可稱爲天下才雖然天下才不數見而人之才力不同境遇亦異苟其

擅一技之長或具專門之學足以自立於世克盡國民之天職斯亦可矣如爲工者發明工藝於工業有利此工而士者也爲商者擴張營業於商戰有利此商而士者也至於田里人民深耕易耨力求改良以增加其生產卒於國有利此農而士者也推之他業莫不如是凡有職業學識者皆得謂之士否則文明不進學術不精實業不振國弱民貧雖讀書能文者滿天下亦安賴有此哉故士之云者以道德爲體以學識爲用者也

有精當處

論動物之保護色

南匯縣立第六高等三年級生　陳延蔭

凡動物之保護色及警戒色皆用以自衛者也保護色所以防侵害便攻擊警戒色特表其强使他動物不敢來犯凡此皆爭生存之道也保護色視其所居之地而異草木間者多綠色與褐色冰雪中者多白色所以使人不及細察也非洲避疫視所止之樹而異爪哇蜘蛛頗類鳥遺所以便攻擊也至於警戒色能觸他動物之目使不來犯其自衛之道尤至矣嗚呼芸芸萬類適於生存者昌故其競存之妙如此人爲倮蟲之長既無天然之保護色又不能隱避草木間故不得不出其智力發明種種學術種種利器以代保護色及警戒色之功用使不至入於天演淘汰之列此所以爲萬物之靈也今世界日益文明競爭日益劇烈所以代保護色及警戒色者日益精進優劣愈顯勝敗愈易各爭生存不遺餘力宜也彼不知戰兢惕厲者其能免乎淘汰耶

含意警策

說文字之功用

南匯縣立第六高等小學校二年級生　張雲

吾人發表思想則藉言語欲言之行諸遠方或傳諸後人則其用窮於是文字尚焉今之社會事業亦繁矣吏所理者民事也士所研究者學問也農工商所經營者實業也皆有賴於文字無文字則吏不能施法令士不能稽載籍而農

工商於其業之興衰亦無所考核而借鏡焉是文字之用詎不大乎我國文字歷數千年精善爲世界最尚望吾儕致力精研發揮而光大之

簡要

說國民當有愛國心

餘杭縣立高等小學校二年級生 沈奏廷

聚人成家聚家成國國者民之國非一人所私有也自我遠祖以來衣食於斯生息於斯傳至於今莫不賴國家之保護處此時危勢迫之秋凡爲國民安可自私自利恝然相處不以國家爲念然吾觀古來暴君民賊往往威權自專厚祿自養其待遇人民率不免有奴隸牛馬之態而國民亦遂無愛國思想甚或有起而與君爲難者如秦末之陳勝吳廣元末之張士誠方國珍非其明證耶今者民國成立國體變更且改君主爲民主矣凡我同胞當知國家興亡匹夫有責果能奮發愛國之誠各盡責任力圖自强庶不至爲他國所侮矣不觀夫日本一島國乎崛起東亞居然爲一等强國豈堂堂華夏土地既大人民亦衆不能如日本之崛興而竟蹈印度埃及之慘禍耶願吾民其各猛省

洋洋灑灑暢所欲言（路文敏評）

說己心之所樂

餘杭縣立高小校二年級生 張祖榮

華山非嶽要爲嶽之別派四瀆非海要爲海之支流賢才非聖要爲聖之具體胡言之蓋嘗尋聖賢心之所樂期以爲己心之所樂矣夫鳥之嚶鳴嘗以求友爲歡雞之報曉若以樂群爲喜人非禽類而不樂群求友可乎凡心所樂事始成事既成心愈樂聖賢之爲聖賢皆出於此樂聖賢之樂存聖賢之心存聖賢之心踐聖賢之行何難如嶽如海而臻聖賢之域哉雖然聖賢已矣試更思夫豪傑聞昔哥侖布之尋大陸巴律西之造新瓷常人處之未有不回帆輟業者而彼不移其志卒竟其功亦無非樂己心之所樂而已彼樂富貴者富貴傾而樂即竭樂勢利者勢利窮而樂即消樂

賭博者賭博負而樂為殃樂狎遊者狎遊極而樂為禍此皆非所可樂也已則自有樂在所樂何如有百利無一弊焉習識之庫聖賢之徑事事物物所必需士農工商所不廢果何樂乎樂讀古人書而已披閱於明窗淨几之間朗誦於竹蔭松柯之下朱子曰讀書之樂樂何如此之謂也他如玩山水弄風月猶餘樂耳己心之所樂如此世之有所樂者合問己心之所樂焉可

以心聖賢之心樂聖賢之樂為主義命意既超中間推波助瀾亦復饒有興味（黃雲麟評）

說我國礦產之富

餘杭縣立高小校三年級生 姚潛

我國近年以來無人不謂國貧推其貧之原因不興農業也不興工業也不興商業也使整頓之未始不可轉貧為富然外人之覬覦我國者則尤在未開之礦今就已開之礦言之如開平萍鄉之煤大冶之鐵漠河之金皆著成效此外藏富於地已測而未開者不可勝數吾聞漠河金礦每年產額至三萬餘兩即此一端已足大闢富源更合西藏蒙古阿爾泰黑龍江觀音山各金礦計之其利更當無算況列强富國之策皆以煤鐵為主英之强煤鐵之富也亞東盛產煤鐵我國適當其地山西之煤福建之鐵（古田產鐵足供全球五十年之用）皆足供全地球之用取之無禁用之不竭亦何憚而不開乎苟能開礦雖不必以農戰勝工戰勝商戰勝而我國已富甲全球矣

簡要不煩（姚評）

風潮之害說

江蘇省立第二師範附屬高小二年級生 張仁裕

魚之所恃以生者水也人之所恃以生者食也魚無水不能活人無食不能安近日風潮大作荒象已成低下之田變為澤國粒米無收即膏腴之地被烈風淫雨所摧折秋收之歉不卜可知異日米價昂貴貧民饑餓轉輾而流為盜賊其害可勝言哉且受其害者非特一二家而已小則數縣大則數省所望良有司賑濟為宜使百萬生靈不致隨風潮

而俱去亦云幸矣

妥適無疵（周十義評）

說南召物產

南召縣立高等小學校三年級生 張懷遠

客有遊中州者登嵩嶽涉河洛過周漢魏宋之故都歷陳蔡鄭衛之舊壤知各處風土適殊物產亦異如孟津之梨新鄭之棗許昌之藕鄭州之米皆以特產稱以及玉石產於宛水晶產於泌竹竿產於申尤嘖嘖人口既而經方城入雲陽驚視萬山壁立一似層巒疊嶂中無徑可尋者少焉豁然開朗約行二十里許見雉堞參差鹿峯鴉水環抱左右時余方出東門遊客乃揖余而言曰此得毋即南召乎余曰然客問之曰田多磽确陸無膏腴之壤河皆沙石水鮮灌溉之利噫嘻生斯土者果何恃以謀生活乎余應之曰余召人也知召以特產甚多就其著名者約分數種首曰絲繭次曰礦產又次曰森林何則絲有山絲家絲之別西北一帶岡嶺蜿蜒二百餘里產山絲蓁繁每歲進欵約數百萬元若家絲雖爲數無幾而繅之織之亦足以製綢帛而易金幣此物產之著名者一礦產之盛豫省中以修武山爲最我召若白土岡留山石門溝等處產煤雖不若修武之美而肩挑車載足供全縣之用而有餘且鐵牛鎮之鐵礦鐵苗發露設多集資本採掘有方獲利當更無算此物產之著名者二雖然森林蓁興材木無所出也我召山多地少森林繁茂木之有材者或築宮室或製器具其無用者爲薪爲炭亦足作燃燒之資推之桐子可以榨油漆樹可以取漆柿實可以曬餅利益之宏不勝枚舉此物產之著名者三客又問曰絲繭也礦產也森林也召之物產止於此乎余曰否否藥材亦我召生利一大宗有採於山者有取於澤者有栽於圃者如杜仲桔梗香附石斛等品不下數十種而要以辛黃丹參爲巨擘非惟銷售於本境並可轉運於遠方此又物產中之犖犖大者也而況若棉紙若羊毛若蜂蠟物產之不甚著名者尤難更僕數乎客曰物多如此宜乎南召富矣而反患貧何也余曰實業未興之故假令我召公民皆以振

興實業爲先務仿照西洋購用機器將絲繭之製造日以精礦產之開採日以廣森林之種植日以蓄藥材之配合日以良利源宏闢貧瘠之區一躍而爲富饒之地我召庶有冡乎客聞之啞然笑欣然退余故作是說以備調查物產者之觀覽云

層次淸晰鋪叙周詳尤妙在設爲問答筆不滯板有引人入勝之勢（李廷楨評）

中國應行徵兵之制說

河南南召縣立高等小學二年級生 鄭作印

徵兵古制也嘗考三代之時兵寓於農農卽爲兵因井田之法以制軍因田獵之制以講武故居則聯其家而爲比閭族黨出則聯其人而爲伍兩卒旅無糜餉之糜無屯戍之勞其制可謂善矣三代而後井田廢弛武備不講人民漸習於柔懦其志不堅其氣不壯故一聞征調則哭泣逃亡尙何徵兵之足言耶於是唐宋以來專用召募民出食以養兵兵出力以衞民相沿至今而兵與民遂不可復合夫歐洲近日兵制大致徵兵居多上馬則備戰鬬下馬則先聚牧兵存於民而後舉國皆兵故歐洲列邦卒爲世界强國我中國士大夫見西人徵兵之善遂遑遑然議徵兵謂中國亦應行徵兵之制不知法人之兵制而不陶成軍國民之資格雖有徵兵亦無補於國家夫中國之人素習於禮樂揖讓而相尙以文雅好爲文詞詩賦訓詁考據藐軍人爲武夫故其志漸怯其氣漸弱若一旦行徵兵之制使柔脆之民離鄉里而居營壘釋衣服而披甲胄志能不爲之餒氣能不爲之懾乎其與泰西之人習勞耐苦以養成志堅氣壯之民族豈可同日而語哉嗚呼我中國誠欲倣效泰西徵兵之制則必廣設武備學校俾人人受軍人之教育養成冒險進取之精神並以奮其英銳之志發其沈毅之氣庶可踴躍應徵執干戈而衞社稷矣

援古證今頗有議論而筆氣倜儻尤能暢所欲言（李廷楨評）

闢不自由毋寧死說

金陵大學高等科四年級生 唐開文

自歐西倡自由之說志士仁人視自由爲生命而庸夫俗子視自由爲便圖究莫辨其眞諦也夫身可斷頭可碎權利不能見侵之語常發諸仁人志士之口而於庸夫俗子則未之前聞也故庸夫俗子不知自由甘爲奴隸志士仁人不自由則勢必至死而後已何相去懸殊哉吾謂以死拒不自由固志士仁人所宜出者要亦未盡當焉自來能報人者必能下人能下人者必能勝人處壓迫之境不足以困其心受壓迫之事不足以易其節低首下氣與世無爭之容屈膝事人懷異日圖報之念受壓於今日即報復於將來今日失其自由之權異日必期恢復之何取乎不畏一死以拒不自由乎不自由云者失其自由權之謂也失之必再求之否則徒失之而已雖拒之以死死又何益哉觀夫句踐身爲吳臣妻爲吳妾其不自由孰甚然臥薪嘗膽之年即生聚教訓之日卒能報吳恢復其固有之自由權勇何如乎使勾踐拒之以死則不特無報吳之望徒貽譏後世耳故人至不自由時守之以忍爲最當拒之以死爲至謬然則不自由毋寧死之語曷可妄信

解釋自由界說切中肯綮末段引用史事以古勵今能以偏師制勝具有國家思想良可嘉尙（徐翰臣評）

闢不自由毋寧死說

金陵大學高等科四年級生 胡廣訓

不自由毋寧死乃十八九世紀間西人之口頭禪也其時人民與政府爭政治之自由新教與舊教爭宗教之自由工羣與雇主爭生計之自由不自由則以死繼之前仆後起卒能達其自由目的而自由二字亦遂成最燦爛最莊嚴之名詞矣及至歐風西漸吾國少年誤解自由之說每以不自由毋寧死之言助其任意放肆犯上作亂之行於是有好議論而詘其上者爲言論之自由甚者忘公德害人羣背公理干法律爲利己之自由以至一犬吠影百犬吠聲一人如是百人效之舉國若狂歧趨已悟能不悲哉昔羅蘭夫人曰自由自由天下幾多罪惡假汝名把之其此之謂歟然則自由可不言乎曰非也必知自由之美德所不可缺者賴法律以繩其身道德以養其心能自由於道德法律之中

之內謂之眞自由方有利而無害雖護之以死亦固其宜曰此不自由毋寧死之眞解也顧自由有野蠻文明之別個人團體之分野蠻自由者卽違法背道之自由也文明自由者卽守法遵道之自由也團體自由個人自由者卽民族之自由一人之自由也若以無範圍一人之自由破壞團體之自由以野蠻之自由代文明之自由此自由之蟊賊也吾不願人有之爲此自由而死者人類之蟊賊也吾亦不願見之必也詘己伸羣不違法不背道以求達萬衆自由爲目的不成則以死繼之乃大丈夫之行也甚願吾輩勉之

析理精確措詞沉摯末段慨乎言之足以警世勵俗(徐翰臣評)

教育宜注重國粹說

揚中縣立第一高等小學校三年級生 周光華

以橫行斜上之文章隨膨脹勢力而東來而一般敎育家遂醉心歐化舉我數千年磨之不可輕之不能之古道鄙之幾若弁髦烏虖大道淪亡邦國殄瘁奈何勿思夫社會之不良敎育家有以革之知識之不開敎育家有以啟之敎育家之關係其責任亦重且大矣今之人動謂機械不若歐人政治不若歐人禮義動作一一均歐人之不若也然而技能日進人心日壞其咎安在或謂風俗使然運數使然自吾觀之皆我國之國粹敎育家不甚注重之過也夫國粹云者一國精粹之謂也精粹維何曰道德曰仁義堯以是傳之舜舜以是傳之禹禹以是傳之湯文周公湯文周公以是傳之孔子孔子援是以敎萬世至今不可或忽者也苟舍是而談敎育是謂舍本而逐末忽近而圖遠雖其苦口婆心如南崎式如斯賓氏其敎育所至之處卽其精神貫到之處言機械則可以長駕而馭遠言風俗則竟澆薄而終無敎龐之日矣昔者曾文正公揀選聰穎子弟三百餘人遊學歐西反國後我國之道德文章幾一無所知一無所能雖受歐西十餘年之敎育而卒不能爲國家收實用者職是故耳我儀圖之敎育之宜注重者惟國粹爲最擴而言之各國有各國之國粹如英美法德俄日諸邦其敎育家之措施莫不先重其本國文字然後旁及於他國技藝反言之其欲

剪滅人國之土地必先剪滅人國之文字蓋以凡人之情忘國粹卽忘國家夫至於忘國家則其技能教育雖曰至勤且備而其國之亡亦可立而待也由此觀之凡我教育家可不急急注重國粹也哉

尋源返本句句鞭辟入裏可爲醉心歐化者當頭喝棒（朱元堃評）

男兒以馬革裹尸爲榮說

揚中縣立第一高等小學校三年級生 黃克烈

馬革裹尸慘事也男兒以此爲榮英氣也亦愛國熱忱也夫人情之常莫不好生而惡死世恒有見敵强而退避聞干戈而涕泣畏鎗彈而遁逃者戰之勝敗不顧也國之存亡不問也嗚呼人盡若此亦復成何男兒耶男兒無死志則不能致勝不能致勝亦復何以保國家耶國家不保世又何必貴此男兒爲所貴乎男兒者謂其能爲國家作干城也能爲國家作干城必能明孔子所謂殺身成仁之大義孟子所謂志士不忘傷元之節概雖曰匹夫而社稷之存亡關焉河山之安危係焉夫以死爲榮則鬬志決鬬志決則敵必敗昔者孟明濟河焚舟而破晉淮陰背水列陣以勝趙大抵誓死在先而收功在後也竊嘗思夫男兒生天地間本爲國家興亡之機振羣視馬革若虎符之在握咸目裹尸等鼎爵之尊崇雖外患之來如虎如狼而其國之强盛無不可以操左劵否則其亡也可立而待也今日我國現狀勢瀕於危盡人而知之矣英矚西藏法睨南日瞵東俄哮北兼以同室操戈南北鬩鬬岌岌乎有朝不保夕之虞凡我國民果能發奮有爲羣抱馬文淵之素志存一視死爲榮之決心毅然對外吾邦其庶有豸乎

駛筆如僚弄丸命意如鐸徇路不圖於童子軍中得此健將（朱元堃評）

說睡獅與餓鷹

吳江縣立第一女子高等小學三年級生 嚴秀芳

泰山之於丘垤河海之於行潦類也獅之於獸鷹之於鳥亦類也然獅至暴而鷹至鷙常以其同類之力不如彼者攫而食之故其同類莫不隱藏於深山茂林之中以避殘暴之行而同類相殘獅與鷹均不得辭其咎也夫獅之與鷹於

其醒悟倘食時視其同類不啻豺狼之視羣羊也搏擊飛禽不啻探囊得珠也吼聲震谷雄飛冲天其勇猛勃勃之氣孰能攖其鋒哉然自古英雄豪傑莫不具有一往直前之概思所以建空前絕後之業立驚天動地之功意氣凌人不可一世及其衰也則赳赳桓桓之態如煙雲之過眼獅於睡時亦若是也冥然塊然但求一時之安適不計後患之無窮於斯時也雖大鼓洪鐘震其耳膜千軍萬馬過其身旁亦難驚此夢魘於饑時受人之誘而不知食人之食而不懼甚或束縛困阨拘於園囿以供吾人之觀瞻蓋饑腸轆轆之時但求斯須之溫飽而食薰飲鴆在所不計狼吞虎嚥風捲雲集瞬息之間空無所有矣嗚呼亞東大陸有久睡久餓之國焉昏昏冥冥有眉睫之禍而不知覺式飲式食有殺身之害而不知危及雄飛疾走之徒羣相爭奪各欲染其一指則龐然大物無復有生存之能力矣其與睡獅餓鷹何以異乎

借題發揮警世之文

我最愛之友

吳江縣立第一女子高等小學三年級生 馬中駿

孔子以直諒多聞爲益友以便辟善柔便佞爲損友然則吾儕交友不可徒逞一時之感情亦當計其損益之何若也而我所最愛之友則爲燈何也校中功課既多夜間不可不勤加溫理故每至深宵人靜余則獨坐書齋當此之時惟有熒熒一燈爲我伴侶終歲如此無稍間斷我之孜孜矻矻而不倦者皆燈有以解我之無聊也因顏其名曰讀書之燈然某夜觀書余方怡然自得時忽見燈光暗淡頓覺天曉及審視之則燃料已竣余之不慎一至於此嗚呼世之所謂益友者其能如燈之常爲我之伴侶乎設無此燈則余又何能日有進步乎

以燈爲友別有見地用筆亦曲[illegible]能達

我最愛之友

吳江縣立第一女子高等小學三年級生 嚴秀芳

愛爲七情之一人所不能無然其所愛之程度一視可愛之物爲何如而已陶淵明之愛菊以其瀟灑離畔挺生曲徑雖遇淒風苦雨而精神自若其傲骨凌霜之節足令吾人肅然而起敬也吟咏其下寵辱皆忘羨其晚節之孤高幽情之雅淡淵明之所以愛之者職是故也朋友爲五倫之一所不可無惟取舍之間自當愼之又愼孔子曰益者三友損者三友友直友諒友多聞益矣友便辟友善柔友便佞損矣故得直諒多聞者而與之交借助他山彼此攻錯切磋琢磨之餘自必相依爲命也余則更有進者蓋余所最愛惟書書既無旦夕之可離又無便辟善柔便佞之流弊渡迷津而登覺岸俾免魯魚亥豕之誚此非鏦鏦錚錚之友乎且閱地理卽可知世界之情勢名山大川歷歷在目風景勝概塵俗爲消讀歷史可知古今之事業如始皇之雄圖楚漢之戰蹟漢祖唐宗之雄才大略與夫今之國勢阽危撫今追昔歷歷可證嗚呼物之有益於吾人者孰有過於此哉余之愛之實以此也惟自猥鄙之書出而寡廉鮮恥之事不絕如縷此雖足以警惕吾人然其流禍於國家社會豈淺鮮哉嗚呼此特吾人之未能抉擇耳余之所以愛之者蓋與陶潛之愛菊同情而異趣也敢如流俗之所好乎

以書爲友乃讀書人之本色行文亦清爽無倫

我最愛之友

青浦縣立高等小學三年級生 章書文

友者五倫之一立身處世所不可無者也禮曰獨學而無友則孤陋而寡聞誠以離羣索居難得他山之助故欲集思廣益以匡不逮舍朋友其奚由然友有道義之友有勢利之友直諒多聞道義之友也夫子謂之益友便辟善柔便佞勢利之友也夫子謂之損友我人於朋友之間可無區別而漫愛之哉設一不愼其所愛者不爲便辟卽爲善柔不爲善柔卽爲便佞朝斯夕斯與之俱化所謂近朱者赤近墨者黑也聲薰氣染豈不大可畏耶是以居華屋衣錦繡食膏粱以富貴驕人而氣庸質腐者非我所愛也脅肩諂笑趨炎附勢汲汲於名利見聞雜而智識迷者亦非我所愛也飽

食終日無所用心戕賊其性天顛迷於物欲者更非我所愛也若夫居陋巷之中一簞食一瓢飲而終不改其樂者我非不愛而惜乎其未見也卽安步當車晚食當肉無罪當貴能自全其形神者我亦愛之而未見其人也當今之世其有天資敏妙性情質直以學問相切磋道德相勗勉不溺於鄙陋之俗不習於庸猥之說不膠於卑淺零亂之見者非我之所愛乎非我之所最愛者乎

敷佐切當寬博有餘（夏體仁評）

工商與國家之關係說

吳江縣立第一高等小學二年級女生 沈辰珠

國家之盛衰係於人民而人民之最有力於國家莫如工商蓋工作器物以供日用之所需商運貨物以爲有無之相通此工商與吾人之關係也然工商豈僅有益於吾人對於國家亦有重大之關係焉使工之所作精明靈巧商之所運人人必備生其利以供國家之用而國家亦日以富裕矣英人立一東方公司而印度以亡商生財國亦生財矣中國之所以衰弱由於工商之不振而工商之所以不振由於提倡者之不得其法故欲望國之富强首宜注意於工商也

音樂與吾人之關係說

吳江縣立第一高等小學二年級女生 沈辰珠

說來源流分淸

音樂之大別爲二曰天然曰人造天然之音樂不可勝數如百鳥之鳴風雨之聲水激巖石風動樹枝皆天然之音樂也人造之音樂如簫笛琴瑟皆足以供人之娛樂也夫音樂感人最深吾人於寂寞之時聞抑揚徐疾之聲則樂自中來於嬉戲之時聞悽切愁苦之聲則悲從中來音樂之感人有如此者其潛移默化之功爲何如乎昔夔曠聞弦賞音足知雅曲而齊門鼓瑟吳市吹簫亦大有人在可知音樂雖爲娛懷而亦有自鳴其志以表其中心之所蓄安得以流

俗之事概論之甚矣音樂之感人深也

能注重關係二字可謂扼題之要

說烏之反哺

吳江縣立第一女子高等小學二年級生 黃在中

人之所以能生存於世界者皆有賴於父母也年幼之時不識不知冷則衣之飢則食之皆父母力也稍有疾病父母又必終日不歡延醫以治之必待已愈其心始安父母之勞苦如此則年長之時宜如何事親以孝乎而人每不能如此亦可異矣夫烏類之中有烏也幼時不能高飛母鳥為之覓食及小鳥能自覓食而母鳥已老小鳥即覓食歸巢舉首以哺之嗚乎烏一無知之物也尚知反哺然則人為萬物之靈而不知孝其父母不如烏矣可不懼哉可不懼哉

以烏喻人足以諷世文筆亦輕清流利

述吾人衛生之方法

吳江縣立第一女子高等小學二年級生 項如芬

衛生者吾人最要之事也設知衛生之重要而飲食起居不加裁制將與不知衛生者何以別乎故講求衛生者起身宜蚤所以吸新鮮之空氣衣服居處均宜清潔所以防害蟲之侵人能如是始可謂知衛生之道然今之婦女怠惰成性每鄙浣濯諸事為不屑為故衣服汙穢不堪入目一飲一食徒擇其嗜好者而食之甚至昏昏午睡不知惜時飽食終日無所用心而身體亦委靡不振矣為學生者宜盡力以屏除之倘異日國家有事猶可賴以作為也否則以久病之民治久病之國庸有濟乎

列舉衛生之法與不衛生之害足以喚人夢夢

學以療愚說

吳江縣立第一女子高等小學三年級生 馬中駿

吾人由無知無識而為有知有識所恃者何學而已矣故人之智愚全在於己愚者果能孜孜終日人一己百人十己

千及一旦豁然貫通則愚者亦敏矣若敏而不學稍有所得詡詡然號於人曰聖賢之學可一蹴而至也則敏者亦愚矣故愚而不學欲達於深造之域猶緣木而求魚也敏而學之則聖賢之學卽可跂而至也昔孔文子之敏曾子之魯皆爲孔子所許者亦惟學而已矣由是觀之人之秉性天定而亦人定者也不然愚者愈愚智者益智而立德立功之效將在彼而不在此也何困勉力行者之每有所得乎

不患愚而患不學作者能將此意說出故無浮泛之詞

學以療愚說

吳江縣立第一女子高等小學三年級生 凌鳳珠

玉生於山而所以能成器物者必有磨琢之功木生於野而所以能造宮室者必恃斧斤之力求學亦然必日日相增歲歲相乘則小之可以治一家之事大之可以爲國家建功立業雖不遠古之聖賢豪傑傳名千載必不爲流俗人也然今之學者均視天資之智愚以爲進取之標準此其故何也蓋其意以爲事之難者智則可變爲易也事之易者愚亦將變爲難也不知智者而欲深造非努力無以竟其功愚者而能前進雖駑駘亦能造其極天資之智愚豈足以限之乎特恐智者以一得而自滿愚者又自甘暴棄而不肯前進此適成其愚而已矣昔曾子愚而好學顏回敏而好學其名傳至今日稱道弗衰者此其故可想見也蓋能學則人一己百人十己千不厭不倦若自忘其愚魯者久之而學以成矣余愚人也願服膺是說以爲千慮之一得成敗利鈍非所計也

引證確當說理明達末以自身作結尤見心思

學以愈愚說

餘杭縣立高小校三年級生 姚潛

人生天地間身之所不能自由者其惟疾乎欲愈疾恃乎藥雖然藥以愈疾此猶有形之疾也藥可以愈有形之疾而不能愈無形之疾無形之疾非身疾乃心疾也心之所不能自由者其惟愚乎欲愈愚恃乎學嗚呼學之爲用大矣膽

怯者惟學足以壯其膽識淺者惟學足以濬其識才短者惟學足以廣其才藝絀者惟學足以嫺其藝德薄者惟學足以植其德品下者惟學足以高其品此數者其疾在心而無一不由於愚要惟學足以愈之愚限以天而學勝以人天能限人以愚天不能并人之學而亦限之天既不能限人以學則天終不能限人以愚所謂人定亦能勝天也學之不已愚者亦變爲智矣是故學之一字正療愚之聖劑救愚之良方也

著眼愈字自見確切不浮（姚評）

說少年之光陰

吳江縣立第一女子高等小學三年級生 葉芳祚

他日之聖賢豪傑卽今日之少年也他日之乞丐盜賊亦今日之少年何也蓋立大功建大業雖在後日而奮勉力行則基於少年之時故少年之光陰最可寶貴者也雖然光陰者百代之逆旅也去如流水古人喻以白駒過隙信然使人於年少之時而終日嬉戲放辟邪侈但顧目前之快樂以放蕩其心志消磨有用之歲月於無用之地則光陰迅速馬齒易增一瞬息間而垂髫之年已爲黃髮之期至此而一無所能始悔少年時之歲月均輕棄於無用之地而不自愛惜亦已晚矣吾人今在少年之時使能終日埋首窗下朝斯夕斯日不暇給一旦豁然貫通則立德立功之效亦可期而至也豈衣食寒煖之足以爲患哉

自勉勉人少年之人不嘗如此乎

說少年之光陰

吳江縣立第一女子高等小學三年級生 凌鳳珠

少年如黃河之源一瀉汪洋滔滔不絕少年如登山之始前途遼遠希望無窮故少年之爲時頗長而少之歲月爲可樂也雖然光陰有限學問無窮以求學之光陰而任意耗費不自愛惜吾恐不數時而日已過矣少年之時不復得矣故爲少年者宜知今日之事不可遲至明日明日之事不可遲至後日一日如斯終歲亦如斯始以爲難終以爲易而

畢無不成矣否則費一分之光陰卽費一分之事業事業不成而少年之歲月已萬刧不復矣吾深惜此輩少年不善用其耳目心思而泄泄沓沓欲終其身爲熙熙攘攘之人而不知禍患之卽隨其後也可慨矣夫

先樂後憂勸勉備至佳搆也

我理想之公園

吳江縣立第一女子高等小學三年級生 錢蘊仙

辛苦之餘繼以遊息則精神爲之一暢身體因以健康否則終日孳孳過於勞動亦將委靡而不振也而遊息之所以公園爲最佳若公園之中有田數頃池一方竹千个樹萬章又築一小亭造一石橋環以小山登望大湖攜書千卷置酒數甕文人畫士觴詠其中見夫花木掩映綠草平鋪假山蜿蜒流水迴環麀鹿濯濯白鳥鶴鶴眞有樂而忘返者矣時維天朗氣清風和日暖百花齊放春鳥和鳴曲橋中亙茅亭傍立山光水色掩映萬狀仰觀太空浮雲黑白變化無窮側耳聽之絃歌相應也開胸襟而滌塵俗豈不樂哉雖然無是園也意之如此而已

應有盡有題無剩義

述待遇婢僕之道

吳江縣立第一女子高等小學三年級生 葉芳祚

女子之整理家務也有能有不能傭婢僕以代之俾無措手不及之弊然婢僕者供人之役使而非供人之鞭策若以其貧賤而以凶暴之行待之大非傭人之本意矣夫彼人也我亦人也惟彼等能力薄弱天資庸愚不得不仰給於人以餬其口爲主人者自當存愛護之心寬恕以待之不可視之爲奴隸爲牛馬也然今世富貴之家往往恃勢凌人故婢僕之稍拂其意者呼叱鞭撻惟所欲爲殊不知金錢勞力迭爲變易初無榮辱彼此之殊昔楊萬里之妻黎明卽起至廚下躬作粥謂諸婢曰天寒可早食須使腹中有火氣可供役使也嗚呼今世之人往往輕視婢僕而以刻薄之行待之知乎此亦可以猛省矣

痛陳社會之病幷引史事以爲之鍼命意既當敷佐又新

設我遊山遇雨則何如

吳江縣立第一女子高等小學三年級生 錢蘊仙

山者。平地之隆起者也。森林叢密。空氣新鮮。曠野。風景。掩映眼簾。可喜亦可遊也。使一旦與同學數人。攀躋葛藟。上仰觀天空。則雲之色由黑而白。由有而無。俯視江流。則綠水澄清。波平如鏡。天然佳景。不其樂乎。然於意氣甚得之時。忽遇淫雲籠罩。細雨霏霏。迎風而至。飄飄然如凌虛而仙。於斯時也。遠樹荒塚。近水樓臺。忽前忽後。旋生旋滅。豈不洋洋然大觀也乎。嗚呼。對此佳景。孰無企慕之心。以傾其流連不忍遽返之情乎。然而衣服之浸潤。不能免也。於斯時也。使能休息於古寺之中。及雨過天晴。而復事遊玩。則天然佳景。如滌如洗。益覺可觀。謂可決然舍而去乎

能以輕靈之筆作設想之詞故自可取

勤學說

吳江黎里第一高小學校生 卓生

自暴自棄者無論已。即負笈求學。有初鮮終。亦不能有成也。信乎。學之宜勤焉。雖然。勤豈易言哉。嘗見有貌似懃懇而心實未嘗在焉。雖學一如未學。嗟嗟。古來老大徒傷者。半由於少不努力。可知人生於世。無論男女。無論老幼。皆當及時進德及時修業。不可虛擲寶貴之光陰也。古之人。牛角掛書。螢囊照讀。光穿鄰壁。卷執茅檐。以及懸樑刺股。向非專心致志。烏能如是之自強不息乎。譬之流水。無一息之停。譬如時計。無片時間斷。夫而後升堂入室。見宗廟之美。百官之富。譬之自卑登高。由近及遠。由淺入深。勤學之功偉矣

前半整飭入後更勝(龐祿康評)

紙鳶

遂陽縣立乙種商業學校第一學年第一學期學生 于長鴻

春日。空氣融和。芳草鮮美。予與弟持紙鳶至空曠之地。當風縱之。倏忽之間。飛升半天。弟怪而問曰。紙鳶何以能舉放

之有何利益予語之曰紙鳶以竹爲骨以紙爲皮其體甚輕故能升高放之者奔馳野外昂首天空可以呼吸空氣活潑精神此亦游戲中之有益者可忽乎哉

簡當不支（韓光甸評）

哀鴿

遼陽縣立乙種商業學校第一學年生　徐毓秀

戊午歲十月二十六日天氣驟變先雨而後雪夜將半聞有物墜樓而下凡四五作出門視之見雪滿庭除鴿鳥數十與冰雪相交有殭臥者有喘息者有昂首廻視者予思其廻視者必欲求吾救也哀其狀之慘切遂持之室中同學曰此不足恤時當夏日翩翔空中濯翮水面悠然自樂不知累巢積粟以防不預宜其凍餒死矣何足惜哉同學遂爭取以去持入厨中烹而食之予曰鴿不治生凍餒固宜何嘗開罪於人不救已矣殺之奚可哉張子有言民吾同胞物吾同與仁者見鴿之死固不能不惻然於中也同學曰物競天擇弱肉強食此公例也惟吾人也哉

言詞悱惻娓娓動人（韓光甸評）

築隄

遼陽縣高等小學第十二級生　馮日昌

村濱大海得魚鹽蝦蛤之利甚大然有時潮水漲溢氾濫及於平地田宅悉成澤國人畜亦或有溺死者此誠非常之災某年月日某人倡義築隄近河之村人咸集莫不贊成乃鳩工開築月未盡而隄成寬丈二高二丈恐其不堅又種樹於其上以固其基由是海水安瀾村人咸感謝倡義者夫築隄必勞民傷財而村人且樂爲之者何也蓋有害於一時而後日之利益無窮也

敘述簡鍊結論亦見精思（佟有爲評）

優勝劣敗說

遼陽縣高等小學第十二級生　白樹勳

大千世界萬物在其中強凌弱衆暴寡將至何時而止則曰優勝劣敗而已夫犬羊與虎豹遇則犬羊立靡虎豹與狻麑遇則虎豹亦蹶何也以犬羊之力不虎豹若虎豹之力又不狻麑若也獸類且然況人種與國家乎夫人種之競爭也爭權利也久爭則有勝敗國家之競爭也爭土地也久爭則亦有勝敗今者列強各國日講文明與人道實則一優勝劣敗之世界敗者爲犬羊強者爲虎豹最強者爲狻麑彼列強諸國皆狻麑也虎豹也吾苟整軍備練武裝種族進化漸相變易亦足起而與虎豹狻麑敵庶乎可和可守可戰彼狻麑虎豹猝不及防或且爲吾所仆也明乎此則優勝之名何患乎不吾得也不然恐復如犬羊入狻麑虎豹羣徒供吞噬無能力以敵之則彼終優勝吾終劣敗矣果能反而爲之東方病國忽得良醫將一躍而登壽域何幸如之我國民乎取優勝去劣敗此其時乎

奉天遼陽縣高等第十二級生 袁寶章

議論精警譬喻親切(佟有爲評)

蝶

甲乙二生偕遊公園時方春也園花盛開清香四溢見蝶紛飛乙生曰蝶類不一或粉或黃或鳳理科謂其與蛾同類頭有複眼單眼能視遠視近有觸角鬚能辨花香胸有六足四翅足細有節翅有美麗之細鱗故稱鱗翅類之昆蟲腹肥大有十環節聞之師曰蝶雖美麗可觀有毒粉能傷目不可捕也又曰蝶至花間採蜜有佐花結實之功惟幼蟲貪食植物之新葉有礙植物之生長則又有害於人吾不知將因其益而存其害乎抑去其害而並去其益乎甲生曰助花結實尚有蜂爲之媒能去其害殊不必顧其益也乙生稱善

奉天遼陽縣高等第十二級生 許英魁

敍議詳盡線索清澈(佟有爲評)

橐駝 白話譯文

橐駝高丈餘踞某山山故不深無猛獸羣獸見之龐然大物也以爲王一日他山之虎豹來遊見駝之龐近欲與友駝

忘己之無爪牙也卽與之友久之知駝徒有其表乃相與噬其子孫駝亦自知力不相若一惄虎豹之所爲苟且偷生而已嗚呼以駝之龐使不上交虎豹其技能固不可測也今竟以此自禍焉悲夫

書後

虎豹有爪牙而駝無爪牙故駝性馴虎豹性猛駝之甘受虎豹凌辱宜也至於人智相若力相等而亦苟延殘喘甘受他人之殘殺同類較之駝不更可悲歟

譯妥諧書後尤爲警策（佟有爲評）

說菊

泰興縣立第一高等小學校三年級乙組生　常憲章

當夫春光蕩漾草木向榮之日而菊獨蕭閒於東籬之下是時人皆知有桃李而不知有菊菊亦不求人知洎乎春光一去景物全非霜雪既降木葉盡凋向之爭榮而鬬豔者皆與秋草同其蕭條菊獨孤芳自賞淸香瘦影楚楚動人不畏寒風之凜冽不避霜露之侵擾節操亦可想矣草木如此惟人亦然彼趨炎附勢之人往往以一事之長得意於當時不逾時卽消滅惟君子則否當小人得意之時退居於林下修道養性不與之爭及國家多事之秋然後出其道德學問以扶顚持危故孔子有松柏後凋之喻余觀是菊重有慨焉

言明且淸（余采之評）

愛菊說

靑縣第一高等小學校第三學年學生　苑學文

四時者羣芳鬬豔之時也辨其品則有美而麗者有惡而蠢者有强而茁茁者有弱而纖纖者論其姿則有嬌者柔者雅者俗者數其色則有紅者黃者素者鮮者眞所謂怪怪奇奇種種色色繁乎其不可究計者也然金風一度皆彫殘零落匿跡消聲歸之於無何有之幻境焉當斯時也有茂其葉研其華含笑於松陰籬下傲寒霜之徒勞藐衆芳之無

節於荒涼老圃中壓倒一切獨挺然而不撓者非菊也耶如龍鬚如麟角如鶴翅虎爪鮮明其神采冷淡其形容不禁悅人之目與人之懷採於籬邊供諸幽齋詠之以詩酌之以酒愛之賞之而不已噫君子之處世也不事奔走於侯門不求聞達於天下者亦猶菊之不與凡卉爭榮也至狂瀾既顛獨能挽之於中流亦猶菊之獨能吐氣揚眉於嚴寒之會也故古之高人逸士不得志於當時如陶潛之倫竟託愛菊以自況焉良可哀已然菊雖有隱逸之風人莫不愛之賞之是菊之終遇知音菊之幸也古今來之林下遺老田間志士其不埋沒於知己之不遇者伊尹太公管子武侯而外有幾人焉故吾愛菊之品節獨異於弱草吾尤哀愛菊者之徒有其品節不能見愛於庸人焉

以綺麗之筆寫憤慨之言文耶菊耶吾則並愛之矣敢以問天下之閱此者（吳襯評）

說殘菊

泰縣私立自東高等學校一年級生 仲瀛

菊至冬月花萎葉落或如敗絮或如枯荷其幸有不凋者莖與葉亦漸衰衰矣風霜以苦之冰雪以寒之非松柏之質焉有能勝者哉夫菊於春夏之季培植之灌溉之人所弗辭也九月開花之時人尤愛之或且移置案頭以爲玩賞今則因其殘而棄諸籬下委諸田間不輕一顧嗚呼菊之榮也猶人之居富貴處權勢之地而人親炙之菊之殘也猶人之困貧賤遇艱難之境而人輕視之亦何勢利乃爾余獨不然當植之以沃土施之以肥料以待明年之復華蓋不以其殘而忽之亦仁者愛物之意

清晰

雁與鴨

遼陽縣高等第十二級生 許英魁

雁遇歸鴨就而問曰子安歸鴨曰吾歸庭除子安歸雁曰吾歸江湖鴨曰江湖殊不若庭除之安且樂也雁曰不然夫江湖者天也庭除者人也吾春也就食塞北秋也退食江南來去自如無與人事安之可也且江湖一瀉千里食魚蝦

棲沙渚浮游徜徉其樂殆不可言即或有變吾飛於冥冥之中弋人其何慕耶若夫庭除方不過畝許稗其食欄其棲安何有焉雖或游泳於洿池而人且限之樂何有焉庭除之中有主有客主之愛子也以產卵故而客或留宴吾恐子且烹矣而子顧沾沾以庭除自詡宜乎子世與雞伍而不能冲天也鴨曰善故君子順天而不依人

以問答格幻出一篇妙文先從鴨說江湖不庭除若惹出一番辨駁修短合度賓主適宜末以一語點睛全神俱活（修有爲評）

鼠與狼

遼陽縣立中區高等小學校第十三級生 丁寶忍

鼠狼同遊狼曰君何處鼠曰吾處穴君何處狼曰吾處山鼠曰山不如穴之安也狼曰非也夫山者固有者也穴者自造者也吾晝遊乎山夜息乎林來去自如人不得而干涉也吾不永在山有時可他往而山固無時或移也若子之穴或在居室或在倉宇若囓人衣盜人食人必謀除子且穴內一無所有不出也吾憂子之無食若出也吾憂子之爲人殺而子非徒不虞且以居穴爲幸宜乎時見殺於人也鼠曰善吾之穴固遠不逮子山之可恃也故君子任天不任人

心思緻密造格精審（谷正昀評）

鞦韆

遼陽縣高小第十二級生 白世昌

鞦韆者繩戲也植以木上架梁懸繩繫版人登其上即可因以遊戲原夫鞦韆之發明也稽諸古書謂本爲山戎之戲後齊桓公北伐時此戲始入中國漢唐以來每於宮中爲之唐玄宗呼爲半仙戲此鞦韆之所由來也鞦韆本爲玩具以手握繩及腿力之伸屈漸盪漸高如作空中遊可以呼吸新鮮之空氣澄清血液增加肺量健身體勁骨骼莫有益於此者余校於五年季春建之迄今年餘矣初登甚悸慄久而安之運動於其上非特於體育有益並於膽識有增然稍一失慎必有傾覆之虞故手必握緊足必穩立不言不笑即精熟亦不可自滿然後始保無虞噫鞦韆微末之戲耳

猶必循規而後可若人徒獵皮毛不求實踐輕發言笑不務威重猶欲成其事而無傾覆之虞是詳南轅而北轍也

叙述疏落有致推勘處筆亶詞警（修有爲評）

蟻虜螳螂

遂陽縣高等第十二級生 李芳春

庭前有梧桐一株雨初霽樹下殞蟬一覓食之蟻共舁之返中途遇螳螂羨此美食恃已之勇遥前相奪而爭端啓矣時螳螂沾沾自喜意謂功可立成不知蟻之特性奮不顧身不勝不已惟時蟻少力弱螳螂一與則蟻之仆者如璣珠之落再與則蟻之殞殪者不可數計然蟻雖遭此殘暴無敗衄態更嗾一蟻急馳返穴招集救兵益蟻數次弗濟最後乃起傾穴之衆出如潮湧奔往戰地時前所益者已殺害幾盡羣蟻復擁而上或齕其胸或刺其目成援其肢或登其背但見地表皆蟻而弗能辨螳螂之所在矣少頃視之則螳螂奄奄一息若胸若目若肢若背無一完者遂與蟬並爲蟻舁之入穴而爭事乃終嗟乎以蟻之微而卒能敗螳螂之强者蟻能用其衆也蟻能用衆則螳螂無所施其勇誠哉衆怒難犯也然則世之擲衆而不用者聞蟻之勝能無媿乎

叙述有情有景有聲有勢寫生之妙筆也論亦精警（修有爲評）

說盜

遂陽高等第五級第四學期學生 來仲恩

說文盜者私利物也正字通謂凡陰私自利者皆謂之盜又豈止鼠竊狗偷摽掠人財者爲盜乎蓋爲士者不求實際務爲虛譽是爲盜名爲官者放棄事務濫竽爵祿是謂盜位當國者賣官鬻爵作福作威是謂盜權所爲小盜盜鄉大盜盜國是也然盜鄉者猶易制盜國者實難防唐虞以降凡攘竊人國者皆盜之尤者也近則盜風愈熾而盜術愈工日堯舜心蹠蹻號召黨羽侈談國是蚩蚩者流受其煽惑幸而事成則置國事於不問攫萬人之脂膏供一人之饕吻不幸事敗則盜智復萌甚至遺禍於萬民若此誠不易防也然則盜不止則國不强國不强必終爲人所蠶食惟願嘗

事者有鑒於斯塞盜之源節盜之流庶免禍國而殃民也

盜者鼠竊狗偷一卑鄙之事耳乃說得有如許之害是善於發揮者(佟有爲評)

徵兵

遼陽縣乙種商業第三級生 李翔皋

馬之有蹄牛之有角獅之有爪皆恃以自衞也獸類且然況人類乎況人類所成之國家乎故內亂之興外寇之來非兵力不足自衞也然强兵之道莫逾於徵我國古時均寓兵於農而周官一書言之尤細有事則爲兵無事則爲農兵與民固未嘗分也以故平時糜餉者少而戰時效命者多後管子治齊亦仿周官之法而爲軌里連鄉之制是即徵兵之上策也自宋迄今專用募兵兵與農分爲兩途無事則兵不知農有事則農不習兵凡充兵者皆無業游民故平時空耗甚多而戰時效力甚少無怪兵制之愈下矣今東西列國無不行徵兵之制以發展其國勢我國當亦知所法矣

筆氣蓬勃議論精確

盆松

遼陽縣立乙種商業學校第三級生 曹國相

松之爲用至廣可以造大廈製舟車性不畏寒霜雪降而松獨茂類君子之臨險遇難不少挫其志氣一日余至友家見園中小松縛以欔欹之曲之植於盆中余問曰何爲其然也友答曰世人以此爲善蓋直則無姿正則無景密則無態嗚呼物有本性猶之人也矯揉造作使不得自然而生是猶君子成大事創巨業而受人拘束與侵辱也友聞余言乃解其欔毀其盆悉埋於地使得循自然之生理夫松之疎曲謹爲文人畫士所喜苟使天下之松皆曲而不直則大匠更從何處尋棟梁然則汨沒本性於松且不可而況人乎

清剌有含蓄故淡而彌永(韓光甸評)

說孝

遼陽乙種商業學校第三級生 曹國相

昔孔子嘗曰孝者天之經也地之義也民之行也夫所謂民行者自孩提以至終身者人子慕父母之日即人子盡孝之日也夫古之能行孝道者衆矣夏則扇枕席冬則以身溫被而能善事其親者王延之孝親也年七十作嬰兒戲身著五色之衣弄雛於親側以悅親之心者老萊子之孝親也孝親如此庶乎可不然於子職有虧矣嗚呼天下有虧子職者尙得靦然爲人也耶

理明詞達去濫滌煩（韓光旬評）

愼言說

遼陽縣立乙種商業學校第三級生 袁宗岱

甚矣哉言不可不愼也昔孔子入太廟見右階之上有金人三緘其口銘其背曰戒之哉毋多言多言多敗敗者失於不愼之故耳故君子以愼言爲懷即知言之不可多也不然或大言不慚口若懸河或巧言如簧殊不知禦人以口給亦徒取憎於人於己究何益乎故袁采曰言人之善澤於膏沐言人之惡痛於矛戟由此言之吾人持身涉世非愼言不可

理明法備簡當不支（韓光旬評）

愛國說

遼陽縣立乙種商業學校第三級生 溫景章

五洲闢萬國通競爭烈干戈起茫茫寰球乃爲羣雄之戰場亞東大陸竟作黃白之舞臺使於此而不愛國則神洲陸沈黃種式微歐風墨雨橫掃東來攘我權利吸我脂膏割我土地奴我人民將終不可反矣我國人民土地物產富甲全球苟稍一振作自不難凌歐而駕美況虎逐於後懦夫可驀絕澗火發於室弱女可越重簷我國丁此一髮千鈞之際人人果能激其愛國之熱誠臥薪嘗膽以求自强則列强之環伺於我者安知其不畏懼我而尊崇我哉

淸淺合度爽豁宜人（韓光旬評）

蟋蟀

遼陽縣乙種商業第三級生 張雲生

蟋蟀小蟲也其性好鬬與蟻相似然蟻能合羣恒與異族鬬公鬬也蟋蟀不合羣雄與雄相見則不能容私鬬也此其性之別耳玩者利用蟋蟀之鬬以爲博而蟋蟀不自知勝則欣欣而喜敗則怏怏而恨旣同類相殘又爲異物之玩具不亦愚而可憐歟然而人無志氣見敵則怯又遜於蟋蟀多矣今之某國其人民受外族欺淩土地被外族侵占而不敢與之抗其去蟋蟀亦遠矣若是人也對於蟋蟀得無愧乎

語有寄託深心人語(韓光甸評)

蟋蟀

遼陽縣乙種商業第三級生 張萬斌

蟋蟀恒棲雜草石瓦牆罅間膚色黑褐背有雙翅薄而透明秋時常振之作聲頭有二鬚尾裂二歧雌者翅較短尾間特有針一雄者性勇好鬬鬬時蹲而相嚮忽而躍起忽而嚙蹴勝者鼓翅搖鬚喈喈而鳴意甚自得敗者勇氣未減後退稍息復相交鋒勇或倍於勝者往往勝者身負重傷一躍而逃無敢回首嗚呼促織小蟲耳且能奮力而鬬勝而後已夫人食息於天地之間若無志氣對蟋蟀能無愧乎

記述明妥論亦允當(韓光甸評)

梅

遼陽縣立高等第十二級生 李紹白

予性嗜梅購之頗艱且皆欹曲若病文人畫士過而好之予終以未盡大觀爲憾歲甲寅聞襄平過客謂江西梅嶺產梅至繁私慕三秋未獲一遊丙辰冬奉嚴命之江西因枉道就之案梅嶺卽所謂大庾嶺也梅嶺之命名以其盈嶺藝梅而得也登嶺一望但見梅樹成林彌漫無際遠及數十里時適梅開紅白相間宛若銀雪塗丹香風四溢遊人接跡其間每賦詩於花之盛處余客此月餘日徘徊其上夜長無聊因檢理科考梅之科別而知其爲落葉喬木種區紅白

葉後花而生卵形而尖有鋸齒實甘而酸熟而黃故有黃梅子之稱日就嶺前驗之其果雖未及見而花色葉形已印於心矣且也其幹正而直其枝順而密罔不失其天然生趣非若文人畫士所愛之病梅也余念及此因有感乎龔定盦設館療梅之事焉夫天之生物欲各遂其性也今梅爲文人畫士所禍天固無如之何正人君子能不愛而護之乎雖然彼病梅也雖受文人畫士千挫百折而猶自爭妍於霜雪之後其耐寒之高節可比蹤松竹矣謂爲歲寒三友之一誰曰不宜

局勢開展筆致疏落用意亦饒有抱負（佟有爲評）

愛梅說

常德縣立高等小學一年級生 喻明珊

植物中之花可愛者至蕃淵明愛菊周子愛蓮以菊爲花之隱逸蓮爲花之君子也予獨愛梅以其性能耐寒經霜雪而不變與人之臨大難卓然不屈者無異當冬末春初百花尚未萌芽梅獨含秀吐華香遠益清可遠觀而不可褻玩焉古人稱梅與松竹爲歲寒三友者蓋梅冰肌玉骨操守甚堅在羣芳中有超然獨出之致人之愛梅多取其色香吾之愛梅不在色香而在其品節之高

思致清腴志趣不凡（陳時傑評）

松柏後凋說

無錫私立華氏鴻模高等小學校一年級學生 葛毅卿

悲哉秋之爲氣也其色慘淡煙霏雲斂其容清明天高日晶其氣凜冽砭人肌骨其意蕭條山川寂寥草拂之而色變木遭之而葉脫其所以依然蒼蒼者惟松與柏夫以耿介拔俗之標瀟灑出塵之想傲春日之榮華共梅竹之風流孔子曰歲寒然後知松柏之後凋信然世之畏難苟安見危卽避者尚其鑒之

作者天資過人信手拈來頗饒逸趣妙齡中得未曾有

清鄉說

閩侯縣第二高等小學二年級生　林蔭波

水之濁也。濾其滓而後清。一鄉之中。善惡雜而賢不肖混。是水之濁者也。故必有人焉出而勸善懲惡。賢者禮之。不肖教之。貧乏無告者厚卹之。使一鄉之人盡化爲善良君子。則清鄉之本旨庶幾乎近矣。若徒具冊籍。使各鄉之有力者錄其鄉之惡與不肖者登之。一旦有事。則按名而逮治。吾以爲不特不清。且益亂矣。人之情必有所愛惡。親親而遠疏。於其親其所愛也。雖有大惡不道。必百計掩飾之。於其疏其所惡也。必吹毛求疵。或故捏罪惡以告發之。常人且然。手冊籍而有其權者。能不陰行其私乎。陰行其私而勒索貨賄之弊行矣。不受其亂者幾希。且盜賊多出於不得已。以其無恒產而無恒心也。流於盜賊者。勢之遷移也。若能招撫之。慰恤之。未必終盜賊也。今作冊籍。載其姓名。有事則按名而逮治。是舍本而逐末也。於清鄉乎何有。芻蕘一得。願以告有清鄉之責者。

說冬寒

玉田女高小一年級學生　李雲書

探原立論。見解高人一着。（林佩寶評）

夫一年之中。氣候不同。而其最寒之時。其惟冬乎。斯時也。晝則寒風吹水。凍結池中。夜則寒山遠火。明滅林外。觀於庶草皆枯。萬花零落。於以歎植物中閱盡繁華。其不隨氣候爲轉移者。誠寥寥無幾也。乃至院中。見階前綠竹。經霜雪之後。愈增蒼勁。而室中紅梅數盆。亦皆含苞欲放。因衝寒而倍著精神。觀此竹梅。能不有感於心乎。竹梅不過一植物耳。不畏冬寒。與翠柏蒼松同其節概。吾人讀書。苟不於此時愈加策勵。一經寒氣稍逼。即輟業而嬉。將來一事無成。不終於草木同腐乎。嗚呼。日月不可留。莫把青年等閒負。吾儕於寒窗靜坐。寒燈獨對時。宜三復斯言。

他人作是題。未免帶瑟縮氣。斯作獨能異常絢爛。且處處黏着寒字。尤見精切不浮。（鳳樓評）

說冬景

江蘇青浦縣立高小二年級生　王志高

天道往來周而復始由春而夏而秋而冬四時之景色至不一致而冬尤甚當夫春時杏李爭妍山川奪秀桃腮暈赤柳眼垂青及夫夏也綠樹濃陰紅蕖出水螻蛄聲鳴雛燕習飛至於秋也則白露橫江銀蟾吐焰紅蓼花開金桂蕊放要皆足以賞心而悅目者也獨至於冬則白帝退黑帝臨衆陽宗於北陸五星回於天際朔風怒號彤雲密佈萬卉零落百鳥驚寒其容淸其色慘其意栗其氣寒甚不足觀也惟有庭中之梅竹嶺上之松柏獨標勁節勵百年不死之操羞與草木同腐風侵雨犯娟好依然雪折霜摧靑蒼不改語云疾風知勁草板蕩識忠臣殆此之謂歟殆此之謂歟

前路以春夏秋三層作陪恰爲下文蓄勢結段尤能見其大故佳（夏本立評）

說冬之風景

直隸靑縣第一高等小學第二學年生　李峻岩

時維冬日霜雪屢降寒氣逼人草木枯落故世人恒以冬季爲苦也不知一年四季往返循環乃一定之軌也且冬日之風景亦至可觀天晴風靜之時黃童白叟曝於街頭談今話舊興趣盎然一年辛苦只得數句優游無怪其樂之無涯也若夫朔風北起寒雲迷漫六出瓊花天空飛舞須臾田原林樹城郭廬舍盡成白色迨乎雲開雪霽稚子弄雪而文人雅士行且呼儔招友飲酒賦詩以賞瑞雪此僅就天時之變遷而言風景之美已如是其他乃不勝道也

意至簡要語無泛設（馬孝寬評）

衞生免疫說

南匯第三高等小學生　黃瞭孫

孰謂中國無衞生之學哉鄉黨記孔子食饐而餲魚餒而肉敗不食色惡不食臭惡不食失飪不食不時不食此非衞生之要道乎免疫不外乎衞生而衞生不外乎遠汚穢戒醉飽身不入茶肆酒樓口不嘗餒魚敗肉劣酒陳穀而已何則疫癘必起於微生物此數者皆微生物所棲集者也顧或者曰免疫旣聞命矣治疫亦有良法乎曰疫旣染而治之仍不外潔淨以免蔓延而已

起筆突兀可喜通體亦皆明辨以晰（徐之高評）

說自立

常德縣高等小學一年級生 徐嘉明

孩提之童能力未具知識未開衣服飲食莫不恃人及長能力知識皆備豈可仍恃他人以謀生活哉凡爲士爲農爲工爲商當各執一業自謀生活養親育子爲國良民不可甘爲庸人沉淪下流者終日賭博酒食自娛上不能養父母下不能畜妻子恃他人以成立或流爲盜賊而不悟此誠家之敗子國之蠹賊使舉世盡生斯人尚堪問耶犬守夜牛耕田尚能自食其力人爲萬物之靈不能自立斯牛犬之不若矣嗟乎願吾輩青年勿蹈斯轍發奮有爲振興國運使舉世恃我而生豈徒自立不恃他人生活而已耶

文筆峻厲語句警醒可作一則自立箴言（陳時傑評）

言我之志

常德縣高等小學校二年級生 孫有驊

余觀古今之人或爲聖賢或爲英雄或爲豪傑或爲庸人鄙夫其故何哉蓋志不同也志在聖賢則爲聖賢志在英雄則爲英雄志在豪傑則爲豪傑志在庸人鄙夫則爲庸人鄙夫昔人云有志者事竟成其斯之謂乎今我撫躬自問無聖賢之道德英雄之魄力豪傑之才識於斯三者志安在乎曰志在豪傑將爲國家興利除害凡有益於國計民生者一切振興之凡有傷風化壞人倫爲國家之蠹者一概屏去之此吾人之志也

前段言古今人品不同由立志各異後段暢言己志足徵抱負（鄧元濟評）

圍爐談

常德縣高等小學三年級生 鄧光藻

時至冬日大雪時降木葉盡脫檐溜成冰手足龜裂雖著輕裘尤爲未足於是取炭於爐中與衆友圍坐其旁以談戰事吾謂友曰自五覇强而七雄出干戈遑而兵甲興數千年以來爭戰於寰宇間者殆指不勝屈迄今日也祗冀五族

共和人民得覩天日不復有兵燹流離之苦而已孰意禍患起於蕭牆干戈操於內室國之同胞儼若仇敵忽進忽退演成南北之爭噫是存何心而演此無味之戰爭雖然吾滋懼矣聊述之以消寒歲

清談不俗（戴修禮評）

說佛教

青縣第一高等小學校第三學年生 李士麟

禮義以教民爲善刑罰以防民爲惡此治國之常道也然有可以補禮義刑罰之窮者其惟宗教乎蓋於惡念未萌之先則教之以禮義使知爲善於惡果既成之後則繩之以刑罰使改其惡若於惡念既萌惡果未成之際禮義之教既失其效刑罰之繩又不可用則非有宗教之力使之於冥冥之中消其惡念而不敢成其惡果不爲功矣考我國之宗教以佛教爲最盛自漢明帝遣使求佛爲始其教以慈悲平等普濟衆生爲宗旨導上智以哲理悟下愚以地獄未嘗非最善之宗教也然吾國奉之數千年而卒未得其利者何也蓋失其眞諦耳嘗見國人之信佛教也其在智者則空談清淨無爲之哲理以厭世爲尙其在愚者則徒事焚香誦經之虛文以求福爲宗舉世務之要需人生之本職與夫釋氏所謂慈悲普濟之義皆置之不問此吾國之積弱所由來也是故欲去其弊必先以教育施之僧侶使之化中知之人以救世濟衆之念畏下愚之人以禍福報應之說則公益日舉私德日高吾國其有豸乎或曰欲人羣之文明使不破迷信則有礙其進步不知神道設教出於古聖之垂訓信教自由載在各國之約法苟有善良之宗教以濟禮義刑罰之窮未嘗不可以促人類之進化況云智者信之無害於其爲善愚者信之且能免其爲惡而當此教育未普及道德已墮落之時又非有大力之宗教不足以維持其間者乎故吾人果能將吾舊日之佛教而改良之提倡之豈不可爲致治之一助乎是在吾人之協力爲之而已

句句皆名言層層有至理不可以其爲小學生之手筆而輕視之者也（吳夔評）

說竹

海鹽縣立第二女校高小三年級生 張紹良

植物中具美德者其惟竹乎春陽既展百卉敷豔而竹淡然自若則有似夫守道之君子也窮冬閉塞萬木摧頹而竹挺然特立則有似夫臨難之忠臣也炎暑鬱蒸坐臥竹下可以忘暑則有似夫高人韻士接之而如坐春風也其巧怪不如石妖豔綽約不如花則有似夫介然自守孤特之士也其爲用織之可爲席編之可爲籬大之可建屋小之可爲簫管之屬則有似夫負傑特之才無往而不宜者也故世之人稱之爲君子而每喜植之也然植竹者好之而莫能名其德余乃作此說以示之

玲瓏透剔小品中佳作也(談夢石評)

說竹

海鹽城立第二女校高小科三年級生 周留珍

竹植物之一也性耐寒四時常青凌以霜雪而不凋與梅菊松柏同其形直而長兀立林中形圓而中空節節迴抱故風不能折其葉形與稻麥等春夏之日發芽出土其長甚速名之曰筍可供食越旬而成竹可爲編籬建屋之用人家園圃中多植之炎夏之日可以避暑其間清風徐來綠陰婆娑坐臥其間令人輒作羲皇上人想

一結雋甚(談夢石評)

說竹

青縣第一高等小學校第三年學生 姚有才

植物之種類不一有中空其莖常綠其葉者非竹也歟夫羣卉之爲用或以花供人之賞或以果供人之食或以木材供人之使用其兼而有之者不多見焉獨竹之效用甚廣葉有清陰夏則可以納涼冬則可以衛寒故幽院書齋莫不植之以爲悅目賞心之資也又如筍之肥碩甘美可以作嘉殽可以薦嘉賓乾之鮮之俱可爲適口飽腹之味也其幹之巨者可以當架樓之瓦細者可以爲釣魚之竿可編爲籬可織爲籃或削爲箒以掃塵埃或披爲符以通命令其用

豈可勝窮哉且竹之爲物宜水宜陸無着花之繁可寒可暑有虛心之節故古人以之爲歲寒三友之一且美之爲君子吾則以其效用高出於松梅之上故詳誌之

排比事實不遺章次不紊筆法不板雖繫小品實可佳焉（吳韆評）

說秋景

泰縣私立自東高等小學三年級生 駱載馨

秋容慘淡秋氣蕭森淅瀝之聲聽之於耳動之於心有不傷情而興感者乎雁來燕往此秋鳥也寒蟬噤舌蟋蟀爭鳴此秋蟲也柿紅榴熟秋時薦食之果也蟹肥鴨壯秋時會客之饌也早稻收晚稻黃農夫之秋成也秋雨初停籬菊之花新潤秋風忽起蜀黍之葉長鳴風靜水平聞秋溪之泉聲煙迷雲渺聆秋山之松色皆足以發吾秋思暢吾秋懷也爰仿歐陽子秋聲之賦而作秋景之篇

尙覺清爽

說秋景

玉田女高小二年級學生 陳光崙

玉露生涼金風送爽此秋時也欲寫其景約可分三時焉一爲初秋之景則籬豆花開園瓜正繁驗之鳴蟲蟬聲未歇而促織之聲續起此間秋意每於村野見之城市未覺也次爲仲秋之景池蓮欲殘庭桂已開井桐漸疏而影愈玲瓏矣園菜增綠而色彌絢爛矣至秋色平分之夜仰視天空團團明月如玉盤如冰輪初升海角旋徘徊於斗牛之間晶瑩皎潔分外光明舊俗每設瓜果以祭之亦迷信中之有興趣者也無何碪敲殘夜雁叫西風楓葉凝丹菊花放紫縱視平原大野間遠山益瘦霜天愈高濡毫伸紙而摹之但覺其色慘淡其意蕭條蓋又爲深秋景象云

分三時描繪秋景均能入畫不意髫年女生有此五色妙筆（鳳樓評）

全國學生成績文庫卷六上終

文庫卷六下（乙編）

古邦盧壽籛選輯

陳說類下

智識由博覽而來說

吉安縣立高等小學第二年級生 秦名儁

國家之强弱視民智之通塞欲開民智必先設博物院而後可歐美各邦智識日開何以故曰恃有博物院吾國地大物博開化最早顧鮮有起而圖之者而猶詡詡然曰人之智識皆由讀書而開殊不知徒讀其書無實迹以相證猶恍惚而無所得譬如說雎鳩也累數千言而人仍不知雎鳩爲何物也使設博物院置雎鳩於其中則人見之而能識矣考九穀也累數萬言而人見九穀莫辨也使設博物院置九穀於其中則不費言而已了然矣今者民國成立已六年矣而民之愚昧若故也竊願當軸諸公知博物院不可不設設之而民智開而國家必强則政府不受他族之欺侮人民不受外人之壓制我民國庶有豸乎

根柢盤深材料豐富按之沈實揚之高華（蕭學咸評）

士先志說

黑龍江省木蘭縣高等第二級學生 宋文聲

考之史乘而歎夫古之爲士者或以賢哲稱或以豪傑稱或以名儒稱非得天獨厚也盡於人者不敢自薄耳人既不能生而爲賢哲爲豪傑爲名儒然欲爲賢哲欲爲豪傑欲爲名儒之希望不可不預其趨向不可不預定蓋賢哲豪傑名儒雖不易爲而並非不能爲要在其志何如耳有伯夷叔齊之志則自爲夷齊而不爲盜跖有諸葛武侯之志則自爲武侯而不爲操莽有楊鄭班馬之志則自爲楊鄭班馬而不爲孤陋寡聞之人范文正在秀才時即以天下爲

己任後卒以一代名儒兼爲一代名相班定遠以侯封自詡投筆而起不難如願以償天下事有因而後有果未有造因不善而能獲良好之果者也故學記曰士先志其示人以爲士之道歟

物質進化說

青浦縣立學校二年級生 朱成章

明順無疵（隋則民評）

上下古今縱橫宇宙無物不變無時不進由淺而深由簡而繁由粗而精遞嬗遞遷馴至今日世界物質之進化更有一日千里之勢矣即以兵器而論太古戰具木石而已由木石而進於弓矢由弓矢而進於戈矛自有鎗礮而弓矢不足以言遠戈矛不足以言利雖有高城深池亦不足以言固矣火器本我國發明元時傳入歐洲歐人因以製造日精今礮之大者口徑至四十二生的鎗之速者一分鐘至六百發且海底則伏以潛艇空中則瞰以飛機勢且可無遠不達無堅不破矣以器用而論古者穴居而巢處今則有宮室之美矣古者茹毛飲血而今則有珍饈之佳矣古者以舟車爲便利而今則有汽車汽船之捷矣古者以樹葉蔽體自黃帝創製衣裳在當時已爲進化至今日則刺繡斑爛華麗新奇日出矣噫古無而今有古有而今精此非物質進化之明證乎雖然微物競則劣者不汰微天擇則優者不存物質之有若斯進化由於人之有思能察能耳是以奈端見果之落地而悟地心吸力富蘭克令放紙鳶而知空中電氣之作用夫豈眞宇宙萬有日見進步不期然而然者耶

應有盡有一氣卷舒（夏本立評）

勤訓

遼陽縣立中區高等小學第十三級生 賈啟聞

勤美德也而海內釃薄之不勤者見勤者厭惡之勤者見尤勤者亦厭惡之一事不勤事事不勤奈何不至貧且匱也每見鄉村之間其父兄日入而息日出而作則足自給而有餘其子弟羞之曰吾家既富吾父兄何必勞苦若是於是

家中之人相率而趨於怠惰而勤儉之風掃地無餘況乎人之怠者作事不能不敗計算雖清而遇事則迷於是狡者投其所好以誘之其究也鴉片賭博無所不爲寡廉鮮耻無所不至何若日日勤勞潛享恒足之利乎且吾所謂勤者豈必事事躬親凡人所操職業有必須勤者量其事以勤焉可也庶乎不至於疲耳

清如秋水毫塵不染(谷正鵠評)

說雁

儀徵縣立第一高小學一年級生 黃建德

雁候鳥也春去秋來先至爲主後至爲賓色有蒼白二種其形如鵝常結隊羣飛整齊不亂形如字跡一翅可飛千里古人常用以傳書非僅恃其高飛之能力亦恃其有旅行之規則也其旅行時有雁居首以統率之他雁皆居後或進或退或上或下皆以此雁主之蓋不有規則或爭先或落後前者遇敵後者不知危險孰甚雁爲自衛計是以不得不於旅行時有戒心也

拈規則二字夾敍夾寫可爲旅行亂次者警(厲去浮評)

說某小學生堆雪成山

黑龍江省木蘭縣高等第二級學生 常文士

昔袁安臥雪後世傳爲美談以故風雅之士往往掃雪烹茶以爭爲韻事是雪之爲物其足供騷人逸士賞玩者由來固已久矣獨是彼孱弱之孩提無論胸襟未必如袁安之曠達即以學識論亦安有所謂風雅者顧乃與雪爲緣一若有相得益彰者又獨何哉國民第一小學校學生某長不滿三尺詢其年齡歲祇八九每當大雪繽紛之時寒風冷冽刺骨如刀人方圍爐彼乃奏技出其鏟鍤佐以小钁掃地上之雪聚而成堆或爲雄獅或爲猛虎莫不應手而成惟妙惟肖胸中坵壑已足見其一斑矣而所堆之山尤令人不可思議不徒孤峯獨聳危巖欲墜重巒疊嶂層次井然而且花鳥草木雞犬牛羊并點綴於原野茆屋間應有盡有無所或遺環而觀者莫不歎爲奇絕是豈冰雪聰明生有自來

者耶抑豈以爲山九仞功恐虧於一簣因以此勵厥志耶小小年華具此靈心將來成就寧可限量余自維馬齒長於彼者數歲而賦性愚頑學識毫無對之能無顏汗何物老嫗生此明慧兒吾愛之吾敬之吾益不免忌之矣

敍事明淨（隋則民評）

說山居之樂

黑龍江省木蘭縣
高等第二級學生 汪庫

余不敏未嘗學問舉凡盛衰升降成敗得失之故均懵然一無所知而又素性疏懶不耐煩囂故卜居於某山之陽蟄伏其中經年不一履城市非有所爲也率性而已一日余友某見余而問之曰山居奚樂乎目不覩縉紳之跡耳不聞車馬之聲所與游者非樵夫即牧豎所可道者非雞犬即桑蔴寂然寡歡鬱鬱誰語而子乃甘之如飴然則山居果奚樂乎余應之曰然否否人貴自適耳雖富貴奚爲子不見夫巢許乎洗耳飲流風高千古長沮桀溺傷滔滔之皆是耦耕不輟伊古以來理亂不聞以林泉終老者曷可勝計余雖不敢望古人而率性而行自適其適又烏乎不可況好鳥枝頭落花水面觀魚龍之變化羅桃李於門牆萬物一體天地爲心俯仰皆寬神與俱適又或湖邊垂釣堤畔觀荷好風忽來煩襟盡滌以視乎氣燄薰天炙手可熱日擾擾於煩腦場中者其勞逸又何如乎且當明月在天清風徐引二三知己把酒論文賓踞科頭形骸放浪幾不知此身之何屬即有時大地凝寒堅冰在望朔風凜冽不無負暄失暖之虞而圍爐共話火候青純亦覺不足爲寒威所苦況天公之玉戲方酣我輩之珠璣欲唾或歌詠乎白雪之句或尙論乎立雪之誠當此雪滿山中雖不必如袁安之高臥以曠達自鳴而掃雪以烹茶亦未始非賞心之韻事諸如此類不可覼縷吾是以樂此不疲歲序雖更此樂罔極黃農何古叔季何今余之心如是而已友聞余言默然而退其意云何匪余所敢知亦匪余所暇知矣

尙有筆致（隋則民評）

說鼠

玉田女高小二年級學生　高金芳

疇昔之夜於夢寐間倏聞札札有聲伏枕聽之亦若有物、穿我墉、穿我屋、者然又若食我黍、食我麥、者然繼乃傾盂聲覆盎聲曳書呷衣聲咯吱不休亦逮雞不絕噫、我知之矣原夫獸類中、有至小者穴居、而壁處、名爲鼠、別稱、曰、耗化身、爲、鴽其形也、兩耳四足腹碩尾尖毛深灰色口有微鬚目灼灼似猶鼻嗅嗅似蝟宜夜出無他能但恃其齒利以竊主人之食若衣爲生計以故、人之鄙野者曰麞頭鼠目人之狹隘者曰雞腸鼠肚其晝伏夜動也如宵小之潛滋其畏首畏尾也如詭隨之顧慮又且性善傳疫雖含沙射影以害人其難預防蔑以加此然此猶曰鼠輩之天性類然耳所可恨者人皆以破壞爲害彼獨以破壞爲利是以盜賊之心而爲奸慝之行也其爲害於人豈可勝言哉況其性既殘其心復狡往往穴神社憑廟壇以自保衞知非蓄毒以餌之設機以伺之無以制其死命但此陰賊險很之所爲仁人不忍出此也無已祇合循天演物競之公例多畜貓以捕之耳

前半體會入微後路能於小中見大是爲搏象用全力搏兔亦用全力者

說婦容

玉田女高小二年級學生　傅家琦

善夫曹大家女誡之言曰、婦容、者不必、顏、色、美、麗、也但、盥、浣、塵、穢服飾、鮮、潔沐浴、以、時身不、垢、辱、足、矣乃以觀近今女界爲修飾之故不但耗去資財而不惜並耗去光陰而不惜晨起理裝或敷粉或塗脂輒至數小時偶爾外出尤注意焉夫良家婦女主中饋也斤斤修飾果何爲者與其裝飾妖冶爲君子所指摘爲小人所揶揄何如素雅服裝天然色相爲人敬重之爲得也彼普通婦女智識不足隨波逐流尙不足怪邇年以來女學界亦染此習同學相見不聞切磋以學藝勉勵以道德但聞某人服飾入時某人太不修飾邇非前此以樸實道藝相尙可比毋亦女界自視太輕之故歟吾願諸姑伯姊勉之戒之

莊詞以諷足以懲戒時弊後段對於女學界痛下針砭尤能型方訓俗

說慈善事業

玉田女高小二年級學生 李芳魁

嗚呼、慈善事業者爲人生最美且樂之事業也、然先必有慈善之心、然後能爲慈善之行、蓋慈善之心者因也、慈善之事業者果也、造因即獲果、理勢然也、故見人之困窮、必拯救之、見人之疾病、必扶持之、凡一切危難之事、觸之於目、即感之於心、以不忍人之心存之於內、爲慈善之天良、施之於外、即慈善之事業、夫爲善最樂、古人所稱、然人往往有其心、或爲窮迫、或爲財限、則亦未必其果行也、況今之人、刻薄成風、雖其在家、揮金如土、而不惜、苟遇慈善事、公益事、則一毫不拔、反曰多此靡費、求所謂好善樂施者、百不一二、即或有之、亦不過好行小惠、藉爲弋名之具而已、吾人欲以偉大國民自期、非本慈善之心以行慈善之事不可、

以不忍人之心存於內爲慈善發於外爲事業詮題極眞前後均透發此意儼然以儒者之精義而談佛教之玄理

說製花

玉田女高小二年級學生 蕭杏枝

水陸草木之花、可愛者甚蕃、但皆出於天然、而非成於人工者也、成於人工之花、有三、曰畫、曰繡、曰製、但畫花勾以筆、無實迹、而僅有虛神、繡花剌以針、得平面、而終非立體、惟製花之法、剪色綾、或彩紙、或色絲、有作瓣形者、有作萼形者、有作蕋形者、其葉皆作濃青淺綠色、至其枝與梗、或綻銅絲、或削竹籤、或纏以線、或糊以紙、後乃聚散爲整、遂見花之鮮明、如帶露、葉之披拂、如迎風、旁更以餘料作點綴、蟲則如蝴蝶蜻蜓、鳥則如黃鶯紫燕、製畢、或置盆內、或插瓶中、觀之、令人眩目、幾莫辨其爲眞爲假、此亦手工之成績品也、或曰女子在校、不留意各科、能事、僅以製花稱、且其事比畫花費工、比繡花費料、僅作美觀、不能實用、不幾疑以有用之精神、作無謂之技巧乎、不知每日於正課外、偶一習之、可以練吾手、可以細吾心、以之自賞、可以悅情神、以之贈人、可以敦友誼、且與圖畫理科剌繡縫紉各科、均有密切之關

係烏得鄙爲小技而忽之哉

層次清醒無一苟且之句初學最宜

時雨時晴說

江田女高小二年級學生 蒲景昭

我華以農立國者也故百穀之成不成不特有關於民生抑且有關於國用而究百穀成熟之由則在晴雨之適當與不適當而已丙辰之初凍消土潤彌望原野有水而宜稻者有低而宜麥者有高而宜黍者莫不種植徧滿先者勾芒畢達後者亦含氣滋生矣斯時農民有竊憂者曰若日久不雨苗必枯萎可奈何有自慰者曰若十日得雨苗將勃生矣夫何患乃甫屆初夏習習風生陡作油雲倏成霖雨密者如散絲大者如跳珠鎭日徹夜既沾且足尤可喜者侵曉啟窗朝暾已上時也映吾眼簾者則城市如洗也山川如畫也觸吾耳鼓者則水田放覓聲農田叱犢聲與耕夫饁婦歡呼樂歲聲遙遙相應向使戊日望雨祈禱不驗或陰雨霏霏連月不開田禾被災有年無望其病吾民生匱吾國用者不亟大哉於以知前日之雨時雨也今日之晴時晴也吾爲吾民喜吾爲吾國慶爰搦管而爲斯說

開局認定時字眞義已得驪珠以下按層抒寫委婉盡致迴非泛作晴雨可比

春假爲一年最好光景諸生回家作何樂事試筆述之

江蘇省靖江縣立第一高小學校一年級生 王平

清明佳節放假數日在家與弟妹遊戲甚樂弟謂吾曰今日晴明惠風和暢草木青碧宇宙之大品類之盛此時爲最曷一遊乎余欣然與弟出門而東路遇友人三五乃與偕行至奎星閣上四顧茫茫東望長江滾而下狀如白帶北望孤山鬱乎蒼蒼須臾下閣出城步至東郊見桃花似醉李花如霜楊柳如線遊人三五成羣往來不絕行里許見菜花一園黃如金散大麥初秀風翻似浪道旁有小溪臨溪而休息焉水清如鏡上浮萍藻下有游魚往來可數日映水中

作金紅色清風徐來水波不興洵所謂吹面不寒楊柳風也樂甚未幾日將暮燕羽差池東西往來紅霞滿天浮雲四散吾等乃覓途而歸復約明日出遊於荒野及明日晨起早餐後乃與朋輩數人出城而南見夫道旁墓上白紙飄飄灰飛如蝶信足樂也不禁胸襟爲之一暢眼界爲之一空回首思之又不禁感慨係之矣光陰如箭吾等乘此青年當立功於天下後世奈何負此佳日以遊賞耶

即景生情

專制政治將見絕於二十世紀中說

興化縣立第一高等小學校三年級生 潘煥奎

今何時乎非二十世紀開幕之時乎一開幕而已有數共和國現則此幕中所演出之共和國殆不可思議意者將使世界上所有之國盡趨於共和以臻於大同之盛軌吾雖不敢謂其必然夫固有不得不然之勢矣閒嘗就其已然之跡以測將來大同雖未可預期專制政治必見絕於二十世紀中已無可疑不見我中國乎在二十世紀之十一年前固專制國也今則改爲共和矣不見俄羅斯乎在二十世紀之十六年前亦專制國也今則變爲共和矣是何也天賦人權之說與人皆知有所謂平等有所謂自由在上者雖欲遏抑之壅塞之勢必有不能譬如防川川壅而潰傷人必多遠而徵諸法蘭西之革命美利堅之獨立暨意大利與墨西哥等國固無不然近而徵諸我中國及俄羅斯亦猶是耳且夫我中國爲亞洲最大之國自秦始皇專制迄清末已二千餘年俄羅斯爲歐洲最大之國自大彼得專制迄往歲亦數百十年積威不可謂不厚壓力不可謂不强一旦人民反抗如拉朽摧枯曾不終朝而飄零殆盡矣專制政治不見容於此十餘年中也如是況此後八十餘年之間哉尤可驚者德意志本爲歐洲强國其陸軍之强冠於全球其政體非君主專制乃君主立憲耳今與協約國戰敗國人亦起而逐其君以組織民主政治甚矣哉民權之發達可畏也

洞達時事故能暢所欲言(劉評)

記凍蠅之狀態

興化縣立第一高等小學校三年級生 吳鑾章

憂時子以貧故不能遠庖厨一日天寒甚步入厨下適黃粱初熟氣蒸蒸而上浮將取食忽見青蠅三五附熱而棲其一立竈櫃探首下視弄吻搖脣似欲下而噉食其一立竈面振翼欲飛屢起屢蹶似欲上而不能又一則立竈隅戰戰慄慄俯首哀號厥聲微細幾不可得而聞餘則蠕蠕以動惕惕以息或仰臥而搖足或屈伏而呻吟雖一息尚存殆皆奄奄欲斃矣猶記蠅當盛時出入於豪門貴第徵逐於酒館茶坊呼朋引類終日營營幾乎有隙必鑽無微不入吮癰舐痔其甘如飴恒舞酣歌習爲故事附驥則瞬息千里聞腥必飽嘗一臠雖爲逐臭之夫非不極一時之盛也今一寒至此豈媚竈所能禳而免乎是可以爲顧目前而不顧其後者戒

描寫盡致筆有餘妍

開礦采珠孰爲急務

興化縣立第一高等小學一年級生 章永和

礦物者助世界之進化者也珠寶者供人類之裝飾者也以價値論則珠貝貴於礦物以形質論則珠貝美於礦物以運輸論則珠貝便於礦物是吾國人民以采珠爲急務可矣更何必從事於開礦不知世界進化之原料首重礦物故汽車輪舟之需煤機器製造之需鐵市場交易之需金銀皆礦物也若珠之爲物寒不可以爲衣飢不可以爲食其所需用者不過裝飾而已矣何與於國計民生哉誠使研究礦學辨別礦質開掘礦苗迎其機而導之國富兵强行將於此是賴故以二者比較之則開礦固爲急務矣

側重開礦尙有見地文筆亦淸爽可喜(解評)

蟹

遼陽縣立高等第十二級生 李紹白

蟹爲節肢動物之一恒恃其螯以衞己侵人余嘗游於水曲見人蹤跡其穴伸腕捉之每爲其螯所傷其出穴者每恃其螯橫行乎田畔狡然如縉紳橫行鄉曲無所避忌以云雄則誠雄矣然其智終不人若一燈水濱莫不郭索而來拾之不可勝拾飛蛾投火自殞其生寧不悲哉雖然人之爲祿利富貴所誘以捐其身者比比而獨蟹爲然哉

夾敘夾議尤長於取譬(佟有爲評)

說蟹

興化縣立第一高等小學校三年生 吳建勳

嗚呼世界之凉血動物誠一蟹不如一蟹哉何以故坐擁甲兵肆無忌憚則蟹之橫行也嬉游水府全無心肝則蟹之無腸也寸地尺天誅求不已則蟹之輸稻於蟹王也籠斷居奇逍遙河上則蟹之稱雄於海國也當其星火熒熒趨炎附熱魚蝦不敢與之侶鷸蚌不敢與之爭固自以爲無敵於天下矣然菊瘦蟹肥漁人得意舉網不得則熱火以致之垂竿不獲則投餌以誘之請君入甕烹以九鼎一俟九日登高左手持螯右手執杯坐視一般騷人墨客剖其腹刖其足敲其髓食其肉咸於飽啖之後不禁咬文嚼字而爲之憮然大笑曰固一時之雄也而今安在哉

借題發揮無限感慨可云傑作(劉評)

說染絲

興化縣立第一高等小學校三年級生 張寶琛

夫以習俗之移人也有染人者有染於人者然目窮千里不能自見其眉睫染人也不自知染於人也亦不自知無已試觀之染絲當其絲之未染也其性純其色白充其量之所極方自謂雪不足以比其潔日不足以奪其光矣及其既受染也黼黻焉惟素絲是賴文章焉亦惟素絲是賴且織爲藻繢被於帝者之身製爲綺羅加於姬姜之體美矣善矣蔑以加矣然試問其天然之本質其果能存焉否耶況乎今日之時局衣冠之敗類紈袴之子弟紛紛擾擾於社會國家者皆染人者也衣裳之楚楚華服之翩翩營營逐逐於歌場舞榭者皆染於人者也嗚呼天之生是絲也非欲其受

染也天既不欲其受染而竟無有不受染者此墨子所由歔泣歟

說理透澈寓意不少(劉評)

梯說

興化縣立第一高等小學二年級生 陸秉猶

登高望遠非梯不可得而上也梯之制不知始於何時昔公輸子爲楚王造雲梯以攻宋意者其梯之始乎然萬章言父母使舜完廩捐階則舜之時已有梯矣考之梯木階也進一層更有一層如學者之日進高明不可以隅囿也又如爲學之循序漸進不可以躐等求也窮其巔則若上智若大聖孔子之所以不可階而升乎夫梯小物耳然即小可以見大若僅就梯以言梯近時製造日精矜奇炫異有所謂輕氣球飛行艇者實能洩天地造化之奇發古人之所未發而梯又不足言矣

語意修潔不蔓不支(劉評)

夫婦和而後家道成說

興化縣立第一高等小學校三年生 楊春旭

自家族之主義盛行而後家庭之幸福遂爲人生所欣羨雖然人生幸福談何容易必也夫婦之間如鼓瑟如鼓琴而後絲毫之戾氣不得而中之式相好無相尤而後參差之意見不得而間之所爲夫婦和也蓋和則相愛相愛則相助其有益於家者無不於雞鳴戒旦之時共矢其黽勉同心之致相和則相敬相敬則相勗其關係於家政者無不以麟趾關雎之化曲盡其纏綿悱惻之情而家道之成自可以拭目俟之成者何以道德而論凡關於倫理之條件無不備也以智識而論凡關於生活之程度罔或缺也以志趣而論凡關於文明之作用不或乏也如是而後夫婦和夫婦和而後家道乃可以言成不然者妄語自由矜言平等方其始也花間聚首月下盟心不待父母之命媒妁之言而婚約之締結直同兒戲及其既也愛情漸淡魔力橫生一則夫也不良一則女德無極至此始知佳偶之竟爲怨偶也亦已

晚矣嗚呼人莫不自顧其家夫婦間如是而欲其門戶光大五世其昌烏可得哉烏可得哉故曰君子之道造端乎夫婦

樸實說理有功世道之文(王評)

火爐說

興化縣立第一高等小學校三年級生 顧鼎元

禦寒之物以衣服爲主體然衣服祇保存人身內部之熱度使不外散而內部之熱度有限卽不得不藉外界之熱度以爲補助則火爐尚已爐之制不知始於何時爐與鑪同火牀也一曰火函也周禮天官宮人共鑪炭意者爲爐之始乎爐形圓而略扁上有多數小孔以通空氣中實以穀殼間有置炭者炭熾爐熱年老者多用之然爐之物特取用一時耳當夫序屆嚴冬朔風凜冽披貂裘而失暖遂獸炭之頻添對斯爐也轟轟烈烈炙手可熱自非冰心鐵面之徒罔不爭相趨附若不可一日無此君者迨至境過情遷星移物換無何而春風拂拂矣無何而夏日炎炎矣時則調冰雪藕沉李浮瓜而向者轟轟烈烈炙手可熱之火爐乃退處於冷靜地位誰復加以青眼親炙於其旁也乎烏乎人情冷暖噫嘻憐季子之裘世態炎涼孰是買臣之婦每念及此蓋未嘗不有感於斯爐云

紆繹爲姸卓落爲傑(王評)

永某氏之鼠

興化縣立第一高等小學三年級生 王一貫

蠢蠢之物因貪而殞命者不可勝數貪之一字其罪惡之媒介乎昔有某氏者家永州其拘忌異於他人蓋永州最著名之迷信家也以己生歲值子鼠子神也因愛鼠而不畜貓倉廩之米粟庖廚之熟食悉以恣鼠某氏終不問由是某氏之鼠愈積愈多而鼠風乃大盛吾無以名之名之曰鼠世界耳鼠家族耳某氏之居鼠穴耳某氏之子若婦鼠子與鼠婦耳詩曰碩鼠碩鼠無食我黍某氏對之殆不知作若何反感嗚呼某氏之遇鼠厚矣幸而鼠遇某氏吾爲鼠慶不

幸而某氏遷徙以某氏之居居後人吾乃爲鼠憂夫某氏之於鼠千古一人而已鼠與某氏脫離正當引身縮首日處穴中不敢復萌故態以取其禍乃鼠計不及此而仍以視某氏者視後人故奮主之恩告終而問罪之師旋至行見如邱之鼠不足以膏五六貓之吻也嗚呼鼠之以貪而取禍也固宜但不知某氏之生命曾與鼠相終始否耶

此文胎息柳氏結筆尤佳（劉評）

公德私德相關係說

昌化縣立第一高等小學校二年級生　魯宗聖

公德道德所從出也私德亦道德所從出也同是道德何公私之分焉然而公者由私所擴而充也是故有私不能無公人生斯世不能離羣而居既不能離羣而居則對於社會國家是不可無公德矣雖然公德與私德並行不悖互有關係者也若僅有公德而無私德則合無量數卑鄙齷齪之徒其於社會國家何補有私德而無公德則雖合無量數潔身好義之人其於社會國家亦屬無益必也秉而有之乃不偏於一方蓋公德不能離私德而成私德亦不能離公德而獨存人羣相互之間對於私人則私德尚矣對於團體則公德尚矣必不能以私人與私人之間而尚公德又團體與團體之間而尚私德我國伊古以來對於社會國家公德之觀念薄弱祇知有道德無所謂公德與私德之別及至今日始知人羣之所以爲羣國之所以爲國皆賴此德以成立者然後知尚公德而私德反缺如矣噫人心不古世道日非要知公德者由私德而來未有私德安有公德公德與私德不過一表面之別耳其關係蓋密切也

注重私德持論極見圓滿（章心齋評）

木偶

昌化縣立第一高等小學校三年級生　吳會

城中有某翁技善雕飾凡宮室器皿人物以及鳥獸木石花卉罔不因勢象形各具情態嘗刻木偶一蓋關聖覽春秋云長二尺有奇作斜坐狀高冠長鬚龍眉鳳眼面若紅棗左手執卷卷面刻篆字凡三即春秋志是也右手持刀刀長

稱其身即世俗所謂青龍偃月刀是也。左膝略豎。右足伸出。所著衣服。虎章龍文。皆綠色。瞻視之、凜凜乎可畏。赫赫乎可象。忠勇之氣。竟露於眉目中。嗚呼。翁之技藝。亦靈怪也哉。

簡潔不支（王祖周評）

尊孔說

昌化縣立第一高小學校三年級生 帥超

生則有利於當時。並澤及於後世者。吾知非惟尊之於一時。即千百世下。亦無不尊之也。求諸史冊、惟孔子、可以、當之。孔子生當春秋。治魯僅三月。乃道不拾遺。夜不閉戶。其有利於當時。蓋可知矣。作春秋。著論語。垂於後世。以正世道人心。中國不流爲戎狄之俗者。孔子之所賜也。其有益於後世。爲何如乎。噫。孔子之功偉矣。吾人可不尊敬之乎。乃今之人。鑄金像。設祭器。詡詡然自命曰。吾能尊孔也。其所謂尊。尊其所尊。非吾所謂尊也。吾所謂尊者。行孔子之行。言孔子之言而已。不然。有尊孔之名。無尊孔之實。孔子有知。亦必不享其尊也。但今之中國。世道日衰。人心日壞。亦猶昔日之春秋。有能以孔子之道。調劑之。周旋之。使人人尊崇孔子。將身由尊孔而修。家由尊孔而齊。國由尊孔而治。天下由尊孔而平。孔子有知。其亦慰矣。

意思周到詞亦暢達（王祖周評）

尊孔說

江蘇泰興縣立第一高等小學校二年級生 汪鍾瑞

吾國自春秋而後。至今數千年矣。世道不致淪亡。人心不致墮落。此何故歟。實賴孔子之教。有以維持之。蓋孔子者。立人倫者也。舉凡後之人。在廟堂之上。君仁臣敬。吁咈都俞。咸歸於正。在家庭之間。父慈子孝。動作起居。悉衷諸道。以及夫婦昆弟長幼尊卑。悉皆釐然有序。各循應盡之職。在社會之間。見老則敬。見幼則愛。接之以誠。行之以恕。而人各完其爲人。而不至淪於禽獸之域者。皆以知有人倫也。人倫不明。則人類於以絕。而乾坤或幾乎息矣。然則孔子之道。其足以維持世道人心者不亦重且大哉偉哉孔子之道雖謂與日月爭光可也吾人對於孔子焉能不尊敬之乎是以吾人當大成節雍雍肅肅各致其如在之誠焉古之不知尊孔者若秦之始皇取孔子所著之書所立之說概燬之焚之使天下之民不復知有孔子之道然孔子之道沒而天下因以大亂故秦之亡也忽焉漢高既定天下即遣使以太牢祠孔子於闕里遂以定四百年之基業從可知孔子之道與天地參不尊則危尊之則安此不易之理也

學貴有恒說

江蘇泰興縣立第一高等小學校一年級學生 章壯益

禮曰玉不琢不成器人不學不知道是人欲知道必自爲學始雖然同一學也而無恒與有恒則有辨夫吾人幼稚之時體格健强腦力充足正當奮力求學若其無恒則始勤而終怠進銳而退速其學之無成也必矣夫一逝而不返者水也一去而不回者時也大好光陰輕易失之豈不深可惜乎若夫有恒則異是不貳其心自無見異思遷之蔽不易其志必無半塗輒止之虞一簣且藉以爲山九軔必期於及泉皆於有恒者是望也南人有言曰人而無恒不可以作巫醫況爲學乎試爲設一喻焉良馬雖善走而力疲氣竭中道即止駑馬徐行弗間或反先至焉此有恒之故也學者可深長思矣

詞義正大筆姿清挺（于亥材評）

愛校說

江蘇泰興縣立第一高等小學校一年級生 張源

人之初生飢不能自食寒不能自衣提攜保抱家庭是賴及其稍長益智增識惟學校是賴故學校者吾人之第二家庭也夫學校之益既爲人人所同享宜爲人人所同愛愛之維何履其地不可汚也校內之物不可毀也敬師長親同學皆愛校之道也今者我國各校學生往往有不愛校者見校內之物則毀之藐師長之教誨拒同學之規勸不幾爲

詞達理舉（李燕詒評）

害羣之馬乎昔英有惠靈呑幼時嘗肄業於某校後爲大將曾大敗法軍於滑鐵盧及退老閒居與校爲鄰一日見校中少年歡呼跳躍之狀慨然曰滑鐵盧之戰未嘗不得力於此其愛校爲何如哉

詞旨明白（李燕詒評）

說蠶

泰興縣立第一高等小學校一年生　翟鯨身

蟲類之中其有害於人者謂之害蟲如螽斯浮塵子是其有益於人者謂之益蟲如蜂蠶是夫蜂能釀蜜又能助花結實固爲益蟲然終不若蠶能吐絲其衣被天下之利爲尤大也蠶之所食者桑也育蠶之人採桑以飼之蠶之幼也則蠕蠕而動其小若蟻稍大則食葉之量漸增經三眠則吐絲作繭而成蛹蛹復爲蛾蠶之變態如是育蠶興於黃帝妃嫘祖我國至今享其利五畝之宅樹之以桑畜蠶千頭閱歲則孵化漸多所繅之絲亦多其民而有不富者未之有也非獨民富而已其國未有不富者蠶桑之利偉矣

春之郊野

泰興第一高等小學學生　翟鯨身

中段敍述有條理（李燕詒評）

春也者萬物發生之新機也植物萌芽昆蟲啟蟄東風解凍氣候溫和是時郊野之景誠嘉美也嘗散步至其地見夫錦襯桃紅絲牽柳綠田中之麥風吹成浪一碧萬頃豌豆蠶豆皆已開花翩翩若蝶行至河畔見蝌蚪成羣游泳水中乃蛙之幼蟲也又聞黃鸝鳴於柳岸不減戴仲若斗酒雙柑之樂村間兒童爭放風箏以爲戲風箏一名紙鳶利用風之抵抗力直上天空西人本此理製爲飛車則徵諸實用矣是時農夫叱犢而耕攜鋤而芸有事東作方慶西成蓋凡事由苦而樂不獨農人然也郊野所見在在足以動人感想誰謂游覽之餘無益於學問乎

筆致鬆秀（李燕詒評）

秋之原野

江蘇泰興縣立第一高等小學二年級生 張康侯

一年之中。四季之氣候不同。而景物亦異。春之時。百鳥競鳴。萬卉爭放。人皆謂一歲之景。春爲最美。吾以爲原野之景。秋則尤勝於春。秋之某日。余偕同志一二。散步原野。則見細粒堆金。紛然而下垂者。彼黍之離離也。翹枝苗翠。挺然而上聳者。我稷之翼翼也。因思今歲蝗患甚多。而斯方獨無。意者人心純厚。蝗不入境耶。前行至一村。則耞板之聲。比舍相應。蓋戎菽已登場矣。又行數里。忽高原易爲下隰。見農人往來阡陌之間。手持鐮刀。汗流如雨。就而詢之。知早稻已熟。正從事刈割云。夫穀之屬有六。惟麥熟於夏。餘則均告成於秋。秋至而萬寶成。春取其華。究何如秋取其實乎。至若擷塍畔之瓜。剝林間之棗。摘榴實於村後。採蓮子於池中。亦秋日風味之獨絕者也。流連既久。余與數同志。仍由原路而歸。聞有蟲聲唧唧。起於荒煙蔓草間者。非蟋蟀之哀鳴耶。見有羣鳥橫空。自北而南。如人字形者。非鴻雁之作陣耶。秋之景物無窮。遂握管記之。以示不忘。

詞筆明淨（于次材評）

諸生盍各言其所好

無錫私立華氏鴻模高等小學二年級生 錢祖翼

余性好習武。或問其益何如。曰習武則隨在不受人欺。見有不平事。可助弱摧强。而遂其志也。故曰不侮鰥寡。不畏强禦。此余之志也。或以文勝於武。可以治人。吾以爲文不如武也。文者而遇强暴。則不能一時制伏。若習武者猝遇强暴。須臾之間。亦能降伏之也。故吾意武較於文似稍勝焉。爰思昔日關岳英雄。蓋世將百萬軍。敵將聞名而膽喪。予所慕也。然而文治內而武治外。相需爲用也。余雖好武。亦不廢文學焉。

筆意英英露爽。如讀魏武述志令

好讀書不求甚解說

無錫私立華氏鴻模高等小學三年級生 華心梅

孔子曰學而不思則罔思而不學則殆蓋學而不思人皆知其必罔然亦不可過於思夫書之所以能使人知者以有解也解豈必求其遠且深哉書猶材木也解猶斧斤也以斧斤而斲材木使之成器適於用而已何必雕文刻鏤以求其美觀哉書既能解亦何必求解之甚也夫求甚解則必竭智以思以有涯之智求無益之解汲汲焉必得之而後已設據古人之唾餘而辨難不休以爲古人所不得其解者吾能解之是吾之智逾於古人也然叩其所解有若風中之馬牛彼意與書意差之千里也即使能解亦不過爲聚訟者之作俑曷足貴乎余讀五柳先生傳曰好讀書不求甚解可知夫好讀書者不必求解之甚也夫吾人之讀書也知書之意幼而學壯而行斯可矣何必竭智以求解僅博識者之一笑耶

魏晉以降襲經生之唾餘咬文嚼字聚訟不休陶公故於解字上下一甚字作者窺破此旨故爲可取（華樽評）

論歲寒三友之優絀 松竹梅

蕩口私立華氏鴻模高等小學校三年級生 方厚儒

古人稱松竹梅爲三友者以其能耐寒也夫松幹直而質堅性喜孤立不與他物同居與高上之士無異也且於嚴冬之時霜雪下降布滿其上仍能卓立地上全無枯萎之狀愈顯英英之氣竹之幹亦直但中空多節不若松之堅實又性喜羣居孤立則無奇趣雖有君子之名而風吹則搖曳雪壓則中折實無君子之德至於梅之幹屈曲而多枝屈曲則不能强直多枝則其材不能成器所可異者於風雪交加之時亦欣然向榮花美而多香人皆敬禮之

余論之曰夫松如人之有以自老無求於人者也而竹則蒼翠其色外有餘而內不足者也梅則孤芳自賞不求於人而亦無所用於人者也故吾以爲松最優梅次之竹又次之

暢發松之宜列優等竹梅兩行指爲美中不足妙能自圓其說（華樽評）

心正則筆正說

無錫私立華氏鴻模高等小學校三年級生 張嘉勳

心之爲用甚廣事之攖於心者無窮以有用之心應無窮之事則心必爲事攖焉然而無慮也守之以正斯可也習一字或柱而不直畫而不平其故何也由心不正也程子曰心正則筆正由此以觀字亦賴此正矣或問於余曰筆之正在乎手何在乎心余曰心者人體最靈者也凡事之善惡皆由心而定故謂之良心五官四肢之運用皆由心而發故筆之正亦由心發也吾等習字垂其頭弓其背筆側於耳旁由此可見心不正矣心而不正安能正筆況大事乎凡營一業作一事必先正其心而爲之故曰心正則筆正矣

筆機鬆利（華擀評）

雜說一首

無錫私立華氏鴻模高等小學三年級生　錢臨照

蟋蟀居於卑濕之地或穴於零瓦殘磚之下每當秋夜羣聚而鳴其聲唧唧然顧不喜羣居蓋蟋蟀性剛勇兩雄相遇輒奮鬬人之好事者利其能鬬捕之以爲戲同類相殘豈不痛哉今吾國國勢不振外人挑撥南北使之鬬以逞其私者所在多有嗚呼中國武夫亦蟋蟀類也同類相殘至死不悟可悲也夫可悲也夫

借題發揮語頗沉痛（曹大文評）

愛惜光陰說

吉安縣立高等小學校第二年級學生　秦名鎮

光陰者百代之過客去而不復返者也故古人有言曰一寸光陰一寸金西儒若克遜曰今日所失之財可償諸異日今日所失之時難取諸明日而吾國古先哲賢兢兢於人之日起有功亦有尺璧寸陰之喩雞鳴待旦之事然則光陰之關係於人不綦重哉彼智識甚淺者往往玩歲愒日不知光陰有限事業無窮就一分之光陰以圖一分之事業常有不可及之勢何暇偷安優遊虛糜寶貴貽害終身耶夫人生斯世不過百年次則七八十年又次則四五十年可爲治事之時者有幾若不藉此數十年黽勉從事少不努力老大徒悲負父兄作育之恩師長造就之意能勿愧乎是故

有志之士孜孜矻矻如車胤之囊螢孫康之映雪彪炳史冊人爭傳述竊願我同儕以古人之志爲志深知樹百年之璧璧在一刻之翼翼及時策勵必能有所成就矣嗚呼流光似箭稍縱卽逝白日忽其西匿青春不能久留可不勉哉

深切著明題蘊畢宣（蕭學成評）

擬勸止迎神賽會通告

泰興縣立第一高等小學二年級生 何達生

廟有神像人民崇祀之以求福避禍崇祀不已更聚多人運神像於各處旌旗蔽前扈從擁後謂之賽會而各處之人民焚香跪拜是爲迎神無敢不恭者嗚呼惑矣就管見所及理宜停止迎賽之原因有三謹爲我鄉父老兄弟勸迎賽之際賽者觀者皆地方人民也於是士子輟學農夫罷耕工人停其工作軍人怠其防務欲求安其業事其事者實居人民中之少數勞民之舉莫此爲甚此應停止之原因一夫迎賽之費不取於農卽取於工不取於工卽取於商聚人民汗血之資不數日化爲烏有若移此創辦貧民學校設立貧民工廠孰得孰失明眼人自能辨之此應停止之原因二且賽會時人數衆多良莠不齊男女雜沓淫謔者有之爭鬬者有之詐騙者有之傷風敗俗伊於胡底此應停止之原因三由是觀之豈可迎神賽會而蹈此三弊哉或曰迎神賽會之舉所以振興商業也抑知商業之所以振興在道德智識技能迎神賽會徒取目前之利於商業究何補哉或又曰法律祗能制人已形之罪不克制人未形之惡神道設教所以補法律所不及今賽會以顯神之尊嚴使一般下愚知爲善神必降福爲惡神必降禍凜然於神之不可欺而乖戾邪僻之心自潛消於不覺然則賽會之事又烏可已哉余曰子言誠是竊猶有說神道補法律所不及則尊之崇之虔誠禱祀之可矣若必出於賽會而爲此勞民傷財敗壞風俗之舉吾恐神人有知亦必以有乖保佑生靈之旨而吐棄不遑也願我鄉父老兄弟三思之

反覆推闡義正詞嚴是有功風化文字（子次材評）

譯述巡迴講演員陳君說國

泰興縣立第一高等小學校二年級生 常仁俊

某月某日邑廟有通俗講演之舉吾偕諸同學往聽聞講演員陳君之言曰諸君莫不知有國矣亦知國字之正義乎立國之要素有三曰土地曰人民曰主權無土地則人民無所託國之有土地所以定其疆域也故國之外為口無人民則主權何所行國之有人民所以實其腹心也故國之內有口無主權則土地皆為他國之屬土人民皆為他國之奴隸欲保此主權又必以兵力爭之故口之右旁有戈三者缺一不可若三者俱全則國之勢必强矣吾中國今日有主權乎無主權乎主權去則土地人民隨之而國將不國吾國民其猛省

譯筆簡潔(于次材評)

陶淵明愛菊旨 仿沈顏登華旨

泰興縣立第一高等小學二年級生 張錫康

陶靖節自劉宋篡晉後家居愛菊時載酒於菊花之下以賞其孤芳予曰吁是不喻靖節之旨也夫林逋之愛梅意不在梅也王子猷之愛竹心不在竹也周惇頤之愛蓮說曰出淤泥而不染曰濯清漣而不妖曰中通曰外直曰不蔓不支曰香遠益清曰亭亭淨植可遠觀而不可褻玩豈眞言蓮耶蓋皆假物自況致意於此爾上下千古事同一轍靖節以嶙峋之傲骨藐視督郵恥事宋室不忘義熙甲子欲保全其晚節而姑以菊自寓焉靖節愛菊歟乃菊似靖節耳

要言不煩(于次材評)

競爭說

南匯縣立第六高等小學校二年級生 宋家釬

人類之生活競爭所以促進化也蓋欲掃除野蠻之風氣而進於文明其道在斯今競爭之最要者約分二種一曰兵力一曰術業兵力之强弱有形之競爭也術業之盛衰無形之競爭也國家兵力强術業興則必優勝兵力不强術業不興則必衰敗西哲有言曰優勝劣敗適者生存豈虛語哉

英思偉論相輔而成

說改過

海鹽城立第二女校高小三年級生 査美臻

人生於世孰能無過有過者大都不能自知耳不知其過則終不能改矣故人不必求無過祇求有過而能改耳豪傑之異於常人非無過失也能見己之過能日思己之過有過而急於改耳今之人僅知訕笑他人之過而不知己之過甚者見他人之善則蔽之己有小善則惟恐人之不知己有過不之知卽知之亦不肯改倒行逆施一無顧忌推原其故皆由於不能改過耳然則人之有過者安可不力自痛改庶不爲人所輕視也哉

允當之言

冬日可愛說

青縣第一高等小學第三學年生 姚得華

余嘗問於衆曰冬之日也夏之日也非同一日乎而人之於日夏則畏之冬則愛之胡爲乎而異也僉曰以其於人有利害之不同故耳當夫夏日炎炎使人揮汗如雨征夫以之却步起坐因而揮扇則夏日之爲酷也不亦甚乎人畏之宜也冬日則異是蓋冬季之風雪肆虐其力能墮人之指裂人之膚而人以重裘烈火禦之且有不敵之懼至日出東方徘徊於太空之間煦煦其容旭旭其意於無形之中使風殺其威雪消其形驅寒布暖之功其可沒乎而人之於其出也無老無幼無貴無賤莫不拱立其下以示歡迎之誠乃理之當然者余曰吁使無夏日之炎炎則無草木之暢茂無草木之暢茂則人之衣食無由生是夏日之所以示威者正其所以示德者也冬日之功且不能及人徒知畏夏日之炙人而不知德夏日之益人何其不思之甚哉故吾於愛冬日而外不敢以夏日之可畏而忘其德也世之不思所以而妄動其愛惡者亦知此義否乎

通篇用問答法重擊側面行文之最巧者也（吳夔評）

說蠅

泰興縣立第一高等小學校三年級乙組生 何同文

蠅之爲物長不盈寸性極卑汚圭璧之潔玷不易磨肴饌之陳食必先嘗其爲害也且甚於蛇蝎蓋蛇蝎之來人猶可防而避之蠅則防之不勝防避之無可避也且傳染疾疫小則損人健康大則傷人身命夏日衞生之障莫此爲甚矣至於夏蠶遇之而病牲畜染之而沒猶其次焉者也吁蠅之渺小若是而爲害之大乃如此誠世界之上最可憎之物也雖然世之最可憎者豈獨區區之一蠅乎哉彼人類無蠅之形而有蠅之實者皆得以蠅視之唐虞之世有三苗共工驩兜春秋之世有魯之三家晉之六卿皆儼然人類而具蠅之性者也由此言之誤國殃民魚肉生靈是謂政界之蠅辱身汚節趨附炎熱是謂學界之蠅淆亂黑白顚倒是非是謂社會之蠅卽以一身而論酒食財氣諸嗜慾其足以戕我之性剝我之髓有一於身皆擾亂吾傷害吾之蠅也蠅乎蠅乎何毒人一至此哉

說名譽

借題寄慨筆意慷爽（季遐齡評）

海鹽城立第二女校高小三年級生 何愛蓮

名譽者無論何人未有不愛者也卽賊民亂政奸佞之臣苟以國家柱石萬世師表譽之亦未有不色然喜者殺人越貨强梁之盜苟以英雄豪傑譽之未有不欣然喜者然則名譽之爲物雖奸臣大盜無一不喜祗以殉身利祿放失其良心而倒行逆施遂至於斯耳故人之於世惟求其愛惜名譽耳能愛惜名譽者以之爲學必專以之治業必勤以之持身必愼以之建樹功業必成不愛其名譽者反是故有國家者欲求風俗之淳厚當以名譽之說鼓舞其民使擧國之民而皆愛名譽也則國無不治者矣

扼本之論從望溪先生原人篇得來（談夢石評）

愛人說

閩侯縣第二高校一年級生 林鼎官

善愛人者不徒懷愛人之心必求所以愛人之道何則人之最可哀憫者無過於死而死於蹈危罹法者爲尤故言愛當首重救死然而至於蹈危罹法勢必無可挽救雖有愛人之心將何所用邪彼蹈於危罹於法而死者無禮義爲之護衞道德爲之防閑也匡之以禮義何由蹈於危正之以道德何由罹於法恐其饑也則敎之以養恐其寒也則敎之以衣恐其病且死也則導以衞生之理如此者是眞能愛人者也又愛人者要以德不要姑息貴以義不貴私恩舜誅四凶愛人也孔子殺少正卯愛人也周公殺管蔡亦愛人也此數賢者爲一國爲天下計蓋卽所謂不姑息不私恩也不然孝子仁人同於亂臣賊子反失愛之道矣

言明且清筆曲而直（林佩實評）

說愼言

海鹽城立第二女校高小三年級生 徐文智

生人入世必有所事交際酬酢不能無言然必知愼言之道乃可以少悔袁寀曰言語簡寡則人可以少怨而我亦可以少悔蓋言語不愼易招人怨世人親戚交際之間往往有因言語之微而失歡者非皆以暴厲之故卽諧謔之言責善之語亦皆足以召尤招禍一言既出駟馬難追後雖悔之已無及矣故言語不可不愼愼言之道簡默爲先人能簡默則言之失者少矣所謂吉人之辭寡也若夫盛怒之際悶鬱之時與人言語尤當加意謹愼者也

言足警世

擇交說

南通師範附屬高等三年級生 宣盛懷

獨學而無友則孤陋而寡聞爲仁由己而輔仁則不可無良友蓋友者所以規吾之過失也使吾而是也因得以明其是使吾而非也因得以去其非如明鏡高懸能照吾之形容潔與不潔也然友有君子亦有小人與君子交則其高尚之風優美之德悉足以資吾之法則而吾因得以成仁如入芝蘭之室久而不聞其香與之俱化矣與小人交則其塵

情俗氣薰染吾於不知不覺之間非特不能輔我成仁且足以爲心害如入鮑魚之肆久而不聞其臭亦與之俱化矣然則人之交友烏可不愼加選擇哉擇友之道固當審愼於未交之前或既交而始察其惡則亦不妨中絕近君子遠小人庶幾德修而行立焉

清利而醇(易劍樓評)

衆心成城說

泰興縣立第一高等小學校三年級乙組生　繆增模

我國之土地不爲不廣人民不謂不多而不能稱雄列强反爲所欺侮者其故何哉由人心之不一耳苟能合衆心爲一心何難奠社稷於磐石之固措國家於泰山之安乎謂余不信請繹衆心成城之說夫土石之城有形之城也衆心之城無形之城也恃有形而忽無形雖有城不足恃挾無形以濟有形無城亦何妨披史册而覽興衰楚恃方城不免城濮之敗秦築長城仍有軹道之降夏禹觀兵塗山相會者八百國周武陳師牧野同心者三千人是知不徒以城爲城城乃無時而崩也孔子不云乎三軍可奪帥匹夫不可奪志匹夫之志且不可奪況合億萬人之志而爲一乎彼豪强割據徒恃金湯千里爲子孫帝王萬世之業不知有形之城雖堅師旅猶得覦之槍礮猶可克之無形之城集羣策爲屏藩合羣力爲營壘聚無限心思耳目性情血氣爲警衛臨以師旅師旅不得而覦之也攻以槍礮槍礮不得而克之也天下之城有堅於是者乎吾因之有感矣南北戰爭同胞秦越鬩牆起釁一室操戈吾國四萬萬人四萬萬心致使外人得以無禮之條約要求我國脅迫我國我國民倘尤欲爲國家作干城乎其速息鷸蚌之爭而協以謀國也可

義精詞湛墨飽筆酣(余采之評)

理想學校說

泰興縣立第一高等小學三年級生　高崇善

余一日偕二三友人作郊外遊信足所之忘路之遠近忽逢一光明磊落之境見夫山不高而秀雅水不深而澄清地

不廣而平坦林不大而茂盛宛然一幅畫圖不見行人但聞書聲稍近則門牆在望額題理想學校四字不禁肅然者久之觀斯校之名稱想見內容知必有一番盛狀矣正想像間有守戶者與語導之入謁校長並陪余等參觀首至自修室學生則和藹可親舉止合度上下課時排班進退絕無擁擠雜遝之舉聽講授時精神凝聚觀其所衣者布所食者蔬勤於學問勇於進取終日無不及義之言無時有違禮教之行而師生團聚肅肅雍雍相親相敬如父子兄弟家庭敘樂然其校風之善良如此是豈因有參觀者在偶然如此耶然細察一切動作有出於自然者次徧覽學生工作部農業場販賣部新聞社皆學生課餘之所經營他如圖書館學校園閱報室音樂會運動場等無不畢具雖設備亦與他校同而秩序井然教授有方則非他校所能及總全校之精神形式而觀豈唐虞之風歟杏壇之化歟抑有道之士欲行大同政策創斯校藉以小試之歟若謂海市蜃樓之現象余等又何以身歷其境耶參觀畢心中慕其美備欲求其章程而不果因時已薄暮遂辭出歸而記之以告後之問津者

文心靜穆詞旨停匀（季遐齡評）

說平

泰興縣立第一高等小學校三年級乙組生　錢玉聘

趾同方頂同圓百骸五官同構造聰明智慧同秉賦同生活於天地之間同呼吸於空氣之中固同是人也既同是人矣則凡人生之權利幸福宜如何調劑之使歸於平乎物得其平則靜不得其平則鳴此古聖人所由平己之情以平天下人之情也時至晚近羣以競爭爲美談不憑公理惟恃強權強役弱智役愚富者累資巨萬貧者不厭糟糠貴者高車駟馬賤者胼手胝足不平之甚孰有過於此乎然強弱智愚富貴貧賤形式上雖似異途而實則互相循環互相爲用不平之中有至平者在焉況天下任何紛擾世局任何變遷而公道之在人心亘萬古而不可低昂然則權勢位置容有不平之日獨無至平之理在耶

談言微中(余采之評)

說意大利某壑盲魚

泰興縣立第一高等小學校三年級乙組生 錢廣寶

天生一物。必畀一物以本能。使自衞自養。特廢置不用。則不足競爭生存耳。不觀意大利某壑之魚乎。夫某壑之魚。初非生而盲也。居近大湖。鱗物雜處。或窺伺强敵。以爲防禦。或覬覦他族。以謀襲擊。凡所藉以自保者。端賴視覺之銳敏。烱烱雙眸。不誠愈用而愈明耶。乃名山大澤。遽絕交通。化日光天。頓成黑暗。目力遂以無所用而消失矣。然隨遇而安。外患莫至。猶可享其暗中摸索之餘年。孰意壑復通湖。竟爲他魚所吞噬耶。嗚呼。魚固與世無爭耳。乃以視覺退化。且至滅種。況立於二十世紀競爭場之人類乎。彼世之豐衣足食者。置聰明才力於不用。汨其心志。惰其筋骨。習於晏安。不自振作。一旦失所憑藉。無以自給。悔之亦已晚矣。若而人者。與盲魚何異哉。且不特此也。魚之盲。但盲於目。人之盲。直盲於心。盲於目者。限於特殊之境遇。禍由外來。盲於心者。誤於目前之偷安。孽由自作。是人而自甘暴棄。更盲魚之不若焉。可慨也夫。

借題發揮令人猛省(余采之評)

說鸇

泰興縣立第一高等小學校三年級生 余寅生

孟子曰。爲叢驅雀者。鸇也。鸇之爲鳥。食其同類。以强凌弱。同類相殘。是鸇亦殘甚矣。凡有生之物。愛其同類。情之常也。鸇獨不愛其類。故以鷙鳥稱之。若人而陰鷙。性成其流毒曷有已耶。吾國南北分裂。兩相戰爭。至今未弭。於是人民受害。供其魚肉。是人而鸇其行者。羽翼已成。饞吻未饜。方且鼓吻弄翼。飛食人肉。道路以目。無如之何。此皆人其形而鸇其腹者也。噫。自相殘害之不已。必爲異國所吞。是眞所謂爲叢驅雀矣。悲夫。

詞筆簡而峭(李燕詒評)

記本校禮堂之燕巢

江蘇泰興縣立第一高等小學三年級生 余瑞生

本校禮堂之上。暑假時有燕來巢。其營巢也。銜泥銜草。經營數日而成。初至僅二三。及育卵後。則合雛燕為七八。朝出暮歸。其樂無極。毋燕歸時。雛燕羣集巢邊。作歡迎狀。無何。雛燕長成矣。夫燕巢所以至今無恙者。因同學保護之也。昔眉山蘇氏。家禁兒童婢僕捕取鳥雀。故鳥雀皆巢於低枝。今本校禮堂之上有燕巢。燕殆以為學校文明之地。必能保護之也。不然。禮堂為多人齊集之地。燕何敢巢其上。且吾輩若傷害之。燕將視學校為危幕。視學生為不仁。從此不敢近人矣。

言簡意明（李燕詒評）

學宜注重實用說

泰興縣立第一高等小學三年級生 譚自强

吾人之求學。所以思應用也。若實際上不能應用。則所學雖博。學自學。用自用。坐言而不能起行。理論無裨於事實。與不學何以異哉。今有人焉。問其程度。算術則比例開方矣。國文則經史畢業矣。其他之英文農業商業等。亦皆能領其大略。不可謂非博學也。而考其實際。則零星應用之賬。或多訛誤。來往應用之信。每至費解。學英文而應對不能。學農業而菽麥不辨。學商業而簿記不明。以此言學。是以多數之金錢。購無用之虛名也。直類金玉墮水。絲帛投火耳。豈不惜哉。故吾輩求學。無論所學之多寡。程度之淺深。須注重實用。學一科。即能得一科之用。庶所學者與社會之需要相應。或能自謀其生耳。

切實言之。語語顯豁（李燕詒評）

說雪

蕭縣第一高等小學校一年級生 劉明坤

陰雲佈合。朔風凛冽。移時鵝毛片片。蝶翅翩翩。恍如梨花亂舞。柳絮紛飛。數日甫晴。余登高遠眺。第見積雪沒壓平原。

盈尺樓榭悉白諸樹玲瓏無異銀裝世界粉砌乾坤無奈朔風刮面冷氣徹骨縕纊無溫皮肌裂膚不能久耐此寒由此觀之宜乎雪可厭矣殊不知雪兆豐年有益禾稼他若映雪讀書古有遺譽雪夜入蔡傳爲美談雪之益人如此豈可忽哉

前半輕清流利中後從雪字發出奮勉心是何意態雄且傑（劉宗英評）

說雪

蕭縣第一高等小學校一年級生　王顯安

天氣冱寒朔風凜凜而入戶桐葉簌簌而辭柯蓋冬時也適天降大雪平波尺餘終日未霽次日晨起整衣登樓縱目四望但見村郭被素而含笑山川寂靜而色白牧童踏雪於山下樵子負薪於山巔噫此景何來非雪所賜歟夫雪滋潤植物之原料也當夫春夏之交草木生長皆恃雨潤冬時無雨草木枯槁然或經冬而生亦皆雪之賜也夫田苗者五穀之根本也五穀者人民之生命也使冬無雪則禾苗不潤而來春焉能茂盛哉由此觀之雪之功用豈不大哉

拈定功用立論不空（劉仲英評）

說兵

泰縣曲塘代用廣武高等小學三年級生　崔寅生

兵之爲用昭昭也禦外侮防內亂平定土匪盜賊之患雖婦人小子皆知其爲益也然今之爲兵不事訓練亦不能守法紀其爲用也不廣非若藩衞然然則雖有兵亦不知其爲益也匪人當有以治之游民當有以化之綠林雄萑苻盜當禁其爲綠林雄萑苻盜惟兵也兼有之兼有之則謂之不利也亦宜雖然兵必有善將在乎位兵爲善將用也善將者善治兵兵之果不爲無用也或曰兵之所以爲治者以嚴不以寬若兵之出全無法紀則謂之無用也亦宜

妙肯

說學生之樂

無錫私立華氏鴻模高等小學校一年生甲　錢炳生

人之一生豈無樂事可言顧樂亦不一有樂於耕耘者農是也有樂於製造者工是也有樂於貿易者商是也父子親兄弟睦一家男婦各有職業以自營生活者此家庭之樂也師弟之親如父子然同學之愛如兄弟然彼此相切磋相扶助以進德而修業此學校之樂也學校之樂亦即學生之樂也學生在校敎品勸學在家孝父母則其家庭其學校無乎不樂矣此則學生之至樂也

揮灑自如文家樂境（華志橋評）

說學生之樂

直隸青縣第一高等小學校第一學年生 劉錫純

今之學生與昔異古之學生兀坐一室吟哦終日偶一活潑即受呵責今之學生課有定程學有定時課餘游戲可養天機其苦與樂誠判若天淵矣請更言之當夫夕陽將落晚風徐來課畢飯罷偕三五學友出遊郊野散步河邊飽吸新鮮之空氣廣覽太和之生機黃昏歸來溫功課於燈下以爲明日之預備得此樂者學生而外無第二人矣

詞旨均稱雅潔（馬孝寬評）

說學生之樂

直隸青縣第一高等小學校第一學年生 楊丕績

余自入校以來嘗聞同學言曰天壤間之最苦者莫如學生君何不知趨避而來此乎吾答曰否否天壤間之最樂者莫如學生諸君試觀講室之內窗明几淨光線適度不見塵埃已爲不可多得之地況復靜坐聽講可以增進知識變化性格餘若習體操能活潑身體學唱歌可陶冶心志均樂事也然茲僅舉其大者言耳實則無時不樂無事不樂君等何竟一無所知豈君等已飽嘗樂趣固爲反言以紿余乎同學笑而不答

心清似水筆妙如環（馬孝寬評）

凡事不可畏難說

福建永安縣立第一高等小學校補習生 賴美銘

天下之謀事者多矣然有成有敗何也或曰事有難易也難者敗易者成噫天下事何分難易其有難易者乃人以爲難易耳人畏其難則易亦難不畏其難則難亦易譬如爲山功虧一簣譬如掘井而不及泉是山之不成者一簣耳泉之不及者寸土耳何有於難成而畏難者乃曰此事難也卒棄之而止焉噫此非事之難不爲耳天地之間同一人也彼則能爲聖賢爲豪傑而我則未免爲鄉人何也以畏難也吾苟具不撓之性質存不拔之心思百折千磨所志不回力與艱難相搏戰焉知我不可以爲聖賢豪傑我若其畏難苟安終非可期也故古來聖賢豪傑之歷史皆從艱苦中來巴律西經十餘之經驗卒成陶器華盛頓經三年之血戰卒開新國他若瓦特發明新機哥崙布探尋新陸之數子者其聲名功業爛然於天壤間要皆由不畏難有以致之不然修途遼遠來日大難苟非有不畏難之心何由自致昔有人焉初學書畏其難棄而學劍學劍亦畏難棄而學商學商亦畏難再欲求學而髮白齒落日月已邁矣卒之一無所成而回思向之與吾同學者今皆各成一技卓然自見於世而我則依然故我乃始悔前時之畏難誤我不淺嗚呼晚矣然則謀事者可畏難乎

黨然當理

論山東提倡蠶業之優點

山東省立模範蠶業講習所一年生 侯若聖

富國之本在實業顧實業之種類多矣行於甲國者於乙國或不利行於乙國者於丙國或不宜土地氣候各有不同不待智者而後知也故必因地制宜天時地利兩美皆備庶乎其可吾於山東宜蠶之優點不能不三致意焉溯自西陵氏教蠶以來東省爲蠶業適宜之區詩書所載昭昭在人耳目探本追源概不外乎天時地利人工而已氣候和煦無酷熱嚴寒之虞土壤肥沃皆沖積沙質之地人工低廉歲不過百緡已足有此優點天惠魯民亦何樂而不爲乎綜觀各國蠶業最發達者惟法意日本及我國而已今者法國所產不敷己用意邦所出銷售亦少其最盛者厥惟日本

然彼國產額已達極度今且擴充及吾東省矣吾東人若再墨守舊規故步自封彼將代我而謀優點愈多益足啟其覬覦之心苟不竭力提倡杜漸防微則來日大難又豈祇路權礦產之任人染指已哉蠶業同胞幸無忽諸

淡淡著筆不必矜才使氣自然卓爾不羣（崔毓桂評）

試述過清明節之情形

山東模範蠶業講習生 侯若聖

戊午歲清明前三日放春假余歸之次日詣先人墳墓與族人共祭之祭畢分胙而歸途中見有祀於墓者有祀於路者或往或來絡繹不絕朱子云祖宗雖遠祭祀不可不誠旨哉言乎又次日為清明余偕二三同志踏青郊外斯時也桃腮暈赤柳眼舒青春風淡蕩天氣清明人來麥隴酒酌杏天其樂無極信步之頃而日人之民政署在前矣佈置周備規模儼然聞初建時會邀我數縣之長張樂設飲以敦睦誼哀我長官何不知主權攸關竟靦顏而沾餘潤耶既而舉目瞭望則見樓閣嵯峨千間萬落或為鐵路事務所或為傳教之園宅或為工廠商肆或為學校醫院除教堂為德屬外其餘悉屬日焉華人市廛大半卑陋不堪且有牆傾屋破為日人逐去者吾華人既未得值亦不敢鬭而耕焉繼見射擊場中築土為壘旗插於上鴿設於前日兵立百步外以習槍法聞此地基係強佔而來嗟我同胞既不敢赴訴於官又不敢設法抵禦國勢至此尚堪問乎余等擬遍遊車站不果蓋日本強暴恐招嫌也不知我山東土地究為誰家主權吾東民亦有所覺悟否是時日已漸暮乃逕歸明晨整裝來校追記之如此

前半敘事中間敘景一筆致搖曳生姿入後藉日人插入國事淋漓盡致慨乎言之

夏日可畏說

海鹽城立第二女校高等三年級生 何愛蓮

日之行於天也四季如一人以夏日天氣最熱而烈日張空熱度尤高故皆畏之余亦畏熱每至夏日苦其蒸鬱蟄居室中不復外出今夏校中開補習科余朝往暮歸僕僕烈日中一月有奇而身體爽健逾於去年初不覺有若何可畏

故知夏日本不足畏人自畏之耳天下多勞人其必有以余言爲然者

現身說法頗有至理（談夢石評）

破除迷信說

海鹽城立第二女校高小三年級生 朱念蔭

世之人迷信神權者多不信鬼神者少何也皆不學無術故也古之君子自修其身跬步不敢越於禮非畏鬼神也盡爲人之道固如是也故人皆知道德之不可無而風俗所以淳也今也不然律身行事往往背棄禮義而事神佞佛之道無所不用其極甚且謂苟有非禮非義之事果能焚香拜禱以祈福祐則可以懺悔而無禍害之來嗚呼此人心所以日壞而風俗所以日頹與苟欲正人心而厚風俗者舍破除迷信末由矣使人人知善惡因果之來由於己所自召而鬼神無所用其力則迷信自可破除然則欲破除迷信當先使人人從事於學

探本之論要言不煩（談夢石評）

破除迷信說

海鹽城立第二女校高小三年級生 朱一珍

嗚呼人之迷信神權者何其愚也夫貧富夭壽由於人所自求而曰主於命疾病痛苦爲六經七情之所感而曰詢卜筮生必有死理之常也而曰求懺悔死必有葬亦理之常也而曰尋吉壤嗚呼何其謬也夫人之處世所以盡爲人之道而已今乃求之於虛無怪誕冥漠之事而不盡爲人之道此風俗之所以日壞也故欲求俗之改良必先破除迷信乃可迷信何以能破除必使天下之人皆知人當盡其爲人之道而迷信之不可憑也而後迷信可以破除矣

爽朗如一氣呵成（談夢石評）

說難

海鹽城立第二女校高小三年級生 朱二珍

嗚呼天下事無一由患難中來負耒荷鋤朝耕夕褥稼穡之艱難也山川跋涉貿遷有無營業之艱難也以項羽而不

能有天下有諸葛而不能成統一此唐太宗所以有創業艱難之嘆也聖如孔子而奔走於列國忠如屈原而葬身於汨羅此伯牙所以有知音之痛也神離貌合隙末凶終則友道難矣貧窮則父母不子則家庭難矣韓非作說難之文夫子有才難之嘆行路而悲蜀道之難求賢而起知人之感天下事殆無一而不難者也雖然事誠無一不難而人之爲事者究不可知難而退蓋不畏其難而殫力爲之然後事乃有成不然有國者知爲君之難而棄其國爲士者知令名之難而棄其名求學者知爲學之難而棄其學則何事之可成哉是以古之君子每推易居難而好爲其難也嗚呼世變日亟來日大難世之人愼毋畏難而自沮也乎

天風浪浪海山蒼蒼文境似之（談夢石評）

說遊

海鹽城立第二女校高小三年級生 朱念蔭

丁巳春日星期之暇天氣朗爽風日暄和與一二同志往遊本邑之竹隱廬廬在城之東爲淸徐大司馬別業地甚幽雅余輩聯袂往扣扉而入門以內若堂若閣若樓若亭幽爽如隔塵凡曲折而進花木成蹊花則芙蓉芍藥梅李樹則有松柏桐桂之屬而竹尤盛淸風過焉衆樹摩挲作聲如雨如潮如雷如瀑布而竹聲雜其間調調刁刁非蒙莊之所謂天籟者與遠見高閣巍然直上雲霄遂與諸同志往焉拾級而上造其巔有額曰觀瀾憑欄而望則邑之田園廬舍城郭歷歷可數人豆馬寸紛然往來誠大觀也遊旣倦天有雨意遂從容而歸聞廬雖司馬所建緣國家多故遇難京師固屐齒所未經也可感也歸而樂之乃作說遊

摹戴田有意園記頗有遠神（談夢石評）

說勞逸

海鹽城立第二女校高小三年級生 朱念蔭

勞與逸彼此對待者也世之人孰不好逸而惡勞然天下事無不勞而得之理其能逸者亦由勞來也古之聖賢成大

事者未聞畏勞好逸也夫以孔孟之聖猶且栖栖皇皇而席不暇煖以堯舜之尊猶且宵食旰衣而不遑自逸人之所以爲人聖賢之所以爲聖賢固宜如是也苟貪逸而畏勞則學問何以進步功業何以有成哉是以學問之成在乎不畏其勞而不在乎稟質之敏鈍也功業之立在乎不畏其勞而不在乎事勢之難爲也且有勞必有逸有逸必有勞勞者即所以求逸也逸者即由勞而得也好逸而惡勞者其卒也必至勞不可免而逸不可得雖至不能自立雖悔亦不可追有深耕易耨手胼足胝之勞而後有斯倉斯箱安坐而食之逸有懸梁刺股日夜揣摩之勞而後有身相六國抵掌而談之逸求逸者固當先事其勞畏勞者直可以謂之不知求逸之道矣世有求逸者乎愚敢請其殫精竭智先從事乎勞

說鄉村之婦女

清鬯（談夢石評）

吳江縣立第一女子高等小學校二年生 項如芬

吾人身體之强弱係乎勤惰未有怠惰委靡精神不振而能强其體幹也不見夫田家婦女乎春耕夏耘秋收冬藏能助其家以操作夜間則有紡織諸事以爲習勞之計終歲勤動似已不勝其苦尙何樂趣可言不知力食之苦即所以成其樂何也金風微動秋收在目此非彼等至快之時乎故田家婦女面目黧黑身心交瘁而不覺其苦者希望有在也且鄉村之間水明山秀林木蓊鬱田野空曠之中空氣新鮮縱目四顧足以遂視聽之樂而清晨早起徙步出門心神爲暢即身體亦因之而健康普通女子每恃家財之富裕依人爲生因人成事較之鄉村婦女有霄壤之別者何哉勤惰之不同耳惟是鄉村婦女往往目不識丁粗暴之氣不免爲識者所笑設於鄉村婦女而施以適當之教育則前途殊未可量也

彼此相較勤惰判然作者能知題意之所在故無枝蔓之詞

說鄉村之婦女

吳江縣立第一女子高小學校二年級生 楊才華

世之勤者莫如農人何也蓋農家婦女黎明起身即孳孳焉以治其事入而執炊出而助耘終歲勞勞不稍休息雖狂風大雨而仍披蓑戴笠手足胼胝一家之事無婢僕以代之此非鄉村婦女之勤勞乎且肥甘不入於口輕煖不加於身所居之室不求壯麗此非鄉村婦女之樸素乎冒寒忍暑終歲勤動而身體之健康如故豈稟賦獨異耶亦鍛鍊所致也彼普通婦女所以異於鄉村之婦女者惰其四肢不思振作也而鄉村婦女之所以不愜於人心者又有不識文字之短也吁可慨哉

以勤勞樸素鍛鍊爲鄉村婦女之特色頗見巧思

說婦女之職業

吳江縣立第一女子高等小學二年級生 費彜敬

吾人立身天地間欲免飢寒宜求職業職業者人人當有事也不獨男子爲然女子亦當有之如育蠶也栽桑也在校中任事也爲人洗衣及紡織也凡此種種皆爲婦女應有之職業然我國婦女往往依賴父母愉快目前不計將來之困苦一旦失所依恃不能自立始知前日之昏昏冥冥致有凍餒之憂噬臍無及矣故一國之中國民均有職業則其國必强試觀外國婦女有慈愛之心者則爲看護婦欲救人之生命者則爲醫士均職業也我國婦女每至紅日高升猶酣然高臥則其無職業也可想見矣吾儕女子安可不力矯其弊乎

以外國婦女之職業爲本題之陪筆具見用心獨到

女子須自立說

江蘇吳縣蘇蘇女學高級生 一九〇號

我國婦人女子所處在閨闥房幃所事在米鹽醯酒所欲在服飾玩好所係念在兒女玉帛是所逐者俗情所理者俗事而已譬如鳥處樊中雖奮翼高翔自頂至地不越尋尺之間蓋拘攣已久習而成性也觀幼時仰食於父母不幸而

父母沒則仰食於親戚間有賴父母之遺產以生活者苟無遺產并無親戚可依則終身幾爲餓莩嗚呼吾言及此不禁太息痛恨我女子之無自立性矣吾界二萬萬人其不仰食於人者實不多覯求其眞能超然自立與世界直接者幾無一人夫人至於仰賴他人而不能自立則世界不啻無此人嗚呼我國婦女可痛之事孰有過於此哉

筆筆英爽語語堅卓老鍊之據

勸女子勿穿耳說

一一四五號

江蘇吳縣蘇
女學高級生 蘇

男女同爲國民同盡國民義務至平等也自窅娘開纏足之俗惡習相沿已成奇辱今於穿耳之風聒不爲怪何也或曰纏足則於生活有礙穿耳何傷乎不知穿耳雖於生活無礙然亦輕視女子之一端蓋無辜以天然骨肉穿之洞之繫以珍寶以悅人之耳目豈非玩物耶嗚呼吾輩巾幗與鬚眉並立於世至爲玩物而取媚於彼自視亦何如是輕也豈不痛哉昔蠻夷有雕題交趾之俗人猶謂蠻夷犬豕之羣也豈堂堂漢裔詎可自類於犬豕乎不特此也吾國文化有日漸改良之勢而謂一女子穿耳之惡俗爲可以富國强邦而仍之耶況昔者刖爲肉刑之一治犯罪者之毒刑也今則使無辜之女子受此惡刑反以爲美可不傷哉今既知穿耳爲至惡之習自當急謀改良以自尊其人格愼勿甘爲刑餘之人也

激昂慷慨不落平庸

農工商當與官吏並重試申其義

江西模範
小學生 程國昌

太古之世渾渾噩噩茹毛飲血居穴處野人類平等初無階級可言至聖賢出竭其智力創立各業乃有所謂農工商業焉爲農者以培養動植物爲天職爲工者以改造原質使成品物爲本務商人則以轉運品物使能調勻爲職分之三者謂之實業又有所謂官吏者則以治理國事保護人民爲天職或勞心或勞力二者皆不可偏重也若重官吏則

人皆官農工商必荒廢矣官吏之食用器物將從何出乎若偏於實業則治理無人强者或起而淩弱天下不得安矣是故二者皆不可偏重焉惟在擇業者視其智力而定之

明白如話

去害馬說

南通城北高等小學校三年生 張文育

邑有牧馬者疇昔豢馬凡十駟廐之中非騄駬即驊騮也邑人多稱之今年驟落則無有道其善者余過其所而問焉曰是何疇昔之熇熇而近日之涼涼哉牧者對曰客歲益二馬惰甚日非甘旨不食潔泉不飲其所行不過一里於是昔日之不擇食飲而有千里才者遂步其後塵以趨於駑鈍而吾名於是墮焉余喟然嘆曰夫腐橘處羣橘中則羣橘必至潰敗蒼絲置素絲中則素絲必蒼其色矣此炤然可鑑者也而子乃不察豢斯二馬非但不得其利且蒙其害非但一馬蒙其害且害十駟非但害十駟之馬亦且波及子之名焉今猶不速去之仍恣其逍遙於槽櫪之間是不能辨良莠明黜陟者也今日之涼涼而名落千丈者豈有惑哉且斯二馬能惡其羣能敗其衆是謂害馬害羣之馬人人得而誅之剏柄其豢養之權者乎牧馬者味余言作而曰君言善哉立斬二馬以馴其餘未匝月騄駬驊騮復濟濟然廐間其譽以甦

立意措詞漸臻上乘（錢嘯秋評）

說作文摹倣之病

南通城北高等小學校三年生 馮廷均

禮云毋勦說毋雷同此古人立言之本後人作文誠不得不師古然等師古也上者神合之次者貌肖之最下者襲其辭至師古而襲其辭則直攘昔賢之所作以爲己有而已故韓愈云唯古於辭必己出降而不能乃剽賊向秀註莊子郭象竊之都紹作晉中興書何法盛竊之目之爲賊誰曰不宜近世文章之病率在摹倣東塗西抹專工鈔胥未抒心

裁徒拾牙慧一若甘於探囊胠篋而不少愧恧者吁天下何文賊之多也文章之事莫貴乎因時吾屬文而一時朝野之風俗好尚卽繇吾文而見文作於唐貞元元和時讀者不知爲貞元元和人不可也光獨宇宙綿續山川文之大者輒關時局所遭既殊建議自別各有時勢惡容强同天地間因人以成文者非佳構因人以成事者非雄才風水相遭自然成文有心爲之且不可況剽竊耶祖瑩云文章須自出機杼何能共人同生活也惠洪云沛然從肺腑中流出殊不見斧鑿痕作文要旨已盡於此超心煉冶迺成孤詣後賢有作毋描葫蘆然則治文之道當若何曰前無古人吐棄一切而已吾有言竊據吾胸臆所欲言不必問吾言之果似古與否戛戛獨造神奇變化文家上乘也譬諸用兵非另樹一旗幟胡決其勝譬諸登山非獨闢一蹊徑胡窮其巔齊書文學傳云若無新變不能代雄殆謂是歟

我愛我之學校

條理通達引證詳明漸知此中三昧矣（錢嘯秋評）

宣興縣立第六高等小學校三學年生 陳道權

學校爲培植人才之地人之所以能成德達材自立於世胥學校敎育之功吾愛之吾重愛之緣敎育我者爲東坡學校故我所愛者惟我東坡學校而已可愛惟何校舍形勢之宏壯非他校所及負山面水有高屋建瓴之勢堂宇崇隆門前帆檣往來如織此其可愛者一校舊址爲宋蘇東坡買田處題額之五字爲前清周家楣先生所書筆勢夭矯如龍非近人所能及古蹟留貽傳爲名勝此其可愛者二校中設備整齊敎職員均熱心辦事一致進行對我學生情意之懇摯雖家人父子不是過也此其可愛者三同學數十人親愛和好一無間言切磋琢磨受益匪淺此其可愛者四然則我之學校地點之適宜也校舍之寬廣也勝蹟之多而可貴也良師益友之濟濟一堂也皆他校所求而不可獲一者而我校則具備焉宜吾儕日處其間怡然心樂愛校如家敬愛師長與同學如父母兄弟之出於至性至情也快何如之余因有思焉吾人行將畢業在校之日無多安得不依依留戀臨去而黯然銷魂耶且吾不知後日之入他校

其教員教授之熱心能如我校否同學之相親相愛能如我校否是誠不可必得者也言念及此益令吾戀戀不舍而不能釋然於心矣

情文相生

筆筒製作順序

宜興縣立第六高等小學校二學年生 邵聘南

余校有陶工課現所製者方形筆筒也製法初取泥以泥搭打之後以矩車劃爲七片長方形四正方形三均粗片也曝於日中勻以泥搭光以起扞乃照樣板裁之邊成斜形纔著泥漿於長方形片之斜邊使之相合次上底次上蓋則成筒身如邊有罅隙以剔尖刀塗抹之乃上假底照筒身裁取其餘泥鑽一小孔於蓋上取竹拍周身拍之使筒身平正稜宜稍圓以牛皮光之則可開假底矣其器用裁刀開後宜將刀柄光其底綫乃以牛角板週身光之再以裁刀開口口綫宜直以牛皮光之則成坯矣如欲美觀則可刻以書畫隨意所欲入窰燒之卽可用矣

有益之作

雜說一（河豚）

如皋第十一高小學生 仲傑

河豚魚之有毒者也身長尺許腹大無鱗目睅出其味甚美其卵與血含毒質吾皋之南大江之中每當春間多產斯魚土民以其味美食之往往有被毒喪身者吁食物之味美者夥矣何必爲一餐之娛而致抱無涯之慼乎且人之於食以其能養體耳今食之不足以善其身而適足以亡其身何其愚也雖然河豚固毒矣然其毒僅及個人且不食者毒亦弗及彼世之流毒於天下使人人皆被其毒莫能避之者抑又何也吾故曰河豚物之無知者也故其所毒僅若是

借物喻人筆氣簡瀞

雜說二（蜘蛛）

如皋第十一高小學生 仲傑

世之終日營營但徒一己之生活而不恤設謀以陷人者小人之行也蟲類之蜘蛛亦若是觀其設網張捕爲食害物利己其形雖微而其心甚毒身不勞而腹飽陰賊險狠殆蟲之尤者耶雖然蛛之爲網僅尺許耳其爲害亦僅尺餘之方耳而世之刻剝之徒恒作一網打盡之計使天下之人莫能逃者則又何也

用意深遠

雜說三（雞）

如皋第十一高小學生 仲傑

吳有楚游者購兩雞其一赤羽高足其一白羽朱冠載之歸錮之塒桀不以時飼雞月餘不鳴吳人惡其不盡司晨之職也卽還之楚人雞至楚未五日乃長鳴如故噫雞亦怪矣哉不得其地則弗鳴不得其養又弗鳴然則人之於物欲有所用可無養乎哉

說秋月之明

玉田女高小二年級學生 楊書芸

夫大地位於下而輝光發於上有與日共麗中天者非月乎雖月之體有時而晦有時而缺有時而盈分呈如鉤、如弦、如盤、之象然以其與日代明人故以太陰目之其光華煜灼斷非明星熒熒明河皎皎所能彷彿也吾嘗憶夫飛羽觴而醉月爲春月之明也坐荷亭而賞月爲夏月之明也或挂梅梢或照積雪又爲冬月之明也團團明月隨時可見乃吟詩詠月把酒玩月者若獨在於秋也何哉蓋夫秋之爲氣也義雖肅殺容實清明斯時也俯觀於水則明澈而如鏡仰觀夫山則明淨而如妝故晝則天高而日晶夜亦風清而月朗兼以羅雲欲捲珠露初凝梧葉影疏桂花香重是不待秋色平分之夜已覺分外光明矣吾儕於讀書之暇對之誦明月之詩歌窈窕之章此唱彼和興趣無窮較朱柏廬

簡潔

謂起弄明月霜天高猶未能方斯樂境也

凡作文必須將層次分清方能醒眼斯作由月字入手似覺紆緩然前後布置有序仍處處縮合題字頗爲清而能切（高鶴長評）

說唱歌

玉田女高小二年級學生 張錦雯

夫言者心之聲也至萃言而成譜叶譜而入韻排韻而成調宣之以口諧之以樂是爲唱歌又心聲之流露可以遣性可以適情者也雖然同是歌也而社會與學校則有不同社會唱歌其雅者可借以傳古來成敗興亡之事忠孝節義之行若其俚者音容卑詞意褻使下等之人效之適足有害而無益學校之歌則不然有正無邪有雅無俗每於文算課餘之暇或操場游戲之時師教之而生和之但覺課堂之上疏密成行者曲譜也悠揚入耳者風琴也斯時也不但唱者逸興遄飛即聞者亦詠嘆不置心之粗者可以使之細氣之暴者可以使之平性之懦者可以使之振是成人之德發人之情激人之志莫過於歌以視社會所傳若戲劇若彈詞不將以鄭衛之音比韶武之樂哉

層次顯豁筆致輕靈

試言報紙盛行之原因

青浦一隅學校高等三年級學生 蔡祖馨

居斗室之中而天下事皆得知之者報紙之力也吾國報紙發生最早爲世界所公認唐玄宗時立開元雜報至宋初亦仿其制特其制度缺載流行不盛後世遂不得其詳迨十五世中葉歐西報紙始有發現英法諸國相繼仿行然其勢力猶未久也至十九世紀以後報紙日漸發達今則風行全球徧布各地都會之間必設報館鄉僻之人能知世事此報紙之功也報紙銷行之最盛者英之太晤士法之陸當美之紐約赫勒路等日刊數萬紙種類繁夥有月報日報午報時報每報所載事各不同故購者盈門爭先恐後雖數十萬紙猶恐不濟他若雜誌多至二萬餘種大抵分門別

類人各就其所學而求之以助學校之不及而增人民之智識嗚呼歐美各邦報紙之盛如此回顧吾國瞠乎後矣夫報紙發生先在吾國而不能推廣盛行何哉亦由於印刷未精交通未便且報中所載率皆簡略故耳夫報紙盛行之原因有三卽教育普及印刷神速交通便利教育普及則全國人民皆有智識志趣遠大其見聞不致局於一隅雖臺輿隸僕亦且關心世事以印刷神速則一時之間可印千紙不至有遲滯之患使學者生缺望之心交通便利則信息靈通新聞繁多雖日出數次購者自可盈門卽較遠之地亦因交通之便而樂購焉此報紙所以盛行於世也

源源本本足徵淹貫

古邦盧壽籛選輯

●辨釋類(箴附)

釋天演

昌化縣立第一高等小學校三年級生 方基庭

天擇物競適者生存此天演之公例也優勝劣敗進化陶汰亦天演之公例也故萬物生天地間苟有不競卽天然陶汰爲天所演至於澌滅可不懼哉可不懼哉是故萬物之生存於天地間也莫不有競競則生存不競則滅競則優勝不競則敗優勝者生存而進化劣敗者陶汰且滅亡嗚呼萬物尙如是況人類乎天生萬物人爲最靈人處天地之間勝於萬物萬物且以競爭而得生存而於人也尤不能不競爭尤不能不刻刻競爭在在競爭蓋人之所以得生存於世者無往而非競爭有以致之使一人不競爭則一身卽滅亡一日不競爭則一日卽劣敗一時不競爭則一時不能生存無它失競爭之能力卽爲天演所趨歸於滅亡得競爭之能力卽爲天演所趨得以生存是匪獨人類然亦匪獨萬物然卽國於世界亦無不然今日之世界一弱肉强食之世界也苟任天爲治聽天所演則萬物不競人類不競國亦不競欲其不陶汰不滅亡而能生存於天地間也萬無是理誠以天演者天擇物競適者生存之所由兆也優勝劣敗進化陶汰之所由起也萬物之生長於天地人類之生存於世界國家之立於地球皆處天演之旋渦中設有不競卽歸澌滅吾於是乎懼吾於是乎懼

筆鋒銳利無堅不破(王乃文評)

解釋學問二字

餘杭縣立高小校三年級生 姚潛

我輩入校無非爲求學問而來然今人競言學問而眞能勤學好問者實鮮學之益得諸己問之益得諸人吾謂問亦非全求於人仍自己擇之心有疑義始發爲問或問於師或問於友問之前必先有學也既問矣師友告我矣而理之明否決之於己問之後亦必有學也是問也皆學也問之益得諸人而所以求問之益實得諸己是故勤學者必好問不問者必無學者泛言求學而不知問直盲學而已矣

清晰(姚評)

辨勇

泰縣曲塘代用廣武高等小學三年級生 崔寅生

世有拔劍而起挺身而鬭者人恆目之爲勇卒因此勇竟顯著於當時嗟乎彼特一夫之雄耳豈足以言大勇大勇之人懷其志以仁俠行於天下又安有庸夫自雄之爲哉庸夫自雄之爲勇非勇也學者不可不辨

簡

光陰與金錢輕重辨

泰縣第三高等小學三年級生 仇保齡

春色惱人春風醉我春光惹恨春景生愁春也者其四時中最無情之節令乎課餘無事靜坐西窗睡魔乘間來擾遂於不知不覺之餘作黑甜鄉遊矣睡興正酣忽夢有二人作嚴重之辨甲曰我之狀不可形容我之功莫可與匹我之壽以秒分計之則甚短以今古計之則甚長非太陽熱度全消失其發光之作用則我終不死有人即有我無我則無人有我始有世界世嘗有言寸金難買寸光陰此非輕子重我之鐵證乎乙曰人生世界其生活物莫不資乎我苟無我事何以能濟人何以能存自來抱經天緯地之才挾救世匡時之策者可以有爲矣而家世寒微窮途潦倒每呻吟憔悴鬱鬱終身名不能成志不能遂豈非無我之害乎子何不爲之籌一策而濟其急也恐無能爲矣且當此人道泯沒利祿薰心之世有錢則生無錢則死已成爲官場中之慣例口頭上之套語奸猾者大施運動之手段庶幾關節之

能通善良者雖有正當之理由空觸有司之盛怒以致冤沈海底誰憐無妄之災飲恨黃泉終鮮返魂之藥豈又非無我之害乎子又何不爲之設一謀而救其危也恐當時更惶惶然無主張矣子之無能一至於是倘欲與我辯乎子其休矣甲聞言怒不可遏卽欲與之爲難而乙亦躑躅前行以勝氣迎之聲色俱厲予遂因之驚醒一枕黃粱殊深詫異繼而思其言始恍然悟焉所謂甲乙二人相爭者卽光陰與金錢二先生互相角逐爭執牛耳也其相爭之結果不得而知但就吾人之心理評之其言各有至理光陰爲無形而其益亦爲無形金錢爲有形而其益亦爲有形自庸俗人觀之金錢似重於光陰所謂無金錢則不能度日者也自明眼人觀之金錢可造光陰不可造金錢一去尚可復來光陰一去不可復返乃曠觀世之富貴子弟日事閒遊任情揮霍視光陰若等閒用金錢如糞土一切舉動誠不值有識者之一噱吾深爲彼等痛夫金錢之幷用而尤爲彼等痛夫光陰之不再也若輩原不足語此雖然彼等未受教育固不足責今之昂昂乎名爲學界中人者而亦飽食終日無所用心又何其懵懵耶吾爲富貴子弟悲吾又不禁爲莘莘學子悲矣

信手拈來都成妙諦幾不知人世間有攀蘿捫葛之苦

光陰與金錢輕重辨

泰縣第三高等小學三年級生 楊家壽

孟子有言曰權然後知輕重可權之物固可知其輕重矣若金錢與光陰一可權一不可權初何能知其輕重哉曰是在好學深思心知其意固難爲庸俗人道也或者曰金錢光陰無所謂輕重也何則無金錢不能度光陰無光陰亦不得獲金錢金錢爲生活之要素光陰爲事業之急需二者要不可偏廢也是不然金錢者去而復來者也光陰者去而不返者也故古人云金錢失却有尋處失却光陰沒處尋此言雖俚有至理存焉且慢藏爲誨盜之媒懷璧有殺身之禍吾嘗見富貴之家往往惜金錢如性命平居於親族間之窮乏無一毫之施與一旦盜賊入室持槍荷械刦掠一空

甚至擊破頭顱因之隕命此非金錢之爲禍耶由是觀之金錢之不足重從可知矣昔大禹惜寸陰陶侃惜分陰蓋深知光陰之去而不來多一日之嬉戲卽少一日之作爲也人生不過數十寒暑自少而壯而老卽使及時自勉能得幾何而謂能泄泄沓沓飽食終日無所用心哉或又曰如子言光陰重矣然世界各國所謂富强者金錢爲之乎抑光陰爲之乎且光陰可充軍械耶光陰可爲粟菽耶是又知其一不知其二矣夫富强必由文明文明必由思想思想必需光陰以有限之光陰搆無窮之思想始成此世界日新之文明無光陰則思想何由成而文明亦何由進步耶由此以觀光陰重於金錢金錢輕於光陰有斷斷然而無疑者

筆意蓬勃如釜上氣

自箴

直隸青縣第一高等小學校第一學年 李錦橋

余少不更事終日嬉戲以遊年齒雖增學識尙仍其舊嗣後人事日紛智慧日損欲有建樹俟如河淸然人非聖賢孰能無過迷途未遠覺悟非艱苟或先之以定識繼之以毅力孜孜焉汲汲焉瘁畢生心思以趨附之則安見失之東隅者不收之桑楡也哉昔曾子上智日三省身衛公耄齡喜人攻過愚闇如余詎可無以自惕爰成俚語用作箴規非敢云鮮失寡過也亦淑身之一助云爾

識高於身筆大如椽(馬孝寬評)

自箴

直隸青縣第一高等小學校第一學年 李鴻年

惡勞樂逸者人之常情也嗜安長苦者人之恒性也余嘗淸晨貪眠不作以多睡爲安逸至入校中怠惰不與以體操爲勞苦手足因之不勤身體遂以不健試觀吾之同學皆精其事業强其身體究其事業之所以精者由於苦心志簡得也其身體之所以强者由於勞筋骨以成也子輿氏三省其身以求過張思叔座右爲銘以察惡皆檢身之良詩也

愛師其意作自箴以警惕云

筆伎簡當詞句整潔而現身說法尤爲切實（馬孝寬評）

好惡箴

泰興第一高等小學校三年級乙組生 劉開文

毋憑己意爲愛憎兮毋隨世態而炎涼勿以異同分門戶兮勿以成敗爲否臧不惡而癉不善而彰加膝墜淵世情何常吾儕小子愼厥激揚緇衣巷伯後學津梁鄉人皆與是否色莊流俗不許獨賞孤芳孔曰必察古訓莫忘好惡失據自取禍殃

用韻自然詞意亦貼切（余采之評）

釋校訓

南匯縣立第六高等小學校二年級生 宋家釪

我校校訓曰勤樸和敬所以訓練學生養成良善之風紀也倘視若虛文不能實行則德行旣虧雖有知識其如人格何茲釋其義俾資遵守

勤 毋荒毋怠朝斯夕斯陶分禹寸爲善孳孳

樸 不慕紛華不假藻飾爛熳天眞圭璧自飭

和 克諧克順不剛不柔發皆中節道之所由

敬 戰戰兢兢愼密厥德三畏九思君子是則

凡此四者非但在校所當注意出校後亦不可忽也

詮釋題義至爲確當

釋校訓

上海務本女子中學高等科二年級生 劉茝

本校創設時定校訓曰溫誠勤樸沿十餘年未嘗更易溫者溫和也性情和易容貌和悅之謂誠者誠實也近之家庭師友之間遠之社會國家之事悉推誠相與絕無虛僞始不負此訓勤者勞苦也勤於學業勤於服務二者不可偏廢樸者樸素也荊釵布裙不求華飾疏食飲水不求美味簞瓢陋巷不求安處凡此四者皆吾人立身之要務不可稍忽非僅在校宜然余願與同學共勉之必無負此訓始得爲本校學生也

文庫卷七終

古邦盧壽籛選輯

◉問答類

振興靖邑蠶桑策

江蘇靖江縣立第一高等小學二年級生 鄭鏡清

靖邑居大江之北舊號驥沙全境地勢平衍川流紆迴鮮有陵谷民俗尚勤晨作夕息有古遺風以故蠶桑之利久冠蘇省自海禁開通以來歐美蠶桑新制日爲他邑所仿效成績大著靖人拘守舊法不知變通而蠶桑之業遂日見退化夫蠶桑爲富國之本亦工業上之重要原料也我邑土產素絀獨以蠶桑著名今復不能保固有之特產使日臻於善回視他邑能無赧顏是不可不急謀振興之策余謂首以化學原理考求蠶桑之性而加以改良庶可收其成效爰就鄙見所及略舉數端短幹植物不苟擇風候與土壤無論何地皆能產之而尤以高燥易洩水之處爲最宜故屋角墻隅河濱宅畔以及田頭岸旁不能生長他種植物之地無不可以植桑桑性喜灰鹼肥料蠶沙及糞尿之屬尤所素嗜肥料不宜屢施每年祇需一二次越十餘年舊根既老宜伐而更植之其栽培之法約略如此一爲蠶之飼育及收取法養蠶之道首宜擇種種既優良飼育一切又必以清潔爲主桑葉尤宜有一定之量自蠶初孵化即秤其輕重之量嗣後遞加一以是量爲率蠶既長成行將作繭此時最宜注意果已成熟與否不可使有過不及之弊如此則飼育收取之方盡於此矣我邑土地腴沃氣候適宜誠能廣求種桑之法精研育蠶之方設蠶桑講習所研究會以資考究蠶桑試驗場陳列所以備實驗採取西法參以經驗以便施行如此行之十年非特地無餘利室有餘資且吾蘇全省蠶桑轉將取法於我一躍而爲振興蠶桑之望邑矣願我邑士大夫共起圖之

非有心得不易爲此

問閉戶讀書與遨遊山水孰爲快樂

江蘇靖江縣立第一高等小學二年級生 鄭鏡清

凡人之性各有所近不能强同故志在山水者如謝安之東山高臥范蠡之湖水怡情遊歷名山大川不啻置身於洞天福地中而深得其樂趣其愉快爲何如乎若夫斗室潛修足不出戶博覽經史窮窺典籍得見先聖昔賢之文章藉以怡悅性情修養天機增我學業之進步如有疑難又得良師之指導則豁然貫通其愉快又何如乎惟遨遊之樂祇在目前且有跋涉之勞殊不若閉戶讀書之暇豫也開卷有益由苦得甘心曠神怡益見古之格言名論貺我良深種種學問融會貫通此中樂趣不勝枚舉豈不勝於遊歷倍蓰哉余故謂遊歷之快樂不若讀書更爲快樂也

兩兩比較輕重得宜

某兒飛車問答

遼陽縣高等第十二級生 袁寶章

某兒隨兄赴汽車站遊焉聞有聲自上而下者兒悚然聽之其聲嗚嗚仰視天空則空中有人乘蝙蝠形之物自東而西弟問兄曰是非來自蓬萊三島乎兄曰否此乃飛車非蓬萊三島之神仙也弟復問兄曰其中有何神妙而能飛至雲間兄曰澳洲建築家哈格來甫氏發明是車車之上有平帆以當風猶紙鳶之平面也又有螺旋推進之機以進行猶紙鳶之繩索也故能飛行雲際旋轉自如其功用能觀察天象窺探敵情傳遞消息國家之興亡係焉凡天下之物莫不以人而神特吾人未能竭其心思耳目之力耳若謂吾人所未能者卽託之於神不惟事屬荒唐抑亦自棄甚矣古所謂蓬萊三島卽今之日本耳向以航行洋海之船甚少交通不便遂謂三島可望而不可卽神之云爾某兒乃恍然悟

一問一答各就其程度深淺出之自是妙文詞筆亦極光潔可喜而於神仙謬說尤能破解得開（佟有爲評）

創辦貧民工藝廠策

泰縣私立自東高等小學校一年級生 李金保

國之富也富於人民國之貧也亦貧於人民雖然民貧無以致富國家當設法以救濟之否則國亦受其影響矣泰西之以工立國者首推德意志其民多堅苦刻礪無一游手無業之人入其都則工廠林立日專精於製造之法而其學者研究物理化學窮極思慮有數傳而始獲實效者亦由國家獎勵工業之惟恐不至也吾中國貧民甚多而無工藝廠以容納之於是貧者益貧且日益增加無怪盜賊蠭起地方日呈不寧之象也爲今之計莫若多辦工廠以爲救濟之法貧民既有職業卽可有自立之基礎而不至於作奸犯科陷於非法天下未有生而願爲盜賊者蓋爲饑寒所迫乃不得不挺而走險耳至其辦法則當視本地農業物之情狀及日用必需之爲何物庶不致有供過於求求過於供之患初入廠者亦可令先作粗淺之工然後逐漸進步必使能專精一二藝方可任其去留行之既久則國中分利人少而生利人多焉得而不富耶

試言世界人種分合之原因

淳安縣維山高等小學生 汪春棠

暢茂條達

世界之上氣候之寒暖不同出產亦因之而各異如熱帶嘗產巨大之猛獸寒帶則反是人之皮膚性質之不同亦然也然世俗之人見有皮膚之不同者遂羣聚而笑曰彼異種也彼異種也嗚呼其眞異種耶其眞不知種之何由而出也當夫混沌初開之際乾坤始奠之時天地之間本無所謂山川河嶽草木禽獸與人也不知幾經數十百年而後有草木幾經數十百年而後有禽獸與人然嘗聞人類學家言人類之初始產於帕米爾高原孳生繁衍遂分徙於各洲之平原因其氣候服其水土故性質因之而漸殊膚色因之而漸別如居於非洲者地當熱帶以日光直射之力增進皮膚之色素故其色黑居於歐洲者地當溫帶日光之强不及熱帶皮膚因乏之色素故其種白其餘黃種紅種櫻種亦

莫不由氣候水土而然也且不特氣候水土足以易人之性質及皮膚而婚姻亦有然者如美洲舊時本爲紅種當白種開拓時婚姻擇配限於同種故雖遷地而居亦能永保其遺傳之特性而不與紅種相混合至於今日交通便利移殖雜婚之事與社會組織因之一變吾知數世紀後各族間之血統必以次而混和而性質膚色亦必略有相似者然則達爾文所謂人類一源之說豈虛語哉

氣疏旨達

老農問答

遼陽縣高等第十二級生 許英魁

予每於課畢之暇作郊外遊某日適天清氣爽萬里無雲乃出拱極門北行見萬頃平疇農人三五成羣持鐮戴笠跣足被褐傴其身俯其首於田中刈禾不已時有甲乙二農面帶憂容於田畔席地休息相與互談甲曰今歲春季炎炎烈日禾苗將被旱而死及夏季又滾滾洪流田禾牲畜傾崩漂陷人之溺死者亦無算雖高田幸而免而低田悉成澤國迨秋又值陰雨連綿途中泥滑車馬難行是以禾稼尚未登場吾等力田者困苦若是艱難若是所獲無幾此非可憂者耶乙曰兄言固是然吾以爲吾鄉尙居佛國試觀城西夏時之水尙未盡消今又秋雨連綿水深且至數尺禾稼之僅存者其將何以收穫況今百貨奇昂而農人所獲無幾衣食不給必有呼號而轉徙飢渴而顚踣者一或起爲盜賊必至無貧無富悉受其禍較吾鄉豈不天淵之差耶時日已西垂二農去予亦歸至家思之以農人每歲勤勞靡已所望者豐年耳秋收全無農人固莫不憂慮然亦不過如甲農爲一己之私而憂未有若乙農之有愛衆心也因爲之記

述兩農之憂不同已足以判甲乙之賢愚故末幅議論亦毫不費力筆亦曲折自如(佟有爲評)

老農問答

遼陽縣高等第十二級生 李紹白

金風消暑翠葉旋紅玉露滴塵寒潭爲淨是時正秋季旅行之候也某日天淸一碧紅日當空乃偕二三知己作郊坰之遊出綏遠門泛舟渡太子河登隄東眺遠見老農二抱膝支頤互語聲極微細不可聽比近之聞甲農歎曰春旱則望雲霓夏潦每雨輒漲今秋矣猶雨水連綿未能暢晴刈禾則百艱備嘗不知天何怨於吾輩而貽以困苦彼仕宦者飫奇飫珍任意揮霍坐高堂受百福又不知天何德於彼輩而貽以富貴乙農曰不然天之生人未嘗命彼爲仕我爲農要皆自取之耳何必怨天且吾輩同是農也而一城之東西不啻天淵如夏季洪水氾濫城西居民漂沒無存者不可數計至今泥沒脛膝水浸腰腹之處猶多較吾城東竟未罹斯厄其禍福爲何如乎吾等旣稍有餘粟即宜恤城西之民勿俟其流爲盜賊而擾吾治安甲農首肯者再久之乃散余聞而告諸友曰乙農卓卓議論求己之見愛羣之心已流露於言表吾輩雖未能如范希文之先憂後樂亦宜以乙農之心爲心諸友曰唯已而夕陽在山人影散亂乃偕友歸援筆錄之

述甲農語頗具不平之鳴乙農駁說確有至理確有道德結構乙農之說而自勵語尤周至（佟有爲評）

記老農問答

遼陽縣高等小學第十級生　白世昌

天高日晶烟霏雲斂金風颯颯玉露瀼瀼農家秋收之時屆矣某日休假余步出綏遠門欲覩田野之景消遣吾慮旣至郊外舉首東望瞻彼嘉禾薿薿芃芃迎風搖穗蕩漾如雲有足觀者及前行數武至一地見二老者抱膝而談載短笠衣青衣精神矍鑠髮白面黃腰橫短鐮望而知其爲老農也比至前側耳聽之甲農曰今歲上季旱魃爲害田苗將枯幸甘霖降吾輩茹苦含辛尚可望秋收有成今果粟紅棉白豆實莘莘衣食有著無慮饑寒矣轉歉爲豐豈非幸歟乙農答曰予聞奉省受災者不止十縣田地多成澤國人民呼號何以聊生今吾邑雖豐而糧價昂貴恐吾民仍不免有啼饑號寒者是豈吾邑之幸歟甲農深韙其說面有憂色不復言已而兩農並起相與刈禾於田予因而嘆曰昔范

文正先天下之憂而憂後天下之樂而樂乙農心理與古人隱相契合可見人同此心心同此理之言確也若乙農者亦迫於生計問題從事稼穡耳今之士人高語道德侈談仁義幸居高位則利令智昏淡視民瘼抱好官自爲之念擬之此農其可愧也孰甚既歸有感乃泚筆記之

前幅寫景敘事極見寫生妙筆中間述老農問答完題正面末幅歎乙農具學者心理卽推之以愧士人暮鼓晨鐘足以發聾振聵矣(佟有爲評)

學校中以修身一科列爲第一其意何在試詳論之

江蘇吳縣蘇蘇女學高級生 一五四號

人生於世能不藉他力之扶助屹然自立於世界豈其幸耶抑得天助耶皆非也持由於才智而已矣有才則能自立無才則不能自立且必爲人奴隸借使欲爲一事而才力不勝則事必中止況處今日競爭之世萬事萬物無日不變如數百年以前所無之物今乃有之借使無才又安能一一以應其變哉才之足爲世用也大矣且如古之聖賢豪傑能建功於一時傳名於後世者蓋亦無非才智而已顧才誠要矣而德尤不可不重人雖有過人之才苟不知道德則其所言所行必不能合於大道非但不合大道而反爲小人之尤何也蓋有才而有德則其才爲良才有才而無德則所謂才者轉足以濟其惡耳以是言之才雖爲應世之妙用要不可不以德爲本也然欲爲完全無缺之人以才德兼備爲宜

意義至爲周匝筆氣亦復曲折英秀無一毫滯氣

救亡策

吳興留霅商校三年級生 王慕周

血氣者生人之命脈也得之則生失之則死人民者立國之命脈也合之則存離之則亡理有固然無或爽者吾國南

北交鬨連年不已軍械餉需皆人民之脂膏損傷敗亡皆人民之骨肉烽烟所及田舍爲墟雖婦孺不能保雞犬不得寧焉嗟嗟國之傷害其人民猶人之殘廢其肢體此速亡之道也而況軍費不給則窮征苛斂以濟之不足則又借外債以益之今試問人之氣血將盡而借他人之血氣以爲生其可恃乎終必亡而已矣諸君倘猶以亡國爲恥乎則盍速起而籌救亡之策其策維何曰先息南北之戰爭諮謀議會之統一國會既立法制斯成人民悉納於軌物之中養兵氣以禦外侮裕國帑以圖善後此救亡之先務也至若教養爲興民之大本農工爲實業之先河凡此利源百端待理故國家之富藏富於民國家之强基强於富此救亡之善政也然而害馬不去則阜櫪不寧稂莠不除則嘉禾不植其有爭權奪利植黨營私陷我四百兆同胞不免胥爲亡國奴者與衆共棄之譬猶醫者之治病毒邪不除則臟腑受害氣血不復則身體日虧此尤救亡之萬不可緩者也否則日日言先務而先務不舉日日言善政而善政不行徒以大好之神州作博徒之孤注蜩螗沸羹若惟恐樹之不擢鑊之不裂幾何不淪胥以亡也

有標有本言之有物

中國工商生計多爲洋人所奪果何以收回利權策

曹樹德

我國爲文物之邦講道德說仁義工商之末士大夫羞言之然而今日之中國與往昔之情勢迥殊通商六十餘年開埠四十餘處强鄰逼視海舶環集洋人日挾其奇巧之物以取我中國有用之銀幣識者慮其漏卮之外溢也於是創辦製造局招商局電報局織紡局近又設立造紙玻璃各公司凡洋商之壟斷中國者莫不次第開辦以相抵制冀收回我自有之利權亦可謂不遺餘力矣但近十年來國人之業工商者猶未能推行盡利追求其故舶來品物日增月盛實於銷售國貨多所障礙蓋洋人以商戰制勝素視工商爲國家之命脈雜處中國閱時既久其侵奪中國之利亦更僕難數臥榻之側容人酣睡亦何怪喧賓奪主乎爲患已深挽回非易若徒事設局廠立公司起而與洋人爭權則

工需洋匠器需洋機吾恐利權尙未挽回而金錢流出已不貲矣爲今之計宜廣開工商學校使我國中子弟均知工商爲國家之命脈所在童而習之壯而行之其技術之精自足與西商相敵然後製一物則許其專利獻一策則賞其成功以中國之人處中國之地挾其所學以經營於工商之場精神才力自不出西人下也中國之利權庶乎足以收回於無形而日臻富强矣

於理於勢言之動聽

試各述平日最景慕之人物

泰縣第三高等小學三年生 王椿榮

運會積數千百年環球積數萬方里其間忠臣義士孝子仁人足爲吾輩模範者奚可以屈指計哉然人生之志願不一而古來之聖哲無窮吾人果能一一而是則是效乎則斷乎不能也是故取吾平日最景慕者資以爲法焉吾之最景慕者於漢得一人焉曰張子房於宋得一人焉曰岳武穆夫子房初本韓人及韓爲秦所滅子房懷忠義之心奮勇敢之氣博浪之椎初幾祖龍之魄已喪思救祖國之垂亡致弟死而不葬噫以一匹夫而視萬乘之尊如一草芥事濟則君之靈國之福不濟則以死繼之不亦毅然大丈夫也哉且以秦法令之嚴大索天下十日而不得而博浪之椎雖未能中乃卒藉手漢高以復君父之仇成一己之志是其智勇爲何如而其膽識不尤有過人者哉此余之所最景慕者也若夫武穆初爲高宗臣當是時也金兵猖獗徽欽被虜三邊之鋒火頻驚神州之江山莫保而武穆獨奮身絕域躡足行伍一戰而金兵破再戰而宋室安幾幾直搗黃龍而痛飲矣爲高宗計如岳武穆者棟梁任之可也舉國委之可也顧乃始惑於小人之誤國而罷其兵繼惑於奸相之弄權而致其死金牌初至慘寃以成竟使壯志莫伸長城頓壞而英銳之氣豪俠之風雖千載下凜凜然猶可想見此亦吾所最景慕者也嗚呼今日之中國內憂外患相偪而來安得有子房武穆其人者產生於今日以復深讎以雪奇恥則泱泱大風之中國庶有豸乎余本庸人先哲前賢何敢

望其項背然而人目短於自見故假鏡以容之髮拙於自理必假櫛以掇之人乏於自治故假古人以模範之東施效顰鸚鵡習話誠可喻也詩有之高山仰止景行行止雖不能至心嚮往之矣

筆力沉雄文情恣肆

試各述平日最景慕之人物孔孟及現時人不在此例

泰縣第三高等小學三年生 包彬

嗚呼振古以來英雄豪傑之事最足令人傷心短氣者莫過於以至善之因而遺至惡之果若文文山史閣部輩以亡國之餘冀死灰之燃枯槎之蘖一朝失敗身死人手幾等於逋亡逃虜僥倖之爲致使千載下讀史者猶有餘恨雖然其苦心孤詣吾愛之重之而吾平日所最景慕者則在彼而不在此彼何人斯則後漢之武鄉侯是當是時天下三分益州疲敝存亡危急一髮千鈞武侯受遺命於敗軍之際奉闇主於危難之間北有曹賊爲心腹患南有猛夷誠臂肢創武侯以一身當內憂外患之衝而北魏震驚南蠻悅服安然無事者數十載非古今之奇才也哉惜乎天不祚漢王業偏安五丈原之熱血未乾兩遺表之宏文終古南陽祠宇瞻遺像而飲恨無窮西蜀關山望雲樹而歔欷欲絕嗟嗟武侯往矣當今之世猶有如武侯其人者乎除內憂平外患保全大局恢復主權吾不但景慕之且崇拜之矣

簡練名貴神意俱到

古邦盧壽籛選輯

感言類

聞協約國勝利感言

南匯縣立第六高小三年級生　姜文源

天下之事必以和平為主而欲以殘殺立國者必不能濟余聞協約國之勝利不禁有感焉夫德意志者歐洲之雄國也恃其强權手段欲以區區之勢壓制全歐以寡陵衆以小加大此理所必無勢所不能也德則悍然行之是故羣起而攻若英法俄比先與爭鋒意日中美後來參戰方德國一時之盛兵精器利橫厲無前俄比傾覆於前英法疲困於後可謂無敵於天下至乎今日而德之敗耗聞矣美邦以生力軍參戰英法張兩翼以蹙之一戰而德援絕再戰而德軍潰全國瓦解主遁民降勢將不國而協約勝利之電徧布全球咸伸慶祝之情我國以加入戰團亦與焉然由表面觀之我國未折一兵獲居戰勝之名全國人民不禁距躍三百然夷考其實我國有何勝利可言今日之與會慶祝徒空言耳且人已警告謂參戰之不力我方遣使調和將來交涉喪失權利抑且無算此吾所深慮也夫爭權奪利之徒逞一己之私借參戰之名行內訌之實喪元氣而失事機所以來外人之詰責也猶幸美國主持公道仗義執言不擯我於協約之外此時應如何解決內爭迅赴外約庶乎猶可及耳嗚呼度德而處之量力而行之相時而動無累後人斯其時矣

平正通達

繪南洋現勢圖有感

泰興縣第一高小二年級生　余瑞生

余嘗繪南洋現勢圖。其地、東爲日屬、臺灣、美屬菲律濱、羣島、北爲兩廣、與雲南福建、西南爲法屬安南、及英屬緬甸、吾因之、有感焉、夫安南緬甸、吾昔日之藩屬也、香港、吾之門戶也、臺灣、吾之行省也、今何以屬外人耶、因我海軍不振、喪失海權故耳、我國濱海之地、若以海權甘讓他人、則國勢貧弱、勢將日甚、觀於俄羅斯、土地跨歐亞二洲、而無海權、國終不振、英吉利三島地耳、而殖民遍五洲、擴張海權故也、吾所領之海、不特任他人行船舶、通商業、且任他人軍艦游弋其中、則有海與無海等、棄之以資敵國、是自亡也、東洋之海權、既操於日美矣、若南洋之海權、不力爭回、雖爲濱海之國、而終限於大陸、寧不可惜、我政府乃猶夢夢、不知振作、可痛孰甚

感懷國事、有慨乎其言之(李燕詒評)

繪南洋現勢圖有感

泰興縣立第一高等小學三年級生 譚自強

余嘗繪南洋現勢圖一幅、知現在形勢、岌岌可危、不禁百感俱集矣、蓋我國南洋一帶之現勢、西南逼近英法之領土、夫緬甸安南、本我屬國、與滇桂連絡一氣、因中法之役失敗後、安南遂屬於法、英國竊滅緬甸、我國莫能救助、緬甸遂屬於英、脣亡齒寒、此可慨者一也、東南鄰日美之屬島、爲臺灣及菲律賓、臺灣本我之行省也、自中日之役敗後、割與日本、此可慨者二也、他若香港割與英、九龍租與英、澳門租與葡、廣州灣租與法、此皆我國之良港、今則操於外人之手、此可慨者三也、現我國介居獅狼虎豹之間、左支右絀、滇越鐵路通而內地危、滇緬鐵路通而內地更危、若一時有隙、彼二國者、可以長驅直入矣、此可慨者四也、今者欲圖富強、恢復所失之地、先宜於海上爭權、重視軍艦、以防禦國境、保護商船、然欲辦海軍、必先求屯兵之港、今瓊州島之榆林港、環繞皆山、船塢俱備、形勢頗雄、爲屯兵之良港、且可與海外之華僑、聲勢遙應、華僑愛國心重、引領北望、每希中國振作、誠能規復南洋、以圖進取、誠吾輩之希望也、

洞見大勢、言之了了(李評)

上巳脩褉感言

泰興縣立第一高等三年級乙組生 劉開文

脩褉之說見於周禮鄭風於三月三日之溱洧二水脩褉習俗相傳及晉時而會開蘭亭千古播爲佳話余於是日偕同學三五散步河濱濯足淸流所以效古人除舊圖新祓除不祥意也吾因之有感焉夫作善者祥不善者殃吉凶悔吝端由自取世之不祥豈禱禳所能已哉學之不立道之不脩吾之至不祥事也言僞而辟行乖而戾吾之至不祥事也身心之垢舊染之汚當如何祓而除之乎此猶其小焉者也推而至於社會人心墮落五常絕滅而廉恥毫無烟毒蔓延十載禁之而餘禍未殄其不祥爲何如耶更推而至於國家督軍獨立起釁蕭牆南北分爭操戈同室議會人民之代表也乃忽而召集忽而解散共和民國之政體也乃忽而帝制忽而復辟不祥之事孰有過於此耶書曰天作孽猶可違自作孽不可活戾氣感召舉國病狂而不之知祓可勝祓除可勝除耶昔王右軍值晉之季不過娛世俗之縱尚淸談放浪形骸山陰一會借物言情且感慨係之而不能喻諸懷吾人丁千古來未有之時局其感觸更當何如耶

因事興懷無限感喟(余采之評)

述昨宵暴風雷雨之感想

泰興縣立第一高等小學三年級生 高崇善

散溼氣均寒溫者風也潤土地調氣候者雨也二者皆有益於人而不可少者也然則風與雨果有益而無害乎曰是不然吾所謂有益者係不鳴條之風不破塊之雨也非概謂無害也風若暴非徒無益且有拔木傾屋覆舟傷人之慘禍雨若驟非徒無益且有川溢山崩洪水爲災之鉅害今年入夏以來霪雨霏霏連月不開陰風怒號濁浪排空雖晝冥冥覺斯狀也已有病國病民之現象孰意昨宵暴風陡發聲如赴敵之兵雷雨驟至大於傾盆之水其爲害較前日尤甚嗟嗟天之爲害若此大廈已矣其如茅屋何巨艇已矣其如小舟何高原已矣其如低窪何富者已矣其如煢獨何加以今年之麥熟僅獲半收如其秋成荒蕪有志者或可另謀生計無志者幾何不窮且盜也噫今我國方冀新造

乃時發此暴風雷雨以殃民而禍國吾民其曷延乎如幸蒼天早現晴日恤民命而救國災吾民其頌禱之不暇矣

詞筆暢達(季退齡評)

中國礦業感言

江蘇泰興縣立第一高等小學校二年生 楊光煦

礦業者振興實利之樞紐也縱觀東西各國科學發明工業進步無不資於礦業其利用之顯而易見者大而鐵路輪船小而機械構造俱以礦產之發達而出品日多收效益鉅國家富強實利賴之然則礦業之關係洵不得謂之淺矣試觀我國之礦業則何如乎我國礦產非不多也全國各省區中幾無有不含礦質者而煤鐵之產額尤豐無如貨棄於地開採無人即有經營成效未著而外人垂涎既久時察礦苗之所在肆意要求多方侵奪據最近所調查燕魯奉黑諸省外人所營之礦業已指不勝屈噫天然之利我棄之而人取之以致利權轉操於外人之手是我有礦而無礦彼無礦而有礦也且礦產既去而土地權亦隨之以俱亡不亦大可懼哉余不禁有感焉夫立國於大陸之上必有充裕之富源始足以自存反之而供求不能相應至仰給於人是亡國之道也我國地利之富取之不竭乃絕不加意拱手讓人大冶之鐵開平之煤漠河之金延長之石油利權盡失補救無從漸至工業之原料軍艦軍械之需用莫不購諸鄰邦任其操縱雖欲不蹈印度朝鮮之覆轍烏可得耶往者已矣來者可追吾國人其亟圖之

位置妥帖平不頗顧視清高氣深穩髫年得此美材也勉之(于次材評)

讀韓愈馬說感言

江蘇泰興縣立第一高等小學一年級生 陳六宗

余讀韓愈馬說不禁重有感焉夫英明俊傑之士必遇禮賢下士之君干旌旁求玉帛下逮委之以重任授之以高爵始能宣經綸展謨猷奠國家於磐石安萬民於衽席此莘野隆中所以遇合特隆後世播爲美談也蓋德高者用以臨萬民則能化險而爲夷才優者用以總機要則能轉危而爲安不亦如良馬遇伯樂而才美外見乎倘不遇知己者則

辱在泥塗湮沒不彰或被薦舉矣明明有經邦緯世之才而授以一郡一縣之任如龐統蔣琬社稷之臣而劉備一則以爲耒陽令一則以爲廣都長長才屈於小用不又如良馬之食不飽不能展其足乎且夫韓公英明特達憲宗以國士待之必有治化之方使國家隆盛媲美唐虞乃以佛骨一表竄謫潮州故抑鬱不平之氣寄諸楮墨以痛恨其未遇耳噫當今之時內憂外患相逼而來需才之殷殆如飢渴執政者庶幾延攬英俊弗使黃鐘毀棄瓦缶雷鳴如良馬之辱於奴隸駢死槽櫪不以千里稱也則幸甚矣

平正通達尚無支蔓語（李燕詒評）

讀木蘭詩感言

昌化縣立第一高小學校三年級生　童浴

余讀木蘭詩不禁有感焉自來女界之中超出尋常萬萬者代不乏人漆室憂國良玉領衆非昭昭耶餘如夫人之城娘子之軍又皆英名卓著早爲女界樹厥風聲何獨於木蘭而疑之夫木蘭當時迫於徵調其父病不能從軍爲有司所苦其父未必屬意木蘭强之從軍乃木蘭偏能代父以行初無所苦一聲嘆息滿腔熱血已發現於五中矣備鞍馬執長鞭辭爺娘而就道赴戎機其若飛斯時雙親所繫念者惟木蘭木蘭所難忘者亦惟雙親而已關山難越失路誰悲塞氣侵人雄心益壯此父母所不及料而亦天子所不及料也迨功成策勳告辭而歸而兄弟姊妹又復握手相迎重叙室家之樂木蘭乎木蘭乎非女界中之矯矯者乎對於漆室之憂國良玉之領衆何多讓焉嗚呼當此國家多事之秋試問堂堂七尺鬚眉對此巾幗婦人能無抱慚無地乎

明順無疵（王祖周評）

讀弔古戰場文感言

興化縣立第一高等小學一年級生　韋永和

課餘多暇讀李華弔古戰場文不禁竊有感焉夫今日者非競爭不能自保非尚武不能自存以故豪傑英雄不患一

身之勞瘁而憂國家之艱難不懼一己之敗亡而畏國家之覆滅舉國皆兵寖成習尚故國與國爭戰雖重關複壁不能抵禦其行蹤彈雨槍林不能阻遏其馬足風霜雨雪不能損健兒之志氣刀劍矛戟不能滅烈士之雄心黃花崗之義士鸚鵡洲之英雄裹尸馬革雖死猶存至今過其墓者猶令人生崇拜之意敬愛之心今者北顧蒙古風雲日急西望邊陲隱憂日重惟望吾健兒義士急起直追天氣雖苦寒一腔熱血以洒之胡虜雖張暴大好頭顱以擲之縱橫沙漠馳驅關外共立不世之功以盡國民之天職奚不可者然歐洲之戰禍告終南北之陣雲亦靖天下喁喁想望太平則先生之文又可爲坐擁甲兵者作當頭之棒喝矣健兒乎烈士乎吾思之吾重思之以過去之時代言則以善戰者爲英雄爲豪傑以今日之時代言則又以眞能弭兵者爲英雄爲豪傑先生眞仁人之言哉

酣暢淋漓末段按時勢立言尤有見地（劉評）

科侖布探險感言

興化縣立第一高等小學校二年級生 潘錫純

常人之所險豪傑固不險也蓋豪傑視天下無一險非無險也遇險而不畏險斯險者皆不險矣意之科侖布探險家也當時重之曰探險後世傳之曰探險險也者不過出於人之名詞科固未嘗以爲險也不然於煙波浩森之際而有衆情之變地莫險於斯事莫險於斯而科皆處之如泰然其心目中尙有險之見乎故能歷渡大險而終歸不險然則世界之所謂險者必險之也心以爲險者卽不險者皆險心以爲不險卽險者皆不險也獨怪庸夫俗子明明不險之事而輒存畏險之心因畏而疑因疑而讓遂使不險者轉變而爲險不險且如此眞險者更可知矣吾故曰常人之所險豪傑固不險也

就險字立意全題在握夭矯不羣（魏評）

讀國文慈善事業感言

興化縣立第一高等小學校二年級生 吳殿章

於素不相涉之人哀其無衣也而解衣衣之憫其無食也而推食食之不得謂非盛德矣然惡勞好逸人之常情不織而得衣世將有以織爲多事者不耕而得食世將有以耕爲無庸者詎知一婦不織或受之寒一夫不耕或受之飢愛之適以害之且間接而害及於他人也猶不可以已乎況江河日下鬼域良多假慈善之名稱陰行其斂財之計劃以慈善爲標榜利用其干謁之行爲通商大埠之中久已屢見不一見誠使如乙翁其人以敎育爲慈善以實業爲慈善而不以坐糜衣食爲慈善是不第救濟其一時併能絕其倚賴之性質而使之終身得所倚賴也其利益於同胞者寧有涯哉雖然今日之人類謀個人之娛樂千金買笑不之惜萬錢下箸不之顧一擲百萬不之吝而獨對於貧寒戚屬決不肯爲堯夫之賑麥魯肅之指囷噫若而人者雖望其爲甲翁之施與亦不可得而遽欲其爲乙翁之所爲更屬不必得矣

其言甚辯慈善亦何可厚非要視緩急眞僞何如

盂蘭盆會感言

遼陽縣高小第十級生 白世昌

巧月中元日金風滌暑玉露橫秋步出豐樂門作郊外之遊聞鐘鼓簫笛之聲不絕於耳人馬絡繹幾有游龍流水之觀及近村詢諸老叟知爲僧徒開盂蘭盆會誦經施食也至寺見盂蘭盆以竹竿削成三脚高三五尺內貯百味供養諸神上織燈籠等狀及挂塔衣服冥錢等物謂能脫衆生之倒懸也然飲水思源此雖世俗之流傳而亦不能無始乃歸而質吾母母言昔有目蓮其母在世始敬空門繼則否且多造孽死入地獄食甫入口即化烈火此勉世人爲善也靜聽之下回憶某寺之觀不禁有所感焉天下事惟獨理不明疑惑斯起昔程伊川曰今日之雜信鬼怪異說者祇未能燭理爾觀盂蘭盆會之意度人之難使能改過不阻其自新之路法至善也無如黔首無識之徒常譌爲亂赤子弄兵時至潢池如知禍之可免其爲之也必愈熾且神物果以敬不敬之故而顚倒是非亦必爲天地所不容矣況目蓮

之事果誰視之是蓋佛敎之弟子欲鋪張以警人而不知實以惑人也故爲之說將以祛迷信而歸於正道焉耳

叙述中情景如繪筆亦從容不迫感歎處見理既眞說理自透妙在能以古人之言作證中權之宕筆駁筆操縱尤極合宜歸結謂佛弟子知爲警人而不知其爲惑人識解高超足以醒迷(佟有爲評)

陽曆除夕感言

興化縣立第一高等小學校三年級 張寶琛

冬月望後之十四日爲民國七年除夕是日也索逋之客弗集於門祀灶之燈不燃於突陽曆之除夕樂甚然向平兒女壓歲無錢買島詩編深宵罷祭陽曆之除夕又悶甚對此茫茫百感交集予將以樂觀主義爲今日之除夕頌禱乎抑將以悲觀主義當陽曆之除夕而憂歎也溯夫夏時陰曆二千餘年民國共和倏然更變是陽曆之除夕固費幾多之志士頭顱偉人熱血而購得之者也乃各官署各營汛各警所各學校國旗飄颺松枝蟠結興高彩烈頗有元旦慶賀之預備而一觀閭閻之狀況市井蕭條經商如故巡士輪值安堵如故私塾櫛比就學如故竟若行所無事者然嗚呼其果官吏等之程度優良乎其果人民等之程度低下乎其果官吏等之享受獨優以共和爲利藪因而重視此除夕乎其果人民等之感覺獨異以共和爲詬病因而忽視此除夕乎余固不得而知矣而尤有感者陽曆除夕無論其重視或忽視也對於吾人尙無何等之關係吾人所最注意者金融奇緊河水凝結不轉瞬而又屆陰曆之除夕

感慨淋漓望而知爲憂時憤俗之士(劉評)

登魁星樓感言

遼陽縣高等第十級生 徐及楨

襄平古名勝地也東南環山東北帶水至扼其要而覽其勝者魁星樓也溯斯樓之沿革創修於乾隆二十七年迨同治戊辰乃重修之增其舊制撰爲兩層及庚子摧殘於俄兵星像毀圯而鰲背僅存斯樓之僅今已百餘載矣然久未一登今年重陽因登金銀庫望見是樓始偕友遊焉余觀遼陽勝境在魁星一樓遠吞山光平挹河瀨幽閴遼夐不可

具狀。此則魁星樓之大觀也。北瞻沃野。南望羣山。覽物之情。得無感乎。彼夫墨煙繚繞。飈輪旋轉。非日本之汽車耶。以吾環山帶水之遼陽。利權竟坐讓外人。非無險要可守。無守險之人耳。且遼陽雖地處邊陲。而物貨富饒。為全省重鎮。外人覬覦之心。蓋亦久矣。苟不設法保存。勵精圖治。其為波蘭朝鮮之續。信矣。同胞諸君。宜如何瀝膽披肝。和衷共濟。俾中國日臻富強耶。今日得登斯樓。懷此觀感。以壯吾前途之志氣。猶幸事也。異日如何。則非吾所知矣。已而夕陽在山。人影散亂。乃偕友歸校。

攷據精詳。中後議論。關切時事。足徵愛國。其格調亦多能胎息古文。（佟有為評）

登魁星樓感言

遼陽縣高小第十級生 白世昌

遼陽、古名區也。扼南滿之中樞。為奉天之保障。其城東南環山。東北帶水。皆可恃為守城之險。而扼其要可以瞭望者。其惟矗然特立之魁星樓乎。予久聞其勝。未暇一遊。今年九月二十七日。因坐金磊庫望見之。遂邀與友往遊焉。及至。則見樓下榛莽荒涼。蘚苔皆紫。悲秋之感。不禁油然而生。洎乎登臨其上。讀其碑誌。始知是樓之原委。而滄桑之念復起。既而更上一層。而所謂魁星者。已顛覆無跡。僅存其石鰲耳。極目四顧。茫茫大陸。位於西北。村落棋布。千山之障其南者。如畫屏遙列。太子河帶其東北。浩浩湯湯。一瀉千里。足為是城之湯池。首山拱其西南。兀峙如要隘。因思日俄交戰之際。曾以此山之險。爭遼陽之得失。蓋首山者。遼陽之長城也。非得首山。奚能爭遼陽乎。俄而黑烟一縷。直沖雲漢。汽笛鳴聲。不絕於北者。乃南滿鐵路之汽車過也。因歎日人之勢力。駸駸逼人。今遼陽土地。雖未歸日人之掌中。而已為俎上肉矣。吾恐遼陽一失。奉天之保障撤。其危亡可以立待。雖然以阻山帶河之遼陽。不能自守。非無險可守。實無利用之人耳。昔范公登岳陽。以天下為己任。今登斯樓。亦不可不以吾遼陽為己任也。時聞鐘聲自西來。知吾校將上晚課。乃與友抑鬱而歸。

起筆落落大方次以行路而悲秋景以覩碑而念滄桑以四顧而思險要思議層出筆亦爽健更進而以汽車之過感慨時局說得遼陽如何可重如何可守而歸之於無利用之人遂以轉出己之抱負筆勢尤縱横奔溢無一滯機

（佟有爲評）

讀圬者王承福傳感言

無錫私立華氏鴻模高等小學校三年級生　鄒尚德

余讀韓文公文集至於圬者王承福傳曰食焉而怠其事必有天殃未嘗不廢書而歎也曰嗟乎人能存立於社會上者各致其能以相生也承福之言可以垂戒萬世矣夫圬之爲技賤且勞者也而承福棄官勳歸來市舍仍操圬技未嘗一日捨鏝以嬉或怠其事而求其直此豈無所得於中而然哉今之執政者明知食焉而怠其事必有天殃覥然以求直爲務不計功效如何可鄙孰甚且我國之貧弱人心之澆漓均未有甚於今日者也乃盜起而不知禦民困而不知救坐糜廩粟而不知恥安得承福其人借以托諷俾諸公及早回頭免受天殃耶

取材明文運用的當（華樽評）

歲暮感言

江蘇吳縣蘇蘇女學高級生　一四號

日月如梭光陰迅速春秋遞嬗曾幾何時轉瞬間又將歲暮矣當此之時無論貧富貴賤覩物興懷莫不有所感動富貴者錦衣玉食歡聚一堂以博一家之快樂貧賤者無衣無食飢寒難忍雖骨肉團聚亦惟相對而泣何樂之有至若出外營商歲暮未歸抱頻年作客之悲勞父母倚閭之望故鄉迢隔萬里雲山有在旅館而不勝其岑寂者故人之遇此歲暮雖同而其所以感之者則各異也就吾人在校而言之每至年假各科咸須考試而優劣亦由是而分顧何以同一年級而程度之高低不一此非由于愛惜光陰與蹉跎歲月所致乎余自思時將歲暮毫無進步實滋汗顏然較未入學之前亦稍知一二第不知同學諸君學業日精知識日廣至明春又何若也

中段描摩逼真前後亦稱

觀龍舟競渡感言

福建永安縣立第一高小學校學生 賴美銘

永邑舊俗於五月五日競渡龍舟名曰端陽競渡民國六年五月五日余午膳畢偕友往觀時日正午天氣炎熱舟尚未發余等因往臨江閣暫憩閣在西橋之西旁有大樹枕山面流登閣小立有清風無暑氣甚快適也俄而鼓聲一響龍舟錯出互相競渡中有一人數不多其行如矢遠速羣舟余詢於友曰此何舟也友曰大溪舟也轉瞬間又一舟從北門前榕樹下而出卽北門舟也人數多於大溪一半特其人衆與大溪相競既競三競三敗余問於友曰大溪舟人數少北門舟人數多少勝多敗是何故歟友答曰大溪之人同心協力各存競爭之心奮力用槳北門之人不然各無競勝之熱心但以客氣用事此其勝敗之所由判也然則天下事之成敗夫豈在人數之多寡哉余聞之不覺因而感曰信矣中國之敗於日本也非人數不足吾民無競爭心也嗟呼時至今日世界已成一競爭之劇場歐洲諸國都入旋渦東土衆生同遭浩刼競爭者存不能者亡吾民若能以北門舟爲鑒而效大溪舟各奮其競爭之精神而盡力競勝我國前途庶有豸乎

卽小見大言不妄發

過田橫墓感言

南召縣立高等小學校三年級生 張懷遠

吾於七年九月至偃師縣西十五里許見蔓草荒烟之間有一墓焉古柏翳翳豐碑屹屹字跡微顯余拭而觀其文乃知爲田橫墓夫田橫與高祖同逐秦鹿而鹿爲高祖所得田橫終不能成其功者實天命之有常豈橫拙於謀事哉向使天命歸橫安知其不能統一天下乎事既不成卽與其徒五百人居於海中高祖雖以王侯召之亦不爲其所誘不惟不爲其所誘而且自剄於劍鋩嗚呼世俗之人往往泚其顏以餂爵謏其色以苟祿脂其骨以取容寡廉鮮恥比比

皆是惟田橫不然雖王侯之位苟不合義卽不以爲榮豈患得患失之徒所得比哉假使田橫應高祖之召不過與張良韓信輩並駕齊驅而已然韓信遭菹醢之刑張良從赤松子遊田橫其能獨享安樂乎與其享目前之榮而爲千載所嗤孰若以一死自明而爲百代所景仰乎不特此也其客其徒與之同死田橫之義高能得士又可知矣然則田橫者誠秦末漢初一高人乎

氣清而腴筆疏以達（李廷楨評）

孔誕日之感想

上海縣立第二高等小學二年級生 張連璧

自古以來聖君賢相不可勝數當時則榮沒則已焉惟孔子以布衣傳百餘世學者宗之中國士大夫之言六藝者皆折中於孔子刪詩書定禮樂贊周易修春秋垂教後世人人觀感此眞萬世不朽者也舊曆八月二十七日爲孔子誕日是日也各校皆放假百官之屬戰戰競競祝祀於廟馨香俎豆廟食千秋雖古之聖帝賢王未有若是之隆也蓋其爲人也尙道德說仁義學不厭敎不倦德高五帝功過三王眞所謂出乎其類拔乎其萃自生民以來未有盛於孔子者也吾曹學生讀其書學其道當身體而力行之勿徒敬慕其爲人也

得體

孔誕日之感想

上海縣立第二高等二年級生 姚錫明

嗚呼吾國自古至今賢聖之士不勝枚舉而爲後世所最敬仰者則惟孔子余讀史至孔子之行事則敬仰之心不覺油然而生當其幼時勤學不倦及長博學多能有弟子三千通六藝者七十餘人相魯三月而國大治後去魯周遊列國所至不合乃歸魯著詩書禮樂周易春秋等書以傳後世年七十三而卒今者春秋必設俎豆以祭之尊崇孔子卽所以勗勉後人也孔子云後生可畏我青年其勉之哉

簡短便佳

孔誕日之感想

上海縣立第二高等二年級生 吳上達

孔子字仲尼魯人千古之政治家亦千古之教育家也今世孰有如孔子之長於政治明於教育者乎孔子生於東周時代非有赫赫之功然而歷代帝王官吏必馨香俎豆以祭之此何故耶且誕日為人所共有他人之誕日默默無聞獨孔子誕日人民敬為奉祀國家定為大典此又何耶蓋以孔子為萬世師表孔子之功德不僅在一時而天下後世無不蒙其利也孔子之政治相魯三月途不拾遺家不閉戶而國大治孔子之教育學而不厭誨人不倦其弟子三千通六藝者七十有二著書立說修春秋定禮樂以貽後世故後世尊之曰至聖而各學校於孔誕日之開會慶祝蓋表敬仰意也

通順

歐戰平和感言

上海第二高等小學二年生 楊清源

歐洲之戰生民以來所未有也始于奧塞其後德則助奧英美俄法等助塞英美等為協約德奧等為同盟去年我國加入協約方面今已告終協約佔全勝之勢我國雖加入參戰因內亂未平未嘗出兵而協約國嘖有煩言將來能否列席于和平會議未可知也嗚呼世界業已平和而我國內亂未息日瞵於東法控於南英窺於西俄扼於北當此之時猶之羊處羣虎之間同德同心一致對外尚汲汲可危何堪操此同室之戈孟子云國必自伐而後人伐之同胞乎同胞乎可不亟自猛省起而謀之乎

甚有見地

春雨有感

河南華西南流渡公立柳嶼學校學生 張傳忍

時雨之降所以培養萬物而百穀之仰膏雨為尤渴客冬迄今春亢旱已甚而狂風日日鼓盪田苗槁矣雨再不降則狡黠之徒嘯聚四起雖少有積蓄者安食得乎正月中旬瑞雪忽降深不盈尺人心稍靜昨晚夕陽將下陰雲四起春風飃飃微雨濛濛黃昏達旦更滂然沛然晨起則空氣一新郊外散步見天氣清朗長空如洗草欣欣以向榮麥漸漸而滋長百花競含美人之淚萬卉爭妍大地之春耕者歌于野商旅歌于途童子歌于市欣欣然相慶曰吾輩得覩豐年之慶矣予同校友郊遊因覩雍熙之景象不禁感曰前日之容槁而憂今日之容欣以喜春雨之賜福于吾人也大矣與友高歌而歸援筆記其景象如此時戊午仲春月之九日也

甚有意境

對於民國七年國慶紀念之感言

浙江錦堂學校
高等小學學生　吳啓泰

黃花吐蕊已屆深秋金風送爽重陽節近是時也適值雙十節國慶之期夫國慶者國家之大典也商賈結綵懸旗於其門學生提燈擎旗行於市樂何如之吾民對於此極樂之國慶紀念亦有所感想乎方今南北失和戰端早啓戰地人民固猶在鎗林彈雨中也溯自辛亥以來債台高築民不聊生於今數載未得寧息同室操戈古今所悲回首前塵實堪痛心自古亡國之禍多由於此漢之亡也由於黨錮晉之亡也基於八王類此諸端證之歷史罄竹難書援厥原因蓋其爭者私未嘗為公事也國必自伐而後人伐之危哉吾國之爭是日又為新大總統就任之日吾人軫念民生勿論合法與否深望依時就任統一全國消除意見不再蹈同室操戈之禍然則今年之國慶紀念不啻國民再得自由之紀念也吾國於辛亥國慶日為血刃中民國之創建日亦亞洲共和兒之誕生期可與美之七月四日法之七月十四日等量齊觀吾民應如何歡欣忭舞以紀念此寧馨物出世之榮而慶祝其永久之和平與發達也夫數千年君主流毒一躍而為共和開東亞民主先例誠足以傲日俄而驚歐美此吾國最光榮之歷史亦民族特性之表現也抑

更進者國慶、紀念雙十節也國恥、紀念五七節也一則興高采烈大慶而特慶一則寂無所聞不紀亦不念對此醉生夢死善忍健忘之同胞重羞累辱風雨飄搖之國家又焉能化憂以爲樂雖然好樂者斯能求樂以同胞好樂之心好榮之志與恥辰決鬬則無往而不可得樂將國慶以洗國恥請與同胞期諸來年之今日

條鬯（樂子壽評）

讀費宮人感言

常德縣高等小學三年級生 郭大仁

吾讀費宮人傳掩卷三思不意士君子所難爲之事而費宮人竟能成就之也李羅諸賊乃當世之草寇耳動全國之兵將而不能殄此草寇者無忠節之臣也宮人以單身一弱女子竟能脫公主於亂且面賊而不懼並能使賊不敢以非禮相加而羅賊之梟勇竟爲彼所刺亦云奇矣宮人自刎死端坐如生非有忠節之心俠義之性烏能若是哉雖然設令改志從賊何嘗不能得美麗之衣食然欲耀美名於今日恐非其任矣故人能有此忠節之心者無論遭際若何而其忠節之心不爲外慕所奪則未有不得千古之美名者是在吾人立志之堅否而已

末段高唱入雲可知平日用心溫課方有此進步勉之勉之自非凡品（戴修禮評）

讀德意志實業誡感言

泰興縣立第一高等小學三年級生 譚自强

余讀國文至國貨篇共末節引德意志實業誡三則每讀至此未嘗不感感有感而益增愧恧也夫德之實業誡一則曰購外國貨時切勿忘自己之國將因之而窮再則曰勿用外國之器械以辱德意志之製造場又曰寫德意志之紙用德意志之筆德意志之墨水與吸水紙其意皆戒人民勿用外貨耳何我國人反是耶試問我同胞每購外貨時果懷己國困窮之想乎此可感者一也每至一家舉目四顧其室中所陳設及其日用之器具外國製造者十常八九而本國製造者十無二三焉人民未嘗知有辱於中國之製造場也此可感者二也學生所用之紙筆本國自製者居其

少數所用之墨水及吸水紙等全爲外貨習焉若忘恬不爲怪此可感者三也嗚呼豈本國皆無用之貨耶抑人民魯鈍無能又苦無原料耶如謂本國皆無用之貨何以閉關時代未聞有求而無供也謂人民魯鈍也無原料也則我以神明華冑生天產最富之區已爲世界所公認而反自甘暴棄耶由此觀之人民之不用國貨皆由無愛國心耳且外國製貨之原料皆購自我國經其製造反售於吾利市三倍以吾之物攘吾之利其不大可愧乎然亡羊補牢猶未晚也苟能振興工業多設製造場使所製之貨盡能仿造而益求精美則人人皆樂用國貨利不外溢幷能使外人艷羨吾貨而吾可攘人之利也我之同胞其念之哉

多懲摯語（李燕詒評）

亡清感言

揚中縣立第一高等小學校三年級生 黃克烈

清之亡非亡於君主亡於官僚也非亡於運數亡於專制也當其入關以來世宗之明德高宗之英武雖漢之文景唐之高太無以過之下至仁宣文穆以及德宗無不仁愛可稱聰明可溯而其所以亡者內而閹宦蒙蔽外而官吏酷虐以致國匱民貧外患內訌交相逼廹銅駝烏得不痛於荊棘禾黍烏得不悲於宗廟也耶況萬世雖有不易之常經而伊古無百年不變之法制日俄以人心而易君主立憲美法以時變而創民主立憲大勢所趨人莫能違逆世界潮流以自封其究必歸於淘汰以二十世紀之滿清正值五洲各國之變局而猶守祖宗之成法泥歷代之舊章無怪海內偉人起而樹獨立之幟一戰而武昌失守再戰而金陵退讓三戰而全國淪喪昔者司馬德操之言曰識時務者爲俊傑不知時不知務而欲生存於天地之間完固而不破者其可得耶嗚呼以二百八十餘年之滿清而今亡矣抑何不知預籌官方實行立憲也耶悲夫悲夫天下老師宿儒不知清亡之原因而第歸咎於君主或諉爲運數者可慨也夫

痛陳弊竇言之中肯其無限悽凉無限悲感誠三閭大夫歟抑長沙太傅歟（朱元堃評）

文庫卷十（乙編）

古邦盧壽籛選輯

序跋類

送同學李時勳代父從軍序

福建永安縣立第一高等小學校學生 陳地孫

昔木蘭代父從軍、以至孝見稱於世、此誠女界之光也、而求之男子中、反難其人、豈眞鬚眉之不如巾幗乎、李君時勳、與吾同學將三年矣、今年秋、其尊人在茹連長營、保同鄉某隸軍籍、今連長奉憲檄赴尤溪剿匪、某忽臨行逸去、連長怒其然也、乃執君父爲質、言俟某就獲方放還、君聞之、慨然往見連長曰、兒祖父春秋高、弟輩幼小、父安可行、連長如必需保人爲質也、兒願代父一行、連長義其言、乃許之、吾於其行也、贈之以言曰、君今行矣、奮不顧身、代父從軍、跋履山川、不辭勞苦、誠孝子也、吾向所謂難得如花木蘭其人者、君今可以當之矣、第君之孝固可嘉、僕益願君勵其志而成其業也、吾鄉之人、以君之代人任過也、咸戚戚然爲君扼腕不平、然天之造就孝子也、往往處以患難之境、艱苦之事、而後其人之性情行誼、益見於世、苟其不然、則孝子亦猶人耳、門內之行、人盡可能、何能獨異、疾風知勁草、歲寒見松柏、則君之此行也、安知非天所以玉成君乎、顧或者謂君方從學之年、輟學而去、未免可惜、然天下何往而非學問、遊歷山川、學也、參觀人情風土、亦學也、況今日値競爭劇烈之時、龍蛇起蟄、貔虎奮雄、鐵血男兒、競以全國興亡爲己任、君之在營中也、凡營中一切防備作戰斥候計畫、何一而非學、君勉乎哉、班定遠虞允文之事、非異人任、是在有志者爲之耳、君以騏驥之姿、淬志進取、留心時務、指日犯人就緝、曲唱刀環、君之學識經驗、且將高予十倍矣、豈獨以純孝見稱於人已哉、是爲序。

從孝字極力闡發落落大方絢傑紀也

送同學之揚州參觀運動會序

如皋縣第十一高小學生 仲傑

吾聞邑中父老之諺曰生不用封萬戶侯但願一得遊揚州何令人之豔慕一至於此豈不以地稱名勝俗尙繁華一旦得至其處則可以騁遊觀快心意矧今爲省立各校聯合運動之期糾數十學校萃數千生徒龍興雲驤麇來麕至文人猛士際會風雲英武魁傑之倫不惜風塵之苦跋涉之勞咸欲束裝往遊吁何其盛也吾校三年級同學諸君屆期將往參觀吾等不克偕是亦有不幸焉吾里平日之所豔稱者將不得於此行證之矣雖然吾於諸君固不能無言也諸君於參觀之餘游覽名勝登蜀崗之巔升平山之堂南望大江慨然慕劉毅之舉兵溯祖皓之馳檄痛李庭芝之百戰弔史閣部之忠魂必能慷慨興懷激昂壯志期彷彿古人於一二至若觀訪瓊花隄尋碧柳聽鼓吹於西亭豔珠簾之十里樓傳騎鶴雅羨神仙舟造游龍侈稱隋帝醉心綺麗之鄉豔談風月之夕此則下里俗士之所景慕揆之諸君參觀斯會之宗旨吾知其必不出此矣他日者搜廣陵之逸事數維揚之人文凡所見聞筆而記之歸以述於余則余雖未身列其境亦聊可當一得遊揚州之願也今十一月一日爲諸君出行之期既與吾級同學輩設祖帳餞離筵因更爲之歌曰揚之州曠野平疇揚之水浩浩江流揚之人多豪侈而其風尤蕩柔頹茲會之激蕩兮將轉弱而爲强維彼諸君子兮奮龍虎之騰驤藉鋪張而揚厲兮欽我武之維揚羨班生此行兮寧爲一邑光今茲於此行也我將登彼高岡看長帆於千里兮北向江天而一望

氣勢奔放歌辭亦與前相稱

贈陸大使赴歐參與議和序

奉天遼陽縣高小第十一級生 温其恭

自德奧興挾其兵强馬壯艦堅礮猛之盛勢以凌駕全球敗俄勝法尙强權而不顧公理好殘殺而不講人道且毒利

之器愈出愈奇於是全歐披靡亞美震驚英法抗之於先中美助之於後以仁義當甲兵以公理爲干櫓旁觀者莫不曰德人雄勇戰械精良非公理仁義所能敵也孰意上天垂宥聯合之邦卒獲最後之勝利於以知雄勇不足恃人道乃足憑也今者聯盟各國敉而乞和會議巴黎我陸大使爲外交巨子奉政府之任命爲國民之代表遠渡重洋參與其議昔者西洋素藐中華者不足與伍今吾國既能與之共患難彼人寧不能與吾共安樂乎列强林中當佔一席彰彰明矣至於遠東問題聞亦解決於此會我當遠東之衝謀經濟者皆以我國爲利藪此後之應如何保存如何恢復振國家之名譽籌人民之幸福無不在此一舉我大使肩此重任爲名榮譽之行必能運其旋乾轉坤之手掉其電光波濤之舌任此千載一時之間而謀萬世無疆之利也我大使具勉乎哉

以清剛之筆寫最快之事而贊吁叮嚀尤爲肯切使當其任者有不敢不勉之思（張震評）

登香光樓祝荷花生日序

雨匯縣立第六高等三年級生　陳履綏

季夏二十有四日相傳爲荷花生日余與二三同志偕往荷花塢登香光樓祝之以酒劇飲賦詩藉以爲納涼避暑之地相與賞荷爲樂友曰世之人甚愛牡丹故有花王之稱而晉陶淵明獨愛菊然猶不若周茂叔之蓮也蓋凡植物鮮有不沾泥土者蓮獨自拔於汚穢之中濯以清波亭亭可愛故其花香妍而實甘美譬之於人牡丹穠豔而無香如人之富貴而無德菊爲隱逸而蓮則君子然不見賞於世人如人之有德而不遇志潔體芳待立不倚清風送香澄潭照影初日映之則增其麗浩月臨之則散其芳不隨波而靡不因風而敧是宜爲吾儕所共賞固不特爲茂叔所愛也茲値花生辰良辰勝景足以暢吾天機因舉酒酹花而爲之祝曰長風扇暑滌塵氛兮芙蕖出水香遠聞兮芳菲襲人態明靚兮半鋪紅雲蓋明鏡兮六月維夏暑氣清兮花國良辰始降庚兮殘月一彎如弧懸兮設帨伊何翠蓋爾兮迎風輕舞態蹁躚兮百花來祝集羣仙兮紅蕤綠萼雜雲霞兮滴粉搓朱盛繁華兮鴛鴦翡翠列兩行兮魚戲東西舞

筵張兮我爲花神酹一觴兮願花長好壽疆無兮

文質得宜

擬同學錄序

淳安縣雉山高小學生 劉强立

今試執士子而問之曰。同學貴乎多。抑少貴乎。曰多貴矣。又試問同學多何以貴。則曰。同學多斯切磋者衆。攻錯者繁。而吾之學問。乃能日進於高明。而不自覺。今之學校。少則數十人。多至數百人。或數千人。同學不可謂不多矣。然一朝握別。兩地睽違。竟有相見不相識者。是則同學雖多。亦奚貴也哉。雖然。此無同學錄。以聯感情而敦友誼故也。使有錄則同學之姓名籍貫可知。同學之年齡住址可稽。同學之通信處可識。天涯地角。可饋物以傳情。渭北江東。可致書以寄意。而風晨月夕。把卷瀏覽。尤不啻與故人晤對一堂也。其所以聯感情而敦友誼者。詎淺尠哉。本校於六年冬第五次畢業。同志諸君。戀戀不舍於將去也。刊同學錄以分贈校友。其用意深且遠矣。爰不揣譾陋而爲之序。

語氣條達足徵用心

擬同學錄序

浙淳安縣雉山高小學生 胡經友

同學錄者。所以聯感情敦友誼也。夫吾人肄業一堂。雍雍濟濟。勸善規過。敬業樂羣。既博習而親師。亦氣求而聲應。友愛之情。無疏骨肉。果能長此共處。豈不甚願。然丈夫志在四方。不能伏處。而學校畢業。又有定程。願無言別。勢所必不能者。則此後燕影分飛。鴻泥飄泊。或道里之云遙。久別幾成隔世。或雲泥之判別。咫尺渺若山河。豈非人生恨事哉。是以學校之中。欲聯感情而敦友誼。刻同學錄以分贈同窗。目有此錄。雖天涯地角。渭北江東。不難互通音問。而無忘曩日之情矣。即或風晨月夕。手此一編。亦不啻與故人晤對一堂焉。則是錄之刻。胡可緩哉。是爲序。

情文相生

本校同學錄序

無錫私立華氏鴻模高等小學校三年級 錢臨照

余自乙卯負笈於鵝湖鴻模學校。忽忽三年矣。明師良友。不爲不多。然舊、日、同、學。畢業、者、有、之。轉學、者、有、之。改入、商界、者、亦、有、之。雲散風流。渺焉難叙。每一念及。欲通咫尺之書。以問近況。而停雲何所。概未能知。以無同學錄故也。今同學諸君。刻而錄之。以償前失。余曰。學問無窮也。浩如煙海。深如江河。孔子至能也。學問尙有未盡。况吾人遠不如孔子。豈可以小學畢業爲已足乎。小學之學問。猶花木之初芽。學未深。道未通。安可不自勵哉。今夏三年級諸君。行將畢業。今與諸君已相聚三載矣。日以學問相切磋。道德相勗勉。一旦分離。何以爲情。因同學錄成。乃書數語於末。以自勵。且以慰同學焉。

文生於情。斐然有致。生年雖幼稺。而天資頗佳。故出筆每有獨到處（曹大文評）

本校同學錄序

無錫私立華氏鴻模高等小學校三年級生 鄒尙德

禮曰。獨學而無友。則孤陋而寡聞。旨哉言乎。今學校之同志。非切磋之良友乎。吾正樂其切磋之有益。而本校第十一屆畢業之期。瞬又屆矣。同學諸君。戀戀於將別也。有同學錄之刊。余聞社會上之交遊。類皆趨炎而避涼。捨難而即利。惟學校之內。共集一堂。專以道德學問相切靡。而無社會炎涼勢利之惡習。人生之樂。莫過於是。然而序有變更。物有代謝。同學者不能常聚而不散。及乎修業期滿。揖別而去。風晨月夕。偶念同學。手此一編。髣髴與故人相對。則此日歸別。猶未別也。且人情久別則益親。明師良友。左提右挈。雍雍一堂。在當時往往不稍措意。及時異境遷。追維曩尋。則縈繞心懷。增人感惻。於此而有同學錄。則可以寄書通問。互慰離衷。又不啻晤言一室。風雨聯床之候矣。然則同學錄之益。不亦大哉。余雖不文。喜此錄之成。可以慰吾人離索之感。而爲他日之紀念也。故爲之序云。

意既懇摯。筆亦蘊藉。其態似出水芙蕖。鮮妍可愛（曹大文評）

送同學欒寶倫赴蘇習商序

泰興縣立第一高等小學校三年級乙組生　欒增模

民國七年冬同學欒君寶倫赴蘇習商余餞而送之且告曰我國商人以學校爲詬病往往謂學校學生大率好逸惡勞不能任事且學力薄而欲望奢亦復艱於待遇故有舍學校而習商業者彼中人則峻拒之噫是何言之痛有見之謬也今君行矣其將予人以口實而貽吾黨羞耶則今日之行適以重吾慮願吾子好自爲之令衆人歎服一雪此言耳且蘇一都會也市衢繁麗其俗也靡耳濡目染之餘習俗移人賢者不免然以吾子富自治力矢志堅忍操心危而慮患深自能確乎其不拔余又何敢以慮常人者慮吾子耶吳郡爲東南利藪異日者驅車過此聞有誠實不欺商界中之林肯其人者必吾子也聞有貲擅鉅萬商界中之摩爾根其人者必吾子也君行矣勉矣哉請持吾言拭目以俟

頗有情致（余采之評）

送同學欒寶倫習商序

泰興第一高小學生　余瑞生

吾國人往往重士輕商不知商者實業之一社會所不可缺者也吾友欒君寶倫年少多才品學冠儕輩若終其學由小學中學而大學前途無限亦何見其不能成就茲以家絀於貲奉嚴命就商姑蘇一旦遽去豈能無依依不捨之情耶雖然今日之散未必不爲他日之聚況欒君抱以商救國之志持之甚堅殊非他人所能奪也是欒君異日雖不爲學界鉅子必爲商界偉人以後商業發達將惟欒君是賴況會計之餘展卷而讀亦何不可增進智識是商業中之學問固優商業外之智識亦裕矣豈必在校讀書始可謂之學哉吾等畢業之後有與君同志者將望君爲先導吾儕又曷爲戚戚然哉乃於其行進以辭曰君行矣作事宜敬接物宜誠姑蘇爲繁華之地切不可染其習知此則善反是過也吾告君者惟此而已行矣勉旃

詞意穩當（李燕詒評）

送甲組畢業諸同學序

江蘇泰興縣立第一高等小學校三年級乙組生 廖會蔭

光陰迅速。歲月如流。轉瞬間。吾可愛可敬之同學畢業矣。憶諸、君、自、來、本、校、肄、業、一、堂、聚、首、朝、夕、相、處、或研、究、學、業、或交換智識友誼之深。感情之厚。不啻手足。曾幾何時。而今竟別離乎。臨歧握手。欲言而無語可宣。欲含而情有不忍。吾可愛可敬之同學。不我留矣。嗚呼。吾輩數年相處。一旦分離。豈不令人向風流淚。而黯然消魂也耶。然事有必至者。有昔日之聚。必有今日之散。有昔日之合。則必有今日之分。此不足爲念也。況我可敬可愛之同學諸君。將來之成就。未可量也。我國當此列强虎視之際。將來富强與否。責任端在青年諸君。勉乎哉。

前半敘情尙切至（季遐齡評）

送余先生序

泰興縣立第一高等小學三年級生 高崇善

予素抱求學之志。而未得其師。及負笈來校數載。諸先生之聚會精神。循循善誘。崇善心感。何可言喩。而對於吾等學業進步。及贊助校中規畫大計之尤力者。惟吾、級、主、任、教、員、余、先、生、也。生等以爲助吾張師。改良校風。方興未艾。何圖先生奉教育廳令。竟就縣視學之職耶。先生與生等以數載團聚之久。今者束裝拂袖。一旦去校。此後雖能與先生常相會晤。而親受訓誨之時則尠。其何能無介然於懷耶。然生等深知先生爲改良全縣教育計。不屑屑以改良一校畢也。先生展其大才。而新是謀。今而後吾邑貧寒子弟。必就學有所矣。不良之學校。必從此振興矣。工商業之專校童子軍之教練。向、所、未、創、者、必、從、此、添、設、不、讓、他、縣、專、美、於、前、矣、是、吾邑教育之進行。惟先生是賴。提倡布置。舍先生莫屬也。今生等咸集禮堂。行歡送禮。張、師、進、先、生、之、祝、辭、婉、竺、有、深、意、皆生等心之所欲言。而未得達者。生等亦可以無所矣。然古之人有惜別者矣。今生等欲不與先生別。而不可得。先生其亦有惋惜意乎。猶憶先生修身課中所講之良心二字。命永誌勿忘。是先生之所以勗我者至矣。而亦生等之所願與先生共勗者也。先生行矣。計無可留。爰竭愚誠

敢爲之序文之工拙非所敢計

情詞委婉（季遐齡評）

送葉箴心游學美洲序

閩侯縣第七區公立高小學校三年級生　林建翎

葉君、婆羅將有美洲之行、其友建翎載肴攜酒追而送之江滸曰若知吾之來乎非以送汝將有責於汝非吾責汝爲四百兆之國民責汝也吾同里之士出外游學者衆矣豈獨子乎吾不之送而送子者蓋彼託遊學之名謀仕宦之捷徑冀數年歸國遂其初心非眞能熱誠嚮學也美國農產業之發達甲於全球吾子赴美專研農業蓋痛實業之不振而冀有以振興之也是子之游美爲中國計爲四百兆之國民計也若夫念相聚之樂悲相離之苦而爲是兒女態者匪特余所不屑卽汝獨不啞然哉汝嘗語我曰殆矣哉中國人之官吏思想也余不學無職少所告汝請卽以此爲四百兆國人責於汝且以贈於汝

取徑獨別筆亦天矯（林　警評）

送友人留學東洋序

揚中縣立第一高等小學三年級生　唐淵

吾邑多俊秀向學之士然留學海外者絕鮮吾子抱宗慤長風之志作李固負笈之思擔囊攜篋汲汲焉奔走東瀛肄業於弘文師範學校其志願誠加人一等竊爲吾子羨也然又爲吾子望焉五洲教育優美德意志以外厥惟東洋斐吾得之二部權與南崎式之精神教育皆嘖嘖人口吾子抖擻腦靈搜精吸髓或研究斐列芝之職業的主旨或研究嘉南崎之奮鬥的生活刻刻注意時時留心他日學成返國舉數年來之心得教授吾國青年子弟或創一部分之實業以爲我神州富強之先河使我國同胞咸能以教育之精神或實業之經營而殖民於三島間逐此倭奴而代之則吾子之姓名當如日月照臨永永不可磨滅河棠如之吾子勉乎哉

古邦盧壽籛選輯

書後類

書借書說後

海鹽城立第二女校高小三年級生 張慕蓮

自古以來文人達士往往博通今古為世聞人當其求學之時無力致書借諸他人者衆矣此袁子所以有書非借不能讀之說也人之情飢者甘食渴者甘飲好學之士無力致書而借諸他人者則其讀書也必勤且專非書非借不能讀也其借書而讀者其進步必速耳顏子居陋巷簞食瓢飲其貧如此無力致書可知而為聖門弟子之冠意其平日所讀之書必借之他人也王景略隱跡蓬門短褐而捫虱其貧如此則無力致書可知而乃為晉世之人傑意其平日所讀之書借之他人必也然則書洵非借不可讀矣

奇創之論無中生有故佳（談夢石評）

讀停戰命令

閩侯縣第二高等小學三年級生 林孝舉

二十日讀停戰命令不禁躍然為吾民慶自兵興至是寡人之妻孤人之子蓋不可以數計元元之民罹於兵禍惴惴然不復以生人自居一旦得讀此令正生人之樂既失復得之時也或曰停戰之令雖下停戰之事未必成子姑少安毋躁余曰以理勢觀之殆不得不停也夫西南諸要人所以動是師者以政見不同耳以政見不同蓋欲為吾民謀幸福不得躋諸好兵戕民之流而卒至於戕民者蓋其所不及料也及今亦略聞吾民被禍之狀矣亦略知吾民厭兵之意矣以福民始而以戕民終彼獨無惻隱之心寧不思有以善其後乎且歐戰告終其所以恢復元氣之道必將取資

於我內爭不已獨不虞韓盧東郭自困於前以遺田父之獲乎抑猶有說焉者此次停戰美法竭力協贊兄弟鬩牆路人救止當道諸公且必有內鬨之意何有於停戰之不成事實哉此吾所以敢爲吾民幸也

按切時勢侃侃而談有王景略旁若無人之概（林警評）

廣錢大昕弈喻

泰縣曲塘三代用廣武高等小學三年級生 崔寅生

余素喜弈每當炎夏家居無事輒以弈爲陶情之具一日友人邀余消夏至則已有客在主人見余請與客對局余應之市數著客即敗斯時也余樂甚自以爲今日之國手舍余其誰烏知乎客中有童子覩余勝請與余弈余以爲諸客尚敗何懼一五尺之童布局對下甫下數子余即失一著連下連敗局終大負童子謂余曰君讓我也不然何先勝而後敗耶余聞言愧甚惟有重整棋子歛其驕心而已噫嘻余不禁有感於軍事矣若軍人出戰有驕傲之心雖有衆百萬不難覆沒於數十騎之手是時也欲如余之重整棋子悔過自檢其可得乎其可得乎

讀鮑氏子篇書後

泰縣曲塘三代用廣武高等小學三年級生 劉家謹

藉題說理婉而多風

蒙讀鮑氏子篇不覺有所感焉昔有齊田氏者食客千人中坐有獻魚雁者田氏視之歎曰天之於民厚矣殖五穀生魚鳥以爲之用當時衆客皆和之如響雖知其誤不敢言其誤也獨有鮑氏子者年方十二不以此語爲然曰世間之物多矣人不過擇其可食者食之豈天爲人而生哉信夫鮑氏子之言也夫天地好生之德本未嘗厚於人而薄於萬物特人類之能利用萬物耳何則吾人爪牙之利不及虎豹膂力之强不及熊羆奔走之疾不及麋鹿飛颺之高不及燕雀若是則人之技能非能高出於萬物也然則天地之生物果何厚於人乎乃人以自營主義不仁心術而制服萬物萬物不能敵而人遂擇其可食者食之可用者用之享天然之利焉天何嘗爲人生萬物哉嗚呼觀於此可知强呑

弱衆暴寡爲天演淘汰所不可逃者也可不畏乎

說理通達發揮盡致

讀武訓傳書後

泰縣曲塘三代用廣武高等小學年級生 崔寅生

三代以下世風日變爭財奪利日有所聞又誰能仗義施財爲社會謀公益哉卽間有之亦不過稍有仁心之富翁耳若求一貧無立錐者振興教育茫茫世界戛戛乎難其人矣此吾所以讀武訓一傳而嘆其爲絕無僅有也夫武訓本一丐者幼喪父母日行乞於市夜績麻於家每以兩饅自養得錢必儲之噫武訓之勤儉已於幼時見之矣後數歲得錢六千蓋藏之富人家子母相權幾及百千嘻武訓從茲可以小康矣若常丐處此亦可以衣華服住廣厦食甘味或則貪得無厭又焉知謀及教育哉武訓不然出其藏金以興教育行乞至年七十創立學校至三十餘銖積寸累惟以興學爲事邑中由是受益甚巨嗚呼武訓僅一丐耳竟能立不朽之名與泰山汶水而並重論者謂其奇節瑰行較常人爲厚豈虛語哉今之守財虜專以求利爲事得財自樂問之則曰教育非關我事公益豈能使我獨謀哉是以一身淹沒無聞耳嗟乎若輩眞武丐之不如矣烏足取哉或曰武訓之所以爲此者實釣名沽譽而已不知今之富而吝者並不好名也以一乞丐而以好名爲心已加人一等矣不觀夫對於教育皆以實學爲主不尚形式乎其跪拜敎師使勤於教授跪勸學生使勤於學業其一片愨誠非有心人不能如是也是殆道兼儒墨者豈得以乞兒視之乎又豈得以爲釣名沽譽乎

文有清氣

讀武訓傳書後

江蘇第二師範附屬高等小學二年級生 張仁裕

予讀武訓傳不禁喟然歎曰武訓一丐耳衣不蔽體食不果腹以視彼席豐履厚之人錦衣美食婢僕盈前者相去奚

啻霄壤而乃痛敎育之不振抱興學之熱心日積其所乞金創建學校至三十餘處長跪涕泣以勵師生使齊魯之邦學風廣被訓則粗饅自養數十年如一日嗚呼是足以愧末俗而挽頹風矣訓其丐而俠者歟

簡而明（周十義評）

讀尤悔庵西湖泣柳記書後

青浦縣立高等小學三年級生 姚煥儀

西湖為天下名勝之地四方遊客聚會之處其間桃柳之芳豔臺榭之崔巍及山水之清秀遊者常以為快今讀尤悔庵泣柳記不能無慨然矣慨弱柳之斫伐臺榭之毀壞轉瞬之間滿目蒼涼故悲情發於筆墨何可痛可悲之甚也嗚呼柳可泣而天下忿忿可悲之事豈獨柳也歟哉彼裊裊之柳未必獨在西湖西湖之柳以六橋而著名故哀情之深必有意焉所謂百年之變易天下之最可痛也今西湖既稱名勝乃為明清改革之故官軍駐守西湖伐裊裊之柳而作薪毀巍巍之宮而為營昔則公子佳人之所遊今則干戈兵卒之所集不亦可痛之至哉嗚呼未免有情誰能遣此尤悔庵所以因時代之變易而不禁對此長嘆也

蒼涼感慨痛乎言之（夏本立評）

讀文忠烈公傳

南通師範附屬高等小學三年級生 宣盛懷

生命人所重也富貴人所貪也惟聖賢豪傑能薄富貴而輕生死舍生取義為人情之所不能為予讀文忠烈公傳未嘗不歎公之不圖富貴不惜生命其忠義之氣深足為報國者之模範也公生際宋末度宗朝賈似道以去要君帝命學士草詔堅留公當制不肯呈稿後即劾罷已而勤王詔下齎發獨先豈當日天子意念所及乎及兵敗被執元人力勸之降終不屈至鎮江而夜亡走眞州苗太守不納後潛於如皐復至吾通太守楊某獨備舟送之自石港賣魚灣渡海至溫州挾主入閩而轉戰於外馳驅靡定至潰於興國執於五坡幽囚三年而忠義之氣始終不渝卒為元人所殺

時國亡臣死天祥獨後後世以其顛沛圖存從容赴難九死靡悔故推之爲宋末忠義之首嗚呼使公貳於元豈獨生命可保且可膺宰相之榮而公寧死而不肯爲者誠以生死輕於道義雖由是得生而有所不用也嗚呼此公之所以凜冽千古也乎夫留夢炎輩獨非宋臣耶當時享萬鍾之祿依阿誤國國亡而又事元而其惡醜之名亦與公同垂不朽後之有官守者其亦知所擇哉

讀唐杜牧阿房宮賦書後

儀徵縣立第一高等小學三年級生 陶依仁

昔文王以民力經營臺沼而民歡樂之謂其臺曰靈臺謂其沼曰靈沼樂其有麋鹿魚鼈古之人何以能使民歡欣鼓舞如此哉亦以與民同樂未嘗獨樂其樂也秦作阿房使能師文王之意不忍輕用民力民必如子來趨父之事歌頌吾王無疾病而有此樂顧乃取之盡錙銖用之如泥沙殫民之力竭民之財當時民之怨讟其上者已有如湯誓所謂時日曷喪予及汝偕亡之意楚人一炬可憐焦土夫豈意外事哉秦皇召之已非一日矣即令爾時楚人不炬阿房之瑰麗秦皇豈能以一人獨樂哉後人哀之而不之鑒陳叔寶猶起臨春結綺望仙三閣窮極華麗楊廣猶築西苑起行宮恣意奢淫卒皆不旋踵而灰燼復蹈秦皇之故轍嗚呼後人復哀後人杜牧之言已大驗倘後人哀之而仍不之鑒吾恐後人復哀後人杜牧之言可驗於將來者尚有未窮盡也

思力深厚起結尤勝（柳紹宗評）

讀五代史伶官傳書後

青浦縣立高等小學二年級生 徐正堅

唐用李林甫楊國忠而釀天寶之亂宋用韓侂胄賈似道而致國祚之亡此無他小人之諂佞詭誕原足以敗人家國也然君子探原禍始於小人不暇深責而偏於用小人之人事既往則惋惜之害未著則深戒之諸葛之於劉後主南軒之於宋高宗其慮遠矣余讀五代史伶官傳未嘗不心竊異之曷異乎異其以伶官而有傳也夫伶官如敬新磨等

不過爲梨園高足菊部才人以善俳著聞而已非有高尚之道德瓌異之才能巍煥之事功而顧亦與一行義兒同著於史冊者何也蓋伶官之有傳非爲伶官也爲唐莊宗也爲唐莊宗之寵伶官得禍欲後人奉爲殷鑒也當日者燕梁雖滅而環視四方鼾睡於臥榻之旁者尚指不勝屈而莊宗已警然軒然輙自滿足宜貽鉅禍於無形焉夫君臨天下者一日二日萬幾宵旰勤勞猶恐變生不測況自傅粉墨以悅劉夫人縱人之波瀾置政事於不顧此與宋徽宗之垂意花石致寵朱勔明熹宗之手持斧鋸致任魏閹有何異哉嗚呼去讒遠佞聖訓昭然人君苟能清心寡慾則僉壬之人自不得以諛辭佞舌窺騁其私何至身死國滅爲天下笑如唐莊宗耶吾故知伶官之有傳固欲警後世昵比宵小之人一如宦者之有傳奸臣之有傳也儒臣修史非大有深意其間乎

見地獨眞用筆老當文境之妙眞如庖丁解牛奏刀砉然（徐申伯評）

讀晏子使楚篇書後

泰縣自東高等小學一年級生 董裕仁

國家凡遇交涉遣使於外使者學問必博言語必長始不辱君命春秋之際爭爲盟主尤重使才蓋辱命即所以辱國也余讀晏子篇信晏子之不愧爲使臣矣晏子生爲齊相出使於楚楚王賜以酒禮也羣吏當晏子酒酣之時縛齊民之坐盜者詣王前蓋辱晏子於稠人廣坐之中也晏子避席而對楚王反受其辱焉若瞠目不能答則受楚之辱是辱國也楚大國也齊亦大國也齊可以見辱於楚乎晏子一言而楚王自受其辱辱人者人恒辱之楚王之謂也

反覆辯論俱有見解

讀薛河東貓說有感

江蘇泰興縣立第一高等小學三年級生 陳福基

貓有捕鼠之能爲人所畜誠有用之動物也薛氏之貓不能盡其職而有噬雞之病逐之固宜慇讀薛子貓說不禁悲貓之自棄而歎其不改過也然余亦不僅爲貓悲也游手之徒無所事事暴行於鄉曲亦貓類也無恥之人機變百出

損人而利己亦貓類也至彼坐高堂騎大馬覩其形魁武奇偉似足以庇萬民而福國家問其實則肆其才以苛民逞其雄以亂國亦無往而非薛氏之貓也噫貓之害噬雞而已人之害噬民噬國恐誅之不可勝誅焉吾豈僅爲貓悲哉

筆意爽朗（余采之評）

讀劉大紳啞孝子記

江蘇泰興縣立第一高等小學三年級生 陳福基

孝非易事也家貧而能孝固不易貧而又啞尤不易余讀劉大紳啞孝子記而知根於天性者非外界所可限也夫以孝子之生而啞也有懷莫白何謂問安何謂出告何所謂下氣怡聲且啞而又貧也托鉢乞食何來旨甘何來雞豚並何從負米養親乃啞孝子聽於無聲視於無形養生送死無微不至試問天能缺其本能窮其際遇能變易其天性乎彼世之事親不力者動借力不從心自爲解免讀啞孝子記能無愧乎

詞旨簡明（余采之評）

讀劉大紳記瞽者渡篇書後

江蘇泰興縣立第一高等小學二年級生 常仁俊

余讀劉大紳記瞽者渡以仁智勇誠四德稱瞽者且以爲能見道竊怪劉子之於瞽者何以傾倒若是伏而思之劉子蓋深痛於振興公益之無人特舉瞽者以風世也瞽者之力猶足以集事而不瞽者可勸矣瞽者之志猶不肯苟安而不瞽者可恥矣由設渡而推之如設學校亦公益之一事也山東之富者不能設而貧爲乞丐之武訓反能設學校以興教育君子對於武訓莫不願鑄金事之此亦劉子傾慕瞽者意也

寥寥百餘字殊不嫌其短促故文貴意足（于次材評）

孟子許行章書後

昌化縣立第一高等小學三年級生 方基庭

大哉許子之道也與民並耕而食饔飧而治誠賢者之所爲人所不易及者也夫以天下之大萬民之衆而欲賴一人

之力以治之勢之來之匡之直之輔之翼之則其力必有所不及也蓋一人之力有限萬衆之心互異以一人有限之力而治萬民之衆天下未必盡治也萬民未必盡服也是以聖人所不取焉聖人之治天下也內修其本而不外飾其末治天下者以之治人治人者以之治己故舜之耕歷山也期年而田者爭處墝埆以豐壤肥饒相讓釣於河濱期年而漁者爭處湍瀨以曲隈深潭相予當此之時口不設言手不指揮執玄德於心而化民易俗使舜不與民並耕而食饔飧而治雖有萬人之力治萬人之衆安有濟乎夫民者邦之本也而耕者民之所賴以生也孟子不察而曰治天下者不可耕且為也然則舜之耕於畎畝也獨非治天下之人耶然吾又聞伊尹耕於有莘之野而以天下之重自任是則伊尹之治天下也亦與民並耕而食饔飧而治者矣由此觀之伊尹之與舜也其治天下之道皆與民並耕而食饔飧而治者又何止於許子哉許子體察民情繼舜與伊尹之所為雖不及舜與伊尹之聖亦足以頡頏孟子之賢許子其人者後世不易得者也

文筆天矯不羣最足制勝（王乃文評）

讀方山子傳書後

興化縣立第一高等小學三年級生 孫光威

士君子不幸生衰末之世蔽障於小人不得已借文章以發其憤鬱明其志氣古今來何可勝數若蘇東坡者亦其一也於何知之於其傳方山子知之斯傳也余嘗細玩詳察而知東坡之意矣當斯時朝野上下宵小所居所謂豺狼當道者也東坡以遭時不偶與若輩並立其勢之不敵審矣則此區區之富貴幾何不足以危其身此所以有方山子之傳也夫方山子隱者也隱者東坡之所慕也因所慕而為之傳其傳方山子者即其自傳也所謂借文章以發其憤鬱明其志氣者非耶嘗謂蘇氏文字大抵多瀟洒靜逸之致如記放鶴亭則曰隱居之樂雖南面之君未可與易記超然臺則曰余無往而不樂而其弟之記快哉亭也則又曰吾兄子瞻名之曰快哉若此類者皆與方山子傳同一意境則

東坡之志可見矣然則東坡於此又曷不掛冠而去脩然於物外哉祗以國事危急恆思挽救奈宵小當道不獲如志遂至隱而不得惟借文章以發其憤鬱明其志氣其用心亦可悲矣設當日宵小斂迹國事可爲吾知東坡必將措國家於泰山之安而不至以隱士爲慕卽斯傳亦可不必作不然東坡之見豈不若方山子而顯貪富貴歟嗚呼此可知東坡之苦心隱然見於言外者也

此文可稱東坡知己（魏評）

書巴黎油畫記後

無錫私立華氏鴻模高等小學二年級生 姚鈺筌

余讀薛福成巴黎油畫記而有感曰夫法人所繪之普法交戰圖敗狀耳法人旣常存好勝之心何以自繪敗狀令人氣喪若此薛子以爲圖報復激衆憤若越王句踐臥薪嘗膽之意句踐初敗於吳後二十餘年卒能勦滅夫差以雪奇恥孟子曰以力服人者非心服也力不贍也今法人果能勝普以復數十年之仇雖不能勦滅普國而普亦不能自爲其主矣余於是益歎薛子知識之卓於二十餘年前已知法之必勝也嗚呼薛子亦神矣乎

詞簡意達結語尤有風神

書巴黎油畫記後

無錫私立華氏鴻模高等小學二年級生 華玉春

余讀史記至越王句踐未嘗不欽服也昔越敗於吳忍辱求和句踐臥薪嘗膽卒報吳仇及觀庸盦海外文編至巴黎油畫記而歎法人之用意亦與句踐無異也法人性素好勝何以自繪敗狀令人氣喪若此蓋所以昭炯戒激衆憤圖報復故今日歐洲戰爭終以沼普其效果不亦大哉今我國與外人交涉著著失敗喪民失地不可勝數受外人之欺亦可爲至矣倘欲報仇雪恥則巴黎油畫記之用意可效法也

清言見骨不枝不蔓風度亦恰合書後體

讀赤壁賦書後

玉田縣女高等小學二年級生 阮叔貞

昔聞師言前赤壁賦之妙處在有無限佛理後赤壁賦之妙處在有一片仙機吾嘗疑於是以爲蘇子亦猶人耳何以其爲文言佛言仙各極其妙若是乎本年十月望師爲講步自雪堂以下一章覺是文局勢頓挫景物離奇仙筆也江山雖已改觀而怪木豐草奇石絕壑幽險不可名狀仙境也且也婦藏斗酒發興於巨口之鱸道士羽衣化身於孤飛之鶴仙物仙人也夫前賦一則曰羽化登仙再則曰飛仙遨遊文屢言仙而不以仙著玆賦絕不言仙乃覺事仙景仙而文字亦無不仙矣仙乎仙乎賦誠無愧仙品乎當世稱蘇公爲坡仙或卽因是而肇錫嘉名歟

拈仙字作骨妙意層出不帶一毫滯相文筆亦飄飄欲仙(姚鳳樓評)

讀後赤壁賦書後

玉田縣女高等小學學生 陳光世

文也者乃逆理之所難明而藉文以發揮其意者也余讀蘇子後赤壁賦其內容皆以風景爲樂擕客爲主閱其文察其意自覺江山如畫純任自然較之瑣瑣陳言實有天壤之別至其佈局之新奇結束之自然似景非景似夢非夢前呼後應終無斷續之跡孤鶴入夢愈見自如之景吁觀蘇子之文愈見蘇子之性悄然逸樂與世無爭非物不取非理不行非如清談之儒而自詡爲高非如爭權之臣而自命爲勇故其爲文也瀟灑曠大自然之氣爲他文所不及此蘇子之文所以能傳於世歟

文亦自然入妙

讀漆賈書後

直隸青縣第一高等小學校第二學年學生 李鴻年

信者立身之本也義者處世之道也而爲商人者尤不可失其信義若於交易之間不以義爲利徒以詐僞相尚其不斷本喪利者鮮矣吾讀明劉伯溫之漆賈而深有感於心也虞孚問治生之術於計然既得其術非徒不能治生而終

且亡身於異域豈計然之術不良耶實因不盡依其術而又加以詐僞有以致之也假使虞孚既得其術即依術以行不復他求而以道德爲重未始不可以治生即欲以此致富亦豈難哉乃不此之務竟以欺人之術轉而自欺然則虞孚之終丐死於吳者非不幸也宜也吾讀劉先生之漆賈而喜先生之善以文警世也故略附數語誌景仰焉

氣充以沛理明且清（馬孝寬評）

讀漆賈書後

直隸青縣第一高等小學校第一學年學生 劉春和

嗚呼吾讀劉伯溫之漆賈不禁重有感焉夫人孰不欲致富虞孚之學種漆於計然先生人情也且正當之事也果以此數百斛漆鬻諸吳富可立致也乃心存貪饕一聞其妻兄之言遂有欺詐之舉以僞亂眞冀求多利殊不知人非盡愚何能必受其欺僞不足以亂眞而適足以敗眞例外之財未得而應得之財亦與之俱失卒至貧不得歸丐死異域治生之術反處殺生之刃可哀也哉

詞句老當筆仗拗折（馬孝寬評）

讀王安石傷仲永

淳安縣雉山高等小學生 劉强立

甚矣哉受於天之不可恃也要矣哉受於人之不可少也讀王安石傷仲永可以知之矣夫仲永生五年而能詩殆所謂生而知之者也其受之天也厚矣然卒之終身爲衆人者則受於人者不至也夫以仲永之上智不受於人且降而爲衆人則受天顧可恃也哉向使以仲永之材加之以學則絕類超塵優入聖域何可限也嗟嗟仲永往矣天下之傷仲永者豈獨荆公一人已哉荆公之傷仲永豈獨爲仲永一人已哉

收筆頗有神味文翻空而易奇信然

讀王安石傷仲永

淳安縣雉山高等小學生 邵輔周

人之禀賦雖有不同然皆不可不學也孔子曰我非生而知之者好古敏以求之者也以孔子之聖而猶必好古敏求況其下乎吾讀王荆公傷仲永不禁重有感矣夫仲永生五歲而能詩其禀於天者固甚厚也乃十二三不能稱前時之聞矣又數年而泯然衆人矣是何也不學故也向使以仲永之資加之以學則其所成就豈有限哉乃仲永不但不能入於聖域且降而爲衆人烏虖不學之害有如此耶吾輩學者禀受於天不如仲永遠甚仲永如此則吾人既不受之天又不受之於人欲求爲衆人且不可得顧可不孜孜爲學以求自立於世乎此吾所以讀荆公之文而不禁重有感也

書柳宗元鶻說後

如皐縣第十一高等小學學生 仲傑

騁利距振長翮擇肥而噬遇便即攫縱意所之血肉狼籍飛者不及翔棲者不及匿鳥類中鷙且悍者固靡若鶻乃有時頓易常性哀憐小鳥縱之爪趾之間而不忍食全之於一啄之餘而甘受其飢此何故也豈是鶻之性本善歟毋亦德其燠掌之功不出於以怨報德耳且夫受恩圖報乃人類應具之天良非以責於鳥也使斯鶻攫取盈握之雀夜燠我掌爪且飽我飢腹是亦順其本有之常性不仁之行未必因此而有加乃縱而生之若寓有無限不忍之意者是即孟子所謂惻隱之心仁之端也盜跖日殺不辜肝人之肉一日不殺即其良心之發現也彼外託忠厚之名陰遂其狠毒之意者何往而不盜跖其心耶吾因以知天下之至不仁者亦有時爲天下之至仁也凶殘如鶻尚有不滅之天良胡高出於鶻什百千萬者竟腆然斵喪無餘乎子厚作爲是說誠有故矣

清疏流利入後寄感猶遠

讀卡南琦傳

奉天遼陽縣高等小學第十一級生 郭英傑

嗚呼貧富之理雖曰天命豈非人力哉原卡南琦之致富可以知之矣卡氏少時破帽籠頭敝衣覆體日處於熾熱之

治者耳而能致數萬萬之富者蓋勤勉而已世之人羨卡氏之富而不勉效其勤此世人所以爲世人卡氏所以爲卡氏也吾不羨卡氏之富獨羨卡氏之勤尤羨卡氏之能聚能散較我華之陶朱公馬伏波不誠東西古今輝映哉世之守錢虜積金滿籯以增子孫之愚並長子孫之驕若讀卡氏傳當爽然自釋矣

大氣包舉筆致飄忽非熟讀遷史未能有此神味（張震評）

書袁枚郭巨論後

如皋縣第十一高等小學學生 仲傑

孝道至難盡也孝子至難得也貧寒如郭巨身爲榮傭而獨能知孝道至欲埋子以養母謂非根於天性耶後之君子正宜原其情憐其心表而出之以導訓末俗奈之何不以爲美反以爲惡著其罪名而直斥之也古之聖人嘉善而矜不能隱惡而揚善巨雖不足爲孝親正格然在俗子愚夫有一善之可述亦足尙矣況養體養志百行不虧以之論聖賢則可以之責俗愚則不能吾嘗推巨之心以爲子可復生而母不可復得故一念之興不可移易何暇計及棄與鬻哉且獲金亦非所望也精誠感動上蒼雨金亦意中事蓋孝之至者可以格天地感鬼神理或宜然亦何怪之有巨既得金則必不忍埋其子而可以全事母之孝又何必效管寧之揮鋤哉論者乃謂其爲逆爲貪爲詐責無旁貸使郭巨有知永不瞑目於地下矣烏乎世有好貨財私妻子不顧父母之養者讀袁子此論豈復有容身地耶

郭巨之事本滋人疑袁之論亦未必深刻文以忠厚立論看到郭巨乃庸俗人頗有見識

讀華盛頓誓師文

遼陽縣高等小學第五級生 宋贊和

余讀華盛頓之誓師文則知美人之所以購自由者非偶然也其文詞之悲壯慷慨非特足以振美人之精神亦且足以振吾華人之精神當時英之與美不過一加稅問題耳乃猶不受其虐待建義旗脫羈軛八年苦戰卒能爲西半球之大共和國永脫奴隸之苦海是非偉大之國民能奮起於斯誓者乎今日本與我同種理宜相鄰竟於四年五月七

日出無理之要求且以武力爲迫脅之具視美人受自祖國者辱爲何如當時之退讓雖曰咎在政府實亦吾民無愛種愛族愛國之思想耳試問當時如有華盛頓其人者出而誓師我國民能如美人之奮起乎往事已矣今我國軍人果能效美人之壯氣有以副我人之期望是亦東方偉大之共和國民也況我今日亦僅此一綫之生機此一綫之生機卽華盛頓所謂萬衆一心勇往直前於死中求生而已不然恐中國無自强之一日矣吾更望今日之少年效華盛頓之力購自由而新造一少年中國有志竟成不僅讀斯誓文頂禮已也

就他國之誓師文想吾國之國恥責望於政府也薄責望於國民也厚自是眞心愛國非笑罵派可比(佟有爲評)

書蘇子由快哉亭記後

遼陽縣高等小學第七級生 劉宗文

齊安處湖北之東隅水臨長江山望武昌天下幽邃之景也然而連山絕壑古木長林振之以淸風照之以明月雖他人目爲奇觀亦騷人志士所悲傷憔悴而不勝者也張君不以謫居爲患處憂患而坦然此誠有以過人者矣士生於世不能自得其心鬱而不舒雖覩此江山勝蹟亦多抱悲觀而張君反以此爲謫居之勝槪可見士之垂名千古不與世人澌然俱盡者其志別有在矣噫士處患難中有志而莫由振拔觀於張君之謫居其憂思感憤或稍解歟

起筆情景如繪轉筆甚爲老健以下亦順利可觀結筆感慨情源不泛設(佟有爲評)

書薛瑄貓說後

遼陽縣高等小學第七級生 吳庭議

夫以形魁大爪銳利之貓固無一不具有捕鼠之能也而是貓不但無捕鼠之能反有噬雛之癖是眞負貓之名矣嗚呼世之無能而有癖者衆矣豈獨一貓哉彼今之佩虎符擁臯皮峨大冠拖長紳者觀其坐高堂騎大馬醉醇醴飫肥鮮孰不巍巍乎可畏赫赫乎可象又何往而不形偉爪利耶其爲文職者作福作威自尊自大其於事也如蟬之惰其剝民也如狼之貪爲武官者狐假虎威攬權作勢其虐民也如虎之猛其對敵也如鼠之竄又何往而非徒有噬雛之

癖而無捕鼠之能然則薛瑄是作豈其有忿世嫉邪之心而託於貓以諷耶

謂公爲忿世嫉邪而託之於貓自是確論（佟有爲評）

書薛叔耘巴黎油畫記後

遼陽縣高等小學第十級生 白世昌

薛公眞清之名外交家也覽其巴黎油畫記微言大意愛國情深溢於言外何其偉也夫普法之戰法僅割地二州賠款亦不過五十億萬佛郎猶藉丹青之力以繪敗狀令觀者以驚心動魄永久不忘且有怒髮衝冠奮臂雪恥之心法人之意固至深且遠而薛公之記此文殆亦勵我同胞有雪恥心也觀夫我國之喪師失地種種受外侮之事罄竹難書其最鉅者若甲午之敗八國聯軍之敗割地賠款其數較法爲何如也他若藩屬之讓與軍港之租借尤足痛心憂國者雖涕淚橫流國民仍淡然置之度外而政府諸公不惟無以激之且黨爭不已罔知對外使薛公浪費文墨無效可收眞堪浩歎觀於墨西哥以自戕而弱俄羅斯以內亂而衰倘不取爲殷鑒恐議我後者大有人在也使叔耘再生必當有以自見余讀其文驚心動魄如身涖吾國之油畫院中有不勝憤慨者矣

前幅以法之一敗襯中國之屢敗頗得以淺形深法中後切實發揮語語痛切筆亦酣暢淋漓結尾尤足以醒世（佟有爲評）

書魏學洢核舟後

遼陽縣高等小學第十級生 白世昌

吾讀魏子核舟記不禁歎叔遠之技實千百年來所未有然微子敬之筆亦不能傳其神或謂核舟乃玩具無裨實際何必精美若此又何必表彰若此不知天下事由微而著由小而大瓦特之汽車悟於沸鼎徐柏林之飛艇仿諸鳥翔使當時獎勵實業使叔遠竭其心思運其耳目易其技巧而精求夫瓦特徐柏林之所求則一人起於前百夫繼於後久之亦必有成功之一日安知叔遠之名不與歐美工業家齊美乎惜當時不爲講求且從而疾之致使一切精緻物

品皆視爲奇技淫巧有傷風化擯斥之不遺餘力愚民政策亦酷矣哉嗚呼今非其時矣叔遠雖歿而核舟之記猶足表其奇技吾民朝夕讀之顧可不思振興乎

乞者說書後

海鹽城立第二女校高等小學三年級生 查美臻

西堂尤子之述乞者也其言曰我之乞異乎人之乞我乞之時白日堂堂人乞之時昏夜皇皇其言激矣夫國何以治一國之民各盡其職而已矣國何以亂一國之民皆棄其職求其仕宦以富一己而已矣夫一國之中士農工商誰不可爲而必寄身於乞以士農工商皆求爲仕而無一可同處故也夫士農工商皆求爲仕則國事尚可問乎幸而有一鳳毛麟角之乞者在也夫鳳毛麟角者乃一乞者也則國事尚可問乎然時至今日欲求一此鳳毛麟角之乞者亦不可得矣噫予欲無言

慨當以慷筆如走珠（談夢石評）

全國學生國文成績文庫卷十一終

古邦盧壽籛選輯

書牘類

約友中秋觀公園開幕書

江蘇代用師範附屬小學高等三年級　徐爾玢

啟者、中秋古稱佳節、香飄金粟、光瀉瓊樓、正舉杯邀月之時、實別舫觀濤之夕、而是日、即公園開幕之期、人壽有幾、恐負良宵、況茲佳會、欣逢假期、適屆爰邀　足下共締良遊、會看月華、秋水一片溶成、天上人間、同茲佳勝、歌音嫋嫋、疑巫峯絲竹之聲、舞影翩翩、即玉府霓裳之譜、此情此景、足以暢叙幽懷、滌除煩惱、當亦吾　兄所樂聞也、敬乞惠然　毋吝　玉趾、專此敬請　明若學兄　秋安、

秀韻天成(易劍樓評)

約友人踏青啟

江蘇泰興縣立第一高等小學三年級乙組生　廖曾蔭

話別以來、一年容易、又是春風、童冠偕遊、曾子有風雩浴沂之樂、少長咸集、右軍有騁懷遊目之歡、遊春之興、爲何如耶、吾人襟期雖不古若、當此明媚之時、春草碧色、春水綠波、青山郭外、綠柳池邊、亦可擴張眼界、開拓襟懷、弟擬趁春假之暇、招我良友、結爲佳伴、拾翠花徑、尋芳水濱、繞林踏歌、而歸以樂此良辰美景、文人雅趣、不當如是耶、倘荷贊同、請示行期、

尚清順(余采之評)

約友人踏青啟

江蘇泰興縣立第一高等小學三年級乙組生　欒增模

天朗氣清風和日煖非春季之氣象耶青山城郭芳草池塘非春季郊外之景象耶吾人終日伏案束縛身心孰愈於開拓襟期拘守陳迹孰愈於曠觀天然風雩浴沂童冠偕遊覓翠尋芳俗雅共賞此士人所以有踏青之舉歟夫一碧千里遠矚高瞻未嘗不可擴眼界勝日尋花千紅萬紫未嘗不可快胸襟然山光排闥草色邀人文人雅趣不在繁豔之華且麗也際此春假在卽春水綠波春草碧色結我好友於郊於野以遨以遊繞阡陌披蒙茸攀柳條穿菓叢苔痕隱約芳徑婉通芒鞋踏遍相與席春茵而坐春風此則弟之所大願也　足下倘表同情示我行期不勝翹企之至

筆致不俗（余采之評）

約同學觀潮書

海鹽城立第二女校高等小學三年級生　何愛蓮

某某同學姊大鑒久未晤面時切馳思今接　來函藉悉吾姊近來學業日進不勝欣慰憶去歲禁烟佳節　與吾姊聯袂踏青判別以來不覺又換一年矣今歲觀潮日恰遇星期天作之緣不可辜負故妹欲與吾姊同往一觀未知能如願否望卽復我數行以慰下念專此卽請　刻佳

邀同學賞梅

海鹽城立第二女校高等小學三年級生　朱一珍

某某同学姊雅鑒久隔　芝顏時深蘭契近想　文祺安燕時祉吉羊欣以爲慰敝校春假行將近矣園中梅花猶未盛放妹屆時擬邀吾　姊同往賞之梅爲寒花絕品春占百花襛穠清高殆非餘花所及於疏影橫斜中煮苦茗焚異香握手而談別緒此樂不讓古人也餘言面罄卽請　學安

雋雅（談夢石評）

與友人書（論讀書之樂）

泰縣第三高等小學二年級生　凌述堯

春光明媚春色繁華春風拂面春景凝眸春也者四時之令節也作事之暇姿坐室中手一編於明窗淨几間不禁心

曠神怡而有陶陶之樂焉夫天下之樂境多矣遊山玩水彈琴賦詩隨時隨地無不可以助我之樂趣豈特讀書爲然哉不知此情此景雖皆足以取樂而要非其至焉者也天下之至樂有踰於讀書者乎況書中之趣味無窮目不能見者讀書能見之耳不能聞者讀書能聞之智識不開者讀書能開之心思不靈者讀書能靈之甚至英雄豪傑之功名事業所不能盡知者讀書則可以盡知之環球諸國之山川形勢所不能遊覽者讀書則不嘗遊覽之且時當春日千紅萬紫燕語呢喃鶯聲婉囀披蒲於映柳堂中塵心盡化開卷於養花館裏天趣盎然此尤其樂中之樂也足下其以爲然否

駢散兼行措詞雅潔

致南北軍士書

湖南湘潭第一女校高等小學三年級生　龔雅麗

嗚呼南北軍士不幸自相殘殺血流片地屍橫於野我心不忍人豈不傷惜乎軍中兵器妄用無功傷同胞之和睦啟外人之覬覦當道君子能不太息無知小民徒切恐憂如是之戰於國無利於民多擾南稱北逆北叱南匪誰匪誰逆均民之敵嗚呼兵連禍結安有已時爭個人之權利殘萬姓之生靈國號共和民爲仇敵倘不息戰同歸於盡若能以國爲心以民爲命同修內政以禦外侮則民國共和億萬斯年否則波南印度踵隨之也當局者宜思之

寥寥短章意深詞遠（龔怙園評）

致胞兄書（仿造韓退之答李翊書）

湖南湘潭第一女校高等小學三年級生　龔雅麗

十一月十一日妹白長兄左右自別以來已有年矣以妹之思念吾兄想吾兄必時時念妹也兄治軍事於外妹修文學於校各司其職不能聚首其與學友間遊雖多趣味究不及家庭骨肉相聚之樂吾有過而規者誰耶吾向善而勸者誰耶過無人規也善無人勸也親朋益友之難求也誠不及吾兄在家時時聞教也吾兄知妹之心究何如也吾兄

才高志大處亂世而未得行其道至令餬口四方寄人籬下薪修雖薄而奉養無違兄之於親誠孝矣兄之處身勞且苦矣將來建功立業名勒景鐘以有待也抑妹之所甚望也比年來南北軍士蹂躪湘境家中幸未受害而校中則大受損失因之停課無所講習遂居遊於家雖時受庭訓然不及在校之有常也煢煢家居八越月矣新年將近戰事將平旌旆將還妹不禁歡忻鼓舞引領長望也雖萬里之遠跋涉匪難況千里之途乎兄之歸期妹日日屈指數也

摹擬韓文頗得形似(龔恬園評)

招友人賞梅簡

福建永安縣立第一高等小學校學生 陳地孫

梅當草木凋謝百花零落之餘獨凌寒而盛開古香古色誠植物中高品也余之東閣有梅數株頗古雅有致余自幼讀書其間每逢早春則含苞吐豔疎影橫斜冰肌雪映勁節風標索笑茅簷令人心醉當此之時余幾疑入羅浮之夢迎庾嶺之春矣昔人詩云雪滿山中高士臥月明林下美人來誠有味乎其言之也古之高人韻士如和靖之妻梅廣平之賦梅師雄之夢梅孟浩然之灞上尋梅何遜之東閣賞梅皆不失爲清雅絕俗之君子然則梅之見重於人爲何如哉彼楊柳之纖軟桃李之嬌妍徒以顏色見稱者較諸孤高之梅誠有霄壤之判矣吾子以爲何如當茲良辰春光如畫弟不敢自私所有願以餉諸同好敢勞玉趾辱臨蓬門當敲冰煮茗掃榻而待幸君勿珊珊其來遲致令名花冷笑也

古香古色清雅宜人可當宋廣平梅花賦讀也

與友人論歐洲戰事書

閩侯縣第二高等小學一年級生 林孝純

承手書詢及歐洲戰事某學識淺陋昧於時局何敢與聞天下事第鄙陋之見竊有不能已於言者夫德之振興實業精巧戰備統一全球之野心蓋蓄之有年矣奥塞搆釁乘機而起肆其武力敗英敗法敗俄而第一強國之聲振人耳

鼓厥後攜釁愈多戰術愈毒舉可以衞己而傷敵者爲之無絲毫顧慮則潛艇政策行中立國之商船弗顧也毒礮毒烟製死人數十里弗恤也美洲各國無金革之聲數十年誠國富而兵完者近巳捲入戰爭旋渦中我國方如矮子觀塲隨人嘻笑悲夫尤可慮者日德自青島攜釁德方西戰不暇東爭數年來日人籌對德之抵制眼光專注於我顧我國人如醉未醒如夢未覺方爭黨見操戈同室顧念前途殊深焦急且德近又破意直抵俄都俄都旦夕陷俄德搆和將成爲事實則德可注全力於西歐而歐洲數年戰禍將不日可了我國又多一患矣足下聲望重於海內若能消除黨見同心戮力及此爲曲突徙薪之計卽挽既倒之狂瀾亦未可知足下以爲何如

論事頗有見地筆亦暢達（林佩實評）

唁顧君在祥喪父書

南通師範附屬高等小學三年級生 宣盛懷

在祥學兄禮次頃讀訃函驚悉 老伯大人倐捐館舍不禁涕零 老成殂謝典則云亡曷勝愴悼 足下孝思誠篤驟隔 音容擗踊哀號豈遑他惜弟亦何敢以節哀順變之辭遽書勸慰惟念孝莫大於承志禮莫重於守身尚祈讀禮之餘勉自珍攝上慰 先靈勉襄大事道途迢遞莫致芻奠歉甚歉甚吾 兄須總持家政來校求學一層似可不必以讀兼耕古今樂事且吾 兄上有 重親下無昆季膝下承歡惟君是賴安可棄之而遠遊乎願 足下善擇之也專此馳 唁幷請 禮安

與友人論求學書

浙江餘杭縣立高等小學二年級生 張祖榮

某某足下夏間一別轉瞬金風白露時矣思念之深想彼此有同情也曩者聚首一堂互相討論於求學一事嘗經往復然耿耿此心殊未愜也今雖地角天涯不可合幷詎可已乎方今學戰時代正吾人奮志之秋苟不乘時而起輙恐躍則三霄落則千丈其結果匪細漫然求學可乎昔孫康映雪讀書韓愈焚膏繼晷學人多豔稱之以爲求學之方針

願勤則勤矣而尋章摘句糟粕是甘雖畢生以求之無濟於方今之世務也故吾謂今之學者宜先立有遠志志既立則奮勇前進百折不回如登高山如航大海目的所樹不達不休庶幾乎不懈求學若徒日手一編憶諸心熟諸口於以給文事之用詡爲美術也僨矣鄙見如此足下以爲然乎否乎願更有以敎我某啟

求學正是求志侃侃而談同志之人自應心折（黃雲麟評）

與友人論文書

直隸靑縣第一高等小學第一學年學生 鄭曰萍

握別以來瞬屆冬令遙想起居定多清娛疎者昨接 華函知 足下國文頗有進步弟於此事亦略硏究謹將得之於心者就質高明夫求國文之進步貴乎熟讀勤作而已不熟讀則文中之意指無由而知不勤作則筆使生澀語句粗俗然讀文之時必口讀而心思古人所謂口誦心惟也作文之時必先審題立意而後下筆庶乎能有進步也 足下以爲然否

平正通達（馬孝寬評）

與友人論文書

泰興縣立第一高等小學三年級乙組生 王家楨

久違雅教渴想殊甚惠書詢以爲文之道僕不文何敢置喙聊以得諸師訓者爲左右陳之間嘗聞諸師曰爲文之道首貴養氣氣充則理想圓滿議論闊暢而文氣文勢沛然若決江河而莫可禦否則言之無源徒爾拘文牽義塗附詞章非枯則滯耳韓文公云氣水也言浮物也浮物得水則大小畢浮矚觀古人遺言莫不各乘其氣之大小焉孔文渾厚時中之氣爲之也孟文閎博浩然之氣致之也屈子抱憂怨之氣故其文鬱發史公得山川之氣故其文豪放次及唐宋昌黎之文氣閎衍歐陽之文氣夷猶三蘇之文氣縱橫捭闔古人之所以自成一家者夫豈各創一格以鳴異哉毋亦氣之充乎中者不同故溢乎其言不自知歟蘇子由曰文不可學而能氣可養而致然養氣決非旦夕所可奏功

也非廣搜陳籍熟讀深思涵茹之游泳之至於數十年之久烏可得耶區區之見不識高明以爲何如

頗有見地（余采之評）

請求南北停戰書

泰興縣立第一高等小學三年級乙組生 劉開文

南北政府諸公鈞鑒今日、國家貧弱、外交失敗二十四條約之恥未雪共同防禦之條約又成可驚可駭之悲狀相逼而來國勢已岌岌矣乃外患方興未艾內鬨又接踵而起各存意見抵觸法律遂至督軍獨立起釁蕭牆南北分爭操戈同室以一國之兵殺一國之人豈非煮豆燃萁自殘同種耶兵凶戰危古人所戒同胞仇讎舉世共誚此固諸公所知也況戰地之民損失生命財產不可計算屍塡湘水之岸血滿蜀山之窟而兵燹餘生逃而之四方者亦復流離轉徙無米爲炊野窰荒溝哀鴻待哺風聲鶴唳魂夢頻驚如斯慘狀稍具惻怛之心者耳何忍聞目何忍覩至托身鎗林礮雨之間者生死決於須臾存亡定於俄傾更無論矣長此擾擾危巢之下安有完卵積薪厝火同歸於盡持鷸蚌之爭貽漁人之利此學生所不願也且即以戰事論亦非可同日語矣古代涿鹿之戰爲蚩尤侵陵人民而起商湯伐桀周武伐紂均非得已者今南北之戰爲人民而戰乎爲個人而戰乎非小民所敢知也南方諸公以尊守法律爲前提北方諸公以統一國家爲目的言之各自成理其如小民顚連困苦而無所告何袞袞諸公倘猶有一線不忍之心乎釋廉藺之怨交平勃之驩全國一心同舟共濟枕戈待旦完我山河此則民等所日夕禱求者也區區之愚未知有當高明否

詞筆敷暢（余采之評）

勸友人節飲書

江蘇泰興縣立第一高等小學二年級生 張錫康

某某足下弟赴城後不復以書相問訊倏逾兩月形跡幾相忘矣頃友人來城述足下近狀言外頗有譏及嗜酒之意

竊以爲通達如足下必勉爲保德恤儀之君子不應耽及麴糵僕忝在愛末姑無論其事之實否輙敢貢其一得之愚想大海必不捐細流也夫酒非不可飮也飮酒可以合歡可以破悶心有憂思飮酒可以消之天或祁寒飮酒可以禦之宴賓客非酒無以成禮奉父母非酒無以養老酒固非絕對有害而無益者然而酒能亂性酒能僨事酒能喪身是以周書有酒誥之文衞武有賓筵之戒古人之於酒戒之深矣端居之暇嘗試思之使吾酣飮狂呼嬉笑怒罵者何物歟使吾神志昏迷行爲顚倒者何物歟使吾非夢如夢非死如死嘔吐狼藉者何物歟皆酒爲之也非特此也昔儀狄作酒禹飮而甘之曰後世必有以酒亡其國者遂絕旨酒桀紂反之而夏社以屋商廟以墟然則飮酒之害推而至於亡國可不戒哉所謂戒者亦非絕對不飮之謂也要在飮之有節不過量耳若夫痛飮自豪必求一醉之爲快非所望於足下也足下達人當不河漢是言某白

於酒之損益推闡頗爲詳盡且通篇不作一嚴厲語尤合勸告口吻（于次材評）

勸友人戒吸紙烟書

昌化縣立第一高等小學三年級生 鄭葆康

與足下別久矣以吾心之思足下知足下亦懸懸於吾也足下求學省垣方冀日有所就月有所造將來學成用世勒之金石播之聲詩以耀後世而垂無窮此足下之志而吾亦以此望於足下也不謂玆聞諸友謂足下耽好紙烟入迷途而不返無故曠課置科學於罔聞則向之所望於足下者今不禁爲足下輕也夫學校爲造就學問涵養德性善良行爲之地一人吸而衆人隨之一人之學問德性品行壞卽衆人之學問德性品行亦隨之而壞此吾之所以爲足下輕也況紙烟係菸屑所造雜以嗎啡出自外國輸入中華原所以餌我國民廹吸之成癮去之不能大則弱國病民小則喪身易行其流毒之慘無異鴆酒吾思以足下之英姿足下之才能而竟溺於區區之紙烟深爲足下賤之足下其及早回頭戒之絕之吾所厚望也

情文並至足爲好吸紙烟者警(王祖周評)

約友人重九日登高飲酒書

興化縣第一高等小學二年級生 周佩玉

啟者重九登高相傳爲桓景避災故事然事隔千年其眞其僞亦可置之不論但藉此佳日消遣悶懷亦未始非雅人之深致也弟明日擬具肴酒數事偕兄往登慶雪樓玩賞菊花流連楓樹左手持螯右手執杯雖古人之幽情逸興亦復何以過茲第不審滿城風雨文旌能不爲之阻滯否也吾兄擬爲孟嘉之第二乎龍山之帽行將御風而行矣肅此敬請文安

恰是小品文字(劉評)

約友人清明踏青小啟

興化縣立第一高等小學三年級生 陳希平

濃陰深處鶯舌初調淺草平鋪馬蹄甫沒東風識面逼眞身入畫圖矣啟者清明節屆士女踏青我輩及時更宜行樂倘僅著書閉戶潑墨臨池無酒無花等野僧之掃興永朝永夕同太上之忘情吾兄達人諒不如是用是裁箋奉候拾級相從豫期四義樓邊東郊拾翠或即百花洲上南浦尋春則良辰美景同爲詩料搜羅遠水遙山竚俟足音躑躅謹啟

頗似六朝人手筆四義樓百花洲均興化勝蹟作者即景生情尤見典雅(解評)

擬約友人遊春書

黑龍江省木蘭縣高等小學二年級生 葛學曾

瀟朝雨絲風片埋頭案牘鬱悶極矣今幸陽曦惠我霽顏大開陰霾爲之一掃塵沙爲之不揚麥苗競秀芳草爭妍江南山色蔚然鬱然如列畫屏城外層巒疊翠天然佳郭農夫耕於綠野遊人步於紅橋好鳥弄晴狂蝶舞風桃杏燦爛有如堆錦楊柳依依隨風動搖李羣玉所謂春情不可狀豔豔令人醉也李白胡爲而宴園賈島胡爲而不睡程顥胡

爲而忞行楊簡胡爲而傷病不過以人生能得幾回春耳春人春困未免有懷良友良辰美景易逝況求學之道固貴藏脩亦重息游仙境原在人間人自不得豈不可惜弟擬邀二三知己於明日上午同出里門一遊吾兄其有意乎倘能惠然肯來弟即謹備芒鞵竹杖振衣攜酒以從非金烏西墜萬不曰歸曰歸也手此奉約佇盼賜覆

筆意清順前路寫景尤佳(隋則民評)

與友人論學詩

淳安縣雉山高等小學二年級生 劉強立

某某吾友道鑒不通音訊弦朔頻更敬惟學業日新起居佳暢爲祝無量昨晤某君言足下近來頗潛心於詩學烏虖自學校繁興詩教廢墜久矣而足下獨能鑽研及此此其志爲何如也夫詩之爲用既足以和平心氣又足以發揚精神陶情物理抒寫性靈孔子曰不學詩無以言今足下既見及此竊願與足下一商略之倘亦爲足下所樂聞也學詩必先辨四聲次調音節然後進言格律此人人所知者然使不明六義而徒依聲韵毫無雅趣則雖云詩亦歌謠耳鄙俚士俗直足噴飯非學者所宜法也至六義之說毛詩盡之茲不多贅惟今之言詩者大都賦多而比興少予則以爲比興實較賦體爲要蓋詩之佳者在言近而旨遠如杜子美曲江對酒云桃花細逐楊花落黃鳥時兼白鳥飛上句以楊花比房琯以桃花喻己謂房琯罷相而己亦隨之被黜下句以黃鳥比奸邪以白鳥比忠正雖忠邪並立而黑白分明此深得詩人之旨者也若當抑鬱無聊之時而直舒悲憤見諸言表則大失詩人怨而不怒之旨矣至於剽竊亦初學所當戒蓋剽竊既成習慣則凡一題到手心輒外馳於是搬東倒西此抄彼撮欲有進境其可得乎故余以爲學詩如學書學書當玩味古人筆法學詩當玩味古人用意是則非多讀多看不可也至若沈休文所列八病如平頭上尾蜂腰鶴膝大韻小韻正紐旁紐等必以此爲準繩則拘束極矣非初學所宜急但求音節諧和則諸病自能不犯足下天性靈敏苟能潛心研究將來所造正未可量東風有便尚望時惠佳著藉資觀摩弟於詩學未能深究惟此心耿耿

未嘗不欲肆力於此足下如有心得伏乞不靳賜教也餘惟珍重書不盡言

論斷謹嚴體裁亦合

與友人論學詩

淳安縣雉山高等小學二年級生　徐立

某某吾兄惠鑒頃接手書知吾兄頗致力於詩學甚慰甚慰夫詩根於心聲所以抒寫性靈發揮情志故毛詩三百上自郊廟朝廷下達鄉黨閭巷凡修身齊家治國平天下之道無不悉備所以使人得性情之正也朱子序詩謂本之二南以求其端參之列國以盡其變正之於雅以大其規和之於頌以要其旨於是章句以綱之訓詁以紀之諷詠以昌之涵濡以體之察之性情隱微之間審之言行樞機之始此誠詩學之要旨也夫當今之世詩教廢墜久矣一般青年學子鮮有能潛心及此者殊不知孔子有言不學詩無以言故其教弟子曰小子何莫學夫詩詩可興觀羣怨事父事君多識於鳥獸草木之名爲道大矣人烏可不學學詩者宜如何致力哉今吾兄既能闡發及此則壇坫優游從容涵泳探本窮源將來所造當不可以道里計也臨潁神馳祇頌　文祉

能見其大故言之娓娓動聽

與友人論學詩

淳安縣雉山高等小學三年級生　夏建寅

子超足下別久矣渴念殊深比維寢興多福甚善寅思古之爲士者必學詩蓋詩足以啟發人之善心懲創人之逸志陶情適性寄意書懷也是以吟風弄月非詩無以寫其靈酌酒賞花非詩無以極其樂故聆其詩歌可以知其俗尚之美惡人心之邪正至歷代治亂興亡之道是非得失之迹亦莫不於詩見之故孔子嘗語門弟子曰小子何莫學夫詩又勉其子曰不學詩無以言詩之不可不學也明矣雖然一言詩雅頌既不可作鄭衞又非所宜即今之所謂絕律古體本不同又有比興賦之各別其聲調格式千變萬化未易悉舉學者若不悉心研究非失於彼即失於此欲求詩之

工而無病也得乎今世之士大都昧於此道能詩者百無一二長此不競四始之音將從此息矣比聞足下頗潛心於此可謂先得我心務祈以古人之詩深思而玩索之反復推敲朝夕諷詠自有循序漸進之功將來詩教之墜而復振未可量也不佞見獵心喜聊佈區區餘維珍攝不宣寅再拜

一往情深刪改處似略過到

約友人重陽賞菊啟

睢寧縣立第一高等小學一年級生　蘇保民

某兄台鑒敬啟者滿城風雨又近重陽處處黃花籬邊開徧古之騷人逸士每於是時持螯把酒聯社吟詩藉事也亦樂事也伏惟吾兄賦性清高癖抱淵明聞某居士園中藝菊甚多種以百數花以千名黃白紅紫諸色皆備今茲風寒老圃霜落疎籬當盛開矣弟欲與兄載酒偕行同往一觀臨晚節而猶香花同人瘦賞孤芳之獨秀枝末霜殘兄如乘興而來弟當掃徑以待專此奉邀順候秋安

亦穩妥亦藻采恰是小啟體裁（沈運矩評）

勸友人植樹書

奉天遼陽縣高等第十四級生　傅及巖

某甫學兄閣下自客歲握別渴想殊殷近維　起居佳勝爲慰日昨　貴价至舍敬悉一切知　尊處少肥沃之原野多童濯之山陵年中時有水旱之災居民咸以爲苦弟想　閣下研究林業素有心得何不廣植樹木以濟之乎夫樹木密生之處上則枝葉繁茂下則落葉堆積含蓄雨水之力甚强雖大雨滂沱不致傾瀉而水患可免且其溫度恒較田野爲低含汽之空氣與之接觸遂液化爲霖雨則旱災可除不第此也復能調和氣候清潔空氣棟梁之所自出樵薪之所自取種種利益不可勝舉於吾人生活甚有裨益故願　閣下廣植之以收其效臨穎神馳不盡欲言敬請

近安

中國林政久不講求童山禿嶺所在皆有文中勸友植樹能將森林之利說得透發無遺而詞筆亦復委婉有致自不患不能動聽（李沛春評）

勸友人購輪船公司股票書

奉天遼陽縣高等第五級生　洪寶玫

某兄大人閣下自違雅教裘葛頻更悵望天涯時深雲樹昨接華札敬悉兄之某寶號倒閉欲在鄙埠別圖他業屢弟留意弟正思之未得忽舍弟書至謂吳縣輪船公司募集股票不覺欣然喜曰大利之藪其在是乎兄何妨以寶號之餘金儘購股票以期桑榆之收也且兄久歷商場積蓄數年已置良田千頃今此區區雖付東流量亦不足介意況此港當四通八達之地爲貿易樞紐諸董事品行廉潔總理與弟素善由西洋商業專門大學畢業執此區區有得無失必然之理也我國當此商業頹靡之際西洋商業盛行之期苟不設法抵禦外溢漏巵將日鉅而不止夫以中國之民脂任彼剝取國脈將因而涸矣想兄卓識早見及此無待贅言此上即頌　春祺弟弁希　回玉

頗肖書札口脗筆意亦婉洽暢悉

招同學就校書

奉天遼陽縣中區高小學生　周知喆

某仁兄閣下自別以來倏經月餘每思　風儀輒爲神馳今校中諸師畢至同學咸來照常上課已數日矣　閣下至今未至亦未來函請假爲事所羈歟抑欠安歟或別有故然光陰有限學業無窮如不乘此青年潛心向學以期其成恐時過境遷感慨係之矣以　閣下天資敏捷聰明過人自無庸僕之饒舌但恐千慮一失智者不免當此春和日暖百鳥諧鳴萬芳鬪豔正吾少年讀書時也光陰過客關係甚大況際此內訌外患相逼而來所賴者惟我輩少年苟能涵養有方蔚爲長才與國治安關係至鉅若玩日愒歲空度光陰以爲年尚有待今日忽焉明日怠焉畏一時之難貽誤終身人非下愚必不出此　閣下豈其然伏乞以求學爲心因循是戒果學成致用寧惟一人之幸書不盡言惟希

諒鑒特此敬請　文安

筆曲思幽反覆說來多足動聽（張震評）

答友人書

奉天遼陽縣高等第十二級生　袁寶章

某某仁兄如握信宿不見如隔三秋頃接　手翰展誦之間弟因有悟泣謝再三從此不敢負師友之期許甘於小就矣且升學與　兄爲伴又增一番情誼云何不樂弟家道雖寒然升學所費之金尙不至爲難程度雖淺弟之年齡尙稚入學後倘能般般濡學或不至落人之後況　兄舟楫宏才時開茅塞有以指示乎此弟之所以不顧躐等冒然應命而來請速報名弟當預備投考謹謝不宣順頌　學祺

能與前書針鋒相對足見經營詞筆亦圓鍊（佟有爲評）

邀友人賞菊書

奉天遼陽縣高等第十二級生　袁寶章

某某硯兄史席別來依依想彼此同之七月間家嚴命弟入市購菊數盆置之園中培以肥土灌以潔水治法尙適且無風雨蟲雀之害今花已盛開有墨菊二盆清香雅潔不豔不妖有文人秀士之風實非羣卉可匹先儒周濂溪謂菊爲花之隱逸弟謂此菊尤宜想有嗜菊癖者必願　惠臨一賞也肅此奉邀順請　學安

答書

前人

某甫仁兄足下久違芝宇殊切遐思頃接　手書承邀　賞菊弟本不當方命無如弟自九月五日起頭目暈眩四肢無力現正服藥調治未能乘興而來他日病愈再與　兄訂約可也此覆順頌　道安

前書謂叢菊之中惟墨菊可賞以期友之必來頗見心機答書亦甚婉洽（佟有爲評）

致友（贈文木屏及果品）

奉天遼陽縣高等第十二級生　李芳春

某某甫兄閣下關山遠隔音問久疎夙夜相思無由晤對昨從閩還攜歸文木屏一版果品四色奉　上聊申微意府中陳設至整固不少此區區然是屏山水人物出自天然或以物少而留之　尊園樹木暢茂亦不乏佳果然是果產自閩地或可藉領南方風味素辱知愛敢以爲獻笑納是幸特此順頌　著安

答書（謝贈並邀飲）　前人

某某先生閣下里門話別裘葛幾更頃接　雲章知　先生日昨歸里無限快慰料此後定可暢談必曲惟蒙雅愛賜以珍品嘗試之餘感謝不盡敝　園池荷方茂明日擬具酒水亭鵠候　台降爲　滌塵氛幷敍別情幸勿推却敬候旅安

狀物言情俱臻婉洽是善於尺牘者（佟有爲評）

致友（贈文木屏及果品）　奉天遼陽縣高等第十二級生　馮日昌

某某吾兄道鑒晤後已兩易裘葛弟自閩歸攜文木之屏三皆具天然之山水人物可供玩賞弟思靑萍結綠長價於辟卞之門弟何人斯敢秘珍異吾　兄賞識有眞定能爲增聲價故特奉上附果品二色吾　兄且略領南方風味何如書不盡意謹請　文安

答書（謝贈並邀飲）　前人

某某仁兄偉鑒正思雲樹忽接　瑤函捧讀三復敬悉　台旌旋里從此論道有人樂也奚似所惠佳果二色淸香撲鼻文木三屏把玩之下山川樹木樓臺人物亦歷歷可辨造化之工奇於人力誠所未覩乃　兄不自寶過承賞賜厚誼深情其何以報本當趨謝惟舍弟游學泰西學費不貲尚須摒擋擬請吾　兄過我小酌藉滌風塵幷澆塊壘勿却至叩餘容面敍肅此敬請　著安

兩書悉能委曲盡情童而能此可與言應酬矣(佟有爲評)

勸友人以公司股份委託於託拉斯書

奉天遼陽縣高等第十二級生 李紹白

某某硯兄大鑒別已兩易寒暑雖時奉　雅教猶以不面爲憾比維　籌祉綏和興寢均吉爲慰弟處諸事順善勿勞注念茲啟者某君畢業墨痕大學經濟科月前返國鑒於中國財政支絀歐洲商戰將起仿託拉斯之法倡立公司於滬上計分三類銀行輪船鐵工場是也現已併合數十公司全國利權不期而握三分之一此後當能與中國以無限之大利故聞者罔不油然贊慕弟以某君道德高邁於經濟素有經驗而於託拉斯之情形尤爲熟練其父在美營業資可億萬計更兼有某君輔之政府仰之故斷其有百利而無一弊也刻已將小號併入又以不敢專利並請　足下以公司之股份歸之俾　足下坐獲厚利而此託拉斯亦益雄偉蓋其利益之大迥非公司所可同語如能用最新之機械必出美廉之物品利用多數廢物即能成多數之副產故對內則能富民富國對外則能爭利爭權勢力可想希即與　貴股東等磋商三思而行之附簡章一紙閱之即可知其性質耑泐即問　大安並希　回玉

詞旨周詳末幅尤爲精鍊(佟有爲評)

勸友人以公司股份委託於託拉斯書

奉天遼陽高等第十二級生 李芳春

某某執事雲山迢隔音問久羈月夕花晨每以不得把晤爲悵近聞有復氏振華者歸自美國痛漢族商業之頹靡悲吾國金融之外溢首倡林業託拉斯於滬市其性質係集多數公司股份而成入股之後即發證劵以昭信用非徒託空言以隱匿詭騙爲事者比故各地聞風投資者響應伏維　閣下槃槃大才經營採木公司於松花江兩岸以如許之勢力伐其荊榛闢其材木所集之股雖多所得之利實少苟能以股份委託於託拉斯則不惟託拉斯可厚其勢力即　貴公司亦可享無限之利權想　閣下大權在握一倡百和資本家未有不羣起者素辱知愛敢以衷言　上陳

乞　兄三復弟言卽　賜下數行以定可否不勝待　命之至敬頌　大安。

致友人報告校內規模書

筆意圓到詞亦娓娓動聽(佟有為評)

奉天遼陽縣高等第十二級生　馮日昌

某某先生偉鑒前接來　函下問敝校狀況適値考試未能卽復今已事畢特敬陳之敝校地處稅課司衙衕卽昔之啓化學堂也院內面積約六萬四千三百八十九方尺樓房十四間校長室儲藏室以及四級教室在焉瓦舍五十餘間教員室主任室飯廳學生宿舍辦公室閱報室教室接待室傳達處廚房等均在焉今擬建西宿舍及飯廳於暑假鳩工興築游戲器具則為鞦韆浪木跳高秤臺槓子足球手球之屬教員十一位皆循循善誘熱心教導學生三百十餘人高等六級商業一級皆相親相愛視如同胞管理主嚴格教授主啓發故無一人不殷殷向學者訓練主誘導故無一人品行不優良者今者似已進步未卜將日何如肅覆敬頌　文安

入手理由正大詞筆亦頗簡老以下夾敘議事既詳悉詞筆尤為疏宕(佟有為評)

與某友書(論讀書之樂)

泰縣第三高等小學三年級生　仇保齡

時維三月暮春之初綠葉紅葩怡情悅目窗前展卷其樂為何如乎昨晤某君述及　足下近日頗嗜逸遊僕聞之疑甚蓋當春風同坐時　足下固一好學之士也曾幾何時豈竟大變其初志耶竊思寄情野外目為樂窩埋首案頭視為苦境此固人情之常本無足怪但處此競爭劇烈之世千鈞一髮之時誠不可稍染時風況我輩為四民之首雖不能言坊行表為當世之模範而亦何能同流合汚作高等之遊民耶僕雖不敏於誦讀之餘稍有心得請為　足下陳之方治事之暇也靜坐斗室明窗淨几志趣盎然與聖賢為徒以豪傑為友覽其儀型誦其言論或發思古之幽情或具知人之特識其漸進也有息深達亹之觀其深造也有左右逢原之妙故數千年前之軼事貫諸我心億萬里外之

奇觀矚諸我目斯時也不禁手為之舞足為之蹈他若讀理化之書致算數之理太之測量而七政可齊小之格致而萬幾可燭研究博物學而知天地造物之奇購閱申時報而知世界風雲之幻讀書之樂誠無窮也又豈此遨遊之樂所可同日語乎嗟嗟孔子之忘食忘憂良有以也顏回之簞瓢陋巷豈徒然哉蓋孔顏之樂孔顏之苦也孔顏之苦為人所不能堪孔顏之樂亦為人所不能及也　足下其勉焉忠告善道聖訓昭然苟有所知不敢不上瀆清聽也井蛙之見高明其以為然乎否乎

氣充詞沛

答友人書

奉天遼陽高小第十級生　白世昌

正思舊雨忽接朶雲展讀之餘敬悉原委　兄謂購鐵礦有限公司股票可坐享其利且可為盡地利者倡足證　兄愛國情深奈弟前接某友書言在倫敦經商每年贏餘不讓陶朱日與外人角逐可補助母國謂弟往必操勝算故已磬資赴之不顧重洋之險也然既承　兄之美意又豈可恝然置之雖金融已竭搜得千元勉購一二股一則可不負　兄之美意二則可助公司之成立非兩利之道乎至云成於弟之一簣實不敢當他日蒸蒸日上公司之鐵既富且嘉獲利無窮既足以抵漏卮於萬一又可免外人之覬覦屆時　從者　惠臨任便利用亦無不可特恐　高潔者不屑耳肅此即敂　某甫仁兄閣下文安

詞筆光昌意思周帀(佟有為評)

答友人書

奉天遼陽高等第十二級生　李春芳

某某仁兄閣下展讀　手示藉悉　諸凡如意大慰下懷承　囑一節欽佩莫名惟近來提倡實業者往往不得其人中途蹉跌全局失敗各股東一無所償或因之被累所以視為畏途今託拉斯之倡　閣下聞風告我弟　恐非可任之

人故不敢輕易著手容弟從緩詳察果得其人再謀入股庶無後悔鄙見所及 高明以爲然否想吾 兄厚誼深情必不以違 命見責也此覆卽頌 日佳

命意選詞俱能婉洽暢悉是獲書說之三昧者(佟有爲評)

南運後與友人書

奉天遼陽高等第十二級生 李紹白

子卿足下偉鑑敬者遊南以後於茲月餘想念何極比維吾 兄學業競進文祉綏和爲慰弟自西郭分手乘京奉車過山海關至天津易津浦車越歷城抵鄒曲小住謁孔孟之陵略觀風土人民樸厚猶有古風翌日乘車抵銅山越臨淮至浦口渡江至江寧再易滬寧火車沿江一帶山清水秀文化一新至滬則學校林立租界相望士女肩摩船舶交集誠中國罕有之大埠也惟外人實力頗有喧賓奪主之勢更有一事痛恨於中願爲吾 兄告者卽江南臨江傍海地狹人稠生計頗艱其於航業較北方需用爲尤要雖有招商局之立其勢力不逮外人致令長江數千里之航業盡爲英日所據利權外溢不惟影響於人民之生計其於國家强弱影響尤鉅當此歐戰未已英商無暇經營遠東而我南北要人不思擴張航業競勝他人挽我利權惟以有用金錢購殺人利器自殘骨肉而固一己之權勢是眞可爲浩歎者也書不盡意容再續陳敬敂 學安

寒暄得體詞已簡括敘事淸通後按時勢立論語語中肯筆筆警策足以振起聵聾(佟有爲評)

致友(論風水)

奉天遼陽高小第十級生 白世昌

某某仁兄禮次驚聞 老伯大人棄養正欲奉唁忽道路宣傳將聘良葬師擇吉地弟竊爲 兄不取伏念 老伯武功蓋世震耀人寰內破賊而外折敵仁心義骨四海同欽瞑目九泉夫復何憾馬革裹尸英雄本色 老伯嘗言之而 兄忽出此孝親乎抑徼福乎甚或迫於家族之命不得已乎如不得已則效伯康之爲卽可免家人異議親

固當孝但葬之以禮斯孝莫大焉福不必徼能步　老伯之武則福且無疆焉用此葬師爲吾謂凶不必避吉不必趨行吾心之所安而已倘能風不侵水不淘不致露柩暴骨斯可矣彼夫風水者物也人靈於物者也何不自聽而聽於物乎卽令有靈而人子當此哀痛之餘尙暇自營福利耶彼葬師特藉術愚人耳風水果驗早葬若翁矣尙能爲兄謀耶以　兄英爽當能鑑及肅此順候　孝履

軍中與季弟書

奉天遼陽高小第十級生　白世昌

三弟手足自赴營後諸事如意近由某師長委任參謀業於某日任事惟是兵凶器也戰危機也疆場之事頃刻萬變雖具孫武之謀不能定其規吳起之略未能善其後也　兄於古人不敢希望萬一智識更非其倫自問弇陋常以不勝任爲憾第爲大局計勉力支持鞠躬盡瘁雖死弗憚倏有能者定當相讓弟入中學已經三載天資頴特吾行輩中之傑出者也宗慤之志仲淹之懷鵬程萬里殆未可量前書謂中國歷史地理已能熟悉兵式體操亦且諳習能如是夫復何憾惟讀史當法古之英雄而攷其得失以爲軍謀之預備覽地理當求形勢何處可守何處可爭以爲行軍之歷練若兵式體操練心爲上至技之奇力之偉皆末也他日爲國效力爲親揚名其基於此乎軍務倥偬不克盡述維弟努力自愛此問近好兄某白

述東三省情形書

奉天遼陽縣立中區高等小學第十三級學生　徐承烈

辱賜書詢以東省大勢弟雖居遼陽聞見尙寡然兄既見詢敢略陳之三省氣候溫和夏期短而冬令長春秋二季各不過二月耳七八月多雨土地肥沃民多業農瀕江亦饒漁利山林多宜狩獵尤有極大森林煤鐵砂金之礦亦旺惜開採殊罕卽有一二權操外人良可慨也三省人多佞佛敎育文化尙足動人觀聽鐵路交通極爲便利惜多爲外人經營歸我國者僅有京奉吉長四鄭三路耳利權外溢不可數計恢復之責不容緩矣三省多日人傲橫不馴欺壓平

民之事所關尚小而於險地徧設兵備我國反以和平爲詞不與之較嗚呼彼倭奴可厭之有失計之甚無過於此執政者可不知所注意也乎

詞筆頗具精采章法亦多可觀（谷正昀評）

述東三省情形書

奉天遼陽縣立中區高等小學第十三級生 張慶志

辱賜書問以東省近狀弟雖在遼陽於奉省所見尚淺吉黑無論也然以擬遊三省故見旅外者輒問以近狀頗有所聞姑錄一二以告三省多高山大川雖有平原不過如海中島嶼略資點綴而已氣候夏期頗短冬期較長寒暑皆烈人多事農故智識較江浙魯晉諸省爲乏然男女體格皆極壯健尤長騎乘論者謂可及哥薩克騎兵云苟能練成勁旅北徼萬里守備不虞其不固也惟是軍事運輸最貴靈捷今則南滿安奉東清等路業已造成運輸頗爲發達惜多爲外人經營三省之地驟觀似崎嶇不毛實則腴土平原所在多有又多良灣佳港礦產亦富惟多租割外人矣東三省地雖邊陲而物產豐饒實爲中國重地外人覬覦蓋已久矣苟不設法保存勵精圖治吾恐波蘭朝鮮之慘狀即在眉睫間矣今何時乎非西歐自亂無暇東顧而我中國圖强之時乎吾輩青年生此時代宜如何瀝膽披肝和衷公濟俾中國爲强勝之國乎願與吾兄共勉之

敍記妥適文法周密後部尤說得慨惻動人

新秋箋懷故舊

揚中縣立第一高等小學三年級生 陸健

子英足下人之相交貴於相親攀荆道故舉酒言歡從古如斯今何不然吾與子十載同心三年遠別天涯地角芝顏不睹雁帛鮮通長夜以思安耶否耶況復暑氣方銷金風倏至扶琴月下悲古調之獨彈粘韻樓中恨和詩之無伴兼之樹上蟬吟聲聲動故人之念空階蚓唱淒淒啟羈旅之思回憶攜手池邊戲作菱花之曲學書窗下摹碑蕉葉之姿

相與追隨何樂如之今也陽橋話別已隔三秋追賦南浦能不悲傷在昔庾亮登樓高歌王子乘舟夜訪古人厚情健豈不然第重洋遠隔覿面爲難殊令愁思與秋聲同慘懷念與秋水長流 足下就學海外授之人情諒亦同然用敢繕修草簡聊表微情他日得逢聚首樽酒再酌重與論文健 將忻喜不遑臨風裁箋筆難罄述僅此附泐伏維 亮詧

一種深情曲曲傳出筆亦爲快毫無生澀枯滯之音（朱元塑評）

入校後與友人書

宜興縣立第六高等小學二年級生 宋寅耕

某甫仁兄足下入校以後音訊久疏想勞 遠念弟以前月二十二日至校卽日行始業式翌日開課校中情形與上年略同省吾 兄在校時所具知無煩更述惟有一事喜生於懷欲爲吾 兄告者本校手工逐漸改良自組紙厚紙而至竹工較有進矣然與地方情形無甚關係且取材頗難而又不切實用今年改課陶工聘一工於陶者教授之竊念蜀山居人以陶爲業者比比皆是其於工業所關非細也吾宜陶器久已著名吾輩生長斯地略無陶業智識可恥孰甚今校中特設陶科非特可增陶業智識且與將來職業有關誠大可喜之一端也耑此佈達卽頌 文祺

謝友惠菊花啟

贛縣縣立高等小學三年級生 謝模

秋色迷離秋風蕭瑟踏殘黃葉秋意方闌開到黃花秋光猶鬧何意白衣使至來送酒之王弘烏帽人歸遇扶筇之靖節分從老圃遍種半園十握親遺一枝見贈新叢吐穎翠葉紅芒晚節舒芳金英玉蕊迴欄笑倚蒙宿露以沈沈瘦影頻翻扇晨飆而嫋嫋伏念足下天工在手月令能箋等燕角之禪房傲霜獨立賽草橋之花戶伴月齊開固宜插遍滿頭寄芳情而染翰寫來素影託嘉卉以裁篇也僕淡泊明心一笑難逢於塵世嶙峋傲骨孤芳久隱於空山何意高人方慕壽客遂臨賜等鍾繇冷香快挹供來屈子落英同餐酌到酈泉願益先生之壽栽來陶徑藉光處士之家

典贍（熊貞德評）

約友赴紅梅閣觀梅啟

江蘇武進西郊高等小學三年級生　蘇澤

某君鑒三陽復始萬象回春而梅尤向百花頭上先開古人目之爲花魁良堪玩賞當地梅之素有名者夙推紅梅閣紅梅閣名之所由來相傳因龔子彬植梅而侍時移世易古跡尚存每逢新年遊人絡繹不絕吾輩終年讀書刻無暇晷乘此假日聊以遊覽縱不敢俯唱遙吟襲雅人之深致而探幽賞艷似尚不失學子之本色東郭非遙既無須買棹亦不用乘車攜手偕行片時可達雖云目不窺園前事可鑒彼冠者五六童子六七及時行樂未嘗見擯於聖門況兼旬陰雨胸殊悶悶茲值天公放晴鬱極之餘正宜有以暢我天機藉舒抑塞無聊之氣春葩滿樹掩映茅亭一盞清茶可敘衷曲君如有意請以某日爲期特此函約諸希心照某謹啟

委宛曲折筆意詔秀（宋雲漢評）

西遊後與友人書

江蘇青浦縣立高等小學二年級生　王志高

西遊以後未寄一書想勞　遠念弟以月之二十八日自上海乘輪過江寧經懷寧抵漢口自此西過宜昌抵重慶登岸陸行越成都渡岷江經邛州抵雅州又渡大金川過康定越雪山渡鴉礱江抵巴安又渡金沙江瀾滄江乃入西藏至拉薩蓋此處當英人入藏之衝又爲川藏必由之路駐有中央任命之辦事長官佛寺林立其最大者曰布達剌寺裝飾輝煌甚爲可觀自此而西南行渡雅魯藏布江而抵日喀則是地形勢尤爲險要至途中風景昔人行記多已述之吾　兄平時素好搜覽想當備知無煩覼縷惟有一事棖觸於懷欲爲吾　兄告者西藏爲吾國西南屏藩幅員既廣形勢又雄東可以固川滇北可以屏西域南可以制印度實西陲之要地也然南鄰於英西迫於俄英欲得之以防俄且藉此侵蜀而據長江上游之勢俄欲得之以拒英更由是南進而拊印度之背自此吾之西藏遂爲英俄二國競爭之燒點矣今我政府猶視同化外不知亟亟焉開其民智濬其利源裕其生計使人人有奮起圖存之志而免外人

覬覦之心良可慨也質之吾 兄以爲然乎否乎

藏衞形勢盡羅眼底慨乎言之(夏本立評)

擬致同學某君息爭書

江蘇青浦縣立高等小學三年級生 戴思恭

闞頭執手橋上逡行欲別依依此情如昨而人生不相見動如商與參彼此想有同情也茲者某 兄來舍談及 足下近日與某 君因纖芥之嫌致爭執不已夫某 君之出言不檢信有罪矣而 足下以此遂與某 君用武抑何量之狹耶思以一毫挫於人若撻之於市朝然且不可而況一言之戲謔乎自古君子於橫逆之來必自反曰我必有不是也卽是矣而橫逆猶是也猶必自反曰我所以爲是者或未必皆是也自反而無不是矣其橫逆猶是也則惟曰此妄人也矣夫妄人者不可與言者也不可與言而與之言尙爲失言況與之爭乎是故以廉頗之功高望重尙自屈於藺相如而負荊請罪況 足下於某 君僅以形相之有異致遭戲謔乎夫形相之異何足爲吾輩羞耶楚孫叔敖突禿長左軒較之下而以覇楚桀紂長巨姣美而身亡國破高明如 君當亦知之審矣知非卽改聖賢所重有過相規朋友之道竊不自量願進規箴望 君捐除成見毋爭意氣是幸書不盡意伏惟亮察

詞旨懇切語可動人(夏本立評)

擬馬嚴復叔父書

朱家角一隅學校學生 失名

聞叔父命惶恐實深嚴等不幸早失父母初無智識自依叔父歸洛乃得有所稟承前者竊慕豪俠之行欲以意氣相矜且言語之間不知自檢妄欲從他人之後而論其短長持其曲直然而世俗驚駭人盡側目微叔父言嚴等亦自知其失矣蓋如杜季良之豪俠好義憂人之憂樂人之樂嚴等雖羨之而心中未嘗以爲安也又如龍伯高之敦厚周愼口無擇言謙約節儉嚴等亦羨之實未能達其道德也自得叔父垂訓之後誓當痛改前非閑邪存正叔父奉命南征

弱勞戎旅身歷炎熱瘴厲之鄉自當珍重玉體不俟侄輩進言也書不盡言伏惟亮鑒

措辭頗允

與同學一首

上海務本女校高等科一年級生　劉芸

秀英學姊大人賜鑒久未晤面渴念不已昨接　瑤箋藉稔吾　姊今夏已畢業某校該校成績頗佳久已遐邇聞名此可見吾　姊學業深純矣庸愚若妹在校肄業業已三載賴諸師長循循善誘雖不至寸進毫無然遜姊多矣敝校近添設中學科吾　姊既畢業高小可來此投考好在敝舍距校不遠往來頗便晝則同校夜則聯誦切磋之益不難立得如　姊有意乞卽商諸　伯父母大人速來報名妹當執箒清除以待特此上聞卽請秋安

勸友勤學

上海務本女校高等科一年級生　劉芸

某某學姊如見握別以來音問久疏思念之心未嘗稍釋頃某姊來舍道姊身體康健欣慰何如惟聞吾姊於學業一道近來不甚進步想於受課時未能靜心聽講耳夫旣置身學校於各課皆當注意安可虛擲光陰於無用地哉況學校科目繁多發奮勤學猶恐不及吾輩少年正宜焚膏繼晷力圖進取詩有少壯不努力老大徒傷悲之句吾人當知所勉矣願吾姊自今以後力改前非凝志定神努力向上是爲至要此頌　近安

約友重九登吳山

上海務本女校高等科一年級生　劉芸

廣身賢姊如面不奉指教倏已逾月月白風清輒深神往重九佳節俗有登高之舉今其時矣妹於此日擬作吳山之遊雖不敢陷於迷信而當此秋光明媚黃花吐蕊之際豈可枯居書齋足不出門庭一步哉況天道無常莫可推測彼遭洪水罹兵禍之地雖欲求須臾之樂尚可得乎吾輩幸生太平之鄉正宜載酒提糕及時行樂不願負此良辰諒我姊定有同意特此上邀順請　學安

古邦盧壽籛選輯

通啓類

擬興邑掩埋會募捐小啓

興化縣立第一高等小學校三年生 楊春旭

啓者人世代謝往來古今方趾圓顱都是饅頭之餡金烏玉兎遂成催命之符以萬物爲芻狗天地不仁悲華屋之山邱風霜終古衣冠晉代成弔古之墟原花草吳宮平埋香之窟宅人生至此天道寧論若夫列朝陵寢異國墳山龍眠吉壤深隧懸棺馬鬣崇封高原佔地石門聳峙禁樵採於一時銅像巍峨誦凌霄於萬古有條不紊雖死猶生他若名士青山美人黃土笙吹子晉碧化萇弘點綴湖山爭拜林逋之墓迷離金粉競尋蘇小之墳此固詩人墨客遊子騷人所犂保護而無俟我輩之用情者矣迺者昭陽山畔楚水溪邊昇仙蕩口拱極臺前荒塚纍纍骨縈蔓草平沙漠漠目斷松楸狐貍出沒於墓田蠅蚋蛄螻夫骨骼噫嘻夜臺寂寞仍非樂安之窠陵谷變遷曷勝滄桑之感此掩、埋、會之、所由設也獨是聚骨成塔撮土爲山臨穴惴惴集役勞勞挈短綆以汲深泉藉一木以支大廈非徒勞無功即半途終廢伏冀 諸大善士量宏胞與道契幽明慨解慈囊共襄義舉効孔子之脫驂感懷舊館慕陽明之瘞旅著述哀詞善氣迎人驅一鄉之疫癘澄懷佛印歸無祀之餒魂散范蠡千金之積遺阮囊一文之錢則文王之澤及枯骨佛氏之會建無遮行將於此發軔焉無任禱盼即頌 善旌謹啓

言皆有物藻不妄抒（解評）

徵集國慶日提燈會啓

南匯縣立第六高等小學二年級生 宋家釬

陽曆十月十日民國成立之紀念日也是日也全國國民與高采烈悉有提燈之舉而吾邑提燈會者即國民與學生公同表示祝賀意也當時民軍起義百戰流血造成民國福我後人詎可不紀念之乎或謂今日內憂外患相逼而來我民居顛連疾苦之中何暇樂此不知國事未善與國慶初無關係方今政局壞於二三小人營私罔利以啟爭端所謂假共和而眞專制者正坐政府不良之罪七年之間革命數起而紀念亦多多一次改革即多一次流血非起義諸君所及料今日何日乃武昌起義之日民國成立之第一日也以先烈之鐵血造莊嚴之民國經此一日可不慶乎有志提燈者盍聯袂而偕集此歟

慨乎言之竦然動人

擬勸戒學生怠荒文

遼陽縣立高等小學第十級生 白世昌

學校教育原以精神爲重有精神則智德體三育悉備庶乎不愧爲軍國民此諸生所當競競者也乃查諸生開學以來於智識之發展道德之高尚體力之健全頗多缺點究其原因莫非怠荒致之嗚呼白日忽其西匿青年倏爾蒼顏彈指流光寧不可懼惟是生等具定遠之志負仲淹之任前途遙遙安可限量脫能發其志氣淬其精神於此智海茫茫之中以求彼岸之登自不難爲中國放一異彩國家所望於教育者在此教育所以報國家者亦在此生等負此重任即黽勉以求猶不敢決其必成況怠之荒之玩日愒歲甘食媮衣智德體三育幾於廢墜乎循是而蒸爲習尚吾國民將日趨於愚闇貧弱之途馴至無以自存遑問其能與東西洋各國日新月異之民族競也本校長自就職以來振發精神不遺餘力猶恐誤生等光陰不期言之諄諄聽之藐藐自今以後諸生務振刷精神洗滌舊習將來學成致用率我四萬萬健兒出與白人角逐黃禍之聲安知不再騰於歐西寧騏驥之一躍勿努馬之十駕有厚望焉

文於怠荒之病能愷切言之詞警動筆矯健殊足發人深省（佟有爲評）

募捐助賑順直災黎啟

青浦縣立高等小學校生 徐正堅

蓋聞子皮餼粟。黎庶感恩。郭默開倉。詔書褒美。古人賑恤之隆。情後人宜奉爲圭臬焉。今者順直洪水汎濫。被災之區。百有五縣。受災之民。百餘萬人。流離蕩析。棲食無所。凡在慈善之士。宜何如恤災救患哉。孟子曰。惻隱之心。人皆有之。張元收棄狗。宋郊救微蟻。於物且然。況在人乎。西伯埋枯骨。陽明瘞旅客。於死者且然。況生者乎。吾聞北方氣候較寒。轉瞬將見冰雪。順直之民。哀號求救。僅恃中央之賑施。勢有所不足。諸善士宜襄此義舉。愼勿謂杯水車薪。無濟於事。苟一二人倡之。千萬人繼之。則集腋可以成裘。聚沙不難成塔。趙公解金帶而施者雲集。其明證也。夫慢藏誨盜。古訓昭然。與其家累千金。爲盜匪所覬覦。不若稍爲捐助。猶可甦涸轍之魚。就使盜不垂涎。而北方百萬哀鴻。以無衣無食之故。相繼南下。則諸君亦難高枕而臥。恝然弗顧也。尙懇諸善士。速解己囊。慷慨施助。則災民幸甚矣。某啟。

層層暢發思路不窮能令讀者變吝嗇爲慷慨捐啟得此吾無間然(徐申伯評)

發起學藝會啟

如皋第十一高等小學生 仲傑

蓋以多聞曰博。故步未可自封。同氣相求。觀摩豈云無益。故道藝資於訓迪。既賴求師。德器藉以磋磨。亦須得友。僕等研削與共。聲味相同。爰就肄習之餘。特爲學藝之會。繼茲日課。愛此韶華。步趨仁義之林。馳騁文藝之囿。商量舊詣。期廣末之盡捐。溧雪神明。願毫巔之入妙。値此歐風美雨。捲海橫來。要當桑硯韓膏。破圍深入。儻有意於斯會。請無吝兮與偕。

工整明雋琢句典實求之高等生能作者蓋不可多得也

勸助賑啟

江蘇吳縣蘇蘇女學高級生 一九三二號

年來暴災四起。水災尤盛。天虐無辜之民。使受無窮之苦。鄉民之死。其中者無數矣。卽幸而臨時得免。卒亦無計生活。

死亡道路而已其時一片汪洋哭聲震地無舟可渡無路可尋此情如在目前生而衣食全無不卜托身何所死而屍骨浮蕩未知漂沒何方嗟乎人孰無親當年懷抱提攜畏其不壽豈料末路至此噫四百兆衆皆吾同胞袖手而觀同胞之死又豈仁人所忍諒吾國人必同具此情也法將奈何惟有聚貲集糧使災民得以生活然一人之力有限非薄海同胞共以博愛爲心慷慨投貲不可或謂自顧不周何暇振人不知振人正所以振己也苟無振災之道則災民無計生活將迫之不得不出於盜賊之途而僥倖以謀生矣國中至於盜賊蠭起恐同胞亦無太平之福矣若節省日用之費以振災民災民得振則盜賊自少非吾輩之福乎是在國人共推愛羣之心協力相助而已謹啟

筆情酣暢有一唱三歎之妙

祝友母壽啟

泰縣第三高等小學三年生 楊家壽

蓋聞西池桃熟開四時不謝之花東海籌添得長生不老之藥恭維 令堂 仁伯母大人八十壽誕庭闈春永天錫遐齡懿德久著於鄉閭徽音早聞於戚黨喜慈雲之庇蔭堂北萱榮幸愛日之無窮階前蘭茂琪花瑤草同稱王母之觴玉罄雲璈共作南山之頌引領華筵曷勝仰企弟本擬登堂拜祝祗爲俗冗羈身不克如願遙瞻寶婺抱歉良深茲寄奉壽幛一幅壽對一副敢爲俚俗之詞藉表獻芹之意尚乞哂存不勝盼禱專肅祗祝 萱齡敬請 萊安

運用新鮮筆機流暢

全國學生國文成績 文庫卷十三終

古邗盧壽籛選輯

●傳狀類

來廷革兒之仁慈

湖南長沙楚怡私立小學校高等科二年級學生 余和順

來廷革兒者英大地主之女也爲慈善家之巨擘凡遇貧困無聊者皆憐而惜之有疾病爲之診治有患難爲之救恤惟恐己力不及一日至牧場見一犬爲石傷足氏抱之歸以藥敷之以布纏之越數日患既愈縱之去次日見之頭搖尾動若感其再造之恩貧寒者有疾無遠近之分必親往診視氏所居近礦山礦夫恆有受傷者氏聞之亦必親往受者無不感泣後隨父留學法意德各國於看護之學多所研究及歸俄與兵伐土耳其英法聯軍救之於是有克里米亞之戰爭時當炎熱霍亂病盛發軍士多染之聯軍因醫士缺乏軍士委頓異常無心作戰氏聞之率同志三十四人共臨戰地盡心看護英法之所以卒得勝利者皆氏功也氏因己不能久存於世乃創紅十字會救護傷兵嗚呼來廷革兒慈善之性眞可謂死而留芳者矣

明淨無瑕（譚協吾評）

夏粹芳君傳略

江蘇靖江南門城內縣立第一高等小學二年級生 鄭鏡清

君名瑞芳江蘇青浦農家子也家貧父設肆上海君則寄食戚家冀生活力之滅輕年十餘立志甚奇雖寄食人家取與不苟後母返君乃隨之至滬入淸心堂求學八年父卒家益貧不能自給常吟曰讀書萬卷不如一藝隨身乃入同仁院學醫一年自歎未能過人常思改就他業棄之入文匯報館排字又數年復入字林西報館所得之資始足自給

聚鮑氏女爲妻而母於未娶前一日卒悲痛逾常別室獨處者累月後以餘貲與鮑咸昌合開商務印書館親赴日本考察印刷術有得而歸於是出品日新營業亦日見發達然資本不足乃與日人原亮三郎等合股而事權悉歸自主資本自三千六百元增至百五十萬君以此巨大公司非國人自辦心常歉且恨也乃購回股票而君竟於是夜在公司總發行所門前爲忌者狙擊傷重而卒烏乎傷哉君寄食戚家衣食非不足也毅然去之隨母至滬求業可謂能獨立者矣享年不永謂非天奪之乎

可與言簡潔之法

追敍席裕順君之學行

無錫私立華氏鴻模高等小學三年級生 惠志道

人相聚則喜相離則悲此自然之理卽離者仍可復聚猶不能不以之傷懷況我與席君一散不能復見乎席君來校時在丙辰其始來也同學多侮之席君言笑自若不動聲色余以爲初至然耳久之君竟不改其常故師長美其性情和平而同學感情亦洽余覩席君之行竊意他日之學亦必不在人後或曰席君長中文而略西文余怪之乃問席君則曰天下事安有不能成者乎喜與不喜而已夫中文者我國之文也古昔聖賢嘉言懿行皆寓其中我安能負我國之聖賢尊崇他國乎亦擇其性之所近者習之而已嗚呼其言眞發於性情者也使席君今仍在校將來殆未可量由此觀之席君棄世非獨余之不幸亦同學之不幸也噫

出語脫胎古文自有一段幽香撲人眉宇（華樽評）

先大父芙雙太府君行述

江蘇代用師範附屬小學高等三年生 徐爾玢

先大父諱聯蓉字鏡緣芙雙其號也登清光緒己卯賢書人稱之曰徐孝廉事父母先意承志雖孺子時卽恂恂若成人弱冠後所得廩餼悉以歸堂上父歿則竭其力以事母館穀不足益以稱貸於舅弟諸妹之宦遊婚嫁又百計羅掘

克底於成而公之貧益甚矣鄉人有交涉事每受惑於公道酬以金則笑卻之其爲地方公益事必思爲地方造福有干以私者弗應也家徒壁立處之怡然嗚呼是所謂有孝廉之名而克副其實者歟里中張姓家七柩未出公竭己力爲之謀幷營喪葬不足又稱貸於邑紳甲午之變州人議於各港辦團推公駐姚港練團團勇僅四十名勢殊單獨一日假歸港泊兵輪數艘禍且不測公得耗亟往或阻之曰此行也必遭大故盍往告州牧州牧去必有重兵公隨之可無恙公毅然曰州里以事付我我爲鄉里勞脫因此死亦有餘榮臨難苟免竊所不取乃遣人馳告州牧而己則先往及至兵輪已上駛矣此公生平事蹟之犖犖大者公生於清道光二十一年十月二十四日卒於清光緒二十四年四月十八日春秋五十有八鄉人私謚曰孝安先生前夫人王後夫人王妾氏陳子六孫七名列家乘著有漢書摘要蝸廬賦鈔藏於家芬綠軒詩集行世

純潔無疵（易劍樓評）

譯木蘭詩爲木蘭傳

興化縣立第一高等小學校二年級生 王臯門

木蘭花氏北魏時人也父名弧隸軍籍屢立戰功乞假歸里偕婦及子女數人怡然自樂木蘭其季女也紡織之暇輒從父練習武藝居無何北魏可汗大起兵徵其父父老且病欲奉命則力不能勝欲告病則迫不及待軍法期而後至者當斬無已惟以子代之而子年尚幼不能從軍夫婦相對淚如雨下木蘭攘臂請曰願父爲兒市駿馬兒願代父從征父壯其志爲之製雕鞍購玉轡買絲鞭措置既備木蘭遂拭脂粉脫簪珥解佩環衣重鎧佩弓矢執戈矛聳身上馬去桑梓之鄉入行伍之列一聲羌笛跋涉長途經黃河黑水之濱至沙漠苦寒之地霜風凜冽殺氣橫生陷陣衝鋒不辭勞瘁敵氛既靖奏凱而歸環顧同袍已十死八九矣木蘭至都天子策勳紀其大功十二賞賜之外授以尚書郎辭不受天子問所欲木蘭願得朋駝以歸天子如其願賜之木蘭之父母聞其女將至出郭門迎之木蘭之姊與弟浥酒

糉烹豬羊以勞之蓋距其去時十二年矣木蘭重整舊粧著舊時裳出視同伴同伴皆驚異始知其爲女郎云

非具古文手筆不能譯此詩爲傳（劉評）

沈僕葬誌

興化縣立第一高等小學二年級生 周佩玉

沈僕者吾家乳婦之夫也阜寧人家貧甚習苦工婦某氏自前年來乳吾兒僕挈其二子往揚執御僕性愚魯質薄弱工貲所入僅餬口每風雨疾病即不飽婦得家報余聞而憫之今年夏吾遊揚州遇諸途適爲人御不及告惟詢吾旅居而已某日來寓所具述近況精力疲甚然拳拳慕悅若有所求吾憐而濟之因語僕曰瓜期將及當令爾婦歸吾不忍以吾兒故使爾妻子離散也吾歸甫三月方爲兒斷乳而僕之哀音忽至蓋僕於昨日挈子來興薄暮抵岸已莫能起婦悉趨晤未多言二鼓時死舟中矣時維民國七年十月十五日吾薄爲棺斂以其月日葬城東之義塚吁可哀也已

此予家事也課畢後集諸生膝前訓話因口述此事閱二日周生爲文誌之代予立言頗有情致筆亦駸駸入古予略爲刪改自爾成章亟錄之以示諸生（劉評）

虞孚傳

興化縣立第一高等小學校一年級生 薛鴻遠

虞孚漆賈也計然教以種漆之術虞孚信之得漆數百斛可以資生其妻兄教以作僞之術虞孚又信之以致丐死異地嗚乎孚何幸而遇計然又何不幸而遇其妻之兄也雖然亦孚之自取耳夫魚目不可以混珠珷玞不可以亂玉人知之孚寧獨不知之乃知之而仍爲之者是其貪心之所致也以一時之貪心而失敗若此人又誰諒之而誰憐之哉

頗有筆致（劉評）

某士錄

遼陽縣立乙種商業學校第一學年生 賴恩溥

某士遼東人也家至貧衣僅蔽寒食僅度飢居室僅禦風雨嘗自歎曰我胡墮落至此偶訪親友至皆不遇甚有閉戶不納者蓋憚其借貸也士憤然曰彼恃富而驕余姑忍之忽遇友慰之曰君苟能讀書力學所需之資余悉供之將來成令名親友且將近汝倘髫齡游蕩喜安逸惡勤苦中道輟學予且遠子也蘇秦戰國名士也家本至貧刺骨勤學卒佩六國相印夫學小可以利身大可以强國至於爲人輕視與否猶其末焉者也況乎光陰迅速去而不返今而廢學後悔晚矣某士從之遂入學日日孜孜不數年居然成名向訪不遇之親友爭來獻衣食自是家不貧衣不敝食有餘矣使某士無過人之忍倘能轉貧爲富乎

心長語重字字針砭是有關世道之文少年能此良非易易(韓光甸評)

某士錄

遼陽縣立乙種商業學校第一年級生 曹國相

遼東有某士者天資穎異學問淵博初肄業吳縣法政大學爲貧所累退學歸欲從事他業又無攫拔之人終日優游而已日行於市覩人之衣服華麗則自慚襤褸嘆曰我胡如是卑猥也悲而前行忽遇某友思與之略述所苦友見其來趨而避之蓋憚其求也某憤然曰彼之驕我不過恃其富耳余姑忍之鬱鬱歸途經姑家入訴其事曰我雖貧未嘗枝求避我何也其姑慰之曰汝果有學問非久於窮困者一旦榮顯豈若輩所能比擬哉吾以錢與汝足充學資汝勿憂也某士循其言肄業大學未幾以家貧故又思中輟其姑復慰之曰否極泰來理之常也汝勿憂其終忍某遂刻苦讀書不數年畢業某校考高等文官補簽事於是榮顯宗族而向者趨避之友亦前來致賀某仍善遇之

贊曰漢帝被轅釜之羞楚王受胯下之辱季子不禮於其嫂印佩六國買臣見棄於其妻爵進都尉古今來克成厥名者半出拂逆成於動忍豈獨某士也哉

敘事有法神駒着鞭便能一日千里(韓光甸評)

異丐

遼陽高等十二級生第 袁殿屛

有丐者葷姓不知何里人嫺武術日乞食鄉中鄉人鄙其無所能也無憐恤之者時有丐十餘屢擾富者居異丐勸之不服乃出其武術敗之羣丐復導他丐與之戰異丐又敗之自是羣丐遠遁戰事已終鄉人感其有益於村每乞食必多與異丐日得百錢嘗購餅餌以食牧者復敎之以武技會山崩大水暴發於二村之間流一巨溝行人苦其不便異丐日率數十牧童塞此溝凡九年始成大路蓋已竭手足之勞矣然後行人咸稱便利丐死鄉人醵資葬路側又為建碑而記其事之始末嘗其購餅餌食牧人時或勸之曰盍積錢以免乞食異丐曰吾依衆村以養不致委邱壑如不圖報而積衆人之錢以致富雖富亦不義之富耳卒不聽利物仁也爲義勇也善用牧童智也不動於或人誠也嗚呼以仁智勇誠之士流而爲丐豈天之獨厄斯人歟不然使得志於國家則禦外侮平內亂以與我中原死而建銅像樹豐碑動後人之崇拜較之塞溝補路又何如哉

南郭先生

遼陽高等小學第十級生 白世昌

先生不知何許人亦不詳其姓字宅居南郭因以爲號焉先生少時家擁巨貲承父母之餘蔭學書不成棄而學劍劍又不成棄而學音律屢試不成聲乃復棄之遂日居繁華侈麗之中無所事事惟宴安是懷日復一日先生已屆壯年不幸父母見背自以掣肘無人益縱情肆欲至蕩產破家始悟揮霍之非然猶有親戚可恃也中年親戚又溘然長逝先生無所憑藉貧乏幾無立錐乃奮然欲營一業不第囊空如洗且百技皆無文不知書武不諳劍欲效吹簫之乞音律未悉於是孑焉如寄末路興嗟適齊宣王好聞三百人合吹之竽先生乃脫穎而出效毛遂之自薦廩食與三百人等而人不知其紿先生方喜己智而人愚也未幾王死湣王使三百人一一吹之先生不知所措棄竽而逃後不知所終

終南禪師

壺陽高等小學十二級生 李紹白

終南有禪師授甲乙二徒一日諭之曰汝等學已成出山好爲之二徒泣涕拜辭將出師曰止奇書三卷玄機內藏其要術則在我授汝等之外予老矣無所用且與汝等約五日限遊山覓寶以其最奇者予之於是各理裝行甲南行越險巖跋峻嶺乘諸星月之光憩諸懸崖之上見有光自澗冲出直貫斗牛星爲奪彩月爲失色俛睨澗下晶乎淸明可鑒毛髮緣石下探所以終其澗有獸若護守者因仗劍斃之復前行乃得一泉光所出也沒水求之爲雌雄寶劍佩諸腰循途而歸乙北行三日無得悶臥諸石忽聞獸鳴仰視羣鹿奔至起而逐之大鹿足捷僅獲其麑將歸母鹿隨啼聲至嗚咽以不忍而與之赤手歸至戶前會甲亦歸偕至師座師一一慰之甲捧劍自陳師曰善雖然匹夫得劍不過一人敵耳詎能運籌帷幄中決勝千里外乎甲默然無以應乙繼前陳終其所遭乃曰弟子無寶可獻而亦不敢望吾師之賜時甲五中怡然以爲乙不値寶天其特假吾劍爲博書券乎方驚喜間師改容曰善哉不分其母子仁也割愛與其母義也仁義及物况於人乎仁義非寶何者爲寶吾之奇書非汝其誰得而有之遂以與乙

鋪敍井井有條至逐層摹寫逐層推勘尤爲曲折如意抑揚得體(佟有爲評)

記蔣孝子爲父殞命事

宜興縣立第六高等小學校一學年生 邵玉如

吾校有蔣啟熙者品端學粹夙爲同學所愛重其兄啟照尤以純孝稱前日父病啟照割股煮湯以飮之近日父又病劇啟照憂焉一日扶箕問諸仙知病不可治乃投三夫人廟自縊而死嗚呼啟照死則父病且益甚愚乃至此哉雖然今世之人知有孝義者誰乎道德日喪人心日非有啟照之純孝庶可維世道於不敝矣

着墨不多風義已躍然紙上

文庫卷十五(乙編)

古邦盧壽籛選輯

●雜記類

觀賣技記

青浦縣立高小學校二年級生 朱成章

戊午之秋九月二日適値日曜余與二三同志信步出遊至陳家田有江湖賣技於此觀者雲集余亦厠身其間初見一小兒年四五歲橫臥箱中瞬息之間第見箱中枝柯鄂韡向之明明一兒者今則儼然一花矣神怪翕忽令人不可捉摸俄而一妙齡女子身臥席上擎其兩足承五鈞之甕旋轉如丸不稍欹且歌且舞視其色自若也如斯而已乎未也又取竹竿二枚東西植之繫索於兩端高二丈許一女子猱升於索之上步焉趨焉左提而右挈焉極手舞足蹈之樂觀者皆鼓掌雷動而雜以譁笑余於此獨憫且怪焉夫趨步繩索或可竭其心力以馴致之尙無足怪獨怪彼明明一兒童何以能變而爲花也卽使花爲預儲箱中何以不見小兒出耶方之古者雌盤成鯉叱石爲羊實無以過不知其果用何術以得是姑誌之質諸明於此術者

據事直書不蔓不支(夏本立評)

太子河觀漲

遼陽高小第十級第五學期學生 白世昌

赤雲如火青皇返旆麥苗翻四野之濤梅子帶千家之雨此正小子遊觀時也余於假日乘淫雨初霽偕友遊於太子河太子河者遼陽之大動脈也附岸風景不可僂數故癖遊者皆往焉俄頃間河已在望王孫走馬公子驅車來者絡繹不絕僉曰此新漲痕也比前見水勢如綫飛來奔放肆火磅礴喧闐幾似江海之潮霎時間已增丈許兩岸沃壤多

爲所陷禾苗蕩漾隨波上下農人羅苦將誰訴歟已而漲愈大幾有灌城之勢延至日午漲乃稍殺嗚呼遼城未爲澤國亦云幸矣所望爲民謀者釀資築堤樹以楊柳既可無患又可遊觀不尤勝載陶家酒附米家船以暢遊耶雖然美利堅巍然爲兩半球之第一共和國者非兩洋潮流之賜乎今觀此漲浩氣直達沛然莫禦意者其必有偉大人物由此鍾毓幾經歷練出而復我完全領土俾斯漲與偉人同爲吾遼之奇觀快也何如特不知須於何日耳援筆作觀漲記以證吾遼水之靈

記初秋郊外之景色

遼陽縣乙種商業學校第三級生 張萬斌

春光明媚桃李盛開動植繁生園花齊放景物可觀爲何如也轉瞬間初秋至矣萬象頓覺蕭條何則蓋天氣漸涼草木彫零花顏憔瘁故也然郊外之景亦有足觀者五穀成熟紅黃如錦離離可愛豈遜於春耶且衆農紛然刈穀男女衣著卓有古風往來隴畝怡然自樂較諸春日耕耨祈雨望雲不啻霄壤彼聞蟬鳴而悲物老者蓋未知新秋景也物類有生有死理之常耳秋冬瞬過又暘春矣況秋爲吾人振發之期不似夏日薰風引人惰倦耶悲秋者盍鑒諸

清空一氣(韓光甸評)

記初秋郊外之景色

遼陽縣乙種商業學校第三級生 張雲生

宿雨初晴平林日淡天清似洗風不揚塵斯正潘安興感宋玉悲愁時也於是約友二三步至郊外見木葉盡黃禾稼與雜草漸萎結實纍纍皆已成熟知農家將從事刈穫矣同余遊者或登崗巒而遠眺或捉蟋蟀於草際余獨至柳條湖畔見殘荷紅蓼含香帶露知韶光未逝秋色猶存也已而夕陽欲墜人影散亂乘輿而來者亦乘輿而返既歸泚筆記之如此

秋郊風景躍然紙上(韓光甸評)

偶登本校樓記

遼陽縣立中區高等小學校第十三級生 丁寶忍

本校之樓建有年矣予自去春入校後未嘗一登也意謂此樓高不數丈囦城內未必能眺遠故殊不樂登前日天朗氣清惠風和暢雲不蔽日風不捲塵二三同學强吾同往旣登倚欄遠眺景物悉在目前見蜿蜒如蛇者太子河也曲屈如線者南滿鐵路也高大若山者金銀庫也聳立若峰者白塔也密若蛛網者大街也整齊有度者馬路也俯視則校舍井然仰觀則雲氣蒼茫樓雖不高而全城大觀盡於玆矣嗚呼予昔以爲不足憑眺今登之而得無窮之景非所謂外不衒而內充貌不揚而中豐歟然而士之如斯樓之不遇者又豈鮮哉

屬淸意深筆矯詞暢

記湯河沿之二泉

遼陽縣立乙種商業學校第三級生 孫汝昌

遼陽湯河沿村東有二泉其一爲尋常泉其一爲溫泉尋常泉之周甃石爲池用以蓄水泉水瑩然至淸地蓋沙也故不爲泥所汨泉水上湧忽急忽緩日映之大者若珠小者若璣瑟瑟然纍纍然皆自底以達於面池滿洩出東流成溪名曰湯河當春夏之交夾岸花草暢茂落英繽紛鵝鴨游泳於其中魚蝦出沒乎其際景致殊佳泉之南百步許爲某寺寺側有溫泉泉旁有池引泉水注之爲遊人浴身之所遙望之如白雲出岫臨視之惟深碧色之溫水耳此水洩出北合湯河東入代賀河其勢甚盛二泉冬日不凍故河之上游終歲滔滔也予於某月日與同學至其地或浴於溫泉或飮於尋常泉或息於寺中留連數日而歸

理明辭達（韓光甸評）

記湯河沿之二泉

遼陽商業第三級生 吳乃東

遼邑東南四十里有村名湯河沿村東有二泉水性不一一爲尋常泉泉水瑩然至淸出自沙際故不爲泥所汨泉洩

爲溪蜿蜒東流當春夏之交沿岸之雜花爭放水中游魚可數故人人愛是泉焉泉之南百步許有古寺寺側有溫泉遠望之滃然如霧騰空而起漸遠漸薄近視之知其爲泉耳以手探之溫溫然甚適澡身予數至其地浴乎其中每一浴畢則覺神爽世謂溫泉足以療疾信不我欺也

簡潔有味

折桂記

淳安縣雉山高小學生 徐立

時維八月節屆中秋嚴寒未至烈暑方收西風拂面秋水凝眸正天高氣爽之時而幽人出遊之日也有高朋二三嘉賓五六載酒園東開尊苑北或咏或歌或詞或曲唱者唱吹者吹呼者呼應者應無不隨其心之所欲於是徜徉坐臥嘯傲煙霞仰見叢桂金粟堆花芳菲馥馥撲鼻爭誇西風過去其樂無涯由是各折一枝攜之返校款步歸來天已薄莫插於瓶中餘香裊裊是日也窮遊目騁懷之娛極心曠神怡之妙而況秋之爲狀也其色慘淡其氣慄冽其意蕭條其容寂寞此正秋日肅殺之心而草木零落之候也而吾獨有此遊之樂豈別有所謂者哉雖然予心竊有感焉予自入校以來一轉瞬間三載光陰已將告盡未覺池塘春草綠階前梧葉已秋聲返而求諸己則學問依然知識未增思古人所謂白日莫閒過青春不再來少壯不努力老大徒傷悲之語不禁愧慚難名而涕泗交集矣然而往者不可諫來者猶可追但能自強不息遜志時敏夕惕朝乾不厭不倦日有就而月有將業漸修而德漸進則失之東隅者猶可收之桑榆不至終於無用斯已矣不然自暴自棄逸豫荒嬉窮年卒歲曾幾何時而俯仰之間已爲陳迹一旦白髮催來而始悔時機之失亦已晚矣予深恐有蹈於此爰秉筆記之以自勉自惕云爾

書味昂然是摛藻於典籍甚深者

春夜讀書記

淳安縣雉山高小學生 王德中

東風嫋嫋香露濛濛對酒張燈好花不語適友人劉子來與余閒步花園之中見牡丹盛開嬌艷奪目仰視明月照耀如同白晝余謂劉子曰花好月圓如此良夜何劉子曰吾儕游行徒負良宵讀書可乎余曰善乃各執一卷朗吟於牡丹之下徜徉自得意興悠然一卷既完又易一卷已而隔林有杜鵑聲嘶曰不如歸去不如歸去劉子乃起而語余曰夜深矣曷去休乃相將攜手返次晨爲約略記之

寫景寫情如輞川圖畫

記夢

淳安縣雉山高小學生 胡經友

余夙慕西湖山水之勝未能往遊日昨隱几假寐適鄉人王生至謂予曰子欲遊西湖盡從予往余曰西湖名勝爲天下甲子能導余遊甚善攜手行不數武至白蘇堤畔遙見環湖南北二高峯聳入雲際迺相攜徜徉而上窮山之高力極而憩埽葉席草酌酒相勞兩峯對峙高可千百丈俯視錢江如帶西湖如盎巨石玲瓏巖壑萬狀東望日光湧海而出其赤如丹餘霞成綺亦奇景也時方季春桃李花開湖中春水浤浤曲曲映岸上花色盡碧其他花港之故跡斷橋之遺踪林逋之孤山岳王之坵墓無一不流覽殆徧王生曰此遊樂乎余曰然忽一陣鐘聲催余上課則身仍隱几上正下午二句鐘也

一若置身湖上無限趣味此善於寫夢者

記夢

淳安縣雉山高小學生 劉強立

余向多夢然所歷境概無足異惟昨夢甚奇似游絕境明月當空荒烟蔓草中孤塚纍纍東風悽惻塚中啾啾然若有鬼哭聲余愈聽愈驚愈思愈駭欲上昇不得旁走無徑中心惶惑莫可名狀久之乃故自振曰余迺做夢豈眞有鬼物耶夫何患語未畢忽有人推余醒曰汝夢囈耶張目視之則旭日高昇啼鳥塞園矣夫明明夢也而自以爲眞乃強云

爲夢人不知我之夢而竟指爲夢是不啻夢中說夢也則是夢不亦奇哉

筆致灑脫

記夢

淳安縣雉山高小學生 胡鼎文

桃紅柳綠節屆清明掃墓之人絡繹於道余觸目動心亦亟欲假歸定省並修追遠之禮乃目想甫存而一枕酣甜遠見新安道上婦人小子口歌手舞熙熙然有餘樂乃瞻衡宇載欣載奔弟妹歡迎相攜入室父母在堂見余至欣然有喜色遂設酒作食祀吾先祖禮畢偕弟妹遊於原野轉得幽谷中無雜樹芳草鮮美落英繽紛峭壁嶙峋巖壑萬狀瀑布飛濺風景致爲秀拔余與弟妹相望樂甚忽鍧然一聲山鳴谷應余亦警醒則晨光熹微矣

幽雅怡人

記夢

淳安縣雉山高小學生 汪廷梁

予夙慕桃花源以爲得此高隱實勝於羽化登仙一日薄遊山谷中見山巔水涯之區峭壁嶙峋清奇秀拔恍若蓬萊島境中心愉快塵慮都忘忽覩前有石室構造之妙出自天然室旁有園園中奇峯峻嶺高插雲際左右臺榭環繞叉有松柏梅桂之屬數老人相與鋤花熨草於其間予趨叩其姓名笑而不答出所攜囊取二桃贈予謂山中無佳果餉客惟此桃較可口予拜而受之將欲食而鐘聲鏜鏜忽然驚醒則方在枕上酣眠也

思致頗佳

記六月六日地震

如皋縣第十一高小學生 仲傑

民國七年六月六日下午四時許地忽震戶搖屋動金鐵皆鳴有如風雨大作更似萬馬奔騰孩提爲懼禽獸爲驚或曰是必有異不然何鳥聲犬聲人聲以及各種之怪聲亂呈也傑曰豈有他哉地之內部營力之現狀耳蓋震不震於

今之日早胚於未震之先動不動於今之日亦早胎於既動之前推之萬物莫不皆然此哲者所以有未然之防先人之憂也今日之震其成因雖不獲即喻要亦不外乎火山陷落斷層三者地心之熱度過高岩石漸炙熔而爲流質沸騰而至極點由地殼弱處暴發因之震動即曰火山地震因地心之收縮地殼龜裂因而震動乃名斷層地震至若原於溫度之作用漸次溶解岩石地殼漸空虛上層之壓力又迫一部之地盤下落致起震動屬之陷落地震總之其震也斷非一朝一夕之故履霜堅冰由來漸矣三者之比較則以火山陷落爲較優震源淺震域狹震勢不甚猛烈其害小斷層則反是其烈也山岳爲之崩壞房屋爲之傾頹或數十里數百里其患大微論斷層與夫火山陷落當其衝者要皆有所損失使有人焉能知之於先防之於前庸致人口牲畜多所傷亡也乎此地質學與物理學者所當孳孳日究也或曰禍伏隱微者豈獨一地震乎哉吾見夫飲酖而樂也未聞有見微思著者況無微可見者乎願君無言余曰雖然君亦聞乎東京史平地震每年不下百次合東半球各國每年至二萬二千八百餘次之多於我國爲偶然於他邦則常事此則可見他國多危險也夫趨夷遠險者人之情也彼之覬覦我國豈僅地大物博哉我知其或有關於是也今日之地震以余觀之作爲科學之實驗固可作爲震聾發聵亦無不可

說理明透結筆託意尤深

野叟農業談

奉天遼陽高等第十四級生 傅及巖

時維仲春天氣晴明惠風和暢某以課餘之暇散步曠野遇甲乙二叟席地而談甲曰世人見吾輩業農者往往生輕鄙之心抑何愚之甚也夫農人自春徂夏自夏徂秋朝暮耕作務使全國之人得以安食所負之責亦云重矣當長夏之季或亭午而鋤或霢雨而耘汗流弗顧胼胝不恤彼安坐而食者詎知此勞苦哉向使國無業農之人則全國人民必爲餓莩乙曰君言誠是吾將整鋤犂修耒耜從事田疇至於世之輕我重我非所計也言畢而去余意二叟蓋有心

人也聞其言令人起敬故誌之

記紙鳶

奉天遼陽高等
第十四級生 王冠甲

孟春之際風和日暖某日早餐畢與二三學友郊遊見數童子集曠野共謀遊戲翹首一望瞥見空際一物展翅垂尾其狀如鷹友曰是紙鳶也此物之製削竹爲骨糊紙爲膚再繫以繩乘風縱之故能高入雲際曰放之何益曰以能吸得淸氣足以活潑精神曰予購之與君共嬉如何友曰今之放紙鳶者祗愛其高然亦知其所以高者賴有風力耶設一日無風雖曳繩以馳決不能起世之不知自立依賴他人者一旦失其所依必至無以自存今紙鳶之爲物依風而行無風則不能高揚其與人之不能自立豈有異哉予感而作是記

先敍後議秩然有序(李沛春評)

歐美歸客談

高等第十級
第五學期生 徐及楨

某年冬客遊歐美歸宿余齋余殺雞爲黍以勞之並訊所見聞客曰余自上海乘汽船直抵日本之馬關又乘汽車至横濱遂登舟至美航行十四日抵三佛蘭斯哥即舊金山也遠眺街市石廈尖塔高出雲表登岸所經街市我國僑民頗衆宿旅館次日乘汽車經支克哥爲鐵路之中心點貿易繁興往來各港之汽船絡繹不絕五日至紐約爲大西洋第一商場市肆之繁商工之盛美洲稱冠市街之南部皆大商肆北部則市民居之前有琅島屏蔽風濤不啻天然之堤岸復南行至華盛頓爲第一總統華盛頓所建故名有白宮者即當時大總統之故居湫隘之狀與尋常居民無異於以見創行平民政治之可風矣今則議院官署規模宏壯不待言矣遊既畢至波士頓昔爲獨立時之戰場今不特工商興盛又爲文學美術之中心又登舟渡大西洋航行八日經愛爾蘭達利物浦玆爲英吉利第二大城船舶出入無間晝夜登岸乘汽車向東南行歷八小時而達英京倫敦問其國人得知居民六百五十萬餘爲世界最富之城南

部多工廠東部爲商肆西部居富豪泰姆士河有長橋十三其下游最著者爲倫敦橋每日往來者五十餘萬人有隧道二其內徧燃燈火電車往還絡繹如織游三日渡多爾維海峽歷二小時抵法都巴黎城建於塞納河兩岸貫以鐵橋市街之美建築之偉稱歐洲第一周有礮臺十八其西之公園地平場廣有噴泉有高塔風景頗壯麗旁植樹木排列整齊電車往還如流水然由法國乘汽車東行至德京柏林街道宏壯景物繁華歐洲名都之一也雖市肆壯麗不如巴黎商業繁盛不如倫敦然人民嗜學風俗樸素爲歐洲冠國中多工廠以克虜伯爲最著近年德國軍備皆由是廠供應日傭工四萬餘人游柏林畢將赴俄羅斯會塞人戕奧太子將宣戰不得暢遊乃作歸計欲取道於西伯利亞而俄奧已搆兵欲取道蘇彝士運河而英土亦交戰惟非洲好望角尚無危險而道途遙遠風濤險絕又不利於行仍循來路經巴拿馬運河而返上海是役也往返歐美費時四月海道五萬里陸道幾三萬里除遊覽都市之日費時不過六旬交通便利爲何如也余聆之唯唯忘倦記之如此

夾敘夾議是於地理有心得者（佟有爲評）

觀潮

遼陽高等第十二級生 袁殿屏

天高氣爽雲斂日晶頗適於遊歷友語余曰沿海各處潮水漲落頗有奇觀盍往遊焉余應曰唯某月日偕友往至其處潮水尚未至也天風浪浪海山蒼蒼船舶若鷗波光似鏡旭日赤丹餘霞成綺誠美觀也俄而水勢暴漲波浪排空如下自天際勢不可禦又如千弩齊發萬馬奔馳有神靈駕馭其間者余爲之聳駭奪魄若無所處友曰此卽爾我欲觀之潮水也波濤洶湧突兀如山者潮之象也驟如風雨響若雷霆者潮之聲也排空而下勁氣直達者潮之力也余曰潮何由而致友曰月攝海水旋漲旋落一日兩次名曰潮汐有漑民田畝澤民桑麻之益且潮漲時船易入江湖之口交通爲之便利潮落時螺蛤遺其間又爲利之所在余聞友言因思潮流之利當不止此誠以人之受特別激刺者

必收特別效果故謂此潮流之鼓盪實足以鑄造國魂我國四億同胞苟能合羣并力如潮漲之雄猛自不難富强而駕歐美今何幸觀潮於此以增吾憤發之氣他日者追隨偉人之後建一掀天揭地之大事業與潮流同一壯觀可預卜也良久潮漸平與友歸店而海潮之雄氣猶蕩漾於心目間也

寫潮前之景潮時之勢潮後之利情景逼眞筆意亦頗周帀末路謂潮流之鼓盪足以鑄造國魂見解高超說理圓到結語饒有餘音繞梁之致（佟有爲評）

參觀滿鐵會社教育成績品展覽會記

奉天省遼陽縣立中區高等小學校第十三級學生 張慶志

滿鐵會社開教育成績展覽會所列之品多徵諸沿鐵路之學校與會者亦有吾國及他國著名各校始開於大連後移於遼陽假高等小學校址爲會場時逢日曜師偕吾等往參觀焉見夫堂室整潔實非吾國所能及令人羨慕不置室中所列品爲手工圖畫地圖諸大端以時期短未能盡覽所有謹記其所見者以勵吾輩手工圖畫非若吾國徒爲美觀皆能適於實用非具有商業之智識卽能爲工藝之模範錦粲霞爛條理愼密此尤小焉者也其最足令人注意者莫如所製地圖矣圖列吾邑模形高低上下河流山脈瞭然無遺用心可知夫吾國之地爲外人割據此不幸事也然得觀其敎育之眞象使吾等堅其奮發進取之志此又不幸中之幸也願同胞振刷精神恢復吾國故土將來國富兵强又此會之所賜也論者謂此會較大連遠不能及而猶能有此盛觀有此感觸使當時得觀大連之會其盛況及感觸更當何如哉

開合有法婉轉盡致（谷正昫評）

記觀泅水

直隸青縣第一高等小學校第一學年生 王懋儒

當天氣炎熱之時余見多人解衣游泳其强有力者在水中忽東忽西游行自如其弱者僅沿河邊沐浴耳然當流急

之時偶一不慎則強有力者常遭滅頂之凶而弱者則未嘗遇險由此可見好逞其能不知臨事而懼者未有不敗也

淸晰簡當（馬孝寬評）

記觀冰戲

直隸靑縣第一高等小學校第一學年生 李葆玉

余自校歸路經池塘之側時水已成冰明滑如玻璃數童子在冰上登冰履以遊戲其行甚速轉瞬間可至數丈外均有尙武精神童子以遊戲而忘冷余以旁觀遊戲亦不覺天氣之寒可知其興趣之濃也凡事有濃厚之興趣者皆可樂而忘倦不獨冰戲然也

詞旨整潔筆有餘姿（馬孝寬評）

歲寒記

睢寧縣立第一高等小學校二年級生 王誠彩

朔風凜凜冷氣逼人山巔積雪水面結冰噫此何日也非歲寒之際歟某日余乘日曜餘暇偕二三同好步出東郭見景色蕭條萬象皆空昔之豐草綠縟嘉木葱隆者今都不可復識曾日月之幾何而時移物變矣相與唏噓久之及歸見校中松竹挺然獨秀未改舊觀予因之重有感矣古人云士窮見節義世亂識忠臣無志之士往往平日以忠貞自許苟驟臨大難則不爲褚淵即爲馮道若爾人者無氣無骨對此寒歲之松竹歷冰雪而不改其常能無愧乎

即景生情小中寓大（吳逢之評）

雨中耕田記

興化縣第一高等小學校一年級生 薛鴻遠

唐人詩云雨後有人耕綠野此眞天然畫圖也予昨日泛舟往鄉適天雨遂泊舟田岸間遙見南阡北陌中耕田者相續不絕其法以牛一頭負耒耜行泥濘中後隨農夫一人首戴蒻笠身着簑衣執鞭隨牛後若一趨一步者斯時大雨如注人與牛皆林漓盡致然不之避也無何雨聲少歇而叱犢之聲仍復前呼後應大有櫛風沐雨之狀況俄而天色

放晴農人牽牛入茅屋予以草食己亦脫去簑衣休息數小時以待晚膳此景此情愧未能繪爰泚筆記之

筆致頗古童年得此的非易才（劉評）

興化第一高等小學校演說會成立記

興化縣立第一高等小學校三年級生 沈選樓

戊午秋八月校長劉師詔余等以演說會之利益謂意見可以交換學術可以增進辯才可以練習情誼可以相通余深韙其訓因聯合同學組織斯會一切規則均經同學手訂復呈校長校正而損益之然後對衆宣佈月前第一星期之火曜日爲本會開幕期首由翟君報告開會宗旨次由章君演說足球會之利益理宜賡續進行語畢沈君登場辯難略謂該會之種種困難不如緩辦爲愈復由某某兩君先後進言多方譬喻衆始了解遂以足球會接踵進行爲解決最後由校長登臺批評合座肅然已而搖鈴閉會衆皆起立向校長行一鞠躬禮遂魚貫出噫嘻吾輩皆後生小子既無高談雄辯之足以驚人更無奇才卓識之足以示人然猶勉而爲此者所謂小兒學舌欲其漸近於自然耳所幸者演說之所大忌如任意起立如言語喧𠷈如喁喁私語足以攙越會場之紀律擾亂衆人之耳目者由入會至散會歷晷刻四十五分尙無此種不規則之舉動是又校長及諸師之敎育所致余等不敢以自炫者也

敍事清晰體裁亦合（劉評）

記昨日比賽足球事

興化縣立第一高等小學校三年級生 顧經魁

吾校有足球會之設所以鍛鍊身體強健精神也校中同學百餘人分甲乙兩組以時練習當酣戰之時羣力相攻毫無退縮或甲勝乙負或乙勝甲負有時兩組競爭並無勝負自謂練習既熟可以出而比賽矣日昨與乙種商業學校諸同學在公共體育場比賽足球藉以增長足球之學識履行足球之經驗詳知足球之規則屆時比賽雖不敢操必勝之權當不致爲敗軍之將此固我同學所自信者也是役也公正員爲戴先生以兼兩校之敎員故也吾校於上午

八時半出發由許先生帶隊。球員共九人。先一日曾約同學某某與賽。臨行時頗有退縮之意。不得已改組前往。以求備數。是則吾校團體之不堅也。而吾校失敗之原因。已伏於此矣。未幾。兩校球員同排隊於球場。對公正員行立正禮。觀者如堵。皆欲覘兩校之勝負焉。前四十分鐘。吾校負兩球。後四十分鐘。兩校各勝一球。其結果仍為吾校負兩球也。而吾校同學。遂引以為恥。吾則曰不然。勝負常事。何至於此。願吾同學平時在校練習純熟。固結團體。以圖將來之恢復。今日之負。或不足為恥也。翌晨遂為之記以示不忘云爾。

序事詳明不蔓不枝

文正學校增築菜圃記

興化縣立第一高等小學三年級生　章永和

文正學校。建設於民國紀元前四年。東有竹徑。清風生焉。西有菊圃。零露瀼焉。前則芭蕉捲雨。聲淅瀝焉。後則梧桐掩月。光皎潔焉。課餘之暇。吾輩時於此間得少佳趣。惟農學試驗場。尚付闕如。校長心焉念之。今年秋。適操場迤北之墻毀於風雨。遂與警所之隙地相接壤。校長請於邑宰。劃歸本校。以為修築菜圃之設備。學子亦欣然走相告。謂今而後。採集標本。可以得所從事矣。蔬菜品味。可以有所下箸矣。於是荷鋤者。持畚者。掘土者。運泥者。羣聚衆集。不浹旬而菜圃告成。復以其所餘之土。舖砌操場。亦復其整潔之舊觀。校長顧而樂之。乃招集諸生而語之曰。人患不耐勞耳。天下固無不可治之田。不可闢之土也。即以是圃論。前日荒涼蕪穢。安知十日以後。即爾秩序井然。如是其整齊而光潔也。今日整齊光潔。空無所有。又安知數十日後。而不蔚然秀然。莖葉潤澤。竟爾一碧無際也。況斷齊晝粥。讀書不輟。文正流風。今日猶有存焉者。後輩勉乎哉。命予退為之記。

層次井然末段筆意尤佳（劉評）

記觀獅搏兔

昌化縣立第一高小學校三年級生　帥超

某日予偕少弟遊郊外遙見百餘人白其衣整其伍時爲人字形時爲一字形恍如南來雁陣少弟指而問予予以某校學生體操對少弟嚮往觀之予牽其手行及近操場適見學生分爲二組一爲甲隊一爲乙隊而以甲隊爲獅以啞鈴爲獅毬置於身前距一步而近之處乙隊爲兔耽耽逐逐循序盜竊獅毬如是更迭爲之以決勝負少弟不知其名予謂之曰此獅搏兔也少弟曰彼等人也獅兔獸也人而獸行可羞孰甚予曰否今吾中國與日本亦猶獅與兔也臺灣琉球等島孤懸海中亦獅毬也日本野心勃勃先後盜竊而去我國不知捕而殺之終必無珠還之望矣故予記之並以警告世之愛國者

思筆雙清(王祖周評)

雨雪記

昌化縣立第一高小學校三年級生 王道明

獨坐學舍寒冷欲顫推窗遠望但見天色暗黑飛鳥歸林俄而六出之花繽紛亂下恍似林間敗葉辭柯墜地翌晨視之一白無際儼然一銀世界也蓋雪之爲用所以保護作物殺滅害蟲其爲物也不善傳熱色純白而性極涼故能兆豐年而邀君子之賞無何漏聲瀝瀝尺厚積雪均化而爲水矣嗚呼吾因之有重感焉夫人生世上富貴何榮泥塗何辱今日之樓閣亭院安知他日不遂爲蔓草荒煙乎今日之瓊花玉樹安知他日不遂爲荒榛斷梗乎世事變遷如夢如幻雪之爲雪不過炫耀一時耳何足令人賞慕也因濡筆記之以寄感慨

明白暢曉(王祖周評)

學生圖書館記

泰興第一高等小學校一年級生 葉榮賓

民國七年本校諸師長議設圖書館於校東樓上俾諸生得課外智識議既定從事設備經營多時至十二月五日始告成因名之曰學生圖書館以專供校生觀閱非生不得入焉即於告成之日開幕設館長一人總理一切事務幹事

六八輪值生二八分司館之啟閉及借貸書籍各事其中圖書鱗陳無美不備井井有條不相紊亂閱者亦嚴肅靜謐無喧譁之聲每日開放二次晨興時與下自修室時也非在此時不得閱吾儕學生朝夕往觀可以增學業廣見聞修養道德啟迪智能無不惟此館是賴其有益於吾人者大矣哉因濡筆記之

妥貼易施（李燕詒評）

學生圖書館成立記

泰興縣立第一高等小學二年級生　封玉衡

人之求學問增智識以讀書為要然書籍繁多豈一人所能備置於是圖書館尚焉圖書館之設於通都大邑以備全國人觀覽者是為普通圖書館其設於學校之中僅備一校之學生觀覽者是為學生圖書館吾校下學期於校之東樓修治房屋整齊戶牖設几案備圖書而學生圖書館遂於十一月四日開幕矣所備之書計檢查舊藏之本若干卷購置新式之本若干卷經史子集及各學科之書部別而類居焉置館長一人幹事六人每日值日生二人每逢課餘之時則開館任人展覽以養成閱書之習慣焉執事者各司其事或收發或登記以養成自治之能力焉凡閱書於學生圖書館者皆當守規則無喧譁無汚損蓋有益於公共之物人人皆宜保護也余既樂觀茲館之成因執筆為之記

詞筆尚不蕪俗（于次材評）

記卜天生跳坑

江蘇泰興縣立第一高等小學一年級生　季鉅

世無不可為之事能知恥事未有不成也昔南朝卜天生少為隊將十人同火屋旁有大坑中實苦竹廣二丈許九人共跳皆渡獨天生墜坑天生恥之削苦竹銳其端徧插坑內呼九人復跳之衆不敢跳天生跳之果渡何前怯而後勇耶此知恥一念激成耳夫天生跳坑不渡視為大恥孟子有言不恥不若人何若人有天生可謂知恥者矣蓋天生不忍一念之恥以為彼人也我亦人也遂盡其力發其憤舍身軀而不顧奮勇直前卒達其志由此觀之世無不可為之

事推是心以保國國恥足以振之則國何患不强乎觀於天生之知恥爲軍人者可以取法矣

明順中兼有警句(李燕詒評)

大成節與祭祀盛

江蘇泰興縣立第一高等小學一年級生 陳六宗

維世道而息浮言正人心而端趨向惟尊孔是賴孔子者生民未有之至聖也其功其德千古不朽矣吾邑孔教會於大成節舉行釋奠之禮吾校亦與祭焉濟濟蹌蹌共百餘人入孔廟見大成殿中徧懸清庭御題匾額猶想見列朝尊師重道之意殿宇三楹中設至聖位瞻仰之下肅然起敬俄而同學分爲四行整冠拱立遂致祭焉駿奔在廟聯步而前者迎神也傴僂屈膝無敢諠譁者行拜跪禮也聲音鏗鏘或高或低者奏音樂也往來上下步趨中節者主祭員之獻爵奠帛也無不肅肅雍雍恪恭將事盛典煌煌歎觀止焉三獻畢送神焚祝帛爰告禮成余等整隊返至校鐘已十一下矣迴憶民國初建廢祀孔之典全國譁然今歲國會重新提倡尊孔議定聖誕節典禮由政府著爲令頒行各地行見孔子之道東漸西被無遠弗屆然則士生今日所以闡揚聖教發揮而光大之者當不僅設俎豆用牲牢奉行祀事之具文已也

按部就班安詳妥貼(李燕詒評)

述本年校中之新建設

江蘇泰興縣立第一高等小學校二年生 郭占麟

學校欲促進學生之程度不惟灌輸以科學之知識而已當養成學生自動之習慣本校校長張師有見於此本年因有種種之新建設余略分述於左一設學校新聞部以涵養學生之德性擴充課外之知識兼使明達事理知社會上之現狀也二設學生圖書館採取各種適宜之圖書供生徒課餘展覽以養成閱書趣味及自習之習慣也三設音樂娛樂室使學生練習音樂怡悅性情而平其粗暴之氣四設販賣部使學生練習商業研求經商之知識而立異日謀

生之基礎凡此數端有益於吾儕者豈淺鮮哉餘如更定校訓昔年校訓為潔清質實勤慎端厚八字以皆屬於私德也本年更為誠、公、毅、三字誠以正己公以及物毅以持其後而公德私德兼備矣又改良廁所注意衛生擴張檯球室便于運動禮堂懸孔孟關岳之肖像及名賢格言示吾人以善良之模範此皆本年校中之新建設可數述者也夫吾校之與吾輩其期望程度日高智識日進為何如哉吾輩宜如何振刷精神毋怠毋惰庶不負校長之苦心而媿對此新建設也

敍筆勻潔

冬夜讀書記

泰興縣立第一高等小學校三年級乙組生 欒增模

光陰易過、駟馬難追、不轉瞬而秋去冬來矣、學問未長、馬齒徒增、因念冬為一歲之餘、夜為一日之餘、若再過此不學、更待何時、於是每夜必讀書兩小時、某夜正把卷咿唔間、窗外朔風怒號、寒氣逼人、徧體起慄、添衣一襲、仍伏案讀、案上燈光時明時暗、思易以煤燈、既而思曰、古人家貧力學、有映雪而讀者、有鑿壁引光者、今我幸有一燈、勝於古人多矣、遂挑燈繼續前業、至二鼓、體極寒倦、而思寐、乃起而徘徊、窗外霜華滿地、明河在天、有梅一株、挺然獨秀、余因之有感曰、梅植物也、尚能戰勝寒氣而不為稍降、吾輩可畏寒而輟讀耶、乃復自振作、精神朗誦古文數篇、神經奮興、之餘覺體溫頓增、外界寒氣較前已減卻幾分矣、如是者又一小時而寢、次日記之、以自勵焉、

不患枯寂有色有聲(余采之評)

本校農圃記

泰興縣立第一高等小學校三年級生 余寅生

校舍之東有隙地約一畝有奇、今闢為農圃、為甲乙兩級農業實習地、周圍植木為欄、欄以內畫為若干區、區各四人、通力合作、穀類之屬若豌豆、蠶豆、大麥、小麥、蔬菜之屬若芹若蒜若菘若菠薐、蕓薹、若黃芽菜、各擇其所嗜者種之、蒔

之培之壅之莠草則芟刈之害蟲則捕去之此疆彼界井井有條又有種成字形者有種成花形者發生之後若者爲字形若者爲花形皆顯然畢呈於目前矣然欲其成熟則必盡其心殫其力培養若干日勞苦若干時效無取乎欲速功宣戒其間斷噫吾儕以數人而治方罫之地尚覺其勞彼以一手足之烈治數畝而活八口者其勞苦又當若何耶因爲之記憫農乎藉以自勵云爾

敍筆條鬯(李燕詒評)

謁顧孝子祠記

泰興縣立第一高等小學三年級生 余瑞生

吾鄉有顧孝子昕者宋時永豐鎮人也幼孤待母至孝定省必以禮終母氏之身五十年不稍懈母疾茹藿蔬者十年目不能視孝子日夜號泣籲天母目復明明嘉靖十二年邑宰朱公篪爲立祠祀之民國七年春余遊學邑城因往謁焉出校由朝陽橋而東至巡警東區派出所即孝子祠也祠之堂設木主題曰顧孝子昕之位瞻拜之下肅敬之心油然而生因思孝子生於宋其懿德美行既列輶軒之采傳信于國史明永樂中復御製篇什寵錫褒題此非特閭里之光亦邦家之榮也然而孝子之行誼其足以風來葉而激薄俗者豈僅爲一鄉一邑之所矜式哉後之人驅車過此緬至德之遺徽猶得撫殘碑斷碣彷彿孝子生平於萬一惜乎廟貌僅存莫爲丹飾而窟宅其中者甕燎汙穢摧毀已極是亦守斯土者之責也記之以諗夫後人

浸浸入古章法井然(李燕詒評)

謁顧孝子祠祀

泰興縣立第一高等小學三年級生 譚自強

城之東門有顧孝子祠鄉之人値歲時輒祀之於今有年矣余於課餘往謁焉瞻拜孝子遺像神采奕奕若生不禁肅然起敬想見其爲人按孝子幼喪父奉母夫人錢氏敎事母能守古禮此已爲今世之所難母病十年不御粱肉尤非

易易母老而盲於目孝子輒祈禱呼天痛不欲生眞誠所積母目復明人以爲孝感所致此尤古今所罕聞者也而竟得之於顧孝子是可謂至孝矣綜觀孝子之行誼既貫徹終始復經歷常變卒能感格蒼穹得遂其斑衣愛日之忱孟子曰大孝終身慕父母五十而慕者于大舜見之顧孝子亦何媿焉孝子生於宋而祠於明其懿德美行既採錄於信史而闡幽彰隱復寵錫以褒題其足以立人道而勸來世者且歷千秋萬歲而不沫其流風所被又豈僅在一鄉一邑間哉今廟貌雖存守護既無專司祭器亦多散佚過其下者能毋歔欷太息爲之感慨無既耶因記之告有維持風化之責者

羅羅清疏（李燕詒評）

寒齋記

泰縣私立自東高等小學校三年級生 駱載馨

歲聿云暮天氣嚴寒栗烈中人毛骨爲悚回憶春秋佳日或涉園以成趣或面圃以開懷其爲快何似至是則聳肩縮首忍凍欲僵有不歎一寒至此者乎而予寒士也性與寒爲宜生平喜讀書闢書齋雖小僅容膝而軒窗几案明素樸潔自謂不陋也繞齋有松一株梅數本竹多竿皆歲寒良友不速而來者齋中宜風紙窗作響嗚嗚然天籟自鳴斗酒歌呼弗之若也宜日南檐曝硯池水渙釋盎然春意自筆墨間生宜雪清光大來可映以讀宜月霜天笑傲如濯魄冰壺滌盡塵俗此中佳處蓋有不可爲熱客道者居嘗讀書其間俛而讀仰而思不知歲之將暮有時客至則擁爐談笑不及寒暄一語斯亦人生之眞樂矣彼夫深房曲室重茵疊褥暖則暖矣而爲豪貴者之所歡嬉淫樂不適於高人逸士非吾之所欣或有閔予寒苦者笑謂之曰方今之世一閉塞成冬之象也趨炎附熱者幸得一時之榮吾見其不旋踵與草木同萎耳曷若招吾良友若松若竹若梅者保其耐寒之天性藝處小齋相安於暮歲乎哉

點染小品

記秋雨

泰縣私立自東高等小學校三年級生 駱載馨

雨能利人亦能害人利人之雨人多喜害人之雨人多憂若盛夏之時中田禾苗得雨則能生活不雨則將槁落是雨也人恆嫌其少若經秋之後百穀已成秋容慘淡風冷蕭蕭羈人旅客已夜不成眠加以淅瀝之聲通宵達旦聽之於耳動之於心有不傷情而興感者乎是雨也即少而亦覺其多況乎累月彙旬連綿不絕乎是以秋雨能令人愁能令人慘非虛語也雖然亦視人之境遇思想何如耳余學生也年甫成童既無室家之累復無富貴之思惟思朝而入校夕而觀摩每值新涼燈火讀書未輟聽窗前簷溜滴階有聲若和余之吟誦轉覺興致勃然是余之於秋雨祇覺其樂而不覺其悲也然則秋雨之令人悲者亦人之自悲耳於秋雨何與焉故記之爲悲秋雨者告

掉弄虛機處頗有姿勢

記本學期所受之益

常熟縣高等小學校二年級生 周麗生

嗟乎光陰迅速不覺在校又一學期矣雖然學期將終回思所受之益僂指難計今當星期爲諸君道之予自幼體氣薄弱入校以來日習體操運動血脈故予今日身體強壯迥非昔比此予身體之受益也予七齡入私塾所學者四書五經而已亦不知此外尙有何種學問自入校後有歷史國文地理等課古今之事蹟可以知矣天下之形勢亦可知矣此予學問之受益也予居市井之間日所聞見悉狡獪之行爲品行道德舉不知也今校中有修身科教師循循善誘告之甚切導之於正始知人欲陶冶其品性不可以不修身自顧昔之品行皆爲惡習於是滌舊汚而新之此予道德之受益也以今日之新吾較昔日之故吾豈非天淵哉予自度平日於科學上雖稍用功而性質魯鈍進步遲遲撫躬自愧故自書知此一則記所受之益一則以自勵云

有層次有段落亦有俊峭句（李方霞評）

日記

蕭縣第一高等小學校一年級生　李重光

陰曆十一月十一日。晨起、天氣嚴寒。大雪紛飛。堆積盈尺。同學詢余雪止否。余答曰未止。已而聞鈴聲。余乃取水刷牙。洗面。靜待朝會。忽聞同學言因降雪朝會止矣。余乃取學生雜誌翻閱。一過覺其興味濃厚。又聞擊早食之鐘。於是冒雪。趨膳堂食。畢遊息半時。鈴鳴乃入教室。越三小時。午前課畢。而雪仍紛紛不止。未幾午飯畢。搖鈴上課。雪花猶片片飛舞。登樓遠眺。空中白戰。江山一色。斯時寒梅疎竹。相映風流。古人云。未逢寒食梨花謝。不待春風柳絮飛。又云。大雪紛紛何所似。撒鹽空中差可擬。斯景似之。四時食晚飯。六時上自修。八時就寢。

筆意簡潔頗能自圓其說(劉宗英評)

寒假返校紀事

蕭縣第一高等小學校一年級生　劉明坤

朔風凜烈。霜華滿地。值此冷氣徹骨。學校放假。常例也。當夫束裝就道。擔簦初歸。樂滿椿庭。歡生萱室。舊雨重聯。情傾酒榼。長懷夜訴。語寄鐙花。況夫家有小園。中無雜樹。寒梅呈豔。修竹挺秀。乘此時景。正宜讀書。乃余負笈而歸。擔囊而至。假期之中。絕未翻閱者。抑又何歟。蓋寒假風景蕭索。阻人清興。新年一過。賓客來往。酬應如麻。是以初雖有志讀書。及周旋數日。染一種暮氣。且與社會人情。歸於同化。良可惜也。頃者來校又數日矣。屏酬酢之勞。得觀摩之益。正當埋首攻苦。效董子之下帷。或有進益。以應將來社會之需。此則某所悚惶自勵。而未敢稍懈者歟。因值更始。書以記之。

辭旨清穩

國慶日記事

蕭縣高等小學校一年級生　繆漢民

陽曆十月十日。乃我國國慶日。俗稱雙十節。是日也。天朗氣清。風和日暖。本邑勸學所開慶祝會焉。晨鐘九報。男女各校皆排隊而往。步伐整齊。號令嚴肅。道旁觀者。皆言有軍人風紀。可知吾輩學生尚武精神。不可少矣。余等至明倫堂。見先我而至者已有數校。堂前青草鋪地。綠松作門。又有松製國慶紀念及尚武精神文明世界等字。與會者學界、商界、農界以及警察人等。不下千餘人。誠盛會也。由此東望。見國旗高懸。與麗日爭耀。移時各校皆至。奏國歌。向國旗行三鞠躬禮。地方長官及各界人員。相繼演說。精神雖皆勃勃。尚未午飯。恐與衞生不宜。乃各旋校就餐。十一時。又排隊往入運動場。各獻其技能。較其武藝。時觀者掌聲如雷。及散會。皆呼萬歲。余因今日之樂。不覺有感焉。夫民國成立。非此日乎。推倒滿清。非此日乎。改專制而建共和。又何非此日乎。吾輩今為學生。來日卽為社會服務之人。對於此日。又烏可忽乎哉。

末段極警醒。前幅亦飽。(劉宗英評)

盜者言

儀徵縣立第一高等小學校二年級生　袁德義

近年盜賊蠭起。軍警追捕。迄無效果。今日、聞法庭、審某盜。乃旁聽焉。官問盜曰。汝何以為盜。盜曰。盜何傷乎。吾行吾社會主義也。官曰。欺余哉。有說則已。無說則死。盜曰。有、吾見席豐履厚者。窮乏乞憐。一介。竟珍同性命。樗蒱寄興。千金或擲。若泥沙。此吾不可不盜之說也。又見高官厚祿者。囊橐未充。乃上下其鷹鸇之手。苞苴既進。竟顛倒其鼠雀之爭。此吾不妨為盜之說也。又如不持戈矛之大盜。猛如虎。貪如狼。縱犯大不韙。尚可逍遙無事。所謂竊鉤者誅。竊國者侯。此吾所以公然為盜。而不諱之說也。今長官不治大盜。斤斤然小盜是究。不亦傎乎。官笑而赦之。余聞其言。頗有理。故為之記。以俟夫為民上者取戒焉。

智珠在胸。法輪在手。可謂警俗之鐘。(紀韻盦評)

盜者言

儀徵縣立第一高等小學校二年級生　趙鎭培

自民國告成以來。無處無盜。東剿則西竄。南平則北起。豈所謂聖人不死。大盜不止者耶。一日、邑中捕得巨盜一人。法官坐刑庭而問曰汝曰以盜為生涯詎不知國家法律乎盜者曰吾因社會中貧富不均貴賤不等富貴之人驕淫無度貧賤之人凍餒難堪吾從而盜之乃刼富濟貧意耳況今日者大盜幾徧中國矣試觀位高權重者流閭閻之稱貸已窮猶暮夜下催租之令地方之公款已竭猶憑虛製決算之書然此猶其小者也甚且因借債而喪國家之土地矣甚且因協約而失國家之主權矣縱罪大惡極天怒民怨而黨羽既多不難環求陳請而邀特赦之文如吾之鼠竊狗偷何足計哉官曰善汝可為有道之盜乎乃釋之

借酒盃澆塊壘諷世之作也（紀韻盦評）

記同學拾金不昧事

餘杭縣立高小校三年級生 姚濬

民國七年十一月十一日餘杭縣立高等小學校一年級生李源來於是日上午在三賢祠南偏拾得小銀圓一角當即呈管理黃君慶堂後查係二年級生陳雁書所遺問明付還校長記功一次吾因之有感焉此次記功一事作用頗大效力實宏一則使拾金者有所勸一則使將來拾金者有所感於校風極有關係設全校學生均能效李生之所為則校風之良大有可觀矣夫拾金而僅得銀圓一角小事也李生能不昧天良公德也一人如此將來人人勇懋為善是獎一人而直以勉勵全校也一功之記校長之用意不甚廣乎彼世之貪嗇者取他人之物隱為己有其良心之負疚為何如對於李生能弗愧乎吾以為李生此舉與校長之處置李生於校風大有裨益也爰援筆記之

敍事明白如話筆亦簡潔

華氏園記

南匯縣立第六高等小學校二年級生 宋家鈃

葱嶺以東太平洋之濱有一大園林焉面積凡四千三百餘萬方里其北繚以長垣其西壘以山石東南則臨水園之中有山陵邱岳虎豹獅象所自生金玉木石所自產也有江淮河漢蛟龍魚鼈之藪交通灌溉之源也而平原沃野在

在多是以故產五穀尤豐且氣候淸嘉無盛暑祈寒之苦地行星之樂土蓋莫有逾之者矣園之主人華氏族類蕃衍逾四萬萬口其始祖軒轅氏在四千餘年前自崑崙東遷篳路藍褸力征經營不知費却幾許辛勤始得成此基業後世子孫乃視之不甚愛惜雖間有亢宗子能發揚乃祖榮舉而不肖者多致數數淪於異族其能光復故物者邀天幸耳自十九世紀以來世界交通大啟已不可如前此之閉關自守華氏園產既富有而承家者又非人於是西方碧眼虬髯之倫東方倭寇餘孽胥覗眈欲逐肆其薦食及今不亟自圖存恐此園將不復爲華氏有矣

清新俊逸

求己齋記

泰縣曲塘代用廣武高等小學三年級生　孟晉

天下事不患無所得所患者不求耳雖然有人己之分焉蓋作事求人則人之經練日深而己則如故爲學求人則人之學問日增而已則如故是故求人者既無實際徒有虛名將來依賴成習無一事不求人矣吾方丁年往往因求人得過旋悔旋犯懼終於求人而不悟因以求己名齋夫古之聖賢豪傑倡掀天揭地之事業開空前軼後之功名未嘗假手諸人也無非求諸己而已而天下之因人成事者必不能永久可見事之求人者若當空捕風當月捉影而事之求己者如入山取寶入海採珠一憑諸虛一證諸實利害得失不待辨者而自知也吾果盡己之心力以求之安知今人不及古人耶齋無定在吾所恒處之地卽以是牓之

議論正大足爲有依賴性者深省

記任末之好學

無錫私立華氏鴻模高等小學校二年級生　汪紹曾

昔者任末好學家貧學無常師負笈四方不畏道路之險舍於叢林之下恆藉星月之光而讀常歎曰人生當求學學既精雖沒猶存否則雖生於世亦行尸走肉耳蒙曰任末不懼塗路之艱難求學於千里之外宿於荒野叢林之中而

不知苦者因欲學業之成而留名於萬世也假令任末惜其身體不涉險阻不知求學老死於戶牖之下安能成學而留名於後哉噫若任末者可謂能立志者矣

記事明晰論贊亦親切有味

記葡萄

無錫私立華氏鴻模高等小學校二年級生 姚鈺筐

吾校教室之前以木製棚旁植葡萄焉當春風既動好鳥飛鳴之際則發枝生芽環繞棚上及夏日酷熱孕風貯涼綠葉滿棚學生乘涼於其下者甚多天氣秋涼又結紫實味頗甘美秋去冬來則枝枯葉落待春來之復生嗚呼葡萄依棚而立一旦棚倒依何物而自立乎其與人之但知依賴他人而不知自立者有何異哉

文筆楚楚結處亦有絃外音

秋夜泛舟賞月記

河南西華南流渡公立柳嶼學校四年生 何宏謨

歲月不居雲烟易過轉瞬間又是中秋值此良辰豈能孤負余與友駕一葉扁舟泛於瀟水之中明月當空清風送爽於是洗盞酌酒顧而樂甚更誦明月之詩歌窈窕之章少焉月出於東山之上徘徊於斗牛之間趁此溶溶之水皎皎之月把酒臨風引吭高歌逸趣橫生既而遊興既倦緩步而歸月光徘徊於疏林柳影間點點萬金自枝中迸出若挽余少留者乃與友人重振遊興小住柳陰下以慰此可愛之月古人云人生幾得月當頭吾不禁倚聲和之曰人生能度幾中秋言至此不勝愴然循徑歸隱几而臥時則夢魂來擾又重作廣寒之遊矣

瀟灑出塵

記新年畫

南通師範附屬高等三年級生 宣盛懷

人生至樂莫過於父母夫婦兄弟子孫團聚一室所謂天倫至樂也余觀新年畫有所謂家庭一團和氣者一老翁年

八十髭鬚蒼白怡然坐於榻上者爲全世福其右肩坐者爲其婦康夫人手果一筐欣然欲賜諸孫其子與子婦則各攜子女歡然侍側一室懽騰栩栩若活殆所謂神妙獨到秋毫巔者矣嗚呼人孰不有此樂然往往處此境者不知其爲樂也及夫遠遊不返徒興岵屺之嗟甚且怙恃既失彌增風木之慟求是樂而不可復得覽是圖也能不愴然而涕下乎

要言不煩(易劍樓評)

記校自治團

南通師範附屬高等三年級生 宣盛懷

校自治團已成立校中事務皆由學生任之而學生之有職事者均給證書非尋常自治團所可比也團中設議事參事兩部議事部議員共二十八人均各級所選出以議決一切事務者參事員則由議員公選之參事部即執行事務之機關設部長一人教員任之分股十二曰清潔曰樹藝曰儲蓄曰運動曰博物曰圖書曰新聞曰講演曰音樂曰看護曰交際曰庶務股有主任一人即所謂參事員也部別釐然不相混合而進行之方法則共同議決之無界限之分蓋集思廣益冀完善也噫余嘗考夫中國之所以貧弱也者皆曰任事者不忠於國而道德低下耳夫修養道德首重自治自治即修身也大學云身修而後家齊家齊而後國治國治而後天下平夫一人能自治即能治國平天下設人人能自治則國不期治而治矣不期強而強矣此近日文明各國所以重自治也我國昔者亦有地方自治之制而人民無自治之能力遂致中止今學校中之設自治團即所以養成學生能自治而爲將來自治地方之預備也不亦懿乎

清順無疵(易劍樓評)

夢遊中西兩獄記

湖南長沙楚怡私立小學校高等科二年級學生 余和順

一日散學歸問父曰吾國之山何者最高何者風景最佳父曰惟中西兩嶽山勢雄偉而風景之佳又無與偶者吾聞之遊興勃發心亂如麻卽欲一往及就寢髣髴置身飛艇中司機者曰此去乃嵩山也余樂甚未幾已至遂與司機者舍艇而陸行見嶽廟在其下少林寺在其北風景皆有可觀少室諸峯有摩天拔地之勢泉水奔流成爲瀑布登峻極峯之絕巔則數百里之地如在目前誠壯觀也遊畢司機者謂予曰此處離華山不遠盍亦往遊乎於是又乘飛機至華山登南峯之頂而三秦在目黃河環其下西峯雲霧重重晴日中常如暴雨一石巖如車箱側立又有八九浮石尚留古時斧劈痕跡旁有玉井東注爲瀑布東峯之東有仙人掌長三十餘丈中指直達峯頂上留太古雨痕日出如見掌骨以太華之形勢風景與嵩山較似稍有別方思念間失足墮絕崖驚極而蘇汗流浹背矇矓間見弟妹嬉予牀前曰醒何晏也於是披衣起以夢中情狀告弟妹弟妹亦心嚮往之

本校添設講堂記

江西模範小學學生 程國昌

濱章貢之清流接庾廬之雄勝適當江城之東南有榮祿之邸第焉己酉之歲改爲校址及今九載矣今秋開課學生多至五百有奇原有教室已不敷用六月初旬就舊時之販賣部而改建焉然則學生如此之多辦理如此之善成績如此之佳是果誰之力歟蓋各師教誨有方而嚮學者情殷也夫我國地土雖廣人民雖衆而無智識者仍佔百分之九十欲從而增長之是必賴於教育觀今日之强國莫如美美國學校林立櫛比故未受教育者不過百中之一二而無教育之國如非如澳其民旣愚且陋終爲人奴此明證也嗟乎教育之盛衰旣關係國家之存亡在主持教育者豈可不力謀擴充以求文明之普及哉果能就各省各縣已設之學校從而振新之未設者從而促成之則我國勢之進步不可限量矣斯室於八月下旬功程告竣王師巨川命余作記余不文僅述其大略以爲之紀念時在民國七年八月

局勢開展文筆清健

中秋賞月記

海鹽城立第二女校高小三年級生 朱念蔭

月之生也始於朔至望而圓既圓之後則又漸虧缺而一歲間月之最圓者厥惟中秋矣戊午中秋夜天宇澄潔予與姊妹等坐中庭啜茗清談共賞明月仰觀天空纖雲四卷一輪皓月光輝澄澈影照牆隅庭中花影參差如畫牆下蟋蟀鳴聲唧唧清幽之景令人意遠無何有風颯然而至若有芬芳之氣撲人鼻觀則庭桂已花矣何夜無月而欲如茲夜之清幽誠不易覯此中秋賞月所以獨擅千古也遊已久氣漸寒遂相偕歸燈下無事爰記賞月之勝如此

文境清幽不枝不蔓（談夢石評）

中秋賞月記

海鹽城立第二女校高小三年級 朱二珍

戊午歲中秋佳節天朗氣清月明如晝予約同學姊妹聯袂步月中庭繼乃相偕徜徉於門外鄰人有拜月者設瓜果於庭燃燭焚香而頂禮焉同學皆非笑之夫賞月者賞月之明耳拜之者義何取也徒見其未能免俗耳蓋一年之間中秋之月最圓且明故不可辜負而等閒視之今乃不知清談徐步領略此皓潔蟾光乃稽首乞靈作無謂之迷信吾殊爲此良宵美景惜也返室作是記以索同遊諸人一粲

記吾校之販賣部

吳江縣立第一女子高等小學二年級生 費彝敬

吾校之所以設立販賣部者圖學生之便利也其中物品皆學生應用之物設總經理一司賬四值日生凡十二各司其事秩然有序星期日由總經理檢查一星期中之款項與貨之出納司賬員司貨物之出入值日生司交易之事此販賣部中之大略也至新校舍所以新增一販賣部者因舊部距新校舍稍遠欲購一物東西奔走夏炎熱而冬風寒皆有礙於衛生是校長之苦心也吾輩其如何勉力以不負之乎

記吾校之販賣部

吳江縣立第一女子高等小學校二年生 項如芬

吾人在校讀書所不可缺者書籍也課業用品也然書籍與課業用品甚爲繁複使必遠道以求之不便孰甚此吾校所以設立販賣部也販賣部中專鬻各種書籍與課業用品以便學生之購取法至善也吾校販賣部本設於預備室中自有新校舍後復設一販賣部於新校舍中蓋新校舍與預備室距離甚遠使購一物東西奔走不免曆時失事且遇風雨烈日彼此往來愈形困苦此販賣部之設於新校舍甚便有吾人也部中有總經理司錢之總數與物之出入司賬員每週結賬一次以報告於經理司事助總經理及司賬員以販賣貨物每星期輪值一次循環不已販賣部之貿易在午後半時至一時仿古之日中爲市也而學生於部中得練習記賬算賬之技能且知課業用品之貴賤使自知愛惜不致有耗廢物力之虞由此觀之學校之設立販賣部其有益於學生者豈淺鮮哉

前半詳述販賣部之情形收筆結出題意布置井然

記校園中新建之花房

吳江縣立第一女子高等小學三年級生 嚴秀芳

花木者供人玩賞也吾校校園廣植花木爲吾儕課餘遊散之地春日融和山光明淨桃李穠郁蘭蕙芬芳一年佳景無逾於斯然時過景遷雲烟無迹煊耀於一時者未知消歸何處蓋花性柔弱易於枯萎或經狂風怒雨之飄搖而橫臥東西或受强光烈日之薰蒸而枝葉憔悴築花房以爲之備所以培其本根防其摧折也今方雇工庀材尚未告成其景象固未可以預期然他日紅花綠葉吐紫含黃送芬芳之氣現美麗之色神韻瀟洒娬媚天成雖經冬秋英氣蓬勃賦詩歌詠其間必能使吾儕同學手之舞之足之蹈之而喜其不凋也雖然此特寄人籬下之花耳終不若松柏之特立孤行千磨百折而不衰也生茲末世將矯矯若松柏之自立耶抑芸芸若衆花之乞憐耶敢有以質之當世有道

君子聲情沈鬱結段尤佳

瞑雲亭記

吳江縣立第一女子高等小學三年級生 葉芳祚

姑蘇之南松陵之東非吾校校長任師之家園乎園中之景更僕難數中有閣紅一舸及水香榭占園中至勝之地而其東北又有隆然而高矗立雲表遠望若橫臥於雲霄中者瞑雲亭也余嘗欲登眺遷延至今迄未果設一旦由假山石攀藤葛而上必能見叢樹參天野花匝地新校舍之覗閣隱約可辨而水香榭與覽景閣歷歷在目下臨荷池清風徐來水波不興仰視天空雲霞彩爛飛鳥回翔春時則奇卉名花紅紫爭妍而吾輩學生之書聲琅琅與枝頭好鳥宛囀時鳴互相應和夏日則池中菱荷隨風飄香秋日則黃菊數盆昂然自得登亭縱覽全園勝景盡收於襟袖間矣詎筆記之以預卜異日之遊

將亭之命名及勝景一一敘入無一嫌筆讀書有得之文

凌晨賞雪記

吳江縣立第一女子高等小學三年級生 葉芳祚

戊午仲冬二十五日之晨余睡初醒微聞檐下淅瀝有聲疑爲雨然清朗之光照窗眩目又不類雨者余怪而問今日雨而晴乎家人曰雪也余聞之喜形於色蓋余最愛雪以其皦潔不染微塵也乃急披衣啓窗瞻之見屋瓦已昨白色而庭前猶未滿積而約友賞雪之念油然動於中矣早車畢入校約同學數人登新校舍之覗閣極目四顧迷漫穩約不可辨別川原一色宛如明鏡佇立久之雪稍稍霽氣亦稍稍清北風烈烈高山流水都羅列紛陳歷歷在目矣不禁浩然有俯山河而鑑今古之慨也於是魚貫而下濡筆而爲之記

能注意凌晨二字自與專做賞雪者有上下床之別

上星期日記事

吳江縣立第一女子高等小學二年級生　黃在中

學校之所以有星期日者。以一星期中所上之課。或有未能盡作。而在此日中補修之也。我級每遇星期日上午讀經。下午則有各部研究會。若手工、若音樂、若書法、若圖畫、任各人性之所近。擇其一以習之。上星期六。任師曾詔吾儕曰、明日天晴。上午舉行大掃除。天雨仍讀經。翌日天晴。果余入校。見鳳珠姊已在水香榭。語我曰今日可從事掃除矣。余曰、然。乃與之同觀殘荷。微風吹動。香氣撲鼻。久之。彝敬姊來。乃與之同至教室。未幾茹芬與巧雲二姊亦來。謂余曰、靚妹君作綴法三篇。欲請嚴師改之。汝知之乎。余頷之。乃與之同至校園中。見蔬菜之葉殊爲茂盛。綠葉紅花。鮮豔奪目。校園之佳景也。行朝會畢。乃行大掃除。余因體軀弱小。不能拭窗。乃與珊珊姊同拭檯椅。既畢。乃回家。下午余入手工會。至手工教室中漆筷。後又作信插。三時與諸君同回家。至夜筆而記之。

敘事簡明毫不費力

課餘散步花房記

吳江縣立第一女子高等小學二年級生　費彝敬

我校之花房。與我級之教室。遙遙相對。余於課餘時與同志。其散步間。見其中花、木、與校、園、之、花稍、有、不、同。何也。蓋嚴寒隆冬之候。校園之花皆將凋謝。零落橫臥地上。惟花房之花則蒼翠之葉。芬芳之氣。今昔同然。而神韻瀟洒。嫵媚天成。姿態雄壯。英氣蓬勃。初不減於春夏之時。且一入其中。則暖氣徐來。滿目生新。非復有三冬之氣象矣。出其室則冷氣驟至。朔風襲人。桐葉桑枝。正在凋落之時。余疑而問諸師。師曰、此溫度之不同也。然則培養冬日之花木。非花房其莫屬矣。

運筆靈捷句法工穩

誌白宕里神會之盛

宜興縣立第六高等小學校二學年生　吳鏡吾

民國七年五月十七日自宕里舉行神會天氣晴和是日值日曜余往丁山觀焉會中所有不勝枚舉如數十兒童面傅白粉手托花瓶如綵亭綵轎結綺綴珠尤爲特色戴假面者插雉毛者鑼鼓喧闐車馬雜遝不一而足前呵後護蜂擁蟻聚扮演之人以千百計四方之來觀者如雲如潮河港爲塞而街巷亦幾幾無隙地嗚呼盛矣然亦何其愚也不修德而媚神求佑吾恐聰明正直之神未必受此賄也况天氣薰蒸塵穢飛揚空氣溷濁而四方之人如醉如狂趨之若鶩耗損金錢釀成疾疫莫此爲甚有心社會敎育者抑能化阻之否耶

議論正大寓敬神反爲褻神意喚醒社會

柳下垂釣記

宜興縣立第六高等小學校三學年生 宋莘耕

戊午首夏予偶步出東郊見小塘中晴碧汎然柳陰蔭之數小魚遊行其間或沈或浮於是歸理竿絲往坐碧柳之下投釣於水草空處意欲得之爲案旁淸供時風吹柳條飛絮紛紛與片片殘紅點綴於塘水之面因詠落花水面皆文章之句覺樂處無窮而鉤餌爲魚竊去不知也於是復置餌下之無何浮子微動掣之亡有乃倚竿於岸遊目四覽浮子又動掣之者再仍不得如故余思其道蓋舉竿急若俟其吞餌而掣之必有得焉後如之果得魚一尾余喜甚急取水畜之擬更得一大者以歸而盆中之魚潑剌不止予疑其懼人之害而不安者移置他柳之下而仍至釣處既久果復獲其一余竊喜如願以償焉往視盆中魚寂無所有索於地則魚已呀呀呴呴而螻蟻之屬將圖之矣予慘之甚并新得者俱釋於塘中烏乎余豈不樂有此魚耶亦好生之一念動之耳爰感而爲之記

記國慶及徐大總統受任之期

南匯縣立第三高等小學校二年級生 喬詠馨

民國成立七載矣以我國之大勢論之外交內政岌岌可危益以南北搆兵瘡痍滿目撫時感事輒用杞憂然而剝極思復否極泰來物理循環古今一轍今年十月十日爲第七屆之國慶紀念薄海人民同般頌禱况是日又爲徐大總

統正式受任之期民情歡躍各省皆同是日也滬江各公署局所停止辦公各學校亦停止課業以表頌忱結綵懸旗數里不絕誠盛舉也雖然今之熱心志士尤有無窮之希望焉當此時局艱危强鄰環伺夫豈徒鋪張揚厲粉飾昇平已哉蓋國慶再逢當思締造經營之苦總統舉定宜副人民屬望之心從此意見消融達共和之目的將見國運日隆民智日進四萬萬同胞幸逢千載一時之盛國泰民安熙熙皡皡豈不懿與余以望治情殷樂爲之記

於敍述之中寓屬望之意樹義遣詞均極正當（徐之高評）

記秋景

南匯縣立第三高等小學一年級生 徐之亮

民國七年歲在戊午仲秋之月天高氣爽惠風和暢時也稻穗鋪黃棉花吐白籬豆纍纍木犀郁郁梧桐葉落荷蓋將殘打槳采菱汲泉灌菊此非秋間之植物乎又如蟬鳴樹杪蝶舞花間雁字橫空蟲聲啾唧銀鱸味美紫蟹螯肥此非秋間之動物乎至若仙露如珠則清晨之秋景也纖雲似羅則薄暮之秋景也有時秋雨瀟瀟秋風颯颯或行秋野或觀秋濤秋景如此秋遊孔樂余以日曜無事爰爲之記

序次歷落有致寫景允入畫圖（孫學乾評）

家庭屋宇記

南通城北高等小學校三年生 穆邦和

余世居浙江慈谿縣自先大父商通邑因家焉門東鄉翼門爲室二臨室而廳層廳而堂堂左右析室二寢處也右堂而屋者三庖廚在焉左堂而齋者曰安素余讀書處也一徑環齋後有亭曰三友旁植松竹梅三卉三友之名所從得也後堂以池面池以樓樓壞久不修乃百餘年老屋宇耳母嘗謂余曰茲樓得自異姓曩汝父嘗欲葺之乃以貧故未果汝父死矣汝好爲之能竟厥志也幸已聞命退愴然而爲之記

敍述簡老（錢嘯秋評）

家庭屋宇記

南通城北高等小學校三年生 周道方

余家雉皋城南近學宮而居門臨通衢南鄉屋凡百餘落入重門折而北爲廳事廳事之後爲堂屬堂之後又一堂自堂而廂而重樓而兩楹皆家人臥處也堂西接藝圃以廊通之藤陰夾道障以短籬籬外修桐二章下爲桐陰書屋即余讀書處也綺蘭精舍在其西偏境稍高可級之而上欄其前檽其四面北與黌宮相望遊憩其間每春秋釋奠弦歌聲可聞也噫吾何幸而得此居室耶因念先人之締造艱難小子席其蔭而安享之懼堂構之不克承也吾可不勉乎哉

饒有神韻（錢嘯秋評）

記新年畫片

江蘇代用師範附屬高等小學三年生 徐爾玢

通俗教育社所出版之新年畫凡五種其第一種曰一團和氣圖圖復區爲四曰家庭之一團和氣曰鄉鄰之一團和氣曰一團和氣之耆老會曰一團和氣之小學生年登壽域坐於堂上者主翁夫婦也其子三及子婦三均藹藹然侍其側而諸孫及諸孫女嬉戲堂前承歡膝下其樂融融天下之至樂無有邁於此者矣百齡夫婦齊眉五世兒孫繞膝殆此之謂歟鄉鄰長幼互相爲樂有女子餽物自橋上來者有兒童種花於屋旁者幼者禮長長者親幼直爲他鄉鄰範其村命名爲安樂概可見矣此家庭與鄉鄰之大略也耆老會中凡九老均年高德邁之人鬚髮蒼白而意氣猶健團桌坐互相謙讓蓋會食也至一團和氣之小學生則談話者行禮者比賽自由車者靡不容顏歡說爛縵天眞於此可具見之予覽茲熙皞之景象不覺忻慕不置焉遂爲之記

傳神之筆（易劍樓評）

學校園記

江蘇青浦縣立學校二年級生 邵獻材

學校之設校園於學生有莫大之關係焉夫今之學校多注重課外實習以增其科學之經驗學校園者不僅供學生遊賞之用且使學生操作其中以引起其博物之觀念也蓋園中狀況因時變遷花草之生殖凋零蟲卵之遇暖孵化非對於理科有關係者乎園內區爲數方界以織磚使全校學生分組服務以養成其勤勞之習慣非對於衛生有關係者乎由此觀之學校之於校園誠不容緩設者矣吾校之有校園在丙辰秋季園之地址在我級教室之北即運動場之西北隅也方可數丈圍以短籬余每於散課之後與二三知己徐行於花草之間聞蟲聲唧唧花香且襲襟袖對此佳境能不有動於中耶抑余有進者自丙辰以來校園之荒蕪已久今既整齊修理種植花草足以增學生之興趣足以供理科之實驗此後更望吾諸同學皆盡力服務於其中使校園日新月盛則不特校譽隆盛吾同學亦與有榮焉

清光大來不蔓不支

記菊

江陰縣立第三高小學校學生 趙寶明

涼秋九月百卉凋零獨菊花於荒寒岑寂之際現燦爛光華之象霜欺不屈晚節彌芳黃花岡烈士有知堪與百花作良伴此人千古此花亦千古毋謂明日黃花而漫視之也自天演之說興植物亦因之而進化按菊本野生花小如錢色深黃並無異姿足以供人觀賞自經人培植施種種方法而菊亦若深解人意爭妍鬪豔色則鮮妍奪目種則變化無端藝之者亦莫名其所以皆因其培植時費一分之心苦卽收一分之效果或任其自然不數年而回復其原狀矣蓋得自然之氣以遂其生者天也得種植之法以培其生者人也吾人詎可聽命於造物哉

記暑假中之經過

泰興縣立第一高等小學三年級生 張元偉

光陰似箭日月如梭暑假散學不覺兩月於茲矣此兩月中經過之事猶歷歷可數也抵家之翌日整理書籍溫習功

課設坐南窗下晨起讀英文及古文數篇反覆再三不熟不已蓋舊書不厭百回讀也午後天氣酷熱令人昏悶時或午夢方長拋手書而高臥時或小溪垂釣乘荷淨以納涼怡情養神樂此不疲一則因倦而晝寢一則因倦而閒遊雖同歸於荒嬉此中之損益不同焉觀古人藏脩息遊之說與朽木糞土之戒可以知矣傍晚演算術數則所演之法爲校中所已敎者每思練習新法以求進步之增加惜大兄遊學扶桑現未回國無助我研究者耳言念及此進取之心爲之一頓此吾暑假中經過之狀況也

敍筆爽朗（季遐齡評）

記和橋九齡童

宜興縣立第六高等小學校二學年生　邵聘南

和橋有朱銘新者七歲時卽以善書名其父常攜之謁名人作書以自顯去年八歲在上海義賑會鬻字助賑返後至本鎮觀劇來遊本校先生以紙筆與之請書一聯濡筆立就書法頗可觀當在本校時觀其言動自由有目中無人之槪自滿之意形於辭色矣聞在上海哈同園內小學肄業開會時常令作書焉夫銘新年僅數齡卽善作書其天資誠有過人者然不虛心爲之學奚由進昔宋時方仲永五歲能詩以不學故卒爲衆人今如銘新之通悟苟能不自滿足其進步當未可量今乃所至作書以博虛名名愈高則志愈滿雖欲求學不可得矣吁仲永往矣如銘新者能鑑之否

頗得風人之旨

記義丐

湖南長沙私立楚怡小學校高等科二年級學生　余和順

某義丐者失其姓名生而失怙稍長母亦繼亡貧甚不得已流爲丐然其行乞於人家也與之食則受而食之給之衣則受而衣之不與則徐步而去不相强且不與羣丐處蓋恐染其惡俗也一日行乞街中見一人遺金於地往拾而還之其人感其義予之錢丐曰金貴乎抑錢貴乎今君遺金而吾拾而還之況錢耶卒不受而去於是某丐節義之名聞

遐邇而某丐益自尊重無矜驕之心又一日天將晚行入古廟牆壁破毀類無人居者而地上足跡雜亂疑之乃[illegible]屛息俄有數凶人自內出見丐身出利刃指丐而言曰吾等皆盜也汝若從吾爲盜則免死不然立斃刃下矣丐私計不從必爲所害不若暫從其言再思良計乃僞諾之盜與之飲食且謂之曰吾等約於某月日往劫富家汝能從乎[illegible]曰吾與某富家素相熟容先往探報再行劫豈不易哉盜從其言使之往丐乃馳至某富家語其主人曰某月日必[illegible]盜來君家行劫不可不預爲之備語畢仍往街中乞食至某日盜果至而主人早已預防於是羣盜皆被執送諸官[illegible]照例治罪富室感乞之義乃遍訪得丐出金幣酬之丐不受主人強之再三丐曰主人既有此盛意願爲主人僕主人從之遂終老於富翁之家焉嗚呼今之人見財起意無節義可言不如此丐者多矣可勝歎哉

記蠶兒

務本女校高等二年生 劉芸

有蠶兒攜書望牆而哭老嫗過之問其故兒曰今日師授我以詩命曰明晨不解當受罰我資質愚鈍不如同學聰穎自知不免故泣嫗曰若爾汝何戚戚之有汝不見牆根蝸牛乎其行也蠕蠕甚緩然力行不舍亦將達至牆巔汝雖資盍效蝸牛以自奮乎徒哭何益兒聞言感悟終日勤讀不休翌日師命生掩書默誦蠶兒獨不錯一字同學不能也師怪而問之兒以嫗言對師曰諸生識之蝸牛之智可師也

記撲滿

務本女校高等二年生 劉芸

撲滿以陶土製成色深黃形圓而略扁上有孔錢自孔入則不可復出頗似蓋而不能啓至滿然後擊而取之故名夫撲滿一小儲蓄處也何以言之蓋儲蓄可以積錢之少者使多且有子利可取撲滿之作用亦然惟無利耳雖無利亦甚有益於人如一日儲十錢則十日可得百錢不然今日用之殆盡明日亦然畢生無一錢之積及應用時反感困窮之苦將奈何此儲蓄之所爲要而撲滿之功用所以可貴也

古邦盧壽籛選輯

遊記類

重陽日遊周氏五畝園記

吳江縣黎里市女子高等小學學生 吳潤珠

庭桂已謝籬菊方開斯何時乎非重九佳節乎是日也俗有登高之舉惜近處少名山峻嶺無高可登因念本鎮周氏之五畝園曩稱名勝地其中山石池亭應有盡有花木美麗禽鳥婉轉久已膾炙人口大可遊目騁懷爰與二三知己攜手往遊十里五里開遍黃花半郭半村飛殘紅葉信步而行不覺五畝園已至矣由九曲橋入則見叢草滿庭野花侵砌余於六角亭側唏噓久之復繞亭入室室中几案倒置窗牖洞穿蛛網絡戶燕泥巢粱荒涼已甚尋昔日之雕刻玲瓏陳設精潔羅綺香煙鏡屏畫影渺不可睹矣惟清高宗所賜直隸總督周元理之匾額尙巍峨在上字蹟大半模糊不可辨識徒令人增感慨耳循徑而前再數武至棠花樓斯樓亦爲園中名蹟之一今則景色全非僅存破瓦頹垣不堪屬目矣又折而右有亭翼然牆白窗紅香煙繚繞乃純陽殿也據佛童云今歲新輯所費不貲嗚呼周氏不知修輯園林以保存祖宗故有之基業而反以有用之財爲此無益之舉可勝慨哉其旁有小石橋一拾級而上至桃花徑登假山上山石半欹荒草歷亂古木數株左右間之幽禽三四飛鳴上下別成一種淒慘之象令人銷魂不能自已俯視池中則蘆葦滿目水草叢生當此秋風瀟颯秋意蕭條愈增感喟余不禁慨然言曰當主人之建此園也不知費幾許心思材力固欲娛養於生前而傳之於後世也曾幾何時層樓傑閣曲檻長廊一變而爲寒煙蔓草荊榛滿目之地矣豈前人所逆料耶嗚呼桑田滄海盛衰消長理有固然主人當日未明此旨徒遺斯園供後人之憑弔後人弔之而

不鑿之則後之視今猶今之視昔也少焉月上東山顧人影而暫離同伴雲歸西岫向家園而笑說遊踪因濡筆而爲之記

有點綴有感慨描寫處亦頗絢爛遊記合作也(張農原評)

夏曆新年遊覽記

無錫堰橋村私立胡氏高等小學三年級生 范寶華

予性好山水喜遊歷客歲寒假俗務倥傯天氣亦非陰即雨未得一遊嘗引爲憾歟歲以來事務既閒煙霾盡散雖未脫嚴冬景色然風和日暖儼然新春矣遊歷之願乘時思償顧吾鄉無高山大川可以自廣又鮮林壑之美可以賞心悅目惟東去千武有西高山山有三峯高約五仞周圍三里許山小石不甚多四麓多塋墓墓皆植松往遊焉松濤怒吼如海潮初來山寺多竹林梅桃今尚未盛山之陰多蒼篔望之青色一片似碧草之向榮余自元旦至人日日甫七而往遊者已六矣六次之遊其風景情況類如上述惟初三日之遊稍異乎是蓋初三日天氣不佳雨雲密布顧予輩遊興至濃不虞其雨或雪也既出東郊少頃即抵山麓入眞武殿殿中有羽士名廣濤者予之族叔也出家已有年矣客歲立關三載以修其學抵其舍嚴扃不得入但見明窗淨几點綴內外畫軸字聯遍懸壁間而已隔窗相語少時即辭而上山過南峯踰中山至迎龍庵庵中寓一遊方僧年約四十餘慈善現於面表與余輩立談三乘之派六靜之學然天公不佑瑞雪紛下乃辭而歸以北山徑不果行遂返之南山不過刻許而山頭已作白色極目四顧則見慧泉隱約於東南秦望迷濛於西北迨抵家屋頂牆上皆如玉琢矣

清適

遊百丈巖記

福建永安縣立第一高小學校學生 賴美銘

邑北郊外有百丈巖者中祀馬顯眞仙此爲吾邑第一名山余姓癖山水數欲往遊屢延未果戊午夏與友同往出北

門宿霧未消樹如帶雨行片刻而龜山廟已至瓦垣破敗草木叢生疇昔香客雲集廟宇莊嚴曾幾何時而竟風流雲散耶不覺悲感於心及至石坑水滿石坡不能徑行於是脫履涉水而過達岸復洗足著履沿溪而行溪廻路轉抵螃蜞巖過大洲墩墩中一小舍即往日之森林會也憶昔所栽樹木皆不及尺今則婆娑成林矣噫彼會董苟能熱心辦理加以肥料勤於灌溉異日發達正未可量徐步而行日已東上雲霞燦爛鳥噪枝頭蝶戀花鄉似睡尙未醒白雲深處有屋瓦露出一角友人曰此淩雲亭也至亭乃少憩俄頃又行從此路皆崎嶇頗不易行遙聞水聲潺潺初無所見復行數武則二巖間有水飛流而下高六七丈潔白如倒懸之瀑布眞天然風景也行行重行行又至一地曰引勝亭至此距百丈巖不遠矣至山頂友人示予曰對峙之高巖即百丈巖也余見之曰如此高巖何路可上友曰巖雖高子但行必可到余聞之有感焉詩曰何有何無黽勉求之是在勤耳奮力前進行至巖下有一橋橋下有深潭碧水其上有高巖古樹不覺身戰心寒由此而上峻嶺如梯路徑崎嶇予乃賈勇直上愈上愈高至極巔而殿至矣坐石少息取水盥面換衣及履詣殿進香禮畢散步階下見巖之對面有脩竹灣桃源洞諸名山近則茂林脩竹奇花異卉雖瑤宮蓬萊亦不過是巖之左有一泉隔泉數武有一瀑布水極清潔前夜夢境恍惚相似豈夢之眞到此乎蓋予夙聽人言而深注於心也時日已午乃進午餐食畢下橋納涼攜酒一壺菜一盂與友人共飲至日沒西山乃上殿時炊煙縷縷樹色山光一抹淡痕沉沉睡去矣已而月出於東方之上徘徊於斗牛之間復飲酒相賞樂此良宵酒數巡參橫月落夜已過半乃入房歇宿翌日清晨早餐後同友歸家援筆爲記以爲茲遊之紀念云爾

胸境高曠筆無塵氛

遊青龍記

江蘇青浦縣立第一高小三年級生 董純銘

距我白鶴江東六里許有地曰青龍鎭相傳爲三國時吳將陸遜與蜀交戰造青龍戰艦於其地故名聞南宋之季鎭

頗熱鬧市肆櫛比商務繁盛不亞於今之上海余喜訪古蹟去歲春假期內與同學數人往遊其地但見七級浮圖矗立雲表年久失修剎落毀壞不容吾人享登臨之樂殊為憾事耳寺中佛殿宏敞頗為壯麗前有一碑書曰吉雲禪寺為清高宗下江南所勅賜者也據寺僧云昔有二殿其一毀於洪楊之役僅存遺址可慨也已遊竟而歸便道至酒瓶山山當吳淞江濱狀若覆釜登其上有居高臨下之勢極目四顧則青龍塔拱揖於前岳武廟屏障於後而山之麓則有酒瓶碎片無數父老相傳謂南宋名將韓世忠屯兵於此屢敗金兵後高宗以酒犒勞將士棄瓶於此遂纍疊成山因以得名云嗚呼當時不過一酒瓶之堆積耳安知後日有名之為山者乎又安知千百年後有憑弔其間者乎余登臨其間不覺英雄豪傑之氣油然而生忠義之感人亦深矣哉故走筆為之記

遊記文不難於詳而難於簡此作據事宜書不支不蔓

遊南嶽記

宜興縣立第六高等小學三學年生 許展坤

戊午五月既望余與二三知己往遊南嶽先至縣城稍憩即行行十餘里漸覺山徑逼仄砂石崎嶇余足力殊疲不欲往某君語余曰吾輩年少胡可畏難吾赧甚不能出一言乃鼓勇前進漸見道旁林木葱蒨百花爭豔遊興益增行數里得一寺名南嶽講寺寺前有泉水甚清冽旁有大樹一株圍可數抱高可十丈某君指以語余曰按之縣志此地有卓錫泉乃昔稠錫禪師駐杖於此泉隨湧出者泉旁有卓錫樹則禪師之杖也此泉此樹當即志中所載之卓錫泉卓錫樹歟寺左竹林外有一池上為小澗水從石壁下注於池壁高丈餘池周約四五尺水下注時若瀑布然某君又語余曰此即志中所謂洗腸池也以禪師剖腸洗濯於此而得名凡此迷信之說亦足取信於人耶遊不半時攜手入寺憩焉寺僧見吾等來為整理桌椅烹茶以款之寺殊廣大堂前有大樹一株為余生平所未見怪而問於僧僧曰此娑羅樹也種自西域其實可療心痛焉後有天然井已廢時吾等遊興方濃而日將西下乃攜手回比至縣城則已戴星

矣。

說來如繪令人意遠

遊勺湖記（湖在邑城西北隅）

淮安縣立第一高小學學生 毛嗣曾

仲夏既望之次日與李子伯全同遊勺湖舟搖搖而颺風飄飄而吹衣透逦前進放乎中流喜暑熱之頓減覺水波之不興嫩荷觸舟魚戲水底俄頃夕陽西下遊舫漸稀鳥鳴上下遠寺梵鐘互相答應少焉夜氣漸澄皓月東出漁舟唱晚一湖涼露野蔌山殽雜然幷列沈沈良夜浩浩清流念來日之大難慨我生之靡樂能不憮然而長歎哉嗟乎邱壑之美隱士所趨伊古賢豪豈眞甘此惟是時逢擾攘素志難償不得不藉田野以自適孔明隴中景略華山皆其往例一旦風雲際會投袂而興炳名竹帛然後知其前此所以行吟坐眺者不過聊以遣懷夫固非嘯傲烟霞一往而不返也今吾與李子其共勉之遊既畢有感於懷爰記之如此

登蜀山有感

宜興縣立第六高等小學三學年生 許型曾

蜀山舊稱獨山宋蘇文忠公始舍於其南坡曰此山似蜀以故改名蜀山今所謂東坡學校者乃文忠公之舊宅也余肄業其間蓋有年矣歲值戊午時當春令與數同學往登出校門傍垣迤行道路平坦遊者甚衆欣欣然挺身直前行未數武山勢壁立道路崎嶇足已無力行矣稍憩振臂奮呼爭爲先登石之俯仰偃蹇負土而出爭爲奇狀者不可勝數未幾抵山巔各肆意志焉西望銅峯聳入雲際隱現出沒若有隱君子者南望楚山慨然嘆岳武穆百戰之功而弔其不終東俯震澤欣然慕范少伯泛舟之舉而欽其見幾北則平田萬頃河流交錯而蠡河則蜿蜒如帶向山而來時則同學相懽各得其樂余獨不禁有感於心夫登高者必自卑行遠者必自邇吾之登此山也由平地而峻坂而高峯不知幾經階級幾費攀援始克登峯造極以擴我眼界豁我胸襟也噫吾登此山恍然悟求學之進步焉

出以簡潔而意境無窮

游安樂山記

浙江餘杭縣立高等小學一年級生 張祖榮

美矣哉吾餘邑名勝之夥也然率皆道遠山高不便往游又以科學關心卒卒鮮暇不克遂登臨之願距城東約二里有安樂山焉其命名原意因吳越王子築寺斯山養病而愈故名山不甚高而怪石嶙嶒蒙茸四披狀若獅子故又名獅山民國六年四月二十八日適值星期余游興勃勃遂邀同學陳君雲翔姚君炳宣陳君大炬宋君蔭銘安步往游出校繞街道經田坂泥濘難行頗自戰兢抵山麓石坊聳立蓋歷年已久半已崩壞矣仰觀三山峯髣髴三老人駢肩而立由仄徑曲折而上時虞顛躓及巔修竹千竿綠樹陰濃薰風嫋嫋迎面而來竹叢中有安樂寺頗壯麗余等循門而入寺中出老衲著裲襠衣笑面相迎款以茗既入巡游一周聞鐘聲噹噹與鳥語相應余等遂辭出向東行見安樂塔巍然高聳山巔塔有七層可拾級而登達絕巔舉目四眺山光明媚大好風景市廛歷歷在目隔苕溪與新塔相望河中船舶絡繹往來欸乃之聲洋溢耳鼓遠望青山綠水楊柳隨風依依謂為安樂誰曰不宜此塔自建迄今已數百年經雨淋日炙尚卓然樹立其材料之精美建築之鞏固自不煩言士處今日不當如是乎吾人欲與浮屠並存千古其各加之意也山麓有桃源山旁有化字爐建於深潭之上俗傳可通洋海亦私心測度而已向南行不數武積泥若牆乃洪楊時之土城也城中有田有池農夫持鋤耕作牧童騎牛自娛信可樂也少頃覓徑而上土地平曠有陸軍測量架矗立適是日天雨初晴無日炙之苦著地稍憩可弈可酒西望南湖水平如鏡舟楫往來隱隱可辨幾疑身入畫圖神志為之一爽余與宋君復向前行見奇石巖巖桃花欲語繞山峯而下苦不得路在草叢中奔走多時始得仄徑進山口樹木成林中有一寺曰寶輪前有梧桐數株亭亭植立挺然不撓枝頭好鳥百轉嚦喉平田綠草一望無涯由左側山麓而上漸行漸高緣土城行行行重行行仍抵測量架處見伊等言笑顧盼自得其樂艷羨不已休息片刻聯襟

下山經小嶺抵一亭內有石洞額題萬寶朝宗四字兩旁鐫云獅山興寶藏爐火發財源句俚不足觀復下由仄徑返校吾思是行雖非長途探險之游亦足增吾人知識不可不記之以當他日之臥游

曲折詳盡文中有畫頗得修學旅行之益（姚寅恭評）

月夜泛舟東湖記

江西模範學校高小二年級生 曹國權

中秋之夕明月如鏡斜掛於斗牛之間余不欲負此良夜乃往遊百花洲適同學某君來訪余以意告之某君亦表同情乃偕行至湖濱聞蟲聲唧唧如迎余者余乃緩步過望月釣魚之台以銅元數十元買一葉扁舟駕遊於湖中凝眸四望第見楊柳青青綠草如茵俯視湖中游魚出沒可數蓮葉紛披鮮艷可愛荷花未凋香氣襲人仰視天空則月明星稀微雲不作而舟則往來於蘇圃徐亭之間令人心曠神怡有頃客告歸余乃棄舟登坡及回家鐘已鳴十二下矣余疲極垂頭而睡一枕秋風不覺東方之已白披衣下榻乃濡筆記之遊湖之夕乃戊午八月望日也

清順可觀

遊放生池記

江蘇武進西郊高小三年級生 王揆

予酷嗜探訪幽境夙聞有所謂放生池者頗饒逸致屢欲至其處而不辨其途徑自肄業西郊知相離不遠於星期日約同學三人偕往路經南河沿過馬公橋直達其前視之乃一圓河中浮一地上建屋似庵形屋左側有木橋中一板可移動因此處荒僻距他村甚遠故夜間撤去其板使匪人不易過也越橋至屋前見門前署三字曰全節堂入內盤桓有屋兩進第二進係大殿中供佛而闃其無人詢之旁屋看守者則曰此處本有年老婦女在此修行以近來屢遭盜刦故均他徙余問昔日如何則曰昔日本無此橋不過備一小舟將繩收放藉以渡河詩云一葦杭之此情此景正彷彿似之自建此橋出入雖便而盜之來去亦無阻礙矣懸其一板何益哉余咨嗟而出繞宅一周見隙地甚多或種

桑或種菜或種荳麥間有花卉相雜嗚呼如此幽境可作世外桃源矣而盜叉屢刦之豈世間果無安靜地乎

序事疎落有致一結尤有無限感慨（宋雲漢評）

遊轉水墩記

江蘇武進西郊高小三年級生 張鳳書

距校十里許有新閘鎮者上有轉水墩曩曾耳其名迄未至其地今年春假時乘踏靑之興藉以探幽向西沿運河行未幾竟達新閘乃以轉水墩問鄉人士鄉人士遙指墩之所在余遂循途往遇木橋見一寺近視之知名善慶門閉乃由寺旁側門入至大殿中供佛懷北鄉立第五國民學校在焉時亦春假更進叉屋三間中設僧坐由此間再進屋雖不甚高大兩天井中各栽桂樹一株頗雄偉餘與尋常禪林無異而其引人入勝處則在寺外不在寺中步寺後一片邱隴淸幽奪目四圍高低不等隴下復有田比平田更低數尺據父老云此田曩係河身以歷久不開泥土淤積遂成此田滄桑易變爲之欷噓然而田下河形則固依然在也所蓄之水雖不能行舟用以灌漑近旁田畝則尙有餘叉聞寺僧云光緒間開西運河離墩百數十武外卽今渡船處開出石條不少卽當年設閘所用夫此閘之設想以水勢太猛藉作抵制墩下河道則爲紆緩水勢以便行船者今昔情形不同而舊蹟尙未磨滅爰於涉足之下爲之記其大略如此

地勢瞭然用筆亦疎宕有致（宋雲漢評）

遊聖泉山記

蕭縣第一高等小學一年級生 王樸林

季秋之日天淸氣爽余與友人步遊郊外精神勃發友謂余曰何不登山以廣胸襟余乃隨之行不數武至一山余問友曰此何山友人曰此聖泉山也或曰泉水山山有菩薩泉登臨一望紅葉滿山白雲塞逕越嶺而下忽覩一寺高懸山半旁有小亭亭前繞以衆樹余步至亭中觀之水聲潺潺瀉於兩峯間水不過一勺之多而終年不絕誠奇景也惜

日已西沈不可復留乃返

意議周匝筆亦爽利（劉宗英評）

遊聖泉山記

蕭縣第一高等小學一年級生 縱精琦

民國七年秋九月余與友遊聖泉山出郭門二里至山麓復北上行里許有巨壑為登是山之要徑南北之往來其中者不啻在隧道行焉各奮勇而前愈行愈上未幾躋巔如別有天日心神一暢北矚岱湖水天一色南望蕭城雉堞歷歷若隱下視石如虎踞樹若龍蟠飛泉倒掛萬仞重巖遊目騁懷樂而忘倦益北行有寺曰聖泉寺遂憩足焉少頃復歷聖泉及泉西書聲桃花諸洞徘徊其間不覺悵觸夫身世之感蓋吾人以渺渺之躬見聞有限經歷亦寡如此諸勝近雖咫尺予曾未一躡足縱時或一遊顧不久輒去嗚呼天下之事豈可以其近而忽之哉姑援筆記之以俟異日更暢遊焉

精審異常筆亦超脫（劉宗英評）

遊武隆山記

昌化縣立第一高等小學三年級生 方基庭

吾昌僻處浙西彈丸一邑而已鮮有名勝之區故間有一二好遊之士多以不得佳山水為憾歲戊午余藏修校中凡休沐之日散步郊野目之所觸足之所經無一非荒山草野所謂名勝區佳山水者絕不可得能不令人鬱悶邪暮春二十五日以天時晴朗氣候宜人作郊野遊甚相適也乃於下午三時尾諸師後望西門行繞道操場行行重行行不覺已至武隆山麓矣蔣君曰余等曷登武隆山一遊乎予然其說諸先生亦笑許之於是由山麓拾級而登約數百武似山窮而不可再往者忽逢轉折處儼然通蹊遂復行數十步又聞犬吠聲來自山巔詢之蔣君則曰近是矣欣然力窮其巔不覺身之疲憊也斯時山犬遙吠嘹喨幽谷心為之爽既達山巔坦然平野茅屋數椽幾不知其為崇椒焉傍

植桃樹茂然成林武陵仙境不啻也惜不遊於桃花盛開之際而遊於桃花凋謝之時景過遷滅興殊不少也極目遙矚見東西二塔矗立雲霄紫水南流澎湃東下足令人心曠情怡飄然欲仙使隱逸之士得之更必樂而忘返流連不忍去也噫天下之佳山水多矣惜無好遊者爲之探尋致令大好山川淸幽風景寂焉無聞殆亦斯山之不幸歟已而夕陽西下玉兎東升遂循故道返

繪景繪情如一幅春山圖畫而措詞亦錯落有致誠童子軍中傑作也(葉蔭國評)

遊雙淸亭記

五台菴高等小學學生 李世豪

昭陵城外有景八曰山寺曉鐘曰神灘晩渡曰洛陽仙洞曰桃花仙洞曰佘湖霽雪曰龍橋鐵犀曰石門見翠曰雙淸秋月皆勝地也而雙淸尤佳美焉余聞其名思遊者屢矣歲戊午始與同學往焉沿濱而下徐步以行舟搖搖以輕颺風飄飄而吹衣水悠悠而就下樹森森而色翠且行且歌不覺已至其處就樹蔭坐焉淸風徐來幽雅宜人聞野鳥之鳴聽樵子之唱或向余曰樂原無定隨人而遷智者樂水仁者樂山雙淸水有濱邵山有東山仁智之樂今日皆兼之矣余聞之若有所思乃言曰世界紛紛勞人草草貪夫徇財烈士徇名夸者死權衆庶馮生吾人雖有匹夫之責然而窮幽選勝聽我自由仰觀宇宙之大俯察品物之繁中考人事之宜縱不曰仁樂智樂然不愈於爭權爭利之輩終日紛擾無暇休息乎即入關聖殿而觀焉其中聯對甚多有晉名士抱朴子鸞題聯云『是三代以下聖人伐魏征吳纘承四百年統緖乃中流不移砥柱襟濟帶邵平吞千萬頃波瀾』旣而入迴瀾亭有謝篤先生題句云『雲帶鐘聲穿樹去風吹塔影過江來』再上爲雙淸亭有稻香郵農竄叟題句云『好景欲仙何必重尋三島引人入勝尤須更上一層』余登亭而望則北塔峙其右東塔峙其左郡城列其前五台臨其後舟楫出沒於其中魚蝦游泳於其下禽鳥飛鳴於林間急流澎湃於潭壑李子因而嘆曰於茲亭有穆然之思焉有悠然之意焉有快然之想焉可以風披之

爽可以負日之暄可以解吾之憂可以闊吾之懷優哉游哉誠勝景也俄而夕陽在山人影散亂吾於是與同學緩步而歸更濡筆以爲之記

形景如畫筆力勁健

第五次觀摩會會考記

青縣第一高等小學校第三學年學生 羅鳳閣

居今日而欲學問之增加智識之廣大決非一人閉戶潛修之力所能奏功蓋必有所觀摩始能造詣於高深之境也吾青縣於民國七年九月二十五日開第五次觀摩會以會考各校學生非此意乎是日也天氣清朗微風拂拂與考各校高等學生咸列隊徐徐而來抵勸學所會場點名後持卷入場監場者宣言考試規章即出國文題三則按年級而異至下午考算術各年級均作四題及畢始各歸住所次日考試國民班亦然又次日考試高初各校體操衣服整齊旗幟飄揚加以銅鼓喇叭步伐形有章頗有尙武之精神中國前途其有望乎操畢賦歸巳十二點鐘矣下午發榜以第一高等列第一學生得甲乙等奬品者居大多數余亦第一高等甲級得奬者也故誌之以爲紀念云

理路清晰起結有法初學能此易謀進步（吳闓評）

第五次觀摩會會考記

青縣第一高等小學第三學年學生 吳承訓

民國七年陰曆九月二十五日爲青縣第五次觀摩會會考之期時余肄業於東關外高小校故爲與考之一人早八點鐘敎員令吾儕排隊魚貫而行是時也天氣清朗秋風宜人加以鼓號之聲心神爲之一振至會考場所之勸學所上午考國文余爲高等三年生題爲戰爭爲進化之母論余復思數次始得其旨以戰爭爲實行理想之最精切者故有促進化最大之能力本此義而作之至下午考算術題凡四首其中僅有二題可解餘則文理艱深幸均不誤試畢整隊回校同學諸君均有得色次日爲初等考試之日期時余校以流河高校向爲余校之畏友故盡日演習之初等

考試之情形余不得而知矣又次日考體操各校仍整隊而至莫不聚其精神以求勝於他校縣長初呼門店生先操爲柔術啞鈴頗有可觀次呼流河高等演兵式體操爲各校冠其他各校操法則自槍以下矣惟吾校初等班之美術啞鈴冠於全縣而高等班之兵式操稍遜於流河矣幸內堂功課皆不如我故下午發榜吾校之平均分數居第一而得甲乙獎品者占全體四分之三可賀之事也惟兵家云勝者勿驕願我同學益自發憤用功以保持其名譽誌之以互相戒勉焉

敍次事實無淩亂遺漏之病有淋漓盡致之趣此於記事文確有功候者也（吳體評）

觀摩會記

青縣第一高等小學校第二學年學生　李鴻年

民國七年九月二十五日青縣勸學所開第五次觀摩會未開會以前吾想各學校必皆精心勤學加倍研究以期獲得優勝吾之同學亦皆預備所考各科朝夕加勉爲學校保名譽也及考期至先生命各級排隊出校國旗飄於前校旗殿於後市人觀者謂學生排列整齊頗曉尙武焉至考試地點稍待片時各自接卷入場依次就坐試畢至次日張榜本校考列甲乙等者居其多數在丙等者全校不過一二人焉於是諸生相慶歡慰不已雖然吾樂極而懼生焉懼得志於今而失志於後也諸同學盍再接再厲哉

清晰順利（馬孝寬評）

觀摩會記

青縣第一高等小學第二學年學生　張雲生

民國七年歲在戊午陰曆九月二十五日本縣有開觀摩會之舉會期之前本校得勸學所公函即時準備國文算術體操三科特別加意迨考期至諸生排隊入場一切考規皆甚嚴厲蓋以試諸生之實力爲目的故如此也次日考試國民班更次日考體操至下午三小時榜發吾與學友往視之見本校考取憂等者甚多余心竊喜惟全校之體操名

列第二未能登峯造極殊爲憾事然勿以此自餒若能自今以後努力用心至明年此日再比優劣吾知未必終屈人下也夫觀摩會者啓發學生之利器也蓋天下之事無競爭則不文明不研究則無進步此舉亦所以鼓勵學生競爭研究之心而促其文明進步也噫吾因患病回里纏綿臥榻每思及此中心如焚深恐不能隨諸同學後入會觀摩病稍愈即來校至則國文考畢矣因而朝夕慚愧雖然往事已矣奮勉立志以待來年可耳

意純以正語明且清（馬孝寬評）

秋郊記事

遼陽縣立乙種商業學校第三年級生　吳乃東

秋高氣爽百穀俱成農家最忙時也於星期日約學友二三郊外一遊以觀農事行過一村見農夫相率刈禾汗滴禾下勞苦極矣而農則不以爲苦欣欣然曰今秋大稔可無饑矣有少者應聲曰翁不知東鄰擾我膠濟且觀兵吾奉乎爲奴隸期不遠矣豐收奚足樂語聲悽楚與蕭蕭落葉唧唧鳴蟲相雜余聞之不覺淚下又與友人遊於水涯林表間踏落葉觀遊魚折殘菊而餐其英時而坐時而臥留連久之始循來途以歸

筆曲而達言明且清（韓光甸評）

秋日登觀音寺記

遼陽縣立乙種商業學校第一年級生　高元甲

人處斗室中鬱鬱無聊出遇一邱一壑已目悅心賞某日登吾邑觀音寺俯覽全城之勝快何如之寺在城東北隅土山上山高三丈餘北陂斜不可登南陂陡俗傳明曾建金銀庫於其上清乾隆元年改修爲觀音寺躋其巔舉目四顧附近景物歷歷在目矗立如峯者白塔也蜿蜒如帶者太子河也曲折若線者南滿鐵道也高於地面者首山也鱗次櫛比者房舍也瑩而白者水池也環而匝者城堆者阜羅者田綫者塍蠕蠕者行人也至於平原無際五穀已皆收穫草木經霜紅黃燦爛如錦杜牧詩云霜葉紅於二月花髣髴得之矣彼夫草聲風聲鳥聲蟲聲萬籟之聲嘈雜盈耳以

及雲氣蒼茫蔚藍無際雁陣書空列如人字擧目所見此聲此景似特爲斯寺點綴者登臨之頃覺有遺世獨立浩浩乎御風之概回憶去年今日亦嘗遊此轉瞬忽已經年光陰易過學問未增虛度一歲豈不慚哉不知明年今日之進步較今日爲何如也故記之以覘余後日之進退

理明詞達逸興遄飛筆無纖塵沙明水淨(韓光甸評)

遊白塔公園記

遼陽縣立高等第十四級生　傅及巖

城之西北有白塔焉唐之遺蹟也下有隙地數十畝日人闢之以爲園故名曰白塔公園其間林木花石無不畢具誠邑中名勝也予於某日偕二三學友枉道遊焉至其地見古塔聳峙高二十餘丈形爲八稜周刻佛像鉅工也其下雜植各色之花紅綠參差色香俱佳位置復見匠心故一寓目而胸襟爽然北有古碑兀峙字跡剝落不可辨認殆皆曩時刋以誌景物也南有茅亭爲遊人休憩乘涼之所斯亭雖無絲竹管絃之盛而風景清幽亦足增人逸興遊覽之餘不禁遐思夫唐建斯塔之初斬荊棘闢草萊幾許經營有此空前絕後之建築以供吾國人士之遊覽豈料外族混跡其間乃滄海桑田人事迭變致使古蹟斷送於我生之辰撫今追昔令人髮指不知何時還我舊物也噫

夾敍夾議極見經營末路感歎慨當以慷莫作尋常遊記文字觀(李沛春評)

遊白塔公園記

遼陽縣立高等第十二級生　袁殿屏

遼邑西鐵門外距吾校四里許有白塔公園內多佳景某日天清氣朗偕友人枉道遊焉至其地芳草鮮美落英繽紛有足觀者未幾至塔下仰見高聳入雲衆鳥翔集其巔又有銅佛二尊貌極莊嚴古碑前峙特字跡模糊不可辨東北行有運動場以供衆人之遊戲復行數武有露椅若干任人休憩余與友亦稍休焉繼而念曰園址我國地也今竟劃爲日本領土可恥孰甚便異日恢復此土重事修飭築亭榭於其東鑿池沼於其北復以動植各物充益其中動盪心

目不更佳乎

寫景切實筆亦簡括末路感觸極見熱心極見抱負（修有爲評）

雪後郊遊記

遼陽縣立高等第十二級生 趙凱臣

某月某日雪紛紛風烈烈嚴寒刺骨次晨風止雪霽餐畢乃至郊外遊焉見山如銀裝林若玉成陟山下望則崖谷積滿莫驗淺深獵人二三持槍攜犬循山麓而追捕兔下山南行見一池悉結爲冰有農夫持鐵器鑿冰求魚再南行見古墓一周以楊間以松其楊僅餘枝幹無一葉存其稺枝且多殘者惟喬松三五葱葱鬱鬱不屈不撓於以見浮豔易摧而高節難得有如此也余以重有感遂歸而爲之記

文不在多如此簡潔便是合作

雪後郊遊記

遼陽縣立高等第十二級生 李紹白

丁巳秋余讀書襄平孟冬十八日晨起遍地悉白樓舍不翅銀裝駭甚蓋不審雪降於何時也取玉蜀黍探之約深五寸許以是日爲日曜日乃約十數同志偕行出校循街而東甫出綏遠門朔風凜冽透衣砭骨同志有畏寒欲歸者余挽其腕曰昔孟浩然當承平之世尚踏雪尋梅不爲寒囿況我國今日與列强如細流之當怒潮其不敵也必矣挽救時局必須我輩正宜借此朔風白雪堅我耐勞之誠何畏寒爲同志躍然謝曰吾誤矣恋君之意何如余乃指前之平原曰至彼處雪戰可乎衆歡然曰諾競步往具木爲槍團雪爲彈分均人數各列隊伍砌雪以爲壘插草以爲旌彈飛頻而忘冷陣鬭久而忘歸愁雲慘淡殺氣飛騰行人見而却步鳥獸遇而亡羣迨壘殘彈竭乃相約罷戰時約未初同志猶餘勇可賈於是各整衣履復前行至一小嶺極巔而望太子河抱流於北摩天嶺蜿蜒於東徘徊之間因致某處以要隘著某處以古蹟著旋見枯楊衰柳如帶雨梨花翠柏蒼松似粉白黛綠洋洋然有樂而忘返之勢寒何有焉繼

某處爲割讓某處爲租借又不禁熱念中燒有憤不欲生之勢直延至寒鴉西飛紅輪欲墜乃偕諸君緩步歸至校乘登矣因泚筆而爲之記

入手敘述淸晰筆亦疏落次由同志畏寒發出一番議論語語警切足以省迷次由同志知誤演一雪戰尤能極其繪影繪聲之妙後以餘勇登臨時局勢極爲寬展其忽喜忽憤處亦甚可人（佟有爲評）

遊某氏園記

遼陽縣立高等第十二級生 許英魁

予於植樹節之前三日與友連袂攜酒往遊某氏之園見園內臺榭美麗頗堪悅目池沼幽雅尤可賞心更有桃柳數株環繞於池沼落英帀地垂綫沸波雅足徵三春之勝景當此之時葉綠花紅莫不鬬豔獨籬下之菊不與爭芳可謂能具獨立性矣既而與友登臺榭飲酒以暢心懷談英雄論時勢殊不計酒之厚薄也飲間語友曰此園不知耗多少金錢費若干時日而後有今日之盛將來廢於何人尙不可得而知也及日暮與友連袂而歸至家回思某氏園之景如在目前因援筆以誌之

寫景抒懷極見經營組織之妙至其造句之雅鍊亦甚可人（佟有爲評）

登魁星樓記

遼陽縣立高等第十二級生 袁殿屏

魁星樓在遼陽城東南角聞嘗考其創始復興之由知樓爲乾隆二十七年所建迨同治戊辰復修葺之擴爲二層今已百有數十年矣日曜日余往遊焉出校門入大街見士農工商往來不絕足以點綴風景俄而抵魁星樓下緩步而登樓側築石爲磴取其平坦也至第一層有碑立其中字尙歷歷可辨迨最上一層魁星已渺石甃僅存無足觀矣憑欄遠矚見夫首山屛其西南太子河帶其東北形勢雄固誠英雄用武之區也嗚呼以披山帶河之遼陽而不能自保主權誰之罪哉昔孔子登東山而小魯登泰山而小天下小之云者蓋有不難平治之意焉吾人對於遼陽一彈丸之

地亦能恢復否乎不禁感慨係之已而縱觀他景見蜿蜒如蛇者摩天嶺山脈也曲折若線者南滿鐵道也拔地如錐者白塔也雄踞如壘者金銀庫也俯視耕農幾於人豆馬寸仰觀殘雲若可目送手揮蓋已置身六七十尺上矣嗟呼自乾隆迄今百六七十年耳昔於此作賦舒懷今則於此感時濺淚以故登臨掃興祗增今昔之感已而夕陽在山人影散亂衆鳥歸巢余亦循道返因爲之記

敍述精詳筆亦疏落(佟有爲評)

五鬚松

遼陽縣立高等第十二級生　袁寶章

余當嚴霜屢降大雪飄飄歲寒之時赴秦晉訪友至則萬卉皆凋特約友踏雪山林以吐心中抑鬱某日偕往見夫山勢突兀峯巒層疊巖谷邃深樹木叢密爰循路而入怪石崎嶇荒徑曲折幾忘其所自來行數里得五鬚松二凌霄漢戰風雨其勢之雄偉疑若瓌瑋雄傑恢然廓然千載不可必得之英才其幹之華秀類似風流儒雅有緩帶輕裘之度彼亦黑松直其扈從已耳至其懍懍生氣又似乎遁世之君子不隨俗浮沈特據此一片乾淨土優哉游哉待時而動者也余方流連不忍去友遽言曰子愛是松盍歸而觀吾鄰人所植之盆景乎余隨友造其家見夫盆松皴者曲者咸受束縛不得遂其生余於是乃大感慼夫五鬚松者原百尺之松也今竟遏其生氣幾如一點微菌不能與在山者同其雄偉使棟梁之材消磨於家庭晦盲閉塞年復一年安得不憔悴湮沒與百卉同腐哉雖有高材無以啟迪雖能耐寒無以擴充此固文人畫士之所禍豈自願耶彼歷代有掀天動地之材而受姦賊所誣殺反不如儇薄無行之士者何以異是予因觀此五鬚松不禁有睹物懷人之感云

篇中於松之雄偉華秀等處妙能善於假借形容故覺於清新雋逸中別具一種雄傑態後幅爲松惜更爲人惜尤爲警動(佟有爲評)

五鬣松

遼陽縣立高等第十二級生　馮日昌

植物中其能標勁節。經霜雪。而凌冬不凋者。有之乎。曰有之。卽吾人所謂歲寒三友之松竹梅也。余初未識其耐寒之性。故於凌冬不凋之說。未之信。戊午冬。余肄業遼陽。乘大雪之霽。遊於公園。見夫百花枯萎。木葉脫落。獨盆松一。不屈不撓。頗有奇觀。挺然直立。愈覺葱蘢可愛。勁節獨標。審之。乃五鬣松也。余因是始信其耐寒。高凡五六尺。幹曲而華秀。葉針形。長三四寸。果球形。如鱗片。尖端反折。頗異他松。余因歎曰。夫松既爲棟梁之材。宜生於崇山峻嶺。土脈重厚之區。然後可以邀天眷而得地利。大發育而生效用。玆五鬣松獨挺立盆中。以供文人畫士之遊玩賞弄。龍鍾蒼老。生意都盡。使有用者化爲無用。寧不可惜。文人畫士。以其崎嶇之態。而喜之。余則爲玆松之不能盡其材而悲之。質諸五鬣松。不知是誰之是非誰之非。

章法渾成筆致活脫結束尤爲奇特（佟有爲評）

春遊記

淳安縣雉山高等小學學生　徐立

春日開融。風煦時和。草木滋生。山水明媚。一年勝景。未有過於此時者也。星期日。與二三朋輩。聯袂偕遊。見田園郊外。百花盛開。水泛綠波。山容帶笑。聽鶯鳴之求友。不亦快哉。又前行數百步。徜徉柳市之中。綠陰爲蓋。嘯傲桃林之野。紅錦爲裳。空氣清新。襟懷豁朗。仰觀俯察。美景良辰。雖無絲竹管絃。亦足以極視聽之娛。而滌塵俗之慮矣。此遊之樂。爲何如乎。未幾。夕陽在山。惠風和暢。炊烟四起。詠歌而歸。爰泚筆爲之記。

此洽心當意之作

春遊記

淳安縣雉山高等小學學生　夏建寅

仲春之月。時和氣清。寒食之日。微雨初晴。予乃邀二三朋輩。蹈青於東郊之野。萬紫千紅。既足以娛目。鶯歌燕語。又足以動聽且植物之見於書者得參攷其眞贋研究其虛實既而多聞多見亦增識而增能是以人之身體必因遊而鬯適人之心思亦由遊而清明彼孤陋寡聞不出戶庭認梨爲李認楊爲柳豈非不遊之病有以蔽塞其性情則遊顧可缺乎哉況日月逝矣歲不我與靑春不再白髮是驚迨寥落飄零之候悔韶華之容易因其去而始知傷心亦已晚矣烏乎天地者萬物之逆旅光陰者百代之過客念浮生之若夢覺駒隙之難停言念古人秉燭夜遊將俯仰以寄感抑躑躅而獨行遊乎遊乎吾於春也不禁以其所觸而不能已於鳴

全體韵語無一滯筆絕佳

遊公園內假山記

青浦縣立高等小學三年級生 王慕楷

城之東偏有公園焉卽前邑廟靈園所改建也園不甚廣而風景幽絕予幼時已耳其名每於讀書之暇輒往遊之月之某日徐子約予予亦欣然願往入園數武見一堂中寬而闊顏曰凝和勝朝李文忠公所手書也堂背兩旁均有欄憑而望之見夫碧波蕩漾錦鱗泳游其間者荷花池也攢柯挐莖構架以承之者紫籐棚也長虹臥空遊人往來者喜雨橋也是皆斯園之勝景予低徊久之不忍去時予患足疾不良於行欲遄回矣徐子曰前有假山勝景且過之盍往一遊乎夫遊岱宗而不登丈人峰不足以言遊遊嵩嶽而不登太室亦不足以言遊遊公園而不遊假山更不足以言遊者果步履維艱者徐徐而行可也予乃尾隨之山以亂石疊成或列或跪或立或仆殊形詭狀與眞山無異是前清乾隆四十九年所築成者也山有仙人洞予與徐子傴僂而入初甚狹纔通人又行數武豁然開朗晚風吹來不覺心曠神怡既出復拾級而登其巔滿園風景歷歷在目無遁形無匿迹山多怪石如萬笏朝天皺而頑有古意大者可坐數人惜予不能起生公而說之點頭耳山上樹木蕭森經霜葉脫有亭翼然臨於沼上予與徐子遊山畢憩息其中津津談園中勝景晏如也未幾出園門登城而眺郭外晚禾已秀風帆上下俄而夕陽西下飛鳥倦還予復南向望見佘

鳳諸山烟霞籠罩高插雲端神采朗秀氣象崢嶸不禁心慕之焉方予之登假山也自以爲高矣勝景盡在於斯矣若登余鳳諸山勝景必指不勝屈予乃自笑識見之陋未暇徧遊九峯而廣己之眼界也徐子曰日已暮矣胡不歸乃緩步而返須臾已燈火萬家矣濡筆以記之如此

妙句佳詞奮腕而出是聽明人文字

遊公園內假山記

青浦縣立高等小學三年級生　章書文

星期無事與友出校沿城至北門友曰足疲矣足疲矣余莞爾笑曰精神愈用則愈出愈疲勞當愈奮發安可以疲而阻吾遊哉於是强前數武見樹木蒼然卽所謂公園也顧爲友曰公園內有假山盍往遊乎友曰諾乃下城入公園有瓦屋三楹麗華照相館賃居其內更進過一廣場循牆而走牆盡處有雙扉焉上有匾額題曰羣賢畢至入門由花神祠後向西行經凝和堂折而北過喜雨橋則假山已聳乎我前其石赭黑相間斑駁不可狀有嶔然相累而下者有衝然角列而上者山之高不過四五丈周圍二三十丈上有石檯一石櫈二樹木以梧桐爲最多松柏桂樹次之枝枝糾結葉葉紛披常覺孕風而貯涼登其巔而望之則公共體育場及東郭外田野之景一一入乎眼簾山之左更有仙人洞洞口不甚廣進則愈闊身居其中不知西東洞中世界與洞外不同行又數武稍有光綫入內折而南則由幽而明蓋出黑暗世界而又入光明世界也快樂之色不覺溢於顏面相與徘徊久之遂品茗公園間而暢談焉友曰洞外世界眞可謂光明矣晝有日夜有月不若洞中之不見日月也余應曰予特以其形式言之耳其實世界之人天理滅絕邪念縱與機械變詐日出而未已光明其名黑暗其實吾恐較假山洞中爲尤甚也言畢相與驪然而笑夫今日之遊不過公園內之假山耳而樂已如此他日者得遊名山大岳舍假山而遊眞山則快樂又當何如耶未幾以天色已晚循去道而返時在民國七年秋也

詞意修潔敘事詳明入後尤有生發（夏體仁評）

中秋夜遊記

浙江吳興縣留韻乙種商業學校二年級學生 錢紹廉

夏曆八月十五。謂之中秋。是日天氣晴明。入夕、月光皎潔。籬豆搖曳、蟋蟀爭鳴。景物既佳。遊興頓起。乃倣古人秉燭之意、命儔嘯侶、作郊外遊。離城數十武。已覺稻香郊野。柴門臨水。自成村落。行里許。至峴山麓。入顯化寺。稍憩。出寺。見李氏南湖別墅之亭閣。宛然在目。適某君等亦作夜遊。不期而會。遂同行焉。園中地曠人稀。碧草如茵。臺樓傍水。高聳雲霄。遊目騁懷。樂而忘倦。復與諸友泛舟碧浪湖中。清風徐來。水波不興。風景之佳。罕有其匹。杭州之西子。濟南之大明。恐不是過。舟入道場山塢。遊興未闌。相將登陸。重作山遊。地有崇山峻嶺。茂林修竹。又有清流激湍。映帶左右。遠近之景。皆在目前。清遠之觀。令人意曠。夜已逾午。寺僧寢靜。鐘聲無聞。遂繞出寺後。而達山巔。遠眺迴顧。仰觀宇宙之大。俯察物類之繁。縱耳目之所娛。覺襟懷之悠然。塵俗頓消。留連良久。興盡歸舟。至校天已微明。遂濡筆而為之記。

興會淋漓靜而有致

遊半淞園記

務本女校高等二年級生 劉蒀

滬南有半淞園。余往遊焉。持劵入。前有小池。俯視流水淨綠可愛。四周有鐵欄。園之折而北行。至花房。見花草樹木蔥蒨蓊鬱。甚為可愛。又折而西南行。經江上草堂。至一大池。中有小舟。余購劵乘之。坐其上。涼風拂面。水波不興。洵可樂也。池邊有荷。點點如錢。搖搖若蓋。固已疊滿青溪。然花尚未著。他日開時。香氣襲人。其景色不知又當如何。既而舍舟登陸。西南行。有假山在焉。兀然而立。有矯矯不羣之慨。余循石級上巔。有一亭。倚欄而望。屋宇櫛比。租界居民也。一水環抱。帆檣上下。又黃歇浦也。夕陽西下。晚景尤佳。余以遊人嘈雜。故遂乘車回。筆而記之。亦雪泥鴻爪意耳。

全國學生國文成績文庫卷十七（乙編）

古邗盧壽籛選輯

●旅行記類

旅行道峯記

浙江吳興縣留韻乙種商業學校二年級生　錢紹廉

白雀之勝、甲於湖州、然其幽邃、尙不及道峯、嘗思往遊、輒因事阻、丁巳九月二十七日、本校有修學旅行之舉、以道峯爲目的地、予亦與焉、得償夙願、不可謂非幸也、是日校長敎職員督率全體學生、制服列隊、自校出發、繞城一週、始出南門、直至道峯、一路所見、不無可記、惟因志在道峯、他概從略、迨至境絕清幽、修竹環繞、流泉噴薄乎其下、山鳥對鳴於其上、遠近之景、皆在目前、清遠之觀、令人意曠、而萬壽寺正居該山之中、進寺即見小石長橋、橋下之水、清冽非常、遊魚出沒可數、寺僧雅意歡迎、殷勤供饍、餚雖素品、味頗適口、饍畢散隊、往遊山巓、時際秋深、景色慘淡、木葉凋零、山川寥寂、非春夏時芳草爭茂、佳木葱蘢可比矣、加以孤雁悲鳴、蟲聲四起、悲秋甚切、遊興頓減、俄聞號鳴、遂整隊而歸、歸後閒暇無事、因濡筆記之、

寫景如繪

香山旅行記

江陰縣立第三高小學生　趙寶明

歲戊午季春之月、既望、我校學生七十餘人、作香山遊、爲修學計也、是日上午九時、出發、至金童橋、鄉立第二國民學校、稍憩、復前行、經三官殿、繞蟠龍山、至倉廩橋、胡首明先生家午餐、休息片刻、辭別前進、約里許、則香山巍然在前矣、山西形勢較峻、俗所謂虎背也、各勇鼓而登、越玉皇殿、更上進、始躋其巔、擧目一望、則長巫二山、環於北、長江如帶縈

其下滄溟浩渺氣象萬千未幾見有墨烟一縷繚繞於水天一色中則汽船鼓浪而來也長江天塹豈尚是以限南北耶昔張可琮帥師從陳瑋敗吳越兵於香灣江山如舊人民已非欲尋當年用兵之地而峯巒蒼靄無復有沈沙之折載矣爲悵然者久之山巔有九龍池舜過潭其左有洞深黑俗稱仙人洞據土人云往昔曾有好奇之士秉燭入焉但聞流水潺潺陰森之氣砭人肌骨傴僂行數十武而不能窮其底恐燭盡乃出夫蓬壺瀛島後人迷信之詞豈果有所謂仙人耶流覽一週復前進欲探采香徑之故蹟而代遠年湮無從徵信據邑乘所載吳王曾遣美人採香於此夫吳都姑蘇王何以使宮娥采香於數百里外可疑一也既云采香其芳蹤所至當不止一隅而何以他無所聞可疑二也或曰因姑蘇有采香徑遂附會之而錫以嘉名耳其然豈其然乎夫名媛遺蹟最爲千古所豔稱湖號莫愁墓傳蘇小都足爲湖山生色采香之徑雖不能證其確有亦不敢斷其必無騷人墨客遂籍此以寄其香草美人之感故數千年來而吳宮豔迹尚足爲是山之點綴品也越嶺而下至采香禪院稍憩院中供大聖像色相莊嚴旁有船亭明窗淨几佈置精雅院僧浥泉煮茗香溢齒齶不亞惠山第二泉也院後有花園因巖石之凹凸鑿爲石磴旁有花卉幽芳撲鼻若別有洞天焉聞該院爲志坤禪師所手創辛苦經營幾逾十載院中素無田產其建築費都由志坤募諸紳富家其不憚煩苦可知矣據鄉人云志坤擬將花園擴張直達頂峯與東嶽殿聯絡一氣未竟其志場於前年怛化彌留時囑院僧預儲一龕將其尸骸趺坐於中三年後啓視如不腐即移置密室腐則以火葬之今屈計一載有奇矣其靈前額曰隻履西歸旁懸輓聯云『溯前年法雨東來因巖築室鑿石栽花備嘗萬苦千辛始得菩提成善果愴今日慈雲西去香徑風寒硯池月冷留此一邱半壑也當衣鉢有傳人』詞氣激楚可謂一唱三歎有遺音者矣憩息約一時許向山南進發見有所謂石虎門者不過尺許之青石橫亘於山坳耳由石虎門而下羊腸小徑逕達半原或云此即采香徑也詢之父老則云亦然嗚呼滄海桑田歷經世變彼漢代衣冠唐宮法物一遭兵燹且漸然俱盡今一山徑耳而得

流傳百世豈偶然哉石虎門之東約數十武石壁嶙峋其下清水一泓縈澈可鑑菖蒲矗立水面葱翠如滴或曰此髯蘇洗硯池也臨池鑑賞不覺心嚮往之距池十餘武有梅花堂故址已蕩焉無存祗賸有敗瓦頹垣供人憑弔而已嗚呼坡公生當宋代文采風流卓絕千古迄今撫茲遺跡鐵板銅琶誰復唱大江東去能無抒懷舊之蓄念發思古之幽情乎流連久之時將薄暮乃整隊而歸爰將途間所得寫其大略以誌鴻爪

秋日遠足郊野記

揚中縣立第一高等小學三年級生　唐淵

蝸廬斗室中遽謂能知萬有象此豪傑欺人之談也西人設教恒隨四時之變遷令學生以游覽此遠足之舉懸為教育上之成例而未嘗或忽吾校法之校長文先生於民國七年舊曆八月仲秋節命諸生着制服遠足郊野余亦隨級長姜君國璋蹀躞就道緣溪而行纔步一里許漸聞水聲潺潺者秋潮至也樹杪蕭蕭者秋風來也砲聲隆隆者兵士秋操也轂擊肩摩絡繹不絕者騷人逸士佩秋蘭而奔走道路也余與同學諸君凝目以視不禁慨然而嘆曰惟天地變化無窮故有及時之眞像印入吾人之腦筋惟人事治亂相因故有文人武士之舉動刺激吾人之遐想幻矣哉天時也人事也已而翹足而至圖脈之陽男女動作惟穫惟耕而知稼穡艱難該邑人民頗有唐魏勤儉之風移數武登於東皋之上仰而視則見雲霧或蓄或泄錦色燦明丹青可畫古人謂秋雲似羅於今驗之俯而察又見葎蕊攢簇葛花成莢而知狀似松毬與夫實可以製粉皮可以製衣遠而眺更見草木葳蕤行將與桐葉而彫落山色慘淡且將隨氣候而淒涼復行數百步平原無際蔬兒芥孫羅列可數圓稷長黍壘負以歸他如野菊秋放動屈平紉佩之歌蓴菜秋肥發張翰風味之想而且颸風颼颼落帽遙溯夫孟嘉蟲韻啾啾入夜有懷於杜甫美哉秋之為狀也非徒以飽吾人之眼福實足藉以致察物理上之性質增長歷史上無限之見聞者也斯時也目眺神遊方在采烈興高之際忽焉金烏西墜玉兔東升余與友扼腕而嘆曰雲無心以出岫鳥倦飛而知還況乎晚風淒其逼人肌膚胡不歸於是捲校

旗攝衣襟循舊路而返其時鐘已報七下矣晚飯後休息寢室回憶瀏覽間形形色色猶往來心目而不能置爰爲之記。

繪景繪情有聲有色（朱元塑評）

黃河流域遊記（一）

上海縣立第二高校二年級生 吳上達

戊午夏余邀同學四人同遊黃河流域以擴眼界從上海出發乘滬寧鐵路汽車抵江寧渡江乘津浦鐵路汽車直抵山東濟南街市繁盛商賈輻輳由此南行至曲阜縣城闕里在城西南隅孔子廟在焉孔林在城北二里許孔子墓在焉林廣十餘畝松柏參天碑碣夾道中外人士過其處莫不肅然起敬由是折回濟南乘車西行過濰縣周村膠州而抵青島濰縣與周村近已開爲商埠故市場極爲繁盛膠州灣本爲我國軍港以我民殺德國教士德人强佔以去事後立約租爲軍港訂期九十九年青島本爲漁村故人烟寥落後德國建官衙於此宏壯華麗氣象崢嶸自歐戰發生已爲日本所據我國不可不亟謀收回也回車抵省城北赴天津地瀕渤海爲五巨川之會合點位置良好商賈雲集故爲四大貿易港之一西北有鐵路通都城京都分內外二重外城南門曰永定門內城南門曰正陽門正陽門外大街市肆櫛比車如流水馬若遊龍至爲殷盛城東南隅之東交民巷各國公使館在焉築砲台開深溝儼然一聯合國警察之權俱操諸外人之手深堪浩歎由永定門乘京漢路汽車過黃河鐵橋長九里許近代北方巨工也抵河南鄭州近開商埠東抵開封省會也城內東北隅有鐵塔登塔遠矚黃河如帶金隄千里歷歷在目亦名勝地也

黃河流域遊記（二）

上海第二高校二年級生 吳上達

自開封折回鄭州北赴正定當燕晉之衝乘正太汽車入山西省境本省礦產最富煤鐵甲於天下其煤足供全球二千年之用淸光緒二十四年曾讓於英商福公司開採至三十二年由本省紳民力爭始收回名曰保晉公司然其成

績尙未大著正定氣候極寒夏亦飛雪城內街衢坦平碑坊林立由此西行抵太原省會也氣候乾燥土地龜裂故荒地極多市街寬敞均爲泥土晴則塵沙蔽目雨則泥濘沒脛自正太鐵路通城中亦與築馬路由此西渡汾水逾霍山而達蒲州沿途土沃民豐村市相望蒲州古舜之都名曰蒲坂當秦晉之衝披山帶河控扼要道渡河入潼關則陝西省境矣黃河帶其北鑿山通道車不能方軌馬不能並行每里闢崖廣僅容一車兩車相遇則一車避於土窟以俟來車之過然後行故車夫必遠相呼應以防衝突眞一夫當關萬夫莫入之險險也循渭而西道經華陰風景清幽華山古稱西嶽高峯插天飛瀑騰虛山形四削遠望若華足壓行色赴西安省會也自周武王都鎬而秦而西漢而後周而隋而唐皆建都於此古稱長安歷代古跡頗多商業繁盛由此渡渭西北行赴甘肅省境達寧夏街市繁華貿易至盛西抵蘭州省會也毛織業頗盛由此折回北京而赴上海所歷之景一一在目爰濡筆記之以誌不忘云爾

歷敍而辭甚簡足當臥遊

遠足洞霄宮記

餘杭縣立高等小學校一年級生 張祖榮

距餘杭縣城西南十五里有奇曰洞霄宮大滌有山石洞在焉民國六年五月二十七日余與同學遠足其地整隊而往出西門經天竺堰至七里殿兩旁草木成行惟途徑稍狹俄頃抵丁橋稍憩復前行里許四路岐出向南行竹木叢生尋路入不知所嚮曲折莫辨既而林盡乃見苕溪掉舟渡汪家埠再百數武豁然開朗四野黃雲風吹成浪鄉老農夫持鋤耕作拌怡然自樂行數里經馮家廟見石碑坊巍然而立題曰九峯拱秀進山口水碓羅列如棋子然因其地產紙甚旺備春料用蠱又里許四山迎面拱峙卽土名九曲嶺是也余等緩步而上至山半屋舍儼然詣同學費君宗炳家午膳後整隊出發復下嶺向西行過會仙橋橋上雕欄淳熙二字微現折而南復折而西洞霄宮至矣外題洞天福地四巨字余等由宮旁歷階而上右有精舍數楹舍中壁上碑石嵌列皆古人墨蹟後有井水甚清涼左室爲三賢

祠几案咸備陳設頗隹三賢者朱文公李忠定公黃忠端公也前望遠山環繞秀麗無匹謂爲福地誠非虛也相傳宋高宗南渡臨安以此爲離宮其可痛者高宗據半壁河山偏安自娛不克力圖恢復置二聖於不顧而亡國之禍已在眉睫猶聽秦檜之計令岳飛三字沈冤今日漢族陵夷未始非高宗之孱弱爲之禍首嗟夫以一朝之失計致千萬世飲恨無窮爲國者其可狃於求和忍辱蒙垢以爲苟延殘喘計哉少頃自大滌山麓而上百數十武有大滌洞洞高不及丈額鐫大滌洞天四字又一碑嵌於崖上題曰『石磴風煙幻松門歲月長白雲藏紫府呼吸到華陽』末署乾隆庚寅春汪皐鶴遊此書入洞約丈許深黑不可辨非火不能入遂出再上路甚欹斜岡巒起伏蓁藜蔓生苦無插足之地時而取道懸崖河流左右水自高巖飛滾而下有一瀉千里之狀非目力所能及頗爲驚駭其路徑之險若鳥道羊腸然苟不愼則仆傷不特穿其衣履也一失足則陷身於深坑間噫嘻險哉余等行時頗自戰兢目不敢下視或扶竹或攀葛緩步而登與昔往洞霄宮行大道者有天壤之別矣達山巓稍平西望斜陽村落東瞰洞霄故址有振衣千仞之概復綿行數山折而西仙入洞至矣洞高二丈許循門而入覺寒氣逼入彷內有泉甚清冽略取飲之其涼震齒旁有階級可下至彎處見有石八植地而立復下數武則隱約不明地潮溼甚有水泓然又耳蝙蝠之聲啾啾不絕以幽邃不可入乃興盡而返出洞復向東北行抵山半有天柱庵在焉入內休息片時守者奉茗至飲之遂辭出見大滌呈露於前天柱雄峙於後下嶺二里許至洞霄村同學許君思忠邀入其家茗敘多時四鐘整隊往宮路山攝影此山怪石嵯峨雜樹繁生一時觀者甚衆又至鳳龍山攝影時夕陽將下遂整隊返費君家晚膳就寢翌日早膳後辭別向南行上嶺嶺甚曲折行數十步得一潭潭水清可掬飲旁二洞名二龍洞達嶺巓共有九大曲嶺上有亭旁有草舍二三左顧稽留山脈綿延於南右視天柱仍歷歷在目下嶺共十三彎形若長蛇洵爲奇觀行二里抵白泥山山中皆產白泥故名山麓高地有南區立第二國民學校校舍修整清潔可愛既而向東行經楊橋至西蓮庵稍憩緣小溪行見水中

巖石聳立如假山然不數里過朱橋古社至觀音亭又少憩向前行約三里越遁仙橋在積善亭少坐見安樂塔呈露於前市廛歷歷在目由瓦窰塘出張家街繞街道回校日已正午矣是遊也閱時二日同行者姚師寅恭陳師孟深潘師藏黃師俊升姚師源燕務沈君同學七十餘人奮同學五人校役數人隨之回時得新奇植物數本白泥數塊於博物智識亦稍有裨益既返校乃握管伸紙作爲斯記

敘事詳析如畫如語深合遊記體裁

上巳旅行記

湖北廳城縣高等小學校三年級生 李桂芬

民國七年歲在戊午三月三日爲古人修禊之期於時校中舉行春季旅行是日也宿雨初霽微風扇和天朗氣清山光明媚出北門見田疇鱗次麥浪縱橫淺草如茵牧豎藉而穩睡鶯則百囀燕則雙飛各有怡然自樂之象予輩胸臆不禁豁然開擴逸興遄飛途中北望古塔矗立烟間東望龜峯峙於雲表尋至沙河小憩沙河者距城五六里之小市也市況雖不繁盛而小貿之外業典質者有之市之北端有清流一溪沙河是也架石橋其上橋下遊魚往來翕忽夾岸楊柳一碧如煙綠陰叢中浣聲不絕頗有村居之樂沂河而西曲徑紆徐阡陌之上有攜筐者蠶婦也溪谷之間有把釣者村童也村落寥寥居民鮮少亦各有胼胝之勞噫距城數里其勞逸視城內蓋甚遠矣行愈西徑愈狹又數里由山而登則見山中多松栗楓楮之類互相掩映如撑幄然間有杜鵑開放映日鮮妍蘭蕙幽香因風撲鼻令人心神頓爽翹首而觀已在靜月寺下矣瞻仰廟貌泥塑雖具而榱桷無存叩其故有好事者擬募貲重修之行將開工矣若然則今日之破壞卽異日之建設未足爲玆山累也其地東瞰平原西倚鳳嶺南北之山環繞其左右靜月寺後尙有數椽未經拆毀乃叩門入有老僧布衣芒鞋蒼顏白髮合十以迎清雅絕俗未易以筆述也仰觀寺後山勢覆於瓦頂如將傾仆其上詭石怪木森然羅列於是益歎斯寺之得有仙境也既出寺院步山徑迺有長林羅戶積石擁階循磴

而上不轉瞬間有亭翼然就而視之榜曰且住其傍有小池水不深而澄清或曰此麻姑洞後之泉從崖中流出匯於此也亭之側有石洞中列金像就石爲龕因崖作壁或刻木以衛其前或琢石以安其座而仁慈忠厚之顔誠有令人肅然起敬者麻姑之仙像也洞上懸巖陡出千餘尺可以代瓦而題壁者甚衆其後有穴窈然有泉蕩然穴之深可得而察泉之淵不可得而知既入而出觀其左勒諸貞珉者姑之傳序也其文雖漫滅猶得識其大槪焉姑麻秋之女也當五胡亂華秋爲石勒將駐兵於此邑性甚嚴猛嘗興役令雞鳴乃罷姑憫之屢登城效雞鳴羣雞皆應秋覺姑懼父見責遂遁於玆以修眞焉予自幼卽聞父老言麻姑洞之勝每欲躬覽其形勢未果今幸得以償予之夙願矣於是知地以人顯人以地靈使姑以嬌好女子見士卒之苦而不問亦不至觸秋之怒而遁玆山則姑自與草木同朽也地雖絶俗微姑修眞於此徒供牧童樵叟歌呼上下烏得有識之士於草長鶯飛之日爭至其間耶循右徑而上阻於石僅而視之有罅可通僅容一人蛇行而入攀蘿援葛而上登其頂地稍夷可容數十人或坐或臥或立或遊或劃然長嘯或撫掌狂歌興之所至幾忘其險又石上有穴形如半盒下有磴三層相傳爲姑廢妝之所也衆乃攝衣而上履巉岩披蒙茸踞虎豹登虬龍升其崇巓憑石遙矚又悠然而遐思見石壁嶙峋岡巒起伏曰天造地設豈有待乎姑之棲身而闢千萬世之偉觀歟見花草鮮妍林木晻曖曰此殆姑之德加萬物以增遊八之羨慕也觸類而思不一而足奚止徜徉山水之間放浪形骸之外耶久之魚貫而上越嶺南行有敗瓦頽垣仆於山間者俗所傳覇王寨也欲求其事故老皆盡無可聞問又奚怪其傾頽耶迤邐南下見燦爛如電光閃奪目皆曰此五腦山之廟也山勢飛舞略分數支五腦山其中支也廟故祀帝主張公以其降福於吾邑故馨香弗替然此特得諸父老傳言未覩其像也斯時也疲倦雖甚而景仰之心彌切於是童子狽狠冠者蹣跚相與登於廟庭則見正殿燦然可觀棟宇嵯峨簷牙高啄而豐碑屹屹凡帝主拯災解厄之事跡皆昭昭可攷事雖近於荒誕亦不無崇拜英雄意也已而午餐畢夕陽下雖有此名山之勝

竟戀戀不得矣相攜反校并濡筆記之

感慨情深頗有古文筆意敘次有致確從柳河東諸記得來（汪龍蟠評）

孤山旅行記

泰興縣立第一高等小學三年級生 譚自強

蕭然一峰枕峙江濟非靖邑境內之孤山耶乃吾校此次旅行之目的地也陽曆五月四日晨整隊出校南行至黃古橋登舟未幾至張家橋參觀第三高等小學少頃復相攜入舟經綠濤堰見兩岸有坊四一爲何錦雲之樂善好施一爲陳希亮妻朱氏之節孝一爲朱氏之一門雙節一爲何氏陳孺人之貞節名傳不朽良可敬也下午至寧界市晚膳後就寢休養精神爲明日遊山之預備次日天雨不止同學曰何天公之不作美耶又次日晨天晴乃欣然整隊往行四里許即見山巔至山麓徑甚直攀援而上登臨絕頂仰視天空心曠神怡俗塵盡去俯視山坡草色青青松柏蒼翠怪石崢嶸頗有可觀又向西北行數武有一洞深約二丈幽暗如隧山之佳境也他若鄉村似雞巢人馬似粒豆道路縱橫如棋局小河蜿蜒如羅帶麥無分莖穗樹無辨枝幹而吾恍然不知其山之高以爲萬物之忽而小也山之上有屋數十間中多土偶桃梗而焚香頓首者不可勝計以有用之金錢銷耗於無用之地因歎吾國人之迷信蓋若是之可笑也最後至望江樓舉目四顧長江一泓波濤上下昔人謂爲天塹所以限南北今則交通便利何險要之足云耶黃山君山綿亙數里形勢雄偉乃兵家必爭地也時已將晚整隊下山聞靖人之語言瞠目不解夫靖鄰邑也隣邑之言語猶且不統一若是況一國乎此未幾至寧界市登舟歸校清風徐來水波不興蒼天一色明星萬點別饒雅趣時余精力稍疲隱几而臥不覺紅日東升舟已抵岸至鎮海門矣是行也往返雖三日而受益良多歸校記之以示不忘云

敘次尚有條理（李燕詒評）

第一次五站旅行記

黑龍江省木蘭縣高等第二級學生 劉景榮

某年月日。本校舉行第一次旅行。因於經費。旅資無出。未能遠行。遂以五站爲目的地。五站者、前清所設驛站也。乾隆時。吉林將軍某。以傳遞文書不能遠達。因於三姓沿江設立驛站。而江南地勢低窪。往來不便。遂借江北之地。安設由頭站遞推以至五站。故以五站名。其地居縣城之東偏。距城十八里。本縣所轄第五國民學校在焉。蓋縣屬學校之近無逾於此。本校既爲經費所困。而爲節省旅資計。則旅行宜莫如五站。若夫所謂旅行者。要在活潑其精神。而尤在參觀互證。以增長其智識。固非徒爲遊歷已也。五站國民學校。辦理本甚得法。故談本縣學校成績者。常首屈一指。余等既奉校長之命。相率來此。則該校之表面以及內容。凡足以資觀感者。自應參攷周詳。以期無負此行之本意。於是始則視其體操。見其口令淸朗。步法整齊。進退雍容。毫無凌亂錯雜之弊。繼則察其課程。雖算術圖畫程度未能齊一。而手工、唱歌、諸課則大有可觀。其中天姿明敏。不無傑出之人。睹之尤足令人生羨。其時校長許君芷雲。甚極歡迎。本擬再事盤桓。以盡一日之興。適因天黑如墨。雷聲隆隆。山雨欲來。未敢久羈。遂相率而返。此次爲雨所迫。學務而外。未暇他及。舉凡地方之風景。人民之習尙。以及商業之是否發展。警察之有無進步。尙當俟之他日。故爲記以識之。

能知旅行於精神上智識上甚有關係並非徒作漫游識力已自高超其餘敘事亦極詳明殊爲可嘉（隋則民評）

第二次五站旅行記

黑龍江省木蘭縣高等第二級學生 劉景榮

前者某年月日。余與同校諸君。曾奉校長之命。爲第一次五站旅行。忽忽寒暑。於今兩易。駒光逝水。迅速如斯。此兩年中。每欲再遊本校。因經費支絀。旅行盛舉。遂致中輟。回憶當年情事。能無慨然。今幸友人姜君振寰。以五站爲邑中名勝。不可不一至其地。以擴眼界。約與偕行。而二次五站旅行之目的。竟以得達。於是出其東門。載欣載奔。未幾而五站至焉。前者爲公共之旅行。故以參觀學校爲首務。今旅行屬諸私人。則凡前之所未暇及者。自當一一考察。以資研究。

而增智識五站街道長僅四里有東西而無南北翹首四望衆山羅列無異城郭大江橫於前有如羅帶而江南遠山秀峯高聳幾接雲漢拜有所謂高麗冠者其形尤爲酷似山以形名在昔時不可謂不幸今則國且不國矣遑論其冠言念及此不勝浩歎不知韓人睹之其感想更何如也市中居民不滿三百商務亦極蕭條燒鍋僅會升合一家雜貨店亦只會源泰頗有可觀餘則自檜以下無稽焉此間風氣開通較晚故人民智識猶多頑固幸學校辦理得宜而子弟中聰秀特出者亦復不少挽回之望其在此乎人民既篤於守舊而該處警察亦不期然而然與之俱化無所謂干涉無所謂預防增進幸福保護治安主義雖善適用難期此又警察之現象也夫五站非前清時之名勝地乎側聞索羅章口未設治以前商賈輻輳諸貨雲集氣象崢嶸大有蒸蒸日上之勢曾幾何時衰敗一至於此因與吾友相與慨歎者久之吾友曰古人有言風景不殊令人有河山之感茲其事雖殊其情則一今日之遊其裨益於我兩人者良非淺鮮子曷有以識之余曰諾因泚筆而爲之記

榷是第二次旅行與第一次旅行尚不相混足徵題界整嚴中間高麗帽子一段慨乎言之尤見匠心(隋則民評)

遊青原山記

吉安縣立高等小學校第二年級學生　秦名儁

民國七年仲秋月之下旬縣立小學校旅行於本邑青原山是日也天高氣爽晴光朗照早膳畢乃整裝出校由十字街過魁聚門同學者八十四人皆興致勃發歌聲履聲一一相叶也從南關過渡而東循路進行仰觀紅日遠射俯察野草叢生而一二農莊隱約於敗楓凋梧內鼓聲發而雞犬鳴旂旆動而男婦集回首城市幾別一天地矣道途邐迤隨地起伏至十句鐘抵齋樓前之崋嶺村夫以茶菓獻休息片時乃復前行不一時達山前村見疊巘層巒極爲幽邃而所謂青原山者尚不知雲深何處復行一里許泉洩峯鎖寒蟬皎徹鐘聲撩耳自谷中來予意勝地將至急欲就之而山之曲折愈甚若故藏勝以引人者復行數百武峯廻路轉清溪橫前崇樓傑閣突兀目中始知身抵青原焉時則

已十一句鐘矣攝影於寺門首畢乃散隊入寺人各給麪包六香茗一食已與劉鳴鐸王士吉陳振道諸君聯袂入大雄殿見佛像三尊發金色殿爲水繞有若海嶼三橋拱之而黃山谷所書之八碑森然嵌於殿壁間與顏魯公所書之祖關二字文信國公所書之青原山三字皆古人墨蹟也俗謂之三寶云殿後有閣曰毘盧貝葉之所貯也由閣左上九十六磴有屋而起浮圖於上者七祖塔也門額曰曹溪宗派乃王陽明先生所書也塔外叢林怪石泉滴珠瀉右走百餘武有大石數疊倚山而臥者試劍石也塔右約百武有亭峙立其間者五笑亭也翠篁蒼松環而蔭之但見象山翠屏咸列枕席而空谷之瀑布聲與遊士之談笑聲嫋嫋相和風搖竹影而日已西斜矣返寺中徧覽維摩堂伽藍殿噴雪軒諸地皆寺中之美觀也惟葯樹堂晚對軒諸名勝毀腐不堪殊爲可惜噫斯何地也自唐神龍時七祖開道場於此名勝大著遂爲洞天之一騷人墨客尋芳攬勝於今未滅而年來荒蕪頻增來日大難邦人君子尚不出而爲之葺修存古蹟以待來者則此天然之公園能無如銅駝荊棘徒供後人之憑弔也耶因躑躅久之乃復邀前諸友由待月橋循溪而之文明陽明二書院而檻檽多頹然矣此亦足令後學扼腕太息也返寺中又已三時矣澗藻搖曳苔蘚蒙茸寒雁數聲帶白雲而橫天際凜乎涼風拂面知其不可久留也乃整隊歸校而又恐其輒忘爰泚筆而爲之記

敘事繁賾而步驟不亂雖由筆妙亦見心靈(蕭學咸評)

秋日旅行首山記

奉天遼陽高小第十一級生 盧文傑

山楓既老籬菊已香芳草變色白露爲霜正秋高氣爽時也爰於本月二十四日旅行首山是日也天晴日煖微風嫋嫋整隊出校穿大街越順安門校旗飄颺緩緩而西至八里莊見小犬迎人而吠村童戲於籬邊經首山堡繞山南而至清風寺略息於此一路所見枯草殘莖黃落滿地潦水寒潭其清徹底遊魚可數過橋梁又聞水聲淙淙如擊碎玉旅雁嘹唳似憂行路之難更啟遊子懷鄉之悲少頃午餐寺院四圍半就荒頹惟古栢數株杈枒聳立爲增廟貌之色

而已旋繞道造山巔山爲石質數息始造其極時已力疲氣竭矣少息數刻精神復振乃躍然而起縱覽之餘南見渤海黃海浪疊如山汽船穿越殆如安流最傷心者旅順一港北洋艦隊熱血未乾而俄人染指及甲辰一役又爲日人據矣迄今非我有者已十五年矣北望東蒙荒原淺草平沙可耕可牧浩浩無垠一望千里與滔滔汩汩黑濤墨浪之江相毗東見鬱乎蒼蒼隔離天日之森林乃長白山也西見毉巫閭山之廟宇金碧輝皇得無有隱君子遁爲名僧高士乎至於近景更瞭如指掌夫首山者又古今兵爭之地也昔唐太宗伐高麗於斯指揮軍旅而下遼東日俄之戰亦於斯而決勝負由是觀之地之重要可得而知當思如何懲前毖後耶時日將暮復整隊歸比及校已昏矣遂振筆而記之

迤邐寫來情眞語摯後幅慨今弔古有范文正登岳陽樓謝太傅登冶城之心焉國事之概(張震評)

秋日旅行首山記

奉天遼陽高小第十一級生 周知喆

征雁長鳴籬菊吐豔草木黃落風日清晶當此大好風光豈可虛擲吾校於是旅行首山是日也天氣清朗萬里無雲排隊出西門旗影飄飄鼓聲鼕鼕精神活潑有足稱者出郭見收穫已畢積滿塲圃潦水寒潭或涸或清巨鴻小鳥有飛有落已而經八里莊抵首山之麓至清風寺而小憩廟貌整齊蒼松翠柏交蔭其周殊覺淸幽可愛及飲水食物畢尋山徑而上荆棘荒草滿目皆是大石峙立峭可千尋目擊其險以爲苟達其巔不知如何疲困然畏難而止何以盡此山之大觀遂振刷精神邁步而上及巔回首下顧見小徑曲如羊腸人豆而馬寸山巔有臺登而四眺南見羣峰高聳直出雲霄遙爲掩映者千山也煙突特立商標飛舞者立山之新市塲也北望黑濤墨浪滔滔汩汩者其黑龍江乎森林蒼蒼鬱乎千里者其長白山乎此山雖不及長白之大實爲遼陽之屛藩昔司馬懿斬公孫淵於斯山之下唐太宗駐蹕於此而下遼東城日俄之戰亦於是山決勝負由此觀之是首山之重要今古皆然今藉旅行以遊觀焉當思

有以保障遼陽幷不負此勝地也低徊久之排隊而歸至校日已暮矣遂記之以誌不忘

描情寫景敘次清妍弔古吁今蓄意綿邈（張震評）

秋日旅行首山記

奉天遼陽高小第十一級生 周知喆

風和日暖淑氣盈空小草如茵弱柳轉綠郊野之外青青蔽地正陽春之佳日也爰於假日往遊首山夫滿洲之山以長白爲主峰而首山乃在其南千餘里於山脈將絕之處突然高起插入雲表兀峙於遼垣之西南其形如首故以首名山陰稍平坦西則絕壑深溝不可逼視南則叢榛豐莽翠栢蒼松交蔭於清風寺之周圍東則奇石迭出其銜然角列而上者若熊羆之登於山其嶔然相累而下者若牛馬之飲於溪或立或仆爭爲奇狀者殆不可數山左有觀音閣地雖狹而雄壯雕樑畫棟顏色尙鮮石階千級峭如壁立登而東顧見太子河曲屈西流一白如練其我遼之大動脈乎見之而思壯士破釜沈舟渡江擊楫雄蓋天下氣吞胡虜之槪焉南望千山奇峰峻巒峭壁絕壑若隱若見得無有隱君子遁爲名僧高道者乎西下蜿蜒如綫縱貫南北者非南滿之鐵路乎汽笛之聲不絕於耳殊令人感慨悲歌有深痛焉以我之大好平原供他人敷設鐵路往復馳驅不亦哀哉夫以遼陽之險要以首山爲第一而幾不能自守非首山之負吾人實吾人之負首山也奉天無事則已有事則首山必先受兵予敢曰首山之得失卽襄平存亡之候也故日俄之戰皆以是地之得失爲勝負司馬懿之定遼東斬公孫淵亦於此斯地之重要自古卽然吾國當如何懲前以毖後耶吾於觀覽之餘感慨係之不能久留乃循故道而返且泚筆爲之記示不忘也

前半描繪景色頗有風韻中後弔古籌今尤見思深慮遠非留心史地者未能有此巨眼（張震評）

旅行河南記

江蘇泰興縣立第一高等小學校二年生 楊光煦

河南處古諸華之中央夙聞風景之佳古蹟之多冠於各省余未能一遊心甚歉然今歲校中春假爰約二三知己束

發而往由長江水道溯流而上經安徽江西而至湖北之漢口陸行遵京漢鐵路赴河南至桐柏山山有隧道俄聞汽笛一聲昏黑不可辨五指逾時燈火始明行七十餘里豁然開朗遂至河南之信陽回首南望危崖嵯峨怪石嶙峋或俯或仰如鬪如奔如傾如依其狀不一北望則麥苗方秀千傾一碧蕩漾如波浪然驚沙撲面迥非北方風景矣北低鄭縣鄭縣者爲京漢隴海兩鐵路交貫之地作十字形本省交通之樞紐也其西北有榮澤縣境內有黃河鐵橋長九里爲近代之巨工由鄭縣折而東至開封開封者爲河南之省會古汴京也衙署林立市廛櫛比爲豫省最繁盛之地城內東北隅有鐵塔一高可十餘丈凡十三級相傳建自北宋余等登其最上層北眺黃河東下如激箭金堤千里蜿蜒其側南瞻賈魯河宛然如帶東南平原則田麥叢生蒼翠欲滴西望諸山有應接不暇之勢噫歎觀止已乃與友人飲酒爲樂少焉不覺憂從中來夫人生於世倘能建非常之功業馨香百世將與此塔久存不毀亦在吾人好自爲之耳下塔西南行行四十五里至朱仙鎮水陸通衢商旅蝟集復買舟至周家口清風徐來水波不興一葉扁舟不啻行駛於芙蓉鏡裏也其地南通淮潁爲走皖之要道復由故道至鄭縣向西行過虎牢關而達洛陽洛陽者亦古代著名之京都也周之平王漢之光武晉之武帝皆建都於此今則銅駝荊棘不勝今昔盛衰之感復向西行抵山即左氏所謂殽有二陵焉山河險固車不並軌有一夫當關萬夫莫敵之稱此秦人之所以敗於崤而晉獲三帥也崤山西有陝縣爲省西之門戶未能前往他若北部之衞河南部之中嶽及熊耳伏牛諸山俱未能踐其地不無遺憾焉其西由故道返泰回憶是行爲時不過兩週所行已數千里而耳目所接觸有一己之學問得益實非淺鮮乃歎百聞不如一見古人所云洵非虛語因樂而爲之記

敘筆詳贍不同苟作（于交材評）

古邗盧壽籛選輯

◉戲墨類

鼠與貓書

興化縣立第一高等小學校三年級生 陳希平

鳥員將軍麾下敬啓者將軍負爪牙之威雄名蓋世如僕孱軀謹當退避三舍何敢上捋虎鬚致罹法網惟生命所係螻蟻猶貪同類相殘豺狼弗若僕與將軍勇怯雖殊種族匪異畫伏夜動安分守身不知將軍何仇於僕一遇僕輩即如不共戴天必殘殺之而後快蹂躪我社穴荼毒我生靈將軍清夜捫心是可忍孰不可忍茲由敝穴開緊急會議公推僕等代表全體匍匐乞命於將軍之前願將軍少戢雄威顧全種誼再生之德沒齒不忘惟將軍裁之昧死上陳伏乞 矜鑒

義精詞卓（解評）

貓覆鼠書

興化縣立第一高等小學校三年級生 陳希平

社君穴前頓接大章備悉壹是謹覆者君深居簡出德薄能鮮具鑽穴之手段若虎負嵎放徑寸之目光如蠡測海徒以子宮黍列特生肖之位冠同儕遂致徽號自尊未長大而名先稱老況大丈夫行事當磊磊落落何屑作鬼蜮行爲君晝伏夜動攪人睡魔擾人秩序所有飲食衣服器具悉被搗毀竊嚙斸暴萬惡昭彰迭接主人翁密電進以格殺勿論僕秉心如矢嫉惡若仇雖以同種攸關時懍閱牆之戒無如職權所寄恐貽伴食之譏爰舉義旗以清妖孽奮犂庭掃穴之威爲食肉寢皮之舉蒙主人翁撫勉再四奬給一等文虎章委充偵探部長僕非敢賣同

種以取媚異族惟迎貓食鼠聖王久勸爲成書豈乳鼠以貓妖異可見於盛世此則君之自貽伊戚而僕飯碗問題之所由寄也君若悔過投誠其牽醜類來歸麾下僕不咎既往當一一推心置之腹中嚙臂之盟天日可誓僕決不食言而肥也肅此佈覆卽頌　夜安

是何意態雄且傑（解評）

不倒翁傳

泰興縣立第一高等小學校二年級生　蕭漢佐

老翁不知何許人亦不詳其姓字人見其能自樹立咸以不倒翁稱之翁爲人長面短身禿頂如壽星喜着綵衣玄裳以自異雖居市井無些子浮囂氣性極莊重終歲趺坐作老僧入定狀晏如也然翁之品日卓而忌之者日衆故每少年游必受其戲弄有從而推之者有從而輓之者有從而撼之者有從而捘之者莫不欲排倒斯人以破壞其獨立之義而彼則凝靜如故穩健如故三眠三起毫無倦意殆所謂老當益壯者歟嗚呼男兒以昂藏七尺軀挺立天地宜如何振作精神磨礪志氣爲天下擔當大事乃一值時勢顛危立脚不穩有不免風隨草偃一蹶不起致貽笑於欄漢難扶者此老倔强獨留傲節而不爲他人所挫折不將令人羞死耶吾念此老吾竊服其特立之概洵不媿爲丈夫

語意淸雋可喜（于文材評）

戲擬爲王留行者告孟子書

西華縣南流渡公立柳墺小學校學生　王智恒

子與先生鈞覽敬啓者當今之世天下分裂黎民荼毒慘苦情狀不堪回首幸先生不遠千里惠顧吾齊述先生之善政陳先聖之雅言以期行道濟世先生誠有心人哉頃聞台旌光過下邑知先生將有滕國之行遜聽之下不勝詫異豈先生果欲袖手旁觀置齊民於塗炭之中而不顧耶抑先生淡懷利祿存巢許之志將欲高臥山林以終老耶否則

何爲舍齊而去也竊謂吾王雖不能並堯舜而齊湯武然其親賢好士勤政下問以視時君之富貴驕人不啻霄壤縱有愆謬先生豈尙介介於懷耶吾國土地雖未能併秦楚而撫四夷然亦負海帶河沃野千里以視滕國之壤地褊小奚啻天淵試瞻四方當必蹙蹙靡騁矣某不揣微賤敢代表淄靑父老請先生返轡爲齊國光倘荷允許則先生悲天憫人之懷既可展布於全國而我齊摩肩擊轂之民庶有康阜之希望乎臨楮不勝惶悚待命之至某某頓首

用筆雋妙亦莊亦諧

清淡先生傳

揚中縣立第一高等小學三年級生 李冠軍

高原有清淡先生者羅其姓伯英其名陽和其字與芋郎君居同里生同時質同潔白然芋郎君多凝滯於物「日奔馳於社會中與理當時之務未嘗一見心靈手敏之成績雖其性質清白嘖嘖人口而亦與含丸使者紫玉髮兒輩同一塵羹土飯而已實不足齒數於王公大人之口先生獨清不絕俗淡不累物伯夷不願學柳下得其和時而登廊廟先生不以爲榮時而處泥塗先生不以爲辱其圓通也如斯其權變也如斯故一時無貴無賤皆願與之遊先生因以嘗厠名於宗廟壇坫俎豆之場恆處於市鄉題僧庸流之側凡通都大邑與夫窮鄉僻壤間莫不知先生之名見先生之貌不寧惟是茶社之間先生嘗與之助茗談讌席之上先生嘗與之講風味海內士大夫一若得先生可以解羶風穢惡其清淡之足以傾人心者如此先生因自號曰清淡人亦尊而重之曰清淡先生昔者諸葛武侯嘗令兵士與清淡先生交張令忠定嘗責縣民與清淡先生友且朱子頌先生曰玉本王爽稱先生曰玉乳名人傑士之所以欽崇而褒揚者亦以先生清不絕俗淡不累物迥非凝滯於物之芋郎君比也因傳先生以步高應經之後而並爲辛濁之昌陽君戒

是物是人精奇入妙游戲文章斷推此種（朱元塑評）

責雛燕文

直隸青縣縣立第一高等學校第一年級學生 王潤福

嗚呼汝今羽毛豐滿高飛而遠去矣置翁母於空巢於汝心安乎曾亦思黃口外仰索食孜孜之時設不頻頻與汝食汝何能得飽不歷三十餘日之辛勤何能羽毛豐滿不敎之飛翔何能飛翔今食矣飽矣羽毛豐滿而能飛矣正宜報昔日親恩常依翼下乃竟不顧而去呼又不來是何居心哉是何居心哉

語皆切實筆亦簡淨（馬孝寬評）

雪僧傳

興化縣立第一高等小學校二年級生 王皋門

雪僧者具冰雪聰明之質托跡於空門而有奇行者也惟法號與氏族俱不傳或謂其爲散花天女所生性孤僻隱於陰山之無稽崖曾於釋迦牟尼佛之前發慈悲宏願以現身說法爲己任故每屆朔風凜冽大雪飛時輒化身萬億出沒於塵世間示人以色相皆空空幻狀人以其非大雪後不見故稱之爲雪僧僧之狀貌殊堪怪異有時方面闊額兩耳下垂酷似如來有時袒胸露乳笑容可掬絕類彌陀有時昂首上視氣象糾糾儼如羅漢雖殊形異狀不可罄述然其爲僧則一也僧體質潔白性格清高雖見王公大人恆倨傲不爲禮遇童子則皆大歡喜任其摩挲撫弄不之怒然歷時不過三五日或一二日輒脫然引去跡而求之已出入於蜃樓海市間不可復見僧非具有奇行者歟

筆意古雅非操觚率爾者所能望其項背

雪人傳

常德縣高等小學三年級生 裴元昌

有人焉至冬而出體潔白亦廣體胖不食不衣性長熱善變化或堅定若冰刀鋸不能入或化爲液汁器具可盛或化爲雲霧徘徊空際變化多端人每利用之時或獨立如痴時或笑容滿面不違如愚當陰風怒號反怡然自樂守身如玉在涅不緇眞凜凜乎可畏也人或譽之沮之旁若無人不自以爲有餘亦不自以爲不足人或玩之狎之侮之辱之

雖碎身破首不屈惟見陽光則滿身汗出漸歸消沒矣此其一生之大略也噫斯人也亦奇矣哉

秋水爲神玉爲骨文境似之（陳鳴盛評）

驅蚊檄

湖南湘潭第一女校高小三年級生 龔雅麗

夏秋之間有蟲焉其名曰蚊種毒甚大其體最微草生孵化晝伏夜飛洎乎生植則羣集乎枯槎敗葉之上游行乎涵濁汙水之中水草漸茹育此孽蚊銳嘴生花吃取血液咂膚留毒癢成瘡痍嘯聚如雷薄暮偏能成市嘮咮如鋸秋毫容易傷人妨文墨於蕭齋廢針黹於繡閣加以蜂蠆成性蠅蚋爲羣殘害肌膚擾亂眠睡聒耳撲面噬血貪腴老少之所同嫉男女之所不容嗚呼禹王鑄鼎蛟龍潛伏周公驅獸百姓安居幸大患之久除羌細微之不錄至任焦螟蟭蟟混集人間蟣虱蠅蝱薨飛宇內以至靈之人類反受制乎昆蟲齊桓公之博愛豈徒然哉歐陽子之深惜良有以也是用張羅紗幔焚燒艾煙拒汝羣羽潰汝長喙講求清潔之法實行衛生之方爰集多方驅除醜類肅清花圃澄澈溝渠屋角牆陰纖塵不染案頭牀上異香時薰杜漸防微早絕池中之種子燻簷燎壁誓除宇內之微生羽扇動而風生楸葉焚而煙起以此驅蚋何蚋不絕以此驅蚊何蚊能存吾等或居城市或處山林或供職業於工場或務儒術於書屋潛飛時擾暗囓難防一物之患害雖微百事之防碍實甚倘能合羣防毒公衆衛生共執鷁羽之扇無令豹脚之飛凡處寰中皆欣靜土猶是終宵長臥疑在孫謙之牀薄暮閒游彷臨李姥之浦果爾祛之何其樂也若其防禦多疏猶夷不決何啻切膚之痛必貽露筋之災請問丈夫之身軀甘作微蟲之魚肉

珠圓玉潤聲調鏗鏘（龔恬園評）

古邦盧壽籛選輯

哀祭類

弔光復諸烈士文

揚中縣立第一高等小學校三年級生 陸健

步余馬於郊原兮塋纍纍若虎蹲馳邱陵而矚目兮曾荊棘之橫生惟四維之陰霾兮亦獸挺而亡羣走燐飛火之迴環兮殊驚魄而傷神緊何英骨之瘞埋兮迺光復諸偉人憶昔滿奴入關兮施強弩與利鏃嘉定諸城遭屠兮遍神皋而荼毒痛五萬萬方里之失守兮有明宗社其沒覆先聖先王之禮法淪陷兮惟左衽是服我祖我宗之子孫億兆兮盡降爲奴僕更種族之見未泯兮屢興文字大獄復專制淫威之益張兮吾民氣亦挫促倏天地之轉環兮山川鍾毓而有靈英偉瑰奇起於草澤兮羣鳴於不平抱俾相鐵血主義兮效子房之椎秦拚頭顱於戰場兮雖碎骨而莫停原冀山河之我還兮忽焚身其可憐猶幸旋仆旋起兮得功成而不泯即寡人妻孤人子獨人父母之悽慘兮實名垂萬世並日月而長明嗚呼噫嘻英雄之骨與芝蘭而同香兮誰不思漢水之湄與夫莫愁之濱嗟我共和之告成兮四萬萬同享幸福何蒼天之不弔兮獨令摧蘭而折玉嗚呼噫嘻挽狂瀾之既倒兮保我種族生爲傑人死爲英鬼兮書旗常而不辱神髣髴其來臨兮願馨香以拜祝

仿靈均之古調本嫠婦之心傷所謂荊棘荒涼悲深夜月蟪蛄哀怨憑弔秋風諸烈士有知也應一齊揮淚(朱評)

祭江先生文

泰縣私立自東高等小學校一年級生 董裕仁

維中華民國八年一月謹與自東學校同學爲文以祭江先生之靈曰初聞先生之病也非有凶徵也繼聞先生病劇

仍希望先生之病瞿然而起蓋未必其果不愈也至十一月二十四日聞先生之病爲肺癆狀似凶良醫診治僉謂無藥可服而先生竟於二十七日辰時逝世余驚而泣曰嗚呼哀哉先生病三月而竟逝耶先生之去吾校不及一年先生在吾校兼任國文一科其講授時精神充適訓詁周詳余等由愚而明皆吾先生之所賜也吾先生今安在哉先生之言猶在耳也先生之文章猶昭然在簡冊也吾先生今安在哉前年二月學生在國民班哭施先生於其家不三年又哭先生焉嗚呼人之一生有如夢幻生浮死休在達觀者不足悲也特吾先生天性忠厚氣概豪邁言語激昂甚足以鼓勵學者之精神而天竟奪之而去而今而後又失一師表矣聞先生之將死也作詩文以自輓將索諸世兄而讀之以覘先生之遺意今爲文以祭先生先生其有知也耶其無知也耶狀惟尙饗

嗚咽之語或出眞誠

祭岳王墓文

進陽高等 第十級生 徐及楨

民國七年五月楨以事如杭同志約遊西湖因謁岳王墓感王之忠勇取酒以祭爲文而弔之其辭曰事有曠百世而相感者余不自知其何心非今古之絕無僅有余何爲流連景仰而不可禁余嘗博觀乎天下曷有幾乎王之所行身雖死而心未嘗死長爲中國民族之神明當南宋之醜虜王直視之如犬羊何賊檜之金牌得假致黃龍痛飲之願未償寃沈夫三字之獄南宋亦隨之弱亡抑所寶之非賢亦天命之有常苟黃龍兮已擣雖隕命兮何傷自古死者非一惟王爲吾民族歷史之榮光跽陳辭而薦酒魂髣髴其來享

意思委曲周至既爲之惜又爲之贊頌合祭之身分韻脚亦極叶和(佟有爲評)

祭岳王墓文

進陽高小 第十級生 白世昌

民國七年秋昌如浙江越武林城經西子湖駕一葉舟縱覽名勝至左彭李張諸公祠皆略事流連已而企勁節於璽

瞻仰英標於雲嶺靈旗神火緬想鴻圖落月寒星猶餘兵氣徧覽第一峯有岳王墓因舍舟謁墓取酒以祭爲文而弔之其辭曰事有奮興於百世之上而相感於百世之下者余不知余心之何牽非曠世之無匹孰爲使余景仰而流連當胡虜之馳驟王會以恢復中原自期賀蘭山踏破有日黃龍府直搗無疑奈何金牌屢下旋敗大功忠謀不售奸計獨雄三字獄成賷恨以終惟其然也則埋藏地下者必不化爲朽壤而爲金玉之精則上昇天空者亦不等諸浮雲而爲光耀之日星宜乎千秋俎豆姓字長馨湖光增色山勢鍾靈懦夫至而立志烈士至而循名昔瞻拜乎遺像實凜凜而如生茲俯視此鐵人眞不如享祭之犧牲聊陳辭而薦酒髣髴結合乎神明尙饗

敍事從容入題騰展數語詞旣整鍊筆亦勁氣直達祭文詞章炳蔚音節蒼涼前以功敗垂成爲之婉惜後以名垂萬古爲之贊揚讀之足以激起忠勇氣（佟有爲評）

祭甘君俊升文

南通城北高等小學校三年生 張文育

烏乎俊升奚恝而死以子純明宜享遐紀幼旣岐嶷長更卓奇居嘗奮勵研揣鑽砥奧旨獨探機不虛椅衣甘縕枲食甘糠粃養晦全眞信非衒士持敎朞年夙夜勤只啓迪多方銳進不葸僕累旣重日就類靡瘠枯乾師遂至不起兄哭其弟母哭其子屬纊有知涕泗曷已椒漿旣陳桂酒載釃陰靈庶來輟悲歆祀

句頗精鍊（錢嘯秋評）

祈雨文

泰縣第三高等小學三年生 王嵩眞

蓋聞潤物者雨伊百穀而是仰利物斯神以五日而爲期若乃新禾未插而河水有將涸之虞甘泉不飛而農田有坐荒之慮覓望懸懸偶聽鳩啼以喜呼天蕩蕩實爲猥顧可悲憶昔桑林自責商湯王澤及四方火薪自焚戴平仲恩需一邑上天明明惟誠則有感下民蚩蚩當求無不應 公民等 屢憂歲歉憫東作之艱難盼切朝隮登南山而眺望良以

陰陽失和農人待澤慨旱魃之爲災焚巫尫之無益用是具香燭花果之儀效魯邦雩祭之舉先三日之齋戒以表誠
求乞數寸之甘霖以資灌溉但願雨師早駕蘇民困於崇朝庶幾豐樂仍占慰民心於一旦此日籲神敢佈蟻忱以上
達他時拜賜恭修報祀之隆文

造句鑿飭

全國學生國文成績文庫卷十九終

古邦盧壽籛選輯

◎詩詞類(祝辭附)

學藝會雜誌發刊祝辭

如皋第十一高小學生 仲傑

古以六藝敎士禮樂射御書數同於近世各科在其時亦稱完備士與士相究朝夕從事不遷於異若有所聞筆諸簡冊如論語孟子皆其時師友問答之雜誌也後世之士互相紬述其積學而不敢怠者莫不有雜錄隨筆紀聞紀言以備參究皆視其學之所趨而同致其極吾鄉近世之最有名者曰同人集雖所學僅究乎詩辭然能誌其所學以相精求本古人之用心亦近今歐美所崇尙也歐美之學者朝得一藝必誌之夕得一藝亦必誌之公諸同志以備參究故其學日新月異而歲不同積之久而大昌也我國學者亦都效之雜誌之發達卽學術之發達也吾校士子相聚而議曰古之學者無時或怠觀其所誌如見其人今吾高等校聚一鄉之秀及他方之英苟不因時以自策將受嬉荒之誚其於自修之時各誌所見各錄所聞以爲互相切磋之資雖不敢方諸昔人旣諸異國亦學者所當有事也皆曰善於是刻期爲會且刊發雜誌余來學是校自愧毫無裨益謹述其所聞諸師友者質之諸君且勗之以三代歐美之專且久以盡忠告善道之義云爾祝曰

江淮鍾毓四民日新惟我士子道義日親惟藝是游惟德爲鄰外察乎物內省諸身實取諸秋華法乎春以文載道以道濟人莫學飛蓬必究其眞意法諸古言務去陳先足諸己後振斯民拭目以竢威鳳麒麟

融會今古具見學力前幅指語典雋入後祝辭亦古雅可觀合作也

本校開學祝辭

河南西華南涉渡公立柳嶼學校四年生 張傳忍

新年一月十七日本校開學之良辰也學友遠來濟濟一堂或係舊交或屬新知要皆淑慎君子熱心向學者故能負笈聯袂肄業於柳鄙人學問謭陋得與末席何幸如之將來風雨聯牀晨夕共硯聆師長之訓誨受朋友之琢磨胥以是日爲始基焉抑鄙人有不能已於言者願諸同學對於師長宜存尊敬之心對於朋友宜存敬愛之心對於時間宜存愛惜之心庶幾可副父兄期望之至意與諸先生之提撕警覺矣因爲之祝曰

新年剛度化日初長弱柳垂金寒梅送香今日開學國旗高張凡我青年勤學勿荒得寸進寸莫或退讓積錙累銖積厚流光文星炳耀濟濟皇皇臨風頌祝日進無疆

厚意深情躍然紙上

頌三年級畢業詞

泰縣曲塘代用廣武高等小學三年級生 周澍洑

天下所最傷心而易銷魂者非別也耶分襟判袂又豈吾人所樂聞耶今也本校三年級生畢業之期已屆將與我等別離而他適矣某聞古人之言別也或贈以詩或贈以言莫不相勉相慰今某等亦敬爲頌詞爲諸君祝噫嘻九十之春光轉瞬三年之聚處無常某與君等交深共硯誼切同袍既相處於朝朝復切磋於日日其情可謂洽矣一朝話別人非草木能無情乎由茲分手何去何從不待南浦之筵西泠之路固已悽然欲絕此後山川阻修夢魂遠隔室邇人遐每切三秋之感星移物換徒深兩地之思求再如今朝之聚顧可得耶雖然男兒志在四方焉可效兒女之泣君等之願未可量也濟人濟世有志竟成果能發憤爲雄將相何曾有種苟必因循自悞老大徒抱傷悲諸君其勉乎哉將步或入實業爲國植權或入軍界爲國雪恥或入政界爲國盡職諸君善自爲之

勝利會祝辭

睢寧縣立第一高等小學校三年級生 朱克明

捷書飛下寰海同春歡聲雷震四萬萬人前者德奧鎖海實行列強震怒歐戰發生我國絕交戰團加入耀兵塞外雲屯林立義旗遙指壯我同盟貔貅百萬而柏靈城逃遁名王歸還侵地血戰經年卒獲勝利我華協約利益均沾光增蹟坫樂及閭閻振旅而還凱歌齊唱歐美諸邦中心是貺勝爲敗耦利與害連憂勞圖國億萬斯年

慷慨悲歌有音有節（吳逢之評）

泰興聯合運動會祝辭

泰興縣立第一高等小學三年級生 譚自強

老大病夫維我中國貽笑外邦是同胞辱屈而復伸威振殊俗三德並進尤重體育世界戰爭丁茲時局睡獅初醒聲應山谷發憤圖強其情尤迫況我泰邑地瀕江北興學最先進步亦速莘莘學子操練嫻熟運動會開體力充足雲梯初桃萬里閃倏抖擻精神發展體魄孱弱無憂是吾輩福強冠全球自堪預卜喜我少年如日之旭如刃發硎如弦放鏃悠悠我心寤寐思復紀念勿忘永以爲祝

咏竹（七絕）

湖北應城縣高等小學校三年級生 李桂芬

數株修竹雨餘新不受塵埃半點侵湘水豈知離別意至今惟有淚痕深

平穩（李燕詒評）

其二

千竿修竹抱空山一片虛心月正圓不是此君多傲骨要留青節在人間

春風詞（古詩）

泰興第一高小學生 余寅生

春風起兮燕將歸天溫和兮日光輝草色碧兮柳依依花芬芳兮暗度衣駕輕氣兮紙鳶飛長空裊兮一線微予欲踏青兮邀良友攜雙柑兮與斗酒沿途歌詠兮相握手

春日晨起口（七絕）

泰興第二高等小學三年級乙組生 劉開文

鳥聲歷亂起花叢春曉黃粱一夢終妙境可思不可復一輪初日透窗紅

秋景（七律）

前人

課餘散步到門前九夏風光倏變遷桐葉盈庭風似雨蘆花遍地水連天蕭疎蔭減堤邊柳憔悴香銷池上蓮獨有桂香標晚節綴枝金粟十分妍

初冬卽景（七律）

前人

晚來散步到郊原隔岸漁家傍水村征雁時飛時散集霜楓半老半留痕寒山作態慵初睡古渡無人靜不喧芳草何堪衰颯盡天涯滯迹有王孫

冬夜憶祖母（七律）

前人

雨霽新晴忽轉涼端居百感正茫茫重闈白髮年將耋一盞青燈夜未央爭奈光陰如逝水可堪天氣又嚴霜老人眠食知何似休念臺孫暗自傷

松柏（七古）

前人

世間異材多埋沒松柏每被人輕忽松柏不及百花妍却讓百花開三月三月春深遊客來嬌紅姹紫百花開爾時松柏黯無色無人知是棟梁材金風西來歲漸寒百花松柏更重看松柏依然守常度百花盡數皆摧殘摧殘不用斧斤伐春華凋時松柏兀捐膺斯世皮相多不寒焉知耐寒骨

柳外桃花（七律）

湖北麻城高小三年生 張恆鼎

綠見紅藏別有因天公巧様獨翻新垂將青眼如憐我背着春風又笑人天艷宛經千縷繫碧顏深鎖十分春前途欲

向先生問爲羨東坡詠避秦

半開牡丹（七絕）　　張恆鼎

國色天香孰與儔如何含笑復含愁料因百卉爭天艷故把芳心且自收

春夜（七絕）　　淳安縣雉山高小學生　王德中

天桃落盡牡丹開嫋嫋東風拂面來惆悵五更眠不得隔垣愁聽杜鵑哀

感賦（七絕）　　前人

三載光陰轉瞬過思量學問竟如何年華逝水眞容易老大徒傷悔恐多

春遊（五律）　　雉山高等小學學生　劉强立

提壺郊外望春色滿江鄉日暖山含笑風輕水不颺長謳隨鳥語酌酒帶花香珍惜韶華易徘徊悵夕陽

頗饒逸趣非勉强湊成者可比

秋景（調寄醉太平）　　前人

天高氣淸花香鴈橫碧江秋水盈盈問歸帆路程　西風透欞寒蛩亂鳴夜來一片秋聲令魂銷感生

情景逼眞

傷春（七絕）　　前人

爲憐春色意纏綿花落春歸又一年樂事已隨佳景盡那堪夜半聽啼鵑

平安

秋夜（調寄菩薩蠻）　　前人

傷心最是梧桐樹秋聲故逐牀頭去更奈亂啼螿聲聲斷客腸　淒涼樓上月照得人愁絕夜半起挑燈西風透畫檐

有逼眞語

春夜（五律）

淳安縣雉山高等學生　夏建寅

金宵何寂寂獨立悵江城月色林間照星光水底明微風動花影薄霧隱歸程未覺羅衫溼鐘聲已五更

傷春（七絕）

前人

遊人何處訪王孫昨夜鵑聲欲斷魂流水落花看不得枝頭殘露濺珠痕

日曜與胡君心如同遊城北（五律）

前人

乘閒遊北野冉冉白雲深曲水出幽壑斜陽穿茂林春山隨客轉古木附城陰草色已如此翛然動客心

寄友人（五律）

前人

日日登樓望關山隔幾重鴈書飛不到風信去無蹤別意雲情黯離懷柳色濃何時重攜手相與話幽悰

重九與友登高（五律）

前人

攜手上高岡峯頭落帽狂霜林映初日菊酒醉重陽谷響幽人語雲齊旅鴈翔西風落黃葉秋色滿江鄉

卽景（調寄醜奴兒）

前人

樓頭又見垂楊瘦梧葉飄黃歸雁南翔惆悵西山挂夕陽　空園零落花枝瘦月色蒼涼鴉鬢凝霜更奈寒砧欲斷腸

饒有逸趣

春風（七絕）

淳安縣雉山高小學生　胡金盛

依依春晚不勝愁九十韶光逝水流落盡桃紅飛盡絮怎禁客裏賦登樓

送別（七絕）

淳安縣雉山高小學生　邵輔周

朔風飛舞柳枝霜一曲驪歌各斷腸去去不須重回首鵬程九萬莫相忘

秋日感懷（七絕）

淳安縣雉山高小學生　胡經友

丹桂霏微八月秋西風落葉滿城頭夜來一片蟲聲急驚起遊人萬斛愁

秋情（調寄長相思）

前人

霧茫茫水茫茫寂寞梧桐秋色涼荻花飛正狂　思難量恨難量幾點寒鴉趁夕陽倚欄人斷腸

寄友人（七絕）

淳安縣雉山高等學生　汪廷粱

去年分首悵河梁今日春歸更斷腸雲樹重遮千里目暮雲深處倚斜陽

思故鄉（七絕）

前人

長風吹動故園心雨滴芭蕉淚滿襟極目家鄉何處是鶴鳴山下碧雲深

秋感（調寄點絳唇）

前人

一夜西風枕邊吹起愁多少荻花飛遶鴉鬢增寒峭　纔送春歸又是秋將老江南道夕陽芳草爭奈添煩惱

元日試筆（七絕）

錦堂高小學生　吳啟泰

容易光陰又一年少年處世豈茫然聲聲爆竹驚人起萬里前程猛着鞭

新柳（七絕）

荊州江陵高等小學生　吳福麒

綠柳纖纖舞細腰長堤先發嫩枝條灞橋送別那堪折囑付東風莫動搖

諷友讀書（五律）

前人

西文化進治國賴賢才歲月如流水乾坤又劫灰君須勤學業我亦願追陪破壁終飛去蒹葭好溯洄

重九登高（五律）　前人

年華何太急幾日又重陽紅葉滿山落黃花徧地芳憑高眺勝景把酒醉詩腸只恐秋風勁整冠千仞岡

朔風怒號天將作雪偶成（五律）　前人

凜凜朔風急紛紛木葉凋彤雲布萬里冷霧塞重霄鴉噪寒林寺僧歸灞水橋可憐長戍客塞外歎蕭條

哭季弟福麟（七律）　前人

杜鵑啼血撩人愁獨對青燈涕泗流半夜罡風摧雁翅一輪明月照空樓從今怕讀南華句自古長懷司馬憂誰說百年棠棣秀聯牀風雨已無儔

寫冬夜周子邑山陸子竹樓醉後狀況（七律）　揚中縣立第一高等小學三年級生　陸健

冰天雪地兩悽涼百感交催入醉鄉儀狄只須輸麴蘗長沙何必痛滄桑酡顏宛似紅梅笑囈語無殊阮籍狂漫說中原還漢恰衣冠不復古時裝

繪出二子忘世之懷句句風雅字字俊逸（朱元堃評）

感時局（七律）　前人

遜位休兵說共和中原不復見干戈誰知南海風雲變（康南海擁宣統復辟）頓令長沙涕淚多劉項相爭無了局（今年南北軍閥鬥）英俄窺伺奈如何（言內訌久延必召外患）狂瀾安得從今挽同唱承平樂利歌

清剛雋上寄慨遙深（前人評）

哀遜清（七絕）　前人

琵琶彈罷遇兵戎二百年來醉夢中鶴唳風聲驚海國倥偬無路到遼東

慷慨悲歌無限悽涼（朱元堃評）

和袁君鐵生贈別詩原韻（七絕）

前人

愧煞依然故我人羨君日日得知新何當共剪西窗燭（成句）好把離情仔細論

乘涼（七絕）

前人

炎炎夏日已昏黃散步庭前納晚涼休道此間無事事輕羅小扇撲螢忙

秋夜（五律）

前人

今夕知何夕秋來夜未央金風吹燭冷玉露滴堦涼把卷窗前讀敲棋月下忙明朝紅日漏柳影拂池塘

同鄉友病故（七絕）

青浦高等三年生 章書文

鱗鴻久不送佳音身處他鄉思更深不料一朝成永訣黃壚再過淚涔涔

接友人書作一絕以答之（七絕）

前人

雲間一別二旬餘接讀來書慰索居詞意殷勤眞愛我相投氣誼有誰如

雪（七絕）

朱家角一隅學校三年生 蔡祖馨

風雪霏霏鎖畫橋更無鴻爪印條條樓臺一望皆如玉松竹凝寒翠欲消

（下）

全國中學國文成績學生新文庫

民國老作文

蔡元培 鑒定

中國華僑出版社

目錄

◎理論類

我之生死觀……1
人生與欲望……2
善惡……4
我之理想生活談……6
世界上果有絕對的真理麼……8
我的人生觀……9
駁獨身主義……13
相對論……14

◎說經類

陳仲子論……21
遠庖廚……22
性善論……22
有言者不必有德說……26
壯行必先幼學論……27
在陳絕糧論……28
陽貨欲見孔子論……28
民為貴說……29
子曰君子之於天下也無適也無莫也義之與比說……30
接輿論……31
鄭伯克段于鄢論……32
質勝文則野文勝質則史文質彬彬然後君子論……32
問孔子適衛雖不見用而治衛之道已見於對冉有數語試推而論之……33
孔子不如老農老圃說……34
教民親愛莫善於孝論……34
宴安酖毒不可懷也說……36
君子小人如何分別說……36

◎論史類

文藝復興之研究……39

伯夷論……40
楚漢興亡論……41
揚子雲不許富人載名論……42
韓信遇漂母論……43
荀息不食言論……44
三國志評以龐統擬荀彧法正擬程郭論……45
秦穆不罪孟明論……46
論諸呂之變……46
漢與匈奴和親論……47
唐虞禪讓論……48
伊尹放太甲於桐論……49
范增論……50
觸讋說趙太后論……51
武帝惑神仙論……51
張良狙擊秦始皇論……53
蘇季子發憤讀書論……53
穰苴斬莊賈孫武斬美人論……54
黃帝伐蚩尤論……54
汲黯發倉粟以賑貧民論……55
論唐室藩鎮之禍……56
齊姜醉遣晉公子論……57
霍光廢立論……58
豪傑亡秦論……59
管仲論……60
吳公薦賈誼論……61
黃帝論……62
湯放桀論……63
劉章以軍法行酒論……64
漂母飯韓信論……64
蕭何守關中論……65
蕭何收秦圖籍論……65
論劉項興亡之原因……66
王猛不隨桓溫歸晉論……67
魏武帝論……67
王猛勸苻堅勿圖晉論……68
論晉代戎患……68

漢宣襍霸論……69
魏孝文帝遷都洛陽論……70
陸賈論……70
賈誼論……71
論鴻門之會……72
燕太子丹使荊軻刺秦王論……72
伊尹輔太甲周公輔成王論……73
孫臏減竈敗韓將郭子儀單騎見回紇……74
姚秦以鳩摩羅什為國師元世祖以八思
巴為國師論……75
太史公傳儒林不傳文苑說……76
豐年為瑞賢臣為寶論……77
秦始皇焚書坑儒論……78
王安石附會周官泉府之法以行新法論……79
周瑜魯肅合論……79
卜式輸財助邊論……80
宋中興四將論……81
漢高白登之圍論……82
諸葛武侯空城計論……83
漢文帝不受千里馬論……84
論岳飛朱仙鎮之捷……85
論鄭成功……85
諸葛孔明論……86
陶侃運甓論……86
祖逖聞雞鳴起舞論……87
晉文公論……88
蘇秦刺股論……89

◎論事類

甘地主義的批評……91
中國之過去及今後……93
聯宗……94
米貴問題……95
論男女同校之利病……97
裁兵說……98
中國亟宜裁兵說……100
賦稅繁重有無關係於國民生計說……100

多頭政治與寡頭政治利害輕重論 101
非非孝 102
收回廟產改辦公益說 102
男女同校論 103
按時作事論 104
論廣東蠶業 105
兵與匪 106
振興農業說 107
孔子為萬世師表論 107
論俄都彼得格勒與舊都莫斯科形勢 108
說報紙關係之重要 109
戒吝說 109
蘇州河考 110
理財論 111
民德 112
看梅 113
自治論 114
自習方法談 114
振興實業宜重農業說 115
強國之道財政為先試取泰西理財之法參以中國情勢通盤籌畫分別其緩急利病之宜以濬利源而裨國計論 117
養材任地樹藝孰先說 118
理財篇 119
種樹宜仿西法論 121
鎊價之昂官商交因美國近派專員議平金值其宗旨若何我國更定弊制列入商約試權衡輕重以期推行無滯 122
學校與國家之關係 123
論信用之可貴 123
論借外債之利病 124
中西和會之比較觀 125
我國沿海之今昔觀 126
振興國貨策 126
論習慣 127
論自由與放縱 127

自由命題之價值……128
自治說……129
論吾人對於社會之責任……130
獨立……131
尊孔……132
我國自收回外郵以後宜如何發展郵務事業議……133
講究個人道德當從誠實著手……133
論學生宜有自治會之精神……134
論追悼會……134
改良端節風俗之我見……135
論取消郵電加價之利益……135
希望教育基金獨立說……136
◎雜說類
為學首重自修……139
說農家苦……139
談龍……140
其二……140
心田說……141
求己說……142
立言不為一時說……142
周秦諸子工藝之學與泰西同異說……143
其二……144
教子方能愛子說……145
南洋新加坡爪哇一帶商業何以多閩粵人經營說……145
經濟戰爭勝於兵戰說……146
修立名譽說……147
國文一科宜如何用功始有進步說……148
酒說……149
說笑……150
說殺生之宜戒……150
評菊……152
說鬼……152
求人不如求己說……153
說蚊……154

其二……154
我所服膺之格言……154
我之自勉語……155
說建築……155
我對於自由結婚……156
說法律之自由……157
治生說……157
說雨……158
新年雜話……159
改良農業說……160
說自愛與自立之關係……160
說蟬……161
崇儉說……161
愛菊說……162
戲說……163
息爭說……163
道德說……164
伯樂善相馬說……165
周濂溪稱菊為隱逸花說……165
黜奢……166
立志說……166
◎辨釋類
闢佛……169
名譽貴乎金錢貴乎……169
學校生活與家庭生活之比較……170
人生究竟應當樂觀還是悲觀……171
學生演劇與梨園演劇之異點何在……174
喜鴉惡鵲解……176
目盲與心盲……177
讀書與謀生……177
學校試驗之利弊……178
◎答述類
何謂自由……179
民國不國共和不和欲挽狂瀾責在我輩諸君
試各言其志……180
述以前求學之經歷……180

對於主張今後中國文字應該改用拼音之我見 …… 181
述讀書之法 …… 182
述親屬治理家事之狀況 …… 183
試各言爾志 …… 183
泰西兵法按之古兵家言孰合 …… 184
日本新政之行何者最先何者成效最著其一切改從西法識者論其不無過當而弊之伏於其間者何事近今有無補救之方試條分縷析切實指陳以為中國考鏡之資 …… 185
各就鄉土中風俗之當改良者任舉一端言之 …… 186
各述鄉裏近時軼聞一則 …… 187
試述閱書之益 …… 187
水之自述 …… 188
自修時間宜如何利用說 …… 189
學校園日就荒蕪宜如何規復之 …… 190
各述齠齡以來之歷史并抒所感 …… 190
問孔孟異同若何 …… 191
自述 …… 192
問男女同校有何利弊 …… 193
吾最崇拜之教育家 …… 194
試述學校提倡足球競爭之利益 …… 195
吾人處失望之境遇當如何 …… 195

◎感言類

記壬戌十月朔日吾鳳人民祭神賽會事并誌所感 …… 197
暮春志感 …… 198
食瓜有感 …… 198
秋之感 …… 199
社會新舊人物的我感 …… 199
清明節感言 …… 200
觀金魚感言 …… 201
端陽紀念感言 …… 201
春與少年 …… 202

學校風潮誌感 203
梨喻 204
觀燕子營巢感言 204
哀時局 205
其二 206
感秋 207
泰境內河舟中獲盜聞而誌感 207
讀吹竹課感言 208
讀國文鄭和課感言 208
昔日之我與今日之我感言 209
讀費宮人課感言 210
對於政府收買存土感言 210
讀魯濱孫課感言 211
國恥紀念日底教訓 211
◎贈言類
贈馬君蝶生序 213
送同學旅行青島序 214
本校尊孔會演說辭 215
敬勸抱悲觀的青年 216
送史地組同學旅行青島序 217
贈程振庭序 217
送友人赴國學專修館序 218
試以李白春夜宴桃李園序改為白話體 219
贈陳厚甫序 219
追送夏杏園先生序 220
送顧君練榮赴甯序 221
◎序跋類
校友會月刊發刊詞 223
跋施氏國民校額 223
◎書後類
讀屈原列傳書後 225
讀屈原傳書後 226
讀病梅館記後 226
書意園記後 227
讀漢詩孔雀東南飛 227
義田記書後 229

讀朋黨論 …… 230
讀韓退之原道 …… 230
讀韓昌黎送李愿歸盤谷序 …… 231
讀吳南屏許孝子傳 …… 232
書蘇子瞻荀卿論後 …… 233
讀孔子世家贊書後 …… 234
江天一傳書後 …… 235
陸放翁東籬記書後 …… 235
讀桃花源記書後 …… 236
讀前漢書朱買臣傳書後 …… 236
書黃曾省漂母祠記後 …… 237
書崇明老人記後 …… 238
讀史記滑稽列傳 …… 238
讀蕭相國世家 …… 239
讀魯世家 …… 239
讀武訓傳書後 …… 239
請以德報怨課書後 …… 240
讀嚴先生祠堂記書後 …… 240
書秋聲賦後 …… 240
◎書翰類
與友人論改良初等教育書 …… 243
復組織俱樂部徵求意見書 …… 244
與友人書 …… 244
候友近狀並與商榷某項學問書 …… 245
致校外友請投稿月刊書 …… 246
重陽約友登高書 …… 247
乞友人畫箑面啟 …… 247
約友人遊京口小啟 …… 248
謝友人惠贈茶葉牋紙小啟 …… 248
謝友人九日惠蟹酒啟 …… 248
東同學上巳日小西湖舉行春禊 …… 248
請家中勿為早議婚事 …… 249
約友人尋梅小啟 …… 249
與家兄述重九感懷書 …… 250
致友人詢春賬情形書 …… 251
向友索菊小箋 …… 251

復友人論文書……251
東友人食刀魚……255
東同學上已日小西湖舉行春禊……255
約友人重陽賞菊書……255
與友人書……255
邀友人中秋日出遊書……256
邀友人賞菊書……256
絕交書……258

◎傳狀類

先妣事畧……259
趙挺千先生小傳……260
范孝子軼事……260
梅大菴先生小史……261
亡室薛雨然墓誌銘……262
書袁節婦事……264
記王生母德述……264
忠孝女子……265
書方節婦事……266
先繼祖妣墓刻石……267
模範少年須明聖……267
陳忠晵公傳……268
吴道人傳……269

◎雜記類

范堤種柳記……271
遊平山堂記……271
旅行常熟日記……273
假山記……277
記先世遺物……277
記居宅……278
參觀農校菊花會記……279
中秋夜泛舟記……279
自校至八窯口沿途風景記……280
書龔孝惠公在河內任上事一則……281
旅行大生三廠記……281
一隻貓……283
登岳墩懷古記……284

遊何園記……285
一夕話……285
訪隱士記……287
我理想之書齋……287
葬蚊記……288
名勝遊記……288
返鄉掃墓記……289
遊任家港記……291
參觀農校菊花會記……291
春夜讀書記……292
杜甫作有石壕吏詩一首試即其意翻作為記事文……293
社會寫真雜記一個少年……293
年假返裏日記……294
鹽城之教育……295
遊鼎湖山記……296
遊岳墩記……297
秋晚野遊小記……297
記二月二十五日夜之雪……298
初冬之竹園……299
紀歡迎王君一五之盛況……299
暑假中為家庭服務記……300
無意殺之報……300
秋日野遊小記……301
掃墓記……301
遊岳墩記……302
本校同學攝影記……303
平山堂日人立碑記……304
秋夜讀書記……305
遊狼山記……305
新年雜話……306
張雨森畫記……307
重九日與友人登鐘山記……307
記鹽城老人……308
浦濱踏青記……309
晚登文峰塔記……309

志恒僧……310
誤殺之報……310
記住宅……311
秋日野遊小紀……311
暑假中為家庭服務記……312
秋日野遊小記……312
中元觀會記……313
黃浦觀潮記……313
記今年之秋節……314
校內古銀杏記……315
濟南薇署西園宋海棠記……315
記匿名信……316
記汕頭今秋之風災……317
記國會開幕紀念日之旅行……317
踏春記……318
理想之模範村……318
參觀寶邑貧民習藝所記……320
記九元橋……321
記古硯……321
秋夜讀書紀……322
◎戲擬類
擬唐明皇遊月宮記……323
迎窮文……324
擬丐人與官人書……325
無腸公子傳……325
送秋燕文……326
筆舌之爭……326
桑君傳……327
孔方傳……328
討豫匪檄……329
日之自述……329
蠅之自述……329
討蠅檄……330
讀丘八爺傳……331
◎通啟類
邀友人賞牡丹啟……333

募賑寒衣冬米啟……333
中秋節月夜邀友人賞桂小啟……334
約友人重九登高啟……334
◎哀祭類
送春文……335
擬亡師友懷哀詞……335
◎贊頌類
題同學梅君占春縮臨胡安定先生肖……337
百花生日祝辭……337
歲寒三友贊……337
◎辭賦類
食解……339
秋夜讀書賦……341
中秋夜月賦……342
賀新婚辭……342
◎詩詞類
詠歲寒三友……345
留別胡慕韓君……345
詠史伍子胥渡江……345
歲暮簡袁子春龢……345
冬夜偶成……345
詠古二首……346
戲贈……346
送素生至吳門……346
贈悲庵……346
暮春即事……346
柳花……346
楊花……347
鬥神……347
紙鳶……347
夕陽……347
春閨怨……347
遊怡園題壁……347
琅山望海樓……347
無題兩首……348
萍……348

秋夜 348
醉醒作 348
秋夜 348
秋草二首 348
言志歌 348
勵志 349
遊岳墩 349
春夜 349
春雨 349
春遊 350
蝶戀花 350
桃花和老松 350
我願 351
閨中月 352
步月 352
中秋月 352
護花籬 352
春晚偶成 353
雨後 353
晚起 353
秋夜偶成 353
雨過 353
留別 353
有感 353
陸郎橋晚眺 353
思家 354
感時 354
蘆絮 354
秋日遊姑山 354
月夜遊福州西湖 354
西湖晚望 354
中秋賞月有感 354
秋日 355
年假憶友人 355
光波 355
詠史 356

江行 …… 358
遊桂嶺飛泉寺 …… 358
齋居 …… 358
夜起 …… 358
秋日偶作 …… 358
讀史 …… 358
偶成 …… 359
春燕 …… 359
漁舟 …… 359
重五日遊飛泉寺遇雨 …… 359
旅夜 …… 359
夏日雜詠 …… 359
秋蟲 …… 360
春夜思家 …… 360
書日曜日歸家定省事 …… 360
元旦詩 …… 360
祝國旗 …… 361
詠祖逖 …… 361
新秋有感 …… 361
花朝勸農歌 …… 361
聞雁即咏 …… 362
雨夜不寐 …… 362
月夜感懷 …… 362
憶友 …… 362
寫懷 …… 363
立夏日書感 …… 363
秋夜客懷 …… 363
客潛魚村偶成 …… 363
次韻鬥齋 …… 363
詠滬上洋街竹枝詞 …… 364
鄭仙翁詞小坐 …… 364
登揚州平山堂 …… 364
哭徐文潮夫子 …… 364
公園遺興 …… 364
虞美人 …… 365
七夕 …… 365

蚊……365
遊秣陵明故宮……365
美人十二相雜詠……365
紙鷂子……366
雁字……366
詠霜……366
詠梅……366
桃花源……367
咏岳墩……367
伍員吹簫……367

全國中學國文成績

學生新文庫 乙編

理論類

我之生死觀

黃鐘

物之有生必有死即細胞生活之新陳代謝乎物雖有朝生暮死春夏生秋冬死或十年百年千年而死久暫懸殊然自細胞生命之一刹那間而生死遞嬗者幾許次比之固可同視為長壽自無限久之時間觀之則皆蟪蛄不識春秋者耳謂天下莫壽乎殤子而彭祖為夭固無不可然就人而言則人各有其生死觀在

夫生之有死譬猶晝夜之必然自古及今固未有超然獨存者人生不越百歲次則耄耋之年已不多覯即得度花甲者已屬天惠之厚人壽不已促乎生而為人死而為鬼陰陽相迭如夢如幻此比俗人之生死觀也上之哲學家本其說而代為假說則有謂心身凝聚而生分散而死者二元論者之生死觀也心以身而存在身體消滅心亦烏有此唯物一元論者之生死觀也身附心而存在心亡而身亦化此唯心一元論者之生死觀也若據科學家言則物質不滅已成公理身死而物質仍存於宇宙間盡言乎死此科學長生之理也基督之生死觀則視肉體為靈魂之附庸二者非並存者肉體有死而靈魂有永存者在不踰上帝之規矩不違上帝之意志便可登天國永享極樂世界之幸福此靈魂長生說也釋氏欲避肉體生老病死四苦發大慈悲普度衆生冀躋無上涅槃永享極樂世界之幸福此修行長生說也更有置功名於不顧棄榮利而不取託於神仙遺去人間辟穀延

年者。則明哲保身者之導引長生説也。方其生時。殫精竭力修茨經營。若無復有盡期。不以形體有無為生死。而以志氣消長為生死。志氣配乎道義。發乎文章。與天地同流。留名載籍。千秋萬歲。常如日月之光輝。雖死猶生。此古昔聖賢人之生死觀也。以道義氣節相尚。刀鋸加諸頸。鼎鑊烙乎身。而猶不悔不屈。追懷往古賢若聖成仁取義之道。此忠臣烈士之生死觀也。

黃生曰。生我所欲也。死我所惡也。然而觀夫宗教科學之長生。未必有可樂者在。其無可樂而竟有樂之者。人之好惡各異也。故流芳百世。遺臭萬年。取舍亦各不同。然而神奇朽腐。遞相變化。何有乎芳臭哉。是故人之生也死也。乃一物之表裏。一而二。二而一者。其表裏之妍媸。未必同。觀生前所可觀及者表耳。其裏則必待死後表既朽腐而後裸露也。惟其表之質。有厚薄。有硬脆。其脆而薄者。或即時開裂。多或數年。其硬而厚者。則或十年百年千年。始克分解而見其裏（孔子可作此證。予別有專論）故宇宙間無永久之妍媸與芳臭。物非永久存在也。惟既為人。則當美其表裏。為較久之芝蘭芳。所謂較長之夭者此也。長生乎云哉。愚之甚矣。

評　泰透處洞澈無遺識解真超絕頂

人生與欲望

虞岳

人不能辟穀成僊。即不能無需於外。助養吾生者。衣食住外。又在在所需。故以吾之不足。補於人而欲望生矣。人稱夷齊采薇首陽。四皓茹芝商山。陳仲子食李於陵。以為廉士一無所求矣。然采薇茹芝食李。非彼之所欲為何。特好惡與人不同。及小大異耳。人非吸風飲露。縹緲塵外。誰能含欲望以生存。故人生與欲望。有密切不能脫離之關係存焉。惟是人欲不同。各有所異。有喜衣食金錢是求者。有好讀書求學是需者。為前之求者。其範圍不出庸人。為後之需者。其結果聖賢名士出。賢愚不肖世人等級從茲以判欲望之能左右人生其力莫與之京夫其初擧也則以足所需為限其極也則欲壑無窮猶流水無竭有布衣蔽體足矣又欲綢綾華飾也豆食飯羹充飢足矣又欲海陸八珍也茅屋明牖藏身足矣又欲洋房華廈也教養身足矣又欲儲蓄積聚也如是而曰欲壑有盈乎是故能力强者為豪富薄者墮入困境貧富兩階從茲以分故曰人類參差苦樂不均咸欲望為害也打破人類階級實行共產制度以滅人欲其可緩乎上世民智蠢蠢飢取飽棄熙熙攘攘無貧富高下懸殊相競爭鬪之弊洎乎後世智識漸開養生日繁有不得不增欲望以資所需可知欲望隨人智而增進智識愈高則欲望愈大有何疑哉欲望者所以增進人智識之無上良物然一方誠為增進智識之利器一方則亦為殘賊禮儀之媒孽於是非應取而取非宜為而為不禮不義無恥無廉人格以喪道德以毀訴訟爭鬥兵革擾攘殘忍慘酷之事無不出其源如是而非萬惡之根歟雖然亦為成事立業之母舍之又不可不有欲望則人事放弛誰肯勤於事而篤於學哉賢人智士世間文化咸無以產生矣惟其勤勞於此有所欲於彼者故日夜孳孳殷勤不倦以各為其事也工者志於工藝則建設興奇貨出儒者志於學業則舊理明新智得人生所需因以大備是則欲望非以資補人生不足長進智識之唯一利器歟觀彼苗民蠻族欲望力弱除養生之外不再所求因以智識單簡窟處山林進與禽鳥同遊退與鹿豕共息日形消滅不能發展其勢力範圍白人則驕强崛立欲望無垠既得於此又欲於彼日夜猛進無片刻之停因以文化之進事業之建以數百年新進族類超越吾五千載先進舊邦威權紓張為天下莫强可知欲望與人生不獨於智識進步有關為立國保種發展權威之要素也

評 盡洗陳言獨標真諦故覺戛戛生新充斯識力深造何疑

「善」「惡」

陳緯文

孔子是我國的一個大聖人也是我國幾千年來最崇拜最信仰的人凡他的一言一行人人都要摹倣他的他曾說「見善如不及見惡如探湯」這兩句話不獨是我們中國的人是這樣心理就是那「大千世界」凡屬「含生負氣」的人類也是這樣的可見孔子却也明心理的了但是我是現在的人他是周朝末的人相隔很遠他的觀念雖有與今日不對的這我也不必深究不過我看了他和其他的古書所說對於那「善」「惡」兩個字有些懷疑的觀念所以就寫了這篇出來和大家研究

孟子說「人性善」的他以為堯舜是我國最好的人所行的政治都是本着那良心去做的所以事事物物都拿堯舜來做證他對那滕國的世子說話開口就「道性善言必稱堯舜」荀子說「人性惡」的那「善」的就是「矯揉造作」了揚雄說「人性善惡混」的那唐朝鼎鼎大名的文學家韓愈也沒有什麼十分精切的解分那麼我是一個中學生并沒有受過什麼專門的學問而且年紀也很少還沒有認真對付社會環境的時候所以對於那社會的人他們的本性究竟是一「善」的是「惡」的還是「善惡混」的呢都沒有知到不過覺着這個世界凡事都要待研究的人的本性是怎樣呢也是一個困難的問題不能不澈底研究把舊時的解決法來看看是有了錯誤沒有

「善」「惡」是怎麼樣呢

最可喜的是「善」最可惜的是「惡」最可樂的是「善」最可悲的是「惡」社會上人人能夠多行良善的事令那「貧而無告」的苦人民飢的得了食寒的得了衣疾病的得了醫治不至到

做餓莩，死溝壑，這豈不是很可喜的嗎？橫行鄉曲的劣紳，吸小百姓脂膏的汚吏，強姦婦女的暴兵，殺人奪貨的強盜，這豈不是很可憎的嗎？世界大同，打破國家和種族的界限，彼此「親善」，沒了東西中外的分別，這豈不是很可樂的嗎？神奸巨惡，憑藉那軍閥的威權，把國家的法律，任意破壞；拿他勃勃的野心，騰騰的惡氣，來盜竊國家，不惜犧牲我們百姓的性命，屠戮到乾乾淨淨，這豈不是很可悲的嗎？

這是「善」「惡」的分別了。

照孟子說人性是「善」的，那麼古今中外的人，也算多了；怎麼孔子還說「善人吾不得而見之矣」呢？若說「性相近，習相遠」，始初本是人人的性都是「善」的，因為到了後來被那「惡習所移，令他們的本性變了，但是明明說「性本善」了，那就應該人人的性都是善了；怎麼又有「惡」來被他們習染呢？豈真特生了一位性「惡」的像那耶穌的聖經所說的撒但來被他們染習嗎？若不是這樣呢，又從那裡來的「惡習」呢？是不是好似那「植物」中的風媒花一樣，由空間的風送來的嗎？至於楊雄說的人性是「善」「惡」相混，我也有些不甚明白的地方；既是「善」「惡」相混雜，就修「善」的便為「善人」，修「惡」的便為「惡人」了。但是「嫉惡如仇」是人類共有的心理；「愛之欲其生，惡之欲其死」，也是人類共有的心理，既是憎嫉他，當然想他到了官布死刑，方休，那裡還有趨他的地步呢？人類的性，祇有「善」「惡」兩途來趨向，若不去趨向「惡」，當然來趨向「善」了；既來趨向「善」，那就會人人都變了「善」的，沒有「惡」的了，怎麼世上的「惡人」，還有這樣多呢？這麼可知人類的本性，不獨沒有完全的「善」，并且沒有一毫的「善」來混雜了。若說不是這樣呢，那世界的人就會一半是「善」的，一半是「

惡」的，方才是怎麼那「惡」的好像「恒河沙數」，那「善」的「寥若晨星」呢？照這樣講來，豈不是那孟子和楊子所說的，都像有些不對的地步嗎？

我居家的時候，食完了晚餐，就走去和那一班老的少的農夫，噥噥唧唧的談話；這是我居家的一個慣例。有一次正談得興高彩烈，忽遠遠的站立一個少年農夫，大聲說道：「你們只顧談論他人的好歹，倒底「善」字怎麼寫，「惡」字怎麼寫，你們知道嗎？」那一班老的少的，聽了這幾句話，不識字的，不消說是懵懵閉了；就是那畧識字的，也沒有什麼感覺。偏偏那的時候，我也站在一邊，聽完了，就反問他一句：「究竟那兩個字是怎麼寫呢？」那少年農夫回道：「「善」字下邊從口，「惡」字下邊從心，字是這樣，可知人人的口雖說「善」，到底人人的心是「惡」的。」我聽了他的話，回想那世人的形狀，確像這樣，不說那「佛口蛇心」的人，是這樣，就是那日日說「中日親善」的日本人，口裡雖是這樣說，心裡倒沒有一時一刻不來攪弄我們，侵吞我們；這豈不是大大的證據嗎？那造字的前哲，拿個「口」字放在「善」字裏頭，拿個「心」字放在「惡」字裏頭，大約就是因為「善」是人的口頭說，「惡」是在人心那裏的緣故了。所以我就覺得荀子說的「人性惡，」那「善」就是「矯柔造作」的「假偽」的了。這一個主張較為對呢。

這也不過是我一時的觀念，就寫了出來，當頑意兒，一般幷沒有去仔細研究他，對不對的地方，我還要研究去，奉勸大家都研究去；待到彼此研究有得的時候，再談罷。

評　雖然是謔而虐的話，卻很是切實確有見地的

我之理想生活談

陸濟明

我是一個中等人家的子弟，當畢業了高等小學校，糊糊塗塗，只曉得過日子，沒有一些求學的切

心，我的父親鑒於我國教育的腐敗，社會的黑暗，缺人提倡改革，因有了這二種動機，叫我進師範學校，那時我想着『惟命是從』的成語，就急急忙忙到了這裡，什麼是教育，什麼是我的責任，什麼是我的志向，這時候都想不到。

我的在校生活的回顧

『光陰如箭』『日月如梭』，進了斯校已有二年多了，二年中間，受着諸師長的教訓陶冶，諸同學們的切磋砥礪，領畧着『時雨春風，零星鼻息』，實在不淺，這個時候，什麼教育者，責任，什麼教育者應具的宗旨，都不是我頭腦中間所有的，日夜所存在我心中的，就是恐怕留級，不及格，朗讀國文和 Algebra 等，其餘的事，一概置之不問，

我的理想生活之由來

今年是本科二年級了，課程上增加了許多的教育學科，我這時聽先生講說，很有興味，並且聽他說什麼教育神聖，和小學教員的尊貴，那時我越見興高采烈，從此常以教育者三字自比，因之不知不覺我的理想生活產出來了，現在把我的理想生活寫在下面：

國家方面——普及教育

民智開通與否，關係國家强弱，影響很大的，我們祖國，這樣的衰弱，多由於國民之無教育，現在最緊要的，是普及教育，就是要使全國的同胞，都有普通的智識，要普及教育，沒有專門人才不可，沒有熱心的人，更不可，現在我國的小學校，不能算少，怎樣沒有大的成效，這是都由教育者不熱心的緣故，照此以往，我們中國很危險了。

社會方面——興革事宜

我國同胞,富於守舊性一切事情,很頑固的,不變通的,這樣足以阻止國家的進化的,並且於地方治安也很有關係的,要剷除這種的病,最好的法則,在各地方增設宣傳文化的機關,使他們覺悟非這樣去做,恐怕要絕望了.

以上二件事情,完全我想將來做的,至於『富貴利達』這四個字,不在我理想生活問題之內,我所希望的,竭我畢生的精神,犧牲我的幸福,從事於教育和改造社會,簡括的說,這就是我的理想生活談.

評 與師範生的責任頗相符合

世界上果有絕對的真理麼?

徐仲盤

吾人現在住的世界,常常在進化的當中,一刻不停的,從前以為新的,到現在已經舊了;現在以為新的,立刻也就要變為舊了.所以吾說世界沒有『一成不變』的東西,也沒有永遠正確的真理.倘然把許多的事體分析起來,像聚了古今中外的人在一塊兒的議論,不是很有趣味的麼?

第一種吾們講倫理,古人說:『三綱五常仁義忠恕孝悌貞節等等,是做人正當的方針』在那個時候,無論那一個人,不是不敢說他不對,實在不能說他不對;中國人這樣,外國人也是這樣,到了現在,許多人對於舊道德,有些尚有研究的地方,有些簡直說他無用了;既經知道無用,就此把他毀壞了.

第二種,我們講學術,古人說地是方的,現在知道是圓的;古人話雷和電,天上有人管的;現在曉得是一種物質;古人說日月星辰,是『不可思議』的東西,現在人曉得和我們所住的地球一樣,古人話生物的傳種,永遠不變的,現今知道變種和淘汰的道理了;古人把『點鐵成金』,當他幻術,現在確實有那事了；古人說天上去不得，海底去不得，現在我們居然空中有飛機的飛，海底有潛艇的航了。總之：古人以為不能夠做的，現在我們做到；古人以為不可以做的我們現在也做到了；古人以為希奇神祕的道理，我們現在看他平常的東西一樣了。

第三種，我們講人生觀，從前的人，思想不發達，有一種人以為『人為萬物之靈』所以看世界當他的私產，把那萬物是應當被他吃呀，用呀，差使呀，於是乎人類看自己以為最最高尚的東西；有一種人以為我人和萬物並生的，萬物和我人的生活，都是神所預定的，所以不敢把自己生活的慾望增高起來。現在這種說數完全沒有効力了。一般人的心理，知道世界是沒有窮的時候現在把人類為最高貴的，將來恐怕換別種生物出來了。但是人類的生活和世界同流的，從前的人見識狹，現在的人見識廣，古人的生活是機械的，是束縛的；現今人的生活是有興味的，是解放的，所以和從前也不同了。

我人看以上三條道理，知道人類的思想，有變遷的性質。昨天的是，就是今天的非；去年的新，就是今年的舊了。所以說世界文化的進步，都是靠那思想變遷的快。思維變遷得愈快，世界上倫理學術人生觀愈加覺得不確切了；然而倒是世界上最最好的現象哪。

[評] 說得不落邊際纔好

我的人生觀

陳其械

現在我要同諸君談的就是『我的人生觀』人生觀這個問題，對於個人的生活很有關係；并且影響於社會的發達和進步，也有很大的力量，所以這是一個極大的問題，要研究他頗非容易；非研究過哲學生活學社會學心理學倫理學經濟學等不可。我自己毫無學識，對於哲學和宗教等也一點免不懂;那裡可以談人生觀的大問題呢?但是我雖沒有談人生觀的能力,我卻明白人生觀的必要;我現在談的,不過就我腦中零碎的知識把關於人生觀的見解寫出來.所以沒有系統的,並且也不根據學理的;是一時的不是永久的.現在我做這篇東西,也沒有很好的見解;不過是提醒一班人民要知道人生觀是對於個人和社會兩方很有關係罷了.現在我姑且把他分作五層,來同諸君商量一下.

(一) 人生觀的意義

我們要研究某種學說和事物,第一步不可不明了其中的意義;否則無完美的結果.所以現在要研究人生觀也不得不先明了人生觀的意義所在;人生觀究竟是什麼東西呢?簡單說起來,就是對於我們『做人應該怎樣』『做人為什麼』『人是什麼』等問題的見解.所以人生觀可說是我們靠他達到做人目的的一種利器,亦猶航海的指南針.我們既都是一個人,我們那一天不做人;人既然我們天天要做人,我們就不可一日沒有人生觀.所以無論乞丐大總統,沒有一個可以不有人生觀.但是要曉得我們做人的目的各個不同,並且各人的知識和經驗有深淺之別;因此各人的人生觀也要不同了.有的是根據學理的人生觀,有的是根據習慣的人生觀,有的淺的,有的深的,種種情形出來了.照此說來人生觀的意義,可當然明白無疑啦.

(二) 人生觀的重要

(A) 對於個人方面—上面已經說過,人生觀為吾們做人的一種利器;所以定了某種人生觀,將來所做的事業,必為某種事業.比如我的人生觀為科學的人生觀,將來必為科學上的一種事業;若使我定了一個美的人生觀,則將來必定為美術的一種事業;但是要曉得我們人類在世的維一目的就是求生活罷了;要生活就不得不靠托事業,但是事業是根據個人的人生觀而來的;從這點上看起來,人生觀實為决定我們人類生活的一種利器,所以人生觀對於個人生活的重要,可以不言而喻了.

(B)對於社會方面——我們要知社會的進步,都是靠托社會上的各種事業,能隨着社會的環境,時常改造才做得到;但是要去改造社會上的各種事業,究竟從那裡着手呢?據我看起來,一切事業都是根據人生觀而來的;有怎樣的人生觀才有怎樣的事業;所以要改造社會上的各種事業,第一步先要改造我的人生觀,倘使不時常去改造人生觀,那末社會非但沒有進步,並且見了要改造的事物,往往反對他去阻止他人的改造;倘然不去阻止他人的改造,亦不過是盲目的服從,而社會仍舊沒有得到他的好處;所以人生觀對於社會的進步,也有密切的關係.

(三) 我人各種人生觀的分析

我人所具的人生觀很多,下面不顧把幾種普通的畧說一說,來作定人生觀的參攷:

(A)科學的人生觀——世界有沒有進步,大部分可以看科學的發達和不發達來判定;所以要一國的强盛,必定先要謀科學的發達;所以科學對於社會和世界的進步,是有很大的力量,例如:從前德國的勢力,實在强盛得很,考察他所以强盛的原因,不外乎對於科學方面是很發達罷了;所以定科學人生觀的人,他對於社會和世界,是有很大的好處;但是單單具了科學的人生觀,雖對於社會和世界很有好處,然而自己的生活,往往弄到枯憔無味,身心一點沒有愉快;僅有所謂機械的生活罷了.德國人對於自己的精神方面,一點沒有快感,就是明證.要曉得我們生存在世一方固服務於社會,一方也應當要愉快自己的身心;所以具科學人生觀的人雖是很好,但是對於個人的生活，總有些蕭條呀！

(B)美育的人生觀——近年以來，提倡美育的聲浪逐漸擴張，以為人類生存在世，不過使他的身心達到愉快罷了；具這種人生觀的人，既以愉快身心為目的，對於世上的事物，往往不去顧及，所以這種人對於自己的生活，雖可得到愉快，然而社會和世界，沒有得到他的好處；照此看來，單具美育人生觀的人，他的好處也有，但是他的壞處也不能免。

(C)體育的人生觀——我們所以要求知識，就是要將來能夠應用於社會，去適應社會的需要，和促進社會的進步罷了；但是雖有了知識，要應用到社會上去，非有強健的身體和精力不可；所以知識雖是豐富，沒有強健的身體，也到底不能夠達到他的目的，如何使得身體強健呢？就是要應當注重體育，但是僅不過去注重體育，而不去研究科學；那末自己身體雖是很強，對於學問，卻一點沒有，而社會仍舊沒有得到他的好處；所以單單具體育人生觀的人，他的好處實在很多，而他的缺點也不可免。

(D)羣性和道德的人生觀——社會的組成，就是由許多人民的集合；所以要謀社會的進步，必定要靠托社會上的一班人民，能有互助的精神，分工協助的精神，並有團體的生活，所以具羣性人生觀的人，對於社會的組織和社會的進步，實在有很大的勢力，具道德人生觀的人呢，就是能夠服從法律和命令的人，講到這一句，豈不是要有疑難發生了？現在是共和的世界，非專制的世界，何以要服從呢？但是要曉得共和的真精神，就在能夠服從罷了；不過這種服從，要理解的服從，不是盲目的服從，倘使沒有服從的精神，那末各持一見，社會就沒有團結力的精神了；所以道德對於世界和社會，也甚重要，照上面看來，羣性和道德的人生觀，是很有價值；但是要得到這種人生觀，非有高深的學識和經驗不可．

(四) 我的人生觀

我也是一個人，我卻不能一天不做人，所以不能一天沒有人生觀；並且人生觀對於社會和個人很有關係，上面既經說過了；那末我究竟定一個什麼樣的人生觀呢？照上面數種的人生觀看起來，都有相互的關係；倘使單具了一種，那末總有些缺點；所以照我說起來，我的人生觀當兼具上面所說過的五種，方可得到完美的生活．

(五) 我的人生觀之培養

我的人生觀，已經上面說過；但是單是空言，總是無益；怎樣方可實踐這種的人生觀呢？據我看來，要培養這種完美的人生觀，須要多研究科學書，和高深的學識，去倡造事物；並且要在空閒的時候，散步散步，去賞玩天然的美景，以愉快身心；也應當時常練習體操，以助身體的發育，而且也要時常交際，也可以得到團體的生活；這幾種都是培養我的人生觀的方法．

(六) 結論

總說起來，我的人生觀，不外乎有科學的，美育的，體育的，羣性的和道德的人生觀；要達到這種人生觀，應該修進學識，娛樂心性，煆鍊身體，留意社交，并養成公民的習慣罷了．

駁獨身主義

朱儒陽

現在有一般女子，抱着一種獨身主義；使我莫明其妙，推想獨身主義這個名詞，是發起於歐美的，而和自由結婚的潮流同時輸到中國來的．獨身主義對於國家，對於社會，對於己身，究竟利弊如何？我可武斷一句，定是弊多利少，他們恐不免盲從罷了．我畧將反對獨身主義的意思，寫在下面抱獨身主義的人，大約有四種理由！(一)身體自由(二)得不到相當的配偶(三)以不嫁為一種高尚的人格(四)他們說可去依賴性；要知我們人類，是最靈敏的動物；追想古代有巢氏構木為巢；燧人氏鑽木取火；伏羲氏佃魚畜牧；神農氏教民耕種等；到了現在，遂有這種文明世界，如果世界女子都抱了獨身主義，那從此就沒有人類了，也就沒有世界了。舉此一端而論，獨身主義這個名詞，已不成問題了。欲求身體自由，解除煩惱，當竭力奮鬥，積極前進，求一種高尚學識，與男子平衡，才可以得到一種真自由，至於得不到一種相當的配偶，更是無謂之語了；果能以精密的眼光，揀擇世界如此之大，豈不得一二相當的人嗎？要知女子不嫁，和男子不娶，都非人道正軌，如果以為高尚，那錯極了。要去依賴性，祇要自己能夠抱着一種自立的性質，謀一種職業，何必要獨身才可以呢！務望抱獨身主義的女同胞們，快快覺悟！求自己的幸福！更望一般談什麼戀愛自由結婚的人，不要也摇在這裡亂嚷亂吵！

〔評〕她們也有說是可空出身子替社會盡力抱耶穌般救世主義的但據鄙見看來她們天職的大沒有再能大過這生育一事的要替社會盡力要替無窮無極的社會盡力也沒有再能大過這生育一事的試想孟母生一孟子千百世社會受他怎的影響婦女生得一子就像替社會盡無窮救力一般怎有廢除他這大天職却去揀有力沒用處的事做的有眼不看有耳不聽不是儍子麼那末有了生育機關不生育也不免要奉送他一個儍子的綽號了

相對論

和衷

宇宙間萬物萬象動靜蛻變有定律。為十九世紀哲學界最普通信條之一。愛必克羅司與羅克萊里帝亞司時以還。迄十九世紀。一般哲學家。常臆想天然界。有定律。然未敢確定也。迨入十九世紀。為一般學者所公認矣。今則咸信在某某相同情形之下。相同之因。必釀相同之果。天然界已無不定之原則。萬物皆可以定律解釋之。考求此等定律。為科學家之主務。物象之定性。異於吾人所常見常聞之立法司法界之定律。此等定律。並不指示一物一事之現象如何如是。或為何如是之理由。祇謂在相同情形之下。釀成相同之結果耳。以吾人已往之經驗。為其成立原素。以其運用不謬。為其不被推倒之要則。此項重要哲理。乃由研究天然科學而悟之者。換言之。由吾人在地球上藉觀察經驗而得者也。制定此項定律時。吾人假設在不動之地位。按諸事實。在地球上觀察天然界物象者。實皆流動不息。惟其速率皆相等。故作科學試驗時。物有定待之說。仍不受打擊。若一觀察者其流動之速率與他觀察者大相懸殊。則天然法律。在此新環球之下。或將異於吾人所有者矣。

動乃一種相對之單獨知覺。宇宙為一大空間。無可紀極。地球在其中。若滄海之一粟。吾人若單就此粟而察其動靜之究竟。定不能斷其為動為定。亦不能測其流行速度之為高為低。其或前進也。或上達也。或下墮也。若無他種寘靜不動不移之物體存在於其旁。吾人不能曰。其去某點也已若干程矣。其近某點也已若干程矣。吾人若謂地球流動。每秒鐘有均等之速率一萬英里。此說細察之。實毫無意義。實則謂其動亦可。謂其不動亦不可為非。一言以蔽之。動不能單獨自顯。宇宙間無絕對之動。茍有所謂動者。必有二個或二個以上之物體。皆相對的改變其原位。故吾得知其有動也。動之相對說。即以此理為根據。按此理並可知天然界之法律。不將因觀察者流動之速率增高有變更。蓋動量不能自行增高。觀察者之動量斷非絕對的。其增高云者。與他物體之動量相等而言也。今若單謂觀察者之運量增加。實毫無意義。天然法律。將因其動量增高而有變之說。是亦不能成立矣。

天然界定律之一。謂光在真空中之動量為一定而不變的。若天然法律無所變更。則光之速率常將如此。今假設吾人在寧靜而不動之地位。另有一觀察者在他行星上。其每秒鐘之動量為一五〇、〇〇〇英里。當其飛過吾人頂上時。手持一打火石。吾之手中持鋼一片。當彼之石與吾之鋼相觸時。發出火光一道。於此時吾與彼皆立即從事測算此光之遠度。一秒鐘後此光已約行一八六、〇〇〇英里。在此秒鐘內。該人已行一八〇、〇〇〇英里。吾人由此推算在此秒鐘告終時光向該人之方向追前。超過彼三六、〇〇〇英里。由該人計算光之速率。遵彼之方向而行為每秒鐘三六、〇〇〇英里。回顧而測算之。則為每秒鐘三三六、〇〇〇英里。彼可得光之速率。與吾所得者異。彼之天然法律亦與吾者異。是天然法律隨觀察者之動量而異。動量相對之理。似將因之而動搖乎。然吾人歷經試驗。察得光線之速率。不因觀察者之地位不同而見殊。光後一秒鐘後。無論何人測算之結果。俱為一八六、〇〇〇英里。今有人其每秒鐘流動之速率為一五〇、〇〇〇英里。光同在此一秒鐘內與彼在同一方向前進。欲使彼測算之結果仍為一八六、〇〇〇英里。實為不可能之事。然光之速率自任何觀察者觀察之。常為每秒鐘一八六、〇〇〇英里。歷經試驗。實無疑義也。按理論不應如是。而按事實竟如是。此誠科學界之一大疑案也。理論與事實不相符時。吾人須承認事實。然在珍福方面不可永遠付之不問不聞。吾人於是疑及先入之觀念上或有錯誤矣。

今祗有一種方法以解釋此疑竇。若吾人各經試驗。皆察得光在同量時間內流行同量之里數。適與事實相反。則須疑到可用之里數與秒數。必與日常所指者有別矣。恐理想中之度量不能與事實上所應有者相符矣。

今吾所共同測算者。同為一物體。而所得之結果與理想中期望者不同。事實既不可移。則錯誤必在吾人之設想矣。一流動物體之高速度前進。而其勢遞減。而以至於平我之測算具。而彼方向觀察。其力亦愈速而愈低。以觀察遞低之觀察器俱測流動力遞平之流動物體。宜其不能察出其漸趨於平之勢也。且吾人所用之鐘表。而其力亦漸減而漸緩。則其先之真正速度。更難求矣。

吾人嘗謂空間是三度的。時間是一度的。究其實。空間與時間。皆意想中之影象。並非直接相對之知覺。見宇宙間有萬物。於是。以為萬物必有依附存在之所。此依附存在之所。吾無以名之。名之曰空間。吾若不知有萬物。即不知有此空間。至言時間亦然。吾人見事故相因相乘。前後相貫。乃造時間之意。以狀述諸事故先後之次序。吾人不能見空間。亦不能見時間。空間與時間。非若諸物體。可以五官覺之者也。時間與空間。祇為意想造成之影象。用以狀述普通物體之地位。 其先後之程序者也。時間空間之制。用於日常事物。頗為便利。以之窺測渺無邊際。難以紀極之宇宙。則毫厘千里。舛誤難免矣。宇宙間萬象瞬息千變。以吾人所知時間空間之計算法。或計算器衡度之。往往非但不能明其真相。即可以窺之現象。限於鄙淺而不完備之空間與時間之見解。而不可察之矣。

茲請以吾人對於時間之單獨知覺。證明是說。時間與空間之別。為一是一度的。一是三度的。空間有前後上下左右六體。時間祇有先後兩體。今試問時間。何以祇有一度。答之曰。此為吾人經驗上所得確切之結果耳。然在任何情形之下。在宇宙之間。任何一部份吾人有充份廣大之根據地。可斷定時間為一度的乎。吾人可信時間有此均等度量者。豈不因地球上觀察者。皆有均等動量乎。相對論之原理。即因此二疑問而發現者也。吾人今若信觀察者之動量與吾者大相懸殊。則其時間之標準。亦必異於吾所有者。時間之標準。既可相異。則時間之方面言。亦不祇限於先後。而可有左右矣。雖然時間既可有先後左右兩度指其本身而言。仍祇有一度惟其方向可不與吾所觀察者同耳。時光在宇宙間。仍若一線橫貫於太空之中。惟其途徑非直前而稍曲進。時曲進角度。以動之速率而定。吾人同在一時間之河流中前進。然不能因此而斷定。謂其流必隨吾所知之方向而進也。先後之為義。猶若左右。以吾人觀察時所佔之地位而定者也。吾人處於大異於今所知之地位。或按科學的術語言之。謂吾人之動量若極高大。則吾人不啻得一新方向矣。在此新方向中。先後之意義。亦必與吾人現在所知者相異矣。

吾人之觀察容或須改變。然被觀察之宇宙。吾人在其上。無論其流動若何迅速。其方向為何。仍為此舊宇宙也。宇宙之本體。是不變的。所改者吾人對於空間時間之區劃法耳。吾人所以武斷的方法區劃宇宙。然宇宙不因吾有此區劃。而有所改變也。為此區劃。為吾觀察便利計耳。吾人為便利觀察起見。謂宇宙有四度。三度屬空間。一度屬時間。若時光之方向有改變。則空間時間之度量皆將有改變。此顯易解者也。設若時光之方向較吾人所知。斜偏於左。則左右間之空間度量將隨之而改變矣。今試設一事以解釋此理。

假設吾人欲達到東北方十里外之某點。可先向東行六里。再向北行八里。共行十四里。而啟行點與目的點之距離。則仍為十里也。然假設吾人之羅盤針。並不準確。其指北方實稍偏向西北。吾人須向意想中之東方行七里。再向意想中之北方行七里有奇。始可到目的地。所涉之途程雖相異。而達到目的地則一也。二者皆按其所信之方向而前進。先向東後向北而達到同一之目的地。自一人觀察之。以為目的地在啟行地之東六里。而他人則信其在東方之七里。

今吾在地球之上。皆用一指同一方向之羅盤針測算時光方向。在他行星之觀察者。其流動之速率。大異於吾以彼羅盤針測時光之方向。亦必異於吾所察得者。今吾之設譬中。向北者指時間。向東者指空間。苟吾人用同一之羅盤針測算之。則各人所得之結果。當不相異。然若有一人。其對於光度之見解。異於吾。其非但其所測得之時間。將異於吾。即空間之度量。亦將不相同。

綜觀上述。可知時間與空間有密切之關係。宇宙實合時間空間四度而言。空間時間中之一點。其名曰事。在一定時點。於一固定地點發生者也。在空間時間中兩點間之距離名曰間離。若以宇宙為觀察之目的物。認空間與時間為相對的。則其間任間距對任何觀察者皆相等。若單獨以空間或單獨以時間。測算此間距。則各觀察者。所得之結果。皆不相同。一言以蔽之。空間與時間。是相對的。其相對原理。乃動量相對之必有之結果。上述有兩觀察者。當同時測算先動量而得大相懸殊之結果者。因彼等各有不同之空間與時間之單位也。今吾人得一歸納曰。天然法律對各觀察者無論在寧靜不動之境。或在有直前均等動量之象。皆唯一而無所區別的。此為特別相對理。雖然。直前速度均等之動。乃一種極特別之動象。吾人日常經驗上所有動象。皆非均等的。亦不直前的。動之速度與方向。是常變的。一流動物體。有變速度。其速率或在增加。或在遞減。其方向或在變更。其速率與方向。皆在變更。在宇宙間。若祇有一物體在大空之中。則吾人不能察其動象。更不能知其速率有變象。蓋動是相對的。無比較。即無所謂動與靜也。今普通相對理。謂觀察者在各種動象之下。天然定律。於彼皆不變的。此為特別之理論。今觀察者。若再一流動物體自身之上。則覺得天然定律。未必適合一般動象。該觀察者。在此動體之上。可覺得一種動之力。例如吾人在火車之中。可覺得火車流動之或速或緩。若不覺其動率。有變更。則知繞曲線以行矣。速率均等時動率。即歸消滅動力與變速度。是對互的。故吾可謂變速由於力。或力由於變速。吾人隨變速力而前進時。所得直綫之意義。與在寧靜不動之地位上。或有動力均等地位上。所得者與吾人若駕一飛車飛行於空中。飛機之動力。假設是均等的。飛機中人以一石投於地。自彼觀之則此石隨一拋物線而下墮。此石下墮時。所遵之途徑。兩方觀察者得不同之影響。此石愈下而速度愈大。地心吸力。復助其加速。而其速率益增加速率消滅其途徑之為曲為直之象。故吾人若不知該石與兩觀察者之絕對動量。不能確定其途徑之為曲為直。惟絕對動量並無其物。故其途徑實無曲直可分。曲直之現象。祇可得於情形中有關係各物體相對之動象耳。若無變速力其物該石帶均等動量以下降。地球上一般觀察者。將皆見其依直線而下墮。

在此環境之中。普通幾何原理最能適用。然若有變速力之作用。則所指謂直線。皆帶幾分曲度。普通幾何學者若以意想中之直線。認為事實上之直線。則將迷離而難以窺其究竟矣。按諸事吾人無往不受變速力之節制。變速力因地心吸力而起者也。有物體即有吸力附於其上。有吸力即有變速力。變速力常在運用。則普通幾何學不能準確。故在此太空之間。當另以一幾何學解釋物體。普通言之。皆在空間遵曲線以流動者也。此普通相對理也。

總觀頃所述者。可知在太空間諸部份之物體。各以適合其彼等之幾何體量。而有特著之現象。彼等皆按其自身所有之道途。在空間與時間中流動。因其變速力。故吾人能察其流動之區別。變速之原因。不得而知。吾惟知其有力。故能有變速之象。吾能知其所經過。知空間之應用幾何學。則其流動之途徑可預測而得其究竟矣。以此幾何。測算其動。實較按吸力定例推算之結果。實為準確也。

說經類

陳仲子論

豐特

大凡醫者救人之病必相其病勢之夷險以用藥病而夷也則用藥宜於平和病而險也則用藥宜於酷烈與勢推移不拘故常救世亦然時當季世盡人皆驚為不義之事而不復知有廉恥也則救世之君子必特行其矯枉過正之舉以愧天下之士而冀挽其頹風如醫者之用烏附蝮蠍然彼非有心於立異矜奇也實有心於救世也則其用心之苦為何如乎戰國時有陳仲子者辟兄離母棄絕人倫污蔑名教其罪固大矣吾獨於其罪之中而見其熱忱救世用心為至苦也夫時當戰國一急功近利而相習為寡廉鮮恥之世界也上而諸侯唯功利之是圖急則施其武力緩則用其陰謀圖遂其貪婪之心而置禮義廉恥於不顧下而游說之士朝秦暮楚希志承顏以博取不義之富貴而不知稍恥上下之間舉一切廉恥之事皆蔑棄不顧當是時非如病之極險時乎仲子而有心救世不得不辟兄離母而為此矯枉過正之舉矣吾嘗推仲子之心蓋以其母與其兄同居所以離母為避兄也所以避兄為不義兄之室而不居不義其兄之粟而不食也以我之廉愧世人之不廉以兄之不義諷世人以見利而思義世有能感我者則我亦可稍補於斯世世無能感我者則我亦可捫心無愧沒世無恨矣孔子修春秋而有辭於知我罪我仲子之熱忱救世其亦有知我罪我之苦心乎後人不測皆以仲子為千古罪人雖以孟子之聖而猶不免為譏諷竟使仲子救世之苦心成

一千載不白之寃吾故論發之以為救世之士告

評 以心乎救世為仲子解嘲理由甚是充足文筆亦頗不弱

遠庖廚

鮑哲謀

君子之於禽獸也見其生不忍見其死聞其聲不忍食其肉其所以然者動惻隱之心而發乎天良也禽獸亦有佛性惟不若人之有智慧之可能性耳禽獸之知覺無異於人人之有疾病者我尚惻然動心且撫慰焉況殺禽獸而不救聞哀痛悲鳴之聲而不憫反食其肉乎方其肢體被縛利刃加頸時苟我身當其時亦必悲鳴號呼曰我無罪我無罪乞赦吾苟欲食我肉則汝輩父母妻子兄弟自身皆肉也皆可殺而供食也何必必我肉而食為特彼禽獸不能人言耳或禽獸之言我人不解耳是故君子遠庖廚而戒殺生靈也嗚呼古之君子其於禽獸尚然今之君子食必魚肉衣必貂裘不止殺禽獸以飽口腹且殺戮人民以彰功勲圖祿利而擴張自己之地位排除異己荼毒生靈殘暴極矣其心豈異於古之君子耶抑其目未嘗見人民禽獸而第見在道之荊棘耶吾不得而知矣然其仁義道德之道遠遜於古之君子豈能立於君子之林哉曰、此我所以為今世之君子也歟或曰君子既不忍聞聲食肉於禽獸之患備矣然周公聖也何以殺管蔡況同胞乎孔子至聖也何以誅少正卯況同僚乎曰、此聖人之出於萬不得已其殺一人為天下利非為己為國也非為私為公也留一人而天下之人皆受其荼毒者一家哭其如一路哭乎

性善論

姜沛

性善二字始見於孔子易傳曰一陰一陽之為道繼之者善也成之者性也老子道德經言有物混成先天下生不知其名字之曰道道也者先天地生後天地而不滅民受天地之中以生所以繼此

陰陽之道謂之善所以成此陰陽之道謂之性大德曰生天地之性也化而為絪縕之氣（即浩然之氣）人與萬物悉秉此氣所化原其太始肇於一陽之氣而為純善之性本乎先天者也而動乎後天者謂之情說文云性从心生聲人之陽氣性善者也情从心青聲人之陰氣有欲者也性無有不善善必根乎性矣夫性善之說莫詳於孟子孟子道性善辨異端闢邪說本子思中庸曾子大學新傳以發明孔子之道當時與為辨難者惟告子一人告子初學於墨子習闡性惡義外之論厥後師事孟子援前師之說以質其疑每問必進既聞孟子善養浩氣之談與夫執中有權之辨曉然於集義所生之旨而知墨氏之說之非所謂性善云者即大學至善中庸天命之謂性故能毅然言之曰性無善無不善也自茲以往不復有性善性惡之討論蓋已悟先天之性得孟子心傳矣後墨子之徒譏棄告子而墨子不可謂其言談善辨言仁義而不吾毀具徵告子師事孟子後未嘗反攻墨子之短戰國之世天下莫為義墨子獨為義自苦又安知不因告子而為孟子所化諸儒於告子多所訾議而畧其討論性善之功夫亦於理有所未窮歟吾儒讀書談道教崇品詣於先聖先賢之學貴乎躬行實踐博學審問慎思明辨不由此善性入手雖日日講倫常言道德終類口頭之空禪無裨身心之實用人之生也在得氣受命之始而善性已入其體純陽自性與命合而知覺萌於心於是乎有啼笑而為嬰兒而一陰以生焉則情根已種矣積漸以長至於能自言動雖陰日以益然與性體無損呱呱而泣嘻嘻而樂者皆天真也所謂赤子之心固猶在也善且不知更何有於不善此之謂至善之性告子所謂無善無不善者以此孟子固未嘗非之比及成人則陰陽二氣相平可以互為消長時則血氣未定習於善則善習於惡則惡為君子為小人皆有不可知之數因其善性而道之俾知所止於至善之地以復其天命之性由慎獨而誠意正心處可以裕修齊出可以施平治

雖希賢。希聖。不難也。若夫逸居而無教者。流物擾於外。欲動於中。則陰以陽勝。情以亂性。淫以喪其志。貪以殉其生。君子之道日消。小人之道日長。至此則性與命違。不復能彼此相見。其相見則在於命盡之時。曾子有言曰。鳥之將死。其鳴也哀。人之將死。其言也善。此本性之發見也。然則命有盡。而性固不死也。惟性之不死。故君子所惡有甚於死者。所欲有甚於生者。所欲有甚於生。不為苟得。而廉恥與所惡有甚於死。有所不避。而氣節尚。尚氣節。與廉恥。皆根此善性而來。孟子曰。人之所以異於禽獸者幾希。庶民去之。君子存之。易傳曰。成性存存。道義之門。苟善性常存。則命亦不死。中庸曰。故大德者必受命。言舜由大孝得祿位名壽而受命也。老子云。死而不忘者壽。此即壽。即名。即命之謂也。是以孔子曰。君子疾沒世而名不稱焉。又曰。不知命。無以為君子也。而要非先識此本善之性。不為功。故孟子曰。仁之於父子也。義之於君臣也。禮之於賓主也。智之於賢者也。聖人之於天道也。命也。有性焉。君子不謂命也。王厚齋三字經開宗明義曰。人之初。性本善。以訓童蒙。實有功於教育者。其性相近。習相遠二句。本孔子語。習與性。有動靜。陰陽之對待。遠近二字為反率之比。相字中間。明明夾有一善字在內。性之所發。無不善。性與善至為密邇。故曰性相近也。習之所染。多不善。習與善不嘗背馳。故曰習相遠也。若遵集註。此所謂性。兼氣質而言。習於善則善。習於惡則惡。是性可以為善。可以為不善矣。況性自性。氣自氣。質自質。又何可兼而言之。聖人惟恐人不明此性。故又曰唯上智與下愚不移。不移者性也。善也。非惡也。立人之道曰仁與義。成仁取義。君子為之。而忠孝節烈之事。不能強愚夫愚婦以不為。同一性之所發。而不可移者。況雖有惡人。齋戒沐浴。則可以事上帝。善性不可以惡人而滅。若謂人氣質相近之中。又有美惡一定而非習之所能移者。則是下愚之人。皆不可以為善。所謂有性善。有性不善矣。與孟子性善之說。為不可通。孔子立言之本意。必不然也。性有不可移。而習則無不可移者。以其為感於情。而靡定者也。人之可使為不善。其性亦猶是也。是故有重華之孝。而瞽瞍底豫。有阿衡之忠。而太甲悔過。從來沈潛剛克。高明柔克。頑梗之化而為良善者。書不勝書。不患天下有不善之人。而患天下無善教之人。夫善教者莫如孔子。孔子之道得孟子而益彰。所謂率性之謂道。修道之謂教也。人人有此天命之謂性。由天地浩然之氣所化而來。故孟子之養浩然與大學所謂止至善同一功用。第讀孟子集註。於句讀間有不能苟同者。如公孫丑問浩然之氣。孟子曰、至大至剛以直為句。業易傳曰、夫乾其靜也專。其動也直。乾、天也。浩然之氣本乎天。剛大以直。即性之體也。養此氣以存此性。語大莫載。語小莫破。止於至善。由定靜而造於自然。所謂安也。稍涉急功近利之思。害即乘之。故有慮焉。養而無害。則塞乎天地之間。惟其直也。此孟子得性善之功效。以洩其難言之隱者。趙注本如此作句。而正義非之。集注蓋本正義而悞者。又如公都子述或人之問難。孟子曰、乃若其情則可為句。或人不知本乎先天者之為性。動於後天者之為情。宜其於性善之說有大惑不解於中者。按乃若其情則可。猶言彼等論於其情則可。以如是言之情固有善不善之分。此句乃總答以下四句分答而辯之以為善矣。以巳古字通。謂巳見為善矣。乃情之根乎性而發者也。性相近也。所謂善也。如文武堯舜微比之倫是也。若夫為不善。乃情之反乎性而動者也。習相遠也。非才之罪也。如幽厲瞽瞍象紂之類是也。非才猶不才無才之謂。天之生物因材而篤。未嘗稍有偏私。動植飛潛。亦皆秉此浩然之氣而生。各自為類。以自立於世界。故釋氏云、一切含靈皆有佛性。然皆謂之物。不得與人配天地而為三才。人既為萬物之靈。則自當率天下之性。以立人道。白虎通以仁義禮智信為五性。或以配五行而為五德。不外一陽純善之性所包。故孟子曰、人皆有之。仁義禮智亦可謂之德性。非由外鑠而全。禮以喜怒哀懼愛惡欲七者為情。雖亦弗學而能然必感於外乃動於中以心為旋轉之樞紐而運用之得其正則可以立人道與天地合德舒胞與之懷失其正則足以去人倫違禽獸不遠與草木同腐人而若此其何以質鬼神而無疑事聖人而不惑以自立於三才之中此非才之謂也雖曰非才而性善如故等之牛山之木始之以斧斤之伐繼之以牛羊之牧如彼其濯濯而其日夜所息得雨露之潤猶有萌蘖可生性之存乎人者亦猶是也特或求或去得失之相去不可以道里計耳中庸曰自誠明謂之性自明誠謂之教知乎此則舉世無不可教誨之人即舉世無不可造就之人可以悟三教之同源可以通羣經於一貫本此性善之仁以修身立命能成己亦能成物充斯性善之義以制禮作樂為大同不為小康大道之行天下為公選賢與能講性修睦人不獨親其親子其子使老有所終壯有所用幼有所長矜寡孤獨廢疾者皆有所養男有分女有歸貨惡其棄於地也不必藏於己力惡其不出於身也不必為己故謀閉而不興盜竊亂賊不作故外戶而不閉是謂大同孔子曰大道之行也與三代之英有志未逮今將尊奉孔子於大同世界以償其未逮之志是吾儒之責也尚其於性善加之意焉

評 昔孟子道性善荀子道性惡揚子雲謂善惡混韓昌黎謂善惡分千載紛紜莫衷一是迨宋儒性理氣質之說出而性與情之辨始明此篇原本孔教輔以釋老泯乎歧異歸於大同說告子獨具卓識辨句讀尤見精解誠有功世道之文也

有言者不必有德說

張炳元

士君子奔走國事或設言可以解紛或一言而排大敵所以維持時局者不得不賴有言也所患者有言之人信口雌黃虛喝恐嚇裝其懷機械變詐是其智聽其言則洋洋灑灑問其德則消礫殆盡矣孔子曰有言者不必有德誠哉是言也然有言者不必有德恐有未必盡然焉昔孟子好辨非有

言者乎而庭說齊梁足令時君欽佩者以有德之故也孰是說也有言者不必有德不幾輕天下之有言者乎詎知孟子以言立教千古所僅見也天下巧佞之徒觀其表面無一非禮義廉恥至窺其內容則心多奸偽以此言德何德之有諺曰口蜜腹劍此為有言者之通病也吾觀揚子法言非不皇哉唐哉唐哉皇哉其吐辭足以為經矣究之筆下雖有千言胸中實無一德依於新莽不免投閣此有言者不必有德之明證也文人相輕自古已然華而不實大抵如是言之者幾等天花之亂墜聽之者幸謂茅塞之頓開以言取人不次超擢則論篤是馬或為君子之言猶之可也或為色莊之言則言是行非邦之杌隉其能免乎此孔子謂有言者不必有德為尚言者警尤為聽言者戒也

評 孟子好辯一段通篇局勢為之一振復用揚子法言為轉捩尤足為有言不必有德之鐵證

壯行必先幼學論

程憲山

以吾一人之身出而任宇宙無窮之事不患不能行患行之不得當不患才之不勝任患任事之乖方行之不得當其弊也在不學任事而乖方其弊也在學不預不學無定識也學不預無根荄也無定識不可為智士無根荄不可為通儒此古人之所以幼學而壯行也蓋幼學者壯行之根荄也幼而不學則空疏空疏則不足以應世壯行者行其幼之所學也幼而不學則妄行妄行則僨事僨事亦不足以應世也譬諸木焉根不固枝不榮譬諸水焉源不長則流竭是故君子之於學也猶樹木鑿河然培其根本浚其源流不敢一日輟不敢一日離當其一室潛修朝稽夕考孜孜矻矻凡古今之治亂安危中外之文明媾合積思審慮一旦豁然曲暢旁通空疏之胸變而為博洽拘滯之性化而為活潑浩然其氣足以塞天地廓乎其量足以包八荒且夫羽毛未豐者不足以語垂天之翼堂

構不固者不足以語峻宇雕牆君子惟學之有素也故其識明其識明故其智宏雖一室匡居而民胞物與時切懷來雖隴畝躬耕而後樂先憂時縈夢想融會古今貫通中外得時則駕際會風雲發攄偉抱霖雨蒼生見明而守固識卓而才宏人第見其才藝之超羣而不知其蓄之有素也人第見其學識淵博而不知其養之有自也人第見其出一藝製一器舉世不能究其奧畢生不能步其塵而不知其空山抱膝勤勤懇懇已非一朝夕也嗚呼髫髻之時光陰綿邈正志士發憤之秋英儒篤志之候苟玩愒時日不自奮發行見老大無成耳即或極力鑽研而株守陳編食古不化前途茫茫不知所屆瞻前顧後杳渺無憑曠歲廢月卒業無期斯又莘莘學子所當痛戒者耳

評　善於挑剔無隱不現斯謂胸有智珠用能筆無滯機

在陳絕糧論

程愚山

竊嘗馳車曲阜過闕黨謁孔子廟堂見夫左陳籩豆右設酒醴或薦黍稷或享犧牲肅肅雝雝馨香具備嗚呼皆聖人之德之大而食此萬世無窮之報也何當聖人之世春秋之君臣竟不知享孔子以大烹授孔子以廩糈而使我夫子有在陳絕糧一事或曰此天之厄聖人也而不知非天也人也絕糧之日正我夫子去衛之時假令靈公不以間陳速夫子之行舂糧之舉子豈不知惟去衛之速稻粱之謀子不暇及而衛與陳又非接壤故道路之間橐囊告乏由是以思子之絕糧不絕於在陳之後而在於去衛之先夫誰絕之靈公絕之也雖在陳如在衛也記者以在陳書適以見去衛之速耳嗚呼饗香於沒世反饑渴於身前夫非時君之咎而誰咎歟

評　探源立言驚人之技

陽貨欲見孔子論

程愚山

天生孔子於春秋之世固千萬世之人人所欲見者也乃後世之人欲見不得不謂當時權倖竟欲以聖人之尊屈而見已噫亦何不自量之甚耶說在陽貨欲見孔子一事夫貨何人而欲見我孔子乎蓋嘗探貨之意以爲桓子可因矣國政可專矣乎昔大權獨攬私我者見其附我畏我者見其從我有求於我者見其媚我惟茲尼山一老名震寰區而獨室邇人遐過門不入未足贖招賢之典虛好士之忱也孔子乎公山之召何必往佛肸之召何必往亦惟升我堂入我室親我言笑與我相往來斯可矣且孔子者亦不予人以難見也曩者列國周流於儀邑則見封人於互黨則見童子於居衞則見小君求如以瑟辭孺悲者卒鮮孔子乎亦何憚而不我見也然而貨之欲猶不僅此蓋以孔子者聖人也不徒以一見顏色已也苟其惠然肯來必將加之以祿位假之以事權其門下多材顏閔而外如子路冉有漆雕開輩使之任一邑備一官膺從政之選行見孔門英俊盡入彀中外可以收拾人心內可以樹立私黨不且可以爲其所欲爲哉而其如孔子不見何

評 深悉文章機杼頓挫翻弄綽乎游刃有餘

民爲貴說

陳行堯

今夫言斯人之階級者以古時論之莫不曰最貴者帝王也將相也次之則州牧也邑宰也以今時論之莫不曰至貴者總統也總長也次之則省長也縣令也凡此皆以一人而立乎衆人之上操予統治之權莫不巍巍乎可畏赫赫乎可象者也以下民較之譬如邱垤之於太山行潦之於河海走獸之於麒麟飛鳥之於鳳凰其下賤何如哉不知不民胡國不國胡治既無所用其治更何有乎帝王將相及州牧邑宰又何有乎總統總長及省長縣令蓋國以民爲本即民爲國所天天視自我民視天聽自我民聽民之所欲天必從之是故得乎民心爲帝王當乎民選爲總統帝王總統莫不由

乎人民之推戴而成而下此者可以無論矣然則人民者帝王總統之母也其尊貴何如哉而人顧以為人民之下賤而輕忽之鄙棄之誅戮之牛馬之草芥之何也水能載舟亦能覆舟古有明訓所宜凜凜長民者其可輕視斯民哉孟子曰民為貴諒哉斯言

評 成如容易卻艱辛

子曰君子之於天下也無適也無莫也義之與比說

沙　明

天高地下萬物散殊宇宙之內事變繁賾因應化裁曰有義在皇古之世政教簡風氣樸不識不知不必與言義而天下皆言義也中古之世政教明風氣壹無偏無黨不必使合義而天下自循義也自政權散而雜霸進教術廢而曲學興事雜言哤泯泯棼棼正朝夕者視北辰正嫌疑者視聖人彼夫執一之論虛拘之見賢者太過愚者不及狂者進取狷者不為非適也即莫也子莫執中鄉愿媚世和光同塵與人無爭非適也非莫也而又非義也君子不然其於天下也無執拗無剛愎無為鵠的無游移無模稜無首鼠兩端胡然無適義在則然胡然無莫義在則然君子與義一而二二而一者也故曰比也今夫春秋多事之秋而孔子時中之聖也毋意毋必毋固毋我仕止久速無可無不可時之至中之至也其中也所謂無適無莫也其時中也所謂無適無莫而義之與比也其曰君子者夫子自道也何言之蓋其憂世之切既不獲行道於天下而亟思以精義致用之學扶春秋之世變而示天下萬世以從違之柯則也嗟乎適莫之為害大矣哉一古一今一治一亂為君為民為己為人為大疑難大政策為學派之分門戶為奸賢之分朋黨有排擊者有傾軋者有泥古者有徇私者有附和同聲者有調停兩可者君子與君子爭小人與小人爭始爭是非終爭勝負始爭公理終爭私忿堅僻之私卒禍蒼生囂張之氣釀成巨患義之不明至毒天下可勝慨哉可勝慨哉夫惟君

子不黨不爭不變不流不物於物與時偕行達而在上虞樂夏時殷輅周冕用之則行行以義也窮而在下文琴旦夢魯纏宋章舍之則藏藏以義也南子請見陽貨可拜佛肸可往公山可之涅而不淄也惟其義也從衆從下不入不居問陳即行絶糧無慍和而不同也惟其義也陳恆請討飭紀也衛君不斥守禮也丈人接與一使反見一欲與言皆所以正君臣之分而明精義之用於天下也天下囂競君子平之天下柔靡君子捄之好惡必察毀譽不私冰淵可盟屋漏可對無上下無內外無親疎無遠近無久暫無常變無適無莫一準諸義而已商書曰以義制事制者引而裁之比者合而化之也和順於道德而理於義微夫子孰能與斯

【評】風格高華氣象雄壯九轉丹成之候

接輿論

陸文駿

凡學問廣博識見高超當危亂之際能隱居不出全身避害人皆稱之曰賢士自吾觀之猶不足為賢也夫賢者之用心未嘗一日忘天下也幸而身際承平則立於廊廟之上堯舜其君堯舜其民展經綸以治國固所優為不幸而世値危亂則目擊時勢之艱砥柱中流支持大廈挽既倒之狂瀾亦義不容辭況乎天下事皆人為之其亂也亦人定之有賢則治無賢則亂自古至今此理不易乃持明哲保身之說執無道而隱之義杜門不出被髮行吟或江湖之上或山林之間嘯傲煙霞消磨歲月謂如此可以避禍遠害也嗚呼其所以自為則得矣但置理亂於不顧如天下蒼生何哉若楚之接輿見世道日衰乃佯狂而隱蓋未聞君子之大道者也夫接輿者吾不知其生平行誼若何然觀其當孔子適楚迎車而歌玩其語意若諷若惜是未知聖人用世之心將行其道以為天下利也噫如接輿者可謂獨善其身乃荷蕢沮溺者流雖能識聖人而廢君臣之義何足道哉雖然其賢於世

之朝秦闕暮楚闕患得患失之徒蓋亦遠矣

評　深以隱居獨善為非持論甚正

鄭伯克段於鄢論

吳其萱

莊公者鄭國之君也始則封弟於京終則克弟於鄢使叔段奔走他方而無所逃命論者謂莊公不教而誅意存陰險處心積慮必殺之而後快予獨以為不然夫莊公之母尚在雖欲教之冀盡兄職其母愛憐少子段必恃寵而驕初請制繼請京終請二鄙儼然國有兩大論者不責叔段之不弟反責莊公之不友天下寧有是理耶推莊公之心所以遲遲伐鄢者望叔段悔過遷善增友愛之情免鬩牆之釁弟雖不善我當以誠感之無如段傲很性成無端稱兵甘冒不韙襲鄭以圖叛逆即使莊公至愚其能任段跋扈耶試觀對考叔曰爾有母遺繄我獨無是莊公孝母之念油然而生封許之役寡人有弟不能和協而使餬其口於四方是愛弟之情勃然而發古今來姑息養奸慈母不能辭其責驕縱不肖傲弟不得避其名何專歸咎於莊公哉

評　一反舊議遂覺耳目一新

質勝文則野文勝質則史文質彬彬然後君子論

呂毓禎

立乎晉宋以觀秦漢之世則秦漢為質而晉宋為文立乎秦漢以觀商周之世則商周為質而秦漢為文立乎商周以觀上古之世則上古為質而商周為文質文遞嬗之勢雖經累朝聖君賢相之經營終不能維持而不變蓋氣數為之也若夫人之一身質文頓判則非氣數之推遷寔由氣質之未能變化矣夫氣質之說發自宋儒元明以下道學諸家往往疑之以為不應歧出於義理之性之外不知其端緒已先見於孔門如云質勝文則野文勝質則史此非氣質之偏乎蓋義理之性無有不

善氣質之性則不無偏勝之處聖賢以學問化氣質氣質可進而為德性庸衆以氣質立學問學問乃變而為風氣矣風氣一開門户相競聖人之所憂也故借彬彬之君子以明宗旨非示人以變化氣質之學哉且夫風氣之壞由學問之偏學問之偏由氣質之僻周衰道喪諸子蠭起聃周之徒滅禮義外形骸汪洋恣肆倡為一切狂悖不根之說嗜奇之士不知所非嚾嚾然受而傳之周末風俗為之大變以故士氣橫溢召暴秦坑殺之慨蓋縱橫家學寔萌芽於道家陰柔取勝之說所謂質而野者非歟至所傳老子莊子戰國策等書其文章與行未始不為詞章家所寶貴然以孔子之道繩之皆所謂史而已矣厥後西漢諸君子振之以經學東漢諸君子抗之以節義乃稍稍有矩矱可循彬彬之美庶幾見之自茲以降魏晉之間崇尚清談揚莊老之餘波振稽阮之洪緒等經傳於糟粕指禮法為桎梏大雅埽地有識興嗟良有以也況六代君臣相尚文字駢麗之作綺靡之音尤無取矣歷隋及唐迄於有宋真儒輩出扶持聖軌標揭道宗闡孔教之真傳開俗學之蔀障所著文集諸錄諸書大要示人以變化氣質為先正與孔子文質彬彬然後君子兩言若合符契可知氣質關學問學問繫風氣風氣既壞非大儒不足以挽之詩云高山仰止景行行止宋諸君子當之矣夫聖人論文質之意本乎勉學中具憂世遠懷為歷舉後世之事以證之俾知學問不關氣數而亦未嘗不關云

評 融會古今究極利弊一歸之中正有關世道人心不少文筆尤雄深雅健

問孔子適衛雖不見用而治衛之道已見於對冉有數語試推而論之　曾祖衡

聖人治天下之道有天下之權如禹湯文武周公者則既施之於事矣而孔子不能得天下而治之以見之行事然其治天下之道可得而知也其適衛也雖不見用然對冉有數語亦可以見治之之

法。當此之時。衛國人民。林林總總。既眾且庶。使不為之制田里。薄賦斂。以富之。則民生不遂也。故以富加之。使既富之後。逸居而無教。則近於無用矣。又當設為庠序學校以教之。俾知禮義而不淪胥以亡。此教之之道。然孔子之計。及豈徒治衛之道。而已抑亦治天下之道也。

評 發揮議論頗具見地

孔子不知老農老圃說

彭莊犖

吾人生活世間。有三要素。曰衣食住。之三者之。關係吾人。不啻作物於淡、燐、鉀。然其原料品。何由而得哉。則曰植物。而農若圃者。則以人工栽培植物。而利用之。以供給吾人之三要素者也。故橫覽世界。縱觀古今。雖大愚不肖之人。亦莫不知農與吾人之關係。而重視之也。孔子者。吾國有史以來不數見之人物也。其識見之高遠。固當適常人萬萬。乃於樊遲請學稼圃。竟以不如老農老圃答之。且於其出也。又以小人譏之。且曰。焉用稼云云。豈孔子而獨大愚不肖之不若哉。論者每疑其賤視農業。而不知不然。孔子非賤視農業者。觀夫春秋關於農事之書。詩經豳風之載可知矣。孔子亦非不知農圃事者。觀夫多能之言。羵羊之識。已可證其博物之識。況當時行井田之制。家必受田哉。然則孔子之此答何也。吾以為孔子之教人。每因材而施。故論語載問孝之答。人各不同。而冉有子路之問聞斯行諸也。尤其明證。樊遲者。志趣卑陋。故於其問也。以此答之。而又恐其終不悟也。故於其出特揭經世之大者遠者以教之。蓋亦猶答問孝及問聞斯行之意。因其人其病而施以鍼砭也。而論者乃每以辭害意。謂中國士農之分。由於此。讀書顧不難哉

評 慨嘆盡神論斷有識

教民親愛莫善於孝論

許慶圻

昔司徒以三物興賢樂正以四術造士一則孝友與睦婣並重一則教孝與崇德兼詳誠以孝也者
為百行之基五倫之要綱常禮樂之本治亂興廢之原蓋數千年於茲矣其間盛衰成敗史不絕書
而要其起端莫不曰此失教也此不知教民以孝也夫天下奚治人心和則治天下奚不治人心不
和則不治和者何一而已矣人心既一則異端無由而起教民以孝乃所以一其心壹其志心既一
乎仁而志自專乎孝親愛之道固不待家喻而戶曉矣此孝經廣要道章故以教民親愛莫善於孝
垂示天下後世也吾嘗反覆考之然後知其意之深而義之切也夫治平之道莫先於教教民之道
莫先於孝民有孝而後知禮知禮而後知孝知孝而後知忠舉一反三莫善於此苟為上者以教化
民而曉以大義導以正規則事親孝者忠可移於君事兄悌者順可移於長居家理者治可移於官
上下之間相親相愛將見堯舜之世再至三王之治復興豈特承平而已哉一人如是即推諸一國
亦莫不如是上下和睦周旋不逆使民各親其親各長其長愛敬盡於事親而德教加乎百姓天下
自化於大同矣是教民親愛莫善於孝一語詎非治平之要道哉夫孝者天之經地之義民之行也
故民是則之為上者因是而德教加乎百姓為下者因是而忠孝加乎君父國之治天下之平固在
此而不在彼也三代以下上失其教而躬犯不韙者接踵於天下即以春秋一書論之其見於經傳
者弒君已三十六既不能盡忠盡孝更何論乎友悌哉終春秋之世以孝悌聞於諸侯者有二曰曹
子臧曰吳季札不臣不子之人如彼其多也而孝子悌弟又如此其少也春秋一書所以見君臣長
幼之道其體例又安得不嚴耶夫孔子之道述之於孝經而行之於春秋孝經春秋二書所以見聖
道之廣博也是非天下之至聖其孰能與於斯晚近以來聖人之道熄而孝悌之教絕上下數百年
間治日少而亂日多馴至今日冠盜充斥四維不張幾有岌岌不可終日之勢噫此失教也此不知

教民以孝也人心世道之憂孰有大於此哉孰有大於此哉

評　見道語不可多得

宴安酖毒不可懷也說

許慶圻

夫古今興亡之迹不可勝紀而求其所以興及所以亡之故不外人主之勞逸而已勞則勤勤則百廢俱舉而天下治逸則惰惰則庶政不修而天下亂湯武之興也弔民伐罪日不暇給其興也即其勞也桀紂之亡也般樂飲酒縱欲敗度其亡也即其逸也推諸始皇以遠交近取而滅六國二世以委政趙高而弑望夷莫不以勞逸而判興亡然則勞者福之基逸者禍之媒為人主者亦何憚而不以勞自處哉蓋勞則使人苦逸則使人樂習於樂者未必願習於苦扛萬鈞之鼎烏獲以為常而他人以為勇游千仞之淵沒人以為常而他人以為神欲令逸者之習於勞其理亦近乎是而不知治亂興亡之機即於此伏矣子輿氏有言曰生於憂患而死於安樂信哉斯言也余讀春秋至魯閔公元年狄人伐邢管敬仲言於桓公曰戎狄豺狼不可厭也宴安酖毒不可懷也此言也不第儆人君之言即窮而在下者亦宜思之嘗見素封之家豐衣足食積資累萬然考其先世未有不自勤樸而來者一旦得志而頤指氣使豪華自賞其家未有不中落者世有自甘逸樂而沈溺不返者乎吾將舉管子宴安酖毒之言以曉之

評　警策淸勁可與食古

君子小人如何分別說

印維廉

君子者正人也賢人也有道德之人也小人者惡人也邪僻之人無道德之人也君子小人之分如陰與陽晝與夜冰炭之不相容水火之不相入又如黑白之異形薰蕕之異味焉論語一書言君子

小人之區別詳矣學而篇曰君子周而不比小人比而不周此言公私之不同也里仁篇曰君子喻於義小人喻於利此言義利之不同也述而篇曰君子坦蕩蕩小人長戚戚此言心懷之不同也顏淵篇曰君子成人之美不成人之惡小人反是此言意志之不同也子路篇曰君子和而不同小人同而不和又曰君子泰而不驕小人驕而不泰此言行為之不同也凡若此類不可枚舉總之君子之心公小人之心私君子作事如日月之經天江河之行地光明磊落無往而不表之於道小人作事如穿窬之盜宵行晝伏鬼鬼祟祟惟恐人知是故君子者救人者也人人所尊禮而崇拜之者也小人者害人者也人人所深惡而痛絕之者也歷古以來君子謀國之忠多害於小人之手如宦官之害李膺陳蕃秦檜之害岳飛其明證矣安得有十萬橫磨劍殺盡小人之頭以一洗此汙濁世界乎嗚呼使天下無小人則天下太平矣

評 歷引論語君子小人之說理析毫芒語有心得是有筆有書之作

全國中學國文成績

學生新文庫 乙編

論史類

文藝復興之研究

張元龍

溯自東羅馬亡古學西行民智漸開重理知尚自然尊個性尚自由始知教權專制之毒於是不得不藉復古文明悉發其蘊藉春雷一震萬卉齊生此即所謂文藝復興 *Renaissance* 者是也然綜其研究探其因果扼其綱要則有二事一曰「文藝復興以前其民族之思想人生為否定的」一曰「文藝復興以後其民族之思想人生為肯定的」

文藝復興以前其民族思想人生為否定的何為人生否定的蓋自希伯來思想特盛當時列國紛爭干戈擾攘天下滔滔者久矣國無安民之日民無托命之秋於是取厭世悲觀者則曰「不如脫離現世以稍稍得安息矣」加以基督勢力風動一時教會事業篤信彌深在在皆以自度度人相號召滅體質以救靈魂去人世而歸天國苦修行斷飲食祈禱默念於是為其專一之務甚至屏棄理知以為足以妨信仰而動情思有碍向道之誠是故一切文藝學術棄之惟恐不盡初何嘗以扶植文化為志哉其極也僧侶壟斷學問以愚民為事以人為神僕實不啻以人為僧侶之僕此歷史家所稱中古黑暗之時代也他若教會以現世為試驗之場所 *Paolatos* 隨處有撒但 *Satan* 引誘人入道魔諸凡美與悅樂無不有罪惡者在故有旅行瑞士者以其山明水秀而不敢仰視焉伊大利之高士 *Santo Francesco* 菲飲食惡衣服日以鐵索鞭其身而以個人肉體尤為入道之魔

此即所謂出世主義而亦即人生否定者也

文藝復興以後其民族思想人生為肯定的何為人生肯的夫物極必反器滿則覆盡人能知非奇事也理在是矣試觀文藝復興以前教權之盛極矣滿矣人民日處威力之下蓄怨已久故有十五六世紀之運動唯此皆為肯定人生已著之事迹若夫觀其發動之精神要在國民之自覺力為其前驅之健將實即政教之反動力也至邦國之爭長各以縱橫機詐相尚於是教會之信仰日失而行吟詩人亦從此起 Trobador 作出歌神聖之愛雖不違正教然發情思已不安於枯寂之生活而懷疑之態度以生舊日宗信於焉動搖自是而久屈伏於生機之下者莫不覺醒以自求表現終乃立定人生之肯定而不可禦矣於是昔日之取厭世悲觀者而今一變為人生快樂之心理矣昔日以滅體質去人世者而今則又知各求其新生趣味矣故蔣百里先生論歐洲文藝復興所得之結果有二曰「人之發現」曰「世界之發現」噫是何言耶夫「世界」非謂前此無「世界」實即前此人生否定之「世界」也「人」非謂前此無「人」實即前此人生否定之「人」也烏乎如波斯濫猛進而來有抵止此其所以宜乎有光華爛縵之今日也夫

文藝復興以前歐洲諸民族何為而為人生否定的曰「對於現在不能求解放也」文藝復興以後何為而為人生肯定的曰「對於現在能求解放也」曷為解放解放云者實即改造之先聲也不求改造則不特個人之性靈不能任其發展即世界光明亦將永無普照之一日矣故文藝復興之運動由意而法而英而德……漫延全歐如響斯應蓋亦有必然之理存乎其中也豈無意哉

評 將前代情形對勘自見所以然所謂氷雪聰明得未曾有

伯夷論

羅時正

從來孤高之士寧棄富貴窮戚以死終不隳其仁義廉節者其惟伯夷乎夫伯夷聖之清者也不戚戚於貧賤不汲汲於富貴目不視惡色耳不聽惡聲非其君不事非其民不使治則進亂則退與流俗異其志操當武王之率兵伐紂也天下之民望之若大旱之望雲霓僉曰為民除暴然紂君也武王臣也以臣伐君可謂仁乎於是伯夷叩馬而諫不仁而能之乎武王弗聽滅商興周而伯夷恥之不受周祿不可謂不義也父為孤竹君欲立叔齊及卒叔齊讓伯夷伯夷不肯立而逃之叔齊亦逃焉嗚呼自漢以降為兄弟者爭權奪位骨肉相殘孰有如伯夷之讓國且逃者由是觀之可謂不廉乎不食周粟隱於首陽山採薇療飢及餓且死可謂不節乎若伯夷者豈非仁義廉節無慚者哉或曰愚哉伯夷也天道無常有德者王當紂之時重賦稅酷刑辟作亭臺以為長夜之飲造炮烙以為罪人之刑暴虐無道比干以諫殺箕子以諫囚生民塗炭國祚衰微欲求復振此實難矣幸武王提仁義之師誅暴虐之主天下宗周而伯夷獨恥之寧死首陽而不怨此誠愚之至也余曰唯唯否否不然夫伯夷之死知者以為高不知者以為愚義士之所為豈庸碌所識哉武王世所謂賢君而伯夷非之蓋以為商紂雖暴而武王誅之終蹈弒君之罪此伯夷之所以非之寧槁餓終身而不悔也昔箕子過殷載歌麥秀屈原痛楚爰作離騷迄今讀伯夷軼詩蒼涼悲憤如聞其聲如見其人綱目書之為殷故臣有以夫

評 前中分層闡發筆頗駿駿入古後段慷慨悲歌有聲有韻童年得此具見不凡

楚漢興亡論

羅時新

勇哉項羽也當亡秦之際鉅鹿一戰而章邯降彭城一戰而高祖困兵威之盛勢力之強未始不足以抗高祖也而終敗亡於漢豈勇不若高祖歟抑兵不敵高祖歟若云勇不如也則項羽力能拔山

氣足蓋世未嘗不勝高祖也若云兵不敵也則項羽擁兵八千人高祖僅從之者十餘人未嘗不敵高祖也然卒為高祖所滅其故何歟在能用人與不能用人而已高祖善用人故彭城敗後有蕭何運關中之粮韓信定滅楚之計卒能滅項羽一天下羽不能用人故亞父去後則羽力窮勢孤身死烏江為天下笑然則一國之興亡豈非因用賢與不用賢之別乎昔齊桓能用管仲卒稱霸夫差不用伍員卒亡國鴻門之會項羽不納范增之謀此其所以失也不然亞父不去項羽不亡漢王雖有韓信之謀樊噲之勇又烏能一天下哉余故曰項羽之失天下者自失之也嗚呼若羽者其殆匹夫之勇哉

評　頓挫生姿頗見筆勢青年得此進步未可限量勉之

揚子雲不許富人載名論

趙克家

湯卿謨曰文章可以亂世不如質樸誠哉是言蓋自文章以來所懸以為月旦者悉係乎一二名人之褒貶或予或奪後世本之於是三寸毛錐子嚴於風霜昭若日月矣而宅心忠厚者則曰隱惡揚善文之達規此風既肇而後好名之徒乃奔走於士夫之門冀得一言以掩其短而襮其長而自號文章鉅家者或為威惕或為利誘或出於情之不可違雖心知其非而故為之鋪張揚贊嗚呼是不特不足以維世教翼綱常反足以顛倒是非混淆黑白復安所用此文章為夫文章之傳不盡在於文章人以文章重文章亦以人重苟以諂諛權豪藻飾鴻業揚之不遺餘力則其文章直借貸書乞憐表耳曷足傳雖傳曷足重哉漢揚雄見及此却富人金不許載名此可見漢代之近古而儒者重節行也不然文名如昌黎猶有諛墓之譏其他無論矣雖然竊有慮焉富人非不可傳也十萬金非可以倖致也子雲不為利誘却金斯可矣何必詈以無義詆以鹿豕其殆雄之素日有不滿於富人

乎抑或故矯此以鳴高乎不然村嫗慢詈口吻何忍發諸士之口耶富人縱莫之恔獨不念傷忠厚何辭富人金廉矣知富人不義明矣然何以不汚於富人而獨屈於王莽食莽之祿無異受富人金也則廉於前而不廉於後矣莽之不義倍蓰富人也而昧之則明於始而不明於終矣輕富人重王莽當揣富人無能為而知王莽可以生死已乎雄其猶有逢之心也夫使雄能以誑富人者誑莽異日焉有投閣之辱莽大夫之譏哉子雲文章議論躋於聖賢而一不自審含垢殁地惜哉而其不顧富人入簡篇之末亦正調侃後世不少也

【評】揚之加黍抑之墜淵均有至理不同數墨循行一孔之見

韓信遇漂母論

秦裕祿

今夫鹿鹿風塵中有無數無名之英雄在也當其神龍不雲黃鵠未羽流離困頓誰為識馬之孫陽落拓坎坷忍作吹簫之伍子知音莫遇壯志何伸想其滿腹窮愁問天欲泣轉不若庸夫俗子求田問舍溫飽一生千古來英雄傑士壯懷磊落身世菰蒲不能吐氣揚眉而埋沒於荊棘之中老死於牖戶之內者十居六七更有自傷其才自悲其命佯狂垢坧遁迹山林絕容杜門縱情聲色如此之流蓋不可億萬計也烏得慧眼人一一識之哉淮陰韓信幸不類是當信之為布衣也懷經世奇才操制敵勝算乃既不能效商若賈之治生又見棄於亭長妻之絕食蓐炊絕往川釣無獲枵腹以對清波其惆悵為何如使無漂母一飯則我知大好英雄必隨此清波而去而漢家數百年基業亦將被此無情之洪濤巨浪淘盡無餘矣然則信固漢室之功臣而漂母亦漢室之間接功臣也千金之報廟貌之享烏得云厚或曰漂母何人而有此巨眼耶余曰不然信雖困頓然蛟龍非池中物其身雖屈其心則雄想其當日徘徊莫決窮無所歸一縷釣絲悽涼欲絕一種抑鬱磊落神情必油然現

色漂母雖係女流何難識別測隱之心用是發耳或曰母雖救信而後日菹醢之慘反不能保全首領來始非母一飯之賜也余又曰否彼母又烏知高祖之猜忌而不能容信耶且少年激之於前滕公救之於後蓋救信者非母一人也豈可謂母之賜哉不過信之受誅實由於功高震主而不急流勇退之故嗚呼受無數之盤錯始成蓋世之豐功乃幸福未享而命祿已斬我不能不為信悲也漂母有知其亦悔多此一飯矣雖然若信者亦不幸中之幸也蓋人而無經濟之才則已人而有經濟之才則與其受豢養以獲全終不如竟殺身而建奇績以視世之壯志莫酬賫恨終天者一部二十四史中多少失意英雄安得有千百漂母其人者而一一飽飯之乎是信之遇母信之幸也然漂母亦非常人也惟惺惺為能惜惺惺中國英雄可為漂母詠矣嗚呼此漂母之所以為漂母也歟

評 思想超脫議論縱橫

荀息不食言論

秦裕祿

孰殺奚齊荀息殺之也孰殺卓子亦荀息殺之也夫殺奚齊卓子者實里克之計荀息何預也曰使荀息而能止獻公之命格獻公之心則奚卓何由立亦何由見殺哉乃息非特不能止獻公之命格獻公之心且逢迎其意斤斤以後言為能嗚呼忠則有矣其如不明於義何且獻公之以二子托息者欲賴息以保二子之祿位耳今坯土未乾而二子已殺是則息之所謂不棄獻公之命者實背獻公之命也不食對君之言者實食發言之意也然則為息計將奈何曰晉獻非明君也驪姬非正后也奚卓非長子也當獻公召息之時為息者當諫之曰立嫡以長順也廢長立少逆也今申生雖死尚有重耳夷吾在君溺驪姬之愛廢長立少臣不能奉命一不聽至於再再不聽至於三三不聽則移其死於奚卓被殺之日而死於獻公召對之時君雖不明亦必悟矣如此則晉何由亂而二子亦

何由而死哉乃討不出此徒以一死塞責無論食言為非即不食言亦非史遷云死或重於泰山或輕於鴻毛息何不辨之於早哉雖然彼世之朝息壤而暮食言者以視息之臨大節而不變相去徑庭矣蓋息之非特在於其始之不正耳士君子而欲登高位決大計其毋以正始為忽哉

評 責荀息不能諫諍獻公徒死無益議論甚正大中間一段係從方公論豫讓篇脫化而出轉折妙能拍合

三國志評以龐統擬荀彧法正擬程郭論

李誠身

世皆謂陳壽三國志尊魏抑蜀又其父為諸葛所髡諸葛瞻又輕壽故壽為亮立傳多不滿之辭嗚呼為此說者其不知良史之苦心乎夫史家之進退褒貶豈必於其顯哉往往微文見意使人自悟而得之夫是之謂春秋之志也壽之為良史才他姑勿論即觀龐統法正傳後之評而抑魏尊蜀與推崇諸葛之心已隱然可見矣何言之魏之謀臣荀彧為首程昱郭嘉次之蜀之謀臣諸葛為首龐統次之法正又次之壽果尊魏抑蜀與不滿諸葛則曷為儕荀彧於龐統之列儕程郭於法正之列獨讓諸葛出一頭地乎且其評荀彧也既謂其有王佐之風矣壽恐後人讀之以彧為王佐則必以魏武為王故於龐統之評微示其意若曰彧為王佐則統亦王佐彧之機鑒先識猶未能充其志故有王佐之風而所佐者非王若統則無譏焉統尚如此諸葛可知尊諸葛所以尊蜀也尊蜀所以抑魏也以法正擬程郭猶是志矣且壽之評史抑揚上下大都以比擬出之非獨此評已也其評魏太祖也則擬之於申商韓白於蜀先主也則擬之於高祖於諸葛亮則擬之於伊周管蕭比而觀之則纘漢統者宜同符高祖者乎宜申商韓白之倫乎且申商韓白何如人也以並管蕭猶不逮況敢望伊周乎贊美魏君之辭至下而夷之於蜀臣甚且不及乎蜀臣則壽尊魏抑蜀與推崇諸葛之心已

隱然可見合龐法之評以觀之不誠昭然若揭乎是故統之與戩正之與昱嘉其才調氣象功名志事無一同者壽獨比而同之孟欲後人於其同而不同不同而同之處參觀而得其意之所在也嗚呼春秋之志微而顯志而章謂壽無良史才吾不信也

評 推崇諸葛良史深心被明眼人看破自是一則名論

秦穆不罪孟明論

楊光煦

秦孟明師師襲鄭晉人敗之於殽其喪師辱國之罪信不可逃矣斯時為之君者雖處之以重刑加之以顯戮固非殺不辜者之所可比也乃秦穆則反是且非特不罪而已也復尊之以高爵畀之以重權古稱信賞必罰穆公之將將如是得無非信賞必罰之道乎不知穆公之用意責己厚而責人薄推其心以為孟明之敗非孟明之所致實己之所使吾罪孟明孰如罪己之當乎矧孟明才堪將相留之足以增敵人之懼去之適以為敵國之喜戮智能之士坐使他人去心腹之患一已失干城之資天下事之失計固有莫此為甚者穆公言念及此固不罪之所由來又重用之所由起也然則秦之先敗而後勝者雖曰孟明之力豈非秦穆之所使乎嗚呼楚殺子玉而晉文有莫予毒之言觀此益信秦穆之明為不可及矣

評 秦穆心事和盤托出成如容易却艱辛

論諸呂之變

沈傑

漢高帝即尊位十二年崩孝惠帝立呂太后即囚戚夫人召趙王如意入長安亡何皆殺之則惠帝元年也高帝初寵定陶戚姬疎呂后欲廢太子立趙王帝崩呂后即肆其忿孝惠與毋同讐宜心快之乃趙王來親迎霸上與入宮起居飲食呂后伺閒殺趙王帝腰斬宮奴見人豕大哭病不起凡為

人子天性仁厚者誠不忍父母有過同室誅夷也衛宣公烝於夷姜生子伋既奪伋妻生壽及朔詩人賦匏有苦葉賦新台者也宣姜與朔構於伋公使諸齊使盜待諸莘壽子以告使之行伋不可壽子飲之酒載其旌以先盜殺之伋至又殺之詩二子乘舟之所為賦也呂太后愛孝惠而殺戚姬趙王孝惠反以傷感嫁趙王病崩何異衛宣姜欲殺伋而及壽乎孝惠在位七年政由太后帝崩又臨朝八年是呂后為天子十有五年矣呂后僭位十五年天下晏然衣食滋殖唐武后僭位二十有一年刑罰用大亂旋不起是惟適當國家強弱黎民休息得恣淫暴下不敢難豈天亦助女主乎惡二后者譏其稱制與王莽之十四年有同賤焉孝惠崩發喪太后哭泣不下心畏大臣未敢即王諸呂張辟彊說丞相陳平等請之太后說哭乃哀張良佐高祖成帝業又保孝惠無廢稱純臣孫子不肖背君親黨呂氏罪當死然十五歲兒未足深責陳平周勃身為大臣不能守王陵之正阿意取寵等之尊亂矣呂祿呂產既王握南北軍太后誅戮無忌少帝幽殺趙王友趙王恢與燕王建父子俱死將相大臣危不自保幸太后老死齊王兵起灌嬰留屯滎陽酈寄游說呂祿紀通矯節朱虛奮勇始得勃入軍門捕誅諸呂否則祿印不解重兵在呂大臣葸弱相仗莫發戰於闕下勝負未可知也呂氏崩戒祿產毋送喪為人所制呂祿與酈寄出游獵呂嬃怒其棄軍散珠玉寶器呂氏男子皆祿祿其強者獨婦人耳然亦無奇能異智當日平勃諸臣但心懾於淮南彭越之死各為身謀奉令惟謹太后威權實群下推長之不死烏能動哉周詩有云俟河之清人壽幾何呂后為高祖微時妃高祖崩時年六十三又十四年后方崩冤其死矣他人是愉陳平周勃可謂善俟者矣

漢與匈奴和親論

張一鳴

婁敬和戎之策本於晉魏絳絳之言曰和戎有五利焉戎狄薦居貴貨易土土可賈焉一也邊鄙不

備民狎其野犒人成功二也戎狄事晉四鄰振動諸侯威懷三也以德綏戎師徒不動甲兵不頓四也鑒於后羿而用德度遠至邇安五也晉悼公從之八年之內九合諸侯然絳所云和息兵修好務以德服而已未嘗厚賂屈體貌最下而娶以中國王者之女也春秋隱公二年春公會戎於潛書識之惡其失馭戎之道也會戎於潛春秋之始會吳黃池春秋之終春秋書公會四十有六惟於二者有異詞蓋不謀夏夷不亂華其指嚴矣漢高祖與匈奴冒頓戰困於白登厚遺閼氏解圍出婁敬即說高祖以適長公主妻冒頓高祖是之冒頓弒父妻母強於漢北有王者起誅之可也否則待以不治可也絳而為婚姻則首居下足居上也且高祖擊匈奴緣討韓王信韓王信叛降匈奴緣畏帝之疑楚王信方執韓王信已叛帝欲滅匈奴韓信彭越黥布皆足使也必欲殺之何哉韓王信叛則連匈奴燕王綰叛亦連匈奴帝不能使功臣滅匈奴而反驅功臣入匈奴計亦悖矣婁敬初衣褐見請都關中以此有名既又言匈奴見短伏奇不可擊為帝親信齊虜得官無過口舌寧識禮義教化哉唐高祖起太原借兵突厥遂與和親太宗因而不改為盛德累然薛延陀遣使乞和親公主行有日矣契苾何力言不可太宗善其策詔真珠親迎以計絕之真珠憤死薛延陀平許和而絕中國猶有利焉余竊悲當日張良蕭何諸臣不能力爭漢失也魯元公主已嫁張敖設聽敬言公主竟棄敖而從冒頓乎戰國之世周分為三有周赧王東周君西周君之稱周亡海內曠無天子者三十五年秦政既帝滅絕仁義天下不為夷者幾希漢祖於父不辭擁篲於女則許更嫁羣下相視若無足怪知風俗未盡變君臣皆不學也

評 極平淡中寓極警闢得春秋褒貶之法

唐虞禪讓論

薛家聲

古來野心家於未得帝位之前竭智盡力謀佔帝位惟恐不得既得之後萬方圖維欲遠及苗裔惟恐或失無論英明暴戾之君靡不皆然如秦始皇焚書坑儒以謀萬世之基漢高祖誅殺功臣以圖國祚之永蓋以帝位者至高尚也至富厚也雖至運盡祚終之時尚以干戈相爭非至勢窮力竭不可挽回之日定不肯事退讓遑論其禪讓哉即有禪讓者亦不過釣名沽譽非真以國利民福為前提也以國利民福為前提而以天下禪讓者唐堯虞舜二人而已堯之子不肖而舜甚賢明舜之子不肖而禹甚賢明是以堯以為可授天下者非丹朱也舜也舜以為可授天下者非商均也禹也舜與禹得天下而天下治萬民安假令丹朱商均得天下天下不知作如何之天下萬民其尚得安寧哉蓋堯舜以為天下者天下人之天下也非一人之天下也若極一己之欲謀子孫之福而害萬民則不為也堯舜誠可謂至聖矣

評 深識堯舜心事道得國本所在卓有鋒芒洵稱合作

伊尹放太甲於桐論

薛家聲

夫人臣者國家之柱石人君之股肱也或國有累卵之危則人臣者當措之以苞桑之固或君而闇弱暴戾則為臣者必使之遷義處仁如此方不愧為社稷之功臣人君之良弼也若乘邦基初奠人君懦弱之日非惟不謀善計以處置之而反利用之以期黃袍加身若是而欲不為後世唾罵為逆賊為奸臣尚不可得而遑論其為社稷之功臣人君之良弼哉是以大有為之臣必不顧以此而易彼也如伊尹之於太甲是已太甲湯之孫也湯崩太甲即位伊尹明言烈祖之德以訓於王王不聽乃不明厥德顛覆湯之典刑尹恐其步桀之後塵蹈桀之覆轍於是營桐宮以居王使之密邇先祖冀其悔過乃自攝政王居桐三年果自怨艾伊尹復奉之歸卒為令主嗚呼當是時使無伊尹則太甲

將爲第二之夏桀或伊尹不放之而任其所爲即放之而不放之於桐則太甲之昏闇懦弱如初不明厥德如故商祚之絶何待受辛是故社稷之圖伊尹爲之太甲之善伊尹成之若伊尹者眞可謂社稷之功臣人君之良弼也或曰太甲君也伊尹臣也君若不善則尹當諄諄然告之以堯舜之道德不可懈怠諫之以先王之典型不可顚覆則太甲非冥頑不靈者何患其不悟而安用此放爲即放之使太甲之伯叔攝政可也何必自攝其政幸太甲悔悟而復其政若太甲終不悔悟則尹乃終身攝其政乎噫是何言歟論事而不原其心豈可謂春秋法耶尹之於太甲未嘗不諫於即位之時即以烈祖之德訓之蓋諫之不聽而後放之也觀其五就桀而告以堯舜之道終不能聽不得已而佐湯以放之於夏桀尚如是況太甲乎故對於太甲必諫之數次不聽而放之蓋可決矣當放之之時太甲之伯叔皆幼尹以爲與其使小弱弟者爲之主而不能自主不如自攝其政俟其悔悟而後奉歸之復其政之爲善也若謂其攝政而即欲簒位則當是時朝廷之臣無不服之天下之民莫不信之於三年之中未必無隙可乘覆其社稷墟其宗廟易事也然所以不爲者蓋欲俟其悔悟而復其政也故伊尹忠義之心直可上告穹蒼而無愧與山河並永而不朽也後世之人雖有議其非者而吾則無間然矣

評 一翻尤見心思周到餘亦穩健

范增論、

吳其萱

秦漢之際西楚有范增者奇士也亦智士也而或者譏之曰不智謂智者不俟終日彼義帝者固增佐項氏立之者也而羽既遣而弒之是已萌疑增之漸也疑增而增仍不去增殆昧於知幾矣非不智而何余曰唯唯否否夫羽固猜忌殘忍人也而當羽放逐義帝之時正羽霸權全盛之日增既佐

羽取威定霸功施赫然魚水君從相得甚矣猶昭烈之於孔明苻堅之於景畧也增何嫌何疑而亟亟求去哉必執此以譏增之不智增在九京目不瞑已雖然謂羽久有疑增之心固然謂羽終無疑增之心亦非方楚之困漢於滎陽也增欲下之而羽中陳平反間計卒不之聽增乃怒馬內計曰君王殆疑我也願乞骸骨歸未至彭城道死增死而楚遂不可為已烏乎一增在而羽七十二戰無不利一增去而羽竟一敗塗地則增之為增其繫楚之輕重為何如耶吾故曰范增奇士也亦智士也惡得謂為不智哉

評 翻前人之案明快絕倫

觸讋說趙太后論

吳其萱

戰國紛爭群雄並列趙當北地之衝山東之強國也三晉強則秦弱三晉弱則秦強此秦之所以攻趙也當夫趙太后新用事秦襄攻之趙氏求救於齊齊曰必以長安君為質兵乃出大臣強諫太后不肯群臣不敢犯顏以爭國事危於累卵非有善諫者不足回太后之意而定國家之大計也讋獨進說太后語語本諸人情知太后愛子即從愛子為進言之端利害諭之議論激之卒使太后納諫長安君得質於齊讋之愛國可以見矣假使讋有剛直之忠而無婉曲之陳必不能使太后樂從其言即不能得齊兵之援趙雖帶甲百萬其能安然無恙哉救趙者齊其所以能救趙者實讋為之也雖然觸讋言固善矣非太后之明智焉許長安君以質齊耶吾謂讋得進諫之道太后亦能權利害之輕重者也求之於今何可得耶

評 紆徐為妍卓犖為傑斷制圓轉自如尤有神韵

武帝惑神仙論

高逸

漢武帝元光二年冬十月如雍祠五畤始親祀竈遣方士求神仙征和二年夏諸邑陽石公主及長平侯衛伉皆坐巫蠱死帝如甘泉秋七月皇太子據殺江充詔劉屈氂討之皇后衛氏及據皆自殺時帝求神仙者凡四十三年神仙不至反得巫蠱何不幸也夫帝求神仙愛長生也誅巫蠱惡速死也神仙在蓬萊弱水之間形象影響不可致巫蠱則求之輦轂索之後宮皆是何海內祝帝者少詛帝者多也征和四年春正月帝如東萊三月耕於鉅定還至泰山罷方士候神人者戾木子既死巫蠱與神仙並絕矣神仙興則巫蠱至巫蠱滅則神仙上帝始求神仙福反獲巫蠱之禍既察巫蠱之冤即悟神仙之妄二者廢興固相終始也帝初好神仙年方少壯少翁欒大貴寵盈極咸以誣罔伏誅欒成侯丁義亦坐薦大棄市雖服奇慕異明威尚存後漸耆艾思仙彌深公孫卿等縱言神祠不加譴呵冀其或遇思仙不得則諱言死亡惡聞詛呪秦始皇二十九年東遊至陽武張良擊中副車令天下大索十日不得遂登之罘刻石而還武帝征和元年冬十一月亦大搜長安十日秦皇之索以博浪沙之鉄椎操之者實有人也帝居建章宮所見帶劍男子則未嘗有人也好生惡死疑心內生人形仿彿起於耳目龍華刺客猶東萊大人之迹虛相捕告人盡可死連坐數萬怨氣蒸薄非太子身當之害未有已蓋帝好神仙則惡巫蠱惡巫蠱則無殺罪人無殺罪人則禍及太子長生未成骨肉先破神仙生人者也非殺人者也帝可以悟矣田千秋為太子訟冤帝族滅江充家焚蘇文於橫橋上復請罷斥方士帝即從其請片言悟主感通若神適當悔覺論說易施然帝好神仙久不解直諫强正如汲黯廷諍闕如予不能無望於賢者也

評 骨肉摧傷帝既無樂巫之心亦遂無長生之念天下豈有仙人盡妖妄耳帝於此大悔亦大悟矣文字惝怳離奇亦可與封禪相表裏

張良狙擊秦始皇論

陶瑞麟

世有以匹夫仇匹夫者矣未聞以匹夫仇天子也有之自張良擊秦始皇始噫嘻暴秦以虎狼之威滅周室并六國天下之人重足側目畏如鬼神莫敢誰何而張良以一匹夫膽敢擊之於博浪沙中論者謂良此舉幸而中必不能自顧其身況未必中乎良非鹵莽者流不當為此孟浪之事不知張良忠義激於內勇氣發於外成敗利鈍皆所不計中則吾君之仇報矣吾心之願遂矣吾身之事畢矣與之偕亡亦所甘心即不中而亦可使天下之人知暴秦之威不足畏知故主之仇義當復此一擊也雖未傷祖龍之軀而振天下之人心為不少矣迨其後吳廣陳勝斬木揭竿一呼而天下相應未必非張良一擊以為之先聲也良之功亦偉矣哉

評 說盡張良心事

蘇季子發憤讀書論

陶瑞麟

人苟以大英雄大豪傑自期未有不先立其志者也蓋志不立則如舟之無舵功名何由而成志既立如射之有的富貴何難立致人徒知蘇季子為從約長佩六國印功名震寰宇富貴顯家鄉而不知其功名富貴皆自發憤中來也皆自讀書中得也而其所以能發憤能讀書者則尤其志之先立也不然當西說秦王之時書凡十上未獲一聽金盡矣裘敝矣其困窮為何如耶及其歸家妻不下機嫂不為炊其刺激又為何如耶在無志之輩受此折磨處此困阨必意懶心灰窮愁潦倒以為天不我助人力何能為耶則廢書而三嘆者有矣乃季子則不然志愈困而愈堅志愈阨而愈大閉戶探討熟讀陰符夜深恐倦引錐刺股苟非其志素定安能發憤勤苦如此耶甚矣人不可不立志也

評 以立志為柱義要言不煩

穰苴斬莊賈孫武斬美人論

陳巖

論者以穰苴斬莊賈孫武斬美人殘忍寡恩非近人情雖一時能令士卒慴服而終莫悅從也余以為不然夫穰苴者出身卑賤非素負天下之望孫武者雖多才畧究未嘗顯有大功一旦將軍勢必為士卒輕狎同列譏忌假使二人受命之日穰苴原莊賈尊寵不數其後期之罪不置之法稍寬容之孫武以為試勒婦人婦人之笑此其常情不足重輕而順君之意不斬二隊長以狥其衆則營中士卒必以為將軍庸懦貫之後期婦人之笑俱未獲罪而不自加謹嚴矣必致臨陣而兵甲未備令出而士卒不齊如是寧有克敵之理耶於是從而形之而士卒習之既久非旦夕之間刑之可齊必今日殺一人明日殺一人而其餘者曰刑者固當互相警戒勿敢蹈其故轍設有不慎則人蹈於可刑之罪而死者將不止三人余則曰穰苴之斬莊賈孫武之斬美人仁心也能得士卒樂死心也何則苴欲斬莊賈罪案已定不問君之所寵國之所尊斬之無赦孫武斬王之寵姬亦不受君命惟軍法是重士卒聞之必警相告曰彼莊賈寵臣也二美人幸姬也一則逾期不過數小時耳一則不過一笑耳況有君之赦命尚不免於死罪吾輩何人可違其令乎相與惴惴小心無敢稍戾繩墨執是言之豈非仁心也哉威嚴既示乃重享士卒士卒敬服病者求起弱者爭奮爭前恐後豈非得士卒樂死心耶寬嚴互濟誠得韜畧之要義哉

評 揆情度理絕非矯飾可比何幸二子得此知己

黃帝伐蚩尤論

苟珙卿

中國歷史多推原於盤古獨龍門史筆斷自黃帝此千古之特識也中國文化創於黃帝中國戰局亦創於黃帝黃帝戰事不一其嘖嘖於人口者有二一曰阪泉之戰一曰涿鹿之戰雖然阪泉一戰

僅以促政治之改良而已至涿鹿一戰關係於種族者至大戰而捷必得中原不捷華族且無噍類謂非中國歷史上一大紀念乎且夫蚩尤之雄畧不下於軒轅也江淮之士庶不減於崑崙之舊族也盧山之利器不鈍於揮弓傳矢也然而涿鹿一敗蚩尤被擒蠢茲有苗不復張勢於東亞大陸劣種人之不適於戰爭固如是乎大抵南人北伐者多失敗北人南伐者多致勝蚩尤率澤國之衆深入朔方而欲持短兵與控弦遊牧之士爭騎射於平原曠野間主客之形既不相敵强弱之勢又復懸殊其失敗又何待言哉況乎大霧軍迷指南不誤彼憑妖妄我崇製造兼以舟車之發明牛馬之效用運兵給餉在在靈通此黃帝之所以無敵於天下也嗚呼黃帝往矣而子姓相延猶是神明之遺胄河山大好誰完既缺之金甌吾思黃帝不禁有感於懷矣

評　運筆快利的是少年頭角崢嶸文字

汲黯發倉粟以賑貧民論

張潛

大臣者國家之柱石人主之股肱也當國家有意外之事為人主者足不出郊關之外安能盡知故為人臣者宜盡心竭力為所當為而不必拘拘於臣節如此方不愧為國家之柱石人主之股肱也余讀史記至漢武帝時河南貧人傷水旱萬餘家父子相食黯以便宜不待上令持節發河南倉粟以賑貧民循讀數四未嘗不嘆黯為國家之柱石人主之股肱也夫災民易子而食折骸而炊嗷嗷待哺朝不及夕凡有血氣者莫不痛心酸鼻假使黯拘泥君臣之分必待人主之令而後發粟則必遷延日月而災民必輾轉死於溝壑為狐狸蚊蚋所飽矣今黯視死如歸毅然為之等己身於草芥輕生命如鴻毛以為一己之生死有限而災民賴之而生者無窮與其惜一己之身而坐視無數災民之死孰若惜無數災民之死而死一己之身也與其泥人臣之節而誤民生孰若伏矯詔之罪而

蘇民困也豈非國家之柱石人主之股肱也哉說者謂黯賢者也然而未盡人臣之道也夫為人子者孝於親為人臣者忠於君故在家遵父母之教在官凜人主之令此不易之常經也今黯不待上之令而擅發倉粟是亦目無人主之甚者矣古來桀驁不馴强不可使者與夫揭竿聚衆禍起潢池者何莫非此念之日滋耶是故使天下之人皆聽從人主之命則忠君愛國之心油然而生矣使天下之人皆如黯之矯詔而為所欲為則犯上作亂之事必接踵而起矣嗚呼苟求於人往往過詘往哲此馮煖之徒所以見疑於當時而貽譏於天下後世也寧獨汲黯也哉

評 議論縱橫筆氣蓬勃與所謂轅下駒者不可同日而道

論唐室藩鎮之禍

周郁彬

論史者皆曰唐之亡亡於外重而內輕故府兵既廢藩鎮外叛不可復遏卒與唐相終始藩鎮之不可用明矣余未敢以為信也夫外重則禍生於外內重則變起於內歷三代秦兩漢晉隋以至於唐下迄宋元明清而不變者也謂外重足以亡唐此猶昧於事理之言也然則唐何以亡曰唐之亡雖亡於藩鎮之跋扈而所以起藩鎮之跋扈者實唐也故謂藩鎮之亡唐即謂唐之自亡可也何則法無善無不善用之得其人則善不得其人則不善處之得其當則善失其當則不善吾苟用之得其人處之得其當內重亦可外重亦可內外並重亦無不可也至用之既不得其人處之又不得其當及其失敗遂歸咎於祖宗立法之不善此非篤論也安祿山朱泚李希烈之流皆足亂人國者顧其用之者唐也以子代父以將代帥驕兵悍將敢與朝廷抗命朝廷不能明正其罪以至後來者相率效尤此則姑息之為禍也故曰亂唐者藩鎮也亂藩鎮者唐也藩鎮之制何足以亂人國哉方今各省有督軍掌兵馬戡亂之權亦隱然唐之藩鎮也用之得其人與否處之得其當與否吾不

敢知姑作此論以覬後來而已

齊姜醉遣晉公子論

周郁彬

今夫豪傑之士雖抱有雄才大畧而卒不能立非常之功創非常之業以致與草木同朽者非其力不足以有為蓋亦有以自誤之也然當其自誤之時苟有人起而勸導之勸導之不可則設計以廹之俾得不失為豪傑之士者則又非常人所可幾也吾論齊姜醉遣晉公子事而嘆齊姜為不可及矣夫晉公子固豪傑之士也出亡於外而安於齊亦幾幾乎近於自誤矣齊姜憂之無所為計適有從者之謀又為蠶妾所聞將以入告在他人方喜之不暇即不然置之可矣卒殺之以滅其口何其勇也集從者之謀未聞有所成必待姜而其策始决又何其智也或謂姜之醉遣公子可謂不以兒女私情繫於心者雖然是豈知姜之用心哉觀其言曰懷與安實敗名則所以遣公子實所以欲成其功名也是故公子自去齊之後洞知懷安之足敗名而困苦所以勵志也於是曹君觀其駢脅不以為辱宋公贈以乘馬不以為榮鄭伯不禮不以為恥楚子宴饗不以為德秦國亦納女五人而無安之之心其終也卒返晉國推其故則姜氏之言與醉遣之謀有以開悟其心也不然自去齊之後其進取之志若彼焉有不可終日者何哉公子處狄十二年而季隗不言其去季隗非不賢也季隗以順夫為正而齊姜則以相夫為心也是故使文公得返其國者非惠懷之無親非秦穆之摯愛實齊姜醉遣之功也使文公得懲荊楚而創霸業者非文公之才畧非謀夫之孔多亦齊姜醉遣之功也嗟夫文公英雄也而不免兒女之情齊姜兒女也而出於英雄之舉所謂帷房之內無丈夫巾幗之中有奇女子豈不然乎樂鳩安而惜雁別姜氏豈異於人哉蓋其時齊方內亂無力納文公入國齊姜知之此所以出於遣也遣之不去則出於醉遣姜氏之用心亦良苦矣豈常婦人之所可及

哉噫文公何幸而遇齊姜得不沒霸業之功齊姜何幸而遇文公得展其智謀之畧二者盖相輔而益顯者彼子犯之輩獨得居其中而享名臣之目幸哉

霍光廢立論

徐　模

天下有無望之福霍光縣吏子所出微以票騎故得任為郎出入禁闥二十餘年一旦以奉車都尉遷大司馬大將軍受遺詔輔少主是也天下有無望之禍光輔昭帝十三年百姓充實四夷賓服不幸帝崩無嗣昌邑王復淫亂無道光廢昏立明漢室危而未安身死未幾宗族誅夷是也夫始也光無周公之望而任以周公之事既也光有周公之功而不食周公之報論者輒嘗稱武帝知人而惜孝宣微少恩也然以光論大臣前後禍福之殊亦觀於居心公私之際而已當昭帝方崩羣臣議立廣陵王光以先帝所不用內不自安乃迎立昌邑賀賀受璽二十七日為荒淫迷惑千一百二十七事光憂懣無所出田延年以伊尹廢太甲請始定大計白太后下詔解除王璽綬歸邸廷議所立丙吉杜延年盛稱曾孫德美遂迎立尚冠里進登帝位光之不立廣陵王胥也非有所憾於廣陵也以先帝之所惡也昌邑之立而復廢也與天下公立之與天下公廢之光無所喜怒於其間也皇曾孫雖賢少倚許廣漢兄弟及祖母家史氏與光無平日之素養視之情特以眾所稱述而建焉凡光行事皆非得已當田延年按劍之時丙吉奏記之日光所汲汲惟漢之無君而有君爾進不知其嫌成不敢為德即後之幸而褆安亦未計及存此心也賢君長世而身名尊盛有以夫故曰霍光之擁昭立宣以公受福霍禹怨望朝廷任宣曰大將軍時殺生在手李种王平賈勝胡徐仁逆意獄死百官但事馮子都王子方視丞相亡如以此為禍愚謂此猶恩怨之小者也光之失莫大於不發舉霍顯而功過於愆勿論也顯欲貴小女成君使衍投毒弒許后罪在不赦使光因人上書治侍疾之醫發

舉顯謀即周公誅管蔡不是過也且匹夫庶婦不得其死尚足感傷陰陽逆召乖氣世未聞有殺皇后而無罪者也發之則罪止一顯隱之則害必三族光不忍割妻子之私而利貴其女卒之舉族覆滅女殺雲林光所謂能斷社稷不能斷家庭知有目前而不知有天下後世也故曰霍光死纔三年而建生誅滅者數十家蓋以私召禍也

評　竟將禍福公私分作四大比文字中間特作一過文作法極奇可謂開闢從來所未有起得奇過得奇住得奇對得奇真是無一不奇不意童中軍子忽然得此一篇極奇之作至其論事之確切言理之精當猶其餘事

豪傑亡秦論　　白雲

秦始皇十三歲即位是歲甲寅豐沛已生漢祖越十五季已己項籍又生始皇南巡會稽漢祖時年二十三籍亦十三四耳咸望見嘆息思代其位以強壯好殺之天子田野少年睥睨於旁卒不及知不能殺也危矣哉秦滅六國十有五年而亡二世元年七月陳涉起蘄自立為楚王而景駒懷王孫心項羽相繼為王者四而楚復八月武臣自立為趙王而趙歇張耳張敖為王者四而趙復九月田儋自立為齊王而田市田安田都田梁田假田廣田橫相繼為王者八而齊復魏咎甯陵君魏豹相繼為王者二而魏復燕次於齊韓廣臧荼盧綰相繼為王者三而燕復韓則最後橫陽君成申陽鄭昌太尉韓信相繼為王者四而韓復成迪 始皇之惡萬丹朱而千昆吾桀紂曷不盡誅六國子孫俾無遺種然陳勝吳廣固閭佐戍長也秦亡於漁陽唐勝於桂林戍卒一呼禍徧四海能為亂者豈必王侯苗裔哉秦將章邯擊殺周文武臣戰勝楚駒背被弒田儋周市魏咎項梁連敗死戰畧誠不下蒙恬也扼於趙高司馬奏事不達楊熊敗走滎陽詔使斬之邯懼降楚沛公遂入咸陽夫一統服盛

天下富强其亡非一日而亡也人君自亡之類必先有外敵繼以內亂隋煬帝大業時楊玄感等起兵暇死王世充亦屢走捷宇文化及忽弑廣於江都隋因以亡以觀秦爭何相若也王離章邯降虜於外趙高閻樂賊君於內子嬰雖族高未能自全也司馬貞言始皇有十八子扶蘇為長胡亥最幼趙高殺其十七兄而立之以暴繼暴宜其速亡然胡亥愚主豈敢望始皇哉平居不辨鹿馬患難惡聞盜賊彼何能殺人殺人者高也高說李斯立胡亥稱其慈仁篤厚胡亥未成君時尚無暴名自高佐之始為刻薄夫智而忍者其忍由己出愚而忍者其忍為人用由己出者其忍也可治可亂為人用者其忍也有亂無治始皇狼心虎視日夜謀吞六國積二十六年方遂其志趙高一隱宮賤人挈胡亥用之其亡秦也直三年耳干戈之取天下勞婦寺之亡天下逸勞者累世不決逸者一朝立潰是故趙高之可畏甚於始皇也

評 歷敘六國之復皆先提挈清楚後發議論但六國雖復亡秦者非六國乃劉項也故起首敘劉項在前此是作史具眼處秦亡於外敵實亡於內亂趙高用事此內亂之本扼章邯者趙高立胡亥者趙高弑胡亥者亦趙高豪傑之亡秦自趙高召之即以亡秦為趙高功可也雖然功在天下罪在於秦始皇不知畏高高之可畏乃甚於始皇此成周左右僕必常言之士而享國長久為後世所當法

管仲論

陳經國

為人臣者死而殉節生而立功此其大較也然亦當視其大小節大而功小者則重節節小而功大者則重功古之舍小節而立大功者管仲是也盖自古英雄豪傑處萬難之中不在守經而在行權不在安常而在應變昔桓公殺子糾召忽死之管仲不死人皆非其不忠不知管仲正忠於齊者也

何則蓋糾於桓皆僖公之子也當時子糾未為君無社稷之寄管仲特受命僖公以為糾傅齊國者僖公所有之國也能興齊卽所以忠於僖公也是召忽死之祗忠於糾也管仲不死能忠於僖公也且管仲相桓公尊周室攘夷狄終其身齊國富强諸侯不敢叛旣能忠於齊又能并濟天下其功豈不大哉此管仲不死齊國以霸魏徵不死太宗用興魏徵與管仲如出一轍也或曰管仲死人皆以為不能薦賢以自代至豎刁易牙開方用以至齊國昏亂蘇子於是罪之吾竊謂時勢使然於管仲無尤也何也以武侯之智而不能使後主去黃皓之奸以姚宋之賢而不能使明皇去李林甫之亂二公經國遠謀豈有賢而不舉耶亦因無如己者出耳況管仲與桓公有約仲能容三子然後三子能容仲不然仲之寵不如三子仲欲去三子如撼山之難三子之去仲如吹灰之易仲知其不能去而强求去之是失桓公之歡而速三子之亂此愚者之所不為而謂管仲為之乎吾謂天為春秋生一天下才而欲春秋之世再得一天下才吾知其難也且桓公之霸與晉文並稱桓公徒以有仲而文公徒以有狐偃趙衰之徒其才皆不及仲卽曰城濮之功勝於召陵而人才之升降要不相及也後世足稱天下才者惟武侯一人而已春秋距蜀有數百年以曠世一見之人才責其及身再舉何異責武侯之後必使再出一武侯耶吾知黃皓之亂蜀武侯必不任其咎然則謂齊國之治功在仲也可謂齊國之亂罪在仲也不可蘇氏之說不太苛乎

評　翻舊案獨斟情酌理出之自有立脚地不同故逞偏鋒

吳公薦賈誼論

程愚山

騄駬不遇穆滿則無以呈其能珧華不逢卞和則無以見其美賈誼不遇吳公則無以顯其才是故千古不患無王佐之才而患無薦賢之人世有徐庶而後有孔明世有孔融而後有禰衡非才之難

薦賢之人為難。嗚呼，若吳公者，可謂見賢能舉，舉而能先者矣。夫人臣之功，莫大於薦賢；人臣之罪，莫大於蔽賢。有賢而君不知用，猶可說也；最可忌者，君方下詔以求，設賞以勸，而為之臣者，非惟不能舉天下之賢才薦之於上，間有一二有才有能之臣，從而忌之、抑之、貶之、斥之，致使懷才之士退居無用。揚之者一，而抑之者百；薦之者一，而毀之者百。噫！此吳公之所以能薦賈誼，而不能必漢文之用賈誼也。雖然，文帝，漢室之令主，而好賢之君也，知吳公之賢，舉而為廷尉，宜其言無不聽，諫無不納，何信絳灌等譖，遂棄而不用耶？嗟嗟！讀史至此，不能不為賈誼惜，更不能不為漢文惜也。論者以能薦賈誼之賢，而不能斥灌絳之譖，為吳公病，不知此文帝之失，非吳公之罪。若吳公之薦賈誼，可謂以人事君，見賢能舉，方之徐庶之薦孔明、孔融之薦禰衡，而無愧，非王成、黃霸輩所可同日而語也。噫！公亦人傑矣哉！

【評】力崇吳公，推美薦賢，立論能見其大。

黃帝論

劉熊祥

世界革命，起於政治者半，起於種族者半。因政治而革命者，湯武是也；因種族而革命者，黃帝是也。雖然，湯放桀，武伐紂，其為改革政治起見，有識者類能言之；獨至黃帝伐蚩尤，一舉以保種之誠，行革命之事，乃歷四千餘年而未之詳焉。試申論之：當日者，漢族發跡於崑崙，而散處於黃河沿岸，勢力亦稍稍擴張矣。其時有蚩尤者，苗族之酋領也，江淮之域，撫而有之，席其淫威，有窺伺中原之意。黃帝以為非我族類，其心必異，殄滅之無遺育，以與我漢族爭此土也，於是有涿鹿之戰。君子曰：是役也，漢族存亡之大樞紐也。戰而捷，蚩尤授首，苗族屏息，固我漢族之榮光；戰而不捷，大好河山，永為苗族所佔據，而巍巍漢族，或適入漢北烟沙之地，與蒙古族同其游牧，亦未可知。今試問四千六百年前苗族之倔強誰為驅逐漢族之統一誰為提倡則益不得不崇拜我黃帝之功矣且黃帝當日固非徒抱一種族思想而實兼有政治思想者也大抵一種族之興衰常以政治之文野為比例蚩尤以兵力雄天下而無一完全之政治以質其後苗族之不適於生存也固宜黃帝則為之造舟車焉為之制衣服焉為之作文字焉所以維持而化導之者至周雖其後子若孫一蹂躪於五胡再摧殘於蒙古三屈伏於滿洲漢族之不競由來已久而仁人義士日抱此種族主義互相淬勵互相提攜至於今共和成立民氣且大伸矣安知非黃帝在天之靈有以呵護於無窮也故人以湯武為革命之先河吾獨以黃帝為革命之鼻祖

評 探源星宿海倒流三峽水何風利乃爾

湯放桀論

劉駿祥

自古談治道之隆者必於堯舜首屈一指堯傳舜舜傳禹此所謂揖讓之局也自南巢一役揖讓之局一變為征誅之局論者蓋不勝世道升降之感焉雖然天生民而立之君非使一人肆於民上所以使之教養斯民也至人君不能教養斯民又從而戕害之是曰民賊討民賊者是曰天吏桀之暴虐斯民也至矣時日曷喪之喻民且忍而與之偕亡可知衆叛親離桀已成為民賊鳴條之師湯不過奉行天吏之職而豈操莽輩所得藉為口實哉不然桀君也湯臣也以臣伐君倫常大變當時即行之不疑後世豈漫無譽議乃南巢之放成湯方引以為大慚而後儒尚論從無議其自私自利者湯之心固可以誓諸天下後世而無疑矣厥後紂以暴虐而失人心武王亦繼湯而行革命之舉其殆與湯之放桀後先輝映乎

評 深中竇理饜心貴當

劉章以軍法行酒論

劉世雲

對壘沙場無軍法不足以嚴軍之威酌酒席間無酒令不足以暢酒之飲此人人所共知世世所相沿也初未聞有酌酒用軍法者乃漢有朱虛侯劉章譜係宗室種出將門嘗侍飲於呂后行軍法於席間斬亡酒之一呂振威名於盈廷當斯時也羣呂專權於內匈奴屢侵於外漢之天下幾有纍卵之危而宗室之執政者殆無一二既不能剗除羣呂又不能公輔廟堂竊恐子房復生亦不易運一籌也而章以行酒一計斬殺亡呂使擅權者不能責其罪怒目者不能與之爭智哉章歟黠哉章歟漢室之復興未始非汝軍法行酒之功也

漂母飯韓信論

張炳元

在昔成湯聘伊尹於莘野文王訪太公於渭濱昭烈顧孔明於隆中是皆一世之聖帝明王故具知人之特識也至於鮑叔以齊國商賈知管仲而分多金封人以儀邑小官知孔子而言天道林宗於草野風塵知茅容而訂心交事已近奇然或者名流肥遯素有才識故足知人於未遇之先也所可怪者孟光服梁鴻之清操澼婦哀子胥之窮途以婦女而識英賢耳不意秦之末造又有漂母之飯韓信也考韓信微賤之時於楚為執戟郎項羽不能識之也其於漢不經蕭何張良數次薦舉不能大用且因敗北將置典刑假無滕公力救幾不保首領矣是高帝不能識之也以楚項不能識漢劉不能識之韓信而獨為巾幗中最微賤之漂母識之豈非女中之豪傑哉其視亭長之妻為晨炊辱食之計以冀其速去者相去豈可以道里計哉雖然漂母固信之知己予竊謂信非漂母知己也漂母憫信之窮而飯之非望報者也信必斤斤然以報言無乃卑視之乎觀其哀王孫一語其愛惜人才之意流露於言表世之挾持偉略日暮途遠飲泣於歧途者安得有知人如漂母者哉

烘雲托月生發不窮後路抬高漂毋尤足令人心折

蕭何守關中論

張炳元

士君子立身事主受任於敗軍之際奉命於危難之間雖敗可使之為安雖亡可使之復振創大業建大功垂光百世照耀簡策此人羣之特出者也愚觀蕭何佐漢高祖定天下竭盡智謀發抒長策雖愚夫愚婦莫不知其為忠臣義士也夫楚漢之相爭楚勢甚盛漢不能禦故高祖常敗而遁逃亡軍失衆而蕭何悉發關中老弱補其空之高祖與項羽相持於滎陽而蕭何轉漕關中輸給軍糧不匱高祖數亡山東而蕭何常保全關中以待之積歲月疲思慮以扼羽勢以攖羽鋒使高祖得徐圖良策滅楚而後已不可謂非蕭何守關中之力也夫關中為漢之根本地漢之存亡繫焉猶夫人之有心腹也外雖有病而不難醫治最畏心腹有病心腹既有病能得華陀以治之則病尚有復愈之希望不然死而已矣蕭何之守關中亦何獨不然高祖屢次敗亡而根本地依然無恙謂非蕭何布置得宜焉能若是而高帝又命蕭何守關中立宗廟社稷以安人民之心調兵輸餉以保人民之生因此關中保全而高祖有定天下之計矣否則高祖安能成事哉故高祖既得天下論羣臣之功以蕭何為第一實因蕭何守關中之功也宜乎與張良韓信並稱為漢三傑也

評 極說關中之重要而蕭何之功自加人一等中間一喻尤佳

蕭何收秦圖籍論

張炳元

漢之滅楚也論者多謂高祖之聰明仁恕張良之運籌決勝韓信之攻城畧地有以致之余則以為不然佐漢高祖定天下者蕭何也使張良韓信成功臣者亦蕭何也蕭何所以能建此大功立此大名滅楚興漢萬世崇之者在收秦圖籍以助漢也有圖然後知天下扼塞所在有籍然後明國內戶

口多少是圖籍足以制敵之死命為立國之基礎焉我觀滎陽一守則羽不能乘勝西下敖倉一得則高祖軍糧恒有贏餘漢王一敗則發關中老弱補其空之是皆深明圖籍之效也夫國有圖籍猶用軍之有鄉導也有鄉導則洞悉形勢知進知退知攻知守兩軍相當勝負可決故漢自何收圖籍以後張良能運謀設策韓信能用兵殺敵戰必勝攻必取功之成也有由來焉然則蕭何收秦圖籍其用心深且遠矣向使蕭何不收秦圖籍則漢之為漢大業恐終難成也觀高祖既得天下論羣臣之功以蕭何為第一諸將皆不服及帝以功狗功人喻之羣臣始莫敢言於此益可見蕭何之功矣吾故曰佐漢高祖定天下者蕭何也使張良韓信成功臣者亦蕭何也

評 切實發揮毫無旁濫

論劉項興亡之原因

張炳元

怯者遇勇者則勇者勝勇者遇智者則智者勝是故獸遇虎則屈虎遇獵者則敗矣項羽猶虎類也力雖勇而智不足以敵劉邦劉邦猶獵者也勇雖遜而智足以制項羽觀乎此可以知劉項興亡之原因矣且不獨此也劉邦能得民心能識地勢而項羽則否劉邦能行仁義能除苛虐而項羽則否劉邦能不恃才能不拒諫而項羽則否是以劉項入關劉與父老約法三章項則烽火三月不息此其興亡之原因一劉之所過秋毫無犯羽之所過噍類無遺此其興亡之原因二劉能任用三傑項則不能用范增此其興亡之原因三劉為義帝發喪而項則弒之劉自謙而如約項自王而食言此其興亡之原因四劉得關中而居之得敖倉而守之項則徒恃其血氣之勇以與劉相角遂此其興亡之原因五凡此犖犖大端關係國家之成敗殆非淺鮮吾故曰項力雖勇而智不足以敵劉邦劉勇雖遜而智足以制項羽一猶虎類一猶獵者洵不謬也

評　互相比較劉項興亡之原因自見文筆亦整潔可觀

王猛不隨桓溫歸晉論　　張炳元

晉成偏安之局凡中原之士咸宜卧薪嘗膽抱恢復之心戡定神州以興王室一旦大功告成光耀史册洵為英雄快事豈可事敵國而忘祖邦耶說者謂王猛不隨桓溫歸晉是其一身之大失然乎否乎余嘗思之猛所以不仕晉者蓋有深意在焉夫桓溫久為跋扈之將驕恣性成不可與處若從其言必先低首下心為溫所用倘運籌條理稍有不合則武夫奮袂拔劍而鬬固意中事也且謝安桓沖皆晉室之偉人君臣之間晏如也假使王猛受桓溫之薦就職於朝則猛必盡其能事以致良晉政可得志而至卿相之尊吾恐安沖之輩必大疑之而大忌之矣王猛將不免蹈賈誼之覆轍也此非功不成名不顯又不能全其天年乎故有識者不為也厥後因呂婆樓之薦為苻堅所重相秦畫策國富兵强豈非管仲孔明之流亞歟故彼雖有相秦而不事晉之咎而觀其臨終囑苻堅之言顧勿以晉為圖亦可知其不忘祖國之忱焉烏得謂王猛為全無心肝之人哉

評　王猛之不歸晉並非輕忘祖國實有不得已之苦衷在此文洞見其隱故措詞均有分寸

魏武帝論　　彭莊犖

許劭謂魏武治世之能臣亂世之奸雄彼蓋知漢之季世無駕馭英雄之主而操將負其梟桀之才以為天下亂而不顧也大凡奸雄之事主也遇能駕馭之主則斂其才以就之否則激而横决放肆姿雎舉天下而莫得誰何蓋遇湯武則伊周遇太康后相則窮羿寒浞如許子所言不少也畧舉其著者言之百里奚在虞而亡在秦而霸叔孫通事秦而取容事漢而定朝儀爭太子虞世南封德彝遇隋煬則開高麗之兵端遇唐太宗則興王魏諸賢襄貞觀之盛治豈佞於前而忠於後耶亦視其

主之能駕馭否耳操生漢之季世天下將亂彼以為天下之才無出己右者上無高光之君以制其死命下無管樂之臣足制其肘腋四海之大六合之廣雖以無道行之亦無不可故不惜以出世之才冒天下之大不韙自古亂臣賊子未嘗無才有善用才之主亦未嘗不可用而卒不得以臣節終蓋亦時勢之所造者皆操之類也范氏曰獻生不臣身播國屯得才非才中邪以論蓋亦謂操之才遇季世則亂也然使操所值非漢獻之君彼計將不出此非其忠也亦時勢造之也蓋時勢造英雄亦造奸雄王氏之興新漢末之時勢造之也曹氏之興魏亦何獨不然哉雖然天道福善禍淫又曰天道好還其殘暴至斯宜有以報之則司馬氏接踵而起矣亦天假之手耶所謂天道亦有時而信也耶周語曰盜人國者人亦盜其子孫建安之世獻帝贅疣耳乃數世之後其子孫又蹈之而加甚焉九原可作操之睹此愁耶笑耶哭耶夫亦徒嘆其空勞跋扈為後世笑耳寄語世之好作威福者力所出有反動出之猛反激亦愈烈自然之道要使兩抵而消循自然之道行之者慎毋留反激累也

評 見道之言不可多得勿徒作史論觀

王猛勸苻堅勿圖晉論

彭莊犖

史以王猛勸苻堅勿圖晉一言為深明華夷之分識順逆之理故於其死也書爵書官書卒嗟夫何憤憤也王猛者苻堅之私人輔之以敵晉者也其勿圖晉之言特荀彧之故智欲少飾其為漢奸之罪耳豈真其平素心哉不然則救燕之役梁益之臨見諸事實者且未一諫而又教之胡為於此而忽托空言也或曰是蓋猛深知堅非東晉諸臣之敵故教之以免禍耳亦一說也

評 足破常說

論晉代戎患

彭莊犖

晉代戎夷雜居內地郭欽江統先後上徙戎論迂而弗納厥後竟至蹂躪中原腥羶上國冠帶之邦陸沈異類推原者靡不曰武惠二帝愎闇拒諫所致斯固似然若必謂徙之則無禍則竊以為不然姬周之世犬戎強於西荊楚雄於南赤翟白翟分據中土固未嘗徙之也而卒無晉代之禍趙宋之世女真起長白山元起斡難河初未嘗居於內地也而三鎮兩河不入版圖文物古邦淪於左衽視晉代又加厲焉則戎夷之為患固不係夫在內地與在外塞也而何有於徙哉惟視其駕馭之何如耳今夫大蟲猛虎常人遇之未有不遭其噬齧者也而馮婦處之則俯首帖耳以受束約此無他得駕馭之術耳周代桓文迭興故諸戎俯首服從而不敢逞宋有宗劉韓岳而不能用故金元迭起以反噬由是推之則晉代諸戎之禍豈真係乎不徙哉特駕馭之無人耳使當日昏庸之懷愍易而桓文清談虛渺之諸臣易而管趙則劉石慕容諸寇雖心存問鼎志蓄不軌亦一周代諸戎蜷伏蝟縮以終已耳奚致以堂堂中國帝王為胡虜所執而有青衣行酒之辱哉且其時諸寇劉石稱首然劉則恥隨陸無武絳灌無文石則曰若遇漢高當與韓彭比肩時勢造英雄亦造梟雄劉石之不為絳灌韓彭者亦晉之時勢造之耳晉惠以騃愚嗣統外無宗子之藩內有驪姬之亂八王構爭自相魚肉國先自伐與人以隙使劉石得所乘之晉不能用劉石故劉石反而亂晉耳審是則晉雖用郭江二公之言徙之復國亦能禁其強而不我寇哉嗚呼今日之中國隔於晉代之覆轍久矣而日俄英法等國較當日劉漢石趙諸寇富強覬覦又加亟焉且也內亂頻形莫相統一其欲不為晉也得乎

評　慨憤之言

漢宣襍霸論

彭莊舉

漢宣帝荅太子之請用儒生曰漢家自有制度本以王霸襍之嗟夫此漢所由不能四三代乎宣帝

可謂不善繼矣漢參周秦之法而並用之固襍霸術然豈所謂家法哉後之繼者去其襍可也宣帝柰何以强明聰察之主亦甘與同襍且引為家法欲使其子孫憑藉而世守之也亦惑矣漢治之不若古非先王之道不可行實其君之自畫吾不能為中興令主諱矣

魏孝文帝遷都洛陽論

彭莊犖

國家之興廢存亡固由於人主之明暗政治之得失而亦關乎國都之形勢蓋國都者國家之根本猶人之首苟無手足以為之捍衛則外界之刺激直接而來無所抵禦縱耳目聰明亦何濟哉故秦漢都關中披山帶河而收卻夷千里之效宋都汴四戰無固而致金元內侵之慘國都之關係如是也魏孝文棄平城而遷洛陽欲以吸收中國之文化意甚善也然亦未識國都之關係矣何則平城西控關陜東鄰燕薊北收代馬之饒南控鞏洛之固背負長城表裏山河有睥睨中州之勢而洛陽無險可守四面受敵周遷之而弱唐遷之而亡亦可概見乃舍彼趨此輕棄根本之地而不顧其後卒至土宇分裂不數傳而國亦隨滅雖由政事之不綱嗣主之闇亂亦未始非輕率遷都自失形勢所致昔婁敬諫漢高以漢取天下與周室異不必效成周之事孝文亦厥鑒不遠矣且即以吸收文化而論亦未識舍短從長之道趙武靈王胡服騎射卒至舉國而夷今孝文欲同化中國而國粹不保亦滅亡原因之一也故吾於其遷洛陽也實未見其為得也惟將漢與東胡兩族之文明而混合之斯其微勞歟

評 論證確當

陸賈論

彭莊犖

讀漢史至惠文之際誅呂安劉再奠漢室莫不嘖嘖焉歸功平勃是不然平勃非能誅呂安劉者誅

呂安劉者陸賈也觀夫諸呂既王平惟燕居深念患其不可制而禍及己諸呂既反而勃以太尉乃不得主兵可見二人胸中實無一策非能誅呂安者矣然卒安之者賈教之也觀傳中所言為陳平畫呂氏數事此數事雖不知何策然觀其勸平勃之交驩平卒用其計二人深相結以成誅呂安劉之功夫人不能為曲突徙薪之計而釀成焦頭爛額之舉斯亦愧矣使當日者賈不代為之謀吾知平之奇計將窮徒燕居深念何益吾故曰平勃非能誅呂安劉者其誅呂安劉者陸賈也論者不察竟以功歸平勃豈不傎哉語云一言而興邦立談之間而措天下於泰山之安陸賈有焉至其啟漢高以詩書開吾粵之文化亦其功之卓卓者也乃史公僅以為世之辯士末矣

評 慨乎言之撲去俗塵萬斛

賈詡論

彭雍華

暴主之殘民非自殘也必有為之輔而後其毒益甚奸雄之犯上亦非自犯也必有為之黨而後其胆益張火雖就燥無引之者則不熾水雖就下無導之者則不流向使秦無李斯劉歆之逢惡助虐則始皇王莽之暴亦奚至斯之甚哉此啟亂源者所以罪浮於成亂果者也賈詡者啟漢末之亂源者歟其罪大矣漢自初平以前亂始宦官而興平以後則亂極李郭而啟之者賈詡也董卓既誅大難畧平漢室轉危為安天下將無事矣所愳者惟李郭等兵權未解耳而亦自欲解散以歸田里則灰燼亦熄餘波將平而漢室天下固可安然無事矣詡乃不助之撲而煽之使熾不輔之壓而鼓之使盪反以提兵犯闕勸之致使屬階重遺禍亂復萌長安瓦礫漢帝蒙塵社稷有悴殄之悲黔首罹深熱之慘大亂洶洶直數十年而不已此非詡啟之其誰啟之裴氏謂自古兆亂未有如是之甚者傳曰仁人之言其利溥哉然則不仁人之言其害之溥也固宜且夫陽九之厄天下之民陷於塗

戾者久矣復加以董卓之狼戾賊忍暴虐不仁為自來未有生民幾有孑餘之嘆矣而董卓方誅倒懸將解詡乃復啟亂源致貽大梗嗚呼猛虎下中原噬人無算幸而去矣乃復驅數狼以繼之詡之心一何忍也夫所貴乎謀士者為其能排人之難也犯闕之議雖自李郭自倡之猶宜責以大義以杜亂源而顧勸之乎此讀史至長安之犯靡不切齒痛恨於賈詡也向使無詡之勸則李郭固歸鄉里庸有是禍耶春秋疾滅國之禍而追貶無駭柳子厚憤宦官之專而遠罪晉文呂東萊論申生之殺而歸惡士蒍禍之成不成於成之日其先必有兆之者君子推原禍始必重首禍之誅此漢末之亂所以不能為詡恕也至於歷仕董牛李郭張諸人而不得其主尤為不智陳氏乃以之與機鑒先識之二荀合傳失其類矣而又以良平之亞許之不尤謬乎

評 深惟馭本筆挾風霜

論鴻門之會

唐正賢

西劉曰居宜如是楚籍曰可取而代審其言則宛然一致察其行則截然兩途成敗雖曰天定豈非人事哉當沛公之赴會鴻門也楚勢方張漢力不敵隻身蹈險儼入虎口初無再生之望而卒能飄然而去無損毫末其中蓋有故焉沛公豁達大度知人善任四方之士爭趨之有一技之長者莫不收為己用其不死於鴻門而立四百年之基業實基於此項籍之敗固敗於鴻門會之失計彼意以為有勝兵四十萬廓土千里雄據一時故不用亞父之計其後人心一失刎頸烏江人才為王霸資劉得三傑項僅一亞父尚不能信任必使之他適而後已吾故曰成敗雖曰天定豈非人事哉

評 文氣酣暢意義清醒

燕太子丹使荊軻刺秦王論

王澹如

天下有心雖熱而不足以成事者吾熱其心矣而其事可成則熱心可嘉也若其心祇知報一己之仇不計其利害為一國所關事之終也卒歸之以至惡之名雖具熱心亦安足道哉吾讀史至燕太子丹使荊軻刺秦王而身死國滅不禁慨然矣夫燕小國也秦大國也以小國而抗大國百萬方張之師固處於必敗之地果欲復前仇而雪國耻當養其全鋒而待其敝乃不此之務思藉匹夫之勇以刺秦王事終不成反以促國之亡所謂畫虎不成反類犬也即使秦王為荊軻所刺其子孫猶在立新君以嗣統亦必興兵問罪是仇雖報而國必受害亦未見其利也若太子丹可謂有熱心而終僨其事者矣然燕王亦不得為無罪也太子丹燕王之子也不訓之於事前致使其貿然從事及秦兵臨城下乃殺其子獻秦以求和何心之忍也秦不與之和而滅其國宜也信乎燕之亡亡於太子丹而所以使太子丹至此者實燕王致之則謂燕之亡亡於燕王可也

評 論古有識筆亦矯健

伊尹輔太甲周公輔成王論

穆長山

漢武帝託孤於霍光蜀先主託孤於孔明人皆稱之而不知受託孤之重任開其先者有伊尹周公觀伊尹於當日太甲不肖顛覆湯之典型屢諫不聽尹於斯時委而去之無以對我先王廢而棄之更何以對我先王三祀桐宮不得已而為此舉卒使之改過遷善復返舊都克興湯業是尹於太甲有再造之功其孤詣苦心可爭光日月矣至成王幼主也武王初殂武庚叛亂洛邑頑民相繼蠢動斯時主少國危人心未定公盡心竭力內修政事外撫諸侯吐哺握髮日以動求天下士觀鴟鴞一篇其謀國之忠隱然見於言表雖三叔流言身遭疑謗而居東三載忠格天心冊啟金縢風雷召變公於周室其底定之功為何如公於成王其輔弼之功又屬何如耶或曰伊尹放君周公攝位貽後

世亂臣以口實其迹似鄰於僭不知放桐之際君位仍歸太甲也負扆之時君位仍歸成王也伊周何嘗有異志哉設令伊尹遇成王六尺遺孤亦不能身避嫌疑不為冢宰三年之聽設周公遇太甲幼君失德亦必使惓懷祖父廬墓側而感格其心伊周二人其遇殊其心一也至擁權竊國是後世莽操朱溫流耳豈可與伊周並論哉

評 互勘對比證解獨起

孫臏減竈敗韓將郭子儀單騎見回紇論

施俊

自古行軍用兵一道固貴先時定其制勝之策又貴臨時善其應變之妙何者兵法有云必知彼知己而後可與戰又曰善戰者因其勢而利導之且軍志曰先人有奪人之心軍之善政也此可見行軍用兵之道不外乎相時而動恃我神機妙算也不然殆矣間嘗讀史而得二人也曰孫臏曰郭子儀夫孫臏之減竈示士卒之死亡已多預度龐涓見此必并日進行且於馬陵狹道白書龐涓必死此樹下使龐舉火燭之而後萬弩俱發魏軍大亂龐涓救走孫臏以此取勝名顯天下此即孫臏布置制勝之法定於先時者也而唐太宗時吐蕃回紇合兵入寇郭子儀以步兵少不敢與戰會二虜爭長不睦子儀乃乘間離之以殺其勢力且托有功於唐以感之報汝不薄以責之終至回紇中心折服而肯與唐共擊吐蕃約定而還此郭子儀用兵應變之方定於臨時者也烏乎今孫臏郭子儀往矣而後世讀其史見其事者莫不嘖嘖稱道之一若孫臏雖往而孫臏減竈以敗魏兵之事可師也子儀雖死而子儀單騎見回紇之節可壯也今之行軍用兵者非有孫臏之神機妙算斷不足以敗敵非有郭子儀之威名夙望斷不可輕以嘗試使孫臏處代宗時代而有吐蕃回紇之寇或亦不以減灶行之使郭子儀當戰國之世而救韓攻魏之事或亦不以單騎出之蓋行軍用兵之道固貴

先時定其制勝之策尤當臨時善其應變之妙不然孫臏何得以兵法顯郭子儀何得以善戰名哉

譯 縱橫排闔勢如破竹

姚秦以鳩摩羅什為國師元世祖以八思巴為國師論

施振邦

西北之俗自古獷悍難治桀黠嗜殺獨性喜佞佛其風尚永永不變此非特內懷殘忍外托慈悲藉禪宗以文隱慝塗飾天下耳目也又非特惡由初積懲圖晚蓋藉法力以懺孽緣徼倖身後輪迴也蓋猶有雄才大畧之君因勢利導知其榛狉梗化冥頑不靈而陰寓其柔服之術愚弄之計為之鋪張揚厲推波助瀾竭力維持於其間如姚秦之於鳩摩羅什元世祖之於八思巴皆奉為國師其一端已夫秦奮羈虜之餘飈起西北地席捲長安元恃新伯之威蹴踏東胡鞭笞異域其所降附皆慴於目前兵力非直回首面內沐浴皇仁也其所部署皆委諸帳下健兒非有召父杜母勤恤民隱也以新造之邦臨難馭之衆國本既漂搖而未安民氣復驛動而不靖一旦風雲變態戎馬揚塵非種恐其異心長鞭何能及腹是枯木朽株盡為難瓜剖豆分不崇朝矣非借夫民情所共向習俗所素信以牢籠其渙散之心滌蕩其囂張之氣化彼暴戾就我範圍則弓箭之民遊牧之族其懷反側而思攜貳勢必不一日相安故姚興隆鳩摩羅什之禮數奉若神明元世祖崇八思巴之威權尊為法王雷霆談蕩陰陽雲習胡帝胡天扇巍顯翼使聞者心肅見者魂悸震駭讋慄扶服投地於以竭忱瞻仰摩頂皈依持論守律矢不僭馳則犯上作亂之念絕而好生戒殺之化行如是可稍靜謐而無事此之謂政策非必以是為獨一無二之教宗直欲尊奉而莊嚴之闡揚而光大之如梁武捨身同泰比也隋唐以來撫馭西北邊陲每援治權於僧人以行教為行政導河迨今未改其道舉不外此

此佛教之所以盛行於天山南北路而玉門以外長為中國羈縻州郡不與內地同其治化也烏乎國拘學說流梏教辟皆一入不能自脫賢者且復爾爾何況愚民而宗教之深中人心其勢力尤堪詫怪父不得移其子君安得移其民若奪其所習而强以所不見聞則爭端立起而國瀕危然則姚秦元世祖之利用空門固出於不得不然倘亦近於王制所謂脩其教不易其俗者歟或曰子言元世祖是固然矣姚秦踞周漢之舊京其民有神明華胄其俗有上國遺風非元之越沙渡漠闢地西極比正宜誕敷文教用夏變夷使彼族有所矜式以鞏丕丕基而獨崇佛其弊至舉國若狂十室九空不數年而姚氏以亡職是之由應之曰否否秦與元治術同而存亡異者取與守殊非用佛教有得失也姚秦竊據群雄之間城惟黑子地屬彈丸利在進取民氣宜動不宜靜靜則流於弱元則囊括遼絕之域東滅女直西逐鄂羅利在守成民氣宜靜不宜動動則激為變而兩國均以出世之教為治此姚秦之所由亡元之所以存也若謂秦應敷文教以祈永命則不知自劉石倡亂中國衣冠遺類河北者鮮矣姚氏雖有關中安得以漢家官禮治之不見拓跋遷都後之不振乎或又謂開國規模宜圖遠大賤尧是尊攸傷體統貽謀不臧逸嗣何觀是又徒為莊論未識姚秦元世祖深意之所在矣

太史公傳儒林不傳文苑說

成禎

太史公作史記傳儒林不傳文苑後人訾議頗仍謂史公之畧不如蔚宗之詳是不知史公之心者也夫儒林與文苑雖若二途實出一原史公作史既以瓌瑋博達之士碩學通經之儒入之儒林矣他如文學侍從之臣學不宗經文非載道苟復紛然雜厠則失之濫設更別立名目用相標榜又失之贅故於司馬相如則別為列傳於東方朔則入之滑稽傳既以辨章學術復不湮沒其人去取之

際。謹嚴而毅偉所謂微而顯志而晦婉而成章者耶。不然儒林之外。復有文苑。是儒生可以不能文。而文人可以不通經也。是跂文學與儒術為二。而華而不實之徒。亦得自附於文苑之列也。誠知學術流別者。而肯知是乎。噫乎。文藝末也。道術本也。能文而不通經。是舍本而務末也。文雖工。亦奚以為。是跂古人文不妄作。必本之於經。亦不欲苟焉以文人自名。兩漢以降。文章繁矣。溺於辭藻。違離道本者。又豈少哉。推原其故。未始非傳文苑者有以階之厲也。則蔚宗之傳文苑。徒啟華士文勝之弊耳。而史公意深遠矣。

評 推極流弊言之慨然

豐年為瑞賢臣為寶論

孖勁華

異草怪木以為瑞。珠玉奇珍以為寶者。非庸主耶。豐年為瑞。賢臣為寶者。非明主耶。讀史至宋見茹孝標獻芝草為瑞。仁宗乃曰。朕以豐年為瑞。賢臣為寶。非其識見之卓。經畫之遠。志趣之大。能若是乎。何也。自來人主好祥瑞者夥矣。甚至三月雨雪。悉以為祥。季秋梨花。悉以為瑞。嗟乎。祥瑞而真可憑歟。則雉雊宜變也。而商何以興。桑穀宜災也。殷何以王。二龍遊庭。夏之瑞也。夏何以微。甘露下降。唐之瑞也。唐何以亂。且鄭不宜以龍鬬而衰。魯不宜以獲麟而弱。然龍馬負圖。因足以昭伏羲之瑞。而黃龍三見。不能保劉聰之不亡。麒麟固足為黃帝之符。而蒼麟駕車。不能保石勒之不敗。由此觀之。明主必不以異物奇珍為瑞也明矣。嗚呼。珠玉怪物。而真可寶歟。周時西旅貢獒。召公何以進玩物喪志之誡。越裳氏重譯來朝。獻白雉。周公何以却之。楚不以白珩為寶。晉不以垂棘為愛。虞公因求劍而有殺身之禍。穆王得白狼白鹿以歸。而荒服不至。故明主必不以怪物寶玉為寶也明矣。今仁宗深知此意。以豐年為瑞。以賢臣為寶。蓋年豐則食足。食足則民安。遺穗遺秉。百室有盈止之歌。

多黍多稌婦子有寧止之樂猗歟休哉豈年真國家之瑞也豈怪物奇華所可比哉至於賢臣者國家之大寶也天命民心之所由寄也故先王闢四門而廣選舉破資格而大其旁求或鹽梅或舟楫乘權布化使不負君相一日之知或心膂或股肱量材器使不負大儒生平之學若身際太平能從容風議安不忘危治不忘亂者賢臣也勢處危疑能綢繆未雨扶危定傾托孤寄命者亦賢臣也甚矣用賢之所關豈淺鮮哉賢臣真國家之大寶也豈珠玉寶石所可同日語哉嗟夫仁宗真明主也

評 筆如遊龍無往不適腹有詩書氣自華其斯之謂歟

秦始皇焚書阬儒論

梁勁華

論者謂始皇焚書阬儒以暴虐無道之罪罪之竊以為是未足以罪始皇也夫始皇滅六國一天下創新法更舊政其深謀遠慮未嘗不為子孫帝皇萬世計也彼所以焚書阬儒者必有深意存焉安得遽以暴亂無道責之彼始皇當時所焚者何書所阬者何儒論者盍以究其故而徵其實乎夫六經經秦火而亡者不過曰樂經不知樂本無經雅頌即樂之全經也藉曰有之樂記一篇見諸禮經亦足以補其缺則經書之典秦何嘗有所焚哉況秦承戰國處士橫議之後其所著之書類皆贅說亂經妖言惑眾繼以聖人而生其際亦必在刪焚之列一炬焚之而漢之五經博士始得以家法授受辯別異同豈非有藉於始皇之驅除哉當時之儒若侯盧韓徐諸生非求仙採藥即奏錄圖書開匈奴之邊釁築阿房之離宮諸生實媒引之儒者顧若是乎則此四百六十人亦猶頌王莽功德者四十萬人壞羣之馬亂樂之聲阬之亦不足為之惜知乎此則秦始皇之阬儒焚書亦猶是治亂國用重典之意也論者毋輕以暴虐無道之罪罪之可也

評 謂始皇所焚書非正書所阬非醇儒是論史獨具隻眼者

王安石附會周官泉府之法以行新法論

許慶圻

世之詆周官以行新法者。非但不能治國。且適以亂國。此豈周官之果不能治國哉。乃由於偽託者之不得其要旨耳。桑弘羊劉晏之理財。卒不能免其身。王安石之變法。卒啟靖康之禍。嗚呼。新法之禍。豈不大哉。夫安石之行新法。本乎周官。附會泉府之法。以聳動神宗。卒致遂其言而委之政事。任其所為。流毒天下。靜軒周氏謂小人之狀。言之似忠信。行之似廉潔。人君用之。則天下悖亂。旨哉言乎。安石與羣小為伍。且不能得泉府之要旨。厚斂以致民怨。以若所為。而欲求國强。是猶緣木而求魚也。其可得乎。且泉府之法。創自聖人。實以流通為要義。豈能以聚斂為務。乃安石不明此旨。惟以聚斂為務。青苗均輸諸法。次第舉行。乃曰此吾行周官泉府之法也。聖人之所為。果如是乎。然當時之正人君子。亦不得辭其咎。凡事無論大小。必有人為之輔助。而後其事可成。當時司馬光韓琦富弼蘇軾輩。皆號為一時之賢者也。匪但不能助其為政。反以議論攻擊為己任。使安石處於孤立之地。不得已而用章惇呂惠卿之徒。而新法遂為後世所詬病矣。噫。清流之足以亡國。詎獨東漢末葉為然哉。然安石亦不得謂無罪。不知泉府之要旨。而偽託周官。創行新法。卒使人民困於厚斂。羣臣胥遺賊竄。不數十年。而靖康之禍遂起。吁。安石之罪。誠擢髮難數矣。君子觀乎此。益信具關雎麟趾之精意者。然後能行周官之法也。

評　要言不煩

周瑜魯肅合論

許慶圻

有取天下之才。而無安天下之量。則其才偏。有安天下之量。而無取天下之才。則其量薄。必也才足以取天下。量足以安天下。而後才與量相濟而相成。始不病於一偏。遂足大有為於天下。論者謂周瑜才有餘而量不足魯肅寬宏大量合孫劉之好使之同心戮力誠不愧為老成持重之臣而其才猶短此論二人生平何其深切著明也夫孫劉結好同心戮力以拒曹固美事也乃周瑜反其道而行之卒使曹丕篡位漢室危亡吁瑜之罪亦大矣曰否此固其一短耳然不可以小過而沒其大功也當其從討逆創業之際斬荊披棘功居其半迨大帝嗣位赤壁一戰老瞞喪胆開疆千里雄視東南由此觀之瑜功何可沒哉且當長沙桓王時運謀定計無役不從滅王朗破劉繇斬黃祖卒啟江東之業非通權達變之英雄曷克臻此故曰瑜有取天下之才也當孫權初遇魯肅之時肅即勸權西取巴蜀東控荊州南據長江然後北上而擒曹操則王業可興天下可有此與諸葛公隆中之對無以異也赤壁之戰羣臣競言降曹獨肅以必擊操庶幾江東可保為言權從之卒大破之於赤壁所以赤壁之戰必推肅之功為第一也至劉備襲荊州而肅仍主持大體不使孫劉國交決裂亦無非欲戮力破曹耳故能安居樂業數年不興兵革及肅一卒呂蒙代之即有奪荊州斬關羽之事故曰肅有安天下之量也噫此二人者皆為一世之英才瑜尚奇定計有取天下之才而心存忌刻其量遠不如肅肅老成持重有安天下之量而智之濟變其才遠不如瑜之二人者固各有所長無所容其軒輕苟能以公瑾之才而濟以子敬之量以子敬之量而濟以公瑾之才則隽才雅量合而為一其功業之成就又豈僅限於江東一隅哉昔人稱三國人才一時瑜亮其實瑜不如亮遠甚苟以公瑾之隽才濟以子敬之雅量庶足以與諸葛公相頡頏也夫

評 據事論斷確有證佐筆氣亦英英露爽自是後來一秀

卜式輸財助邊論

許慶圻

班史論漢廷人才乃曰質直則汲黯卜式以吾觀之卜式快心之舉不第請烹桑氏子一事即其輸

財助邊亦斷非後世所可幾及也嘗式者曰孝武窮兵黷武式逢帝意使海內騷然通侯世戚因之得罪者數百人其輸財也設帝好而欲得崇位也是言也驟聆之甚正迨讀孝武本紀以平準書證之覺其說有未盡然者式之輸財助邊也史失其年其為中郎則在元狩四年以意揆之近則在元狩遠則在元朔必不在建元元光間也為問此數年中帝已有事四夷乎抑待輸財而後用兵乎觀綱目所書元光元年遣將軍王恢邀擊匈奴六年遣衛青擊匈奴於上谷元朔元年以李廣為右北平太守防匈奴五年遣衛青率六將軍擊匈奴帝之耀武雄心於此可見即無輸財助邊之舉亦將浮西河絕大漠封狼居胥山以臨瀚海豈區區牧羊之貲所能增損帝意耶以此責式是猶大堤將潰欲以蟻垤封之也豈可得哉且漢與匈奴其勢不兩立候騎及於甘泉屯防及於細柳此誠危急存亡之秋也顧亭林曰天下興亡匹夫之賤與有責焉式以一介編氓抱請纓繫虜之壯志方之子文毀家紓難伏波馬革裹尸未遑多讓賜爵左庶長以風百姓猶嫌其酬庸之薄也漢廷諸臣平居暇日食采邑擁侯封一旦有事狼顧色變輒欲褰裳去以式較之真狗彘之不若坐罰失侯是天理之不容泯滅於式何與焉即云輸財欲以得官然漢制有貲郎有武功爵皆以入粟得之式即自此進身亦較蠅營狗苟者有間況式至御史大夫旋以直言罷去此豈熱中者之所為耶儒者不察以繩墨之論加之我嘗古人未免古人嘗我矣嗟乎三代以下之人惟恐其不好名今之坐擁倉箱視國難而罔恤者其人固駢跡天壤矣惜無卜式其人以風示之也

評 致毅精詳後幅尤見深心

宋中興四將論

許慶圻

東漢雲臺之功臣來歙以忠孝見替有唐凌烟之圖繪張亮侯君集以謀逆得與然後歎其並立一

時者非折衷至當若殷之三仁周之八士質之萬世而無疑義不過徇私見參俗論附會於功名之際而於生平之大節固如盲者之枯坐不見垣一方也若南宋以張韓劉岳為中興四將讀史者竊歎其失當矣夫韓岳志吞金虜其忠勇同其謀畧同其勳名事業亦無不同固與漢之平勃唐之李郭無二致也劉光世於諸將中最先進史稱其律身不嚴馭軍無法惟以早解兵柄不為秦檜所忌故能竊寵榮以終其身方之韓岳固已不逮然未若張俊黨於賊檜尤為韓岳之罪人焉竊嘗揆南宋之大勢其僻處一隅不能恢復中原者由於秦檜之害飛蓋飛與檜勢不兩立使飛得志則金仇可復宋恥可雪檜得志則飛有死而已乃張俊知秦檜欲罷兵首請以所部隸御前且力贊和議迨金牌既召又誘王貴王俊告訐俊親身鞫鍊具獄送檜飛之死俊有力焉嗚呼金狄之禍亟矣二聖北轅中原淪沒雖三尺童子亦知君父之仇不共戴天以屈志和戎為可恥俊以專閫大臣固當聞雞枕戈勵祖逖劉琨之義與韓岳同袍偕賦直抵黃龍而後已方能光啟中興不失舊物史官秉筆而書曰此張韓劉岳之功也後人聞風慕之曰此張韓劉岳之力也俊與光世方將與韓岳勒景鍾垂竹帛豈不甚善乃十年之功盡棄三字之寃長埋非喪心病狂狗彘之不若者烏至出此君子正名定罪不當置俊於檜下也或曰張為張浚非張俊也夫浚雖典兵柄久贊樞機當稱相而不稱將且首薦賊檜莫須有之獄未聞一言剖白與韓岳並稱亦有媿色雲閒張氏謂光世之劉易劉錡之劉則庶乎得當蒙竊本此例退張俊而進吳玠其與四將之偉烈豐功庶不大相逕庭乎

評 平允有識

漢高白登之圍論

莊振榮

漢人有學技擊者其始握拳進步惟技師之是聽追跳蹤熟刺擊嫺於是小試於鄉邑自覺可賈餘

勇角力於擠擊所當無不披靡自以為盡技擊之術而天下無與敵矣遂謝遣技師傲然自得藐視天下而輕視世人一旦猝遇勁敵夏育孟賁之勇扼其前拔山扛鼎之力偪於後乃始手足失措胆落神沮戕其身而喪其名然則召今日之危者庸非前日之驕耶使其雖勇而不自滿雖勝而不自驕則術益精而心益慎終身不敢謝遣技師矣惟其不然所以遇害高帝白登之禍不幸類是吾觀其自將擊韓信也使人覘匈奴也意氣揚揚以為昔日秦王之暴我尚滅之項氏之强我尚覆之况今冒頓之兵不如秦楚而我漢之强甚於曩時是則我苟興師問罪直須折箠笞之耳嗚呼孰知有大謬不然者蓋前日之能滅秦覆楚者以三傑為之用耳用張良之言而釋假王之怒用蕭何之計而拜國士之信用韓信之力而獲烏江之勝知人善任克奏厥功豈不猶技擊者之其始惟技師之是聽乎今三傑未隨而驕氣用事彼冒頓作鬬伯比羸師之計而漢高存隨少師驕侈之心是以婁敬忠謀反遭械繫其與技擊者之謝遣技師無以異也及至冒頓縱兵白登被圍使無陳平吾知帝將被擄犬羊矣然則其所得之禍與技擊者亦何以異哉乃論者以白登之圍為冒頓之强不知高祖之兵非不强也特以為區區犬羊不足血吾刃耳以區區犬羊不足血吾刃視頓此所以堅其用兵之意而速其白登之圍也嗚呼慎者成功之母也孔明雖未得志北伐然終亮之世敗少勝多驕者敗事之源也高祖雖能統一中原然白登之圍七日方解善乎光武有云長勝之家難與慮敵惜乎高祖未之知也

評　篇法從呂氏博議脫化而出措句甚見功候

諸葛武侯空城計論

莊振榮

諸葛武侯之空城計前人之述備矣然世之論者以為治國撫民誠彼之長而運籌決勝非其所能

嗚呼此豈真知武侯者哉我請以空城計證之夫馬謖街亭之敗精銳殆盡司馬懿以新勝之兵乘勝而進諸葛亮以方敗之卒鼓琴而待當時形勢雖婦人孺子皆知武侯之必敗矣乃孰知蜀漢一矢未亡而曹魏全軍皆退非武侯之謹慎夙着於平日何以得此哉盖懿料武侯謹慎小心必無空城而待之理武侯乃將計就計即以彼之所料者為我之所用夫然而懿果墮其術中而武侯之孤城得以保全說者每謂此特徼一時之幸而不知非武侯之謹慎夙著則何能徼此幸哉假使他人處此縱有武侯之胆畧必無武侯之鎮靜縱能效武侯之鎮靜必不能標武侯夙昔謹慎之名如此則懿固何懼此孤城哉將見一鼓而城陷再鼓而全城皆血三鼓而主將就擒矣況懿固能謀善算神於料敵者哉然則武侯得行空城之計非幸也乃其夙昔之能名有以致之也郭汾陽單騎見回紇岳武穆徒手赶賊巢皆至危極險之事而終得以保全者盖與諸葛武侯異世而同揆非平昔之英名素著者何能得此且亦何敢出此

評 胸有書卷所引用自能源源而來至文筆超潔尤其餘事

漢文帝不受千里馬論

馬健飛

帝王之御天下也莫貴乎日視萬機以勤勞政事而無所玩好以喪其志氣則其治乃可以比美三代追隆往古焉漢史載文帝不受千里馬嗚呼其志誠善矣哉盖君上之所好臣下則據之以為趨承馴至傷其國脉動其國本者有之其初固不可不慎也故珍禽之好有擾於民以奉苑囿者矣佳果之嗜有由馳驛以供剥食者矣乃鶴祿之頒也則喪其民玉劍之求也則失其國而西旅貢獒太保訓之太宗懷鷂魏公窘之寔非方物之獻宜貴用物而不可貴異物以啟臣下居奇邀賞之心而病其民歟文帝當楚漢戰罷瘡痍亂後以庶孼入承大位小心翼翼崇本抑末卻良馬是貴求國家

之治儉以處己恵以恤民卒之萬民富庶四方向化誠可謂西漢守成之令主矣使其受之以實厩御之以出遊觀瞻之下非不雄且壯也然馬正之設國有常經車駕所臨民有常供縻帑擾民何益於其國哉況以新脫於兵革之漢民復堪其騷擾哉此文帝之不受千里馬其識為不可及也夫

評　顧視清高氣深穩

論岳飛朱仙鎮之捷

李諾

余嘗讀史至岳飛朱仙鎮一役以區區五百騎試衰之衆抗五十萬日熾之師霄壤懸絕誰能必其斬將搴旗獲此出人意料之勝哉雖然兵在精而不在多將在謀而不在勇朱仙鎮之捷蓋有其故在也吾聞之飛撫士有殊恵凡有頒賞均給軍吏秋毫不私凍死不拆屋餓死不虜掠非其訓練有方恩威並施烏能如此然則朱仙鎮之捷亦信乎非一時僥倖得之矣自經此大捷軍心為之壯豪傑於是歸金將士亦多來降金人為之膽落此誠飛自用兵以來千載一時之機會飛之幸亦國之幸也果能乘此時機振我師旅席捲北馳直搗黃龍恢復河山使兩河無金人之跡中原無戎馬之驚雖不能殄其類滅其種而亦不致有求和稱臣之奇辱割地納幣之大羞豈無求和稱臣割地納幣之羞辱而已即宋之後世亦不致屢受金辱年年構兵也乃奸相主和遂使朱仙鎮之捷反無功而傷身豈不悲哉豈不悲哉

評　激言極論千古痛心

論鄭成功

李諾

當國家滅亡之際為其民者莫不有殉國死義之責焉此古今中外之通義也若自顧其身以媚異族是不足論矣當明亡時滿人奪我河山斯時無執戈而起以與之為敵者獨鄭成功據台灣謀恢

復是誠有愛國之熱心者蓋以己漢人也國漢人之國也焉肯低首下心為彼族之民哉嗚呼如成功者不特可謂為愛國之士其不媚異族尤足多焉雖不能恢復明之國家然其心有不可沒者苟當時人人懷成功之思想明國不至於亡安有所謂滿清乎吾國當今之時為列強所覬覦亦猶明室之患滿族也願吾同胞人人聞成功之風而興起焉則民國前程未可預料也

評 旋時立意贊揚盡致

諸葛孔明論

王養源

諸葛孔明奇人也娶妻而擇醜女奇仗劍而借東風更奇無搏雞之力而司馬畏之如虎奇無傾蓋之交而先帝事之如師更奇深入不毛攻心而定七擒之計奇空城坐守彈琴而卻數萬之師更奇至若定鼎三分圖成八陣運用木牛流馬指揮鬼使神兵此則奇之又奇者也以此觀之欲不謂之奇人得乎夫伊尹周公聖人也而論者至比孔明為伊周焉蓋謂其託孤寄命大節昭然庶幾與伊周伯仲耳嗟乎此又孔明奇而不失為正者也

評 用奇正定斷出筆新穎得未曾有

陶侃運甓論

印維康

嘗讀史至陶侃為廣州刺史時輒取甓百餘枚朝運之齋外及暮復運之齋內或問其故答曰吾方努力中原過爾優逸恐不堪勞苦云云不覺廢書而嘆曰嗟乎陶公運甓豈真運此百甓已哉蓋將如孟子所謂治天下可運之掌上矣竊考當時事勢五胡雲擾中原鼎沸元帝保守江東權臣用事風景不殊舉目有山河之異蓋天下之變亂極矣朝野士夫除祖逖劉琨聞雞起舞有恢復中原之志外而王衍清談畢卓卿盃王戎沈浮張翰思鱸處小朝廷以求活猶不免縱情恣慾雖桓奕為一

時高士亦止渡江求全不聞其有運甓之思也周顗為江表偉人亦止新亭對泣不聞其有運甓之舉也當是時陶公遠處廣州獨矯時弊習勞勤力運甓自厲其苦心孤詣直與越王句踐之卧薪嘗膽埒嗟乎陶公人祇知其所運者甓而不知其所欲運者在決勝千里也人祇知其所運者甓而不知其所欲運用者在忠肝義膽也人祇知其所運者甓而不知其所欲運旋者在中原九鼎也人祇知其所運者甓而不知其所欲運轉者在百萬雄兵之心以恢復晉土也審如是則陶公雖在廣州而心在晉室身之所運者晉室之天下也推是心也不獨運百甓於齋之內外直欲運兩宮而返之中土運銅駝而復之故都運鐘虡而安如磐石運六合而文軌混同不寧惟是推是心也直欲掃羌夷而運之海外逐胡馬而運之塞邊驅虎狼而運之險遠鋤荊棘而運之遐荒凡若此者皆陶公運甓之志也觀其他日討蘇峻平王敦都督荊州威震中土忠義奮發孰非自此運甓時來耶吾輩當惜分陰一語傳誦千古雖聖人復起不易斯言論者以蘇峻之亂溫嶠傳檄邀公而公遲疑不發謂為意存觀望而不知此正公之所以運籌決勝也觀其投袂而起即日興師大軍直抵石頭立斬蘇峻之首使晉室危而復安其豐功偉烈豈當時諸將士所能同日而語哉嗚呼如陶公者誠不媿為一代偉人也已

評　通篇就運字發揮議論風生氣機流暢有一縱一橫十盪十決之妙

祖逖聞雞起舞論

羅文耀

大丈夫當國破家亡之際含辛茹苦義憤填膺其胸中抑鬱不平之氣有觸即發絕非尋常人所能窺其萬一吾觀於祖士雅之為人而知之矣史載祖逖與劉琨友善嘗同被共寢中夜聞雞聲蹴琨使覺因而起舞嗟呼祖士雅何為而起舞也哉蓋當時晉祚中衰諸王謀亂同室操戈自相魚肉

遂致戎狄乘釁毒流中土以言二帝則被虜北庭矣以言人民則水深火熱矣以言京洛則邱墟而銅駝則荊棘矣以言鐘虡則潛移而金甌則擊缺矣國事艱難至此已極士生其間當如何苦心焦思勤勞王室而行也清談卑也咿孟戎也浮沈翰也思鱸環視朝野能顧念司馬家兒痛心在予者不數數覯祖士雅以一范陽布衣崗目時艱憂憤莫遏念宗社之沈淪哀民生之憔悴孤忠奮發鬱不能伸此所以聞雞鳴而起舞也其聞雞也非徒感其喔喔之聲也蓋猶聞當時五胡慘擾之聲百姓流離哭泣之聲也其起舞也非徒舞其三尺之劍也蓋欲振起其掃滅羌夷之豪氣而鼓舞其孤忠報國之精神也觀其上書元帝請兵北伐其激昂慷慨之言論即自此聞雞起舞時來也觀其率兵渡江中流擊楫其恢復中原之壯志即自此聞雞起舞時來也觀其撫流民收淮土擇日渡河掃清冀朔其雪恥除凶之盛慨亦無非自此聞雞起舞時來也然則其聞雞起舞也即越王句踐之卧薪嘗膽也其聞雞起舞也即趙武靈王之胡服騎射也其聞雞起舞也即豫讓之漆身吞炭周處之射虎殺蛟也向使元帝能畀以全權始終信任則雖掃盪五胡全恢晉土不難也柰之何聽宵小讒言使戴淵督師奪其兵柄致使憂憤以死而晉室亦終以亡豈非天哉吾嘗論祖逖一生報國之忠如田單而遭遇之窮如樂毅安境之患如羊祜而命逢之舛如岳飛澄清有期妖星遽現誦昔人出師未捷身先死長使英雄淚滿衿之句不禁感慨繫之矣雖然今日中國南北分立奉直交兵風雨飄搖之殘局不亞於晉而士大夫中之聞雞起舞者能有幾人聞士雅之風能無愧於心也乎

評 筆飽墨酣議論風發視迺翁當日所作尤為暢旺吾改此文吾為之喜而不寐

晉文公論

陳約三

古來忠臣在國保守一國國勢難弱蠻夷不得入中國侵犯民皆仰之若父母矣君之功抑亦臣之

功也昔者五霸中有一晉文晉文者周臣也霸諸侯尊周攘夷保守一國可不謂之賢臣乎雖然考其生平行事如請隧討許是目無天子之明證也且也多復私讐其心術乃愈不堪問較之桓公一匡天下九合諸侯不以兵車癸邱五命其弗若也遠甚孔子曰晉文公譎而不正可見孔子早知晉文之心而斷一譎字斯真責備賢者之微意也

蘇秦刺股論

陳約三

璞不琢不可以為玉木不雕不可以為器人不學不可以知義既為人生在世不可以不求學然學尤宜勤若不勤亦徒博學子虛名耳古來聖賢豪傑莫不由勤學而來未聞不勤而能成器孜之周末蘇秦可謂發憤勤苦者矣讀書數年西遊於秦以書說秦王無效後歸妻不下袵嫂不為炊父母不以為子蘇秦乃自責遂勤學不輟夜不能寐久之欲寢因以首懸梁引錐刺股股痛驚醒復誦其書得太公秘訣竊自幸曰今而後百發百中可以遊說人主矣蓋先之趙趙王大悅因得六國相印嗚呼秦乎秦乎可謂苦盡甘來乎凡青年學子當以秦為龜鑑也可

評 步驟井然有條不紊

全國中學
國文成績

學生新文庫 乙編

論事類

甘地主義的批評

石芳景

我從前在東方雜誌上讀了一篇「甘地主義是什麼?」第一步我們先知道甘地 Gandhi 是什麼樣的人第二步要知道甘地的主義是怎麼樣第三步再下手批評他

(一)甘地的小傳

甘地是個印度人印度現在共有三大偉人,在文學方面有個泰果爾, Tagore 在科學方面,有個婆司 Bose 在實際運動方面,就有個甘地 Gandhi 他們不但是印度的偉人,並可以說世界上的偉人.甘地又與俄國的李寧黑人種的葛萊佛有同樣的能力,所以又有世界三大怪傑之名稱.他能夠使全印度的人聽他的支配他說抵制英貨,印度人就不用英貨所以這樣?一來英國政府見了他是很怕竟沒有什麼法子去對付他但是要追問一句,甘地何以能怎樣的呢?只就因為他有他的主義在

(二)甘地主義

我們說到甘地主義 Gandhism 是怎樣?一句話說來,甘地主義是東方靜的文明,人格生活的代表者若要分析來說就可以分作三種(一)真理的把持(二)禁慾主義(三)否認歐西的物質文明.

(三)甘地主義的批評

(1)真理的把持　現在佛教耶教以為人非為人而生，是為神而生，做什麼事，總要禱告，聽神是怎麼樣的說，這種看來都是無意識的舉動，要真正的說來，我做事只要依照我的良心和真理，我的良心是我的上帝，我的真理是我的菩薩，沒有說除了這個以外，還有什麼的神仙妖怪在那面，所以甘地這樣的主張怎樣的表示，我是極和他表同情的．

(2)禁慾主義　人生的慾望，可以分為三種：(一)自然的必要的(二)自然的非必要的(三)不自然的非必要的，怎樣叫做自然的必要的呢？就是說這種的慾望，不是後天的，是先天來的，遺傳來的，不是可以節制的，廢去的，是必需的，如飲食等就是，怎樣叫做自然的非必要的呢？因為這種慾望先天到是先天的，但是我們廢去了他也不礙，譬如男女等就是這種的例子．又什麼叫做不自然的非必要的呢？譬如衣食起居好了，還要好，家產富了，還要富，這都是一類的例子．

以上三種的慾望，第一種是大家不能少的，第二種應該要有節制的工夫，第三種是萬萬不能容的；因為這都是墮落的門徑，取禍的大道．

(3)否認歐西的物質文明　這種的主張看來，甘地未免有些偏見，但是又不能怪他；因為這是他憤怒的主張，而實在說來，我們的日常生活當中，總是含有物質和精神兩方面的，單是物質，亦是不對，單是精神，也是不好，照現在的歐西物質文明看下來，確是有的地方使我們不能滿意的，物質文明發達以後，富者更富，貧者更貧，有的人所以說科學是為了資本家求快樂求勢力而研究的；並不是為著一般的平民謀幸福而研究的．但是我們到不能真正信著他的說話，因為科學的本身本來沒有好歹之別，所有的不好，都是社會組織的關係，若說這都是科學的原因，這也是一句說不過的話了．

中國之過去及今後

石芳景

說到中國的將來當先說到此中國的過去：

中國在二百年內失去三個大機會： 我們中國在前清二百年間，據日本地理學家說：中國共失去三個大機會，第一個是和俄國訂尼布楚條約的時候，在中國方面以為獲勝利了，但是照他說來，此時中國可不和他訂條約，應該一直趁勢打過去把烏拉嶺訂作界線，因這時俄人初到西伯利亞，來地面還不曾大開闢，運軍輸糧種種都是不便，所以要成功這個主義是很容易的，第二個是在征準喀爾的時候，當時平定了準喀爾軍勢一直登帕米爾高原，照日本這個人說：中國那時應該趁此軍勢席捲印度全部，因為這個時候印度本身正是擾亂着，而英法二國不過在海邊鋪個攤子而已，所以那時要佔領印度不要費什麽樣的大力，第三個在乎台灣的時候，當平了台灣之後，兵船只要開到南洋羣島，以保護為名，就可以把這許多地方收為國土，因為那時華僑的勢力很大，有的做皇帝，有的做官吏，所以要取南洋羣島也是不要費心的。

中國二百年內失去四大機會： 據姚明煇的父親說：中國二百年內失去四個大機會，第一第二第三已經說過，還有第四個就是在第一個的時候，上面說着向西直進打到俄國，但是這個時候還可以一方面跨海取蝦夷取庫頁，又一方面可以由朝鮮渡海攻日本的西南部，使他窮於應付，從此就可以滅去他。

這四個大機會若是照着行了，我們中國的疆域東可以到北太平洋，南可以達南太平洋，西可以通印度洋，北可以據北冰洋，而一方面練海軍以鎮守之，我們中國便可以為東亞的霸主，非特如此，還可以做世界上的霸主呢，這四個大機會失去了，所以東面為日本所欺，南面為他人的戰場，西面為英人所窺竊，北面受俄人的蹂躪，外患日慼，以至於到今日的地步。

以上所說是中國的過去，現在我們要說說中國的將來：

中國的希望　照中國現在的樣子看來，還有什麽的希望呢？我說中國一定是很有希望的。雖然失去了四個大機會，而中國的希望仍舊存在。何以故呢？因為世界上的機會何時不有，只要我們不愧為國民的一份子，不要時時抱着悲觀的態度，應該把外人的欺侮當作刺激物，時時刻刻把他記着。這樣一來，就可以造成一個堂堂的中華。所以有的人說世界上有三大勢力：一回教，二俄國，三中國。中國的勢力是潛伏的，雖經過一度的退步，而潛伏的勢力，還是很大。又有人說第二週的文明又要從中國將出發了。噯！這種的話聽來不是笑話嗎？好像中國萬萬也達不着這樣。但是這也是把自己看作太輕了。我們只要大家努力，大家覺悟覺悟的空氣滿布全國，覺悟的程度達到沸點，那麽什麽的理想不可以成事實呢？

聯宗

趙克家

同姓而有血統之關係者謂之宗。宗者綜也，綜一族之系支分條析，秩然有序，所以別以異姓及同姓不宗者。謹其所出，即以嚴種族之防也。後世人心日壞，趨炎附勢之風盛，雖風馬牛不相及者，亦聯為同宗。族制乃謾不可据，而古先受姓得宗之紀，用凌夷衰微矣。謬種之肇萌芽，爭權貴，各據要津，勢均位侔，恐彼此扞格不相容，而樹之敵也，或以同姓故，乃引為同宗，則情誼篤，脈絡通，藉此可以張聲威，而固輿援，即瀆祖先，罔顧也。其次，鯫生下士，來自田間，震炫於炎手之勢，輒思寄託名門，夤緣祿位，乃彈魚車之鋏，進兎窟之謀，稍稍而得爪牙寄腹心委矣；又稍稍而得廁身羣宗之列矣。於是稱晚稱侄，至甘為義子養子者，亦數數見矣。又次則鄉曲土豪，無所憑藉，乃引其名顯於吾富豪於吾者不恤卑躬匍匐聯之爲本支而昂昂然張大其龍斷之燄推而至於鳴鏑引弓之民身熱頭痛之部窮髮彫題之俗飛頭穿心之風其聲勢足以奪人而種族之貴賤可不必問不妨攀附末光趨捷逐臭冀得優容斯榮幸矣雖褻神聖之苗裔不遑計也嗚呼辱一身不足施及祖宗辱一族不足波及同種誰生厲階至今爲梗哉河洛豐鎬之區神所居三代重寶所寄衣冠斌煥文物燿燦託姓受氏不容淆混維桑與梓有倫有秩而自典午中葉五種陸梁劉石符姚先後興革八部大人之皺交錯於中原而姓氏始不可辨識矣兩河燕朔之區唐叔召公之舊壤廉李樂毅角逐之場也石晉以沙磧小族遭遇時變窺伺神器妄割天府膏腴以賄殊姓馴至耶律完顏此起彼仆而族制雜羼姓亂矣且中國人民孰非古昔王者之後即其姓不難證其所從出顧彼殊俗之人譜牒不明莫知其本間有可攷者無非蟲豸犬羊狼鹿之種也故其一旦得志每自慚形穢竊恐見輕於人不足以號召衆庶乃引名裔望族謬詡同宗若勒之引石樸侯景之引侯瑱爲宗以自粉飾貂也而犬尾續之珠也而魚目溷之極其依草附木之伎倆用心彌苦而毒中國彌甚矣嗚呼古人嚴夷夏之防者維此姓氏而已保此血統之真者亦維此姓氏而已自聯宗之風開勢必以他人之祖先爲祖先而昧己之祖先而彝倫斁矣充是量也喪心害理廉恥道銷凡在蠕蠢之類茍可以沾溉其利益者無一不可視爲至親骨肉孰知滅種之禍即兆於斯乎是不可不早爲之所也

評　徵引繁富醇而後肆

米貴問題

龔鑑如

古者農有餘粟女有餘布而市易以興農不織而有布女不耕而有粟此流通之利也即後世商賈雖用錢幣而以有易無猶古意也米穀爲人生養命之必要古人重農貴粟多主積貯以濟民食今

吾國積貯空虛人口日增加之米價騰貴生計日難而操米穀業者遂視為奇貨心計則私而不公行動則暗而不明吾亦知操米穀業者始願亦不及此實由米禁兩字逼迫所致不啻由習慣而成自然不復知其非也夫私與暗實為惡行人習於惡行而不自知其害中於世道人心豈細故哉自民國五六年來王省長常清查存米限制開放而姦商之私運出口者亦嚴加禁止惟王省長少發展能力除米禁外別無他法而姦商之對於米禁兩字本非願樂聞焉則其對待王省長亦可想見而王省長對於米禁兩字亦可謂不遺餘力而私販之多又復彰彰在人耳目王省長其如私販何於是關心民食者大都主張平糶不知平糶亦非易言也上年有行之者期長者三四月期短者一二月貧民之沾惠甚微而公家之虧損頗大如蘇地上海等處均損二十萬元即吾崇邑亦有二萬之損失吾蘇省六十縣真力能辦平糶者能有幾縣對於民食問題將何策以濟之乎夫平糶兩字固非根本解決余推米貴之故蓋非一端自歐戰以來據調查統計各國食粮平均計算減少二十二倍吾國加入協約後雖未動一兵一卒而濟以麵粉不少其影響當若何字林報載吾國與列強所訂通商條約規定禁止米粮出口惟近年因日本缺米之故中國充裝大批米麥運往日本其始滿洲經由大連安東而運至日本之米粮祗就近數年計之已達五六百萬擔至今未絕此種行動實為擾民之源然欲根本剷除勢亦甚難日本商人每以金錢賄賂中國有權勢之官紳而中國官紳等每以利之所在置人民痛苦於不顧西人局外旁觀而明瞭若此其所計五六百萬擔雖非全是蘇米而吾蘇省必居多數無疑彼販米者竭吾蘇人之脂膏捆載以去此米貴之極大原因焉他是南北紛爭兵連禍積無休養之餘地兵變則一而再再而三向之所謂家積戶足今已蕩為灰燼無復留者矣外之水旱洊至吾蘇六十縣今歲未受水患者不過數縣耳噫內之水旱連綿外之姦

商私運內外交迫何以圖存此蓋米貴之二原因焉益有進者吾國之業農者終歲勤動而所得平均計算每年不過百元不足以維持生活未若肩挑貿易之為多也而國家無重農貴粟之舉是以業農者往往改業他項生活此其三原因焉嘗此以往而無善後之法則民食問題必至無收拾之地余今擬數項方法如下以供識者之研究並希有以教余也

(一)重農貴粟(二)裁兵歸農(三)墾荒問題(四)囤積(五)廣設農村小學及試驗場(六)通俗講演

評 持論平允均有來歷是留心時事者

論男女同校之利病

崔鴻雁

有為今日中國教育求普及杜交謀公開者汲汲然以男女同校為急務有為今日中國禮教固防閑倫理堅保障者兢兢然以男女同校為戒懼或謂徵諸歐美教育既無男女歧視之見端而兩性和衷亦且成效卓著前論似不可盡舍考之我國聖賢言論不惟男女授受不親而夫婦尚須有別後論似不可甚違二者將何所適從哉使舍前而從後方今世界改造日異月新人羣進化瞬息變幻則未免流於泥古之偏使舍後而從前人非聖賢精神斷能抑制爭私慾動而足以害吾行奪吾操則未免流於衆新之過二者將何所適從哉抑知天下之事惟道理是依道因時而變理因勢而移能適於時之道斯道之真相不泯能適於勢之理斯理之功效方顯雖起古聖賢於今日亦將因時因勢維之繫之要必不刻舟求劍固而不通致使道自為道理自為理而失其道之真相理之功效者焉以今日之時勢閨庭解放提倡已恐其晚烏容數千年前男女授受不親執拗之說梗於其間哉若夫所謂動而害吾行奪吾操者自表面觀之似不能不認為先決問題不知陽明有言知而弗行是弗知也以不知禮教之學子尚足與言求學歟又況一學校中良師益友不乏其人耳提面

命朝濡夕染即有不軌分子亦終見其潛移默化於無形自不必顒顒過慮者也然則男、女、同、校、之、利益果何如乎其一曰公開社交我國數千年習慣處女子於幽閨不聞人間事既以三從縛其心更以四德錮其志年而復年代而復代身為女子者遂自甘囚繫深帷不克享人羣一日之幸福雖近今女校推廣灌輸知識然其界限固嚴然在也每見大庭集會之時間有少數女子參與其間旁觀者恒起駭異之思當局者頓生促蹐之態此其故端因積習中人之深乃有若是之現像也若使求學時代同校受課交際之機會正多精神之鍛鍊於焉牢固長此以往第覺其譤對不經亦即視今日之同居共處如疇昔之不相聞問為當然者矣其次曰調和稟性男性稟剛女性稟柔以剛濟柔則懦者足以振其委靡以柔濟剛則強者足以化其血氣迨夫剛柔既濟不得志可以屈既得志可以伸可屈可伸可以任重道遠矣其次曰競進學業競爭心為恒人所不免而以青年學子為尤烈男子與男子女子與女子學業上之較短量長且無時或息一旦男女同學男子以自號鬚眉之英名不甘墮落則爭榮務勝之心愈起女子以身受纖儕之劣譽期在洗刷則發奮有為之志更張由是程度之進步蒸蒸日上可斷言也其次曰多產女子高深人材女子高等學校舍北京女子高師外其他通都大邑不數數覯其故在國費艱難使多數女子卒業中等學校升學之機會寘然失望為今日救燃眉計亦不容視為緩圖也其次曰適應世界潮趨向歐美文明國家對此男女同校問題研究久矣已實行而無顧忌而我國迂腐儒生猶妄饒口舌寡斷優柔鮮有不遺他人畏首畏尾之譏者若此五者莫不與今日教育關係切膚深愿海內勇敢之士急起而圖之

評　意正詞嚴使今後無論中等學校及大學校實行男女同學斯文與有力焉

裁兵說

秦裕祿

三代以上兵與農合三代以下兵與農分是故三代上有兵三代下無兵非無兵也雖有而等於無也蓋兵所以捍國者也兵而不能捍國則有等於無矣兵所以護民者也兵而不能護民則亦有等於無矣且竊嘗攷之兵與農合則兵即農也農即兵也無事之秋則釋弓矢而操耒耜有事之時則舍耒耜而執弓矢無索餉之害其利一也無兵變之害其利二也兵士可自謀生活人民可減輕擔負其利三也若兵與農分則不然蓋兵自兵農自農兵愈多則農愈寡兵愈富則農愈貧其害有不可勝言者此三代下所以有兵而等於無兵也戰國之亂五胡之亂宋元明淸之亂全國鼎沸四海雲擾所苦者惟我民耳嗟嗟孰非兵與農分之厲階耶今也民國成立十一載於玆爭奪殺伐戰禍頻仍有識之士僉以裁兵爲第一要務辦法雖多要未中的抑思我國百萬之兵不裁尚流爲匪裁而不流爲匪我不信也不裁尚虞有變裁而不虞有變我亦不信也 裕祿 蒿目時艱雖不敢立異矯俗憂心國是亦不願合汙同流爰陳管見與諸君一商榷之竊謂裁兵非不善也裁之之法得宜裁之之效自著一言以蔽之曰惟有復古之法兵與農合而已耳斟今之宜兵與工合而已說者曰我國歲入多充軍費長此以往勢將破產故兵之裁斷無疑義然試問今日野心勃勃之督軍團擁兵自榮招之不暇裁於何來陽奉陰違事得成乎余曰有政府之命令在有人民之公理在非論者權力之所能逮也惟論者之所亟欲說明者爲裁後之兵應如何安排如何配置寓兵於農固可戢兵氣於耕作之中弭戰禍於耒耜之內國之經費節民之負擔輕利固大也然或有一二狡猾者以爲一年辛苦獲利蠅頭中心怏怏仍必有輟耕而歎者故完善辦法厥惟寓兵於工統率以隊長監督以團總礦務也鐵路也工場與廠務也成效旣速得利且豐復擇其成績優良者加以獎賞成績惡劣者加以訓飭弭戰禍減軍費十年教訓我知非特爲我國軍事上增一榮譽抑且爲我國工業上增無

限進步也此赳赳桓桓之武夫將悉數而為大實業家大資本家矣茫茫宇宙不乏賢明其以余言為然否

評 洋洋灑灑筆酣墨飽崇論宏議策劃精詳經濟之文也

中國亟宜裁兵說

馮飛

嗚呼吾國至今日國本危矣民生困矣揆其由來實養兵過額有以致之也夫兵所以捍國家衛人民貴精而不貴多我國則不然養兵幾達二百萬歲耗數千萬欲國之不貧民之不困其可得乎且吾國之兵非所以衛國保民也徒為軍閥之爪牙以操同室之干戈爭奪相尋無時或已每一交綏生靈塗炭田廬為墟是直禍國耳殃民耳夫豈國家養兵之旨哉以我國民窮財殫搜括俱空詎能長耗巨欵自取滅亡故為今日計亟宜裁之汰之也既可削軍閥之羽翼又可免人民之困苦而以養兵之費為開礦築路之需吾知利源日闢而國勢亦日強矣若恐兵裁而外侮臨則執干戈以衛社稷國民應有之責又何患焉矧近者華府會議倡言裁兵我不自裁人將起而代之噬臍庸有及乎嗚呼國民乎事亟矣時迫矣其速籌治安之策毋使外人謂我國無人也可

評 數方齊迫力厚勢增卓有見地

賦稅繁重有無關係於國民生計說

周之輔

民之於國其猶子弟之於家庭乎執政者家長也賦稅子弟之安家費也故國民希望國之富強亦猶子弟希望門閥之光大也今有一家庭其子弟若干人各以其所入之半為安家費家長得之為之娶妻為之修屋為之買田地其子弟曰吾之妻吾之屋吾之田地皆我所有無不樂與之也其或不然家長以其錢賭焉博焉食鴉片焉苟有不足則勒索之於是其子弟怨曰吾無衣矣吾無食矣

雖有孝子悌弟亦無供給之途矣夫是之謂任一人之所欲忘家庭之大計吾未見其門閥之光大也一家如此一國何獨不然然則繁重其賦稅於民生為有關乎為無關乎是視執政為何如矣今政府出一令曰增加所得稅增加田畝稅增加關津稅舉欣欣然而相告曰是開礦也是築路也是建工廠也於是慷慨輸將惟恐或後此無他取之於國而用之於國豈特無害民生且又為國民開生計矣今政府出一令曰增加所得稅增加田畝稅增加關津稅舉悻悻然而相告曰是招兵也是養政客也是增設官吏也無不怨形於色有不可強制之勢此無他吸全國之膏血供少數人之驕橫豈特無益民生而大亂之造成又有由矣夫子弟之於家長猶有天性之結合或可曲從其要求若政府之於國民乃欲行家庭相怨之道豈可得哉豈可得哉

評 跌宕多奇是善讀孟子韓愈之文者

多頭政治與寡頭政治利害輕重論

王澹如

多頭政治者一國之最高權握於多人之手如古之羅馬是也寡頭政治者一國之最高權握於一人之手如今之世界各國是也夫政治既有多頭寡頭之分則其利害亦必有輕重利害有輕重之分則執政者似當權其輕重取而行之今之世界各國所採悉為寡頭政治蓋因羅馬以採用多頭政治亡國前車已覆後者尚恐復蹈其前轍乎今之言政治者祖之誠以東西羅馬之滅亡由於前後三雄之專恣各存意見互相牽掣可知專裁獨斷固不利於推行而彼此猜忌不得補助之益反有傾軋之禍亦非國家所宜有也吾觀於二者之各有利害兩害相形欲取其輕則愷撒之威名不足羨也今之所謂迪克推多者祇於一人或可蒙其利若一國三公則必有無所適從之患利害分明權衡輕重統一之機非緩圖矣

評 前中朗暢入後詞意警闢

非非孝

王澹如

曾子曰、孝者天之經也、地之義也、民之行也。蓋生我者、父母、衣我食我者、父母、父母愛我之心、無所不至、人子之事親、必曲承歡心、以圖報恩於萬一、乃嘗見詩禮之家、書香累代、日言孝道、而孝行則無可表見、雖然、此猶其小焉者耳、今者世道日下、人心不古、求其能孝親者、百無一二、而創新文化又高倡非孝之說、嗚呼、道義之淪落、何至於斯極也、夫孝為百行之先、為人子、應盡之責、豈可蔑視、烏鴉反哺、羔羊跪乳、禽獸尚如此、可以人而不如動物乎、古人重孝道如彼、今人輕孝道若此、古今之懸殊、何其甚也、吾不知倡斯說者、果真以孝為非耶、抑欲自成一說耶、由前之說、則身未死而心死、轉禽獸之不如、由後之說、則欲播一己之名、流毒於社會者不少、世之青年、慎勿為斯說所惑也

評 前路紆徐而入中後說理真切筆亦搖曳生姿

收回廟產改辦公益說

吳毅

天下任何物之建設、莫不各有其作用、試問廟宇之設、其作用、究何在乎、每觀一般廟宇、其房屋之高而俊、裝飾之美而精、歷一進又一進、登一樓又一樓、綜計上下前後、不下數十或數百餘間、不僅此也、更有菴田之夥、幾連阡陌、不可謂不多也、若問生活於此者有幾人歟、則曰一二老僧而已、每歲所生之利、閉目思之、其饒裕可以想見、顧此巨利、是否可能充國家之大用、供社會之需要乎、曰不能、然則此巨利、究為何用、曰有二焉、一則僧之善者、大都每歲擴充廟宇、增買田畝、為後來之僧廣營基業計耳、一則僧之不善者、為賭吃嫖玩之所需耳、然就此二者言、均無利於國家也、無益於社會也、雖然、無利益於國家社會、此尤其微焉者耳、試問廟產為誰之土地、莫不曰國家之土地也

既為國家之土地每歲所生之利自當為國家所用今不為國家所用又不供社會所需是有害於國家也且僧人勤以迷信惑世為人家誦經拜懺消耗國家之脂膏搜羅社會之金錢其為害不更巨乎而僧人終身之不娶亦即害之一也何言之夫國家之所以成為國家者因無數人民集合而成也今使均若僧人不百年後豈不死亡殆盡耶如是國家何由而成哉嗚呼準上種種觀之其為害孰甚然則如之何而可也曰有二焉一收回廟產改辦公益一收回廟產變為金錢為國家贖路之用如斯行之不數年後中國未有不富強也

評 確切說理掃蕩浮辭可為當世針砭

男女同校論

鄧鐵忱

男女同校的呼聲，現在可算很高了，但他的內容究竟怎樣，且分別三個問題來討論他

(一)為什麼要男女同校？

男女形骸雖有差異；而進化的機能，要同時發展，進化的程度，要大家站在水平線上，但是進化的原則，由於「互助」那麼男子有高深或淺近的智識，幫助女子；而女子沒有相當的智識幫助男子；—憑夫貴，三從……就是確證—豈非背了進化原則嗎？女子所以沒相當的智識就是男女不同校的惡果，什麼授受不親，什麼無才是德……男女間發生種種隔膜，種種不平，陷女子到「非人的生活」—謹守閨門，守貞殉節，和妾婢娼等—近來覺悟後，要解放他的束縛，回復他的人格，提高他的智識，謀人羣的進化……所以就要男女同校。

(二)男女同校的利弊怎樣？

如上所說，男女同校，各得相當的智識，互相扶助，既合乎進化原則，那麼他的利益就不待證而明

了。—首倡男女同校之時，非議風起，經過許多討論，研究近來已不成問題，實行的學校，多數得佳良成績，—況我國女子教育，這麼不振，還不急起直追；不特是女子的不幸，簡直是我們人類的大污點。至於因男女同校而發生不道德行為，這是過渡時代不能免的瑕疵，我們只可改良他，斷不可因噎廢食，自絕於進化之道。

（三）男女不同校的利弊怎樣？

總上兩段，男女不同校，就是背了進化的原則。他的弊病，自不勝言。試看我國數千年來女子的人格，墮落到怎樣？女子的生活，無聊到怎樣？—上文已經說過—就是我國的進化也生了很大阻力，至於講到男女不同校的好處，我簡直想不出來；我只知人類以進化為目的，阻滯進化的思想，我以為不必理會。

上面說了幾大段話，我覺得真痛快。如果更有人說：欲求男女教育平等，另設高級女學校，男女分別求學，豈不兩全？何必斤斤於男女同校，自惱於種種之恐慌。我必應之曰：「兩利相權取其重，兩害相權取其輕。」大凡作事，總要以較經濟的手段出之，我相信辦男女同校，比較辦男女分校經濟許多。況且兩性間的調和，愛情上的確立，家庭和社會上的改造，也以男女同校為主動力。反對男女同校，原是他們的過慮，我相信男女同校的可能性，終久要完全實現的。

〔評〕把男女同校的利益，分出三個問題來討論，講得很清楚，很有條理，像一篇能自完其說的好文字。

按時作事論

鄧鐵忱

上古人類，春秋晝夜，以其時至而始覺。日出而知晨，日入而知夜。花開而知春，葉落而知秋。初無計時之器也後世人事日繁漸知時之可貴於是竪表以測日影製漏以計時刻分每日為十二時人始知按時作事至英人製時辰鐘意人發明鐘擺之理分每日為二十四小時時有六十分分有六十秒其製益精其時益準此古今來大禹惜寸陰陶侃惜分陰即西人亦發為黃金歲月之語中外賢哲惜時若合符節所為督促世界事業之進步者也奈何世道卑靡況而愈下上而官僚政客下而紈袴子弟輙多徵逐於酒色之場得毋謂及時行樂為人生莫大之幸福耶抑知慾海一潰狂瀾難挽靈魂之斵喪身名之敗壞勢所必致矣而謂其可謀家族社會之大事業豈非欺人之語哉今者我國政局正當多故之秋外侮內訌覬覦欲發正宜以荒惰為戒各自發展其天賦之權能預備完全之人格勉盡事功以為鞏固國家之大本故有過事操持紛擾無序猶且慮其終致一事不舉況其耽於晏安荒廢時日乎其不至由誤身而誤家由誤家而誤國者幾希然則治事之優點非所謂善游尤貴善動哉

評　小小題義勘出如許時弊足徵文筆鬆透

論廣東蠶業

鄧鐵忱

廣東蠶業日就衰落已無可諱言究其原因厥有數端

一育蠶家之故步自封也近世技術日新月異精進無已惟廣東之育蠶家多謹守古法無意改良如每年養育多至六七次蠶種日就衰弱絲質況而愈下仍不肯研求學理借鑒異地以求補救之方品質既劣銷路自滅此一因也

二執政者未能盡力提倡也絲為我國出口貨之大宗昔居世界四大蠶國之首在執政者應如何設施如何獎勵務使此特產繼承永久如良種之育成絲質之檢驗何者宜勸勉何者宜鼓勵分設

機關專以研究蠶業進步乃有可期無如執政者絕少注意及此竟視為無關痛癢之事以致簡陋經營毫無助力此又一因也

究之廣東地瀕南海氣候溫和可育蠶之時期較別省獨勝且其絲質自有特長運輸利便更非他省所及因其良而補其缺必有學識以繼之然後可年來有志青年研究實業者不乏其人其亦有意此舉乎執政者不足恃育蠶家雖拘於陳法仍可善為誘導是蠶業之振興正有賴乎實學人才也

評　樹義堅卓遣詞精當

兵與匪

楊紹成

匪所以禍民者也兵所以衛民者也曩日之匪雖遍地行劫殺人越貨其勢猖獗有至於不可攖其鋒者長官知覺即立遣大兵以剿除之或長官未知或知而困於交通不便難即剷除小民糾合團體亦可以暫時禦之不足為害於民間也今則匪禍之來田園為墟尸骸遍野長官不敢加誅小民惟有背妻子離父母偷生於刀鋸斧鉞之下啼飢號寒散而之四方以苟延殘喘者何哉蓋昔之所謂匪者鄉閭之游民流而為匪耳今之所謂匪者即民脂民膏所養所練之兵也彼安得不凶暴無加乎此所以懦者弱者轉乎溝壑強者黠者相繼為匪至於蔓延全國禍無已時可不痛哉原兵之為匪罪非在兵在為民上者有以使之也夫為民上者知養兵為自身之護符不知養兵為衛民之具以是廣斂民財多募雄兵藉以耀武揚威敢有從而抗之者立即刀兵相加以爭長雄其赭壁焦土人物慘遭誅戮者不惜也至於民窮財盡之日不惟不裁兵以圖節省軍費並日事募兵以謀厚勢始則以餉需不足致有兵變之患終則以無餉需出而為匪矣致使匪禍之區小民防無可防逃

無可逃而死於無辜無匪之區搜財之法千萬奚民之來絡繹於道雖竭歲之所有而亦疲於奔命矣嗚呼全國驚動人心惶惶國勢至於危在旦夕者誰實為之非為民上者之多募兵有以使之耶使猶不裁兵剿匪俾全國匪人滅跡而兵為衛民之兵恐其自身亦難安於富貴矣噫

評 將兵之害民痛切言之哀情慘狀直是鄭監門一幅流民圖

振興農業說

程恩詔

國家之富強固係乎工商而其實尤在於農業蓋農業者與工商有密切之關係者也農業不精則出產不富雖有巧妙之技師不能徒手言製造雖有雄厚之商賈不能徒手言貿易即或有物可成有器可運然藉他人之原料而為吾謀利之方是非交易直負債耳可乎哉此農業之不可不振興也顧我國農業自炎帝創作以來延今已數千載然仍未見進步者何也豈中國之地土不宜於農事抑業之者有未得其道乎噫我知之矣中國之人好高務遠不求實際稍富知識者咸以力役為可羞其視農業也為賤役視農人也不啻奴隸牛馬以致務農事者大都愚夫愚婦不識不知進取不能謀生乏術不得已而以農為糊口之資施種不辨土宜培植不依物性防旱無方禦潦無術拘守成法不知改良農事之愈趨愈下有必然者今欲振而興之實業固貴有專司農林亦宜設專部在上者盡督率之方在下者竭耕作之力本舊術而參新法利天然兼用人工植物之收穫可以倍增地利之蘊藏可以盡洩而工商各業亦何在不可以隨之而發達哉不然吾恐民生國計凋敝之未有已也

評 說理中竅農業為立國之本豈虛言哉

孔子為萬世師表論

陳經國

天之生聖人也必不為一時計而實為萬世計孔子生於春秋干戈擾攘所謂國家興亡匹夫與有責焉豈忍坐視而不救歟是以一車兩馬周遊列國凡十四年皆不得行其道乃歸著書以教後世人莫不為孔子惜而無庸惜也蓋自孔子出集羣聖之大成繼往開來生民以來未有盛於孔子也是故我國自漢唐以來上自天子下至庶人莫不尊崇孔子內而京都外而郡縣莫不建立孔廟其曲阜之陵寢常置吏守護之其子孫世世封為衍聖公各省學宮春秋歲時展謁之實以孔子之聖足為萬世師表故耳然孔子非無治世之才也觀其相魯三月而國大治使其斧柯假手得見用於天下則老安少懷之志三年期月之思足以比隆文武成康之世矣乃卒不能行其道命也夫亦天意耳蓋天欲為萬世計故也所以刪詩書訂禮樂贊周易修春秋以垂教後世而俎豆千秋馨香萬世至今尊之為聖人向令孔子見用於世則旋乾轉坤足以治一時之天下不足以治萬世之天下堯舜禹湯文武周公之統不傳孝悌忠信禮義廉恥之事不彰修齊治平正心誠意之道不明吾故曰天生聖人不為一時計實為萬世計也惜乎我不得與孔子同時而親受孔子之教育也幸乎我雖不得親受孔子之教育而孔子所遺之書則尚存焉如親受孔子之教育也此孔子之不見用於世所以勝於見用者歟

評　詰題真切構局自然是爐火純青之候

論俄都彼得格勒與舊都莫斯科形勢

陳經國

夫國都形勢輒關國家存亡古者王擇都而居良有以也昔平王東遷洛陽姬周始弱光武東遷洛邑炎漢復興同一地也而一興一亡者何哉時代之不同形勢之各異也周利固守夫險無以控馭強藩漢利交通居中原足以平定天下今就俄羅斯定都觀之舊都莫斯科居全國至中之地為四通

八達之區無山河險阻平原大陸四周馳騁策應自靈閉關自守之時此為最良之都會蓋以控制內部實有餘也雖曾為拿破崙蹂躪不久即復舊觀新都彼得格勒近控波羅的海扼芬蘭灣之咽喉嚴築砲壘足以防敵艦之來侵以為本國波羅的海艦隊之後援强鄰環伺之秋非都此地不足以厚集兵力而固邊防且波羅的海艦隊亦將失其根據不足與外敵爭衡海上通商利便又其餘事也彼得大帝之雄圖斤斤焉自劃其地使建新都豈無所見哉

評 通權達變不拘一

說報紙關係之重要

陳經國

夫報紙為輿論之代表國民之嚮導足以轉移一時之風俗關係於國家者甚重要也然而不僅此也且能增長人之學問交換人之智識足為教育之輔助又良多焉此報紙關係之重要可知矣蓋報紙所持之議論不特足為政府之採擇及為人民之模範而外交政策恒視其一言為重輕以為操縱勢力之大又可想見焉今歐美各邦之致富强也雖曰內政修明外交得策與夫人民智巧物產豐富有以致之然未嘗不得力於報紙中也蓋報紙主持公道評論內政之優劣外交之得失物品之調查一一詳述使政府有所取材有所畏忌而國民亦有所感激上下胥進於平治今我國則否報紙既少而事實上多非真相且常為政府所箝制言論既失自由自必不能主持公道已可概矣甚且為政府鷹犬為政府辯短顛倒是非淆惑民聽不特無益且有重要之損害社會亦曷貴有此報紙耶噫

評 褒外貶中感喟無盡

戒吝說

陳國經

語有之吝者德之惡也不戒將自侮吾則以為吝猶劇病也不戒必自殺蓋吝之為害固不僅內喪若德外喪若儀而已吾觀世之鄙吝者待己惟恐不至遇人惟恐稍厚孳孳為利錙銖必較親戚貧困而不周鄰里患難而不恤自以為儉不知似是而非矣儉者薄己而厚人吝者適得其反也且夫人之所以能互立社會間者賴有尊敬憐恤之情耳如性情鄙吝嗇於遇人豈於待己至有失禮尊輩而不知坐視危亡而弗救彼身受之者其能默爾息乎此其市怨賈禍之大因也凡所以務為其儉者恐值意外之變貧困之猝至有以自救而不必待救他人耳若一意損人以益己人若報之雖有粟其得而食諸

評　有往必收無垂不縮書法如此是文頗得其妙

蘇州河考　　徐模

居上海租界者皆習見蘇州河蘇州河之名蓋外人所造以其通至蘇州故曰蘇州河實即松江也春秋時稱笠澤左傳越伐吳吳子禦之笠澤夾水而陣即指此水而言古者太湖亦稱笠澤因此江為太湖下流入海之道故亦被此名今此江由太湖分流經吳江東北流入吳縣又東經崑山之南青浦之北又東經上海與黃浦江合東入於海謂之吳淞口其與黃浦江交會之處即今租界之外擺渡橋外國花園所在地此園適當兩江交流之衝形勢絕佳然為外人之禁臠華人不能窺也今人稱上海曰滬瀆滬瀆即蘇州河之下流晉袁山松始築滬瀆壘以備孫恩虞潭嘗脩滬瀆壘以防海沙皆見晉書今嘉定西南界猶有滬瀆城廢址亦名山松城即袁山松所築也古之淞江由太湖分流蓋極深闊為太湖入海之太道劉宋元嘉時揚州刺史始興王濬始上言松江滬瀆壅噎不利故處處涌溢浸漬成災梁時亦因滬瀆不通吳興郡屢以水災失收歷五代至宋松江之壅滯日甚宋

元祐中單鍔著吳中水利書以濬松江為第一義明時歸有光著論以為治吳之水宜專力於松江松江既治則太湖之水東下而他水不遺餘力凡此皆古人之論濬治松江專就農田而言顧今日松江之急宜濬治不專以利農并不專關內政上海境內之蘇州河左右岸皆租界而按照洋涇浜章程此河不歸租界管轄近因河流狹隘有爭道之事而兩岸傾棄廢物蕪穢不治外人乘機建議意欲收歸濬浦局兼管然濬浦為一事濬松又一事江蘇人民斷不容濬松之事更蹈濬浦之覆轍江蘇當局須知此為江蘇命脉所係不容怠緩將事授人以口實若就經費而言固急於兵費也

理財論

方正

古今善言理財者莫過於大學一書既云生之者衆食之者寡為之者疾用之者舒而又重之云不畜聚斂之臣烏乎何其詳且盡如是也後之君子求其義而不得反謂理財非先聖之意坐視國家之貧弱疲困束手而莫知誰何其小人或託巧於聖經以惑人主務財用而忘盜臣之戒噫胥失之矣夫理財豈聖所諱言者哉孔子之告子貢也曰足食足兵其語冉子也曰富之教之聖門政事才首推求由而二賢之所任者亦不過可使有勇知方與足民而已然則理財非乎天下之要道耶夫天地之生財固將為吾民養欲而給求也所欲與聚所惡勿施又司牧者敬天愛民之道也不明乎此而欲自私自利以蠹國而病民未有不敗者矣衛鞅桑孔劉晏之徒皆世所謂賢於理財者而豈知理財之道者耶夫禹之治水也疏之濬之導之決之使之委輸灌注江海流通故行二千年而無泛濫衝突之患自隄防興而壅決時聞而水不可治矣故衛鞅桑孔劉晏之術隄防之術也非善理財者也夫不能合天下之力以生財則財恒不足而不能合天下之心以通財則財亦難保其恒足大學生財之道示人以合天下之力也引孟獻子不畜聚斂之言示人以合天下之心也攘天下之公

而私之是不能絜矩而天下乃不平矣是故聖人非諱言理財也理財而失所以理之之道則聖人
之隱憂也朱子注大學謂此章之意務在與民同好惡而不專其利夫惟與民同好惡而不專其利
而後可以言理財矣嘗觀泰西諸國之富强非漢唐所可擬也然重取於民率十之四五即暴如秦
隋不聞至是而吏治民風且蒸蒸日上有秦隋之酷而獲享漢唐之利者非得聖人理財之遺意乎
夫泰西之政以民生財以官主財而以議院用財大抵不離同好惡於民而不專其利者近是故欲
有所興作則開議院以覘人心之大同議出於民則自踴躍爭輸以襄厥事事民之事而後用民之
財是以多取而民不怨故吾謂泰西之興興於與民同好惡而不專其利非獨農工商政為能闢其
利源有合於生衆食寡為疾用舒之道也今中國從事農工商者有年矣循其膚末而遺其精意不
效則諉之曰是三者之道猶有未盡也夫生財之道誠有未盡人皆知之亦皆能言之吾獨患專其
利而不與民同好惡者不能合天下之心則必不能合天下之力是理財之無術而生財之機先遏
求其恒足又安可得耶夫理財而主於專利必自聚斂之臣始矣然茍非私為己有不得已而後取
於民者天下猶將諒之所慮取民之術愈工則民之應其求者愈拙至竭力而應之而不足則其心
離矣故不善理財者取其財而善理財者得其心天下之心歸之而天下之財將安往乎中國至今
日而上下交困矣守迂儒之說而不言理財是猶坐懸罄之室而忍飢以待斃也而行商鞅輩一切
茍且苛急之法割手足以療心疾又豈計之得者哉為國家者誠即大學之義而充之庶幾裕理財
之大原而千古帝王絜矩之方大同之化不外是矣區區泰西之富强又奚足云

評 識解閎通於西人財政確有所見非浮光掠影者可比

民德

徐鈞泰

慨自世風澆漓，人心不古，而人民之道德，從此墮矣。烏乎！昔先王陳詩以觀民風，而知國之為存為亡。今也雖無采詩之遺風，而中國之為強為弱，固已昭然若揭矣。溯夫春秋之世，其風醇樸，忠實民德稱美。及至戰國，此風寖以陵夷，掃地而盡。東漢光武起而振之，其民好尚氣節，尊崇廉恥，而民德較春秋為尤美。至三國六朝，則風俗之偷靡，民德之頹喪，視戰國為尤甚。迨夫宋明之季，其風復振，民尚氣誼，而敦名節，民德之美，幾比東漢。而至清，則又掃地以盡。嗚呼！言之有餘慨焉。昔人有言「明人好名，清人好利」，蓋民德之良窳，非一朝一夕之故也。豈知每況愈下，至今日而勒馬懸崖之勢，益行險劇，其下有不堪設想者矣。夫民德為立國之原素，一國之興替存亡，皆視其優劣以為斷。然民德為公德私德之總名，當今之世，義理之堤既無，理慾之防又決，人格不尊，私德焉立？私德既無，公德何出？嗚呼！無怪今日之民，以詐偽為機智，以傾陷為能事，卑鄙無恥之事，層見迭出也。然則誰挽此頹風，作中流之砥柱乎？曰：厥惟我輩青年。

評　觀結論足知作者會次

看梅

徐鈞泰

陽春煙景，大塊文章，古人並寶。值初春天氣，彼衝寒欲放之花，吾人能恝然置之乎？梅為卉木中之佳者，亦早春唯一之點綴品也。未入植園百步外，而陣陣微風，已以芬芳馥郁之香氣，拂拂然送入余鼻矣。既入園，則見幽容如玉，艷若冰霜，有貞烈美婦之風，非嫵媚之桃李所能比，亦非萬卉所能及。諺曰『牡丹雖好，綠葉扶助』，而梅則一幹峻挺，花苞菌集，無一葉為之點綴，仍不少損其天然之麗姿，其有君子特立獨行之風歟？其香則遠而益清，其態則遠而愈挺，宜遠觀而不宜近玩，其有君子避俗之想歟？百卉茁於春而凋於秋，而梅則萌於冬而藏於早春，雖薄雲霓，立霜雪，震風凌雨，曾不足少阻其生機其有君子堅勁之操歟夫特立獨行君子之德也避俗之思君子之心也堅勁之操君子之道也梅乎梅乎君子我不得而見之不得已而求諸梅子且夫周子之愛蓮世所稱也王子之愛竹亦世所稱也惟梅則宜和靖愛之矣

評 有一往情深之致

自治論

王興漢

治之云者秩序不紊之謂也自之云者責無旁代之意也君子之責己也厚其責人也輕責人輕故人樂於為善責己厚故其自治也不容緩明而動晦而休按時而作事凡求學也有時休養也有時待人接物也亦有時一日之間舉止言動秩然不紊焉則一日治矣日斯征月斯邁君子之德業所以日進而無疆也或曰古之學者知私德而不知公德知個人而不知公衆此其弊也今則不然凡學校自治社會自治均有會焉所以謀一羣之利益而非限於一人之自利也若子之言則君子獨善其身者之所為非所論於今日之法治也余曰然否非若此也老子曰至治之極人各甘其食美其服安其業樂其俗尚已霸者之世農之子世為農工之子世為工商之子世為商少而習焉長而安焉不見異物而思遷焉此齊之所以稱法治國也夫一國之法治必始於農工商農工商之法治必始於各個人一人者公衆之一分子也一人有一身即一人有一自自治云者非一人之自乃衆人之自也分之則為自合之則為羣各人之身治即一羣治矣獨為君子此大恥也吾願人人不讓他人獨善焉可矣

評 言之匪艱行之維艱

自習方法談

黃克民

所貴乎學者謂其能由精返博可資實用耳然非將所學融會貫通之澈底明悉之如何能精且博夫以學科之繁夥學術之廣與學者輒有向若而驚望洋而歎之概非有適當之自習方法如何能融會貫通澈底明悉所謂適當之方法者何一言以蔽之曰自動而已夫教師授我之學獲於倚賴被動者為多是客觀的偽學其於我也如客之佐我不過暫時為我用一旦他往或終古不復返與我情至疏遠也自習磨鍊之學即獨立自動之學也是主觀的真學其於我也如我之於我我存學亦存我去學亦去有生死相俱之關係可以終身為我用與我誼至密切也雖然吾非敢謂自習竟可完全獨立也引導門徑指示端倪皆在教師入其堂奧循其經緯則在自習故所謂自動者指為學之工程而言其基礎仍需教師裁築之也然則為學之工程奈何察時勢之所需擇天資之所近潔其思慮樸其神志勤而習之誠而篤之則學科雖夥學術雖奧而擷其精華融會貫通之澈底明悉之庶可由精返博而臻實用矣子曰學而時習之則自習固古昔大教育家之貽訓也

評 圓轉自如有條不紊

振興實業宜重農業說

楊宗震

嗚呼處今日物競天擇優勝劣敗之世界而求文明之大啟社會之進步以震歐駕美者非振興實業不足為制勝之道焉夫實業亦多端矣鐵路也開鑛也工廠也農業也皆當今之急務不可偏廢者也不知農業為各業之基礎首宜重農業也蒙嘗統籌國計軫念同胞希風俗之改良惜利權之外溢而知我民國現今之教育固有不得不含有振興實業之意尤不得不以農業為要素也何言之自前清甲午一蹶庚子再鬨支用浩繁賠欵纍纍收釐及於雞豚羅掘窮於雀鼠苛征暴斂民不聊生國用猶嫌不足邇來借欵之糾葛頻聞飲鴆止渴漏卮充飢外人虎視眈眈監我財政是破產

之機已隱伏於無形而不自知覺埃及印度猶太波蘭前轍匪遠可為殷鑒苟非振興實業則現狀無以維持此就國計言之而知振興實業之宜重農業者一也國以民為本民以食為天邇來沿江一帶收成歉薄客歲復遭大水以致室如懸磬野無青草加之奉直之役戰地居民損失無算其強者暴戾恣睢為走險之鋌鹿其弱者流離轉徙為中澤之哀鴻於此而欲休養生息安集勞來則尤在於人人能自謀其生計自食勞力此就民生困苦言之而知振興實業之宜重農業者二也虞舜耕於歷山伊尹耕於莘野聖王名相且重力農古之人蓋未有無農業之智識而空言學問者今則士習日卑空文是尚不耕而食不織而衣猶復鄙農夫為賤業指勞動為鄉愚高視濶步迹近遊民近今農學雖興而牟利之徒摭拾東文譯成書籍謬誤甚多貽害學子比比皆是夫一夫不耕或受之飢一女不織或受之寒古人帶經而鋤掛角而讀史冊稱美豈若今之士人安坐而食乎使非滌除其重士薄農之積習而與以生活之知識與技能則生利者少分利者多雖有秀民徒為民蠹此就士習黜華崇實而知振興實業之宜重農業者三也神州礦產半付強鄰一臠之嘗爭思染指而關東膏腴未闢開墾西北沃土猶長草萊長江南北天塹也而航業可以讓人鐵路國家命脈也而建築多由借欵推厥禍原則由於吾國民之放棄權利有以致之於此而欲外絕覬覦內啟利藴則灌輸實業之知識刻不容緩此就挽回利權言之而知振興實業之宜重農業者四也凡此四者事理至淺而易見現狀至顯而易知誠能使主持實業教育者標明農業之宗旨譬如航海焉方針定而不誤所之譬如習射焉正鵠定而不迷所向俟農業改良民殷物阜然後或用商業以販售於他邦或改用工業以使無棄材農業興而邦本固夫何慮國勢之危哉

評 陳義甚是筆亦暢明

強國之道財政為先試取泰西理財之法參以中國情勢通盤籌畫分別其緩急利病之宜

以濬利源而裨國計論

顧我

理財之道農而生之工而成之商賈而通之無古今無中外也然曠工多則病農游民多則病工農工不出則商賈交病今中國汲汲設農務工藝商務各局所各學堂以求其故而實其用而各省亦頗漸有成效所謂參西法以濬利源而裨國計者朕兆已萌發端已見余嘗即其已行未行之端借箸而通計之矣夫中國大勢東南與西北殊而南北之中又有偏南偏北地氣之異東南宜種植西北宜畜牧者勢也泰西理財之本皆在廣精種植而俄尤重牧畜中國牧政久廢歷朝惟馬政可攷至詳求種植之書則甚詳博然種植不習西學則事倍而功半為今計西北以畜牧為綱而緯之以種植東南以種植為綱而緯之以畜牧則屯墾所屆可以紓漕轉屯牧所在可以靜萑苻且一舉而無曠土游民之慮其為利源更無論矣此種植畜牧之利較緩而實宜亟務者一也南北災祲旱潦差半通年以來罹其害者數行省矣夫水利不脩而無以紓旱潦而維農政新機不明則水利工費而鮮實獲況彼方以米粮出口相要挾烏可不早為源源之繼也是宜急求各國水利新法以實施諸用者二也或謂機器廣興則病人工是可緩不知中國地大物博而日用之需取給外人工藝不廣興漏卮終不塞此宜以次擴充各省各縣工藝學堂亟製土貨以挽外溢之利權者三也或謂礦政廣興則病無資是可緩不知中國礦產之富垂涎者衆英法日美皆各佔有開礦之權矣而中乃或艱於集欵或止於中途坐使貨棄於地乎富於人甚無謂也此宜亟合各省之商力紳力民力一體擴充審勘開挖金銀煤鐵各礦以濬自然之利源者四也泰西理財之法首在通商通商之利握於官銀行故官銀行者所以樞轄商務而裕國利之大源也或謂官辦則民病不知吾國官錢銀元

各局不民病也且泰西亦從未見官銀行病民之事也是宜於各省設立官銀行一區以漢滬為總滙以漸推之通商各口岸內而責之各省實業廳長外而責之各國實業專使此尤生利裨國之急務而不可緩者五也泰西農商各屬專部所以一成效也或謂中國有戶部以管轄之不必分也多官則民病不知農商最重戶政最繁當百度維新之際而戶部有日不暇給之勢甚非力圖富強之道也是宜設一農部大臣專轄天下之農務而絲茶諸病可以時釐也設一商部大臣專轄天下之商務而郵電航軌諸利可以時擴充而挽回也此泰西之法可急仿行者六也夫農工裕則物用阜商賈裕則國利多富藏於民地不愛寶又況餉需之浩費攤償之欵繁其有賴於推而廣之舉而措之以濬利源而裨國計者蓋汲汲哉理財者盍一審之也

評　審時立論中外兼籌所陳六端皆切實可行非泛作財政論者可比

養材任地樹藝孰先說

秦鐼

物之爭也輪囷葳蕤自一至萬天擇而存之洲之判也溫寒饒瘠自一至萬人闢而藝之周禮大司徒以土會辨五地之物山林宜阜川澤宜膏原隰宜叢因物之性各以土宜養材任地之法其言詳矣歐西格致家攷地面植物十餘萬種有定名有定質有內體有生長之體有傳種之體曰本曰綫內體也曰幹曰枝生長之體也曰花曰萼曰果曰仁傳種之體也根含土質汁幹賴日光吸炭吐養引風就日果有獨生有衆生有生一仁二仁數仁至於無花植物為背陰草類為毒苔類為石蕊類為蕈類為海帶類暗生植物為寄生類為法生類其生長傳種之法變化陸離爰致經緯定寒暑察天氣興水利辨土脉變肥磽度山川高下以窮樹藝而佐以化稤地力諸學於是天演之說日騁矣植物孳乳不息昔重五穀赤道南北七十度亞歐墨阿澳五洲皆能樹藝是其所宜先也麥為天下

貿易之長爲芒爲萊爲蕎爲雀美印喀納塔以之饒德俄土耳小亞細亞阿壽尼亞以之製皮雅威實格英丹瑞士瑞典挪威以之爲粮爲餌又其所宜先也他若菸著亦食品之要喀美地中海四圍阿南阿比亞洲東南西班牙及燥熱之區其用甚繁其生甚易是亦樹藝之一端葡萄中製酒蔗中製糖夫人而知之矣而製糖新法則用紅菜用菸秦用棗用椰穈用婆西用穀之類是亦樹藝之一端絲壤於印之製於日本壤於意大利壤於德法夫人而知之矣而未知吾培植之未精也之數者爲器爲食爲用爲貨或有或無或移或假養材任地者誠當務之爲急矣今以商戰勿競也商利於貨貨利於作作利於樹藝以樹藝佐商戰吾物而競勝知天心必擇而昌之矣

評 通於新學而澤苔甚深故峭厲生勁光氣迸出

理財論

達時

我中國處溫帶之中據大陸之沃壤顧貧瘠若此何哉曰以各國通商漏卮莫塞故漏卮何以莫塞曰內地財源未開故財源何以未開曰游民太多地利未盡農工商礦諸學皆未講求其力不足以抵制故昔有子不云乎百姓不足君孰與足然則當國帑空虛之際而籌所以善其後安可不先以裕民之道加之意耶閒嘗上攷之六經中攷之歷史近攷之泰西之政治而知救中國之貧而使富必有開源之道以處此今夫六經之言理財莫備於周官天官太府玉府諸職皆掌貨賄之出入歲終則會蓋以節財源之流耳而開財源者實惟地官地官之安擾邦國也以土會辨五土之物生以土宜辨十有二壤之名物凡宅不毛田不耕者懲之以里布屋粟之罰於時蓋無曠土無游民焉其工商則設司市賈師肆長爲之阜貨而均平之以保其權利而卝人則又有以發天地自然之利故民物康阜而樂輸將天官太府得以受九貢九賦而歲會其出入不然恐利源未開雖欲會之而無

可會也齊桓公之霸以管仲之脩內政也魏文侯之強以李悝之盡地力也周官遺意猶有存者漢
桑孔之均輸損下以益上始專務巧取於民矣唐劉晏當肅宗時領江淮租庸鹽鐵設常平之法猶
為上下交得然任土作職之政非所及矣至於聚斂之臣若王鉷延齡輩更不足言宋王荆公感神
宗特達之知以周官理財顧當日士大夫無能辨土宜任土事者而遽行方田青苗諸法能無敗乎
然則謂秦漢以後無一能開財源者可也今國家財政合地丁正供及鹽釐海關常關等稅計之度
歲入不過九千萬兩雖現已改釐增稅此後海關比較之有無贏餘究未可知而各省攤派償款如
此之多戶部所領天下之經費勢難再行裁省況變法之初諸事創辦需費尤夥雖欲節流而無可
節矣是故居今日而言理財不得不急求開源之道也然則所謂開源者其仿行周禮可乎曰是在
師周禮之意而參以泰西之法蓋泰西諸國之制與周禮暗合其法較周禮尤為巧便者也歐洲財
政節流之道其於每歲出入豫算列表者無論矣即以其開源論之凡農工商及鑛政皆有專門學
校以相教授講農學以盡地面之利講礦學以發地中之藏講工學商學以舉農礦二家之所殖所
產精製作而廣懋遷地無遺利人無棄材英美諸國所以富甲五洲者職是故也我中國度支雖告
罄而各直省地面之利與地中之藏固廣博無垠也嘗徧檢各省通志亦備紀物產矣而何地宜何
物究莫得而知亦兼列鑛產矣而某鑛衰旺若何亦莫得而知至人民之操何術習何業雖賢有司
亦未嘗過問每歲戶籍報部不過奉行故事而已以無窮之地利而委為曠土以有用之人民而任
為游民何怪利源日竭而司農仰屋耶今誠知中國受病之所在亟講農工商鑛諸學以藥其病必
令講農學者變小種為大種變瘠壤為腴壤講工學者能致新出之奇製講鑛學者能辨各種之地
質講商學者能通萬國之故萬貨之情利益所在設法恢辦政府為之經理保護如此則利源開而

漏危自塞矣漏危塞則民自富民既富則國家有緩急自如弟子之衛父兄手足之捍頭目不待勸令報效而相爭報效矣司農又何至有告匱時耶昔衛文公之中興也但務財訓農通商惠工敬教勸學即能由衰而盛轉貧為富今豈異於古所云乎管子有言國多財則遠者來吾中國尚於理財而急求所以開源之道也夫

評 讀周官而得其要領坐而言可起而行荆公有知富自恠識有未逮矣

種樹宜仿西法論

方強

種樹之法古有專書周禮太宰以九職任萬民二曰園圃毓草木三曰虞衡作山澤之材管子曰十年之計樹木孟子曰斧斤以時入山林材木不可勝用也貨殖傳曰江陵千樹橘安邑千樹棗是樹之種也自古皆然特漢唐以來缺焉不講泰西格致家出物理物質悉心究察而植物之學始着近數十年其學日精其法益備此種樹富民之說所由來歟考其種樹之法一在辨土宜一在驗氣候一在盡人力西人考泥土各質不同須知何種土質能生何種樹木故謂有能種橡樹松榆等樹者有須移印度緬甸暹邏之樹以種者有須移蒙古日本之樹以種者有須移吉林高麗之樹以種者如土質與所種不合或加砂炭等質使所種之樹暢茂或壅糞等料使所種之土肥沃此法之辨土宜者也種植之物能散養氣而其所含之質不過輕淡錴矽錛錳十八種類是故晨昏晝夜各有殊致寒暑冷暖各有異宜雨露風霜各有變易種樹者一一察之各隨其性造物且退處於無權此法之驗氣候者也樹之所必需者曰鉀曰燐曰鈣鉀者水草所生如稻藁荼蓼之屬燐爲骨殖陰大鳥糞所含尤多鈣則石灰是螺蛤之殼數種土石均能化合如此一糞無微不入加以刀破粗皮放入電氣萌芽既速長成更易此法之盡人力者也所以泰西各國以竹造紙以樟熬腦以葡萄釀酒以

加非代茶茶桑各樹竭力經營而千章萬木莫不各極一時之盛乃中國自髮捻亂後斬伐殆盡山童原赤四望濯濯故巨室大木之求大厦異材之需無借於異地誠令今日者仿西法以爲種植吾知以樹引雨而農獲其益以樹防荒而農享其利以樹備水而河息其患數年之內磽确化爲膏腴鬆脆變爲堅凝名材美木獲利無窮語曰木奴千無凶歲其斯謂歟有志富民者其審之也可

評 通體無隔膜語詞筆亦明潔

鎊價之昂官商交困美國近派專員議平金值其宗旨若何我國更定幣制列入商約試權衡輕重以期推行無滯　觀變

幣制之壞至今日而極矣金鎊銀價中外不同權操自人我受其害自中外互市以來上之所虧耗商之所隱漏綜而計之不知凡幾矣金價有漲落鎊價即因之有盛衰此固宜自定其值行之各埠布之友邦着爲不刊之典不得輕更其制者也乃我未及自議而美已令哈那科南金克士議之其議之詳不具述述其要者一曰中國政府急宜設立圜法多用銀錢而定其易金之準其六曰中國急宜鼓鑄銀錢六百兆枚以資國內周轉其價值須設法維持使與所定金銀之值相等大約以三十二當一爲率間嘗紬繹其詞揣摩其術其宗旨蓋在金銀並行之間耳金銀並行是泰西各國改用金幣之法似乎可行者也與俄初用金錢財力不逮所鑄無幾鍥而不舍而其後漸以通行美人於菲律賓行金幣初亦未能暢行也其後鼓鑄漸多流通亦漸廣之數國者曷嘗一行金幣遽獲大效遂並其舊有之銀幣而盡廢之哉善處於二者之間使輕重有準價值有定絕奸人僞作之弊而與商民以可信之道夫是以令出而民不疑弊絕而利自溥也我國近與英美日本所訂商約均有更定幣制一則爲今之計宜擇與俄美之法用英吉利之值倣墨西哥之式先鑄幣若干枚核計成

本之金欵若干銀欵若干輔以金銀鈔票各若干銀行以此出戶部以此入先行之於華商次逋之於外埠如是則大本立矣暢行之後着其法於商部頒其制於通商各口勒為成書定為條約使華商洋商準此交易不得因端抑勒藉事齟齬而後執華人在外洋以金欵納稅之例責洋商在中國亦宜以金欵覈算西人將何說之辭耶操斯券也以往度於度支有裨而富强之基礎立焉矣竊願與計學家借箸籌之

評 刋去陳言獨標新策非熟悉庶務商情焉能到此地步

學校與國家之關係

李守善

國家之强弱視乎人民程度之高低人民程度之高低視乎學校之多寡學校愈發達人民之智識愈高而國家亦愈臻强盛也曷言乎處今茲競爭生存之世界弱肉强食非競爭不能生存非學術無以競爭東西各國以學校之多寡覘其國之盛衰强弱學術發達之國雖其地褊小未敢輕視譬如日本以蕞爾三島論其土地不過我國二行省地耳自明治維新後學校林立人民之智識日新月異歲有不同於是乎據我旅順割我臺灣且狡黠之俄竟為所敗不敢與敵面而稱雄此非其明效乎由此觀之學校與國家之關係既密且切我國三千萬方里膏腴之地四萬萬聰穎之民果能廣設學校開通民智則睡獅一醒安見不駕諸國而上之乎

評 證引確切詞意警策足醒蒙蒙

論信用之可貴

黃元錤

孔子曰人而無信不知其可又曰信以成之君子哉甚矣信用之可貴也信用者何眞實無妄誠意不欺已諾必踐此之謂信用信用於我人之身關係豈淺鮮哉人生之第二生命固係於信用人生

之名譽美惡亦係於信用有信用則所行無窒礙無信用則一步不可行如大車小車然大車以有輗而後可駕牛小車以有軏而後可駕馬未聞無輗無軏而亦可引重致遠推行盡利也蓋信用之於人不可一日離猶之輗軏之於車不可一日無也且也我人處世士商與士商農工與農工羣有羣則觀摩得益無羣則孤陋寡聞故敬業樂羣禮經垂訓也然人苟一失信用則名師益友固將屏諸不齒即宗族鄉黨亦必鄙而薄之推而遠之相率而防堵之謂若人之鬼蜮特甚誠有靦面目者也嗚呼信用已失即被人輕賤至如是之甚則信用之可貴不言而喻矣

評　扼要發議絕無枵響

論借外債之利病

劉熊祥

謂外債而可借乎則埃及何以因之而亡謂外債而不可借乎則日本何以因之而興孰是孰非孰利孰病有能判之者乎抑吾思之蓋亦由於所借之用途當與不當耳夫金錢具萬能之勢而百業亦賴之而興也當國庫支絀之時而欲行一利國福民之事既乏點金之術徒興仰屋之嗟其借外債出於不得已耳然有藉美名而擅借外債及既得之則移用之於其他不正之途甚或填一己之壑慾一事無成而重國家之擔負烏乎其可也且借外債必須償還如以為興實業之母金將毋求子數年之後所得度皆足以償母金而有餘則固可以濟燃眉之急而又可以興國家之事業苟用於不正之途至期勢必至於無以償還固失信於外人而割地之事且蹤之於後此日本之所以興而埃及之所以亡也迺者我國貧弱極矣執政諸公每藉口以借外債以致所借日多而均用之無用之地竊嘗謂國家非無稅也又焉得有不足之患此非執政者不善用之咎而誰之咎歟況今日之稅入十倍於前昔嘗有餘而今不足不亦奇乎然每觀糾糾武夫一電索餉動言鉅萬人民既不

枯腸勉成數行而已此不惟使學生之作文進步鮮少抑且使學生感作文之痛苦而生厭惡之之心觀以前學生作文抄襲之弊數數見之可作明證就我個人之所及以言則自由命題之法可免去以上種種缺點蓋既如此則學生作文可本其平日耳所聞目所見腦中思想心中感觸者以為資料意之所至筆亦隨之不受拘束不受限制久之則學生好弄筆墨自由發表思想意見之習慣成矣於是學生作文之進步如風之馳如電之掣而自由命題之價值亦即於此可見

評 純從反面透出抉剔清新

中西和會之比較觀

程振庭

歐西和會其問題之複雜百倍於我國內之和會而其關係之重大亦豈南北糾紛所可比然其進行頗速不一月而告成而南北和會開議多次時歷數年迄無頭緒此其故可深思也蓋歐西和會以解除一切困難為旨凡遇障礙莫不竭力消弭以期達於和平目的我國和會則不然每開會議障礙橫生一波未平一波又起和會停滯之初所爭猶小繼則問題接踵而起糾紛愈大其主和議者又復多方利用推波助瀾若惟恐困難之不增加而失其噉飯營私之所此其用心已與歐西和會主旨不同加之政客搗亂武人作梗和會安得不遲滯哉夫彼歐西和會為解決世界一切難題影響甚大稍有不慎存亡攸關會議爭執猶有可說然未及一月各事已井井有條今我以鬩牆之爭無存亡之說勝固無榮敗又何辱小有不適戮受可矣即或政見不合而訴之公理又何不可而乃相持數年兩不相下斯誠余之所不解也長此以往吾恐外人將起而干涉至彼時而始悔前此之失策也亦已晚矣及今為之猶可補牢若再徘徊遲滯苟且度日一旦內亂紛起外侮隨之雖有聖者無以善其後矣噫星火燎原今之秉政者何夢夢耶

評 深悉國情說來動聽文詞清晰其餘事也

我國沿海之今昔觀

程振庭

今日地球上之各大强國商業發達軍力充足固由於内治之完善亦由於海權之擴張也如英以蕞爾三島商業横絶歐亞領土徧布五洲則由握蘇彝士河之樞紐操東西兩洋之航權一旦有事則軍艦縱横呼應靈便其富强豈偶然哉我國昔日據有五海沿岸之地由臺灣東渡經檀香山可以直達美洲海權不可謂不大商區不可謂不廣苟能盡力經營以安南暹邏琉球台灣等為遠藩以朝鮮沿海洲庫頁等為近藩被以教化衛以甲兵將見五海沿岸之地皆我之疆土五海沿岸之人皆我之軍國民也外人雖野心勃勃其能飛渡而入我之内地乎惜乎我國防禦之策重陸輕海致使沿海之地盡為日俄法美英所佔據設兵置府視為領土出國門而躑躅我國已無直達大洋之地矣嗚呼以我之完全領海一轉移間强半為他人所有彼已失之日本海及鄂霍次克海無論矣所可慮者現有之黄海東海南海艦隊奇零軍港盡失長此不救欲不蹈北方兩海之覆轍而使國之日益危弱也得乎今欲轉弱為强苟能規復太平洋之海權亦圖强之一道也

振興國貨策

陶興祥

商業之盛衰曷恃乎曰恃乎貨物之銷滯與否耳貨物能暢銷則商業盛貨物若停滯則商業衰此情之所趨亦勢之所必至也蓋貨物之暢銷也必自本國始貨物之停滯也亦自本國始國貨暢銷則外貨不入國貨停滯則外貨自充矣嗚呼國貨之暢銷與停滯其關係於國家財源為何如乎今者吾國國貨可謂停滯極矣商業之衰可謂至矣為國民者可不思急籌振興之策乎試觀東西各國對於國貨之輸出經營不遺餘力外貨之輸入重稅以示限制而對於他國實用之品悉心仿造

敢反抗政府只得籌發滿貯私囊不顧國家之命脈故居今日借外債以裁兵可也借外債以給軍餉不可也執政諸公能知埃及之所以亡與日本之所以興則借外債之利病得矣

論習慣

劉熊祥

習慣者人生第二之天性也天降下民若有恒性而及其既成或為聖或為賢或為豪傑或為凡庸甚者降而為盜賊乞丐豈天性本遠哉亦習慣為之耳或謂有瞽瞍以為之親而大舜無傷於濬哲有周公以為之弟而管蔡且肆其凶頑容有習於善而未必善習於惡而未必惡者吾謂不然天下惟上智下愚不移若知不極其上愚不極其下人人皆在可移之列而天性無權焉遊洙泗之鄉者其人多習於禮讓遊盜蹠之門者其人多習於豪强習慣之移人也甚矣哉故里名勝母曾子不入邑號朝歌墨子回車相彼賢哲猶深恐習俗之移人況人當少年之時德性未定操守未堅一或不慎而學校數年之教育或不敵夫家庭社會瞬時之惡習慣而杞柳可屈為桮棬湍水可決諸東西素絲可染為蒼黃矣可不懼乎是以人當慎所習也

評　腹笥便便詞充氣沛

論自由與放縱

劉熊祥

不自由毋甯死自由者人生精神上之生命也雖然我國民中真能自由者幾人其不知自由為何物者不足論矣而日言自由者每越自由而至於放縱之域楚水生曰自由而至於放縱則自由之價值何在故我國民欲享永久之自由幸福則自由與放縱之區分不可不明余雖不敏請詳其說夫天生下民莫不有自由權即莫不思伸張其自由權而好勝之心人所同具我欲遂我之意彼亦欲遂彼之意勢必有所衝突而爭權之事與强者兼併弱者朒縮世界權利盡為少數有力者所攫

爭如是則必至於泯泯棼棼而不能一日安是自由乃世界擾亂之由是豈自由之真義者哉故必有公理以羈絆之法律以範圍之自由於公理法律之內始可謂為真自由自由於公理法律之外謂之為放縱可謂之為自由不可也此自由與放縱之所由分而亦文明野蠻之所以判也文明人一舉一動在在循乎公理遵乎法律既不放棄個人之自由亦不濫用其自由以侵他人之自由弱者既無所抱歉於公理法律之中強者亦無所取盈於公理法律之外維持團體之自由即所以保守個人之自由此英美之人民所以能享自由之幸福而國家乃益臻於強也野蠻人則不然以放縱為自由知有己而不知有人知有個體而不知有團體如是則羣必不能自立一羣不能自立則必受他羣之侵擾而為他羣之奴隸自由之幸福因之而去此棕黑紅色種人所以為世界所淘汰受人之束縛而無如何也是可知自由與放縱之區分雖微而其結果有天壤之別言自由者其可不明辨乎哉

評 分風劈流透到刻至

自由命題之價值

張鴻鑫

嘗謂李太白之倚馬萬言蓋由於彼之思想豐富感觸獨多故能振筆而書不假思索假令當其思想涸竭之時感觸毫無之際而限其於倚馬之間作洋洋萬言之文恐亦不可得也蓋文章之成本於思想與感觸往古來今幾曾見無思想感觸而能成文章者乎今之教師多由己出題命學生依題行文此最不合理之事也教師有教師之心境即教師有教師之思想與感觸學生有學生之心境即學生有學生之思想與感觸教師所出之題係本之於教師之思想與感觸非本之於學生之思想與感觸則教師所出之題何能強學生依題行文乎若必強之則學生將無所措筆惟有搜索

以謀銷售之發達此其商業所以日盛也而我國之商賈墨守陳法不知改良工藝不精出品粗劣功倍貨少價昂利微於是造者遂心恢意懶以致固有之貨不能保全外貨之進口日夥國貨之銷售日滯其出口者又因收稅甚重無形減少此我國商業之所以日衰也為今之計不欲我國之商業殷盛則已苟欲我國之商業殷盛與各國相頡頏非振興國貨不可也振興之方若何曰廣用機器多造貨物供本國之需用應他國之要求改良品質精益求精價廉品良使人樂購之開我貨物銷售之源對於國內須竭力提倡之務使人人以用國貨為榮用外貨為辱對於國外凡有實用之品亦宜悉心仿造以敵外貨之輸入而當國貨之輸出時減輕其出口稅以推廣國貨之暢銷外貨之輸入時重加入口稅以示限制由是則對於外貨不必言排斥也不必言抵制也而自濡滯矣如是而謂我國國貨有不振興商業有不殷盛吾不信也

評 言之匪艱行之唯艱但就文論固自深悉奧蘊矣

自治說

陶興祥

自治者何治己之謂也不能治己而能治人者吾未之聞也不能治己又不能治人而有不受治於人者吾尤未之見也是故己不能治則必有他力焉起而代治之者不自治則治於人此情之所趨理之所至亦勢之所不可逃也試觀禽獸無自治之能力也而受治於人小兒不能自治也而成人代治之野蠻人之不自治也而文明人治之由是而言人可無自治力乎若無自治之能力則禽獸也非人也即曰人亦小兒也非成人也即曰成人亦野蠻之成人也非文明之成人也然治己之才謂何曰我保我之自由而不侵人之自由人保人之自由而不侵我之自由不待勸勉不待逼迫而能自置於規矩繩墨之間者即治己之謂也治己之極者其身如一機器然一生所志之事業若何

而預備若何而創始若何而實行皆自定之一日所行之事某時操業某時治事某時接人某時食某時息某時游皆自定之稟氣之習慣嗜慾之薰染苟覺為害吾事業戕吾德性者克而治之不少假借一言一行一顰一笑皆常若有金科玉律以為之範圍如是者治己之功可謂成矣治己之功既成而有不能治人者吾未之聞也能治己又能治人而有受治於人者吾尤未之見也

評　串綴呼應自成爐錘

論吾人對於社會之責任

陶興祥

吾人之所以不能離社會而獨為生活者以一身之所需求所欲望非一人之力所能自給也以一身之所苦痛所急難非一人之力所能自捍也於是乎必相引相倚然後可以求存是故吾人立身社會大而受法律之保護教育之培養經濟之支配衣食之供給小而一草芥一絲縷莫不惟社會是賴而後得熙熙雍雍以生活於世間也雖然有權利必有義務吾人既享幸福必有應盡之責任焉此應盡之責任者即吾人對於社會應盡之責任也然人之職業不同而對於社會所負之責任亦各異若夫播種百穀使倉廩恒豐者此農人對於社會之責任也廣造器具日益求精供社會人之應用者此工人對於社會之責任也轉送貨物以有易無使各地互相便利者此商人對於社會之責任也是以業無大小職無貴賤其為盡責於社會則一夫我輩何人也我輩學生也學生乃士人其對於社會之責任果何在乎曰改造也建設也革興也互助也承前啟後也濬發厲行也皆吾輩對於社會之責任也吾輩所以孜孜終日兀兀窮年不稍懈怠以力學者固有絕大之目的在非僅若農工商之所擔負也吾輩亦宜自省焉矣

評　數陳有法

獨立

季諾

日本大教育家福澤諭吉之訓學也標提獨立一語以爲德育最大綱領夫獨立何以謂之德獨也者國民之一分子也獨立所以立國民也故吉田松陰曰士生今日欲爲蒲柳斯蒲柳矣欲爲松柏斯松柏矣孟子曰有此斯四端而自謂不能者自賊者也又曰自暴者不可與有言自棄者不可與有爲易有之曰君子以獨立不懼故人生於世貴乎獨立悲哉吾國人無獨立之精神也嘗見乎膏粱子弟自以爲父兄之庇蔭可藉田連阡陌家富石崇何必求所謂獨立乎一旦山陵崩失所憑依流爲乞兒者比比是也至於婦女尤甚男子夫依賴成性者耕田之牛也駕車之馬也奴隷之惡根性也人之所以爲人者其資格安在耶顧彼自儕於奴隷牛馬而不羞則是四百兆之人能獨立者幾何哉壯哉英人曰無論何地凡我英苟有一人足跡涉其地者則其地未有不爲吾英之勢力範圍也苟非其民富獨立之精神烏能如是哉非然者則其國必萎縮無以自存也其遠者吾不能徧舉請證其近者吾聞朝鮮人曰吾韓今日更無望矣惟望日本及世界文明各大國扶而掖之此依賴語也而烏知乎獨立者即英國致强之道依賴者即彼韓民取滅之道也嗚呼吾觀於此而不能不重爲中國惆矣而吾媚外之官吏伺外人之顏色先意承志如孝子之思父母士農工商仰外人之鼻息如遊妓之媚情人嗟乎吾民其將欲效彼無獨立性之朝鮮事日人前事乎我同胞其如是而已乎孟子曰未聞以千里畏人者也況我國版圖之大爲亞東各國所不及乎雖然吾不敢謂吾民自古無獨立性質也黃帝崛起沿河東下涿鹿鏖兵禽戮蚩尤是吾民族以獨立性質始得據有中原傳至今日其間雖偶爲他族所屈服卒能蹶起獨立何一非吾民獨立性質所致也其在於今武漢起義一二人倡獨立之舉而和之者千萬人焉卒能推倒滿清建造民國倘能廣興教育鎔鑄之導

引之驚覺之又安有所謂依賴之惡根性而不能獨立耶或曰獨與羣對待之名詞也立國之道貴乎合羣今子舍羣而言獨毋乃不可乎不知獨立之反面為依賴合羣之反面為營私此之戰陣也雖人自為戰而軍令聯絡整齊不過以獨扶其羣云爾全機運動輪軸自轉不過以羣扶其獨云爾凡一羣之中必其人人皆可以獨立然後以愛情自貫聯之以法律自部勒之斯其羣乃强有力不然則羣雖衆所依賴不過一二人則仍能謂之一二人不能謂之羣也必也我有所依賴於彼彼亦有所依賴於我互相依而羣乃固焉此今日德所以盟奧俄所以盟英法德因有奧而始可以敵英法俄因有英法而始可敵德奧若一則專為依賴者無獨立之能力一則專為被依賴者有獨立之能力則雖連聯盟亦終歸必敗也然則獨立與合羣其不相矛盾也明矣

評　旁證曲引反復推論極洋洋纚纚之觀

尊孔

李諾

嘗讀經史百家書知我國四千年來所生之仁聖名賢不可勝數其間能集大成為聖人之表率為吾國之大教育者惟孔子一人而已非特吾國知其為聖人即歐美各雄邦亦無不聞孔子之風焉非特吾等知其為聖人即鄉閭間之婦人孺子雖不知孔子之品格若何學術若何要皆稱之曰聖人既為聖人不即吾人之模範歟吾奈何不尊之耶每逢春秋二季各縣官長皆親臨孔廟用太牢及樂舞之禮祭之或曰世界文明迷信宜除耗資勞力何以祭為不知當祭之時孔子未必有靈來饗不過表尊之之意耳尊之若何蓋欲使人觀而歎羨之有趣而學之之心而世之人往往曰孔子聖人也其德至厚其道至廣予何人也焉能學之哉噫此所謂懦夫也不聞乎孟子之言曰子服堯之服誦堯之言行堯之行是堯而已矣子服桀之服誦桀之言行桀之行是桀而已又曰人皆可以為堯舜彼人

也我亦人也苟欲學孔子則當行其行誦其言雖不能與孔子並稱而亦可漸近於善矣吾輩其勉之

評　洞見癥結言之慨然

我國自收回外郵以後宜如何發展郵務事業議

莊振榮

國家之有交通事業猶人身之有神筋血脈也人而無神筋血脈通乎全身則塊然與木石等耳國而無交通機關布於境內則亦索索無聲氣矣故東西各國對於交通事業莫不視為重要也夫交通為發達商業之根本而商業亦可促進交通之發展二者相需不可須臾離而郵政一項尤交通事業之重要者我國向以外郵未撤發展無從今幸收回亟宜圖更張之計鄙見以為欲發展郵業要非擴張國外貿易不為功國外貿易果能擴張則滙兌事業銀行事業均可因之而發達銀行既發達則國家之經濟可期活動人民之生計得以充裕國際間之交易亦必日見頻繁郵務之發展自不期而至矣彼美國之郵政事業其發達之程度可謂極矣究其原因實由國外貿易之發展耳然國外貿易之發展非可以空言致也要當從根本上振興內國之工業庶克有濟執政諸公其亦知所先務乎企余望之矣

評　議論明通

講究個人道德當從誠實著手

莊振榮

國家為社會之所由成社會為家庭之所由成個人者組織家庭之原子亦即社會國家之原子也惟其如是個人道德益形重要矣蓋道德可濟法律之窮而法律則僅限於一部往往訐詐者仍能訐詐所訐詐也由是以觀道德較法律為愈重也況個人為國家之原子哉然講究道德當由誠實

著手何者人能事事誠實則必能自重其出言不苟不期而至矣若盡人能以道德講究恐獄中虛無人矣即論以學生能以道德講究非特可不犯學校之規則抑且能養成其美德將來為國民中之善良者豈非美哉海內諸子其勿以為然乎

評 意議暢達

論學生宜有自治會之精神

莊振榮

夫人自治之名始於前清而消滅於光復所謂自治者不受官廳之挾制而確有自治之毅力也乃吾輩自籌備時代以迄成立仍事事受制於官所謂官督自治也而究之自治之精神未見自治之效果仍虛斯何故歟豈人民之程度未合耶亦未得其真義耳試進而伸其說夫曰自對乎人而言也曰自治即聖賢克己之學也非修養有素者不足以語此而何論乎學生然而學生正未可藐視也經天緯地之材雖是出於有守有為之君子而要皆於學生時植其始基於是學生之地位特高而學生之自治為不容緩矣所冀循名核實勿蹈虛無有是會而足以範我於正軌無是會即未免自懈操守是會之設由此尚矣自今以往竊願本校同學其勿負此自治之義而淬厲其精神也可

評 言明且清

論追悼會

羅斯喜

追悼會之創也迄今二十寒暑矣至追悼會場之陳設如結彩也奏樂也祭奠也不一而足此皆因念亡者在世曾造赫赫之偉業或功施社稷或德被民生遂致其哀思之意而悼惜之耳今吾校不幸凶音疊報雙雙良師長眠不起誠慘劇也於是定下週日曜有追悼會之舉當此未開會之時輓聯祭章雲捲而來新穎之文悲傷之詞各表己意之如何轉想屆時禮堂結彩奏樂述哀羣賢畢至

少長咸集宣良師之平生佈吾人之傷悼死者有知或亦偕吾人流幾許傷心淚也

評　後半動人

改良端節風俗之我見

鮑哲謀

陰歷五月五日名曰端陽節端節風俗各地不必盡同就我所知者舉之如下并述改良之法焉

一辟邪　余於是日見家家門首插菖蒲及艾蓬余問鄰人曰此何故耶鄰人曰此可以驅邪也余曰若是則汝家終歲可保平安而無患乎鄰人默然無以應余以為人能去惡從善勉為上人則辟邪之法更無有善於此者矣

二解毒　我與鄰人言畢回家見兄適飲濃黃酒余即問曰飲之何為兄曰可以解毒余曰弟嘗聞師長云濃黃酒飲之有毒今兄反以為能解毒何也兄亦不知其詳余於此事不甚贊成余意以購濃黃酒之費購備時疫藥水以防疾病則其意亦善矣

三娛樂　又於是日各地每有龍舟之戲余嘗往觀見裝飾美麗動人觀瞻然以寶貴之金錢虛糜於無益之事其愚蠢為何如耶況我國今日正謀集款贖路雖各處籌設集款機關多方勸導然慷慨解囊者絕少盍以龍船之費充贖路之用既享急公之名且為同胞所歡迎何樂而不為又或仿德人競船以鍊體育則裨益亦不淺也

四食品　端節之日家家以角黍為應時之食品然角黍食之不易消化有礙衛生不如食雞蛋黃魚等較為適宜上所述者即余對於端節風俗認為當求改良之意見也

論取消郵電加價之利益

陳為楨

自去年十月前交通總長高恩洪提議郵電加價此在前總理王內閣提出經閣議通過但未得參

衆兩院同意竟謬然發表於十一月一號起實行加價雖經各界反對終不獲要領國民祗可隱受其苦然西南獨立諸省不受政府命令仍照舊章所以各報章對於郵電加價之事頗抱不平輿論激昂反對之聲浪日益洶湧加之浙督盧永祥上海何護軍始先後通電要求政府取消加價當時黎總統猶推卻不允謂姑待國會之議決與否再定去取孰知實行一月以後政府得上海郵務總局之報告核稽收入反不如前頗受影響由此觀之不特不能開源反將塞流矣則奚啻作繭自縛而弄巧反成拙哉且夫郵電加價之事實至愚之策也豈智者所取哉試觀英國數年前亦曾有郵電加價之事影響甚鉅迫減價以後而收入反益多其故何哉豈其多不如少乎曰否也蓋加價之後往來信函日少因郵資既重人皆可省則省不勤於通信矣至減價則咸以為所費有限不妨常通音訊是以郵票之銷售反日廣也若加價則除特別重要事故外人皆懶於把管不時遞尺素矣此理固甚顯明者也乃當局諸公反昧於此而不加深慮但聽一面之詞不顧衆人之從違如是豈能得國民之公認乎今也自十二年一月一號交通部通電取消加價仍照舊章國民固可釋重負且營業日盛政府亦可增加收入也豈非一舉而兩得乎況其利益不止此也對於工商業之發達全賴交通之便利而郵電為交通中傳遞消息之唯一利器且文化之進步亦全恃交通若一經加價其阻礙工商業之發達與夫文化之進步其影響豈淺鮮哉此豈特減少區區收入之為害哉是以取消加價之事不但為國民減輕擔負且足以發展工商業而增進國家文化之進步也其利益豈不大哉

評 深中情實後幅尤勝

希望教育基金獨立說

陳為楨

國家之文明全恃教育之發達若教育不普及則人民智識不開通國家何由而文明文化何由而進步故立國之基礎首在振興教育我國自前清末創議變法廢科舉而設學校迄今已二十餘年然教育尚未發達安望文化之有進步哉近數年來雖倡議謀教育普及然依舊無進步其故由於經費不充足以目前國情觀之不特不能增加教育經費且將陷於破產之境凡國立省立各學校經費皆積欠數月有不可支持之勢因而學校停頓而一般熱心教育者雖有志振興然亦不能無米為炊祇可束手待斃若去年北京國立八校之教職員索薪團紛向教部索欠教部無欵可發雙方爭執致起衝突校長無法應付乃向教部辭職當時北京學校幾有瓦解之勢因而教育界人羣欲謀教育基金之獨立各校學生亦起而為教職員之後盾向府院請願欲就增加關稅項下提撥當局不省迄今未獲有效荒廢數月之學業不克如願費去偌大之犧牲甯不可惜迺者各省教育皆起恐慌以鄂閩陝川為尤甚其餘諸省表面上雖安穩而實際皆空虛即如我號稱富饒之蘇省在本月有校長與議員衝突之事亦因裁減教育經費之故聞之殊堪浩歎蓋西洋各國對於教育費類皆逐年增加未聞有裁減之說也即如我國他省力雖不能支持尚有加無減今我蘇省竟不免削減豈非大可異乎推原其故無非由議員謀個人之權利及一般跋扈軍人從中侵蝕耳我國每年以鉅萬軍費養如許冗兵於國家果何所裨益乃當局者獻媚武人竟不惜竭全國財力以供其揮霍而教育經費之有無則置之不聞其可乎其不可乎若長是以往我教育前途異常危險雖解除將來種種困難殆非謀教育基金獨立不可然而往年已屢次要求彼冥頑不靈之政府始終拒絕將奈何曰吾輩國民拒不納稅唯此一法而已否則仰鼻息於腐敗政府終難有達到目的之一日也希望教育諸公努力為之勿自餒氣若不乘機以起恐將來教育前途更不堪設想矣所謂

作一時之奮鬭可以謀永久之安全以後不論何方武人戰爭可免牽涉則爲將來幸福計此舉萬不可稍緩也

評 痛論時事慷慨激昂

雜説類

為學首重自修説

羅時新

正心修身非學無以立其基齊家治國非學無以裕其本學之為用大矣哉雖然學則學矣必自修以繼之而學乃底於成焉夫自修者所以補教授之不及也苟怠惰不自修則昔日所授之課所讀之書如浮雲之易逝春雪之消融雖讀萬卷亦奚益哉故孔子曰學而時習之又曰温故而知新旨哉斯言夫所貴乎學者非學之為貴學而不忘之為貴也苟自修不懈而德業愈精智識愈廣出昔日之所學應今日之所用又何難為社會普教育為世界輸文明哉昔匡衡鑿壁偷光孫康映雪讀書卒成名儒此二子者皆勤於自修故也吾儕少年幸勿虛擲寶貴光陰於無用之地而遊戲徵逐為也否則或作或輟一暴十寒此之謂自暴自棄

評 辭達理舉筆亦新穎出色

説農家苦

崔鴻雁

昔余嘗於春夏之交仟亍陌頭一覽鄉村景象竊慕人生之幸福殆有莫過於農人者春棲芳草夏息叢蔭祈焉報焉以食其力其樂極矣彼其時也蓋未知有絶大災厄頻至於不可救者知之者自今歲始方余來時坐舟次憑窗一矚遍野汪洋其地勢最下者惟見樹顛屋脊而已即較高之地屋舍亦半浸於水室中架板以安老幼壯者如魚如鳧日轉於泥淖之中撈取湮沈之穀粟以給饔飧

甚有連日而炊煙不起者其啼饑之聲殊可慘也嗟嗟夏暑雨小民惟曰怨咨君子其聞諸否乎

評　猫拳水災如畫仁者讀之當有所感

談龍

蔡繩祖

說文有龍字釋爲能細能巨能短能長此不特今世所無即古亦未有左傳言古有豢龍氏御龍氏可豢可御則亦蛇類觀此知世非無龍特非神物猶之世非無狐特非祅獸耳說文龍騰蛟螭蚪蜦不必無此物但謂蛇類能興雲致雨釀水患則郢書燕說也龍古音如駹如尨如蒙春秋元命苞龍之爲言萌也則音轉亦讀如萌爾雅蟒王蛇蟒即龍之轉音說文無蟒巴即蟒也山海經巴蛇吞象郭璞言蟒蛇最大巴蟒蓋同音同物此物西名 *Boa* 亦與巴聲相近爲今世最大之蟒蛇類非洲南美印度新幾那皆產之大者長六十英尺能食師子可知吞象之不誣相傳羅馬時拔葛拉達司 *Bagradas* 海岸曾有此蛇長一百二十尺來古魯司 *Regulus* 以兵攻人傷人無算此類碩大無朋之蛇當然驚爲神物故所謂神龍實即巨蟒今世亦有此物據動物家言 *Boa* 之小者亦不過一丈故虞夏人能豢之其說亦可信也

談龍

蔡繩祖

籍曰龍非蟒則龍乃鱷魚也龍爲鱷魚亦有數徵吾國有十二生肖印度亦有之凡子鼠丑牛寅虎卯兔諸稱悉與中國同獨辰爲鱷魚此見於歐人所譯可知佛書中所稱毒龍其原文當即鱷魚此其一宋史程顥傳載茅山有池產龍如蜥蜴而五色民俗嚴奉不懈顥捕而脯之此所謂五色龍斷非神話今蜥蜴類中有坎美里翁者 *Chameleon* 其色隨時而變則五色非一時所呈程顥所捕當即此物愚民因色變之奇乃呼爲龍而實爲蜥蜴類此其二淮南子言大禹遇黃龍夾舟禹視龍如

近今工藝百物我中盛乎泰西盛乎必曰泰西盛也泰西雖盛而我有志之士精進不晝名驥千里十駕及之恐泰西今日之視我者我轉而視之必有逾等者矣

評 儁快可喜

心田說

王興漢

隴畝相連阡陌交通繡壤芳塍膏腴萬頃斯可謂之良田也歟曰非也厥土塗泥厥壤上中宜黍宜稻旱潦無虞斯可謂之良田也歟曰非也然則真可謂良田者何如乎曰宜莫如心田蓋心之體積雖微而其中之所有實橫絕古今縱貫歐亞空前絕後之良田也舉凡世代之精英治亂之條貫以及事理之求得失之林靡不由此產出不耕不殖不幾重負此心乎乃世之致力於有形之田者種之耨之耕之耘之灌以渠水焉壅以肥料焉芟刈其穢草驅除其害蟲焉岌岌焉懼有荒蕪之象矣而獨至於心田則如越人視秦人之肥瘠致等桑者之圃不殖其將落也豈善於治田者獨不善於治心乎而不知義種禮耕猶培殖也道味經旨猶英華也腦海思潮猶河渠之灌溉也茹古含今猶肥料之培壅也浸潤乎芸編飽史猶樹必務滋也芟除乎莠說蕪詞猶茅毋或塞也是以心田啟沃而心苗於以養意蕊於以榮焉道根於以正智種於以繁焉善米與性禾並植春華與秋實相期如王祐培其田而三槐並茂竇鈞培其田而五桂齊芳則知有形之田一樹可以百穫者無形之田一樹且可千萬穫也嗟嗟人生天地間一太倉之稊米也其能頂天立地參為三才者祇此方寸地爾然此方寸地也種粟菽則粟菽生矣種烏附則烏附成矣堯舜擴而為仁義圃焉盜跖變而為萑苻澤焉孔孟踞而為詩書林焉桑孔變而為功利藪焉往古來今孰無此心是在鋤其蓬心滌其芳心而後可以為聖為賢否則舍己芸人所思越畔甚且心荒於財利而為慾壑之難填則又安能培養

其心而以禮義為豐年世有善治田者乎其亦反而求之於心

評　比附親切言皆有物

求己說

王興漢

蓬生麻中非不直也然或刈其麻則蓬因之而折矣蘿施松上非不高也然或伐其松則蘿與之俱偃矣甚矣天下事求在人者不可恃也親莫親於父子然以堯為父而丹朱放以禹為子而鯀殛父子之賢足恃乎近莫近於兄弟然以舜為兄而象傲以周公為弟而管叔誅兄弟之賢足恃乎望人者不至恃人者不久君子亦求其在己者而已夫人生天地間同此耳目卽有聰明同此心思卽有智巧乃有長於耳力者若師曠之聰長於目力者若離婁之明長於心思者若墨子之智公輸子之巧我非聾且瞽也癡且狂也彼能是而我乃不能是人將目我為癡為狂為聾為瞽而已君子甘乎哉以我五官供我驅策不以我之慾壑錮我靈明以我軀體供我指揮不以我之魔障彫敝我精神我亦何求於人哉蓋嘗聞之太上立德其次立功其次立言此三不朽之道也我將為立德之人歟求其德之所以成者責於己我將為立功立言之人歟求其功之所以建言之所以傳者責於己心精力果百折不回夫然後德足以光日月功足以壯河山言足以為法於天下流傳於後世所謂求則得之也苟不如是而惟伈伈俔俔以求恃於人是猶蘿恃松而偃蓬恃麻而折人恃父子兄弟之賢而受敗亡之禍不亦傎乎

評　題蘊畢宣

立言不為一時說

喬吉人

夫情動而言形理發而文見蓋沿隱以至顯因內而浮外者也故寂然凝慮思接千載悄焉動容視

蝘蜓蝘蜓俗稱壁虎此極言其藐視亦可知龍即蝘蜓之大者故昔人畫龍皆有四足此其三觀此則龍即鱷魚亦備一說韓愈祭鱷魚亦嘗以為神物矣

周秦諸子工藝之學與泰西同異說

蔡繩祖

今之天下一聰明技巧之天下也自大學格致篇亡冬官攷工記闕而名物象數之學轉移而入於泰西其心智日靈其耳目日新其手足日工其機械日甚開數千年奇局而迹所造詣方諸周秦時諸子工藝之學有與泰西互相同異者夫大馬捶鉤而不爽秦梓慶削鐻而驚若神郢人斲堊而鼻無傷宜僚弄丸而難自解其一捶一削一斲一弄工藝或異而心志同於泰西之凝結宋人削玉為楮而葉不辨偃師刻木為人而貌逼真客為周君畫筴而狀畢呈其一刻一畫工藝雖異而技能同於泰西之奇巧昔周公指南之作以遺越裳同於輪車莊子天蒼正色借譬野馬同於氣球列子焦螟所巢能分蚊睫同於纖鏡且墨子景光煦若射下者高口者下招負衡木加重焉而不撓右校交繩無加焉而撓均髮均懸輕重而髮絕不均也均其絕也莫絕同於泰西光學重學也竹木削䧿飛之三日劉木三寸任五十石鐵鎖雲梯旗幟舉鼓又同泰西之機器船械旗燈達語之法也亢倉子蛻地謂之水蛻水謂之氣以及陽燧取火方諸取水即泰西化學也呂覽漆淖水淖合兩淖則為蹇溼之則為乾金柔錫柔合兩柔則為剛燔之則為淖亦泰西化學也管子上有丹砂者下有黃金上有磁石者下有銅金關尹子雷電緣氣而生則又同泰西礦學電學也周秦諸子其工藝與泰西多所印證同其所同異其所異何異非同何同非異至於算亦藝中之事河圖已寓加減洛書厥啓乘除周秦以說於今所傳九章天元四元本相一貫惟程式稍別則算於泰西同而不盡同中國以月度定年故合氣盈朔虛而置閏盡善西國以日度定年故月數不合朔望不合中法則又同而不同

要之無論工藝或製造或聲光一切諸子旣擅美於周秦泰西步其後塵亦能奪造化而鑲陰陽上與周秦比烈不意海島中居然才藪可見有志者事竟成則中土有心人宜如何奮起也

周秦諸子工藝之學與泰西同異說

王能權

工藝者哲學之見端也工藝學之智愚出於思想界之虛實思想界之窒則驗諸事物而無當若膜隔於心冥冥而無所造就無異雲霞之世思想之界通則驗諸事物而有徵反之吾心而自信一切工藝之事於人之所不知所不能者普發光明以待來哲夫哲學者即理學之精微盡人所當知也思想之境界亦盡人所能闚也豈中國黃農貴裔其思想之界工藝之業不如西人之靈且實歟抑今之講習者少也雖然攷之於古猶未見其不如也吾於周得四人焉曰公輸般曰墨翟曰魯班曰匠石公輸般造雲梯之械以攻宋城九攻而墨子九拒之泰西攻城之法之巧最者用地雷次者用開花彈此不同也墨翟為車輗用咫尺之木不費一朝之事而引三十石之任泰西之火輪車似也然其引重殆過之是賴煤火之吸力因輪路之鋼條其成也數閱月墨子之車不過一朝耳其思想之進步豈不更逾於泰西乎至於所造之凹凸鏡泰西光學家之千里鏡顯微鏡莫不師之魯班以石為禹九州圖近日泰西地學家為大地圖球可以旋轉尋自地圖地動之說非自泰西始乃魯班倡之泰西和之也何以知其然耶以石為圖其圓而動也必矣匠石斲人之堊不傷其鼻西人用機器斲物不溢一矢不失一塵其用雖異而其巧一也又於秦得一人焉曰裂裔方寸之內為王畫四瀆列國之圖泰西於方寸之內則用縮照法而石印之其功雖異其巧同也然而泰西今日之工藝精於我者豈真思想之界不我同哉蓋由馬丁路得培根笛卡兒諸人之哲學派有以啓之為泰西數百年格致學界開一新氣象新國土者乃馬丁路得諸人之始於實際成於實驗然也比而論之

通萬里吟詠之間吐納珠玉之聲眉睫之前卷舒風雲之色夫立言之道可不慎乎蓋有以合乎今則必有以違乎古有以同乎俗則必有以違乎道夫以孔孟之聖栖栖皇皇席不暇煖猶終不得位以行其道於天下矧今之習俗去古甚遠吾恐道德愈高學問愈大其求知也愈難而不遇於世愈甚從俗浮沈與時俯仰得志愈易吾人將由其道而從其難乎則可以千古抑違其道而從其易乎則不過一時昔揚子雲云後世有揚子雲則必好之矣而名千古太史公曰藏之名山傳之其人而名亦千古非皆立言不為一時之明証乎吾人生古人之後求古人之用心雖不能與古人接跡亦當立言不朽隨古人而成名

評 峻峭

教子方能愛子說

楊光煦

嗚呼子之受教於其親與親之施教於其子孰非天職之所宜乎乃世之為父母者以為吾子有過吾能優容之寬假之是我之用愛固加人一等矣不知以此言愛是以姑息為愛溺愛為愛與不愛其子者又何異乎夫世之善於愛子者不必求慈愛之名也苟能教以義方弗納於邪雖鞭之撻之且有所不恤焉當夫督責頻加當局既苦於難受旁觀亦覺其太過迨教之久而其子善教之又久而其子愈善然後知前此之嚴厲乃適成為真愛也不然衛莊公之於州吁鄭武姜之於共叔未嘗不知用愛也究之愛而不教愛之正所以害之是愛又烏可誤用哉世之愛子者其知之

評 予與主父母不教子虞其賊恩古人蓋如此後世愛子情切自教督之亦不免子與所識文主嚴督威克厥愛自是片面之見獨其局勢自有可取

南洋新加坡爪哇一帶商業何以多閩粵人經營說

羅時新

商業之範圍大矣非所謂沾沾然經營於國內已也不觀乎世界第一最富最强之英國乎商侶如雲商艦如雨環球各國殆無處不有英商足跡此其所以商業發達雄飛地球也他如日美各國亦莫不經營國外故商業皆蒸蒸日上與列邦並駕齊驅我中國位亞洲之東號五千年之古國商業進步之程度未始不足與列邦頡頏然俄羅斯在北日本在東此二國者一近寒帶而地曠人稀一號三島而地窄港隘勢難再容插足若英法德意葡美諸國距離遼遠往返難中國商人幾乎絕跡惟南洋新加坡爪哇一帶地當我國之南與閩廣遙遙相對而閩廣位濱南海有輪駛之便且濱海居民莫不具冒險之天然性於是相偕相往適彼樂土由閩廣之居民一變而為新加坡爪哇之華僑矣此皆開闢利源使然亦由於地理上之關係耳雖然華僑之經營於南洋者不可謂不多矣苟能闢一殖民地為祖國增光與閩粵作犄角之勢吾知中國之羸敗商業將一躍而駕乎英美之上矣

評　意象開拓筆尤操縱自如

經濟戰爭勝於兵戰說

羅端伯

求木之長者必固其根本欲流之遠者必浚其泉源謀國之富者必發展其經濟源不深而欲流之遠根不固而求木之長經濟不發展而謀國之富其能達到目的也幾希不觀歐洲戰爭乎槍林彈雨血肉橫飛不知拋去多少頭顱灑出多少熱血竟能使雄飛地球一等强國之德意志一變而為氣息奄奄之弱國雖曰兵戰之罪然亦經濟恐慌使然也蓋德意志為科學發達之國人才完備將士精悍潛艇飛機世所罕有夫既如此之强何以竟為各國所敗乎即不幸見敗各國又胡為軍衰氣餒一敗不能復振乎不知有極大之原因在焉夫德意志位於歐中間俄瑞英法之間固為武備强盛之國而非物產豐富經濟發展之國也歐洲一戰舉國若狂銳氣畢滅子無以養其父夫無以

瞻其妻經濟維艱達於極點故一蹶不能復振此經濟戰爭勝於兵戰者一也歐戰以前日人肆其恫嚇手段迫我以哀的美敦書占據青島一若必吞中國而後已者迨五四運動後全國同聲一致抵制日貨日本形式上雖不覺損失而經濟界則受影響不淺矣此經濟戰爭勝於兵戰者二也美利堅以合衆之國稱雄北美舊金山之礦富甲全球其他煤鐵大王托拉斯商業咸集於此故其國鐵路縱橫商務繁盛歐戰以後國勢依然蒸蒸日上更將由一等富國進而為富且强之國矣此經濟戰爭勝於兵戰者三也今者太平洋會議美國提出裁兵之說亦欲減輕軍餉使國家經濟日進於充裕耳返觀我國地大物博山西之煤足供世界五千年之用而開採寥寥坐失其利一般軍閥惟知剝削人民脂膏以填慾壑卒致債臺迭築朝押鐵路暮抵賦稅民國十四年即為我中華民國破產之日嗚呼凡我同胞其於經濟戰爭之利害審之久矣奈何猶偷安酖毒酣夢未醒乎

評 痛哭以道奚異當頭棒喝

修立名譽說

夏繼武

三代上之士患好名三代下之士患不好名名乃表彰人之學問品行未有學不修品不立而可以獲名譽者未有名譽寂然而可令人仰慕者名譽所以為人生第二生命其貴重勝於財產也而世之自甘暴棄不顧名譽者庸陋其識惡劣其心其在學校中也行不歸於禮義志不達於詩書性近野蠻絕少文明之舉動其在社會中也以私見而敗公約藉公益以便私圖爭利爭權面目醜然恬不知恥且陰險成性於人之名譽始則嫉妬之繼則損害之或發人陰私以顯揚其過或妄施誹謗以誣陷其人若而人者世界中一大蟊賊也豈尚知修立名譽哉且夫非常之人以聖賢豪傑自期許未嘗邀求名譽也當其養晦山林學則卓犖不羣品則清高拔俗孤芳自賞不求聞達於當途及

出身加民抱將相之全才文治武功與河嶽日新而並著聲稱所播無殊雷動於寰區不但國內之民仰瞻丰采即遐方異域且聞風而欽慕其人功業著於當時聞望傳於後世其名譽之遠大何如乎然而名譽非可倖獲也世有沽名釣譽者自高聲價以匹夫而傲王侯及身列仕途經濟文章空空然兩無所見不免處士純盜虛聲之誚吾儒讀聖賢書所學何事而可汲汲以沒世乎設達而在上為民生謀幸福固不敢營植黨爭意見以乖國政貽唾罵於千秋即窮而在下為地方謀利益亦不敢凌弱暴寡橫行鄉曲受指摘於編氓在朝廷則為正人在鄉黨則為正士實至者名必歸人格完全聲名自然洋溢矣彼好言生事見利忘義名譽掃地者其亦知所返哉

評 箴時立論清夜鐘聲

國文一科宜如何用功始有進步說

夏振華

人生僅此聰明也止此材力也必欲於校中各科學一一而精通焉非惟智力有所不及功用亦屬難周我國開化最早欲保中華之國粹斷斷以文為先國文一科所以為必修之要務也孔子曰言無文不行四教之中亦以文為首然文所包者廣聖賢之經傳古今之史事中外之地理無一非文章根基即無一非文所運用之資試觀歷代以來商周之文簡而精秦漢之文深而厚唐宋之文宏而肆明清之文雅而潔豈淺嘗浮慕者所能一蹴而幾哉嘗論為文之法律則欲其精也理則欲其充也氣則欲其足也辭則欲其潔也取材則欲其宏富也運思則欲其靈敏也見解則欲其高卓也議論則欲其崇闊也如此為文然後可以名世可以傳世非然者率爾操觚非失之空疏即失之浮薄故文為載道器不用功以求之豈易有進步乎且夫用功之法宜恒不宜暫宜實不宜浮嘗見富家子弟其讀文也誦其辭而忘其義得其粗而失其精以致作為文章草草成篇毫無旨趣甚至語

多蕪雜不免鄙陋之識此皆漫不經心功候太荒之弊也而文有氣概有理想凡讀古人文字非高聲朗誦不能得其雄偉之態非恬吟密詠不能得其精奧之旨欲求進步於斯文當熟讀深思運之以精心濟之以實力如登山然由卑及高不造其峯不知山之曲折也如行路然由近至遠不歷其途不知路之險夷也試觀昌黎當日宏中肆外文起八代之衰而手不停披口不絕吟兀兀窮年焚膏繼晷功極精深也此前代之師有志者當奮然自勵矣

評 四面八方都到非親歷無此甘苦有得語

酒說

楊寶生

古今來之沈溺於酒者夥矣一代人君因酒而失國者姒氏也一國亡人因酒而去齊者重耳也一生醉漢因酒而荷鍤者劉伶也一時仙子因酒而號顛者張旭也外此若吐真言亂本性失威儀頹玉山妨衛生之種種貽害者不可僂指而數嗚乎天下究何需此杯中物乎雖然友朋接洽非酒不足以言歡神明對待非酒不足以輸誠詩客豪雄非酒不足以助興旅邸寂寞非酒不足以銷愁高堂奉養非酒不足以孝親軍人犒勞非酒不足以獎功元旦佳期非酒不足以除疫市井經營非酒不足以交易詩詠于歸非酒不足以合卺國稅攸關非酒不足以理財所以酒之為物不一其類魯酒趙酒元酒甘酒而外其所最著名者如竹葉青狀元紅螘綠鸎黃葡萄玫瑰沾唇而其甘如飴入口而其甜如蜜醋以酒名極端味美茶能當酒寒夜客來開缸十里香不勝言隔壁三家醉無可免一壺春釀每隨明月以攜歸萬古新愁可付浮雲以飛去盛游聽徧黃鸝雙柑具在善釀惟推白墮亙古相傳語曰唯有飲者留其名朱虛侯不善酒何以知其為漢之將種也陶淵明不善酒何以知其為晉之雅人也賀知章不善酒何以知其為唐之高士也李元晋不善酒何以知其為齊之顯官

也輕裘可以換酒非李白其孰能之金貂可以換酒非阮孚其孰能之酒以人傳人以酒傳此其中有無形連帶者矣古人云寧可無食不可無酒豈無故哉

評 一桃核雕七十二獼猴非鬼斧神工不足以見長

說笑

楊寶生

笑之關係於人也大矣一笑傾人城再笑傾人國古人言之早矣烽火戲諸侯而褒姒一笑周幽滅絕其明鑑也客卿被謔浪而母后一笑齊國顛危其前車也胡兒亂宮闈而貴妃一笑君上蒙塵其覆轍也蓋女子本為禍水而一笑之為禍尤烈雖然世不僅女子不僅女子之有笑語也昔明主愛笑後世謂其為偽名士好笑墮水幾致亡身貴婿仰笑滑稽無非忠諫外此大笑曰絕倒小笑曰莞爾笑之狀態不同笑之緣起多端惟求人不厭其笑而已矣夫笑自內而發之謂之喜笑自外而致之謂之譏笑所謂喜笑者不過一己之情懷發見於顏面至所謂譏笑者不免反唇相譏也我笑人於前人必笑我於後我以一事笑人人必以百事笑我我有因而笑人人必無因而笑我我之笑人而或然人之笑我而常然我笑人之一身人笑我之一家言語之間即戈矛之地譏彈之頃即征戰之場輕則損失情誼重則斷絕往來隱則徐圖報復顯則釀成訟獄吾輩學人取鑑於此不苟笑不好笑不妄笑不輕笑可也人有可笑之處而己必從而原之己有可笑之處而人即不為我原正我之鍼砭也藥石也何能以人之笑我而隨即笑人不使其有容足之地也論語曰樂然後笑至哉斯言也

評 風起潮湧危檣萬里

說殺生之宜戒

黃衡

好生畏死豈獨吾人類為然凡有生之物率皆如是而今人視殺生為當然不亦謬乎殺生之事想必起於一二人後人不察相繼成習行之既久故不覺其非也試問若有人殺人吾人見之心中如何想皆以為悽慘而不忍見也人與禽獸天同賦之以生命生命既同為何視殺人則不忍而視殺生為理所應然耶何重人賤禽獸至此耶此殺生之宜戒者一也洪水猛獸吾人皆畏之以其為害人之物吾人殺生則吾人為害生之物則彼之視吾人亦猶吾人之視洪水猛獸然欲免洪水猛獸之害為人所不能為因此權操之於天不殺生為吾人所能為因此權操之於人如何吾人徒知欲免害己之物而不知免害生之物不能為者而望能之能為者而不為此何理耶今所謂同情能以己之心度人之心若此行為則與同情反矣傳曰己所勿欲勿施於人此殺生之宜戒者二也若因婚喪之事而殺生則更不宜矣蓋婚事為吾人慶喜之事也當為善以積福豈可殺生以積怨耶喪事為吾人悲痛之事也殺生則生物之心中如何想亦悲也當己悲之時猶忍殺生以使物悲耶若殺生以祭祀則恐祖宗於九泉之下亦不得瞑目矣此殺生之宜戒者三也然不殺生則愈繁殖愈多不將成為禽獸之世界乎曰此不足慮也蓋不殺則不畜不畜則繁殖難繁殖既難則自消滅矣即佛家所謂不生不滅之道也或以為此佛教之道吾非佛教何必如此孰知無論何教皆以仁善為宗旨有何派別之分哉就我儒教言之則孔子曰毋求生以害仁寧殺身以成仁由此可見儒教主不殺生已夙矣若此言之則蚊噬人不宜撲虎食人不宜敵乎亦不然凡為人害者雖人亦宜殺何況禽獸哉質而言之不可妄殺以求口腹之欲當辨而行之體天地好生之德孟子曰惻隱之心人皆有之吾人當深思之無故殺生尚不可何況無故殺人耶今吾國一班武人牽延戰事致人民死於非命者不知凡幾未知此輩武人能發一線之天良使人民不致若今之禽獸哉

評菊

季堯章

自陶淵明以愛菊名而周敦頤復謂菊為花之隱逸由是雅人韻士爭倡愛菊於是培菊者日衆而種類亦漸繁多李時珍謂有九百品而陶宏景別為二種謂莖紫氣香而味甘者為真菊莖青作蒿艾氣而味苦者為野菊本名苦薏余本非精於菊者然亦嘗聞人言之考今之菊多野菊而少真菊其名者如鶴毛蟹爪白鷺玉壺冰銀盤托桂楓葉蘆花雪裏飄風白玉帶金背大紅麥穗望江南紫袍玉帶綠衣紅裳麒麟帶貴妃出浴梨香菊綠牡丹墨葵金佛座麒麟角西村冰盤等而以後七種為最此七種者各有特點梨香菊花香有梨味綠牡丹色綠墨葵色黑金佛座形如佛座蓮花麒麟角之花瓣面鮮紅而背深黃冰盤色水綠而肥大西村色粉紅而飛舞花期亦最長也擇菊之佳否枝以近根而枝者為美葉以自根即著者為美花則以色鮮明瓣不露心而飛舞者為美而花瓣又宜長且肥使其飛舞易顯而有姿勢也古人以西湖比西子余卻以菊花譬美人美人固不宜矮短然亦不宜細長必不豐不瘦適中其度然後使人遇目可意而其所以致之者蓋亦藉人工也西施本浣紗西溪農村女也而勾踐得之習以歌舞教以姿態然後一舉動一言笑皆覺嫣然故夫差為驚菊雖有佳種亦必善其培壅而後使其得飛揚夭矯發揮其天然美質也故種類佳而培養至天人合備乃能得良美之菊噫今人之愛菊者鮮得陶潛之旨徒知愛其花之美麗一如牡丹芍藥殊不知菊生深秋而獨秀於寒霜之下其耐寒不凋實可驚焉吾人宜於置菊案頭之時深念其為秀外耐中而非金玉其外敗絮其中之紈絝兒不能稍經風霜磨勵者所可比也

說鬼

顧勁人

鬼之為物無形可見無足跡可尋我國人多信之西人則曰無鬼二說紛紛不知孰是竟使吾之腦海為彼之戰場矣我國人所謂鬼火者西人謂之燐火詢其多在叢墓之故則曰凡動物之骨莫不含燐質叢墓為尸骨之所聚故每至天氣變遷時骨中之燐因蒸發而出地面浮於空氣中或曰追之而不可及者何也曰人行時其前面之空氣因推動成風燐遂乘風前進然吾嘗見化學實驗之燐火與夜間於野外所見之燐火又不同也吾人常見鬼藉病者之口言其生前事或死後事無不似昔吾謂是乃病者未病時即知是鬼之歷史一至病時因思其將死及死後事於是其神經忽亂遂錯出此途然吾今夏見一病者言鬼又殊可疑是人死已二十年矣其死以在鄰某家助理夜歸失足溺於家前之壩旁今夏附姪身言其死非溺也係仇人某所陷死然後投諸河中詭言我溺死也且言鄰某某皆知之某家人詢諸鄰人某曰事已年久即真亦無從追命鄰某曰真也而其死時渠姪尚未生安得知其死之情乎故可疑耳由此觀之若決謂無鬼又似不可傳曰人强死能為鬼嘗見樹木生氣未盡久則生菌栖之屬則鬼亦人之餘靈乎

求人不如求己說

黃逸公

求人不如求己宋孝宗語也孝宗以一身立臣民之上有百官以任衆職猶必反求諸己不敢以求人為得計況吾儕學子既貧且賤者乎且也人生於世別無可恃所恃者惟己之身而已身欲自立不能無所求求在我是求有益於得求在外是求無益於得孟子之言如詔我矣夫求在外者何謂其薰心富貴利達舍己而求人也求在我者何謂其專營仁義禮智先人而求己也太公伊尹隱居以求其志伯夷叔齊求仁而得仁此即求己之明效大驗也至若伺候於公卿之門奔走於形勢之途如虞公之求玉求劍申侯之予取予求卞和氏之抱璞求售求榮反辱求工反拙此非求人之前

車殷鑒耶宋孝宗曰求人不如求己設為不如誠哉其不如也

評 清言霏玉屑

說蚊

姜倬

蚊小蟲也生於幽暗汙穢之處全體灰褐六足四翼喙有細管每至夏夜羣飛嗡嗡以喙刺人膚吸人血液人莫不受其害者而怨讟之聲作矣余曰天地間萬物與我並生類也類無不食而生蚊吸人血亦以謀其生也人惡其吸人血則人所含者多半為植物安見植物不以吾為蚊耶嗚呼强吞弱衆暴寡天下無公理久矣蚊無口辯故任吾人之唾罵耳不然彼必有反唇以譏者矣

說蚊

趙行九

夫蚊固害蟲也吸人之血以為生人皆惡之理固宜然然天下之為人害者豈獨蚊而已哉夫蚊之刺人也夏秋之交而已此乃一時之害也而世固有終歲為人害者蚊吸區區之血痛癢而已而世固有剝人之脂吮人之髓致人之生命蚊不過昏夜刺人而已世固有白晝四出肆其淫威者是蚊之罪猶可恕而世之非蚊而蚊者其罪為不可赦也

我所服膺之格言

鮑哲謀

東方之諺曰一寸光陰一寸金寸金難買寸光陰是誠我所服膺之格言也蓋黃金之價值雖昂一朝損失猶有取償之時光陰一去於何索之故黃金雖貴猶不及光陰之難得也況我正在求學時代苟不愛惜光陰則學業何能成就將來何以自立可不懼乎況人生不過數十寒暑光陰有限而事業無窮以有限之光陰應無窮之事業卽黽勉以求尚憂不逮何可虛度歲月乎昔夏禹之聖且惜寸陰陶侃之賢且惜分陰而況吾輩不若彼者乎故一寸光陰一寸金寸金難買寸光陰兩語余

所拳拳服膺而弗失者也

我之自勉語

鮑哲謀

不明處世之道必為社會上所擯斥昔曾子所以日必三省吾身用以自勉此曾子所以卒為賢人而不隨羣衆以浮沈者全在自勉二字然則能自勉者雖古昔聖賢亦可以期矣所謂有志竟成也今我父兄親友僉勉余為社會之新青年且以繼先嚴之遺志希我我嘗清夜自思如何方能對父兄親友之厚望而每日所為之事所行之道能不悖於禮儀不愧于身心乎茍有過必痛改且自勉曰不償志願何以人為我又嘗怠於學而眷戀故鄉則又自勉曰男兒立志出鄉關學不成名死不還三誦而精神陡起雖臨至難之事不艱迎刃而解矣他日者能償我願能伸吾志以副父兄親友之厚望而不為社會所擯斥不與羣衆而浮沈者謂非今日自勉之功乎

說建築

劉世雲

喬木雖多必得良工而後建大厦磚石雖豐必待泥匠而後築橋梁大厦也橋梁也良工泥匠建築之成績也若無良工泥匠則磚石仍為磚石喬木仍為喬木矣又安得有大厦之可居橋梁之可行哉夫世界之人民亦猶是耳當其未知建築之先渾渾焉已耳寂寂焉已耳含哺鼓腹焉已耳初未有建築之觀念也及聖人出建國家以安天下之心設禮樂以教天下之民於是人民始知建築之必要故聖人者良工泥匠之類也人民者喬木磚石之類也以木石築橋厦尚待工匠以人民建國家又安得不須聖人耶故聖人者建築國家之工匠也倘古無聖人則渾渾者各適其性寂寂者各安其天又安得貽今日相爭相殺之世界相兼相併之國家而不已也耶吾意天之生人未必欲其能建築也而聖人者教之以禮樂安之以國家使其真性盡失而建築之未始非聖人之誤也

評　老莊襟期悠然意達

我對於自由結婚

劉世雲

評論婚姻的人，沒有那一個不說中國婚姻過於專制的。就是我這樣思想腐敗的人，也還覺到自由結婚是對的，不是錯的。所以我現在把我對於自由結婚的意見，寫在下面，供諸君研究研究，看是對不對。

（一）自由結婚之真意　所謂自由結婚，并不是隨隨便便發生一種不規則的愛情，而後結婚起來。就叫做自由結婚，必定要雙方發生起一種高尚純潔的戀愛，在精神與無形的中間聯合起來，而後結婚，這才可以叫做自由結婚，這才可以算是自由結婚的真意。假使不是這樣，就是獸性的衝動，就是野蠻的自由，就是不知道自由結婚的真意。

二　自由結婚之目的　自由結婚起初的目的，是要改除不相識和沒有感情結婚的弊病，改除那家庭夫婦間不和的弊病，改除那父母用強迫手段的弊病，改除媒妁制度的弊病，因為這四種關係，所以就有自由結婚的倡議。社會上有些人，不知道這其中許多的意思，於是乎就誤為野蠻的行為了。這實在是不對的，然而也不能完全怪他們。何以的呢？因為社會上的一般青年男女，往往借這自由結婚的名義，去做那踰牆越軌的舉動，所以就惹起一般人的議論，說自由結婚是不對的。這種事，不要說社會上的人，說他們不對，就是我聽見，也要說他們是不對的啊！假使這些男女，果能夠知道自由結婚的目的在什麼地方，我想他們也絕對不會做出這樣沒有廉恥沒有人格的事體來。

（三）自由結婚之結果　自由結婚的結果，可以總括起來說一句，是沒有壞的。為什麼的呢？因為我們中國從前那種強迫專制的婚姻，實在是沒有什麼道理的。我們既然做一個人，為什麼要娶一個不相識的女子做妻子呢？他既然同我不相識，當然也就沒有什麼感情，既然沒有感情，還能夠稱為夫婦嗎？他既然和我沒有夫婦的情意，同我住在一個家庭裏面，還能夠和洽嗎？家庭既然不能和洽，還成一種什麼事體呢？假使實行自由結婚起來，那裏還有這許多不好的事體發生呢？所以我說這自由結婚，是好現象，是好結果的。

照上面三則看起來，自由結婚不是好現象嗎？不是文明的舉動嗎？不是當然而且規則的嗎？

說法律之自由　劉世雲

自由者，自由於法律之中之謂也。能自由於法律之中者，則何地不可以自由，何時不可以自由，何人何事不能干涉其自由。刀鋸斧鉞在前，不能禁止其自由，此真自由也。不能自由於法律之中者，而曰我善自由，此野蠻之自由也。如欲盡革野蠻自由之弊，舍教育其誰歸？何以言之？夫既受教育之學子，必不肯為野蠻之自由，不肯為野蠻之自由，則所為必合乎法，既合乎法，則野蠻之自由無形中即消滅矣。吾故曰：教育者，自由之法律也；法律者，自由之範圍也。

評　尊重法律，尊重自由，非受過教育者不能如此吐囑

治生說　楊志禮

當現在世紀，要講究治生，談何容易？生活程度這樣高，社會組織這樣複雜，人性的傾向又這樣浮薄，全國上下，懵懵瞶瞶，抱著一種僥倖和苟且的心理，那前年所稱上產的人家，今已變為中戶了；前年所稱中戶的人家，今為貧民了；若說從前的貧民，如今幾乎不能保存下去了。你想人類生存照這樣過去，人生那能完存？國家那能久保？雖然這並不是不可捉摸的危機，要是尋根究底，那就

是『不節流』三字，可以當得。古人有句話：『儉爲德共，奢爲德盡』又說：由儉入奢易，由奢入儉難』可是現在奢華的風氣，要算到了極點了。那般吸民脂膏而暫稱豪貴的軍閥和政客，他們吃的穿的，住的，多麼濶綽！他們一天的虛糜，可當中人數十家的產業。然而還可以說得去，因爲他們也有一種手腕去奪得金錢。他們雖不知『節流』，到也有『開源』的地方，不過他們沒有顧慮到平民困苦罷了！獨是那般田無立錐，頭無片瓦的遊氓，他們却也抱著一種漂亮主義，熙熙攘攘，沈溺於花天酒地場中，無論父母困苦顛連，妻子啼飢號寒，但他的眼光中只是自尋快樂，什麼都不問！或者他們也有靠著祖宗的一些遺產，他就當作用之不窮，取之不竭了。你道這輩人們，既無『開源』的地方，又沒有『節流』的覺悟，家庭那得不壞？人類那得完善？因此我們須知道人類的慾望是無盡的！宇宙的物力是有限的！若把有限的物力，供無盡的慾念，還可得了！所以如今要講究治生，當然先要『節流』，但是節流也非完善的解決，還須以『開源』爲根本。節流而不開源，仍是有乾涸的日子。然而還不僅如此！我們當這生機艱廹時代，就是各盡其能，各致其用，去養父母，畜妻子，尚恐不能周全，何況犧牲在別條路上？因此我甘聲嘶力竭地呼醒人們：『快快一面開源，一面節流啊！』我們要是不顧保存人類久全也就罷了；不然，吾恐人類將來的現在，斷乎不但像古書上說的：『洪水猛獸』罷了！

評 見得到，說得出，不錯不錯

說雨

朱驥良

雨乃地面之水化汽而成。於農家有莫大關係。當夫芒種既畢，田家需雨孔殷。三日不雨，農人則必交相呼曰：苗槁矣。人之生命絕矣。何昊天之不仁也。於是焚香祈禱，望甘霖之卽至。未幾天油然作雲沛然下雨，則苗勃然興之矣。農人靡不眉飛色舞，額首相慶，有築亭以記者，有作文以記者，此雨之功也。若夫淫雨連綿，兼旬累月，植物飄浮，房屋傾倒，街衢徧成水潦，行旅咸感不便，此猶其小焉者也。至若山水陡發，河流暴漲，千里一瀉，盡成澤國，生命財產，同歸於盡，嗚呼，禍烈矣，此雨之患也。以是言之，雨蓋亦有利有害焉。蓋得其時而雨，則有利，不得其時而雨，則有害，利害之別，不過視其當與不當耳。噫，雨常有也，一失其節，則為禍也若是，況其大於雨者乎。

評　收筆尤佳

新年雜話

周得名

光陰荏苒，新年已屆，校中放假，我們時有茶話會，言論有可紀的價值者很多，隨意寫些在下面：

人們都說新年是最可貴的，我以為未必盡然，何以呢？我想旭日東升，這是一日的新；元旦復始，是一年的新。要知新年何足貴，所可貴的，只有我們的年華和學問。這話怎樣講呢？就是四季循環，新年去可復得，今歲之新年與來歲之新年不相異，但是我們的年華老不復少，光陰一去不返。學記曰『時過然後學則勤苦而難成』這樣看來，及時求學，真是可貴呀！所以能使學問與時俱新，這纔是新年的可貴。

新年是萬象更新的時候，我想喜新厭舊，固心理的自然，則新年當然可貴。但能知新年可貴，而聯想於新的科學底可貴，那就有一日千里的進步了！何以呢？試觀歐西科學的維新，要是那些科學家達爾文赫克爾赫胥黎諸氏，他們的研究，不遺餘力，使科學能與年俱新。我們中國的科學，既是老銹不堪，又是幼稚極了。人們逢到可研究的地方，總是糊塗了事，不肯盡心竭力去研求，照這樣下去，就是百年之後，科學還是老銹幼稚，不能維新，倒不如時代之年年有新。這樣說來，不能使科學進步日新，那新年又有什麼可貴呀！

我在新年期內的雜話本不止這麼一點，但是有些糢糊不明，有些敷衍欠實，今且暫止於此罷。

改良農業說

楊桂秋

我中國氣候溫和，土壤肥沃。我國人播種其間，其獲利當較四鄰為益厚。乃視我農夫凶年饑歲既有輾轉溝壑之虞，豐年樂歲仍無千萬倉箱之慶。謂天時有不善，而氣候則曰溫和矣；謂地利有不良，而土壤則云肥沃矣。耕氓力作，野老辛勤，依然庚癸頻呼，常此饑寒交迫，豈非由農業不良所致哉。夫我國農業之不良，吾蓋不能縷言殫述矣。一水旱之偏災，既窮於防禦之無術；一高卑之異勢，又苦於處置之失宜。糞田無所資，不知籌天然之肥料；助長有不恤，或且阻天機之暢生。甚至稂莠蕘稗、螟螣蟊賊，害草害蟲之充斥，坐視其妨穀亂苗而不治。以此而言務農，則不良莫此為甚矣。而況吾農之所務者，曰樹藝五穀而已。他如造林種樹、育蠶製絲、闢牧地以豢牛羊、濬洿池以養魚鱉，凡在農業範圍以內者，吾農尚未知注意也。縱使有經營及此者，而其人既居少數，或又苦於智有不逮，小試其端而輒止。若此者，豈得謂之良農哉。然則求良農於今日，是非改良不可矣。顧改良非徒託諸空言已也，必也振興農業，擴張農田，實驗農學，務使農師充塞於全國，斯農業不患不精矣。其斯為改良之上策乎。

評　反闢亦有見地

說自愛與自立之關係

楊桂秋

人之立身何恃乎？恃乎衣食住耳。衣食住何自來乎？仰給父母耳。然父母一旦俱沒，奈何？則自謀之耳。然處優勝劣敗之時代，欲自謀衣食住，非易易也。不有精深之學問，何所恃以自立乎？顧學問自品行出品行不端則學問不固有難於自立者是以吾人之自立在值此英年之時養成一種自愛之性質以為將來自立之預備耳蓋人惟自愛則處之以禮為之合義得之能廉失之有恥行之以久持之有恒無非自愛也能自愛則品行端矣品行端則學問深矣學問深則衣食住足矣衣食住既足則自立綽乎有餘矣由是言之今日之自愛即異日之自立異日之能自立即在今日之能自愛也自愛與自立之關係豈不重且大乎假使今日不能自愛好惡拂性放蕩不羈假托自由肆無忌憚異日即不能自立不能自立則為人束縛矣人而受人之束縛尚得為人乎吾等在校可不自愛乎

評 周規折矩

說蟬

印維廉

六月二十一夜隨父親遊公園靶子場有蟬自林樹間嘎然墮地為遊客所得贈余而歸因作蟬說

噫蟬希奇你品兒高你心兒細你翼兒單薄身兒靈異居的是深林飲的是清露飄飄乎臨虛御風何求而不得又何必隱葉抱枝長鳴而不已

噫吾知道了你名知了實不知了你本秋蟬宜鳴於秋今當夏令鳴之太早一旦墮地為客所擒余取而歸且頑且笑縛以細線繫之芭蕉試問你當此盛暑長夜漫漫胡為乎嘶月吟風嗚個不了

評 喜笑怒罵皆成文章筆意尤爽利雋快之至

崇儉說

陳不才

人人宜崇儉固矣然所謂崇儉者非鄙吝之謂也不過自奉儉約而已若夫持其品位而全其本務

因其所處之境遇固各有其度不可執一而律之要在適如其地位境遇之所宜而不踰其度耳今設有貧富二人於此焉貧者衣敝縕袍未嘗不可以禦寒也彼富衣狐貉者亦不過禦寒而已貧者疏食飲水未嘗不可以充饑也彼富食萬鐘者亦不過充饑而已貧者蓬門陋巷未嘗不可以避風雨也彼富居必高堂廣廈者亦不過避風雨而已日中則昃月盈則虧必奢侈胡為乎適足以顯外金玉而中敗絮年更月遷貧者年有積貯漸稱小康富者日見耗甚流為乞丐斯時也貧者尚仿范公之斷齏朱子之格言而富者雖效韓愈之送窮阮籍之哭途已無及矣以此觀之奢侈之害非淺不得不崇儉也明矣孔子云禮與其奢也寧儉聖人之所以出此言者為開導後之人耳獨惜後之人不知取以為法託諸空言其可怪也歟吾國土地有二十二行省之多人民已達有五萬萬同胞之衆果能人人趨向崇儉雖運有東京之劣物歐西之洋貨豈能弄騙我之金錢乎以此行事何事不成以此治國何國不强況吾國處此列强環伺之秋苟不崇儉則將來剜肉醫瘡悔無及矣故吾謂興家者必自崇儉始興邦者亦必自崇儉始

評 暢達

愛菊說

陳不才

春梅去矣夏蓮無矣是時紅紫交錯如入花都者非菊耶夫菊生於九十月間清香四溢其瓣如絲如爪其色或黃或白俟百花爭豔後撥土而出表自己之清高殿羣芳而獨後余喜而愛之古人云不是花中偏愛菊此花開後更無花是古人之愛菊與余有同情也彼世之人爭先恐後汲汲然自顯其美才以求供諸世用者雖亦取悅於一時然不轉瞬而韶華已去曇花一現為歡幾何聞菊之風當亦知所愧矣

〔評〕收筆語不猶人

戲說

陳光運

世界一大戲場也古今一大戲劇也二十四史戲劇之院本也各種行星戲場之電燈也登場之人物唱文戲者有三皇有五帝唱武戲者有五霸有七雄有秦漢自是以下武戲多而文戲少皆舊戲也新戲則有總統有總長有省長督軍及其他各種種脚色無往不是戲劇中人也當其登臺之初均裝成一般衣冠人物供美聲美色於看官之前迨臺下拍手倒好之聲振耳則已靦顏下臺而去矣推其故或因手段之不良或因唱口之拙鈍所以謂上臺容易而下臺難也由此可知戲學之難演也顯然矣吾最可笑議會中人以清客自居不問能否戲技動輒登場試演及觀彼等之戲劇既非新劇又非舊劇既非南腔又非北調庸劣者一句未終耳紅面赤糖會者蹈瑕抵隙此擊彼攻其結果不過成一種惡作劇耳至於南北分爭戲也奉直交鬨戲也此可謂之曰提戲蓋其背後皆有引線也若夫普法交戰戲也日俄高麗戲也及最後歐洲之大戰戲也世界中作壁上觀者莫不震而驚之吾以為此不過為一齣拍板門槌大家厮混耳吾國將來必有一齣大戲登場人物能否是一名伶演此戲時吾輩在臺上耶抑在臺下耶尚不可知且待下回分解第今日吾學中人動欲演戲美其名曰改良風化其結果乃全副淨丑說白一味打諢吾不欲觀之矣吾誠戲迷傳中人也粗知一二敢將戲之為戲為諸君一戲言之

〔評〕從四面八方說來頗形熱鬧亦可作一齣好戲觀

息爭說

莊振榮

世事惟不得其平則爭然爭非美名也而有時正有不可不爭者亦有不必爭者故爭之因雖不同

而爭之果則一也不過有大小之別焉耳夫以名利爲念者其爭也必多何也小人之見也一不合意稍或有虧而彼卽爭之以爲不爭其名利將歸於人而不我附焉我故曰小人多爭君子則反之以其能狹天下也不覩夫殷之伊尹若非其道若非其義雖祿之以天下不顧也此所謂君子也我嘗讀其文而羨慕之其所以能臻此者初何有爭競之心哉噫息爭二字言之匪艱行之維艱君子小人之所以判者在此而已

評 詮發爭字提出大小二字煞有見地辭句亦簡淨可喜

道德說

莊振榮

今夫道者導也導人於仁義之途故謂之道德者得也行道而有得於心故謂之德是以至誠之道非至聖不能知至聖之德非至誠不能爲蓋達道者至聖達德者至誠惟至聖可以達道至誠可以達德然則道德豈易言哉然而人之希賢希聖無不始於修身而修身之特操則以道德爲嚆矢國之致治致安莫不本於政治而政治之綱要又以道德爲基礎故道德二字極其至雖聖人所難能而其易卽匹夫所同具彼下愚之人未至於爲禽獸也幾希則以其道德心猶有幾希之存在故也將亡之國未至於爲奴隷也一間則以其道德心猶有一間之維繫故也是故學問有新舊而巍然之道德則與天地有終始政治有損益而大哉之道德則歷萬古而不磨由此言之非獨人與人之光榮視道德爲依歸卽國與國之競爭亦本道德爲進退人無道德不足以爲人國無道德不足以成國故孔子曰信道不篤執德不弘焉能爲有焉能爲亡中庸又曰君子之道費而隱又曰小德川流大德敦化韓文亦云仁與義爲定名道與德爲虛位中其說蓋僅云道德未足以正名定分必賴仁義以正其鵠然則道德固修身之要素治國之大經而仁義又達道之命脈立德之根本也

評 語語著實字字剴切琢句佈局均造上乘

伯樂善相馬說

馬健飛

北遊歸客某曾語余曰冀北古多騏驥是言殊未可信吾嘗雁門遠足矚目馬羣觀其俯首帖耳悉駑鈍之材求能一日千里追風逐電者不數數覯豈古之馬多駿今之馬多劣歟不然塞北漠地一望無垠宜其奮鬣長鳴一試騰雲之捷足也胡為甘於蟄伏才美不外見乎余曰噫君何言君非伯樂安能相馬之良否天下多千里駒徒以不遇伯樂遂勞勞於駑鈍之羣人以其無異於常馬也亦以常馬目之是豈良馬之所願歟且外强中乾居然身若驊騮君必其有千里之能乎故吾人相馬之優劣不知埋沒幾多良駒矣若得伯樂青睞飾以錦鞍食以石粟於是一臨平原則聲價十倍奮其所藏之力逞其健足之能人咸目之曰此千里之材也夫而後赤兔烏騅之名聲振環宇馬亦知遇知己遂竭力報之故能相得益彰君謂今無良驥盍言無伯樂乎友默然無以對

評 文有意到筆隨之概

周濂溪稱菊為隱逸花說

馬健飛

菊而名以隱逸耶是菊似隱逸者也隱逸而擬於菊耶是隱逸者之品格其清高與菊同也然菊無淵明之愛則伊誰知己淵明無濂溪其人則愛菊之志不彰是淵明之品似菊而濂溪之心又似淵明也夫淵明既賦歸來怡情老圃每屆楓紅秋老則浮金點玉晚節留香詩酒留連徜徉三徑以隱逸之風偶蕭疏之影誠花中傲骨宜植於處士之家者也然菊原從鞠花盡無花故萬卉爭榮菊則東籬自處羣芳零落菊則幾朶含葩不慕春景之鮮妍偏耐寒霜之剝蝕寧非淵明之傲屐尊榮濂溪之自甘淡泊耶所謂人淡如菊菊似隱逸者是也

評　詞旨清腴

黜奢

嚴雲章

孔子曰與其奢也寧儉可見儉乃美德而奢為虛榮也世世之好虛榮者固不乏其人屏而絕之吾人之責也今世風俗相文以偽相矜以華齗齗焉爭妍誇媚窮奢極侈自謂足以耀一時而榮一鄉也故平居則食必珍饈衣必錦繡高軒駟馬炫燿道路婢妾環擁臧獲雲從不謀生業惟事嬉游博簺之費日數十緡以樸素為可羞視錢財若糞土凡一舉一動一衣一食罔不極其靡麗窮其奢侈以為不如是必不足以跨同儕而顯一己之榮也曾不一瞬家產盡耗聲勢俱落寒無以衣饑無以食妻子流丐已身蕩泊向之峻宇雕牆渠渠夏屋者今則欲求蓋頭一把茅而不可得矣夫如是孰非奢侈之故階之厲哉故為士君子者不求虛榮不尚奢侈雖布衣稷食亦足以養其貞德而修其內行也古人云方丈之席止於一飽越羅蜀錦止於溫暖吾人在世得衣食飽暖足矣何奢為願我同儕共引是言以為法焉

評　反振得勢局緊機圓

立志說

許法曾

自來英雄豪傑所以能創大業成大功者無他立志而已彼英雄豪傑亦猶是人也吾志在英雄即可為英雄矣吾志在豪傑即可為豪傑矣蓋志者成功之母也吾既厚自期許不甘湮沒以終則日效英雄豪傑之所為勵精奮志久而彌堅猶之越山路者初病犖确不中道而餒誓必造其極巔而後已安見英雄不可勉為豪傑不可企及哉語云有志者事竟成旨哉言乎雖然志亦不可忘立焉志為心之所之志正則心地光明自克有所樹立志不正則心思陋劣不免流入歧途英雄豪傑之

異於常人者正賴抱負之大趨向之端耳故人欲自别於庸夫俗子而進於英雄豪傑不可不知立志尤不可不善用其志

評 壯往之情可與有為

辨釋類

闢佛

方厚生

現世實來世虛現世邇來世遠為實且邇者努力易為虛且遠者努力難固夫人而知之矣佛者犧牲現世萬有為有無不可知之來世努力也質言之徒以一去不返之光陰導世人終日以冥行因人於迷信之域困人於消極之鄉不知增加社會之效力而坐耗世人之衣食耳使世人盡起而信仰之崇拜之不謀現在夢想將來則我人類復漸進化耶是故佛也者社會之蠹也人類進化之勁敵也彼何益於我哉

評 痛快直捷數語直抵得千百語

名譽貴乎金錢貴乎

陸濟明

名譽金錢人莫不愛之也二者為宇宙間萬物中價值至昂貴者也若徒有金錢而無名譽者財奴也有名譽而無恒產者逸士也茲就二者權其輕重審其貴賤而名譽實貴於金錢何也金錢就表面觀之佳品也殊不知實萬惡之源大則亡國滅種小則擾亂治安貧富不均爭奪相殺之事由是起矣謂余不信不觀前之直皖戰爭今之奉直戰爭乎何一非爭權奪利乎因爭權奪利致引起我神州內訌國貧民困而外人於是可以欺侮我矣奴隸我矣而金錢之害可知矣名譽則不然且有療治斯病之功故名譽者實治病之良劑也若世人患此病者可以此藥餌投之使此病得愈然

世道日非。人心不古。此藥餌無用也。今之武人、今之財奴、患此病者、無法可施、爭權奪利、吸民膏血、謀個人之幸福。享一生之快樂。擾亂國家。甘心置主人於死地。置國事于不問。惟利是尚。則奄奄之中國。欲謀富強之日。尚何希望之有。而財奴則藉金錢之山積。終日優遊。無所事事。惟知蓄妾養婢。以供其消遣呼喚。以為快樂。而國家果何有。天生之利益。以供此類無限之浪費。塊然形骸。一人間之廢物而已。國家而有此無限之廢物於其中。欲謀富強。更無望矣。由此觀之。名譽金錢孰貴孰不貴。不待余之多言。即可明矣。吾故曰。名譽可貴也。金錢萬惡也。

評　塗澤一空

學校生活與家庭生活之比較

周德明

學校生活乃有規律。易進步者也。家庭生活乃放任易墮落者也。然吾人雜處其間。往往覺苦樂繽紛。善惡莫辨。蓋非比較不足以言二者生活之優劣也。夫學校生活。凡灑掃居處。整潔書物。非躬行不可。足以養成自治之能力。起居飲食上課休息。各有定時。勞逸既勻。身體得以健全。科學不明。則有教師訓誨指導。懷疑處又有同學觀摩切磋。且學問因競勝而奮勉。由奮勉而長進。環境盡善。雖欲自棄。其道莫由矣。家庭則不然。整潔事務。惟僕是賴。雖己能為之事。必諉之家人。由是怠惰性成。依賴是適。晏起忘食。惡勞好逸。習以為常。身體因之日弱。即或不然。獨學無友。欲溫故知新。亦惟孤燈默誦。無與偕者。奮勉何由。遇有惑而不解。則廢書他適。雖誘於俗塵而不顧矣。此家庭所以不如學校也。惟在校有疾。慰問無人。獨臥一室。徒增淒涼。戀家心切。則病雖輕而苦不堪言。在家則反是。蓋親切而有恩也。又或佳時令節。骨肉歡聚。黃童懷抱。白髮扶杖。相視而笑。洩洩融融。誠天下之至樂。而為學校所無者。雖然學校之苦暫。家庭之樂久。不受今日學校之苦。焉有後日家庭之樂可享

之無窮哉

【辟】大體包括無遺

人生究竟應當樂觀還是悲觀

俞 浩

這個問題在我思潮中湧現着已好幾次了，但從沒有深深思過現在我對于這個問題在我思潮中留下的痕跡今記出來貢獻給閱者諸君總之這不過是我個人的一些意見罷了！

現在雜誌報章上討論這個問題的兩方面都有：抱樂觀主義的雖時有見到，抱悲觀主義的却也不少現在且把悲觀的來先說

一般抱悲觀主義的人，他們受了惡劣環境的壓迫，罪惡社會的支配因之他們以為快樂總是一瞥悲哀總是永久他們因此感到無論什麼事情，總是覺得悲哀絕望，青年人看了，往往把他們的一種奮鬬精神，進取之心希望之心以及……都隨之而烟消雲散甚而至於在他們最悲哀的時候入於自殺的一途照這樣說來一般青年對於他們的將來存絕望之心，前途生黑暗之恐怖；罪惡的社會，不肯犧牲他們的精神去改造環境的惡劣，不肯勇敢努力地去戰勝使他們無論作什麼事都灰心你說這種現象好不好？我因為也有一時被他們感動過，現在還留下一些印像哩！

她對鏡照着

鏡中現着一個她，

她與鏡離開了，

鏡中也就沒有她了

一個人倘使有了這種思想，不能棄絕那豈不是要自殺嗎？到了這種地步，還有什麼生存的必要

呢？你看一個人對鏡照了，方才能顯出他的形像；倘使那個人離開了那面鏡子，那麼鏡子裡也就沒有那個人的形像，也就是一個人生在世界上，世界上就有你，這個人你死了，世界上就沒有你這個人一樣，我寫到這裡，看的人一定要起疑問了，因為肉體自然不能永遠存在世界上的，但是精神卻能永垂不朽的；唉！人們呀！這個道理，我那有不知，不過那些永垂不朽的人，可就是那些抱悲觀主義的人，我看抱悲觀主義的人，也決不能成為永垂不朽的人，因為那些永垂不朽的人，他們肯犧牲奮鬭努力，他們的心中，存了一個有無窮希望的將來光明燦爛的前途，他們有了一個無窮希望的將來光明燦爛的前途，才肯努力的犧牲他們的奮鬭的精神，鼓舞他們那不達目的不止的勇氣，雖然是我們現在的思想，決不就是將來的事實，但是那個人能夠確定我將來的事實，決不是現在的思想呢？

抱樂觀主義的人，卻不是這樣的了！他們覺得眼前雖是悲哀，前途雖是黑暗，將來雖是失望；不過悲哀終究要被快樂戰勝，黑暗終究要變為光明，失望終究有望，所以他們無論感到什麼事情，總存有快樂的意思，總存有希望之心；使一般青年覺得悲哀不過是暫時，快樂是永久的；前途盡是希望，黑暗裡面有光明；荊棘叢中有情人，使他們有蓬蓬勃勃的青年之氣，使他們的精神不至于頹喪，作事不至於灰心，這種真是使青年入於正路的一種好現象啊！

窗外的幾個花苞兒
漸漸地開了，
忽而一個倒垂在梗上，
被摧殘而枯死了。

其餘正在發展的花苞兒，
驀歸也在那裡悲傷歎息：
「我們又少了一個點綴宇宙的伴侶了！
我當時不覺很急速的安慰他們道：
「可愛的花苞兒呀！
你們不要悲傷呀！
你們的伴侶，
雖是少了一個，
但你們仍可努力地點綴的。
可愛的正在發展着的花苞兒呀！
快些努力地點綴罷！」

這首詩裏的意思，以為點綴宇宙的花，不在乎多少。多固然能點綴宇宙，少亦何嘗不能呢？所以雖然點綴宇宙的伴侶常被摧殘，不免為之悲傷。但能有一個存在那一個仍舊應當努力地點綴宇宙的。人們也決不能因為伴侶的，日見摧殘日見缺少，就悲觀起來不肯努力的繼續前進上去。雖今天尚有奮鬪精神，明天即隨死神同去；但在未同死神去的時候，總應當盡力往前進行，決計不能中途就把奮鬪精神消掉，希望之心滅掉因此這種人見了黑暗的社會，就想把他怎樣才能光明；失望的前途要使他變為前途盡是希望；眼前那些死氣重重的一切他們看上去卻都含着無窮的生機。

從以上看來兩方面覺得似乎都太偏見都不完滿悲觀方面似乎對於一切不肯細察深求籠統地總是絕望悲觀樂觀方面的也似乎犯着同一的弊病他們也不肯細察深求一味籠統的對于一切都含有無窮的希望世界上本没有永久的悲哀悲哀不過暫時的祗要能够奮鬬決計能够戰勝悲哀決計能够達到快樂的目的然而細察起來對於青年究竟應當悲觀呢還是應當樂觀這我總以為青年還是趨於樂觀方面的覺得好些因為青年一趨了樂觀方面他們往往就能生出一種自尊心希望心並且從此也肯努力地去達到他們的含有無窮希望的將來了雖是他們理想的希望的將來未必果能達到但總比精神頹喪着氣重重静待死神到臨的那些青年們好些

評 悲樂是對待的没有這個何能有那個所以達觀的人看了悲就是樂的母遇到樂又當作悲的母所以從不極端的悲也不極端的樂因為天道循環偏重必離戰勝困難固不易那持盈保泰也是很難的我們無論主觀客觀概當持一種冷静態度若不得已而專作客觀那末作者的命意也是很贊同的

學生演劇與梨園演劇之異點何在

俞浩

演劇這件事情最能够轉移風化人情的了所以無論那一個國中都有演劇這事情的不過那些戲劇都在劇園裏演的現在國民的智識漸漸的開通于是更加知道戲劇在現在的重要因為戲劇有一種很大的勢力能够給一種極强烈的刺激與一般閱衆的並且無論那個不識字的人也都能够直接領略的因為事實表演出來是人人都能够明白的今就我國現在梨園中所演的新劇與現在一般開化的青年所演的新劇的不同畧講一下

我國現在梨園中常演的新劇不過是舊的變態罷了譬如一個新的酒瓶裡仍舊裝滿了陳酒不

過換了外面的形式，內部所注的，同從前本沒有什麼兩樣因為現在梨園中所演的戲劇，大半仍取材於舊戲劇，雖然他們照新劇的形式改變了一下，但終是沒有什麼意義偶有幾篇也很有意思的，卻也不能一筆抹殺，不過也不能怪他們，實在中國的文學家著作戲劇的不多，翻譯的作品，因為各地的地方色彩不同，各國的人情風化的不同，所以也不適合于我國，並且我國一般看新劇的人，智識太淺，或者還沒有程度明晰了解有價值的作品哩！

還有一層，是劇園裡演劇不能取材於有價值的作品，因為他們要圖經濟上的發展，要迎合閱衆的心理，倘使不如此，他們的營業就要不發達，就要不能得到經濟上的充分發展了，並且扮演者的智識程度，也不甚高，間有些才高學深的人，不過也是少數，終不及學生智識程度之普及他們只圖與劇中人之一舉一動，惟妙惟肖，怎樣能使他們看的人動目，何曾顧到那些舉動是有意義的嗎？他們只要能博閱衆能多拍幾聲掌多喝幾聲彩多來看看，不要斷絕了主顧這些都是他們的惟一無二的目的。

學生演劇則不然！學生在校求學，得讀中西名劇，並能于劇中一切的劇情，都能深切的洞悉了解。故所演之劇，大都取材於這些有價值的作品，學生既有欣賞藝術的程度，又有正確判斷的能力，取長棄短，故演了能轉移風化，且學生演劇是偶然之事，故能不趨奉閱衆，于材料一方面亦能選取最有價值的幾篇來演學生演劇時來觀演的，又大都為學界中人，其智識程度亦較梨園之閱衆為高，故於取材儘可選有意義有刺激的，因為有相當的程度，于表演一方面，或者不能十分動情十分精美，這也是學生沒有常常練習的緣故，因為在課餘之暇抽得一些工夫來練習的怎能演得好呢？並且學生演劇既不趨奉時好，又不圖營業上經濟上之發展，取材又能選精美，有賞鑑

的眼光有公正無私評判的態度選演之劇少又能免濫竽充數之作品這些都是學生演劇與衆團演劇之根本不同的地方

評 兩面評量優劣各有分寸

喜鴉惡鵲解

王興漢

齊威王沉湎不治與羣臣為長夜飲百官荒亂諸侯並侵左右莫敢諫有鴉鳴於庭聲啞啞焉王惡使彈之湻于髡曰王何為而惡是也夫有口則有鳴物之常也王何惡焉王曰是烏也鳴則不祥是以惡之湻于髡曰吉凶在人烏何知焉且是鴉也不毀曲以求圓不巧言以求媚使禹聞之必拜子路聞之則喜獨惜今鳴非其時耳且夫鴟梟毀室始來龍比之忠鸜鵒來巢始進子胥之諫今日非下詔求言之世乃我王燕樂太平時也文恬武嬉酣歌達旦乃啞啞焉以啟王之不樂何為乎不如噤若寒蟬之為愈也王默然不答會有喜鵲鳴于樹王欣然喜曰國將有大慶事矣左右可以賀寡人昔商孕元鳥而商興周化赤烏而周王今來喜鵲之喜天其或者還予志乎羣臣應之如響湻于髡獨憤然曰是烏妖也王盍彈之王艴然不悅曰寡人惡之而反愛之寡人喜之而反仇之抑何薄待於鵲而獨厚於鴉耶湻于髡急謝曰否非敢然也然是烏也晉之二五齊之三豎類也王之左右皆能鳴者也故王有過則鳴以文之王有欲則鳴以道之王崇宮室則鳴以譽之王富子女則鳴以諂之故其鳴也能使王喜能使王樂能使王聽之而不疑王國之吉凶惟其鳴王弗知也則不祥孰大焉王曰先生休矣寡人喻矣猶不改如是者數日湻于髡曰國中有大鳥止王之庭三年不蜚又不鳴王知此鳥何也王曰此鳥非鴉鵲儔也不蜚則已一蜚沖天不鳴則已一鳴驚人於是罷長夜飲朝諸縣令賞一人誅一人奮兵而出諸侯皆驚還齊侵地威王大悅召髡謝之曰昔公冶長以知

鳥語而稱賢今先生聞鶺鴒之鳴而諷諫先生賢乎哉因以是為主客而齊益強富厚輕諸侯

評 貫串故實如數家珍

目盲與心盲

陶興祥

世人每謂人生最苦痛者莫過於身體之殘廢而其中尤以盲者為甚焉吾意則不然吾以為最重者尤莫過於心盲也何則蓋盲於目者為形體上之盲盲於心者為精神上之盲形體上之盲雖不知天地之大日月之光山川之峙流宮室之宏麗衣服之華美容貌之妍醜然其心之於事物或能了然而悟於心也且以目盲心靜不疲其神於不急之務不用其力於無益之為出則售其術以飽其腹入則安居以靜養其身心若是盲者又何病於目之不見乎若夫精神上之盲所行必迷迷則喜為非禮之貌好為無用之觀事至而不能見見而不能遠賢愚之品不辨邪正在側不擇利害之來不能審治亂之故不能識詩書之陳於前事物之接於後終日覩之而不得其義逆行倒施非者是之是者非之曲者直之直者曲之天下之是非曲直幾為若輩所混淆以致輿論不足為憑而己身亦入網羅陷阱而不知悟尚沾沾以自喜若是者豈不深可痛乎由此以觀心盲與目盲較其輕重為何如耶然盲於目者人人皆得而見之故得而棄之盲於心者人不得而識之又烏得而棄之吾今書之使盲於心者可以自省而讀者亦可以知盲於目者不足慮也盲於心者乃大可危也

評 較論詳明有條不紊

讀書與謀生

吳世同

今之讀書者悉失其真諦矣皆謂今日之讀書他日之生計賴焉於是對於讀書一事每圖敷衍門面而不求實際其志僅在他日之生計為己足由是觀之吾國教育之不及歐美者亦何怪哉然則

讀書之真諦為何如乎蓋人之讀書非預為他日之謀生乃希望他日之學識精深為國家之棟梁也今日學識之精深並非希望他日生計之豐裕且人不讀書未必他日不可以謀生即如農也工也商也亦何嘗依讀書而謀生者乎今日之讀書亦未必他日即能謀生此事所恒有者讀書者他日服務社會得社會之金錢乃社會之酬報並非讀書者之生計吾願今之人勿以為今日讀書即為他日生計之本也當視為天職當視為對己對國之義務

評　簡鍊名貴不屑拾人牙慧

學校試驗之利弊

吳世同

今之學生在校平素對于一切課程僅知隨班上課而不注重平時温習至學期終了時每有臨時抱佛脚之勢推原其故非學校中未行試驗以勉其努力而又自乏自治之能力乎故學校中每于學期終了時即行試驗其宗旨一以勉勵學生對課程知努力而求進步二則藉以考察學生個人一學期中之進益為何如耳非然者一學期中其教師雖費若干之精神講授時雖若别黑白而數米鹽知學生之程度為何如恐難也此乃學校試驗之利也每見學校至十七八週時所授之課程將告結束則見學生終日手不釋卷提精會神温習功課以備試驗對于心身之發育腦筋之保護不顧惜也甚且戕害焉及至試驗一過前時所强記之知識把住不久即便遺忘試問試驗有何用乎然則學校中所授之課程使學生自能把持日久有利而無弊有何良策哉曰惟有注重臨時試驗耳蓋學校中之臨時試驗無時而不可行既能時時行此試驗則學生對於課程亦能時時注意既能時時注意則所受一切之知識靡不克把持日久也

評　條分縷晰落落大方文自加人一等

全國中學國文成績 學生新文庫 乙編

答述類

何謂自由

黃鐘

自由者何依據法律範圍以內實行自己意欲而不受別人絲毫羈絆之謂也惟有法律的自由資格者斯得自由之權利實行自由之行為所謂法律者何非專制君主或某階級少數人用以束縛人民者乃人民全體公定可能的且必需的限制之契約也有能於此契約範圍中率行自己意欲之程度者謂之有法律的自由資格者故自由之真義即依着人人所應公認可能的且必需的限制之範圍隨意行動不受何種拘束之謂也人能自由與否全在能否依其真義而實行之自由有個人與團體之階級焉團體之自由多數個人共同組成者也個人之自由團體所賜與者也何也多數個人不能自由其所集合之團體必成不能自由之團體團體不能自由個人雖屹然獨能自由然必受團體之籠絡與壓迫也故從未有不能自由之團體中而有能自由之分子亦未有不能自由之分子而能組成自由之團體嗟夫嗟夫予十六萬萬人類團體之一分子也團體不能自由吾何由以自由吾觀夫少數遁世之個人(隱士)與團體(新村)往往脫離大團體以度其新生活遂其獨立自由之願然果能完全斷絕其桃源境外之關係與牽纏耶其所處境遇果合於自由之真義耶

評 昌黎行文於肯定的轉作不肯定語氣使人自味彌覺厚而嚴此作庶幾近之

民國不國共和不和欲挽狂瀾責在我輩諸君試各言其志　喬吉人

夫薑桂同地辛在本性文章由學能在天資才由內發學以外成有飽學而才餒者有才富而學貧者學貧者逃遁於事義詞餒者勉勞於詞情此內外之殊分也夫以子雲之才而自奏不學及觀書石室乃成鴻采表裏相資古今一也吉人弱齡好弄翰墨僕僕風塵忽忽十載雖撫劍無由而未嘗不以為有得也自頃以來民國不國共和不和茫茫華域日簸蕩於愁雲慘霧之中凡百弱點不遑論矣即以文字之微冥冥之中亦日隨國弱而俱微長此滔滔以不返其末也吾恐不忍言矣吁魏晉而還文統殆絕昌黎振起和應罕人今後承其責者將在吾輩乎故吉人之志不在投筆從戎不在躬耕隴畝而在精勤向學發憤攻書挽八代之頹風洗一時之舊染至成敗利鈍則非吾所能逆料惟有黽勉從事而已吾聞西人密格爾曰中國有若斯之文學而不能自顯於世其賦性之特異誠使吾百思而不得其解也夫不能自揚其善而日以推倒固有之文化為事外人反為我惜之事之可恥孰甚於是此吾之所以有志於斯也不圖攻之愈力而毀之者愈衆誠有如韓昌黎先生所謂小稱意則必小怪之大稱意則必大怪之者矣故數年以來每為文章非二三知己外未嘗敢以示人誠恐無益祇取辱耳今先生既以各言其志相問敢不以實告乎

評　志獨異趣難羣立鶴

述以前求學之經歷　崔鴻雁

鴻雁生年有五即束髮受書浮沉於學問途中出入於學校門徑於今十五年矣每於課餘之暇追思曩者輒撫膺而長太息也蓋當鴻雁幼時家貧甚入塾從師書籍束修之費恒虞不給以故不能負籍遠方受博學鴻儒之教誨其後家資稍裕延聘附生虞師仰壺未二歲虞師不屈他適繼又受

業於秀才沈師南容三載綜計廁身私塾七度春秋鋤芸經史披覽四書凡所為文亦不出乎是蓋所謂世界新學潮流者盲然不知其為何物也未幾從祖養之暨族叔少波南勲外祖孫漢之等創設初等小學遂移學其間乃悟此身入迷途也久矣越歲餘更升高等小學校校距余居凡七里朝而往暮而歸雖酷暑嚴寒暴風疾雨未嘗或輟由是普通知識稍稍具矣及至高小畢業宜其投效師範造就前途不容再忽然而求學異鄉苟非蓄有的款終不免季子囊空貫書返里孰是之由乃責走於社會拋棄五載之光陰不克遂其升學之志願追思曩者詎不足扼腕而長嘆者乎今雖得修業於此間其如馬齒增長何然而今而後苟力著祖鞭寸分是惜縱不等弱冠之終軍亦何讓蘇洵之廿七發書嚌昔之經歷以為今日之砭針

評 秉筆直書合稱得情之作

對於主張今後中國文字應該改用拼音之我見

崔鴻雁

文字之制有二曰衍形曰拼音衍形者如中國文字是拼音者如歐西各國皆是或曰心理即於美而有衍形心理即於真而有拼音衍形與拼音以美觀較拼音不若衍形而以便利較則衍形不若拼音二者衡其輕重寧舍美觀而求便利毋舍便利而尚美觀於是近今中國少數文人外觀世界潮流內謀民智平等乃有改革文字為拼音之舉其思想不可謂不新用心不可謂不善也然而區區之見對此主張有不能釋然於懷者不得不為求新之士一詳陳之夫文字者保存國粹之工具我中國數千年國本之所自出文化之所由來歷代社會之狀況政治之沿革學術之盛衰莫不賴以維持就歷史觀所不可改革者一中國民智黑暗至于今而極矣憂國者力謀教育普及以挽斯狂瀾兢兢恐晚使文字改革必幾許年而新者使產又必幾許年而學者方得探其門徑不特凡百

世業將有紛擾不可收拾之虞而文化進步實受絕大之影響就時勢觀所不可改革者二且也文字之成功非草創即能盡善而盡美者也無論中外文字莫不經數千年文人之腦力修飾之潤澤之而始獲享其大備浸假處此文明駸駸一日千里之秋而以草昧肇造之文字以適應之不幾有杯水車薪之殊耶然則就文字與人事相輔進步觀所不可改革者三夫各國文字發生基於圖畫久之乃循兩途而有衍形拼音之別衍形者圖畫之直系發達者也探本窮源我國文字訓詁家視為莫大之價值則是就文字源流觀所不可改革者四綜上四者皆為國命民生之所托詎可不加審慎也哉主張者若曰改用拼音收讀音統一之效而歐美採用拼音之先進國語言亦異地而殊類多隔閡若曰改用拼音為簡易使教育易於普及而不知拼音文字歐美國家有達至十數萬者中國僅數萬而已亦何故哉故深願今之文學家欲作文字之大革命就本體上求簡易謀便利則可冒不韙以作根本之改革則不可

評 持論正大筆勢亦暢

述讀書之法

胡石臣

吾人學業進步之難易勤惰實為其直接原因而間接原因則關於讀書方法之良否有良好之方法則進步易無則進步難此為不易之理茲述其讀書之惡習慣徒讀其文字不問其意義若何終日咿唔千百遍之反復誦讀使文字語句自然出諸口中猶若水性之就下而不可遏我國往昔誦詩讀書咸用此法今也學者對於此種讀書之惡習慣猶有未盡消滅而用之者其弊殊難勝數既足以耗廢光陰又足以妨害身體吾親愛之同學乎此種惡習慣豈有存留之餘地乎則改良讀書舊方法為刻不容緩之事改良習慣即能節省吾人之心力使書中之筋節永印於腦海中而不遺

忘然則如之何而可吾人於各種學科首宜觀察其大體將其大意明瞭然後細爲紬繹以分解其内容使書中之意義融會於吾心自是而後將書籍闔閉默想其大意且摘其重要者書之於紙庶幾易於記憶復誦數遍則斷未有不能牢記及領悟其意義者若用此法則費時較少而得益良多質之諸君未識以爲何如

述親屬治理家事之狀況

胡石臣

吾家與大伯父家別居大伯父稍讀詩書家富於貲余往至伯父家偶入廟所其清潔雖人家之廳堂無以過焉問之曰余每晨必親自灑掃蕩滌故如此清潔伯父於家事無論大小悉親自爲之治家以勤儉爲主遇農忙時率家人往田收穫耕耘家人或有惰者輒曰犬守夜雞司晨汝今不勤農作即不及禽獸惰者聞之竭力耕作平居衣取蔽寒不取華美食取充腹不用肥鮮有賓客則必豐其酒餚嘗曰自奉宜薄待人必厚對於鄰里或親戚家有吉必慶有凶必弔其禮稱情以施其他諸事余不能筆述綜之伯父治理家事井井有序不稍紊亂也謹述之以著於篇

試各言爾志

陳經國

人心之不同如其面然心之所之謂之志人各有志不能相强也要貴自立而已大丈夫當立功異域安能久事筆硯間此班超之志也擊楫渡江不清中原不復濟此祖逖之志也經國賦質庸愚年少學淺固不敢張大其詞以自誇其志亦不敢跼促自安以自卑其志惟實事求是以自言其志時至今日中國之弱甚矣外人之欺侮我國亦甚矣我不欲凌人亦不欲人凌我和平相處利益均沾以相安於無事倘外人苟有他志欲奪我之利權欲侵我之土地恃强權無公理外侮之來一旦決裂願乘長風破萬里浪以決一死戰此經國之志也然吾更竊有願焉中國民窮財盡欲救中國之

貧非大開礦務大興工廠不可此則撫衷自問材力有未能只以俟諸君子管子曰禮義廉恥國之四維四維不張國乃滅亡我國今日教化凌夷由來漸矣欲維持風化又望諸君盡教育之責焉是以欲成大厦必集良材欲興中國必相輔而成人各有所長各盡能力以相得益彰則我中國庶可興乎

評 分常變兩層說條理分明斯志亦有不激不隨之妙

泰西兵法按之古兵家言孰合

謝璧

兵家言者學問之事也不可以無法然兵法貴矣而法外之法則尤貴用兵無法十戰而無一勝者也用兵有法十戰而五勝者也用兵而有法外之法百戰而百勝者也泰西海陸各國互爭雄武必權力均平始足保太平之局船艦日求其速率火器日形其猛烈兵法似異於古矣然兵雖異而練兵則同練兵雖異而練兵之法則同古兵家言若項王韓信兵法久失其書存者如武侯心書類又偽託而難憑即今日泰西兵法以求合古兵家言惟合於孫子者為尤多孫子曰善用兵者避其朝銳擊其暮歸德國男子二十一歲為正兵三年退為頭等寓兵所謂養朝氣而避暮氣也九地篇云夆地無孤澤地無迎絕地無舍圍地無困西人欲加兵於人先測其城郭蹊竅山川險易保壘高下繪圖以歸臨戰之頃將士人挾一圖普法之役德人得法國地圖戰無不克誠以地利為用兵要著也又云殺敵者怒也泰西公例降者釋之無得再戰豈果有不重傷之心歟恐益敵人之怒耳拿破侖有言為將能知敵情而其情不為敵知者勝非孫子所謂知己知彼乎普將謀法普人揚言謂俄有意於印度使英俄交鬬以絕法之外援非即孫子用五間之術乎他若奈利孫跨海之戰惠靈吞憑險之守墨斯科深入之敗勝負之故古今一迹故曰兵雖不同用兵之理無不同也今中國談兵

者競尚西操古兵家言久已不講彼得古人之法而吾乃置古人而效其法師人者未必能勝人也況盡其法亦不足恃乎趙括讀父書而敗張巡棄古法而勝房琯遵古制而敗武穆關心兵而勝可知兵無常勝之法而恃有常勝之將也然而未易言矣

【評】爽朗明快絕無冗談

日本新政之行何者最先何者成效最著其一切改從西法識者論其不無過當而弊之伏於其間者何事近今有無補救之方試條分縷析切實指陳以為中國考鏡之資

季良

三十年來神州士夫談變法之善者必曰日本哉日本哉夫國異俗地異宜踐他人之迹而髮毫求肖此適貽削足適屨之誚效未著而弊已叢起況彈丸島國新舊互爭士氣囂陵水火冰炭緣飾枝葉而不挈要領先入之主未定旁皇歧道未有不敗者也今夫彼得變政首致英賢維廉中興首重兵學新國運而振民氣大綱舉則萬目自張日本知此故變法之初即以興學為開宗之義奚以明其然耶安政以前日本無所謂西學也爭攷據溺詞章塗抹西書以供覆瓿之用明治躍起設官學以為諸藩倡留學外國之藩士遂闐溢於宇內不四年而文部設學制宏矣師範普興大券既握以端蒙養於是有小學以第高等於是有中學以究精深於是有專門學以總大成於是有東京大學猶復以兵學校教士卒以農學校教種植以商學校教貿易以工學校教技巧以女學校教婦職公立私立如林如櫛知當務之急而後收效之速突震亞東之局人才之起如雲蒸富國之源如河濬蔚蔚炳炳治茂維新然猶非效之最著者也最著者莫如兵自閉關攘夷戰輒失利卧薪嘗膽步武德英一舉而滅琉球再舉而擾雞隆亂高麗據遼東割台澎闢商埠索賠欵東方新英之目津津於

列國士民之口。以三島之國。而躋二等。俄人之所心忮。而英法諸國之所目側者也。且夫窮則變。變則通。通則久。本環球公共之理。如日本之明效大驗。誠能得聖人之微意。而措諸實事。然必謂其有效。而盡無弊。此亦過譽。而未能深窺其際也。西人之於理財也。以暢流為宗旨。故風尚之侈靡。日增月益。而不以為嫌。然地大物饒。本足以供其揮霍。藐爾日本。器服國俗。全舉而踵其迹。大之禮樂制度。小之居處飲食。無一不仰給於外域。開港以來。金錢出口。不十年而踰億萬。五港關吏之未報告者。尚不知其凡幾。積歲累月。體竭膏枯。漏巵不瀰。其何能久。此改從西法過當之弊一也。陸軍近八萬。海軍三十萬。黑子之地。烏足多容。乃以各國增兵。恥居人下。復議陸軍增至十五萬。海軍增至四十五萬。倚海立國。增海軍可矣。陸軍之益。未免綴流競勝。太深。力將不給。竊恐地小不足迴旋。舉鼎或至絕脰。此改從西法過當之又一弊也。巍巍孔教。國脈所繫。西學啟熾。昌言毀聖。孔子明人倫。耶穌兼明天道。謬妄之言。乃出于士人之口。甚者至謂綱常道德。為束縛之具。狹隘之物。狂論妄煽。人心日囂。一脈之傳。斯馬將盡。此改從西法過當之又一弊也。前之二弊。加進口之税。免出口之税。增水師之額。減陸軍之額。廣源節流。可以補救之。後之一弊。昌明絕學。端正趨向。取西人之精華。復聖道之舊軌。亦可以補救之。顧此三者。日本未嘗不知之也。費苦虛浮。税則議改矣。增軍之舉。國人不欲矣。漢學再興。又時見報章矣。物極必反。此亦人心天道之自然。失之東隅。收之桑榆。補牢之計。固未為晚也。雖然。亞洲唇齒。中日亘倚。睨彼柯則。鑑彼前車。究利弊之緣。酌從違之準。於以強國力。厚國儲。使耽耽西人。斂牙息迹。大效所著。未必不遠出日本上。又何至袖手安坐。而嘆不如哉。

評 原原本本。議論富有。于補救之方。亦復深切著明。洵為實學功深。

各就鄉土中風俗之當改良者任舉一端言之

王濬如

習慣積久而後成欲取其不良者改革之殊非易易吾鄉風俗之不良者比比皆是而尤以迷信為最宜改革之一端夫人之禍福由於自召為惡則得禍為善則得福此一定之理昧者不察得福則曰神佑之罹禍則曰神罰之以故魚菽之薦酒醴之獻缺於家可也缺於神不可也嗚呼設以窮兇極惡之人日祀神以祈其消禍降福試問禍果可消福果可降耶迷信之深牢不可破以有用之金錢擲於虛牝誠足惜也然在神權時代此風盛行尚不足異獨怪近世科學發達有識者仍狃於舊俗而不悟吾不知其果何意也有改良社會之責者其速圖之

評　說理透闢筆亦快利

各述鄉里近時軼聞一則

趙龍泉

南通金沙鎮郡廟後有季孝子里題之碑悉其事者不多有嘗聞其人於顧老孝子幼失怙貧伯氏佐業蘇樂肆獨奉母居提販以養贏則歸母不稍耗母或悲輒窮叩解之始已一日母含淚請故不示鄰母告念兄請尋不許既稔思之兄不歸母悲不解昔府君尋兄十方尚可遂願某雖不識兄示以名籍家事必可信遂留書行孝子時甫童先未嘗旅時見欺而攜資甚薄達蘇已罄丐以度日逢樂肆輒具告以問多答未聞旬日不接音塵疑生變卜之再求可得果遇之於某肆相見哭甚慟觀者亦動容集資贈賮而歸清同治季年事贊曰十歲啜菽承歡庇美黃香千里披星求兄何遜宗璽誠鄉黨之表率綱常所寄托惜鄉志不傳故錄以式鄉人

評　簡而不澀一字無苟頗似桐城文與人可相輔而傳

試述閱書之益

顧君立

書之有益於人盡人之所知也書之不盡有益於人則非盡人之所知也是故書有可讀者有不可

讀者有不可不讀者亦有不可盡讀者其有益者可讀也而不可盡讀也以其不可盡讀而勉强讀之不可也以其不可盡讀而竟棄置之亦不可也識者於此則曰吾其閱之便夫讀書以熟為歸而閱書則祇記其大要不必熟也不必熟則費時少用力省故舉古今不可盡讀之書不妨一寓目焉雖然古今之書夥矣非但不可盡讀亦不可盡閱也非但不可盡閱亦不必盡閱也其可信者吾閱之其不可信者則不必閱矣其閱之而有益者吾閱之其閱之而反有害者非但不必閱直斷斷乎不可閱矣蓋書有足以瀹吾之智者亦有足以窒吾之智者不慎擇而審所去取焉烏乎可近世讀書之士稍識字通大意蓋鮮有不喜閱書者第其所閱大都小說家言初無關於學業而其神奇詼詭之談閱之自覺可驚可喜其實徒以亂人之心志耗人之腦力費有用之時間而已未見其有益也欲得閱書之益者其必知所擇焉而後可

評 辨別涇渭分風劈流故能生面特開那得不令人奪目

水之自述　楊桂秋

吾為誰固夫人而知之矣握之而不留也掔之而無痕也搏而躍之可使過顙激而行之可使在山瀰漫浸淫乎五大洲浩浩蕩蕩汎濫洋溢長江大海誰非予之舍廬川澤池沼疇非我之窟宅取之無禁用之不竭世苟無吾則播穀不生烹調無味矣烈日酷蒸吾乃上騰翳蔽乎青天翱翔乎冥漠馳騁縱橫搖曳飄蕩人見其形名吾曰雲寒度驟增霹靂一聲喑嗚叱咤風馳電掣天昏地黯山崩峯頹滴瀝淋漓下降大地草木為我霑濡屋宇為我浸潤人見其形名吾曰雨時抵三冬蓬斷草枯氣候嚴寒吾乃結為固體清明如鏡人見其形名吾曰氷十寒一曝吾又上騰寒氣冽凜當頭捧喝吾乃結為小粒之氷塊紛紛梨花徐徐飄揚下飛大地作碎玉聲人見其形名吾曰雹曰雪吾之在

湖海溝沼之間也或奔騰而澎湃虎嘷龍嘯或鼓波而掀浪魚游蝦嬉當是時也人見其形名吾曰水微吾之力將草勿能長舟勿能行人渴焉而難解魚游焉而不前矣我勞如何爰作俚歌歌曰天以吾而有氣候之變化地以吾而有險要之阻塞植物沾吾而生動物賴吾而長吾形無定吾質清明吾爲世用無偏無定合流納污休休有容濯纓濯足各有其功余無負於人也覆舟滅頂抑吾之咎余不任其過也水哉水哉固聰聖且明哉

評 有掉臂游行之樂

自修時間宜如何利用說

吳世同

或曰學校中不應有自修也余叩其故則曰學校一日六課餘尚有晨操課外作業終日幾無片時之休息而於晚間又課以自修學生豈不感受勞苦耶余曰子誤矣天下事何一不從勞苦中來益學校中之有自修正利用此時于日間所授之英文國文算術以及史地等科溫習而玩索之俾稍有得於心若徒今日講授明日講授毫無溫習之時機尚何能把住而免遺忘乎然則學校中自修之關係既重學生益當黽勉從事手不釋卷矣無如今之學者悉視自修爲無足重輕即自修之時心中亦不存自修之目的于是功課有不逮人者有之受教師之懲罰者有之甚至談笑跳舞譏嘲怒駡傷同學之感情者又有之即教師親臨監視稍受繩墨亦不過一時之客氣以敷衍門面豈真出于本心哉嗚呼以余觀之自修固宜利用時間且當重於授課時也胡以言之蓋授課時教師雖講之若別黑白而數米鹽設不利用自修時間再一復習吾恐其天資雖敏終不能把住貫澈無遺故自修之學生絕不可不溫習各課以利用此時間者此也且夫沈靜學生不惟自修時專心致志已也即平素于一物之微一事之細亦靡不悉心體察與自修相埒然則吾輩於自修時間而不知

温課者能不有所愧乎或聞吾言乃唯唯而退

評　胸有成竹故能指揮如意

學校園日就荒蕪宜如何規復之　吳世同

本校學校園設于校之東環以小溝其縱約六十餘尺橫計丈餘内劃十餘組以便輪流培壅者也其所植之花若菊若桂若蘭若牡丹若芍藥若芙蓉不勝枚舉余課後疲倦時嘗徘徊其間第見各組爭奇炫異花色各異當其盛開之際微風吹來濃香撲鼻幾與洛陽名園相埒矣雖然此乃客歲之情狀也及至今年余往視之則見積薪錯雜碎瓦狼籍幾不知園在何處矣乃訊於同學曰寒假期中無人保護致令犬羊雞豕日加踐踏以至於此余聞其言為之歎息者再爰俯而察之見夫花根猶存尚未萌櫱其荒蕪可謂甚矣豈可不謀所以規復之乎規復之法宜先徙其薪堆拾其瓦礫而後掘其花根以視其萎否如萎即鏟去之補以新種其未萎者則勤加灌溉自然發生如是為之庶校園發達如前不致如淵明三徑之荒也願吾同學其共圖之

評　夾叙夾議俱有肯綮

各述齠齡以來之歷史并抒所感　曹鴻志

余世籍南通家居慶餘年七歲時吾父始教吾字塊嘗涉及聖經賢傳越二年父以余年稍長當教之讀於是整潔幽齋詩書課子勤學史於雞鳴肅趨庭於鯉對方幸聚首一堂學詩學禮孰昊天不弔二豎為殃吾父竟從此長逝此余九歲時事也父既歿家道中落時仲兄方就學七中家政外務悉惟吾母是賴惟兄經營商業稍能輔助耳居常母謂余曰若兄均讀書累年豈忍以遭遇艱難而使汝廢學乎是年秋即令入本市國民校校中諸師以余年幼守規則頗愛之余亦稍知自勵不與

頑皃伍及歸母嘗訓余曰汝父讀書畢生鄉里咸知其名汝宜勤學業敦品行毋墜汝父之聲譽是余之所望於汝者吾於是謹守母訓勤學勵行不敢少懈每及夜半家人皆卧余仍對燈獨坐溫理舊課惜吾性魯鈍記憶力弱翌日入校師命復述對之茫然年十三余始卒業以為可以升入他校矣所恨者北門絡寠升學無資至是余遂不復言學越一年仲兄畢業歸任五里墩教職余復從仲兄學翌年秋仲兄改任縣立第三高小教職余聞訊忻忻然私自喜曰升學有望矣開學日仲兄束裝就道余隨之既抵校仲兄欲余速成擬插入二年級遂向校長請命焉幸許可余於是得學高小之教科第以功課繁重十倍於前學習之餘困苦殊甚不得不奮自砥礪求底於成如是者二年僥倖以前茅畢業畢業後母命投考師範不幸以別字見擯為之奈何是年夏母復促余仍往三高補習以圖後效及去歲復投考幸蒙錄取今年入本科一年級反躬自問一切學業品行則竟腹笥空空依然故我忝然人面能無愧乎願今而後努力求學爭為先登若猶自暴自棄不知奮勉不亦負師長之教導及家庭之厚望耶

評 順次敘述井井有條

問孔孟異同若何

穆長山

戰國時有孟子願學孔子者也孟子願學孔子非即孔子之意乎予讀論孟諸書知孟子之事跡立言與孔子之道無以異也何以言之孟子四十不動心非即孔子四十而不惑乎孟子之闢楊墨以維亂非即孔子之作春秋以正人心乎將朝王而辭以病見陽貨而瞰其亡其立品之高非同乎燕人畔則致臣而歸受女樂明日遂行其見幾之早非同乎遊齊梁而不遇為東周而不果其不見用於當世也同退居而著七篇歸魯而裁狂簡其垂教於後世也同此皆事跡之相合者也孟子卑管

仲之功，猶孔子小管仲之器也。孟子不取陳仲子之廉，猶孔子不取微生高之直也。梁惠王問利國，而孟子以仁義對之，猶衞靈公問戰陣，而孔子以俎豆告之也。孟子論夷尹，而曰以聖，猶孔子論夷齊，而稱為賢也。立言必稱堯舜，猶其祖述堯舜也。惟性善之説，畧於性近習遠，而勉人向善之意則無有不同也。由此觀之，先聖後聖，其揆一也。

評　比較確當，拖要不煩

自述

俞浩

前途真長啊！在走不盡的前途中進行的旅客啊！快些努力地進行罷！且不要慮那果真能够達到目的與否，果真能夠走盡那長途與否，但總應努力不懈地向前進行呀！

海真廣大啊！在廣大的海裡揚著帆兒前進著的小船啊！牢把了你的舵！堅抱了你的進旨！向著彼岸駛行著罷！

他是吳縣人，家世業商，他有二妹一弟，他今年二十歲，他在師範裏讀書，年紀却不算小，還沒求得高深的學識，他在二歲的時候，他的父親就挈了一部份眷屬，由世代同居的老宅分離了！移居了！

從此一個小家庭，居住在一個很熱鬧的鎮上，這個鎮，就是他的父親經商的所在，他們雖然住在鄉間，却不時要到他們的老家去，盼望他的祖父呀，祖母呀，伯伯呀，哥哥呀，……他們這樣的一年一年過去了。

到了他六歲那年的正月裡，他們的父母就把他送往一個私塾裡去讀書，他却很喜歡讀書，同學都相敬相愛，從沒有口角過，因為他吃了人家的虧，能忍受過去的，所以同學們見了他這樣到也不去侵犯他了！他幼時有幾個知己小友，直到現在還很親熱的哩！他在私塾裡讀書讀了二年多，到八歲的下半年就換到本鄉立的一只初小裡去了．因為程度頗好，進去的時候就插入二年級的．

到了十一歲的那年暑假，他已從初小畢業了．他的家長本是經商的，以為只要識了些字，能夠寫寫就好了．不過他的天性却最近讀書，家長那時因他是一個獨子，非常溺愛，本鄉又沒有高小，要叫他遠處去求學，很不放心．升學問題幾乎擱起．

他學校裡的一個先生，勸了他的父母好幾次，他的父母才肯放他出去求學．把他送到相距七里的鄰鎮上一個高小學校裡．

在那年要升二年級的時候，又轉學到城裡的高小裡，到畢業的那年，他已是十四歲了．

他的年紀雖小，志願却很大．常常預計著：十四歲高小畢業，十八歲中學畢業，二十四歲可以大學畢業了！留學回國，年紀還很青哩！前程很遠大哩！那裡知道在十四歲的時候，突然受了一個極大的刺激，連中學也沒去考，一連虛擲了四年可愛的光陰，直至十八歲的那年，又在一師肄業了．從前的預算，到此全局變更了．足見理想是不可全憑的．

他天性近文學，自從進了師校以來，課餘之時，專看些文學書籍，詩與小說為他最喜看的．不時學做幾篇，覺得很可入目．他常常想一個人生活在世界上，決不可庸庸碌碌的生著，必定有所作為才可以哩！他抱著這種希望，努力不懈，或者有達到他目的一日哩！

評　起得突兀，餘亦平穩

問男女同校有何利弊

陳不才

處閉關時代重男輕女女子恒困處閨中事任男子為之是以男子之智識越過女子也及今教育廣被男女求學可入一校互相觀摩非如昔日受家庭之專制社會之習尚此其利一也且全國教育經費不甚豐裕倘分設學校恐不能如願是以興學者提倡同校得使公同獲益兼以省經費耳此其利二也及卒業後以程度之高下而得學位非以重男輕女為主見由知可知其權利畧相等此其利三也且今日之女子他日必為人母是以女學者實家庭教育之根本學校教育之基礎積而成之此其利四也昔日之女子既裹足以束縛其身體復不學以束縛其心思是故家庭日用之間各事動作均需男子則一家已先弱矣一家弱則一國未有不弱者矣今日男女同校提倡文明又不得受其束縛此其利五也利既有五弊何有乎若夫男女有授受不親之説聖人之所以出此言者亦因時勢之趨向耳至於今日文明極點學生之人格高尚安得有何暴動且學生之志向頗堅貧賤不能移其志富貴不能動其心況於女色豈能移其志動其心乎故吾謂男女同校毫無一弊在焉

評 透澈

吾最崇拜之教育家

羅斯喜

吾聞之法取乎上必得其中孟子願學孔子孔明自期管樂故其所成者大吾等教育界中人也必須以相當之人物自勉自策方不負國家之培養師長之訓誨父母之期許余素惡空談故所崇拜之人物非莊非老乃實際教育家王陽明先生也先生浙江餘姚人學凡三變始得真詮其生平教人崇尚實際不好高而騖遠以為知即是行行即是知知而不行只是未知故後人稱之為實際教育家日本提倡其學而學風丕振先生蓋非徒樹虛聲徒張高論者所可比也吾等畢業之後擔任

教育造福兒童改良社會當取法乎實際始不蹈空談之譏此余之所以崇拜陽明先生也

評 將來身任教育必能造福兒童

試述學校提倡足球競爭之利益

王養源

今天下一競爭世界也蓋愈競爭則愈精士以競爭而學業精農以競爭而墾務精工以競爭而技藝精商以競爭而貿遷精此四民之所公認也今觀學校提倡足球競爭一事則知將來我國體育之必能發達矣且體育發達對於國家戰爭之關係亦非淺矣夫紅白符號者即世界相爭之兩國也縱横界線者即戰場之劃定界線也羅立衝鋒者即出發之堅銳諸隊也獨立中位者即陣中之指揮大將也把守球門者即佔領要害之根據地也公正人往來其間者即各國之來賓參戰也吾輩苟實以戰爭之競爭競爭之於足球其能造成他日軍事之人才必不少吾故曰學校提倡足球之競爭即提倡吾中國戰爭競爭之競爭也其利益豈僅在體育乎哉

評 影戰爭言著筆高遠

吾人處失望之境遇當如何

嚴雲章

孟子曰天將降大任於是人也必先苦其心志勞其筋骨餓其體膚空乏其身行拂亂其所為其意果何謂乎亦謂天將畀是人以大任則其人必具有堅毅忍耐之心百折不回之志與彼勞苦餓乏之惡魔相戰鬬始克勝其任而愉快也若一遇困阨即垂首喪氣摧折不復自振以致老死牖下而無所聞此皆處失望之境不能有所奮發遂有此現象耳古之有守有為堅忍强毅而卒成為英雄豪傑者多出於寒苦磨鍊之餘豈因偶一傾跌遽憂傷憔悴不復自振耶昔越王句踐敗於吳困於會稽臣妾於異姓已而歸國卧薪嘗膽卒沼吳以雪國恥苟當歸國之後喪其意志又豈能報夫差

之讐雪會稽之仇哉蓋天下之事有順必有逆當其處逆境也必持百折不回之志與之奮鬪否則未有不敗者余家式微自先慈逝後因窮轉甚而家事日以擾余父內外兼顧曾無暇日余又負笈來校且連年瘏悴病骨侵凌命運逆極矣每讀古人書不覺淚之承頤以為如余處境之難者尚復何成顧余雖不才豈能因時之不遇境之不順遽自餒而自棄耶因書之以自勉

評 親切有味

感言類

記壬戌十月朔日吾鳳人民祭神賽會事並誌所感

江鴻鈞

張而不弛文武弗能弛而不張文武弗為一張一弛文武之道故古者歲終蜡祭人民藉縱一日之娛樂雖舉國若狂而不為過也今年壬戌十月朔日吾鳳人民有祭神賽會之舉其猶是意歟斯時也秋令甫過冬景始生風起雲斂天迴日晶穀登廩而農事畢貨設架而商旅臻正人民安樂盤娛之時也於是好事之徒於祭神之時倡為賽會之事余於是日亦從事遊觀焉則見賽會之人或似醜婦或若賤夫或充盲者或為罪人其他則光怪陸離幾無人狀至所飾之雜戲尤多傷風化戾道德而為仁人君子所不忍覩焉竊憶古之黃金四目玄衣朱裳執戈揚盾率百隸而時儺者猶不及斯之狂且悖也然往觀者竟不下千萬人會至一處則觀者如重堵而少弱之被擁仆者蹴跌者尤比比也余於是不勝感焉夫古者百日之蜡一日之澤聖王以天下太平故然而今何時乎內亂未定外侮尤甚吾人正如燕雀處堂危機將至何樂之有且神者聰明正直之謂也以聰明正直之神豈甘受此非禮之供奉乎況今日帑藏匱乏庶政待舉更以浙省水災需財尤急而吾鳳乃日以有用之金錢費於無用之地更為此種種之醜劇以示迷信之深識見之陋此余所以悲也彼樂此而不疲者夫獨非人心也耶

評 溯源立論規時為言折衷至當非循行數墨者比

暮春志感

喬吉人

九十春光轉瞬綠肥紅瘦昔之枝頭燦爛者今則落英繽紛矣此世之多情人所以每屆花謝春歸均有惜別贈言之舉騷人墨客或為文以送之或酌酒以餞之紅閨倩女或掃殘紅而埋香或賦詩詞而剪翠幽人雅士聊寄感懷良以花落人亡不無有動於中也嗟嗟時之春無窮人之春有限春而夏夏而秋秋而冬冬而復春矣而人則老者不可復壯壯者不可復少矣憶去年殘冬之際木葉枯黃百花凋謝流光如白駒之過隙不旋踵之間又至今之暮春矣而吾之學問以及吾之品行果隨此歲月以俱進歟其進步亦能如流光之迅速也歟民國十一年之光陰已先此暮春而去不能使之返也民國十二年之光陰已隨此暮春而來不能使之留也惟有及時勤奮而已

〔評〕努力自愛幾於古之作者又何難哉

食瓜有感

楊賓生

赤帝司令畏日當空正宜避暑荷亭消夏竹林池沼浮瓜仿吳質之韻事也不知中原無事高人自必優游時勢多艱志士不無感觸所以當食瓜之時不獨毫無快意且生一絕大之感想何則引瓜在手而執刀以分剖之瓜水紛流如一腔之赤血然瓜子亂拋如萬民之失所然食瓜者得意無窮而瓜之慘狀顯陳絕鮮分而復合之一日瓜代之有人也虎狼入室弱者為肉强者食之瓜田之直入也嫌疑不避飽腹仍然據守嗚乎成熟之瓜居停不得而享受之而鼠竊惡客自由而分食之逐之而無力也禁之而無方也猥曰黃帝之子孫綿綿瓜瓞不將令人痛哭耶瓜存也聽之瓜亡也聽之值此若存若亡之頃瓜之主人無論已匹夫有責不禁對瓜而泣下數行也邵平瓜圃何必再談感事乎孫堅瓜井何容再言勝迹乎觀其利刃及身快刀在腹瓜無知而忍受之而慎守此瓜者究

不能已於言也

評 繁醒異常題上感字十分周到

秋之感

鄧汝豪

秋風颯颯秋雨瀟瀟秋蟲唧唧秋樹飄飄秋之色也慘淡秋之意也蕭條噫同一秋也而其聲色現象變幻若此騷人對之寄抑鬱于吟中墨客對之寫牢騷於紙上遊子動思親之念離人起鄉土之思他如功名侘傺兵燹餘生及種種不如意者對之亦莫不太息唏噓淒然欲絕也雖感想各有不同而觸景傷情所以悲秋者一也衆人之於秋也如此而予則以為秋乃天地之義氣常以肅殺為心肅殺者非濫殺之謂而仍有鑑別存焉故凡卉謝而菊花芳庸木凋而松竹蔚凡此經年常綠之植物能禦霜雪而不變者非天地以其能虛心忍耐勵節堅貞有以保存者耶西哲謂古今來之大英雄豪傑俱由戰勝困難而來孟子云生於憂患死于安樂歐陽修亦謂憂勞可以興國逸豫可以亡身吾人生諸世上欲為英雄豪傑不可無貞節之操忍耐之心以戰勝困難也凡遇橫逆事變之來雖千迴百折變幻非常吾唯固守吾宗從容禦之可耳語云不有破壞何有建設不有患難何深閱歷咬得菜根苦方知菜味甜孟子亦云天將降大任於斯人也必先苦其心志勞其筋骨餓其體膚故不耐秋霜不可以為君子松不耐憂難不足為英雄漢天厄之正所以成全之也安知今日之憂患非後日安樂之先兆耶況晴明秋日集同志作詩酒琴棋之興以怡情月白風清之夜泛舟于名川勝蹟之間對酒當歌其樂陶陶達人對之何悲之有

評 思想高超詞筆雅暢

社會新舊人物的我感

朱儒陽

現在偏僻的社會，新舊二種的人物區別極顯。新者，由學校出身；舊者，是科舉出身；兩兩相較，孰優孰劣，殊難武斷。蓋新的人物，以為我們所學的技能是最新最時的救國良藥，焉能如匏瓜繫而不食呢？如國家政治方面有法政學校的人物；軍事方面有海陸軍學校的人物；農業方面有農校的人物；商業方面有商校的人物；工業方面有工校的人物；其他種種人材，有種種學校培植，真無物不有，無美不備，組成國家社會，當然能抗衡歐美，像那一般老先生所學的是「四書五經」和「八股文章」一等，所講的是「之乎者也」論安言計，動引聖人的口氣，有什麼功效，辦事的位置，當然要讓給我們的。至於舊派方面，以為我們所學的是「聖人之道」和「治世的大材」。昔趙普以半部論語治天下，我們四書五經都讀過的，當然治國家，救社會，是我們的拿手好戲了！他們什麼農業商業工業，都是小人之事；昔樊遲請學稼，孔子說他是小人。他們說什麼科學呢，博愛呢，都是墨子學說，攻乎異端，斯害也矣」。我們的地位，切不可讓他們搗亂。總之，二者所學的學術不同，思想也因之遠不相及，不可各抱己見，互相角逐，以致事實上遂無進步之可言，反呈退化之現象！當此過渡時代，新舊二者，貴在和衷共濟，同濟時艱，焉可各走極端，背道而馳。新人物對於舊人物，應予以學術上之補救，減其不能，以完成其本務；舊人物對於新人物，應讓出一部分之事業，試其所能，應用其才具，相輔同趨於一的，即自知其所能所不能，互相表示善意，共謀社會事業之改進，以應時勢之需要，庶免鷸蚌之譏啦！

清明節感言

張潛

清明節者，即家家掃墓之日也。歲次壬戌某月某日，適值清明節。余約二三知己，作郊外之遊，沿溪放步，遙見綠柳如絲，紅杏似錦，麥穗將齊。乘風蕩漾，如波浪。菜花已放，被日照映，似黃金，村中扶老攜幼往來道中者掃墓人也又見東郭之外榛莽翳穢敗塚纍纍白骨暴露肢骸狼籍為牛羊之所踐踏狸鼠之所攢掘余乃悄然而悲喟然而歎曰嗟嗟墓中人墓中人爾生於何時爾居於何處爾之安厝於此而有此墓也其初亦必牛眠卜吉馬鬣崇封清渠環其旁茂樹蔭其上曾幾何時蕩然烏有且無子孫祭祀嗚呼何昔日之隆隆而今日之涼涼也雖然天道循環廢興成敗相尋於無窮古人詩云賢愚千載知誰是滿眼蓬蒿共一邱自古英雄豪傑赫赫於生前而泯泯於身後高塚豐碑今人不可辨識者正不知幾何也我又何悲乎

評　碧沼湛然錦鱗可數

觀金魚感言

成桂林

日前友人來贈余金魚數尾貯玻璃瓶內文分五彩美麗可人供案上賞玩以自娛見其泳游上下頗有自得之意余因慨然曰余玩金魚之樂殆不若金魚自得之樂也客適在旁謂余曰子非金魚安知金魚之樂余曰子非我安知我不知金魚之樂觀彼俯仰乎清泉呼吸乎清氣其生活為可樂也時與騷人雅士為侶日與佳人公子相伴其交遊為可樂也屏絕囂塵忘懷世故寄情荇藻無異江湖其淡逸為可樂也城門失火而殃不及一網打盡而禍不侵其無患為可樂也其他食料之精美養護之周密其樂猶其小焉者余愛金魚余羨金魚曾不知其幾生修到也子以余言為何如耶客笑應以頷余因濡筆記之

評　小中見大超逸不凡

端陽紀念感言

王興漢

龍舟競渡角黍投江艾葉門懸菖蒲酒飲噫是何日也是豈非屈原溺於汨羅之紀念日耶夫所貴

乎聖人者不凝滯於物而能與世推移舉世混濁何不隨其流而揚其波衆人皆醉何不餔其糟而啜其醨奚必握瑜懷瑾放逐江濱且即以是喪其生命也然而枉道徇人君子所耻脂韋從俗賢者不為人又誰能以身之察察受物之汶汶者乎又安能以皓皓之白而蒙世之溫蠖乎甯赴水鄉葬魚腹耳是故彭咸之隨水數千年播為盛談伍子之浮江念世紀亦所欽許以屈原之清廉以屈原之溺死而紀念之也夫奚不可獨怪楚之頃襄放功臣於澤畔甯獨何心戕廉士於湘流千秋唾罵而喪師辱國之子蘭反為令尹爭寵害能之靳尚反為大夫是何異大瓦釜於黃鐘輕百鈞於蟬翼乎夫以屈原之博聞強識明於治亂習於辭令遊諸侯何國不容即謂讒人高張賢士無名亦當效范少伯之泛舟湖海嚴子陵之把釣富春倘徉於山巔水涯間以自適其志已耳而顧效徒狄之蹈雍徐衍之入海以自沈其身也何為乎然而天下滔滔誰為樂土傷我君之不復又何戀夫此生四顧蒼茫百感交集投身汨羅與人長謝是則其苦衷矣嗚呼茫茫苦海流恨難填渺渺伊人沈冤千古聽江風之娟娟誰為寶筏之施聞嶺狖之啾啾孰作慈航之渡以致氣鬱衡湘英皇為之灑淚魂棲林壑鬼神為之悲愴也今者屈原已矣而長沙弔之以賦龍門傳之於書且使後之紀念端陽者或競舟以弔古或投黍以招魂夫子其有知也耶其無知也耶嗟哉湘水公神是依難回者天不負者心生為哲人死為列星而撫今追昔感慨欷歔不覺臨流而隕涕者有愧夫太上之忘情

評 一粒粟現十丈金身由其鬱之深故出之富

春與少年

周德明

時屆春令草木蔓發青山可望雜花爭艷萬物欣欣向榮春氣融融宜人春景可愛春光易逝其可負此良辰美景乎人當少年猶時當春令也四時寒暑變遷猶人生由少而壯而老而衰也然四季

循環無已今春雖逝尚有來春可待少年光陰去不復返則少年青春之可貴不待言矣況春來景多則假我以文章春回人老可激我以向學少年春光豈可輕自放棄乎吾人身歷其境及時勤學以冀學業與春時俱進人事與春光偕新則庶乎可矣如使少不努力過眼韶華都成泡影繁花依舊人事堪傷至此雖悔莫及矣偶憶古人詩一年又是一年春百歲曾無百歲人之句春不我留書以自勵

評 清峻可喜

學校風潮誌感

儲冠民

人之處世也皆各有其本分焉官吏有為官吏之本分軍人有為軍人之本分農工商有為農工商之本分然則吾儕為學生者獨無為學生之本分乎學生之本分為何敦品行也勤修業也愛惜光陰也勵行自治也遵校規而聆師訓也凡此種種胥學生之本分不可須臾離也今世之學潮日出不窮罷課也宣言也反對師長也攻擊同學也此特作亂之氣象耳本分云乎哉夫師生旦夕相處休戚與共親如骨肉愛若父子縱有不樂之處何事不可商量而必背情忘義反舌側目逞意氣鬧風潮然後快於心歟此誠不守本分之極者也以余觀之為學生者但求有書可讀其他閒事暫勿過問一旦學成自有用我之處若在修業時代便即舍却本分放縱恣肆不特廢時失業辜負青年而名德亦以之隳頹焉豈不惜哉學校風潮之來也中外如出一轍而以中國為尤甚其始也感於學校生活之困苦或受外界環境之影響少數激烈分子隱懷憤懣藉端暴發利用團體名義以與學校為難師長觀察不周不知內幕於誤會叢生風潮起焉風潮既起結果無他破壞而已犧牲而已玷污學風而已受人之詆笑而已吾誠不知其利益之何在也嗟夫世道凌夷學風囂張同道相

左本分全失以至親至愛之師生至高至尚之學界尚不能和衷共濟誠信相孚毋怪滔滔天下徒有殺伐之聲而鮮清平之氣也已嗚呼今日學界中之現象如此大非文明之氣象也安得昌黎再世一振師道之風使青年學子皆知有所矜式也哉

評 就學潮自身痛下鍼砭有心人語也

梨喻

程振庭

果品中色美而味佳者莫若梨亦人之所最好也每屆冬令余家輒購梨數打藏之櫃中不使受風用備不時之需亦宴客之佳品也一日有客至適售梨者過余門余以家藏不鮮又採取不易因購其二觀其色青青然大亦盈掬私念斯梨也殆較家藏為上乎去其皮而剖之孰知外皮潔白而其中已腐若泥淤矣因急尾售者之所在而責以欺騙售梨者笑曰吾之梨盈筐皆是子不知擇而惟此腐者是取是非吾之欺子乃子之不識物也余無以應後以告諸某友友曰甚矣子之少所見而多所怪也人之於世受欺良多豈獨此梨也哉今之偽行欺世者孰不端其貌巧其言以求媚悅於人而人之見之者亦孰不尊之重之而願與之交游如子之愛斯梨類耶及至欺術一逞則真相畢露舉凡寡廉鮮恥壞俗傷風之事無所不為其為害也小則損人利己大則破國亡家揆其始亦不過如梨之以色美味甘誘人而其終也則較梨之為害尤烈可見人心不古直謂今日之世界為欺詐之世界可矣子又于梨乎何尤

評 喻意頗切

觀燕子營巢感言

陳善懷

余方手卷翻閱忽有聲自庭際來者呢喃不可辨仰視之見二燕飛集於樑間一大一小大者若對

小者嗚嗚方罷小者即飛去余乃釋卷凝視少頃一燕啣碎草及泥至細視之小者也粘其碎草及泥於梁復偕大者出須臾並啣泥草至知是者不知若干次始成其巢之一隅當此時也余忽憶及建設難之一語不禁大有感焉凡物毀之甚易成之實難欲成一物必先抱建設之思想具建設之能力躬行實踐始克有效不然能毀物而不能建物是破壞主義也於物究何補哉夫治物然治學治國亦何獨不然學問之為物也茫乎無畔岸浩乎無津涯苟欲深造自得未有不殫精竭力而可以收效者也必也幾經挫折幾經困苦如為山之覆簣如掘井之及泉打盡難關豁然領悟夫而後學業臻廣博焉國之治也始之內政之統一外交之得宜然後可以防內訌禦外侮偶一不慎且召宰割之禍滅亡之慘今我國民脫離於專制之政已十一年矣而此十一年中建設之事固不數覯即聞有所建設亦復不能利國福民反於國民之權利剝奪滋甚故共和國之基礎至今未固此豈由於有意破壞之人多而力圖建設之人少哉於戲虎視眈眈群雄環峙其目光全注於我國我苟無長治久安之大計畫安能立國於此二十世紀競爭最烈文明極盛弱肉强食優勝劣敗之大舞臺乎或竟為朝鮮波蘭之續焉未可知也噫中國革命鉅子蓄志數十年之久一旦振臂一呼全國響應使我國民遽然脫離於清廷之虐政幸矣然而脫離之後建白罕聞坐令國事紛紛邦國搖動吾知諸烈士之靈必將飲恨於九京也然吾於此亦愈知建設之難百倍破壞矣余偶觀燕子營巢而縱論及之世有知余言者其將與吾賡同調矣乎哉

評 即小見大推論盡致不同率爾操觚

哀時局

吳承志

余當課餘之暇時閱報章不獨欲知各國大事亦藉資消遣也然每閱少許輒廢之而歎蓋我中國

黃帝之胄神明之種文化發達為各國所具瞻地大物博乃列强所豔羨迄於今時貧弱日甚敵氛肆毒于東西內亂擾攘乎南北户多仰屋之嗟人有驚弓之色而我國數千年之英名掃地盡矣可不痛哉自直奉戰後東海去位黃陂復職政局一新早有廢督裁兵之說以為可以永杜爭端吾民莫不額手稱慶孰知畫餅充饑徒務空名日復一日黑暗尤甚自治而官督紳辦學校則名存實亡置酒新亭滿目有山河之異眷言故里附心增桑梓之憂嗚呼我民籲天無路入地無門恨不借十萬橫磨劍斬盡奸佞頭顱天下興亡匹夫有責當局之腐敗無可諱言吾民無責任心亦難辭咎凡我同胞當知危懼急起早圖尚可獲亡羊之效如再不作益將貽顧兔之譏夫救國所以自救謀國亦即自謀國家之幸福即吾民之幸福也凡吾同人得毋投袂而起乎

評　有激昂慷慨之致無拘牽瑟縮之態

哀時局

莊振榮

吾民苦專制久矣民軍起於武昌各省紛紛響應清帝退位向之為專制政體今則一變而為共和矣當斯時也人民心中以為共和政體事事以人民為主將有樂觀而無悲觀矣然安知政體之名固易而辦理之人仍舊也溯自民國成立以來十年有餘矣而國庫如洗民生凋弊强鄰虎視誠可懼也然在上者猶漠然不問時局之為何如而徒知自私自利一有微隙即起干戈雖蹂躪蒼生萬萬亦無足惜祇欲充塞己囊而已矣嗚呼卧榻之旁大有人在一致對外猶恐未克如願況自相殘殺耶黃陂復職之前曾申言廢督裁兵人民額手相慶以為中國可望焉今復職以還三月有餘未見實行而武人之跋扈政客之喧擾較前為尤甚要知中國一亡雖位高如總統權重如督軍同為亡國之奴豈不哀哉政客聞之其亦決然動心也夫

評 意議通達語有餘痛

感秋

徐楧

秋光欲老秋興未降閑獨坐兮寂寥思旅行而彳亍是日也霞霏雲斂天朗氣清爰遵故道而東乃至浮屠之北歷其三級蹈乎半空時則覺牧笛一聲隨秋風而西至雁行幾陣破秋色以南飛觸景生情撫時滋感此所以李謫仙痛光陰為百代之過客曹子桓以名滅為人生之大憂也降而西行傍土山過廛市尋向所登臨之獅子山者固吾邑最勝之區也行不移時倏至東麓爰循磴道遂上山巔繞佛宇而北行因小立而遠眺則見夫天光慘淡野色淒清蠏舍斜陽紅映蓼花之岸人家落葉黃飛茅屋之村向之豐草嘉木蔥蘢可愛者皆變而為蕭條滿目則一盛一衰實隱有消長之者豈人之所能強哉而或者欲以是而悲喜是二者之所為皆過矣然涉人世之茫茫而竟不以盛衰為悲喜則塊然一物安知不卒與草木之春盛秋衰同歸於烏有乎古之君子所以先時預防無為悠悠忽忽至秋景之逼人而徒慨焉自傷老大也

泰境内河舟中獲盜聞而誌感

徐庚熊

日前聞友告予以泰境内河舟中獲盜一案予始而驚繼而嘆不禁感慨係之焉夫盜之為害實甚或搶掠人貲財或傷害人生命故吾始聞而驚也然盜有有形無形之別有形之盜盜人之財產無形之盜盜人之國家者也有形之盜逼於饑寒為之也無形之盜身居高位為之也有形之盜盜人物也有限其罪小無形之盜盜名器也無限其罪大試問今之執政敢治無形之盜者誰耶蓋彼盜中人也我亦盜中人也彼此皆盜我不治彼之為盜彼亦不能禁我之為盜政府盜藪也衙署盜窩也長官盜魁也司員盜從也相習相染相傳相化嗚呼幾何不胥全國而皆為盜耶此余所以繼聞

而嘆也區區小盜何足數哉而乃虛張聲勢狐假虎威恐嚇鄉愚邀功受賞亦可恥也矣

評 推類言之感慨不盡

讀吹竹課感言　　徐庚熊

吹竹者口技也能為百獸之音以人引獸併能以獸驅獸技亦靈怪矣哉楚之南有獵人工是技每夜靜恒吹竹為鹿鳴以誘其類今日逐一鹿射而殪之明日逐一鹿又射而斃之久之又久近山鹿為之盡獵人亦狡詐矣乎無何裹糧入深山仍挾其口技以冀其獲獸類不知深山者虎狼猛獸之窟宅也吹竹為鹿鹿未至而狼已入室吹竹為虎以畏狼狼甫去而虎至吹竹為獅以攝虎虎潛遁而獅又追踵至矣何者物求其類性與人同獵人祇知以物制物而不知以物交物所謂務於遠而忽於近者非耶以獵人之軀幹獵人之生命而付之怒獅之一搏也宜哉

評 筆善轉而思善入故輕清不滯

讀國文鄭和課感言　　徐庚熊

生無益於時死無聞於後庸庸碌碌隨俗浮沈與草木同腐曷足貴乎吾讀國文鄭和課覺其功益之偉照耀史冊誠有非庸庸碌碌者所能及其萬一也夫鄭和一太監耳當成祖之時率將士造大船奉使南洋征服諸國凡三十餘爪哇錫蘭其尤著者蠻夷君長或稱和為天使郊迎百里或懾於中國威靈納貢稱臣至其他荒僻之區闢一地必留人以經營之征一島必遣人以君臨之拓殖民地於遠方揚我國威於海外視彼班超之定西域哥倫布之尋新大陸何多讓焉而議者乃日譏和為縱跡惠帝非真欲征服諸國者抑思縱跡惠帝其罪小征服諸國其功大昔屬我之諸地今已多為歐屬華僑之流寓者且受他人牽制欲求一鄭和以征服之而亦安可得乎嗚呼鄭和往矣而其

功業固昭昭在人耳目豈生無益於時死無聞於後者所可同日語哉

評 深合時宜目光遠大

昔日之我與今日之我感言

方廷祺

乾坤一幻境也人世一泡影也日月所邁迅速如梭而況三萬六千日之中理勢之推移人事之代謝變化倏忽動心駭目者耶但所深印於吾之腦筋中久而不去者則惟此七尺軀之所經歷也噫回憶數年前之我與今日之我已判若兩人相對之頃有不覺啞然失笑者矣蓋昔日之我不過一嬰孩耳乳臭未乾智識未啟惟饑則啼疲則睡喜則笑而已世事不得而知詩書不得而讀不知不識帝力於我何有哉當時余纔三齡耳再逾三齡遂入私塾肄業畧識之無智識雖曰稍萌然終以年齡過稚思想薄弱視學問之淵深茫然不知其畔岸味聖賢之旨趣浩乎不知其津涯飽暖以嬉玩日愒歲一事之來莫能知其是非一物之來莫能辨其輕重撫今追昔能不感慨係之雖然昔日之我過去之我也往者不諫今日之我現在之我也來者可追過去若死現在猶生余今已二十有一矣賴父母之栽培轉入師範學校肄業得親師長之訓誨與諸同學之切磋對於學識方面獲益匪淺徵諸昔日之我已有霄壤之別矣然不敢自以為足中道而止仍努力加鞭以求上進耳若懸今日之我與夫昔日之我比而較之並懸過去之我與夫現在之我較而量之固不能無差異之別然清夜捫心良用自愧愧在昔日之我一渾渾噩噩之我也飽食終日無所用心光陰虛度不知凡幾惟繼今以往進步與否余不得而知之矣雖然過去也現在也將來也皆時序之變遷也非人力所能為也而我之為我固二而一一而二者也苟一息之尚存不容稍懈於其間惟盡我之天職以求無愧於我心並希望今日之我以無負昔日之我將來之我以無負今日之我夫如是始不愧為

我也

評 拈筆寫來寄慨遙深

讀費宮人誅感言

許法曾

明之季世有奇女子二一曰秦良玉一曰費宮人之二人者皆以深閨弱質奮勇殺賊為國効力者也似不能軒輊於其間矣然而宮人所值之時所處之地實有非良玉之所可比擬者良玉當熹宗之朝膺討賊之任大厦未傾兵權在握其殺賊立功猶為易事宮人之為賊所得也國已破矣君已亡矣孑然一身陷于羅網此在鬚眉男子亦必束手待斃無計可施乃竟能從容鎮定運其機謀梟逆賊之頭洩數天之憤抑何神勇若是乎設以良玉處宮人之時與地恐不能為此出人意表之舉也然則良玉固不愧奇女子而宮人則女子中之尤奇者矣惜當日自成不納宮人而惟以之賜羅某耳若自納之則一舉手而元凶除明社或不致遽屋豈非天下一大快事哉吾是以知明室之亡其中蓋有天意存焉宮人雖有志挽回大局其如天心之已去何也

評 極致揚贊筆陣酣足

對於政府收買存土感言

許法曾

嗚呼吾中國人中毒最深受禍最慘者其惟鴉片乎自鴉片輸入以來人種日益弱民生日益困一般黑籍中人形容枯槁始於舉債中於破產終於行乞者比比皆是吾國政府知其害而嚴禁之十餘年來稍著成效吾人方希望此後之禁絕吾同胞永不再受此苦毒也孰意前自政府禁之者今復自政府買之耶夫政府之收買存土非真欲去薪止沸斷絕根株也不過托名製藥掩天下人之耳目以攫多數之金錢耳吾恐中央之慾壑甫飽海內之受毒已深矣今者蘇浙商民方聯合進行

共謀抵抗而奸商已暗中承攬包銷蘇滬各地私土充斥煙禁復活固勢之所必至也嗚呼政府何心竟忍令舉國同胞重淪苦海耶況當此時歐禍東漸國本動搖執政諸公乃為病國殃民之舉興言及此吾不禁為我國前途哭矣

評 哀同哀梨淒楚以惻

讀魯濱孫課感言

許法曾

余讀國文至魯濱孫課不禁深羨其有堅忍之力創製之才焉魯濱孫漂流荒島衣食日用一無所有前顧無引後顧無助極人事之艱難矣他人處此未有不氣阻神喪束手待斃者魯濱孫獨竭力經營為出死入生之計人以為希望絕彼以為天地寬非富於堅忍性質曷克臻此乎且魯濱孫之過人者猶不止此也觀其鑿穴而居耕田而食造土缶以蓄物製羊皮以為衣伐巨松以成舟以煢煢孑立之身而兼多數人之事業卒能使生活上之所需用不窮而取不竭則其創製之技能尤有足多者焉故吾謂古之英雄豪傑若哥侖布之開闢美洲可謂能堅忍矣而要不若魯濱孫堅忍之富也若巳律西之改良陶器可謂能創製矣而要不若魯濱孫創製之難也然則魯濱孫誠亘古以來地球以上獨一無二之偉人矣吾輩青年學子可不奉為模範人物乎

評 洸發透激

國恥紀念日底教訓

柳庵

人說國恥紀念日是國民最沉痛的日子愁雲慘霧裡面籠着澹然無光的五色旗那不滿七八歲的小孩子臉上都露着不爽快的神氣

我說不要這樣我們到了這天反要抱起十分的樂觀鮮明的五色旗高高的掛起來喇叭銅鼓這

些樂器，格外的吹打起來什麼國恥紀念紀日，我們簡直可當作國慶日的看待。
你不聽見說：「生於憂患，死於安樂」，經了國恥底憂患，那死的苦痛才可脫；又不聽得說：「無敵國外患者國恒亡」，經了國恥底外患，那國才可以不亡。
那蹂躪我們的東鄰，正是我們的恩人，百般的凌辱，正是促我們的自覺，促我們自强，促我們脫離非人的生活，近那自由之神。
我們不要憂愁煩惱，空自傷神。我們要打起精神前進，一寸，二寸，三寸，都是那東鄰的盛情，我們要歡歡喜喜的拜領。
我最親愛的國民，那我國的先覺越王，不在那光華爛爛的五色旗下，指導我們我們？我們要歡欣鼓舞的自覺自强，謀近那自由之神

贈言類

贈馬君蝶生序

黄鐘

馬君蝶生情場失意人也而於社會家庭之黑暗亦時露不慊之態胸襟鬱鬱久乃致精神病故言無覊予贈以此序規勸之　作者識

蝶生馬君束身自好者也徒以世道衰微環境不良感懷過深激成幽憂之疾鍾不勝心寒嘆惋不得不進芻言幸其見納夫人生不如意事十常八九惟能忍者乃能不為外物所役而戰勝外物故其處世無悲觀之事無怨尤之念惟其事事樂觀故其胸中坦坦蕩蕩一塵不染今君所以憤悶悲鬱者吾知必非為社會腐敗一端抑亦於家庭組織有所壓迫也然君感情激烈直往無阻必入歧途思想而入歧途也則非理想可實現者乃空想而不可實現者理想之於腦力可以調和而空想則迷於感情其度為高高至沸點則熱氣汹湧飛騰天空腦中液汁必盡化為汽體矣縱欲亡身者以此也鍾於平生研究衛生之術得二大綱領焉其一肉體之修養節制飲食是其要道其一精神之修養節制私慾不戕賊不助長是其秘訣雖然養形不如養神也莊子養生篇言之詳矣君其讀之一入書境其中必有不可言喻之樂趣微妙美音作於側不聞也裸體美人立於前不見也君勤攻是文則靜養之效立見矣夫節欲者長壽之秘訣也雖然吾之勸君節欲非獨身絶欲之謂乃暫棄戀愛之念毋用心思於可冀之途而用於修養學行之事逾年學益進品益厚則何患無嘉耦環境

之不能立時改革希望之不能即刻見諸事實祗可姑忍待之傳曰忍之須臾乃全汝身君其謹誌之哉君必難曰蠶絲不斷況人情乎然絲可用銳刀斷之情亦可以意志克之姑忍之間正心在焉

評 心如一缸清水攪之則渾蒸之則沸而散用情過度是蒸之散也規以暫忍是止沸良法其用意之深摯可見一斑

送同學旅行青島序

方笑我

我時常聽見地理先生說『我國的青島和我國的關係，就和人們的咽喉和人們的關係一樣』而我國又是由四萬萬同胞集合起來的，人們又是由五官百體集合起來的所以我又說『我國的青島和我國四萬萬同胞的關係，就和人們的咽喉和人們五官百體的關係一樣』哈哈我國的咽喉，本來是被個矮漢子日本用勁勒住的，而現在被我們大聲一喊他也就赫得小鬼似的放下手來了，哈哈！我們的咽喉，現在又不在別人手裏了，我們從此以後呼吸又可以靈通了，我們怎樣的喜歡！怎樣的快活，在理我們這五官百體似的四萬萬同胞，就應全體去歡迎他去慶祝他，而我們全體又沒有個機會可以全去，現在正當那矮漢子放手的時候，而諸君又正預備動身前去，所以我敢大着膽替我們四萬萬同胞公舉諸君做個五官百體的總代表去歡迎他去慶祝他看他有什麼怨恨的地方去安慰他看他有什麼傷痕的地方，去醫治他總希望把他弄做我國千年萬年萬萬年享受不盡完完美美呼吸機關的咽喉——這是我希望諸君的。

現在諸君從揚州到青島去，一來一往，至少要十幾天，每人至少要用十幾塊錢，假使祗瀏覽瀏覽風景，瞻仰瞻仰古蹟，就算了事，那未免辜負了這無代價的光陰，和有用的金錢了，因為我們現在正當求學時代出去旅行，是重在參觀地方上的事業，學校裏的成績，以及自然界的生物等等，和那富翁公子出去旅行，祇圖快活的不同.若不然，放假的時候校裏儘可讓諸君出去旅行，又何必特別停下課來，還要給諸君的盤川，來讓諸君出去旅行呢？這樣看來可知諸君這次出去旅行的重要，必定還要比較在校裏上課重要得多了.換句話說就是諸君這次出去旅行，對於各種的事，必定比較在校裏上課的時候還要特別注意些，庶幾乎纔不辜負這次旅行.——這是我叮嚀諸君的.

我的命運不好，恰巧今年沒有出去旅行的機會，真覺可恨得很！但是諸君的文啊，詩啊，圖畫啊，都是十分精美.假使能夠把經過的情形一一的記下來，畫下來，不但我明年出去的時候可以有一條墊脚石，不致於東奔西走的茫無頭緒；就是諸君回來之後，也可以一天到晚的卧遊了.而且那些可以供人們批評和討論的地方，詳詳細細的寫下來，將來再在雜誌上發表一下，給大家看看，研究研究，這不是一件極有價值的事嗎？——這是我懇求諸君的.

諸君！我親愛的諸君！快要走了.我心中有無限話要說，却一時也說不出來.一路上船下車，總要留心些！我現在也沒有工夫遠送了，等諸君回來的時候再會罷！

本校尊孔會演說辭

費樵

聖人之教人簡言之無非欲人去不善以從善而已如論語記聖人之言曰德之不修學之不講聞義不能徙不善不能改是吾憂也夫講學所以明善修德徙義所以為善也至反乎善而曰不善則宜改有不善而不能改則終於不善而無為善之日此聖人所以憂也聖人無不善可改何憂之有憂之云者為天下後世言也聖人之所謂不善或是小小過誤未必如今日社會中不善之行為也今日社會中如不孝不悌不忠不信之類皆倫理上不善之尤者也究其弊大則爭權奪利貽禍國

家小則敗俗傷風爲害鄉黨不善如是勢必至滅絶人道而後止聖人能無憂乎今日在會諸君未必有此設遇有犯此項事者務須忠告善道懇懇懃懃倘能勸善規過化莠爲良在改之者固獲去惡自新之益而勸令改之者亦有與人爲善之功尊崇聖人莫要於此以鄙人性質之頑習染之深不善且不能自改何敢論人之不善但責人即以責己今日與諸君講此亦藉以自警云耳

評 適合學生身分故佳

敬勸抱悲觀的青年

潘煥奎

我們中國的青年抱「悲觀」的很多，我想這「悲觀」所以產生的原由，都是因爲腦筋裏面受了種種的刺激；—如國內的紛爭，和外交的失敗，以及關於國家種種不良的現狀—所以日久下來，就造成這樣的趨勢了！我們當青年的時候，腦筋是很新鮮的，志氣是很鋼强的；所以愛國的心很重，振作的精神很雄；巴不得一鳴則驚人，一飛則冲天呢！無如許多的惡空氣，都佈滿在我們青年的周圍，我們青年的耳聞目見，都是在這惡空氣中生活；又沒有能力去消除他，只有灰心罷了。青年們原來却是好意，如今抱着「悲觀」的主義，我覺反把從前的好意變壞了。因爲一經抱着「悲觀」的主義，則對於學業上，就不肯深造，對於志氣上，就逐漸消磨，各樣的事體都取消極的態度—如此豈不是反把青年們的好意失去嗎？我們中國現狀雖然不佳，但是在過渡的時代，在改造的時候；而况人民的程度，却是一日高似一日，比較從前進步的很多；將來總有「新中國」發現的一日。青年們在這個時候，當抱「樂觀」的主義，取「積極」的態度，振作固有的精神，奮勉向前進行，以造高深的學業，養成雄壯的志氣—一經國家的組織完美之後，青年們的希望自然完成，青年們的事業，必都實現。假使等國家的組織成功之後，我們方從事於求學，從事於修養，則國家此時仍不能造成完美，還要等著我們，豈不是時間又遲下來嗎？所以我說青年們如抱著「悲觀」的主義，卻把從前的好意變壞了。山西督軍閻錫三曾經說過的一句話，我倒覺得十分懇切，便是『能忠於職務，纔是真正的愛國』。吾願吾們青年，本這句話的意思，抱「樂觀」的主義，取積極的進行，則是我個人對於青年們的希望，對於青年們的忠告。

評　情詞懇切無限煙波

送史地組同學旅行青島序

潘煥奎

本校二三年級史地組同學將旅行於青島余叙別而告之曰耳聞不如目見理想不如實驗先生等此行也由揚州而鎮江而南京而浦口而滁州而鳳陽而徐州而曲阜而泰安而濟南而濰縣而膠州而止於青島跨大江逾長淮縱橫貫吳皖魯三省其古蹟之可以稽考與夫地理之可以研究者何可勝數而先生等昔日虛糜許久之時間於紙片上所學習此部分之史地誠不若今日一觀之為得也是此數百方里之廣地不啻先生等之一大實驗場也願先生等頃心研究可也先生等行矣吾將企首翹足北望淮黃之間南聽汽笛之聲以望先生之早回然吾之所望於先生者不在先生等將膠州之梨與徐州之高粱贈與吾等同學也亦不在將馳名之物品與奇怪之玩具贈與吾等同學也但在將各處之古蹟各地之形勢與夫一切社會之狀況書而贈與吾等同學而已願先生等勿忘也吾之所欲告於先生等者止此矣春風煦煦春日融融汽笛長鳴努力自愛

評　期望情殷得贈序骨氣

贈程振庭序

喬吉人

程君余友也與余切磋琢磨互相砥礪者行且三年矣居恒氣味相投敬愛有逾手足他山之石惠

我良多每當相得益彰之餘輒恨相見之晚也且夫同志難求同學尤難得同志茫茫塵海誰是知音惟君與余同是天涯作客僑寓廣陵值此國學淪喪之候欲挽狂瀾尤有同情之感古人所謂志同而道合者非耶惟是世風日離處世實非易事無論何時何地其一言一行尤宜不卑不亢蓋過卑則近諂過亢則遭忌而忌之一字最能阻塞事功古今千百年已不知埋沒英雄幾許也余以君性素直鄭重而以不卑不亢為贈願君日為絃韋之佩則余之所以為君勉者亦知所以自勉也矣是為序

送友人赴國學專修館序

成桂林

時至今日一國學絕續之交也蓋自歐化入而國學一衰白話興而國學再替一脈之傳斬焉將盡故國內少數有志之士近以保存國粹為己任毅然有國學專修館之設謂非斯文之大幸事乎猶惜醉心新文化之學人每不屑負笈其間而國學過低淺者又苦無興味不敢問津所苦心孫詣趨於此途者惟在敦本務實夙重漢粹之青年友人某君有心人也雄於文而特立志於古而可嘉今夏由高小卒業乃不肄業於中學及其他專門各校而獨投考於甯垣國學專修館蓋其卓識使然也茲果有志竟成列入前茅行將赴館就學矣余甚自愧余於文字素少鑽研即慕足下所趨亦難一躍而登欲如足下之游得乎足下此去問業大人先生之前既上求堯舜禹湯文武周公孔子之道下窺關閩濂洛數君子之心更探討左丘明司馬遷相如揚雄劉向班固韓柳歐蘇曾王暨明清諸家之文博稽上古中古近古之史學藏修數載必能抉其所得為海內扶絕學傳永久未來之國學功臣文章巨子非足下而何他日歸來並畧以餉余余將不止一愧而已也足下勉乎哉足下行矣

評　立意甚高後段尤有方家風味

試以李白春夜宴桃李園序改為白話體　陸瀚明

講到天地這兩樣東西彷彿我們人類和動植物的旅館一樣光陰猶如百代的過客一般想到我們活在世界上和做了一個大夢沒有兩樣照這樣看來快樂的時候是很少的古詩上相傳下來說古時候的人有『秉燭夜遊』的舉動這樁事情諒必是很有意思的並且正在春初的時候天氣很是清爽還有極好的景緻和樹木花草給我們觀賞還有天然的文章賜給我們我這時就和幾位堂兄弟宴會在園中這個園裏桃花李花是開放得很盛當這時候我想到堂兄弟們很是聰明和謝惠連差不多不過我的才能却不及謝靈運當初吃酒非常熱鬧後來忽然嘿不作聲賞鑒美酒吃個不歇在花木中間不覺醉於月亮之下我說道我們沒有好的詩做出來那裏能夠發揮我們的懷抱呢假使做不出來便要罰酒罰酒的數目照金谷園中的一樣

評　駢語繙俗語很是不易這文獨能脫盡面目當然要算極意經營之作了

贈陳厚甫序　瞿耀

陳子厚甫軒昂磊落英俊風流慷慨悲歌士也一時奇偉之士多喜與之遊今也赴金陵僕與諸子送其行長亭贈別置酒東門舉目江天暮雲流水都帶離情碧草綠波皆含別恨予乃悄然動容黯然銷魂感乎中而形諸外有悲感不勝者矣厚甫於是舉袂揖予曰吾子能詩文曷不一言贈我以壯行色乎予曰厚甫此行其欲聞道衡文乎則歸而求之有餘師且諸君子盡俊傑朝夕相執卷亦樂矣胡為臨歧灑淚慘欲生離乎蓋天之生斯人也非使之獨善其身乃將欲使之安斯世覺斯民也今厚甫既抱安天下之志覺斯世之心其赴金陵也則求經濟之才籌安邦之策正所以酬其素

志而展其宏畧之時也此厚甫之必有其行也夫以予之雄才雅量金陵之勝跡名都人物翩逸學業猛進謁太祖之遺陵訪台城之舊跡鍾嶺地靈長江天塹以鵬搏鳳起之士居龍蟠虎踞之區固無一不足以增其學識發其忠憤養其韜畧展其胸襟充其氣度勵其志趣以為生民幸天下才也厚甫行矣吾知其必有進也竹溪之上草廬三間飲幽泉而吸霞露採松實而餌芝英乃將以待吾子矣厚甫勉乎哉僕不文詩非所習然既承獎索又何敢失古人臨別贈言之旨乃走筆成長句四章心亂神飛難以為情詞句之不工所不計也

長江浩渺逝輪舟山水巍峩出石頭吳越人文騰麗澤海天靈秀萃雄州英才濟濟斯為美俊傑錚錚孰與儔欲向中原窮目處與君同上最高樓

驪歌聞唱覺酸心珍重陽關一闋音千里求師初負笈十年好友作分襟雲天戴望同瞻斗風雨無人獨撫琴慚愧故人猶蠖曲空談馮鋏作龍吟

水自東流人自南欲留片刻共雄談江波遠漾浮空碧帆影遥行入蔚藍縹緲峯巒雲氣重蒼茫烟水露光涵長風破浪乘槎去磊落奇雄果偉男

傾山雪浪送虬髯縱目狼峯獨遠瞻從此暮雲懷李白誰將碧草賦江淹笠車訂誼無忘揖縞紵聯交請贈縑遥望還鄉衣錦日踏歌來訪釣溪巖

評　文之不足又繼以詩寫情筆墨之豐縟者如是如是

追送夏杏園先生序

陳　浩

夏先生杏園年少而才向以文學震南高頗見而不可得垂三四年壬戌秋先生膺鄉闈召長甲師生等始獲瞻丰采而問業左右方各以得良師自慶幸詎曲高和寡忌才者衆客冬局外風潮旁激

致先生飄然高舉又令生等頓失良師恨何如乎方先生辭職後生等咸如稚子失慈父痛哭呼號冀達挽留目的而先生已毅然受七師聘慷慨登程矣蓋先生豪邁軼羣不肯隨俗俯仰生等咸知先生此去非竟棄生等也實藉以愧卑鄙無恥獻媚營私之徒耳生等亦引以為快何敢有私怨於懷耶第先生行而良師難遇矣先生學詣絕倫治事誠毅固為生等所心儀而每於燈前課後為生等縱談古文辭淋漓痛快尤生等所不能忘焉洎夫先生北上生等因年假星散未獲列隊遠送祇向無人處灑一掬傷心淚而已彼時也思作惜別詞餞先生行惟心曲已亂恐言不成章故未敢握管竦晷之罪言之赧然自先生行後迄今已兩閱月矣撫躬自問進益毫無偶翻大著嚮往彌殷追隨弗及高舉無能人孰無情誰能遣此近自吾鹽學界發起對日外交後援會以來生等益景仰先生而不能已良因先生愛國熱度逈越尋常上年青島問題發生先生救國辭氣最稱激昂邑人靡不知之此次運動先生若仍在鄉邦則遊行示威等呼聲必更高十倍而先生遠在徐屬為遊行為講演當已不知揮却幾許血淚矣況徐屬亦古稱多慷慨悲歌之士先生適蒞土而遇此外交不平事知與先生同抱不平者之影也抑先生近來與彼邦人士遊諒亦能識其奇傑異能之士與結納以為快異鄉旅況當不寂寞先生教務暇倘不忘小子輩以彼邦風土人物文獻餉賜以廣聞見更時錫名誨俾論俾知歸向雖千里相違亦不啻一堂相聚也今當春陰風雨几坐難解離愁爰追敘別後所感以上之

【評】情詞真摯得於師弟間洵為罕覯

送顧君練瑩赴甯序

王德亮

清江有盜押國土八百畝與日人借貲以期獲利之利淮電燈公司近又大張旗鼓掛電綫安燈頭

宴商人賄紳士積極進行勢將開大吾輩目未盲心未死又非泥塑本偶徒享幸福烏可坐視奸人圖利遺害偕大而不問乎講演傳單既已不克收效欲求解決則惟有請官廳澈查一昨浦地各校同學已將代表舉出使即日赴省陳訴當選者計三人而吾校顧君小亭特其翹楚也行之日德亮不禁有感於中遂謹奉一言為顧君告曰君夙昔善交際工辭令吾曹實所不逮今既肩巨任吾固深慶吾校代表之得人而利淮公司行將臨於危險也但君於呈訴省長時深希益加審慎以莊重之貌達誠懇之辭庶足使彼大吏洞明禍害按法撤銷倘意氣稍近浮囂行為將成激烈則轉足以僨事顧君其知之乎且省會為人才淵藪君此去尤不可不以聯絡為先如議員如幕客才識必高人一等君若動以大義怵以危機殆未有不聞而色變怒髮沖冠者投袂而起為羣衆運動援衆力多或可收效於萬一慎勿龐然自大身分過重不屑干謁他人也烏虖抵制該公司原為良心驅使安可以成敗為衡以該公司錢可通神根深蒂固雖疊經反對而仍忌憚毫無肆行弗懈今之訴訟有君之代表吾儕等之後盾事實堂皇理正詞嚴可操勝算當無疑義然究之目的能否達到非可逆睹倘幸遂願固絕後顧之憂即或不能而君之責任已盡茍遇隙時再作他圖誓為後彫可也顧君其毋多慮哉

評　面面俱到娓娓動人不失贈言本旨

序跋類

校友會月刊發刊詞

莊振榮

學校之有校友會猶銀行之有公會也銀行公會不過聯絡感情相互周濟以杜其倒閉之虞耳學校之有校友會亦無非鑒一己之智不足以敵衆人一隅之見不足以啟發其心志也故非聯絡多數同學相互切磋不爲功所謂集思廣益則學業進步之速自不待言耳然同學時固能爲學業上之討論且晨興昏息共居一校離愁別緒無自而生迨夫一旦分襟頓違共硯雖有尺素往還何足解其勞結故凡有校友會者必有雜誌刊行以彙紀畢業同學之狀況焉其出版也或以週或以月或以年均視乎出版力之強弱而定也本校歷屆暑假必舉行校友常會惟雜誌則每學年只出一集良由投稿者寥寥無幾抑亦時隔太遠精神渙散有以致之校長章先生有鑒於斯故於本屆校友會時提議改雜誌爲月刊而會員亦予表決焉今是刊行將出版矣投稿者甚屬擁擠不可謂非月刊前途之好現象然余有數語敬告投稿諸君即一則不可作五分鐘之熱度漸漸冷淡也再則當起稿之時必先理會一般社會上之心理也能如是則此月刊發行額定可獲勝利於畏東矣戊午中秋節莊振榮敘

評　詞氣充暢

跋施氏國民校額

張素庵

救國之貧弱在敎育而基於小學其本又在家家貴乎齊無敎育胡能齊不齊胡能國張太夫人畫其家興族學割產以貲之是能齊其家者嫠不恤其緯而憂宗周之隕其有之矣既見褒長邑者乃坎然歸美於其先夫於戲豈第一人一家之美耶是故一鄉之榮也且有光於國志之以策來者民國十一年秋獅山素庵敬跋

勁鍊峭折非老斲輪手莫辦

書後類

讀屈原列傳書後

陳巖

古來才知之士其出而問世也嫺古今治亂之得失知過去未來之是非故每處一事必鑒古以策今懲前以毖後經歲累月反復删訂務使無毫髮之誤然後布行天下使各受其益然其政策之初行也則智者知其善而故忌之愚者不明而盲議之悠悠誹謗妄造謠諑以梗進行甚或讒禍其身此其故何也曲高寡和而已矣豈有他哉周公聖人也然見疑於兄弟孔子聖人也然厄於陳蔡馬遷文豪也然被宮刑韓信功臣也然高祖知其功大能多爵祿不足以稱其職反夷其族而戮其身以勞之余讀屬史至屈原列傳深歎屈原之死蓋大類乎此矣及讀其懷沙之賦則更心欲碎而淚下不禁釋書而歎曰如屈子之異行羣犬吠之亦何足怪其前如周公亦怪奇於衆也兄弟議之其後孔子馬遷韓信三人多好用其奇特之點故孔子被厄馬遷被刑韓信就戮然則屈子憤而投江自殺非空於前非絕於後吾於屈子稍為慰矣屈子其亦自慰於魚腹中乎余之為此言蓋悲屈子在九泉怨傷故申說古來特例以慰之也然又恐後之讀其文者知其才行如此而遭遇又如彼則立身行道甘與俗浮沈而誤視屈子皎皎潔志為蛇蝎也或致以濁詆清以邪害公相習成風將後之吠怪者愈多而被吠者尤甚於屈子矣是故吾願後之人勿學屈子專本其直道方於內外不知變通徒自令見放但望方於內而圓於外其庶幾兩全乎

評 才遺衆忘古今同慨作者曲為婉惜安得世人盡是湘鄉

讀屈原傳書後

潘煥奎

余讀屈原傳至漁父之所言不覺嘆今日聖人之多也夫漁父之言曰聖人者不凝滯於物而能與世推移吾觀今日之官僚與政客無不遇事周旋隨機而應變者豈深得漁父所言之意歟抑因懷瑾握瑜不忍没没無聞故為是隨流揚波餔糟啜醨以一展其無人可及之長技乎嗚呼漁父固一隱君子也不然以一荒江漁父素不聞不知焉識屈原為三閭大夫耶至其所言特負氣之語耳豈有聖人而若是者乎

評 反激致感掉轉靈捷

讀病梅館記後

黃克民

夫梅之直之正之密固其自然之品格矯揉造作失其本真是梅之大不幸也而文人畫士竟以孤癖之隱指導鬻梅者迫之為曲為欹為疏使成病者有心人見之能不太息而詬厲之哉龔定盦先生固有心人而愛物性者也慨然闢館療梅然江浙之梅皆病先生能濟者僅三百盆耳非更有千百人如先生者安能普救江浙諸梅此先生之所以歎無暇日閒田歟雖然先生之旨不在梅也不然何獨稱江寧蘇州杭州之梅乎蓋先生處勝清中葉西學方與國學接觸之際內顧海內文士莫非枉道以求合屈節以趨時如病梅者外顧泰西學術蒸蒸日上民權思潮澎湃歐陸乃益形國故之拙科舉之弊革命思想油然而生借病梅以悼病士而尤悼中毒文人薈集之江浙之士所謂傷心人別有懷抱者歟今何時非思想革命最盛之日乎先生而在不知又作何感想也

評 通徹谷莫鏤肝擿臂而出凡讀龔文不可不知此意

書意園記後

黃克民

余讀戴南山意園記知其意非惟在隱逸當滿清入關之初滿漢界限綦嚴漢民以言論遭夷滅者不可勝數戴子厭世富民族思想而屈於緘口之禁乃託於意園而暢其胸襟之鬱悶腹誹滿清之苛刻不然其謂嵗幾更代幾變避世者避地者與無懷氏之民指何言哉其謂無懷氏之民即表其為漢族之裔不願為滿清之民也其謂嵗幾更代幾變即目無滿清而有革命思想也其謂避世者避地者即厭惡滿清而標榜無政府主義也嗚呼戴子祖國之懷遠大之志其誰解之其誰繼之其何不幸而生於專制文網嚴急之時不生於愛新覺羅衰敗之世耶其懷抱之所自負何匪不能施之萬一以澤民生并欲言而不敢吐不得不託於冥昧虛無縹緲間耶此不佞不能不為天之降才不偶大惑不解者也雖然戴子其亦幸而抱奇志屈於時而萬不偶一乃彌足見欽於後之人耳人亦何憚而不以孤芳自賞也哉

評 曲而有直體已臻游行自在之境

讀漢詩孔雀東南飛

蔡陟岡

漢詩孔雀東南飛是完全描摹的姑惡也就是寫的家庭專制之毒；當時一般人的頭腦為一種禮教和與論所束縛住了，總以為姑之虐待媳婦，是應該的。假如媳婦稍一違犯了姑的命令，那就是大逆不道，於是相沿成習，以至演成仲卿夫婦這樣的悲劇。而時人還沒有一種公正的言論來批評他，不過借了文人的一枝筆，畧微寫一點出來，給後來做個榜樣？可見禮教和與論的害人，比什麼多利害！我讀了這詩以後，回想我們中國現在的社會情形怎樣？家庭情形怎樣？禁不住要付之一歎！有的人說『現在中國的社會情形，較之從前，好得多了；什麼男女平權呀，女子教育呀，女子參政呀,都大聲疾呼的提倡了,對於女子的解放可算擴張到極點了.就是家庭問題,也好得許多了;什麼自由結婚呀,自由戀愛呀,……等等,也大聲疾呼的大提倡而特提倡了,從此以後也許不會再有如這詩的悲劇排演了.

唉!話雖如此,我恐這種現象不過在中國的一小部分中之一小部分罷!試觀中國的大部,又何嘗不是重男輕女,女子受教育的權利都沒有呢?何嘗不是翁姑虐待媳婦,可以隨便遣出呢?何嘗不是父母為子女包辦婚姻,子女無自主的權利呢?何嘗不有一種舊禮教和輿論來束縛人的頭腦呢?諸如此類的劇本,又何嘗不是層見疊出在社會上一幕一幕的排演個不停呢?什麼改造社會,改造家庭,不過名詞好聽罷了!要行到事實上去,可不是件容易的事啊!從這點看來,我國社會上如這種的悲劇,不知演到什麼時候纔停呢!

總之,中國的社會,一天不改造,就是這種悲劇,一天不得停演!雖然;改造社會的責任,又誰屬呢?我不得不歸到我們一般勇猛忱毅的少年學生身上.努力!努力!大家努力!光明燦爛的社會,在我們眼前.

評 感慨係之,這種文字很有鞭策力

本校十九同學遺作彙刊書後

周之輔

人之生,或童而殤,或冠而夭,其自壯而強,而至於老耄,不阻喪中道者,蓋最幸者矣.然當幼童之時知識未開,學問未廣,雖殤而不必惜,迨至壯強之年,功名事業少有樹立,其或死亡,亦不為至不幸矣.所深痛者,學業將成之時,志趣方立之期,文章道德之美,而不見其成功,所謂冠而夭者也.若吾校已故之十九同學是矣.同人等慕而惜之,乃集資彙刊其遺作,并存其像,弁諸卷首,予觀之而歎曰夫以諸同學面目之秀偉容貌之端莊未始不有威可畏有儀可象也文章之激昂詩歌之慷慨亦未始不可駕今人而追古人也奈何以如此之聰明竟秀而不實耶以如此之才能竟未能盡其用耶以如此之造詣竟不永其天年耶誰實為之孰令致此吾不得而知之矣第以諸同學之品學在家庭為芝蘭則父母不願其死也在學校為桃李則教師及同學不願其死也在國家為棟梁為舟楫則國家亦不願其死也家庭學校國家舉不願其死而諸同學竟死者命也夫信也所謂天者誠難測而壽者不可知矣今某見其容顏想其為人讀其文章知其言論覺死者之可師而生者不能及也乃涕而書其後

評 以沈摯之思寫嗚咽之辭悱惻纏綿讀之令人腸斷

義田記書後

彭國琛

君子愛人以大德不以小惠以大德濟人者一時或不能得慈善之美名然其人實受恩於無形以小惠濟人者雖可得一時之譽然其人受恩實有限且小惠濟人焉得人人而濟之焉得時時而濟之即使能濟多數人且至於永久然實足以養人之依賴性使不能謀獨立之生活設一旦失其憑藉亦惟有束手待斃而已是何異乎殺人哉古人曰雖曰愛之其實害之即此之謂歟余讀錢公輔義田記觀范文正公之為人平生好施與擇其親而貧疏而賢者咸施之方貴顯時置負郭常稔之田千畝號曰義田以養濟羣族之人嘻是誠小惠哉夫以千畝之田而養濟羣族之人使羣族之人暖衣飽食而無所用其心當此之時羣族之人固莫不稱其功而頌其德然人口之增殖無窮而田畝之購置有限若公歿之後人人坐食食指日增後此不將難乎為繼耶故為公計者莫若以千畝之田而羣族之人俾各安其職幼小者則設學校以教之怠惰者則敎以工作而使之勤勞夫如是

則羣族之人皆得謀獨立之生活受恩豈不大哉雖然公之用心固不可以厚非觀其歿之日身無以為斂子無以為喪清貧若此則其博愛之苦心可以知矣噫是亦賢人也哉

評 論事獨有見地而詞亦足以達之是善於讀書者

讀朋黨論

彭國琛

讀歐陽文忠朋黨論觀其言曰小人無朋惟君子則有之予嘗疑焉以為集合多數人而成朋黨無論其為私為公為小人為君子其為朋黨一也何得謂小人為無黨哉歷代以來小人之集黨者不知幾許如堯之時共工驩兜等四人為一朋小人之有黨固顯然可致也雖然小人好利祿貪財貨同利之時狼狽為奸假朋黨之名以行其爭利之實及其利盡則水火魚肉自相殘殺可以共安樂不可以共患難若君子則異是守道義行忠信惜名節羣策羣力同心共濟始終如一從此二者觀之是小人之朋其心為己私而已君子之朋其心為天下公也小人之集合因利祿貨財而集合也君子之集合以道義忠信名節而集合也故小人之黨烏合之衆而已君子之黨則精神上之結合也歐陽公謂小人無朋其暫為朋者偽也又曰惟君子則有之噫是誠至理哉

評 爽爽朗朗有中肯語

讀韓退之原道

王德亮

世皆稱韓退之原道一篇大有功於人心世道予竊未敢以為信也夫宇宙之內事物至繁必由學者各逞其材極力研究以使新理日出方可以達進化地位若僅一派獨占優勝不惜摧殘其他則學說亦安能完善譬諸政治一黨獨握大權不容他黨置喙其國家必致日形紛擾蓋專制之害固甚烈也政治然學說亦莫不然韓退之之作原道乃欲使儒教獨行中國佛老之說盡歸消滅其言

於儒家雖似有功然排斥異己毋乃太甚乎夫古今學派不一何可以儒為限儒之外若老與佛實皆各有專長其教旨雖殊而與人為善之心則一退之不信佛老而從孔孟對孔孟之道發揮而光大之人固莫議其非但信教自由理本一定因己有所信仰而於他教即任意觝排是則識甚淺量甚狹門戶之見太深矣孔子一生具大同主義天地位而萬物育並行不悖廓然至公而退之之斥佛老乃曰『其幸而出於三代之後不見黜於禹湯文武周公孔子其亦不幸而不出於三代之前不見正於禹湯文武周公孔子』夫老與孔子同時不特未黜且加師事之禮是聖人固絕不排斥異己而老子之道未嘗見正也以此例佛其必見容於禹湯文武周公孔子亦又可知退之挾私見以度古人重聖道所以輕聖耳孟子之志貴民而輕君而退之又曰『臣不行君之令則失其所以為臣民不出粟米麻絲作器皿通貨財以事其上則誅』不問君令之是非而惟責臣以奉命不問君之所取為當否而惟責民以輸將聖人之道固若是耶亦導民於奴隸之塗而已退之所言既背孔孟其言即毫無價值而後人不察轉尊而奉之以為有功於人心世道由茲以降思想為之束縛智識因而固陋坐使我國學術上之一線曙光僅僅見於戰國而後代無由復盛殆皆退之原道一篇各種謬說有以階之厲也他如屏外人為不足法竊道統以自尊則尤妄謬之甚者又何待愚辭而闢之耶雖然黨同伐異盡教徒皆然又豈僅退之過哉

評 大言炎炎足使小儒咋舌

讀韓昌黎送李愿歸盤谷序

王德亮

安貧樂道守志率真此其人求諸三代以下頗不易覯況在仕宦之家乎乃吾讀昌黎韓子送李愿歸盤谷序想見李愿之為人既弗屑為夤緣奔走即立功施惠亦且有託而逃野處窮居歸真返璞

慕巖陵靖節之風作離俗出塵之想竹杖芒鞋逍遙自得美然與木石鹿豕為羣徵諸名利場中誰能有此淡泊胸襟高尚氣概哉使愿一本斯志有始有終釣水採山心無憂而人無毀優游暇豫亦何往而不適惜其淡然而忘歷時未久頓改初衷史稱其後復出山躬領節鉞驕侈自縱卒至墮其家聲此等行為在昌黎贈序時固莫能逆料而要之言行弗顧前後判若兩人殆已無可掩飾矣夫士君子始未得志暫假山林以棲身猶可謂處窮道也一旦知我有人遂又相時而動此亦何可厚非但既秉節仗旄即宜有所建樹而愿乃志驕器滿任意妄為隱已不終仕又失德入盤谷者李愿出盤谷者亦李愿貞黷異操上無以對祖先下無以對故友設更讀昌黎贈序能不汗流涔涔耶於戲行不顧言反覆靡定鳴騶入谷鶴書赴隴自古借終南為捷徑者滔滔皆是固非獨一愿已也而今時為尤烈某也總長某也督軍某也巡閱其面常帶厭世之容其口不少乞退之語其文電則字字可泣可歌而一察實際則把持如故壟斷如故爭權奪利又如故無志歸田有心戀棧若而人者蓋皆蹈李愿之故智耳吁唐有一李愿已為士林不齒今衆李愿竟接踵而來能不令人興無窮之感乎

評　詞旨精審筆亦夭矯不羣

按同時有兩李愿此李愿隱而不仕餘一為西平王晟子蓋此序作於貞元十七年時晟子已為宿衛將也宋本昌黎集於此篇後有跋語云是隱者韜光自晦古今一時推崇甚至是文係誤會而筆意可取特錄而附正如此　閱者誌

讀吳南屏許孝子傳　張崎

南屏之論孝子也一再悲之而後之讀其文者亦莫不以悲孝子當時孝子父母之悲何如也孝子

有知其冥冥無窮之悲又何如也夫死則已矣而孝子死猶藥毋病其精氣不殁而魂魄尚能强與則天地之間果有鬼神耶其有之也則世之不孝者且多安居無患天獨不能佑孝子以成其志而反戕之耶抑亦冒險者必危雖甚賢孝其理亦不可易耶夫湘江之水與汨羅同會於洞庭忠臣孝子之魂魄何俱集於此耶吾不得而知也

評 疑問到底自見精采

書蘇子瞻荀卿論後

彭煒棠

寃哉蘇子瞻之論荀卿也荀子爲儒家正派宋以前無異議也自蘇氏論出而荀氏遂蒙百世不白之寃矣水之入海也不僅一河通徑之登山也不止一路達孟子言性善欲人知性本善而加以擴充荀子言性惡亦欲人惕性有惡而加以檢制其言雖殊而欲人之善則均也其曰桀紂性而堯舜僞意若曰桀紂任其性故至於大惡堯舜力爲之檢制故至於大善人患不檢制其性耳苟檢制之雖堯舜無難此其勸人爲善之意固未嘗乖於大道也如蘇子言必孟子爲得而荀子爲失則是適燕者必陸行而航海者爲非矣然乎否也諸子百家之書爲後人所竄撰者不可勝數孫晏二子是也荀子出子夏之門今觀其書亦皆勸學之言即子瞻亦稱之爲明王道述禮樂者亦何至歷詆天下賢人且以子思孟軻爲亂天下故吾敢斷非十二子篇必後人所僞撰而竄入非荀子本書不然史遷昌黎二子獨未讀荀子乎胡爲一則以之與孟子合傳一則稱之爲吐辭爲經大道是弘而優入聖域也意者史遷時固未有是篇而韓子猶及見之故稱揚如此也是又惡可不察而妄詆之或曰子瞻非不知荀卿之罪不至是彼其言蓋爲荊公而發耳何子之不原其心也此劉孟塗之言也雖然亦寃古人甚矣傳曰擬人必於其倫若是亦不於其倫甚矣且即原子瞻之心以爲爲荊公而

發亦未嘗當蓋新法者皆先王著有成績之法非盡不可行者而宋至真仁積弱文恬武嬉契丹侵凌於薊燕元昊陸梁於西夏竭天下之力僅能羈縻之非大有所改革以振起天下之耳目鼓動天下之智勇不足以為國家立遠治永安之基荊公之病在欲速效又自信太過而輕於用人然此皆當時韓富諸賢有意立異有以激之使當日者諸賢同心協力一意行之所用皆循良之吏宋室之強實可操券奈至善之法施諸以不善之人以益國利民始者以蠹國害民終此豈盡荊公咎哉程明道嘗言新法之病我輩當任其咎即此意也荊公之罪亦奚至是哉然則子瞻此論真所謂放言高論厯詆天下賢人以自是其愚者猶責人耶亦日論矣至李斯是否以荀卿之學亂秦秦亂先王之法是否必待李斯桐城姚氏之論言之詳矣茲不復贅

評 用龍門昌黎語作反證洵是讀書得間後半層層脫卸筆意亦佳

讀孔子世家贊書後

劉能祥

始吾讀史記至孔子世家心竊疑之太史公作史記於天子則列之本紀於諸侯則列之世家自大夫以下皆入列傳孔子既非諸侯而列之世家毋亦自亂其例乎既而讀其贊乃恍然悟矣孔子雖不以爵祿世其家而實以道德學問世其家故列之世家非自亂其例也尊孔子也曷尊乎爾尊其為至聖也夫孔子之聖久為有識者所公認列之世家似亦不加毫末惟當秦始皇焚書坑儒之後孔道亦寖衰矣漢高祖得天下雖以太牢祀孔子然溺冠慢儒幾成習慣兼以文帝之崇尚黃老景帝之專任刑名孔道之不絕者如綫假無人以表揚之孔子之道毋亦湮沒而不彰乎太史公列孔子於世家贊孔子為至聖由是孔子之道流行天壤此固天理人心之不容泯沒而亦賴有龍門卓識為之定論也嗚呼後之尊孔子者不為不多矣曰宣尼公曰文宣王徽號雖崇名稱未嘗獨此至

聖兩字歷千萬世而莫能革推厥由來謂非根據於太史公一言乎乃班氏作史猶謂其先黃老而後六經惜未得龍門贊孔子之深意也

評　能如人人意中所欲出自是不易

江天一傳書後　　劉駿祥

遇困阨而獨表清操臨大節而不思退避此非有救世之仁察微之智鎮物之勇不足以語此余讀江天一傳不禁生高山仰止景行行之之慕矣當夫有明之末天下騷然盜賊蜂起張獻李闖之徒蹂躪天下欲為守禦之計正非易易而天一乃毅然任之不稍畏葸非不知其難也知其難而不避正其仁心之表見耳盖賊兵一入則必皂白不分玉石並燬全城震盪雞犬不甯天一誠不欲鄉老父兄同罹無辜之禍故不惜一身之勞瘁以赴之矣清兵臨城雖無百萬之雄軍必勝之良將然而戰勝之後勇乃十倍固已勢如破竹誰敢阻其路而攖其鋒哉而天一乃能以疲乏之卒勉支數日可不謂勇哉事敗之後則慨然自承雖總督欲不問而甘死如飴絕無一言乞命盖恐以一己禍患嫁諸他人圖已身之小安貽將來之大患不亦智乎僉事公謂之曰汝有老母不可死不知天一之死正所以全其母也噫智仁勇三達德天一巧兼而有之可不謂難哉吾向讀沈雲英傳知明末諸將中尚有忠義者今觀江天一傳義勇似猶過之然而天雖生此材卒使之屈伏徽州而未能大有所造其亦明之不幸也歟悲夫

評　表章不遺餘力

陸放翁東籬記書後　　陳行堯

往讀蘇東坡超然臺記至凡物皆有可觀苟有可觀皆有可樂非必怪奇偉麗未嘗不贊美其胸襟

閑使而自樂其樂境也今讀陸放翁東籬記則愈生其贊美矣夫放翁建造東籬地不過數分花不過數枝在常人視之以為區區之地不足以供游觀也而放翁徘徊其間視若奇園麗景何哉蓋放翁之用心以宇宙為廬宇八方為庭除萬頃汪洋不以為大方丈咫尺不以為小則吾之於東籬也方且比之於吳蜀之園庭朝夕神遊於奇花異卉之間又何必真游乎名園勝庭而始可娛樂哉世有游而不得游之樂境者請讀放翁斯文

評 能闡發用意不同敷衍

讀桃花源記書後

吳其萱

大凡高人逸士生當亂世不屑與庸夫俗子爭升斗之祿苟求富貴不得已而藉文章以洩其輪囷鬱勃之氣往往寄託遥深今讀之者如聞其聲如見其人而終不可即者如淵明之桃花源記是也此時河山分裂胡族腥羶社稷顛危權臣跋扈中原無恢復之期神州有陸沈之患四顧茫茫託身無所安得尋一絕境與世間隔將吾終老足素願耶其果有此境耶抑並無此境耶有此境隱谷棲遲無此境仙雲縹緲茲姑不具論第後之讀桃花源記者無不悠然神往焉抑又何也而或者謂陶子知命樂天自安其素其於晉宋間直視如蚍蜉聚散則必作此記而引人遐思者抑又何耶

評 後幅詰問作結餘味盎然尤有風致

讀前漢書朱買臣傳書後

張炳元

昔朱買臣家貧力學行歌道中妻羞之求去迨為會稽太守道過吳界遇其前妻帶置園中給食之不罪已往尚念結髮之情仁人之心也其隨上計吏為卒時上書久不報糧用匱之上計吏更乞匄之及至富貴悉召故人與以飲食或酬之以金以德報德也邑子嚴助首薦買臣買臣感之後嚴助

爲張湯所陷買臣之不平久矣卒告湯陰事殺湯而報嚴助已身雖亦不免而其任俠之氣可以報知己矣君子曰買臣不罪出妻仁也以德報德義也殺湯而雪嚴助之憤俠也或者謂買臣溺志於功名利祿當其擔薪讀書且行且歌之際已汲汲於富貴天下惟熱中富貴之人一旦得志驕傲心生忮克心生往往以此致敗買臣之不免其以是乎觀其衣故衣懷印綬入邸與羣吏共飲復出不意而震驚之其驕亦甚矣訐湯陰事非僅爲嚴助亦惡其無禮於己也其忮又甚矣然此未足以責買臣也惟有道之君子庶足以知之但買臣之爲吏並未以貪酷聞漢書載之昭昭也則買臣之爲人亦有可取者焉

評　左袒買臣遂事回護頗有見地用筆亦復遒勁深得書後體裁

書黃曾省漂母祠記後

張炳元

英雄不得志萬世所同悲受辱於袴下絕食於鄉里恥莫恥於韓信困莫困於韓信當是時求有王公與富豪爲其雪恥解困也其能應天順時拯其困阨以王成其滅楚興漢之功者漂母一人而已此黃曾省所以有當祠之論也夫惡少年毒婦人固不足道矣獨怪楚項使之爲執戟郎漢高亦因其微罪而斬之是楚項漢高不能識韓信也即滕公識之於刀鋸之下蕭何識之於談論之間亦不過在漂母飯信之後耳於此益可見漂母識之高矣且吾又崇拜漂母之有仁有義飯信之時則曰吾哀王孫而進食豈望報乎迨信封爲楚王謝之以千金又辭而不受不望報仁也不受報義也孟子曰居仁由義大人之事備矣彼漂母廟貌之享豈有愧色乎故謂漂母爲女中之豪傑也可謂漂母爲女中之神聖也亦可黃先生之文極贊美之殆爲母之功高而作也與小子意同故書於先生文後

評　推崇漂母頗合此題體裁

書崇明老人記後

顧君立

子弟之孝悌與否要皆繫於家庭之教育教育善者子弟多孝悌教育不善者子弟多不孝悌雖然此就教育而言耳教育之外尚有所謂天性者存焉天性孝悌者雖不教育其孝悌之性自若也天性不孝悌者雖善教育亦不必孝悌也崇明老人以貧故鬻子為奴則素無教育可知其子咸能自贖身娶婦同居共養父母且曲盡孝道素無教育者何以能若是歟且子孝而婦亦孝彼其婦又安能必受教育歟噫蓋皆出於天性也詩禮之家士大夫之族教育非不善也而家庭之間姑婦相詬誶兄弟相爭鬩乖戾之氣往往有不堪問者以視崇明老人之子婦貧而能養不達詩書而能孝其相去不亦遠哉吾是以知老人之子婦雍容和順孝敬於一堂蓋皆出於天性也天性以習染而易失得教育而復全彼何以未受教育而並不以習染而失其天性而世之受完全教育者又何以不盡能復全其天性哉是真可怪已

評　歸本天性自是至當不易之論獨喜其往復多感慨為尤有致耳

讀史記滑稽列傳

彭莊舉

史公傳滑稽而不載西門諸人褚先生以為未備而補續之嗟夫史公之所為傳滑稽者豈真以其滑稽哉其旨深矣當是時漢武窮奢極靡大營宮苑遣貳師求善馬不惜民財力以求濟所欲史公心有所不足故特敘淳于二優之滑稽以寓己之諷刺也不然徒滑稽亦何取而傳之此西門諸人所由不載而褚先生之補殆非其本旨歟

評　淡言微中亦可以解紛深契斯旨

讀蕭相國世家

彭莊宰

甚矣高帝之妒也漢之元勲能保令終者長沙一小國而外惟何耳然亦屢遭其忌幾於不免所謂豁達大度者然乎否乎君臣以道合三代盛軌也而高帝好以術愚羣臣何亦即以術禦其忌此古今人所由不相及乎噫

讀曹世家

彭莊榮

立法亦難矣哉一法立一弊生天下無無弊之法也以周公之聖太公之賢明知齊魯立國之弊亦坐視而無能為計後之讀史者其慎勿好為大言而妄譏立法之主哉

讀武訓傳書後

吳世同

儲蓄美德也然衆人往往以有用之金錢耗於無用之地而不知儲蓄即知儲蓄矣亦不過為個人子孫置良田營美宅以期一家之饒裕而於其他之興公司創學校作慈善等事則一毫不舍此乃衆人儲蓄金錢之目的也乃余讀武訓傳知武訓儲金興學以教育人才為立國之根本較諸不知儲蓄用之無用之地者則何如乎又較諸知儲蓄而為子孫置田宅以期個人一家之富饒者則又何如乎嗚乎武訓一乞丐耳幼時得一錢即儲之行乞至八十歲興創學校至三十餘所吾中國誠能如武訓其人者十餘輩則教育何患不普及人才又何患不倍出哉或曰訓之不娶大不孝也彼獨未聞不孝有三無後為大之言乎不知訓之不娶訓亦有其故矣蓋訓之終日為丐己之衣食尚不足給安有餘貲以畜妻子乎更安有餘貲以興學校乎唯然毋寧舍妻子創學校俾得名垂萬世而揚父母之名斯乃孝之大者也奈何以不娶而為武訓罪哉吾願世人奉武訓為圭臬可耳

評 高談雄辯驚四筵當為武訓增光不淺

讀以德報怨課書後　劉駿生

夫以怨報怨以德報德者吾嘗聞之矣以直報怨吾未之聞也以德報怨吾尤未之聞也讀國文以德報怨課竊不禁慨然有感矣夫鄉人求食於富翁也翁厲色拒之既而乞杯水翁又弗與反以無恥詈之鄉人於此其結怨於富翁乎其後富翁出獵迷惑失道鄉人不乘此機會以報復之反邀之入室食之以鹿肉飲之以陳釀寢之以臥具款之殷勤無所不至其臨別之言用意何其深而措詞何其婉耶不知者猶謂其以狡獪手段愚弄富翁是真不識乎鄉人與人為善之苦心也使鄉人而果欲報之也則當窘辱富翁於叢林中矣豈必待其於臨去時哉曾子曰犯而不校鄉人有焉嗚呼世有既驕且吝之富翁乎為我謝曰今而後有索飲食以蘇飢渴者請勿以厲色拒之以無恥詈之

評　曲折赴題無不如志

讀嚴先生祠堂記書後　劉駿生

吾嘗讀嚴先生祠堂記不禁歎其高尚之道亘萬古而不朽矣夫先生光武之故人也少為布衣交他人處此未有不幸得此人故人而奔走趨承於前後左右焉乃先生不以得位為榮失位為辱始終耕釣於富春山中相尚以道雖夷齊為聖之清奚以過之有宋范仲淹來守嚴州構堂奠祭祠宇重修恍若先生之道德亦與之俱新歌曰雲山蒼蒼極言先生道之高也江水泱泱極言先生道之大也先生之風山高水長極言先生之道垂於後世永久遠也嗚呼天不變道德不變亘古此山水即亘古此道德微范文公之至文發其潛德之幽光後之人又烏知先生道德之高哉

書秋聲賦後　陳不才

予讀歐陽公秋聲賦揣摩良久始知足以感人者莫秋聲若也夫秋主天地之義氣常以肅殺而為

心者所以制萬物之過情也彼草木無情尚有時飄零人爲萬物之靈不能無情喜怒哀樂皆爲殺身之具縱情者直不啻時時皆秋也人若不自知耳故用情之正則得氣之春雖秋亦春也用情之偏則得氣之秋雖春亦秋也故曰亦何恨乎秋聲歐陽公之文喚醒夢夢不少矣

評 立論有獨到處用筆亦雋快

書翰類

與友人論改良初等教育書

吳金照

（上略）初等教育為國家之命脈非謀圖滿辦法不足以圖良效早有先覺者之定論姑不贅言惟環觀列强諸國之初等教育不禁重有感於我國初等教育之惡劣焉美也日也英也法也德也其民之受初等教育者俱足以自立毫不仰給於社會與庇蔭於父兄綽然為社會中之健將而有餘還視我國則適相反對不特無自立之良效且蟬脫而為社會中之流民夷攷其故則學非所用固為原因之大者然於年限問題亦頗有關焉蓋年限短促普通知識未得全部融會於腦海即舉而納之於彼亦有囫圇之弊其不足應用於社會不亦宜乎此對於初等教育有延長年限之意見與趨重應用之改良也至於訓練一層尤有大不滿意之點即所謂抑制與利導之問題也意以今日之負教育責者仍來脫機械訓練之習氣凡遇生徒之非必極力抑制之以驅生徒於機械之地位殊不知抑制之法一方面固足以去其惡而他方面之本能必受其影響矣試較而言之則利導為啟發的抑制為武斷的利導為根本的抑制為皮毛的利導為精神的抑制為形式的利導為永久的抑制為暫時的利導屬於理解方面抑制屬於機械方面利導乃良心上之服從抑制乃外表之服從故雖不知教育原理者亦知利導之勝於抑制也況現代教育上之思潮已趨於民主主義尤非言利導不可進而攷其二者之利害則利導有覺悟之餘地有自律之涵養有永久遵守之實效而

非如抑制之有摧殘本能之害機械服從之害陽是陰非之害者也德儒 *Fichte* 有言曰若言抑制不如言利用言調和誠有鑒於斯耳此對於訓練上改良之點也他若補習學校之建設職業教育之提倡固有俾於初等教育上之缺憾然究非根本上之言論深願國人之趨向根本改良為急務焉據余個人之意見則有小學分科計劃之供獻舉屬國民三年級以上之生徒均依其志願而分別教授將年級上之單級一變而為學科上之單級或於正課以外添授課外之教授隨兒童之個性而發展之凡農業商業工業等皆必完全設備以應社會之需求來日如違試辦之目的君其願為我臂助乎想君抱教育革命之卓見必有以飭我也故特縷陳以謀斧正(下畧)

評 分科之設洵為卓識中權議論尤為至言

復組織俱樂部徵求意見書

蔣煥文

終日伏案氣鬱心抑將何以進我學而長我識健我軀而滌我煩耶各學校之組織俱樂部良有以也蓋乘課餘之暇或手琴以暢心或足球以活血一振我衰萎之精神倍增我讀書之憶力誠學子之良醫也煥蓄志已久所以遲遲未行者良以青年學子不知自約每追隨於歧路則老成憂國多防患於未然故終未一表示亟云組織俱樂部則正合我意能不極力贊成然本之古人董生垂簾家園絕跡韓子焚膏窮年誦讀大禹之高才廣藝又寸陰之是惜姬公之多文積學尤夜以繼日之勞則我輩青年學不及古人萬萬且生也有涯學也無涯宜求學之無暇而益以俱樂部以耗陰則學終難於成非煥之無情不遵台命誠以業精於勤荒於嬉以自戒也望共諒之

評 反正兩意俱說得理圓詞湛

與友人書

王昭明

某君足下別後忽忽又一年矣誦北海歲月不居時時節若流之句能不黯然嗟乎行年弱冠一事無成奮願難償已矣已矣先鞭着人聞雞起舞惟有望於足下焉僕居東海耳不聞天下之事惟日釣水而採山嘯傲煙霞與風月花鳥訂知己而已雖然此非僕之本志也足下毋呼我為逸士當目為游民可也蓋此種人在昔日謂之山林遯世之士而在今日則為冷血自私之輩大丈夫當奮其精神養其志氣展其匡世拯民之才造福於吾同胞也足下素抱鴻鵠之志者有志竟成男兒當自強足下勉乎哉秋日淒淒百卉俱腓諸維珍攝自愛野人籬外黃花正放因遣小使謹贈十株聊當隴頭寄梅之心耳某白

評　善於措詞

候友近狀並與商榷某項學問書　成績

別來又復旬日想一切安好為慰弟依然故我可勿為念邇來吾國各校多以英文為主要功課蓋世界之交通日繁若不知英文則到處隔閡然則吾輩豈可忽視之乎爰以治英文之方為足下陳之竊以治英文首當考字音之源流分別諸字母對於口部發音各機關之位置嫺熟諸字母之符號暨無音字母之關係夫乃可望讀音之準確此其一英文字句之分配當特別留意即吾人應用時宜置各字於確當地位然應用之先必檢查字典此字之意義有幾用法有幾而後用之始無訛謬此其二英文文法為治英文者所必讀吾人應涉獵諸家文法使腦海間有完全文法之概念隨時應用變化無窮蓋文法為死物非活用之不為功此其三英語為交通所必需時宜習學固貴用口尤貴用耳而於西人之習慣語當格外注意庶應對如流不致欲言囁嚅也此其四英文成語當分別學習而牢記之此種成語文氣有力非普通文句所可傳能爛熟胸中將來作文自克卓犖超

羣也此其五作文之先方寸間宜有格局分段而構秩序井然注意文法修飾語句自能收完美之效果俟有進步再博覽諸家文粹而於行氣用意之文尤貴沉浸醲郁含英咀華几几以求不久作文之道得矣此其六英文譯中文時宜先將英文各段大意詳審明察蓄諸胸中然後提筆直譯必覺自然不可拘牽文字致譯文氣息阻滯中文譯英文時所難者為中文之語妙虛字之呼應蓋中文惟我國人學之我國人有此天籟咿唔以成而莫自覺也知其妙而又非言語所能形容者是故欲譯高深之中文非明辨歐美諸家文派則恐譯文之難相稱也此其七學英文端宜注重記憶力而以生字儲蓄愈多為愈佳但宜為活潑的記憶不可為機械的記憶量自己記憶力之强否以定每日記字之多寡應就字典記之為便務宜有恒不然一暴十寒必弗能如願也此其八鄙見若此足下以為如何

評 扼要叙述廣度金針非實有心得不能道隻字

致校外友請投稿月刊書

鄧汝豪

某君足下天中握別倏近半年每憶上學期同校之時雞窻共讀抵掌切磋未嘗不心神嚮往也邇聞閣下考入高等師範某科逖聽之下弗勝欣慕以閣下之雄才卓識固知無往而不咸宜也弟自與閣下賦別後至今依然故我雖欲出人頭地其如駑馬之不堪鞭策何言之殊羞對故人也茲者吾校六期月刊截期將屆各校外友投稿幾等晨星而閣下稿件上期既未寄交今期又復延誤弟實不勝駭異想閣下為最熱心母校之一人今已如此其他校外友可概而知校內同儕入學日淺對於各科學研究未臻堂奧揣管作稿多苦於材料之不健全投稿稀少尚可原諒而恃以光篇幅者當然賴校外各友之鴻文大着倘人人如此冷淡則本刊不難閙稿件之恐慌而淪於破産矣如

是試問閣下之心安乎閣下平日才堪倚馬下筆千言弟所素知今若此豈因事務繁多耶而閣下身居學校似功課及學生應作之事外無他事抑因科學勞苦不暇抽閒耶以閣下之天資學力又當不為科學所束縛或以前後所處之地位不同而變更宗旨或視若珠璣之貴而不輕與人弟不才雖於忖度還望明以教我倘不以母校為可棄吾儕同學為不可教惠然將本期稿件寄到及以後各期陸續按寄此不獨母校中月刊之榮光吾儕同學亦受教益不尠矣屬在至交故敢戇言直陳知我諒我必不怫然也近況何似若能常通魚雁則精神談笑其樂亦不讓於聚首也謹此

評 機神洋溢局度開張

重陽約友登高書

徐鼎銘

某兄足下日前挹晤暢談為快惟過蒙厚遇有若嘉賓同學故人詎宜如此憶自別後日月不居愛而不見我勞如何而時節若流忽忽又屆重九丹楓欲變黃菊初開回思古人白衣送酒烏帽凌風一賦滕王驚奇才於昔日滿城風雨留佳話於當年此皆非重九之韻事乎我輩雖在青年本非墨客然當茲題糕令節佩菊良辰若仍斗室幽居未免秋光辜負邑城勝跡固屬不多然如某某等地處崇高景殊幽勝趁此金風瑟瑟玉露瀼瀼秋水長天斜陽古樹偶一憑眺未始不可悅目爽心吾兄素耽風雅或可邀一盼乎尚蒙惠然肯來大可乘時賞菊名花美酒佳友良辰社結茱萸時題糕字重修禊事或不讓古人專美於前也如有吉便並請代招某弟及某兄等同來一敘何如專此奉訂順頌文安

評 抒藻自然頗能化堆垛痕迹

乞友人畫箑面啟

吳其萱

春去夏來驕陽漸虐想此時團扇家家畫放翁矣弟與足下久處一堂深知潑墨煙雲直欲奪米董之席惟以箑面相求未免太褻足下耳倘以忝居愛末不吝代為一揮藉作紀念則高誼隆情不啻百朋之錫矣

評 深得晉人風格

約友人遊京口小啟　周　泰

柳暗藏烟桃紅着雨呢喃燕語婉轉鶯歌綠陰堤上高飄沽酒之帘紅杏樓邊低唱賣餳之笛際此治春天氣風物清和而猶把卷終朝重簾水晝有目不窺園之雅無瀏覽風物之思得毋辜負陽春而使東風笑人寂寞乎擬約於月之某日作京口之行一絡彩帆半枝柔艣焦山縱步高懷隱士之風北固停舟憑弔英雄之跡詢稱樂事想有同心屆時幸乞駕臨無卻

謝友人惠贈茶葉牋紙小啟　周　泰

山紅楓笑渚白蘆飛天氣新涼想無誤攝幸甚幸甚日昨伻來蒙惠茶葉及牋紙認綠塵之起香碾吳天勝辥女之營名專蜀井從此茂林風雨相如之渴疾能消江渭樹雲子美之離情細寫堪憐魏武空念梅林足笑廣文頻年柿葉矣

謝友人九日惠蟹酒啟　周　泰

輕霜昨夜催黃籬菊之花細雨今朝又值題糕之節旅客之鄉情正熱故人之佳惠光臨寒蒲縛至驚欬吐之成珠蟻甕盛來看清澄之似水斗中紅玉豈知價值千錢月下飛觴且喜愁消萬古堪嗤蘇軾抒大嚼之狂卻笑陶潛待白衣之使謹啟

東同學上巳日小西湖舉行春禊　周　泰

春風幾日覺和煦之宜人上巳欣逢更良辰之名我宜及時以行樂於西湖為尤佳僕已邀敝校諸友畧仿前人褉事我兄高雅定有同心若肯惠然來臨便可高唱蘭亭之序以踵羲之之盛事也烹茗以待期以詰朝

請家中勿為早議婚事　潘煥奎

昨接家書知家中欲早為我議婚我竊以為不然夫我之所謂不然者蓋不在某氏女之優美與否也而在不顧早婚之故耳今述之如下幸詳察焉夫人生不過數十年青年之光陰有限青年之時間可貴凡人一生事業之根本全在於青年時代養成若當求學於外之日志氣方銳之時而有妻子在家則求學思家之心並立於是不得專心向學欲學業之進步豈不難哉於是數年之後即如此得勉强畢業而學業如彼則後日立身之根本安在而欲在教育界為一優秀之分子其可得乎此其一也夫當求學之時尚無自立之能力一己之經費尚仰給於父兄若有妻子在家則妻子亦必賴父兄而生活恐吾家未必能勝任也然此猶其小者也若夫人生軀幹之發達則有一定期限苟軀幹未及發育完全之時即行娶妻不啻自戕且所生子女亦必因之而羸弱此又其一也由是觀之吾安可以大好之光陰虛糜於閨閣之間而滅吾英銳之志氣乎又安可以寶貴之身體自入於陷阱之中而遺禍吾所生之子女乎是故古人三十而娶豈徒然哉望鑒諒之

評　理由甚充尚無滯機

約友人尋梅小啟　劉世雲

瑞雪停飄正是氣寒風朔彤雲甫過又見日出天高悶坐家園寂寞聊散步以逍遙若邀遊於喧擾街衢徒增俗慮倘尋梅於山巔水際足稱高懷如蒙不棄許我偕行雖不能得隱者之韻趣自可一

祛胸中之煩懣也。先此布達。敬竚佳音。

與家兄述重九感懷書

楊志禮

吾的親愛的子冲哥哥：吾許久沒有寫信給你，父母等定要念吾不休了。上月望前，吾曾寄給你一個信片，如今沒有見你回音，想必郵局誤事了。

入秋以來，連經了幾次大風暴雨，同學底家庭來信，都說：秋收大減；吾知道吾鄉定是在所難免的。唉！這兩年來，連次天災重以人禍，真使吾心中不寒而慄！近來天氣清朗，重九佳節又要到了。城市的人家又要登高酌酒，或是設宴邀朋，忙得不可開交了；但是吾又想到吾們農村中的家庭，正當拔棉萁，藏秋稻，栽蠶豆，下麥種的時候；清早起牀，深夜才睡，忙得了不得，恐怕連重九這個名目都遺忘了，那裡還能去歡度佳節呢？哥哥呀！現在一般人不是說我們農村中有天然底樂趣，時時可共自然界接觸，話是不差的，我也常常相信；但也叫他們到吾農村中來生活，嘗嘗農村滋味，天天和農人接觸，和農人一般的勞困，我可斷定他們要敬謝不敏了！

哥哥！吾想到這裡，吾的神經大為震動起來了！並且懊悔前天同農大裏一個朋友，約在重九這天，到南山携酒登高，歡度佳節。吾如今有了這種愁緒，登時把這登高的念頭，丟在九霄雲外了；吾情願做個失約的人，吾萬不敢把吾父母血汗換來的金錢，丟在消耗路上。雖然，吾也知道登高酌酒，並非絕對的無謂事；但吾斷不能和財產階級的人，在快樂上奮鬥呀。哥哥！吾如今好生覺悟了！快樂是快樂人的快樂，農村中底平民，斷難有快樂的；吾又知道快樂的人們，是無往而非快的；若要說是吾們農村中，乘着這個重九佳節，酌酌酒，會會朋友，不是一個黃梁大夢嗎？哥哥！吾這五六年來，雖在異地讀書，可是吾出身的農村的苦況，吾是永永不會忘掉啊！吾又很希望社會上做事的大先生們能把吾農村改成個新村，那末吾們何等感謝啊！哥哥！你現在總算天天在農村生活，和農民接觸的你有這個感想沒有？

致友人詢春賑情形書　楊志禮

某甫足下啟者睽違日久繫念良深屢聞故鄉多難心痛如刺慨自去秋水災蕩析離居哀鴻滿目冬局一賑動輒萬計此時且然況茲青黃不接生計艱迫更增十倍聞報所載梟悍之徒夜抄富戶晝劫行人老塡溝壑壯散四方賣兒鬻女號泣相望近世以來鮮有此巨災也然天災流行國家代有不能使之無而能為之備也昔清乾隆之際邑中大水守邑者徐公前民之未饑使貧戶按次入冊富者出粟分處平糶邑人卒以之安法至良也查近年我邑賑款積有十三萬之數可不出富家之粟而有餘不知任地方之責者有能以災黎按次入冊否春賑局已設否富者尚令其出粟否僕雖憂鄉心切然身羈校務此種情狀概付茫然第念民無飽食片刻難謐地方災亂誰不殷憂足下身臨民上負民厚望度必有妥善撫循之策深願示知一二俾僕與有聞也

評　委曲詳盡

向友索菊小箋　王德亮

蕭齋獨坐煩悶實深近又風雨滿城霜華匝地淒涼境界殊難打破愁魔疇過尊圃得見東籬隱士羅滿其中疊玉鋪金爭艷鬬麗擲彼秀色令人可餐不揣陋劣擬乞稍分餘潤藉滌塵襟未卜能惠我無私甘心割愛否第願勿效東坡故事食海物不與人同也耑此佈達藉候道綏德亮再拜

評　丰姿俊逸

復友人論文書　邱璧人

多年良友天各一方音問久疏良深惆悵每於葭蒼露白之時未嘗不思元度而懷伊人也前月中得手書發而讀之煥乎其文章也來書所謂文之歸宿詩之宗派學之者從何入門噫此為學之一大問題也僕才識淺陋焉足以辱好者之下問哉雖然足下以是質之僕豈非以僕相知之厚而所言者故如是之深切耶若然則僕奚能負知己之深望而視之漠然乎且凡足下之所問者固僕平日之所欲言而無可告語者也足下既問道於盲則姑妄言之姑妄聽之可也

夫文者非可淺言者也古今五千年間為文者浩如滄海之波崑崙之石不知其凡幾也綜而論之約分三派其最高者大義精理訓世文也其次者崇論宏議傳世文也最下者琢詞雕句駢儷文也學者不得其上必得其中若求其下者必致耗其心力喪其精神而名終不可傳也

夫訓世文者四書六經也通鑑綱目也道德賴以修明仁義賴以闡發綱常賴以維繫賢人君子知所法鄙夫懦夫知所勉忠臣義士知所守亂臣賊子知所懼此經史之大功亘萬古而不泯也昔者周公孔子孟軻曾參司馬遷班固司馬光朱熹諸聖賢嘗為之矣言為世法昭如日星其他才不及諸子而欣然慕之以為之者若公穀左胡諸人各傳一經而陳壽范曄王袁諸人各纂一史名教攸關並垂不朽此大義精理之文之可貴者也

夫傳世文者古文也諸子百家多為之述其策略抒其議論各敢其所習之學說而闡明其義其文雄奇其氣蒼古或以澹逸高遠勝或以虛空靈敏勝或以幽靜古峭勝或以激昂勁健勝或以浩蕩奔放勝或以渾厚融和勝各因其性各就其情而自成一家之言兵學家有孫臏吳起孫武穰苴之徒及太公陰符黃石公素書刑名家有韓非申不害商鞅李斯之徒道學家有黃老莊列諸人其他如鄒衍之天文郭璞之輿地儀秦之縱橫無不各樹一說以附於著作之林而述孔子之道為古文

者上自荀董揚賈下迨韓柳歐蘇以及元明近代代不乏人凡以上諸家皆足以留名千古此崇論宏議之文之可傳者也

若作駢儷文者精工詞句專事華藻務取其文之爍爛對之工緻連篇月露累牘風雲從事鋪張味同嚼蠟比李白所謂雕蟲小技而韓昌黎誚為俳優之文讀之而汗顏者也其風始於漢行於晉而盛於六朝蘇子瞻所謂文衰八代者是也其為之者不下數千家而傳者不過司馬相如揚雄左思陸機庾信徐陵數家耳他則皆湮沒而無聞歐陽公歎為無異草木榮華之飄風鳥獸好音之過耳也此琢詞雕句之文不足重也故士之學古為文章者必先擇其脈希望不可及則訓世之文可不為也駢體不足重則駢儷之文可不為也欲立言以傳世者莫古文若雖然古文之中兵學近淺刑名近刻道學近虛夸而天文輿地又多浮誕習之者去此數家外則尤莫治孔子之學若而孔子之學治之者不乏其人予以為荀論過偏董也揚也賈也皆不能大醇得孔子之真而集古文之大成渾厚融和而無疵者其惟唐之韓昌黎歟予以為學古文者宜以韓文為歸宿其他清淡濃厚強弱峭刻皆不得與韓文抗學者寢饋於韓文其庶幾可得而成歟不然是舍正路而不由趣迷途而不返徒耗其心力喪其精神而名終不可傳也

至謂詩之宗派則其義尤與微淺學如予直門外漢耳鼓唇高論徒增識者之笑耳蓋詩為聲韻之學而與駢儷之文異孔子曰小子何莫學夫詩詩可以興可以觀可以羣可以怨則詩者故聖人之所許也又曰不學詩無以言則詩者固詞令之妙品也故聖如六經不廢詩經之詩詩者固可與文並重而不朽者也為之者各因其喜怒哀懼而成為緩急高低上而明堂清廟之什莊皇嚴肅次而頌功揚德之詞華麗鋪張下而憂讒畏禍之聲沉鬱悱惻外而寫景陶情之作風韻細膩內而言情

懷人之篇纏綿盡致以及登臨懷古之調感慨悲涼詠物宜比賦事宜簡無不就題而生情因情而發聲固非可一例論學之者宜辨其題也蓋詩者始於康衢之謠厥後三百篇之作亦採各國之風集雅頌而成詩詩之最古者莫過乎是其古音古節鎔渾醇厚後世無及之矣由三百而後變為楚聲若屈之騷遂為賦體之主而宋玉九歌亦為漢魏六朝詩派之濫觴至漢則李陵蘇武開五言之端而武帝所製落葉哀蟬曲白雲歌遂成後世七言詩派至漢魏時王粲何晏劉曹諸子尤雄於詩晉初山稽阮劉亦能詩蓋自三百以後楚聲多怨漢魏多渾厚晉初猶然迨六朝遂習於柔靡之調而漸尚聲律成為今體矣此蓋詩學之改革時代也六朝之詩多喜華藻而詩亦盛行若王謝諸子以及沈約徐陵輩咸以詩名下降李唐而詩尤盛上繼風雅下開宋元明清實為全盛時代若李太白之飄逸清俊自是仙筆而韓退之古峭深厚詩如其文李義山温飛卿之温和纏綿傷而不淫洵言情之勝手王摩詰孟浩然之風雅和藹極寫景陶情之能事而盧駱王楊之靈敏白之淺淡韋之清雋以及昌齡之渙諸子尤各有所長而老杜則集諸家之長而蒼勁渾壯大才巨識更非人所能及其後若宋之蘇黃陸范元之黃倪明之歸高王楊及清之漁洋隨園愚山雖其詩卓卓可傳而終不及唐人遠甚故學詩者習古體宜以漢魏為宗而以六朝為派習今體宜以唐人為宗而宋元明諸朝為之派然而時代變遷風俗之厚薄隨時而異沿及今日而欲求漢魏之調亦戛戛其難矣六朝柔靡之調可取材而不足為法足以兼今古之盛而不可學者其惟唐人乎而唐人之治詩者衆矣集詩之大成而稱聖者其惟杜氏乎以杜氏為宗而於王李白孟韓韋諸家為派擇其所長棄其所短然後熟讀深究集數家之能事從杜脱胎可以詞壇立一幟而獨立一詩家矣夫唐詩固非初學所能及然而與其學明宋曷若學唐與其學唐諸家曷若學杜正路岐途不可不辨門牆堂室不

定光諒我也臨穎神馳伏維亮詧不宣弟莊振榮頓首再拜

評 爽直之談勝於緣飾

柬友人食刀魚　王養源

入市購刀魚數尾栩栩欲活江鄉二月風味不讓鱸膾秋風擬與君賞雨茅齋詩情定不減也足下其亦動食指乎

評 簡要合度

柬同學上巳日小西湖舉行春禊　王養源

春光明媚節屆三三風晴日和圖銷九九佳哉上巳關心惟此良辰美矣西湖觸目皆成詩料晴嵐繞郭鎖幾片之朝雲楊柳迷烟流一灣之春水藉此嘉會頗足勾留足下雅人其亦動水榭飛觴臨流賦詩之興乎如荷贊同則一觴一詠當不讓蘭亭專美於前也即命履杖設筵以待

評 斐然成章

約友人重陽賞菊書　莊振榮

金桂殘秋容淡手酒一巵誦情原本性休嫌淡味到無言自有香句清絕之境勢歸遇之然徒寄之想像間究不若親歷之為愈也足下亦素抱愛菊癖者盍偕往平陽別墅趁此三徑黃花擬攜一樽紅友腰佩茱萸足登高阜把子美之濁酒賦陶令之新詩世俗塵氛無端傀儡一掃而空之豈不善歟尚其惠然肯來勿負良辰是幸

評 雅潔可觀

與友人書 規傲慢　許法曾

某某仁兄先生大鑒里中判袂忽忽經年燕樹江雲神馳跡阻昨某君述及兄正在校中頗頗自負竊以為不可兄之造詣雖優尚未達高深之境今乃泰然自足盛氣凌人是登邱陵以為高而不知有泰山也臨行潦以為深而不知有江河也夫豈青年學子所宜出此耶况學問之道浩如瀚海稍有所得即沾沾自喜恃才傲物不特取忌於人且自阻其進步甚非吾輩修學立業之本旨也昔顏子以能問於不能有若無實若虛竊願兄取法先賢卑以自牧毋再自命不凡輕量天下士焉此致

即候文安

約友人中秋日出遊書　方延祺

啟者久違雅教思子為勞諒同情也現屆中秋古稱佳節况悶在家殊覺無聊當此秋高氣爽烟霏雲斂之時正吾人尋樂之機會城外小金山為吾邑絕境爰擬明日徐步登臨或駕小舟蕩漾於瘦西湖畔空氣新鮮既有益於身性山水幽秀亦可以遊目而騁懷因想吾子癖愛出遊用特奉約乞勿吝玉

評　清暢

邀友人賞菊書　陳約三

憶昔武陵賦別寒暑屢更祇以鯉雁鮮逢致疏通問悵何如之近日天氣漸冷白露為霜樹帶秋聲江涵雁影慨九秋之將晚幸三徑之未荒弟今年春闢地數弓種菊百本現值重節冒雨齊開佳品雖未必超羣秋容亦殊不冷淡孤芳伴我瘦格宜人或移來窗下領畧疏香或步向籬東匀留淡艷較之落龍山之帽聽尸氏之歌當有過之無不及也惟此花開後無花獨樂何如共樂用特專函奉邀大駕倘蒙不棄即請惠臨共持畢卓之螯剮饒風味酣飲王宏之酒益助清狂臨潁神馳不勝企盼

評　妃白儷青無懈可擊佳構也

可不分也。初學詩者。學淺句俚詞而漸抵高深。豈不甚佳。無如詩成而轉學正宗。恐性習已人下里。而難變陽春白雪矣。希聖不成。猶得為賢。求玉不成。猶足以霸。今雖學杜不及。猶不失其大家也。故予謂學詩宜法杜也。以上二層論詩文之歸宿宗派。不過述其大概耳。僕近纂詩文正宗一書。他日稿成。尚求指正。惟談禮於孔子之門。誦經於如來之座。自覺愧赧不堪耳。

夫詩文歸宿宗派圖如上所述矣。學者之入門方法。則又不可不言也。蓋學貴於專。而重於思。忌於怨而病於急。此四者不可不知者也。

所謂專者何。專心一致。不知鴻鵠之將至。心與文合。情入文中。讀喜快之文。而撫掌稱善。繞案盤旋。為浮一大白。讀哀傷之詞。而淒然心碎。扼腕痛悼。盈盈淚墮。為之長太息。讀寫景之詞。而心凝神注。與文混化。如身歷其境。目觀其景。無論何種文章。皆以其心混鎔文內。然後不復知有我有古人。而古人即我。我即古人。於是操筆為文。自然神來筆端。而與古文無異矣。此皆專心於文之效也。故學者入門貴於專。

所謂思者何。志於道。游於藝。含英咀華。孜矻磨勵。以求其細蘊。究其底奧。研其深微是也。凡一文之來。始讀之。觀其全篇之大旨。次讀以觀其布置之章法。再讀而觀其段落之結構。於是起承轉合之若何明矣。文詞意義之若何明矣。復細吟而緩誦之。以觀其造句之靈妙。以探其精華之萃集。又高聲而快讀之。以觀其行氣之宏大。審其筆勢之豪邁。如是而五次展誦。古人之精微與旨。有不盡為我之所得者乎。有不熟能生巧者乎。不然。心在文外。茫然不覺。雖讀百遍無益也。此孔子所謂學而不思則罔也。故學者入門重於思。

所謂怨者何。粗心大意。不靜細以察之也。讀一詩文。大義湮鬱而不宣。微意障礙而不明。乃曰我知之矣我能之矣為一詩文大義詞句之修飾未能也意義之乖謬未明也而曰我成文矣我能詩矣噫此忽之病也長此而不悟其不流於滑者鮮矣蓋文最忌滑滑則不能藥救焉此皆忽之病也故初學入門忌於忽

所謂怠者何易於始而難於終即無恒心之謂也孔子曰人而無恒不可以作巫醫今之學者賢於巫醫遠矣巫醫無恒猶尚不可況學者乎奈何世之學者每讀一文始也高聲朗讀不啻以全副精神注之及再讀而倦矣再讀而嗒然欲寢矣乃廢卷而之他矣為一文也起筆甚銳每不終篇而無力矣遂草草以成篇此皆怠之病也雖然怠之病不在此終身求學一世辦事偶然稍怠功卒不成則怠者其可不亟戒也哉故學者入門病於怠

此四者初學入門所宜守者也足下論及學者入門之方法僕不敏不能詳言聊舉一二以告但所謂專與思固僕之所不能而忽與怠尤僕之所易犯者也已不能而告人亦惑矣惟已往不諫來者可追而今而後此四字願與足下共勉之癡人說夢深願大文家見之而有以教其狂妄則幸甚焉

評　崇論閎議本末兼賅允稱傑構

絕交書

莊振榮

溯自締交以來將屆二載餘矣試問彼此之性情志願學問以及父母之餘蔭其悉能合乎我知其必不能也夫君之性情因天賦靈敏而機巧變詐之法虎頭蛇尾之事實所難免余之性情則適成其反項羽之麤正學之直胸中夙具焉雖仁人君子與之交恐亦難改也況不逮其人者耶若論以志願則君在富貴而我寧貧賤由此以觀道既不同當然不相為謀矣論以學問奚啻霄壤之隔致堂上之蔭庇更不逮矣有上四不如而曰不敢與君交者蓋恐貽羞君與君之相知前也想君達人

傳狀類

先妣事畧

龔鑑如

先妣施孺人生於同治元年三月十八日年二十而嫁踰年生大姊紅清期年又生二姊愛清明年又生三姊杏清惟二姊與三姊皆不育幼亡者又三人後三年又生蓮清蓮清者七姊也又後三年而生余余之生也己第八矣然家人皆大喜獨孺人爲益愛而由此即習勞致疾矣治之多方不效延至光緒二十九年孺人卒享年四十有二嗚呼余時呱呱飢思食渴思飲耳餘皆茫然繼後則賴二姊撫養矣孺人名桂外祖母名禮外祖父名廷忠崇明外沙人也世居黃倉鎮富有田產所生四子二女孺人即廷忠公之季女也愛之異衆大母舅二母舅及三母舅皆早故惟小母舅潮綱獨康強而無恙外祖父則見背於孺人來歸之次年小母舅性情敦尚寡欲和靄及人鄉鄰每有不繼則必慨然濟之而無慍色於是人皆稱爲里中義人由余家至外祖母家中隔大江交通不便然母舅不常其來往每來祖母必命携魚鰕特產之物及余生後益加勤而孺人則畏乘舟故來歸後未嘗歸外祖母家一次孺人卒後祖父亦卒既而娶繼母于是小康之家迨爲平常矣閱五年外祖母與小母舅相繼逝此後則不復有人來矣孺人卒後之七年大姊歸郭氏孺人所許配者也自幼有疾家君引之回家後乃不復至郭氏矣孺人勞苦異常朝而織布夜而裁衣家無童僕室無棄物戶內井然惟家君性情狷急至鄰家任教常以無子爲念故遇人無十分厚意然孺人默不言憂鬱藏

之胸中家君未回則雖至更深夜分必燈火熒熒日以為常耳今家君年已六旬性情和諧異常惜孺人已不在矣家君喜酒然常乏資沽飲嗚呼世之苦痛孰有甚于孝親不時者乎每清夜聞鄰兒呼母之聲則淚涔涔下矣

評　多至性語使無歸作亦自佳構

趙挺千先生小傳

儲夢篁

趙公挺千諱彪吾外王大父也年十歲從吾祖惺齋公讀性穎悟過目成誦人咸以神童目之年舞象入泮益勵志攻苦間習劍術請族叔教之朞年藝術大進年十九洪楊亂起蹂躪數省蘇常一帶以次陷趙公聞之嘆曰蠢蠢髮逆橫暴乃爾將魚肉吾民耶於是泣別父母仗劍出里中勇敢者執刀弓裹糧隨之遂馳往縣署充衛城弁日日夜登城巡緝不遺餘力未幾粵寇來攻城內雄兵數百登城會戰公手弓矢瞬目厲聲叱曰賊子敢來者請飲吾矢且言且發其矢賊望風辟易須臾復合其魁中流矢死賊憤甚蜂擁而前城上矢石交下卒潰走翌日賊軍大至繞城數匝舉城震恐紛紛自盡守陴者皆哭趙公大呼曰事亟矣速圖之尚作楚囚對泣耶夫戰死也不戰亦死也與其束手待斃孰若奮鬬而死言畢衆應曰諾於是鼓聲大作挺身復戰賊潰而合者數次相持半日城遂破趙公匿於井以免午夜縋城竄走仍入官兵部下如是轉戰經年竟免於死亂平返故里耕讀度日暇常以洪楊亂事語人津津有味卒於宣統元年享年六十有九子四女二孫十餘人公性韜晦仁厚學業深博著有討逆遺聞數卷行世生平不貪祿利故卒以布衣終

評　敘事有神史筆上乘

范孝子軼事

趙行九

孝子范其姓士華其名生於清道光年間少孤家貧無以為食有一老母年逾五十耳聾目盲於是孝子日出丐食於有食者之家是年方十有五也人見其孤貧輒給以殘食或給以舊衣銀錢孝子必攜之還家不敢私焉回家後或以錢市酒與老母同酌飲至夜深孝子輒唱歌舞蹈以娛樂其母如此者三年後其母以病死孝子悲哀號泣水漿不進者累日卒以致死里人葬之於城隍廟北與其母同穴今海門之北河之東有一碑直立于田中者即孝子之墓碑也行人至此輒歎息泣下余亦嘗往拜焉夫孝子一乞丐耳其事母如此可謂一孝子矣彼世之為富家子弟者其事父母為何如哉噫可慨矣夫

評 潔適得體要

梅大菴先生小史

王昭明

吾師梅大菴性淳厚所學甚贍博算數尤精從先生遊者無頑懦能服膺先生之教訓而有諸與人處冲挹若無所能人或繩其美恆謙巽至再三服御古樸不知先生者恆以鄉愚目之先生亦不與較清季官方淆亂善惡雜廁先生宦遊京師凡十數年媒孽援疎久久未見簡擢先生無怨言拳匪禍起先棄官南下講學白門名益震先生家故貧然好義獲館穀既微負債常累累先生不以介意先生講學喜鉤稽玄奧有難解者必牽譬引類諄諄然告人惟恐不悉先生又善和文喜譯書終日按籌布畫雖祁寒盛暑弗少間搆思不得常至廢寢忘食又喜吸淡巴菰思彌苦吞吐彌甚烟熅盈一室思有所觸亟閉户推演算珠聲歷歷徹夜不息嘗自笑曰余一歲中得安眠者僅五六十日耳其餘則恒繫於算其强學有如此

評 甄取得當確合傳體

亡室薛雨然墓誌銘

芮光鼎

亡室姓薛氏名偉之字雨然乳名真真本金陵名族父劍卿居里中有聲子女四人皆聰穎雨然於姊妹行為第二幼與諸兄從其父讀書特敏悟年十六來歸於余以民國十一年七月二十五日己時卒年十有八歲嗚呼余雖善歌無能引吭余雖善舞無能揚袂惜我多情之性今後其何以為情哉雨然生有夙慧詩書靡不精工性情溫和姿容優美而其性情之溫和既非柔順亦非卑懦幾如春日之一朵晴光向人遇之無不覺光明愉快而愛敬之心生焉其姿容之優美然既非梳粧衣飾又非眉眼之位置與夫面龐之長圓然見者未有不慕其美者也中年而後遭逢乖舛歷盡顛頓困躓人所不能堪者以民國九年五月歸余事親相夫克盡婦道吾母愛之尤摯直不可一刻離嘗謂余曰吾膝下無多女輒引為恨今得兒婦無遺憾矣余父喜飲酒每酒酣輒大聲吟所作詩令雨然指其疵弗敢允父不悅乃強為焉每指一字父滿飲一觴數指之後乃怡然大笑曰不意余乃有此媳既又執余手曰好兒子以汝昂長七尺之軀尚不知有所奮勵直汝妻之不若得毋愧死耶余每赧顏莫對雨然吃吃笑又恐余不適乃私慰余曰何羞為翁深望汝耳敦促汝耳吾恐其言之非確也余茍有過雨然必正言規戒或怒不聽則含笑屏息置之翌日復婉辭力勸聽而後止前年姑母病且篤雨然侍之甚殷凡湯藥飲食必親嘗而後進積夕忘睡者凡旬餘始終如一毫無倦容姑母頻危泣曰姪媳素柔弱今勞瘁過吾諸媳吾心實無一時可安也語訖而卒雨然凄楚萬狀忽忽若有所失戚黨無不爭賢之吾岳母聞而笑曰往日事吾固若是宜其能孝若姑母也去年買舟掃墓途次有哭聲自遠地來雨然大驚失色戰慄不已至則一茅屋門洞然開有一少童及一幼女相與爭賣其母愀然立於旁淚涔涔下蓋是年大荒貧乏者無以贍養鬻兒以苟活耳雨然心素慈不忍

覩此慘狀乃給以洋十元而去比返特作姊弟爭責記一篇有聲有色讀者無不生悲嗚呼見文思
人吾不禁續續而哭矣時余負笈師校鮮歸家比返則珍護之周無微不至金風乍起則恐寒之襲
體也烈日曝焉又恐熱之侵膚也舉凡一飲一食一靜一動之勞靡不關其痛癢清夜捫心何堪自
已余素性乖僻且好奢平日非豐食不下箸而雨然則與余反一日方侍饌余旁羹稍冷余大怒手
碗投之雨然不及避適擊其面部不禁手為之顫心為之悸湯汁淋漓血流殷地但掩面流淚既而
尚強作笑容厥後亦仍如常態似毫不以此介懷噫嘻早知今日悔不當初矣猶憶金風颯颯溽暑
初消吾校中假滿之日正其微邁采新之時一褟呻吟綿纏旬日余既不忍遽別雨然又恐堂上責
余眷戀室家消磨壯志不得已乃毅然赴校然而幾欲思行還復小坐總覺不忍遽別之也及日曜
歸家雨然病已瘳惟精神尚未復元夫婦對坐寂然無聊乃共賞橋遊之樂各自跳馬出車鉤心鬬
角局中嬉笑自若心曠神怡不識日之將昏也余乃赴校而雨然亦以此而痊可矣自近年提倡女
子解放以來雨然則首行剪髮人詢其故輒謂此既耗金錢以裝飾又費光陰以梳洗擲光陰於虛
牝糜金錢於烏有吾不樂為也嗟嗟雨然已矣而萬縷青絲至今猶存於案旁也余頻年旅學定省
常疏方謂娶婦能得親心可以代供子職詎料雨然長於才而短於壽厚於德而薄於命耶病革之
日余獲急報自校遄歸雨然雖或昏迷猶時以後事囑余而於芮氏嗣續一層尤叮嚀周至不辭舌
疲及目瞑而口猶開合不已嗚呼賢矣是年九月葬於廣陵梅花嶺畔余既營其墓穴復為之銘銘
曰
昔日卿心憐我今朝隻影真卿夢裏欲尋無路醒來時喚真真嶺上風寒悲月冷願為芳草伴芳魂
渺渺瀟湘路疚心誰與論嗟嗟我真卿

評 文特纏綿悱惻哀楚動人銘詞特別

書袁節婦事

張素庵

壬戌秋余友邢君仲輝為余述西沙袁節婦事甚詳今且七十餘老嫗矣初節婦年十九歸袁氏歸之前一夕夫病已殆及期強撫之為禮禮成而氣益促且死節婦則脫簪珥釋鬟帨俯首哀泣泣聲徹户内誓言不二舅姑憫其遇欲嫁之召決其母節婦曰余所不顧夫疾者冀其或愈也今若此命也且女以從一為貴今吾已誰婦者胡他為語已泣不止欲衣斬衰舅姑又不忍從節婦力爭之卒成服守袁氏門

評 用逆敘法不懈而及于古

記王生母德述

張素庵

王生介石述其母之德曰先妣氏張殁時生年十四弟三歲二妹大者十歲小者五歲生且不知母殁之可痛寧論弟妹迄今將十年矣生猶能追憶母之生平述其一二顧未能文也生七歲母使從師讀偶逃學母則大怒一日東鄰有火災生觀之久餐後欲籍詞時已晚弗之塾母婉言相勸弗聽乃擲書庭中痛擊不止曰汝真不可教矣嗚呼今日者生乃悲當時僅知怨母之杖也母每夜必事針黹或紡織生中夜醒數促母睡必曰汝睡勿驚妹吾日間事繁又累於汝妹此時若弗作將何如耶戚黨多稱先妣能盡孝道外祖母然之祖父母亦謂吾婦事我猶父母也生所能言者僅如是想像音容如可見者顧乃終我世而為無母之人矣素菴聞之為之愀然而戚因言梅伯言謂艾玉堂善述其親如歸熙甫生亦能然實至矣焉用文也夫亦自勵其操行冀他日以無忝報母之德則郭氏之孝子矣故樂為記其言即塞其悲云

壬戌秋獅山素庵撰

評 代述口吻宛然知作者亦至性人

忠孝女子　李也止

昔陜西鳳縣有村焉其地後倚崇山前瀕曲水夾岸楊柳千株因風褊褼起舞一片濃陰時披拂掩映於竹籬茅舍間惜居者十九皆村氓獨有一女郎名陳劍霞者年及笄以敏慧稱其父在京供武職所得俸資悉濟貧民故無餘蓄家有薄田數十畝與母享田家樂暇輒讀書詠詩尤愛習武功嘗從女教師習騎射不數年技大進常隻身獨騎遊深山野谷之中跡猛獸鷙鳥出沒之所在射飛逐走以為樂居家喜干涉不平事以故豪强恒側目過其門性志忠孝嘗作壯言曰為人不能揚國威顯父母老死牖下吾雖弱女子亦羞之一日忽村中喧傳滿軍攻山海關吾族必受荼毒錦繡山河將不復為吾有矣吾亦一國民豈可坐以待斃不起而禦之乎乃奮然起舞歸白其母母阻之曰救國誠忠汝一弱女子豈能敵殘暴之師況跋涉千里途中盜賊如麻吾恐汝未至前敵而身先死矣豈非枉送性命耶且汝父又在京不能歸若有不測吾將何依女聞言驚而泣曰然則父亦當在敗軍之列生死未卜兒此去既救國且救父豈非一舉兩得縱無濟惟有一死以報國而謝父微軀亦何惜哉吾母有薄田數十畝當可度日兒不復長侍吾母矣母若不許兒當自盡於母前母聞言泣下嘆曰吾兒誠巾幗中之英雄也吾亦不得不任汝矣女乃束髮裹粮泣別其母曰兒此去死多活少倘邀天佑殺敵而歸自必復見母面重修定省否則魂魄亦當眷眷於母側母其勿為兒悲望自保重兒今去矣母挽之不可揮淚跨馬而去時正孟春寒風猶厲女夜宿草叢輾轉不能成寐心念其母此時必在哭泣中既忍滿賊乘勝入關未知京兵如何抵禦其父非死即創恐無生望悲痛欲

絶待天明奮然前行山中路狹如羊腸馬不能前乃徒步牽馬而行女自思曰此間形勢險絶人跡罕至林樾中必藏大盜吾當慎防忽聞馬蹄得得聲人語嘈雜聲自林中作女曰吁盜至矣吾有重任在身若與彼敵不幸被創反誤大事乃大聲呼曰汝等無非為金錢而來吾將盡出所有與汝等吾去也牽馬疾走如飛盜亦不復追既抵京問其父已在山海關與滿軍戰女聞言急至山海關則京兵已敗途遇諸敗軍即詢陳將軍所在敗軍曰吾等皆陳將軍麾下今將軍已被擒吾等皆潰散矣女聞言忿然曰吾不殺進賊誓不生還乃馳馬入滿軍壁壘滿軍見之皆笑曰一弱女子亦入戰場耶女奮力殺敵馬蹄所至皆披靡忽於軍中見其父方囚繫乃奪之出追者漸逼復返身與戰連殺士卒數十人時力已疲憊滿軍圍之數重適馬足傷遂被擒滿軍嘉其志勸之降女曰吾漢人也當為漢死豈從汝等滿賊乎遂遇害京人聞之無不為流涕嘉其忠孝稱其村為忠義村以旌其志焉此有明萬曆間事也

書方節婦事

姜　倬

壬戌春予友何君樂野嘗為予言里中方節婦事甚詳今且八十餘老嫗矣蓋節婦年二十歸方氏歸之前一夕夫疾已殆及期强扶之為禮禮成而氣益促旦死節婦乃脫簪珥釋衿鞶俯首哀泣泣聲徹户内誓言不貳舅姑憫其遇欲轉嫁之召決其父母節婦曰予所以不顧夫疾而歸者冀其或愈也今若此此命也且女無再醮之禮今吾誰婦者胡他為語已泣不止欲衣斬衰舅姑又不忍從節婦力爭之卒成服守方氏門姜氏曰夫女子無再醮之義固也然婦之遇視其他婺者彌苦雖已有夫婦之名而實未有夫婦之誼者也婦多為其子也以守今其夫一見即沒實不成其為婦為節婦者宜其可以權事夫世之婺苦身以守家者多為其有子也而士君子已爭口之矣然視方節婦

則踼乎後矣

評 略有古意

先繼祖妣墓刻石

彭煒棠

民國七年歲戊午四月某日時我繼祖妣壽終內寢孫男澤棠棣棠璧棠煒棠桂棠等謹視含殮時西潦方漲懼隄之決也即以是月某日葬於鄉西高原先塋之次煒謹以近古墓誌例略揭祖妣之內外戚屬生卒歲月生平事概刻石于墓祖妣姓馬氏世居同邑之岡邊塘鄉考諱富開母某氏以前清道光某年月日時生祖妣生十有九年乃來歸自歸至卒凡六十有五年享壽實八十有四先君及諸伯叔不幸皆先世而煒等又皆不肖不能奮其家業時致甘旨致祖妣雖年登耄耋而腴樂之日少嗚呼煒等之罪大矣豈不痛哉祖妣性慈和撫諸孫曾咸極煦煦族中無老少皆喜就之喪之日無不弔者尤不喜與人爭有受屈詈者雖至門未嘗回詈一語余家初稍豐後漸約祖妣處之恬然也自餘纖細不能殫述亦不敢為溢美之詞以貽先人羞也祖妣生先君兄弟四人伯父蛟清郡庠生次先君諱次叔父登鰲登瀛女四適梁氏李氏李氏陳氏孫男五即澤棠等孫女二適陳氏覃氏曾孫男二國耕國棨曾孫女一祖妣卒後數月生大父名炳颺字明遠姓彭時年八十有七

模範少年須明聖

儲冠民

須明聖年十六性敏悟有膽略今日之冒險少年也幼時生於蒙古其父卒業於蘭凝雪大學有文才本廣東人也三歲隨父母歸因鄉居焉十歲流落於西比利亞傭耕為生旋至齊齊哈爾遇美教士勞倫司授以英語約二年教士他徙乃專作苦工以餬口焉三月後適哈爾濱迷叢林中幾失途未幾至滿洲中部土人疑為馬賊欲兵之以計得脫既又為日警攫去遭毒刑自度無生望鎮日伴

泣日人憫而釋之復赴洽爾濱營苦工焉久之稍有積蓄聞滬地有勤工學校半工半讀既可謀生又可求學甚愜己意於是投袂而起毅然南下沿京奉津浦滬寧等路線隻身獨行至上海以竟其志頃已由工部局薦入英美電車公司為檢票員月薪三十圓云

儲子曰須明聖總角流離舞象得所亦云倖矣然身世之慘世所罕覯古詩云身世如飄蓬零落依草木不啻為須明聖詠之也方其孑然一身孤懸天涯六稔之間迹遍亞陸龍潭虎穴環境險惡當是時也疇不度其轉乎溝壑而永淪絕域耶顧能履險如夷反危為安始則自西徂東倚人以就學繼更胼手胝足獨立而營生此兒之才之智豈尋常孺子所能冀及耶乃者高掌遠蹠聞風嚮學千里關山翩然戾止此其立志之堅求學之懇更非乳臭之子所得望其項背也已昔宗慤幼時叔父問其志荅曰吾願乘長風破萬里浪此語傳誦至今人猶壯之蓋慤英慧挺秀懷抱高超自幼已著故卒能耀文揚武顯貴終身焉若須明聖者雖夙遭閔凶未克安居樂業然十餘載以來萍漂蓬轉其心固未嘗一刻忘於學也而今而後苟能本其初志於服役之暇勵神淬志努力讀書則將來安知無成才達德蜚黃騰達之一日邪有志竟成事在人為須明聖其亦知所勉乎

評　傳簡潔有法度論通暢可誦操觚決非率爾

陳忠愍公傳

鮑哲謀

陳忠愍公名化成字蓮峯福建同安人也由行伍升任福建提督清道光二十年調任江南時總督伊里布巡撫裕謙皆極器重之道光二十二年兩廣總督林則徐議禁鴉片英人不服遂開戰端化成任職甫六日聞浙江定海失守於是急督師駐吳淞口公以西砲台三面臨海形勢極險故依塘列帳佈置周密與部下同甘苦且軍紀嚴肅民兵相安故咸稱曰陳老佛未幾乍浦亦陷鄰境騷動

而吳淞一帶仍安靜如常公日鼓勵將士諭以大義及五月七日英艦連翩進攻公知為誘敵令部下勿輕出不迎戰八日晨英軍列陣進擊公遂指揮部下與英激戰至三小時毀輪船二隻兵艦五艘敵潰將退會總督牛鑑聞捷報猝出至城南教場為英軍望見駕炮猛攻鑑不敢進求救於王志元而王志元聞炮聲已遁英軍乃悉銳猛攻炮台公受重傷屢仆屢起盡力禦敵未幾又中流彈嘔血而死時劉國標抱化成尸藏於蘆葦中越一旬卜葬於嘉定事聞清廷賜敕建專祠謚忠愍公噫五月八日之役牛鑑與王志元皆臨敵而遁獨公以身殉國臨大難而不卻為國宣勞為民保障雖不幸而致於失敗然其名亦足以千古矣以視王牛賢不肖相去為何如耶

評 有生氣自是健筆

吳道人傳

成桂林

吳道人名萬香字崧年年甫三十邑之秦南倉人性仁愛善以道待人又茹素學道人因以道人目之里閈童子亦知吳道人焉道人幼孤鮮兄弟事毋誠孝曩曾欲遊學成名因膝下少侍奉未果道人自是遂絕意上進惟尚友之志特異常人時遊大江南北各校專博交奇特之賢豪與人處有豪俠風急人之難扶人之危遠近士夫交口揄揚之每欲與結納道人之名由是大震邑中旅學於外者每假期返或相過訪道人咸殷勤款洽座客常滿留客之誠殆與古人投轄之風無異也第平居自奉甚儉亦畧不治生事心地頗超然尤好佛喜與方外遊蘇常寧鎮各叢林每屆戒期其長老必召往與其盛道人以是常獲遊名山水以歸彼無事時輒與海內舊雨通積愫相投贈不絕友或有疾往視必侍藥於側一如家人於亡友更設靈位以奉值紀念日必備紙鏹具時饈祭之人或與論交談道慷慨淋漓而不倦其舉止雍容望而知為有道之士云

贊曰余聞伊古山中多異人往往佯狂垢污不可得而見今乃於風塵中得一吳道人詎非其儔歟觀彼豪俠好士魏公子信陵不啻也隱遁自甘方山子不啻也余曩未識其為人而今始知之故為之傳以誌景慕且以見淮東尚有此異人也

評 寫得磊落動人

雜記類

范堤種柳記

張元龍

海陵之間有一堤焉南抵呂四北至阜寗襟串埸而帶運鹽控鹽城而引東邑相傳為宋代范文正公所築以禦海潮之害也厥後風雨剝蝕波濤傾頹幾有一落千丈之勢欲保存而堅固之非種柳不為功民國紀元之十二年春淮揚政通人和百廢俱舉乃謀種柳於長隄之上是日也天朗氣清惠風和暢有缺焉修而補之有頹焉築而填之種柳之事固出於必然而種柳之功亦頗為不易於是順木之天以致其性固其土舒其本培而平築而密畚鍤偕集不日告成夾岸數百步中無雜樹近而觀之儼若曲江之柳衙焉遠而望之幾同邊地之柳營焉實足以照耀當時垂諸後世矣彼夫隋煬帝之種柳於廣陵多則多矣陶淵明之種柳於彭澤雅則雅矣斯二人者皆無裨益於國計民生不過成一時之景曾幾何時都歸萎落離黍之思滄桑之感安得與斯隄之柳同日語哉嗟乎自范公迄今八百餘年歲更代易陵谷遷移而獨於保堤之計用種柳之功感桓溫於疇昔懷張緒於當年撫樹思人豈非范公之德澤入人者深耶吾願後之人保斯堤之柳生敬畏之念動景仰之心觀堤柳之垂作甘棠之頌庶幾不致有剪伐之患也夫

評 丰神宕逸亦得歐陽公意一結尤勝

遊平山堂記

張元龍

平山堂者。揚州之勝境也。距城約數里。自古騷人墨客往往以得一遊覽為快。民國十二年夏。余以事之揚州。後二日偕崔子往焉。日正南取道出天寧門。步行至揚柳邨。遂雇舟分流西行。穿虹橋而北。入瘦西湖。遥望有洲宛然。竹木翁翳。樓臺整飭者。小金山也。巍然高聳。矗立於前者。法海塔也。塔旁有五亭橋。橋高而宏壯。上建五亭。下張四翼。大有欲飛之勢。既越橋行里許。而吾之目的地隱現於萬松疊翠鱗張鬣竦之間。固已儼然在望矣。自此水道漸窄。荇菜參差。而兩岸楊柳婆娑與夫赤白殷松相掩映。其情景絕佳。殊令人流連不忍去也。無何溪迴流轉屈曲而至山麓。遂舍舟登陸。拾級而上。有寺在焉。顏曰法淨寺。寺東西有牆。各題以字。東則淮東第一觀。西則天下第五泉。共十字。大如斗。筆力雄健。為秦少遊手書。前入門至大王殿。稍憩復至大雄寶殿。折而西。至平山堂。堂為宋太守歐陽修所建。以其與江南諸山相望。若可攀躋。故名。堂中陳設雅緻。有御書平山堂及清賢太守二扁額。且多名人題詠。登堂極目千里可窮。恨不能讀書斯所。而常賞此幽景也。出堂循廊北行。有楠木廳。一中供石刻遺像。超然若有生氣者。非歐陽文忠公耶。憶公之忠義而生景仰之心。惜其不生於今日。令人感慨係之。復左折西南行。有園一。未入數武。則第五泉在焉。泉旁有御碑亭。亭前有石假山。其石或偃或仰。或卧或俯。狀頗不一。曲折有緻。獨惜荆棘叢生。無人治理。大失傳觀也。唏嘘良久。乃出。折而東。有樓三楹。凡三層。高入雲表。頗宜憑眺。顧謂崔子曰。盍登之。於是緩步進行。迨最上層。倚牕一望。則二十四橋之風景。瘦西湖之波光。可攬可掬。而附近景物。盡在目中矣。仰觀則雲氣蒼茫。俯視則平疇無際。左顧洪澤寶應諸湖。水光接天。心境為之一開。精神為之一暢。臨風長嘯。昂然有舉頭天外之概矣。覽畢時有清鐘數杵。悠然送入耳際。不惟令人發思古之幽情。且觸人作未來之觀念。凛然而不可留也。乃下。循原徑登舟。鼓棹返。

（評）不懈而及於古功夫到此不易

旅行常熟日記

瞿貽孫

壬戌暮春朔日。晨六時出發。微雨濛濛。鳥鳴嚶嚶。若教人莫出遊也。坐人力車至閶門。乘老公茂小輪。輪局招牌。標以英商二字。及詢友人。始知假名以作護身符。噫。被衛洋人。誰之恥歟。斯塘曰元和。自此直達常熟。凡九十里。為唐元和三年郡守李素所開。故名。今日搭客摩肩。太半赴遊上巳日者。一聲汽笛。溯流而行。過陸墓。日推雲出。旅客稱快。時則三月天氣。雜花生樹。兩岸田野平沃。村落相望。麥浪翻晴。柳綫舞風。此誠農村美景也。下午四時抵埠。埠在南門外。貨物上下。頗形擁擠。姻兄殷文蔚。來乘晚輪赴蘇。久年闊別。額皺已深。勞燕分飛。不圖他鄉相遇。執手河梁。處處話別來事。殷君江陰東鄉人也。現在常熟新塘口。為基督犧牲。苦口傳教。當因汽笛催人。不克暢敘。遂揖別。乃入南門。市廛尚稱熱鬧。據本地人言。不近上巳日。甚冷落。惟寺前猶蘇州之觀前街。云茶肆頗多。坐其間者。婦女占小半。嘗聞外人之至我國。每察茶肆之多少。以評人民之勤惰。吾默禱茶肆之日少而不願若何之發達也。此次同行者共二十人。借宿於孝友學校。因便於遊山。是校係私立。屛近山麓。清溪抱流。有市鄉公報巡士議會等組織。規模悉倣市治制。校長張隱南先生。蕭踈髮斑。精神矍鑠。聞下學期有改中學消息。初二日九時出發。先參觀淑琴女子師範。同學項君。其姊長該校小學與師範通。適在試教時期。時微雨打頭。遂辭出。冒雨至縣立女子高等小學校。後為山。風景清秀。奇石亭沼頗饒幽趣。成績室繡工精麗。畫圖欲活。讀書臺在校內。相傳為梁昭明太子讀書處。拾級登臺。臺上有亭。讀書臺三字。筆姿不脫滿人氣味。蓋覺羅爾哈善所書也。旁有石刻昭明太子像。徘徊流連。滄桑動感。曾記邑人金鶴清一聯云。勝跡占名山。想見文人多慧業。秋風動林薄。恍疑帝子讀書聲。臺後有焦尾泉。涵水明淺。終歲不涸。出西門。至甲種師範。校舍係租房教室一。學生五十八人。主任陳文熙先生。我校之理化教員也。同學周君天福。正在授課。校中操場狹窄。實無餘地可闢。進城入圖書館。縣立者也。西式樓房兩層。規模宏壯。藏書至三萬餘。都係古本。今書僅數櫥耳。回顧江陰。并此圖書館而無之。館中執事。贈以書目四部。社會教育月刊各三册。領閱之下。不特佩內容優美。亦可見熱忱之一斑。館前冬青夾道。花木紛栽。館後為公共體育場。比我邑小而較平坦。繼至通俗教育館。羅陳動植物標本。備閱雜誌書報。演講部逐日在館演講。時已向午。遂飯於縣立第一高等小學校。東為方塔。高聳雲表。邑紳多以此塔之興圯。卜邑中之盛衰。此近迷信之談也。下午一時。出鎮江門。鎮江門者。常熟之北門也。折向山行。山徑欹仄。草木交紛。野冢累累。碑碣比比。荒城貫山如虹。老松吟風。蔽日行行重行行。不覺已抵普仁寺。黃牆一抹。我國之蘭若。大率如此。老僧斫木為薪。寺犬迎客而吠。後有溫泉宜浴。惜氣候不暖。恐健身適以病身。泉旁汲桶新毁。而水流自若。再上行。亂石綿亘者。石營之廢址也。登岸俯眺。東則蕓薹千頃。遠樹含烟。西則水天共色。麥畦縱横。聽松濤而寵辱皆忘。矚風景而心曠神怡。此虞山東峯之所長也。自普仁寺行三里。至維摩寺。寺藏山腹。宋隆興元年僧法運剏建。望海樓為寺中最佳處。清雅幽寂。可觀羲輪乍起。海幻明霞之曉景。遊者必登焉。自維摩寺出。有二道。其一向上。其一稍南而東。予等循此道行。下至石屋澗。太公望避紂。隱東海。居此屋。可覆數人。每遇陰雨雷陣。牧童樵子。輒避其中。亦太公望之流澤歟。石壁題句云。石頑不頑。非屋而屋。天闢奇景。人受遐福。伯仲偕隱。巢由飲犢。把酒看雲。烹茶燃竹。泉清若斯。慎勿濯足。再下行。天然石級。層層如梯。近山麓。得桃源澗。泉涓涓流。音響似琴。惜非雨後。澗畔又無桃花。不然水夾花片。洵為奇觀。澗中產赭石。俗謂人面石。玲瓏可拾。以作遊山紀念。自維摩寺至北門約五里。進城參觀縣立苗圃。地址不廣。苗木幼稚。竹籬短垣。想闢未久也。

初三日陰。出鎮江門。約里許。居民削樹為杖。沿門待售。每杖銅元二枚。余等各購其一。以為上山輔友。又四里。至興福寺。今之興福寺。即古之破山寺也。負山臨澗。頗靜雅。士人輒來此攻讀焉。前有唐鐘。兩柱。石斑剝。落字已糊糢。千外年古物也。寺內神像尊嚴。鐘鼓齊列。二門橫額。有中華佛教華嚴大學校九字。南海康有為書。進則廊廡曲折。花木房深。山光潭影。悅鳥性。而空人心。印心石屋在脩篁深處。中貼重粉。牆壁請勿再塗。而題詠追遍矣。寺左廳堂數所。佈置桌几。禪淨可鑑。檻外竹林花圃。皆可喜。方丈名密林。工書。文未之見也。出寺上山。野芳幽香。佳木繁陰。山石确犖。草徑胸腮。斷碑孤墳。那堪回首。雲浮溪流。足力困躓。加以春風斜雨。行人魂斷。遂往聯珠巷休憩。回顧來徑。但見崗陵起伏。何處興福寺。何處常熟城。祇剩得青峯可望。自興福寺至此。不下六七里。峯回路轉。氣力畢耗。頗感蜀道難於上青天之概。寺僧欵予等以茶點。茶味甘厚。水取聯珠洞。戲以杯水連投銅元三十枚。水仍不溢。此菴四野無鄰。迭出血案。自此僧來後。鎮寗無事。蓋有十人莫當之勇也。聯珠洞在菴後十數武。高不及丈。廣三丈。聞其深則好遊者不能窮。寺僧言洞可通至福山鎮江。現已迂塞。此洞較之石屋澗尤奇矣。惜中供佛烟火濛洞。不宜呼吸。泉水滾滾。其聲潺潺。坐石俯聽。可以消愁塵而滌胸襟。予口成一絕云。為羨聯珠洞。攀援入萬山。雨中依竹坐。泉滴自潺潺。冒雨再上。望海墩在側。望海墩者。虞山最高峯也。挈衣過山。買杖者均感杖德。不置。由此西行。山道稍康莊。二里許抵藏海寺。日已停午。雨不止。腹中饑腸鹿鹿。作天鼓聲。寺因香節。遊人盈門。而小擔點心。俱不衞生。略啜茗。薄購餅物。姑作療饑計。西穿真武廟。廟乃常熟上巳日香社集中點也。紅男綠女。絡繹于山陽道上。自高望之。猶蟻蠕行。拂水禪院在真武廟旁。門外有石橋跨山澗。又前即臨石壁。兩崖中豁。別有長壽橋架其上從下遠望危闌橫臥者是也登西峰俯矚尚湖上名小西湖白涌碧翻烟波浩淼風帆點點出沒渡口農村漁舍皆可指數菜圃麥畦歷歷在目垂柳沿堤搖曳夭桃含雨吐姸如斯風光展圖莫勝登斯峰也流連忘返大有羽化登仙之概雖然鄉人但知上已日之樂而不知遊人之樂遊人知風景而樂而不知余之樂其樂也時雨越大行人撩亂乃下山行右則萬仞削壁左則怪石峭峙森然欲搏人魚之行人擁擠跬步股慄劍門為山陽最雄秀處高六丈深六七丈廣丈餘奇險也鄉人過此均以碎石塞隙謂可免賊自此磴道曲折下直抵燒香浜是處距五六里才西門於是買棹回一篙春水舟行如射觸景生情偶成一絕詩云一篙綠水迎遊客兩岸桃花笑我還春暮愛看西樹日戀情惟剩櫓前山未幾到西門乃登陸筱日弄人雲散天青然遊興依舊夢中尚作小西湖片掉遊云

初四日晴連日遊山萬分疲勞故今天作附近之遊晨八時上辛峰峰在城內吳梅村詩所謂十里青山半入城是也峰上有辛峰亭為宋邑令何兖叔建黃牆六角面面不通瞰眺全城氣象萬千汽笛嗚嗚者輪船也古寺鐺鐺者鐘聲也至于瓦屋鱗比居民之繁多雲表聳立城中之方塔亭下高阜隆起相傳即古齊女墓或謂在虞山最高處望海墩未知孰是仲雍墓在山之東麓北門大街有清權坊其墓門也墓道之旁有清權祠古屋三間老人守之周章墓在仲雍墓道之左乃仲雍之曾孫也言子墓與仲雍墓相近在影娥川上松檜交翠望之蔚然墓旁土性宜蘭土人競取之清乾隆初立石永禁午後在石梅攝影

初五日晴鳥語花窗破曉即醒收拾行囊畢告別孝友諸教員行至南門輪機已待今日係招商輪船行率殊速乘客甚多離常熟六七里有亭巍然荒立水濱者先賢言子故址也再行三十里抵一

市集在塘之東者。吳塔鎮也。或謂吳王孫權曾下榻于此。故又名吳榻也。距齊門十二里有蠡口鎮。為范蠡乘舟出五湖於此。追人馳書招文種之處。綠水無痕。人世全非。又六里至陸墓鎮。宣公墓何在。但見磚窰堆河塘頗長。輪徐行。半時始出。自此而往。獅子天平虎丘全在目矣。下午一時抵輪埠。二時到校。斯遊也。時僅五日。益我無窮。登臨勝跡。憑弔唏噓。流覽烟景。發人美感。此特其彰焉較著者。至若仲雍之讓德。高世言子之文學化俗。瞿留守之忠節。周孝子之獨行。令人配乎道義。堅乎志操。此非虞山有道德之價值乎。又如山澗瀑布。鏞水清泉。一草一木。一蟲一鳥。睹活潑之天機。生研究之情感。此非虞山有科學之價值乎。然則脩學旅行。其目的舍此奚歸

評 妙在不著意而自得天趣

假山記　張素庵

校營假山一。位庭奧。山纍石。大小凡百餘枚。下甃石以塍焉。山高幾丈。周倍之。外砌石齒齒圍數倍之。石或立或臥。若欹若横。峋峋然邃觀也。左右復叠石翼之。出數峰。峰皆峭薄。麓諸石可坐可倚。石間有徑可步。有竹傍以生風。來戛石切切。峰若韻。復皆衣之。花儷之石。益幽。明月宜之。清風宜之。爽然。殆無乎不宜也。蘊育是。實藏是。狎而小之見。斯狹已。噫

評 明淨奧衍得未曾有

記先世遺物　胡石臣

余先世貧困。古畫一幅外。無珍奇之物。古畫為唐六如所繪。人凡三。中立一老叟。首秃無髮。衣布衲。傴僂策杖。右手倚童子肩。二童子年尚幼。穿紅綠衣。左右分列。若孫然。人立於左。其目如左向立於

右其目右向也與生人無異客至吾家或睹之無不愛之而歎其逼真也吾父嘗指而言曰汝祖父舌耕於某氏一日將晚一人自外來衣履寒敝形容憔悴出古畫一幅相授曰此畫欲售銀十二圓汝祖父曰五圓售之乎曰不可曰六圓售之乎曰不可終以七圓購之此人曰吾以衣食不繼不得不售耳汝祖父常謂余曰如此佳畫以衣食不足竟售與人汝理家事終身必勤儉否則家門墮落衣食不周則此畫將復為他人所有矣以是吾終身不敢怠惰以嬉兒乎汝亦當力守祖父之訓也於是小子謹識之余又憶五六歲時一日倚祖母膝下祖母曰汝觀此畫豈不如祖倚其孫行乎吾年老不能獨走汝長大亦當攜吾行雖然吾將死不能待汝長大矣余雖稚昧聞其言之悲遂垂淚今念及古畫遂思吾祖母而祖母棄養者已十餘年矣言猶在耳能不痛哉

記居宅

胡石臣

余宅位於悅來鎮西北二里許流水在其東清池橫其後折南數武乃止兩岸植以柿樹池北為竹圃長約四丈廣三丈有奇池南雜植桃李梅杏之屬房屋共三行向南者五間中為堂東二間吾父母居焉西二間為客堂及書房向西者四間北二間吾從兄居之南二間吾二伯父母居之向東者亦四間吾大伯父居北三間念及吾大伯父居處不禁有感於心伯母已卒從兄早死今大伯父獨居寂寞年逾五十已不能操作其苦甚矣余每離家時至其處拜別大伯父嗚咽不能發一聲傷哉南一間為吾家棧房其後為廁所其南以短籬繞之與向西之屋相接中有門出入頗便門西南為菜圃其西有銀杏一株大可二圍高約五丈其東有一茅亭已彫殘吾先大父所手創也民國五年春吾父於其四周植以楊柳前有小花園縱一丈而贏廣三丈而縮凡四時之花莫不有焉時值盛夏余與父母及伯父母姊妹納涼其間談故事以相娛家庭之樂真無有逾此者矣余居宅之狀況

如是

參觀農校菊花會記　楊錫横

民國十一年夏正九月二十二日起至二十四日止本校與農校合開菊花會三日各家園亦有加入者會址在農校禮堂先期兩校妥議辦法布置會場其意在表現兩校之農業成績並獻進兩校之菊花栽植方法而以供各界玩賞為主意余於開會之次日邀吳君育英李君堯章同往參觀至則國旗校旗交叉懸於門蒼松翠柏飾於旁由禮堂西門入會堂闢為二部南為農校陳菊處北為吾校及各家園陳菊處南北各積成一壇相背而峙壇為半環形有層級各置菊數百盆其列於檯攙及地下者亦頗不鮮也當此時也觸目皆花如入花國有飛舞若絹帶者有整靜若閨女者瓣之大者如帶細者如絲千狀萬態不可勝數蓋凡菊上品應有俱有男女老少接踵而至東顧西盼往來如織有相論菊之名義者有相論其美醜者又或擇其佳種而定購者熙熙攘攘如入五都之肆迴環曲折皆不忍去也而余昔所聞之於耳者今得覩之於目矣昔所不知者今知之矣其有益於天然學問實非淺鮮豈僅賞心悅目而已哉菊花之隱逸者也晉陶淵明愛之特甚辭官隱居種菊東籬每屆其花盛開之時輒命儔玩賞相與酌酒吟咏乎其中則其宜賞也可知而吾兩校之開此會亦有所本矣

評　有思有筆亦雅亦質洵可為諸作之冠

中秋夜泛舟記　楊錫璜

壬戌中秋邀數同伴泛舟濠河時金烏西墜寶鏡東懸其光之皎潔不遜白晝鼓棹往來放乎中流良久勞甚置竿而歌聽其所至而息清風徐來隱生微涼丹桂飄香時時入鼻水面人影隨吾等動

作水中明月隱現不常而林間草際之蟲聲與簫瑟相應和南望五山若層雲西北燈火萬家閃爍如星東方叢林小舍蔽於高岸修葦池旁漁火二三設網捕魚放目四顧意氣洋洋自得若得旨酒佳餚酌乎其中則其樂更當何如時將九下登岸返校就寢

評 小輕巧以寡勝多

自校至八窰口沿途風景記

楊錫璜

課餘之暇偕同學數人自校出過三元橋沿運河東行佳木夾道芳草鮮美經本校外宿舍百步而得五福寺文峰塔高出雲表頗宜憑眺乃登而遠矚南望長江蜿蜒五山青葱常熟福山猶能於嵐烟縹緲間髣髴見之西則房舍比櫛高下參差城內城外之市場也仰觀天色蔚藍無際俯視地下菜麥青青他若村莊遍地櫛比星羅田畝行列小如棋局而運河中舟檣往來點綴成景則天然畫範也遊覽至此殊覺神怡心曠矣遂下塔東行徑路曲屈作犬齒狀亂石塞道偃仰萬狀將以固堤也有池焉方廣不數丈清鑑毫髮石橋架其上榆柳環其側因其形而名之曰琵琶湖逾橋而東抵張徐夫人墓由闕而入坐於石上松柏蒼翠四環荊棘有碑特立乃嗇公記載徐夫人之行事也處其間幽邃淒清殊異耳目恒境良久乃出而枝頭小鳥忽啁啾相喧此歐陽子所謂遊人去而羣鳥樂也復東行至土斷川分而止所謂八窰口者是也其地榛莽荒穢孤冢纍纍固牛羊之所蹴踏狐狸之所攢揖非勝地所可擬矣乃席石而坐望風帆上下漁者捕魚觀村野美景農夫耕作覩此景物亦足以爽心悅目忽聞汽笛嗚嗚而輪舟至矣時西日沉山晚烟縈樹乃尋故道而返夫八窰口者為吾校學生東方遊息之範圍距校不足一里而景物之美有如此則吾輩雖日疲於功課而至此一遊則樂且無窮矣

評　悉心描寫無微不至

書龔孝惠公在河内任上事一則

張　潛

龔孝惠公者。紹康先生之謚也。公於清光緒時。曾為河内知縣。勤於治事。懋著政聲。初公之未赴任也。見前任某公。詢以地方事。某公語之曰。北山有某千總者。富如陶朱。行若跖蹻。自恃其勢。强横暴戾。虐待鄉人。鄉人多苦之。來訴者夥矣。余屢飭鐵提不至。無如之何。蓋以獄吏皆其耳目也。君若能懲治此人。則北山之人感德不盡矣。公心焉弗忘。及到任。遇北之來訴狀者。公輒辭曰。吾聞北山有某千總者。才識過人。善決人事。汝等盍往愬之。以免跋涉之勞也。於是北山之人。皆至某千總家言事。千總私自喜曰。知縣友我。我可無慮矣。如是者數月。一日。公佯請千總飲。千總欣然至。至則公高坐堂中。大聲叱跪。舉前日案牘。一一數其罪。千總無言可對。公乃罰以掌責二百。枷示於北門外。數月後。乃釋之。千總自是遂斂戢。民大悅。嗟夫。仁人果有術哉。今之儼然人上。而漠視鄉民之殘剝。於虎狼士紳。甚且引為己助者。所在而有。觀於孝惠公之事。能無爽然而自失耶。

評　雲興飈起。詞簡意足。大有古趣

旅行大生三廠記

張　潛

擴我眼界。增我智識。暢我胸襟。解我憂悶。此何恃耶。非旅行歟乎。昔太史公周遊天下。發為宏厚之文章。陳庭學遊蜀而歸。其氣益壯。其詩愈工。由此以觀。旅行烏可忽乎。且夫人之常情。久卧則思起。久蟄則思啟。久滯則思嚏。久居則思遊。本校諸先生有鑒於此。於四月望日。率學生作大生三廠之遊。是為本校第一次旅行。是日也。天光明淨。和風拂拂。車不揚塵。單衣不冷。又值星期之暇。故諸同學咸興趣遄飛。懽欣鼓舞焉。晨曦甫上。曉露未乾。集於操場。共百有餘人。分為十隊。隊選糾察一人。

蓋恐隊中有不規之舉動。訞譜之言語。俾隨時糾正之也。七時起程。旗影飄飄。鼓聲鼕鼕。前有號聲之朗朗。後有歌聲之嘹喨。隊伍嚴肅。步伐整齊。道旁觀者。咸嘖嘖相告語曰。此啟秀學生之旅行也。其規律如此。遥望村中。畦苗吐夏。隴麥辭秋。秧針刺水。麥浪翻風。農夫農婦傴僂提攜。往来田中。俯而作。仰而息。口唱田歌。以自鳴其樂。忽見房屋毗連。遊人麕聚。則常春之市廛也。茅廁櫛比。汚穢狼籍。涕吐滿地。幾無插足之地。可見其不知講求衛生也。行行未幾。而二堰鎮至矣。其街衢雖較勝於長春。然亦未甚清潔。西行二里許。瞥見一處。嘉木叢茂。翠竹聳峙。有鳥馬翔鳴於其上。有獸也走伏於其間。前行數百步。有屋數椽。烱植以桑。殆孟子所謂五畝之宅樹之以桑之意耶。有池馬湛然於桑下。有橋馬橫亘於池上。清濁辨質。奇勢顯然。和風吹來。翠竹綠柳。蕩搖自得。依依然。欣欣然。彷彿引我前進也。不知何所。問之鄉人。鄉人答曰。此先穡劉公旦之宅也。劉初家貧。居無隅宿之儲。地無立錐之所。黽勉勤懇。講求農業。今也田連阡陌。家積累萬矣。余聞之歎曰。若劉者。一農家子。何其昔日之涼涼。而今日之熇熇也。頃之至義務校。於馬休息。約片刻。復西行至長樂高小學校。學生皆衣制服。肅肅雍雍。魚貫而出。向吾儕行舉手禮。入內休息。故友捧茶以進。欵洽有情。暢談闊別之懷。正酣敘間。閧銀角一鳴。於是握手而別。整隊南行。是時同學精神疲。足力勸。腹中飢。或歎曰。不如在校之為愈。余謂之曰。苦者其因。樂者其果。凡事皆然。豈獨旅行也哉。我輩若不先受跋涉之苦。安能得觀三廠之景況乎。於是皆含苦耐勞。強前行。未幾而三廠至。午飯後。參觀廠中機器。引導員在前指示。見廠舍之巍峩。機械之精巧。不禁歎美良久。前有鐘樓。高可五六丈。聳入雲表。余乃約二三同志。摳衣而上。景風策策。吹面不寒。遙望狼山長江。若隱若現。仰視天空。一片浮雲。忽聚忽散。倏來倏往。或為獅虎之雄踞。或作龍蛇之夭矯。或如鯨鵬之游翔。千變萬狀。不可端倪。俯觀四野。芳草碧色。盎然如翠黛綠蔭缺處蒼竹補之好鳥爭鳴睨晥可聽耳目之娛於斯為極觀覽之間不覺心曠神怡眼界為之一擴乃從而歌曰雲天蒼蒼江水泱泱青年之樂水遠天長忽聞有聲嗚嗚然自南而來蓋火車也衆同學見火車至奔走爭觀余循級而下亦亟往視之噫我海門昔日僅有馬車牛車人力車日行不逾百里今也有火車電車日行千里足見愈進於文明迴視曩昔奚啻有天淵之別哉斯時鐘已鳴四下先生曰時已晚矣歸休乎乃復整隊回校東行五六里見路旁槐樹上有鳥巢一貓緣樹上撲雛死比二老鳥來鬬已下咽矣二鳥鳴聲啾啾若甚悲慘者余謂同學曰何二鳥不識時務若是耶處今强吞弱肉之世奚不至深山之中與茂林之棲而乃託身非所竟遭劇禍亦可哀已雖然豈獨是鳥也哉後經大洪草棚二市至校日下桑榆而寶鏡東升矣越日握管記之以誌無忘

評 布筆詳畧得宜步驟井然而襯染處詞藻華美淋漓得意少年傑作實為罕覯

一隻貓

徐鈞泰

我家的鄰居畜有一貓，這隻貓是在別處捉來的，很美麗，很温善很馴謹，當他小時初捉來的時候，因為主人家裏的房屋很大，一切都很清爽潔淨，所以常登在家裏不喜歡出去，他有時候走到屋檐上去曬陽陽光温温的照到他的身上，他的毛色就格外光亮了，常常皮映出柔和的温文的景瑞的顏色，有時走到園子裡青草地上去頑耍，打滾跳躍，都現出他活潑潑的精神，和小孩一般的天真爛漫，後來居久了，鄰近的貓兒遂漸漸的來和他作伴，但是鄰近的貓兒都是很惡劣，很狡猾，很兇悍，他起初見了他們這樣，時常看見他們遠遠的來，就搖頭擺尾的就望裏面去了，鄰近的貓兒也就我不到法子去招他，後來他有一次跑出門外去走，忽然遇着他們，嘴裏都啣着了一條小魚，急忙忙的從一個魚肆中走出，他倒有些垂涎了，但是他靠着了他的聰敏，知道他們嘴裡啣的小魚是從魚市中偷竊的，有些不好，就竭力的遏抑他的垂涎，立刻望主人的家裏回去，過了幾天，他又要出來走走，忽然的又遇着他們嘴裡都啣了一大塊香味撲鼻的熏魚，急慌慌的從一個熏臘店中走出，他倒有些耐不住了，他奔進去啣了一大塊，就逃到一塊幽隱的地方，吃了下去，但是一嘗着這熏魚的滋味，覺這是在主人家裡從來所沒有嘗過的好滋味，就反而天天去尋鄰近的貓兒作伴，天天和鄰近的貓兒到熏臘店中去偷熏魚，沒有一個月後，他從前的性格溫善的，變為兇悍的了，馴謹的，變為狡猾的了，沒有四十天後，主人的家裡，也不到了，一切的行動，無一不似他們了，沒有五十天後，比他們更狡猾，更兇悍了，到熏臘店裏去偷熏魚，多不和他們一同去了，沒有兩個月後，這隻貓兒被人家打死了。

評 可怕可怕青年後生潔白的紙兒上切切不要着些子污點

登岳墩懷古記

王興漢

壬戌之春，負笈來泰，求學於淮東中校，校舍俯西郊，風景清曠，舍後倚岳墩，忠武神廟巋然其上，凡在校中者，仰首即見焉，余來未久，尚未暇往遊也，昨與同學某始一登其巔，肅瞻遺像，感喟久之，蓋忠武成仁之日，尚在壯年，其英特之氣，現於眉宇，而風流儒雅態度，又何其雍容也，旁列殉節諸將，凜凜焉不可逼視，洵一代之英雄哉，吾想夫茲墩高不五丈，圍不十畝，區區一培塿耳，而歷宋元以來，滄海桑田，不知幾見，此一坏土，巍然獨存，若與天地並久者，則何以故，噫，吾知之矣，夫天地間一浩然之氣之所彌綸耳，浩氣長存，天地尚賴以不壞，況茲墩為英雄之所托足也歟，吾又想夫當日屯軍之日，旌旗招展，與湖光相掩映，每每平原某處為橫戈之地，某地為盤馬之郊，滾滾英雄，於今安在，遊斯墩者，摩挲斷碣，撫讀殘碑，能不愴然涕下乎，時夕陽在山，炊烟四起，遂循徑而返，書以誌吾感云。

評　倏邑中有韶秀韻致

遊何園記　喬吉人

何園者揚州之名園也。園中有亭、有臺、有水池、有假山。山峰、廻轉、曲折、可通。異草、奇花、幾令人目、不暇接。池水澄清、帶綠色、中蓄金魚。浮泳上下、來去自若。投以餌、則羣來取食、悠悠自樂。情態閒適、觀之亦覺心曠神怡。陶然與魚同樂矣。嗟呼。世人好徵逐於繁華之場、舞舍歌臺、綠竹嘈雜、其亦知好花奇石間與知友品茗談心、靜聆拔剌、俯視流泉之樂耶。相與徊徘者久之、薄暮而歸。

評　寫景如畫

一夕話　朱國華

十一月念六日晚。安師聚余等於公共教室。談及昔年赴日故事。安師曰。方吾在高師卒業之際。適值五四學潮之後。同人等擬作日本之行。商諸日領事。蒙其允可。給路引一紙。並電日文部省派員招待。以是沿途頗便。不日抵朝鮮。日招待堅留膳。膳畢日已近暮。還舍各就枕。翌晨甫起。日招待久候於門矣。早餐畢。匆匆從之參觀各校。其規則課程頗稱合度。同人錄之於紙。以備回國後之參考焉。傍晚回逆旅。有二韓人潛入。自陳為外洋留學生。今來此有機密事相告。予等於是扃門窗環而聽之。曰。諸君此次來韓。同人極表歡迎。不知對於所參觀各校有所批評否。願得聞焉。曰。均完美。復問各校規則課程。君等載諸筆記否。曰。載矣。忽大呼曰。誤矣誤矣。君等已墜日人狡計中。尚不知耶。昨晚君等抵朝。當夜各校開緊急會議。重訂章程課表。一掩其往日之態度。此君等所以墜其彀中而不悟也。日人之對於朝鮮學校。平日屬行專制。最苦者為國民學校。語言全用日語。功課則日文居十之八史地占十之二尤奇者史中載有朝日人盡屬天降人種之語生徒中年稍長者起而非議之乃痛加鞭扑使之不敢言而後已此日人對於朝鮮學校所行之專制手段也若其對於人民則酷虐尤甚駐韓警察皆擇韓日人無賴中之尤者平時濫施職權固屬非法者而尤堪痛恨者假查禁物為名擅入民家恣其飽掠奸淫婦女有美色者輒擄去家中男子屛息於旁不敢問也嗚呼誰無姊妹誰無妻子目視受侮於外人將置身何所耶日人者可謂狼狗其心矣而尤酷虐者則使我韓人終日無所事事營業盡操諸日人令外人皆以為吾韓人不事生業無自治能力必借助於日本也其計固狡矣然天下之物不平則鳴吾韓人民雖無識者占多數然亦有矯然其間者則各國留學生是也韓人受壓迫有年矣人心憤恨而無所洩韓之留學生乃痛國家之淪亡也哀人民之流離也於是革命之機伏每集衆遊街露天講演事為日政府所聞輒遏止之甚至必盡置之死地而後已某次有學生多人舉旗起義遊行街市日政府悉捕而閉之室中盡焚殺之摧殘人道於斯極矣乃尤有可慘者某次捕得留外學生多人閉置室中其對於男子也以二木板夾其臂使壯夫力抽之臂肉片片落其對於女子也則更慘矣每褫其衣袴用燒紅鐵棒烙其陰二韓人言至此淚隨聲下嗚咽不能成聲既而續曰吾韓日處此慘無人道之境中所最望者願得歐美大國之助使吾國能離日獨立次則望仍附屬於貴國以脫此萬惡之日本然貴國自顧不暇何能更及吾國哉吾韓之希望惟有列強諸國耳言畢欷噓別去翌晨乘火車抵日本大阪大阪為工業最盛地機聲聒耳煙突林立煙出遮蔽天日終年不見日出過大阪經神戶橫濱達東京參觀各校其大中學顧亦與中國彷彿而小學之發達真有一日千里之勢有某小學為日本前教育總長所創設其教授課程方法頗異他校教室中環牆皆小桌上置各種學科兒童入室各就其性所近者而研究有教

師從旁指導之。以是課程成績。超出他校。方某教育總長之在職也。其理想中有一模範小學。乃去職而創立此小學。是在中國。又何能得日本教育之發達。蓋亦非無因也。日本地方狹隘。又居海中。不得不注重工業。日本之所以強也。有二焉。曰野無曠土。家無閒人。是非我國所能及也。予等聞之。不覺悲從中來。夫日本以一小國。教育工業。遠超吾國。方如人之壯年。血氣方剛。奮發有為。而吾國則如衰老之年。暮景蕭條。危如殘燭。又視彼韓國。日伏專制手段之下。極望吾國救援。而吾國且不能自救。更何能拔韓民於水火哉。念及此。不禁為韓人嘆。為中國嘆。為天下公理嘆。

評　記事述語簡潔詳明

訪隱士記

鮑哲謀

出其東門。有隱士之居焉。其境荒涼。其地寂寞。修竹當其前。流泉在其後。隱士安坐而獨樂其中。余聞其名。遂入其地。蹈其居。造其廬。登其堂。第見其人亦幽亦雅。其室有書有畫。其園有蘭有菊。余乃通其款曲。道其家世。述其傾慕之忱。於是暢談其衷曲。得其園圃。登其土山。流泉潺潺乎其下。山鳥嚦嚦於其上。四時之景。皆在斯園。其左有山。其右有湖。其前後則莽莽野景。一望無垠。嗚呼。彼隱士者。殆所謂淡泊其心。高尚其志。自得其得。而自樂其樂者歟。

我理想之書齋

鮑哲謀

我已讀書八年矣。每於放假期中。常獨習於家庭。苦無書齋。覺許多不便也。故思築一書齋。其濶約二十餘尺。長約十有五尺。東西北皆有窗。窗皆以玻璃為之。室中置以琴棋。懸以書畫。桌上置花瓶二。分列東西。春則插梅。夏則插蘭。秋則插菊。冬則插竹。室之前闢一方場。中置運動器械數種。讀書之餘。運動其中。則身體亦可康強矣。室之後鑿一小池。周以木為蘭。中養鯉魚數十尾。於暇時可以餌養之可消厭煩亦有裨於吾也室之左突一架山不必過高可發數詞碑于其上以留紀念室之右置一圓圃圃中植梅蘭竹菊及菜蔬等亦于暇時灌養花卉種植菜蔬以之習勞並可呼吸其中得極大之裨益也則讀書於其中者可修養道德強健身體快愉神經其人豈不善居哉此即我理想之書齋也

葬蚊記

潘煥奎

前晚余坐於室中覺天氣非常炎熱身體頗感不爽乃將操褲抹之過膝俄而腿上發奇癢若似小針之刺其上者余俯而視之知為蚊也以手驅之猶不去以手捕之亦不飛置燈下察之腹脹大作透明狀知已不能飛矣乃置之案上而數之曰爾口其小爾腹亦小何爾之性若是之貪爾其有辭乎爾有辭吾即舍汝爾如無辭吾當斬汝於是蚊振翼作隆隆之聲如怨如慕如泣如訴若有求於余者余憫而赦之擲之於地上忽現紅血一點察之則腹裂而死矣翼猶振腿猶伸也余觀其慘狀不覺愈為之悲痛也乃指其屍而謂之曰爾出身於污穢之地而貪食無厭不思節制終至身死今日之事雖因余之一擲然推原其故實爾自取謂之何哉乃以土掩之曰爾今已矣吾不復為爾悲矣遂為記

名勝遊記

唐正賢

瘦西湖側有園一區廣十畝許邦人之所營也邦之人因辛亥國變秩序未定徐公寶山保守有功一旦遇害思慕不忘因建此園俾四方之士來遊者咸知景仰故顏曰徐園園中花草林竹可以娛目蓄古今名人字畫可以澄懷迎門湖心有土卯曰小金山可登而遠眺壬戌秋予來揚州一往遊焉偕友出北門折而西行越虹橋北轉走長堤堤傍水水畔桃柳相間中道有亭顏曰長堤春柳每

值春日。桃紅似火。柳綠如煙。彼時當別有佳境也。復北行。熟升米頃。抵徐園。園址依岡傍湖。形勢絕佳。園中花木整列。亭榭翼然。引水爲池。堆石爲山。園之一隅。修竹蔽天。聽小鳥啁啾。如雲門咸池之奏。騷人名士。飲酒詠詩。往往徘徊終日。而不忍言去。余流連久之。乃渡湖。登小金山。山堆石爲之。高下。其徑由折。廣狹不一。余行徼徑間。三折達絕巔。巔之上有亭。憩息其中。斯時也日且暮。暝色下積。月光布其上。萬籟俱寂。而耳聽常滿者。松聲也。俯視湖中。浮光躍金。浮影摩盪。起伏於波浪中。衆友曰。此仲秋月色也。古人云二分明月在揚州。殆不誣矣。於是詠而返。同遊者唐君季超。褚君悅民。凡三人。

評 敍次如折筆致極佳

返鄉掃墓記

朱錦綬

自余家嚴設肆於錫北。北塘吾家亦遷居於茲焉。流光如駛。歲月荏苒。吾家離鄉赴城。以還殆十有數載。而余作別茲鄉。亦十數稔矣。吾故里在錫景雲鄉小郏巷者是也。其東半里許。有吾家最老之故墓。在吾先祖之墳。墓則在周涇港旁。吾家故椽高甍巨桷。樓臺聳然。流水橫其前。亭園於其後。氣象壯麗。景色寬幽。蓋不脫搢紳之遺風焉。

今歲春季。余適得春假之暇。父命余偕同返鄉赴先塋展謁。於清明佳節飽膳之後。父偕余起程。隨僕徒一。以攜祭具。是日也和風拂拂。陽光不興。景色美麗。正好步行。赴遠之時也。由邑北車站沿鐵道綫而行。見二旁柳綠翠濃。香花妍豔。紅桃燭天。遠山漆螺黛之容。近水帶鴨頭之色。緩步當車。意樂極也。行三數里至邑南旗站。因思鄉心切。不復休息。再數里。故鄉已隱現於目前矣。至則見屋廢階荒。雖湖山無恙。風景不殊。但時移世變。家族盛衰殊。不能無黍離之感耳。掃祀故墓之暇。與族翁談村風述鄉情聆之不覺踐然吾鄉之風俗不甯未得文風之化及反爲惡習所染以致烟奴賭徒叢生而其教育在五六里中僅有一國民小學而已村人之事業除農植之外多爲磚瓦之工亦無浩商賈客之在外而遊民閒人遍處皆是嗟乎長此以往吾鄉豈可得望興之日乎吾國多斯黑暗之社會烏可祈强盛之日哉余思至此心懷爲之痛極矣晚膳後至場前散步九句之餘魚鳥不驚草木若睡知時已不早乃與家父寄宿于族長之室

詰旦清晨理裝早餐畢至故家遊覽見家具牖扉典質盡罄此皆吾從父之游惰以致是也室中則頹垣斷壁而成荒墟此非昔日宏敞之樓閣耶園內蒼烟白露而多荆棘此非昔日佳美之園圃耶今之晦冥風雨鼪鼯鳥獸之嘷音豈非昔日之蛾眉翠黛嘯歌管絃之聲哉嗚呼宇宙間之興廢盛衰正可浩歎者也已而至景雲市立第四國民學校參觀彼校亦放春假室內寂然祇有一校役在耳有教室二教師二觀覽成績尚不爲劣而無平均之優良察其點名籍四級僅五十有餘人愚意凡執教鞭於窮鄉僻巷者須時時發起開會演講以醒悟村夫使其知子弟之必須求學也庶能不致若吾鄉之數里中僅一校一校奮五十餘人歟聞鐘聲已報十二乃歸午膳

午後三句鐘始道經過村莊數處彼鄉之民仁厚而有故風較之吾鄉而有天壤之別矣既至墓塋設祭饌與父同行敬禮仰瞻老樹直立卓然翠碧陰映使余由然起敬平覽四周綠陰叢叢之中飄白紙燦爛飛揚花叢柳條間野風時時挾紙灰而至迴旋作蝴蝶舞余欲披草而坐見土上污穢乃斫榛莽除荆棘棄污泥使吾先祖之墓一清後與吾父同坐碧茵父語余曰汝祖父逝世我僅三齡之嬰孩吾父生時未嘗盡我孝道且未識憶生貌故死後興悲至今猶不禁有罔極之感焉汝祖母當巔危困厄之中艱難扶持得有今日然爾叔父尚若是之不肖以致故家敗廢對此邱墳不啻將感

淚交并矣。祀畢。攜物至周涇港車站。迨汽車至時。即乘車返城。至家。已落霞四射。淡月在林杪矣。

評　夾敘夾議。玲瓏一片。記事題中之勝手也

遊任家港記

顧勁人

名勝之地。何處無之。就通城而論。南則有五山。西則有五公園之勝。惟遊人接踵。車馬絡繹。擾人耳目。而任家港頗饒幽景。故余不遊公園五山而遊任家港。距港東里許。有隄高盈丈。隄旁有樹。森然成行。紅桃綠柳。悅目怡心。洵足樂也。又有童子數入。繫紙鳶於樹。穿走其間。忽風急綫斷。鳶乘風而去。羣童呼躍。自隄上叙匆下。一童行急而仆。竟自隄上拋至麥畦間。翻起即與衆童舉手仰面向西奔追。似乎不覺痛者。瞬息間則鳶已落江中。忽一童泣謂某曰。吾謂風急恐綫斷。汝使吾放也。汝當賠償。某兒曰。汝豈無自主之力乎。爭論久之。有一人自舍間出。謂泣童曰。勿泣。吾再造一枚與汝。始散而去。余乃與于子仰之西行數十武。見人數十。畚土築隄。問之民。既有舊隄。而又築新隄者何。曰近數年來。江流不暢。當夏秋之時。輒汎濫隄外之入。受患尤烈。故築新隄也。又數武。經一橋。其旁有水。滔滔而西。蓋江潮時溝渠飽吸。潮既落則復吐於江。西行至江干。有積石如丘。登石遠眺。狼峯蒼翠。兀立江畔。與福山對峙。若拱揖者。想小孤山之勝。恐亦不過如此耳。時風大作。水天一色。帆舟數十。馳洪濤中。輒作傾覆之勢。目動心駭。不可再觀。遂與于子返。

參觀農校菊花會記

顧勁人

九月十二那天，是我們校裏和大農聯合開菊花會的時期．會所在農校禮堂．下午課後，我和幾位同學，也跑了去看看．會所前甬道兩旁排列着好多齊齊整整的盆菊，好像歡迎我的軍樂隊似的．我向他們點點頭，依舊進去．許多笑嘻嘻的菊花，一層一層疊着，和青山一樣，他的種類和色彩，都

不同.他的形狀;有俯着像用功似的,仰着正在思想没有想到似的,有直挺挺的好像不求於人的樣兒.這山的周圍,還有許多花,排列着一個圓圈,像許多兒童牽着手作遊戲似的,覺得他們的生活,非常自由.那時還有許多香氣,送到我鼻腔裏面來,可惜受得他香氣的人不多,我很希望他們的香氣傳送外面去呢!停一刻,我帶着香氣出來了.忽然聽得一種吽解放的慘苦聲;回頭四面一看,原來那四壁的盆菊,受那些鉛絲兒紐得很短小欹斜,毫無生趣了,唉!可憐,簡直是受人的束縛,供人玩耍就是了!我對他們不忍遲留,便一逕回校去了.

春夜讀書記

薛樹芳

今夫好景難留惜花者尚知早起良宵易度愛月者猶欲遲眠況學問無窮光陰有限緬往聖之生知曾聞寸陰尺璧豈今人之求學可不一刻千金乎是歲之春啟書而讀舊者將忘新者未熟於是朝即垂帷深恐朝陽虛過暮猶執卷還防暮氣或乘無何紅日西下明月東升蓋棄我去者一冬又近一春而迎我來者卜晝正逢卜夜矣斯時也綠陰低覆門前之楊柳方眠紅燭高燒庭外之海棠欲睡或張燈燭或戲樗蒲或觀院落鞦韆或聽樓臺歌管或談風月而纏綿流連或擁衾綢而棲遲偃仰吾以為此皆自誤青春者也夫春為歲首夜為日餘春何夜而不新夜何春而不麗倘夜深而費讀或夜永而抛書將九十韶光宛如轉瞬五千文字難以撐腸當此年富力強不見英華之發吾恐鐘鳴漏盡徒增老大之傷是故書中有書讀罷還讀千卷萬卷三更五更聞簾間花氣無殊紅袖添香屏窗外月光祇覺青燈有味星耿耿兮漸稀漏沉沉兮猶滴風剪剪兮送寒聲朗朗兮相答笑我中宵起舞先聞祖逖之鷄任他大夢沉酣空化莊周之蝶直待燈影昏爐烟歇方予收殘篇擁布衾偶然一枕黑甜不覺三竿紅日矣欲敍事以不忘援抽毫而作記

評　詞藻流動與堆砌者不同故佳

杜甫作有石壕吏詩一首試即其意翻作為記事文　　周之輔

安祿山反後余（杜甫自稱）避三川今上立余自鄜州奔行在為賊所得至德二年余亡赴鳳翔時承大亂之後風鶴猶驚四方募兵絡繹不絕路行二十日暮抵石壕邨野色蒼茫犬狺狺隨余吠一邨人家多半睡矣方惶懼間遠有燈熒熒光從柴扉射出走百武土牆及肩高延頸望之室有老翁編草屨嫗年可六十淚眶盈盈手若結網者予叩其扉而請宿馬老翁呼媳烹茶媳中年縞衣綦巾哀容可掬茶方嗚嗚響驀聽鄰人呼號之聲媳驚走房中老翁曰謹慎回答遂踰牆出予不知何故惟蹲踞磨礱側瞥見一吏率十數衙役至大呼曰汝家有幾男嫗曰三男吏曰兩子應從軍嫗曰死兩子矣一子戍……役曰休支吾嫗哽咽曰鄴城未歸也家中惟乳孫寡媳與老婦耳媳弱而多病恐不及河陽而乳孫死矣村婦雖老堪備晨炊此老骨頭雖不復歸可耳因匍伏而泣吏叱曰起遂掠之行晨興老翁狼狽入泣向余曰河陽屢有兵信而老妻從役恐不復……言至此昏躋於地媳救之予三嘆而出延進十數里哭聲連綿

評　精心結構情文並茂

社會寫真雜記　一個少年　　柳庵

『買小白菜買春魚！……多少錢一斤？』轟轟嗡嗡；買的買賣的賣，貿易忙得很。這時東方底朝陽已上了，樹顛了但是朝烟還沒有散去

一個少年，年約二十歲左右身上着的是嫩色竹布長衫，裝着粉紅的紐扣；長衫上還加着一件真貢呢底馬褂，大大的時髦袖子，金藍色的裏子；番布鞋呀！絲光襪呀！緞子夾袴呀！這都是他的衣服。

亮晶晶的西裝頭，眩耀人目。手裏提着一個籃兒，籃子角上攤着十錢鹽，籃旁掛了一提菜，在場裏走着。

這是個什麼人？不是個買物件的麽？看他的衣服，像小康人家的子弟；看他的籃兒，又像貧窮得很；好像朝不謀夕的。這究竟是什麼人？還是小康人家的子弟呢？還是個平常人家的子弟？請諸君想一想。

語俗說得好：

「外面搖斷了膀子，

家裡餓斷了嗓子。」

年假返里日記

毛如一

時屆歲暮，天氣嚴寒，朔風凜冽，瑞雪紛霏，河干溪畔，厚結堅冰，鞭影車聲，紛騰陸路，此正吾校放假時也。爾時二三同里，無不慼額憂思，頹然如喪，若竟冒寒啟行，則懼行李之負累，風寒之肆虐；若遲遲不歸，又恐倚門倚閭，慈親懸念，思之再三，仍惟有束整行裝，言旋故里，遂于次日天明，衝寒就道，甫出北門，遙望原濕，積雪一白，無垠，惜無數點梅花，掩映于竹籬茅舍間也。踏雪長行，路將十里，至三茅禪院小憩片時，復行十里許，至槐子橋村，店數十家，中有茶社，購麵餅數枚，一飽枵腹，食畢前行。同行者某君，以年幼力乏之疲于奔走，因僱車至陳家溝渡河，舟抵普善墩，泊岸，余等緣墩而行。斯時冰已大解，地皆泥淖，道滑如油，粘鞋不能起，余欲仆者屢矣，幸有傘支持，籍助足力，行至墩盡處，復渡河，河面較前稍廣，舟子苛索不已，對岸僅一里許，而每人竟需百二十文之多，他處渡資，實未聞有過於此者，此地本有官渡，乃與之串通，敲詐旅人，皆受其欺，是善政反成弊政矣。過渡登岸，地更泥滑。加之殘雪初消。層冰半解。行路之難。較前更甚。蹌踉前進。倍極蹣跚。抵家日已近午。猶念及俗語「在家千日好。出外一時難」句。誠不誣也。

評 實情實景筆無滯機

鹽城之教育

吳 毅

自歐化東漸。吾國各省。莫不學校林立。吾鹽學校。亦由此而漸設。不過當建設伊始。在在未能完善。所謂名實不符者是也。今就自初辦至民國二三年間言之。民國二、三年間。綜計吾鹽開辦之高初兩等小學。達二百七十餘所。就形式方面觀之。學校不為不夥矣。教育不為不普及矣。然就實質方面觀之。關於教授管理設備等。優良者固多。腐敗者亦復不少。往往學校其名。私塾其實。毫無精神之可言。而為教師者。對於學校。又多敷衍了事。若以為作餬口之計者。然一般辦學人員。對於學務。更徒負經理之名。不能犧牲一己之心力財力。補助學校之進行。噫。可嘆也。已然自此而後。教育成效。日有進步。所謂教師者。大半皆師範學校卒業生也。一般辦學人員。大概均富於經濟。熱心學務者也。因此雙方並行。極力圖謀。踴躍向前。一鼓作氣。卒致成吾鹽教育前途一大好現象也。近數年來。教育事業。更有可觀。而各市鄉學校。亦逐漸推廣。以今計之。有私立中學一所。縣立之甲種師範一所。高小六所。女高一所。乙種農工商學校各一所。貧兒院一所。又市鄉高小二十餘所。國民學校四百餘所。市立女高一所。更有通俗教育館。巡迴講演團。亦教育中之特開生面者也。執是觀之。吾鹽教育。可謂發達極盛之時期矣。若執教育權者。及一般辦學人員。再能力求改良。盡心圖謀。則來日教育之普及。學校之推廣。又何難之有哉。余不禁拭目俟之。

評 不譽不毀規畫井然

遊鼎湖山記

鄧鐵忱

余就業端州前後已三稔性好遊境內名勝訪尋殆遍每以未至鼎湖為憾辛酉初冬課餘悄坐神思恍惚隱凡小憩閒聞同學競告曰校令今天旅行鼎湖速整衣履一同就道此行足償而志矣余欣然從之汽笛一聲啟輪東下開窗遠矚覺兩岸嵐光大異疇昔山青水碧了無纖痕遠樹籠烟迷茫一片金風吹浪羣鷗隨流上下若相慶無羈絆者誠可樂也舟行漸遠遙見龍華古刹鳥鳴枯木風入松濤非復昔時讀書聲矣仰懷先哲悵然者久之已而出羚峽眺覘洲登羅隱埔埗舍舟陸行覺阡陌交錯農郎三五桑麻遍野鷄犬相聞去盡城市囂塵矣行行重行行緣山仰望萬木參天斷崖削立時見樓巔殿角隱現於林梢烟霧間意者山靈幽邃必有以饜我遊興也越林而上鳥道紆迴不至經幾許曲折始達半山亭羣入休憩俗慮潛消且聞風聲鳥聲澗水聲人語嘈雜聲軍樂聲聲聲相和誠佳聽也右折而上飛水潭在焉溪水下注激石作奇響觀歎間忽見羣鳥當流試浴如鷺鷺如丹鶴如鷗如鳧如鴛鴦皆狎甚各適其意若不畏人者余等亦樂為之侶即其地而攝影焉時人禽同現於白練之下亦偉觀也又返折而上直趨慶雲寺紅霞萬道交射互錯凝罩其間遙望之璀璨奪目祥光瑞色幻作五采紋意即所謂慶雲歟入其中登大雄寶殿僧分行列坐蒲團喃經咒如見菩提如悟玄道時覺靈光掩映隱約作奇香心靜神恬恍如置身仙境也尋又出寺窮老鼎之勝籐蘿夾道叢莽幽深寒風擊石如鬼號吽聽之毛骨聳然峭巖壁立攀躋良久始達其巔中有清水一潭作碧綠色水藻分披游魚呵浪怪石嶙峋如羣獸之就飲此中美景令人忘歸湖中有水泉下流至飛水潭亦稱天湖湖旁有一古鼎蒼色斑斕不知屬何時物史記云項王力能扛鼎此或其一歟細觀之印有字跡曰項籍嘗扛此鼎意即項王所鑴也此鼎此湖如天造地設歷萬古而不滅

鼎湖山殆以是名耶。奇觀詭跡接觸於吾眼簾者如許。其偉此行洵不虛矣。是晚宿慶雲寺。翌日午聯隊返。行抵校門。瞿然而悟。身仍坐几中。南柯所見。歷歷在目。因誌之。曾遊者曰。汝因足疾何嘗有是行。即鼎湖亦何嘗有是景。汝殆夢耳。余應曰然。是夢良佳。余雖未往。亦可作如是觀也。

評 運筆超脫。布采陸離。鑿險縋幽。渺無涯涘。與李白夢遊天姥各擅其長

遊岳墩記

張鴻鑫

去吾泰邑城不里許。有巍然之岳墩。聳然立。岳墩者。吾泰邑之名勝地也。據父老相傳。昔岳武穆王於此堆疊泥土。窺探敵人遺跡。留存。因以岳墩名。俗亦稱之為泰山云。丁春光娟美之時。因偕友往遊焉。沿途草青樹綠。景色宜人。左右四顧。樂也融融。不須臾而抵其地。拾級而上。上有廟宇。香火極盛。殿下以石刻有秦檜夫婦像。視之頭破足缺。庚唾淋漓。一般愚民經其前。必肆意蹂躪。百般辱侮。似對於秦氏夫婦抱無限之怨恨。非此不足以快其意者。嗚呼。一失足成千古恨。其秦檜之謂乎。殿上塑有岳武穆王像。忠義之氣。威武之貌。令人對之。不能不油然而生敬慕之心。崇拜之意。想當年勇冠三軍之氣概。盡忠報國之肝膽。今日之受人處誠敬禮。誰曰不宜。穆王旁有特然立而手捧大刀者。即岳雲也。其英雄之氣。千載下觀之。猶凜然若生。頡起人高山仰止之心焉。徘徊少頃。肅然而退。墩不甚高。度之約有百餘尺。憑高俯視。全城在目。道上遊人來往。紛紜不絕。此亦不過一堆泥土耳。而遊者紛至沓來。豈非所謂地以人重者耶。

評 即景生情。曲而能達

秋晚野遊小記

趙龍泉

校近郊。暇出遊。景絕佳。秋為甚。日甫晡。偕友東行。見夫蘆葦催黃。殘荷將脫。隅岸樹叢蒼翠如沐。倒

影，河中若折而墜，歸鳥穿梭，蠻蟬千囀。迤阡陌，觀農作，婦女鞠躬采棉，未之或息；田夫持鐮刈禾，忙若不勝。田間有斑白老婦，方傴僂拾遺穗。暫有垂髫幼童，呼奔而至，曰：我家禾，爾不得拾。必欲逐之去，且欲奪其已有。家人一再叱之，猶嘵嘵不已。噫！吾民之於國，豈誠不愛耶？實未審其利害關係耳。觀夫幼孩之愛禾，猶信。

夕陽方落，返照東林。陽之楓，陰之楊，緋蒼愈顯。城垣屋壁，遠映晴雲，濃清欲滴，而櫛比高下，宛若山之斷續，亘亘不絕也。其樓宇之高出者，則若山有亭塔也。南顧文峯，祇出一頂於層樹濃煙間，又別有佳趣。噫！造物設景之妙，可盡言耶。

評 寫景如畫文亦簡淨

記二月二十五日夜之雪

趙龍泉

星期那天下晚，忽地烏雲遮蓋上來；一陣陣的朔風撲着面皮，好似什麽刺着；身上也覺冷得緊了，可不是天要下雪罷！用完了晚餐，果然像三春楊絮般的梅花雪在空中飛舞起來，我倚着寢室前檻，一頭瞟着，一頭想：『曾聽見老農說「春雪濫麥根」，又說「春雪味甜，蟲出得着，就容易發生」，噯呀！這不是春雪嗎？那末今年的農作物不要大受影響嗎？唉！人民連經了兩個饑饉年歲，生活已屬拮据得很了！今年再一荒，那還了得嗎！而且現在一般「鵠形鳩面，嗷嗷待哺」的饑民，已經餓得難活；再加這樣地冷法，豈不是趕他到「鬼門關」去罷！』想到這兒，無意間歎了兩口氣，唉，唉，說着『天呀！天呀！怎不做美呀！』這時候，那「無情的風婆」越發作起威來，迫着許多悽慘聲，墻鈴鐺鐺聲，樹木呼呼聲，一時並奏；我很不願我的腦筋和他們接觸，於是解衣上榻，一霎時就到「黑甜鄉」去了。

評 說來滿紙悽涼老天真令人可恨

初冬之竹園

趙龍泉

本校前郊後市半村半廓校址固優風景亦佳南仰五山一一在目北顧城樓歷歷可數東鄉三五人家自成村落西毗博物苑奇花異物隨時可賞而初冬風景又自別有佳趣校前竹園其一焉園在操場之南面積十許畝徧種竹大者四五丈小者亦丈餘蔚然蔥倩而蒼松赤楓參錯點綴輝映成文禽鳥飛舞其間往來如織鳴聲宛轉清翠動聽園中養氣頗厚余常徜徉其間調換其氣蓋人與樹木於氣之吸吐適相成也日來寒霜方降園旁楓桐枝幹漸禿而松竹仍自若子曰歲寒然後知松柏之後凋故是園不惟可悅耳目清心氣亦足引以為鑑園之資我者厚矣

評 篇法佈置頗善而意在文外尤可佳尚

紀歡迎王君一五之盛況

王德亮

我省立各校聯合運動會既開之二日吳師發電到校作捷報謂王君個人競技得總分第一同人聞之欣喜莫名即預備一切以作歡迎之舉迺三一昨侵晨夫役來報王君由甯榮旋現已抵河干矣同學喜益劇早餐畢迺着制服偕附小童子軍整隊往迓而本校校友會與四年級各製錦旗一附小則製錦旗二由軍樂隊導之贈與王君蓋以示歡迎而資鼓勵也不一餉達王君舟次見君長身玉立鵠候河畔胸佩獎章四左右手各舉金爵他同學又代搴優勝旗五面侍立于旁英氣勃勃儼有大將之風吾等既行敬禮畢即隨王君返一時道旁觀者如堵殆莫不嘖嘖稱羨也既達校門同學咸立操場之右脫帽致賀適時迺散午後諸校友更開歡迎會本校暨附小員生皆與而外賓亦多翩然戾止一時坐為之滿道為之塞鳴鈴以後首由徐師代表校友會致詞次由赴甯入員報告運動概況再次為本校及附小同人演說殿後則為王君答謝既畢迺閉會焉

評 老筆紛披

暑假中為家庭服務記

李百朋

今歲我校暑假以後五月八日始至七月初六日止既解假余即乘車以歸余家距校僅一日程薄暮至矣謁堂上問安否一家相視怡然而樂翌日吾父謂吾曰在校為士出校為農吾聞是言即荷鋤隨兄嫂之田中刈草如是者共十有餘日未嘗覺其苦也及至六月下旬上天不仁久旱不雨向之禾苗欣欣向榮者頓見枯黃之態吾兄以禾苗不得潤澤乃以車戽水余亦與焉時天氣甚曖汗流襟裾不知也足力疲乏不覺也吾父懼吾力不足使人代余勞余顧勞作如故也吾姪大者六歲小者四歲姪女三歲每逢諸兒啼泣時余乃背負幼姪手抱姪女或遊池旁採菱而食或遊園中折香草摘野花為諸兒玩間余得意時亦手舞足蹈或唱或歌為諸兒笑而諸兒聽之莫不眉飛而色舞焉是故諸兒莫不愛我而我亦甚愛諸兒也至於灑掃烹茗等事亦偶為之凡此皆所以分家庭之劬勞後不幸患痢疾尤苦腹痛疾作時汗涔涔下至斯家中一切瑣事不由不置之度外矣時當六月下旬屈指距開學之期將屆乃整理書籍為進校計既來校因援筆記之

無意殺之報

李百朋

某甲醉歸載行載唱某乙索債回行於其前畏而避諸叢草間甲疑為鬼擊以石中顱死旁有一囊中貯金三百元即持歸翌日事露捕害之者不得遂罷甲至家恐甚冀釋讐怨為之立牌供祀從未間斷以此三百元營商數年內致富萬金一日甲見鬼坐享跪禱曰我之殺汝實出無意汝如報仇吾亦聽之而已乙曰否我明日將投生鄰近某木匠家今特來告別耳甲私忖曰乙死後雖未報仇然至投生之後恐不得免焉次晨木匠家果生子視之與昔日某乙相似匠家貧乃助以錢為其子

製衣及雇乳母之需及長使入學讀書一切用費皆甲出後此兒遂拜甲為繼子夏日甲晝寢繼子家繼子見其胸前有毛刮以鑿甲驚醒躍而起手正觸鑿柄鑿遂入胸中甲乃告其父以往事遂分銀數千元與之始拔鑿血流而死

秋日野遊小記

李百朋

本星期日在校溫習舊課頗覺鬱悶晚膳既畢適有同志數人邀余作野外之遊余乃欣然偕往由三元橋直向南行不二百武至易家橋登橋北望文峰塔巍然聳峙高出樹杪丹青隱隱可辨運河水波微動漁舟三五往來其間下橋東行路旁楊柳成行雜草生其旁高可與膝等農夫農婦有刈稻者有拈花者有負擔往田者有攜筐歸家者是時適有二老農立于道旁相談曰今歲大風為災雨旱不調不得天時之助然收穫不減舉目前之所得償去歲之損失綽綽乎其有餘也吾聞是言不覺喜自中來蓋余亦為農家之子量予家之收穫亦必如是也已而又向東行有一小橋不知其名詢諸鄉人始知其為徐家橋也憑欄縱眺池中蘆葦叢生荷葉半就萎折其時日已西沒晚烟縈樹仍取故道而歸沿途秋蟲唧嘖出于草際亦足以助余之歸興也是為記是日同遊梁君鶴庚鄒君金昇共三人

掃墓記

李百朋

凡人對于己之父母己之叔伯以及祖父祖母其生存之時莫不以孝道侍之然至死後則形容杳漠將何從而行其孝哉曰可掃墓也掃墓分春秋二季春季掃墓多在清明前後吾家于清明前三日上塚是日早晨吾兄攜酒肴往設祭筵獻時饈燃香燭父兄先拜吾與諸弟繼拜拜畢吾父歷指諸墓而示吾曰某墓為汝之高祖某墓為汝之曾祖某墓為汝之母汝之所以得至今日者皆先人

之。賜也。是時余不禁有感焉。感者何。即吾母早死。不能訓誨我。教育我。而置我於半途也。久之。乃與諸兄弟徐行而歸。因思修身書中有言。人皆有祖先。苟無祖先。則我身何自來乎。又曰。佑啟後人者誰耶。吾祖先也。興家立業者誰耶。吾祖先也。祖先創造艱難。而子孫安享之。然則有大恩德於我者。莫先祖若也。今死已久矣。無可報德。惟於清明佳節。備一樽酒。一盂飯。藉伸悃忱。而又不見先祖來享。詩有之。人生有酒須當醉。一滴何曾到九泉。何其言之痛耶。

遊岳墩記

穆長山

吾蘇省。臨江瀕海。而獨少山。脈至泰縣境內。欲求高峰峻巔。更無所得。而遊焉。吾於七月十日乘車入淮東中校。路經校後。有土崛起若小山。予異之。至校訪諸同學宮君少華。答曰。此岳墩也。昔岳武穆守泰時。築此墩為圻堠。以望金人者。及明萬曆間。舒大猷備兵於此。建岳廟於上。故名岳墩。或以其在泰境也。故又謂之泰山云。其上景物最優。居全城冠。誠文人遊眺之佳境也。余聞而誌之。星期日。乃邀同學數人。為遊岳墩之計。連袂出校門。循牆而北。不數十步。至其地。見墩之形勢。四圍若球狀。高約數丈。廣可數十畝。其上環繞樹木。若榆。若柳。若松。若柏。其下。野卉叢生。非梅。非蘭。非竹。非菊。而或黃。或白。或紫。或紅。雜開荆棘中。足以見茲山之靈也。墩土多石少。草茂而苔肥。無瀑水。無溪水。無野獸跡。惟鳥聲上下。飛鳴於林間。予顧而樂之。遂偕同學由石磴而上。四面憑眺。風景盡在目前。南望蔣圖二山。出沒雲端。隱約可辨。東望一樓。巍然屹立。若遠若近者。此非城上之望海樓乎。而北則闤闠連雲。市廛林立。人物爭喧。遙遙近耳。西俯平湖。一水盈盈。波浪不興。游魚可數。亭臺傾圮。亂石縱橫。當日名園。鞠為茂草矣。至其旁。臨村郭。地接農家。雞犬聲聞。牛羊臥息。簷前則紅榴纍纍。廬後則綠竹依依。尚足供人留覽耳。既而尋山門入。至其巔。則殿閣之楹。中有武穆神像。金容端肅。其東極青巾便服手執春秋一卷好整以暇者則武穆肅居讀書之像也室內外石刻頗多惟東壁摹八分書數字為王當日手筆尤足令人仰慕不置者已而鐘聲徐起飛鳥歸巢村舍炊烟迷離若霧西城日落餘紅將盡東方月影微白初升矣同學興盡如賦歸來予亦同回並且行且歌歌曰高宗南渡王氣惛金遼逼後元并吞漢族幾無片土存天留此壘名岳墩我今來遊自北門街衢往來人爭喧南行荒地接田園一帶樹影繞水源中有岳墩似覆盆戰雲隱隱墩上屯乃瞻林木喜且奔山僧接我幾語温登臨而上覽乾坤舉頭尺五天可捫下視西湖水渥湲流水環繞磚城根磚城一帶如龍蜿東西茅屋兩三村場圃前後散鷄豚蔣園隱約雲外蹲田原畮畮青無垠吁嗟乎我欲登高扣天閽為公一訴千年寃問天默默天無言賢奸自古有公論我欲剪紙招公魂魂兮歸來雲為軒公之扈從皆虎賁旌旗五色風雲翻咄哉胡虜窺中原國無正人安可存我思公兮聲暗吞徒留模範昭後昆金爐終古香烟噴再拜辭公天已昏回首山頭月一痕西風瑟瑟鳴哀猨

評　一小題寫得如許酣足

本校同學攝影記

夏振華

今夫平居聞一善必問其人之姓名與其鄉里之所在以至於其長短小大美惡之狀思之於心而欲存之於目蜀人所以畫張益州像也夫對於他人猶如此況砥礪切磋朝夕相親之人哉此攝影之事所以不可少也今年本校畢業同學諸人當考試已畢將各返鄉閭予因謂同學曰吾與諸君生不同鄉居不同里一旦聚居一校窗前剪燭是亦天假之緣今畢業而歸諸君或驅車北上或負笈東遊或奮志於風雲或寄跡於泉石而欲形影相親常瞻眉宇豈可得乎雖緘札可通而形容終隔不若攝影幾片留為他日紀念則窗前展視之際神清比水影瘦歟花形則相依體則同立是諸

君之骨相為黃種之瑰奇且不啻坐對晤言於一室也諸君其表同情乎同學皆曰善於是乃於某月某日攝影數紙以表同學之感情也予既為之記又從而歌曰我諸同學兮生不同方聚居一室兮風雨聯床相親相愛兮無異雁行三載畢業兮各歸故鄉良友情深兮意不能忘於是攝影兮笑貌俱彰他日隔絕兮形尚在旁吾亦取一歸來兮寶若美玉而珍藏

平山堂日人立碑記

儲冠民

十二月三日聞日人高洲等有立碑於平山堂之法淨寺中以紀念我國唐僧鑑真之舉校友謂余曰此盛典也盍往觀乎余乃偕同志數人欣然前往登蜀岡入法淨寺寺內軍警森嚴士女麕集院之中紅綠紛披亭亭矗立者即新立之石碑也廣約四尺高倍之碑記為日人所撰斐然可觀眉端大書山川異域風月一天八字省長韓紫石題碑前陳香案旛幟四植鐙綵畢張僧侶數十人拱立諷經日人衣西裝焚香膜拜肅如也移時衆僧退立日人演說或操方言或操華語操華語者為駐甯領事大旨謂中日文化互有密切之關係至於佛教則更淵源於一云云言時態度從容卑亢合度惟口齒略鈍耳揚人或演說或致祝辭多諂語無足取終為本寺方丈演說並致謝忱首述鑑真老師佛學之窔博東渡之困阨以及傳教之盛況源源本本層次晰然末謂吾儕沙門小僧均宜聚精會神闡揚佛化即非佛界諸君亦當廣積功德自尋真我云云方丈道貌豐藹語多禪理蓋緇流翹楚也演說既畢復進香行禮時有日婦三四人亦與焉聳高髻躡玄屐和裝綽約婉孌動人觀者咸為之屬目之時也爆竹轟轟軍樂洋洋鐘磬鐺鎝人聲鼎沸墨烟繚繞焚楮帛也几案縱橫陳素筵也余與莫君冰魂廁身其間不禁耳為之聾目為之眩矣於是相顧慨然曰甚矣此行之不可以已也一切典禮既畢日人二十餘齊列碑前合攝一影以作紀念云是役也誠中國之創舉沙門之

感典也社會人心佛教前途影響所及豈淺顯哉且余因之有感焉日本僻陋在夷蕞爾三島實一開化極遲之國耳言教育則宗仰陸王陸王中國人也言佛教則歸功鑑眞鑑眞亦中國人也自古迄今我國之典章文物流風餘韻波及東瀛者何可勝計是則中國者乃日本文化之發源地也而輓近以來日本竟自命文明睥睨我國矣是所謂數典忘祖飲水不思其源者也今觀於高洲等之立碑蜀岡表彰鑑眞則可知木屐兒中未嘗無有心人特不審醉翁之意果在不酒否耶

評 顧視清高氣深穩

秋夜讀書記

儲冠民

丹桂飄香黃花綻蕊清風颯然入戶梧葉紛其辭柯此非秋時之景象乎玉兔皎潔銀河清高蟲聲一階鴻嗷四野此非秋夜之景象乎當夫更深人靜萬籟無聲躑躅中庭氣清神旺偶憶朱晦菴讀書之樂樂陶陶起弄明月霜天高之什不禁有如此良夜何之想於是挑青錢黃卷簡練揣摩潛心翫索有時朗誦則音調鏗鏘隨意微唫則餘韻悠揚明月窺人肅嘉賓以入坐莎雞振羽似雅樂之調聲則吾智之於以瀹者吾情亦於以怡焉故喜而爲之記

評 鍊字鍊句詞采斐然

遊狼山記

成禎

癸亥季春作狼山之遊由三元橋南行遙見五山拱北巍巍然高出林際者狼峰也越倭子墳經曹公祠至五山苗圃復前行忽見豐碑矗立知爲駱賓王墓是狼山之麓也直抵三元宮日方午就飯焉飯畢乃由磴道上山石崢嶸險怪若立若臥若起若伏厥狀殊異登大觀台環顧左右諸山若兒孫之繞膝村落邱墟散置若棋子然南望長江水天一色風帆出沒沙鳥上下殆所謂天然圖畫者

歟倦坐石欄與知己談此山之勝處曰大觀臺吾儕之所止也曰支雲塔吾儕昔曾一至曰望海樓曰白衣庵皆未之至也乃以至望海樓故經一亭憩其中顧亭近白衣庵友言庵有老僧善鼓琴先往訪焉甫入門鮮花爭妍古柏交翠迤邐至崖下有僧蹲踞石上蒔花卉指一徑囑吾儕往徑中疊土骨為假山藤薇蔓延殆遍時正怒花紫紅相間有藤似黃楊扶疏可愛疑為耐冬而未信也盤桓久之復至一閣陳列石器桌椅備具洞開其窗山風颯然而至下有亭翼然蓋即來時之所憩也四顧曲徑徘徊不忍去有友促之行遂循原道出過山腰官閣然後至望海樓樓懸楹聯極夥舉目四望與大觀臺之風景無甚懸殊也興盡而返時同遊者表兄淑六友二人曰仲齊曰德基

評　抒寫自然

新年雜話

成禎

新年新年又來了。人生最有趣的事，就是送舊迎新；因為人類最高的欲求，是在時時創造新生活。今日是一九二三年的新年，現在的時代，也就是人類生活的新時代，所以我們要慶祝歡喜我們今天的慶祝歡喜，不是像那小孩子們歡喜過新年；喜歡燈光照舊明，爆竹照舊響，魚肉照舊喫，新衣新鞋照舊穿，恭喜的話兒照舊說，那樣陳陳相因的生活，是毫無意識，毫無趣味，毫無祝賀的價值。

要時時刻刻拿最大的努力，向最高的理想，擴張傳衍，流轉無窮；把那陳陳相因的組織，腐滯的機能，一一掃蕩廓清，別開一種新局面，這樣進行的發軔，纔配稱新年，這樣的新年，纔有祝賀的價值。

但是光陰很快，我現在已過了十九個新年；試問學問品性身體，是否能和日月一樣的增進，和新年一樣的熱鬧呢？

民國已過十一年，天災人禍，無年沒有，國民正是『啞子喫黃連』說不出的苦。這樣的新年，還有什麽慶祝和歡喜的價值呢？

這十一個新年，我們不是年年慶祝，歡喜，年年抱着極大的希望；但是回顧前塵，宛如一夢。這樣的新年，又有什麽慶祝和歡喜的價值呢？

唉！已往的十一年，譬如昨日死，未來的幸福，正當在這新年中定奪。多少個性的屈枉，人生的悲慘，人類的罪惡，希望都像春冰遇着烈日一般消滅盡淨，多少歷史上遺留的偶像如軍閥貴族也都像枯葉遇着秋風一樣飛落在地。這纔是我們黑暗的中國得了一線的曙光，我們應當乘着這一線的曙光，努力前去，為人類造幸福呀！

一九二三，一，六，晚．

評 一掃陳言，戛戛獨造，不愧新青年

張雨森畫記

成禎

吾祖嗜古，尤喜玩古畫。凡名人丹青，雖百金易之，不少惜。以故家藏古畫甚多。其中有張雨森山水一幅，筆意峻峭，風景尤佳。其紙修七尺，横四之一。其畫為一大瀑布，自山頂下流，由石罅行，將至地，有石歧出，瀑墮其上，激而再起，飛沫散霧，復蜿蜒流至地，成一小溪。隔岸有山，山有路，一老者手杖立，仰觀瀑布，若有所思。一童子挾一琴，旁立。路左林木幽邃，怪石峭厲，若故為詭愕以相駭者。此是畫最奇處，吾愛之，不知與吾祖愛好之意同乎否也。爰記其畧焉。

評 摩詰詩中有畫，於此文亦云

重九日與友人登鍾山記

張炳元

余自求學於金陵，每逢假期，必邀三五同志，上高山，入深林，窮廻溪，探怪石，無遠不到，到則窮山之高而止援攀而登箕踞而笑觀勝蹟談故事察萬物之態聽清泉之聲無不欣欣然怡怡然樂而忘返故金陵之名山皆若為我所有也惟鍾山未得一遊今歲重九日有友人約余曰當此天高氣爽木葉蕭踈之候同往登鍾山可乎余曰可於是經午朝門過東安門出朝陽門外不十里至山麓矣相與拾級而登及既上遊客甚衆所述之言大都以桓景避災孟嘉落帽之遺事為談助頗有悠然自得之意焉俯視大江孤帆與沙鳥齊飛秋水共長天一色更窮目而望但見烟雲繚繞綿亘數十里者則江北諸山也西瞰玄武湖若大圓鏡然而城堞諸山冥迷不可辨山下則田疇萬頃農事消閒惟野菊黃花孤芳自賞秋楓赤葉秀色可餐令我低徊神往如行畫圖中也山上則多石少土石蒼黑色狀態不一少雜樹多松幹巨直立蓋數百年之物也山無瀑布有藥材數里內無屋舍雖景物幽雅足寓遊子之心目然身寄此間遙知家中兄弟登高遍插茱萸則少余一人焉且鍾山為茅山脈最高之處形勢險要為兵家必爭之地諸葛武侯所謂鍾山龍蟠是也吾人豈可忽視之哉後循故道而歸晚餐畢磨松使者握管城子取楮先生為之記

評　前路清機徐引後半抒寫景物饒有古趣

記鹽城老人

楊志禮

李老人籍鹽城不詳其名性忠直生平無疾言厲色幼讀書勤及壯設館授徒學者爭師之娶婦某氏相得歡甚居常無間言六十載相敬如一日里黨咸欽重焉民國十一年春老人卒享年七十又六生子七各有業忠實咸得老人訓家亦小康老人卒後婦哭之痛勺飲不入口七日戚族力勸之不應竟絕食死聞者稱嘆不休

論曰世教淩遲伉儷之情日薄誓信旦旦而旋見離異者何限乃耄耋夫婦而生死相偕謂非難能

可貴乎

評 老當

浦濱踏青記

朱驥良

春融燕掠光暖鶯飛麗日濃烘和風乍扇二十四番花信迭改百有六日榆火復新騷人結伴出遊學校循例放假伊何時非三春佳日及時行樂之日乎良辰不再美景難留余不敢辜負此大好春光爰結高朋數輩作浦濱踏青遊出南門經大校場且談且笑緩步當車襯履芳茵迎眸淑景綠陰兩岸舞烟柳之婀娜紅雨半天飛落英之絢縵菜花灼灼麥垂青青燕語鶯歌蜂狂蝶醉誠以春回大地即召生機植物則萌蘖抽條動物則天機活潑蓋皆造物使然耳前行約里許過打鐵橋一小鎮也橋旁小澗碧水淪漣綠藻朱魚歷歷可數前見山縹緲而若隱若現樹迷離而似霧似烟農夫荷鋤而耕漁翁垂竿而釣車聲轔轔然田家戽水也斧聲丁丁然樵夫採薪也踏青士女三五成羣墨客詞人賦詩載酒鷄鳴喔喔犬吠狺狺一種古樸之風宛若武陵絕境令人不復作城市想矣更前行可十里則見浩浩蕩蕩水光接天帆檣往來沙鷗上下黃歇浦濱在望矣於是趨至其地就浦濱小憇維時潮平兩岸清風颯然煩襟盡滌俄聞汽笛聲聲復見黑烟縷縷一輪舟破浪而來倏焉東逝頃之浪自浦中起勢甚洶涌直達於岸歷數分鐘而平因相與歎機械之學洵巧奪天工哉暢談良久興盡歸來作浦濱踏青記

晚登文峰塔記

吳之屛

師範校東有五福寺巍然中峙者為文峰塔余素耳其勝以其門閉無緣一至某日開戶祀神因偕二三子欣然往時已入暮摸索久之始得登焉余居後時時與佛龕相牴觸傾跌者數素聞古寺多

怪心大悸欲退不得遂臨其巔憑欄遠眺瞻望家鄉大江東去五山南峙於茫茫雲烟中觀之尤覺恬靜可愛寒窗爇火點點蜂起一若星列長空城內樓臺掩映房屋參差反顧鄉野村落寥寥可數也環視既久風起寒侵骨塔鈴聲寺鐘聲犬吠聲相接續其懔乎不可留也因匆匆下仰望塔頂高插雲漢而顧身之所在猶俯仰乎塔影中時出寺近十武矣

評　有此塔不可無此文

志恒僧

吳之屏

民國壬戌孔子誕日於北上真殿遇僧名志恒者貌和言儁非常僧也自謂安徽甯池人俗名陳雲坡幼曾騎射長入將弁學校同窗故人若陳炯明黎黃陂今則聲勢桓赫執南北之牛耳而山人遭時艱難遁跡玄門陵谷風雲人事不可言者前在焦山黃陂曾以總統命賜二等文虎章聘為陸軍少將志恒自惟昔者清室垂亡力不能正遂波邀功又非所善憤而為僧名利之心已泯願長齋諷經永享清淨之樂矣謂余曰子師範生也當力求進步為有用之國民不可效山人之逍遙要知山人初未嘗不欲立功有為今則已矣回首當年雄心不死脫俗已久豈願再陷囂塵徒為時之廢民仰食他人清夜捫心愧此一生矣屏既退因嘆天地鍾奇孰往而無有哉

評　感憤波稜紙上一氣呵成僅目之為奇頗能合其身分

誤殺之報

吳之屏

某乙討賬暮歸遇甲酒醉沿途啾啾恐不利於己避亂塚中甲以為鬼拾石擲之趨近熟察知覺一人側有囊實金因取去事發不得兇手寢甲歸念死者因朝夕饗之祠以乙金經商家累不貲而饗愈勤一夕見鬼食於位懼甚鬼曰吾將投生右鄰某木匠家來告別耳言畢而沒翌日甲往匠家叩

門道書匠訖甚曰聞聲耳索兒觀之宛然若乙慮其終報思所以彌懲之方顧匠貧乃詭詞曰是兒頗不凡好自撫育一絲半縷之費我悉任之後認兒為義子恐人非議也某歲夏甲晝寢匠家兒覩義父胸際叢毛以為異取鑿刮之甲癢而醒久伸坐起兩手適按鑿洞胸疾呼家人至告以往事命以家資之半畀兒語訖拔鑿血湧而死曰甲待乙之道足免死矣況無意者耶乃乙亦以無意報之可畏哉

評 寓意頗佳語句精簡

記住宅

吳之屏

通城北三十里有里曰四安閭門東西相望而家者百餘余宅在焉入僅容一人行才丈許豁然開朗花木搖曳迥異闤市精舍三楹東向徑庭可至其南為廚房其北屋數椽西端開小戶為余兄弟讀書寢息之所屋計十餘間余父所經營也庭成直角繞宣氏之垣長壇倚之花草雜其間枇杷一株巍然中庭先母所手植也宅後隙地數畦植菜蔬以供膳濱小池易灌溉阻以籬防雞犬踐踏故菜肥且美籬後有路路後有田極目千里村落寥寥一片肥原也曰斯宅成而母歿余父以中饋乏人廢賈人業鬱鬱適斯閉門杜客小鳥來伴余家歸時次叔家大母屢扶杖語曰孫以家無所親而來是耶余聞大母言未嘗不潸然淚下兄妹亦悲幼弟嬉如則是宅之悄靜及悽涼又可知也

評 前半叙述明瞭末段因家人間之瑣事而過到悄靜悽涼洵不易易

秋日野遊小紀

吳之屏

秋收已屆阡間多農夫之跡棉豆待刈嘉禾披離傴僂隴頭者舉欣然有喜色一歲積勞卒獲在斯宜其然也遙望層樹鬱塞深密如濃煙枯枝半挺於稀朗處愈益顯蒼天偶出其中隔林景物隱約可

辨秋雁南旋嘎嘵成羣驚人仰望風雲起落變化萬狀俯視原草離離青黃間色草間蟲聲屋中機聲遙相應和忽見河際漁翁舉網得蝦念彼高人雅士把酒持螯醉看黃花東籬下無一非秋成之也則天地間設景之妙可盡言耶八月朔日之屏記

評 文意飄灑自如造句亦極精奇

暑假中為家庭服務記

吳之屏

壬戌年時十六歲雖不才亦謬得習業師範酬應接待司賬通信之事率能為之既暑假歸可減萬一之勞灑掃拂拭家庭間諸瑣碎事乃童子所應為亦常常為之弟之輸及從弟妹諸人亦以假輟讀屏間教之讀皆頴慧可愛因回憶屏童年伯氏教我識字時情形焉大母好茶父愛花嘗烹茗階下澆花庭前大母扶杖語曰兒其休兒一歲中歸者有幾日溫書習字之暇可資憩息而余父則欣然語屏曰兒今乃作灌園奴乎此可見親之愛屏之心為人子者當謹誌而不敢忘也光陰易過今來校矣夙興夜寐捫心自叩曰爾二月之中為家庭服務者幾何爾今暖衣飽食安心讀書而不知爾親猶在忙碌也當如何不負親望不勞親思耶

評 曲折有情

秋日野遊小記

李堯章

日將晚夕陽照林負手獨步踽踽間已至南郊初秋景象盡入眼簾稻苴收穫殆罄割拽捆擔於田間者寥寥無幾棉花吐白婦女尚在擷拾農家茅屋檐前稻苴數堆作尖頂圓圍形場中擊粒聲響可聞菜畦頗多農夫灌溉未止望草樹蘆葦葉尚未凋而覺漸近於黃矣觀賞未已已天暮色黯風颯颯至身寒思衣即踉蹌歸既入室坐而農夫擔呼聲如猶鼓吾耳膜也

評 來無端去無蹤此種敘法最合自然

中元觀會記

印維廉

陰歷七月十五為中元節滬城例舉城隍會今年尤盛是日午後二時隨父親入城至勸業場西畧停路旁適會至立人叢中觀之首旗鑼次牌傘次皂吏吏執刑具面相對眼相向側身前行汗流如注次書差次班役長枷大板手銬脚鐐之類隨執以行鐵繩拖地其聲琅然令人心惴次馬執事次劊子手紅衣短刀殺氣盈面次小轎為刑名錢穀諸幕僚再次即神像也神像過後又為旗鑼牌傘皂吏書差之屬另有一神神凡五尊即分列五班執事排長至二三里之遥行經兩句鐘之久而與會之人奔走喘汗重衣溼透名為驅瘟逐疫實則勞民傷財迷信神權依然如昔滬上素號開通猶然若是則內地之閉塞可知可慨也觀會畢進城隍廟至裏園茶樓見有乞人面目瘦黑以手擊掌由胸肋以至頭面作鑼鼓聲口唱京調音節相應亦奇技也此輩原非笨人祇以不務正業遂流為丐吾國遊民之多於此可見一斑出城至洗清池沐浴八時歸過七浦路見有作盂蘭會者迎神演劇劇中有人降龍伏虎跳舞呼吽狀如惡鬼而觀者擁擠如覩盛會可笑人也至九時半歸遂記之如右

評 描寫社會習俗如燭照犀燃纖悉畢見一部搜神記當作如是觀

黃浦觀潮記

印維廉

黃浦江納吳楚三泖之水浩瀚東流每遇巨風潮聲激蕩以起雖不及浙東錢塘潮勢之盛而弩張箭拔亦自可觀庚申七月二十一日滬上天文臺忽鳴警礮報告大風將至是日午後黑雲翻湧紅日全翳屋角樹梢拂拂作響而大風起矣大風起而撼窗振屋捲地掀天狂吼終宵翌晨尤甚時吾

父偕余至青年會追悼武昌起義之劉仲文先生既畢余謂父曰大風未息江潮暴漲黃浦灘頭必有異觀曷往觀乎父曰善遂沿北京路至大馬路外灘灘外林樹鬱怱葉飋飋然迎風而戰而江潮滾滾拍岸迎堤父携余至江海關前之浮碼頭碼頭浮置江邊隨潮流漲落而上下既登其上浪花排擊身亦掀簸搖盪而莫能自持父一手持洋傘一手握余腕挺身撐足當風而立舉目遠睇則蜿蜒千里濁浪稽天滾滾滔滔飛花濺玉其勢滂瀁其聲澎湃如鼉吼如雷鳴如千軍相擊如萬馬奔騰而大風發發吹衣拂面飄飄乎如遺世獨立羽化而登仙父大悅懌慨然為歌亞洲第一大水揚子江之歌歌聲激昂與潮聲相應余亦樂極握父手而舞至鐘鳴七下始緩步而歸歸而靜坐猶恍然如見江潮之雲疊山傾而競過而不能自已因援筆而為之記

評 筆意浩瀚奔放亦有亞洲第一大水揚子江之觀

記今年之秋節 民國十年

劉駿生

時維八月序屬中秋是日學校放假余即鼓棹回里見夫波涵雁影樹捲秋聲水天茫茫一片無際噫余求學校中幾忘今年秋水為患也俄而陰風颯颯巨浪驚人遭危數次始克歸家至晚家人設几庭中陳瓜果焚香燭向月禮拜畢余乃與家人閒話謂今年水勢特大人民生活窮苦非常而底窪之處盡成澤國大有不卜托身何所之勢況昭關甚危使一崩決即吾輩亦將為魚鼈矣吾聞至此心殊不暢移時有數契友邀余賞月相與登高樓把酒高歌或誦明月之詩或譜霓裳之曲余獨坐不答友曰一年明月今宵多月到中秋分外明古人屢言之矣值此天上月圓人間秋半何不痛飲即醉以盡今夕之歡余曰噫嘻古者抑鬱之士觸目生悲每覩月而傷情故經秋而多怨厲在個人猶且如此況今年之秋節水災特大洪水橫流內有鬩牆之禍患外有強鄰之覬覦人禍天災莫

今之中秋若矣夫如是雖有光華燦爛之明月尚有心賞哉友聞言豪興頓減遂各步月而歸援筆記之以示不忘

評 感時立論慨乎言之

校内古銀杏記

王養源

吾校運動場之西北有銀杏樹焉高約數丈余聞師云為宋時胡安定先生所手植也於今越四朝而歷千餘年矣余於課暇時一遊焉見其樹翳翳然若垂天之雲曲曲然如虬龍之勢中空而多竅似鼻似口似耳似枅似圈似臼似洼者污者相繼為鄰風至作響則萬竅怒呺有若激者謞者叱者吸者叫者譹者宎者咬者前者于而隨者喁冷風則小和飄風則大和厲風濟則衆竅為虛仰而視其枝柯則拳曲而不中規矩俯而察其大幹則擁腫而不中繩墨嗚呼此樹何能若是其壽耶以其為安定先生之手澤也後人重先生而因以重樹也不然又安能如此其壽耶然則吾見此樹如見先生矣能不尊重而保存之乎

評 引用蒙莊文如自己出餘亦相稱

濟南薇署西園宋海棠記

許慶圻

世之圖書彝鼎往往數千年而猶存者何哉良以後之人寶貴而善藏之也至於花木亦然即以曾省而論其經風雨傲霜雪歷千百年而不變者往往而有如孔林之杏岱廟之漢柏唐槐其尤著焉者也古云齊魯遺蹟甲天下為吾國騷人墨客所稱道豈其然乎民國五年春閏孟仲余隨侍父母至濟南適舍于薇署之旁課餘得入西園遊焉時值暮春海棠盛開植有二株分列於四面廳前後相傳為宋時古物其葉之茂花之盛有非言語所能形容者廳長同邑楊公每當花開繁盛之會讌集

實僚歡然稱賞夜則於樹間點綴電燈燦若錦屏今人目眩殊足樂也竊因之有感矣當今之世非無賢才也特隱藏深谷而人不之知耳今宋海棠以賢士大夫寶貴之故能由宋以迄於今以此推之則謂雖數千年後而猶存可也假今宋海棠處深山大谷之間茂盛而人亦不知即近城市矣而無人護惜亦必為樵夫牧豎所攀折故宋海棠能數千年而猶存者賴有人力故也吁物猶如此人何以堪彼賢才之伏處山林而不為世用或且憂傷憔悴與草木同腐者是誰之過歟

評 感慨語有低徊往復之致

記匿名信

莊振榮

孔子曰人之初生也直朱子釋以生理本直可見天之生人無不付此美德也慨自風俗日偷人心日壞而不學無術者往往習於欺罔而機械變詐之心遂層出而不窮良可慨也今夫朋友列五倫之一要貴推誠相與其貌合神離言行如出二人者悉當遠之避之所謂慎擇交遊而陰謀詭計之徒自無從肆其技矣而何有匿名信函之嘗試哉本年暑假時余因投考某校故未及歸省而徑作滬遊自揣程度原難企及所以斗膽嘗試者冀得徼倖於萬一耳孰意受試驗者紛至沓來氣已先餒筆亦窒塞竟未錄取懊喪無似比抵家門又得匿名信函若嘲若諷令人難堪噫是函也果何從而來耶要非志同道合互相切劘之益友也其為愛我者耶聞之必代為抑鬱否或貽書曲慰冀勿遽爾灰心其為忌我者耶當亦嗤我為不學幸我沮喪得毋自表其私德耶其實愛我者固出於交誼之誠而致我於成也忌我者何莫非無憑毀譽而反足勵我之志耶余惟本直道交友之素志縱不難逆料為某某之陰險作為固無損於名譽也亦付之無足重輕而我行我素也可

評 敍述精詳筆亦疏落

記汕頭今秋之風災

馬健飛

霪雨匝月、湖水汪洋、南畝西疇、盡成澤國、客歲淮揚之慘狀、彷彿猶印余腦海、試一念及、猶令人悚然毛戴也、今年秋羊城某友函述封姨之虐、閱之不禁黯然、其言曰某日斜暉甫匿、雲色冥冥、始焉習習、蕭蕭、楓林葉亂、淒淒瑟瑟、桐院聲喧、菰葉點頭、松濤震耳、繼則地非陵谷、虎吼頻聞、境是平原、驚沙撲面、古木拔叢、林摧痛箕尾之肆威、知飛廉之怒作、幸我三椽蝸伏、驚聞萬馬嘶聲、念彼一葉身輕、將步三閭之後、而沿江兩岸瀕海居民、當天怒潮夜至、奔騰砰湃之時、其呼親覓子、其慘狀不忍言矣、吁蚩蚩赤子、何罪何辜、裘葛初更、災罹雨見、屆此吳江水冷、潯浦秋老之時、誰實為之、使其流離失所哉、吾聞聖人在位、風雨以時、今天災頻仍、殆執政者獲罪於天歟、曷為苦吾民也、是為記

評 大氣磅礡暢所欲言

記國會開幕紀念日之旅行

馬健飛

余客東淘將三載、欲訪盧無山而未果、壬戌寒食後三日、值國會開幕紀念、遂偕本校同學遊焉、經意園、折而南、羊腸狹徑、蘼蕪叢生、渡避世谷、則綠楊深處、佳境豁然、爽岸桃花、令人欲醉、幾絲柳絮委地無聲、溪水澄清、游魚可數、春風和暖、芳草迷離、幾疑桃源誤入、抑別有天地非人間歟、於是班白數輩、邀余等席地坐、絮絮話桑麻樂事、並肅然曰、諸君乎、九年前此日、吾中華國會開幕矣、哀哀巨子、赫赫偉人、踴躍歡呼、喜自由花之開放、儔知曇華幻影、僅存此紀念之日乎、余等慘然起、愕然立、北望燕趙、大陸茫茫、斯時牛背牧童、頻吹短笛、似問余等終日勞勞、何為者、不禁唏噓久之、歸而作記以誌吾感

評 慷慨淋漓文筆瀟灑

踏春記

鮑哲謀

春日載陽春風融和際此良辰而我校適放春假乃偕二三同志作踏春之舉余以王村為我鄉風景之最佳者乃決志作王村之行旋出故鄉直向南行一路沿江是日風平浪靜彌望千里船隻往來如女司織繼見黑雁上下水天相接斯誠天然之佳景洵可樂也行不一里許而王村至矣緣溪而進耳目所觸則澄波粼粼潺潺有聲垂楊夾岸碧草黏天無數桃花燦爛如錦轉聞嚦嚦之聲友曰鳴禽之音洵可聽也造石橋而至村園中見百卉爭放紅紅綠綠居然點綴美極矣其側有方池一中飼游魚頗多若鯽魚鯉魚金魚等倏來倏去至無定所如陽陽得意然此誠魚之樂矣既而登土山高約三四丈極目四顧則東望大江西過巨濱皆茫茫野際仰視天則浮雲雪白當此雲水之間天然之勝景令人心曠神怡如入蓬萊仙境其樂豈能勝哉然人以憂心感者則其境可憂以樂心感者則其境可樂方今南北紛爭亂匪四起大啟外人之窺視恐長此以往吾國之環寶將不為我有矣而我儕猶得閒事踏春各有適而自得誠無上之幸福也復何憂為哉友曰然少頃斜陽一抹沉沉西進振衣而起聯袂言歸至家已五時餘矣余以今日踏春覺有無窮之樂故爰筆記之

理想之模範村

鮑哲謀

去歲獵人某獨行山谷中途迷不得前進正猶豫間忽逢一村面山背水草樹深茂屋宇儼然其大異之欲入村一遊行數十武遇一老翁面帶笑容蹣跚而至帽前繫一牌即視之上書指導員三字蓋翁乃是村之指導員也絡繹行數武入體育場碧草平鋪廣約十餘畝若鞦韆架軒輊板浪橋天梯等諸戲具皆在焉場中運動者或老或少或男或女皆甚活潑俄頃出體育場某問翁曰貴鄉因何取乎是場哉翁曰是所以使居民練習體育者也言已乃入學校校舍高爽時適上課某在旁觀

之見教師為諸生講解不倦課畢教師迎某入應接室謂之曰是乃啟明學校也所收之學生皆是村之兒童也當未設是校前全村兒童皆無知無識鄉先生李某深患之乃首倡是校於是一村兒童莫不受教育之陶冶具愛國之天良半晌振鈴上課翁引某出而東行見房屋數間簷牙高聳翁謂某曰此即村中之議會也中有議員十數人議長二人全村之事皆由議員決議而行故能彌縫缺點有所廣益復行數武聞人聲喧鬧某異之問翁曰是何處耶翁曰是即村中之市場也當未設市場時居民買賣苦其不便自有市場此憾可弭旋至市場見所設之肆若書坊若糕店若牙行若豆腐店若南北雜貨店又有小販數人沿街衒賣不啻一市鎮也須臾見新舍一椽中有圖畫甚多若通俗畫寓意畫象形畫有以彩色繪者有以鉛筆繪者有以毛筆繪者各出其奇種種不同書若小說類、修身類、雜誌類、中西書籍應有盡有獵人見之稱羨不已因問翁曰是地何名翁曰此即圖書館也居民暇時至館中遊覽足開其茅塞增進其學問言已而出見四週房屋頗多翁又指謂某曰彼高而帶紅色者則村中之醫院也所以醫居民之疾病者也低而帶黑色者則村中之警察局所以維持全村之秩序也窗牖玲瓏結構精緻者則村中之保衛團所以禦盜賊者也簷牙歷歷瓦縫參差者則村中之救火會所以救火災者也俄頃入公園園中花卉無不具備每臥皆藉草清香未嘗不入胸懷也居民勞作之暇遊息園中則心曠神怡洵樂事也俄而出公園折而北歷博物院農場復行百武許見屋舍櫛比整齊可觀翁曰是即村舍也既而機聲交作蓋村婦之織布聲也又見農夫三五成羣荷鋤外出蓋入田耕作也日近晡某辭老翁尋路而歸今春予遇獵人某某道及此事洋洋不倦一若有所感然予乃振筆記之記畢客至執卷誦之既竟笑曰天下果有是村乎抑君所理想而得之乎予俛而笑

參觀寶邑貧民習藝所記

鮑哲謀

余於某星期日約二三知己同往寶邑參觀貧民習藝所據云為翰林錢先生慕賓創辦以收寶邑之貧民使之學習技藝者也所中有一人適為我所相識對曰此中習藝者無非失業游民孤寒子弟此貧民二字之所以也余問友曰藝徒有幾友曰約五十餘人且曰貧民之習藝焉各就其所長擇其所喜者而教之故手藝不止一二種若木工竹工裁縫織席鞋匠等言畢而進至織席室見藝徒數人或從事織席或就已成之席删其毛刺使之光潔則其價可增此蓋作業者之通理也旁有成績室一其中陳列之物品胥由藝徒製出由成績室而北見一裁縫室友曰城內一高之制服及少數居民之衣服皆託本所裁製且年有所贏再北行二十餘武見一大工場中有竹工木工共分為二東為木工西為竹工木工則或鏍或斫視之皆汗流如珠勞苦極矣竹工則或削或編所為之器具俱為人家所常用亦勤懇甚矣及至最後一室為藝徒之課堂友曰彼藝徒日勤工作夜則上課使得普通知識庶手藝有成陋俗可通誠善舉也旋出課堂經大工場而東南行見鞋匠六七從事製鞋忽來一兵士攜一皮鞋令鞋工修補再出見職員室壁上懸一木牌上書諸藝徒之名且揭示某名特獎三百文某名特獎四百文友曰此所以鼓勵也使彼等起競爭之心然藝徒之得獎者蓋其工作較勝于他人耳觀畢乃歸夫貧民習藝所者令貧民子弟之失業者入所習藝以為異日立身之基礎也願我中國自今以往處處設立習藝所以收全國之貧民子弟使各習一藝則全國貧民子弟不數年後悉能自立尚能如此則不特盜賊可以絕跡即乞丐亦復不見矣且國中少一游民即少一分利之人少一分利之人即多一生利之人為民而能人人生利則民富而國亦富矣故貧民習藝所之設立其影響于國計民生非淺鮮也余故為之記

評　曲折如志後幅尤勝

記三元橋　　嚴雲章

城東南溝鹽河之水而注於濠蜿蜒經校東稱校河河深且濶穹梁通馬梁質石名三元高數丈隆隆然文峰東西相望也橋底圓三門舟楫出入如行甕中橋東爲校外宿舍余輩之所居也鄉人之入城者必從橋上過窗隙中可指數橋南則山路西經啟秀橋又與模範路相接是以冠蓋之往來商賈之貿販輪蹄趾袂錯錯遝遝絡繹不絕日無暇間而征帆漁艘上下烟波欸乃之聲相聞也晨起渡橋入校繁霜傅石初見人跡短楫無聲輕烟欲合淪漪恬渺可狎而玩及課完入息星月娟然宿雁沉息聲籟四絕俯視橋影黝然而深煥盪紛駁岌岌欲墜駭然不可久視其或怒風黑月咫尺莫辨兩舟磨脣而過輒戒乎相聞篙櫓所觸檣纜紛結則號噪驚聒媍子詈申申咽續風浪中又時時於夢回聞之悄乎不能成寐也橋之建州志不載年月鄉老亦無知者古矣直橋西不百武爲啟秀橋風景蓋遠不逮云

評　清峻直逼柳州功夫到此不易

記古硯　　嚴雲章

吾家素貧蕭然無長物僅數事農具而已至若寶貴古物固鮮存者然吾曾祖嘗赴試南都購古硯以歸至今猶存焉硯廣三寸長倍之青紫而潤密理堅緻池旁綴螭龍之屬腹有古篆字跡漫漶殆非近代物叩之鏗然有聲以金鐵劃之了無痕釁淬以墨光艷如漆誠端溪下岩石也匣以蜀桐置之齋頭與共晨夕古香滿室儼然耦端友焉

評　用字造句迥出恒蹊

秋夜讀書記

羅斯喜

桐葉迎涼金風送暑蟋蟀啼乎階下婆娑鳴于草間此何時乎蓋秋時也月白風清天高氣爽明星煌煌巧雲皎皎得非秋時之良夜乎夫我等適為少壯之時期對此良好之秋夜安可從事於遊玩耶古諺有云不努力於少壯之時定咨嗟於老大之日興念及此萬感絕百慮冥惟有發奮讀書而消此良好之秋夜方為不虛度韶光以貽誤終身耳時鐘七下開始自修余乃燃燈兀坐展卷咿唔或溫國文或溫歷史對明月而怡然被秋風而益爽其樂誠莫可及矣嗚呼當此秋夜萬蟲齊鳴唧唧啾啾不稍息微物且然吾人當知所取鑒矣

評 知自策便佳

戲擬類

擬唐明皇遊月宮記

祝孫如

余於八月十五夜與羅公遠先生同步庭中四顧無雲涼秋皎潔微風拂拂秋蟲唧唧一輪明月高懸空中舉首而望頗有所思而羅先生忽笑謂余曰足下望月出神呆若木立豈以為今夜之月有異乎他夜之月乎余曰然他夜之月余殊覺其淡淡然而殊不知今夜之月胡為若是之光明皎潔也先生道高學博其有以告余乎羅先生若為余臣者曰夫月一仙境也臣何能一一以言語告陛下陛下欲知其究非身歷其境不可余笑曰先生之言異哉縱欲如先生言月可階而升乎先生曰是何難有法在陛下有意請隨臣一往於是先生以杖向前一擲忽見一道大橋過橋至一大城城垣之高大門闕之雄偉均非世間所有更前行若干時至一巨第門上有榜曰廣寒清虛之府先生止足曰此即月宮也雖秦始皇之阿房宮隋煬帝之迷樓亦烏及其萬一臣請與陛下一一觀之入門後則見瑤草琪花迎風競放綵鳳仙鶴徜徉自得立身其間幾忘至尊之貴四海之大而欲終身居於是矣至中庭桂樹一枝高出雲霄蔭可數畝下有一人舉斧而伐之樹創隨伐隨合余曰伊何人胡為若是先生曰臣曾與陛下語陛下忘之歟此即因犯罪而貴令伐桂之吳剛也歷觀宮中房屋無不雕梁畫棟金碧輝煌白玉為欄黃金為檻行至假山前則見如白雪一欄堆於洞口余曰此即所謂月中白兔乎先生曰然行行復行行則見崇樓傑閣更勝於前宮人吹龍笙鳳笛之音舞女

作輕燕飛鴻之態。其在上座者。霞被雲裾。巖然王者。幾如當年武后之丰姿。余曰。彼為誰。先生曰。此即后羿之妻。竊不死之藥。而奔於月窟。所謂嫦娥者是也。余更思相傳月中有三足蟾。方欲一覩其形狀。而羅先生忽顧謂余曰。時已晚矣。陛下可以返矣。余方欲置答。頓覺一陣清風。身體從空而下。向之大道不復見。而已回至故處矣。定神思之。其真耶。其夢耶。如曰夢也。則固事在目中也。如曰真也。則已不見其處矣。

評 寫幻想如真。述寓意若無。是謂超妙。

迎窮文

穆長山

民國十一年秋九月朔。命僕貧兒。縛芻為馬。編紙為輿。載脂載舝。言抹其駒。往見窮神。而告之曰。聞子大名久矣。今不知駕何所止。特借駟馬。以駕輕車。楮帛三重。生芻一束。薦我馨香。迓君芳躅。子高辭富之風。我抱安貧之志。君其有意於來乎。鞠躬俯首。屏息聽命。視若弗見。聽若有聞。似有言者曰。趨炎附熱。俗情皆然。神為財喜。人所歡迎。至我之身。為世所憎。饑無所食。寒無所衣。詈予窮鬼。衆口一辭。揚子逐我。韓子送我。見惡於人。多歷年所。子獨來迎。毋乃非愚。主人應之曰。舜耕畎畝。說築傅巖。太公渭水。韓信淮陰。勞其筋骨。餓其體膚。非爾磨勵。焉得成名。又況韓非說難。虞卿著書。匡衡鑿壁。車胤囊螢。詩窮乃工。文窮乃精。運窮知修。智窮知勵。交窮知奮。途窮知返。如子所為。大有造於斯人也。不我遐棄。與子同歸。窮神乃囅然而笑曰。子真知我者乎。貧賄喪身。多財損智。閥閱家門。膏粱子弟。不織不耕。無聞無見。習近驕淫。情耽奢侈。不窮於境。必窮於才。既窮於才。必窮於境。與其終窮。不若始窮。子能居窮。可與言窮。主人唯唯而對曰。疏水曲肱。聖與汝居。簞瓢陋巷。賢與汝遊。獨善其身。隱者慕汝。益堅其志。達者愛汝。擁彗以待。願早以臨。毋金玉爾音。而有遐心。

評 摹送窮文頗形似

擬丐人與官人書

瞿光

某某縣長先生大鑒敬啟者人羣階級之分不過富貴貧賤而已夫富與貴是人之所欲也貧與賤是人之所惡也鈞是人也公為官人而僕為丐者不幾有天淵之別乎然僕竊思之其跡雖異其實則同何者官取錢于人也丐亦乞錢于人也其索錢同也丐欲多得錢官亦欲多得錢其貪得之心又同也然等乞也而丐之乞猶賢於官丐乞錢于白日官乞錢于昏夜丐之乞錢勿得則去官之乞錢勿得勿休且丐之乞實出于不得已藉圖一己衣食之需官之乞錢非有所必要徒留子孫揮霍之資竊高位而食國俸不知救國恤民專圖私利以填慾壑其無功於衆人亦何異于丐者乎道相同者志必相合故敢冒昧陳辭務希察納

無腸公子傳

唐正賢

公子澤國人不詳其姓字以其腹中無腸故人多呼之曰無腸公子公子有雄才精武藝善用兵日披甲冑仗戈矛橫行水中所向無敵故亦號橫行介士公子嘗曰拿破崙之橫行全歐也鐵木真之侵掠歐亞也不過竭一時之力作一人之威已耳彼子孫何有哉吾則以甲冑傳家戈矛遺後千載繩嗣亦足豪矣故其子孫之橫行亦若公子然當公子威力逼人之時見之者莫不卻步公子因更逞其威武施其兵戈日以截禾為事農人惡其不利於己也乃擺火龍之陣發鈎連之槍以誘公子公子誤蹈其機遂被執而烹之當其入鼎之時嘆曰吾一身英武百戰百勝而卒不免陷身湯鑊何哉其天之怒武人歟其子孫散處江湖間未知其詳姑不俱載吾憫公子之徒恃其勇也乃為之傳

評 善於形容

送秋燕文　薛樹芳

時值天高氣爽雲斂烟飛蕭瑟金風賓鴻欲至淒涼玉露玄鳥將歸古詩云秋燕已如客不其然乎猶憶夫燕之來也梅開南嶺草發東郊望山容兮如笑盼柳色兮欲狂振翮而長辭故國銜泥而重築新巢主人賀之曰汝之築巢猶人之建屋也及夫春光已老夏日初長產卵伏雛差池其羽子母相哺兒女成行看怡堂之樂無棲幕之虞有完卵之存無覆巢之禍亦主人之所愛護也曾幾何時炎氣消矣涼風至矣天地肅殺而為秋矣露瀼瀼兮如珠風冷冷兮入户玉剪寒兮未輕拋烏衣冷兮不可住燕乃攜雛而往舉室偕行吾人因愛燕之情殷遂當秋而送別其詞曰汝性喜暖汝心最靈隨其時而異其地可以止則止可以行則行恨吾身之無羽翼兮相隨海上以問津倏秋光之轉瞬兮春色又新待明年之再至兮囑付王孫

評　動乎天機筆意不俗

筆舌之爭　周之輔

民國九年秋周子出知言論縣筆與舌為邑之巨紳以爭權求判於予予聽訟焉舌曰某以三寸不爛蓋嘗折衝於白刃之間解兩國之難戰國之時勲名尤著蘇秦之說六國相如之勁澠池皆我之功也爾有何能敢與我相較筆曰吾亦嘗醫曹操之腦動武曌之心而通遠道之情寫兩地之思祖述賢哲以惠後之學者蓋非我莫能也爾特么麼小醜為禍於人者耳每以浸潤之譖膚受之愬惑聰明睿智之聽聞顏魯公方正學皆因汝致殺身之禍者尚不知退敢與我毛先生抗衡耶舌大怒曰爾獨無文字之獄乎推原其始有舌而後有言有言而後有文有文而後有筆汝因我而生者也今乃與我爭汝能使天下之人皆文乎如曰不能則其勢力終不我若也筆聞之猶欲有所辯予曰

筆在吾手舌在吾口公等碌碌因人成事者也有何勢力將命吏叱出之二人請曰公之審案公之判訟我二人與有力焉叱我二人公將何以為政予嘆曰作官之與巨紳有如此之關係歟乃判曰凡言論界內已往之記載未來之遺傳及與他地之外交耳目所不可得而及者為筆之勢力範圍其他屬舌即以文字為鴻溝不得或越一步於是二人退出其事乃寢

評 談笑風生詼諧欲絕

桑君傳

成桂林

桑君姓葉氏名樹功字少青其先台桑人也降生自箕星之精相傳黃帝時人少抱茂材性淡泊未嘗苟合于時以邀顯爵然亦非若石隱者流自甘與世無補嘗立志振興祖國實業與黃帝元妃先後發明育蠶法世始有以飼蠶而治絲迄今猶利賴之由來重女紅婦女欲採取桑君範本為應用材料桑君無不應其攀求報以青眼相傳商湯時旱七紀桑君以為憂與湯同禱雨林下大雨方數千里百姓咸稱頌之湯欲為胙土分茅弗受仍歸桑梓故里閭研究醫學所製救世眼藥水頗靈驗今方書多載之者家植奇異果樹不畏旱實纍纍可充饑四方傳種人以其得自桑君因名其果曰桑椹彼暇時每偕避世賢者相徜徉於十畝之園更賦詩以誌其盛或偶過故人居故人開軒迎之面場圃與把酒話舊亦極一時之樂繁華易謝之富貴場中則未嘗往焉年既邁體質尚堅實望之蒼顏健色猶現於眉間偕愉人民同娛暮景稱相得也無何國家下詔求材耳桑君材名徵車屢至桑君因慨然曰際此時艱孔亟需材亦殷迴非昔比余猶能終為在野人物而不顧國家緩急哉余雖自慚無棟樑抱負然猶堪效纖軀於殿庭之間縱刀鋸在前斧鉞在後復何畏耶既應徵往後果為國殉難而終謚曰剛方其後漆園吏復彰其姓氏以闡幽光因裔孫庚桑楚（按庚桑雙姓）為其門

下故為之誌不朽其皈依佛教之空桑子因與同宗曾為超度云其葬所史傳不一或云葬空桑山下亦未可信今其族世尚蕃衍居長江珠江兩流域者尤夥類通養蠶學當代實業巨子爭聘用之其一支自昔傳入歐洲以其家法為彼中闢利源竟反駕中土而上之桑君之餘蔭遠矣

野史氏曰國家培植人材原期致用乃浮華鮮實之士徒摛藻揚芬為媚世之具而專慕富貴者又祇以榮耀炫人耳目如是雖羣英萃起究與世奚補若桑君者獨為國家謀十年樹木百年樹人之大計非所謂能致用而不徒媚世者歟至其留心醫術尤與陸宣公活國活人之偉烈同光史籍矣或以其苗裔散入西土奪中邦利權為桑君病然玆豈桑君所能逆料哉桑君在天之靈茍念及祖國蠶業衰落難與西洋角勝諒亦為中土子孫三太息也

評　醉鄉毛穎之遺

孔方傳

程振庭

孔方不知何許人姓孔名方外圓乃其號也先世譜系失傳不得而詳說者謂其生於齊人莫之識自桓公始見用常藉之以出使遠方經營交易其後子孫避徙深山不與世接觸與黃石為伍治人逢之遂薦用於世性剛強不避艱險雖猛如燧人之炎威而亦履之不驚縱使出入險境亦不變其常態所謂涅之不緇磨之不磷者也世之見孔方者莫不敬之雖貴如王侯猛若霸伯見之無不悅服間有志太節高不屑諂求者無不潦倒終其身如孔子之阨於陳蔡顏子之困於陋巷皆與孔方落落不相合之故也可知孔方所至之地暖然以春所去之地凄然以秋從之者生違之者死國富也民強也孰不賴孔方之力哉埃及之亡也以無孔方朝鮮之亡也以無孔方即中國之衰弱不振也亦以無孔方惟其無孔方故土地雖大而不能經營出產雖多而不能製造以致疆圻日促外貨

充盈而無法挽回孔方之力不大於戰士良相哉顧吾不能無感焉世之趨炎附勢諂貴凌貧者以孔方為最甚瑜不掩瑕斯則不能不為孔方惜也

評 造句均暢適意亦新奇

討豫匪檄

劉世雲

河南匪首老洋人者性同虺蝎行甚野蠻嘗充趙倜之走卒近侍黨羽以横行擾亂中州不堪言狀人民之苦慘逾饑荒雖經官軍之征伐而猶任意以猖狂要索中央之十萬始肯釋衆以安邦大豎檢閱之帥旗逞彼三萬之豪强出沒晉省之邊境公然豫省為私鄉不畏官軍之討伐不顧國家之存亡其擄掠財物也强如虎豹奸淫婦女也猛似豺狼以此横暴誰不恨之如是蹂躪誰能忍之況豫省今為中國之要地匪徒猖獗如斯能不急起廓清以安豫省之人民以奠國家之基礎耶爰整精卒以殄匪類南合越皖西聯秦襄北假齊晉之兵力東調吳楚之駐防合隊進剿剷除羣醜既可收效於今日亦足昭戒於將來茲者傳檄全國聯兵各省陳師鞠旅僇力同心梟彼逆賊之首懲其猖獗之行

評 布局謹嚴遣詞整飭

日之自述

劉駿生

吾出於東隅沒之桑榆光明照耀乎世界高山峻嶺長江大河無所不被吾懸於天空形若銅盤人見之謂吾曰日微吾之力則晝夜不分寒暑失序人物禽獸亦將共滅而俱亡矣乃世不察謂為夏日可畏忘大德而責小疵亦何世人之識深耶噫

蝇之自述

鮑哲謀

天壤間有一大礙衛生之人其人為誰即我是也我身短小頭紅色有六足兩翅飛行輕疾往往聚集於污穢之處人皆名我曰蠅我生於夏初而死於秋末繁殖之易化生之多俱非他人所能及也我之性與凡人異每喜居惡臭中某日余飛於室中覓食見一人憩息其中頭有疤痕我即就焉吃吸其上少頃某人覺痛呼其弟捉之傷吾同輩十餘人並勸告各地籌設捕蠅團或以捕蠅器捕我竟欲使吾絕跡然後快我以小蟲無知識每入其彀中吾有時或僥倖而不死吾乃退而思曰人喜清潔遠惡臭獨我則反是此吾之所以見逐於人類歟

討蠅檄（仿討武曌檄）

陳不才

逐臭黨蒼蠅者質本蛆蟲地實卑污初時廁所潛踪曾以蠕動自娛及經數日一再化生皺縮為蛹之身變就翔空之翅形成棍棒紛飛好似蚊攢性最貪婪吮吸有如狼毒鼓簧翼於枕畔驚好夢於南柯加以妒忌為心譖讒是事呼朋引類止棘止樊構我二人交亂四國詩人之所興刺君子之所同仇況復到處垂涎傳布病毒旨甘飲食產卵以潛滋潔白衣裳留污而不去鳴乎青障紗之不作紅拂綠之已亡蚊聚高郵剝人膚而攢食蟻穿窟穴撼大樹以漂搖鄙人疾惡如仇志懷霜雪痛自由之身體遭暗殺之奇冤郢都蒼鷹之名良有以也管仲酖毒之喻豈圖然哉是用氣憤風雲志全幸福因人民之趨向順社會之推心爰舉義旗以清醜類南迤錦障北阻紗幮紅豆輕拋青萍妙舞安排鈎餌誘入玻璃之牢籠隨意指揮悉聽笑談之麈拂羽扇搖而孟婆出蒲葵舉而大塊興閒風即徒黨披靡觸處則身軀滑倒以此祛害何害不除以此圖功何功不克公等或立廟朝或處草莽或因讒害而見疑或受污染而致病害猶未已恨豈忘心侵畧之策因工饞毒之流滋甚倘能誅羣滅類惠後報先共立不世之勳雪我同胞之恨凡茲功烈定徧寰區若其同乎流俗合乎污世坐失

有為之會必貽無限之憂請看蠢動之蛆蟲悉是蒼蠅之遺育

【評】此生年僅弱冠文氣浩蕩至此實可驚人勉之望之

讀丘八爺傳（仿讀孟嘗君傳）

吳承志

人皆謂丘八爺能衛國國以故仰之而思賴其力以存于競爭之世嗟乎丘八爺特土匪草寇之雄耳烏足以言衛國不然萬千之眾衛一國焉宜可以東面而制夷尚貽土匪草寇之譏哉土匪草寇之同其流此國之所以難衛也

通啓類

邀友人賞牡丹啟

張寄生

啟者。楊柳堤邊。鶯猶喚友。桃花林畔。鳥亦呼朋。值此暮春。儘多游賞。牡丹初放。嫩蕚齊含。粉雪千層殷紅一色。標來麗質。壓倒羣英。旣默默以臨風。亦盈盈而照水。美人一捻。印脂粉而生痕。學士三章拂花箋而染翰。樂事賞心。由來尚已。僕以書齋孤寂。獨坐寡歡。 足下清標餐英。采秀特置。醅酒兩樽。願對花王。一飲或吟詩。或鼓琴。惠然肯來。興當不淺。眠琴綠陰。掃徑以待。某謹啟

評 雅興遄飛。詞調自然流麗。小箋斷推逸品

募賑寒衣冬米啟

陳光運

啟者。霏霏雨雪。愁聽中澤之鴻。烈烈風霜。忍見驚寒之雁。哀此窮民。嗷嗷待哺。慘慘堪憐。此寒衣冬米急振之所以不能已也。鄙人目擊心傷。手長袖短。庸是沿門托鉢。代爲哀告。乞求仁人。廣爲布施。分輕裘旨酒之費。爲寒衣冬米之貲。賴諸公合力贊襄。仿各處善堂成例。川流雖細。積之可成江海之深。土壤雖微。聚之可致泰山之大。諸君不乏熱心。毅力務希集腋成裘。共襄是舉。早渡衆生。倘荷各解腰纏。踴躍助賑。十金百金。固稱豪舉。三番五番。亦所歡迎。實際上貧民受恩。匪淺慈善。上諸君獲德良多。敢竭鄙誠。恭疏短引。不莊不備。伏維

亮察。

評 大體合度

中秋節月夜邀友人賞桂小啟　馬健飛

霜澄天潔，雲淨風寒，皎潔冰壺，光浮大地，於焉滿卮濁酒，對影成三，老圃徘徊，頻敲佳句，此客冬朔夜與君賞月當頭之景也，今也十分明月，一半秋過，葉底枝頭，清芬挹我，根同鷲嶺，種植蟾宮，訪泛渚之袁宏，懷登樓之庾亮，屆時話舊，倚欄問吳剛之韻事，木樨影裏，醉譜霓裳，人在廣寒，時非天寶，吾子達者，諒早玉臨，僕當呼僮掃徑，翹首以待，某啟

評 秀色可餐

約友人重九登高啟　劉駿生

別後分飛，倏經數月，雲收夏色，樹動秋聲，斯時也，正當橘綠橙黃之候，蘆白楓赤之秋，草木方殘，黃花可就，清霜下降，紅葉紛披，長房有術，相桓景之佩囊，孫盛能文，笑孟嘉之落帽，時維九月，節屆重陽，正可於時插茱萸，泛菊酒，相與登高，效法古人也，重巒疊嶂，空氣新鮮，雲斂天高，秋氣清爽，時則丹桂飄香，周旋鼻際，白蓼逐水，曲盡縈迴，心悠悠以長往，身飄飄而欲仙，古井之水，汲以轆轤，隔牆之山，入我几席，煙霞供其遐矚，山水恣其幽尋，此景此情，描想可得，樂莫樂於此矣，足下素有陶風，至期造訪，當不我棄也，某謹啟

評 工整

哀祭類

送春文

王養源

美矣哉春日之景也綠柳藏煙紅桃帶雨呢喃燕語婉囀鶯歌此非春日之佳景乎吾人際此佳景徘徊欣賞庶無負於春光誠以春為一歲之首非他季所可比草木萌動萬物向榮人宜寶貴之時也不意春景不常暫時來匆匆又去春乎春乎怳兮忽兮我未得相與徘徊兮誠有負於汝兮嗟日月之不吾與兮竟作無謂之耗過兮汝其知我有感於汝兮而汝亦當有感於吾也已矣哉人事倏其有代謝兮春與秋其不違秋風起兮秋葉飛春花落兮春日歸春日遲遲猶可至青年一去不復回

評 一筆寫來妙無痕迹

擬亡師友懷哀詞

羅斯喜

丁師友懷相月南來數教新棠擅長英算道德尤高詎造物忌才良師遽逝乃為哀詞云嗚呼先生南來兮教育新棠授我英語兮字字有方疑難求問兮笑為我匡訓詞懇切兮冀我升堂天道不仁兮病魔在牀哲人凋萎兮噩耗驚慌小子銜哀兮痛失慈航豈厭塵世兮樂遊仙鄉抑憂世亂兮地下安祥椿萱在堂兮奉養失望雁羣未散兮胡忍離行與世長辭兮夙願未償白沙黃草兮孤墳在岡猿啼鶴唳兮無限淒涼師不我留兮五內皇皇悲哉前途兮誰為我昌滴淚和墨兮作此哀章

評 麤有規模

贊頌類

題同學梅君占春縮臨胡安定先生肖像　陳不才

我來淮東。在公之宮。兩齋宛在。祠宇尊崇。泰山作枕。湖水西通。山高水遠。先生之風。登祠一拜。如見我公。矧瞻斯像。肅肅雍雍。峩冠博帶。磐闊如通。嗟予小子。瞻拜何窮。匪先生之面目驚人於無窮。實先生之教澤與日月而長終。宜乎同學梅君之畫。儼奪造化之工也。

評　著墨不多語頗警闢

百花生日祝辭　陳不才

節近三三。寒消九九。屆此花朝。應爲花壽。稽首有葵。折腰有柳。菊婢梅妻。桐孫橘叟。躋躋花叢。或前或後。僕本多情。良辰不負。焚以蘭膏。酌以桂酒。紅葉朝題。綠章夜奏。祝爾年年。朱顏不朽。一笑問花。羣芳知否。

評　靈活可愛

歲寒三友贊 并引　唐正賢

歲云寒矣。三友獨存。落落超羣。寥寥絕俗。以視范蠡、張翰、陸龜蒙之稱三高。嚴光、周黨、王霸之號三逸。其氣概大畧相似。雖迹沽名。而非尋常儕輩所可及。爰爲之贊。

贊曰。嗟爾三友。舄藏爾形。豈惡諧俗。用表厥靈。鳳凰戾止。集於帝庭。噭然即足。百鳥咸屏。非思銜鶩

惟德是馨凌寒避熱鼎立垂型
意高而正筆精且妙

全國中學
國文成績

學生新文庫 乙編

辭賦類

食解

趙克家

趙在田肉食四十餘年而易以蔬以乳卵旣稘客有叩之者曰子佞佛乎曰三寶首慈一貫惟仁聃丘弘化囿畜龜麟與物無忤奚必世尊抑吾將二乘之總持又何有於五戒之存曰子崇儉乎曰脫粟而食歲餕一臠奢故有限秋菘春韭必時必鮮儉亦未然曰子養生乎曰全生之旨具於蒙莊庖丁游刃善刀而藏朵頤之細補伐豪芒即自方技術進神仙說昌輪物六府較權計量無肉人瘦厥誼彰彰誅丹餌於芻豢毋夷我於牛羊曰然則子之異膳必有說矣說而或誣罰以一餔余旣腊嫠野之豬鱠淞水之鱸剖瀛壖之蛤臙涇渚之兔溫醇醪以相待速過余而嚼諸子之說安在乎曰客請安坐吾告客矣客亦見夫大地羣生之紛紛相獵乎弱者之肉强者噬之弱者之血强者啜之弱者之皮强者襲之人强於獸一殺空並人强於人一屠空邑强復有强呑噬離遝無施與可論無是非可執惟强弱之是衡各隱忍而安帖隨溫肅以遷流聽陰陽之調燮惟然客亦思所以度之乎夫屠宰之夫拳輕於毆姥懿孝之婦手重於靳鮒習其素也一封之霸不臨御庖廚五尺之豎不眂割雞鶩愼殺氣之曙也予輿言教親親首務墨氏行義別愛所惡一泥於序而不會其通一覩於說而不明其故吾見瓊筵一飮殺興飛舉辛韲一箸太和隱寓思於七相之微末銷夫宇宙之刀鋸民物一視惻隱同具以叙彝倫庶幾無斁匇广子之言未旣客遽起曰甚矣子之說之詭矣子不肉食曰

止殺機然而朝刼駒犢之髓暮竊禽鳥之子如子所為不益戕天倪矣乎曰客請毋躁吾說未竟原
夫玄黃血戰庶孽滋萌跂行喙息不齊其形雌雄飲啄乃一其情怯者蠕蠕狼者獰獰鷙者鬱鬱喧
者謷謷偶者戀戀孑者嬛嬛相齧者蠱自蝕者蜒獨據者鼇蕃生者螟蜉蝣一撮交鬪俄頃坤輿八
極狼籍羶腥優劣勝負同服天刑棄智絕聖孰正性命剖斗折衡物益相傾亂絲不斬世終不平不
殀不卵是日儲殺非治之盛資始資生是曰孕災豈物之幸天地大德在旣流形必遂其性必終其
齡未出玄牝曷貴寧馨世情倒錯哭送歡迎怖死之慘忘生之瞢髑髏南面苦海一經爭源不塞灩
灩盈盈殺種不絕榛榛菁菁生生之門重閉嚴扃寥寂玄冥宇乃廓清明達曰厭世吾實好生晉儒
曰異端吾謂道正吾之飲酪吞卵正以恤馬牛箠撻之楚而懼雛鷇嚶嚶之成曰如子所言宜啖墜
果青青之植非生而何曰客之辯微矣然而草昧甫啓人事猶拙能化草木之材成肥腯之質未能
搏水土之精代芬芳之實指斷一莖手宰一鱗同一刀俎慘舒異轍擷彼英秀資我生活以小易大
是亦仁術曰然則鳥獸之自殪者不可食乎曰非鼉非鳶臭腐必蠲且夫落羽浮鱗無非道殣豺祭
鷹貯是為虎餘吾何敢留一念之饕餮巧國氏之盜竊或售饔人之欺將益慘生靈之殺哉曰留髡
於筵珍錯滿前曾不動指流涎乎曰不強於人不職於鬼放下屠刀一誠無僞嫠婦心死不知情愛
曰牲滑不登新穀旣升子之體無所病乎曰麤麥雜黍月飯三餔亦米白鹽歲十五斛胥分執筆有
力如虎日以子之誼推之九服此戒封礫彼麋獵逐將見鳥獸蹄迒之迹交於原陸子復有說乎曰
塒棲阿寢不畜不蕃叢集濠游莽莽天囿皋燐肝血聽之渾元抑吾無馴服獅象之能敢失戰勝猛
毒之算麟鳳列冠帶之倫梟獍罝誅戮之典非種必鋤害羣必翦除之務盡毋使滋蔓顧吾於此深
悲其遇之不幸不甘其味之厚腆曰余無以難子矣雖然其道大觳其行難為可以為教乎曰客無

處矣蓋吾自行之徑至仄而引人於康莊也吾自處之地至僻而躋人於堂皇也吾亦手肉以祭而以餕少長吾亦美食以養而以須扶相吾亦合語以讌而以差直諒人饔卹廚吾飯禪堂人咀膾炙吾雋椒薑吾自懼道之不寸而魔之逾丈是用摘猗斂羹節制豆觴吾所望於人者毋蛇心而佛口寧腹臭而行香毋喉甯飴甘而神明荼苦毋道路藜藿而家室膏粱與天爭勝毋與物爭强以舌爭理毋以械爭王羣致力於道器發天地之秘藏增羣生之福祉造文化之義皇期於六合之間無陷不平有生必暢志焉力赴公爾私忘人負其責各效所長山原緜緜瀛海泱泱庶幾實現華胥之鄉是卽吾之鉅子大造之賢相故能從吾游者不在食吾食在行食之意也客躍然起辭趙在田而歸徹筵更饌矣終身不殺以告其同儕同儕奉戒或四篋而三茹或十日而一齋趙在田聞之色然喜曰與吾者不必食吾食食吾食固力行吾食之意也

評 辭與意會情韻鏗鏘匹揚之解嘲韓之進學矣佩服佩服

秋夜讀書賦 以秋夜清涼正好讀書爲韻

王天任

雞窗人靜鴛瓦星稠涼生砌畔韻澈樓頭逺矚兮氣清河漢高吟兮爽撲溪洲棐積芸編光耀一燈之火庭搖桂影聲傳千里之秋　有歐陽子者值夜色之微茫與秋光而上下秋氣悽涼秋容激射於秋景則慄冽滿山秋風則蕭條入舍登高作賦未抒逸興于三秋發篋陳符好逞雄心于五夜是書攤半案讀到三更寒檠瑟瑟莊誦聲聲初披經而講貫又倚檻而論評無須光借秋螢千重簡積不覺聲迷秋雁一盞燈清　秋容悽惻夜色蒼茫星河皎潔蘭桂芬芳簾外則朦朧月色窗間則錯落螢光卷軸紛陳鼓篋盡三條之炬牙籤甫啓揮毫添一味之涼　猶憶夫冷氣未來暑光猶競瀟灑竹深參差荷淨抛書兮午夢甚長倦讀兮日曛方盛欣占榕陰于古苑候紀乘涼孰嘗蔗味于

文林情殷就正　無何而熱氣漸收風光易老庭外暑殘簾前涼早旣秋影之當窗忽秋聲之載道書聲悠遠樹間之泙湃何因夜色蒼茫燈下之研摩恰好　梧樹流香桂枝散馥月影明窗火光照牘攤黃卷而研求對青燈而往復留得一篇鉅製不盡流連聽來四壁愁聲工于伴讀　迨夫文章腹滿經史胸舒身藏千卷才富五車見功修之不淺知吟誦之非虛追他時吐氣揚眉旋占捧檄看此日焚膏繼晷不倦披書

評　磬澈鈴圓猶有前賢風度

中秋夜月賦

葉英翰

蕭瑟西風葉落丹楓朦朧夜色冰魄當空眺千里之極目望碧宇之無窮俄而微雲盡徹宿雨齊收一輪乍滿頓現晶球桂子發而香飄月兔圓而更幽皎皎清輝映及九州融融皓魄照盡書樓倚欄干而憑眺望蟾蜍而心悠其或旅舍青燈歸鄉心起江湖垂老悲增馬齒戍塞外之征夫兮歎關山之萬里處天涯以懷人兮徒相思其何已別有長門獨處恨玉鏡之高懸傷春院落悵韶華之易遷愁多似縷心亂如煎感人事之不齊慨今宵之月娟無何黑雲漸蔽清光不揚曾良夜之幾何訝天宇之靡常院深風靜桂益芬香玉露徐下蟲聲凄涼獨坐無聊爰寓意而賦章

評　得古意不染塵氛

賀新婚辭 并序

黃元錤

某君選於壬戌夏曆仲冬月二十一日吉旦與某女士行嘉禮 元錤 遊學吳門不克登堂道喜爰綴辭以賀之辭曰

洞房安排於良辰兮三星在天樺燭輝煌此吉席兮兩美比肩伯鸞孟光難專美兮合卺開筵鴛鴦

鳳凰應生姤兮花好月圓紅絲牽得雙影早摯情戀愛兮百年偕老人間樂事勝天上琴調瑟叶兮永以為好欲結如意果先放自由花寧爾父母兮宜爾室家

評 如人人意中所欲言能莊而不佻故佳

詩詞類

詠歲寒三友　羅端伯

霜雪交侵老氣橫大夫閱歷豈心驚三冬猶復凌寒立多少奇葩莫與京

綠竹猗猗古訓昭虛心多節出塵囂容儀矯矯稱君子不畏風霜獨自翹

玉骨冰肌度宛然孤山高隱似天仙梅妻風韻今猶在數點春心色更嫣

留別胡慕韓君　羅端伯

才高志遠獨英奇自恨無緣相識遲一夕談心傾肺腑幾回握手品詩詞聯牀風雨堪稱樂半樹煙雲常寄思為訪江南文物美當然吐氣更揚眉

詠史伍子胥渡江　王應周

逃楚奔吳日將軍志不窮大江千頃濶彼岸一篙通浪湧蘆花月人思麥飯風祗餘三尺劍聊解贈漁翁

歲暮簡袁子春龢　王應周

梅樹暗香霏春歸客未歸為耽新歲樂多與故人違堂北承金寵燈前憶玉徽晤期常屈指應在杏花飛

冬夜偶成　陸盛賢

夜靜漏方長清光照我牀嫦娥不相識何事入空房

詠古二首　陸盛賢

誼屬宗親不可行籲天呼地出哀情汨羅懷石留長恨心跡瀟湘一樣清　屈原

梅花千樹壯揚州半壁江山蟋蟀秋公是全身文信國鞠躬盡瘁死方休　史可法

戲贈　陸盛賢

客途我是驚弓鳥飄泊卿如楊白花莫奏鳳笙傳綺語團圞明月自天涯

送素生至吳門　陸盛賢

送君吳地去先問幾時歸夢約西窗雨春生南國衣薄遊寧得已壯士見應稀無限相思意秋風逐雁飛

贈悲庵　陸盛賢

元髮將蒼鬢漸星勞勞奔走短長亭囊琴調古聲還烈匣劍芒寒血尚腥亂後江山多涕淚夢中鄉國半飄零澆殘塊壘床頭酒恨煞衣衿一領青

暮春即事　陸盛賢

韶光三月入江城草長鶯飛滿眼睛舊夢都成流水恨新詩半是落花情曲欄風靜茶聲熟孤館香霏客思清閒煞老夫無別事日長睡起一編橫

柳花　陸盛賢

江頭一抹翠烟籠黃蕊休教雀啅空來折底因牽別恨乍開先已怨春風金城淡鎖斜陽外白下香搓野店中獨有幽人情思嬾簾前捉搦任兒童

楊花　陸盛賢

如雪如花辨未真酒帘斜處落紛紛五谿別夢隨明月六代閒情付曉雲紫陌鵑啼風乍緊翠樓人
倚日初曛臨池莫笑無才思白也飄然自不羣

門神　陸盛賢

神荼鬱壘舊知名呵護頻渠歲一更遷轉紛紛殘臘信門庭戀戀故人情飽經霜雪鬚眉改徧閱炎
涼意氣平萬里玉關垂老返何如鍵戶作書生

紙鳶　陸盛賢

何處哀箏響碧空長繩搖曳綠楊東千羣飛舞爭晴日一紙吹噓借暖風隴上幻形驚燕雀春來輿
會讓兒童圖南幾輩能如願枉惹鄉心二月中

夕陽　陸盛賢

車輪竟日卷回環送客餘暉尚未慳紅影半帆明極浦黃雲一抹帶遙山齊梁金粉垂楊外秦漢碑
銘蔓草間寫入鷺鷥應不盡臨風指點暮鴉還

春閨怨　陸盛賢

滿堦花影月當午半捲珠簾人未眠明日春風去何處啼紅怨綠自年年

遊怡園題壁　陸盛賢

修竹有清音園荒白日靜風動青萍開游魚唼花影

琅山望海樓　陸盛賢

日暮山氣清江上帆飛急白鶴一聲聲人向松間立

無題兩首　陸盛賢

迢遞銀河空復情碧雲飛去度銀笙分明昨夜瑤臺見輕嗽何曾認得聲

簾開玉女捧瓊杯琬液雲漿潑雪醅欲語佯羞迴半面却嗔嬰毋喚人來

萍　陸盛賢

乍點征衫已斷魂又隨秋水託情根春風無賴霜花妬辜負東皇一片恩

秋夜　陸盛賢

堦前落葉一聲乾槭槭秋風作夜寒蟬抱梧桐蟲怨露有人無語倚闌干

醉醒作　陸盛賢

欲從黃石問兵書使酒悲歌氣未除枕畔龍泉中夜動秋風有夢斬單于

秋夜　陸盛賢

梧桐葉葉打紗窗酒灌愁城未易降何處笛聲吹月沒一痕殘夢落秋江

秋草二首　陸盛賢

葳蕤拂地起涼風飄泊江干夕照中未老顏容羞對菊不根身世歎飛蓬一生枯朽原無定六代繁華總是空誰具凌霜堅忍性苦心常耐蓼花紅

秋風又感楚江蘺數徧階黃入閏奇彭澤歸來蕪寸土文通才盡泣芳時大招屈子縈魂夢垂老王孫繫別離霜信年年終厄我生機空為隔春思

言志歌　陳經國

君不見陳東血書陳丹墀凜凜忠誠天地悲又不見信國臨危能仗節正氣磅礴貫日月舍生取義

先哲欽為國捐軀志尤烈焚膏繼晷學為何欲明大義將恥雪如牛如馬隸黃魂七尺昂藏存寧滅神聖冑我少年愛國甚愛身踈狂歌一曲痛彼[illegible]視皆強秦家產妻奴安足重錦繡山河為掌珍國事蜩螗不努力聖賢命脈化煙塵披荊暴露思昔日安忍帖耳附比鄰神聖冑我少年狂瀾已倒誰砥柱抖擻精神固吾圉

勵志　陳經國

鵬與鷃飛衝天雁和鴟遶籬邊蛟龍雲際躍犬豕地中眠賢聖馨香祝貞忠簡冊傳千磨非鈍劍萬選在青錢乘風破巨浪請纓滌腥膻痛時陶運甓報國祖揚鞭岳王志殲敵荊卿心存燕擊秦飲博浪降御服澶淵幕南為灰燼燕然絕火煙英雄雪國恥歌凱始言還

遊岳墩　王興漢

故壘巍然踞一州荒城落日使人愁忠魂永附青山在奸像翻遺白石羞南宋君臣無片土先生俎豆自千秋而今胡騎縱横甚誰洗中原九世仇

武穆遺徽何處尋高山景仰氣蕭森崚崚石襯牛羊迹獵獵風疑鼓角音五國恨遺黃種恥十年空負老臣心荒臺遙對睢陽廟一樣教人淚滿襟

春夜　趙克家

月搖花影房櫳靜風送簫聲歌管來凝煞閨中小兒女畫橋闌畔獨徘徊

春雨　趙克家

簾影搖青長碧苔連天芳雨壓塵埃一雙遊屐來還去半畝殘花落更開鶯喚翠樓人影寂鵑啼金谷鳥聲哀東風容易吹春老況復流光暗裏催

春遊

趙克家

長醉春光莫閉關。踏青占得半生閒。碧桃和露嬌西子。綠柳含煙舞小蠻。鶯逐老紅何僕僕。鷗隨流水自閒閒。勸君有酒須行樂。從古原無藥駐顏。

蝶戀花（落花）

趙克家

鵑淚灑紅原上草。雨打風摧。更被童兒蹈。飛遍玉階人不曉。誰將零落殘紅掃。蝴蝶不知春已老。輕逐東風。飛向長安道。花謝花開時不了。青絲白髮人多少。

桃花和老松

李也止

紅酣了的桃花
笑著說，「老松！老松！
你看我多美麗！
人人都注視我，
來和我談話，
來和我結情，
雖是折去我的肢體
也是願意的！
也是快樂的！
那像你這樣的委頓，
這樣的呆板，

不怪沒人搭你.
你看我何等榮耀!」
老松端端的不作一語,
依然莊莊重重的過他的生活.

※ ※ ※ ※ ※ ※

春暮了,
驕傲的桃花已經落盡他的殘英.
誰也不去睬他了.
這時回顧後凋的老松:
卻笑嘻嘻的很和愛
依舊擴充他的枝葉.

我願

李也止

我願電閃照破人心,
恢復本來的模樣,
及他秋水寒潭一樣的空明

※ ※ ※ ※ ※ ※

我願把人間的心,
個個用新鮮的雨洗淨污穢,

現出他本來火樣的紅色

閨中月　　唐正賢

郎今久不歸妾夢為顛倒卧坐起空牀明月推窗照

步月　　唐正賢

皎月東城上攜尊向故園露華凝草徑竹影印苔痕簷馬鳴高閣山鐘響石門漁舟三兩艇隨雁過前村

中秋月　　唐正賢

從棹曲江頭美人如風發歌清似水清無負揚州月

護花籬　　閔彩錦

築起矮籬笆

籬笆好護花；

花枝招展！

玉立輕華！

恐被狂風妒雨，

吹打得東飄西撒！

我怕你命薄真如花

我憐你吹撒滿天涯！

哈哈！

我親愛的花；

我願作一个『護花使者』

春晚偶成　成禎

微煙淡月欲黃昏庭院沈沈靜掩門芳草萋迷春不管天涯愁煞楚王孫

雨後　成禎

青山一抹淡無痕溪漲波平樹沒根也有助儂吟興處芭蕉添蔭竹添孫

曉起　成禎

一枕遊仙鳥語驚海霞紅捧日輪明村居畢竟閒人少纔放雞豚又課耕

秋夜偶成　成禎

蟲聲唧唧一庭中豆耿吟燈燼落紅一種凄涼聽不得夜深風雨打梧桐

雨過　成禎

雨過盆池澈底清游魚唼水暗聞聲相看最得閒中趣倦我江湖十載情

留別　成禎

一別不知年天涯路幾千亂山殘照裏孤客正揚鞭

有感 集杜工部句　成禎

萬里悲秋常作客天涯涕淚一身遙卽今飄泊干戈際人事音書漫寂寥

陸郎橋晚眺　黃泰明

十里清溪古道長河干閒眺立斜陽行人不管當年事誰向荒橋弔陸郎

思家　黃泰明

咫尺天涯別恨長清明作客抵端陽思家祇為離家久竟把家鄉作異鄉

感時　黃泰明

莫向人前話短長只因世態太炎涼如今大局何堪問同室操戈祇自戕

蘆絮　黃泰明

遥望洲前一白肥輕盈似雪滿天飛晚來歷亂隨風舞散入江村罨夕暉

評　作詩以情景曲盡為貴數作已得詩骨不同率爾操觚

秋日遊姑山　葉英翰

蕭瑟西風冷翠微天高氣爽麗晴暉征鴻一陣蘆花岸野菊千叢竹樹圍池浸殘荷清見底梧飛敗葉影初稀風光一片秋江景攜手閒遊日暮歸

月夜遊福州西湖　葉英翰

氷輪斜照白如銀湖上清遊玉漏頻如此風光如此夜居然我是不羈人

西湖晚望　葉英翰

如畫西湖意適然山光水色接長天荷香漾碧依楹檻柳影圍青罩霧煙十里亭臺紛雅唱一溪藻荇妙清妍行行又至六橋地畫舫頻來恍侶仙

中秋賞月有感　葉英翰

清光皓潔隔塵埃永夜何人共作陪小圃寒英滋玉露明庭敗柳敞風臺有時夜鵲驚移宿無並天香暗裏開朋輩無端孤此夕山陽淒唱不勝哀

秋日

葉英翰

颯颯西風百尺嵐，茜窗聚首快清談。蓴鱸鄉思因時起，無那征人更不堪。

年假憶友人

毛如一

天南地北暫離羣，小別經冬倍憶君。寄語光陰須愛惜，寒窗剪燭幾論文。

美君風度自翩翩，江左才華重少年。小鳥也堪嘖鳳舞，嚶鳴求友結塵緣。

風霜撲面氣尤涼，餞別長亭各一方。縱使長江南北限，雁傳消息度瀟湘。

省親旋里快無窮，弟妹欣逢笑語通。遙想故人歸短棹，庭闈樂趣一般同。

光波

蔡陟岡

晴明的日光

斜射在微波蕩漾的水面上;

萬點金光

閃爍耀目,

愈顯得這幅天然畫;

神秘無窮,

美麗可愛

我的眼睛看得花了,

我的心靈也一般的忐忑動搖.

光波也漸漸移動了.

○○○○

光波呀,

可愛的光波呀!

求你給些光我,

來照澈我的靈

求你給些波我

來滌蕩我的心靈

○○○○

日光漫漫的向西去了,

遠了,
我望不見了,
可是我心靈仍忐忑動搖.

○ ○ ○ ○ ○ ○

光波呀,
可愛的光波呀!
你隨着日光去了,
叫我的心靈怎樣?

詠史

姜沛

六王畢後逞雄才新築長城萬里開狙擊有椎來博浪（本作平聲通去聲）長生無藥問蓬萊曾傳王翦頻陽老不見扶蘇塞上回遺璧鎬池先奪魄輼輬車閉更誰哀　秦

芒碭（本作平聲通去聲）雲深起赤龍斬蛇亭長是英雄入關雖約三章法定策還推四皓功一代勳名蕭相國百年儀制叔孫通淮陰已戮梁王醢辟穀留侯獨令終　漢

漢武雄心奄八荒邛枝賨布盡來王貳師天馬通西極傾國佳人出北方未見班聯尊汲黯但傳刀筆任張湯公卿何用明經術卜式原來是牧羊　漢

赤伏符興四七辰先收三輔次平津雲臺勳業推馮異儒將風流讓祭遵司隸停觀光故物烏桓遠遁陋和親攀鱗附翼多賢佐尚有羊裘釣富春　東漢

咸熙易祚鼎初遷江左旋開典午天可記撫床來衛瓘誰教部長立劉淵戎衣執蓋無家日樽酒聞

蛙棄國年流涕新亭風景異銅駝荊棘總堪憐　晋

虎步龍行啓壯圖瑯琊遜位在丹徒葛燈儉素藏陰室耕具艱難憶故都閫外枉收檀道濟宮中誰勑阮佃夫蕭公自領揚州牧九錫殊榮似寄奴　宋

芳樂園開碧䕯秋至尊屠販善持籌爭看步底蓮花湧偏愛堂前楊柳裀趙鬼賦成營玉壽荊州兵到鈌金甌秣陵千騎如雲集猶向宮中拜蔣侯　齊

英武原推撥亂才偏耽淨業更嫌猜納亡𠢴自河南啓捲土疆非塞北開只願身從同泰捨那知軍向壽陽來可憐荷荷聲方再度我先登般若臺　梁

寶帳秦淮十里遮臨風高閣接煙霞擘箋狎客推江令踏月嫦娥號麗華曾聽後庭歌玉樹還看複道響金車琵琶莫奏無愁曲辱井胭脂怨落花　陳

夾岸垂楊踠萬條龍舟好趁廣陵潮錦颿舊載三千女明月新題廿四橋香靄迷樓陳鳳瑟春歸綺觀引瓊簫君王但戀揚州樂忘却汾陽鐵騎驕　隋

臨危制變冠羣英一劍功成定太平特詔中書求直諫盡屯宿衛罷長征文章廣集瀛洲彥王會爭傳東謝名蓋世雄才勤武略征遼三次亦窮兵　唐

臺閣名臣佐郡行開元初政本精明自耽馬上傾城色頻召關中動地兵失律誰教寬阿犖勤王從未識真卿傷心蜀道鑾輿去一曲淋鈴帶雨聲　唐

紫霧紅光夾馬營黃袍著處奠神京奎星已聚文章府杯酒旋收藩鎮兵但遣全斌征廣蜀不教李漢取燕幷綢繆金匱遺盟密斫地誰聞玉斧聲　宋

錯認杭州作汴梁趙家南渡駐錢塘朝中獨決和戎策閫外空陳克敵方千里干戈來白雁百年歌

舞換紅羊六陵誰弔冬青樹慟哭西臺淚萬行　南宋

評 歷代興亡感慨係之讀義山詠史之篇下子美哀時之淚矣

江行　彭莊舉

紅蓼蒼葭引望長時隨遠水接秋光江楓葉少初分影塞雁聲多漸作行人帶斷煙歸古道帆迴寒郭送斜陽行來默默渾無事欲問江流為底忙

遊桂嶺飛泉寺　彭莊舉

課暇聊為方外遊磋磯石徑曲通幽雲山寂歷空終古草木蕭疏盡向秋野鶴忘機驚不起寺僧無俗話堪投逍遙散處知何寄一片鐘聲天外浮

齋居　彭莊舉

不管烏飛兎走忙柴門晝掩自徜徉閒于野鶴應三倍瘦與梅花恰一雙寄意不妨詩滿壁放懷何必酒盈缸虛齋漫謂無酬對花滿閒庭竹滿窗

夜起　彭莊舉

落葉送秋聲驚催薄夢醒半牀餘淡月小犬吠寒星心與孤燈寂蛩兼塞雁聽料知茅店裏多少旅魂驚

秋日偶作　彭莊舉

秋入詩懷壯微吟不可支寒蟬哀暮咽落葉醮煙遲顧影憐雞肋存心被獺嗤涼風觸懷想擲筆重徘徊

讀史　彭莊舉

人謀古不挽天慳將畧豈真相未媢六出聊爲盡瘁計史評未可肆譏訕
山中七日世千年歲月神仙也逝川可笑秦皇與漢武癡心至死尚依然

偶成　彭莊犖

春來詩債避無臺默默巡簷幾百回正恨騷懷無可助一雙蛱蝶忽飛來

春燕　彭莊犖

穿花拂柳羽差池不爲清貧去不歸堪嘆世人慙汝甚黃金漸盡輒交衰

漁舟　彭莊犖

釣罷夕陽紅長歌和溪瀨飄然一葉舟放浪紅塵外

重五日遊飛泉寺遇雨　彭莊犖

一雨漲溪聲幽花欹似跛仰首看松梢斂頭珠萬顆

旅夜 調倚眼兒媚　彭莊犖

清淺銀河不淡流 用成句 涼月上簾鈎四壁寒蛩一聲孤雁無限離愁　遙憶故園三萬里何日賣歸
舟燈影半窗鄉心一點終夜悠悠

夏日雜詠　劉建安

世事紛紜一局棋未容喜樂豈堪悲宮中六月頒冰日隴上三庚溽暑時富貴浮雲蕉鹿幻光陰流
水隙駒馳夕陽雖好奇雲擁一例炎涼到夢思
春時花放滿枝頭瞥眼濃陰又麥秋對奕聊消名利念舉杯盡解古今愁貪殘無吏非豺虎瀟灑何
人作鷺鷗炎帝司威何太酷趨炎應是徧神州

秋蟲　　劉建安

寂寂空庭夜色深無端蟲語和踈礎非絲非竹非金石如訴如哀如詠吟催織三更驚別夢悲秋四壁動離心啾啾唧唧知多少偏向愁人枕畔侵

春夜思家　　朱錦綬

茫茫大地蔚成青柳暗花明意頓醒墨客騷人增豪興鶯啼燕語儘閑聽風光良夜難爲主花月春宵感不停一點關心故園事縱多花木只嚴扃

書日曜日歸家定省事　　朱錦綬

別顏增我愁曠學親復憂七日一定省駒光恨不留

元旦詩　　朱錦綬

笑迷迷的大國旗，屋角檐下，都掛起．
他乘着西風飄來，揚去的賀喜．
歡欣舞鑼鼓．
紅男綠女，自由自在，慶祝一番去．
良辰元旦日，呼雉喝盧的遊戲．
他爲什麼要頌元旦日；
他爲什麼要頌新年第一日．
營商人作工匠，
他爲生活計算起日日勤勉一年已

今天更新春.

停了工作事,則是觀去.

祝國旗　　朱錦綬

國旗呀,你旣是十一歲了,人家都很敬頌你.

你底紅色很威光,又是爍爛;

你底黃色很光明,又是文雅;

你底藍色很磊落,又是秀氣;

你底白色很清潔,又是不俗;

你的黑色很幽美,又是有趣;

唉! 別說漢,滿,蒙,回,藏的這樣共和好!

我看了你奪目的顏色,心裏便歡喜了.

我愛你的共和,我祝你的平等!

我希望你百歲……千歲……萬歲……過下去

詠祖逖 三江　　秦裕祿

無窮一碧連天水,祖逖當年乘小艘.成敗敢將盟短楫,盡忠應得共長江.

新秋有感 十一游　　秦裕祿

光陰轉瞬又新秋,颯颯涼風暑氣收.事業依然無寸進,年華容易等傳郵.

花朝勸農歌 幷序　　王煜

自神農氏教稼穡以來我國卽以農爲本所以相傳有花朝勸農之事後之俗吏惟利是圖於是此諸正事久已無形消滅我輩學生無守土之職今值花朝佳節亦只以筆代舌聊作俚歌而已

歌曰

花朝晨起鼓鼕鼕花神攜手出花宮爾農安坐矮節逢毋乃作事太從容曷不牽牛去田中春風轉眼卽秋風萬事須知勤有功勤有功戲無益戲無益勸君及早謀衣食

評 引合歌合佳作也

聞雁卽咏 方延祺

愁裏驚寒雁哀音逺漸沈百年遲暮感終歲稻粱心霜月悲秋老江湖動客吟天涯兄弟夢不覺淚沾襟

雨夜不寐 方延祺

孤枕不成寐銅壺漏已終秋歸一夜雨寒釀五更風燈影照愁處鐘聲入夢中哀鴻啼不住心事又匆匆

評 雅整合度

月夜感懷 方延祺

修道觀書萬竹間一輪明月總清閒幾番薄醉稱瀟灑半局殘棋任去還俗事都從真處淡塵心且向靜中刪衆生醉夢何年醒徒自徘徊名利關

憶友 方延祺

故舊留落在何方魚雁久疏繫我腸不識幾時相晤面任教世事兩茫茫握別數年容頓杳天涯地

角若參商每懷蹉蒼神輙往徒自渴念亦堪傷

評 研鍊工穩

寓懷　沈民望

三尺劍横磨雄蹦匹馬過寸心惟大局隻手挽狂波感慨知音少蹉跎抱愧多莫教憂患減抱膝且高歌

立夏日書感　沈民望

夜月碎流水春城飛落花前程翹首遠往事入懷賒處處悲身世年年感物華老農忘得失門外又栽瓜

秋夜客懷　沈民望

偷度年華愧不安聊將心事寄毫端半窗月照心如醉萬里霜飛夢亦寒浪迹年來棲異地風塵早已誤儒冠天涯漫道知音少獨抱焦桐不忍彈

客潛魚村偶成　沈民望

落花片片鳥關關小帶潛魚盡日閒微雨不妨游客路春風欲老故鄉山疎窗短榻書千卷白石明沙水一灣幸是相逢多舊雨一村美酒笑開顏

次韻斗齋　沈民望

不分月夕與花晨愁緒難消只為貧筆硯謀生惟我拙風塵作客有誰親聊將詩酒酬知己每對雲山憶故人世道紛紜無定局何須策馬問迷津

評 頗有毫放之致

詠滬上洋街竹枝詞　張墢

街衢齊整潔無塵一帶洋樓簇嶄新夷夏區分官法屈乾坤顛倒婦綱伸電光到處搖晶壁雷響終朝走鐵輪多少哀鴻門外立短衣高履接夷人

鄭仙翁祠小坐　張墢

萬綠叢中一徑開半山祠宇傍巖隈仙翁也解高居好四面雲山入眼來

登揚州平山堂　張墢

平山堂上樂徘徊引我舒懷倦眼開四面玻璃窗子啟隔江山色送青來

哭徐文潮夫子　張墢

一別無多日如何遽棄吾才高天亦忌名大世無訣詩草床頭富梅花筆底枯可憐臨逝日猶念舊生徒

別來方未久忽爾作仙遊貧病添身累詩書為後留春風成舊夢秋雨動新愁回首師恩大心喪淚暗流

公園遣興 無錫　許慶圻

遠山暝烟黛萬木參夕陽落葉報新秋蟬聲樹際涼近市塵囂絕開拓費周章石徑盤紆曲塔影浸横塘冶春晴虹走池上有草堂忘機魚躍淵芰荷吐芬芳蹁躚裙屐多茶寮蛺蝶忙何處度新聲夾水咽笙簧銀屏夜光燦斜月轉迴廊凡茲幽勝地小築似滄浪晚楓絢流丹淺草妍抽黄清磬時一鳴修竹不成行羊腸通屈曲竹萌未曾荒繞砌苔凝碧露濕低螢光宿鳥驚花落疎星弄微芒寒蛩聒耳喧時事嗟蜩螗北望愁雲合猶未掃欃槍及時且行樂緩步引興長人散聲諠譁獨立意蒼茫

清麗

虞美人　許慶圻

楚宮花放曉啼鶯纖態含愁故國情繞砌芳魂歌一曲滿園春色月三更泣殘鵑血朱顏老舞罷雲裳翠袖輕惆悵風前無限恨美人香草獨留名

七夕　許慶圻

銀燭秋光冷流螢點點幽橋橫天際鵲繩引意中牛乞巧情深契投梭水淺浮癡心人不寐山月上樓頭

蚊　許慶圻

通宵揮不去結陣勢縱橫日出陰霾掃成雷何處鳴

遊秣陵明故宮　許慶圻

十丈陰霾盪不開可憐燕子尚飛來迄今宮闕依稀處猶共漁樵話刼灰

美人十二相雜詠　陳不才

無緣得晤笑顏開百種相思滿素懷欲把新詩憑一顧傾城玉貌背輕回　背相

不是徐娘半面粧折花旁插鬢雲香嬌癡故把檀郎惱斜背銀缸解佩囊　旁相

似曾瘦減好容光春去秋來幾斷腸一自重逢攜手處燈前月下細端相　正相

疑是飛瓊下九天風姿綽約見猶憐臥紅堆碧香塵襯步出潘妃朵朵蓮　步相

為郎憔悴嬾於行小立花陰別有情待到西廂新月上因風佇想玉珂聲　立相

無數飛紅映碧紗閨中愁緒轉交加日長睡起無情思閒向簾前數落花　坐相

晚粧初罷不勝春風捲珠簾笑語親遥指夕陽無限好最銷魂是倚樓人　倚相

無端春色惱人腸一抹猩紅上海棠妾貌如花郎不愛故招花片打檀郎　怒相

金錢誤卜幾多時數問歸期未有期春草年年依舊綠芳心無計破愁眉　愁相

天然半韻最怡情一笑偏教百媚生莫道驪山烽火恨美人豈盡誤傾城　笑相

釵光鬢髮映桃腮別有風情帶醉回宛是楊妃初罷宴嬌羞不在玉山頹　醉相

昨宵帳煖擁流蘇髻墮釵橫態自舒春睡懨懨猶未足風情得似海棠無　睡相

評　妙在不傷大雅

紙鞾子　調寄風中柳

陳不才

小小皮頑慣向脚尖賣俏雪白衫洋裝草草顛來簸去出格便裝老燕尾鬚幾莖高翹　運動來內用兩支銅鈔博得個官兒跳跳須防失足願抽身宜早切莫惹當場取笑

評　格調與題頗稱

雁字

劉駿生

瑟瑟蘆花八月秋仰觀飛雁過南樓空中慣作欹斜勢一紙青天寫自由

詠霜

劉駿生

更深獨坐抱琴彈頻覺霜侵氣候寒殺木無情都槁落質非松栢不凋難

夜半星稀月麗空寒霜蕭瑟滿天中朝來郊外如銀白染出楓林葉葉紅

詠梅

劉駿生

淡淡霜華濕粉粧朦朧月下吐幽香格高可許銅瓶插玉質冰肌異衆芳

正值寒梅破玉時。淡粧素服也相宜。豪情歡與花神飲。夢到羅浮事亦奇。
觀梅東閣樂無窮。頻覺軒窗澹澹風。不與羣芳爭美豔。獨標清致雪霜中。

劉駿生

桃花源

隱遯桃源避亂秦。無端來此有漁人。仙鄉終與塵緣隔。那許凡人再問津。
尋得桃源別有天。垂髫黃髮樂怡然。若非當日漁郎入。怎致仙鄉簡冊傳。
漁舟縱泛水之涯。覓得仙源往幾家。問及當今何世界。不知地已晉桑麻。
桃源絕境既來之。底事思歸話語誰。應悔仙鄉難再到。遣人隨往路多歧。
本是常人業捕魚。緣何偶爾到仙居。桃花兩岸天然景。引入偏舟縱所如。

劉駿生

詠岳墩

岳墩老樹若臨雲。報國盡忠自古聞。恨殺寃臣三字獄。難將熱血掃胡氛。
岳墩憑眺弔忠良。當日空懷報國腸。南度君臣輕社稷。不思胡虜毒如狼。
古廟森森入望中。當年報國矢精忠。如何十二金牌下。致使英雄萬事空。

劉駿生

伍員吹簫

窮途乞食藉簫吹。故國天涯痛遠離。嫋嫋哀音如泣訴。復讎大志有誰知。

劉駿生

中华文化讲堂系列图书

序号	书名	著者	定价
“治要”系列			
1	《群书治要》考译	（唐）魏征等	298.00
2	《群书治要》译注（全二十八册)	（唐）魏征等	420.00
3	《群书治要》译注（精装全十册）	（唐）魏征等	980.00
4	《群书治要》译注（简体全十册）	（唐）魏征等	420.00
5	群书治要（原文版）	（唐）魏征等	128.00
6	《群书治要》360	（唐）魏征等	15.00
7	品读《群书治要》	刘余莉	32.00
8	《群书治要》心得	萧祥剑	32.00
9	《群书治要》五十讲	萧祥剑	49.80
10	国学治要（全八册）	张文治	320.00
11	群书治要菁华录（全三册）	（唐）魏征等	98.00
12	古镜今鉴：《群书治要》故事选	（唐）魏征等	29.80
13	建国君民，教学为先：《群书治要》的启示	刘余莉等	25.00
王凤仪伦理思想系列			
1	王凤仪讲人生	王凤仪	32.00
2	王凤仪诚明录	王凤仪	29.80
3	王凤仪嘉言录	王凤仪	29.80
4	王凤仪言行录	王凤仪	29.80
5	王凤仪笃行录	王凤仪	29.80
6	来自山沟的大智慧(全二册）	以志	58.00
7	王凤仪年谱与语录(全二册）	王凤仪	48.00
8	王凤仪性理讲病录	王凤仪	29.80
9	家和万事兴	王元五	29.80
10	家和万事兴Ⅱ：伦理道德与幸福人生	王元五	25.00
钟茂森儒释道经典讲座系列			
1	《孝经》研习报告	钟茂森	29.80

2	《朱子治家格言》研习报告	钟茂森	25.00
3	《弟子规》研习报告	钟茂森	18.00
4	《太上感应篇》研习报告	钟茂森	18.00
5	《十善业道经》研习报告	钟茂森	18.00
6	找寻中国精神	钟茂森	25.00
7	《了凡四训》研习报告	钟茂森	25.00
8	细讲《大学》	钟茂森	25.00
9	钟博士讲解《弟子规》	钟茂森	22.00
10	钟博士简讲《孝经》	钟茂森	22.00
11	细讲《论语》	钟茂森	23.80
12	细讲《论语》Ⅱ	钟茂森	23.80
13	窈窕淑女的标准	钟茂森	29.80
14	中国精神	钟茂森	10.00
15	《文昌帝君阴骘文》讲记	钟茂森	108.00
16	母慈子孝	钟茂森	19.80
17	赵良玉钟茂森母子讲演录全二册	赵良玉 钟茂森	16.00
18	《论语》讲记（全九册）	钟茂森	360.00

女德教育系列

1	女四书·女孝经	（清）王相	18.00
2	女子德育课本	蔡振绅	18.00
3	窈窕淑女的标准	钟茂森	29.80
4	《女四书》白话解	沈朱坤	15.00
5	齐家治国 女德为要	陈静瑜	26.00
6	《女四书·女孝经》译注	（清）王相	26.00
7	《教女遗规》译注	陈宏谋	32.00
8	《 天下太平之根本》学习心得	萧祥剑	18.00

童蒙养正系列

1	五种遗规	（清）陈宏谋	58.00
2	民国老课本（全五册）	沈颐、戴克敦等	75.00

3	《养正遗规》译注	（清）陈宏谋	32.00
4	《弟子规》图说	（清）李毓秀	6.00
5	德育课本（全四册）	蔡振绅	128.00
6	言文对照小学集注	（宋）朱熹	32.00
7	民国小学生作文文库（全八册）	蔡元培等	200.00
8	民国老作文：全国学生国文成绩新文库	蔡元培等	120.00
9	常礼举要讲记	徐醒民	20.00
10	澄衷蒙学堂字课图说（全八册）	刘树屏	240.00

深入经藏系列

1	《阿弥陀经》白话解释	黄智海	20.00
2	《观无量寿佛经》白话解释	黄智海	20.00
3	《普贤行愿品》白话解释	黄智海	20.00
4	《心经·金刚经》白话解释	黄智海等	20.00
5	《无量寿经》白话易解	净空法师	20.00
6	《地藏菩萨本愿经》白话解释	胡维铨	20.00
7	改过修善、惜福积福——《太上感应篇》讲记	净空法师	26.00
8	改造命运、心想事成——《了凡四训》讲记	净空法师	26.00
9	印光法师文钞全集	印光法师	168.00
10	感应篇汇编	印光法师鉴定	68.00
11	安士全书	周安士	68.00

国学经典系列

1	张居正讲《大学 中庸》	（明）张居正	24.00
2	张居正讲《论语》	（明）张居正	32.00
3	张居正讲《孟子》	（明）张居正	42.00
4	读易简说、儒学简说	徐醒民	25.00
5	悦心集	（清）雍正	29.80
6	《论语》讲要	李炳南	36.00
7	文白对照曾国藩家书全编（全四册）	（清）曾国藩	198.00
8	言文对照《古文观止》	宋晶如	48.00

9	曾文正公全集（全二十三册）	（清）曾国藩	698.00
10	中华传世经典藏书（第一辑）全十册	王应麟等	100.00
11	纳兰词笺	（清）纳兰性德	29.80
12	曾文正公家书（正体竖排）	（清）曾国藩	78.00
其他系列			
1	《中华文化大讲堂》第一辑	诚敬和	32.00
2	《中华文化大讲堂》第二辑	诚敬和	32.00
3	《中华文化大讲堂》第三辑	诚敬和	32.00
4	企业人的道德修养	慧祥	25.00
5	人生宝典：了凡四训、俞净意公遇灶神记、心相篇、保富法、王凤仪嘉言表	和谐	29.80
6	曾国藩传	蒋星德	29.80
7	家和宝典	刘光启	29.80
8	踏对人生的脚步	蔡礼旭	25.00
9	建立理智的人生观	蔡礼旭	22.00
10	老人言	净空法师	29.80
11	民间国学手抄本	周本寿	29.80